해커스
보세사
한권합격
이론+최신기출

시험장에 꼭 가져가야 할

핵심 개념 요약집

해커스

제1과목 수출입통관절차

📖 과목별 핵심 개념을 요약하여 시험 전에 꼭 알아야 하는 핵심 개념을 한눈에 확인할 수 있습니다.

[1] 총 칙

수 입	• 외국물품을 우리나라에 반입하는 것 • 외국물품을 보세구역으로부터 반입하는 것(보세구역을 경유하는 경우) • 외국물품을 우리나라에서 소비 또는 사용하는 것 • 외국물품을 우리나라의 운송수단 안에서 소비 또는 사용하는 것
외국물품	• 외국으로부터 우리나라에 도착한 물품으로서 수입신고 수리 전의 것 • 외국의 선박 등이 공해에서 채집하거나 포획한 수산물 등으로서 수입신고가 수리되기 전의 것 • 수출신고가 수리된 물품 • 보세구역 내 보수작업 시 외국물품의 원재료로 사용된 내국물품 • 보세공장 내에서 외국물품과 내국물품을 원재료로 하여 작업을 하는 경우 그로써 생긴 물품
수입으로 보지 아니하는 소비 또는 사용	• 선박용품·항공기용품 또는 차량용품을 운송수단 안에서 그 용도에 따라 소비하거나 사용하는 경우 • 선박용품·항공기용품 또는 차량용품을 세관장이 정하는 지정보세구역에서 출입국관리법에 따라 출국심사를 마치거나 우리나라에 입국하지 아니하고 우리나라를 경유하여 제3국으로 출발하려는 자에게 제공하여 그 용도에 따라 소비 또는 사용하는 경우 • 여행자가 휴대품을 운송수단 또는 관세통로에서 소비 또는 사용하는 경우 • 관세법에서 인정하는 바에 따라 소비하거나 사용하는 경우
수입의 의제 (법 제240조)	• 체신관서가 수취인에게 내준 우편물 • 관세법에 따라 매각된 물품 • 관세법에 따라 몰수된 물품 • 관세법에 따른 통고처분으로 납부된 물품 • 법령에 따라 국고에 귀속된 물품 • 몰수를 갈음하여 추징된 물품
수 출	관세법상 수출이란 내국물품을 외국으로 반출하는 것
반 송	국내에 도착한 외국물품이 수입통관절차를 거치지 아니하고 다시 외국으로 반출되는 것
내국물품	• 우리나라에 있는 물품으로서 외국물품이 아닌 물품 • 우리나라의 선박 등이 공해에서 채집하거나 포획한 수산물 등 • 입항 전 수입신고(법 제244조)가 수리된 물품

내국물품	• 수입신고 수리 전 반출승인(법 제252조)을 받아 반출된 물품 • 수입신고 전 즉시반출신고(법 제253조)를 하고 반출된 물품 • 우리나라에서 생산되어 수출신고가 수리되지 아니한 물품 • 수입신고가 수리된 물품 • 수입의 의제에 해당하는 물품 • 보세구역 내 반입된 물품에 대하여 세관공무원이 검사 등에 사용하거나 소비한 물품
통관	관세법에서 규정한 절차를 이행하여 물품을 수출·수입 또는 반송하는 것
환적· 복합환적	• 환적 : 동일한 세관의 관할구역에서 입국 또는 입항하는 운송수단에서 출국 또는 출항하는 운송수단으로 물품을 옮겨 싣는 것 • 복합환적 : 입국 또는 입항하는 운송수단의 물품을 다른 세관의 관할구역으로 운송하여 출국 또는 출항하는 운송수단으로 옮겨 싣는 것
운영인	• 특허보세구역의 설치·운영에 관한 특허(법 제174조)를 받은 자 • 종합보세사업장의 설치·운영에 관한 신고(법 제198조)를 한 자
내국세 등의 부과·징수	수입물품에 대하여 세관장이 부과·징수하는 부가가치세, 지방소비세, 담배소비세, 지방교육세, 개별소비세, 주세, 교육세, 교통·에너지·환경세 및 농어촌특별세(내국세 등이라 하고, 내국세 등의 가산세 및 강제징수비를 포함)의 부과·징수·환급 등에 관하여, ①「국세기본법」,「국세징수법」,「부가가치세법」,「지방세법」,「개별소비세법」,「주세법」,「교육세법」,「교통·에너지·환경세법」 및 「농어촌특별세법」의 규정과 ② 관세법의 규정이 상충되는 경우에는 관세법의 규정을 우선하여 적용함
관세의 납부기한	• 납세의무자가 납세신고(법 제38조 제1항)를 한 경우 : 납세신고 수리일부터 15일 이내 • 세관장이 납부고지(법 제39조 제3항)를 한 경우 : 납부고지를 받은 날부터 15일 이내 • 수입신고 전 즉시반출 신고(법 제253조 제1항)를 한 경우 : 수입신고일부터 15일 이내

장부 등의
보관기간
	• 해당 신고에 대한 수리일부터 5년
	  – 수입신고필증
	  – 수입거래 관련 계약서, 이에 갈음하는 서류
	  – 지식재산권 거래에 관련된 계약서, 이에 갈음하는 서류
	  – 수입물품 가격결정에 관한 자료
	• 해당 신고에 대한 수리일부터 3년
	  – 수출신고필증
	  – 반송신고필증
	  – 수출물품·반송물품 가격결정에 관한 자료
	  – 수출거래·반송거래 관련 계약서, 이에 갈음하는 서류
	• 해당 신고에 대한 수리일부터 2년
	  – 보세화물반출입에 관한 자료
	  – 적재화물목록에 관한 자료
	  – 보세운송에 관한 자료

[2] 과세가격과 관세의 부과·징수 등

과세물건 확정의 시기	일반적인 확정시기	관세는 수입신고(입항 전 수입신고를 포함)를 하는 때의 물품의 성질과 그 수량에 따라 부과함
	예외적인 확정시기	① 외국물품인 선박용품·항공기용품·차량용품, 국제무역선(기)·국경출입 차량 내에서 판매하는 물품을 허가 받은 대로 적재하지 아니하여 관세를 징수하는 물품 　- 하역을 허가받은 때 ② 보세구역 이외의 장소에서의 보수작업에 대한 승인기간이 경과하여 관세를 징수하는 물품 　- 보세구역 밖에서 하는 보수작업을 승인받은 때 ③ 보세구역 장치물품의 멸실·폐기로 관세를 징수하는 물품 　- 해당 물품이 멸실되거나 폐기된 때 ④ 보세공장 및 보세건설장 이외의 장소에서의 작업에 대한 허가기간이 경과하거나 종합보세구역 이외의 장소에서의 작업에 대한 기간이 경과하여 관세를 징수하는 물품 　- 보세공장 외 작업, 보세건설장 외 작업 또는 종합보세구역 외 작업을 허가받거나 신고한 때 ⑤ 보세운송기간이 경과하여 관세를 징수하는 물품 　- 보세운송을 신고하거나 승인받은 때 ⑥ 수입신고가 수리되기 전에 소비하거나 사용하는 물품 　(소비 또는 사용을 수입으로 보지 아니하는 물품은 제외) 　- 해당 물품을 소비하거나 사용한 때 ⑦ 수입신고 전 즉시반출신고를 하고 반출한 물품 　- 수입신고 전 즉시반출신고를 한 때 ⑧ 우편으로 수입되는 물품(수입신고 대상 우편물은 제외) 　- 통관우체국에 도착한 때 ⑨ 도난물품 또는 분실물품 　- 해당 물품이 도난 되거나 분실된 때 ⑩ 관세법에 따라 매각되는 물품 　- 해당 물품이 매각된 때 ⑪ 수입신고를 하지 아니하고 수입된 물품(① 내지 ⑩에 규정된 것은 제외) 　- 수입된 때
적용법령	원 칙	• 수입신고 당시의 법령에 의하여 관세를 부과함
	예 외	• 과세물건의 확정시기 예외(법 제16조)에 해당하는 경우: 그 사실이 발생한 날 • 보세건설장에 반입된 외국물품: 사용 전 수입신고가 수리된 날
과세환율		과세가격을 결정하는 경우 외국통화로 표시된 가격을 내국통화로 환산할 때에는 법 제17조에 따른 날(보세건설장에 반입된 물품의 경우에는 수입신고를 한 날)이 속하는 주의 전주의 기준환율 또는 재정환율을 평균하여 관세청장이 그 율을 정함

납세의무자	수입신고를 한 물품의 납세의무자	수입신고를 한 물품인 경우에는 그 물품을 수입한 화주가 납세의무자가 관세의 납세의무자가 됨. 다만, 화주가 불분명할 때에는 다음의 어느 하나에 해당하는 자를 화주로 봄 • 수입을 위탁받아 수입업체가 대행수입한 물품인 경우 : 그 물품의 수입을 위탁한 자 • 수입을 위탁받아 수입업체가 대행수입한 물품이 아닌 경우 : 대통령령으로 정하는 상업서류(송품장, 선하증권, 항공화물운송장)에 적힌 물품수신인 • 수입물품을 수입신고 전에 양도한 경우 : 그 양수인

	수입신고에 의하지 않고 수입되는 물품	• 외국물품인 선박용품·항공기용품·차량용품, 국제무역선(기)·국경출입 차량 내에서 판매하는 물품을 허가 받은 대로 적재하지 아니하여 관세를 징수하는 물품인 경우 : 하역허가를 받은 자
		• 보세구역 이외의 장소에서의 보수작업에 대한 승인기간이 경과하여 관세를 징수하는 물품인 경우 : 보세구역 밖에서 하는 보수작업을 승인받은 자
		• 보세구역 장치물품의 멸실·폐기로 관세를 징수하는 물품인 경우 : 운영인 또는 보관인
		• 보세공장 및 보세건설장 이외의 장소에서의 작업에 대한 허가기간이 경과하거나 종합보세구역 이외의 장소에서의 작업에 대한 기간이 경과하여 관세를 징수하는 물품인 경우 : 보세공장 외 작업, 보세건설장 외 작업 또는 종합보세구역 외 작업을 허가받거나 신고한 자
		• 보세운송기간이 경과하여 관세를 징수하는 물품인 경우 : 보세운송을 신고하였거나 승인을 받은 자
		• 수입신고가 수리되기 전에 소비하거나 사용하는 물품(소비 또는 사용을 수입으로 보지 아니하는 물품 제외)인 경우 : 그 소비자 또는 사용자
		• 수입신고 전 즉시반출신고를 하고 반출한 물품인 경우 : 해당 물품을 즉시 반출한 자
		• 우편으로 수입되는 물품(수입신고대상 우편물 제외) : 그 수취인
		• 도난물품이나 분실물품인 경우
		  – 보세구역의 장치물품 : 그 운영인 또는 화물관리인
		  – 보세운송 물품 : 보세운송을 신고하거나 승인을 받은 자
		  – 그 밖의 물품 : 그 보관인 또는 취급인
		• 기타 수입신고를 하지 아니하고 수입된 물품의 경우 : 그 소유자 또는 점유자

납세의무의 소멸	• 관세를 납부하거나 관세에 충당한 때 • 관세부과가 취소된 때 • 관세를 부과할 수 있는 기간에 관세가 부과되지 아니하고 그 기간이 만료된 때 • 관세징수권의 소멸시효가 완성된 때	

관세부과의 제척기간	의의	관세는 해당 관세를 부과할 수 있는 날부터 5년이 지나면 부과할 수 없음. 다만, 수입신고를 하지 아니하고 수입한 경우(관세법 제16조 제1호부터 제10호까지의 과세물건 확정의 시기 예외에 해당하는 물품은 제외)에는 7년, 부정한 방법으로 관세를 포탈하였거나 환급 또는 감면받은 경우에는 10년이 지나면 부과할 수 없음
	관세부과 제척기간의 기산일	관세를 부과할 수 있는 제척기간을 산정할 때, 수입신고한 날의 다음 날을 관세를 부과할 수 있는 날로 하며, 예외적인 경우는 아래와 같음 • 과세물건 확정시기의 예외적인 경우(법 제16조): 그 사실이 발생한 날의 다음 날 • 의무불이행 등의 사유로 감면된 관세를 징수하는 경우: 그 사유가 발생한 날의 다음 날 • 보세건설장에 반입된 외국물품의 경우: (i) 건설공사완료보고를 한 날과 (ii) 특허기간(특허기간을 연장한 경우에는 연장기간)이 만료되는 날 중 먼저 도래한 날의 다음 날 • 과다환급 또는 부정환급 등의 사유로 관세를 징수하는 경우: 환급한 날의 다음 날 • 잠정가격을 신고한 후 확정된 가격을 신고한 경우: 확정된 가격을 신고한 날의 다음 날(다만, 기간 내에 확정된 가격을 신고하지 아니하는 경우: 해당 기간의 만료일의 다음 날)
관세징수권 소멸시효	소멸시효 완성 시점	관세의 징수권은 이를 행사할 수 있는 날부터 다음의 기간 동안 행사하지 아니하면 소멸시효가 완성됨 • 5억 원 이상(내국세 포함)의 관세의 경우: 10년 • 위 경우 외의 관세의 경우: 5년
	소멸시효 기산일	관세징수권을 행사할 수 있는 날은 아래와 같음 • 신고납부하는 관세에 있어서는 수입신고가 수리된 날부터 15일이 경과한 날의 다음 날(다만, 월별납부의 경우 그 납부기한이 경과한 날의 다음 날로 함) • 보정신청에 의하여 납부하는 관세에 있어서는 부족세액에 대한 보정신청일의 다음 날의 다음 날 • 수정신고에 의하여 납부하는 관세에 있어서는 수정신고일의 다음 날의 다음 날 • 부과고지하는 관세에 있어서는 납부고지를 받은 날부터 15일이 경과한 날의 다음 날 • 수입신고 전 물품반출에 의하여 납부하는 관세에 있어서는 수입신고한 날부터 15일이 경과한 날의 다음 날 • 그 밖의 법령에 의하여 납세 고지하여 부과하는 관세에 있어서는 납부기한을 정한 때에는 그 납부기한이 만료된 날의 다음 날
관세징수권 소멸시효의 중단 및 정지	중단	관세징수권의 소멸시효는 다음의 어느 하나에 해당하는 사유로 인하여 중단됨 • 납부고지 • 경정처분 • 납부독촉 • 통고처분

관세징수권 소멸시효의 중단 및 정지	중단	• 고발 • 특정범죄 가중처벌 등에 관한 법률에 따른 공소제기 • 교부청구 • 압류
	정지	관세징수권의 소멸시효는 다음의 기간 중에는 진행하지 않음 • 관세의 분할납부기간 • 징수유예기간 • 압류·매각의 유예기간 • 사해행위 취소소송기간
납세담보		• 금전 • 국채 또는 지방채 • 세관장이 인정하는 유가증권 • 납세보증보험증권 • 토지 • 보험에 가입된 등기 또는 등록된 건물·공장재단·광업재단·선박·항공기 또는 건설기계 • 세관장이 인정하는 보증인의 납세보증서
과세가격 결정방법	제1평가 방법	해당 물품의 거래가격을 기초로 한 과세가격 결정방법(법 제30조)
	제2평가 방법	동종·동질물품의 거래가격을 기초로 한 과세가격 결정방법(법 제31조)
	제3평가 방법	유사물품의 거래가격을 기초로 한 과세가격 결정방법(법 제32조)
	제4평가 방법	국내판매가격을 기초로 한 과세가격 결정방법(법 제33조)
	제5평가 방법	산정가격을 기초로 한 과세가격 결정방법(법 제34조)
	제6평가 방법	합리적 기준에 의한 과세가격 결정방법(법 제35조)
수입신고 수리 전 세액심사 대상물품		• 법률 또는 조약에 의하여 관세 또는 내국세를 감면받고자 하는 물품 • 관세법 제107조의 규정에 의하여 관세를 분할납부하고자 하는 물품 • 관세를 체납하고 있는 자가 신고하는 물품(체납액이 10만 원 미만이거나 체납기간 7일 이내에 수입신고하는 경우 제외) • 납세자의 성실성 등을 참작하여 관세청장이 정하는 기준에 해당하는 불성실신고인이 신고하는 물품 • 물품의 가격변동이 큰 물품 기타 수입신고 수리 후에 세액을 심사하는 것이 적합하지 아니하다고 인정하여 관세청장이 정하는 물품 – 이에 대한 감면 또는 분할납부의 적정 여부에 대한 심사는 수입신고 수리 전에 하고, 과세가격 및 세율 등에 대한 심사는 수입신고 수리 후에 함
가산세		세관장은 납세자가 신고납부한 세액을 납세자가 수정신고하거나 경정을 통하여 부족한 관세액을 징수할 때에는 다음의 금액을 합한 금액을 가산세로 징수함 • 해당 부족세액의 100분의 10

가산세	• 다음의 금액을 합한 금액
	  - 미납부세액 또는 부족세액 × 법정납부기한의 다음 날부터 납부일까지의 기간(납부고지일부터 납부고지서에 따른 납부기한까지의 기간 제외) × 금융회사 등이 연체대출금에 대하여 적용하는 이자율 등을 고려하여 대통령령으로 정하는 이자율(1일 10만분의 22)
	  - 법정납부기한까지 납부하여야 할 세액 중 납부고지서에 따른 납부기한까지 납부하지 아니한 세액 × 100분의 3(관세를 납부고지서에 따른 납부기한까지 완납하지 아니한 경우에 한정)

[3] 관세율 제도 및 품목분류

	순위	관세율 구분	우선적용 규정
세율 적용의 우선 순위	1	• 덤핑방지관세(법 제51조) • 상계관세(법 제57조) • 보복관세(법 제63조) • 긴급관세(법 제65조) • 특정국물품긴급관세(법 제67조의2) • 농림축산물에 대한 특별긴급관세(법 제68조) • 조정관세(법 제69조 제2호)	• 관세율의 높낮이에 관계없이 최우선 적용
	2	• 편익관세(법 제74조) • 국제협력관세(법 제73조)	• 후순위의 세율보다 낮은 경우에만 우선하여 적용 • 제73조에 따라 국제기구와의 관세에 관한 협상에서 국내외의 가격차에 상당하는 율로 양허하거나 국내시장 개방과 함께 기본세율보다 높은 세율로 양허한 농림축산물 중 대통령령으로 정하는 물품에 대하여 양허한 세율(시장접근물량에 대한 양허세율을 포함한다)은 기본세율 및 잠정세율에 우선하여 적용
	3	• 조정관세(법 제69조 제1호·제3호·제4호) • 할당관세(법 제71조) • 계절관세(법 제72조)	• 할당관세의 세율은 일반특혜관세의 세율보다 낮은 경우에만 우선하여 적용
	4	• 일반특혜관세율(법 제76조)	-
	5	• 잠정세율	• 기본세율과 잠정세율은 별표 관세율표에 따르되, 잠정세율은 기본세율에 우선하여 적용
	6	• 기본세율	

간이세율	적용대상 물품	• 여행자 또는 외국을 오가는 운송수단의 승무원이 휴대, 수입하는 물품 • 우편물. 다만, 수입신고를 하여야 하는 것은 제외함 • 탁송품 또는 별송품

	적용 제외 대상 물품	• 관세율이 무세인 물품과 관세가 감면되는 물품
		• 수출용원재료
		• 법 제11장의 범칙행위에 관련된 물품
		• 종량세가 적용되는 물품
		• 다음에 해당하는 물품으로서 관세청장이 정하는 물품
		  - 상업용으로 인정되는 수량의 물품
		  - 고가품
		  - 당해 물품의 수입이 국내산업을 저해할 우려가 있는 물품
		  - 법 제81조 제4항의 규정(여행자 또는 외국을 오가는 운송수단의 승무원이 휴대하여 수입하는 물품)에 의한 단일한 간이세율의 적용이 과세형평을 현저히 저해할 우려가 있는 물품
		• 화주가 수입신고를 할 때에 과세대상물품의 전부에 대하여 간이세율의 적용을 받지 아니할 것을 요청한 경우의 당해 물품

[4] 관세 감면

무조건 감면	감면요건을 갖춘 수입이 이루어지면 조건 없이 감면이 이루어지고 수입 후 감면물품의 양수도, 감면용도 이외의 사용 등에 대하여 원칙적으로 추징이나 세관장의 사후관리를 받지 아니함 • 외교관용 물품 등의 면세(양수제한물품 제외)(법 제88조) • 정부용품 등의 면세(법 제92조) • 소액물품 등의 면세(법 제94조) • 여행자 휴대품·이사물품 등의 면세(법 제96조) • 재수입면세(법 제99조) • 손상물품의 감면(법 제100조) • 해외임가공물품 등의 감면(법 제101조)
조건부 감면	감면요건을 갖춘 수입에 대하여 일정한 조건을 붙여 관세를 감면하고 해당 조건이 지켜지지 아니할 경우 감면한 관세를 징수하며, 조건 이행여부에 대하여 원칙적으로 일정기간 동안 세관장의 사후관리를 받음 • 세율불균형물품의 면세(법 제89조) • 학술연구용품의 감면(법 제90조) • 종교용품·자선용품·장애인용품 등의 면세(법 제91조) • 특정물품의 면세 등(법 제93조) • 환경오염방지물품 등에 대한 감면(법 제95조) • 재수출 면세(법 제97조) • 재수출 감면(법 제98조)

관세감면 신청의 시기	원칙	• 해당 물품의 수입신고 수리 전
	다른 사유가 있는 경우	• 세관장이 부과고지하여 관세를 징수하는 경우: 해당 납부고지를 받은 날부터 5일 이내 • 그 밖에 수입신고 수리 전까지 감면신청서를 제출하지 못한 경우: 해당 수입신고 수리일부터 15일 이내(해당 물품이 보세구역에서 반출되지 아니한 경우로 한정)

[5] 납세자의 권리 및 불복절차

고액·상습 체납자의 명단 공개	관세청장은 법 제116조(비밀유지)에도 불구하고 ① 체납발생일부터 1년이 지난 관세 및 내국세 등(체납관세 등)이 2억 원 이상인 체납자에 대해서는 해당 체납자의 인적사항과 체납액 등을, ② 관세포탈죄, 부정감면죄, 부정환급죄로 유죄판결이 확정된 자로서 같은 조에 따른 포탈, 감면, 면탈 또는 환급받은 관세 및 내국세 등의 금액(포탈관세액)이 연간 2억 원 이상인 자(관세포탈범)에 대해서는 해당 관세포탈범의 인적사항과 포탈관세액 등을 공개할 수 있음. 다만, 다음의 사유에 해당하는 경우에는 명단을 공개하지 않음 • 체납관세 등에 대하여 이의신청·심사청구 등 불복청구가 진행 중인 경우 • 최근 2년간의 체납액 납부비율이 100분의 50 이상인 경우 • 채무자 회생 및 파산에 관한 법률 제243조에 따른 회생계획인가의 결정에 따라 체납된 세금의 징수를 유예받고 그 유예기간 중에 있거나 체납된 세금을 회생계획의 납부 일정에 따라 납부하고 있는 경우 • 재산상황, 미성년자 해당여부 및 그 밖의 사정 등을 고려할 때 관세정보위원회가 공개할 실익이 없거나 공개하는 것이 부적절하다고 인정하는 경우

과세 전 적부심사	세관장은 납부세액이나 납부하여야 하는 세액에 미치지 못한 금액을 징수하려는 경우에는 미리 납세의무자에게 그 내용을 서면으로 통지하여야 함. 다만, 다음의 어느 하나에 해당하는 경우에는 과세 전 통지를 생략할 수 있음
	• 통지하려는 날부터 3개월 이내에 관세부과의 제척기간이 만료되는 경우
	• 납세의무자가 확정가격을 신고한 경우
	• 수입신고 수리 전에 세액을 심사하는 경우로서 그 결과에 따라 부족세액을 징수하는 경우
	• 감면된 관세를 징수하는 경우
	• 관세포탈죄로 고발되어 포탈세액을 징수하는 경우
	• 그 밖에 관세의 징수가 곤란하게 되는 등 사전통지가 적당하지 아니한 경우로서 대통령령으로 정하는 다음의 경우
	  - 납부세액의 계산착오 등 명백한 오류에 의하여 부족하게 된 세액을 징수하는 경우
	  - 감사원법 제33조에 따른 감사원의 시정요구에 따라 징수하는 경우
	  - 납세의무자가 부도·휴업·폐업 또는 파산한 경우

과세 전 적부심사		- 관세품목분류위원회의 의결에 따라 결정한 품목분류에 의하여 수출입물품에 적용할 세율이나 품목분류의 세번이 변경되어 부족한 세액을 징수하는 경우 - 재조사결과에 따라 해당 처분의 취소경정을 하거나 필요한 처분을 하는 경우

[6] 통 관

원산지 확인기준	완전 생산기준		완전생산기준은 해당 물품의 전부를 생산·가공·제조한 나라를 해당 물품의 원산지로 인정하는 기준을 말함. 이러한 완전생산기준에 따라 원산지를 인정하는 물품은 다음과 같음 • 해당 국가의 영역에서 생산된 광산물과 식물성 생산물 • 해당 국가의 영역에서 번식 또는 사육된 산 동물과 이들로부터 채취한 물품 • 해당 국가의 영역에서의 수렵 또는 어로로 채집 또는 포획한 물품 • 해당 국가의 선박에 의하여 채집 또는 포획한 어획물 기타의 물품 • 해당 국가에서의 제조·가공의 공정 중에 발생한 부스러기 • 해당 국가 또는 그 선박에서 해당 국가의 영역에서 생산된 광산물과 식물성 생산물 내지 제조·가공의 공정 중에 발생한 부스러기의 물품을 원재료로 하여 제조·가공한 물품
	실질적 변형기준		실질적 변형기준은 해당 물품이 2개국 이상에 걸쳐 생산·가공 또는 제조된 경우에는 그 물품의 본질적 특성을 부여하기에 충분한 정도의 실질적인 생산·가공·제조 과정이 최종적으로 수행된 나라를 원산지국으로 결정하는 기준을 말함
		세번 변경기준	2개국 이상에 걸쳐 생산·가공 또는 제조된 물품의 원산지는 해당 물품의 생산과정에 사용되는 물품의 품목분류표상 6단위 품목번호와 다른 6단위 품목번호의 물품을 최종적으로 생산한 국가로 함. 즉, 생산과정에서 사용하는 원재료 등의 품목번호 6단위와 다른 품목번호 6단위의 최종생산품을 생산한 국가를 해당 물품의 원산시로 인정하는 것을 말함. 다만, 다음에 해당하는 작업이 수행된 국가는 원산지로 인정하지 않음 • 운송 또는 보세구역 장치 중에 있는 물품의 보존을 위하여 필요한 작업 • 판매를 위한 물품의 포장개선 또는 상표표시 등 상품성 향상을 위한 개수작업 • 단순한 선별·구분·절단 또는 세척작업 • 재포장 또는 단순한 조립작업 • 물품의 특성이 변하지 아니하는 범위 안에서의 원산지가 다른 물품과의 혼합작업 • 가축의 도축작업

원산지 확인기준	실질적 변형기준	부가가치기준 및 가공공정기준	관세청장은 위 규정에 따라 6단위 품목번호의 변경만으로 본질적 특성을 부여하기에 충분한 정도의 실질적인 생산과정을 거친 것으로 인정하기 곤란한 품목에 대하여는 주요공정·부가가치 등을 고려하여 품목별로 원산지기준을 따로 정할 수 있음
수출입 금지			다음의 어느 하나에 해당하는 물품은 수출하거나 수입할 수 없음 • 헌법질서를 문란하게 하거나 공공의 안녕질서 또는 풍속을 해치는 서적·간행물·도화, 영화·음반·비디오물·조각물 또는 그 밖에 이에 준하는 물품 • 정부의 기밀을 누설하거나 첩보활동에 사용되는 물품 • 화폐·채권이나 그 밖의 유가증권의 위조품·변조품 또는 모조품
지식재산권 등의 보호 대상			다음의 어느 하나에 해당하는 지식재산권을 침해하는 물품은 수출하거나 수입할 수 없음 • 상표법에 따라 설정등록된 상표권 • 저작권법에 따른 저작권과 저작인접권(저작권 등) • 식물신품종 보호법에 따라 설정등록된 품종보호권 • 농산물품질관리법에 따라 등록되거나 조약·협정 등에 따라 보호대상으로 지정된 지리적표시권 또는 지리적표시(지리적표시권 등) • 특허법에 따라 설정등록된 특허권 • 디자인보호법에 따라 설정등록된 디자인권 • 방위산업기술 보호법에 따른 방위산업기술
통관의 보류			세관장은 다음의 어느 하나에 해당하는 경우에는 해당 물품의 통관을 보류할 수 있음 • 법 제241조 또는 제244조에 따른 수출·수입 또는 반송에 관한 신고서의 기재사항에 보완이 필요한 경우 • 법 제245조에 따른 제출서류 등이 갖추어지지 아니하여 보완이 필요한 경우 • 관세법에 따른 의무사항(대한민국이 체결한 조약 및 일반적으로 승인된 국제법규에 따른 의무 포함)을 위반하거나 국민보건 등을 해칠 우려가 있는 경우 • 법 제246조의3 제1항에 따른 안전성 검사가 필요한 경우 • 법 제246조의3 제1항에 따른 안전성 검사 결과 불법·불량·유해 물품으로 확인된 경우 • 「국세징수법」 제30조 및 「지방세징수법」 제39조의2에 따라 세관장에게 강제징수 또는 체납처분이 위탁된 해당 체납자가 수입하는 경우 • 그 밖에 관세법에 따라 필요한 사항을 확인할 필요가 있다고 인정하여 대통령령으로 정하는 경우(관세 관계 법령을 위반한 혐의로 고발되거나 조사를 받는 경우)

[7] 수출·수입 및 반송

수출·수입 또는 반송의 신고	물품을 수출·수입 또는 반송하려면 해당 물품의 품명·규격·수량 및 가격과 그 밖에 대통령령으로 정하는 다음의 사항을 세관장에게 신고하여야 함. 이때 수출·수입 또는 반송의 신고를 하고자 하는 자는 다음의 사항을 기재한 수출·수입 또는 반송의 신고서를 세관장에게 제출하여야 함 • 포장의 종류·번호 및 개수 • 목적지·원산지 및 선적지 • 원산지표시 대상물품인 경우에는 표시유무·방법 및 형태 • 상표 • 사업자등록번호·통관고유부호 및 해외공급자부호 또는 해외구매자부호 • 물품의 장치장소 • 물품의 모델 및 중량 • 품목분류표의 품목 번호 • 법 제226조에 따른 허가·승인·표시 또는 그 밖의 조건을 갖춘 것임을 증명하기 위하여 발급된 서류의 명칭

입항 전 수입신고	• 수입하려는 물품의 신속한 통관이 필요한 경우, 수입신고는 해당 물품을 적재한 선박이나 항공기가 입항된 후에만 할 수 있다는 원칙에도 불구하고, 대통령령으로 정하는 바에 따라 해당 물품을 적재한 선박이나 항공기가 입항하기 전에 수입신고를 할 수 있음
	• 입항 전 수입신고가 된 물품은 우리나라에 도착한 것으로 봄
	• 입항 전 수입신고는 해당 물품을 적재한 선박 또는 항공기가 그 물품을 적재한 항구 또는 공항에서 출항하여 우리나라에 입항하기 5일 전(항공기이 경우 1일 전)부터 할 수 있음
	• 다음의 어느 하나에 해당하는 물품은 해당 물품을 적재한 선박 등이 우리나라에 도착된 후에 수입신고하여야 함
	  – 세율이 인상되거나 새로운 수입요건을 갖추도록 요구하는 법령이 적용되거나 적용될 예정인 물품
	  – 수입신고하는 때와 우리나라에 도착하는 때의 물품의 성질과 수량이 달라지는 물품으로서 관세청장이 정하는 물품

제2과목 보세구역관리

📖 과목별 핵심 개념을 요약하여 시험 전에 꼭 알아야 하는 핵심 개념을 한눈에 확인할 수 있습니다.

[1] 보세구역관리

보세구역 종류	지정 보세구역	지정보세구역은 세관 또는 국가·지방자치단체 또는 공공단체시설 중에서 세관장이 지정한 구역으로서 지정장치장, 세관검사장으로 구분함
	특허 보세구역	특허보세구역은 민간인이 영리를 목적으로 하는 시설 중에서 신청에 의하여 세관장이 특허한 구역으로서 보세창고, 보세공장, 보세전시장, 보세건설장 및 보세판매장으로 구분함
	종합 보세구역	종합보세구역은 관세청장이 일정한 지역전체를 보세구역으로 지정한 곳으로서 외국물품을 통관하지 않은 상태에서 장치·보관·제조·전시·판매 등을 할 수 있는 구역을 말함
물품의 장치		• 외국물품 및 내국운송의 신고를 하려는 내국물품은 보세구역이 아닌 장소에 장치할 수 없음 • 다음의 물품은 예외로 함 　- 수출신고가 수리된 물품 　- 크기나 무게의 과다나 그 밖의 사유로 보세구역에 장치하기 곤란하거나 부적당한 물품 　- 재해 그 밖의 부득이한 사유로 임시로 장치한 물품 　- 검역물품 　- 압수물품 　- 우편물품
보세구역 외 장치허가		법 제155조 제1항 제2호에 해당하는 물품(크기나 무게의 과다나 그 밖의 사유로 보세구역에 장치하기 곤란하거나 부적당한 물품)을 보세구역이 아닌 장소에 장치하려는 자는 세관장의 허가를 받아야 함
보수작업		보수작업을 하려는 자는 세관장의 승인을 받아야 함 • 보수작업으로 외국물품에 부가된 내국물품은 외국물품으로 봄 • 외국물품은 수입될 물품의 보수작업의 재료로 사용할 수 없음
해체·절단 등의 작업		• 보세구역에 장치된 물품에 대하여는 그 원형을 변경하거나 해체·절단 등의 작업을 할 수 있음 • 보세구역에 장치된 물품에 대하여 해체·절단 등의 작업을 하려는 자는 세관장의 허가를 받아야 함
장치물품의 폐기		• 부패·손상 기타의 사유로 보세구역에 장치된 물품을 폐기하고자 하는 자는 세관장의 승인을 받아야 함

장치물품의 폐기	• 보세구역에 장치된 외국물품이 멸실되거나 폐기되었을 때에는 그 운영인이나 보관인으로부터 즉시 그 관세를 징수함. 다만, 재해나 그 밖의 부득이한 사유로 멸실된 때와 미리 세관장의 승인을 받아 폐기한 때에는 예외로 함
견본품 반출	보세구역에 장치된 외국물품의 전부 또는 일부를 견본품으로 반출하고자 하는 자는 세관장의 허가를 받아야 함

지정보세구역	세관장은 다음에 해당하는 자가 소유 또는 관리하는 토지·건물 기타의 시설을 지정보세구역으로 지정할 수 있음 • 국가 • 지방자치단체 • 공항시설 또는 항만시설을 관리하는 법인	
	지정장치장	• 지정장치장은 통관을 하려는 물품을 일시 장치하기 위한 장소로서 세관장이 지정하는 구역 • 지정장치장에 물품을 장치하는 기간은 6개월의 범위에서 관세청장이 정함. 다만, 관세청장이 정하는 기준에 따라 세관장은 3개월의 범위에서 그 기간을 연장할 수 있음
	세관검사장	• 세관검사장은 통관을 하려는 물품을 검사하기 위한 장소로서 세관장이 지정하는 지역

특허보세구역	• 특허보세구역을 설치·운영하고자 하는 자는 세관장의 특허를 받아야 함 • 기존의 특허를 갱신하려는 경우에도 동일함	
특허기간	• 특허보세구역(보세전시장, 보세건설장, 보세판매장 제외)의 특허기간은 10년의 범위 내에서 신청인이 신청한 기간으로 함 • 특허기간 원칙에도 불구하고 보세전시장, 보세건설장, 보세판매장의 특허기간은 다음의 구분에 따름	
	보세전시장	해당 박람회 등의 기간을 고려하여 세관장이 정하는 기간
	보세건설장	해당 건설공사의 기간을 고려하여 세관장이 정하는 기간
	보세판매장	10년의 범위 내(갱신의 경우에는 5년의 범위 내)에서 해당 보세구역의 특허(갱신) 신청기간

장치기간	보세창고	• 외국물품(정부비축용 물품 등은 제외) : 1년의 범위에서 관세청장이 정하는 기간. 다만, 세관장이 필요하다고 인정하는 경우에는 1년의 범위에서 그 기간을 연장할 수 있음 • 내국물품(정부비축용 물품 등은 제외) : 1년의 범위에서 관세청장이 정하는 기간 • 정부비축용물품, 정부와의 계약이행을 위하여 비축하는 방위산업용물품, 장기간 비축이 필요한 수출용원재료와 수출품보수용 물품으로서 세관장이 인정하는 물품, 국제물류의 촉진을 위하여 관세청장이 정하는 물품 : 비축에 필요한 기간

장치기간	그 밖의 특허보세구역	• 해당 특허보세구역의 특허기간
물품반입 등의 정지		세관장은 특허보세구역의 운영인이 다음의 어느 하나에 해당하는 경우에는 관세청장이 정하는 바에 따라 6개월의 범위에서 해당 특허보세구역에의 물품반입 또는 보세건설·보세판매·보세전시 등(물품반입 등)을 정지시킬 수 있음 • 장치물품에 대한 관세를 납부할 자금능력이 없다고 인정되는 경우 • 본인이나 그 사용인이 관세법 또는 관세법에 따른 명령을 위반한 경우 • 해당 시설의 미비 등으로 특허보세구역의 설치 목적을 달성하기 곤란하다고 인정되는 경우 • 보세공장에 대한 재고조사 결과 원자재소요량 관리가 적정하지 않은 경우 • 1년 동안 계속하여 물품의 반입·반출 실적이 없거나, 6개월 이상 보세작업을 하지 않은 경우 • 운영인이 최근 1년 이내에 법에 따른 절차 등을 위반한 경우 등 관세청장이 정하는 사유에 해당하는 경우
특허의 취소		세관장은 특허보세구역의 운영인이 다음의 어느 하나에 해당하는 경우에는 그 특허를 취소할 수 있음. 다만, ①, ②, ⑤에 해당하는 경우에는 특허를 취소하여야 함 ① 거짓이나 그 밖의 부정한 방법으로 특허를 받은 경우 ② 법 제175조 각 호의 어느 하나에 해당하게 된 경우. 다만, 제175조 제8호에 해당하는 경우로서 같은 조 제2호 또는 제3호에 해당하는 사람을 임원으로 하는 법인이 3개월 이내에 해당 임원을 변경한 경우에는 그러하지 아니하다. ③ 1년 이내에 3회 이상 물품반입 등의 정지처분(물품반입 등의 정지처분을 갈음한 과징금 부과처분 포함)을 받은 경우 ④ 2년 이상 물품의 반입실적이 없어서 세관장이 특허보세구역의 설치 목적을 달성하기 곤란하다고 인정하는 경우 ⑤ 법 제177조의2(특허보세구역 운영인의 명의대여 금지)를 위반하여 명의를 대여한 경우
특허의 효력 상실		특허보세구역의 설치·운영에 관한 특허는 다음의 어느 하나에 해당하면 그 효력을 상실함 • 운영인이 특허보세구역을 운영하지 아니하게 된 경우 • 운영인이 해산하거나 사망한 경우 • 특허기간이 만료한 경우 • 특허가 취소된 경우
보세창고		• 보세창고에는 외국물품이나 통관을 하려는 물품을 장치함 • 운영인은 미리 세관장에게 신고를 하고 물품의 장치에 방해되지 아니하는 범위에서 보세창고에 내국물품을 장치할 수 있음 • 동일한 보세창고에 장치되어 있는 동안 수입신고가 수리된 물품은 신고 없이 계속하여 장치할 수 있음 • 운영인은 보세창고에 1년(동일한 보세창고에 장치되어 있는 동안 수입신고가 수리된 물품은 6개월) 이상 계속하여 내국물품만을 장치하려면 세관장의 승인을 받아야 함

보세공장	• 보세공장에서는 외국물품을 원료 또는 재료로 하거나 외국물품과 내국물품을 원료 또는 재료로 하여 제조·가공하거나 그 밖에 이와 비슷한 작업을 할 수 있음 • 보세공장에서 보세작업을 하기 위하여 반입되는 원료 또는 재료(보세공장 원재료)는 다음에 해당하는 것을 말함. 다만, 기계·기구 등의 작동 및 유지를 위한 연료, 윤활유 등 제품의 생산·수리·조립·검사·포장 및 이와 유사한 작업에 간접적으로 투입되어 소모되는 물품은 제외함 – 해당 보세공장에서 생산하는 제품에 물리적 또는 화학적으로 결합되는 물품 – 해당 보세공장에서 생산하는 제품을 제조·가공하거나 이와 비슷한 공정에 투입되어 소모되는 물품 – 해당 보세공장에서 수리·조립·검사·포장 및 이와 유사한 작업에 직접적으로 투입되는 물품
보세전시장	• 보세전시장에서는 박람회, 전람회, 견본품 전시회 등의 운영을 위하여 외국물품을 장치·전시하거나 사용할 수 있음 • 박람회 등의 운영을 위한 외국물품의 사용에는 다음의 행위가 포함되는 것으로 함 – 해당 외국물품의 성질 또는 형상에 변경을 가하는 행위 – 해당 박람회의 주최자·출품자 및 관람자가 그 보세전시장 안에서 소비하는 행위 • 보세전시장에 장치된 판매용 외국물품은 수입신고가 수리되기 전에는 이를 사용하지 못함 • 보세전시장에 장치된 전시용 외국물품을 현장에서 직매하는 경우 수입신고가 수리되기 전에는 이를 인도하여서는 안 됨
보세건설장	• 보세건설장에 반입할 수 있는 물품은 외국물품 및 이와 유사한 물품으로서 해당 산업시설의 건설에 필요하다고 세관장이 인정하는 물품에 한함 • 운영인은 보세건설장에 외국물품을 반입하였을 때에는 사용 전에 해당 물품에 대하여 수입신고를 하고 세관공무원의 검사를 받아야 함 • 보세건설장의 운영인은 사용 전 수입신고를 한 물품을 사용한 건설공사가 완료된 때에는 지체 없이 이를 세관장에게 보고하여야 함 • 운영인은 보세건설장에서 건설된 시설을 법 제248조에 따른 수입신고가 수리되기 전에 가동하여서는 안 됨 • 만약 보세건설장에서 건설된 시설을 수입신고가 수리되기 전에 가동된 경우 신고납부 규정에도 불구하고 세관장이 관세를 부과 징수함
보세판매장	• 보세판매장에서는 다음의 어느 하나에 해당하는 조건으로 물품을 판매할 수 있음 – 해당 물품을 외국으로 반출할 것. 다만, 외국으로 반출하지 아니하더라도 대통령령으로 정하는 바에 따라 외국에서 국내로 입국하는 자에게 물품을 인도하는 경우에는 해당 물품을 판매할 수 있음 – 법 제88조 제1항 제1호부터 제4호까지의 규정에 따라 관세의 면제를 받을 수 있는 자가 해당 물품을 사용할 것

보세판매장	• 보세판매장에는 출국장 및 입국장 면세매점, 외교관 면세매점, 시내 면세매점, 귀금속류 면세매점 등이 있음
종합보세구역	• 관세청장은 직권으로 또는 관계 중앙행정기관의 장이나 지방자치단체의 장, 그 밖에 종합보세구역을 운영하려는 자(지정요청자)의 요청에 따라 무역진흥에의 기여 정도, 외국물품의 반입·반출 물량 등을 고려하여 일정한 지역을 종합보세구역으로 지정할 수 있음 • 종합보세구역은 다음의 어느 하나에 해당하는 지역으로서 관세청장이 종합보세구역으로 지정할 필요가 있다고 인정하는 지역을 그 지정대상으로 함 　- 「외국인투자촉진법」에 의한 외국인투자지역 　- 「산업입지 및 개발에 관한 법률」에 의한 산업단지 　- 「유통산업발전법」에 의한 공동집배송센터 　- 「물류시설의 개발 및 운영에 관한 법률」에 따른 물류단지 　- 기타 종합보세구역으로 지정됨으로써 외국인투자촉진·수출증대 또는 물류촉진 등의 효과가 있을 것으로 예상되는 지역 • 종합보세구역에서 종합보세기능을 수행하려는 자는 그 기능을 정하여 세관장에게 종합보세사업장의 설치·운영에 관한 신고를 하여야 함 • 종합보세구역에 반입한 물품의 장치기간은 제한하지 아니함 • 관세청장은 종합보세구역에 반입·반출되는 물량이 감소하거나 그 밖에 대통령령으로 정하는 다음의 사유로 종합보세구역을 존속시킬 필요가 없다고 인정될 때에는 종합보세구역의 지정을 취소할 수 있음 　- 종합보세구역의 지정요청자가 지정취소를 요청한 경우 　- 종합보세구역의 지정요건이 소멸한 경우 • 세관장은 종합보세사업장의 운영인이 다음의 어느 하나에 해당하는 경우에는 6개월의 범위에서 운영인의 종합보세기능의 수행을 중지시킬 수 있음 　- 운영인이 법 제202조 제1항에 따른 설비의 유지의무를 위반한 경우 　- 운영인이 수행하는 종합보세기능과 관련하여 반입·반출되는 물량이 감소하는 경우 　- 1년 동안 계속하여 외국물품의 반입·반출 실적이 없는 경우

제3과목 화물관리

📖 과목별 핵심 개념을 요약하여 시험 전에 꼭 알아야 하는 핵심 개념을 한눈에 확인할 수 있습니다.

[1] 보세화물 관리에 관한 고시

보세화물 분류기준	• 선사는 화주 또는 그 위임을 받은 자가 운영인과 협의하여 정하는 장소에 보세화물을 장치하는 것을 원칙으로 함 • 화주 또는 그 위임을 받은 자가 장치장소에 대한 별도의 의사표시가 없는 경우에는 다음과 같음 　- Master B/L화물은 선사가 선량한 관리자로서 장치장소를 결정함 　- House B/L화물은 화물운송주선업자가 선량한 관리자로서 선사 및 보세구역 운영인과 협의하여 장치장소를 결정함 • 보세화물의 장치장소를 정할 때에 화물운송주선업자가 선량한 관리자로서의 의무를 다하지 못할 경우에는 다음의 어느 하나를 장치장소로 함 　- 세관지정장치장 　- 세관지정 보세창고 • 다음의 어느 하나에 해당하는 물품은 아래에서 정하는 바에 따름

입항 전 또는 하선(기) 전에 수입신고가 되거나 보세운송신고가 된 물품	보세구역에 반입함이 없이 부두 또는 공항 내에서 보세운송 또는 통관절차와 검사절차를 수행하도록 하여야 함
위험물, 보온·보냉물품, 검역대상물품, 귀금속 등	해당 물품을 장치하기에 적합한 요건을 갖춘 보세구역에 장치하여야 하며, 식품류는 별도의 보관기준을 갖춘 보세구역에 장치하여야 함
보세창고, 보세공장, 보세전시장, 보세판매장에 반입할 물품	특허 시 세관장이 지정한 장치물품의 범위에 해당하는 물품만 해당 보세구역에 장치함
보세구역 외 장치의 허가를 받은 물품	그 허가를 받은 장소에 장치함
수입고철(비금속설을 포함)	고철전용장치장에 장치하는 것을 원칙으로 함

멸실신고	• 보세구역에 장치된 외국물품이 멸실된 때에는 운영인, 화물관리인 또는 보관인은 품명, 규격·수량 및 장치장소, 멸실 연월일과 멸실 원인 등을 기재한 신고서를 세관장에게 제출하여야 함 • 신고를 받은 화물관리 세관공무원은 신고 내용 및 현품을 확인한 후 결과를 세관화물정보시스템에 등록하여야 함

[2] 보세화물 장치기간 및 체화관리에 관한 고시

장치기간	• 관세법 제169조에 따른 지정장치장 반입물품의 장치기간은 6개월로 함. 다만, 부산항·인천항·인천공항·김해공항 항역 내의 지정장치장으로 반입된 물품의 장치기간은 2개월로 하며, 세관장이 필요하다고 인정할 때에는 2개월의 범위에서 그 기간을 연장할 수 있음
	• 관세법 제155조 제1항 제1호부터 제3호까지에 해당하는 물품의 장치기간은 「보세화물관리에 관한 고시」 제8조 제1항에 따라 세관장이 허가한 기간(연장된 기간을 포함)으로 함
	• 관세법 제206조에 따른 여행자 또는 승무원의 휴대품으로서 유치 또는 예치된 물품 및 습득물 중 유치물품 및 습득물의 장치기간은 1개월로 하며, 예치물품의 장치기간은 예치증에 기재된 출국예정시기에 1개월을 가산한 기간으로 함. 다만, 유치물품은 화주의 요청이 있거나 세관장이 필요하다고 인정하는 경우 1개월의 범위에서 그 기간을 연장할 수 있음
	• 관세법 제183조에 따른 보세창고 반입물품의 장치기간은 6개월로 하되 세관장이 필요하다고 인정할 때에는 6개월의 범위에서 그 기간을 연장할 수 있음. 다만, 다음에 해당하는 물품의 장치기간은 비축에 필요한 기간으로 함
	  - 정부비축물품
	  - 정부와의 계약이행을 위하여 비축하는 방위산업용품
	  - 장기간 비축이 필요한 수출용원재료 및 수출품 보수용 물품
	  - 국제물류촉진을 위하여 장기간 장치가 필요한 물품(LME, BWT 등)으로서 세관장이 인정하는 물품
	• 관세법 제183조에 따른 보세창고 반입물품의 장치기간은 6개월로 하되 세관장이 필요하다고 인정할 때에는 6개월의 범위에서 그 기간을 연장할 수 있으나, 다음의 어느 하나에 해당하는 물품은 그 구분에 따르며 세관장이 필요하다고 인정할 때에는 2개월의 범위에서 그 기간을 연장할 수 있음
	  - 인천공항 및 김해공항 항역 내 보세창고(자가용보세창고 제외) → 2개월
	  - 부산항 부두 내 보세창고와 부두 밖 컨테이너전용 보세창고(CFS 포함) → 2개월
	  - 인천항 부두 내 보세창고와 부두 밖 컨테이너전용 보세창고(CFS 포함) → 2개월
	• 아래 물품의 장치기간은 특허기간으로 함
	  - 관세법 제185조에 따른 보세공장 반입물품
	  - 관세법 제190조에 따른 보세전시장 반입물품
	  - 관세법 제191조에 따른 보세건설장 반입물품
	  - 관세법 제196조에 따른 보세판매장 반입물품

반출통고의 주체, 대상 및 내용	• 보세전시장, 보세건설장, 보세판매장, 보세공장, 보세구역 외 장치장, 자가용 보세창고에 반입한 물품에 대해서는 관할세관장이 화주나 반입자 또는 그 위임을 받은 자(화주 등)에게 반출통고함 • 영업용보세창고에 반입한 물품의 반출통고는 보세구역 운영인이 화주 등에게 하며, 지정장치장에 반입한 물품의 반출통고는 화물관리인이 화주 등에게 하여야 함

반출통고 목록보고	• 보세구역 장치물품에 대해 반출통고를 한 보세구역 운영인(지정장치장의 경우 화물관리인)은 반출통고 목록(화주내역과 화물관리번호를 포함)을 세관화물정보시스템을 통하여 관세법 제327조 제1항에 따른 전자신고 등으로 관할세관장에게 전송하여야 함 • 화주내역은 한글로 입력하여야 함. 다만, 한글로 입력할 수 없는 불가피한 사유가 있는 경우에는 영문 등으로 입력할 수 있음 • 보세구역 운영인 또는 화물관리인은 여행자휴대품 등 화물관리번호가 생성되지 않는 보세화물에 대하여는 체화카드를 작성하여 장치기간 만료일부터 5일 이내에 세관장에게 제출하여야 하며, 세관장은 체화카드에 의하여 체화처리를 진행함
매각처분 보류요청	• 매각처분을 보류하려는 자는 장치기간 경과물품 매각처분 보류신청(승인)서에 다음의 서류를 첨부하여 세관장에게 제출하고 입찰 전까지 그 승인을 받아야 함 　- 사유서 　- 송품장 등 화주임을 증명하는 서류 　- 그 밖에 세관장이 사실 확인을 위하여 필요하다고 인정하는 서류 • 매각처분 보류요청을 받은 세관장은 수출입 또는 반송할 것이 확실하다고 인정하는 경우에만 4개월의 범위에서 필요한 기간을 정하여 매각처분을 보류할 수 있으며, 매각처분 보류결정을 한 경우에는 세관화물정보시스템에 공매보류등록을 하여야 함
긴급공매	세관장은 다음의 어느 하나에 해당하는 물품에 대하여는 장치기간 경과 전이라도 공고한 후 매각할 수 있으며, 급박하여 공고할 여유가 없다고 판단되는 경우에는 매각한 후 공고할 수 있음 • 살아있는 동식물이나 부패하거나 부패할 우려가 있는 것 • 창고나 다른 외국물품을 해할 우려가 있는 것 • 기간경과로 실용가치가 없어지거나 현저히 감소할 우려가 있는 것 • 지정장치장·보세창고·보세구역 외 장치장에 반입되어 반입일부터 30일 이내에 수입신고되지 못한 물품으로서 화주의 요청이 있는 물품
낙찰취소	• 세관장은 다음의 어느 하나에 해당하는 사유가 발생한 때에는 해당 낙찰을 취소할 수 있음 　① 낙찰자가 지정된 기일까지 대금잔액을 납입하지 않는 경우 　② 낙찰자가 특별한 사유 없이 공매조건을 이행하지 않는 경우 　③ 공매낙찰 전에 해당 물품이 수출, 반송 또는 수입신고 수리가 된 경우 　④ 착오로 인하여 예정가격, 공매조건 등의 결정에 중대하고 명백한 하자가 있는 경우 • 낙찰이 취소된 경우에는 해당 물품에 대한 입찰보증금은 환불하지 아니함. 다만, 위 ③, ④에 해당하는 사유로 낙찰을 취소하거나 그 밖에 낙찰자의 책임으로 돌릴 수 없는 명백한 사유가 있는 경우에는 그러하지 아니함
수의계약	• 세관장은 다음의 어느 하나에 해당하는 경우에만 수의계약할 수 있음 　① 2회 이상 경쟁입찰에 붙여도 매각되지 아니한 경우(단독 응찰한 경우를 포함)로서 다음 회의 입찰에 체감될 예정가격 이상의 응찰자가 있을 때

수의계약	② 공매절차가 종료된 물품을 국고귀속 예정통고 전에 최종예정가격 이상의 가격으로 매수하려는 자가 있을 때 ③ 부패, 손상, 변질 등의 우려가 있는 물품으로서 즉시 매각되지 아니하면 상품가치가 저하될 우려가 있을 때 ④ 1회 공매의 매각예정가격이 50만 원 미만인 때 ⑤ 경쟁입찰 방법으로 매각함이 공익에 반하는 때 • 위 ①에 따라 수의계약을 할 수 있는 자로서 그 체결에 응하지 아니하는 자는 해당 물품에 대한 다음 회 이후의 경쟁입찰에 참가할 수 없음
물품반출	• 체화가 매각처분되어 반출되는 경우 낙찰자는 낙찰대금 수납증명서 사본을 세관장에게 제출하고, 세관장은 세관화물정보시스템의 공매반출승인등록 화면을 통하여 즉시 공매반출승인 등록을 함 • 보세구역 운영인은 공매물품의 반출신고를 관세법 제327조에 따른 전자신고 등으로 전송하고 세관화물정보시스템을 통하여 공매반출승인을 확인한 후 해당 물품을 낙찰자에게 인도함 • 세관장이 수출하거나 외화를 받고 판매하는 조건으로 매각된 물품에 대하여 공매반출승인 등록을 하려는 때에는 반드시 수출신고수리내역 등을 확인하여야 하며, 실제 선적 여부 등에 대하여 사후관리하여야 함
국고귀속의 보류	• 세관장은 다음의 어느 하나에 해당하는 물품에 대하여 국고귀속 조치를 보류할 수 있음 - 국가기관(지방자치단체 포함)에서 수입하는 물품 • 「공공기관의 운영에 관한 법률」 제5조에 따른 공기업, 준정부기관, 그 밖의 공공기관에서 수입하는 물품으로서 국고귀속 보류요청이 있는 물품 • 관세법 위반으로 조사 중인 물품 • 이의신청, 심판청구, 소송 등 쟁송이 제기된 물품 • 특수용도에만 한정되어 있는 물품으로서 국고귀속 조치 후에도 공매낙찰 가능성이 없는 물품 • 국고귀속 조치를 할 경우 인력과 예산부담을 초래하여 국고에 손실이 야기된다고 인정되는 물품 • 부패, 손상, 실용시효가 경과하는 등 국고귀속의 실익이 없다고 인정되는 물품 • 그 밖에 세관장이 국고귀속을 하지 아니하는 것이 타당하다고 인정되는 물품

[3] 보세화물 입출항 하선 하기 및 적재에 관한 고시

적재화물목록 정정신청	적재화물목록 정정신청은 다음의 어느 하나에서 정하는 기간 내에 신청할 수 있음. 다만, B/L양수도 및 B/L분할·합병의 경우에는 기간을 제한하지 아니함 • 하선결과 보고서 및 반입결과 이상보고서가 제출된 물품 → 보고서 제출일로부터 15일 이내

적재화물목록 정정신청	• 특수저장시설에 장치를 요하는 냉동화물 등을 하선과 동시에 컨테이너 적입작업을 하는 경우 → 작업완료 다음 날까지(검수 또는 세관 직원의 확인을 받은 협정서를 첨부해야 함) • 그 밖의 사유로 적재화물목록을 정정하려는 경우 → 선박 입항일로부터 60일 이내
적재화물목록 정정생략	적재화물목록상의 물품과 실제 물품이 다음의 어느 하나에 해당하는 때에는 적재화물목록 정정신청을 생략할 수 있음 • 벌크화물(예 광물, 원유, 곡물, 염, 원피 등)로서 그 중량의 과부족이 5% 이내인 경우 • 용적물품(예 원목 등)으로서 그 용적의 과부족이 5% 이내인 경우 • 포장파손이 용이한 물품(예 비료, 설탕, 시멘트 등) 및 건습에 따라 중량의 변동이 심한 물품(예 펄프, 고지류 등)으로서 그 중량의 과부족이 5% 이내인 경우 • 포장단위 물품으로서 중량의 과부족이 10% 이내이고 포장상태에 이상이 없는 경우 • 적재화물목록 이상사유가 오탈자 등 단순기재오류로 확인되는 경우

하선장소 물품반입	• 하선신고를 한 자는 입항일(외항에서 입항수속을 한 경우 접안일)로부터 다음의 어느 하나에 해당하는 기간 내에 해당물품을 하선장소에 반입해야 함
	  – 컨테이너화물 → 5일
	  – 원목, 곡물, 원유 등 벌크화물 → 10일
	• 하선장소를 관리하는 보세구역 운영인은 해당 보세구역을 하선장소로 지정한 물품에 한해 해당 물품의 반입 즉시 House B/L단위로 세관장에게 전자문서로 물품반입신고를 해야 하며, 창고 내에 물품이 입고되는 과정에서 실물이 적재화물목록상의 내역과 상이함을 발견하였을 때에는 반입사고화물로 분류하여 신고해야 함. 다만, 다음의 어느 하나에 해당하는 물품은 Master B/L단위로 반입신고를 할 수 있음
	  – Master B/L단위의 FCL화물
	  – LCL화물로서 해당 하선장소 내의 CFS 내에서 컨테이너 적출 및 반입작업하지 아니하는 물품

[4] 보세운송

보세운송 구간	외국물품은 다음의 장소 간에 한정하여 외국물품 그대로 운송할 수 있음. 다만, 수출신고가 수리된 물품은 해당 물품이 장치된 장소에서 다음의 장소로 운송할 수 있음 • 국제항 • 보세구역 • 법 제156조(보세구역 외 장치허가)에 따라 허가된 장소 • 세관관서 • 통관역 • 통관장 • 통관우체국

보세운송
신고 및 승인
	• 보세운송을 하려는 자는 관세청장이 정하는 바에 따라 세관장에게 보세운송의 신고를 하여야 함
	• 물품의 감시 등을 위하여 필요하다고 인정하여 대통령령으로 정하는 다음의 물품을 보세운송하는 경우에는 세관장의 승인을 받아야 함. 다만, 다음의 물품 중 관세청장이 보세운송승인대상으로 하지 아니하여도 화물관리 및 불법 수출입의 방지에 지장이 없다고 판단하여 정하는 물품에 대하여는 신고만으로 보세운송할 수 있음
	  – 보세운송된 물품 중 다른 보세구역 등으로 재보세운송하고자 하는 물품
	  – 「검역법」·「식물방역법」·「가축전염병예방법」 등에 따라 검역을 요하는 물품
	  – 「위험물안전관리법」에 따른 위험물
	  – 「유해화학물질관리법」에 따른 유해화학물질
	  – 비금속설
	  – 화물이 국내에 도착된 후 최초로 보세구역에 반입된 날부터 30일이 경과한 물품
	  – 통관이 보류되거나 수입신고수리가 불가능한 물품
	  – 법 제156조의 규정에 의한 보세구역 외 장치허가를 받은 장소로 운송하는 물품
	  – 귀석·반귀석·귀금속·한약재·의약품·향료 등과 같이 부피가 작고 고가인 물품
	  – 화주 또는 화물에 대한 권리를 가진 자가 직접 보세운송하는 물품
	  – 법 제236조의 규정에 의하여 관세청장이나 세관장에 의하여 통관지가 제한되는 물품
	  – 적재화물목록상 동일한 화주의 선하증권 단위의 물품을 분할하여 보세운송하는 경우 그 물품
	  – 불법 수출입의 방지 등을 위하여 세관장이 지정한 물품
	  – 법 및 법에 의한 세관장의 명령을 위반하여 관세범으로 조사를 받고 있거나 기소되어 확정판결을 기다리고 있는 보세운송업자등이 운송하는 물품

보세운송 신고인	보세운송의 신고 또는 승인신청은 다음의 어느 하나에 해당하는 자의 명의로 하여야 함 • 화주. 다만, 환적화물의 경우에는 그 화물에 대한 권리를 가진 자 • 관세법 제222조에 따라 등록한 보세운송업자 • 관세사법에 따른 관세사·관세법인 또는 통관취급법인(관세사 등) • 관세법 제220조의2에 따라 보세운송 할 수 있는 선박회사
간이보세운송	세관장은 보세운송을 하려는 물품의 성질과 형태, 보세운송업자의 신용도 등을 고려하여 관세청장이 정하는 바에 따라 보세운송업자나 물품을 지정하여 다음의 조치를 할 수 있음 • 법 제213조 제2항에 따른 보세운송신고절차의 간소화 • 법 제213조 제3항에 따른 보세운송 물품 검사의 생략 • 법 제218조에 따른 보세운송 담보 제공의 면제
등록대상인 보세운송업자 등	• 보세운송업자 • 보세화물을 취급하려는 자로서 다른 법령에 따라 화물운송의 주선을 업으로 하는 자 (화물운송주선업자) • 국제무역선·국제무역기 또는 국경출입차량에 물품을 하역하는 것을 업으로 하는 자

등록대상인 보세운송업자 등	• 국제무역선·국제무역기 또는 국경출입차량에 다음의 어느 하나에 해당하는 물품 등을 공급하는 것을 업으로 하는 자 　- 선박용품 　- 항공기용품 　- 차량용품 　- 선박·항공기 또는 철도차량 안에서 판매할 물품 　- 용역 • 국제항 안에 있는 보세구역에서 물품이나 용역을 제공하는 것을 업으로 하는 자 • 국제무역선·국제무역기 또는 국경출입차량을 이용하여 상업서류나 그 밖의 견본품 등을 송달하는 것을 업으로 하는 자 • 구매대행업자 중 대통령령으로 정하는 자
등록의 유효기간 등	• 등록의 유효기간은 3년으로 하되, 대통령령으로 정하는 바에 따라 갱신할 수 있음 • 등록의 유효기간을 갱신하려는 자는 등록갱신신청서를 기간만료 1개월 전까지 관할지 세관장에게 제출하여야 함
등록요건	보세운송업자 등은 다음의 요건을 갖춘 자이어야 함 • 법 제175조(운영인의 결격사유) 각 호의 어느 하나에 해당하지 아니할 것 • 「항만운송사업법」 등 관련 법령에 따른 면허·허가·지정 등을 받거나 등록을 하였을 것 • 관세 및 국세의 체납이 없을 것 • 보세운송업자 등의 등록이 취소된 후 2년이 지났을 것

제4과목 수출입안전관리

[1] 운송수단

국제항	국제항이란 국내의 항구 또는 공항 중에서 국제무역선(기)이 자유로이 출입할 수 있는 항구, 공항으로서 대통령령이 지정한 항구 또는 공항을 말하며 국제항의 항계는 항만법 시행령 [별표 1]에 따른 항만의 수상구역 또는 공항시설법에 의한 범위로 함
국제항의 현황	**항구**: 인천항, 부산항, 마산항, 여수항, 목포항, 군산항, 제주항, 동해·묵호항, 울산항, 통영항, 삼천포항, 장승포항, 포항항, 장항항, 옥포항, 광양항, 평택·당진항, 대산항, 삼척항, 진해항, 완도항, 속초항, 고현항, 경인항, 보령항 **공항**: 인천공항, 김포공항, 김해공항, 제주공항, 청주공항, 대구공항, 무안공항, 양양공항
국제항의 지정 요건	• 「선박의 입항 및 출항 등에 관한 법률」 또는 「공항시설법」에 의하여 국제무역선(기) 이상 시 입출항할 수 있을 것 • 국내선과 구분되는 국제선 전용통로 및 그 밖에 출입국업무를 처리하는 행정기관의 업무수행에 필요한 시설·장비를 확보할 수 있을 것 • 공항의 경우에는 중형기급 정기여객기가 주 6회 이상 입항하거나 입항할 것으로 예상될 것 또는 여객기로 입국하는 여객 수가 연간 4만 명 이상일 것, 항구의 경우에는 국제무역선이 5천 톤급 이상의 선박이 연간 50회 이상 입항하거나 입항할 것으로 예상될 것
입항보고	국제무역선이나 국제무역기가 국제항(국제항 이외의 출입허가지역 포함)에 입항하였을 때에는 선장이나 기장은 대통령령이 정하는 사항이 적힌 선박용품 또는 항공기용품의 목록, 여객명부, 승무원명부, 승무원 휴대품목록과 적재화물목록을 첨부하여 세관장에게 입항보고를 하여야 함
출항허가	국제무역선이나 국제무역기가 국제항을 출항하려면 선장이나 기장은 출항하기 전에 세관장에게 출항허가를 받아야 함

[2] 수출입 안전관리 우수 공인업체(AEO : Authorized Economic Operator) 제도

AEO 상호인정약정 (MRA)	• AEO 상호인정약정이란 일국의 AEO 공인업체가 상대국 세관에서도 상대국 AEO 공인업체와 동등한 수준의 혜택을 받도록 하는 약정을 말함 • 체결 절차는 ① 공인기준 비교 → ② 상호방문 합동심사 → ③ 운영절차 협의 → ④ 최고 정책결정권자 서명의 순서로 진행됨

AEO 상호인정약정 (MRA)	2024년 12월 기준으로 우리나라의 경우에는 총 25개국과 MRA를 체결·발효하였고, 그 세부 현황은 다음과 같음 • 캐나다('10), 싱가포르('10), 미국('10), 일본('11), 뉴질랜드('11), 중국('13), 홍콩('14), 멕시코('14), 튀르키예('14), 이스라엘('15), 도미니카공화국('15), 인도('15), 대만('15), 태국('16), 호주('17), 아랍에미리트('17), 말레이시아('17), 페루('17), 우루과이('17), 카자흐스탄('19), 몽골('19), 인도네시아('20), 사우디아라비아('23), 영국('24), 베트남('24)
수출입 안전 관리 기준	•「관세법」,「자유무역협정의 이행을 위한 관세법의 특례에 관한 법률」,「대외무역법」등 수출입에 관련된 법령을 성실하게 준수하였을 것 • 관세 등 영업활동과 관련한 세금을 체납하지 않는 등 재무 건전성을 갖출 것 • 수출입물품의 안전한 관리를 확보할 수 있는 운영시스템, 거래업체, 운송수단 및 직원교육체계 등을 갖출 것 • 그 밖에 세계관세기구에서 정한 수출입 안전관리에 관한 표준 등을 반영하여 관세청장이 정하는 기준을 갖출 것
공인 신청	수출입 안전관리 우수업체로 공인받으려는 자는 신청서에 다음의 서류를 첨부하여 관세청장에게 제출하여야 함 • 자체 안전관리 평가서 • 안전관리 현황 설명서 • 그 밖에 업체의 안전관리 현황과 관련하여 관세청장이 정하는 서류
공인증서의 교부	관세청장은 안전관리 기준을 충족하는지 여부를 심사하고 이를 충족하는 업체에 대해 공인증서를 교부하여야 함
통관절차 및 관세 행정상의 혜택 제공	• 관세청장은 수출입 안전관리 우수업체로 공인된 업체에 통관절차 및 관세행정상의 혜택으로서 대통령령으로 정하는 사항을 제공할 수 있음 • 통관절차상의 혜택이란 수출입 물품에 대한 검사의 완화 또는 수출입 신고 및 납부 절차의 간소화를 말하며 그 세부내용은 관세청장이 정함
공인의 취소	관세청장은 수출입 안전관리 우수 공인업체가 다음의 어느 하나에 해당하는 경우에는 공인을 취소할 수 있음 • 안전관리 기준을 충족하지 못하게 되는 경우 • 공인 심사요청을 거짓으로 한 경우

[3] 수출입 안전관리 우수업체 공인 및 운영에 관한 고시

공인부문	수출입 안전관리 우수업체(AEO : Authorized Economic Operator)로 공인을 신청할 수 있는 자는 다음과 같음 • 관세법 제241조에 따른 수출자(수출부문) • 관세법 제241조에 따른 수입자(수입부문)

공인부문	• 관세사법 제2조 또는 제3조에 따른 통관업을 하는 관세사 등(관세사부문) • 관세법 제2조 제16호에 해당하는 운영인 또는 관세법 제172조에 따른 지정장치장의 화물을 관리하는 화물관리인(보세구역운영인부문) • 관세법 제222조 제1항 제1호에 해당하는 보세운송업자(보세운송업부문) • 관세법 제222조 제1항 제2호에 해당하는 화물운송주선업자 및 제6호에 해당하는 국제무역선·국제무역기 또는 국경출입차량을 이용하여 상업서류나 그 밖의 견본품 등을 송달하는 것을 업으로 하는 자(화물운송주선업부문) • 관세법 제222조 제1항 제3호에 해당하는 국제무역선·국제무역기 또는 국경출입차량에 물품을 하역하는 것을 업으로 하는 자(하역업부문) • 관세법 제2조 제6호에 따른 국제무역선을 소유하거나 운항하여 관세법 제225조에 따른 보세화물을 취급하는 선박회사(선박회사부문) • 관세법 제2조 제7호에 따른 국제무역기를 소유하거나 운항하여 관세법 제225조에 따른 보세화물을 취급하는 항공사(항공사부문)
공인 기준	**법규준수**: 관세법, 「자유무역협정의 이행을 위한 관세법의 특례에 관한 법률」(자유무역협정관세법), 「대외무역법」 및 「외국환거래법」 등 수출입 관련 법령을 성실하게 준수하였을 것 **내부통제시스템**: 수출입신고 등의 적정성을 유지하기 위한 기업의 영업활동, 신고 자료의 흐름 및 회계처리 등과 관련하여 부서간 상호 의사소통 및 통제 체제를 갖출 것 **재무건전성**: 관세 등 영업활동과 관련한 세금을 체납하지 않는 등 재무 건전성을 갖출 것 **안전관리**: 수출입물품의 안전한 관리를 확보할 수 있는 거래업체, 운송수단, 출입통제, 인사, 취급절차, 시설과 장비, 정보 및 교육·훈련체계를 갖출 것
공인 요건	수출입 안전관리 우수업체로 공인을 받기 위해서는 공인기준 중에서 필수적인 기준을 충족하고, 다음의 요건을 모두 충족하여야 함 • 법규준수도가 80점 이상일 것. 다만, 중소 수출기업은 심의위원회를 개최하는 날을 기준으로 직전 2개 분기 연속으로 해당 분기단위의 법규준수도가 80점 이상인 경우도 충족한 것으로 봄 • 내부통제시스템 기준의 평가점수가 80점 이상일 것 • 재무건전성 기준을 충족할 것 • 안전관리 기준 중에서 충족이 권고되는 기준의 평가점수가 70점 이상일 것
공인등급	관세청장은 수출입 안전관리 우수업체의 공인 요건을 충족한 업체를 대상으로 다음의 공인등급별 기준에 따라 수출입 안전관리 우수업체 심의위원회의 심의를 거쳐 공인등급을 결정함 • A등급 → 법규준수도 80점 이상인 업체 • AA등급 → 법규준수도 90점 이상인 업체 • AAA등급 → 갱신심사를 받은 업체 중에서 법규준수도가 95점 이상이고, 다음의 어느 하나에 해당하는 업체

공인등급	- 수출입 안전관리와 관련하여 다른 업체에 확대하여 적용할 수 있는 우수사례가 있는 업체. 이 경우 해당 우수사례는 공인등급을 상향할 때에 한 번만 유효함 - 중소기업이 수출입 안전관리 우수업체로 공인을 받는 데 지원한 실적이 우수한 업체
예비심사	신청업체는 공인 또는 갱신심사를 신청하기 전에 예비심사를 희망하는 경우에는 예비심사 신청서를 관세청장에게 제출하여야 함. 이 경우 예비심사의 내용은 다음과 같음 • 공인심사 신청서의 기재방법과 첨부서류의 종류 및 내용 안내 • 공인기준 일부에 대한 예시적 검증 • 그 밖에 수출입 안전관리 우수업체 공인과 관련한 일반적인 사항에 대한 자문·상담
서류심사	• 관세청장은 공인심사 신청서를 접수한 날로부터 60일 이내에 서류심사를 마쳐야 함 • 관세청장은 신청업체가 제출한 서류를 통해서 공인기준을 충족하는지를 확인하기 어려운 경우에는 30일의 범위 내에서 신청업체에게 보완을 요구할 수 있음. 이 경우 관세청장은 보완을 요구할 사항을 가급적 한꺼번에 요구하여야 하며, 보완에 소요되는 기간은 심사기간에 포함하지 아니함
현장심사	• 관세청장은 서류심사가 완료된 업체에 대해서 직원 면담, 시설 점검 및 거래업체 확인 등으로 현장심사를 실시함 • 관세청장은 현장심사를 시작한 날로부터 60일 이내에 그 심사를 마쳐야 하며, 신청업체의 사업장을 직접 방문하는 기간은 15일 이내로 함
공인 및 공인의 유보	• 관세청장은 신청업체가 다음의 어느 하나에 해당하는 경우에는 심의위원회의 심의를 거쳐 공인을 유보할 수 있음 - 신청업체가 나머지 공인기준은 모두 충족하였으나, 법규준수도 점수 기준을 충족하지 못한 경우 - 신청업체가 수입하는 물품의 과세가격 결정방법이나 품목분류 및 원산지 결정에 이견이 있음에도 불구하고 관세법 제37조, 제86조 및 「자유무역협정의 이행을 위한 관세법의 특례에 관한 법률」 제31조에 따른 사전심사를 신청하지 않은 경우(수입부문에만 해당) - 신청업체가 [별표 1]의 공인부문별 공인기준 중에서 법규준수(공인기준 일련번호 1.1.1부터 1.1.3까지에만 해당)의 결격에 해당하는 형사 및 사법절차가 진행 중인 경우 - 신청업체가 사회적 물의 등을 일으켰으나 해당 사안이 공인의 결격에 해당하는지를 판단하는 데 추가적으로 사실을 확인하거나 심의를 위한 충분한 법리검토가 필요한 경우 - 그 밖에 심의위원회에서 공인의 유보가 필요하다고 인정하는 경우 • 공인이 유보된 업체는 그 결정을 받은 날로부터 30일 이내에 관세청장에게 공인기준 준수 개선 계획서를 제출하고 그 제출한 날로부터 180일 내에 공인기준 준수 개선 완료 보고서를 제출하여야 함
공인신청의 기각	관세청장은 신청업체가 다음의 어느 하나에 해당하는 경우에는 공인신청을 기각할 수 있음 • 서류심사 또는 현장심사 결과, 공인기준을 충족하지 못하였으며 보완 요구의 실익이 없는 경우 • 공인심사를 할 때에 제출한 자료가 거짓으로 작성된 경우

공인신청의 기각	• 관세청장이 보완을 요구하였으나, 천재지변 등 특별한 사유 없이 보완 요구기간 내에 보완하지 아니하거나(통관적법성 검증과 관련한 자료제출 및 보완 요구도 포함) 보완을 하였음에도 불구하고 공인기준을 충족하지 못한 경우 • 제11조 제2항 제3호의 사유(신청업체가 [별표 1]의 공인부문별 공인기준 중에서 법규준수의 결격에 해당하는 형사 및 사법절차가 진행 중인 사유)가 현장심사를 마친 날로부터 1년을 넘어서도 확정되지 않고 계속 진행되는 경우. 다만, 이 경우 최소한 1심 판결이 유죄로 선고되어야 함 • 공인기준 준수 개선 계획을 제출하지 않거나, 공인기준 준수 개선 완료 보고를 하지 않은 경우 • 공인유보업체를 재심사한 결과, 공인기준을 충족하지 못한 것으로 확인된 경우 • 공인신청 후 신청업체의 법규준수도 점수가 70점 미만(중소 수출기업은 60점 미만)으로 하락한 경우 • 교육이수 확인서를 제출하지 않은 경우
공인의 유효기간	• 수출입 안전관리 우수업체 공인의 유효기간은 증서상의 발급한 날로부터 5년으로 함 • 다만, 심의위원회에서 수출입 안전관리 우수업체 공인의 취소를 결정하였을 때에는 해당 결정을 한 날에 공인의 유효기간이 끝나는 것으로 봄
관리책임자의 지정 및 역할	• 수출입 안전관리 우수업체(신청업체를 포함)는 다음에 해당하는 관리책임자를 지정·운영하여야 함 | 총괄책임자 | 수출입 안전관리를 총괄하며, 의사 결정 권한이 있는 대표자 또는 임원 | |---|---| | 수출입 관리책임자 | 수출입물품의 제조, 운송, 보관, 통관, 반출입 및 적출입 등과 관련된 주요 절차를 담당하는 부서장 또는 직원 | • 수출입 안전관리 유수업체는 관리책임자를 지정할 때에 총괄책임자는 1명 이상을 지정하고, 수출입관리책임자는 부서와 사업장별로 충분한 인원을 지정함 • 관리책임자는 다음에 해당하는 업무를 담당함 　- 정기 자율평가, 변동사항 보고, 공인 또는 갱신심사 수감 등 공인기준 준수관련 업무 　- 직원에 대한 수출입 안전관리 교육 　- 정보 교환, 회의 참석 등 수출입 안전관리 관련 관세청 및 세관과의 협업 　- 세액 등 통관적법성 준수 관리 　- 그 밖에 업체의 법규준수 향상을 위한 활동
관리책임자 교육 등	관리책임자는 수출입 안전관리 우수업체의 공인 전·후에 다음과 같이 관세청장이 지정하는 교육을 받아야 함 | 공인 전 교육 | 수출입관리책임자는 16시간 이상. 다만, 공인 전 교육의 유효기간은 해당 교육을 받은 날로부터 5년임 | |---|---| | 공인 후 교육 | 매 2년마다 총괄책임자는 4시간 이상, 수출입관리책임자는 8시간 이상(처음 교육은 공인일자를 기준으로 1년 이내 받아야 함). 다만, 관리책임자가 변경된 경우에는 변경된 날로부터 180일 이내에 해당 교육을 받아야 함 |

구분	내용

변동사항 보고	• 수출입 안전관리 우수업체는 다음의 어느 하나에 해당하는 사실이 발생한 경우에는 그 사실이 발생한 날로부터 30일 이내에 수출입 관리현황 변동사항 보고서를 작성하여 관세청장에게 보고하여야 함
	• 다만, 변동사항이 범칙행위, 부도 등 공인유지에 중대한 영향을 미치는 경우에는 지체 없이 보고하여야 함
	  – 양도, 양수, 분할·합병 및 특허 변동 등으로 인한 법적 지위 등의 변경
	  – 대표자, 수출입 관련 업무 담당 임원 및 관리책임자의 변경
	  – 소재지 이전, 사업장의 신설·증설·확장·축소·폐쇄 등
	  – 사업내용의 변경 또는 추가
	  – 화재, 침수, 도난, 불법유출 등 수출입화물 안전관리와 관련한 특이사항

정기 자율 평가	• 수출입 안전관리 우수업체는 매년 공인일자가 속하는 달에 정기 자율 평가서에 따라 공인기준을 충족하는지를 자율적으로 점검하고 다음 달 15일까지 관세청장에게 그 결과를 제출하여야 함 • 다만, 수출입 안전관리 우수업체가 여러 공인부문에서 걸쳐 공인을 받은 경우에는 공인일자가 가장 빠른 공인부문을 기준으로 자율 평가서를 함께 제출할 수 있음 • 관세청장은 수출입 안전관리 우수업체가 갱신심사를 신청한 경우에는 공인의 유효기간이 끝나는 날이 속하는 연도에 실시하는 정기 자율평가를 생략하게 할 수 있음 • 다만, 수출입 안전관리 우수업체가 갱신심사 신청을 취하하는 경우에는 매년 공인일자가 속하는 달의 다음 달 15일 또는 갱신심사를 취하한 날의 다음 달 15일까지 정기 자율 평가서를 관세청장에게 제출하여야 함
갱신심사	• 수출입 안전관리 우수업체는 공인을 갱신하고자 할 때에는 공인의 유효기간이 끝나기 6개월 전까지 수출입 안전관리 우수업체 갱신심사 신청서에 수출입 안전관리 우수업체 공인신청 서류를 첨부하여 관세청장에게 전자문서로 제출하여야 함 • 관세청장은 원활한 갱신심사를 운영하기 위해 수출입 안전관리 우수업체에게 공인의 유효기간이 끝나기 1년 전부터 갱신심사를 신청하게 할 수 있음 • 수출입 안전관리 우수업체가 여러 공인부문에서 걸쳐 공인을 받은 경우에는 공인일자가 가장 빠른 공인부문을 기준으로 갱신심사를 함께 신청할 수 있음 • 관세청장은 수출입 안전관리 우수업체의 동의를 얻어 공인부문별 유효기간을 공인일자가 가장 빠른 공인부문의 유효기간에 일치시킬 수 있음

기업상담 전문관의 지정·운영	• 관세청장은 수출입 안전관리 우수업체가 공인기준과 통관적법성을 충족하는지를 점검하고 지원하기 위하여 업체별로 기업상담전문관(AM: Account Manager)을 지정·운영함
	• 기업상담전문관은 수출입 안전관리 우수업체에 대하여 다음의 업무를 담당함
	• 기업상담전문관은 원활한 업무 수행을 위해서 수출입 안전관리 우수업체에게 자료를 요구하거나 해당 업체의 사업장 등을 방문할 수 있음
	  – 공인기준을 충족하는지에 대한 주기적 확인
	  – 공인기준 준수 개선 계획의 이행 확인

기업상담 전문관의 지정·운영	- 수입신고에 대한 보정심사 등 관세행정 신고사항에 대한 수정, 정정 및 그 결과의 기록유지 - 변동사항, 정기 자율평가, 세관협력도의 확인 및 점검 - 법규준수 향상을 위한 정보 제공 및 상담·자문 - 기업 프로파일 관리
혜택 적용의 정지	관세청장은 수출입 안전관리 우수업체(대표자 및 관리책임자를 포함)가 다음의 어느 하나에 해당하는 경우 6개월의 범위 내에서 통관절차 등 혜택의 전부 또는 일부의 적용을 정지할 수 있음 • 수출입 안전관리 우수업체(대표자 및 「관세법 시행령」 제259조의5 제1항에 따라 지정된 관리책임자를 포함)가 「관세법」 또는 「자유무역협정의 이행을 위한 관세법의 특례에 관한 법률」, 「대외무역법」, 「외국환거래법」, 「수출용 원재료에 대한 관세 등 환급에 관한 특례법」 등 수출입과 관련된 법령을 위반하여 검찰에 고발 또는 송치되거나 통고처분을 받은 경우 • 정당한 사유 없이 수출입 관리현황에 대한 변동사항을 보고하지 않거나 정기 자율평가서를 제출 기한부터 1개월 이내에 제출하지 않은 경우 • 공인 유효기간 중 기업상담전문관으로부터 공인기준 준수 개선과 관련한 보완 요구를 3회 이상 받은 경우 • 관리책임자 교육을 받도록 권고 받은 이후에 특별한 사유 없이 교육을 받지 않은 경우 • 갱신심사 결과 공인을 유보한 경우. 다만, 공인의 유보 사유가 재무건전성 기준을 충족하지 못한 경우, 신고정확도 하위 10%에 해당하는 경우, 사업장별 법규준수도 기준(관세사부문)을 충족하지 못한 경우 등에는 혜택을 부여할 수 있음

제5과목 자율관리 및 관세벌칙

📖 과목별 핵심 개념을 요약하여 시험 전에 꼭 알아야 하는 핵심 개념을 한눈에 확인할 수 있습니다.

[1] 벌 칙

양벌 규정		• 법인의 대표자나 법인 또는 개인의 대리인, 사용인, 그 밖의 종업원이 그 법인 또는 개인의 업무에 관하여 제11장에서 규정한 벌칙(법 제277조의 과태료는 제외)에 해당하는 위반행위를 하면, 그 행위자를 벌하는 외에 그 법인 또는 개인에게도 해당 조문의 벌금형을 과함
		• 처벌의 대상이 되는 개인은 다음의 어느 하나에 해당하는 사람으로 한정함
		  - 특허보세구역 또는 종합보세사업장의 운영인
		  - 수출(「수출용원재료에 대한 관세 등 환급에 관한 특례법」 제4조에 따른 수출 등을 포함한다)·수입 또는 운송을 업으로 하는 사람
		  - 관세사
		  - 국제항 안에서 물품 및 용역의 공급을 업으로 하는 사람
		  - 법 제327조의3 제3항에 따른 전자문서중계사업자

미수범 등	교사자 또는 방조자	• 그 정황을 알면서 법 제269조(밀수출입죄) 및 법 제270조(관세포탈죄 등)에 따른 행위를 교사하거나 방조한 자는 정범에 준하여 처벌함
	미수범 또는 예비범	• 미수범 : 법 제268조의2(전자문서 위조·변조죄 등), 법 제269조(밀수출입죄) 및 법 제270조(관세포탈죄 등)의 미수범은 본죄에 준하여 처벌함 • 예비범 : 법 제268조의2(전자문서 위조·변조죄 등), 법 제269조(밀수출입죄) 및 법 제270조(관세포탈죄 등)의 죄를 범할 목적으로 그 예비를 한 자는 본죄의 2분의 1을 감경하여 처벌함
징역과 벌금의 병과		다음의 죄를 범한 자는 정상에 의하여 징역과 벌금을 병과할 수 있음 • 밀수출입죄(법 제269조) • 관세포탈죄 등(법 제270조) • 가격조작죄(법 제270조의2) • 미수범 등(법 제271조) • 밀수품의 취득죄 등(법 제274조)
밀수출입죄	금지품 수출입죄	법 제234조에 해당하는 다음의 물품을 수출하거나 수입한 자는 7년 이하의 징역 또는 7천만 원 이하의 벌금에 처함 • 헌법질서를 문란하게 하거나 공공의 안녕질서 또는 풍속을 해치는 서적·간행물·도화, 영화·음반·비디오물·조각물 또는 그 밖에 이에 준하는 물품 • 정부의 기밀을 누설하거나 첩보활동에 사용되는 물품 • 화폐·채권이나 그 밖의 유가증권의 위조품·변조품 또는 모조품

구분		내용
밀수출입죄	밀수입죄	다음의 어느 하나에 해당하는 자는 5년 이하의 징역 또는 관세액의 10배와 물품원가 중 높은 금액 이하에 상당하는 벌금에 처함 • 법 제241조 제1항·제2항 또는 제244조 제1항에 따른 수입신고 또는 입항 전 수입신고를 하지 아니하고 물품을 수입한 자. 다만, 법 제253조 제1항에 따른 수입신고 전의 물품 반출신고를 한 자는 제외함 • 법 제241조 제1항·제2항 또는 제244조 제1항에 따른 수입신고 또는 입항 전 수입신고를 하였으나 해당 수입물품과 다른 물품으로 신고하여 수입한 자
	밀수출죄	다음의 어느 하나에 해당하는 자는 3년 이하의 징역 또는 물품원가 이하에 상당하는 벌금에 처함 • 법 제241조 제1항 및 제2항에 따른 수출 또는 반송신고를 하지 아니하고 물품을 수출하거나 반송한 자 • 법 제241조 제1항 및 제2항에 따른 수출 또는 반송신고를 하였으나 해당 수출물품 또는 반송물품과 다른 물품으로 신고하여 수출하거나 반송한 자
관세포탈죄 등	관세포탈죄	법 제241조 제1항·제2항 또는 법 제244조 제1항에 따른 수입신고를 한 자 중 다음의 어느 하나에 해당하는 자는 3년 이하의 징역 또는 포탈한 관세액의 5배와 물품원가 중 높은 금액 이하에 상당하는 벌금에 처함. 이 경우 ①의 물품원가는 전체 물품 중 포탈한 세액의 전체 세액에 대한 비율에 해당하는 물품만의 원가로 함 ① 세액결정에 영향을 미치기 위하여 과세가격 또는 관세율 등을 거짓으로 신고하거나 신고하지 아니하고 수입한 자 ② 세액결정에 영향을 미치기 위하여 거짓으로 서류를 갖추어 관세법 제86조 제1항·제3항에 따른 사전심사·재심사 및 제87조 제3항에 따른 재심사를 신청한 자 ③ 법령에 따라 수입이 제한된 사항을 회피할 목적으로 부분품으로 수입하거나 주요 특성을 갖춘 미완성·불완전한 물품이나 완제품을 부분품으로 분할하여 수입한 자
	부정수입죄	법 제241조 제1항·제2항 또는 법 제244조 제1항에 따른 수입신고를 한 자 중 법령에 따라 수입에 필요한 허가·승인·추천·증명 또는 그 밖의 조건을 갖추지 아니하거나 부정한 방법으로 갖추어 수입한 자는 3년 이하의 징역 또는 3천만 원 이하의 벌금에 처함
	부정수출죄	법 제241조 제1항 및 제2항에 따른 수출신고를 한 자 중 법령에 따라 수출에 필요한 허가·승인·추천·증명 또는 그 밖의 조건을 갖추지 아니하거나 부정한 방법으로 갖추어 수출한 자는 1년 이하의 징역 또는 2천만 원 이하의 벌금에 처함
	부정감면죄	부정한 방법으로 관세를 감면받거나 관세를 감면받은 물품에 대한 관세의 징수를 면탈한 자는 3년 이하의 징역에 처하거나, 감면받거나 면탈한 관세액의 5배 이하에 상당하는 벌금에 처함
	부정환급죄	부정한 방법으로 관세를 환급받은 자는 3년 이하의 징역 또는 환급받은 세액의 5배 이하에 상당하는 벌금에 처함. 이 경우 세관장은 부정한 방법으로 환급받은 세액을 즉시 징수함

밀수품 취득죄 등	• 다음의 어느 하나에 해당되는 물품을 취득·양도·운반·보관 또는 알선하거나 감정한 자는 3년 이하의 징역 또는 물품원가 이하에 상당하는 벌금에 처함 - 법 제269조(금지품 수출입죄, 밀수출입죄)에 해당되는 물품 - 법 제270조 제1항 제3호(관세포탈죄 중 법령에 따라 수입이 제한된 사항을 회피할 목적으로 부분품으로 수입하거나 주요 특성을 갖춘 미완성·불완전한 물품이나 완제품을 부분품으로 분할하여 수입한 자), 같은 조 제2항(부정수입죄), 제3항(부정수출죄)에 해당되는 물품 • 밀수품 취득죄의 미수범은 본죄에 준하여 처벌함. 그리고 밀수품 취득죄를 범할 목적으로 그 예비를 한 자는 본죄의 2분의 1을 감경하여 처벌함	
강제징수 면탈죄 등	① 재산을 은닉·탈루하거나 거짓 계약을 한 경우	납세의무자 또는 납세의무자의 재산을 점유하는 자가 강제징수의 집행을 면탈할 목적 또는 면탈하게 할 목적으로 그 재산을 은닉·탈루하거나 거짓 계약을 하였을 때에는 3년 이하의 징역 또는 3천만 원 이하의 벌금에 처함
	② 압류물건을 은닉·탈루, 손괴 또는 소비한 경우	법 제303조 제2항에 따른 압수물건의 보관자 또는 「국세징수법」 제38조에 따른 압류물건의 보관자가 그 보관한 물건을 은닉·탈루, 손괴 또는 소비하였을 때에도 3년 이하의 징역 또는 3천만 원 이하의 벌금에 처함
	위 ①, ②를 방조하거나 거짓 계약을 승낙한 경우	위 ①, ②의 사정을 알고도 이를 방조하거나 거짓 계약을 승낙한 자는 2년 이하의 징역 또는 2천만 원 이하의 벌금에 처함
명의대여 행위죄 등	관세(세관장이 징수하는 내국세 등을 포함)의 회피 또는 강제집행의 면탈을 목적으로 하거나 재산상 이득을 취할 목적으로, 타인에게 자신의 명의를 사용하여 법 제38조에 따른 납세신고를 하도록 허락한 자, 타인에게 자신의 명의를 사용하여 법 제38조에 따른 납세신고를 한 자는 1년 이하의 징역 또는 1천만 원 이하의 벌금에 처함	
보세사의 명의대여죄 등	다음의 어느 하나에 해당하는 자는 1년 이하의 징역 또는 1천만 원 이하의 벌금에 처함 ① 다른 사람에게 자신의 성명·상호를 사용하여 보세사 업무를 수행하게 하거나 자격증 또는 등록증을 빌려준 자 ② 다른 사람의 성명·상호를 사용하여 보세사의 업무를 수행하거나 자격증 또는 등록증을 빌린 자 ③ 위 ①, ②의 행위를 알선한 자	
통고처분	관세청장이나 세관장은 관세범을 조사한 결과 범죄의 확증을 얻었을 때에는 그 이유를 구체적으로 밝히고 다음의 어느 하나에 해당하는 금액이나 물품을 납부할 것을 통고할 수 있음 • 벌금에 상당하는 금액 • 몰수에 해당하는 물품 • 추징금에 해당하는 금액	

고발	통고의 불이행과 고발	관세범인이 통고서의 송달을 받았을 때에는 그 날부터 15일 이내에 이를 이행하여야 하며, 이 기간 내에 이행하지 아니하였을 때에는 관세청장이나 세관장은 즉시 고발하여야 함. 다만, 15일이 지난 후 고발이 되기 전에 관세범인이 통고처분을 이행한 경우에는 그러하지 아니함
	즉시 고발	관세청장이나 세관장은 범죄의 정상이 징역형에 처해질 것으로 인정될 때에는 법 제311조 제1항에 따른 통고처분에도 불구하고 즉시 고발하여야 함
	무자력 고발	관세청장이나 세관장은 다음의 어느 하나의 경우에는 법 제311조 제1항에 따른 통고처분에도 불구하고 즉시 고발하여야 함 • 관세범인이 통고를 이행할 수 있는 자금능력이 없다고 인정되는 경우 • 관세범인의 주소 및 거소가 분명하지 아니하거나 그 밖의 사유로 통고를 하기 곤란하다고 인정되는 경우
보세사의 자격 등	보세사의 자격	관세법 제175조(운영인의 결격사유) 제2호부터 제7호까지의 어느 하나에 해당하지 아니하는 사람으로서 보세화물의 관리 업무에 관한 시험에 합격한 사람은 보세사의 자격이 있음
	보세사의 등록	보세사의 자격을 갖춘 사람이 보세사로 근무하려면 해당 보세구역을 관할하는 세관장에게 등록하여야 함
	보세사의 등록 취소	세관장은 보세사의 등록을 한 사람이 다음의 어느 하나에 해당하는 경우에는 등록의 취소, 6개월 이내의 업무정지 또는 그 밖에 필요한 조치를 할 수 있음. 다만, ①, ②에 해당하면 등록을 취소하여야 함 ① 법 제175조 제1호부터 제7호까지(운영인의 결격사유)의 어느 하나에 해당하게 된 경우 ② 사망한 경우 ③ 관세법이나 관세법에 따른 명령을 위반한 경우
	보세사의 직무	• 보세화물 및 내국물품의 반입 또는 반출에 대한 참관 및 확인 • 보세구역 안에 장치된 물품의 관리 및 취급에 대한 참관 및 확인 • 보세구역출입문의 개폐 및 열쇠관리의 감독 • 보세구역의 출입자관리에 대한 감독 • 견본품의 반출 및 회수 • 기타 보세화물의 관리를 위하여 필요한 업무로서 관세청장이 정하는 업무
보세사의 의무		보세사는 다음의 사항과 세관장의 업무감독에 관련된 명령을 준수하여야 하고 세관공무원의 지휘를 받아야 함 • 보세사는 다른 업무를 겸임할 수 없음. 다만, 영업용 보세창고가 아닌 경우 보세화물 관리에 지장이 없는 범위 내에서 다른 업무를 겸임할 수 있음 • 해당 보세구역에 작업이 있는 시간에는 상주하여야 함. 다만, 영업용보세창고의 경우에는 관세법 제321조 제1항에 따른 세관개청시간과 해당 보세구역 내의 작업이 있는 시간에 상주하여야 함 • 직무와 관련하여 부당한 금품을 수수하거나 알선·중개하여서는 아니됨

Note

Note

보세사 징계	• 세관장은 보세사가 관세법이나 관세법에 따른 명령을 위반한 경우와 다음의 어느 하나에 해당한 때에는 보세사징계위원회의 의결에 따라 징계처분을 함
	   - 보세사의 직무 또는 의무를 이행하지 아니하는 경우
	   - 경고처분을 받은 보세사가 1년 내에 다시 경고 처분을 받는 경우
	• 보세사에 대한 징계는 다음의 3종으로 함. 다만, 연간 6월의 범위 내 업무정지를 2회 받으면 등록취소하여야 함
	   - 견책
	   - 6월의 범위 내 업무정지
	   - 등록취소

자율관리
보세구역
지정 요건
	자율관리보세구역은 다음의 사항을 충족하고 운영인 등의 법규수행능력이 우수하여 보세구역자율관리에 지장이 없어야 함
	• 일반 자율관리보세구역
	   - 보세화물관리를 위한 보세사 채용
	   - 화물의 반출입, 재고관리 등 실시간 물품관리가 가능한 전산시스템(WMS, ERP 등) 구비
	• 우수 자율관리보세구역
	   - 보세화물관리를 위한 보세사 채용
	   - 화물의 반출입, 재고관리 등 실시간 물품관리가 가능한 전산시스템(WMS, ERP 등) 구비
	   - 「수출입 안전관리 우수업체 공인 및 운영에 관한 고시」에 따른 수출입 안전관리 우수업체
	   - 보세공장의 경우 「보세공장 운영에 관한고시」 제36조 제1항 제3호 및 제4호를 충족할 것

20년 연속 베스트셀러 1위*
대한민국 영어강자 해커스!

'1분 레벨테스트'로
바로 확인하는 내 토익 레벨! ▶

I 토익 교재 시리즈

유형+문제

~450점 왕기초	450~550점 입문	550~650점 기본	650~750점 중급	750~900점 이상 정규
해커스 토익 왕기초 리딩 / 해커스 토익 왕기초 리스닝 / 해커스 첫토익 LC+RC+VOCA	해커스 토익 스타트 리딩 / 해커스 토익 스타트 리스닝	해커스 토익 700+ [LC+RC+VOCA]	해커스 토익 750+ RC / 해커스 토익 750+ LC / 해커스 토익 Part 7 집중공략 777	해커스 토익 리딩 / 해커스 토익 리스닝

현재 점수에 맞는 교재를 선택하세요! ▒ : 교재별 학습 가능 점수대

실전모의고사

해커스 토익 실전 LC+RC 1 / 해커스 토익 실전 LC+RC 2 / 해커스 토익 실전 LC+RC 3 / 해커스 토익 실전 1200제 리딩 / 해커스 토익 실전 1200제 리스닝 / 해커스 토익 실전 1000제 1 리딩/리스닝 (문제집 + 해설집) / 해커스 토익 실전 1000제 2 리딩/리스닝 (문제집 + 해설집) / 해커스 토익 실전 1000제 3 리딩/리스닝 (문제집 + 해설집)

보카

해커스 토익 기출 보카

문법 · 독해

그래머 게이트웨이 베이직 / 그래머 게이트웨이 베이직 Light Version / 그래머 게이트웨이 인터미디엇 / 해커스 그래머 스타트 / 해커스 구문독해 100

I 토익스피킹 교재 시리즈

해커스 토익스피킹 스타트 / 만능 템플릿과 위기탈출 표현으로 해커스 토익스피킹 5일 완성 / 해커스 토익스피킹 / 해커스 토익스피킹 실전모의고사 15회

I 오픽 교재 시리즈

해커스 오픽 스타트 [Intermediate 공략] / 서베이부터 실전까지 해커스 오픽 매뉴얼 / 해커스 오픽 [Advanced 공략]

*[해커스 어학연구소] 교보문고 종합 베스트셀러 토익/토플 분야 1위
(2005~2024 연간 베스트 기준, 해커스 토익 보카 12회/해커스 토익 리딩 8회)

2025 최신개정판

해커스
보세사
한권합격 이론+최신기출

개정 4판 2쇄 발행 2025년 5월 19일
개정 4판 1쇄 발행 2025년 2월 28일

지은이	임준희
펴낸곳	해커스패스
펴낸이	해커스금융 출판팀
주소	서울특별시 강남구 강남대로 428 해커스금융
고객센터	02-537-5000
교재 관련 문의	publishing@hackers.com
	해커스금융 사이트(fn.Hackers.com) 교재 Q&A 게시판
동영상강의	fn.Hackers.com
ISBN	979-11-7244-815-8 (13320)
Serial Number	04-02-01

저작권자 ⓒ 2025, 임준희
이 책의 모든 내용, 이미지, 디자인, 편집 형태는 저작권법에 의해 보호받고 있습니다.
서면에 의한 저자와 출판사의 허락 없이 내용의 일부 혹은 전부를 인용, 발췌하거나
복제, 배포할 수 없습니다.

금융자격증 1위,
해커스금융(fn.Hackers.com)

해커스금융

- 현직 관세사 교수님의 **본 교재 인강**(교재 내 할인쿠폰 수록) &
  보세사 이론정리+기출문제풀이 무료 특강
- 합격을 위해 반드시 알아야 할 **무역용어집**(PDF)
- 내 점수와 석차를 확인하는 **무료 바로 채점 및 성적 분석 서비스**

100% 합격을 위한 해커스금융의 특별 혜택

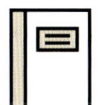

보세사 무역용어집(PDF)

YKADMZAGN72J

무료자료 다운로드 바로가기

이용 방법

PC 해커스금융 사이트(fn.Hackers.com) 접속 후 로그인 ▶ 페이지 우측 상단 [교재] 클릭 ▶
좌측의 [무료 자료 다운로드] 클릭 ▶ 본 교재 우측의 해당자료 클릭 ▶ 위 쿠폰번호 입력 후 이용하기

모바일 우측 QR코드를 통해 해커스금융 모바일 무료자료 다운로드 페이지 접속 ▶
본 교재 우측의 해당자료 클릭 ▶ 위 쿠폰번호 입력 후 이용하기

OMR 답안지(PDF)

해커스금융 사이트(fn.Hackers.com) 접속 후 로그인 ▶ 페이지 우측 상단 [교재] 클릭 ▶
좌측의 [무료 자료 다운로드] 클릭 ▶ 본 교재 우측의 해당 자료 클릭하여 이용하기

무료자료 다운로드 바로가기

보세사 이론정리+기출문제풀이 무료 특강

해커스금융 사이트(fn.Hackers.com) 접속 후 로그인 ▶
페이지 우측 상단 [무료강의]에서 확인 가능

* 본 교재 강의 중 일부 회차에 한해 무료 제공됩니다.

무료강의 바로가기

무료 바로 채점 및 성적 분석 서비스

해커스금융 사이트(fn.Hackers.com) 접속 후 로그인 ▶ 페이지 우측 상단 [교재] 클릭 ▶
좌측의 [바로채점/성적분석 서비스] 클릭 ▶ 본 교재 이미지 클릭

바로 채점 & 성적 분석 서비스 바로가기

보세사 이론 동영상강의 **20% 할인쿠폰**

V243L125T838Y642

해커스금융 사이트(fn.Hackers.com) 접속 후 로그인 ▶ 우측 상단의 [마이클래스] 클릭 ▶
좌측 메뉴의 [결제관리 → My 쿠폰 확인] 클릭 ▶ [쿠폰번호입력]란에 쿠폰번호 입력 후 이용하기

* 유효기간 : 2026년 12월 31일까지(등록 후 7일간 사용 가능, ID당 1회에 한해 등록 가능)
* 보세사 이론 강의에만 적용 가능(이벤트/프로모션 적용 불가)
* 쿠폰 관련 문의는 해커스금융 고객센터(02-537-5000)로 연락바랍니다.

합격의 기준, 해커스금융 **fn.Hackers.com**

금융자격증 1위* 해커스금융
무료 바로 채점&성적 분석 서비스

* [금융자격증 1위] 주간동아 선정 2022 올해의 교육 브랜드 파워 온·오프라인 금융자격증 부문 1위

한 눈에 보는 서비스 사용법

Step 1.
교재에 있는 모의고사를 풀고
바로 채점 서비스 확인!

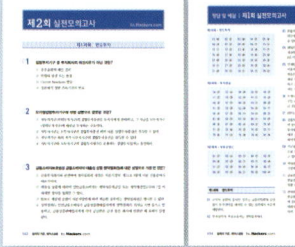

Step 2.
[교재명 입력]란에
해당 교재명 입력!

Step 3.
교재 내 표시한 정답
바로 채점 서비스에 입력!

Step 4.
채점 후 나의 석차, 점수,
성적분석 결과 확인!

실시간 성적 분석 결과 확인

개인별 맞춤형 학습진단

실력 최종 점검 후 탄탄하게 마무리

합격의 기준, 해커스금융 **fn.Hackers.com**

바로 이용하기 ▶

해커스
보세사
한권합격

이론+최신기출

해커스

이 책의 저자

임준희

약력
관세사 시험 합격(제26회)
보세사 시험 합격
원산지관리사 시험 합격
(현) 해커스금융 유통관리사 2급 강의
(전) 해커스공무원 관세직 7급/9급 관세법 강의
(전) epass 관세사 시험 관세법 강의
(전) 윌비스 관세사 시험 관세법 강의
(전) 법무법인 세종 조세그룹 전문위원
(전) 딜로이트 안진회계법인 조세자문본부

저서
해커스 유통관리사 2급 한권합격 이론＋최신기출＋무료특강

보세사 합격비법,
해커스가 알려드립니다.

금융·무역 전문 교육기관 해커스금융
fn.Hackers.com

"시험에 어떤 내용이 잘 나오나요?"

"기출문제를 많이 풀어야 하나요?"

많은 학습자들이 보세사 시험에 대해 위와 같은 질문을 합니다.
이론을 충분히 수록하지 않아 내용을 이해하기 힘들고, 시험에 어떤 내용이 잘 나오는지 알기 어려운 시중 교재를 보며 고민했습니다. 본 교재는 최근 기출문제를 철저히 분석하고 대다수의 합격자가 원하는 것이 무엇인지, 합격자들만의 학습비법이 무엇인지를 끊임없이 연구하여 이 책 한 권에 담았습니다.

『**해커스 보세사** 한권합격 이론+최신기출』은

1. 최근 기출문제를 철저히 분석하여 최신 출제경향에 맞춰 학습할 수 있습니다.
2. 다양한 학습 요소로 시험에 꼭 나오는 이론을 체계적으로 학습할 수 있습니다.
3. 핵심기출문제로 과목별 이론 학습 후 문제에 바로 적용할 수 있습니다.
4. 핵심 개념 요약집으로 시험 직전까지 점검하며 최종 마무리할 수 있습니다.

「**해커스 보세사** 한권합격 이론+최신기출」을 통해 보세사 시험을 준비하는 수험생 모두가 합격의 기쁨을 누리고 더 큰 목표를 향해 한 걸음 더 나아갈 수 있기를 진심으로 바랍니다.

목차

「해커스 보세사」 활용법	10
보세사 자격시험 안내	14
보세사 출제경향 및 학습전략	16
보세사 합격을 위한 맞춤형 학습플랜	22

제1과목 수출입통관절차

1절 총칙

01 통칙	28
02 관세법 적용의 원칙 등	31
03 기간과 기한	32
04 서류의 송달 등	34

2절 과세가격과 관세의 부과·징수 등

01 통칙(과세요건 등)	37
02 납세의무의 소멸 등	41
03 납세담보	45
04 과세가격의 신고 및 결정	47
05 부과와 징수	58

3절 관세율 제도 및 품목분류

01 세율 적용 우선순위 및 탄력관세율 제도 등	66
02 세율의 적용 등	70
03 품목분류	72

4절 감면·환급 및 분할납부 등

01 감면제도의 통칙	76
02 무조건 감면	77
03 조건부 감면	83
04 관세 환급	88
05 관세 분할납부 (법 제107조 등)	90

5절 납세자의 권리 및 불복절차

01 납세자의 권리	92
02 심사와 심판	97

6절 통관

01 통칙	102
02 수출·수입 및 반송	112
03 우편물	119

7절 수입통관 사무처리에 관한 고시

01 총칙	121
02 일반통관절차	122
03 간이통관절차	140
04 특정물품의 통관절차	143
05 수입신고 수리 후 확인	150
06 수입신고 전 물품반출절차	153

8절 수출통관 사무처리에 관한 고시

01 총칙	160
02 정식통관절차	161
03 목록통관절차	171
04 수출물품의 적재 이행관리	173

9절 반송절차에 관한 고시

01 총칙	176
02 반송통관절차	178
03 반송통관 후 확인 및 조치 사항	180

10절 특송물품 수입통관 사무처리에 관한 고시

01 총칙	181
02 특송업체의 등록	182
03 특송물품의 통관	183
04 자체시설 통관	186
05 특송업체의 관리 및 세관협력	188

11절 관세법 제226조에 따른 세관장 확인물품 및 확인방법 지정고시

01 총칙	190
02 요건신청 절차	190
03 세관장의 확인	191

핵심기출문제 197

제2과목 보세구역관리

1절 관세법

01 통칙	218
02 지정보세구역	223
03 특허보세구역	226
04 종합보세구역	235

2절 세관지정장치장 화물관리인 지정절차에 관한 고시

01 총칙	240
02 화물관리인 지정 관련 절차	240

3절 보세창고 특허 및 운영에 관한 고시

01 총칙	243
02 보세구역 설치·운영의 특허	243
03 영업용보세창고	246
04 자가용보세창고	250
05 특허보세구역의 관리	251

4절 보세공장 운영에 관한 고시

01 총칙	256
02 설치·운영의 특허	257
03 반출입 관련 사항	260
04 반출입 물품의 장치	264
05 사용신고	265
06 보세공장 작업 관련 사항	267
07 보세공장 물품 등의 이동	270
08 특별(귀금속류 등) 보세공장 관리	274
09 자율관리보세공장	276
10 보세운송 및 선(기)적 관리	277
11 물품의 관리·감독	278

5절 보세건설장 관리에 관한 고시

01 총칙	281
02 특허신청 관련 사항	281
03 보세건설장 물품 반출입 관련 사항	283

6절 보세전시장 운영에 관한 고시

01 총칙	285
02 설치·운영의 특허	285
03 반입절차	286
04 검사	287
05 전시	288
06 폐회 후의 물품처리	289
07 운영인의 의무	289

7절 보세판매장 특허 및 운영에 관한 고시

01 총칙	290
02 특허의 기준	292
03 특허의 절차	293
04 특허심사위원회 구성·운영	296
05 청렴옴부즈만 설치 및 운영	299
06 운영인의 의무 및 판매물품 관련 사항	300
07 보세판매장 물품 반출입 및 관리 사항	303
08 보세판매장 물품 판매 관련 사항	305
09 판매물품의 처리 관련 사항	310
10 업무감독 및 협의단체	312

8절 종합보세구역 지정 및 운영에 관한 고시

01 총칙	315
02 종합보세구역의 지정 및 설치·운영신고	315
03 물품의 반출입	319
04 보수·멸각작업 등	320
05 종합보세기능별 특칙	322
06 물품의 보관·관리	324

9절 수입활어 관리에 관한 특례고시

01 총칙	327
02 활어장치장의 시설 관련 사항	328
03 수입활어의 취급 및 관리 사항	328

핵심기출문제 331

제3과목 화물관리

1절 보세화물 관리에 관한 고시

01 총칙	348
02 보세화물의 장치장소	349
03 보세구역물품 반출입절차 등	355
04 보세화물의 관리·감독	358
05 보수작업 등	359
06 보칙	361

2절 보세화물 장치기간 및 체화관리에 관한 고시

01 총칙	364
02 매각처분의 결정	366
03 매각절차	367
04 국고귀속	371
05 물품의 폐기명령 및 대집행	372
06 체화의 폐기 및 재활용 등	374

3절 보세화물 입출항 하선 하기 및 적재에 관한 고시

01 총칙	376
02 해상입항화물 관리	378
03 항공입항화물 관리	384
04 출항화물 관리	388
05 운수기관 등	392

4절 환적화물 처리절차에 관한 특례고시

01 총칙	393
02 환적화물 관련 신고 및 처리 사항	393

5절 화물운송주선업자의 등록 및 관리에 관한 고시

01 총칙	398
02 화물운송주선업자의 등록 관련 사항	398
03 화물운송주선업자에 대한 관리 사항	400

6절 보세운송 (관세법)

01 보세운송	402
02 내국운송	405
03 보세운송업자 등	405

7절 보세운송에 관한 고시

01 총칙	408
02 보세운송업자	409
03 수입보세운송	413
04 수출물품 등의 보세운송	420
05 보세운송업자의 의무	421
06 세관장의 관리 감독 등	421

핵심기출문제   423

2절 국제무역선의 입출항 전환 및 승선절차에 관한 고시

01 총칙	450
02 국제무역선의 국제항 입·출항 절차	451
03 국제무역선의 국제항이 아닌 지역 출입절차	453
04 국제무역선의 국내운항선 전환절차 등	455
05 국제무역선의 승선신고·수리	457
06 국제무역선의 상시승선(신고)증 발급	459

3절 국제무역기의 입출항절차 등에 관한 고시

01 총칙	461
02 국제무역기의 입출항절차	461
03 국제무역기의 전환절차	463
04 환승전용국내운항기의 입출항절차	464
05 국제무역기의 탑승절차	465

4절 차량

01 총칙	466
02 국경출입차량의 도착 및 출발 등	466

5절 관리대상 화물 관리에 관한 고시

01 총칙	469
02 검사 또는 감시대상 화물 선별	470
03 장치 등	471
04 관리절차	472
05 검사대상 화물의 해제 등	474

제4과목 수출입안전관리

1절 운송수단

01 국제항	442
02 선박과 항공기	443

6절 선박용품 등 관리에 관한 고시

01 총칙	475
02 반입등록 등	476
03 선박용품 등의 적재 등 관리	476
04 적재 등의 이행관리	477
05 특정 선박용품의 처리	478
06 보세운송 관리	479
07 선박용품 등의 관리	480
08 세관장의 관리감독 등	481

7절 선박(항공기)용품 및 용역공급업 등의 등록에 관한 고시

01	총칙	483
02	영업의 등록	485
03	행정제재 등	487

8절 수출입 안전관리 우수 공인업체 (AEO : Authorized Economic Operator) 제도

01	일반 사항	489
02	우리나라의 AEO 제도	490
03	외국의 AEO 제도	494

9절 수출입 안전관리 우수업체 공인 및 운영에 관한 고시

01	총칙	499
02	공인기준, 등급 및 절차 등	501
03	사후관리 및 갱신심사	511
04	국가 간 상호인정	515
05	혜택 적용의 정지 및 공인의 취소 등	516
06	수탁기관 지정과 운영	519
07	공인획득 지원사업의 운영	521

핵심기출문제 534

2절 조사와 처분

01	통칙	565
02	조사	567
03	처분	569

3절 자율관리보세구역 및 보세사제도 (관세법)

01	보세구역의 자율관리 (법 제164조)	572
02	보세사 등록 및 직무	572

4절 자율관리보세구역 운영에 관한 고시

01	총칙	575
02	지정신청 및 취소	575
03	자율관리보세구역 업무 관련 절차	578

5절 보세사제도 운영에 관한 고시

01	보세사 시험	580
02	자격증 교부 및 등록	580
03	보세사의 직무 등	582
04	보칙	583

제5과목 자율관리 및 관세벌칙

1절 벌칙

01	총칙	552
02	관세범 처벌상의 특례	553
03	관세형벌	554
04	관세 질서벌	560

6절 자유무역지역의 지정 및 운영에 관한 법률 등

01	총칙	584
02	자유무역지역의 지정 등	586
03	자유무역지역의 입주자격 및 계약 등	589
04	자유무역지역의 통제 및 관리 등	595
05	물품의 반입·반출 등	596
06	물품의 관리 등	603
07	관세 등의 부과 및 감면 등	607
08	보칙	609

7절 자유무역지역 반출입물품의 관리에 관한 고시

01	총칙	610
02	통제시설 및 입주기업체 관리	611
03	물품의 반입·반출 등	613
04	물품의 재고관리 등	619
05	관세의 감면 등	622

8절 수출입물류업체에 대한 법규수행능력측정 및 평가관리에 관한 훈령

01	총칙	623
02	내부자율통제시스템 구축	624
03	법규수행능력 평가항목에 대한 점검	625
04	법규수행능력 측정 및 평가	626
05	법규수행능력에 따른 관리원칙	628
06	통합법규수행능력 평가 및 관리	629

핵심기출문제   630

최신기출

2024년	기출문제	649
2023년	기출문제	685
2022년	기출문제	720
2021년	기출문제	755
2020년	기출문제	791

책속의 책 | 정답 및 해설

 핵심 개념 요약집 [별책부록]

 추가 학습 자료
- 보세사 무역용어집 [PDF]
- OMR 답안지 [PDF]
- 바로 채점 및 성적 분석 서비스

모든 PDF는 해커스금융(fn.Hackers.com)에서 무료로 다운받으실 수 있습니다.

「해커스 보세사」 활용법

01 최신 출제경향을 파악하고 맞춤형 학습플랜을 활용하여 전략적으로 학습한다!

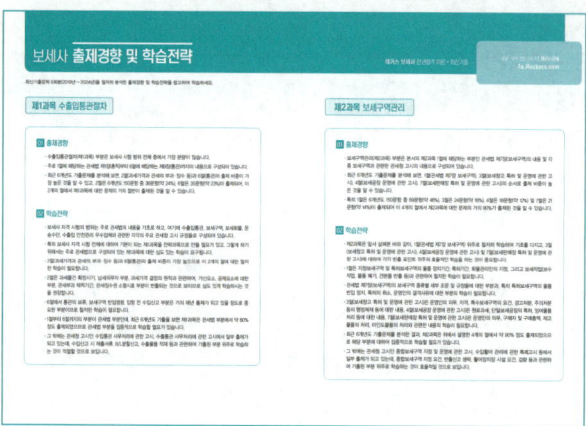

출제경향 및 학습전략

최근 6개년 기출문제를 철저히 분석하여 한눈에 보세사 최신 출제경향을 파악하고 전략적으로 학습할 수 있습니다.

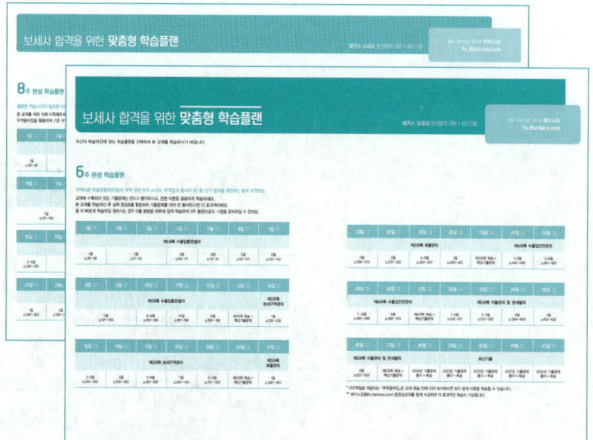

맞춤형 학습플랜

학습자의 상황에 따라 6주/8주 학습플랜을 활용하여 이론 학습부터 문제풀이까지 혼자서도 보세사 자격시험에 충분히 대비할 수 있습니다.

해커스 보세사 한권합격 이론+최신기출

금융·무역 전문 교육기관 해커스금융
fn.Hackers.com

02 다양한 학습 요소로 기출이론을 꼼꼼하게 학습하여 시험에 꼭 나오는 이론을 체계적으로 파악한다!

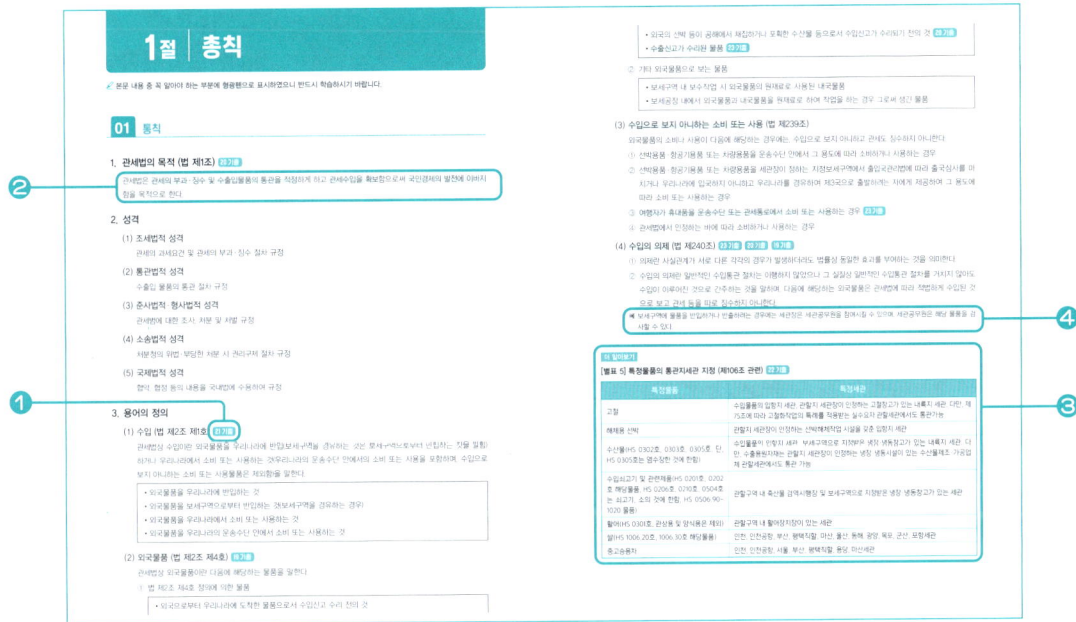

❶ 기출연도 표기

최근 기출문제에 출제된 지문 및 내용마다 기출연도를 표기하여 최신 출제경향을 파악하며 중요도에 따라 학습할 수 있습니다.

❷ 형광펜 표시

꼭 알아야 하는 내용은 형광펜으로 강조하였습니다. 표시된 중요한 문장은 페이지를 넘기기 전에 한 번 더 학습하면 이론 학습에 큰 도움이 됩니다.

❸ 더 알아보기

이론과 관련된 좀 더 심화된 내용을 추가 학습할 수 있습니다.

❹ 예

이론과 관련된 예시를 통해 이론을 더욱 쉽게 이해할 수 있습니다.

「해커스 보세사」 활용법 11

「해커스 보세사」 활용법

03 핵심기출문제를 통해 이론과 연계하여 학습한다!

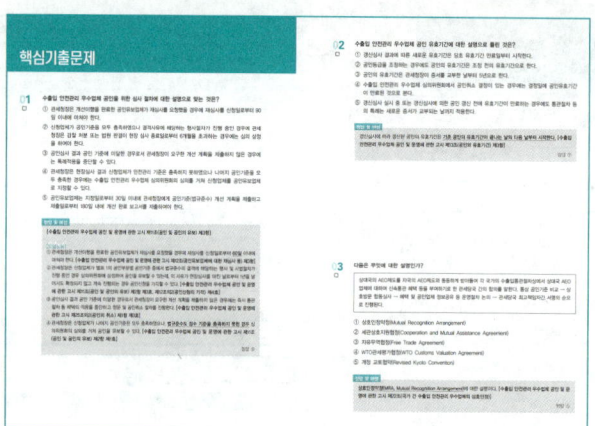

핵심기출문제
과목별로 이론학습을 완료한 후 핵심기출문제를 풀어보면서 배운 이론을 바로 문제에 적용할 수 있습니다.

04 최신기출을 여러 번 풀이하며 실전 감각을 키워 실전에 철저하게 대비한다!

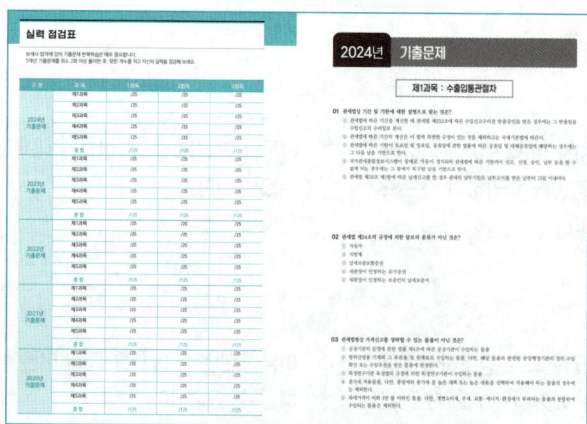

최신기출 5회분 수록
최신기출 5회분을 수록하여 최근 출제경향을 파악하며 동시에 실전 감각을 기를 수 있습니다.

실력 점검표 제공
실력 점검표를 활용하여 기출문제를 최소 2회 이상 풀이하고 이와 동시에 자신의 실력을 점검할 수 있습니다.

바로 채점 및 성적 분석 서비스 제공
정답 및 해설에 있는 '바로 채점 및 성적 분석 서비스' QR코드를 스캔하여 자신의 실력을 정확하게 파악하고 취약점을 분석할 수 있습니다.

「핵심 개념 요약집」으로 시험 직전 최종 마무리한다!

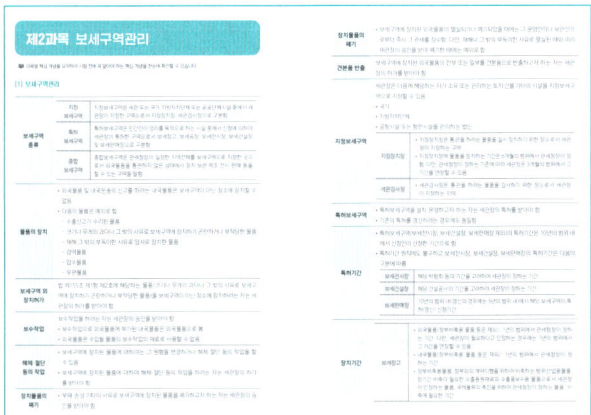

핵심 개념 요약집

시험장에 들고 갈 수 있는 작은 미니북 사이즈로 시험 직전까지 핵심 개념을 빠르게 확인하고 최종 마무리 학습할 수 있습니다.

「무역용어집」을 활용하여 기초 무역용어부터 탄탄하게 학습한다!

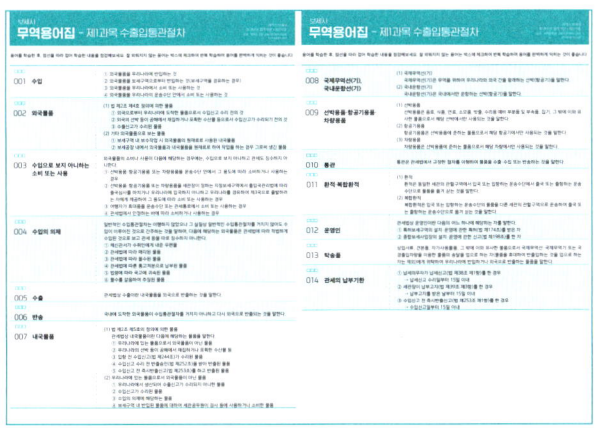

보세사 무역용어집 PDF

시험에 자주 등장하는 기초 무역용어를 정리하여 본문 학습 전에 기초용어를 먼저 학습하면 더욱 효율적으로 시험에 대비할 수 있습니다.

보세사 자격시험 안내

보세사란?

특허보세구역 운영인(보세창고, 보세공장, 보세판매장 등)이 보세구역을 운영하기 위해서 반드시 채용하여야 하는 국가공인 전문자격사입니다. 보세사는 보세화물 관리에 전문적인 지식을 지니고 보세화물 관리에 대한 세관공무원의 업무 중 일부를 위탁받아 수행하는 보세화물 전문관리자입니다.

보세사 자격시험 안내

■ 시험과목 및 문항 수

시험과목	문항 수	배점	총 점
제1과목 수출입통관절차	25문항	각 문항당 4점	500점
제2과목 보세구역관리	25문항	각 문항당 4점	
제3과목 화물관리	25문항	각 문항당 4점	
제4과목 수출입안전관리	25문항	각 문항당 4점	
제5과목 자율관리 및 관세벌칙	25문항	각 문항당 4점	

■ 시험 관련 세부 사항

시험주관	한국관세물류협회
신청방법	한국관세물류협회 홈페이지에서 온라인 신청
원서접수일정	매년 4월경
시험일정	매년 7월(첫째 주 토요일)경, 시험 시행일 90일 전까지 공고
시험지역	서울, 부산
시험시간	10:00~12:15(총 135분)
응시자격	「관세법」 175조 제1호부터 제7호까지의 결격사유에 해당하지 아니하는 사람
문제형식	객관식 5지선다형
합격기준	매 과목 100점을 만점으로 하여 매 과목 40점 이상, 전과목 평균 60점 이상 득점 시 합격
합격 발표 시기	매년 8월경

* 보세사 시험의 정확한 일정은 시험 시행일 90일 전까지 한국관세물류협회 홈페이지(www.kcla.kr)에 공고됩니다. 시험 일정 및 기타 사항이 변동될 가능성이 있으므로 반드시 홈페이지를 확인하시기 바랍니다.

해커스 보세사 한권합격 이론 + 최신기출   금융·무역 전문 교육기관 해커스금융
fn.Hackers.com

보세사 학습자가 가장 궁금해하는 질문 BEST 5

1. 보세사 시험은 얼마 동안 공부해야 할까요?

6주 정도 공부하면 충분히 대비할 수 있습니다.
내용을 충분히 이해하고 기출문제 풀이를 통해 실전 감각을 키운다면 누구나 단기간에 대비 가능합니다. 본 교재는 최근 보세사 기출문제를 철저하게 분석하여 기출된 이론을 풍부하게 수록하였으며, 각 이론에 기출빈도를 표시하여 전략적으로 학습할 수 있으므로 6주 만에 충분히 대비할 수 있습니다. 만약 단기간에 학습을 원하신다면 교재 내에 수록되어 있는 6주 학습플랜의 이틀 분량을 하루에 걸쳐 학습하여 3주 플랜으로도 시험을 대비하실 수 있습니다.

2. 기출문제를 풀어야 하나요? 몇 회분이나 풀어봐야 하죠?

기출문제 풀이는 매우 중요하며, 5회분 정도의 기출문제를 학습하는 것이 좋습니다.
보세사 시험은 과거 기출되었던 문제가 반복해서 출제되는 경향이 있어 기출문제 학습이 매우 중요하며, 보세사 합격자는 평균 4~5회분의 기출문제를 여러 번 풀이합니다. 해커스는 이러한 합격자의 비법을 담아 최신기출 5회분과 핵심기출문제를 교재에 수록하였으며, 최신기출의 내용을 철저히 분석하여 관련 내용을 교재에 수록하였습니다. 교재에 수록되어 있는 '실력 점검표'를 활용하여 기출문제가 완전히 내 것이 될 때까지 여러 번 풀이하는 것을 권장합니다.

3. 보세사 자격시험을 독학으로 대비할 수 있을까요?

네, 누구나 독학으로 자격증 취득할 수 있습니다.
본 교재로 시험에 자주 나오는 이론을 정리하고 출제경향이 반영된 문제들을 학습한 후, 최신기출 풀이를 통해 실전 감각을 키운다면 독학으로 충분히 자격증을 취득할 수 있습니다. 내용을 조금 더 쉽고 자세히 학습하기를 희망하는 경우, 본 교재에 해당하는 동영상강의(fn.Hackers.com)를 함께 수강하면 더 효율석으로 학습할 수 있습니다.

4. 보세사 자격시험은 어떻게 대비해야 하나요?

무역용어와 함께 이론을 꼼꼼하게 학습하고, 기출문제를 여러 번 풀이하면 충분히 대비할 수 있습니다.
보세사 자격시험을 준비하는 수험생들이 무역 관련 용어에 많은 어려움을 느낍니다. 이를 위해 무역용어집을 제공하여 무역 관련 용어들을 이론과 함께 학습할 수 있습니다. 무역용어집과 이론을 함께 학습하고, 기출문제를 여러 번 풀이한다면 시험에 확실하게 대비하실 수 있습니다. 보세사 시험은 총 5과목으로 구성되어 있으며 제1과목 수출입통관절차는 330조로 구성되어 있는 관세법의 내용 중에서 많은 부분을 다루고 있기 때문에 가장 많은 시간이 소요됩니다. 또한 제5과목 자율관리 및 관세벌칙에서는 관세법뿐만 아니라 다른 법령까지 함께 다루므로 특히 제1과목과 제5과목은 시간을 들여 꼼꼼하게 학습하는 것을 권장합니다.

5. 보세사 시험 추세나 난이도는 어떻게 되나요?

전체적인 난이도는 '중상'이라고 볼 수 있습니다.
보세사 자격시험은 무역/물류 관련 시험 중에서도 어려운 편에 속하며, 시험의 난도가 조금씩 증가하는 추세를 보이고 있습니다. 하지만 이해해야 할 부분과 암기해야 할 부분을 잘 구분하여 학습하고, 특히 헷갈리는 부분이나 어려운 부분을 체크해두고 반복하여 학습한다면 충분히 시험에 대비하실 수 있습니다.

보세사 출제경향 및 학습전략

최신기출문제 6회분(2019년~2024년)을 철저히 분석한 출제경향 및 학습전략을 참고하여 학습하세요.

제1과목 수출입통관절차

01 출제경향

- 수출입통관절차(제1과목) 부분은 보세사 시험 범위 전체 중에서 가장 분량이 많습니다.
- 주로 1절에 해당하는 관세법 제1장(총칙)부터 6절에 해당하는 제9장(통관)까지의 내용으로 구성되어 있습니다.
- 최근 6개년도 기출문제를 분석해 보면, 2절(과세가격과 관세의 부과·징수 등)과 6절(통관)의 출제 비중이 가장 높은 것을 알 수 있고, 2절은 6개년도 150문항 중 36문항(약 24%), 6절은 35문항(약 23%)이 출제되어, 이 2개의 절에서 제1과목에 대한 문제의 거의 절반이 출제된 것을 알 수 있습니다.

02 학습전략

- 보세사 자격 시험의 범위는 주로 관세법의 내용을 기초로 하고, 여기에 수출입통관, 보세구역, 보세화물, 운송수단, 수출입 안전관리 우수업체와 관련한 각각의 주요 관세청 고시 규정들로 구성되어 있습니다.
- 특히 보세사 자격 시험 전체에 대하여 기본이 되는 제1과목을 전략과목으로 만들 필요가 있고, 그렇게 하기 위해서는 주로 관세법으로 구성되어 있는 제1과목에 대한 심도 있는 학습이 요구됩니다.
- 2절(과세가격과 관세의 부과·징수 등)과 6절(통관)의 출제 비중이 가장 높으므로 이 2개의 절에 대한 철저한 학습이 필요합니다.
- 2절은 과세물건 확정시기, 납세의무자 부분, 과세가격 결정의 원칙과 관련하여, 가산요소, 공제요소에 대한 부분, 관세부과 제척기간, 관세징수권 소멸시효 부분이 빈출되는 것으로 보이므로 심도 있게 학습하시는 것을 권장합니다.
- 6절에서 통관의 보류, 보세구역 반입명령, 입항 전 수입신고 부분은 거의 매년 출제가 되고 있을 정도로 중요한 부분이므로 철저한 학습이 필요합니다.
- 1절부터 6절까지의 부분이 관세법 부분인데, 최근 6개년도 기출을 보면 제1과목은 관세법 부분에서 약 80% 정도 출제되었으므로 관세법 부분을 집중적으로 학습할 필요가 있습니다.
- 그 밖에는 관세청 고시인 수입통관 사무처리에 관한 고시, 수출통관 사무처리에 관한 고시에서 일부 출제가 되고 있는데, 수입신고 시 제출서류, B/L분할신고, 수출물품 적재 등과 관련하여 기출된 부분 위주로 학습하는 것이 적절할 것으로 보입니다.

제2과목 보세구역관리

01 출제경향

- 보세구역관리(제2과목) 부분은 본서의 제2과목 1절에 해당하는 부분인 관세법 제7장(보세구역)의 내용 및 각종 보세구역과 관련한 관세청 고시의 내용으로 구성되어 있습니다.
- 최근 6개년도 기출문제를 분석해 보면, 1절(관세법 제7장 보세구역), 3절(보세창고 특허 및 운영에 관한 고시), 4절(보세공장 운영에 관한 고시), 7절(보세판매장 특허 및 운영에 관한 고시)의 순서로 출제 비중이 높은 것을 알 수 있습니다.
- 특히 1절은 6개년도 150문항 중 69문항(약 46%), 3절은 24문항(약 16%), 4절은 18문항(약 12%) 및 7절은 21문항(약 14%)이 출제되어 이 4개의 절에서 제2과목에 대한 문제의 거의 90%가 출제된 것을 알 수 있습니다.

02 학습전략

- 제2과목은 앞서 살펴본 바와 같이, 1절(관세법 제7장 보세구역) 위주로 철저히 학습하여 기초를 다지고, 3절(보세창고 특허 및 운영에 관한 고시), 4절(보세공장 운영에 관한 고시) 및 7절(보세판매장 특허 및 운영에 관한 고시)에 대하여 각각 빈출 포인트 위주의 효율적인 학습을 하는 것이 중요합니다.
- 1절은 지정보세구역 및 특허보세구역의 물품 장치기간, 특허기간, 화물관리인의 지정, 그리고 보세작업(보수작업, 물품 폐기, 견본품 반출 등)과 관련하여 철저한 학습이 필요합니다.
- 관세법 제7장(보세구역)의 보세구역 종류별 세부 조문 및 규정들에 대한 부분과, 특히 특허보세구역의 물품 반입 정지, 특허의 취소, 운영인의 결격사유에 대한 부분의 학습이 필요합니다.
- 3절(보세창고 특허 및 운영에 관한 고시)은 운영인의 의무, 자격, 특수보세구역의 요건, 경고처분, 주의처분 등의 행정제재 등에 대한 내용, 4절(보세공장 운영에 관한 고시)은 원료과세, 단일보세공장의 특허, 잉여물품 처리 등에 대한 내용, 7절(보세판매장 특허 및 운영에 관한 고시)은 운영인의 의무, 구매자 및 구매총액, 재고 물품의 처리, 미인도물품의 처리와 관련한 내용의 학습이 필요합니다.
- 최근 6개년도 기출문제를 분석한 결과, 제2과목은 위에서 설명한 4개의 절에서 약 90% 정도 출제되었으므로 해당 부분에 대하여 집중적으로 학습할 필요가 있습니다.
- 그 밖에는 관세청 고시인 종합보세구역 지정 및 운영에 관한 고시, 수입활어 관리에 관한 특례고시 등에서 일부 출제가 되고 있는데, 종합보세구역 지정 요건, 반출신고 생략, 활어장치장 시설 요건, 검량 등과 관련하여 기출된 부분 위주로 학습하는 것이 효율적일 것으로 보입니다.

보세사 출제경향 및 학습전략

제3과목 화물관리

01 출제경향

- 화물관리(제3과목) 부분은 보세화물관리, 취급, 처리와 관련한 내용, 보세화물의 국내 운송과 관련한 보세운송에 대한 내용 위주로 구성되어 있습니다.
- 제3과목 1절(보세화물 관리에 관한 고시)부터 4절(환적화물 처리절차에 관한 특례고시)에 해당하는 부분에서는 주로 보세화물과 관련한 내용을 규정하고, 6절(보세운송-관세법) 및 7절(보세운송에 관한 고시)에서는 보세운송에 대한 내용을 규정하고 있습니다.
- 최근 6개년도 기출문제를 분석해 보면, 1절(보세화물 관리에 관한 고시), 2절(보세화물 장치기간 및 체화관리에 관한 고시), 3절(보세화물 입출항 하선 하기 및 적재에 관한 고시), 7절(보세운송에 관한 고시)의 순서로 출제 비중이 높은 것을 알 수 있습니다.
- 특히 1절(보세화물 관리에 관한 고시)은 31문항(약 21%), 2절(보세화물 장치기간 및 체화관리에 관한 고시)은 29문항(약 19%), 3절(보세화물 입출항 하선 하기 및 적재에 관한 고시)은 28문항(약 19%), 7절(보세운송에 관한 고시, 6절의 관세법상 보세운송 내용 포함)은 26문항(약 17%)이 출제되어, 해당 내용에서 제3과목에 대한 문제의 약 75%가 출제된 것을 알 수 있습니다.

02 학습전략

- 제3과목은 앞서 살펴본 바와 같이, 1절(보세화물 관리에 관한 고시), 2절(보세화물 장치기간 및 체화관리에 관한 고시), 3절(보세화물 입출항 하선 하기 및 적재에 관한 고시), 7절(보세운송에 관한 고시) 부분에 대하여 각각 빈출 포인트 위주로 학습하는 것이 효율적입니다.
- 1절은 보세구역 외 장치 허가, 화물분류 기준, 보수작업의 범위, 반출입신고와 관련한 철저한 학습이 필요합니다.
- 2절(보세화물 장치기간 및 체화관리에 관한 고시)은 장치기간, 국고귀속의 보류, 수의계약, 반출통고와 관련한 내용의 학습이 필요합니다.
- 3절(보세화물 입출항 하선 하기 및 적재에 관한 고시)은 적재화물목록 정정생략, 정정신청, 하선장소 물품 반입신고와 관련한 내용의 학습이 필요합니다.
- 7절(보세운송에 관한 고시)은 보세운송 기간, 담보 제공, 보세운송 신고인, 승인기준과 관련한 내용의 학습이 필요합니다.
- 최근 6개년도 기출문제를 분석한 결과, 제3과목은 위에서 설명한 4개의 절에서 약 75% 정도 출제되었으므로 해당 부분에 대하여 집중적으로 학습하시는 것을 권장합니다.
- 그 밖에는 관세청 고시인 환적화물 처리절차에 관한 특례 고시, 화물운송주선업자의 등록 및 관리에 관한 고시 등에서 일부 출제가 되고 있는데, 일관운송 환적절차, 내국환적운송, 복합, 화물운송주선업자의 등록 요건 등과 관련하여 기출된 부분 위주로 학습하는 것이 효율적일 것으로 보입니다.

제4과목 수출입안전관리

01 출제경향

- 수출입안전관리(제4과목) 부분은 운송수단과 관련한 관세법상의 내용과 수출입 안전관리 우수업체(AEO) 공인 제도 및 이와 관련한 관세청 고시(수출입 안전관리 우수업체 공인 및 운영에 관한 고시)에 대한 내용 위주로 구성되어 있습니다.
- 제4과목 1절(운송수단-관세법)부터 7절(선박(항공기)용품 및 용역공급업 등의 등록에 관한 고시)에 해당하는 부분에서는 주로 운송수단의 입출항, 선박용품 및 항공기용품과 관련한 절차에 대한 내용을 규정하고, 8절(AEO 제도) 및 9절(수출입 안전관리 우수업체 공인 및 운영에 관한 고시)에서는 AEO와 관련한 세부 사항을 다루고 있습니다.
- 최근 6개년도 기출문제를 분석해 보면, 9절(수출입 안전관리 우수업체 공인 및 운영에 관한 고시)의 출제 비중이 상당히 높은 것을 알 수 있습니다.
- 2024년에는 9절에서만 13문항(50%)이, 2023년에는 9절에서만 15문항(60%)이 출제되었고, 2022년에도 8절을 포함하여 15문항(60%)이 출제되었으며, 2020년에는 9절(수출입 안전관리 우수업체 공인 및 운영에 관한 고시)에서만 20문항(80%)이 출제되었고, 2019년에도 8절을 포함하여 9절(수출입 안전관리 우수업체 공인 및 운영에 관한 고시)에서 19문항(76%) 출제된 것을 확인할 수 있습니다.

02 학습전략

- 제4과목은 앞서 살펴본 바와 같이, 9절(수출입 안전관리 우수업체 공인 및 운영에 관한 고시)의 출제 비중이 상당히 높은 것을 알 수 있으므로 해당 내용에 대한 전반적이고 상세한 학습이 절대적으로 필요할 것으로 보입니다.
- 특히 9절에서 거의 매년마다 출제가 되고 있는 부분은 공인기준, 공인부문, 공인신청, 공인의 취소, 공인의 유보, 통관절차 등의 혜택, 변동사항의 보고와 관련한 내용이므로 철저한 학습이 필요합니다.
- 1절(운송수단-관세법)에서도 일부 출제가 되므로 국제항 등에의 출입, 국제항의 지정, 물품 하역 허가 등 빈출 내용 위주의 효율적인 학습이 필요합니다.
- 다만, 위에서 설명한 바와 같이 최근 6개년도 기출문제를 분석해 보면, 9절(수출입 안전관리 우수업체 공인 및 운영에 관한 고시)의 출제 비중이 연도별로 50~80%로 상당히 높게 출제가 되고 있으므로 9절에 대한 철저한 학습이 각별히 요구됩니다.

보세사 출제경향 및 학습전략

제5과목 자율관리 및 관세벌칙

01 출제경향

- 자율관리 및 관세벌칙(제5과목) 부분은 벌칙 및 조사와 처분에 대한 관세법상의 내용, 자율관리보세구역 및 보세사제도에 대한 내용 및 자유무역지역 관련 법률 및 관세청 고시의 내용 위주로 구성되어 있습니다.
- 제5과목 1절(벌칙-관세법)부터 2절(조사와 처분-관세법)에 해당하는 부분에서는 주로 관세법상 세관공무원이 관세범에 대하여 조사와 처분을 하는 절차를 규율하고, 이에 따라 관세범을 처벌할 수 있는 근거 법률 및 규정에 대하여 학습하도록 구성되어 있습니다.
- 3절(자율관리보세구역 및 보세사제도)부터 5절(보세사제도 운영에 관한 고시)에서는 주로 자율관리보세구역의 지정과 관련한 절차적인 부분, 보세사의 의무 및 직무 등과 관련하여 학습하도록 구성되어 있습니다.
- 6절(자유무역지역의 지정 및 운영에 관한 법률 등), 7절(자유무역지역 반출입물품의 관리에 관한 고시)에서는 자유무역지역의 지정, 운영, 반출입 물품과 관련한 제반 절차와 규정에 대하여 학습하도록 구성되어 있습니다.
- 최근 6개년도 기출문제를 분석해 보면, 1절(벌칙-관세법)과 6절(자유무역지역의 지정 및 운영에 관한 법률 등), 7절(자유무역지역 반출입물품의 관리에 관한 고시)의 출제 비중이 높은 것을 파악할 수 있으므로, 이를 참고하시어 학습하시기를 권장합니다.

02 학습전략

- 제5과목은 앞서 살펴본 바와 같이, 출제 비중이 상대적으로 높은 1절(벌칙–관세법) 및 2절(조사와 처분–관세법) 부분과, 6절(자유무역지역의 지정 및 운영에 관한 법률 등) 및 7절(자유무역지역 반출입물품의 관리에 관한 고시) 부분에 대하여 각각 빈출 포인트 위주로 학습하는 것이 효율적입니다.
- 1절은 관세포탈죄, 밀수출입죄 등 각각의 관세법상 벌칙 조항, 미수범 등, 양벌 규정, 몰수·추징, 징역과 벌금의 병과에 대한 철저한 학습이 필요합니다.
- 2절(조사와 처분–관세법)은 통고처분, 고발, 공소의 요건, 압수물품의 폐기, 보관 등에 대하여 학습이 필요합니다.
- 3절(자율관리보세구역 및 보세사제도–관세법)은 적재화물목록 정정생략, 정정신청, 하선장소 물품 반입신고와 관련한 내용의 학습이 필요합니다.
- 6절(자유무역지역의 지정 및 운영에 관한 법률 등)은 내국물품의 반출확인, 입주자격, 통제시설의 설치, 관리권자, 내국물품 확인서, 사용·소비 신고, 물품 반입정지 처분 등과 관련한 내용의 학습이 필요합니다.
- 7절(자유무역지역 반출입물품의 관리에 관한 고시)은 보세운송, 내국물품의 반출입 확인, 반출입신고, 반출통고 및 매각절차, 입주기업체 관리, 국외반출신고 등과 관련한 내용의 학습이 필요합니다.
- 최근 6개년도 기출문제를 분석해 보면, 1절(벌칙–관세법) 및 2절(조사와 처분–관세법), 6절(자유무역지역의 지정 및 운영에 관한 법률 등) 및 7절(자유무역지역 반출입물품의 관리에 관한 고시)에서 약 70%의 비중으로 출제되었으므로, 이러한 부분들 위주로 효율적인 학습을 할 필요가 있습니다.
- 그 밖에는 3절(자율관리보세구역 및 보세사제도–관세법), 4절(자율관리보세구역 운영에 관한 고시) 및 5절(보세사제도 운영에 관한 고시) 부분과 관련해서도 최근 6개년도 기출문제를 보면 38문항(25%)이 출제되었으므로, 빈출되는 내용인 자율관리보세구역 지정, 보세사의 의무, 보세사의 징계, 보세사 등록취소 등에 대한 내용 위주의 효율적인 학습이 요구됩니다.

보세사 합격을 위한 **맞춤형 학습플랜**

자신의 학습여건에 맞는 학습플랜을 선택하여 본 교재를 학습하시기 바랍니다.

6주 완성 학습플랜

무역이론 학습경험자(전공자, 무역 관련 자격 소지자, 무역업계 종사자 등) 중 단기 합격을 희망하는 분께 추천해요.
교재에 수록되어 있는 기출문제는 반드시 풀이하시고, 관련 이론을 꼼꼼하게 학습하세요.
본 교재를 학습하신 후 실력 점검표를 활용하여 기출문제를 여러 번 풀이하시면 더 효과적이에요.
좀 더 빠르게 학습하길 원하시는 경우 이틀 분량을 하루에 걸쳐 학습하여 3주 플랜으로도 시험을 준비하실 수 있어요.

1일 ☐	2일 ☐	3일 ☐	4일 ☐	5일 ☐	6일 ☐	7일 ☐
제1과목 수출입통관절차						
1절 p.28~36	2절 p.37~65	3절 p.66~75	4절 p.76~91	5절 p.92~101	6절 p.102~120	

8일 ☐	9일 ☐	10일 ☐	11일 ☐	12일 ☐	13일 ☐	14일 ☐
제1과목 수출입통관절차						제2과목 보세구역관리
7절 p.121~159	8-9절 p.160~180	10절 p.181~189	11절 p.190~196	제1과목 복습 + 핵심기출문제		1절 p.218~239

15일 ☐	16일 ☐	17일 ☐	18일 ☐	19일 ☐	20일 ☐	21일 ☐
제2과목 보세구역관리						제3과목 화물관리
2-3절 p.240~255	4절 p.256~280	5-6절 p.281~289	7절 p.290~314	8-9절 p.315~330	제2과목 복습 + 핵심기출문제	1절 p.348~363

해커스 보세사 한권합격 이론+최신기출

금융·무역 전문 교육기관 **해커스금융**
fn.Hackers.com

22일 ☐	23일 ☐	24일 ☐	25일 ☐	26일 ☐	27일 ☐	28일 ☐
제3과목 화물관리					제4과목 수출입안전관리	
2절 p.364~375	3절 p.376~392	4-6절 p.393~407	7절 p.408~422	제3과목 복습 + 핵심기출문제	1-2절 p.442~460	3-6절 p.461~482

29일 ☐	30일 ☐	31일 ☐	32일 ☐	33일 ☐	34일 ☐	35일 ☐
제4과목 수출입안전관리			제5과목 자율관리 및 관세벌칙			
7-8절 p.483~490	9절 p.490~533	제4과목 복습 + 핵심기출문제	1-2절 p.552~571	3-5절 p.572~583	6절 p.584~609	7절 p.610~622

36일 ☐	37일 ☐	38일 ☐	39일 ☐	40일 ☐	41일 ☐	42일 ☐
제5과목 자율관리 및 관세벌칙		최신기출				
8절 p.623~629	제5과목 복습 + 핵심기출문제	2024년 기출문제 풀이 + 복습	2023년 기출문제 풀이 + 복습	2022년 기출문제 풀이 + 복습	2021년 기출문제 풀이 + 복습	2020년 기출문제 풀이 + 복습

* PDF파일로 제공되는 「무역용어집」은 교재 학습 전에 미리 숙지하시면 보다 쉽게 이론을 학습할 수 있습니다.
** 해커스금융(fn.Hackers.com) 동영상강의를 함께 수강하면 더 효과적인 학습이 가능합니다.

보세사 합격을 위한 **맞춤형 학습플랜**

8주 완성 학습플랜

충분한 학습시간이 필요한 비전공자 및 고득점 합격을 희망하는 분께 추천해요.
본 교재를 여러 차례 다독해주세요.
무역용어집을 활용하여 기초 무역용어를 정리하시고, 자투리 시간을 활용하여 주요 내용을 상시 복습하세요.

1일 ☐	2일 ☐	3일 ☐	4일 ☐	5일 ☐	6일 ☐	7일 ☐
제1과목 수출입통관절차							
1절 p.28~36	2절 p.37~65	3절 p.66~75	4절 p.76~91	5절 p.92~101	6절 p.102~120

8일 ☐	9일 ☐	10일 ☐	11일 ☐	12일 ☐	13일 ☐	14일 ☐
제1과목 수출입통관절차						제2과목 보세구역관리
7절 p.121~159	8절 p.160~175	9-10절 p.176~189	11절 p.190~196	제1과목 복습 + 핵심기출문제	1절 p.218~239

15일 ☐	16일 ☐	17일 ☐	18일 ☐	19일 ☐	20일 ☐	21일 ☐
제2과목 보세구역관리							
2-3절 p.240~255	4절 p.256~280	5-6절 p.281~289	7절 p.290~314	8-9절 p.315~330	제2과목 복습 + 핵심기출문제

22일 ☐	23일 ☐	24일 ☐	25일 ☐	26일 ☐	27일 ☐	28일 ☐
제3과목 화물관리							
1절 p.348~363	2절 p.364~375	3절 p.376~392	4-5절 p.393~401	6절 p.402~407	7절 p.408~422	제3과목 복습 + 핵심기출문제

해커스 보세사 한권합격 이론+최신기출

금융·무역 전문 교육기관 **해커스금융**
fn.Hackers.com

29일 ☐	30일 ☐	31일 ☐	32일 ☐	33일 ☐	34일 ☐	35일 ☐
제4과목 수출입안전관리						
1절 p.442~449	2절 p.450~460	3절 p.461~465	4-5절 p.466~474	6-7절 p.475~488	8절 p.489~498	9절 p.499~533

36일 ☐	37일 ☐	38일 ☐	39일 ☐	40일 ☐	41일 ☐	42일 ☐
제4과목 수출입안전관리		제5과목 자율관리 및 관세벌칙				
9절 p.499~533	제4과목 복습 + 핵심기출문제	1절 p.552~564	2-3절 p.565~574	4-5절 p.575~583	6절 p.584~609	

43일 ☐	44일 ☐	45일 ☐	46일 ☐	47일 ☐	48일 ☐	49일 ☐
제5과목 자율관리 및 관세벌칙			전체	최신기출		
7절 p.610~622	8절 p.623~629	제5과목 복습 + 핵심기출문제	전체 복습	2024년 기출문제 풀이	2024년 기출문제 복습	2023년 기출문제 풀이

50일 ☐	51일 ☐	52일 ☐	53일 ☐	54일 ☐	55일 ☐	56일 ☐
최신기출						
2023년 기출문제 복습	2022년 기출문제 풀이	2022년 기출문제 복습	2021년 기출문제 풀이	2021년 기출문제 복습	2020년 기출문제 풀이	2020년 기출문제 복습

* PDF파일로 제공되는 「무역용어집」은 교재 학습 전에 미리 숙지하시면 보다 쉽게 이론을 학습할 수 있습니다.
** 해커스금융(fn.Hackers.com) 동영상강의를 함께 수강하면 더 효과적인 학습이 가능합니다.

금융·무역 전문 교육기관 해커스금융
fn.Hackers.com

해커스 보세사 한권합격 이론 + 최신기출

제1과목
수출입통관절차

- 1절　총칙
- 2절　과세가격과 관세의 부과·징수 등
- 3절　관세율 제도 및 품목분류
- 4절　감면·환급 및 분할납부 등
- 5절　납세자의 권리 및 불복절차
- 6절　통관
- 7절　수입통관 사무처리에 관한 고시
- 8절　수출통관 사무처리에 관한 고시
- 9절　반송절차에 관한 고시
- 10절　특송물품 수입통관 사무처리에 관한 고시
- 11절　관세법 제226조에 따른 세관장 확인물품 및 확인방법 지정고시

❖ 핵심기출문제

1절 총칙

✎ 본문 내용 중 꼭 알아야 하는 부분에 형광펜으로 표시하였으니 반드시 학습하시기 바랍니다.

01 통칙

1. 관세법의 목적 (법 제1조) `20 기출`

관세법은 관세의 부과·징수 및 수출입물품의 통관을 적정하게 하고 관세수입을 확보함으로써 국민경제의 발전에 이바지함을 목적으로 한다.

2. 성격

(1) 조세법적 성격

   관세의 과세요건 및 관세의 부과·징수 절차 규정

(2) 통관법적 성격

   수출입 물품의 통관 절차 규정

(3) 준사법적·형사법적 성격

   관세범에 대한 조사, 처분 및 처벌 규정

(4) 소송법적 성격

   처분청의 위법·부당한 처분 시 권리구제 절차 규정

(5) 국제법적 성격

   협약, 협정 등의 내용을 국내법에 수용하여 규정

3. 용어의 정의

(1) 수입 (법 제2조 제1호) `21 기출`

   관세법상 수입이란 외국물품을 우리나라에 반입(보세구역을 경유하는 것은 보세구역으로부터 반입하는 것을 말함)하거나 우리나라에서 소비 또는 사용하는 것(우리나라의 운송수단 안에서의 소비 또는 사용을 포함하며, 수입으로 보지 아니하는 소비 또는 사용물품은 제외함)을 말한다.

   - 외국물품을 우리나라에 반입하는 것
   - 외국물품을 보세구역으로부터 반입하는 것(보세구역을 경유하는 경우)
   - 외국물품을 우리나라에서 소비 또는 사용하는 것
   - 외국물품을 우리나라의 운송수단 안에서 소비 또는 사용하는 것

(2) 외국물품 (법 제2조 제4호) `19 기출`

   관세법상 외국물품이란 다음에 해당하는 물품을 말한다.

   ① 법 제2조 제4호 정의에 의한 물품

   - 외국으로부터 우리나라에 도착한 물품으로서 수입신고 수리 전의 것

- 외국의 선박 등이 공해에서 채집하거나 포획한 수산물 등으로서 수입신고가 수리되기 전의 것 `20 기출`
- 수출신고가 수리된 물품 `23 기출`

② 기타 외국물품으로 보는 물품

- 보세구역 내 보수작업 시 외국물품의 원재료로 사용된 내국물품
- 보세공장 내에서 외국물품과 내국물품을 원재료로 하여 작업을 하는 경우 그로써 생긴 물품

(3) 수입으로 보지 아니하는 소비 또는 사용 (법 제239조)

외국물품의 소비나 사용이 다음에 해당하는 경우에는, 수입으로 보지 아니하고 관세도 징수하지 아니한다.
① 선박용품·항공기용품 또는 차량용품을 운송수단 안에서 그 용도에 따라 소비하거나 사용하는 경우
② 선박용품·항공기용품 또는 차량용품을 세관장이 정하는 지정보세구역에서 출입국관리법에 따라 출국심사를 마치거나 우리나라에 입국하지 아니하고 우리나라를 경유하여 제3국으로 출발하려는 자에게 제공하여 그 용도에 따라 소비 또는 사용하는 경우
③ 여행자가 휴대품을 운송수단 또는 관세통로에서 소비 또는 사용하는 경우 `23 기출`
④ 관세법에서 인정하는 바에 따라 소비하거나 사용하는 경우

(4) 수입의 의제 (법 제240조) `23 기출` `20 기출` `19 기출`

① 의제란 사실관계가 서로 다른 각각의 경우가 발생하더라도 법률상 동일한 효과를 부여하는 것을 의미한다.
② 수입의 의제란 일반적인 수입통관 절차는 이행하지 않았으나 그 실질상 일반적인 수입통관 절차를 거치지 않아도 수입이 이루어진 것으로 간주하는 것을 말하며, 다음에 해당하는 외국물품은 관세법에 따라 적법하게 수입된 것으로 보고 관세 등을 따로 징수하지 아니한다.

- 체신관서가 수취인에게 내준 우편물
- 관세법에 따라 매각된 물품 `20 기출`
- 관세법에 따라 몰수된 물품
- 관세법에 따른 통고처분으로 납부된 물품
- 법령에 따라 국고에 귀속된 물품
- 몰수를 갈음하여 추징된 물품

(5) 수출 (법 제2조 제2호) `21 기출` `20 기출` `18 기출`

관세법상 수출이란 내국물품을 외국으로 반출하는 것을 말한다.

(6) 반송 (법 제2조 제3호) `21 기출` `19 기출`

국내에 도착한 외국물품이 수입통관절차를 거치지 아니하고 다시 외국으로 반출되는 것을 말한다.

(7) 내국물품 (법 제2조 제5호) `21 기출` `20 기출` `19 기출`

① 법 제2조 제5호의 정의에 의한 물품
관세법상 내국물품이란 다음에 해당하는 물품을 말한다.

- 우리나라에 있는 물품으로서 외국물품이 아닌 물품
- 우리나라의 선박 등이 공해에서 채집하거나 포획한 수산물 등 `23 기출`
- 입항 전 수입신고(법 제244조)가 수리된 물품 `20 기출`
- 수입신고 수리 전 반출승인(법 제252조)을 받아 반출된 물품 `18 기출`
- 수입신고 전 즉시반출신고(법 제253조)를 하고 반출된 물품

② 우리나라에 있는 물품으로서 외국물품이 아닌 물품

> - 우리나라에서 생산되어 수출신고가 수리되지 아니한 물품
> - 수입신고가 수리된 물품
> - 수입의 의제에 해당하는 물품
> - 보세구역 내 반입된 물품에 대하여 세관공무원이 검사 등에 사용하거나 소비한 물품

(8) 국제무역선(기), 국내운항선(기) (법 제2조 제6호~제9호) 18 기출

① 국제무역선(기)
국제무역선(기)은 무역을 위하여 우리나라와 외국 간을 왕래하는 선박(항공기)을 말한다.

② 국내운항선(기)
국내운항선(기)은 국내에서만 운항하는 선박(항공기)을 말한다.

(9) 선박용품·항공기용품·차량용품 (법 제2조 제10호~제12호) 23 기출 18 기출

① 선박용품
선박용품은 음료, 식품, 연료, 소모품, 밧줄, 수리용 예비 부분품 및 부속품, 집기, 그 밖에 이와 유사한 물품으로서 해당 선박에서만 사용되는 것을 말한다.

② 항공기용품
항공기용품은 선박용품에 준하는 물품으로서 해당 항공기에서만 사용되는 것을 말한다.

③ 차량용품
차량용품은 선박용품에 준하는 물품으로서 해당 차량에서만 사용되는 것을 말한다.

(10) 통관 (법 제2조 제13호) 21 기출 20 기출 18 기출

통관은 관세법에서 규정한 절차를 이행하여 물품을 수출·수입 또는 반송하는 것을 말한다.

(11) 환적·복합환적 (법 제2조 제14호~제15호) 23 기출 21 기출 20 기출 19 기출

① 환적
환적은 동일한 세관의 관할구역에서 입국 또는 입항하는 운송수단에서 출국 또는 출항하는 운송수단으로 물품을 옮겨 싣는 것을 말한다.

② 복합환적
복합환적은 입국 또는 입항하는 운송수단의 물품을 다른 세관의 관할구역으로 운송하여 출국 또는 출항하는 운송수단으로 옮겨 싣는 것을 말한다.

(12) 운영인 (법 제2조 제16호)

관세법상 운영인이란 다음의 어느 하나에 해당하는 자를 말한다.
① 특허보세구역의 설치·운영에 관한 특허(법 제174조)를 받은 자
② 종합보세사업장의 설치·운영에 관한 신고(법 제198조)를 한 자

(13) 세관공무원 (법 제2조 제17호)

① 관세청장, 세관장 및 그 소속 공무원
② 그 밖에 관세청 소속기관의 장 및 그 소속 공무원

(14) 탁송품(託送品) (법 제2조 제18호)

상업서류, 견본품, 자가사용물품, 그 밖에 이와 유사한 물품으로서 국제무역선·국제무역기 또는 국경출입차량을 이용한 물품의 송달을 업으로 하는 자(물품을 휴대하여 반출입하는 것을 업으로 하는 자는 제외)에게 위탁하여 우리나라에 반입하거나 외국으로 반출하는 물품을 말한다.

(15) 전자상거래물품 (법 제2조 제19호)

사이버몰(컴퓨터 등과 정보통신설비를 이용하여 재화를 거래할 수 있도록 설정된 가상의 영업장) 등을 통하여 전자적 방식으로 거래가 이루어지는 수출입물품을 말한다.

(16) 관세조사 (법 제2조 제20호)

관세의 과세표준과 세액을 결정 또는 경정하기 위하여 방문 또는 서면으로 납세자의 장부·서류 또는 그 밖의 물건을 조사(통합하여 조사하는 것을 포함)하는 것을 말한다.

4. 관세징수의 우선 순위 24 기출 18 기출

(1) 관세를 납부하여야 할 물품 (법 제3조 제1항)

다른 조세 그 밖의 공과금과 채권에 우선하여 그 관세를 징수한다.

(2) 강제징수의 대상이 해당 관세를 납부하여야 하는 물품이 아닌 재산 (법 제3조 제2항)

국세징수의 예에 따라 관세를 징수하는 경우, 관세의 우선순위는 국세기본법에 따른 국세와 동일한 순위로써 징수한다.

(3) 내국세 등의 부과·징수 (법 제4조 제1항) 21 기출 20 기출

수입물품에 대하여 세관장이 부과·징수하는 부가가치세, 지방소비세, 담배소비세, 지방교육세, 개별소비세, 주세, 교육세, 교통·에너지·환경세 및 농어촌특별세('내국세 등'이라 하고, 내국세 등의 가산세 및 강제징수비를 포함)의 부과·징수·환급 등에 관하여, ①「국세기본법」,「국세징수법」,「부가가치세법」,「지방세법」,「개별소비세법」,「주세법」,「교육세법」,「교통·에너지·환경세법」 및 「농어촌특별세법」의 규정과 ② 관세법의 규정이 상충되는 경우에는 관세법의 규정을 우선하여 적용한다.

02 관세법 적용의 원칙 등

1. 의의

조세는 국민의 재산권과 밀접한 관계가 있으므로 법 적용 시 조세법의 자의적 해석 또는 소급과세 등으로 인하여 납세자의 재산권이 부당하게 침해되지 않도록 하여야 한다.

2. 관세법 해석의 기준 (법 제5조 제1항)

관세법을 해석하고 적용할 때에는 과세의 형평과 해당 조항의 합목적성에 비추어 납세자의 재산권을 부당하게 침해하지 아니하도록 하여야 한다.

(1) 과세형평의 원칙

과세자와 납세자 간의 과세 형평과 서로 다른 납세자 간의 형평을 고려하여야 한다.

(2) 합목적성의 원칙

조세법의 기본이념을 기초로 하여 그 조항의 목적에 적합하도록 해석하여야 한다.

3. 소급과세의 금지 (법 제5조 제2항)

관세법의 해석이나 관세행정의 관행이 일반적으로 납세자에게 받아들여진 후에는 그 해석 또는 관행에 의한 행위 또는 계산은 정당한 것으로 보며, 새로운 해석 또는 관행에 의하여 소급하여 과세되지 아니한다.

4. 관세법 해석에 관한 사항 심의 (법 제5조 제3항)

관세법 해석의 기준(법 제5조 제1항) 및 소급과세 금지(법 제5조 제2항)의 기준에 맞는 관세법의 해석에 관한 사항은 국세기본법 제18조의2에 따른 국세예규심사위원회에서 심의할 수 있다.

5. 신의성실 (법 제6조)

납세자가 그 의무를 이행할 때에는 신의에 따라 성실하게 하여야 한다. 세관공무원이 그 직무를 수행할 때에도 또한 같다.

6. 세관공무원 재량의 한계 (법 제7조)

세관공무원은 그 재량으로 직무를 수행할 때에는 과세의 형평과 관세법의 목적에 비추어 일반적으로 타당하다고 인정되는 한계를 엄수하여야 한다.

03 기간과 기한

1. 기간의 계산 등 24 기출

(1) 기간의 계산
① 기간이란 어느 시점에서 다른 시점까지 계속된 시간의 구분을 의미하며, 기간은 자연적 사실인 관계로 그것 자체만으로는 법률요건이 성립되지는 아니하나, 기간의 만료에 의하여 행정행위의 불가쟁력과 법률효과를 발생시키는 경우가 있다.
② 관세법에 따른 기간을 계산할 때 수입신고 수리 전 반출승인(법 제252조)을 받은 경우에는 그 승인일을 수입신고의 수리일로 본다(법 제8조 제1항).
③ 기간의 계산방법은 각 개별법령에 별도의 규정이 없는 경우에는 민법의 기간계산에 관한 규정을 준용한다. 따라서 관세법에 따른 기간의 계산은 관세법에 특별한 규정이 있는 것을 제외하고는 민법에 따른다(법 제8조 제2항).

(2) 기한의 연장 21 기출
① 기한이란 법률행위의 효력의 발생·소멸 또는 채무의 이행을 장래의 확실한 사실에 의존하게 하는 부관이다.
② 관세법에 따른 기한이 ⊙ 공휴일(근로자의 날 제정에 관한 법률에 따른 근로자의 날과 토요일을 포함) 또는 ⓒ 금융기관(한국은행 국고대리점 및 국고수납대리점인 금융기관에 한함) 또는 체신관서의 휴무 그 밖에 부득이한 사유로 인하여 정상적인 관세의 납부가 곤란하다고 관세청장이 인정하는 날인 경우에는 그 다음 날을 기한으로 한다(법 제8조 제3항, 시행령 제1조의4 제1항).
③ 법 제327조에 따른 국가관세종합정보시스템, 연계정보통신망 또는 전산처리설비가 ⊙ 정전, ⓒ 프로그램의 오류, ⓒ 한국은행(그 대리점 포함) 또는 체신관서의 정보처리장치의 비정상적인 가동, ⓔ 그 밖에 관세청장이 정하는 사유로 인하여 관세법에 따른 기한까지 관세법에 따른 신고·신청·승인·허가·수리·교부·통지·통고·납부 등을 할 수 없게 되는 경우에는 그 장애가 복구된 날의 다음 날을 기한으로 한다(법 제8조 제4항, 시행령 제1조의4 제2항).

2. 관세의 납부기한 등

(1) 관세의 납부기한 (법 제9조 제1항) 23 기출 21 기출
① 납부기한이란 국가 또는 지방자치단체 등에 대하여 금전 등을 납부 또는 납입하여야 하는 채무가 있는 경우 동 채무의 이행 기간으로써, 가산세를 부담하지 아니하고 해당 조세채무를 이행할 수 있는 기한을 말한다.
② 관세의 납부기한은 관세법에서 달리 규정하는 경우를 제외하고는 다음의 구분에 따른다.

- 납세의무자가 납세신고(법 제38조 제1항)를 한 경우
  → 납세신고 수리일부터 15일 이내 `24 기출`
- 세관장이 납부고지(법 제39조 제3항)를 한 경우
  → 납부고지를 받은 날부터 15일 이내
- 수입신고 전 즉시반출 신고(법 제253조 제1항)를 한 경우
  → 수입신고일부터 15일 이내

(2) 관세의 사전납부 (법 제9조 제2항)

관세의 납세의무자는 원칙적인 납부기한 규정에도 불구하고 수입신고가 수리되기 전에 해당 세액을 납부할 수 있다.

(3) 관세의 월별납부 (법 제9조 제3항, 시행령 제1조의5) `23 기출` `21 기출`

① 의의

세관장은 납세실적 등을 고려하여 관세청장이 정하는 요건을 갖춘 성실납세자가 대통령령으로 정하는 바에 따라 신청을 할 때에는, 납세신고(법 제38조 제1항)를 한 경우 납세신고 수리일부터 15일 이내에 관세를 납부할 수 있음에도 불구하고, 납부기한이 동일한 달에 속하는 세액에 대하여는 그 기한이 속하는 달의 말일까지 한꺼번에 납부하게 할 수 있다.

② 절차

㉠ 신청

납부기한이 동일한 달에 속하는 세액을 월별로 일괄하여 납부(월별납부)하고자 하는 자는 납세실적 및 수출입실적에 관한 서류 등 관세청장이 정하는 서류를 갖추어 세관장에게 월별납부의 승인을 신청하여야 한다.

㉡ 승인

세관장은 위 ㉠에 따라 월별납부의 승인을 신청한 자가 월별납부 승인 요건을 갖춘 경우에는 세액의 월별납부를 승인하여야 한다.

㉢ 승인의 유효기간

승인의 유효기간은 승인일부터 그 후 2년이 되는 날이 속하는 달의 마지막 날까지로 한다.

㉣ 담보의 제공

세관장은 월별납부의 대상으로 납세신고된 세액에 대하여 필요하다고 인정하는 때에는 담보를 제공하게 할 수 있다

㉤ 승인의 취소

세관장은 납세의무자가 아래 ⓐ~ⓒ에 해당하게 된 때에는 월별납부의 승인을 취소할 수 있다.

  ⓐ 관세를 납부기한이 경과한 날부터 15일 이내에 납부하지 아니하는 경우
  ⓑ 월별납부를 승인받은 납세의무자가 월별납부 승인요건을 갖추지 못하게 되는 경우
  ⓒ 사업의 폐업, 경영상의 중대한 위기, 파산선고 및 법인의 해산 등의 사유로 월별납부를 유지하기 어렵다고 세관장이 인정하는 경우

㉥ 납부고지

세관장은 월별납부 승인 취소를 하는 경우, 월별납부의 대상으로 납세신고 된 세액에 대하여 15일 이내의 납부기한을 정하여 납부고지 하여야 한다.

㉦ 승인의 갱신

월별납부 승인을 갱신하려는 자는 ㉠에 따른 서류를 갖추어 그 유효기간 만료일 1개월 전까지 승인갱신 신청을 하여야 한다.

◎ 세관장의 사전통지

세관장은 위 ⓒ에 따라 승인을 받은 자에게 승인을 갱신하려면 승인의 유효기간이 끝나는 날의 1개월 전까지 승인갱신을 신청하여야 한다는 사실과 갱신절차를 승인의 유효기간이 끝나는 날의 2개월 전까지 휴대폰에 의한 문자전송, 전자메일, 팩스, 전화, 문서 등으로 미리 알려야 한다.

(4) 천재지변 등으로 인한 기한의 연장 (법 제10조, 시행령 제2조)

① 기한연장의 사유

세관장은 천재지변이나 그 밖에 다음의 사유로 관세법에 따른 신고·신청·청구·그 밖의 서류의 제출·통지·납부·징수를 1년을 넘지 아니하는 기간을 정하여 그 기한을 연장할 수 있다.

> ⊙ 전쟁·화재 등 재해나 도난으로 인하여 재산에 심한 손실을 입은 경우
> ⓒ 사업에 현저한 손실을 입은 경우
> ⓒ 사업이 중대한 위기에 처한 경우
> ⓔ 그 밖에 세관장이 위 ⊙ 내지 ⓒ의 사유에 준하는 사유가 있다고 인정하는 경우

② 기한연장의 절차 등
- 세관장은 천재지변 등으로 인하여 납부기한을 연장하는 때에는 관세청장이 정하는 기준에 의하여야 한다.
- 천재지변 등으로 인하여 납부기한을 연장받고자 하는 자는 신청서를 해당 납부기한이 종료되기 전에 세관장에게 제출하여야 한다.
- 세관장은 천재지변 등으로 인하여 납부기한을 연장한 때에는 부과고지(법 제39조) 규정에 의한 납부고지를 하여야 한다.
- 세관장은 천재지변 등으로 인하여 납부기한을 연장함에 있어서 채권확보를 위하여 필요하다고 인정하는 때에는 관세 담보(법 제24조)를 제공하게 할 수 있다. 21 기출

③ 납부기한 연장 취소

세관장은 아래 ⊙~ⓒ의 사유로 인하여, 납부기한 연장을 취소한 때에는 15일 이내의 납부기한을 정하여 부과고지(법 제39조) 규정에 의한 납부고지를 하여야 한다.

> ⊙ 관세를 지정한 납부기한 내에 납부하지 아니하는 때
> ⓒ 재산상황의 호전 기타 상황의 변화로 인하여 납부기한 연장을 할 필요가 없게 되었다고 인정되는 때
> ⓒ 파산선고, 법인의 해산 기타의 사유로 관세 전액을 징수하기 곤란하다고 인정되는 때

04 서류의 송달 등 19 기출

1. 납부고지서의 송달

납부고지서의 송달이란 세관장이 관세의 부과처분을 납세의무자에게 알리기 위하여 해당 부과처분의 내용이 포함되어 있는 서면을 납세의무자에게 송부하는 절차를 말한다.

2. 납부고지서의 송달 방법 (법 제11조 제1항~제3항)

(1) 인편 또는 우편

관세 납부고지서의 송달은 납세의무자에게 직접 발급하는 경우를 제외하고는 인편·우편 등의 방법으로 한다.

(2) 공시 송달

① 납부고지서를 송달받아야 할 자가 다음의 어느 하나에 해당하는 경우에는 납부고지사항을 공고한 날부터 14일이 지나면 납부고지서의 송달이 된 것으로 본다.
  ㉠ 주소, 거소, 영업소 또는 사무소가 국외에 있고 송달하기 곤란한 경우
  ㉡ 주소, 거소, 영업소 또는 사무소가 분명하지 아니한 경우
  ㉢ 납세의무자가 송달할 장소에 없는 경우로서 등기우편으로 송달하였으나 수취인 부재로 반송되는 경우 등 대통령령으로 정하는 경우

② 공고는 다음의 어느 하나에 해당하는 방법으로 게시하거나 게재하여야 한다. 이 경우 ㉠에 따라 공시송달을 하는 경우에는 다른 공시송달 방법과 함께 하여야 한다.
  ㉠ 법 제327조의 국가관세종합정보시스템에 게시하는 방법
  ㉡ 관세청 또는 세관의 홈페이지, 게시판이나 그 밖의 적절한 장소에 게시하는 방법
  ㉢ 해당 서류의 송달 장소를 관할하는 특별자치시·특별자치도·시·군·구의 홈페이지, 게시판이나 그 밖의 적절한 장소에 게시하는 방법
  ㉣ 관보 또는 일간신문에 게재하는 방법

(3) 전자 송달 (법 제327조 제3항 등)

① 세관장은 관세청장이 정하는 바에 따라 국가관세종합정보시스템 또는 「정보통신망 이용촉진 및 정보보호 등에 관한 법률」에 따른 정보통신망으로서 관세법에 따른 송달을 위하여 국가관세종합정보시스템과 연계된 정보통신망을 이용하여 전자신고등의 승인·허가·수리 등에 대한 교부·통지·통고 등(전자송달)을 할 수 있다.

② 전자송달은 송달받을 자가 지정한 전자우편주소나 국가관세종합정보시스템의 전자사서함 또는 연계정보통신망의 전자고지함(연계정보통신망의 이용자가 접속하여 본인에게 송달된 고지내용을 확인할 수 있는 곳을 말함)에 고지내용이 저장된 때에 그 송달을 받아야 할 자에게 도달된 것으로 본다.

③ 전자송달은 대통령령으로 정하는 바에 따라 송달을 받아야 할 자가 신청하는 경우에만 한다.

④ 국가관세종합정보시스템 또는 연계정보통신망의 전산처리설비의 장애로 전자송달이 불가능한 경우, 그 밖에 대통령령으로 정하는 사유가 있는 경우에는 교부·인편 또는 우편의 방법으로 송달할 수 있다.

3. 장부 등의 보관 (법 제12조, 시행령 제3조)

(1) 장부 등의 보관 의무자

① 장부 등의 보관 의무자는 관세법의 규정에 따라 가격신고·납세신고·수출입신고·반송신고·보세화물 반출입신고·보세운송신고를 한 자 또는 제출된 적재화물목록을 작성한 자이다.

② 관세법에 따라 가격신고, 납세신고, 수출입신고, 반송신고, 보세화물 반출입신고, 보세운송신고를 한 자 또는 제출된 적재화물목록을 작성한 자는 신고 또는 작성한 자료의 내용을 증빙할 수 있는 장부 및 증거서류(신고필증을 포함)를 성실하게 작성하여 신고일 또는 자료 제출일부터 5년의 범위에서 대통령령으로 정하는 기간 동안 갖추어 두어야 한다.

(2) 보관기간 22 기출

① 해당 신고에 대한 수리일부터 5년

- 수입신고필증
- 수입거래 관련 계약서, 이에 갈음하는 서류
- 지식재산권 거래에 관련된 계약서, 이에 갈음하는 서류
- 수입물품 가격결정에 관한 자료

② 해당 신고에 대한 수리일부터 3년

> - 수출신고필증
> - 반송신고필증
> - 수출물품·반송물품 가격결정에 관한 자료
> - 수출거래·반송거래 관련 계약서, 이에 갈음하는 서류

③ 해당 신고에 대한 수리일부터 2년

> - 보세화물반출입에 관한 자료
> - 적재화물목록에 관한 자료
> - 보세운송에 관한 자료

(3) 장부 및 증거서류의 보관

① 장부 및 증거서류 중 세관장이 특수관계에 있는 자에게 제출하도록 요구할 수 있는 자료의 경우에는 「소득세법」 또는 「법인세법」에 따른 납세지(「소득세법」 또는 「법인세법」에 따라 국세청장이나 관할지방국세청장이 지정하는 납세지를 포함)에 갖추어 두어야 한다.

② 장부 및 증거서류를 작성·보관하여야 하는 자는 그 장부와 증거서류의 전부 또는 일부를 「전자문서 및 전자거래 기본법」에 따른 정보처리시스템을 이용하여 작성할 수 있다. 이 경우 그 처리과정 등을 대통령령으로 정하는 기준에 따라 디스켓 또는 그 밖의 정보보존 장치에 보존하여야 한다.

③ 「전자문서 및 전자거래 기본법」에 따른 전자문서로 작성하거나 전자화문서로 변환하여 공인전자문서센터에 보관한 경우에는 장부 및 증거서류를 갖춘 것으로 본다. 다만, 계약서 등 위조·변조하기 쉬운 장부 및 증거서류로서 대통령령으로 정하는 것은 그러하지 아니하다.

2절 | 과세가격과 관세의 부과·징수 등

✏️ 본문 내용 중 꼭 알아야 하는 부분에 형광펜으로 표시하였으니 반드시 학습하시기 바랍니다.

01 통칙(과세요건 등)

1. 과세요건의 의의

과세요건이란 조세를 부과함에 있어 갖추어야할 요건으로서, 과세요건이 모두 갖추어져야 조세채권이 성립하고 국가는 조세를 징수할 수 있으며 그 상대방은 조세를 납부할 의무를 지게 된다. 일반적으로 갖추어야 할 요건으로서 ① 과세물건(과세대상, 과세객체), ② 납세의무자, ③ 과세표준, ④ 관세율 등의 4가지를 관세의 4대 과세요건이라 한다.

2. 과세물건 (법 제14조)

① 과세물건이란 과세의 대상이 되는 물건을 말하고, 법 제14조에 의하면 "수입물품에는 관세를 부과한다."라고 규정하고 있으므로, 관세법상 관세의 과세물건은 수입물품이며, 수출물품 및 반송물품 등은 관세법상 관세의 과세대상에 해당되지 아니한다.

② 관세법은 수입물품에 대하여는 구분 없이 모두 과세대상으로 하고 있는데, 이러한 점을 미루어 볼 때 우리나라는 관세의무주의(관세포괄주의)를 표방하고 있는 것으로 보이며, 이에 따라 관세율표에는 유세품·무세품에 대하여 구분 없이 모든 품목을 게기하고 있다.

3. 과세표준 (법 제15조) `20 기출` `18 기출`

관세법 제15조에 의하면, "관세의 과세표준은 수입물품의 가격 또는 수량으로 한다."라고 규정하고 있다. 관세의 과세표준에 대하여 화폐단위인 수입물품의 가격을 과세표준으로 하는 경우는 종가세라고 하고, 길이·중량 등 수입물품의 수량을 과세표준으로 하는 경우는 종량세라고 한다. 우리나라는 종가세를 주로 채택하여, 현행 관세법상 관세의 과세표준은 예외적인 경우를 제외하고는 대부분 수입물품의 가격이 된다.

4. 과세물건 확정의 시기 (법 제16조) `23 기출` `22 기출`

(1) 의의

과세물건인 수입물품은 외국에서 선적되어 우리나라에 도착한 물품으로써, 운송과정 중에 온도 및 습도 등에 의하여 변질되거나 운송 중의 사고로 인한 수량의 감소 등의 이유로 외국에서 선적할 당시 물품의 성질과 수량이 우리나라 도착 시 물품의 성질 및 수량과 달라질 가능성이 있다. 따라서 과세물건의 확정시기는 수입물품에 대하여 어느 시점의 성질 및 수량에 따라 관세를 과세할 것인지에 대한 문제이다.

(2) 확정시기 `21 기출` `20 기출` `18 기출`

① 일반적인 확정시기

관세는 수입신고(입항 전 수입신고를 포함)를 하는 때의 물품의 성질과 그 수량에 따라 부과한다.

② 예외적인 확정시기

다만, 위 일반적인 확정시기에 해당되는 물품이 아닌 다음의 어느 하나에 해당하는 물품에 대하여는, 수입신고에 의하지 아니하거나 본질적으로 수입신고를 할 수 없는 수입에 대하여 특정사실이 발생한 때의 물품의 성질과 그 수량에 따라 관세를 부과한다.

> ㉠ 외국물품인 선박용품 또는 항공기용품, 국제무역선 또는 국제무역기 안에서 판매하는 물품이 하역 허가의 내용대로 운송수단에 적재되지 아니한 경우 그 관세를 징수하는 물품 → 하역을 허가받은 때
> ㉡ 보세구역 이외의 장소에서의 보수작업에 대한 승인기간이 경과하여 관세를 징수하는 물품
>   → 보세구역 밖에서 하는 보수작업을 승인받은 때
> ㉢ 보세구역에 장치된 외국물품이 멸실·폐기된 경우 그 관세를 징수하는 물품
>   → 해당 물품이 멸실되거나 폐기된 때
> ㉣ 보세공장 및 보세건설장 이외의 장소에서의 작업에 대한 허가기간이 경과하거나 종합보세구역 이외의 장소에서의 작업에 대한 기간이 경과하여 관세를 징수하는 물품
>   → 보세공장 외 작업, 보세건설장 외 작업 또는 종합보세구역 외 작업을 허가받거나 신고한 때
> ㉤ 보세운송기간이 경과하여 관세를 징수하는 물품 → 보세운송을 신고하거나 승인받은 때
> ㉥ 수입신고가 수리되기 전에 소비하거나 사용하는 물품(소비 또는 사용을 수입으로 보지 아니하는 물품은 제외한다) → 해당 물품을 소비하거나 사용한 때
> ㉦ 수입신고 전 즉시반출신고를 하고 반출한 물품 → 수입신고 전 즉시반출신고를 한 때
> ㉧ 우편으로 수입되는 물품(수입신고 대상 우편물은 제외) → 통관우체국에 도착한 때
> ㉨ 도난물품 또는 분실물품 → 해당 물품이 도난 되거나 분실된 때
> ㉩ 관세법에 따라 매각되는 물품 → 해당 물품이 매각된 때
> ㉪ 수입신고를 하지 아니하고 수입된 물품(㉠ 내지 ㉩에 규정된 것은 제외) → 수입된 때

5. 적용법령 (법 제17조) 19 기출

(1) 의의

외국물품에 대한 수입거래의 경우에는 수입계약이 체결되는 시점에서부터 수입통관절차가 완료될 때까지 여러 과정의 절차를 거치는 동안에 관세율을 비롯한 관련 법령이 변경될 수 있는데, 이러한 변경이 있는 경우에는 어느 시점을 기준으로 법령을 적용하는지에 대한 문제가 제기될 수 있다.

(2) 원칙

수입신고 당시의 법령에 의하여 관세를 부과한다.

(3) 예외 21 기출

다만, 위 원칙에도 불구하고 다음의 어느 하나에 해당하는 물품에 대하여는 각각의 시점에 시행되는 법령에 따라 관세를 부과한다.

> ① 과세물건의 확정시기 예외(법 제16조)에 해당하는 경우 → 그 사실이 발생한 날
> ② 보세건설장에 반입된 외국물품 → 사용 전 수입신고가 수리된 날 18 기출

6. 과세환율 (법 제18조) 20 기출

과세가격을 결정하는 경우 외국통화로 표시된 가격을 내국통화로 환산할 때에는 법 제17조에 따른 날(보세건설장에 반입된 물품의 경우에는 수입신고를 한 날)이 속하는 주의 전주의 기준환율 또는 재정환율을 평균하여 관세청장이 그 율을 정한다. 관세청장은 외국환업무취급기관이 관세법 제17조에 따른 날(보세건설장에 반입된 물품의 경우에는 수입신고를 한 날)이 속하는 주의 전주(前週) 월요일부터 금요일까지 매일 최초 고시하는 대고객(對顧客) 전신환매도율을 평균하여 법 제18조에 따른 과세환율을 결정한다. 다만, 대고객 전신환매도율을 고시하는 외국환업무취급기관이 하나도 없는 경우에는 대고객 현찰매도율을 평균하여 과세환율을 결정한다.

7. 납세의무자

(1) 정의

납세의무자란 관세를 납부할 법률상의 의무를 부담하는 자를 말한다. 일반적으로 관세는 간접세적 성격을 가지고 있어 그 부담이 해당 물품을 최종적으로 소비하는 자에게 전가되므로, 법률상의 관세 부담자(수입화주)와 사실상의 관세 부담자(소비자)가 달라지게 된다.

(2) 수입신고를 한 물품의 납세의무자 (법 제19조 제1항 제1호)

① 원칙

수입신고를 한 물품인 경우에는 그 물품을 수입신고하는 때의 화주가 관세의 납세의무자가 된다.

② 화주가 불분명할 때 **22 기출** **21 기출** **19 기출**

다만, 화주가 불분명할 때에는 다음의 어느 하나에 해당하는 자를 납세의무자로 본다.

- 수입을 위탁받아 수입업체가 대행수입한 물품인 경우 → 그 물품의 수입을 위탁한 자
- 수입을 위탁받아 수입업체가 대행수입한 물품이 아닌 경우
  → 대통령령으로 정하는 상업서류(송품장, 선하증권, 항공화물운송장)에 적힌 물품수신인
- 수입물품을 수입신고 전에 양도한 경우 → 그 양수인

(3) 연대납세의무자

연대납세의무란 복수의 자가 하나의 납세의무에 관하여 각각 독립하여 전액의 납부의무를 부담하는 것을 말한다. 연대납세의무자에 관하여 민법의 연대채무에 관한 규정을 준용하므로 조세채권자는 연대납세의무자 1인 또는 전체에게 납세의무를 부담하게 할 수 있고 그중 1인이 전액을 납부하게 되면 다른 연대납세의무자에게도 영향을 미치게 된다.

① 신고인 (법 제19조 제1항 제1호 단서)

수입신고가 수리된 물품 또는 수입신고 수리 전 반출승인을 받아 반출된 물품에 대하여 납부하였거나 납부하여야 할 관세액이 부족한 경우 해당 물품을 수입신고하는 때의 화주의 주소 및 거소가 분명하지 아니하거나 수입신고인이 화주를 명백히 하지 못하는 경우에는 그 신고인이 해당 물품을 수입한 화주와 연대하여 해당 관세를 납부하여야 한다.

② 공유자 또는 공동사업자인 납세의무자 (법 제19조 제5항) **21 기출**

관세가 부과되는 물품에 관계되는 관세·가산세 및 강제징수비에 대해서는 다음에 규정된 자가 연대하여 납부할 의무를 진다.

- 수입신고물품이 공유물이거나 공동사업에 속하는 물품인 경우 그 공유자 또는 공동사업자인 납세의무자
- 수입신고인이 수입신고를 하면서 수입신고하는 때의 화주가 아닌 자를 납세의무자로 신고하였는데 수입신고인 또는 납세의무자로 신고된 자가 관세포탈 또는 부정감면의 범죄를 저지르거나 관세포탈이나 부정감면을 교사하거나 방조하는 범죄를 저질러 유죄의 확정판결을 받은 경우, 그 수입신고인 및 납세의무자로 신고된 자와 해당 물품을 수입신고하는 때의 화주(다만, 관세포탈 또는 부정감면으로 얻은 이득이 없는 수입신고인 또는 납세의무자로 신고된 자는 제외)
- ⊙ 자가사용물품을 수입하려는 화주의 위임에 따라 해외 판매자로부터 해당 수입물품의 구매를 대행하는 것, 또는 ⓒ 사이버몰(컴퓨터 등과 정보통신설비를 이용하여 재화 등을 거래할 수 있도록 설정된 가상의 영업장) 등을 통하여 해외로부터 구매 가능한 물품의 정보를 제공하고 해당 물품을 자가사용물품으로 수입하려는 화주의 요청에 따라 그 물품을 구매해서 판매하는 것을 업으로 하는 구매대행업자가 화주로부터 수입물품에 대하여 납부할 관세 등에 상당하는 금액을 수령하고, 수입신고인 등에게 과세가격 등의 정보를 거짓으로 제공한 경우 : 구매대행업자와 수입신고하는 때의 화주
- 수입신고에 의하지 않고 수입되는 물품에 대한 납세의무자가 2인 이상인 경우 그 2인 이상의 납세의무자

③ 법인 및 신 회사 (법 제19조 제6항)

다음의 ㉠~㉢ 중 어느 하나에 해당되는 경우 「국세기본법」 제25조 제2항부터 제4항까지의 규정을 준용하여 분할되는 법인이나 분할 또는 분할합병으로 설립되는 법인, 존속하는 분할합병의 상대방 법인 및 신 회사가 관세·가산세 및 강제징수비를 연대하여 납부할 의무를 진다.

> ㉠ 법인이 분할되거나 분할 합병되는 경우
> ㉡ 법인이 분할 또는 분할합병으로 해산하는 경우
> ㉢ 법인이 「채무자 회생 및 파산에 관한 법률」 제215조에 따라 신 회사를 설립하는 경우

④ 분할납부 승인을 얻은 법인 (법 제107조 제6항)

관세의 분할납부를 승인받은 법인이 합병·분할 또는 분할 합병된 경우에는 합병·분할 또는 분할합병 후에 존속하거나 합병·분할 또는 분할합병으로 설립된 법인이 연대하여 관세를 납부하여야 한다.

(4) 수입신고에 의하지 않고 수입되는 물품 `22 기출` `21 기출`

수입신고에 의하지 않고 수입되는 물품에 대하여는 그 유형에 따라 과세물건 확정의 시기와 납세의무자가 결정된다. 수입신고를 한 물품에 대한 납세의무는 화주 또는 해당 물품에 대한 권리를 가진 자가 납세의무자가 되는 반면, 수입신고에 의하지 않고 수입되는 물품에 대하여는 해당 물품을 사실상 수입한 그 행위자가 납세의무자가 되며, 다음 각 경우의 납세의무자가 이에 해당한다.

> ① 외국물품인 선박용품 또는 항공기용품, 국제무역선 또는 국제무역기 안에서 판매하는 물품이 하역 허가의 내용대로 운송수단에 적재되지 아니하여 그 관세를 징수하는 물품인 경우 → 하역허가를 받은 자
> ② 보세구역 이외의 장소에서의 보수작업에 대한 승인기간이 경과하여 관세를 징수하는 물품인 경우 `18 기출`
> → 보세구역 밖에서 하는 보수작업을 승인받은 자
> ③ 보세구역 장치 중의 멸실·폐기로 인하여 관세를 징수하는 물품인 경우 → 운영인 또는 보관인 `19 기출` `18 기출`
> ④ 보세공장 및 보세건설장 이외의 장소에서의 작업에 대한 허가기간이 경과하거나 종합보세구역 이외의 장소에서의 작업에 대한 기간이 경과하여 관세를 징수하는 물품인 경우
> → 보세공장 외 작업, 보세건설장 외 작업 또는 종합보세구역 외 작업을 허가받거나 신고한 자
> ⑤ 보세운송기간이 경과하여 관세를 징수하는 물품인 경우 → 보세운송을 신고하였거나 승인을 받은 자
> ⑥ 수입신고가 수리되기 전에 소비하거나 사용하는 물품(소비 또는 사용을 수입으로 보지 아니하는 물품은 제외한다)인 경우 → 그 소비자 또는 사용자
> ⑦ 수입신고 전 즉시반출신고를 하고 반출한 물품인 경우 → 해당 물품을 즉시 반출한 자 `18 기출`
> ⑧ 우편으로 수입되는 물품(수입신고대상 우편물은 제외한다) → 그 수취인
> ⑨ 도난물품이나 분실물품인 경우 `20 기출` `19 기출` `18 기출`
>   ㉠ 보세구역의 장치물품 → 그 운영인 또는 화물관리인
>   ㉡ 보세운송 물품 → 보세운송을 신고하거나 승인을 받은 자
>   ㉢ 그 밖의 물품 → 그 보관인 또는 취급인
> ⑩ 기타 수입신고를 하지 아니하고 수입된 물품의 경우 → 그 소유자 또는 점유자

(5) 납세의무자의 경합 (법 제19조 제2항) `21 기출`

화주 또는 신고인(수입신고를 한 물품의 납세의무자)과 수입신고에 의하지 않고 수입되는 물품의 납세의무자가 경합되는 경우에는 수입신고에 의하지 않고 수입되는 물품의 납세의무자를 해당 수입물품의 납세의무자로 한다.

(6) 납세보증자 (법 제19조 제3항)

관세법 또는 다른 법령, 조약, 협약 등에 따라 관세의 납부를 보증한 자는 보증액의 범위에서 납세의무를 진다.

(7) 제2차 납세의무자 (법 제19조 제8항 내지 제9항)

관세의 징수에 관하여는 「국세기본법」 제38조부터 제41조까지의 규정을 준용한다. 제2차 납세의무자는 관세의 담보로 제공된 것이 없고 납세의무자와 관세의 납부를 보증한 자가 납세의무를 이행하지 아니하는 경우에 납세의무를 진다.

(8) 양도담보재산의 강제징수 (법 제19조 제10항) 21 기출

① 양도담보 정의

양도담보란 납세의무자에게 납세의무가 발생한 이후에 납세의무자로부터 제3자에게 양도된 자산으로써 납세의 담보물이 되는 자산을 말한다.

② 양도담보권자의 물적 납세의무

양도담보권자에게 관세를 징수하는 이유는 그러한 자산이 관세 등의 납부의무를 부당한 방법으로 회피하기 위하여 양도된 것으로 보고 양도담보권자에게 납세의무를 부과하는 것이며, 이를 양도담보권자의 물적 납세의무라고 한다.

③ 강제징수

납세의무자(관세의 납부를 보증한 자와 제2차 납세의무자를 포함)가 관세·가산세 및 강제징수비를 체납한 경우 그 납세의무자에게 「국세기본법」 제42조 제3항에 따른 양도담보재산이 있을 때에는, 그 납세의무자의 다른 재산에 대하여 강제징수를 집행하여도 징수하여야 하는 금액에 미치지 못한 경우에만 「국세징수법」 제7조를 준용하여 그 양도담보재산으로써 납세의무자의 관세·가산세 및 강제징수비를 징수할 수 있다. 다만, 그 관세의 납세신고일(법 제39조에 따라 부과고지하는 경우에는 그 납부고지서의 발송일을 말한다) 전에 담보의 목적이 된 양도담보재산에 대하여는 그러하지 아니하다.

02 납세의무의 소멸 등

1. 의의

납세의무의 소멸이란 법률에 의하여 성립된 납세의무를 더 이상 부담하지 아니하여도 되는 것을 의미하므로, 납세의무의 소멸은 이미 확정된 관세채무에 대한 납세의무가 성립된 것을 전제로 한다. 관세·강제징수비를 납부하여야 하는 의무는 다음의 어느 하나에 해당되는 때에는 소멸한다(법 제20조).

- 관세를 납부하거나 관세에 충당한 때
- 관세부과가 취소된 때
- 관세를 부과할 수 있는 기간에 관세가 부과되지 아니하고 그 기간이 만료된 때(법 제21조)
- 관세징수권의 소멸시효가 완성된 때(법 제22조)

2. 관세의 납부

관세의 납세의무자에 의하여 해당 건에 대한 관세가 납부된 경우에는 동 물품에 대한 관세의 납부의무가 소멸된다.

3. 관세의 충당

관세의 충당이란 납세의무자가 해당 물품에 대하여 관세를 납부할 의무가 있는 경우, 세관장이 동 납세의무자에게 지급하여야 할 환급세액이 있다면 해당 관세액과 환급세액을 상계 처리하는 것을 말한다.

4. 관세부과의 취소

관세의 부과처분에 단순한 하자가 있어 동 부과처분이 취소된 경우에도 해당 납세의무는 소멸한다.

5. 관세부과의 제척기간

(1) 의의
관세부과권이란 이미 성립된 관세채권의 구체적 내용을 확정하는 공법상 형성권 즉 관세의 부과, 결정 등의 행정처분을 할 수 있는 권리를 말한다. 제척기간이란 특정한 권리에 관하여 법률이 미리 정하여 놓은 존속기간으로서 그 동안에 권리가 행사되지 않으면 그 권리가 소멸하게 된다.

(2) 제척기간 (법 제21조 제1항) `24 기출` `23 기출` `18 기출`

① 원칙
관세는 해당 관세를 부과할 수 있는 날부터 5년이 지나면 부과할 수 없다.

② 예외
다만, ㉠ 수입신고를 하지 아니하고 수입한 경우(관세법 제16조 제1호부터 제10호까지에 따른 물품은 제외)에는 관세를 부과할 수 있는 날부터 7년, ㉡ 부정한 방법으로 관세를 포탈하였거나 환급 또는 감면 받은 경우에는 관세를 부과할 수 있는 날부터 10년이 지나면 부과할 수 없다.

(3) 관세부과 제척기간의 기산일 (시행령 제6조) `24 기출` `23 기출` `19 기출` `18 기출`

① 원칙
관세를 부과할 수 있는 제척기간을 산정할 때, 수입신고한 날의 다음 날을 관세를 부과할 수 있는 날로 한다.

② 예외
다음의 경우에는 각각에 규정된 날을 관세를 부과할 수 있는 날로 한다.

- 과세물건 확정시기의 예외적인 경우 (법 제16조)
  → 그 사실이 발생한 날의 다음 날
- 의무불이행 등의 사유로 감면된 관세를 징수하는 경우
  → 그 사유가 발생한 날의 다음 날
- 보세건설장에 반입된 외국물품의 경우
  → ㉠ 건설공사완료보고를 한 날과
     ㉡ 특허기간(특허기간을 연장한 경우에는 연장기간)이 만료되는 날 중 먼저 도래한 날의 다음 날
- 과다환급 또는 부정환급 등의 사유로 관세를 징수하는 경우
  → 환급한 날의 다음 날
- 잠정가격을 신고한 후 확정된 가격을 신고한 경우
  → 확정된 가격을 신고한 날의 다음 날
  (다만, 기간 내에 확정된 가격을 신고하지 아니하는 경우 → 해당 기간의 만료일의 다음 날)

(4) 관세부과 제척기간 만료의 특례 (법 제21조 제2항) `24 기출` `23 기출`

다음에 해당하는 경우에는 원칙적 또는 예외적 관세부과의 제척기간에도 불구하고, 해당 결정·판결·회신 또는 경정청구에 따라 경정이나 그 밖에 필요한 처분을 할 수 있다.

① 아래 결정·판결이 확정되거나 회신을 받은 날부터 1년이 지나기 전까지(다만, 이의신청, 심사청구, 심판청구, 감사원법에 따른 심사청구에 대한 결정 또는 행정소송에 대한 판결에 따라 명의대여 사실이 확인된 경우에는 당초의 부과처분을 취소하고 그 결정 또는 판결이 확정된 날부터 1년 이내에 실제로 사업을 경영한 자에게 경정이나 그 밖에 필요한 처분을 할 수 있음)

- 관세법 제5장에 따른 이의신청, 심사청구 또는 심판청구에 대한 결정이 있은 경우
- 「감사원법」에 따른 심사청구에 대한 결정이 있은 경우
- 「행정소송법」에 따른 소송에 대한 판결이 있은 경우

- 압수물품의 반환결정이 있은 경우

② ㉠ 해당 요청에 따라 회신을 받은 날과, ㉡ 관세법과 자유무역협정의 이행을 위한 관세법의 특례에 관한 법률 및 조약·협정 등에서 정한 회신기간이 종료된 날 중 먼저 도래하는 날부터 1년이 지나기 전까지

→ 관세법과 자유무역협정의 이행을 위한 관세법의 특례에 관한 법률 및 조약·협정 등에서 정하는 바에 따라 양허세율의 적용 여부 및 세액 등을 확정하기 위하여 원산지증명서를 발급한 국가의 세관이나 그 밖에 발급권한이 있는 기관에게 원산지증명서 및 원산지증명서 확인자료의 진위 여부, 정확성 등의 확인을 요청한 경우

③ 아래 경정청구일 및 결정통지일로부터 2개월이 지나기 전까지

- 경정청구, 후발적 경정청구 또는 수입물품의 과세가격 조정에 따른 경정청구가 있는 경우
- 수입물품의 과세가격 조정에 따른 조정 신청에 대한 결정통지가 있는 경우

6. 관세징수권의 소멸시효

(1) 의의

관세징수권이란 부과권의 행사에 의하여 확정된 구체적인 납세의무에 대하여 그 이행을 청구하고 강제할 수 있는 권리로서 청구권의 일종으로 소멸시효의 적용을 받는다. 소멸시효란 권리자가 일정기간 권리를 행사하지 아니하여 권리의 불이행 상태가 계속되는 경우 그 권리를 소멸시키는 것을 의미한다.

(2) 소멸시효 (법 제22조 제1항, 시행령 제7조 제1항)

① 소멸시효 완성 시점

관세의 징수권은 이를 행사할 수 있는 날부터 다음의 기간 동안 행사하지 아니하면 소멸시효가 완성된다.

㉠ 5억 원 이상(내국세 포함)의 관세의 경우 : 10년
㉡ 위 ㉠외의 관세의 경우 : 5년

② 소멸시효 기산일 **22 기출**

관세징수권을 행사할 수 있는 날은 다음의 날로 한다.

- 신고납부하는 관세에 있어서는 수입신고가 수리된 날부터 15일이 경과한 날의 다음 날. 다만, 월별납부의 경우에는 그 납부기한이 경과한 날의 다음 날로 한다.
- 보정신청에 의하여 납부하는 관세에 있어서는 부족세액에 대한 보정신청일의 다음 날의 다음 날
- 수정신고에 의하여 납부하는 관세에 있어서는 수정신고일의 다음 날의 다음 날
- 부과고지하는 관세의 경우 납부고지를 받은 날부터 15일이 경과한 날의 다음 날
- 수입신고 전 물품반출에 의하여 납부하는 관세에 있어서는 수입신고한 날부터 15일이 경과한 날의 다음 날
- 그 밖의 법령에 의하여 납부고지하여 부과하는 관세의 경우 납부기한을 정한 때에는 그 납부기한이 만료된 날의 다음 날

(3) 관세징수권 소멸시효의 중단 및 정지

① 시효중단의 의의

시효중단은 시효가 진행되다가 어떤 사유에 의하여 그 진행이 멈추었다가 그 사유가 종료된 후 시효가 새로이 진행되는 것을 말한다.

② 관세징수권의 소멸시효 중단 (법 제23조 제1항) **24 기출** **21 기출** **18 기출**

관세징수권의 소멸시효는 다음의 어느 하나에 해당하는 사유로 인하여 중단된다.

- 납부고지
- 경정처분

- 납부독촉
- 통고처분
- 고발
- 특정범죄 가중처벌 등에 관한 법률에 따른 공소제기
- 교부청구
- 압류

③ 관세징수권의 소멸시효 정지 (법 제23조 제3항)
- 의의
  시효정지는 시효가 진행되다가 어떤 사유에 의하여 시효가 진행되지 않고 일시 정지되었다가, 그 사유가 종료되면 잔여부분의 시효기간이 진행되는 것을 말한다.
- 정지 사유 **21 기출**
  관세징수권의 소멸시효는 다음의 기간 중에는 진행하지 아니한다.

  - 관세의 분할납부기간
  - 징수유예기간
  - 압류·매각의 유예기간
  - 사해행위(詐害行爲) 취소소송기간
    → 이때 사해행위 취소소송으로 인한 시효정지의 효력은 소송이 각하, 기각 또는 취하된 경우에는 효력이 없다.

7. 관세 환급청구권의 소멸시효

(1) 의의 (법 제22조 제2항)
납세자가 납부한 금액 중 잘못 납부하거나 초과하여 납부한 금액 또는 그 밖의 관세의 환급청구권은 그 권리를 행사할 수 있는 날부터 5년간 행사하지 아니하면 소멸시효가 완성된다.

(2) 소멸시효 기산일 (시행령 제7조 제2항)
관세 환급청구권을 행사할 수 있는 날은 다음의 날로 한다.

① 경정으로 인한 환급의 경우
  → 경정결정일
② 착오납부 또는 이중납부로 인한 환급의 경우
  → 그 납부일
③ 계약과 상이한 물품 등에 대한 환급의 경우
  → 해당 물품의 수출신고수리일 또는 보세공장반입신고일
④ 계약내용과 상이한 물품을 수출에 갈음하여 폐기하거나, 지정보세구역 장치물품이 재해로 인하여 멸실, 변질, 손상되어 환급하는 경우
  → 해당 물품이 폐기, 멸실, 변질 또는 손상된 날
⑤ 수입한 상태 그대로 수출되는 자가사용물품에 대한 환급의 경우
  → 수출신고가 수리된 날. 다만, 수출신고가 생략되는 물품의 경우에는 운송수단에 적재된 날
⑥ 국제무역선, 국제무역기 또는 보세판매장에서 구입한 후 환불한 물품에 대한 환급의 경우
  → 해당 물품이 환불된 날

⑦ 종합보세구역에서 물품을 판매하는 자가 환급받고자 하는 경우
→ 해당 환급에 필요한 서류의 제출일
⑧ 수입신고 또는 입항 전 수입신고를 하고 관세를 납부한 후 신고가 취하 또는 각하된 경우
→ 신고의 취하일 또는 각하일
⑨ 적법하게 납부한 후 법률의 개정으로 인하여 환급하는 경우
→ 그 법률의 시행일

(3) 환급청구권의 소멸시효 완성

환급청구권의 소멸시효가 완성되는 경우, 과세관청이 해당 환급금을 지급할 의무가 소멸하게 된다.

(4) 환급청구권의 소멸시효 중단 (법 제23조 제2항)

환급청구권의 소멸시효는 환급청구권의 행사로 중단된다.

03 납세담보

1. 의의

관세법상 납세담보제도란 국가가 관세채권의 확보를 위하여 담보물 위에 담보 물권을 취득하고 납세의무자가 관세를 납부하지 아니하는 경우에는 그 담보물에 의거 관세채무를 변제하는 제도이다.

관세를 납부할 수입물품이 신고 수리되지 아니하고 보세구역에 장치되어 있는 경우에는, 일반적인 담보기능이 있어 납부의무 불이행 시 매각처분 등에 의하여 채권 확보할 수 있고(일반담보), 수입물품이 관세미납상태에서 보세구역에서 반출 또는 다른 장소로 이동하거나 법령상 조건이행을 위하여 특별히 요구하는 경우에는 그 담보물을 제공하여야 한다(특별담보).

2. 담보의 종류 등 (법 제24조 제1항 내지 제2항) 24 기출 19 기출

(1) 종류

관세법에 따라 제공하는 담보의 종류는 다음과 같다.

① 금전
② 국채 또는 지방채
③ 세관장이 인정하는 유가증권
④ 납세보증보험증권
⑤ 토지
⑥ 보험에 가입된 등기 또는 등록된 건물·공장재단·광업재단·선박·항공기 또는 건설기계
⑦ 세관장이 인정하는 보증인의 납세보증서

(2) 납세보증보험증권 및 납세보증서의 내용

관세법에 따라 제공할 수 있는 담보 중, 납세보증보험증권 및 세관장이 인정하는 보증인의 납세보증서는 세관장이 요청하면 특정인이 납부하여야 하는 금액을 일정 기일 이후에는 언제든지 세관장에게 지급한다는 내용의 것이어야 한다.

3. 포괄담보 (법 제24조 제4항) `21 기출`

납세의무자(관세의 납부를 보증한 자를 포함)는 관세법에 따라 계속하여 담보를 제공하여야 하는 사유가 있는 경우에는 관세청장이 정하는 바에 따라 일정 기간에 제공하여야 하는 담보를 포괄하여 미리 세관장에게 제공할 수 있다.

4. 담보의 관세충당 (법 제25조)

(1) 관세충당이 가능한 경우
세관장은 담보를 제공한 납세의무자가 그 납부기한까지 해당 관세를 납부하지 아니하면 기획재정부령으로 정하는 바에 따라 그 담보를 해당 관세에 충당할 수 있다. 이 경우 담보로 제공된 금전을 해당 관세에 충당할 때에는 납부기한이 지난 후에 충당하더라도 법 제42조(가산세) 규정을 적용하지 아니한다.

(2) 관세충당 방법
담보의 관세충당은 다음의 구분에 의한 방법에 의한다.
① 담보물이 국채 또는 지방채·세관장이 인정하는 유가증권·토지 및 보험에 가입된 등기 또는 등록된 건물·공장재단·광업재단·선박·항공기 또는 건설기계에 해당하는 경우
 → 이를 매각하는 방법
② 담보물이 납세보증보험증권 및 세관장이 인정하는 보증인의 납세보증서에 해당하는 경우
 → 그 보증인에게 담보한 관세에 상당하는 금액을 납부할 것을 즉시 통보하는 방법 `21 기출`

(3) 담보물의 매각 (시행령 제14조)
① 공고
 세관장은 제공된 담보물을 매각하고자 하는 때에는 담보제공자의 주소·성명·담보물의 종류·수량, 매각사유, 매각장소, 매각일시 기타 필요한 사항을 공고하여야 한다.
② 매각 중지
 세관장은 납세의무자가 매각예정일 1일 전까지 관세와 비용을 납부하는 때에는 담보물의 매각을 중지하여야 한다.

(4) 잔금에 대한 처리 `21 기출`
① 세관장은 담보를 관세에 충당하고 남은 금액이 있을 때에는 담보를 제공한 자에게 이를 돌려주어야 하며, 돌려줄 수 없는 경우에는 이를 공탁할 수 있다.
② 세관장은 관세의 납세의무자가 아닌 자가 관세의 납부를 보증한 경우 그 담보로 관세에 충당하고 남은 금액이 있을 때에는 그 보증인에게 이를 직접 돌려주어야 한다.

5. 담보 등이 없는 경우의 관세징수 (법 제26조)

(1) 다른 법의 예를 준용
담보 제공이 없거나 징수한 금액이 부족한 관세의 징수에 관하여는 관세법에 규정된 것을 제외하고는 「국세기본법」과 「국세징수법」의 예에 따른다.

(2) 강제징수비 징수
세관장은 관세의 강제징수를 할 때에는 재산의 압류, 보관, 운반 및 공매에 드는 비용에 상당하는 강제징수비를 징수할 수 있다.

04 과세가격의 신고 및 결정

1. 가격신고 (법 제27조)

(1) 의의

현행 관세법상 관세납부는 신고납부제도에 의하여 납부하는 것이 원칙이므로, 납세자 스스로가 납부할 관세액을 정하여 신고하여야 한다. 관세의 납세의무자는 수입신고를 할 때 대통령령으로 정하는 바에 따라 세관장에게 해당 물품의 가격에 대한 신고(가격신고)를 하여야 한다. 가격신고는 관세액을 결정하는 한 요소인 과세가격을 납세의무자가 스스로 산출하여 신고하고, 세관이 해당 내용을 검토하여 관세액을 확정하게 되는 것이므로, 신고납부제는 납세자의 성실하고 정확한 가격신고에 기초할 때 그 실효성을 거둘 수 있다.

(2) 가격신고의 대상

① 관세의 납세의무자는 원칙적으로 모든 수입물품에 대하여 세관장에게 가격신고를 하여야 한다. 다만, 과세가격을 결정하기가 곤란하지 아니하다고 인정하여 기획재정부령으로 정하는 물품에 대하여는 가격신고를 생략할 수 있다.

② 가격신고 생략 대상물품 (시행규칙 제2조 제1항) **24 기출**

가격신고를 생략할 수 있는 물품은 다음과 같다.

- 정부 또는 지방자치단체가 수입하는 물품
- 정부조달물품
- 공공기관의 운영에 관한 법률 제4조에 따른 공공기관이 수입하는 물품
- 관세 및 내국세 등이 부과되지 아니하는 물품
- 방위산업용 기계와 그 부분품 및 원재료로 수입하는 물품(다만, 해당 물품과 관련된 중앙행정기관의 장의 수입확인 또는 수입추천을 받은 물품에 한정)
- 수출용원재료
- 특정연구기관 육성법의 규정에 의한 특정연구기관이 수입하는 물품
- 과세가격이 미화 1만 불 이하인 물품(다만, 개별소비세, 주세, 교통·에너지·환경세가 부과되는 물품과 분할하여 수입되는 물품은 제외)
- 종량세 적용물품(다만, 종량세와 종가세 중 높은 세액 또는 높은 세율을 선택하여 적용해야 하는 물품의 경우에는 제외)
- 관세법 제37조 제1항 제3호에 따른 과세가격 결정방법의 사전심사 결과가 통보된 물품(다만, 관세법 시행령 제16조 제1항 각 호의 잠정가격신고 대상물품은 제외)

③ 가격신고 생략 불가 물품 (시행규칙 제2조 제2항)

다음에 해당하는 물품은 가격신고 생략 물품에 해당하지 아니한다.

- 과세가격을 결정함에 있어서 법 제30조 제1항 제1호 내지 제5호(법정가산요소 중 수입항까지의 운임·보험료 등을 제외한 금액)의 규정에 의한 금액을 가산하여야 하는 물품
- 법 제30조 제2항에 따른 구매자가 실제로 지급하였거나 지급하여야 할 가격에 구매자가 해당 수입물품의 대가와 판매자의 채무를 상계하는 금액, 구매자가 판매자의 채무를 변제하는 금액, 그 밖의 간접적인 지급액이 포함되어 있는 경우에 해당하는 물품
- 과세가격이 법 제31조부터 제35조까지에 따라 결정되는 경우에 해당하는 물품
- 수입신고 수리 전 세액심사 대상물품 중 관세를 체납하고 있는 자 및 불성실신고인 등이 신고하는 물품
- 법 제39조(부과고지)의 규정에 의해 세관장이 관세를 부과·징수하는 물품
- 잠정가격신고 대상물품

(3) 가격신고 방법

① 원칙적인 가격신고방법
- 가격신고 시기
  관세의 납세의무자는 수입신고를 할 때 대통령령으로 정하는 바에 따라 세관장에게 해당 물품의 가격에 대한 신고를 하여야 한다.
- 제출 서류 (시행령 제15조 제1항)
  가격신고를 하려는 자는 다음의 사항을 적은 서류를 세관장에게 제출하여야 한다.

  > - 수입관련거래에 관한 사항
  > - 과세가격산출내용에 관한 사항

- 서류 제출 생략 가능한 경우 (시행령 제15조 제2항)
  세관장은 다음의 어느 하나에 해당하는 경우로서 관세청장이 정하여 고시하는 경우에는 다음에 해당하는 서류의 전부 또는 일부를 제출하지 아니하게 할 수 있다.

  > - 같은 물품을 같은 조건으로 반복적으로 수입하는 경우
  > - 수입항까지의 운임 및 보험료 외에 우리나라에 수출하기 위하여 판매되는 물품에 대하여 구매자가 실제로 지급하였거나 지급하여야 할 가격에 가산할 금액이 없는 경우
  > - 그 밖에 과세가격결정에 곤란이 없다고 인정하여 관세청장이 정하는 경우

- 일괄가격신고 (시행령 제15조 제3항)
  세관장은 가격신고를 하려는 자가 같은 물품을 같은 조건으로 반복적으로 수입하는 경우에는 가격신고를 일정기간 일괄하여 신고하게 할 수 있다.

② 수입신고 전 가격신고
관세의 납세의무자는 수입신고를 할 때 세관장에게 해당 물품의 가격신고를 하는 것이 원칙이나, 통관의 능률을 높이기 위하여 필요하다고 인정되는 경우에는 대통령령으로 정하는 바에 따라 물품의 수입신고를 하기 전에 가격신고를 할 수 있다.

2. 잠정가격의 신고 등 (법 제28조)

(1) 의의

잠정가격신고제도는 거래관행이나 계약의 특성상 해당 물품의 가격 또는 거래가격에 가산·조정할 금액이 수입 신고 시에 확정되지 아니하는 경우 수입물품에 대한 과세가격을 잠정적으로 신고하고 사후에 정산할 수 있도록 하는 제도를 말한다.

(2) 잠정가격의 신고 대상

납세의무자는 가격신고를 할 때 신고하여야 할 가격이 확정되지 아니한 경우로서 대통령령으로 정하는 다음의 경우에는 잠정가격으로 가격신고를 할 수 있다.

> ① 거래관행상 거래가 성립된 때부터 일정기간이 지난 후에 가격이 정하여지는 물품[기획재정부령으로 정하는 것(원유·곡물·광석 그 밖의 이와 비슷한 1차 산품)으로 한정]으로써 수입신고일 현재 그 가격이 정하여지지 아니한 경우
> ② 법 제30조 제1항 각 호에 따라 조정하여야 할 금액이 수입신고일부터 일정기간이 지난 후에 정하여 질 수 있음이 잠정가격신고 시 제출한 서류 등으로 확인되는 경우
> ③ 특수관계가 있는 자들 간에 거래되는 물품의 과세가격 결정방법에 따라 과세가격 결정방법의 사전심사를 신청한 경우

④ 특수관계가 있는 구매자와 판매자 사이의 거래 중 법 제30조 제1항 본문에 따른 수입물품의 거래가격이 수입신고 수리 이후에 「국제조세조정에 관한 법률」 제8조에 따른 정상가격으로 조정될 것으로 예상되는 거래로서 기획재정부령으로 정하는 요건을 갖춘 경우
⑤ 계약의 내용이나 거래의 특성상 잠정가격으로 가격신고를 하는 것이 불가피한 경우로서 기획재정부령으로 정하는 경우

3. 확정가격의 신고

(1) 의의 (법 제28조 제2항)

납세의무자는 잠정가격으로 가격신고를 하였을 때에는 대통령령으로 정하는 기간 내에 해당 물품의 확정된 가격을 세관장에게 신고하여야 한다.

(2) 신고기간 (시행령 제16조 제3항) **22 기출**

잠정가격으로 가격신고를 한 자는 2년의 범위 안에서 구매자와 판매자 간의 거래계약의 내용 등을 고려하여 세관장이 지정하는 기간 내에 확정된 가격(확정가격)을 신고하여야 한다. 이 경우 잠정가격으로 가격신고를 한 자는 관세청장이 정하는 바에 따라 확정가격 신고기간이 끝나기 30일 전까지 확정가격의 계산을 위한 가산율을 산정해 줄 것을 요청할 수 있다.

(3) 신고기간의 연장 (시행령 제16조 제4항)

세관장은 구매자와 판매자간의 거래계약내용이 변경되는 등 잠정가격을 확정할 수 없는 불가피한 사유가 있다고 인정되는 경우에는 납세의무자의 요청에 따라 지정한 신고기간(2년의 범위)을 연장할 수 있다. 이 경우 연장하는 기간은 지정한 신고기간의 만료일부터 2년을 초과할 수 없다.

(4) 세관장이 가격을 확정하는 경우 (법 제28조 제3항)

세관장은 납세의무자가 기간 내에 확정된 가격을 신고하지 아니하는 경우에는 해당 물품에 적용될 가격을 확정할 수 있다.

(5) 차액의 징수 또는 환급

세관장은 확정된 가격을 신고받거나 가격을 확정하였을 때에는 대통령령으로 정하는 바에 따라 잠정가격을 기초로 신고 납부한 세액과 확정된 가격에 따른 세액의 차액을 징수하거나 환급하여야 한다.

(6) 잠정가격신고 관련 가산세와 환급가산금

① 잠정가격을 기초로 신고 납부한 세액과 확정된 가격에 따른 세액의 차액이 있는 경우에는 징수 또는 환급하고, 부족한 경우에는 수정 신고하여 납부하거나 과오납금환급금에서 충당한다.
② 과다납부 시 환급가산금을 지급하지 않고 과소납부 시 가산세를 부과하지 않는다.

4. 과세가격 결정의 개요

(1) 과세가격과 관세평가

관세법 제15조에 의하면, 관세의 과세표준은 수입물품의 가격 또는 수량으로 한다고 규정하고 있으므로 관세액 산출의 기초가 되는 수입물품의 과세표준은 수입물품의 가격과 수량을 의미한다. 우리나라는 대부분의 수입물품에 대하여 종가관세 주의를 채택하여 관세를 부과하고 있는바, 수입물품에 대한 과세표준은 곧 수입물품의 과세가격을 의미한다고 볼 수 있다. 수입물품의 가격은 거래단계·거래수량 등에 따라 달리 결정될 수도 있는데, 이러한 수입물품의 가격을 과세표준으로 하는 수입물품에 대하여 관세법 등에서 규정하고 있는 원칙에 의해서 과세가격을 결정하는 일련의 절차와 방법을 관세평가라고 한다.

(2) 관세평가의 목적 등

관세평가의 목적은 우리나라로 수입하는 물품에 대한 저가신고를 방지함으로써 관세수입을 확보하고, 부정·불공정 무역을 방지하며, 수입물품에 대한 고가신고에 따른 부당한 조세회피 및 외화도피를 방지함으로써 적정하고 공평한 관세채권확보를 하는 것이다.

(3) 과세가격의 결정(관세평가)방법

> ① 제1평가 방법 : 해당 물품의 거래가격을 기초로 한 과세가격 결정방법 (법 제30조)
> ② 제2평가 방법 : 동종·동질물품의 거래가격을 기초로 한 과세가격 결정방법 (법 제31조)
> ③ 제3평가 방법 : 유사물품의 거래가격을 기초로 한 과세가격 결정방법 (법 제32조)
> ④ 제4평가 방법 : 국내판매가격을 기초로 한 과세가격 결정방법 (법 제33조)
> ⑤ 제5평가 방법 : 산정가격을 기초로 한 과세가격 결정방법 (법 제34조)
> ⑥ 제6평가 방법 : 합리적 기준에 의한 과세가격 결정방법 (법 제35조)

(4) 과세가격 결정방법(관세평가)의 적용 순위

수입물품의 과세가격 결정방법과 관련하여 관세평가 제1방법 내지 제6방법을 순차적으로 적용하는 것이 원칙이므로, 선순위의 관세평가방법을 적용하지 못하는 경우에 한하여만 후순위의 관세평가방법을 적용하여야 한다. 다만, 납세의무자의 요청이 있는 경우에 한하여 관세평가 제4방법을 적용하기 전에 관세평가 제5방법의 적용을 요청할 수 있는 것이다.

5. 과세가격 결정의 원칙 – 제1평가 방법 (법 제30조)

(1) 의의

제1평가 방법은 해당 물품의 거래가격을 기초로 하여 과세가격을 결정하는 방법이며, 가장 기본적이고 원칙적인 관세평가 방법이다. 수입물품의 과세가격은 우리나라에 수출하기 위하여 판매되는 물품에 대하여 구매자가 실제로 지급하였거나 지급하여야 할 가격에 가산요소 금액(법 제30조 제1항 제1호 내지 제6호의 금액)을 더하여 조정한 거래가격으로 한다.

(2) 우리나라에 수출하기 위하여 판매되는 물품 `21 기출`

관세법 제30조 제1항 본문에 의하면, '수입물품의 과세가격은 우리나라에 수출하기 위하여 판매되는 물품'에 대하여 과세가격을 결정하는 것이다. 수입물품이 우리나라에 수출하기 위하여 판매된 물품으로서, 우리나라에 도착하게 한 원인거래를 통해 판매되는 물품이 아닌 다음의 물품인 경우에는 법 제30조에 규정된 방법으로 과세가격을 결정하지 아니하고 법 제31조부터 제35조까지에 규정된 방법으로 과세가격을 결정하여야 한다.

> ① 무상으로 국내에 도착하는 물품
> ② 국내 도착 후 경매 등을 통해 판매가격이 결정되는 위탁판매물품
> ③ 수출자의 책임으로 국내에서 판매하기 위해 국내에 도착하는 물품
> ④ 별개의 독립된 법적 사업체가 아닌 지점 등과의 거래에 따라 국내에 도착하는 물품
> ⑤ 임대차계약에 따라 국내에 도착하는 물품
> ⑥ 무상으로 임차하여 국내에 도착하는 물품
> ⑦ 산업쓰레기 등 수출자의 부담으로 국내에서 폐기하기 위해 국내에 도착하는 물품

(3) 구매자가 실제로 지급하였거나 지급하여야 할 가격

구매자가 실제로 지급하였거나 지급하여야 할 가격이란 해당 수입물품의 대가로서 구매자가 지급하였거나 지급하여야 할 총 금액을 의미한다.

① 실제지급금액에 포함되는 금액 `18 기출`

구매자의 실제지급금액에는 다음의 금액이 포함된다.

- 구매자가 해당 수입물품의 대가와 판매자의 채무를 상계하는 금액
- 구매자가 판매자의 채무를 변제하는 금액
- 그 밖의 간접적인 지급액(아래의 금액 포함)
  - 수입물품의 대가 중 전부 또는 일부를 판매자의 요청으로 제3자에게 지급하는 경우 그 금액
  - 수입물품의 거래조건으로 판매자 또는 제3자가 수행해야 하는 하자보증을 구매자가 대신하고 그에 해당하는 금액을 할인받았거나 하자보증비 중 전부 또는 일부를 별도로 지급하는 경우 그 금액
  - 수입물품의 거래조건으로 구매자가 외국훈련비, 외국교육비 또는 연구개발비 등을 지급하는 경우 그 금액
  - 그 밖에 일반적으로 판매자가 부담하는 금융비용 등을 구매자가 지급하는 경우 그 금액

② 실제지급금액에서 공제되는 금액 `23 기출` `19 기출` `18 기출`

구매자가 지급하였거나 지급하여야 할 총금액에서 다음의 어느 하나에 해당하는 금액을 명백히 구분할 수 있을 때에는 그 금액을 뺀 금액을 구매자가 실제로 지급하였거나 지급하여야 할 가격으로 한다.

- 수입 후에 하는 해당 수입물품의 건설, 설치, 조립, 정비, 유지 또는 해당 수입물품에 관한 기술지원에 필요한 비용
- 수입항에 도착한 후 해당 수입물품을 운송하는 데에 필요한 운임·보험료와 그 밖에 운송과 관련되는 비용
- 우리나라에서 해당 수입물품에 부과된 관세 등의 세금과 그 밖의 공과금
- 연불조건(延拂條件)의 수입인 경우에는 해당 수입물품에 대한 연불이자

(4) 가산 요소 `23 기출` `19 기출`

구매자가 실제로 지급하였거나 지급하여야 할 가격에 가산 요소를 더할 때에는 객관적이고 수량화할 수 있는 자료에 근거하여야 하며, 이러한 자료가 없는 경우에는 법 제30조에 규정된 방법으로 과세가격을 결정하지 아니하고 법 제31조부터 제35조까지에 규정된 방법으로 과세가격을 결정하여야 한다.

① 구매자가 부담하는 수수료와 중개료

구매자가 실제로 지급하였거나 지급하여야 할 가격에 가산된다. 다만, 구매수수료는 제외한다.

② 구매자가 부담하는 용기비용 및 노무비와 자재비

해당 수입물품과 동일체로 취급되는 용기의 비용과 해당 수입물품의 포장에 드는 노무비와 자재비로서 구매자가 부담하는 비용은 구매자가 실제로 지급하였거나 지급하여야 할 가격에 가산된다.

③ 생산지원비용 (법 제30조 제1항 제3호)

구매자가 해당 수입물품의 생산 및 수출거래를 위하여 대통령령으로 정하는 물품 및 용역을 무료 또는 인하된 가격으로 직접 또는 간접으로 공급한 경우에는 그 물품 및 용역의 가격 또는 인하차액을 해당 수입물품의 총생산량 등 대통령령으로 정하는 요소를 고려하여 적절히 배분한 금액은 구매자가 실제로 지급하였거나 지급하여야 할 가격에 가산된다.

④ 권리사용료

특허권, 실용신안권, 디자인권, 상표권, 저작권 등의 법적 권리, 법적 권리에는 속하지 아니하지만 경제적 가치를 가지는 것으로서 상당한 노력에 의하여 비밀로 유지된 생산방법·판매방법 기타 사업활동에 유용한 기술상 또는 경영상의 정보 등(영업비밀)을 사용하는 대가(특정한 고안이나 창안이 구현되어 있는 수입물품을 이용하여 우리나라에서 그 고안이나 창안을 다른 물품에 재현하는 권리를 사용하는 대가를 제외)로 지급하는 금액은 구매자가 실제로 지급하였거나 지급하여야 할 가격에 가산된다. 위 금액은 해당 물품에 관련되고 해당 물품의 거래조건으로 구매자가 직접 또는 간접으로 지급하는 금액으로 한다.

⑤ 사후귀속이익

해당 수입물품을 수입한 후 전매·처분 또는 사용하여 생긴 수익금액 중 판매자에게 직접 또는 간접으로 귀속되는 금액은 구매자가 실제로 지급하였거나 지급하여야 할 가격에 가산된다.

⑥ 수입항(輸入港)까지의 운임·보험료와 그 밖에 운송과 관련되는 비용

수입항까지의 운임·보험료와 그 밖에 운송과 관련되는 비용으로서 해당 수입물품이 수입항에 도착하여 본선하역 준비가 완료될 때까지 발생하는 비용을 말한다.

(5) 거래가격 적용 배제 요건 (법 제30조 제3항)

다음의 어느 하나에 해당하는 경우에는 거래가격을 해당 물품의 과세가격으로 하지 아니하고 법 제31조부터 제35조까지에 규정된 방법으로 과세가격을 결정한다.

① 해당 물품의 처분 또는 사용에 제한이 있는 경우

- 의의

수입물품에 대한 처분 또는 사용의 제한이 있는 경우에는 제1평가 방법에 따른 거래가격을 해당 물품의 과세가격으로 하지 아니하고 법 제31조부터 제35조까지에 규정된 방법(제2평가 방법~제6평가 방법)으로 과세가격을 결정한다. 다만, 대통령령으로 정하는 경우에는 그러하지 아니하다.

- 처분 또는 사용에 제한이 있는 경우

법 제30조 제3항 제1호의 규정에 의한 물품의 처분 또는 사용에 제한이 있는 경우에는 다음의 경우가 포함되는 것으로 한다.

> - 전시용·자선용·교육용 등 해당물품을 특정용도로 사용하게 하는 제한
> - 해당 물품을 특정인에게만 판매 또는 임대하도록 하는 제한
> - 기타 해당 물품의 가격에 실질적으로 영향을 미치는 제한

- 거래가격에 영향을 미치지 아니하는 제한

제30조 제3항 제1호 단서에서 '대통령령으로 정하는 경우'란 다음의 어느 하나에 해당하는 제한이 있는 경우를 말한다.

> - 우리나라의 법령이나 법령에 의한 처분에 의하여 부과되거나 요구되는 제한
> - 수입물품이 판매될 수 있는 지역의 제한
> - 그 밖에 수입가격에 실질적으로 영향을 미치지 아니한다고 세관장이 인정하는 제한

② 해당 물품에 대한 거래의 성립 또는 가격의 결정이 금액으로 계산할 수 없는 조건 또는 사정에 따라 영향을 받은 경우

- 의의

해당 물품에 대한 거래의 성립 또는 가격의 결정이 금액으로 계산할 수 없는 조건 또는 사정에 따라 영향을 받은 경우에는 해당 수입물품의 거래가격을 해당 물품의 과세가격으로 하지 아니하고 법 제31조부터 제35조까지에 규정된 방법으로 과세가격을 결정한다.

- 금액으로 계산할 수 없는 조건 또는 사정에 의하여 영향을 받은 경우

법 제30조 제3항 제2호의 규정에 의하여 금액으로 계산할 수 없는 조건 또는 사정에 의하여 영향을 받은 경우에는 다음의 경우가 포함되는 것으로 한다.

> - 구매자가 판매자로부터 특정수량의 다른 물품을 구매하는 조건으로 해당 물품의 가격이 결정되는 경우
> - 구매자가 판매자에게 판매하는 다른 물품의 가격에 따라 해당 물품의 가격이 결정되는 경우
> - 판매자가 반제품을 구매자에게 공급하고 그 대가로 그 완제품의 일정수량을 받는 조건으로 해당 물품의 가격이 결정되는 경우

③ 해당 물품을 수입한 후에 전매·처분 또는 사용하여 생긴 수익(사후귀속이익)의 일부가 판매자에게 직접 또는 간접으로 귀속되는 경우(다만, 객관적이고 수량화 할 수 있는 자료에 따라 적절히 조정할 수 있는 경우는 제외)

- 의의

  해당 물품을 수입한 후에 전매·처분 또는 사용하여 생긴 수익의 일부가 판매자에게 직접 또는 간접으로 귀속되는 경우에는 해당 수입물품의 거래가격을 해당 수입물품 과세가격 결정의 기초로 인정하지 아니하고 법 제31조부터 제35조까지에 규정된 방법으로 과세가격을 결정한다.

- 수입 후의 전매·처분 또는 사용에 따른 수익

  해당 수입물품의 전매·처분대금, 임대료 등을 말하며, 주식배당금 및 금융서비스의 대가 등 수입물품과 관련이 없는 금액은 제외한다.

- 사후귀속이익을 금액으로 확인할 수 있는지 여부

  - 객관적이고 수량화할 수 있는 자료에 의하여 금액으로 확인이 가능한 경우: 법 제30조 제1항 제5호로서 실제지급가격에 가산 가능
  - 객관적이고 수량화할 수 있는 자료에 의하여 금액으로 확인이 불가능한 경우: 법 제30조 제1항에 따른 거래가격을 해당 물품의 과세가격으로 하지 아니하고, 법 제31조부터 제35조까지에 규정된 방법으로 과세가격을 결정

④ 구매자와 판매자 간에 대통령령으로 정하는 특수관계가 있어 그 특수관계가 해당 물품의 가격에 영향을 미친 경우

- 의의

  구매자와 판매자 간에 특수관계가 있어 그 특수관계가 해당 물품의 가격에 영향을 미친 경우에는 해당 수입물품의 거래가격을 해당 수입물품 과세가격의 기초로 인정하지 아니하고 법 제31조부터 제35조까지에 규정된 방법으로 과세가격을 결정한다.

- 특수관계의 범위 등 (시행령 제23조 제1항)

  법 제30조 제3항 제4호에서 '대통령령으로 정하는 특수관계'란 다음의 어느 하나에 해당하는 경우를 말한다.

  - 구매자와 판매자가 상호 사업상의 임원 또는 관리자인 경우
  - 구매자와 판매자가 상호 법률상의 동업자인 경우
  - 구매자와 판매자가 고용관계에 있는 경우
  - 특정인이 구매자 및 판매자의 의결권 있는 주식을 직접 또는 간접으로 5퍼센트 이상 소유하거나 관리하는 경우
  - 구매자 및 판매자 중 일방이 상대방에 대하여 법적으로 또는 사실상으로 지시나 통제를 할 수 있는 위치에 있는 등 일방이 상대방을 직접 또는 간접으로 지배하는 경우
  - 구매자 및 판매자가 동일한 제3자에 의하여 직접 또는 간접으로 지배를 받는 경우
  - 구매자 및 판매자가 동일한 제3자를 직접 또는 간접으로 공동지배하는 경우
  - 구매자와 판매자가 「국세기본법 시행령」 제1조의2 제1항 각 호의 어느 하나에 해당하는 친족관계에 있는 경우

(6) 과세가격의 불인정 (법 제30조 제4항)

① 의의

세관장은 납세의무자가 거래가격으로 가격신고를 한 경우 해당 신고가격이 동종·동질물품 또는 유사물품의 거래가격과 현저한 차이가 있는 등 이를 과세가격으로 인정하기 곤란한 경우로서 대통령령으로 정하는 경우에는 납세의무자에게 신고가격이 사실과 같음을 증명할 수 있는 자료를 제출할 것을 요구할 수 있다.

② 과세가격으로 인정하기 곤란한 경우

법 제30조 제4항에서 '대통령령으로 정하는 경우'란 다음의 어느 하나에 해당하는 경우를 말한다.

- 납세의무자가 신고한 가격이 동종·동질물품 또는 유사물품의 가격과 현저한 차이가 있는 경우
- 납세의무자가 동일한 공급자로부터 계속하여 수입하고 있음에도 불구하고 신고한 가격에 현저한 변동이 있는 경우
- 신고한 물품이 원유·광석·곡물 등 국제거래시세가 공표되는 물품인 경우 신고한 가격이 그 국제거래시세와 현저한 차이가 있는 경우
- 신고한 물품이 원유·광석·곡물 등으로서 국제거래시세가 공표되지 않는 물품인 경우 관세청장 또는 관세청장이 지정하는 자가 조사한 수입물품의 산지 조사가격이 있는 때에는 신고한 가격이 그 조사가격과 현저한 차이가 있는 경우
- 납세의무자가 거래선을 변경한 경우로서 신고한 가격이 종전의 가격과 현저한 차이가 있는 경우

③ 서면 자료제출 요청 가능

세관장은 법 제30조 제4항의 규정에 의하여 자료제출을 요구하는 때에는 그 사유와 자료제출에 필요한 기간을 기재한 서면으로 하여야 한다.

④ 세관장이 거래가격 적용 배제 가능

세관장은 납세의무자가 다음의 어느 하나에 해당하면 법 제30조에 규정된 방법으로 과세가격을 결정하지 아니하고 법 제31조부터 제35조까지에 규정된 방법으로 과세가격을 결정한다. 이 경우 세관장은 빠른 시일 내에 과세가격 결정을 하기 위하여 납세의무자와 정보교환 등 적절한 협조가 이루어지도록 노력하여야 하고, 신고가격을 과세가격으로 인정하기 곤란한 사유와 과세가격 결정 내용을 해당 납세의무자에게 통보하여야 한다.

- 납세의무자가 자료를 제출하지 아니한 경우
- 납세의무자가 제출한 자료가 일반적으로 인정된 회계원칙에 부합하지 아니하게 작성된 경우
- 그 밖에 아래의 사유에 해당하여 신고가격을 과세가격으로 인정하기 곤란한 경우
  - 납세의무자가 제출한 자료가 수입물품의 거래관계를 구체적으로 나타내지 못하는 경우
  - 그 밖에 납세의무자가 제출한 자료에 대한 사실관계를 확인할 수 없는 등 신고가격의 정확성이나 진실성을 의심할만한 합리적인 사유가 있는 경우

6. 제2평가 방법 (법 제31조) → 동종·동질물품의 거래가격을 기초로 한 과세가격 결정방법

(1) 의의

법 제30조에 따른 제1평가 방법으로 과세가격을 결정할 수 없는 경우에는, 과세가격으로 인정된 사실이 있는 동종·동질물품의 거래가격으로서 다음 요건을 갖춘 가격을 기초로 하여 과세가격을 결정한다.

(2) 동종·동질물품의 범위 (시행령 제25조)

동종·동질물품은 해당 수입물품의 생산국에서 생산된 것으로서 물리적 특성, 품질 및 소비자 등의 평판을 포함한 모든 면에서 동일한 물품(외양에 경미한 차이가 있을 뿐 그 밖의 모든 면에서 동일한 물품을 포함)을 말한다.

(3) 동종·동질물품 거래가격의 요건

제2평가 방법에 적용될 수 있는 가격은 과세가격으로 인정된 사실이 있는 동종·동질물품의 거래가격으로서 다음 요건을 갖춘 가격이어야 한다.

① 과세가격을 결정하려는 해당 물품의 생산국에서 생산된 것으로서 해당 물품의 선적일에 선적되거나 해당 물품의 선적일을 전후하여 가격에 영향을 미치는 시장조건이나 상관행에 변동이 없는 기간 중에 선적되어 우리나라에 수입된 것일 것

② 거래단계, 거래수량, 운송거리, 운송형태 등이 해당 물품과 같아야 하며, 두 물품 간에 차이가 있는 경우에는 그에 따른 가격 차이를 조정한 가격일 것

(4) 동종·동질물품 거래가격의 제외

과세가격으로 인정된 사실이 있는 동종·동질물품의 거래가격이라 하더라도 그 가격의 정확성과 진실성을 의심할만한 합리적인 사유가 있는 경우 그 가격은 과세가격 결정의 기초자료에서 제외한다.

(5) 동종·동질물품 거래가격이 둘 이상 있는 경우

동종·동질물품의 거래가격이 둘 이상 있는 경우에는 생산자, 거래 시기, 거래 단계, 거래 수량 등(거래내용 등)이 해당 물품과 가장 유사한 것에 해당하는 물품의 가격을 기초로 하고, 거래내용 등이 같은 물품이 둘 이상이 있고 그 가격도 둘 이상이 있는 경우에는 가장 낮은 가격을 기초로 하여 과세가격을 결정한다.

7. 제3평가 방법 (법 제32조) → 유사물품의 거래가격을 기초로 한 과세가격 결정방법

(1) 의의

법 제30조에 따른 제1평가 방법과 법 제31조에 따른 제2평가 방법으로 과세가격을 결정할 수 없는 경우에는 과세가격으로 인정된 사실이 있는 유사물품의 거래가격으로서 다음 요건을 갖춘 가격을 기초로 하여 과세가격을 결정한다.

(2) 유사물품의 범위 (시행령 제26조)

유사물품은 해당 수입물품의 생산국에서 생산된 것으로서 모든 면에서 동일하지는 아니하지만 동일한 기능을 수행하고 대체사용이 가능할 수 있을 만큼 비슷한 특성과 비슷한 구성요소를 가지고 있는 물품을 말한다.

(3) 유사물품 거래가격의 요건

제3평가 방법에 적용될 수 있는 가격은 과세가격으로 인정된 사실이 있는 유사물품의 거래가격으로서 다음 요건을 갖춘 가격이어야 한다.

① 과세가격을 결정하려는 해당 물품의 생산국에서 생산된 것으로서 해당 물품의 선적일에 선적되거나 해당 물품의 선적일을 전후하여 가격에 영향을 미치는 시장조건이나 상관행에 변동이 없는 기간 중에 선적되어 우리나라에 수입된 것일 것

② 거래단계, 거래수량, 운송거리, 운송형태 등이 해당 물품과 같아야 하며, 두 물품 간에 차이가 있는 경우에는 그에 따른 가격 차이를 조정한 가격일 것

(4) 유사물품 거래가격의 제외

과세가격으로 인정된 사실이 있는 유사물품의 거래가격이라 하더라도 그 가격의 정확성과 진실성을 의심할만한 합리적인 사유가 있는 경우 그 가격은 과세가격 결정의 기초자료에서 제외한다.

(5) 유사물품 거래가격이 둘 이상 있는 경우

유사물품의 거래가격이 둘 이상 있는 경우에는 거래내용 등이 해당 물품과 가장 유사한 것에 해당하는 물품의 가격을 기초로 하고, 거래내용 등이 같은 물품이 둘 이상이 있고 그 가격도 둘 이상이 있는 경우에는 가장 낮은 가격을 기초로 하여 과세가격을 결정한다.

8. 제4평가 방법 (법 제33조) → 국내판매가격을 기초로 한 과세가격 결정방법

(1) 의의

법 제30조부터 제32조까지에 규정된 제1평가 방법 내지 제3평가 방법으로 과세가격을 결정할 수 없을 때에는, 법 제33조 제1항 제1호의 금액(해당 물품의 국내판매가격)에서 제2호부터 제4호까지의 금액(공제요소)을 뺀 가격을 과세가격으로 한다.

(2) 납세의무자의 요청 시 제5평가 방법 우선 적용

납세의무자가 요청하면 제34조에 따라 제5평가 방법으로 과세가격을 결정하되 제5평가 방법에 따라 과세가격을 결정할 수 없는 경우에는 제4평가 방법, 제5평가 방법의 순서에 따라 과세가격을 결정한다.

(3) 국내판매가격

국내판매가격은 해당 물품, 동종·동질물품 또는 유사물품이 수입된 것과 동일한 상태로 해당 물품의 수입신고일 또는 수입신고일과 거의 동시에 특수관계가 없는 자에게 가장 많은 수량으로 국내에서 판매되는 단위가격(수입 후 최초의 거래에서 판매되는 단위가격)을 기초로 하여 산출한 금액이어야 한다.

(4) 국내판매가격에서 공제하는 요소

제4평가 방법으로 과세가격을 결정하기 위해서는 국내판매가격에서 다음의 금액을 공제하여야 한다.

> ① 국내 판매와 관련하여 통상적으로 지급하였거나 지급하여야 할 것으로 합의된 수수료 또는 동종·동류의 수입물품이 국내에서 판매되는 때에 통상적으로 부가되는 이윤 및 일반경비에 해당하는 금액
> ② 수입항에 도착한 후 국내에서 발생한 통상의 운임·보험료와 그 밖의 관련 비용
> ③ 해당 물품의 수입 및 국내 판매와 관련하여 납부하였거나 납부하여야 하는 조세와 그 밖의 공과금

(5) 수입 후 추가가공을 거치는 경우

해당 물품, 동종·동질물품 또는 유사물품이 수입된 것과 동일한 상태로 국내에서 판매되는 사례가 없는 경우 납세의무자가 요청할 때에는 해당 물품이 국내에서 가공된 후 특수관계가 없는 자에게 가장 많은 수량으로 판매되는 단위가격을 기초로 하여 산출된 금액에서 다음의 금액을 뺀 가격을 과세가격으로 한다.

① 아래의 금액

> - 국내 판매와 관련하여 통상적으로 지급하였거나 지급하여야 할 것으로 합의된 수수료 또는 동종·동류의 수입물품이 국내에서 판매되는 때에 통상적으로 부가되는 이윤 및 일반경비에 해당하는 금액
> - 수입항에 도착한 후 국내에서 발생한 통상의 운임·보험료와 그 밖의 관련 비용
> - 해당 물품의 수입 및 국내 판매와 관련하여 납부하였거나 납부하여야 하는 조세와 그 밖의 공과금

② 국내 가공에 따른 부가가치

9. 제5평가 방법 (법 제34조) → 산정가격을 기초로 한 과세가격 결정방법

(1) 의의

법 제30조부터 제33조까지에 규정된 제1평가 방법 내지 제4평가 방법으로 과세가격을 결정할 수 없을 때에는 다음 각 호의 금액을 합한 가격을 기초로 하여 과세가격을 결정한다.

(2) 과세가격 결정 시 가산 요소

> ① 해당 물품의 생산에 사용된 원자재비용 및 조립이나 그 밖의 가공에 드는 비용 또는 그 가격
> ② 수출국 내에서 해당 물품과 동종·동류의 물품의 생산자가 우리나라에 수출하기 위하여 판매할 때 통상적으로 반영하는 이윤 및 일반 경비에 해당하는 금액
> ③ 해당 물품의 수입항까지의 운임·보험료와 그 밖에 운송과 관련된 비용으로서 법 제30조 제1항 제6호에 따라 결정된 금액

(3) 조립 기타 가공에 소요되는 비용 또는 그 가격

법 제34조 제1호의 규정에 의한 조립 기타 가공에 소요되는 비용 또는 그 가격에는 법 제30조 제1항 제2호의 규정에 의한 금액(해당 수입물품과 동일체로 취급되는 용기의 비용과 해당 수입물품의 포장에 드는 노무비와 자재비로서 구

매자가 부담하는 비용)이 포함되는 것으로 하며, 우리나라에서 개발된 기술·설계·고안·디자인 또는 공예에 소요되는 비용을 생산자가 부담하는 경우에는 해당 비용이 포함되는 것으로 한다.

(4) 제5평가 방법을 적용하지 않을 수 있는 경우

납세의무자가 과세가격 결정 시 가산 요소 금액을 확인하는 데 필요한 자료를 제출하지 않은 경우에는 제5평가 방법을 적용하지 않을 수 있다.

10. 제6평가 방법 (법 제35조) → 합리적 기준에 따른 과세가격 결정방법

(1) 의의

법 제30조부터 제34조까지에 규정된 제1평가 방법 내지 제5평가 방법으로 과세가격을 결정할 수 없을 때에는 대통령령으로 정하는 바에 따라 법 제30조부터 제34조까지에 규정된 원칙과 부합되는 합리적인 기준에 따라 과세가격을 결정한다. 위의 방법으로 과세가격을 결정할 수 없을 때에는 국제거래시세·산지조사가격을 조정한 가격을 적용하는 방법 등 거래의 실질 및 관행에 비추어 합리적으로 인정되는 방법에 따라 과세가격을 결정한다.

(2) 합리적 기준에 의한 과세가격 결정방법 (시행령 제29조 제1항)

법 제35조의 규정에 의하여 과세가격을 결정함에 있어서는 다음의 방법에 의한다.

① 법 제31조 또는 법 제32조의 규정을 적용함에 있어서 법 제31조 제1항 제1호의 요건을 신축적으로 해석·적용하는 방법은 다음의 방법을 말한다.

> • 해당 물품의 생산국에서 생산된 것이라는 장소적 요건을 다른 생산국에서 생산된 것으로 확대하여 해석·적용하는 방법
> • 해당 물품의 선적일 또는 선적일 전후라는 시간적 요건을 선적일 전후 90일로 확대하여 해석·적용하는 방법

② 법 제33조의 규정을 적용함에 있어서 수입된 것과 동일한 상태로 판매되어야 한다는 요건을 신축적으로 해석·적용하는 방법은 납세의무자의 요청이 없는 경우에도 법 제33조 제2항의 규정에 의하여 과세가격을 결정하는 방법을 말한다.

③ 법 제33조 또는 법 제34조의 규정에 의하여 과세가격으로 인정된 바 있는 동종·동질물품 또는 유사물품의 과세가격을 기초로 과세가격을 결정하는 방법

④ 시행령 제27조 제3항 단서의 규정을 적용하지 아니하는 방법은 수입신고일부터 180일까지 판매되는 가격을 적용하는 방법을 말한다.

⑤ 그 밖에 거래의 실질 및 관행에 비추어 합리적이라고 인정되는 방법

(3) 합리적인 기준으로 할 수 없는 가격 (시행령 제29조 제2항) 19 기출

법 제35조의 규정에 의하여 과세가격을 결정함에 있어서는 다음에 해당하는 가격을 기준으로 하여서는 아니 된다.

> ① 우리나라에서 생산된 물품의 국내판매가격
> ② 선택 가능한 가격 중 반드시 높은 가격을 과세가격으로 하여야 한다는 기준에 따라 결정하는 가격
> ③ 수출국의 국내판매가격
> ④ 동종·동질물품 또는 유사물품에 대하여 법 제34조의 규정에 의한 방법 외의 방법으로 생산비용을 기초로 하여 결정된 가격
> ⑤ 우리나라 외의 국가에 수출하는 물품의 가격
> ⑥ 특정수입물품에 대하여 미리 설정하여 둔 최저과세기준가격
> ⑦ 자의적 또는 가공적인 가격

11. 과세가격 결정방법의 사전심사 (법 제37조)

(1) 의의 (법 제37조 제1항)

법 제38조 제1항에 따라 납세신고를 하여야 하는 자는 과세가격 결정과 관련하여 다음의 사항에 관하여 의문이 있을 때에는 가격신고를 하기 전에 대통령령으로 정하는 바에 따라 관세청장에게 미리 심사하여 줄 것을 신청할 수 있다.

(2) 사전심사 신청 대상 (법 제37조 제1항 각 호)

① 가산 요소 금액(법 제30조 제1항 각 호), 해당 수입물품의 대가로서 구매자가 실제로 지급하였거나 지급하여야 할 가격(법 제30조 제2항), 거래가격 적용 배제 요건(법 제30조 제3항)과 관련한 사항
② 법 제30조에 따른 방법으로 과세가격을 결정할 수 없는 경우에 적용되는 과세가격 결정방법
③ 특수관계가 있는 자들 간에 거래되는 물품의 과세가격 결정방법

(3) 관세청장의 통보 및 사전심사 기간 (법 제37조 제2항, 시행령 제31조 제3항)

관세청장은 아래의 기간 이내에 과세가격의 결정방법을 심사한 후 그 결과를 신청인에게 통보하여야 한다.
관세청장이 제출된 신청서 및 서류의 보완을 요구한 경우에는 그 기간은 산입하지 아니한다.

① 위 (2) - ①, ②의 경우 : 1개월
② 위 (2) - ③의 경우 : 1년

(4) 세관장의 과세가격 결정 (법 제37조 제4항)

세관장은 관세의 납세의무자가 통보된 과세가격의 결정방법에 따라 납세신고를 한 경우 아래의 요건을 갖추었을 때에는 그 결정방법에 따라 과세가격을 결정하여야 한다.

① 법 제37조 제1항에 따른 신청인과 납세의무자가 동일할 것
② 제출된 내용에 거짓이 없고 그 내용이 가격신고된 내용과 같을 것
③ 사전심사의 기초가 되는 법령이나 거래관계 등이 달라지지 아니하였을 것
④ 법 제37조 제2항에 따른 결과의 통보일로부터 3년 이내에 신고될 것

05 부과와 징수

1. 세액의 확정

(1) 신고납부 (법 제38조)

① 의의

신고납부란 납세의무자가 수입신고를 하는 때에 과세표준 및 납부세액 등을 스스로 결정하여 신고하고, 동 신고 내용에 따라 관세를 납부하는 것을 말한다.

② 대상

신고납부의 대상은 부과고지 대상을 제외한 모든 수입물품이다.

③ 납세신고

물품(법 제39조에 따라 세관장이 부과고지하는 물품은 제외)을 수입하려는 자는 수입신고를 할 때에 세관장에게 관세의 납부에 관한 신고(납세신고)를 하여야 한다.

④ 세액의 심사 (법 제38조 제2항)
- 수입신고 수리 후 세액심사

    세관장은 납세신고를 받으면 수입신고서에 기재된 사항과 관세법에 따른 확인사항 등을 심사하되, 신고한 세액 등 납세신고 내용에 대한 심사는 수입신고를 수리한 후에 한다.

- 수입신고 수리 전 세액심사 `18 기출`
  - 의의

    신고한 세액에 대하여 관세채권을 확보하기가 곤란하거나, 수입신고를 수리한 후 세액심사를 하는 것이 적당하지 아니하다고 인정하여 기획재정부령으로 정하는 물품의 경우에는 수입신고를 수리하기 전에 이를 심사한다.

  - 대상물품 (시행규칙 제8조) `22 기출`

    법 제38조 제2항 단서의 규정에 의하여 수입신고 수리 전에 세액심사를 하는 물품은 다음과 같다.

    - 법률 또는 조약에 의하여 관세 또는 내국세를 감면받고자 하는 물품
    - 관세법 제107조의 규정에 의하여 관세를 분할납부하고자 하는 물품
    - 관세를 체납하고 있는 자가 신고하는 물품(체납액이 10만 원 미만이거나 체납기간 7일 이내에 수입신고하는 경우를 제외한다)
    - 납세자의 성실성 등을 참작하여 관세청장이 정하는 기준에 해당하는 불성실신고인이 신고하는 물품
    - 물품의 가격변동이 큰 물품 기타 수입신고 수리 후에 세액을 심사하는 것이 적합하지 아니하다고 인정하여 관세청장이 정하는 물품

  - 다만, 수입신고 수리 전에 세액심사를 하는 물품 중 법률 또는 조약에 의하여 관세 또는 내국세를 감면받고자 하는 물품, 관세를 분할납부하고자 하는 물품에 대한 감면 또는 분할납부의 적정 여부에 대한 심사는 수입신고 수리 전에 하고, 과세가격 및 세율 등에 대한 심사는 수입신고 수리 후에 한다.

⑤ 자율심사 (법 제38조 제4항)

   세관장은 수입신고 수리 후 세액심사 규정에도 불구하고 납세실적과 수입규모 등을 고려하여 관세청장이 정하는 요건을 갖춘 자가 신청할 때에는 납세신고한 세액을 자체적으로 심사(자율심사)하게 할 수 있다. 이 경우 해당 납세의무자는 자율 심사한 결과를 세관장에게 제출하여야 한다.

(2) 세액정정 (법 제38조 제5항) `23 기출` `19 기출` `18 기출`

① 정정 및 납부기한

   납세의무자는 납세신고한 세액을 납부하기 전에 그 세액이 과부족(過不足)하다는 것을 알게 되었을 때에는 납세신고한 세액을 정정할 수 있다. 이 경우 납부기한은 당초의 납부기한(법 제9조에 따른 납부기한을 말한다)으로 한다.

② 서류의 제출 (시행령 제32조의3)

   세액을 정정하고자 하는 자는 해당 납세신고와 관련된 서류를 세관장으로부터 교부받아 과세표준 및 세액 등을 정정하고, 정정한 부분에 서명 또는 날인하여 세관장에게 제출하여야 한다.

(3) 보정 (법 제38조의2) `19 기출` `18 기출`

① 세액의 보정

   납세의무자는 신고 납부한 세액이 부족하다는 것을 알게 되거나, 세액산출의 기초가 되는 과세가격 또는 품목분류 등에 오류가 있는 것을 알게 되었을 때에는 신고납부한 날부터 6개월 이내(보정기간)에 대통령령으로 정하는 바에 따라 해당 세액을 보정(補正)하여 줄 것을 세관장에게 신청할 수 있다.

② 세관장의 보정 통지
- 세관장은 신고 납부한 세액이 부족하다는 것을 알게 되거나 세액산출의 기초가 되는 과세가격 또는 품목분류 등에 오류가 있다는 것을 알게 되었을 때에는 대통령령으로 정하는 바에 따라 납세의무자에게 해당 보정기간에 보정신청을 하도록 통지할 수 있다.

- 세관장은 세액의 보정을 통지하는 경우에는 보정통지서를 교부하여야 한다. 이 경우 세액보정을 신청하려는 납세의무자는 대통령령으로 정하는 바에 따라 세관장에게 신청하여야 한다.

③ 납부기한 `23 기출`

납세의무자가 부족한 세액에 대한 세액의 보정을 신청한 경우에는 해당 보정신청을 한 날의 다음 날까지 해당 관세를 납부하여야 한다.

④ 보정신청 시 제출서류

신고 납부한 세액을 보정하고자 하는 자는 세관장에게 세액보정을 신청한 다음에 이미 제출한 수입신고서를 교부받아 수입신고서상의 품목분류·과세표준·세율 및 세액 그 밖의 관련사항을 보정하고, 그 보정한 부분에 서명 또는 날인하여 세관장에게 제출하여야 한다.

⑤ 보정이자
- 의의

  세관장은 세액을 보정한 결과 부족한 세액이 있을 때에는 납부기한(법 제9조에 따른 납부기한) 다음 날부터 보정신청을 한 날까지의 기간과 금융회사의 정기예금에 대하여 적용하는 이자율을 고려하여 대통령령으로 정하는 이율에 따라 계산한 금액을 더하여 해당 부족세액을 징수하여야 한다.

- 보정이자율

  보정이자율은 은행법에 의한 은행업의 인가를 받은 은행으로서 서울특별시에 본점을 둔 은행의 1년 만기 정기예금 이자율의 평균을 감안하여 기획재정부령으로 정하는 이자율(연 1천분의 35)로 한다.

⑥ 가산세 징수 여부

세관장은 납세의무자가 부정한 행위로 과소신고한 후 보정신청을 한 경우에는 부족세액의 100분의 40에 상당하는 금액 등의 가산세를 징수하여야 한다.

(4) 수정 (법 제38조의3 제1항) `23 기출` `18 기출`

① 수정신고

납세의무자는 신고 납부한 세액이 부족한 경우에는 대통령령으로 정하는 바에 따라 수정신고(보정기간이 지난 날부터 법 제21조 제1항에 따른 관세부과의 제척기간이 끝나기 전까지로 한정)를 할 수 있다.

② 납부기한

수정신고 시 납세의무자는 수정신고한 날의 다음 날까지 해당 관세를 납부하여야 한다.

③ 가산세 징수 여부

세관장은 수정신고에 따라 부족한 관세액을 징수할 때에는 다음의 금액을 합한 금액을 가산세로 징수한다.

> - 해당 부족세액의 100분의 10
> - 다음의 금액을 합한 금액
>   - 미납부세액 또는 부족세액 × 법정납부기한의 다음 날부터 납부일까지의 기간(납부고지일부터 납부고지서에 따른 납부기한까지의 기간은 제외) × 금융회사 등이 연체대출금에 대하여 적용하는 이자율 등을 고려하여 대통령령으로 정하는 이자율(1일 10만분의 22)
>   - 법정납부기한까지 납부하여야 할 세액 중 납부고지서에 따른 납부기한까지 납부하지 아니한 세액 × 100분의 3(관세를 납부고지서에 따른 납부기한까지 완납하지 아니한 경우에 한정)

(5) 경정청구 (법 제38조의3 제2항 및 제3항) `24 기출` `23 기출` `21 기출` `19 기출` `18 기출`

① 납세의무자의 경정청구

납세의무자는 신고납부한 세액이 과다한 것을 알게 되었을 때에는 최초로 납세신고를 한 날부터 5년 이내에 대통령령으로 정하는 바에 따라 신고한 세액의 경정을 세관장에게 청구할 수 있다.

② 경정청구 시 제출서류

경정의 청구를 하고자 하는 자는 다음의 사항을 기재한 경정청구서를 세관장에게 제출하여야 한다.

- 해당 물품의 수입신고번호와 품명·규격 및 수량
- 경정 전의 해당 물품의 품목분류·과세표준·세율 및 세액
- 경정 후의 해당 물품의 품목분류·과세표준·세율 및 세액
- 경정사유
- 기타 참고사항

③ 세관장의 통지

납세의무자로부터 경정의 청구를 받은 세관장은 그 청구를 받은 날부터 2개월 이내에 세액을 경정하거나 경정하여야 할 이유가 없다는 뜻을 청구한 자에게 통지하여야 한다.

④ 후발적 경정청구

- 의의

  후발적 경정청구란 신고납부 또는 과세관청의 부과처분이 있는 경우, 소송에 따른 판결 등 납세의무자에게 귀책될 수 없는 사정의 변경으로 인하여 당초의 과세표준과 세액이 다른 것으로 확정된 경우, 이미 경정청구 기한이나 행정쟁송의 제소기간이 경과하였다고 하더라도 해당 사유가 발생한 것을 안 날부터 2개월 이내에 경정청구를 허용하는 제도를 말한다. 따라서 납세의무자는 최초의 신고 또는 경정에서 과세표준 및 세액의 계산근거가 된 거래 또는 행위 등이 그에 관한 소송에 대한 판결(판결과 같은 효력을 가지는 화해나 그 밖의 행위를 포함)에 의하여 다른 것으로 확정되는 등 대통령령으로 정하는 사유가 발생하여 납부한 세액이 과다한 것을 알게 되었을 때에는 그 사유가 발생한 것을 안 날부터 2개월 이내에 대통령령으로 정하는 바에 따라 납부한 세액의 경정을 세관장에게 청구할 수 있다.

- 후발적 경정청구 사유

  최초의 신고 또는 경정에서 과세표준 및 세액이 계산근거가 된 거래 또는 행위 등이 그에 관한 소송에 대한 판결(판결과 같은 효력을 가지는 화해나 그 밖의 행위를 포함)에 의하여 다른 것으로 확정되는 등 대통령령으로 정하는 사유'란 다음의 어느 하나에 해당하는 경우를 말한다.

  - 최초의 신고 또는 경정에서 과세표준 및 세액의 계산근거가 된 거래 또는 행위 등이 그에 관한 소송에 대한 판결(판결과 같은 효력을 가지는 화해나 그 밖의 행위를 포함)에 의하여 다른 것으로 확정된 경우
  - 최초의 신고 또는 경정을 할 때 장부 및 증거서류의 압수, 그 밖의 부득이한 사유로 과세표준 및 세액을 계산할 수 없었으나 그 후 해당 사유가 소멸한 경우
  - 법 제233조 제1항 후단에 따라 원산지증명서 등의 진위 여부 등을 회신 받은 세관장으로부터 그 회신 내용을 통보받은 경우

(6) 세관장의 경정 (법 제38조의3 제4항)

① 의의

세관장은 납세의무자가 신고 납부한 세액, 납세신고한 세액 또는 경정청구한 세액을 심사한 결과 과부족하다는 것을 알게 되었을 때에는 대통령령으로 정하는 바에 따라 그 세액을 경정하여야 한다.

② 경정통지서 교부

세관장은 납세의무자가 신고 납부한 세액을 경정하려는 때에는 다음의 사항을 적은 경정통지서를 납세의무자에게 교부하여야 한다.

- 해당 물품의 수입신고번호와 품명·규격 및 수량
- 경정 전의 해당 물품의 품목분류·과세표준·세율 및 세액
- 경정 후의 해당 물품의 품목분류·과세표준·세율 및 세액

- 가산세액
- 경정사유
- 기타 참고사항

③ 납부고지

세관장이 경정을 하는 경우 이미 납부한 세액에 부족이 있거나 납부할 세액에 부족이 있는 경우에는 그 부족세액에 대하여 납부고지를 하여야 한다.

④ 재경정

세관장은 경정을 한 후 그 세액에 과부족이 있는 것을 발견한 때에는 그 경정한 세액을 다시 경정한다.

⑤ 가산세 징수 여부

세관장은 수정신고에 따라 부족한 관세액을 징수할 때에는, 다음의 금액을 합한 금액을 가산세로 징수한다.

- 해당 부족세액의 100분의 10
- 다음의 금액을 합한 금액
  - 미납부세액 또는 부족세액 × 법정납부기한의 다음 날부터 납부일까지의 기간(납부고지일부터 납부고지서에 따른 납부기한까지의 기간은 제외) × 금융회사 등이 연체대출금에 대하여 적용하는 이자율 등을 고려하여 대통령령으로 정하는 이자율(1일 10만분의 22)
  - 법정납부기한까지 납부하여야 할 세액 중 납부고지서에 따른 납부기한까지 납부하지 아니한 세액 × 100분의 3(관세를 납부고지서에 따른 납부기한까지 완납하지 아니한 경우에 한정)

(7) 수입물품의 과세가격 조정에 따른 경정 (법 제38조의4) 21 기출

납세의무자는 「국제조세조정에 관한 법률」 제7조 제1항에 따라 관할 지방 국세청장 또는 세무서장이 해당 수입물품의 거래가격을 조정하여 과세표준 및 세액을 결정·경정 처분하거나 같은 법 제14조 제3항 단서에 따라 국세청장이 해당 수입물품의 거래가격과 관련하여 소급하여 적용하도록 사전승인을 함에 따라 그 거래가격과 이 법에 따라 신고납부·경정한 세액의 산정기준이 된 과세가격 간 차이가 발생한 경우에는 그 결정·경정 처분 또는 사전승인이 있음을 안 날(처분 또는 사전승인의 통지를 받은 경우에는 그 받은 날)부터 3개월 또는 최초로 납세신고를 한 날부터 5년 내에 대통령령으로 정하는 바에 따라 세관장에게 세액의 경정을 청구할 수 있다.

(8) 경정청구서 등 우편 제출에 따른 특례 (법 제38조의5)

제38조의2 제1항(보정), 제38조의3 제1항부터 제3항까지(수정 및 경정), 제38조의4 제1항(수입물품의 과세가격 조정에 따른 경정청구) 및 제4항(국세의 정상가격과 관세의 과세가격 간의 조정 신청)에 따른 각각의 기한까지 우편으로 발송(「국세기본법」 제5조의2에서 정한 날을 기준으로 한다)한 청구서 등이 세관장 또는 기획재정부장관에게 기간을 지나서 도달한 경우 그 기간의 만료일에 신청·신고 또는 청구된 것으로 본다.

(9) 부과고지 (법 제39조)

① 의의

부과고지란 세액을 처음부터 세관장이 결정하여 이를 고지하면 납세의무자가 고지를 받은 날로부터 고지된 세액을 소정의 기일 내에 납부하는 것을 말한다.

② 부과고지 대상물품

다음의 어느 하나에 해당하는 경우에는 제38조(신고 납부)에도 불구하고 세관장이 관세를 부과·징수한다.

- 법 제16조 제1호부터 제6호까지 및 제8호부터 제11호까지에 해당되어 관세를 징수하는 경우
- 보세건설장에서 건설된 시설로서 법 제248조에 따라 수입신고가 수리되기 전에 가동된 경우
- 보세구역(법 제156조 제1항에 따라 보세구역 외 장치를 허가받은 장소를 포함한다)에 반입된 물품이 법 제248조 제3항을 위반하여 수입신고가 수리되기 전에 반출된 경우

- 납세의무자가 관세청장이 정하는 사유로 과세가격이나 관세율 등을 결정하기 곤란하여 부과고지를 요청하는 경우
- 법 제253조에 따라 즉시 반출한 물품을 즉시반출신고를 한 날부터 10일 이내에 수입신고를 하지 아니하여 관세를 징수하는 경우
- 법 제38조의5 제2항에 따른 성실납세신고 적용 신청을 한 자가 성실납세신고를 하지 아니하거나 성실납세신고한 내용이 관세법에 맞지 아니한 경우
- 그 밖에 법 제38조에 따른 납세신고가 부적당한 것으로서 기획재정부령으로 정하는 경우
  동 규정에 의하여 세관장이 관세를 부과 고지하는 물품은 다음과 같다.
  ㉠ 여행자 또는 승무원의 휴대품 및 별송품
  ㉡ 우편물(법 제258조 제2항에 해당하는 것을 제외)
  ㉢ 법령의 규정에 의하여 세관장이 관세를 부과·징수하는 물품
  ㉣ ㉠ 내지 ㉢ 외에 납세신고가 부적당하다고 인정하여 관세청장이 지정하는 물품

③ 부족액 징수 (법 제39조 제2항)

세관장은 과세표준, 세율, 관세의 감면 등에 관한 규정의 적용 착오 또는 그 밖의 사유로 이미 징수한 금액이 부족한 것을 알게 되었을 때에는 그 부족액을 징수한다.

④ 납부고지
- 의의
  세관장이 관세를 징수하려는 경우에는 대통령령으로 정하는 바에 따라 납세의무자에게 납부고지를 하여야 한다.
- 납부고지의 종류

  – 서면고지
    세관장은 법 제39조 제3항·법 제47조 제1항 또는 법 제270조 제5항 후단의 규정에 의하여 관세를 징수하고자 하는 때에는 세목·세액·납부장소 등을 기재한 납부고지서를 납세의무자에게 교부하여야 한다.
  – 구두고지
    다만, 법 제43조의 규정에 의하여 물품을 검사한 공무원이 관세를 수납하는 경우에는 그 공무원으로 하여금 말로써 고지하게 할 수 있다.

⑤ 관세의 현장수납 (법 제43조)
- 다음의 어느 하나에 해당하는 물품에 대한 관세는 그 물품을 검사한 공무원이 검사 장소에서 수납할 수 있다.

  – 여행자의 휴대품   – 조난 선박에 적재된 물품으로서 보세구역이 아닌 장소에 장치된 물품

- 물품을 검사한 공무원이 관세를 수납할 때에는 부득이한 사유가 있는 경우를 제외하고는 다른 공무원을 참여시켜야 한다.
- 출납공무원이 아닌 공무원이 관세를 수납하였을 때에는 지체 없이 출납공무원에게 인계하여야 한다.
- 출납공무원이 아닌 공무원이 선량한 관리자로서의 주의를 게을리 하여 수납한 현금을 잃어버린 경우에는 변상하여야 한다.

⑥ 납부고지 시 납부기한

세관장으로부터 납부고지를 받은 자는 해당 납부고지를 받은 날로부터 15일 이내에 그 세액을 납부하여야 한다.

(10) 징수금액의 최저한 (법 제40조, 영 제37조) 19 기출

① 세관장은 납세의무자가 납부하여야 하는 세액이 대통령령으로 정하는 금액(1만 원) 미만인 경우에는 이를 징수하지 아니한다.

② 세관장이 관세를 징수하지 아니하게 된 경우에는, 해당 물품의 수입신고수리일을 그 납부일로 본다.

(11) 가산세 (법 제42조)

① 의의

가산세는 세법에 규정한 의무의 성실한 이행을 확보하기 위하여 그 세법에 의하여 산출한 세액에 가산하여 징수하는 금액을 말한다. 가산세는 일종의 과태료적 성격을 가지고 있으며, 가산세의 세목은 개별세법의 세목으로 한다.

② 신고 납부 불성실 가산세의 징수

세관장은 제38조의3 제1항(수정) 또는 제6항(경정)에 따라 부족한 관세액을 징수할 때에는 다음의 금액을 합한 금액을 가산세로 징수한다.

- 해당 부족세액의 100분의 10 (법 제42조 제1항 제1호)
- 다음의 금액을 합한 금액 (법 제42조 제1항 제2호)
  - 미납부세액 또는 부족세액 × 법정납부기한의 다음 날부터 납부일까지의 기간(납부고지일부터 납부고지서에 따른 납부기한까지의 기간은 제외) × 금융회사 등이 연체대출금에 대하여 적용하는 이자율 등을 고려하여 대통령령으로 정하는 이자율(1일 10만분의 22의 율)
  - 법정납부기한까지 납부하여야 할 세액 중 납부고지서에 따른 납부기한까지 납부하지 아니한 세액 × 100분의 3(관세를 납부고지서에 따른 납부기한까지 완납하지 아니한 경우에 한정)

③ 부당하게 과소 신고한 경우

위 규정에도 불구하고 납세자가 부당한 방법(납세자가 관세의 과세표준 또는 세액계산의 기초가 되는 사실의 전부 또는 일부를 은폐하거나 가장하는 것에 기초하여 관세의 과세표준 또는 세액의 신고의무를 위반하는 것으로서 대통령령으로 정하는 방법)으로 과소 신고한 경우 다음의 금액을 가산세로 징수한다.

- 해당 부족세액의 100분의 60 (법 제42조 제1항 제1호)
- 다음의 금액을 합한 금액 (법 제42조 제1항 제2호)
  - 미납부세액 또는 부족세액 × 법정납부기한의 다음 날부터 납부일까지의 기간(납부고지일부터 납부고지서에 따른 납부기한까지의 기간은 제외) × 금융회사 등이 연체대출금에 대하여 적용하는 이자율 등을 고려하여 대통령령으로 정하는 이자율(1일 10만분의 22의 율)
  - 법정납부기한까지 납부하여야 할 세액 중 납부고지서에 따른 납부기한까지 납부하지 아니한 세액 × 100분의 3(관세를 납부고지서에 따른 납부기한까지 완납하지 아니한 경우에 한정)

위에서 '납세자가 부당한 방법으로 과소 신고한 경우'는 다음의 어느 하나에 해당하는 경우를 말한다.

- 이중송품장·이중계약서 등 허위증명 또는 허위문서의 작성이나 수취
- 세액심사에 필요한 자료의 파기
- 관세부과의 근거가 되는 행위나 거래의 조작·은폐
- 그 밖에 관세를 포탈하거나 환급 또는 감면을 받기 위한 부정한 행위

④ 수입신고를 하지 아니하고 수입된 물품

세관장은 관세법 제16조 제11호에 따른 물품(수입신고를 하지 아니하고 수입된 물품)에 대하여 관세를 부과·징수할 때에는 다음의 금액을 합한 금액을 가산세로 징수한다. 다만, 관세법 제241조 제5항(여행자나 승무원이 휴대품·탁송품 또는 별송품을 신고하지 아니하여 과세하는 경우, 우리나라로 거주를 이전하기 위하여 입국하는 자가 입국할 때에 수입하는 이사물품을 신고하지 아니하여 과세하는 경우)에 따라 가산세를 징수하는 경우와 천재지변 등 수입신고를 하지 아니하고 수입한 데에 정당한 사유가 있는 것으로 세관장이 인정하는 경우는 제외한다.

- 해당 관세액의 100분의 20 (관세법 제269조의 밀수출입죄에 해당하여 처벌받거나 통고처분을 받은 경우에는 100분의 60)
- 다음의 금액을 합한 금액
  - 해당 관세액 × 수입된 날부터 납부일까지의 기간(납부고지일부터 납부고지서에 따른 납부기한까지의 기간은 제외한다) × 금융회사 등이 연체대출금에 대하여 적용하는 이자율 등을 고려하여 대통령령으로 정하는 이자율(1일 10만분의 22의 율)
  - 해당 관세액 중 납부고지서에 따른 납부기한까지 납부하지 아니한 세액 × 100분의 3(관세를 납부고지서에 따른 납부기한까지 완납하지 아니한 경우에 한정)

⑤ 가산세의 감면 20 기출

다음의 경우에는 가산세액에서 전부 또는 일부를 감면한다.

- 법 제9조 제2항에 따라 수입신고가 수리되기 전에 관세를 납부한 결과 부족세액이 발생한 경우로서 수입신고가 수리되기 전에 납세의무자가 해당 세액에 대하여 수정신고를 하거나 세관장이 경정하는 경우
  → 법 제42조 제1항 제1호 및 제2호의 금액을 합한 금액
- 법 제28조 제1항에 따른 잠정가격신고를 기초로 납세신고를 하고 이에 해당하는 세액을 납부한 경우(납세의무자가 제출한 자료가 사실과 다름이 판명되어 추징의 사유가 발생한 경우는 제외)
  → 법 제42조 제1항 제1호 및 제2호의 금액을 합한 금액
- 법 제37조 제1항 제3호에 관한 사전심사의 결과를 통보받은 경우 그 통보일부터 2개월 이내에 통보된 과세가격의 결정방법에 따라 해당 사전심사 신청 이전에 신고납부한 세액을 수정신고하는 경우
  → 법 제42조 제1항 제1호의 금액
- 법 제38조 제2항 단서에 따라 기획재정부령으로 정하는 물품 중 감면대상 및 감면율을 잘못 적용하여 부족세액이 발생한 경우
  → 제42조 제1항 제1호의 금액
- 법 제38조의3 제1항에 따라 수정신고(법 제38조의2 제1항에 따른 보정기간이 지난 날부터 1년 6개월이 지나기 전에 한 수정신고로 한정)를 한 경우에는 다음의 구분에 따른 금액. 다만, 해당 관세에 대하여 과세표준과 세액을 경정할 것을 미리 알고 수정신고를 한 경우로서 기획재정부령으로 정하는 경우는 제외한다.
  - 법 제38조의2 제1항에 따른 보정기간이 지난 날부터 6개월 이내에 수정신고한 경우
    → 법 제42조 제1항 제1호의 금액의 100분의 30
  - 법 제38조의2 제1항에 따른 보정기간이 지난 날부터 6개월 초과 1년 이내에 수정신고한 경우
    → 법 제42조 제1항 제1호의 금액의 100분의 20
  - 법 제38조의2 제1항에 따른 보정기간이 지난 날부터 1년 초과 1년 6개월 이내에 수정신고한 경우
    → 법 제42조 제1항 제1호의 금액의 100분의 10
- 국가 또는 지방자치단체가 직접 수입하는 물품 등 대통령령으로 정하는 물품의 경우
  → 법 제42조 제1항 제1호 및 제2호의 금액을 합한 금액
- 법 제124조에 따른 관세심사위원회가 법 제118조 제3항 본문에 따른 기간 내에 과세 전 적부심사의 결정·통지를 하지 아니한 경우
  → 결정·통지가 지연된 기간에 대하여 부과되는 가산세(법 제42조 제1항 제2호 가목에 따른 계산식에 결정·통지가 지연된 기간을 적용하여 계산한 금액에 해당하는 가산세를 말한다) 금액의 100분의 50
- 신고납부한 세액의 부족 등에 대하여 납세의무자에게 대통령령으로 정하는 정당한 사유가 있는 경우
  → 법 제42조 제1항 제1호 및 제2호의 금액을 합한 금액

3절 관세율 제도 및 품목분류

✎ 본문 내용 중 꼭 알아야 하는 부분에 형광펜으로 표시하였으니 반드시 학습하시기 바랍니다.

01 세율 적용 우선순위 및 탄력관세율 제도 등

1. 세율 적용의 우선순위 (법 제50조) `21 기출`

순위	관세율 구분	우선적용 규정
1	• 덤핑방지관세(법 제51조) • 상계관세(법 제57조) • 보복관세(법 제63조) • 긴급관세(법 제65조) • 특정국물품긴급관세(법 제67조의2) • 농림축산물에 대한 특별긴급관세(법 제68조) • 조정관세(법 제69조 제2호)	• 관세율의 높낮이에 관계없이 최우선 적용
2	• 편익관세(법 제74조) • 국제협력관세(법 제73조)	• 후순위의 세율보다 낮은 경우에만 우선하여 적용 • 제73조에 따라 국제기구와의 관세에 관한 협상에서 국내외의 가격차에 상당하는 율로 양허하거나 국내시장 개방과 함께 기본세율보다 높은 세율로 양허한 농림축산물 중 대통령령으로 정하는 물품에 대하여 양허한 세율(시장접근물량에 대한 양허세율을 포함한다)은 기본세율 및 잠정세율에 우선하여 적용
3	• 조정관세(법 제69조 제1호·제3호·제4호) • 할당관세(법 제71조) • 계절관세(법 제72조)	• 할당관세의 세율은 일반특혜관세의 세율보다 낮은 경우에만 우선하여 적용
4	• 일반특혜관세율(법 제76조)	–
5	• 잠정세율	• 기본세율과 잠정세율은 별표 관세율표에 따르되, 잠정세율은 기본세율에 우선하여 적용
6	• 기본세율	

2. 덤핑방지관세

국내산업과 이해관계가 있는 자로서 대통령령으로 정하는 자 또는 주무부장관이 부과 요청을 한 경우로서, 외국의 물품이 대통령령으로 정하는 정상가격 이하로 수입(덤핑)되어, 다음의 어느 하나에 해당하는 것(실질적 피해 등)으로 조사를 통하여 확인되고 해당 국내산업을 보호할 필요가 있다고 인정되는 경우에는, 기획재정부령으로 그 물품과 공급자 또는 공급국을 지정하여 해당 물품에 대하여 정상가격과 덤핑가격 간의 차액(덤핑차액)에 상당하는 금액 이하의 관세(덤핑방지관세)를 추가하여 부과할 수 있다.

> ① 국내산업이 실질적인 피해를 받거나 받을 우려가 있는 경우
> ② 국내산업의 발전이 실질적으로 지연된 경우

3. 상계관세

국내산업과 이해관계가 있는 자로서 대통령령으로 정하는 자 또는 주무부장관이 부과요청을 한 경우로서, 외국에서 제조·생산 또는 수출에 관하여 직접 또는 간접으로 보조금이나 장려금(보조금 등)을 받은 물품의 수입으로 인하여 다음의

어느 하나에 해당하는 것(실질적 피해 등)으로 조사를 통하여 확인되고 해당 국내산업을 보호할 필요가 있다고 인정되는 경우에는 기획재정부령으로 그 물품과 수출자 또는 수출국을 지정하여 그 물품에 대하여 해당 보조금 등의 금액 이하의 관세(상계관세)를 추가하여 부과할 수 있다.

> ① 국내산업이 실질적인 피해를 받거나 받을 우려가 있는 경우
> ② 국내산업의 발전이 실질적으로 지연된 경우

4. 보복관세 (법 제63조)

(1) 부과대상 (법 제63조)

교역상대국이 우리나라의 수출물품 등에 대하여 다음의 어느 하나에 해당하는 행위를 하여 우리나라의 무역이익이 침해되는 다음의 경우에는 그 나라로부터 수입되는 물품에 대하여 피해상당액의 범위에서 관세(보복관세)를 부과할 수 있다.

> ① 관세 또는 무역에 관한 국제협정이나 양자 간의 협정 등에 규정된 우리나라의 권익을 부인하거나 제한하는 경우
> ② 그 밖에 우리나라에 대하여 부당하거나 차별적인 조치를 하는 경우

(2) 부과에 관한 협의 (법 제64조)

기획재정부장관은 보복관세를 부과할 때 필요하다고 인정되는 경우에는 관련 국제기구 또는 당사국과 미리 협의할 수 있다.

5. 긴급관세 (법 제65조~제67조)

특정물품의 수입증가로 인하여 동종물품 또는 직접적인 경쟁관계에 있는 물품을 생산하는 국내산업이 심각한 피해를 받거나 받을 우려(심각한 피해 등)가 있음이 조사를 통하여 확인되고 해당 국내산업을 보호할 필요가 있다고 인정되는 경우에는 해당 물품에 대하여 심각한 피해 등을 방지하거나 치유하고 조정을 촉진(피해의 구제 등)하기 위하여 필요한 범위에서 관세(긴급관세)를 추가하여 부과할 수 있다.

6. 특정국물품 긴급관세 (법 제67조의2)

(1) 의의

특정국물품 긴급관세는 특정국가로부터 수입되는 물품의 증가로 인하여 국내시장이 교란되거나 교란될 우려가 있거나, 다른 세계무역기구 회원국이 특정국가의 물품에 대하여 자국의 피해를 구제하거나 방지하기 위하여 취한 조치 때문에 중대한 무역전환이 발생하여 해당물품이 우리나라로 수입되거나 수입될 우려가 있는 경우에 부과할 수 있는 관세를 말한다.

(2) 부과 가능한 경우

국제조약 또는 일반적인 국제법규에 따라 허용되는 한도에서 대통령령으로 정하는 국가를 원산지로 하는 물품(특정국물품)이 다음에 해당하는 것으로 조사를 통하여 확인된 경우에는 피해를 구제하거나 방지하기 위하여 필요한 범위에서 관세(특정국물품 긴급관세)를 추가하여 부과할 수 있다.

> ① 해당 물품의 수입증가가 국내시장의 교란 또는 교란우려의 중대한 원인이 되는 경우(즉, 특정국물품의 수입증가로 인하여 동종물품 또는 직접적인 경쟁관계에 있는 물품을 생산하는 국내산업이 실질적 피해를 받거나 받을 우려가 있는 경우)
> ② 세계무역기구 회원국이 해당 물품의 수입증가에 대하여 자국의 피해를 구제하거나 방지하기 위하여 한 조치로 인하여 중대한 무역전환이 발생하여 해당 물품이 우리나라로 수입되거나 수입될 우려가 있는 경우

7. 농림축산물에 대한 특별긴급관세 (법 제68조)

(1) 의의

농림축산물에 대한 특별긴급관세는 WTO협정 이행에 따라 관세화 대상품목의 수입이 급증하거나 세계시장가격이 기준가격 이하로 하락할 경우 추가 관세를 부과할 수 있도록 한 특별긴급구제조치(Special Safeguards : SSG)이다. 동 특별긴급구제조치는 긴급수입제한조치(Safeguard)와는 달리 일정한 기준을 충족할 경우 피해유무에 따른 보상방법을 협의할 필요가 없다.

(2) 부과 요건 등

① 법 제73조에 따른 국제협력관세의 규정에 따라 국내외 가격차에 상당한 율로 양허한 농림축산물의 수입물량이 급증하거나 수입가격이 하락하는 경우에는 대통령령으로 정하는 바에 따라 양허한 세율을 초과하여 관세(특별긴급관세)를 부과할 수 있다.

② 법 제73조에 따라 국제기구와 관세에 관한 협상에서 국내외 가격차에 상당한 율로 양허하거나 국내시장 개방과 함께 기본세율보다 높은 세율로 양허한 농림축산물을 시장 접근물량 이내로 수입하는 자로서 관련 기관의 추천을 받은 자는 해당 추천서를 수입신고 수리 전까지 세관장에게 제출해야 한다. 다만, 해당 농림축산물이 보세구역에서 반출되지 않은 경우에는 수입신고 수리일부터 15일이 되는 날까지 제출할 수 있다.

8. 조정관세 (법 제69조~제70조)

(1) 의의

조정관세는 무역자유화 정책의 실시 이후 수입자동승인품목으로 지정된 물품의 수입이 급격히 증가하거나 저가 수입되어, 국내산업을 저해하거나 국민 소비생활을 문란하게 할 경우를 대비하기 위하여 부과하기 위한 목적의 관세이다.

(2) 부과사유 `22 기출`

다음의 어느 하나에 해당하는 경우에는 100분의 100에서 해당 물품의 기본세율을 뺀 율을 기본세율에 더한 율의 범위에서 관세를 부과할 수 있다. 다만, 농림축수산물 또는 이를 원재료로 하여 제조된 물품의 국내외 가격차가 해당 물품의 과세가격을 초과하는 경우에는 국내외 가격차에 상당하는 율의 범위에서 관세를 부과할 수 있다.

> ① 산업구조의 변동 등으로 물품 간의 세율 불균형이 심하여 이를 시정할 필요가 있는 경우
> ② 공중도덕 보호, 인간·동물·식물의 생명 및 건강 보호, 환경보전, 한정된 천연자원 보존 및 국제평화와 안전 보장 등을 위하여 필요한 경우
> ③ 국내에서 개발된 물품을 일정기간 보호할 필요가 있는 경우
> ④ 농림축수산물 등 국제경쟁력이 취약한 물품의 수입증가로 인하여 국내시장이 교란되거나 산업기반이 붕괴될 우려가 있어 이를 시정하거나 방지할 필요가 있는 경우

9. 할당관세 (법 제71조)

(1) 의의

할당관세는 정부가 특정물품에 대하여 수량과 기간을 정해 놓고 일정수량까지 수입될 때에는 저세율의 관세를 부과하고 일정수량을 초과하여 수입될 때에는 고세율의 관세를 부과하는 제도이며, 동 할당관세는 대통령령으로 발동하여 부과한다.

(2) 관세율을 인하하여 부과하는 경우 `24 기출` `22 기출`

다음의 어느 하나에 해당하는 경우에는 100분의 40의 범위의 율을 기본세율에서 빼고 관세를 부과할 수 있다. 이 경우 필요하다고 인정될 때에는 그 수량을 제한할 수 있다.

> ① 원활한 물자수급 또는 산업의 경쟁력 강화를 위하여 특정물품의 수입을 촉진할 필요가 있는 경우
> ② 수입가격이 급등한 물품 또는 이를 원재료로 한 제품의 국내가격을 안정시키기 위하여 필요한 경우
> ③ 유사물품 간의 세율이 현저히 불균형하여 이를 시정할 필요가 있는 경우

(3) 관세율을 인상하여 부과하는 경우

> ① 특정물품의 수입을 억제할 필요가 있는 경우에는 일정한 수량을 초과하여 수입되는 분에 대하여 100분의 40의 범위의 율을 기본세율에 더하여 관세를 부과할 수 있다.
> ② 다만, 농림축수산물인 경우에는 기본세율에 동종물품·유사물품 또는 대체물품의 국내외 가격차에 상당하는 율을 더한 율의 범위에서 관세를 부과할 수 있다.

10. 계절관세 (법 제72조)

(1) 의의

계절관세는 농산물 등과 같이 계절에 따라 가격변동이 심한 경우에 동종물품, 유사물품 또는 대체물품이 수입되는 경우, 동 수입물품들에 대한 관세율을 계절구분에 따라 인상 또는 인하하여 부과하는 것을 말하며, 동 계절관세는 기획재정부령으로 발동하여 부과한다.

(2) 부과사유 및 범위

계절에 따라 가격의 차이가 심한 물품으로서 동종물품·유사물품 또는 대체물품의 수입으로 인하여 국내시장이 교란되거나 생산 기반이 붕괴될 우려가 있을 때에는, 계절에 따라 해당 물품의 국내외 가격차에 상당하는 율의 범위에서 기본세율보다 높게 관세를 부과하거나 100분의 40의 범위의 율을 기본세율에서 빼고 관세를 부과할 수 있다.

11. 편익관세 (법 제74조~제75조)

(1) 의의

편익관세는 조약에 의한 관세상의 편익을 받지 아니하는 특정국가에서 생산된 특정물품이 수입될 때 기존 외국과의 조약에 의하여 부과하고 있는 관세상 혜택의 범위 한도 내에서 관세에 관한 편익을 부여하는 것을 말하며, 대통령령으로 발동하여 부과한다.

(2) 적용 기준 등

편익관세는 관세에 관한 조약에 따른 편익을 받지 아니하는 나라의 생산물로서 우리나라에 수입되는 물품에 대하여 이미 체결된 외국과의 조약에 따른 편익의 한도에서 관세에 관한 편익을 부여할 수 있다.

(3) 적용 대상 국가

대륙	국가명
아시아	부탄
중동	이란, 이라크, 레바논, 시리아
대양주	나우르
아프리카	코모로, 에티오피아, 리베리아, 소말리아
유럽	안도라, 모나코, 산마리노, 바티칸, 덴마크(그린란드 및 페로제도에 한정함)

12. 국제협력관세 (법 제73조)

(1) 협상
정부는 우리나라의 대외무역 증진을 위하여 필요하다고 인정될 때에는 특정 국가 또는 국제기구와 관세에 관한 협상을 할 수 있다.

(2) 관세의 양허
위 협상을 수행할 때 필요하다고 인정되면 관세를 양허할 수 있다. 다만, 특정 국가와 협상할 때에는 기본관세율의 100분의 50의 범위를 초과하여 관세를 양허할 수 없다.

13. 일반특혜관세 (법 제76조~제77조)

(1) 적용 기준
일반특혜관세는 대통령령으로 정하는 개발도상국가(특혜대상국)를 원산지로 하는 물품 중 대통령령으로 정하는 물품(특혜대상물품)에 대하여 기본세율보다 낮은 세율의 관세(일반특혜관세)를 부과하는 것을 말한다.

(2) 부과 방식
일반특혜관세를 부과할 때 해당 특혜대상물품의 수입이 국내산업에 미치는 영향 등을 고려하여 그 물품에 적용되는 세율에 차등을 두거나 특혜대상물품의 수입수량 등을 한정할 수 있다.

(3) 적용 정지 등
기획재정부장관은 특정한 특혜대상 물품의 수입이 증가하여 이와 동종의 물품 또는 직접적인 경쟁관계에 있는 물품을 생산하는 국내산업에 중대한 피해를 주거나 줄 우려가 있는 등 일반특혜관세를 부과하는 것이 적당하지 아니하다고 판단될 때에는 대통령령으로 정하는 바에 따라 해당 물품과 그 물품의 원산지인 국가를 지정하여 일반특혜관세의 적용을 정지할 수 있다.

(4) 적용의 배제
기획재정부장관은 특정한 특혜대상국의 소득수준, 우리나라의 총 수입액 중 특정 특혜대상국으로부터의 수입액이 차지하는 비중, 특정한 특혜대상국의 특정한 특혜대상물품이 지니는 국제경쟁력의 정도, 그 밖의 사정을 고려하여 일반특혜관세를 부과하는 것이 적당하지 아니하다고 판단될 때에는 대통령령으로 정하는 바에 따라 해당 국가를 지정하거나 해당 국가 및 물품을 지정하여 일반특혜관세의 적용을 배제할 수 있다.

02 세율의 적용 등

1. 간이세율 (법 제81조) [20 기출]

(1) 의의
간이세율 제도는 수입물품에 대하여 부과되는 관세, 내국세 등을 산출하는 데 시간이 많이 소요되므로, 여행자 휴대품 등 일부 수입물품에 대하여는 이들 세율을 통합한 단일세율을 적용하여 과세하는 것으로써 관세부과의 간소화를 도모하기 위한 제도이다.

(2) 적용대상 물품
다음의 어느 하나에 해당하는 물품 중 대통령령으로 정하는 물품에 대하여는 다른 법령에도 불구하고 간이세율을 적용할 수 있다.

① 여행자 또는 외국을 오가는 운송수단의 승무원이 휴대, 수입하는 물품

② 우편물. 다만, 수입신고를 하여야 하는 것은 제외한다.

③ 탁송품 또는 별송품

(3) 적용 제외대상 물품 23 기출

다음의 물품에 대하여는 간이세율을 적용하지 아니한다.

① 관세율이 무세인 물품과 관세가 감면되는 물품

② 수출용원재료

③ 법 제11장의 범칙행위에 관련된 물품

④ 종량세가 적용되는 물품

⑤ 다음에 해당하는 물품으로서 관세청장이 정하는 물품
- 상업용으로 인정되는 수량의 물품
- 고가품
- 당해 물품의 수입이 국내산업을 저해할 우려가 있는 물품
- 법 제81조 제4항의 규정(여행자 또는 외국을 오가는 운송수단의 승무원이 휴대하여 수입하는 물품)에 의한 단일한 간이세율의 적용이 과세형평을 현저히 저해할 우려가 있는 물품

⑥ 화주가 수입신고를 할 때에 과세대상물품의 전부에 대하여 간이세율의 적용을 받지 아니할 것을 요청한 경우의 당해 물품

2. 합의에 의한 세율 (법 제82조)

(1) 의의

합의에 의한 세율은 세율이 각기 다른 여러 품목을 수입신고할 때 신고인의 신청이 있는 경우 품목별 세율 중 가장 높은 세율을 적용하여 과세편의와 신속통관을 도모할 수 있도록 하기 위한 제도이다.

(2) 요건 23 기출

① 일괄하여 수입신고가 된 물품으로서 물품별 세율이 다른 물품에 대하여는 신고인의 신청에 따라 그 세율 중 가장 높은 세율을 적용할 수 있다.

② 즉, 합의에 의한 세율을 적용하기 위해서는 일괄하여 수입신고되어야 하고, 세율이 상이해야 하며, 신청인의 신청이 있는 경우에 적용 가능하다.

(3) 행정쟁송의 배제

① 합의에 의한 세율을 적용할 때에는 관세법 제5장 제2절인 심사와 심판(법 제119조부터 법 제132조까지)의 규정은 적용하지 아니한다.

② 즉, 합의에 의한 세율은 납세의무자가 사전에 세율적용을 합의한 것이므로 동 세율을 적용한 후 심사청구와 심판청구 같은 행정쟁송을 할 수 없다.

3. 용도세율 (법 제83조)

(1) 의의

용도세율은 동일한 물품이라도 해당 물품의 용도에 따라 관세율이 상이한 경우 그 용도에 따라 세율을 달리하는 세율 중에서 낮은 세율(용도세율)을 적용하는 제도를 말하며, 이러한 용도세율을 적용받고자 하는 경우에는 세관장의 승인을 받아야 한다.

(2) 적용 대상

① 관세법 별표 관세율표나 법 제50조 제4항(잠정세율), 법 제51조(덤핑방지관세), 법 제57조(상계관세), 법 제63조(보복관세), 법 제65조(긴급관세), 법 제67조의2(특정국물품 긴급관세), 법 제68조(농림축산물에 대한 특별긴급관세), 법 제70조부터 법 제74조까지(조정관세, 할당관세, 계절관세, 국제협력관세, 편익관세) 및 법 제76조(일반특혜관세)에 따른 대통령령 또는 기획재정부령으로 용도에 따라 세율을 다르게 정하는 물품을 세율이 낮은 용도에 사용하여 해당 물품에 그 낮은 세율(용도세율)의 적용을 받으려는 자는 대통령령으로 정하는 바에 따라 세관장에게 신청하여야 한다.

② 다만, 대통령령으로 정하는 바에 따라 미리 세관장으로부터 해당 용도로만 사용할 것을 승인받은 경우에는 신청을 생략할 수 있다.

(3) 용도세율 적용 승인의 신청

용도세율의 적용을 받고자 하는 자는 해당 물품의 수입신고를 하는 때부터 해당 수입신고가 수리되기 전까지 그 품명·규격·수량·가격·용도·사용 방법 및 사용 장소를 기재한 신청서를 세관장에게 제출하여야 한다. 다만, 해당물품을 보세구역에서 반출하지 않은 경우에는 수입신고수리일부터 15일이 되는 날까지 신청서를 제출할 수 있다.

(4) 사후관리

용도세율이 적용된 물품은 그 수입신고의 수리일부터 3년의 범위에서 대통령령으로 정하는 기준에 따라 관세청장이 정하는 기간에는 해당 용도 외의 다른 용도에 사용하거나 양도할 수 없다. 다만, 대통령령으로 정하는 바에 따라 미리 세관장의 승인을 받은 경우에는 그러하지 아니하다.

(5) 용도 외 사용 등으로 인한 추징

① 용도세율의 적용을 받은 물품을 수입신고의 수리일부터 3년의 범위에서 대통령령으로 정하는 기준에 따라 관세청장이 정하는 기간 내에 해당 용도 외의 다른 용도에 사용하거나 그 용도 외의 다른 용도에 사용하려는 자에게 양도한 경우

> - 해당 물품을 특정용도 외에 사용한 자 또는 그 양도인으로부터 해당 물품을 특정용도에 사용할 것을 요건으로 하지 아니하는 세율에 따라 계산한 관세액과 해당 용도세율에 따라 계산한 관세액의 차액에 상당하는 관세를 즉시 징수한다.
> - 양도인으로부터 해당 관세를 징수할 수 없을 때에는 그 양수인으로부터 즉시 징수한다.

② 다만, 재해나 그 밖의 부득이한 사유로 멸실되었거나 미리 세관장의 승인을 받아 폐기한 경우에는 그러하지 아니하다.

03 품목분류

1. 의의

관세법 별표 관세율표상에는 물품에 대한 품목분류번호와 해당 품목의 관세율이 표시되어 있으며, 관세율을 적용하려면 먼저 품목분류번호를 확인하여야 한다. 우리나라의 품목분류체계는 HS 국제협약에 근거하고 있는바, HS 국제협약은 6단위까지 분류하는 데 반하여, 우리나라는 「관세통계통합품목분류표」 HSK에서 10단위까지 세분하여 분류하고 있다.

2. 품목분류제도의 운영

(1) 품목분류체계의 수정 (법 제84조)

기획재정부장관은 「통일상품명 및 부호체계에 관한 국제협약」에 따른 관세협력이사회의 권고 또는 결정 등 대통령령

으로 정하는 사유로 다음에 따른 표 또는 품목분류의 품목을 수정할 필요가 있는 경우 그 세율이 변경되지 아니하는 경우에는 대통령령으로 정하는 바에 따라 품목을 신설 또는 삭제하거나 다시 분류할 수 있다.

① 별표 관세율표

② 법 제73조 및 법 제76조에 따라 대통령령으로 정한 품목분류

③ 「통일상품명 및 부호체계에 관한 국제협약」 및 별표 관세율표를 기초로 기획재정부장관이 품목을 세분하여 고시하는 관세·통계통합품목분류표(품목분류표)

(2) 품목분류표 등 (시행령 제98조)

① 품목분류표의 고시

기획재정부장관은 「통일상품명 및 부호체계에 관한 국제협약」 제3조 제3항의 규정에 의하여 수출입물품의 신속한 통관, 통계파악 등을 위하여 협약 및 관세법 별표 관세율표를 기초로 하여 품목을 세분한 관세·통계통합품목분류표(품목분류표)를 고시할 수 있다.

② 품목분류표의 변경 고시

기획재정부장관은 관세협력이사회로부터 협약의 품목분류에 관한 권고 또는 결정이 있거나 새로운 상품이 개발되는 등 법 별표 관세율표와 「세계무역기구협정 등에 의한 양허관세규정」·「특정국가와의 관세협상에 따른 국제협력관세의 적용에 관한 규정」 및 「최빈개발도상국에 대한 특혜관세 공여규정」(양허관세규정 등)에 의한 품목분류 및 품목분류표를 변경할 필요가 있는 때에는 그 세율을 변경함이 없이 관세법 별표 관세율표와 양허관세규정 등에 의한 품목분류 및 품목분류표를 변경 고시할 수 있다.

③ 변경 사항의 반영

기획재정부장관은 관세협력이사회로부터 협약의 품목분류에 관한 권고 또는 결정이 있어서 품목분류를 변경하는 때에는 협약 제16조 제4항의 규정에 의한 기한 내에 법 별표 관세율표상의 품목분류 및 품목분류표에 이를 반영하여야 한다.

(3) 품목분류 적용기준 등 (법 제85조)

① 적용기준 및 고시

- 기획재정부장관은 대통령령으로 정하는 바에 따라 품목분류를 적용하는 데에 필요한 기준을 정할 수 있다.
- 기획재정부장관은 관세협력이사회가 협약에 따라 권고한 통일상품명 및 부호체계의 품목분류에 관한 사항을 관세청장으로 하여금 고시하게 할 수 있다. 이 경우 관세청장은 고시할 때 기획재정부장관의 승인을 받아야 한다.

② 관세품목분류위원회

다음의 사항을 심의하기 위하여 관세청에 관세품목분류위원회를 둔다. 품목분류위원회의 구성, 기능, 운영 등에 필요한 사항은 대통령령으로 정한다.

- 법 제85조 제1항에 따른 품목분류 적용기준의 신설 또는 변경과 관련하여 관세청장이 기획재정부장관에게 요청할 사항
- 법 제86조에 따른 특정물품에 적용될 품목분류의 사전심사 및 재심사
- 법 제87조에 따른 특정물품에 적용될 품목분류의 변경 및 재심사
- 그 밖에 품목분류에 관하여 관세청장이 분류위원회에 부치는 사항

위원장 1명과 30명 이상 40명 이하의 위원으로 구성한다. 위원장은 관세청의 3급 공무원 또는 고위공무원단에 속하는 일반직공무원으로서 관세청장이 지정하는 자가 되고, 위원은 관세청소속 공무원, 관계중앙행정기관의 공무원, 시민단체에서 추천한 자, 기타 상품학에 관한 지식이 풍부한 자 중에서 관세청장이 임명 또는 위촉한다.

(4) 특정물품에 적용될 품목분류의 사전심사 (법 제86조)

① 의의

관세액을 산출하기 위해서는 세율을 알아야 하고 세율을 알기 위해서는 물품별로 세율이 정해져 있는 관세율표상

품목분류가 어디에 해당하는지 알아야 하는데, 수출입신고 전에 해당 물품에 적용될 품목분류를 알고자 할 경우 관세청장에게 심사하여 줄 것을 신청할 수 있다.

② 사전심사의 신청

물품을 수출입하려는 자, 수출할 물품의 제조자 및 「관세사법」에 따른 관세사·관세법인 또는 통관취급법인(관세사 등)은 법 제241조 제1항에 따른 수출입신고를 하기 전에 대통령령으로 정하는 서류를 갖추어 관세청장에게 해당 물품에 적용될 별표 관세율표상의 품목분류를 미리 심사하여 줄 것을 신청할 수 있다.

③ 신청 시 제출서류

위 신청을 하고자 하는 자는 다음의 서류 및 물품을 제출하여야 한다.

- 물품의 품명·규격·제조과정·원산지·용도·종전의 통관 여부 및 통관예정세관을 기재한 신청서
- 신청대상물품의 견본
- 기타 설명자료

다만, 관세청장은 물품의 성질상 견본을 제출하기 곤란한 물품으로서 견본이 없어도 품목분류 심사에 지장이 없고, 해당 물품의 통관 시에 세관장이 이를 확인할 수 있다고 인정되는 때에는 견본의 제출을 생략하게 할 수 있다.

④ 보정요구 및 반려 가능

관세청장은 사전심사를 위하여 제출된 신청서와 견본 및 기타 설명 자료가 미비하여 품목분류를 심사하기가 곤란한 때에는 20일 이내의 기간을 정하여 보정을 요구할 수 있으며, 이 기간 내에 보정을 하지 아니하는 때에는 이를 반려할 수 있다.

⑤ 사전심사 결과 등 통지

사전심사의 신청을 받은 관세청장은 해당 물품에 적용될 품목분류를 심사하여 사전심사의 신청을 받은 날부터 30일 이내에 이를 신청인에게 통지하여야 한다. 다만, 30일에는 아래의 기간은 제외한다.

- 법 제85조 제2항에 따라 관세품목분류위원회에서 사전심사를 심의하는 경우 해당 심의에 소요되는 기간
- 보정기간
- 해당 물품에 대한 구성재료의 물리적·화학적 분석이 필요한 경우로서 해당 분석에 소요되는 기간
- 관세협력이사회에 질의하는 경우 해당 질의에 소요되는 기간
- 전문기관에 기술 자문을 받는 경우 해당 자문에 걸리는 기간
- 다른 기관의 의견을 들을 필요가 있는 경우 해당 의견을 듣는 데 걸리는 기간
- 신청인의 의견 진술이 필요한 경우 관세청장이 정하는 절차를 거치는 데 걸리는 기간

그러나 제출 자료의 미비 등으로 품목분류를 심사하기 곤란한 경우에는 그 뜻을 통지하여야 한다. 품목분류를 심사하여 신청인에게 통지를 하는 때에는 그 내용을 통관예정세관장에게 통지하여야 한다. 이 경우 설명 자료를 함께 송부하여야 한다.

⑥ 재심사의 신청

품목분류 사전심사에 대한 통지를 받은 자는 통지받은 날부터 30일 이내에 대통령령으로 정하는 서류를 갖추어 관세청장에게 재심사를 신청할 수 있다. 이 경우 관세청장은 해당 물품에 적용될 품목분류를 재심사하여 재심사의 신청을 받은 날부터 60일(법 제85조 제2항에 따라 관세품목분류위원회에서 재심사를 심의하는 경우 해당 심의에 소요되는 기간과 보정기간 등은 제외) 이내에 이를 신청인에게 통지하여야 하며, 제출자료의 미비 등으로 품목분류를 심사하기 곤란한 경우에는 그 뜻을 통지하여야 한다.

⑦ 품목분류의 고시 또는 공표

관세청장은 품목분류를 심사한 물품 및 재심사 결과 적용할 품목분류가 변경된 물품에 대하여는 해당 물품에 적용될 품목분류와 품명, 용도, 규격, 그 밖에 필요한 사항을 고시 또는 공표하여야 한다. 다만, 신청인의 영업 비밀을 포함하는 등 해당 물품에 적용될 품목분류를 고시 또는 공표하는 것이 적당하지 아니하다고 인정되는 물품에 대하여는 고시 또는 공표하지 아니할 수 있다.

⑧ 품목분류의 적용

세관장은 제241조 제1항에 따른 수출입신고가 된 물품이 사전심사 결과가 통지된 물품과 같을 때에는 그 통지 내용에 따라 품목분류를 적용하여야 한다.

⑨ 사전심사의 효력

통지받은 사전심사 결과 또는 재심사 결과는 법 제87조 제1항 또는 제3항에 따라 품목분류가 변경되기 전까지 유효하다.

(5) **특정물품에 적용되는 품목분류의 변경 및 적용 (법 제87조)**

① 의의

관세청장은 제86조에 따라 심사 또는 재심사한 품목분류를 변경하여야 할 필요가 있거나 그 밖에 관세청장이 직권으로 한 품목분류를 변경하여야 할 부득이한 사유가 생겼을 때에는 해당 물품에 적용할 품목분류를 변경할 수 있다.

② 품목분류변경의 사유

품목분류를 변경할 수 있는 경우는 다음과 같다.

- 관계법령의 개정에 따라 해당 물품의 품목분류가 변경된 경우
- 법 제84조(품목분류체계의 수정) 규정에 의하여 품목분류가 변경된 경우
- 신청인의 허위자료제출 등으로 품목분류에 중대한 착오가 생긴 경우
- 「통일상품명 및 부호체계에 관한 국제협약」에 따른 관세협력이사회의 권고 또는 결정 및 법원의 확정판결이 있는 경우
- 동일 또는 유사한 물품에 대하여 서로 다른 품목분류가 있는 경우

③ 변경내용의 고시·공표 및 통지

관세청장은 품목분류를 변경하였을 때에는 그 내용을 고시 또는 공표하고, 품목분류 사전심사 및 재심사에 대한 결과를 통지한 신청인에게는 그 내용을 통지하여야 한다. 다만, 신청인의 영업 비밀을 포함하는 등 해당 물품에 적용될 품목분류를 고시 또는 공표하는 것이 적당하지 아니하다고 인정되는 물품에 대해서는 고시 또는 공표하지 아니할 수 있다.

④ 재심사의 신청

통지를 받은 자는 통지받은 날부터 30일 이내에 대통령령으로 정하는 서류를 갖추어 관세청장에게 재심사를 신청할 수 있다.

⑤ 변경된 품목분류의 적용

품목분류가 변경된 경우에는 신청인이 변경 내용을 통지받은 날과 변경 내용의 고시 또는 공표일 중 빠른 날부터 변경된 품목분류를 적용한다. 다만, 다음에 따라 변경 내용을 달리 적용할 수 있다.

- 변경일부터 30일이 지나기 전에 우리나라에 수출하기 위하여 선적된 물품에 대하여 변경 전의 품목분류를 적용하는 것이 수입신고인에게 유리한 경우 : 변경 전의 품목분류 적용
- 다음의 어느 하나에 해당하는 경우 : 품목분류 사전심사 등에 따라 품목분류가 결정된 이후 변경일 전까지 수출입신고가 수리된 물품에 대해서도 소급하여 변경된 품목분류 적용
  - 법 제86조에 따른 사전심사 또는 재심사 과정에서 거짓자료 제출 등 신청인에게 책임 있는 사유로 해당 물품의 품목분류가 결정되었으나 이를 이유로 품목분류가 변경된 경우
  - 다음에 해당하는 경우로서 수출입신고인에게 유리한 경우
    1) 법 제86조에 따른 사전심사 또는 재심사 과정에서 신청인에게 자료제출 미비 등의 책임 있는 사유 없이 해당 물품의 품목분류가 결정되었으나 다른 이유로 품목분류가 변경된 경우
    2) 법 제86조에 따른 신청인이 아닌 자가 관세청장이 결정하여 고시하거나 공표한 품목분류에 따라 수출입신고를 하였으나 품목분류가 변경된 경우

4절 | 감면·환급 및 분할납부 등

본문 내용 중 꼭 알아야 하는 부분에 형광펜으로 표시하였으니 반드시 학습하시기 바랍니다.

01 감면제도의 통칙

1. 개요

(1) 관세감면의 의의

관세법 제14조의 규정에 의하여 수입물품에는 관세를 부과하는 것이 원칙이나, 특별한 정책목적을 수행하기 위하여 수입물품이 일정한 요건을 갖춘 경우에 무조건 또는 일정 조건 하에 관세의 일부 또는 전부를 면제하여 주는 것을 말한다. 한편, 면세는 무세와 다른 개념으로서 무세는 관세율표상 관세율이 영으로서 어떤 경우에나 관세가 부과되지 않은 것이나, 면세는 특정한 요건을 갖추어야 하고 납세의무자의 신청이 있어야 적용받을 수 있는 것이다.

(2) 관세감면제도의 목적

① 관세는 일반적으로 재정수입의 확보와 산업보호 목적을 가지며, 관세율의 변경 및 조작에 의하여 그 목적을 실현할 수 있다.
② 국가가 경제산업정책, 사회정책, 문화정책, 교육 및 과학정책 등 다양한 정책을 수행하기 위해서는 품목별로 일률적으로 책정되어 있는 관세율을 그대로 적용하는 것보다 특정한 경우에 관세납부의무의 전부 또는 일부를 면제하여 주는 것이 더 효과적인 경우가 있기 때문에 관세감면제도를 운용하고 있는 것이다.

(3) 관세감면의 분류

관세법상 관세감면은 해당 감면에 대한 승인을 할 때, 어떠한 특정의 조건이 따르는지 여부에 따라 무조건 감면과 조건부 감면으로 분류되며 그 내용은 다음과 같다.
① 무조건 감면

- 의의
  무조건 감면은 감면요건을 갖춘 수입이 이루어지면 조건 없이 감면이 이루어지고 수입 후 감면물품의 양수도, 감면용도 이외의 사용 등에 대하여 원칙적으로 추징이나 세관의 관리감독을 받지 아니하는 감면을 말한다.
- 종류
  외교관용 물품 등의 면세(양수제한물품 제외)(법 제88조), 정부용품 등의 면세(법 제92조), 소액물품 등의 면세(법 제94조), 여행자 휴대품·이사물품 등의 감면(법 제96조), 재수입면세(법 제99조), 손상물품에 대한 감면(법 제100조), 해외임가공물품 등의 감면(법 제101조)
- 사후관리 여부
  무조건 감면에 해당되는 경우는 수입신고가 수리된 후에도 사후관리 대상에 해당되지 아니한다.

② 조건부 감면 `23 기출`

- 의의
  조건부 감면은 감면요건을 갖춘 수입에 대하여 일정한 조건을 붙여 관세를 감면하고 해당 조건이 지켜지지 아니할 경우 감면한 관세를 징수하며, 조건 이행 여부에 대하여 원칙적으로 일정 기간 동안 세관의 관리감독(사후관리)을 받는 감면을 말한다.

- 종류
  세율불균형물품의 면세(법 제89조), 학술연구용품의 감면(법 제90조), 종교용품·자선용품·장애인용품 등의 면세(법 제91조), 특정물품의 면세 등(법 제93조), 환경오염방지물품 등에 대한 감면(법 제95조), 재수출 면세(법 제97조), 재수출 감면(법 제98조)
- 사후관리 여부
  조건부 감면에 해당되는 경우에는 수입신고 수리 후에도 일정 기간 내에서 사후관리대상에 해당된다.

2. 관세감면의 적용

(1) 관세감면 신청의 시기 (시행령 제112조) 18 기출

① 의의

관세법 기타 관세에 관한 법률 또는 조약에 따라 관세를 감면받으려는 자는 해당 물품의 수입신고 수리 전에 다음의 사항을 적은 신청서를 세관장에게 제출하여야 한다. 다만, 관세청장이 정하는 경우에는 감면 신청을 간이한 방법으로 하게 할 수 있다.

- 감면을 받고자 하는 자의 주소·성명 및 상호
- 사업의 종류(업종에 따라 감면하는 경우 구체적으로 기재하여야 한다)
- 품명·규격·수량·가격·용도와 설치 및 사용 장소
- 감면의 법적 근거
- 기타 참고사항

② 신청의 시기 23 기출 19 기출

- 원칙
  해당 물품이 수입신고 수리 전
- 다른 사유가 있는 경우
  - 세관장이 부과고지하여 관세를 징수하는 경우 → 해당 납부고지를 받은 날부터 5일 이내
  - 그 밖에 수입신고 수리 전까지 감면신청서를 제출하지 못한 경우
    → 해당 수입신고 수리일부터 15일 이내(해당 물품이 보세구역에서 반출되지 아니한 경우로 한정)

02 무조건 감면

1. 외교관용 물품 등의 면세 (법 제88조)

(1) 의의

① 외교관용 물품 등의 면세와 관련하여 외교관에 대한 국제관례상 면세특권을 관세법에서 규정하여 외교관의 공용품과 공관원 및 그 가족이 수입하는 물품 등에 대하여 무조건 면세한다.

② 또한 정부와 사업계약을 하는 업무용품 및 국제기구 등이 파견한 고문관 등의 사용물품은 외교관 면제에 준하여 관세를 면제한다.

③ 다만, 외교적 특권이 남용되어 면세물품의 무분별한 유통을 억제하기 위한 특정 품목에 대하여는 양수를 제한한다.

④ 외교관 등에 대한 면세제도를 두는 이유는 국가를 대표하는 외교기관 및 외교사절이 효과적으로 업무를 수행하기 위해서는 이들이 주재국의 조세상의 의무로부터 자유로워야 하기 때문이다.

(2) 면세대상

다음의 어느 하나에 해당하는 물품이 수입될 때에는 그 관세를 면제한다.

> ① 우리나라에 있는 외국의 대사관·공사관 및 그 밖에 이에 준하는 기관의 업무용품
> ② 우리나라에 주재하는 외국의 대사·공사 및 그 밖에 이에 준하는 사절과 그 가족이 사용하는 물품
> ③ 우리나라에 있는 외국의 영사관 및 그 밖에 이에 준하는 기관의 업무용품
> ④ 우리나라에 있는 외국의 대사관·공사관·영사관 및 그 밖에 이에 준하는 기관의 직원 중 대통령령으로 정하는 직원과 그 가족이 사용하는 물품 : "대통령령으로 정하는 직원"이란 다음의 어느 하나에 해당하는 직위 또는 이와 동등 이상이라고 인정되는 직위에 있는 사람을 말한다.
> ㉠ 대사관 또는 공사관의 참사관·1등 서기관·2등 서기관·3등 서기관 및 외교관보
> ㉡ 총영사관 또는 영사관의 총영사·영사·부영사 및 영사관보(명예총영사 및 명예영사를 제외)
> ㉢ 대사관·공사관·총영사관 또는 영사관의 외무공무원으로서 ㉠ 및 ㉡에 해당하지 아니하는 사람
> ⑤ 정부와 체결한 사업계약을 수행하기 위하여 외국계약자가 계약조건에 따라 수입하는 업무용품
> ⑥ 국제기구 또는 외국 정부로부터 우리나라 정부에 파견된 고문관·기술단원 및 그 밖에 기획재정부령으로 정하는 자가 사용하는 물품 : "기획재정부령으로 정하는 자"란 면세업무와 관련된 조약 등에 의하여 외교관에 준하는 대우를 받는 자로서 해당 업무를 관장하는 중앙행정기관의 장이 확인한 자를 말한다.

(3) 양수 제한

① 외교관용 물품 등의 면세 적용을 받아 관세를 면제받은 물품 중 기획재정부령으로 정하는 다음의 물품은 해당 용도 외의 다른 용도로 사용하기 위하여 양수할 수 없다.

> • 대상 물품 : 자동차(삼륜자동차와 이륜자동차를 포함), 선박, 피아노, 전자오르간 및 파이프오르간, 엽총
> • 기간 : 수입신고 수리일부터 3년의 범위에서 대통령령으로 정하는 기준에 따라 관세청장이 정하는 기간에 해당 용도 외의 다른 용도로 사용하기 위하여 양수할 수 없다.

② 다만, 대통령령으로 정하는 바에 따라 미리 세관장의 승인을 받았을 때에는 그러하지 아니하다.

2. 정부용품 등의 면세 (법 제92조) 23 기출

(1) 의의

① 정부용품 등의 면세와 관련하여, 주로 국가기관·지방자치단체에 기증된 물품, 정부가 수입하는 군수품, 반환된 공용품, 비상통신용 및 전파관리용품, 간행물 및 시청각 자재 등은 관세를 면제할 수 있다.
② 국가기관·지방자치단체 또는 정부라 하더라도 예산총계주의 원칙에 따라 관세를 납부하는 것이 원칙이기는 하나, 동 면세제도는 이러한 원칙에 위배되는데, 정부용품 등의 면세를 적용받는 물품들은 재정수입이나 국내산업보호에는 큰 영향을 미치지 않은 것으로 인정하여 면세를 적용하여 주는 것이다.

(2) 면세대상

다음 어느 하나에 해당하는 물품이 수입될 때는 그 관세를 면제할 수 있다.

> ① 국가기관이나 지방자치단체에 기증된 물품으로서 공용으로 사용하는 물품. 다만, 기획재정부령으로 정하는 물품(관세율표 번호 제8703호에 해당하는 승용자동차)은 제외한다.
> ② 정부가 외국으로부터 수입하는 군수품(정부의 위탁을 받아 정부 외의 자가 수입하는 경우를 포함) 및 국가원수의 경호용으로 사용하는 물품. 다만, 기획재정부령으로 정하는 물품(관세가 부과되는 물품은 군수품관리법 제3조의 규정에 의한 통상품)은 제외한다.
> ③ 외국에 주둔하는 국군이나 재외공관으로부터 반환된 공용품

④ 과학기술정보통신부장관이 국가의 안전보장을 위하여 긴요하다고 인정하여 수입하는 비상통신용물품 및 전파관리용물품
⑤ 정부가 직접 수입하는 간행물, 음반, 녹음된 테이프, 녹화된 슬라이드, 촬영된 필름, 그 밖에 이와 유사한 물품 및 자료
⑥ 국가나 지방자치단체(이들이 설립하였거나 출연 또는 출자한 법인을 포함)가 환경오염(소음 및 진동을 포함)을 측정하거나 분석하기 위하여 수입하는 기계·기구 중 기획재정부령으로 정하는 물품
⑦ 상수도 수질을 측정하거나 이를 보전·향상하기 위하여 국가나 지방자치단체(이들이 설립하였거나 출연 또는 출자한 법인을 포함)가 수입하는 물품으로서 기획재정부령으로 정하는 물품
⑧ 국가정보원장 또는 그 위임을 받은 자가 국가 안전보장 목적의 수행상 긴요하다고 인정하여 수입하는 물품

3. 소액물품 등의 면세 (법 제94조) 23 기출 21 기출

(1) 의의

소액물품 등의 면세와 관련하여, 우리나라 거주자에게 수여된 훈장 등 명예를 상징하는 물품, 기록문서 등 가격으로 그 가치를 환산하기 어려운 물품과 상업용견본품이나 우편으로 수취하는 소액의 선물 등은 국가의 재정수입을 위하여 관세를 징수하는 것보다는 해당 물품의 특수성을 고려하여 관세를 면제하는 것이 더 합리적이므로 동 물품들에 대하여는 무조건 면세를 적용하는 것이다.

(2) 면세 대상

다음의 어느 하나에 해당하는 물품이 수입될 때에는 그 관세를 면제할 수 있다.

① 우리나라의 거주자에게 수여된 훈장·기장(紀章) 또는 이에 준하는 표창장 및 상패
② 기록문서 또는 그 밖의 서류
③ 상업용견본품 또는 광고용품으로서 기획재정부령으로 정하는 물품
  - 물품이 천공 또는 절단되었거나 통상적인 조건으로 판매할 수 없는 상태로 처리되어 견본품으로 사용될 것으로 인정되는 물품
  - 판매 또는 임대를 위한 물품의 상품목록·가격표 및 교역안내서 등
  - 과세가격이 미화 250달러 이하인 물품으로서 견본품으로 사용될 것으로 인정되는 물품
  - 물품의 형상·성질 및 성능으로 보아 견본품으로 사용될 것으로 인정되는 물품
④ 우리나라 거주자가 받는 소액물품으로서 기획재정부령으로 정하는 물품
  - 물품가격이 미화 150달러 이하의 물품으로서 자가사용 물품으로 인정되는 것. 다만, 반복 또는 분할하여 수입되는 물품으로서 관세청장이 정하는 기준에 해당하는 것을 제외한다.
  - 박람회 기타 이에 준하는 행사에 참가하는 자가 행사장 안에서 관람자에게 무상으로 제공하기 위하여 수입하는 물품(전시할 기계의 성능을 보여주기 위한 원료를 포함). 다만, 관람자 1인당 제공량의 정상도착가격이 미화 5달러 상당액 이하의 것으로서 세관장이 타당하다고 인정하는 것에 한한다.

4. 여행자 휴대품 및 이사물품 등의 감면 (법 제96조) 23 기출

(1) 의의

여행자 휴대품·이사물품 등의 감면은 국민의 생활과 관련하여 여행자의 입국사유 및 체재기간 등을 고려한 여행자 휴대품과 거주이전 사유, 거주기간 등을 감안한 이사물품에 대하여 관세를 면제하는 것인바, 이는 여행자, 승무원 및 이사자 등이 생활하는 데 있어 필수적인 물품이므로 당연히 해당 관세도 감면하여 주는 것이다.

(2) 면세 대상 22 기출

다음의 어느 하나에 해당하는 물품이 수입될 때에는 그 관세를 면제할 수 있다. 특히, 여행자가 휴대품 또는 별송품(아래 ①에 해당하는 물품은 제외)을 기획재정부령으로 정하는 방법으로 자진신고하는 경우에는 20만 원을 넘지 아니하는 범위에서 해당 물품에 부과될 관세(법 제81조에 따라 간이세율을 적용하는 물품의 경우에는 간이세율을 적용하여 산출된 세액을 말한다)의 100분의 30에 상당하는 금액을 경감할 수 있다.

> ① 여행자의 휴대품 또는 별송품으로서 여행자의 입국 사유, 체재기간, 직업, 그 밖의 사정을 고려하여 기획재정부령으로 정하는 기준에 따라 세관장이 타당하다고 인정하는 물품
> ㉠ 여행자가 통상적으로 몸에 착용하거나 휴대할 필요성이 있다고 인정되는 물품일 것
> ㉡ 비거주자인 여행자가 반입하는 물품으로서 본인의 직업상 필요하다고 인정되는 직업용구일 것
> ㉢ 세관장이 반출 확인한 물품으로서 재반입되는 물품일 것
> ㉣ 물품의 성질·수량·가격·용도 등으로 보아 통상적으로 여행자의 휴대품 또는 별송품인 것으로 인정되는 물품일 것
> ② 우리나라로 거주를 이전하기 위하여 입국하는 자가 입국할 때 수입하는 이사물품으로서 거주 이전의 사유, 거주기간, 직업, 가족 수, 그 밖의 사정을 고려하여 기획재정부령으로 정하는 기준에 따라 세관장이 타당하다고 인정하는 물품 : 우리나라 국민(재외영주권자를 제외)으로서 외국에 주거를 설정하여 1년(가족을 동반한 경우에는 6개월) 이상 거주하였거나 외국인 또는 재외영주권자로서 우리나라에 주거를 설정하여 1년(가족을 동반한 경우에는 6개월) 이상 거주하려는 사람이 반입하는 다음의 어느 하나에 해당하는 것으로 한다. 다만, 자동차(다음 ㉢에 해당하는 것은 제외한다), 선박, 항공기와 개당 과세가격이 500만 원 이상인 보석·진주·별갑·산호·호박·상아 및 이를 사용한 제품은 제외한다.
> ㉠ 해당 물품의 성질·수량·용도 등으로 보아 통상적으로 가정용으로 인정되는 것으로서 우리나라에 입국하기 전에 3개월 이상 사용하였고 입국한 후에도 계속하여 사용할 것으로 인정되는 것
> ㉡ 우리나라에 상주하여 취재하기 위하여 입국하는 외국국적의 기자가 최초로 입국할 때에 반입하는 취재용품으로서 문화체육관광부장관이 취재용임을 확인하는 물품일 것
> ㉢ 우리나라에서 수출된 물품(조립되지 아니한 물품으로서 법 별표 관세율표상의 완성품에 해당하는 번호로 분류되어 세청장이 정하는 사용기준에 적합한 물품일 것
> ㉣ 외국에 거주하던 우리나라 국민이 다른 외국으로 주거를 이전하면서 우리나라로 반입(송부를 포함)하는 것으로서 통상 가정용으로 3개월 이상 사용하던 것으로 인정되는 물품일 것
> ③ 국제무역선 또는 국제무역기의 승무원이 휴대하여 수입하는 물품으로서 항행일수, 체재기간, 그 밖의 사정을 고려하여 기획재정부령으로 정하는 기준에 따라 세관장이 타당하다고 인정하는 물품. 다만, 기획재정부령으로 정하는 물품은 제외한다. 동 내용에 따라 관세를 부과하는 물품은 자동차(이륜자동차와 삼륜자동차를 포함)·선박·항공기 및 개당 과세가격 50만 원 이상의 보석·진주·별갑·산호·호박 및 상아와 이를 사용한 제품으로 한다.

(3) 여행자의 휴대품 등 관세의 면제한도 18 기출

① (2)의 ①에 따른 관세의 면제한도는 여행자 1명의 휴대품 또는 별송품으로서 각 물품의 과세가격 합계 기준으로 미화 800달러 이하(기본면세 범위)로 하고, 법 제 196조 제2항에 따른 보세판매장에서 구매한 내국물품이 포함되어 있을 경우에는 기본면세범위에서 해당 내국물품의 구매가격을 공제한 금액으로 한다.
② 다만, 농림축산물 등 관세청장이 정하는 물품이 휴대품 또는 별송품에 포함되어 있는 경우에는 기본면세범위에서 해당 농림축산물 등에 대하여 관세청장이 따로 정한 면세한도를 적용할 수 있다.

(4) 술·담배·향수의 면세기준 18 기출

① (2)의 ①에서 술·담배·향수에 대해서는 기본면세범위와 관계없이 별도면세범위에 따라 관세를 면제하되, 19세 미만인 사람이 반입하는 술·담배에 대해서는 관세를 면제하지 않고, 법 제196조 제1항 제1호 단서 및 같은 조 제2항에 따라 구매한 내국물품인 술·담배·향수가 포함되어 있을 경우에는 별도면세범위에서 해당 내국물품의 구매수량을 공제한다.

② 이 경우 해당 물품이 다음의 면세한도를 초과하여 관세를 부과하는 경우에는 해당 물품의 가격을 과세가격으로 한다.

구 분	면세한도			비 고
술	2병			2병 합산하여 용량은 2리터(L) 이하, 가격은 미화 400달러 이하로 한다.
담 배	궐련		200개비	2 이상의 담배 종류를 반입하는 경우에는 한 종류로 한정한다.
	엽궐련		50개비	
	전자담배	궐련형	200개비	
		니코틴용액	20밀리리터(mL)	
		기타 유형	110그램	
	그 밖의 담배		250그램	
향 수	100밀리리터(mL)		-	-

5. 재수입면세 (법 제99조) 21 기출 18 기출

(1) 의의

① 재수입면세와 관련하여, 우리나라에서 수출한 물품 또는 수출물품의 용기 등이 수출되었다가 일정 기간 내에 재수입되는 경우에는 관세를 면제한다.

② 동 재수입면세는 우리나라에서 수출된 물품에 대한 비과세, 수출지원 및 과학기술의 발전 등에 그 목적이 있는 것이다.

(2) 면세 대상 23 기출

다음에 해당하는 물품이 수입될 때에는 그 관세를 면제할 수 있다.

> ① 우리나라에서 수출(보세가공수출을 포함)된 물품으로서, 해외에서 제조·가공·수리 또는 사용되지 아니하고 수출신고 수리일부터 2년 내에 다시 수입(재수입)되는 물품. 다만, 다음의 어느 하나에 해당하는 경우에는 관세를 면제하지 아니한다.
> - 해당 물품 또는 원자재에 대하여 관세를 감면받은 경우
> - 관세법 또는 수출용원재료에 대한 관세 등 환급에 관한 특례법에 따른 환급을 받은 경우
> - 관세법 또는 수출용원재료에 대한 관세 등 환급에 관한 특례법에 따른 환급을 받을 수 있는 자 외의 자가 해당 물품을 재수입하는 경우. 다만, 재수입하는 물품에 대하여 환급을 받을 수 있는 자가 환급받을 권리를 포기하였음을 증명하는 서류를 재수입하는 자가 세관장에게 제출하는 경우는 제외한다.
> - 보세가공 또는 장치기간경과물품을 재수출조건으로 매각함에 따라 관세가 부과되지 아니한 경우
> ② 수출물품의 용기로서 다시 수입하는 물품
> ③ 해외시험 및 연구를 목적으로 수출된 후 재수입되는 물품

(3) 사용된 것으로 보지 아니하는 경우

(2)의 ①의 "사용"과 관련하여, 장기간에 걸쳐 사용할 수 있는 물품으로서, 임대차계약 또는 도급계약 등에 따라 해외에서 일시적으로 사용하기 위하여 수출된 물품이나 박람회, 전시회, 품평회, 국제경기대회, 그 밖에 이에 준하는 행사에 출품 또는 사용된 물품 등 기획재정부령으로 정하는 물품의 경우는 제외한다.

> ① 장기간에 걸쳐 사용할 수 있는 물품으로서 임대차계약 또는 도급계약 등에 따라 해외에서 일시적으로 사용하기 위하여 수출된 물품 중 법인세법 시행규칙 제15조에 따른 내용연수가 3년(금형의 경우에는 2년) 이상인 물품
> ② 박람회, 전시회, 품평회, 국제경기대회 지원법 제2조 제1호에 따른 국제경기대회, 그 밖에 이에 준하는 행사에 출품 또는 사용된 물품
> ③ 수출물품을 해외에서 설치, 조립 또는 하역하기 위해 사용하는 장비 및 용구
> ④ 수출물품을 운송하는 과정에서 해당 물품의 품질을 유지하거나 상태를 측정 및 기록하기 위해 해당 물품에 부착하는 기기
> ⑤ 결함이 발견된 수출물품
> ⑥ 수입물품을 적재하기 위하여 수출하는 용기로서 반복적으로 사용되는 물품

6. 손상물품에 대한 감면 (법 제100조)

(1) 의의
① 손상물품의 감면과 관련하여, 수입신고한 물품이 수입신고 수리 전에 변질 또는 손상된 때 조건부 감면을 받은 물품이 징수사유가 발생하여 징수하게 되는 경우 그 물품이 변질 또는 손상되거나 사용으로 인하여 가치가 감소된 때에는 그 관세를 경감할 수 있다.
② 관세는 수입신고 시 물품의 성질과 수량에 따라 부과하는 것인데 수입신고 시 물품의 가치가 감소되었으므로 동 가치감소분에 해당하는 금액의 관세를 감면하여 주는 것이다.

(2) 경감 대상
① 수입신고한 물품이 수입신고가 수리되기 전에 변질되거나 손상되었을 때에는 대통령령으로 정하는 바에 따라 그 관세를 경감할 수 있다.
② 관세법이나 그 밖의 법률 또는 조약·협정 등에 따라 관세를 감면받은 물품에 대하여 관세를 추징하는 경우 그 물품이 변질 또는 손상되거나 사용되어 그 가치가 떨어졌을 때에는 대통령령으로 정하는 바에 따라 그 관세를 경감할 수 있다.

(3) 변질·손상 등의 관세 경감액
손상물품의 감면 규정에 따라 경감하는 관세액은 다음의 관세액 중 많은 금액으로 한다.

> ① 수입물품의 변질·손상 또는 사용으로 인한 가치의 감소에 따르는 가격의 저하분에 상응하는 관세액
> ② 수입물품의 관세액에서 그 변질·손상 또는 사용으로 인한 가치의 감소 후의 성질 및 수량에 의하여 산출한 관세액을 공제한 차액

7. 해외임가공 물품 등의 감면 (법 제101조) 23 기출

(1) 의의
① 해외임가공 물품 등의 감면과 관련하여, 원재료 또는 부분품을 수출하여 제조·가공한 후 다시 수입하거나, 가공 또는 수리할 목적으로 수출한 후 다시 수입하는 물품에 대하여 관세를 경감한다.
② 우리나라로 수입하는 물품 중 우리나라에서 수출한 부분, 그리고 가공·수리 목적으로 수출하여 다시 수입하는 부분에 대하여 관세를 면제하여 주는 것은 국내산 제품에 대한 비과세 및 이중과세방지를 위한 목적이 있는 것이다.

(2) 경감 대상
다음의 어느 하나에 해당하는 물품이 수입될 때에는 대통령령으로 정하는 바에 따라 그 관세를 경감할 수 있다.

① 원재료 또는 부분품을 수출하여 기획재정부령으로 정하는 물품(관세법 별표 관세율표 제85류 및 제90류 중 제9006호에 해당하는 것)으로 제조하거나 가공한 물품

② 가공 또는 수리할 목적으로 수출한 물품으로서, 기획재정부령으로 정하는 기준에 적합한 물품(가공 또는 수리하기 위하여 수출된 물품과 가공 또는 수리 후 수입된 물품의 품목분류표상 10단위의 품목번호가 일치하는 물품)

③ 다만, 다음의 경우에는 품목분류표상 10단위의 품목번호가 일치하지 아니하더라도 관세를 경감할 수 있다.
 • 수율·성능 등이 저하되어 폐기된 물품을 수출하여 용융과정 등을 거쳐 재생한 후 다시 수입하는 경우
 • 제품의 제작일련번호 또는 제품의 특성으로 보아 수입물품이 우리나라에서 수출된 물품임을 세관장이 확인할 수 있는 물품인 경우

(3) 경감 제외 사유

경감대상물품이 다음의 어느 하나에 해당하는 경우에는 그 관세를 경감하지 아니한다.

① 해당 물품 또는 원자재에 대하여 관세를 감면받은 경우. 다만, 가공 또는 수리할 목적으로 수출한 물품의 경우는 제외한다.

② 관세법 또는 수출용원재료에 대한 관세 등 환급에 관한 특례법에 따른 환급을 받은 경우

③ 보세가공 또는 장치기간경과물품을 재수출조건으로 매각함에 따라 관세가 부과되지 아니한 경우

(4) 경감 관세액

해외임가공물품 등의 감세 규정에 의하여 경감하는 관세액은 다음과 같다.

① 원재료 또는 부분품을 수출하여 기획재정부령으로 정하는 물품(관세법 별표 관세율표 제85류 및 제90류 중 제9006호에 해당하는 것)으로 제조하거나 가공한 물품 : 수입물품의 제조·가공에 사용된 원재료 또는 부분품의 수출신고가격 × 해당 수입물품에 적용되는 관세율을 곱한 금액

② 가공 또는 수리할 목적으로 수출한 물품으로서, 기획재정부령으로 정하는 기준에 적합한 물품 : 가공·수리 물품의 수출신고가격 × 해당 수입물품에 적용되는 관세율

③ 다만, 수입물품이 매매계약상의 하자보수보증기간(수입신고 수리 후 1년에 한함) 중에 하자가 발견되거나 고장이 발생하여 외국의 매도인 부담으로 가공 또는 수리하기 위하여 수출된 물품 : (수출물품의 수출신고가격 + 수출물품의 양륙항까지의 운임·보험료 + 가공 또는 수리 후 물품의 선적항에서 국내 수입항까지의 운임·보험료 + 가공 또는 수리의 비용에 상당하는 금액) × 해당 수입물품에 적용되는 관세율

03 조건부 감면

1. 세율불균형 물품의 면세 (법 제89조)

(1) 의의

① 일반적으로 관세율의 구조는 차등관세이론에 따라 원재료, 중간재, 완제품 등 가공단계에 따라 점차 높아지는 경사구조를 갖는다.

② 그러나 산업에 따라 원재료보다는 중간재, 중간재보다는 완제품의 관세율이 낮아지는 역관세 현상이 발생하기도 한다. 이러한 역관세로 인한 세율불균형을 시정하기 위하여, 세율불균형 물품의 면세 제도를 통하여 중소기업이 세관장이 지정하는 공장에서 항공기 및 반도체 제조용 장비 등의 감면대상물품을 제조 또는 수리하기 위하여 사용하는 부분품 및 원재료에 대하여 관세를 감면하여 주는 것이다.

③ 이는 완제품을 수입하는 것보다 부분품이나 원재료를 수입하여 제조·수리함으로써 외화절약, 고용증대, 기술발전을 도모하려는 사업정책적인 측면을 배려한 감면 규정인 것이다.

(2) 면세 대상

① 세율불균형을 시정하기 위하여 조세특례제한법 제6조 제1항에 따른 중소기업이 대통령령으로 정하는 바에 따라 세관장이 지정하는 공장에서 다음의 어느 하나에 해당하는 물품[㉠ 항공기(부분품을 포함), ㉡ 반도체 제조용 장비(부속기기를 포함)]을 제조 또는 수리하기 위하여 사용하는 부분품과 원재료(수출한 후 외국에서 수리·가공되어 수입되는 부분품과 원재료의 가공수리분을 포함) 중 기획재정부령으로 정하는 물품에 대해서는 그 관세를 면제할 수 있다.

② 기획재정부령으로 정하는 바에 따라 관세가 감면되는 물품은 다음과 같다.

> • 항공기 제조업자 또는 수리업자가 항공기와 그 부분품의 제조 또는 수리에 사용하기 위하여 수입하는 부분품 및 원재료
> • 장비 제조업자 또는 수리업자가 반도체 제조용 장비의 제조 또는 수리에 사용하기 위하여 수입하는 부분품 및 원재료 중 산업통상자원부장관 또는 그가 지정하는 자가 추천하는 물품

2. 학술연구용품의 감면 (법 제90조)

(1) 의의

학술연구용품의 감면은 국가기관인 학교·공공의료기관 등에서 학술과 교육의 진흥 및 연구개발의 촉진과 문화·과학기술의 진흥을 위하여 수입하는 학술연구, 교육, 실험실습용품 등에 대하여 관세를 감면하여 주는 것을 말하며, 동 제도는 학술진흥과 교육발전을 지원하기 위한 것이다.

(2) 감면 대상

다음에 해당하는 물품이 수입될 때에는 그 관세를 감면할 수 있다.

> ① 국가기관, 지방자치단체 및 기획재정부령으로 정하는 기관에서 사용할 학술연구용품·교육용품 및 실험실습용품으로서 기획재정부령으로 정하는 물품
> ② 학교, 공공의료기관, 공공직업훈련원, 박물관, 그 밖에 이에 준하는 기획재정부령으로 정하는 기관에서 학술연구용·교육용·훈련용·실험실습용 및 과학기술연구용으로 사용할 물품 중 기획재정부령으로 정하는 물품 `24 기출`
> ③ ②의 기관에서 사용할 학술연구용품·교육용품·훈련용품·실험실습용품 및 과학기술연구용품으로서 외국으로부터 기증되는 물품. 다만, 기획재정부령으로 정하는 물품은 제외한다.
> ④ 기획재정부령으로 정하는 자가 산업기술의 연구개발에 사용하기 위하여 수입하는 물품으로서 기획재정부령으로 정하는 물품

3. 종교용품, 자선용품, 장애인용품 등의 면세 (법 제91조)

(1) 의의

종교용품·자선용품·장애인용품 등의 면세는 종교단체의 의식에 사용되는 물품, 자선구호용품, 국제적십자사 등 사회활동의 지원용품, 지체장애인용품, 장애인 복지시설 등에서 사용하는 진단 및 치료를 위한 물품에 대하여 관세를 면제하여 주는 것을 말하며, 이는 종교 활동인, 장애인 등 특정 계층을 지원하기 위한 감면제도이다.

(2) 면세 대상

다음의 어느 하나에 해당하는 물품이 수입될 때에는 그 관세를 면제한다.

> ① 교회, 사원 등 종교단체의 의식에 사용되는 물품으로서 외국으로부터 기증되는 물품. 다만, 기획재정부령으로 정하는 다음의 물품은 제외하며, 동 물품에 대하여는 관세가 부과된다. `24 기출`

- 관세율표 번호 제8518호에 해당하는 물품
- 관세율표 번호 제8531호에 해당하는 물품
- 관세율표 번호 제8519호·제8521호·제8522호·제8523호 및 제92류에 해당하는 물품(파이프오르간은 제외)

② 자선 또는 구호의 목적으로 기증되는 물품 및 기획재정부령으로 정하는 다음의 자선시설·구호시설 또는 사회복지시설에 기증되는 물품으로서 해당 용도로 직접 사용하는 물품
- 외국 민간원조단체에 관한 법률 제4조에 따라 보건복지가족부장관에게 등록된 단체. 다만, 생활보호·재해구호 및 아동복리사업을 행하는 단체에 한정한다.
- 국민기초생활 보장법 제32조의 규정에 의한 시설
- 아동복지법 제3조 제10호의 규정에 의한 아동복지시설. 다만, 기획재정부령으로 정하는 다음의 물품은 관세면제 대상에서 제외하며 관세가 부과된다.
  - 관세율표 번호 제8702호 및 제8703호에 해당하는 자동차
  - 관세율표 번호 제8711호에 해당하는 이륜자동차

③ 국제적십자사·외국적십자사 및 기획재정부령으로 정하는 국제기구가 국제평화 봉사활동 또는 국제친선활동을 위하여 기증하는 물품

④ 시각장애인, 청각장애인, 언어장애인, 지체장애인, 만성신부전증환자, 희귀난치성질환자 등을 위한 용도로 특수하게 제작되거나 제조된 물품 중 기획재정부령으로 정하는 물품 24 기출

⑤ 장애인복지법 제58조에 따른 장애인복지시설 및 장애인의 재활의료를 목적으로 국가·지방자치단체 또는 사회복지법인이 운영하는 재활 병원·의원에서 장애인을 진단하고 치료하기 위하여 사용하는 의료용구

4. 특정물품의 면세 등 (법 제93조)

(1) 의의

특정물품의 면세 등은 동식물의 번식·양식 및 종자개량을 위한 물품 등 특정품목군에 대하여 정치, 경제, 사회, 문화의 다양한 정책적 목표를 수행하기 위하여 성격이 서로 다른 특정사업을 지원하기 위한 제도를 말한다.

(2) 면세 대상

다음에 해당하는 물품이 수입될 때에는 그 관세를 면제할 수 있다.

① 동식물의 번식·양식 및 종자개량을 위한 물품 중 기획재정부령으로 정하는 물품[사료작물 재배용 종자(호밀·귀리 및 수수에 한림)]
② 박람회, 국제경기대회, 그 밖에 이에 준하는 행사 중 기획재정부령으로 정하는 행사에 사용하기 위하여 그 행사에 참가하는 자가 수입하는 물품 중 기획재정부령으로 정하는 물품
③ 핵사고 또는 방사능 긴급사태 시 그 복구지원과 구호를 목적으로 외국으로부터 기증되는 물품으로서 기획재정부령으로 정하는 물품(방사선측정기, 시료채취 및 처리기, 시료분석장비, 방사능 방호장비, 제염용장비)
④ 우리나라 선박이 외국 정부의 허가를 받아 외국의 영해에서 채집하거나 포획한 수산물(이를 원료로 하여 우리나라 선박에서 제조하거나 가공한 것을 포함)
⑤ 우리나라 선박이 외국의 선박과 협력하여 기획재정부령으로 정하는 방법으로 채집하거나 포획한 수산물로서 해양수산부장관이 추천하는 것
⑥ 해양수산부장관의 허가를 받은 자가 기획재정부령으로 정하는 요건에 적합하게 외국인과 합작하여 채집하거나 포획한 수산물 중 해양수산부장관이 기획재정부장관과 협의하여 추천하는 것
⑦ 우리나라 선박 등이 채집하거나 포획한 수산물과 ⑤ 및 ⑥에 따른 수산물의 포장에 사용된 물품으로서 재사용이 불가능한 것 중 기획재정부령으로 정하는 물품. "기획재정부령으로 정하는 물품"이란 우리나라 선박 등에 의하여 채집 또는 포획된 수산물과 ⑤ 및 ⑥에 따른 방법 또는 요건에 따라 채집 또는 포획된 수산물을 포장한 관세율표 번호 제4819호의 골판지 어상자를 말한다.

⑧ 중소기업기본법 제2조에 따른 중소기업이 해외구매자의 주문에 따라 제작한 기계·기구가 해당 구매자가 요구한 규격 및 성능에 일치하는지를 확인하기 위하여 하는 시험생산에 필요한 원재료로서 기획재정부령으로 정하는 요건에 적합한 물품
⑨ 우리나라를 방문하는 외국의 원수와 그 가족 및 수행원의 물품 〔24 기출〕
⑩ 우리나라의 선박이나 그 밖의 운송수단이 조난으로 인하여 해체된 경우 그 해체재(解體材) 및 장비
⑪ 우리나라와 외국 간에 건설될 교량, 통신시설, 해저통로, 그 밖에 이에 준하는 시설의 건설 또는 수리에 필요한 물품
⑫ 우리나라 수출물품의 품질, 규격, 안전도 등이 수입국의 권한 있는 기관이 정하는 조건에 적합한 것임을 표시하는 수출물품에 붙이는 증표로서 기획재정부령으로 정하는 물품
⑬ 우리나라의 선박이나 항공기가 해외에서 사고로 발생한 피해를 복구하기 위하여 외국의 보험회사 또는 외국의 가해자의 부담으로 하는 수리 부분에 해당하는 물품
⑭ 우리나라의 선박이나 항공기가 매매계약상의 하자보수 보증기간 중에 외국에서 발생한 고장에 대하여 외국의 매도인의 부담으로 하는 수리 부분에 해당하는 물품
⑮ 국제올림픽·장애인올림픽·농아인올림픽 및 아시아운동경기·장애인아시아운동경기 종목에 해당하는 운동용구(부품품을 포함한다)로서 기획재정부령으로 정하는 물품(국민체육진흥법에 따라 설립된 대한체육회 또는 대한장애인체육회가 수입하는 물품)
⑯ 국립묘지의 건설·유지 또는 장식을 위한 자재와 국립묘지에 안장되는 자의 관·유골함 및 장례용물품
⑰ 피상속인이 사망하여 국내에 주소를 둔 자에게 상속되는 피상속인의 신변용품
⑱ 보석의 원석 및 나석으로서 기획재정부령으로 정하는 것

5. 환경오염방지물품 등에 대한 감면 (법 제95조)

(1) 의의

환경오염방지물품 등의 감면은 오염물질의 배출방지, 폐기물처리 및 산업재해 또는 직업병 예방에 직접 사용되는 기계, 기구 등과 공장자동화 기계 등을 감면함으로써 산업재해와 직업병 예방산업 등의 생산성 제고, 공장자동화를 지원하는 데 그 목적이 있다.

(2) 감면 대상

다음에 해당하는 물품으로서 국내에서 제작하기 곤란한 물품이 수입될 때에는 그 관세를 감면할 수 있다.

- 오염물질(소음 및 진동을 포함)의 배출 방지 또는 처리를 위하여 사용하는 기계·기구·시설·장비로서 기획재정부령으로 정하는 것
- 폐기물 처리(재활용을 포함)를 위하여 사용하는 기계·기구로서 기획재정부령으로 정하는 것 〔24 기출〕
- 기계·전자기술 또는 정보처리기술을 응용한 공장 자동화 기계·기구·설비(그 구성기기를 포함) 및 그 핵심부분품으로서 기획재정부령으로 정하는 것

6. 재수출면세 (법 제97조)

(1) 의의

재수출면세는 교역의 증진, 외화의 절약 기술의 도입, 관광객의 유치 등을 목적으로 하는 관세감면제도로서 수입 후 단기간 내에 재수출될 용기, 휴대품, 운송기기 등에 대하여 관세를 면제하여 주는 제도를 말한다.

(2) 면세 대상

수입신고 수리일부터 다음의 어느 하나의 기간에 다시 수출하는 물품에 대하여는 그 관세를 면제할 수 있다.

① 기획재정부령으로 정하는 물품 : 1년의 범위에서 대통령령으로 정하는 기준에 따라 세관장이 정하는 기간. 다만, 세관장은 부득이한 사유가 있다고 인정될 때에는 1년의 범위에서 그 기간을 연장할 수 있다. 관세가 면제되는 물품은 다음과 같다.

- 수입물품의 포장용품. 다만, 관세청장이 지정하는 물품을 제외
- 수출물품의 포장용품. 다만, 관세청장이 지정하는 물품을 제외
- 우리나라에 일시 입국하는 자가 본인이 사용하고 재수출할 목적으로 몸에 직접 착용 또는 휴대하여 반입하거나 별도로 반입하는 물품. 다만, 관세청장이 지정하는 물품을 제외한다.
- 우리나라에 일시 입국하는 자가 본인이 사용하고 재수출할 목적으로 직접 휴대하여 반입하거나 별도로 반입하는 직업용품 및 신문 등의 진흥에 관한 법률 제28조에 따라 지국 또는 지사의 설치허가를 받은 자가 취재용으로 반입하는 방송용의 녹화되지 아니한 비디오테이프
- 관세청장이 정하는 시설에서 국제해운에 종사하는 외국선박의 승무원의 후생을 위하여 반입하는 물품과 그 승무원이 숙박기간 중 당해 시설에서 사용하기 위하여 선박에서 하역된 물품
- 박람회·전시회·공진회·품평회 기타 이에 준하는 행사에 출품 또는 사용하기 위하여 그 주최자 또는 행사에 참가하는 자가 수입하는 물품 중 당해 행사의 성격·규모 등을 감안하여 세관장이 타당하다고 인정하는 물품
- 국제적인 회의·회합 등에서 사용하기 위한 물품
- 학교, 공공의료기관, 공공직업훈련원, 박물관, 그 밖에 이에 준하는 기획재정부령으로 정하는 기관 및 국방과학연구소법에 따른 국방과학연구소에서 과학 기술연구 및 교육훈련을 위한 과학장비용품
- 주문수집을 위한 물품, 시험용 물품 및 제작용 견본품
- 수리를 위한 물품(수리를 위하여 수입되는 물품과 수리 후 수출하는 물품이 관세·통계통합품목분류표상 10단위의 품목번호가 일치할 것으로 인정되는 물품만 해당함)
- 수출물품 및 수입물품의 검사 또는 시험을 위한 기계·기구
- 일시입국자가 입국할 때에 수송하여 온 본인이 사용할 승용자동차·이륜자동차·캠핑카·캬라반·트레일러·선박 및 항공기와 관세청장이 정하는 그 부분품 및 예비품
- 관세청장이 정하는 수출입물품·반송물품 및 환적물품을 운송하기 위한 차량
- 이미 수입된 국제운송을 위한 컨테이너의 수리를 위한 부분품
- 수출인쇄물 제작원고용 필름(빛에 노출되어 현상된 것에 한함)
- 광메모리매체 제조용으로 정보가 수록된 마스터테이프 및 니켈판(생산제품을 수출할 목적으로 수입되는 것임을 당해 업무를 관장하는 중앙행정기관의 장이 확인한 것에 한함)
- 항공기 및 그 부분품의 수리·검사 또는 시험을 위한 기계·기구
- 항공 및 해상화물운송용 파렛트
- 수출물품 사양 확인용 물품
- 항공기의 수리를 위하여 일시 사용되는 엔진 및 부분품
- 산업기계의 수리용 또는 정비용의 것으로서 무상으로 수입되는 기계 또는 장비
- 외국인투자기업이 자체상표제품을 생산하기 위하여 일시적으로 수입하는 금형 및 그 부분품
- 반도체 제조설비와 함께 수입되는 물품으로서 다음 각 목의 어느 하나에 해당하는 물품
  - 반도체 제조설비 운반용 카트
  - 반도체 제조설비의 운송과정에서 해당 설비의 품질을 유지하거나 상태를 측정·기록하기 위해 해당 설비에 부착하는 기기

② 1년을 초과하여 수출하여야 할 부득이한 사유가 있는 물품으로서 기획재정부령으로 정하는 물품 : 세관장이 정하는 기간

- 수송기기의 하자를 보수하거나 이를 유지하기 위한 부분품

- 외국인 여행자가 연 1회 이상 항해조건으로 반입한 후 지방자치단체에서 보관·관리하는 요트(모터보트를 포함)

7. 재수출 감면 (법 제98조)

(1) 의의
① 재수출 감면은 장기간에 걸쳐 사용하는 공사용 기계, 기구나 수리·가공용 기계·기구를 외국에서 임차한 후 국내에서 사용하다가 다시 외국으로 반송하거나 외국으로부터 선박을 나용해 와서 사용하다가 다시 반송하는 때의 그 물품의 사용에 따른 관세를 경감하는 것이다.
② 동 면세제도는 일시적으로 국내로 반입하여 일정 기간 사용하다가 다시 외국으로 수출할 물품에 대하여 관세를 전액 부과한다면 합리적이지 못하기 때문에 국내에서 사용한 부분에 한하여는 관세를 징수하는 것이다.

(2) 감면 대상
① 장기간에 걸쳐 사용할 수 있는 물품으로서, 그 수입이 임대차계약에 의하거나 도급계약 또는 수출계약의 이행과 관련하여 국내에서 일시적으로 사용하기 위하여 수입하는 물품 중 다음의 요건에 해당하는 기획재정부령으로 정하는 물품이 재수출 기간 이내에 재수출되는 경우에는 그 관세를 경감할 수 있다.
② 다만, 외국과 체결한 조약·협정 등에 따라 수입되는 것에 대해서는 상호 조건에 따라 그 관세를 면제한다.

> ㉠ 법인세법 시행규칙 제15조의 규정에 의한 내용연수가 5년(금형의 경우에는 2년) 이상인 물품
> ㉡ 개당 또는 셋트당 관세액이 500만 원 이상인 물품
> ㉢ 위 ㉠, ㉡의 요건을 갖춘 물품으로서 국내제작이 곤란함을 당해 물품의 생산에 관한 업무를 관장하는 중앙행정기관의 장 또는 그 위임을 받은 자가 확인하고 추천하는 기관 또는 기업이 수입하는 물품

(3) 재수출 기간
재수출 감면 규정에 따라 재수출 감면을 적용 받기 위해서는 그 수입신고 수리일부터 2년(장기간의 사용이 부득이한 물품으로서 기획재정부령으로 정하는 것 중 수입하기 전에 세관장의 승인을 받은 것은 4년의 범위에서 대통령령으로 정하는 기준에 따라 세관장이 정하는 기간을 말함) 이내에 재수출되어야 한다.

(4) 재수출 기간별 감면율
재수출 감면 규정에 의하여 관세를 감면하는 경우, 그 감면율은 다음과 같이 재수출 기간별로 다르게 적용한다.

> ① 재수출 기간이 6개월 이내인 경우 : 해당 물품에 대한 관세액의 100분의 85
> ② 재수출 기간이 6개월 초과 1년 이내인 경우 : 해당 물품에 대한 관세액의 100분의 70
> ③ 재수출 기간이 1년 초과 2년 이내인 경우 : 해당 물품에 대한 관세액의 100분의 55
> ④ 재수출 기간이 2년 초과 3년 이내인 경우 : 해당 물품에 대한 관세액의 100분의 40
> ⑤ 재수출 기간이 3년 초과 4년 이내인 경우 : 해당 물품에 대한 관세액의 100분의 30

04 관세 환급

1. 관세 환급의 의의
관세 환급이란 납세의무자가 세관에 납부하였던 관세 등의 세액과 관련하여, 세관이 납세의무자에게 다시 되돌려주어야 하는 사유가 발생하게 되어, 동 납부세액을 납세의무자에게 다시 되돌려주는 것을 말한다.

2. 관세 환급의 종류

① 법 제46조에 따른 관세 환급금의 환급
② 법 제106조에 따른 계약내용과 상이한 물품에 대한 관세 환급
③ 법 제106조에 따른 지정보세구역 장치물품의 멸실·변질·손상으로 인한 관세 환급
④ 수입한 상태 그대로 수출되는 자가사용 물품 등에 대한 관세 환급
⑤ 법 제199조의2에 따른 종합보세구역 내 판매물품에 대한 관세 환급
⑥ 수출용 원재료에 대한 관세 등 환급에 관한 특례법에 의한 환급 → 개별환급, 간이정액환급 등

3. 관세 환급금의 환급 (법 제46조)

(1) 관세 환급 청구

세관장은 납세의무자가 관세·가산세 또는 강제징수비로 납부한 금액 중 잘못 납부하거나 초과하여 납부한 금액 또는 이 법에 따라 환급하여야 할 환급세액의 환급을 청구할 때에는 대통령령으로 정하는 바에 따라 지체 없이 이를 관세 환급금으로 결정하고 30일 이내에 환급하여야 한다. 세관장이 확인한 관세환급금은 납세의무자가 환급을 청구하지 아니하더라도 환급하여야 한다.

(2) 관세 환급 절차

① 관세 환급 통지 (시행령 제51조)
세관장은 관세 환급 사유를 확인한 때에는 권리자에게 그 금액과 이유 등을 통지하여야 한다.

② 관세 환급금의 환급 신청 (시행령 제50조)
관세 환급금의 환급을 받고자 하는 자는 해당 물품의 품명·규격·수량·수입신고수리연월일·신고번호 및 환급사유와 환급받고자 하는 금액을 기재한 신청서를 세관장에게 제출하여야 한다.

③ 지급지시서 송부 및 환급통지서 송부
세관장은 관세 환급금을 결정한 때에는 즉시 환급금 해당액을 환급받을 자에게 지급할 것을 내용으로 하는 지급지시서를 한국은행(국고대리점을 포함)에 송부하고, 그 환급받을 자에게 환급 내용 및 방법 등을 기재한 환급통지서를 송부하여야 한다.

④ 이체 및 통지
한국은행은 세관장으로부터 지급지시서를 송부받은 때에는 즉시 세관장의 해당 연도 소관세입금 중에서 환급에 필요한 금액을 세관장의 환급금 지급계정에 이체하고 그 내용을 세관장에게 통지하여야 한다.

⑤ 환급금 지급
관세 환급금의 환급은 국가재정법 제17조에도 불구하고 대통령령으로 정하는 바에 따라 한국은행법에 따른 한국은행의 해당 세관장의 소관세입금에서 지급한다.

(3) 관세 환급금의 충당

세관장은 관세 환급금을 환급하는 경우에 환급받을 자가 세관에 납부하여야 하는 관세와 그 밖의 세금, 가산세 또는 강제징수비가 있을 때에는 환급하여야 하는 금액에서 이를 충당할 수 있다. 세관장은 관세 환급금을 충당한 때에는 그 사실을 권리자에게 통보하여야 한다. 다만, 권리자의 신청에 의하여 충당한 경우에는 그 통지를 생략한다.

(4) 관세 환급금에 대한 권리의 양도

납세의무자의 관세 환급금에 관한 권리는 대통령령으로 정하는 바에 따라 제3자에게 양도할 수 있다.

05 관세 분할납부 (법 제107조 등)

1. 천재지변 등이 인정되는 경우 [22 기출]

세관장은 천재지변이나 그 밖에 대통령령으로 정하는 사유로 이 법에 따른 신고, 신청, 청구, 그 밖의 서류의 제출, 통지, 납부 또는 징수를 정하여진 기한까지 할 수 없다고 인정될 때에는 1년을 넘지 아니하는 기간을 정하여 대통령령으로 정하는 바에 따라 관세를 분할하여 납부하게 할 수 있다.

2. 특정요건의 물품이 수입되는 경우 [22 기출]

다음의 어느 하나에 해당하는 물품이 수입될 때에는 세관장은 기획재정부령으로 정하는 바에 따라 5년을 넘지 아니하는 기간을 정하여 관세의 분할 납부를 승인할 수 있다.

① 시설기계류, 기초설비품, 건설용 재료 및 그 구조물과 공사용 장비로서 기획재정부장관이 고시하는 물품. 다만, 기획재정부령으로 정하는 업종에 소요되는 물품은 제외한다. 이 규정에 의하여 관세를 분할납부할 수 있는 물품은 다음의 요건을 갖추어야 한다.

> - 관세법 별표 관세율표에서 부분품으로 분류되지 아니할 것
> - 관세법 기타 관세에 관한 법률 또는 조약에 의하여 관세를 감면받지 아니할 것
> - 해당 관세액이 500만 원 이상일 것. 다만, 「중소기업기본법」 제2조 제1항의 규정에 의한 중소기업이 수입하는 경우, 100만 원 이상일 것
> - 법 제51조 내지 제72조의 규정을 적용받는 물품이 아닐 것

② 정부나 지방자치단체가 수입하는 물품으로서 기획재정부령으로 정하는 물품

③ 학교나 직업훈련원에서 수입하는 물품과 비영리법인이 공익사업을 위하여 수입하는 물품으로서 기획재정부령으로 정하는 물품

④ 의료기관 등 기획재정부령으로 정하는 사회복지기관 및 사회복지시설에서 수입하는 물품으로서 기획재정부장관이 고시하는 물품

⑤ 기획재정부령으로 정하는 기업부설연구소, 산업기술연구조합 및 비영리법인인 연구기관, 그 밖에 이와 유사한 연구기관에서 수입하는 기술개발연구용품 및 실험실습용품으로서 기획재정부장관이 고시하는 물품

⑥ 기획재정부령으로 정하는 중소제조업체가 직접 사용하려고 수입하는 물품. 다만, 기획재정부령으로 정하는 기준에 적합한 물품이어야 한다.

> 위 ⑥에 의하여 관세를 분할납부할 수 있는 물품은 법 별표 관세율표 제84류·제85류 및 제90류에 해당하는 물품으로서 다음의 요건을 갖추어야 한다.
> - 법 기타 관세에 관한 법률 또는 조약에 의하여 관세의 감면을 받지 아니할 것
> - 해당 관세액이 100만 원 이상일 것
> - 법 제51조 내지 제72조의 규정을 적용받는 물품이 아닐 것
> - 국내에서 제작이 곤란한 물품으로서 해당 물품의 생산에 관한 사무를 관장하는 주무부처의 장 또는 그 위임을 받은 기관의 장이 확인한 것일 것

⑦ 기획재정부령으로 정하는 기업부설 직업훈련원에서 직업훈련에 직접 사용하려고 수입하는 교육용품 및 실험실습용품 중 국내에서 제작하기가 곤란한 물품으로서 기획재정부장관이 고시하는 물품

3. 분할납부 승인 신청

① 천재·지변 등으로 인한 관세의 분할납부

관세를 분할납부하고자 하는 자는 다음의 사항을 기재한 신청서를 납부기한 내에 세관장에게 제출하여야 한다.

- 납세의무자의 성명·주소 및 상호
- 분할납부를 하고자 하는 세액 및 해당 물품의 신고일자·신고번호·품명·규격·수량·가격
- 분할납부하고자 하는 사유 및 기간
- 분할납부 금액 및 횟수

② 특정요건의 물품이 수입되는 경우의 분할납부

동 규정에 의하여 관세의 분할납부승인을 얻고자 하는 자는 해당 물품의 수입신고 시부터 수입신고 수리 전까지 그 물품의 품명·규격·수량·가격·용도·사용 장소와 사업의 종류를 기재한 신청서를 세관장에게 제출하여야 한다.

4. 세관장에 대한 신고사항

관세의 분할납부를 승인받은 법인이 합병·분할·분할합병 또는 해산을 하거나 파산선고를 받은 경우 또는 관세의 분할납부를 승인받은 자가 파산선고를 받은 경우에는, 그 관세를 납부하여야 하는 자는 지체 없이 그 사유를 세관장에게 신고하여야 한다.

5. 분할납부 제외 대상

관세의 분할납부 승인을 하는 경우 수입신고 건당 관세액이 30만 원 미만인 물품을 제외한다.

6. 납부고지 및 납부 [22 기출]

세관장은 관세의 분할납부를 승인한 때에는 납부기한별로 법 제39조의 규정에 의한 납부고지를 하여야 한다. 이때 세관장으로부터 납부고지를 받은 자는 해당 고지를 받은 날로부터 15일 이내에 관세를 납부하여야 한다.

7. 분할납부 시 납세의무자

① 양도한 경우 [22 기출]

관세의 분할납부를 승인받은 물품을 동일한 용도로 사용하려는 자에게 양도한 경우에는 그 양수인이 관세를 납부하여야 하며, 해당 용도 외의 다른 용도로 사용하려는 자에게 양도한 경우에는 그 양도인이 관세를 납부하여야 한다. 이 경우 양도인으로부터 해당 관세를 징수할 수 없을 때에는 그 양수인으로부터 징수한다.

② 법인이 합병·분할 또는 분할 합병된 경우

관세의 분할납부를 승인받은 법인이 합병·분할 또는 분할 합병된 경우에는 합병·분할 또는 분할합병 후에 존속하거나 합병·분할 또는 분할합병으로 설립된 법인이 연대하여 관세를 납부하여야 한다.

③ 파산선고를 받은 경우

관세의 분할납부를 승인받은 자가 파산선고를 받은 경우에는 그 파산관재인이 관세를 납부하여야 한다.

④ 법인이 해산한 경우

관세의 분할납부를 승인받은 법인이 해산한 경우에는 그 청산인이 관세를 납부하여야 한다.

5절 | 납세자의 권리 및 불복절차

✎ 본문 내용 중 꼭 알아야 하는 부분에 형광펜으로 표시하였으니 반드시 학습하시기 바랍니다.

01 납세자의 권리

1. 납세자 권리보호

관세행정은 재정수입의 확보를 위하여 관세를 부과하는 데 있어 공권력 행사와 관련하여 납세자의 재산권과 기본권을 침해할 소지가 있다. 1986년 영국과 1988년 미국에서 납세자권리헌장을 제정하였고, 우리나라도 1996년 국세기본법에서 납세자권리헌장을 포함하여 납세자 권리조항을 두게 되었다. 관세법은 2000년 12월 개정 시 납세자의 권리 조항을 신설하여 납세자의 권리를 강화하게 되었다.

2. 납세자권리헌장의 제정 및 교부 (법 제110조)

(1) 의의

납세자권리헌장은 납세자의 권리보호에 관한 사항을 담은 납세자의 권리선언서로서 헌법과 법률이 정하는 바에 의하여 납세자의 권리가 존중되고 보장되어야 함을 말한다.

(2) 제정 및 고시

관세청장은 법 제111조부터 법 제116조까지, 법 제116조의2 및 법 제117조에서 규정한 사항과 그 밖에 납세자의 권리보호에 관한 사항을 포함하는 납세자권리헌장을 제정하여 고시하여야 한다.

(3) 교부하는 경우

세관공무원은 다음의 어느 하나에 해당하는 경우 납세자권리헌장의 내용이 수록된 문서를 납세자에게 내주어야 한다.

> ① 법 제283조에 따른 관세범(「수출용 원재료에 대한 관세 등 환급에 관한 특례법」 제23조 제1항부터 제4항까지의 규정에 따른 죄를 포함)에 관한 조사를 하는 경우
> ② 관세의 과세표준과 세액의 결정 또는 경정을 위하여 방문 또는 서면으로 납세자의 장부·서류 또는 그 밖의 물건을 조사(법 제110조의2에 따라 통합하여 조사하는 것을 포함)하는 경우
> ③ 징수권의 확보를 위하여 압류를 하는 경우
> ④ 보세판매장에 대한 조사를 하는 경우

(4) 교부하지 않는 경우

세관공무원은 납세자를 긴급히 체포·압수·수색하는 경우 또는 현행범인 납세자가 도주할 우려가 있는 등 조사목적을 달성할 수 없다고 인정되는 경우에는 납세자권리헌장을 내주지 아니할 수 있다.

3. 관세조사

(1) 통합조사의 원칙 (법 제110조의2)

① 의의

세관공무원은 특정한 분야만을 조사할 필요가 있는 등 대통령령으로 정하는 경우를 제외하고는 신고납부세액과 관세법 및 다른 법령에서 정하는 수출입 관련 의무 이행과 관련하여 그 권한에 속하는 사항을 통합하여 조사하는 것을 원칙으로 한다.

② 예외적인 경우

'특정한 분야만을 조사할 필요가 있는 등 대통령령으로 정하는 경우'란 다음의 어느 하나에 해당하는 경우이다.

- 세금탈루 혐의, 수출입 관련 의무위반 혐의, 수출입업자 등의 업종·규모 등을 고려하여 특정 사안만을 조사할 필요가 있는 경우
- 조세채권의 확보 등을 위하여 긴급히 조사할 필요가 있는 경우
- 그 밖에 조사의 효율성, 납세자의 편의 등을 고려하여 특정 분야만을 조사할 필요가 있는 경우로서 기획재정부령으로 정하는 경우

(2) 관세조사 대상자 선정 (법 제110조의3)

① 정기선정 조사

세관장은 다음의 어느 하나에 해당하는 경우에 정기적으로 신고의 적정성을 검증하기 위하여 대상을 선정(정기선정)하여 조사를 할 수 있다. 이 경우 세관장은 객관적 기준에 따라 공정하게 그 대상을 선정하여야 한다.

- 관세청장이 수출입업자의 신고 내용에 대하여 정기적으로 성실도를 분석한 결과 불성실 혐의가 있다고 인정하는 경우
- 최근 4년 이상 조사를 받지 아니한 납세자에 대하여 업종, 규모 등을 고려하여 대통령령으로 정하는 바에 따라 신고 내용이 적정한지를 검증할 필요가 있는 경우
- 무작위추출방식으로 표본조사를 하려는 경우

② 정기선정 방법 이외의 조사

세관장은 정기선정에 의한 조사 외에 다음의 어느 하나에 해당하는 경우에는 조사를 할 수 있다.

- 납세자가 관세법에서 정하는 신고·신청, 과세가격 결정자료의 제출 등의 납세협력의무를 이행하지 아니한 경우
- 수출입업자에 대한 구체적인 탈세제보 등이 있는 경우
- 신고내용에 탈세나 오류의 혐의를 인정할 만한 자료가 있는 경우
- 납세자가 세관공무원에게 직무와 관련하여 금품을 제공하거나 금품제공을 알선한 경우

③ 부과고지 시의 조사

세관장은 법 제39조 제1항에 따라 부과고지를 하는 경우 과세표준과 세액을 결정하기 위한 조사를 할 수 있다.

④ 정기선정에 의한 조사를 하지 않는 경우

세관장은 다음의 요건을 충족하는 자에 대해서는 정기선정에 의한 조사를 하지 아니할 수 있다. 다만, 객관적인 증거자료에 의하여 과소 신고한 것이 명백한 경우에는 그러하지 아니하다.

- 최근 2년간 수출입신고 실적이 30억 원 이하일 것
- 최근 4년 이내에 다음의 어느 하나에 해당하는 사실이 없을 것
  - 수출입 관련 법령을 위반하여 통고처분을 받거나 벌금형 이상의 형의 선고를 받은 사실
  - 관세 및 내국세를 체납한 사실
  - 법 제38조의3 제6항에 따라 신고 납부한 세액이 부족하여 세관장으로부터 경정을 받은 사실

4. 비밀유지 (법 제116조)

(1) 의의

세관공무원은 납세자가 관세법에서 정한 납세의무를 이행하기 위하여 제출한 자료나 관세의 부과·징수 또는 통관을 목적으로 업무상 취득한 자료 등(과세정보)을 타인에게 제공하거나 누설하여서는 아니 되며, 사용 목적 외의 용도로 사용하여서도 아니 된다.

(2) 과세정보 제공

비밀유지 원칙에도 불구하고, 다음의 어느 하나에 해당하는 경우에는 그 사용 목적에 맞는 범위에서 납세자의 과세정보를 제공할 수 있다.

> ① 국가기관이 관세에 관한 쟁송이나 관세범에 대한 소추(訴追)를 목적으로 과세정보를 요구하는 경우
> ② 법원의 제출명령이나 법관이 발부한 영장에 따라 과세정보를 요구하는 경우
> ③ 세관공무원 상호 간에 관세를 부과·징수, 통관 또는 질문·검사하는 데에 필요하여 과세정보를 요구하는 경우
> ④ 통계청장이 국가통계작성 목적으로 과세정보를 요구하는 경우
> ⑤ 다른 법률에 따라 과세정보를 요구하는 경우

5. 고액·상습체납자 등의 명단공개 (법 제116조의2) 20 기출

(1) 의의

관세청장은 법 제116조(비밀유지)에도 불구하고 다음의 구분에 따라 해당 사항을 공개할 수 있다.

① 체납발생일부터 1년이 지난 관세 및 내국세 등(체납관세 등)이 2억 원 이상인 체납자 : 해당 체납자의 인적사항과 체납액 등. 다만, 체납관세 등에 대하여 이의신청·심사청구 등 불복청구가 진행 중이거나 체납액의 일정금액 이상을 납부한 경우 등 대통령령으로 정하는 사유에 해당하는 경우에는 그러하지 아니하다.

② 법 제270조(관세포탈죄 등) 제1항·제4항 및 제5항에 따른 범죄로 유죄판결이 확정된 자로서 같은 조에 따른 포탈, 감면, 면탈 또는 환급받은 관세 및 내국세 등의 금액(포탈관세액)이 연간 2억 원 이상인 자(관세포탈범) : 해당 관세포탈범의 인적사항과 포탈관세액 등. 다만, 관세정보위원회가 공개할 실익이 없거나 공개하는 것이 부적절하다고 인정하는 경우 등 대통령령으로 정하는 사유에 해당하는 경우에는 그러하지 아니하다.

(2) 명단공개 제외사유

다만, 다음의 사유에 해당하는 경우에는 명단을 공개하지 아니한다.

> ① 체납관세 등에 대하여 이의신청·심사청구 등 불복청구가 진행 중인 경우
> ② 최근 2년간의 체납액 납부비율이 100분의 50 이상인 경우
> ③ 채무자 회생 및 파산에 관한 법률 제243조에 따른 회생계획인가의 결정에 따라 체납된 세금의 징수를 유예받고 그 유예기간 중에 있거나 체납된 세금을 회생계획의 납부 일정에 따라 납부하고 있는 경우
> ④ 재산상황, 미성년자 해당 여부 및 그 밖의 사정 등을 고려할 때 관세정보위원회가 공개할 실익이 없거나 공개하는 것이 부적절하다고 인정하는 경우

(3) 관세정보위원회

체납자의 인적사항과 체납액 또는 관세포탈범의 인적사항과 포탈관세액 등에 대한 공개 여부를 심의 또는 재심의하고 체납자에 대한 감치 필요성 여부를 의결하기 위하여 관세청에 관세정보위원회를 둔다.

(4) 명단공개의 절차 등

① 소명기회 제공

관세청장은 위원회의 심의를 거친 공개대상예정자에게 체납자 또는 관세포탈범 명단공개대상예정자임을 통지하여 소명할 기회를 주어야 한다.

② 명단공개 여부 재심의

관세청장은 체납자 명단공개대상예정자임을 통지한 날부터 6개월이 지나면, 심의위원회로 하여금 체납액 또는 포탈관세액의 납부이행 등을 고려하여 체납자의 명단공개 여부를 재심의하게 한다.

③ 명단공개 방법

명단공개는 관보에 게재하거나 관세청장이 지정하는 정보통신망 또는 관할 세관의 게시판에 게시하는 방법으로 한다.

④ 공개 사항

체납자 명단공개 시 공개할 사항은 체납자의 성명·상호(법인의 명칭을 포함)·연령·직업·주소, 체납액의 세목·납기 및 체납요지 등으로 하고, 체납자가 법인인 경우에는 법인의 대표자를 함께 공개한다.

6. 과세 전 적부심사 (법 제118조) 19 기출

(1) 의의

과세 전 적부심사제도는 과세관청이 납부고지를 하기 전에 과세할 내용을 미리 납세의무자에게 통지하여 주고, 납세의무자가 동 내용에 대하여 이의가 있는 경우 과세 전 적부심사를 청구하도록 하여 소명의 기회를 주는 제도를 말한다.

(2) 과세 전 통지

세관장은 법 제8조의3 제4항(경정) 또는 법 제39조 제2항(부족세액의 징수) 규정에 따라 납부세액이나 납부하여야 하는 세액에 미치지 못한 금액을 징수하려는 경우에는 미리 납세의무자에게 그 내용을 서면으로 통지하여야 한다.

(3) 과세 전 통지의 생략 18 기출

다만, 다음의 어느 하나에 해당하는 경우에는 과세 전 통지를 생략할 수 있다.

① 통지하려는 날부터 3개월 이내에 관세부과의 제척기간이 만료되는 경우
② 납세의무자가 확정가격을 신고한 경우
③ 수입신고 수리 전에 세액을 심사하는 경우로서 그 결과에 따라 부족세액을 징수하는 경우
④ 감면된 관세를 징수하는 경우
⑤ 관세포탈죄로 고발되어 포탈세액을 징수하는 경우
⑥ 그 밖에 관세의 징수가 곤란하게 되는 등 사전통지가 적당하지 아니한 경우로서 대통령령으로 정하는 다음의 경우
 • 납부세액의 계산착오 등 명백한 오류에 의하여 부족하게 된 세액을 징수하는 경우
 • 감사원법 제33조에 따른 감사원의 시정요구에 따라 징수하는 경우
 • 납세의무자가 부도·휴업·폐업 또는 파산한 경우
 • 관세품목분류위원회의 의결에 따라 결정한 품목분류에 의하여 수출입물품에 적용할 세율이나 품목분류의 세번이 변경되어 부족한 세액을 징수하는 경우
 • 재조사결과에 따라 해당 처분의 취소경정을 하거나 필요한 처분을 하는 경우

(4) 과세 전 적부심사의 청구

① 세관장에게 청구하는 경우

 • 의의
   납세의무자는 과세 전 통지를 받았을 때에는 그 통지를 받은 날부터 30일 이내에 기획재정부령으로 정하는 세관장에게 통지 내용이 적법한지에 대한 심사(과세 전 적부심사)를 청구할 수 있다. 23 기출
 • 과세 전 적부심사 청구대상 세관장 (시행규칙 제61조)
   과세 전 적부심사를 청구하는 세관장은 다음의 구분에 의한다.

   – 인천공항세관장 및 김포공항세관장의 통지에 대한 과세 전 적부심사인 경우 : 인천공항세관장
   – 서울세관장·안양세관장·천안세관장·청주세관장·성남세관장·파주세관장·속초세관장·동해세관장 및 대전세관장의 통지에 대한 과세 전 적부심사인 경우 : 서울세관장

- 부산세관장·김해공항세관장·용당세관장·양산세관장·창원세관장·마산세관장·경남남부세관장 및 경남서부세관장의 통지에 대한 과세 전 적부심사인 경우 : 부산세관장
- 인천세관장·평택세관장·수원세관장 및 안산세관장의 통지에 대한 과세 전 적부심사인 경우 : 인천세관장
- 대구세관장·울산세관장·구미세관장 및 포항세관장의 통지에 대한 과세 전 적부심사인 경우 : 대구세관장
- 광주세관장·광양세관장·목포세관장·여수세관장·군산세관장·제주세관장 및 전주세관장의 통지에 대한 과세 전 적부심사인 경우 : 광주세관장

② 관세청장에게 청구하는 경우

법령에 대한 관세청장의 유권해석을 변경하여야 하거나 새로운 해석이 필요한 경우 등 대통령령으로 정하는 다음의 경우에는 관세청장에게 이를 청구할 수 있다.

㉠ 관세청장의 훈령·예규·고시 등과 관련하여 새로운 해석이 필요한 경우
㉡ 관세청장의 업무감사결과 또는 업무지시에 따라 세액을 경정하거나 부족한 세액을 징수하는 경우
㉢ 관세평가분류원장의 품목분류 및 유권해석에 따라 수출입물품에 적용할 세율이나 물품분류의 관세율표 번호가 변경되어 세액을 경정하거나 부족한 세액을 징수하는 경우
㉣ 동일 납세의무자가 동일한 사안에 대하여 둘 이상의 세관장에게 과세 전 적부심사를 청구하여야 하는 경우
㉤ 위 ㉠부터 ㉣까지의 규정에 해당하지 아니하는 경우로서 과세 전 적부심사 청구금액이 5억 원 이상인 것

7. 과세 전 적부심사 청구의 결정

과세 전 적부심사를 청구받은 세관장이나 관세청장은 그 청구를 받은 날부터 30일 이내에 관세심사위원회의 심사를 거쳐 결정을 하고, 그 결과를 청구인에게 통지하여야 한다.

① 청구가 이유 없다고 인정되는 경우 → 채택하지 아니한다는 결정
② 청구가 이유 있다고 인정되는 경우
  → 청구의 전부 또는 일부를 채택하는 결정. 이 경우 구체적인 채택의 범위를 정하기 위하여 사실관계 확인 등 추가적으로 조사가 필요한 경우에는 과세 전 통지를 한 세관장으로 하여금 이를 재조사하여 그 결과에 따라 당초 통지 내용을 수정하여 통지하도록 하는 재조사 결정을 할 수 있다.
③ 청구기간이 지났거나 보정기간 내에 보정하지 아니하는 경우 또는 적법하지 아니한 청구를 하는 경우
  → 심사하지 아니한다는 결정

8. 관세심사위원회의 심사 생략가능 사유

과세 전 적부심사 청구기간이 지난 후 과세 전 적부심사 청구가 제기된 경우 등 대통령령으로 정하는 사유에 해당하는 경우에는 관세심사위원회의 심사를 거치지 아니하고 결정할 수 있다.

① 과세 전 적부심사 청구기간이 지난 후 과세 전 적부심사 청구가 제기된 경우
② 세관장은 납부세액이나 납부하여야 하는 세액에 미치지 못한 금액을 징수하려는 경우에는 미리 납세의무자에게 그 내용을 서면으로 통지하여야 하는데, 그러한 통지가 없는 경우
③ 세관장은 납부세액이나 납부하여야 하는 세액에 미치지 못한 금액을 징수하려는 경우에는 미리 납세의무자에게 그 내용을 서면으로 통지하여야 하는데, 그러한 통지가 청구인에게 한 것이 아닌 경우
④ 보정기간 내에 보정을 하지 아니한 경우
⑤ 과세 전 적부심사 청구의 대상이 되는 통지의 내용이나 쟁점 등이 이미 관세심사위원회의 심의를 거쳐 결정된 사항과 동일한 경우

02 심사와 심판

1. 행정심판

(1) 의의

행정심판은 납세자가 과세관청으로부터 위법하거나 부당한 처분을 받은 경우 납세자의 권리를 보호하기 위한 권리구제 절차를 말한다.

(2) 기능

① 과세관청이 처분한 것에 대하여 스스로 반성하는 기회를 가질 수 있다.
② 국민의 침해된 권리를 구제해주면서 관세행정의 적법성과 합목적성을 동시에 보장한다.
③ 또한 관세심판은 행정기관 내부의 전문적이고 기술적인 지식을 활용하여 신속·정확하게 납세자의 권익을 보호한다는 측면에서 사법적 기능을 보완한다.
④ 일반 행정심판법에 절차에 의한 행정심판을 배제하고 관세법 절차에 의하여 독립적인 행정심판 기능을 갖는다.

(3) 특성

① 심사청구 또는 심판청구 중 선택하는 1심제를 원칙으로 하고 있다.
② 납세자가 원하는 경우에만 심사청구 또는 심판청구 이전에 이의신청을 할 수 있도록 하는 선택적 2심제를 채택하고 있다.
③ 개괄주의로서 특정한 처분사항을 열거하여 불복할 수 있도록 하지 아니하고 권리 또는 이익을 침해받은 사항이면 처분의 종류와 관계없이 불복할 수 있도록 하고 있다.

2. 관세법상 행정심판 제도 24 기출

(1) 불복의 신청 (법 제119조) 18 기출

관세법이나 그 밖의 관세에 관한 법률 또는 조약에 따른 처분으로서 위법한 처분 또는 부당한 처분을 받거나 필요한 처분을 받지 못하여 권리 또는 이익을 침해당한 자는 그 처분을 취소 또는 변경하거나 그 밖에 필요한 처분을 하여 줄 것을 청구할 수 있다.

다만, 관세청장이 조사 결정한 처분 또는 처리하였거나 처리하였어야 하는 처분인 경우를 제외하고는 그 처분에 대하여 심사청구 또는 심판청구에 앞서 이 절에 따른 이의신청을 할 수 있다.

(2) 불복청구 대상

관세법상 행정심판 제도에 의하여 불복청구를 제기할 수 있는 대상은 관세법이나 그 밖의 관세에 관한 법률 또는 조약에 따른 처분으로서 위법한 처분 또는 부당한 처분을 받거나 필요한 처분을 받지 못하여 권리 또는 이익을 침해당한 경우이다.

(3) 불복청구 대상에서 제외되는 것

다음의 처분은 관세법상 행정심판제도를 통한 불복청구 대상에 포함되지 아니한다.

① 관세법에 따른 통고처분
② 「감사원법」에 따라 심사청구를 한 처분이나 그 심사청구에 대한 처분
③ 관세법이나 그 밖의 관세에 관한 법률에 따른 과태료 부과처분

(4) 내국세 등의 부과 처분 등에 대한 불복

수입물품에 부과하는 내국세 등의 부과, 징수, 감면, 환급 등에 관한 세관장의 처분에 불복하는 자는 관세법에 따른 이의신청·심사청구 및 심판청구를 할 수 있다.

(5) 중복제기의 금지

동일한 처분에 대하여는 심사청구와 심판청구를 중복하여 제기할 수 없다.

(6) 불복청구인

① 당사자

관세법이나 그 밖의 관세에 관한 법률 또는 조약에 따른 처분으로서 위법한 처분 또는 부당한 처분을 받거나 필요한 처분을 받지 못하여 권리 또는 이익을 침해당한 자는 관세법에 따른 불복을 제기할 수 있다.

② 이해관계인

관세법이나 그 밖의 관세에 관한 법률 또는 조약에 따른 처분으로 권리나 이익을 침해받게 되는 제2차 납세의무자 등 대통령령으로 정하는 다음의 이해관계인은 그 처분에 대하여 이 절에 따른 심사청구 또는 심판청구를 하여 그 처분의 취소 또는 변경이나 그 밖에 필요한 처분을 청구할 수 있다.

- 제2차 납세의무자로서 납부고지서를 받은 자
- 법 제19조 제10항에 따라 양도담보재산의 물적 납세의무를 지는 자로서 납부고지서를 받은 자
- 납세보증인
- 그 밖에 기획재정부령으로 정하는 자

③ 대리인

- 이의신청인·심사청구인 또는 심판청구인은 변호사나 관세사를 대리인으로 선임할 수 있다.
- 이의신청인, 심사청구인 또는 심판청구인은 신청 또는 청구의 대상이 대통령령으로 정하는 금액(3천만 원) 미만인 경우에는 배우자, 4촌 이내의 혈족 또는 배우자의 4촌 이내의 혈족을 대리인으로 선임할 수 있다.
- 대리인의 권한은 서면으로 증명하여야 한다.
- 대리인은 본인을 위하여 청구에 관한 모든 행위를 할 수 있다.
  다만, 청구의 취하는 특별한 위임을 받은 경우에만 할 수 있다.
- 대리인을 해임하였을 때에는 그 뜻을 서면으로 해당 재결청에 신고하여야 한다.

3. 불복청구 기간 (법 제121조) 23 기출 20 기출

(1) 이의신청, 이의신청을 거치지 않은 심사청구, 심판청구

해당 처분을 한 것을 안 날(처분하였다는 통지를 받았을 때에는 통지를 받은 날을 말함)부터 90일 이내에 제기하여야 한다.

(2) 이의신청을 거친 심사청구, 심판청구

① 이의신청에 대한 결정을 통지받은 날부터 90일 이내에 제기하여야 한다.
② 다만, 청구인이 이의신청에 대한 결정기간 내(세관장이 이의신청을 받은 날로부터 30일 이내)에 결정을 통지받지 못한 경우에는 결정을 통지받기 전이라도 그 결정기간이 지난 날부터 심사청구, 심판청구를 할 수 있다.

(3) 우편으로 제출한 경우

위 (1), (2)의 불복청구 기한 내에 우편으로 제출(국세기본법 제5조의2에서 정한 날을 기준으로 함)한 불복청구서가 청구기간이 지나 세관장 또는 관세청장에게 도달한 경우에는 그 기간의 만료일에 청구된 것으로 본다.

(4) 불복청구 기간의 연장

① 청구인이 법 제10조에서 규정하는 사유(천재지변 등으로 인하여 관세법에 따른 신고, 신청, 청구, 그 밖의 서류의 제출 및 통지에 관한 기한 연장 사유로 한정)로 정해진 불복청구 기간 내에 불복청구를 할 수 없을 때에는 그 사유가 소멸한 날부터 14일 이내에 심사청구를 할 수 있다.

② 이 경우 청구인은 그 기간 내에 심사청구를 할 수 없었던 사유, 그 사유가 발생한 날과 소멸한 날, 그 밖에 필요한 사항을 적은 문서를 함께 제출하여야 한다.

(5) 감사원 심사청구 및 행정소송의 경우
감사원 심사청구기간과 행정소송의 제기기간은 불변기간으로 한다.

4. 불복청구 절차

(1) 이의신청 (법 제132조)
① 이의신청은 대통령령으로 정하는 바에 따라 불복의 사유를 갖추어 해당 처분을 하였거나 하였어야 할 세관장에게 하여야 한다. 이 경우 법 제258조(우편물 통관에 대한 결정)에 따른 결정사항 또는 법 제259조 제1항에 따른 우편물 통관 시 세액에 관한 이의신청은 해당 결정사항 또는 세액에 관한 통지를 직접 우송한 우체국의 장에게 이의신청서를 제출함으로써 할 수 있고, 우체국의 장이 이의신청서를 접수한 때에 세관장이 접수한 것으로 본다.
② 이의신청을 받은 세관장은 관세심사위원회의 심의를 거쳐 결정하여야 한다.

(2) 심사청구 20 기출
① 심사청구는 대통령령으로 정하는 바에 따라 불복하는 사유를 심사청구서에 적어 해당 처분을 하였거나 하였어야 하는 세관장을 거쳐 관세청장에게 하여야 한다.
② 심사청구기간을 계산할 때에는 해당 심사청구서가 세관장에게 제출된 때에 심사청구가 된 것으로 본다. 해당 심사청구서가 처분청인 세관장 외의 세관장이나 관세청장에게 제출된 경우에도 또한 같다.
③ 해당 심사청구서를 제출받은 세관장은 이를 받은 날부터 7일 내에 그 심사청구서에 의견서를 첨부하여 관세청장에게 보내야 한다.
④ 관세청장은 세관장의 의견서를 받은 때에는 지체 없이 해당 의견서의 부본을 심사청구인에게 송부하여야 한다.
⑤ 심사청구인은 송부받은 의견서에 대하여 반대되는 증거서류 또는 증거물을 관세청장에게 제출할 수 있다.

(3) 심판청구
① 심판청구는 대통령령으로 정하는 바에 따라 불복하는 사유를 심판청구서에 적어 해당 처분을 하였거나 하였어야 하는 세관장을 거쳐 조세심판원장에게 하여야 한다.
② 심판청구기간을 계산할 때에는 해당 심판청구서가 세관장에게 제출된 때에 심판청구가 된 것으로 본다. 해당 심판청구서가 처분청인 세관장 외의 세관장이나 조세심판원장에게 제출된 경우에도 또한 같다.
③ 해당 심판청구서를 제출받은 세관장은 이를 받은 날부터 7일 내에 그 심판청구서에 의견서를 첨부하여 조세심판원장에게 보내야 한다.

5. 불복청구에 대한 결정

(1) 결정절차 (법 제127조 등)
① 이의신청, 심사청구의 경우

> - 세관장 또는 관세청장은 이의신청 또는 심사청구를 받는 경우 관세심사위원회의 의결에 따라 이를 결정하여야 한다.
> - 다만, 불복청구기간이 지난 후 불복청구가 제기된 경우 등에는 그러하지 아니하다.
> - 관세청장은 관세심사위원회의 의결이 법령에 명백히 위반된다고 판단하는 경우 구체적인 사유를 적어 서면으로 관세심사위원회에 한 차례에 한정하여 다시 심의할 것을 요청할 수 있다.
> - 관세심사위원회의 회의는 공개하지 아니한다. 다만, 관세심사위원회의 위원장이 필요하다고 인정할 때에는 공개할 수 있다.

② 심판청구의 경우

조세심판원장은 심판청구를 받는 경우 조세심판관 회의, 조세심판관 합동회의 의결을 거쳐 이를 결정하여야 한다.

(2) 관세심사위원회 (법 제124조)

법 제118조에 따른 과세 전 적부심사, 법 제122조에 따른 심사청구 및 법 제132조에 따른 이의신청을 심의 및 의결하기 위하여 세관 및 관세청에 각각 관세심사위원회를 둔다.

(3) 결정 내용 (법 제128조)

불복청구에 대한 결정은 다음의 구분에 따른다.

> ① 불복청구가 다음의 어느 하나에 해당하는 경우 → 그 청구를 각하하는 결정
>   - 심판청구를 제기한 후 심사청구를 제기(같은 날 제기한 경우도 포함)한 경우
>   - 심사청구 기간이 지난 후에 심사청구를 제기한 경우
>   - 보정기간 내에 필요한 보정을 하지 아니한 경우
>   - 적법하지 아니한 심사청구를 제기한 경우
> ② 불복청구가 이유 없다고 인정되는 경우 → 그 청구를 기각하는 결정
> ③ 불복청구가 이유 있다고 인정되는 경우 → 그 청구의 대상이 된 처분의 취소·경정 또는 필요한 처분의 결정. 이 경우 취소·경정 또는 필요한 처분을 하기 위하여 사실관계 확인 등 추가적으로 조사가 필요한 경우에는 처분청으로 하여금 이를 재조사하여 그 결과에 따라 취소·경정하거나 필요한 처분을 하도록 하는 재조사 결정을 할 수 있다.

(4) 결정 기간

① 이의신청의 경우 → 신청을 받은 날로부터 30일 이내에 결정을 하여야 한다.
② 심사청구 및 심판청구의 경우 → 심사청구 및 심판청구를 받은 날부터 90일 이내에 하여야 한다. 다만, 부득이한 사유가 있을 때에는 그러하지 아니하다.
③ 감사원법에 의한 심사청구 → 심사청구를 받은 날로부터 3개월 이내에 결정을 하여야 한다.
④ 보정기간의 불산입 → 보정기간은 불복청구의 결정기간에 산입하지 아니한다.

(5) 재조사 결정이 있는 경우

① 재조사 결정이 있는 경우 처분청은 재조사 결정일부터 60일 이내에 결정서 주문에 기재된 범위에 한정하여 조사하고, 그 결과에 따라 취소·경정하거나 필요한 처분을 하여야 한다. 이 경우 처분청은 대통령령으로 정하는 바에 따라 조사를 연기 또는 중지하거나 조사기간을 연장할 수 있다.
② 재조사 결정에 필요한 사항은 대통령령으로 정한다.

6. 불복방법의 통지 (법 제129조)

이의신청·심사청구 또는 심판청구의 재결청은 결정서에 다음의 구분에 따른 사항을 함께 적어야 한다.

(1) 이의신청인 경우

결정서를 받은 날부터 90일 이내에 심사청구 또는 심판청구를 제기할 수 있다는 뜻이다.

(2) 심사청구 또는 심판청구인 경우

결정서를 받은 날부터 90일 이내에 행정소송을 제기할 수 있다는 뜻이다.

(3) 불복청구에 대한 결정기간이 지날 때까지 결정을 하지 못한 경우

이의신청·심사청구 또는 심판청구의 재결청은 해당 신청 또는 청구에 대한 결정기간이 지날 때까지 결정을 하지 못한 경우에는 지체 없이 신청인이나 청구인에게 다음의 사항을 서면으로 통지하여야 한다.

① 이의신청인 경우
→ 결정을 통지받기 전이라도 그 결정기간이 지난 날부터 심사청구 또는 심판청구를 제기할 수 있다는 뜻이다.
② 심사청구 또는 심판청구인 경우
→ 결정을 통지받기 전이라도 그 결정기간이 지난 날부터 행정소송을 제기할 수 있다는 뜻이다.

(4) 불복방법의 통지를 잘못한 경우 등의 구제 (시행령 제152조)

① 불복방법의 통지에 있어서 불복청구를 할 기관을 잘못 통지하였거나 누락한 경우 그 통지된 기관 또는 해당 처분기관에 불복청구를 한 때에는 정당한 기관에 해당 청구를 한 것으로 본다.
② 이러한 경우 청구를 받은 기관은 정당한 기관에 지체 없이 이를 이송하고, 그 뜻을 그 청구인에게 통지하여야 한다.

7. 결정 등의 통지 방법

(1) 인편 또는 등기우편

결정 또는 불복방법의 통지를 하는 때에는 인편 또는 등기우편에 의하여야 하며, 인편에 의하는 경우에는 수령증을 받아야 한다.

(2) 공고

① 청구인의 주소 또는 거소가 불명하거나 기타의 사유로 인하여 인편 또는 우편에 의한 방법으로 결정 등을 통지할 수 없는 때에는 그 요지를 당해 재결관서의 게시판 기타 적절한 장소에 공고하여야 한다.
② 또한 공고를 한 때에는 그 공고가 있는 날부터 10일을 경과한 날에 결정 등의 통지를 받은 것으로 본다.

8. 불복청구가 집행에 미치는 효력 (법 제125조)

① 이의신청·심사청구 또는 심판청구는 법령에 특별한 규정이 있는 경우를 제외하고는 해당 처분의 집행에 효력을 미치지 아니한다.
② 다만, 해당 재결청이 처분의 집행 또는 절차의 속행 때문에 이의신청인, 심사청구인 또는 심판청구인에게 중대한 손해가 생기는 것을 예방할 긴급한 필요성이 있다고 인정할 때에는 처분의 집행 또는 절차 속행의 전부 또는 일부의 정지(집행정지)를 결정할 수 있다.
③ 재결청은 집행정지 또는 집행정지의 취소에 관하여 심리·결정하면 지체 없이 당사자에게 통지하여야 한다.

9. 불고불리·불이익변경 금지 (법 제128조의2)

① 관세청장은 제128조에 따른 결정을 할 때 심사청구를 한 처분 외의 처분에 대해서는 그 처분의 전부 또는 일부를 취소 또는 변경하거나 새로운 처분의 결정을 하지 못한다.
② 관세청장은 제128조에 따른 결정을 할 때 심사청구를 한 처분보다 청구인에게 불리한 결정을 하지 못한다.

10. 정보통신망을 이용한 불복청구 (법 제129조의2)

① 이의신청인, 심사청구인 또는 심판청구인은 관세청장 또는 조세심판원장이 운영하는 정보통신망을 이용하여 이의신청서, 심사청구서 또는 심판청구서를 제출할 수 있다.
② 이의신청인, 심사청구인 또는 심판청구인이 이의신청서, 심사청구서 또는 심판청구서를 제출하는 경우에는 관세청장 또는 조세심판원장에게 이의신청서, 심사청구서 또는 심판청구서가 전송된 때에 관세법에 따라 제출된 것으로 본다.

6절 | 통관

✎ 본문 내용 중 꼭 알아야 하는 부분에 형광펜으로 표시하였으니 반드시 학습하시기 바랍니다.

01 통칙

1. 통관제도

(1) 의의 `22 기출`

① 관세법 제2조(정의) 제13호에 의하면, '통관(通關)이란 이 법에 따른 절차를 이행하여 물품을 수출·수입 또는 반송하는 것을 말한다.'라고 규정하고 있다.
② 통관제도는 물품의 관세영역 간 이동과 관련하여 각종 법령상의 규제사항을 확인·집행하는 제도를 의미한다.
③ 광의의 통관이라 함은 물품을 수출·수입 또는 반송할 때 입항, 보세구역반출입, 관세납부 등 관세법에서 정하는 모든 절차를 말하고, 협의의 통관이라 함은 수출·수입·반송신고에서 그 신고수리까지의 세관절차를 의미한다.

(2) 통관의 기능

① 관세법상 적법 여부를 확인하여 수출입의 여부를 결정할 수 있다.
② 수출입 관련 법령상 규제내용을 신고내용과 현품에 의하여 확인할 수 있다.
③ 관세·내국세를 납부할 수 있게 함으로써 관세수입 확보할 수 있다.

(3) 통관의 성격

① 통관은 무역거래내용, 수출입 승인사항 또는 관련 법규의 허가사항과 세관에 신고된 물품이 일치하는지 여부를 확인하는 세관장의 확인행위이다.
② 세관장의 확인행위는 수출·수입·반송의 신고에 대한 수리의 형식으로 이루어진다.

(4) 통관의 종류

① 수입통관 → 외국물품을 우리나라로 반입하는 것
② 수출통관 → 내국물품을 외국으로 반출하는 것
③ 반송통관 → 외국물품을 보세구역에서 다시 외국으로 반출하는 것

2. 통관요건

(1) 허가·승인 등의 증명 및 확인 (법 제226조, 시행령 제233조)

① 수출입을 할 때 법령에서 정하는 바에 따라 허가·승인·표시 또는 그 밖의 조건을 갖출 필요가 있는 물품은 세관장에게 그 허가·승인·표시 또는 그 밖의 조건을 갖춘 것임을 증명하여야 한다.
② 확인방법의 공고 및 증명
통관을 할 때 구비조건에 대한 세관장의 확인이 필요한 수출입물품에 대하여는 다른 법령에도 불구하고 그 물품과 확인방법, 확인절차, 그 밖에 필요한 사항을 대통령령으로 정하는 바에 따라 미리 공고하여야 한다. 허가·승인·표시 기타 조건의 구비를 요하는 물품에 대하여 관세청장은 주무부장관의 요청을 받아 세관공무원에 의하여 확인이 가능한 사항인지 여부, 물품의 특성 기타 수출입물품의 통관여건 등을 고려하여 세관장의 확인대상물품, 확인방법, 확인절차(관세청장이 지정·고시하는 정보통신망을 이용한 확인신청 등의 절차를 포함), 그 밖에 확인에 필요한 사항을 공고하여야 한다.

(2) 의무 이행 요구 및 조사 (법 제227조, 시행령 제234조)

① 의의

세관장은 다른 법령의 규정에 의하여 수입 후 특정한 용도에의 사용 등 의무를 이행하도록 되어 있는 물품에 대하여는 문서로써 해당 의무를 이행할 것을 요구할 수 있다. 의무의 이행을 요구받은 자는 대통령령으로 정하는 특별한 사유가 없으면 해당 물품에 대하여 부가된 의무를 이행하여야 한다. 세관장은 의무의 이행을 요구받은 자의 이행 여부를 확인하기 위하여 필요한 경우 세관공무원으로 하여금 조사하게 할 수 있다.

② 의무의 면제

수입신고 수리 시에 부과된 의무를 면제받고자 하는 자는 다음에 해당하는 경우에 한하여 해당 의무이행을 요구한 세관장의 승인을 얻어야 한다.

- 법령이 정하는 허가·승인·추천 기타 조건을 구비하여 의무이행이 필요하지 아니하게 된 경우
- 법령의 개정 등으로 인하여 의무이행이 해제된 경우
- 관계행정기관의 장의 요청 등으로 부과된 의무를 이행할 수 없는 사유가 있다고 인정된 경우

(3) 통관표지 첨부 (법 제228조, 시행령 제235조)

① 의의

세관장은 관세보전을 위하여 필요하다고 인정할 때에는 대통령령으로 정하는 바에 따라 수입하는 물품에 통관표지를 첨부할 것을 명할 수 있다.

② 대상

세관장은 다음에 해당하는 물품에 대하여는 관세보전을 위하여 통관표지의 첨부를 명할 수 있다.

- 관세법에 의하여 관세의 감면 또는 용도세율의 적용을 받은 물품
- 관세의 분할납부 승인을 얻은 물품
- 부정수입물품과 구별하기 위하여 관세청장이 지정하는 물품

③ 필요사항의 지정

통관표지첨부대상, 통관표지의 종류, 첨부방법 등에 관하여 필요한 사항은 관세청장이 정한다.

3. 원산지의 확인 등

(1) 원산지제도의 개요

원산지(Country of Origin)는 물품이 성장하거나 생산·제조·가공된 국가를 의미하며, 이러한 물품의 원산지를 확인하기 위하여 해당 원산지국가에서 발행된 서류를 원산지증명서(Certificate of Origin)라고 한다. 원산지규정(Rules of Origin)은 국제무역에서 특정상품이 어느 국가에서 생산되고 제조되었는지를 판단하는 기준이 되는 것이다.

(2) 원산지 규정의 필요성

① 소비자 및 생산자 보호의 필요
② 저가 물품에 대한 덤핑방지 및 상계관세 부과 등 산업보호 및 무역정책기능
③ 국제조약 또는 국가 간 협정에 의하여 특정국가에 특혜제공 대상물품의 결정
④ 원산지제도를 국제규범과 일치시킴으로써 통상마찰 사전예방의 효과

(3) 원산지 확인기준 (법 제229조, 규칙 제74조) 22 기출 19 기출

관세법, 조약, 협정 등에 따른 관세의 부과·징수, 수출입물품의 통관, 원산지증명서 등의 확인요청에 따른 조사 등을 위하여 원산지를 확인할 때에는 다음의 어느 하나에 해당하는 나라를 원산지로 한다.

① 완전생산기준 **18 기출**

완전생산기준은 해당 물품의 전부를 생산·가공·제조한 나라를 해당 물품의 원산지로 인정하는 기준을 말한다. 이러한 완전생산기준에 따라 원산지를 인정하는 물품은 다음과 같다.

> ㉠ 해당 국가의 영역에서 생산된 광산물과 식물성 생산물
> ㉡ 해당 국가의 영역에서 번식 또는 사육된 산 동물과 이들로부터 채취한 물품
> ㉢ 해당 국가의 영역에서의 수렵 또는 어로로 채집 또는 포획한 물품
> ㉣ 해당 국가의 선박에 의하여 채집 또는 포획한 어획물 기타의 물품
> ㉤ 해당 국가에서의 제조·가공의 공정 중에 발생한 부스러기
> ㉥ 해당 국가 또는 그 선박에서 ㉠ 내지 ㉤의 물품을 원재료로 하여 제조·가공한 물품

② 실질적 변형기준 **18 기출**

실질적 변형기준은 해당 물품이 2개국 이상에 걸쳐 생산·가공 또는 제조된 경우에는 그 물품의 본질적 특성을 부여하기에 충분한 정도의 실질적인 생산·가공·제조 과정이 최종적으로 수행된 나라를 원산지국으로 결정하는 기준을 말한다. 이러한 실질적 변형기준은 세번변경기준, 부가가치기준, 가공공정기준으로 구분된다.

• 세번변경기준 **19 기출** **18 기출**

2개국 이상에 걸쳐 생산·가공 또는 제조된 물품의 원산지는 해당 물품의 생산과정에 사용되는 물품의 품목분류표상 6단위 품목번호와 다른 6단위 품목번호의 물품을 최종적으로 생산한 국가로 한다. 즉, 생산과정에서 사용하는 원재료 등의 품목번호 6단위와 다른 품목번호 6단위의 최종생산품을 생산한 국가를 해당 물품의 원산지로 인정하는 것을 말한다. 다만, 다음에 해당하는 작업이 수행된 국가는 원산지로 인정하지 아니한다.

> - 운송 또는 보세구역 장치 중에 있는 물품의 보존을 위하여 필요한 작업
> - 판매를 위한 물품의 포장개선 또는 상표표시 등 상품성 향상을 위한 개수작업
> - 단순한 선별·구분·절단 또는 세척작업
> - 재포장 또는 단순한 조립작업
> - 물품의 특성이 변하지 아니하는 범위 안에서의 원산지가 다른 물품과의 혼합작업
> - 가축의 도축작업

• 부가가치기준 및 가공공정기준

관세청장은 위 규정에 따라 6단위 품목번호의 변경만으로 본질적 특성을 부여하기에 충분한 정도의 실질적인 생산과정을 거친 것으로 인정하기 곤란한 품목에 대하여는 주요공정·부가가치 등을 고려하여 품목별로 원산지 기준을 따로 정할 수 있다.

③ 직접운송원칙 **19 기출**

법 제229조(원산지 확인 기준)에 따라 원산지를 결정할 때 해당 물품이 원산지가 아닌 국가를 경유하지 아니하고 직접 우리나라에 운송·반입된 물품인 경우에만 그 원산지로 인정한다. 다만, 다음의 어느 하나에 해당하는 물품인 경우에는 우리나라에 직접 반입한 것으로 본다.

> • 다음의 요건을 모두 충족하는 물품일 것
>   - 지리적 또는 운송상의 이유로 단순 경유한 것
>   - 원산지가 아닌 국가에서 관세당국의 통제하에 보세구역에 장치된 것
>   - 원산지가 아닌 국가에서 하역, 재선적 또는 그 밖에 정상 상태를 유지하기 위하여 요구되는 작업 외의 추가적인 작업을 하지 아니한 것
> • 박람회·전시회 및 그 밖에 이에 준하는 행사에 전시하기 위하여 원산지가 아닌 국가로 수출되어 해당 국가 관세당국의 통제하에 전시목적에 사용된 후 우리나라로 수출된 물품일 것

④ 특수물품의 원산지 결정기준 (시행규칙 제75조)

시행규칙 제74조(일반물품의 원산지 결정기준)에도 불구하고 촬영된 영화용 필름, 부속품·예비부분품 및 공구와 포장용품은 다음의 구분에 따라 원산지를 인정한다.

> - 촬영된 영화용 필름 **18 기출**
>   → 그 제작자가 속하는 국가
> - 기계·기구·장치 또는 차량에 사용되는 부속품·예비부분품 및 공구로서 기계·기구·장치 또는 차량과 함께 수입되어 동시에 판매되고 그 종류 및 수량으로 보아 통상 부속품·예비부분품 및 공구라고 인정되는 물품
>   → 해당 기계·기구 또는 차량의 원산지
> - 포장용품
>   → 내용물품의 원산지. 다만, 품목분류표상 포장용품과 내용품을 각각 별개의 품목번호로 하고 있는 경우에는 그러하지 아니한다.

4. 원산지증명서 등 (법 제232조 등)

(1) 의의

① 원산지증명서는 특정물품에 대하여 특정국가가 원산지라는 것을 증명하는 서류이다.
② 관세법, 조약·협정 등에 의하여 원산지 확인이 필요한 물품을 수입하는 자는 수입신고 시 원산지증명서를 제출하여야 한다.

(2) 제출 대상자

다음에 해당하는 자는 해당 물품의 수입신고 시에 해당 물품의 원산지를 증명하는 서류(원산지증명서)를 세관장에게 제출하여야 한다.

① 법·조약·협정 등에 의하여 다른 국가의 생산(가공을 포함)물품에 적용되는 세율보다 낮은 세율을 적용받고자 하는 자로서 원산지 확인이 필요하다고 관세청장이 정하는 자
② 관세율의 적용 기타의 사유로 인하여 원산지 확인이 필요하다고 관세청장이 지정한 물품을 수입하는 자

(3) 제출 면제대상 물품 **22 기출**

다음의 물품에 대하여는 원산지증명서 제출 관련 규정을 적용하지 아니한다.

① 세관장이 물품의 종류·성질·형상 또는 그 상표·생산국명·제조자 등에 의하여 원산지를 확인할 수 있는 물품
② 우편물(수입신고를 하여야 하는 우편물은 제외)
③ 과세가격(종량세의 경우에는 이를 법 제15조의 과세표준 규정에 준하여 산출한 가격을 말함)이 15만 원 이하인 물품
④ 개인에게 무상으로 송부된 탁송품·별송품 또는 여행자의 휴대품
⑤ 기타 관세청장이 관계행정기관의 장과 협의하여 정하는 물품

(4) 원산지증명서의 요건 등

세관장에게 제출하는 원산지증명서는 다음에 해당하는 것이어야 한다.

① 원산지국가의 세관 기타 발급권한이 있는 기관 또는 상공회의소가 해당 물품에 대하여 원산지국가(지역을 포함)를 확인 또는 발행한 것
② 원산지국가에서 바로 수입되지 아니하고 제3국을 경유하여 수입된 물품에 대하여 그 제3국의 세관 기타 발급권한이 있는 기관 또는 상공회의소가 확인 또는 발행한 경우에는 원산지국가에서 해당 물품에 대하여 발행된 원산지증명서를 기초로 하여 원산지국가(지역을 포함)를 확인 또는 발행한 것
③ 관세청장이 정한 물품의 경우에는 해당 물품의 상업송장 또는 관련서류에 생산자·공급자·수출자 또는 권한 있는 자가 원산지국가를 기재한 것

(5) 원산지증명서의 기재사항 및 유효기간 19 기출
① 원산지증명서에는 해당 수입물품의 품명, 수량, 생산지, 수출자 등 관세청장이 정하는 사항이 적혀 있어야 하며, 제출일부터 소급하여 1년 이내에 발행된 것이어야 한다.
② 다만, 수입신고일부터 소급하여 1년을 계산할 때 다음의 구분에 따른 기간은 제외한다.

> - 원산지증명서 발행 후 1년 이내에 해당 물품이 수입항에 도착하였으나 수입신고는 1년을 경과하는 경우 : 물품이 수입항에 도착한 날의 다음 날부터 해당 물품의 수입신고를 한 날까지의 기간
> - 천재지변, 그 밖에 이에 준하는 사유로 원산지증명서 발행 후 1년이 경과한 이후에 수입항에 도착한 경우 : 해당 사유가 발생한 날의 다음 날부터 소멸된 날까지의 기간

(6) 관세의 편익 등의 적용 정지
세관장은 원산지 확인이 필요한 물품을 수입하는 자가 원산지증명서를 제출하지 아니하는 경우에는 관세법, 조약, 협정 등에 따른 관세율을 적용할 때 일반특혜관세·국제협력 관세 또는 편익관세를 배제하는 등 관세의 편익을 적용하지 아니할 수 있다.

(7) 원산지증명서 확인자료 제출
① 세관장은 원산지 확인이 필요한 물품을 수입한 자로 하여금 제출받은 원산지증명서의 내용을 확인하기 위하여 필요한 자료(원산지증명서 확인자료)를 제출하게 할 수 있다.
② 이 경우 원산지 확인이 필요한 물품을 수입한 자가 정당한 사유 없이 원산지증명서 확인 자료를 제출하지 아니할 때에는 세관장은 수입신고 시 제출받은 원산지증명서의 내용을 인정하지 아니할 수 있다.

(8) 원산지증명서 확인자료 공개 금지
세관장은 원산지증명서 확인 자료를 제출한 자가 정당한 사유를 제시하여 그 자료를 공개하지 아니할 것을 요청한 경우에는 그 제출인의 명시적 동의 없이는 해당 자료를 공개하여서는 아니 된다.

5. 원산지 허위표시물품 등의 통관 제한 (법 제230조) 18 기출

세관장은 법령에 따라 원산지를 표시하여야 하는 물품이 다음의 어느 하나에 해당하는 경우에는 해당 물품의 통관을 허용하여서는 아니 된다. 다만, 그 위반사항이 경미한 경우에는 이를 보완·정정하도록 한 후 통관을 허용할 수 있다.

> ① 원산지 표시가 법령에서 정하는 기준과 방법에 부합되지 아니하게 표시된 경우
> ② 원산지 표시가 부정한 방법으로 사실과 다르게 표시된 경우
> ③ 원산지 표시가 되어 있지 아니한 경우

6. 품질 등 허위·오인 표시물품의 통관 제한 (법 제230조의2)

세관장은 물품의 품질, 내용, 제조 방법, 용도, 수량(품질 등)을 사실과 다르게 표시한 물품 또는 품질 등을 오인할 수 있도록 표시하거나 오인할 수 있는 표지를 붙인 물품으로서 「부정경쟁방지 및 영업비밀보호에 관한 법률」, 「식품 등의 표시·광고에 관한 법률」, 「산업표준화법」 등 품질 등의 표시에 관한 법령을 위반한 물품에 대하여는 통관을 허용하여서는 아니 된다.

7. 환적물품 등에 대한 유치 (법 제231조) 20 기출 19 기출

(1) 의의
세관장은 일시적으로 육지에 내려지거나 다른 운송수단으로 환적 또는 복합환적되는 외국물품 중 원산지를 우리나라로 허위 표시한 물품은 유치할 수 있다.

(2) 유치 물품 보관 장소

유치하는 외국물품은 세관장이 관리하는 장소에 보관하여야 한다. 다만, 세관장이 필요하다고 인정할 때에는 그러하지 아니하다.

(3) 유치 사실 통지

세관장은 외국물품을 유치할 때에는 그 사실을 그 물품의 화주나 그 위임을 받은 자에게 통지하여야 한다.

(4) 조치 명령

세관장은 유치사실에 대하여 통지를 할 때에는 이행 기간을 정하여 원산지 표시의 수정 등 필요한 조치를 명할 수 있다. 이 경우 지정한 이행 기간 내에 명령을 이행하지 아니하면 매각한다는 뜻을 함께 통지하여야 한다.

(5) 유치의 해제

세관장은 원산지 표시의 수정 등 필요한 조치에 대한 명령이 이행된 경우에는 물품의 유치를 즉시 해제하여야 한다.

(6) 매각

세관장은 원산지 표시의 수정 등 필요한 조치에 대한 명령이 이행되지 아니한 경우에는 이를 매각할 수 있다.

8. 수출입 금지 (법 제234조) 22 기출 20 기출

다음의 어느 하나에 해당하는 물품은 수출하거나 수입할 수 없다.

> ① 헌법질서를 문란하게 하거나 공공의 안녕질서 또는 풍속을 해치는 서적·간행물·도화, 영화·음반·비디오물·조각물 또는 그 밖에 이에 준하는 물품
> ② 정부의 기밀을 누설하거나 첩보활동에 사용되는 물품
> ③ 화폐·채권이나 그 밖의 유가증권의 위조품·변조품 또는 모조품

9. 지식재산권 등의 보호 (법 제235조)

(1) 의의

지식재산권은 새로운 물질의 발견, 새로운 제법의 발명, 새로운 용도의 개발, 새로운 상품의 디자인, 상품의 새로운 기능의 개발 등과 같은 산업적 발명과 문학·미술·음악·연주·방송 등에서 예술적·상업적 시장가치를 지니는 창작물에 대한 배타적 소유권을 의미한다.

(2) 보호 대상 22 기출 21 기출 18 기출

다음의 어느 하나에 해당하는 지식재산권 등을 침해하는 물품은 수출하거나 수입할 수 없다.

> ① 상표법에 따라 설정등록된 상표권
> ② 저작권법에 따른 저작권과 저작인접권(저작권 등)
> ③ 식물신품종 보호법에 따라 설정등록된 품종보호권
> ④ 농수산물 품질관리법에 따라 등록되거나 조약·협정 등에 따라 보호대상으로 지정된 지리적표시권 또는 지리적표시(지리적표시권 등)
> ⑤ 특허법에 따라 설정등록된 특허권
> ⑥ 디자인보호법에 따라 설정등록된 디자인권
> ⑦ 방위산업기술 보호법에 따른 방위산업기술

(3) 지식재산권 등의 신고

① 의의

관세청장은 지식재산권 등을 침해하는 물품을 효율적으로 단속하기 위하여 필요한 경우에는 해당 지식재산권 등을 관계 법령에 따라 등록 또는 설정등록한 자 등으로 하여금 해당 지식재산권 등에 관한 사항을 신고하게 할 수 있다.

② 신고서 제출 등

지식재산권 등을 신고하려는 자는 다음의 사항을 적은 신고서 및 해당 지식재산권 등을 관련 법령에 따라 등록 또는 설정등록한 증명서류를 세관장에게 제출하여야 한다.

- 지식재산권 등을 사용할 수 있는 권리자
- 지식재산권 등의 내용 및 범위
- 침해가능성이 있는 수출입자 또는 수출입국
- 침해사실을 확인하기 위하여 필요한 사항

(4) 통관 보류 요청

① 지식재산권 등 침해사실 등의 통보 **24 기출**

세관장은 다음의 어느 하나에 해당하는 물품이 신고된 지식재산권 등을 침해하였다고 인정될 때에는 그 지식재산권 등을 신고한 자에게 해당 물품의 수출입, 환적, 복합환적, 보세구역 반입, 보세운송 또는 일시양륙의 신고(수출입신고 등) 사실을 통보하여야 한다. 이 경우 통보를 받은 자는 세관장에게 담보를 제공하고 해당 물품의 통관 보류나 유치를 요청할 수 있다.

- 수출입신고된 물품
- 환적 또는 복합환적 신고된 물품
- 보세구역에 반입신고된 물품
- 보세운송신고된 물품
- 일시양륙이 신고된 물품

② 통관 보류 또는 유치 요청 시 담보의 제공 **21 기출**

- 지식재산권 등을 보호받으려는 자는 세관장에게 담보를 제공하고 해당 물품의 통관 보류나 유치를 요청할 수 있다.
- 담보 제공 시에는 세관장에게 해당 물품의 과세가격의 100분의 120에 상당하는 금액의 담보를 금전, 국채 또는 지방채, 세관장이 인정하는 유가증권, 세관장이 인정하는 보증인의 납세보증서 등으로 제공하여야 한다.
- 다만, 담보 금액은 담보를 제공하여야 하는 자가 조세특례제한법 제6조 제1항에 따른 중소기업인 경우에는 해당 물품의 과세가격의 100분의 40에 상당하는 금액으로 한다.
- 위 내용에 따라 담보를 제공하는 자는 제공된 담보를 법원의 판결에 따라 수출입신고등을 한 자가 입은 손해의 배상에 사용하여도 좋다는 뜻을 세관장에게 문서로 제출하여야 한다.

③ 통관 보류기간 **21 기출**

- 제소사실 입증 시
  - 세관장은 통관보류 등을 요청한 자가 해당 물품에 대한 통관보류 등의 사실을 통보받은 후 10일(휴일 및 공휴일을 제외) 이내에 법원에의 제소사실 또는 무역위원회에의 조사신청사실을 입증하였을 때에는 해당 통관보류 등을 계속할 수 있다.
  - 이 경우 통관보류 등을 요청한 자가 부득이한 사유로 인하여 10일 이내에 법원에 제소하지 못하거나 무역위원회에 조사신청을 하지 못하는 때에는 상기 입증기간은 10일간 연장될 수 있다.

- 가보호조치 상태 시

해당 통관 보류 등이 법원의 가보호조치에 의하여 시행되는 상태이거나 계속되는 경우 통관 보류 등의 기간은 다음의 구분에 따른다.

- 법원에서 가보호조치 기간을 명시한 경우 : 그 마지막 날
- 법원에서 가보호조치 기간을 명시하지 아니한 경우 : 가보호조치 개시일부터 31일

④ 통관 보류 물품에 대한 보관

통관 보류 등이 된 물품은 통관이 허용되거나 유치가 해제될 때까지 세관장이 지정한 장소에 보관하여야 한다.

(5) 통관 보류 등이 된 물품에 대한 통관 허용 및 유치 해제 요청

① 통관 또는 유치 해제 요청

통관 보류 등의 요청을 받은 세관장은 특별한 사유가 없으면 해당 물품의 통관을 보류하거나 유치하여야 한다. 다만, 수출입신고 등을 한 자가 담보를 제공하고 통관 또는 유치 해제를 요청하는 경우에는 다음의 물품을 제외하고는 해당 물품의 통관을 허용하거나 유치를 해제할 수 있다.

- 위조하거나 유사한 상표를 붙여 상표권을 침해하는 물품
- 불법복제된 물품으로서 저작권 등을 침해하는 물품
- 같거나 유사한 품종명칭을 사용하여 품종보호권을 침해하는 물품
- 위조하거나 유사한 지리적표시를 사용하여 지리적표시권 등을 침해하는 물품
- 특허로 설정등록된 발명을 사용하여 특허권을 침해하는 물품
- 같거나 유사한 디자인을 사용하여 디자인권을 침해하는 물품
- 다음의 어느 하나에 해당하는 방위산업기술이 사용된 물품
  - 부정한 방법으로 취득한 방위산업기술
  - 부정한 방법으로 취득한 방위산업기술임을 알고 취득한 방위산업기술

② 담보의 제공

- 수출입신고 등을 한 자는 세관장에게 담보를 제공하고 해당 물품의 통관의 허용이나 유치의 해제를 요청할 수 있다.
- 담보 제공 시에는 세관장에게 해당 물품의 과세가격의 100분의 120에 상당하는 금액의 담보를 금전, 국채 또는 지방채, 세관장이 인정하는 유가증권, 세관장이 인정하는 보증인의 납세보증서 등으로 제공하여야 한다.
- 다만, 담보 금액은 담보를 제공하여야 하는 자가 조세특례제한법 제6조 제1항에 따른 중소기업인 경우에는 해당 물품의 과세가격의 100분의 40에 상당하는 금액으로 한다.
- 위 내용에 따라 담보를 제공하는 자는 제공된 담보를 법원의 판결에 따라 통관 보류 등을 요청한 자가 입은 손해의 배상에 사용하여도 좋다는 뜻을 세관장에게 문서로 제출하여야 한다.

③ 통관허용 등의 요청 시 결정

- 세관장은 통관보류 등이 된 물품에 대한 통관허용 등의 요청이 있는 경우 해당 물품의 통관 또는 유치 해제 허용 여부를 요청일부터 15일 이내에 결정한다.
- 이 경우 세관장은 관계기관과 협의하거나 전문가의 의견을 들어 결정할 수 있다.

(6) 세관장의 직권 통관보류 `21 기출`

① 세관장은 수출입신고된 물품이 지식재산권을 침해하였음이 명백한 경우에는 대통령령으로 정하는 바에 따라 직권으로 해당 물품의 통관을 보류하거나 해당 물품을 유치할 수 있다.

② 이 경우 세관장은 해당 물품의 수출입신고 등을 한 자에게 그 사실을 즉시 통보하여야 한다.

10. 통관의 보류 (법 제237조) 24 기출 21 기출 20 기출 19 기출

(1) 대상

세관장은 다음의 어느 하나에 해당하는 경우에는 해당 물품의 통관을 보류할 수 있다.

① 법 제241조 또는 제244조에 따른 수출·수입 또는 반송에 관한 신고서의 기재사항에 보완이 필요한 경우
② 법 제245조에 따른 제출서류 등이 갖추어지지 아니하여 보완이 필요한 경우
③ 관세법에 따른 의무사항(대한민국이 체결한 조약 및 일반적으로 승인된 국제법규에 따른 의무를 포함한다)을 위반하거나 국민보건 등을 해칠 우려가 있는 경우
④ 법 제246조의3 제1항에 따른 안전성 검사가 필요한 경우
⑤ 법 제246조의3 제1항에 따른 안전성 검사 결과 불법·불량·유해 물품으로 확인된 경우
⑥ 「국세징수법」 제30조 및 「지방세징수법」 제39조의2에 따라 세관장에게 강제징수 또는 체납처분이 위탁된 해당 체납자가 수입하는 경우
⑦ 그 밖에 관세법에 따라 필요한 사항을 확인할 필요가 있다고 인정하여 대통령령으로 정하는 경우(관세 관계 법령을 위반한 혐의로 고발되거나 조사를 받는 경우)

(2) 세관장의 통지

세관장은 통관을 보류할 때에는 즉시 그 사실을 화주(화주의 위임을 받은 자를 포함한다) 또는 수출입 신고인에게 통지하여야 한다.

(3) 세관장의 조치

세관장은 통지할 때에는 이행 기간을 정하여 통관의 보류 해제에 필요한 조치를 요구할 수 있다.

(4) 자료 제출 및 통관 요청

통관의 보류 사실을 통지받은 자는 세관장에게 통관 보류사유에 해당하지 아니함을 소명하는 자료 또는 세관장의 통관 보류 해제에 필요한 조치를 이행한 사실을 증명하는 자료를 제출하고 해당 물품의 통관을 요청할 수 있다. 이 경우 세관장은 해당 물품의 통관 허용 여부(허용하지 아니하는 경우에는 그 사유를 포함)를 요청받은 날부터 30일 이내에 통지하여야 한다.

11. 보세구역 반입명령 (법 제238조) 24 기출 22 기출 21 기출 19 기출 18 기출

(1) 의의

관세청장이나 세관장은 다음의 어느 하나에 해당하는 물품으로서 관세법에 따른 의무사항을 위반하거나 국민보건 등을 해칠 우려가 있는 물품은 대통령령으로 정하는 바에 따라 이를 보세구역으로 반입할 것을 명할 수 있다.

① 수출신고가 수리되어 외국으로 반출되기 전에 있는 물품
② 수입신고가 수리되어 반출된 물품

(2) 대상물품

관세청장 또는 세관장은 수출입신고가 수리된 물품이 다음의 어느 하나에 해당하는 경우에는 해당 물품을 보세구역으로 반입할 것을 명할 수 있다.

① 법 제227조(의무이행의 요구)에 따른 의무를 이행하지 아니한 경우
② 원산지 표시가 적법하게 표시되지 아니하였거나 수출입신고 수리 당시와 다르게 표시되어 있는 경우
③ 품질 등의 표시(표지의 부착을 포함)가 적법하게 표시되지 아니하였거나 수출입신고 수리 당시와 다르게 표시되어 있는 경우
④ 지식재산권을 침해한 경우

(3) 제외 물품

다만, 해당 물품이 수출입신고가 수리된 후 3개월이 지났거나 관련 법령에 따라 관계행정기관의 장의 시정조치가 있는 경우에는 그러하지 아니하다.

(4) 반입명령의 송달

관세청장 또는 세관장은 반입명령을 하는 경우에는 반입대상물품, 반입할 보세구역, 반입사유와 반입기한을 기재한 명령서를 화주 또는 수출입신고자에게 송달하여야 한다. 관세청장 또는 세관장은 명령서를 받을 자의 주소 또는 거소가 불분명한 때에는 관세청 또는 세관의 게시판 및 기타 적당한 장소에 반입명령사항을 공시할 수 있다. 이 경우 공시한 날부터 2주일이 경과한 때에는 명령서를 받을 자에게 반입명령서가 송달된 것으로 본다.

(5) 물품의 반입

보세구역 반입명령서를 받은 자는 관세청장 또는 세관장이 정한 기한 내에 명령서에 기재된 물품을 지정받은 보세구역에 반입하여야 한다. 다만, 반입기한 내에 반입하기 곤란한 사유가 있는 경우에는 관세청장 또는 세관장의 승인을 얻어 반입기한을 연장할 수 있다.

(6) 반입물품에 대한 처리 방법

① 세관장의 명령 및 조치

세관장은 반입된 물품에 대하여 명령을 받은 자에게 그 물품을 반송 또는 폐기할 것을 명하거나 보완 또는 정정 후 반출하게 할 수 있다.

② 반송 또는 폐기의 경우

- 이 경우 반송 또는 폐기에 소요되는 비용은 명령을 받은 자가 이를 부담한다.
- 반입된 물품이 반송 또는 폐기된 경우에는 당초의 수출입신고 수리는 취소된 것으로 본다.

12. 통관 후 유통이력 관리 `21 기출`

(1) 통관 후 유통이력 신고 (법 제240조의2)

① 유통이력의 신고

외국물품을 수입하는 자와 수입물품을 국내에서 거래하는 자(소비자에 대한 판매를 주된 영업으로 하는 사업자는 제외)는 사회안전 또는 국민보건을 해칠 우려가 현저한 물품 등으로서 관세청장이 지정하는 물품(유통이력 신고물품)에 대한 유통단계별 거래명세(유통이력)를 관세청장에게 신고하여야 한다.

② 기록 및 보관 `22 기출`

유통이력 신고의 의무가 있는 자(유통이력 신고의무자)는 유통이력을 장부에 기록(전자적 기록방식을 포함)하고, 그 자료를 거래일부터 1년간 보관하여야 한다.

③ 관세청장의 역할

- 관세청장은 유통이력 신고물품을 지정할 때 미리 관계 행정기관의 장과 협의하여야 한다.
- 관세청장은 유통이력 신고물품의 지정, 신고의무 존속기한 및 신고대상 범위 설정 등을 할 때 수입물품을 내국물품에 비하여 부당하게 차별하여서는 아니 되며, 이를 이행하는 유통이력 신고의무자의 부담이 최소화되도록 하여야 한다.
- 유통이력 신고물품별 신고의무 존속기한, 유통이력의 범위, 신고절차, 그 밖에 유통이력 신고에 필요한 사항은 관세청장이 정한다.

(2) 유통이력 조사 (법 제240조의3)

① 의의

관세청장은 필요하다고 인정할 때에는 세관공무원으로 하여금 유통이력 신고의무자의 사업장에 출입하여 영업 관계의 장부나 서류를 열람하여 조사하게 할 수 있다.

② 유통이력 조사 시 유의사항

> - 유통이력 신고의무자는 정당한 사유 없이 조사를 거부·방해 또는 기피하여서는 아니 된다.
> - 유통이력 조사를 하는 세관공무원은 신분을 확인할 수 있는 증표를 지니고 이를 관계인에게 보여 주어야 한다.

(3) 유통이력 관련 과태료

다음의 어느 하나에 해당하는 자에게는 500만 원 이하의 과태료를 부과한다.
① 법 제240조의2 제1항에 따라 유통이력 신고 규정을 위반하여 유통이력을 신고하지 아니하거나 거짓으로 신고한 자
② 법 제240조의2 제2항의 장부기록 및 보관의무 규정을 위반하여 장부기록 자료를 보관하지 아니한 자

02 수출·수입 및 반송

1. 신고 등

(1) 의의

① 신고는 신고의 자격을 가진 자가 법에서 정한 요건과 형식을 갖추어 세관장에게 신고할 내용을 알리는 의사표시이다.
② 세관장이 수출·수입 또는 반송의 신고를 받은 때에는 그 시점부터 법정 기한 내에 이를 수리할 것인지 여부 등 처리할 의무를 지게 된다.

(2) 수출·수입 또는 반송의 신고 (법 제241조) `22 기출` `20 기출`

① 의의

물품을 수출·수입 또는 반송하려면 해당 물품의 품명·규격·수량 및 가격과 그 밖에 대통령령으로 정하는 다음의 사항을 세관장에게 신고하여야 한다. 이때 수출·수입 또는 반송의 신고를 하고자 하는 자는 다음의 사항을 기재한 수출·수입 또는 반송의 신고서를 세관장에게 제출하여야 한다.

> - 포장의 종류·번호 및 개수
> - 목적지·원산지 및 선적지
> - 원산지표시 대상물품인 경우에는 표시유무·방법 및 형태
> - 상표
> - 납세의무자 또는 화주의 상호(개인의 경우 성명을 말함)·사업자등록번호·통관고유부호와 해외공급자부호 또는 해외구매자부호
> - 물품의 장치장소
> - 물품의 모델 및 중량
> - 품목분류표의 품목 번호
> - 법 제226조에 따른 허가·승인·표시 또는 그 밖의 조건을 갖춘 것임을 증명하기 위하여 발급된 서류의 명칭

② 신고의 생략 또는 간소 신고

다음의 어느 하나에 해당하는 물품은 대통령령으로 정하는 바에 따라 신고를 생략하게 하거나 관세청장이 정하는 간소한 방법으로 신고하게 할 수 있다.

> - 휴대품·탁송품 또는 별송품
> - 우편물

- 법 제91조부터 법 제94조까지, 법 제96조 및 법 제97조 제1항(종교용품·자선박용품·장애인용품 등의 면세, 정부용품 등의 면세, 특정물품의 면세, 소액물품 등의 면세, 여행자 휴대품·이사물품 등의 감면, 재수출면세) 규정에 따라 관세가 면제되는 물품
- 법 제135조, 제136조, 제149조 및 제150조에 따른 보고 또는 허가의 대상이 되는 운송수단. 다만, 다음의 어느 하나에 해당하는 운송수단은 제외한다.
  - 우리나라에 수입할 목적으로 최초로 반입되는 운송수단
  - 해외에서 수리하거나 부품 등을 교체한 우리나라의 운송수단
  - 해외로 수출 또는 반송하는 운송수단
- 국제운송을 위한 컨테이너(별표 관세율표 중 기본세율이 무세인 것으로 한정)

위 수입물품 중 관세가 면제되거나 무세인 물품에 있어서는 그 검사를 마친 때에 해당 물품에 대한 수입신고가 수리된 것으로 본다.

(3) 반입 후 신고 의무 18 기출

수입하거나 반송하려는 물품을 지정장치장 또는 보세창고에 반입하거나 보세구역이 아닌 장소에 장치한 자는 그 반입일 또는 장치일부터 30일 이내에 수입 또는 반송의 신고를 하여야 한다.

(4) 수입·반송신고 지연 가산세 22 기출 18 기출

세관장은 대통령령으로 정하는 물품을 수입하거나 반송하는 자가 그 반입일 또는 장치일로부터 30일 이내의 기간에 수입 또는 반송의 신고를 하지 아니한 경우에는 해당 물품 과세가격의 100분의 2에 상당하는 금액의 범위(500만 원 한도)에서 다음의 금액을 가산세로 징수한다.

① 신고기한이 경과한 날부터 20일 내에 신고를 한 때에는 해당 물품의 과세가격의 1천분의 5
② 신고기한이 경과한 날부터 50일 내에 신고를 한 때에는 해당 물품의 과세가격의 1천분의 10
③ 신고기한이 경과한 날부터 80일 내에 신고를 한 때에는 해당 물품의 과세가격의 1천분의 15
④ 위 ①부터 ③ 외의 경우에는 해당 물품의 과세가격의 1천분의 20

(5) 전기·유류 등의 신고 기한

전기, 가스, 유류, 용수 등의 물품을 그 물품의 특성으로 인하여 전선로, 배관 등 해당하는 물품을 공급하기에 적합하도록 설계·제작된 일체의 시설을 이용하여 수출·수입 또는 반송하는 자는 1개월을 단위로 하여 해당 물품에 대한 신고사항을 대통령령으로 정하는 바에 따라 다음 달 10일까지 신고하여야 한다. 이 경우 기간 내에 수출·수입 또는 반송의 신고를 하지 아니하는 경우의 가산세 징수에 관하여는 위 수입·반송 신고지연 가산세 규정을 준용하여 해당 물품 과세가격의 100분의 2에 상당하는 금액의 범위에서 대통령령으로 정하는 금액을 가산세로 징수한다.

(6) 휴대품·이사물품 신고 불이행에 대한 가산세 23 기출

① 휴대품에 대한 신고 불이행 가산세

세관장은 여행자나 승무원이 과세대상인 휴대품을 신고하지 아니하여 과세하는 경우에는 해당 물품에 대하여 납부할 세액(관세 및 내국세를 포함)의 100분의 40(반복적으로 자진신고를 하지 않는 경우 100분의 60)에 상당하는 금액을 가산세로 징수한다.

② 이사물품에 대한 신고 불이행 가산세

세관장은 우리나라로 거주를 이전하기 위하여 입국하는 자가 입국할 때에 수입하는 이사물품을 신고하지 아니하여 과세하는 경우에는 해당 물품에 대하여 납부할 세액(관세 및 내국세를 포함)의 100분의 20에 상당하는 금액을 가산세로 징수한다.

(7) 수출·수입·반송 등의 신고인 (법 제242조) 19 기출

법 제241조(수출·수입·반송 등의 신고), 법 제244조(입항 전 수입신고) 또는 법 제253조(수입신고 전 즉시반출신고)에 따른 신고는 화주 또는 관세사 등의 명의로 하여야 한다. 다만, 수출신고의 경우에는 화주에게 해당 수출물품을 제조하여 공급한 자의 명의로 할 수 있다.

(8) 신고의 요건 (법 제243조) 21 기출 19 기출

① 반송방법의 제한

여행자 휴대품 중 관세청장이 정하는 물품은 관세청장이 정하는 바에 따라 반송방법을 제한할 수 있다.

② 수입신고

수입의 신고는 해당 물품을 적재한 선박이나 항공기가 입항된 후에만 할 수 있다.

③ 반송신고

반송신고는 해당 물품이 관세법에 따른 장치 장소에 있는 경우에만 할 수 있다.

(9) 입항 전 수입신고 (법 제244조)

① 의의 18 기출

수입하려는 물품의 신속한 통관이 필요한 경우, 수입신고는 해당 물품을 적재한 선박이나 항공기가 입항된 후에만 할 수 있다는 원칙에도 불구하고, 대통령령으로 정하는 바에 따라 해당 물품을 적재한 선박이나 항공기가 입항하기 전에 수입신고를 할 수 있다. 이 경우 입항 전 수입신고가 된 물품은 우리나라에 도착한 것으로 본다.

② 입항 전 수입신고의 시기 21 기출 18 기출

입항 전 수입신고는 해당 물품을 적재한 선박 또는 항공기가 그 물품을 적재한 항구 또는 공항에서 출항하여 우리나라에 입항하기 5일 전(항공기의 경우 1일 전)부터 할 수 있다. 출항부터 입항까지의 기간이 단기간인 경우 등 해당 선박 등이 출항한 후에 신고하는 것이 곤란하다고 인정되어 출항하기 전에 신고하게 할 필요가 있는 때에는 관세청장이 정하는 바에 따라 그 신고 시기를 조정할 수 있다.

③ 물품 검사 결정 및 통보 18 기출

세관장은 입항 전 수입신고를 한 물품에 대하여 물품검사의 실시를 결정하였을 때에는 수입신고를 한 자에게 이를 통보하여야 한다.

④ 검사대상 물품의 경우 21 기출 18 기출

검사대상으로 결정된 물품은 수입신고를 한 세관의 관할 보세구역(보세구역이 아닌 장소에 장치하는 경우 그 장소를 포함)에 반입되어야 한다. 다만, 세관장이 적재상태에서 검사가 가능하다고 인정하는 물품은 해당 물품을 적재한 선박이나 항공기에서 검사할 수 있다.

⑤ 검사대상 물품이 아닌 경우 21 기출

검사대상으로 결정되지 아니한 물품은 입항 전에 그 수입신고를 수리할 수 있다.

⑥ 입항 전 수입신고를 할 수 없는 물품 21 기출 18 기출

다음의 어느 하나에 해당하는 물품은 해당 물품을 적재한 선박 등이 우리나라에 도착된 후에 수입신고하여야 한다.

- 세율이 인상되거나 새로운 수입요건을 갖추도록 요구하는 법령이 적용되거나 적용될 예정인 물품
- 수입신고하는 때와 우리나라에 도착하는 때의 물품의 성질과 수량이 달라지는 물품으로서 관세청장이 정하는 물품

(10) 신고 시의 제출서류 (법 제245조)

① 의의

수출·수입 또는 반송신고를 하고자 하는 자는 과세자료 외에 대통령령이 정하는 서류를 제출하여야 한다.

- 선하증권 사본 또는 항공화물운송장 사본

- 원산지증명서(제출대상인 경우로 한정한다)
- 기타 참고서류

② 첨부 서류

수출입신고를 하는 물품이 법 제226조의 규정에 의하여 세관장에게 허가·승인·표시 또는 그 밖의 조건을 갖춘 것이라는 내용을 증명할 필요가 있는 때에는 관련 증명서류를 첨부하여 수출입신고를 하여야 한다. 다만, 세관장은 이러한 증명이 필요 없다고 인정되는 때에는 이를 생략하게 할 수 있다.

③ 서류제출의 생략 등

서류를 제출하여야 하는 자가 해당 서류를 관세사 등에게 제출하고, 관세사 등이 해당 서류를 확인한 후 수출·수입 또는 반송에 관한 신고를 할 때에는 해당 서류의 제출을 생략하게 하거나 해당 서류를 수입신고 수리 후에 제출하게 할 수 있다.

2. 물품의 검사 (법 제246조, 제246조의2, 제247조)

(1) 의의 [23 기출] [20 기출]

① 세관공무원은 수출·수입 또는 반송하려는 물품에 대하여 검사를 할 수 있다.
② 관세청장은 검사의 효율을 거두기 위하여 검사대상, 검사범위, 검사방법, 검사 장비·시설 및 검사인력 양성 등에 관하여 필요한 기준을 정할 수 있다.
③ 화주는 수입신고를 하려는 물품에 대하여 수입신고 전에 관세청장이 정하는 바에 따라 확인을 할 수 있다.

(2) 검사 장소

① 보세공장 반입물품의 사용신고 시 물품의 검사 또는 수입·반송하려는 물품의 검사는 물품을 장치할 수 있는 보세구역 등의 장소에서 한다.
② 다만, 수출하려는 물품은 해당 물품이 장치되어 있는 장소에서 검사한다.

(3) 보세구역 반입 후 검사 [23 기출]

위 규정에도 불구하고 세관장은 효율적인 검사를 위하여 부득이하다고 인정될 때에는 관세청장이 정하는 바에 따라 해당 물품을 보세구역에 반입하게 한 후 검사할 수 있다.

(4) 세관장의 직권검사 [20 기출]

① 세관장은 수입하거나 반송하려는 물품을 해당 반입일 또는 장치일부터 30일 이내(여행자 휴대품 중 관세청장이 정하는 바에 따라 반송방법이 제한되는 물품은 반송신고를 할 수 있는 날부터 30일 이내)에 수입 또는 반송신고를 하지 아니한 물품에 대하여는 관세청장이 정하는 바에 의하여 직권으로 이를 검사할 수 있다.
② 세관장은 수출·수입 또는 반송에 대한 신고인이 직권검사에 참여할 것을 신청하거나 신고인의 참여가 필요하다고 인정하는 때에는 그 일시·장소·방법 등을 정하여 검사에 참여할 것을 통지할 수 있다.

(5) 물품의 검사에 따른 손실보상 (법 제246조의2) [23 기출] [20 기출]

관세청장 또는 세관장은 관세법에 따른 세관공무원의 적법한 물품검사로 인하여 물품 등에 손실이 발생한 경우 그 손실을 입은 자에게 보상(손실보상)하여야 한다.

(6) 물품에 대한 안전성 검사 (법 제246조의3) [24 기출] [20 기출]

① 관세청장은 중앙행정기관의 장의 요청을 받아 세관장으로 하여금 법 제226조에 따른 세관장의 확인이 필요한 수출입물품 등 다른 법령에서 정한 물품의 성분·품질 등에 대한 안전성 검사를 하게 할 수 있다. 다만, 관세청장은 제226조에 따른 세관장의 확인이 필요한 수출입물품에 대하여는 필요한 경우 해당 중앙행정기관의 장에게 세관장과 공동으로 안전성 검사를 할 것을 요청할 수 있다.
② 중앙행정기관의 장은 안전성 검사를 요청하는 경우 관세청장에게 해당 물품에 대한 안전성 검사 방법 등 관련 정보를 제공하여야 하고, 필요한 인력을 제공할 수 있다.

③ 관세청장은 중앙행정기관의 장의 안전성 검사 요청을 받거나 중앙행정기관의 장에게 안전성 검사를 요청한 경우 해당 안전성 검사를 위하여 필요한 인력 및 설비 등을 고려하여 안전성 검사 대상 물품을 지정하여야 하고, 그 결과를 해당 중앙행정기관의 장에게 통보하여야 한다.

④ 관세청장은 안전성 검사를 위하여 협업검사센터를 주요 공항·항만에 설치할 수 있고, 세관장에게 지정된 안전성 검사 대상 물품의 안전성 검사에 필요한 자체 검사 설비를 지원하는 등 원활한 안전성 검사를 위한 조치를 취하여야 한다.

⑤ 세관장은 안전성 검사 대상 물품으로 지정된 물품에 대하여 중앙행정기관의 장과 협력하여 안전성 검사를 실시하여야 한다.

⑥ 관세청장은 안전성 검사 결과 불법·불량·유해 물품으로 확인된 물품의 정보를 관세청 인터넷 홈페이지를 통하여 공개할 수 있다.

⑦ 안전성 검사에 필요한 정보교류, 불법·불량·유해물품에 대한 정보 등의 제공 요청 등 대통령령으로 정하는 사항을 협의하기 위하여 관세청에 수출입물품 안전관리 기관 협의회를 둔다.

(7) 검사 장소

① 물품의 검사는 보세구역 등 외국물품을 장치할 수 있는 장소에서 한다. 다만, 수출하려는 물품은 해당 물품이 장치되어 있는 장소에서 검사한다.

② 세관장은 효율적인 검사를 위하여 부득이하다고 인정될 때에는 관세청장이 정하는 바에 따라 해당 물품을 보세구역에 반입하게 한 후 검사할 수 있다.

3. 신고의 취하 및 각하 (법 제250조) 19 기출

(1) 신고의 취하

① 신고는 정당한 이유가 있는 경우에만 세관장의 승인을 받아 취하할 수 있다.

② 다만, 수입 및 반송의 신고는 운송수단, 관세통로, 하역통로 또는 관세법에 규정된 장치장소에서 물품을 반출한 후에는 취하할 수 없다.

③ 수출·수입 또는 반송의 신고를 수리한 후 신고의 취하를 승인한 때에는 신고수리의 효력이 상실된다.

(2) 신고의 각하

세관장은 수출·수입·반송의 신고 또는 입항 전 수입신고가 그 요건을 갖추지 못하였거나 부정한 방법으로 신고되었을 때에는 해당 수출·수입 또는 반송의 신고를 각하할 수 있다.

4. 수출신고수리물품의 적재 등 (법 제251조) 23 기출 19 기출

(1) 적재 기간의 제한

① 수출신고가 수리된 물품은 수출신고가 수리된 날부터 30일 이내에 운송수단에 적재하여야 한다.

② 다만, 기획재정부령으로 정하는 바에 따라 1년의 범위에서 적재기간의 연장승인을 받은 것은 그러하지 아니하다.

(2) 수출신고수리의 취소

① 세관장은 우리나라와 외국 간을 왕래하는 운송수단에 적재하는 기간을 초과하는 물품에 대하여 수출신고의 수리를 취소하여야 한다.

② 다만, 다음에 해당하는 경우에는 그러하지 아니하다.

- 신고취하의 승인신청이 정당한 사유가 있다고 인정되는 경우
- 적재기간연장승인의 신청이 정당한 사유가 있다고 인정되는 경우
- 세관장이 수출신고의 수리를 취소하기 전에 당해 물품의 적재를 확인한 경우
- 기타 세관장이 수출신고가 수리된 날부터 30일 이내에 적재하기 곤란하다고 인정하는 경우

5. 통관절차의 특례

(1) 수입신고 수리 전 반출 (법 제252조) 20 기출

① 의의

수입신고를 한 물품을 세관장의 수리 전에 해당 물품이 장치된 장소로부터 반출하려는 자는 납부하여야 할 관세에 상당하는 담보를 제공하고 세관장의 승인을 받아야 한다.

② 반출승인 절차

수입신고 수리 전 반출 승인을 얻고자 하는 자는 다음의 사항을 기재한 신청서를 세관장에게 제출하여야 한다. 세관장이 신청을 받아 승인을 하는 때에는 관세청장이 정하는 절차에 따라야 한다.

- 장치장소 및 장치사유 등 시행령 제175조(보세구역 외 장치의 허가신청) 각 호의 사항
- 신고의 종류
- 신고연월일 및 신고번호
- 신청사유

③ 담보제공의 생략대상

정부 또는 지방자치단체가 수입하거나 담보를 제공하지 아니하여도 관세의 납부에 지장이 없다고 인정하여 대통령령으로 정하는 물품에 대하여는 담보의 제공을 생략할 수 있다. 다만, 아래 ⓒ 및 ⓒ의 물품을 수입하는 자 중 관세 등의 체납, 불성실신고 등의 사유로 담보 제공을 생략하는 것이 타당하지 아니하다고 관세청장이 인정하는 자가 수입하는 물품에 대해서는 담보를 제공하게 할 수 있다.

- ⓐ 국가, 지방자치단체, 「공공기관의 운영에 관한 법률」 제4조에 따른 공공기관, 「지방공기업법」 제49조에 따라 설립된 지방공사 및 같은 법 제79조에 따라 설립된 지방공단이 수입하는 물품
- ⓒ 법 제90조(학술연구용품의 감면세) 제1항 제1호 및 제2호에 따른 기관이 수입하는 다음의 물품
  - 국가기관, 지방자치단체 및 기획재정부령으로 정하는 기관에서 사용할 학술연구용품·교육용품 및 실험실습용품으로서 기획재정부령으로 정하는 물품
  - 학교, 공공의료기관, 공공직업훈련원, 박물관, 그 밖에 이에 준하는 기획재정부령으로 정하는 기관에서 학술연구용·교육용·훈련용·실험실습용 및 과학기술연구용으로 사용할 물품 중 기획재정부령으로 정하는 물품
- ⓒ 최근 2년간 법 위반(관세청장이 법 제270조·제276조 및 제277조에 따른 처벌을 받은 자로서 재범의 우려가 없다고 인정하는 경우를 제외한다) 사실이 없는 수출입자 또는 신용평가기관으로부터 신용도가 높은 것으로 평가를 받은 자로서 관세청장이 정하는 자가 수입하는 물품
- ⓔ 수출용원재료 등 수입물품의 성질, 반입사유 등을 고려할 때 관세채권의 확보에 지장이 없다고 관세청장이 인정하는 물품
- ⓜ 거주 이전(移轉)의 사유, 납부할 세액 등을 고려할 때 관세채권의 확보에 지장이 없다고 관세청장이 정하여 고시하는 기준에 해당하는 자의 이사물품

④ 수입신고 수리 전 반출승인의 효과

수입신고 수리 전 반출승인을 받아 반출된 물품은 내국물품으로 보며, 관세법에 따른 기간을 계산할 때 수입신고 수리 전 반출승인을 받은 경우에는 그 승인일을 수입신고의 수리일로 본다.

(2) 수입신고 전의 물품반출 (법 제253조) 18 기출

① 의의

수입하려는 물품을 수입신고 전에 운송수단, 관세통로, 하역통로 또는 이 법에 따른 장치 장소로부터 즉시 반출하려는 자는 대통령령으로 정하는 바에 따라 세관장에게 즉시반출신고를 하여야 한다. 이 경우 세관장은 납부하여야 하는 관세에 상당하는 담보를 제공하게 할 수 있다.

② 즉시반출 대상

즉시반출을 할 수 있는 자 및 물품은 다음에 해당하는 것 중 법 제226조 제2항의 규정에 의한 허가·승인·표시 등의 구비 조건의 확인에 지장이 없는 경우로서 세관장이 지정하는 것에 한한다.

- 관세 등의 체납이 없고 최근 3년 동안 수출입실적이 있는 제조업자 또는 외국인투자자가 수입하는 시설재 또는 원부자재
- 기타 관세 등의 체납우려가 없는 경우로서 관세청장이 정하는 물품

③ 대상의 지정

위 ②에 대하여 즉시반출을 할 수 있는 자 또는 물품은 대통령령으로 정하는 바에 따라 세관장이 지정한다.

④ 수입신고 기한 18 기출

즉시반출신고를 하고 반출을 하는 자는 즉시반출신고를 한 날부터 10일 이내에 법 제241조에 따른 수입신고를 하여야 한다.

⑤ 관세 추징 및 가산세 부과 등 23 기출 18 기출

세관장은 즉시반출을 한 자가 즉시반출신고를 한 날부터 10일 이내에 수입신고를 하지 아니하는 경우에는 관세를 부과·징수한다. 이 경우 해당 물품에 대한 관세의 100분의 20에 상당하는 금액을 가산세로 징수하고, 즉시반출 대상으로의 지정을 취소할 수 있다.

⑥ 납부기한

즉시반출 신고를 하는 경우에는 수입신고일로부터 15일 이내에 해당 물품에 대한 관세를 납부하여야 한다.

⑦ 즉시반출의 효과

즉시반출신고를 하고 반출된 물품은 관세법상 내국물품으로 본다.

(3) 전자상거래 물품 등의 특별통관 (법 제254조)

전자상거래물품 중 대통령령으로 정하는 물품에 대하여는 대통령령으로 정하는 바에 따라 수출입신고·물품검사 등 통관에 필요한 사항을 생략하거나 간소한 방법으로 적용할 수 있다.

- 특별통관 대상 거래물품 또는 업체
- 수출입신고 방법 및 절차
- 관세 등에 대한 납부방법
- 물품검사방법
- 그 밖에 관세청장이 필요하다고 인정하는 사항

(4) 탁송품의 특별통관 (법 제254조의2)

① 의의

법 제241조 제2항 제1호에 따라 신고를 생략하거나 간소한 방법으로 신고할 수 있는 탁송품으로서 기획재정부령으로 정하는 금액 이하의 물품(자가사용물품 또는 면세되는 상업용 견본품 중 물품가격이 미화 150달러 이하인 물품)은 탁송품 운송업자가 다음에 해당하는 사항이 적힌 목록(통관목록)을 세관장에게 제출함으로써 법 제241조 제1항에 따른 수입신고를 생략할 수 있다.

- 물품의 송하인 및 수하인의 성명, 주소, 국가
- 물품의 품명, 수량, 중량 및 가격
- 탁송품의 통관목록에 관한 것으로 기획재정부령으로 정하는 사항
  - 운송업자명
  - 선박편명 또는 항공편명

- 선하증권 번호
- 물품수신인의 통관고유번호
- 그 밖에 관세청장이 정하는 사항

② 운송업자의 의무

탁송품 운송업자는 통관목록을 사실과 다르게 제출하여서는 아니 된다.

③ 실제 배송지 제출 의무

탁송품 운송업자는 제출한 통관목록에 적힌 물품수신인의 주소지(법 제241조 제1항에 따른 수입신고를 한 탁송품의 경우에는 수입신고서에 적힌 납세의무자의 주소지)가 아닌 곳에 탁송품을 배송하거나 배송하게 한 경우(「우편법」 제31조 단서에 해당하는 경우는 제외)에는 배송한 날이 속하는 달의 다음 달 15일까지 실제 배송한 주소지를 세관장에게 제출하여야 한다.

④ 특별통관 절차의 적용 배제

세관장은 탁송품 운송업자가 통관목록을 사실과 다르게 제출하거나 또는 실제 배송한 주소지를 세관장에게 제출하기 아니하거나 관세법에 따라 통관이 제한되는 물품을 국내에 반입하는 경우에는 탁송품의 특별통관절차의 적용을 배제할 수 있다.

⑤ 탁송품에 대한 검사

관세청장 또는 세관장은 탁송품에 대하여 세관공무원으로 하여금 검사하게 하여야 하며, 탁송품의 통관목록의 제출시한, 실제 배송지의 제출, 물품의 검사 등에 필요한 사항은 관세청장이 정하여 고시한다.

⑥ 통관 가능한 장소

세관장은 관세청장이 정하는 절차에 따라 별도로 정한 지정장치장에서 탁송품을 통관하여야 한다. 다만, 세관장은 탁송품에 대한 감시·단속에 지장이 없다고 인정하는 경우 탁송품을 해당 탁송품 운송업자가 운영하는 보세창고 또는 시설(「자유무역지역의 지정 및 운영에 관한 법률」 제11조에 따라 입주허가를 받아 입주한 업체가 해당 자유무역지역에서 운영하는 시설에 한정)에서 통관할 수 있다. 이러한 경우 탁송품 운송업자가 운영하는 보세창고 또는 시설에서 통관하는 경우 그에 필요한 탁송품 검사설비 기준, 설비이용 절차, 설비이용 유효기간 등에 관하여 필요한 사항은 대통령령으로 정한다.

03 우편물

1. 통관우체국 (법 제256조)

(1) 통관우체국 경유

수출·수입 또는 반송하려는 우편물(서신은 제외)은 통관우체국을 경유하여야 한다.

(2) 통관우체국 지정

통관우체국은 체신관서 중에서 관세청장이 지정한다.

2. 우편물 통관

(1) 우편물의 검사 (법 제257조)

① 우편물 목록의 제출

통관우체국의 장이 수출·수입 또는 반송하려는 우편물을 접수하였을 때에는 세관장에게 우편물목록을 제출하고 해당 우편물에 대한 검사를 받아야 한다. 다만, 관세청장이 정하는 우편물은 검사를 생략할 수 있다.

② 소속공무원의 참여

통관우체국장은 우편물의 검사를 받는 때에는 소속공무원을 참여시켜야 한다. 이러한 경우 통관우체국은 세관공무원이 해당 우편물의 포장을 풀고 검사할 필요가 있다고 인정되는 때에는 그 우편물의 포장을 풀었다가 다시 포장하여야 한다.

(2) 수출입 신고대상 우편물 (시행령 제261조)

해당 우편물의 수취인이나 발송인이 신고하여야 하는 수출입 신고대상 우편물 다음의 어느 하나에 해당하는 우편물을 말한다.

> ① 「대외무역법」 제11조에 따른 수출입의 승인을 받은 물품
> ② 법령에 따라 수출입이 제한되거나 금지되는 물품
> ③ 법 제226조(허가·승인 등의 증명 및 확인) 규정에 따라 수출입을 할 때 허가·승인 등의 증명사항에 대하여 세관장의 확인이 필요한 물품
> ④ 판매를 목적으로 반입하는 물품 또는 대가를 지급하였거나 지급하여야 할 물품(통관허용 여부 및 과세대상 여부에 관하여 관세청장이 정한 기준에 해당하는 것으로 한정)
> ⑤ 가공무역을 위하여 우리나라와 외국 간에 무상으로 수출입하는 물품 및 그 물품의 원·부자재
> ⑥ 그 밖에 수출입신고가 필요하다고 인정되는 물품으로서 관세청장이 정하는 금액을 초과하는 물품

(3) 우편물 통관에 대한 결정

통관우체국의 장은 세관장이 우편물에 대하여 수출·수입 또는 반송을 할 수 없다고 결정하였을 때에는 그 우편물을 발송하거나 수취인에게 내줄 수 없다.

(4) 세관장의 통지 (법 제259조)

세관장은 우편물 통관에 대한 결정을 한 경우에는 그 결정사항을, 관세를 징수하려는 경우에는 그 세액을 통관우체국의 장에게 통지하여야 한다. 이러한 경우 수출입신고 대상에 해당하는 우편물에 있어서 세관장의 통지는 수출·수입신고의 수리 또는 수입신고 수리 전 반출 승인을 받은 서류를 해당 신고인이 통관우체국에 제출하는 것으로써 이에 갈음한다.

(5) 통관우체국장의 통지

통관우체국의 장은 세관장으로부터 우편물 통관에 대한 결정 내용의 통지를 받은 경우, 우편물의 수취인이나 발송인에게 그 결정사항을 통지하여야 한다. 이러한 경우 통관우체국장의 통지는 세관이 발행하는 납부고지서로 갈음한다.

(6) 우편물의 납세절차 (법 제260조)

① 통관우체국장으로부터 우편물에 대한 세액 통지를 받은 자는 대통령령으로 정하는 바에 따라 해당 관세를 수입인지 또는 금전으로 납부하여야 한다.
② 체신관서는 관세를 징수하여야 하는 우편물은 관세를 징수하기 전에 수취인에게 내줄 수 없다.
③ 관세를 납부하고자 하는 자는 세관장으로부터 납부고지서를 받은 경우에는 세관장에게, 기타의 경우에는 체신관서에 각각 금전으로 이를 납부하여야 한다.

(7) 우편물의 반송 (법 제261조)

우편물에 대한 관세의 납세의무는 해당 우편물이 반송되면 소멸한다.

7절 수입통관 사무처리에 관한 고시

✎ 본문 내용 중 꼭 알아야 하는 부분에 형광펜으로 표시하였으니 반드시 학습하시기 바랍니다.

01 총칙

1. 정의

(1) 출항전신고

항공기로 수입되는 물품이나 일본, 중국, 대만, 홍콩으로부터 선박으로 수입되는 물품을 선(기)적한 선박과 항공기(선박 등)가 해당물품을 적재한 항구나 공항에서 출항하기 전에 수입신고하는 것을 말한다.

(2) 입항전신고

수입물품을 선(기)적한 선박 등이 물품을 적재한 항구나 공항에서 출항한 후 입항(관세법 제135조에 따라 최종 입항보고를 한 후 하선(기) 신고하는 시점을 기준으로 한다. 다만, 입항보고를 하기 전에 하선(기) 신고하는 경우에는 최종 입항보고 시점을 기준으로 한다)하기 전에 수입신고하는 것을 말한다.

(3) 보세구역 도착전신고

수입물품을 선(기)적한 선박 등이 입항하여 해당물품을 통관하기 위하여 반입하려는 보세구역(부두 밖 컨테이너 보세창고와 컨테이너 내륙통관기지를 포함한다)에 도착하기 전에 수입신고하는 것을 말한다.

(4) 보세구역 장치후신고

수입물품을 보세구역에 장치한 후 수입신고하는 것을 말한다.

(5) 심사

신고된 세번·세율과 과세가격 등 신고사항의 적정 여부와 법령에 따른 수입요건의 충족 여부 등을 확인하기 위하여 관련 서류나 분석결과를 검토하는 것을 말한다.

(6) 물품검사

수입신고된 물품 이외에 은닉된 물품이 있는지 여부와 수입신고사항과 현품의 일치 여부를 확인하는 것을 말한다.

(7) 수입화주 24 기출

수입신고한 물품에 대하여 그 물품을 수입한 자를 말하며, 수입한 자가 불분명한 경우에는 다음의 어느 하나에 해당하는 자를 말한다.

> ① 물품의 수입을 위탁받아 수입업자가 대행 수입한 물품인 경우에는 그 물품의 수입을 위탁한 자
> ② 수입을 위탁받아 수입업체가 대행수입한 물품이 아닌 경우에는 송품장(송품장이 없을 때에는 선하증권이나 항공화물운송장)에 기재된 물품수신인
> ③ 수입물품을 수입신고 전에 양도한 경우에는 그 양수인
> ④ 조달물품은 실수요부처의 장이나 실수요자. 다만, 실수요부처나 실수요자가 결정되지 아니한 경우에는 수입신고한 조달청장이나 현지 조달청 사무소장으로 하되 그 후 실수요부처나 실수요자가 결정되면 조달청장이나 현지 조달청 사무소장은 즉시 납세의무자 변경통보를 통관지세관장에게 하고 통관지세관장은 이에 의하여 납세의무자를 변경한다.

⑤ 송품장상의 수하인이 부도 등으로 직접 통관하기 곤란한 경우에는 적법한 절차를 거쳐 수입물품의 양수인이 된 은행
⑥ 법원 임의경매절차에 의하여 경락받은 물품은 그 물품의 경락자

(8) 공급망 `22 기출`

물품의 수입, 수입신고, 운송, 보관과 관련된 수입업체, 관세사, 보세구역운영인, 보세운송업자, 화물운송주선업자, 선사, 항공사, 하역업자 등을 말한다.

(9) 전자통관심사 `22 기출`

일정한 기준에 해당하는 성실업체가 수입신고하는 위험도가 낮은 물품에 대하여 통관시스템에서 전자적 방식으로 심사하는 것을 말한다.

(10) 부두직통관 `22 기출`

화물 전부가 1명인 화주의 컨테이너로 반입된 화물로써 부두 내에서 통관절차 및 검사절차가 이루어지는 것을 말한다.

(11) 부두통관장

부두직통관하려는 화물을 컨테이너에 내장한 상태로 장치하기 위해 부두에 설치된 장소를 말한다.

(12) 장치장소 관리인 `22 기출`

특허보세구역은 운영인, 지정장치장은 화물관리인, 자유무역지역은 입주기업체 등 화물을 관리하는 자를 말한다.

(13) P/L신고

수입신고서 작성요령에 따라 기재한 수입신고서를 첨부서류 없이 법 제327조 제2항에 따라 전자신고 방식으로 전송하는 것을 말한다.

(14) 통합선별심사 `22 기출`

각 수입통관담당과(수입과)로 접수된 'P/L신고'건을 심사하는 과(통관정보과)에서 통합해 위험분석 및 신고사항을 심사하는 것을 말한다.

02 일반통관절차

1. 수입신고

    (1) 신고의 시기 `24 기출` `23 기출` `21 기출`

    수입하려는 자는 출항전신고, 입항전신고, 보세구역 도착전신고, 보세구역 장치후신고 중에서 필요에 따라 신고방법을 선택하여 수입신고할 수 있다.

    (2) 출항 전 신고 및 입항 전 신고의 요건 `24 기출` `23 기출`

    ① 출항전신고나 입항전신고는 해당물품을 적재한 선박 등이 우리나라에 입항하기 5일 전(항공기에 의한 경우에는 1일 전)부터 할 수 있다. 다만, 다음의 물품은 해당 선박 등이 우리나라에 도착한 후에 신고하여야 한다.

    - 세율이 인상되거나 새로운 수입요건을 갖추도록 요구하는 법령이 적용되거나 적용될 예정인 물품
    - 농·수·축산물이나 그 가공품으로서 수입신고하는 때와 입항하는 때의 물품의 관세율표 번호 10단위가 변경되는 물품
    - 농·수·축산물이나 그 가공품으로서 수입신고하는 때와 입항하는 때의 과세단위(수량이나 중량)가 변경되는 물품

② 출항전신고나 입항전신고 수리된 물품을 적재한 선박 등이 기상악화 등 불가피한 사유로 수입신고 후 5일(항공기에 의한 경우에는 1일)을 경과하여 입항한 경우에도 해당 선박 등이 수입신고 후 5일(항공기에 의한 경우에는 1일) 이내에 우리나라 영역에 도달한 것이 객관적인 증빙서류 등을 통해 입증되는 때에는 해당 수입신고는 유효한 것으로 본다.

(3) 신고세관 24 기출 23 기출

신고 구분	신고 방법
출항전신고나 입항전신고	수입물품을 적재한 선박 등의 입항예정지를 관할하는 세관장에게 신고
보세구역 도착전신고	해당물품이 도착할 보세구역을 관할하는 세관장에게 신고
보세구역 장치후신고	해당물품이 장치된 보세구역을 관할하는 세관장에게 신고

(4) 신고인 21 기출

수입신고나 수입신고전 물품반출 신고는 관세사, 「관세사법」 제17조에 따른 관세법인, 「관세사법」 제19조에 따른 통관취급법인 등이나 수입화주의 명의로 하여야 한다.

(5) 수입신고 방법 21 기출

수입신고를 하려는 자는 「국가관세종합정보시스템의 이용 및 운영 등에 관한 고시」에 따라 인터넷통관포탈서비스 이용신청을 하고 세관장의 승인을 받아야 한다.

(6) 신고의 효력발생시점 21 기출

수입신고의 효력발생시점은 전송된 신고자료가 통관시스템에 접수된 시점으로 한다. 다만, 수작업에 의하여 신고하는 때에는 신고서가 통관지 세관에 접수된 시점으로 한다.

(7) 수입신고 방법

① 원칙

수입신고는 P/L신고를 원칙으로 한다.

② 오류발생 시

신고인이 전송한 수입신고서와 수입신고 시 제출서류(신고자료)에 대하여 오류발생 사실을 전산 통보받은 경우에는 오류내용을 정정하여 동일한 신고번호로 다시 전송하여야 하며, 기타 사유로 신고자료의 내용을 정정하려는 경우에는 접수결과를 통보받기 전까지 정정 전과 동일한 신고번호를 다시 전송하여야 한다.

③ 신고인에 대한 통보

세관장은 이상 없이 전송된 신고자료에 대하여는 신고일에 다음의 사항을 신고인에게 통보한다. 다만, P/L신고건의 경우에는 ⓔ의 사항을 통보하지 아니한다.

| ⊙ 접수 여부와 서류제출대상 여부 | ⓛ 검사대상 여부 |
| ⓒ 신고납부 대상물품의 경우 납부서 번호 | ⓔ 자동배부의 경우 신고서 처리 담당 직원의 부호 |

(8) 서류제출대상 선별기준 22 기출

① 서류제출대상

P/L신고 원칙에도 불구하고 다음의 어느 하나에 해당하는 물품은 전산시스템에 의하여 서류(전자서류, 종이서류를 포함) 제출대상으로 선별한다.

- 관세법 제38조 제2항 단서에 따른 사전세액심사 대상물품. 다만, 다음의 어느 하나에 해당하는 물품은 제외한다.

- 「부가가치세법」제27조 제1호·제2호와 제15호(같은 법 시행령 제56조 제22호 해당물품에 한함) 해당물품

> 「부가가치세법」 제27조 제1호·제2호와 제15호
> 1. 가공되지 아니한 식료품(식용으로 제공되는 농산물, 축산물, 수산물 및 임산물을 포함한다)으로서 대통령령으로 정하는 것
> 2. 도서, 신문 및 잡지로서 대통령령으로 정하는 것
> 15. 제6호부터 제13호까지의 규정에 따른 재화 외에 관세가 무세(無稅)이거나 감면되는 재화로서 대통령령으로 정하는 것. 다만, 관세가 경감되는 경우에는 경감되는 비율만큼만 면제한다.
>
> 「부가가치세법 시행령」 제56조 제22호
> 22. 그 밖에 관세의 기본세율이 무세인 물품으로서 기획재정부령으로 정하는 것과 관세의 협정세율이 무세인 철도용 내연기관, 디젤기관차 및 이식용 각막

- 특급탁송물품으로서 관세법 시행규칙 제45조 제2항 제1호에 따른 소액면세대상물품
- 관세법 제89조에 따른 감면대상물품 중 감면추천서를 전자문서로 제출받은 물품
- 개성공업지구로부터 반입되는 임가공물품
- 관세법 제101조에 따른 해외임가공감세물품
- 관세법 제99조에 따른 감면대상물품 중 물품가격이 미화 150달러 이하인 전자상거래 물품으로서 수출업체가 반품 등의 사유로 재반입하는 물품
- 조세특례제한법 제109조에 해당하는 환경친화적 자동차(신차에 한함)
- 그 밖에 관세청장 또는 세관장이 통관심사 시 서류제출이 필요하지 아니하다고 인정하는 물품

- 관세법 제39조에 따른 부과고지대상물품
- 관세법 제82조에 따른 합의세율 적용신청물품
- 할당·양허관세 신청물품 중 세율추천기관으로부터 세율추천을 증명하는 서류를 통관시스템에서 전자문서로 전송받을 수 없는 물품
- 관세법 제226조에 따른 세관장확인물품 중 요건확인기관으로부터 요건구비를 증명하는 서류를 통관시스템에서 전자문서로 전송받을 수 없는 물품
- 관세법 제232조에 따른 원산지증명서류 제출대상물품. 다만, 개성공업지구로부터 반입되는 임가공물품과 체약상대국과의 원산지 전자자료교환시스템을 통해 원산지증명서의 내용을 확인할 수 있는 경우에는 제외한다.
- 검사대상으로 선별된 물품
- 관세법 제250조에 따라 신고취하되거나 신고각하된 후 다시 수입신고하는 물품
- 무역통계부호표상 수입 종류별 분류(코드)가 다음에 해당하는 경우
  - 보세건설장에서의 수입물품(17, 20, 분할신고가 아닌 건 중 AEO업체가 수입하는 건은 제외)
  - 신고수리전반출승인물품(22, 23)
  - 보세판매장 반입물품(18, 24, 25, 30, 33)
- 선박(항공기)용품 수입물품
- 일시수입통관증서(A.T.A Carnet)에 의하여 수입하는 물품
- 수입신고서 기재사항 중 품명·규격의 일부만 기재한 물품
- 「지방세법 시행령」 제71조에 따른 담배소비세 납세담보확인서 제출대상물품과 같은 법 시행령 제134조의2에 따른 자동차세 납세담보확인서 제출대상물품
- 다이아몬드 원석(HS 7102.10, 7102.21, 7102.31)
- 관리대상화물 검사결과 이상이 있는 물품
- 같은 컨테이너에 화주가 다른 선하증권(B/L)이 혼재되어 있으나 부두직통관을 신청한 물품
- 그 밖에 관세청장이나 세관장이 서류제출이 필요하다고 인정하는 물품

② 관세청장은 다음의 기준에 따라 서류제출대상으로 차등 선별할 수 있다.

- 수입업체의 성실도
- 수입신고인의 성실도
- 최초 수입업체와 물품
- 수입신고되는 물품의 공급망에 속한 당사자의 성실도
- 그 밖에 서류제출이 필요하다고 인정되는 경우

③ 수입업체의 성실도

다음의 사항을 기초로 매월 말까지 수입업체를 평가한다.

- 최근 2년간 법, 「수출용원재료에 대한 관세환급에 관한 특례법」, 「외국환거래법」, 「대외무역법」, 「상표법」 등 위반실적
- 최근 2년간 관세 등 수입물품과 관련된 제세의 체납실적
- 최근 3년간 수입통관실적
- 평가 직전 3개월간의 수입통관실적·검사적발율·오류점수

④ 최초 수입업체 및 물품

「통관고유부호 및 해외거래처부호 등록·관리에 관한 고시」에 따른 고유부호 등록일로부터 수입회수 10회 미만을 기준으로 하고, 최초수입물품(HS 6단위 기준)은 해당업체가 처음 수입하는 물품으로 수입신고회수가 10회 미만인 경우를 대상으로 한다.

⑤ 통관시스템에 등록 처리

다음의 어느 하나의 전자문서가 통관시스템에 접수되지 아니하여 신고인이 서류로 제출하는 경우에는 이를 심사하여 통관시스템에 등록(종이서류를 PDF 등 전자문서로 변환하여 등록하는 것을 포함)하여 처리한다. 다만, 종이서류를 전자통관시스템에서 전자제출한 경우에는 이를 갈음한다.

- 할당·양허관세 신청물품 중 세율추천기관으로부터 세율추천을 증명하는 서류
- 관세법 제226조에 따른 세관장확인대상물품 중 요건확인기관으로부터 요건구비를 증명하는 서류

⑥ 공급망에 속한 당사자의 성실도

관세법 제255조의2와 「수출입 안전관리 우수업체 공인 및 운영에 관한 고시」 제4조에 따른 수출입 안전관리 우수업체를 공인하는 기준으로 한다.

⑦ 세관장에 대한 서류 제출

서류제출대상으로 선별되거나 변경된 경우에는 신고자료를 서류로 세관장에게 제출하여야 한다. 다만, 신고수리 후 전자서류 제출대상으로 선별된 경우에는 익월 10일까지 일괄하여 제출할 수 있다.

(9) 무역서류의 전자제출

① 용어의 정의

- 무역서류

| - 송품장 | - 선하증권(항공화물운송장을 포함) |
| - 원산지증명서 | - 포장명세서 |

- 전자서명

「전자서명법」 제2조 제2호에 따른 전자서명을 말한다.

- 인증서

「전자서명법」 제2조 제6호에 따른 인증서를 말한다.

② 수입화주의 전자서명 및 인증서

인터넷을 이용하여 전자적으로 제출하는 무역서류는 수입화주의 전자서명과 인증서를 첨부하여 제출하여야 한다. 다만, 외국의 정부기관이나 그가 지정한 자로부터 직접 제출받는 경우에는 그러하지 아니하다.

③ 수출입 안전관리 우수업체

수출입 안전관리 우수업체로 공인받은 수입업체가 ERP시스템(전사적 자원관리시스템)을 활용하여 수출입 안전관리 우수업체로 공인받은 신고인을 통하여 수입신고하는 때에는 무역서류를 전자적인 방법으로 제출할 수 있다.

④ 전자방법의 제출

무역서류를 전자적인 방법으로 제출하려는 자는 무역서류 전자제출 신청(승인)서에 다음의 서류를 첨부하여 관세청장에게 제출하여야 한다.

- 수출입안전관리우수업체임을 확인할 수 있는 서류
- ERP시스템이 갖추어져 있음을 확인할 수 있는 서류

(10) 수입신고 시 제출서류 `20 기출`

① 전자제출 대상

신고인은 서류제출 대상으로 선별된 수입신고건에 대하여는 수입신고서에 다음의 서류를 스캔 등의 방법으로 전자 이미지화하거나 무역서류의 전자제출을 이용하여 통관시스템에 전송하는 것을 원칙으로 한다.

- 송품장. 다만, 잠정가격으로 수입신고할 때 송품장이 해외에서 도착하지 아니한 경우에는 계약서(송품장은 확정가격신고 시 제출한다)
- 가격신고서(해당물품에 한하며, 전산으로 확인 가능한 경우에는 서류제출 대상에서 제외한다)
- 선하증권(B/L)부본이나 항공화물운송장(AWB)부본
- 포장명세서(포장박스별로 품명(규격)·수량을 기재해야 하며, 세관장이 필요 없다고 인정하는 경우는 제외한다)
- 원산지증명서(해당물품에 한한다)
- 「관세법 제226조에 따른 세관장 확인물품 및 확인방법 지정고시」 제3조에 따른 수입요건 구비서류(해당물품에 한한다)
- 관세감면(분납)/용도세율적용신청서(해당물품에 한한다)
- 합의에 의한 세율적용 승인(신청)서
- 「지방세법 시행령」 제71조에 따른 담배소비세 납세담보확인서(해당물품에 한한다)
- 할당·양허관세 및 세율추천 증명서류 및 종축·치어의 번식·양식용 해당세율 증명서류(동 내용을 전산으로 확인할 수 없는 경우에 한한다)
- 「지방세법 시행령」 제134조의2에 따른 자동차세 납세담보확인서(해당물품에 한한다)

② 종이서류 제출 대상

다음의 어느 하나에 해당하는 경우에는 종이서류를 제출하여야 한다.

- ㉠ 킴벌리프로세스증명서 제출 대상물품(원본)
- ㉡ 일시수입통관증서(A.T.A Carnet)에 의한 일시수입물품(원본)
- ㉢ SOFA 협정 적용 대상물품(원본 또는 주한미군에서 전자서명하여 교부한 증명서)
- ㉣ 관세법 제38조 제2항 단서에 따른 사전세액심사 대상물품. 다만, 다음의 어느 하나에 해당하는 물품은 제외한다.
  - 「부가가치세법」 제27조 제1호·제2호와 제15호(같은 법 시행령 제56조 제22호 해당물품에 한함) 해당물품
  - 법 제94조에 따른 소액면세대상물품
  - 법 제89조에 따른 감면대상 물품

- 법 제99조에 따른 재수입면세대상 물품
- 법 제97조에 따른 재수출면세대상 물품
- 개성공업지구로부터 반입되는 임가공물품
- 규칙 제8조 제5호에 따라 관세청장이 정하는 물품 중 농축수산물을 제외한 물품
- 법 제107조에 따라 관세를 분할납부 하려는 물품
- 관세를 체납하고 있는 자가 신고하는 물품
- 「자유무역협정의 이행을 위한 관세법의 특례에 관한 법률」 제30조 제1항 제2호에 따른 재수입면세대상 물품
- 법 제92조에 따른 정부용품 면세대상물품
- 항공협정에 따른 감면대상 물품
- ⓓ 부과고지 대상물품(다만, 관세법 시행규칙 제48조의2 제1항 본문에 규정된 자가 수입하는 자동차 이외의 이사화물은 제외)
- ⓔ 신고수리전 반출 대상물품
- ⓕ 위 ㉠에서 ⓔ 이외의 경우로 첨부서류가 20매를 초과하는 경우. 다만, 신고인이 원하는 경우 전자문서로 제출할 수 있다.
- ⓖ 전산장애 등으로 첨부서류 전송시스템을 이용할 수 없는 경우
- ⓗ 관세청장이나 세관장이 종이서류 제출이 필요하다고 인정하는 경우

종이서류를 제출하는 경우에는 원본이나 수입화주가 원본대조필한 사본(원본 제출대상은 제외)을 제출하여야 한다. 다만, 세관장이 필요로 하는 경우 신고수리전이거나 신고수리후 원본의 제출을 요구할 수 있다.

③ 신고수리후 제출

세관장은 제출서류 중 신고수리전까지 제출할 수 없는 부득이한 사유가 있거나 신고성실도 등을 감안하여 신고수리후에 제출하여도 통관관리에 지장이 없다고 세관장이 인정하는 경우에는 신고수리후에 제출하게 할 수 있다.

④ 신고수리전 제출

다만, 다음의 서류는 신고수리전에 제출하여야 한다.

- 킴벌리프로세스증명서
- 수입요건 구비서류
- 관세감면(분납)/용도세율 적용신청서
- 「지방세법 시행령」제71조에 따른 담배소비세 납세담보확인서
- 할당·양허관세 세율추천 증명서류 및 종축·치어의 번식·양식용 해당세율 증명서류

⑤ 전자서류의 효력

전자서류는 원본으로 본다. 다만, 제출한 서류가 위변조된 것으로 확인될 때에는 원본으로서의 효력을 상실한다.

(11) B/L분할신고 및 수리 21 기출

① 원칙

수입신고는 B/L 1건에 대하여 수입신고서 1건으로 한다.

② 예외

다만, B/L을 분할하여도 물품검사와 과세가격 산출에 어려움이 없는 경우에는 B/L분할신고 및 수리를 할 수 있으며, 보세창고에 입고된 물품으로서 세관장이 「보세화물관리에 관한 고시」에 따른 보세화물관리에 지장이 없다고 인정하는 경우에는 여러 건의 B/L에 관련되는 물품을 1건으로 수입신고할 수 있다.

③ B/L을 분할하여 신고할 수 없는 경우

다음의 어느 하나에 해당하는 경우에는 B/L을 분할하여 신고할 수 없다.

- 분할된 물품의 납부세액이 관세법 시행령 제37조 제1항에 따른 징수금액 최저한인 1만 원 미만이 되는 경우. 다만, 다음에 해당하는 경우에는 제외한다.
  - 신고물품 중 일부만 통관이 허용되고 일부는 통관이 보류되는 경우
  - 검사·검역결과 일부는 합격되고 일부는 불합격된 경우이거나 일부만 검사·검역 신청하여 통관하려는 경우
- 관세법 제226조(허가·승인 등의 증명 및 확인)에 따른 의무를 회피하기 위한 경우
- 관세법 제94조(소액물품 등의 면세) 제4호에 따라 관세를 면제받기 위한 경우

④ 물품 검사 23 기출

②의 ㉠~㉣에 해당하는 수입물품이 물품검사 대상인 경우 처음 수입신고할 때 분할 전 B/L물품 전량에 대하여 물품검사를 하여야 하며 이후 분할 신고되는 물품에 대하여는 물품검사를 생략할 수 있다.

(12) 신고의 취하 23 기출 20 기출

① 취하승인신청

관세법 제250조 제1항에 따라 수입신고를 취하하려는 자는 수입신고 취하승인(신청)서에 수입신고 취하신청내용을 기재하여 통관지세관장에게 전송하여야 한다.

② 세관장의 취하승인

수입신고 취하승인(신청)서를 접수한 세관장은 다음의 어느 하나에 해당하는 경우에 한하여 수입신고 취하를 승인해야 하며, 접수일로부터 10일 이내에 승인 여부를 신청인에게 통지해야 한다.

- 수입계약 내용과 상이한 물품, 오송물품, 변질·손상물품 등을 해외공급자 등에게 반송하기로 한 경우
- 재해 기타 부득이한 사유로 수입물품이 멸실되거나 세관의 승인을 얻어 폐기하려는 경우
- 통관보류, 통관요건 불합격, 수입금지물품 등의 사유로 반송하거나 폐기하려는 경우 19 기출
- 그 밖에 정당한 사유가 있다고 인정되는 경우

③ 취하승인의 효력

수입신고 취하승인으로 수입신고나 수입신고 수리의 효력은 상실한다.

④ 승인 시기

세관장이 접수일로부터 10일 이내에 승인 여부 또는 민원 처리 관련 법령에 따른 처리기간의 연장을 신청인에게 통지하지 아니하면 그 기간(민원 처리 관련 법령에 따라 처리기간이 연장 또는 재연장된 경우에는 해당 처리기간)이 끝난 날의 다음 날에 승인을 한 것으로 본다.

(13) 신고의 각하 23 기출 22 기출 20 기출

① 신고의 각하 사유

세관장은 다음의 어느 하나에 해당하는 경우 관세법 제250조 제3항에 따라 수입신고를 각하할 수 있다.

- 거짓이나 기타 부정한 방법으로 신고한 경우
- 멸각, 폐기, 공매·경매낙찰, 몰수확정, 국고귀속이 결정된 경우
- 출항전신고나 입항전신고의 요건을 갖추지 아니한 경우
- 출항전신고나 입항전신고한 화물이 도착하지 아니한 경우
- 기타 수입신고의 형식적 요건을 갖추지 못한 경우

② 통보 및 등록

세관장은 신고를 각하한 때에는 즉시 그 사실을 신고인에게 통보하고 통관시스템에 등록하여야 한다.

2. 신고서의 처리방법 및 심사사항

(1) 신고서 처리방법

① 처리방법

수입신고된 물품에 대한 신고서의 처리방법은 다음의 구분에 따른다.

| • 물품검사와 심사 | • 심사 | • 전자통관심사 |

② 변경

수입신고처리 주무나 담당과장은 물품검사와 심사에 해당하는 신고서에 대하여 신고 물품에 대한 검사정보 등을 고려하여 신고서 처리방법을 변경할 수 있다.

③ 서류제출 요구

세관장은 P/L신고물품의 신고사항을 검토한 결과 신고서에 의한 심사나 물품검사가 필요하다고 판단되는 경우에는 서류의 제출을 요구할 수 있다. 이 경우 서류제출대상으로 변경된 사실을 신고인에게 통보한다.

(2) 심사방법

① 수입과의 심사사항

수입과의 심사자는 다음의 사항을 심사한다.

- ㉠ 수입신고 시 제출서류의 구비 및 신고서의 기재사항과 일치하는지 여부
- ㉡ 신고서를 수입신고서 작성요령에 따라 정확하게 작성하였는지 여부
- ㉢ 분석의뢰 필요성 유무
- ㉣ 사전세액심사 대상물품의 품목분류, 세율, 과세가격, 세액, 감면·분납신청의 적정 여부
- ㉤ 관세법 제49조 제3호의 관세율을 적용받는 물품의 품목분류 및 관세율 적용의 적정 여부
- ㉥ 관세법 제83조에 따른 용도세율 적용신청물품의 품목분류 및 용도세율 적용신청의 적정 여부
- ㉦ 관세법 제226조에 따라 세관장이 수입요건을 확인하는 물품의 품목분류의 적정 여부, 용도의 신고 여부 및 수입요건의 구비 여부
- ㉧ 관세법 제230조에 따른 원산지표시와 관세법 제230조의2에 따른 품질 등 허위·오인표시 및 관세법 제235조에 따른 지식재산권 침해 여부
- ㉨ 법령에 따른 감면신청서 및 세율적용추천서의 구비 여부
- ㉩ 전산에서 제공하는 화물정보 및 C/S정보와 수입신고내용의 비교·확인
- ㉪ 검사대상물품의 품목분류 및 세율의 적정 여부
- ㉫ B/L분할신고를 할 수 없는 경우에 해당하는지 여부
- ㉬ 자유무역협정에 따른 협정세율 적용신청의 적정여부
- ㉭ 기타 수입신고수리 여부를 결정하기 위하여 필요한 사항

② 통관정보과의 심사 사항

통관정보과의 심사자는 다음의 사항을 심사한다.

- 위 ①의 ㉠~㉭에 해당하는 사항 중 P/L신고 내용으로 심사할 수 있는 사항
- 위 ㉠의 심사결과에 따른 P/L신고건에 대한 검사대상 및 서류제출대상으로 변경 여부

③ 심사의 생략 등

수입과장은 신고인이나 화주의 법규준수도를 고려하여 필요한 경우에는 심사를 생략하거나 간이한 방법으로 심사할 수 있다.

④ 즉시사후세액심사 의뢰

수입과장은 사후세액심사대상물품에 대한 심사결과 다음의 어느 하나에 해당하는 경우에는 심사의견을 통관시스템에 등록한 후 심사부서에 즉시사후세액심사를 의뢰하여야 한다.

- 과세가격, 품목분류, 세율 등의 적용에 착오가 있다고 판단되는 경우
- 신고서 심사결과 세액이 변동되는 신고사항의 정정을 안내하였으나 신고인이 신고수리전까지 세액정정을 신청하지 아니한 경우

(3) 분석의뢰

① 세관분석실 의뢰

수입과장은 신고물품이 물리적, 화학적 실험에 의하여 그 내용을 확인하여야 하는 등 전문적인 지식과 기술을 요하는 경우에는 세관분석실에 분석의뢰하거나 해당물품에 관한 전문가의 의견을 받아 처리할 수 있다.

② 시료의 채취 등

분석대상 시료는 담당직원이 직접 채취하고 봉인한 후 제출하도록 하여 시료의 임의교체와 분실 등이 일어나지 않도록 하여야 한다. 다만, 위험물 등 전문가의 취급이 필요한 시료는 담당직원이 채취과정에 입회하는 방법으로 담당직원의 직접채취를 대신할 수 있다.

③ 통관시스템 입력

분석의뢰 시에는 분석의뢰 사실을 통관시스템에 입력한다.

④ 분석 시기

분석은 신고수리 후 분석을 원칙으로 한다. 다만, 다음의 어느 하나에 해당하는 경우에는 신고수리 전에 분석한다.

- 관세채권의 확보가 곤란할 것으로 예상되는 경우
- 물품의 특성상 수입제한품목일 가능성이 있는 경우
- 사전세액심사 대상물품으로서 세액심사를 위하여 분석이 필요한 경우

⑤ 분석결과의 처리

신고수리 전 분석물품의 분석결과에 대한 처리는 수입담당부서에서, 신고수리 후 분석물품의 분석결과에 대한 처리는 「납세업무 처리에 관한 훈령」에 따라 심사부서에서 처리한다.

(4) 사전세액심사

① 심사 기준

사전세액심사 대상과 심사방법은 「납세업무 처리에 관한 고시」에서 정하는 바에 따른다.

② 수입신고 사실의 통보

통관지세관장은 관세를 체납하고 있는 자가 신고하는 물품을 사전세액심사하는 경우에는 해당 체납자의 체납액에 대한 강제징수를 하는 인천세관장, 서울세관장 또는 부산세관장(강제징수세관장)에게 즉시 수입신고 사실을 통보(팩스나 유선)한다. 다만, 납세자가 수입신고 후 10일 이내에 담보를 제공하지 않아 세관장이 납부고지한 것으로 보세구역으로부터 해당 물품이 반출되지 않은 체납(미통관 체납물품)인 경우에는 제외한다.

③ 세관장의 업무 처리

강제징수 세관장은 다음의 어느 하나의 절차에 따라 업무를 처리한다.

> ㉠ 체납자의 체납채권액이 해당 수입신고물품 이외의 물품으로 확보된 경우에는 즉시 통관지세관장에게 채권이 확보되었음을 통보한다.
> ㉡ 확보된 채권이 부족한 경우에는 통관지세관장에게 서류로써 통관보류를 요청하고 「체납정리 사무처리에 관한 훈령」에 따라 압류 등 강제징수를 하여야 한다.
> ㉢ ㉡에도 불구하고 해당 수입물품의 신고수리가 체납세액 조기정리에 유익하다고 인정되는 경우에는 통관지세관장에게 그 의견을 통보할 수 있다.

(5) 보완요구

① 전자문서 통보

수입과장 및 통관정보과장은 다음의 어느 하나와 같이 신고인이 제출한 서류와 자료에 의하여 심사사항의 확인이 곤란한 경우에는, 보완요구할 사항을 통관시스템에 입력하고 보완요구서를 신고인에게 전자문서로 통보하여야 한다.

> - 신고서 항목의 기재사항이 미비된 경우(정정보완 요구)
> - 신고서 심사결과 첨부서류가 누락되었거나 증빙자료의 보완이 필요한 경우(서류보완 요구)
> - P/L신고를 서류제출신고로 변경하려는 경우(서류제출 변경 요구)

② 보완요구

보완요구를 하는 경우에는 보완요구서에 보완을 하여야 할 사항, 보완을 요구하는 이유와 보완기간 등을 구체적으로 기재하여야 한다. 보완하여야 할 사항이 경미한 것으로서 사후에 이를 보완하더라도 신고수리를 할 수 있다고 세관장이 인정한 때에는 신고인이나 수입화주의 신청을 받아 수리 후에 이를 보완하게 할 수 있으며, 이 경우 신고인이나 수입화주는 세관장이 지정한 기간 내에 관련서류를 제출하여야 한다.

③ 보완 불이행 시 조치

세관장은 신고인이나 수입화주가 지정기간 내에 보완요구사항을 구비하지 아니한 경우에는 통관을 보류하거나 「납세업무 처리에 관한 훈령」에 따라 관세청장에게 사전세액심사 대상 신고인으로 지정하여 줄 것을 요청할 수 있다.

(6) 통관보류

① 통관보류 및 통보

세관장은 심사결과 수입물품이 다음의 어느 하나에 해당하는 경우에는 해당 물품의 통관을 보류할 수 있으며 통관을 보류한 경우 이를 통관시스템에 입력하고 통관보류통지서를 신고인에게 전자문서로 통보하여야 한다.

> - 법 제241조 또는 제244조에 따른 수출·수입 또는 반송에 관한 신고서의 기재사항에 보완이 필요한 경우
> - 법 제245조에 따른 제출서류 등이 갖추어지지 아니하여 보완이 필요한 경우
> - 법에 따른 의무사항(대한민국이 체결한 조약 및 일반적으로 승인된 국제법규에 따른 의무를 포함한다)을 위반하거나 국민보건 등을 해칠 우려가 있는 경우
> - 법 제246조의3 제1항에 따른 안전성 검사가 필요한 경우
> - 법 제246조의3 제1항에 따른 안전성 검사 결과 불법·불량·유해 물품으로 확인된 경우
> - 「국세징수법」 제30조 및 「지방세징수법」 제39조의2에 따라 세관장에게 강제징수 또는 체납처분이 위탁된 해당 체납자가 수입하는 경우
> - 관세 관계 법령을 위반한 혐의로 고발되거나 조사를 받는 경우
> - 수출입 관계 법령에 따른 일시적 통관 제한·금지 또는 이에 따른 중앙행정기관의 장의 일시적 통관 제한·금지 요청이 있어 세관장이 그 해당 여부를 확인할 필요가 있는 경우

② 세관장의 조치

세관장은 통관보류를 통보할 때에는 이행기간을 정하여 통관보류 해제에 필요한 조치를 요구할 수 있다.

③ 통관 허용 요청

통관보류 사실을 통보받은 자는 세관장에게 통관보류 사유에 해당하지 아니함을 소명하는 자료 또는 통관보류 해제에 필요한 조치를 이행한 사실을 증명하는 자료를 제출하고 해당 물품의 통관을 요청할 수 있다. 이 경우 세관장은 해당 물품의 통관 허용 여부(허용하지 아니하는 경우에는 그 사유를 포함)를 요청받은 날부터 30일 이내에 통지해야 한다.

(7) 신고사항의 정정

① 신청서 제출

신고인은 세액의 결정에 영향을 미치지 아니하는 신고사항을 정정하려는 때에는 정정신청내용을 기재한 수입·납세신고 정정 신청서를 통관시스템에 전송하고 그 증빙자료를 세관장에게 제출해야 한다. 다만, 세관장이 수입·납세신고 정정 신청서만으로 정정내용의 확인이 가능하다고 인정하는 경우에는 증빙자료의 제출을 생략하게 할 수 있다.

② 심사자의 승인

심사자는 정정신청을 받은 경우에는 신고사항 정정 전자통관시스템에서 수입·납세신고 정정 신청 내역을 승인한다.

③ 직권 정정

심사자는 심사결과 신고서의 기재사항(과세표준, 세율, 납부세액을 제외) 중 신고사항과 신고물품이 일치되지 아니하는 경우 직권으로 정정할 수 있다. 이 경우 심사자는 직권으로 정정한 사항을 전자통관시스템에 수정 입력한다.

3. 물품검사

(1) 검사대상

① 검사대상 선별

수입신고물품 중 검사대상은 수입신고자료 접수 시 통관시스템에 의해 선별하거나, 신고서 처리방법 결정 시 세관공무원에 의해 선별한다. 다만, 수입신고 전 물품 반출 신고하는 물품은 반출신고 시 검사대상을 선별한다.

② 물품별 검사비율 조정

다음의 어느 하나에 해당하는 경우에는 검사비율을 낮게 운영할 수 있다.

- 관세청장이 따로 정하는 기준에 의하여 법규준수도가 높다고 인정된 업체가 수입하는 물품
- 수입업체 평가등급이 A이거나 B등급인 업체 중 검사적발실적이 없는 업체가 수입하는 물품
- 최근 2년간 법 위반사실과 체납사실이 없는 「외국인투자촉진법」에 따른 외국인투자기업이 수입하는 물품

③ 검사대상 선별 기준

검사대상 선별 시에는 다음의 기준에 따라 검사비율을 차등 적용할 수 있다.

- 수입신고되는 물품의 공급망에 속한 당사자의 성실도
- 수입물품의 종류, 원산지, 적출국 등 수입신고물품과 관련된 특성

(2) 검사대상 여부의 통보

검사대상 여부가 통보된 수입신고건에 대하여 세관장이 검사대상 여부를 변경한 때에는 즉시 이를 통관시스템에 입력하는 방법으로 신고인에게 통보하여야 한다. 다만, 출항 전 신고 물품은 출항하였음을 입증하는 서류를 제출하는 때에 이를 통보한다. 신고인이 수입화주가 아닌 관세사인 경우 검사대상 여부를 통보받은 때에는 이를 즉시 수입화주에게 통보하여야 한다.

(3) 선상검사

출항 전 신고·입항 전 신고한 물품이거나 보세구역 도착 전 신고물품으로서 정부에서 직접 수입하는 군수품과 물자수급계획상 긴급도입 물품과 선상에서의 검사가 가능하다고 세관장이 인정하는 물품은 선상에 적재한 상태로 검사할 수 있다.

(4) 부두직통관 검사

① 컨테이너 이송

수입화주 또는 수입화주로부터 화물의 보관·관리를 위탁받은 부두운영사 등은 부두직통관 물품이 검사대상으로 선별된 경우 해당 컨테이너를 부두통관장에서 세관검사장 등 검사가 가능한 장소로 이송해야 한다.

② 검사준비 요청

세관장은 신속하고 효율적인 검사를 위해 부두운영사 등에게 컨테이너 개장 및 검사대상 화물 적출을 위한 작업자의 배치와 장비의 확보 등 검사준비를 요청할 수 있다. 이 경우 부두운영사 등은 세관장의 요청에 적극 협조해야 한다.

③ 화물의 이송

부두운영사 등은 검사가 완료된 경우 세관장의 지시에 따라 적출된 화물을 컨테이너에 다시 적입하여 부두통관장으로 이송해야 한다.

(5) 검사절차 등 22 기출

① 검사계획의 통보

세관장은 물품검사를 실시하기 전에 검사준비 사항이 포함된 검사계획을 신고인 및 장치장소 관리인에게 전자통관시스템으로 통보해야 한다.

② 검사참여 신청

검사계획을 통보받은 신고인은 검사참여를 신청할 수 있다. 이 경우 수입신고 관련 서류를 제출하는 때까지 검사참여 신청(통보)서 2부를 작성하여 통관지 세관장에게 제출해야 한다.

③ 참여 신청서 발급

검사참여를 신청받은 세관장은 검사일시와 장소를 적은 같은 항에 따른 검사참여 신청(통보)서를 신고인에게 발급해야 한다.

④ 검사준비 사항의 요구

세관장은 물품검사를 할 때 수입화주 또는 수입화주로부터 화물의 보관·관리를 위탁받은 장치장소 관리인에게 다음의 검사준비 사항을 요구할 수 있다.

- 검사에 필요한 장소와 장비의 확보
- 검사대상 물품의 포장을 열고 다시 포장하는 작업을 할 수 있는 사람의 배치
- 그 밖에 검사에 필요한 사항

이 경우 검사준비 완료 여부에 따라 검사의 순서를 조정하는 등 그 준비가 완료된 때에 검사를 실시할 수 있다.

⑤ 검사의 실시

세관장은 검사준비가 완료된 경우 장치장소의 관리인이나 그를 대리하는 소속 종사자의 협조(물품의 포장상태 및 내용물품의 파손 여부 등을 확인)하에 검사를 실시한다. 다만, 장치장소의 관리인이나 그를 대리하는 소속 종사자의 협조가 어려운 경우 수입화주나 신고인(그 소속 종사자를 포함)에게 검사 참여하도록 검사일시와 장소 등을 통보할 수 있다.

⑥ 검사방법의 변경

세관장은 검사준비 또는 협조가 어려워 검사가 곤란하다고 인정되는 경우에는 다음의 어느 하나에 해당하는 방법으로 물품검사를 할 수 있다.

- 지정보세구역 등 세관장이 지정하는 검사 가능 장소로 보세운송 등을 하여 검사
- 신고취하 후 검사가 가능한 보세구역(화주 소재지 보세구역 외 장치장을 포함)으로 보세운송한 후 도착지 보세구역 관할세관에 다시 수입신고하여 검사

(6) 검사방법 24 기출

검사대상물품은 일반검사(전량검사, 발췌검사), 정밀검사(분석검사, 비파괴검사, 파괴검사), 안전성검사[협업검사, 방사능검사(표면방사선량률 측정), 안전성분석검사] 방법으로 검사를 실시한다. 다음의 어느 하나에 해당하는 물품에 대하여는 2인 이상의 검사자를 지정하여 검사를 실시할 수 있다.

> ① 우범성 정보가 있는 물품
> ② 전량검사 대상물품이거나 기타 수량과다 등으로 과장이 복수검사를 지시한 경우

4. 수입신고 수리

(1) 신고수리

① 원칙

세관장은 수입신고한 내용을 심사한 후 관세법 제248조에 따라 신고수리하는 것을 원칙으로 한다.

② 예외

다만, 출항 전 신고, 입항 전 신고, 보세구역 도착 전 신고 물품에 대하여는 다음에 따른 요건이 완료된 때 신고수리한다.

> • 출항 전 신고나 입항 전 신고 물품은 「보세화물 입출항 하선 하기 및 적재에 관한 고시」에 따른 적재화물목록 심사가 완료된 때. 다만, 수입신고 전에 적재화물목록 심사가 완료된 때에는 수입신고 심사가 완료된 때
> • 보세구역 도착 전 신고물품은 관세법 제215조에 따라 보세운송 도착보고된 때(하역절차에 따라 하역장소로 반입되는 때에는 관세법 제157조에 따라 반입신고된 때)

③ 선별 물품의 수리

세관장이 검사대상으로 선별하거나 「보세화물 입출항 하선 하기 및 적재에 관한 고시」에 따라 관리대상화물로 선별한 경우에는 해당 물품검사가 종료된 후에 수리한다.

④ 신고서 처리기간

신고서 처리기간은 다음의 어느 하나에서 정하는 시점부터 계산한다.

> • 출항 전 신고나 입항 전 신고 물품으로서 검사가 생략되는 물품은 적재화물목록 심사 완료일. 다만, 수입신고 전에 적재화물목록 심사완료된 때에는 수입신고일
> • 출항 전 신고, 입항 전 신고, 보세구역 도착 전 신고 물품으로서 검사대상으로 선별된 물품은 해당 물품의 검사장소 반입일
> • 보세구역 도착 전 신고 물품으로서 검사생략물품은 반입하려는 보세구역 도착일
> • 보세구역 장치 후 신고물품은 수입신고일
> • 선상에 적재한 상태로 검사할 물품은 수입신고일

⑤ 수리의 효력발생 시점

신고수리의 효력발생 시점은 통관시스템을 통하여 신고인에게 신고수리가 되었음을 통보한 시점으로 한다. 다만, 수작업에 의하여 신고수리하는 때에는 신고인에게 신고필증을 교부한 시점으로 한다.

(2) 신고수리 시 담보의 제공

① 담보 제공

세관장은 관세법 제248조 제2항과 「관세 등에 대한 담보제도 운영에 관한 고시」에 따라 관세 등에 상당하는 담보를 제공해야 하는 물품에 대하여는 담보가 제공된 경우에 수입신고를 수리한다.

② 수납 여부의 확인

관세 등의 수납 여부 확인은 수납기관에서 전자문서로 전송한 영수필통지에 의한다. 다만, 전자문서로 전송할 수 없는 수납기관에 관세 등을 납부한 경우에는 수납기관에서 우송한 영수필통지서에 의하여 확인하며, 이때 담당세관공무원은 통관시스템에 수납사항을 등록해야 한다.

(3) 신고필증교부

① 교부 방법

세관장은 수입신고를 수리한 때에는 「세관특수청인에 관한 규정(기획재정부 훈령)」에 따른 세관특수청인을 전자적으로 날인한 신고필증을 교부한다. 다만, 다음의 사유가 있을 때에는 해당 방법으로 교부한다.

> - 부득이한 사정으로 신고필증을 전자적으로 교부할 수 없는 경우 : 수입신고서에 세관 특수청인을 직접 찍어서 교부
> - 신고물품의 규격수가 99개를 초과하여 전산으로 입력하지 않고 신고서와 신고필증에 상세내용을 별도의 붙임서류로 첨부하여 신고하는 경우 : 세관특수청인을 전자적으로 찍은 신고필증과 붙임서류의 경계면에 신고서 처리담당자 인장을 찍어서 교부

② 재교부

신고서를 정정하는 때에는 신고필증을 다시 교부한다. 이 경우 세관장은 제출한 증빙자료를 수입·납세신고 정정신청서와 함께 보관해야 한다.

③ 전자문서와 상이한 경우

교부된 신고필증이 통관시스템에 보관된 전자문서의 내용과 상이한 경우에는 통관시스템에 보관된 전자문서의 내용을 원본으로 한다.

(4) 신고 수리 전 반출 [23 기출] [20 기출]

① 반출승인

수입통관에 곤란한 사유가 없는 물품으로서 다음의 어느 하나에 해당하는 경우에는 관세법 제252조에 따라 세관장이 신고 수리 전 반출을 승인할 수 있다.

> - 완성품의 세번으로 수입신고 수리 받고자 하는 물품이 미조립상태로 분할선적 수입된 경우
> - 「조달사업에 관한 법률」에 따른 비축물자로 신고된 물품으로서 실수요자가 결정되지 아니한 경우
> - 사전세액심사 대상물품(부과고지물품 포함)으로서 세액결정에 오랜 시간이 걸리는 경우
> - 품목분류나 세율결정에 오랜 시간이 걸리는 경우
> - 수입신고 시 관세법 시행령 제236조 제1항 제1호에 따라 원산지증명서를 세관장에게 제출하지 못한 경우
> - 「자유무역협정의 이행을 위한 관세법의 특례에 관한 법률」 제8조 제4항 단서에 따른 수입신고수리 전 협정관세의 적정 여부 심사물품으로서 원산지 등의 결정에 오랜 시간이 걸리는 경우

② 승인 신청

신고 수리 전 반출을 승인받고자 하는 자는 세관장에게 수입신고 수리 전 반출승인(신청)서에 신고 수리 전 반출 신청내용을 기재하여 전송해야 한다.

③ 담보 제공

신고 수리 전 반출하려는 자는 납부해야 할 관세 등에 상당하는 담보를 제공해야 한다.

④ 관세 부과

세관장은 신고 수리 전 반출기간 중에 관세부과 제척기간이 도래하는 물품이 있는 경우 제척기간 도래 전에 관세법 제39조 제1항 제3호에 따라 수입화주나 비축물자 수입자에게 해당 관세를 부과해야 한다.

(5) 신고인의 서류 보관·관리

① 서류 보관 등

신고인은 관세법 제248조 제1항 단서에 따라 신고필증을 교부받은 경우에는 서류를 신고인별, 신고번호순으로 보관·관리해야 하며 세관장이 업무상 필요에 의하여 신고서류를 요구할 경우 이를 즉시 제출해야 한다.

② 폐업신고 시

신고인이 폐업신고를 한 경우에는 보관 중인 서류목록을 작성하여 해당 서류와 함께 통관지 세관장 또는 관할지 세관장에게 해당사유가 발생한 날로부터 15일 이내에 제출해야 한다. 다만, 관세사가 사무소 형태 변경, 관할지 변경 등 일시적 사유로 폐업신고를 하는 경우에는 포함하지 아니한다.

③ 신고자료 보관 방법

신고인은 신고자료를 마이크로 필름·광디스크·ERP시스템 등 자료전달 및 보관매체에 의하여 보관할 수 있다.

(6) 전자송달

수입통관분야에서 전자송달할 수 있는 서류는 납부서·납부고지서·환급통지서 및 다음의 서류로 한다.

> ① 수입신고필증
> ② 보완요구서
> ③ 「원산지제도 운영에 관한 고시」에 따른 원산지표시 시정요구서
> ④ 기타 수입통관 관련 서식이 전자송달이 가능하도록 전자화하여 별도 시행하게 된 경우에는 해당 서류
> ⑤ 관세법 제327조 제1항에 따라 전산처리설비를 이용하여 전자신고 등을 한 서류의 접수·결재·취소·각하·정정·수리·승인·허가 등의 결과나 오류를 통지하는 서류
> ⑥ 검사대상 여부를 통지하는 서류
> ⑦ 세관장이 전자송달이 필요하다고 인정하여 교부·통지·통고 등을 하는 서류

5. 신고납부

(1) 징수결정

신고납부 대상물품에 대하여는 통관시스템에 심사결재를 등록하는 때에 징수결정된 것으로 본다. 다만, 납세의무자가 신고 수리 전에 관세 등을 납부한 경우에는 수납은행에서 전송한 영수필통지가 통관시스템에 등록된 때 징수결정된 것으로 본다.

(2) 관세 등의 납부

① 납세의무자

수입신고한 물품의 수입화주는 그 물품에 대한 관세 등의 납세의무자가 된다.

② 납부 방법

관세법 제38조 제1항에 따른 납세신고를 한 자는 수입신고가 수리된 날로부터 15일 이내에 관세 등을 국고수납은행이나 우체국에 납부해야 한다. 이때 통관시스템에서 부여한 납부서 번호와 세액을 기재한 납부서를 함께 제출해야 한다.

③ 수리 전 납부

납세의무자는 수입신고가 수리되기 전에도 규정된 절차에 따라 납부서를 출력하여 세액을 납부할 수 있다.

(3) 수정신고

① 신청서 전송

신고납부한 날로부터 6개월(보정기간)이 지난 후 신고납부한 세액에 부족이 있어 수정신고를 하려는 자는 수정신고 내용을 기재한 수입·납세신고정정신청서를 통관시스템에 전송해야 한다.

② 납부기한

납세의무자는 수정신고를 한 날의 다음 날까지 추가 납부할 세액(가산세를 포함)을 납부해야 한다.

③ 세관장의 확인

세관장은 납부한 내용을 통관시스템에서 확인한 후 당초의 수입신고서 등에 수정신고내용 등을 기록 날인한다.

(4) 경정청구 및 경정

① 경정청구 기한

납세의무자는 신고납부한 세액이 과다한 것을 안 때에는 최초로 납세신고한 날부터 5년 이내에 신고한 세액의 경정을 세관장에게 청구할 수 있다. 다만, 다음의 경우에는 각각 정하는 바에 따른다.

> - 관세법 제38조의3 제3항(후발적 경정청구)의 경우
>   → 그 사유가 발생한 것을 안 날부터 2개월 이내
> - 관세법 제38조의4(수입물품의 과세가격 조정에 따른 경정)의 경우
>   → 그 결정·경정 처분이 있음을 안 날(처분의 통지를 받은 경우에는 그 받은 날)부터 3개월 또는 최초로 납세신고를 한 날부터 5년 이내

② 서류의 제출

경정청구 시 경정청구자는 경정청구 내용을 기재한 수입·납세신고 정정 신청서를 통관시스템에 전송하고 그 증빙자료를 세관장에게 제출해야 한다.

③ 세관장의 통지

경정의 청구를 받은 세관장은 그 청구를 받은 날부터 2월 이내에 세액을 경정하거나 경정해야 할 이유가 없다는 뜻을 청구한 자에게 통지해야 한다.

④ 경정

수입과장은 사전세액심사 대상물품의 심사결과 납부세액이나 납세신고한 세액에 과부족이 있는 경우와 신고수리 전에 신고납부한 물품이 다음의 어느 하나에 해당하는 경우에는 과세 전 통지 없이 직권으로 그 세액을 경정할 수 있다.

> - 품목분류, 세율적용, 과세가격의 가산요소 등의 결정선례(유권해석 등을 포함)를 근거로 정정하는 경우
> - 물품의 세율, 과세가격의 변경적용에 대하여 납세의무자가 동의와 확인을 한 경우

⑤ 통지서 및 고지서 교부

세관장은 경정하는 때에는 세액경정통지서와 증액된 세액(가산세를 포함)에 대한 납부고지서(납부세액의 부족이 있는 경우에 한함)를 납세의무자에게 교부해야 한다.

(5) 세액정정 및 보정 22 기출

① 정정 안내

심사자는 심사결과 납세신고한 세액의 과부족이 있음을 안 때에는 신고인에게 세액정정에 대한 안내를 할 수 있다.

② 서류의 제출

납세의무자는 세액을 납부하기 전에 납세신고한 세액에 과부족이 있는 것을 안 때에는 세액정정신청내용을 기재한 수입·납세신고정정승인(신청)서를 통관시스템에 전송하고 세관장에게 그 증빙자료를 제출해야 한다. 다만, 세관장이 수입·납세신고정정신청서만으로 정정내용의 확인이 가능하다고 인정하는 경우에는 증빙자료의 제출을 생략할 수 있다.

③ 정정 방법

세액정정신청을 한 납세의무자는 해당 납세신고와 관련된 서류의 정정할 부분에 "( )"형으로 표시를 한 후 날인하고 그 위에 실제사항을 기재한다.

④ 납부서 재발행

납세의무자는 정정한 내용대로 세액을 정정하여 납부서를 재발행하되 납부서번호와 납부기한은 변경하지 않는다.

⑤ 보정 통지

세관장은 신고납부한 세액에 부족이 있거나 세액산출의 기초가 되는 과세가격이나 품목분류 등에 오류가 있는 것을 안 때에는 납세의무자에게 해당 보정기간 내에 보정을 신청할 수 있도록 통지할 수 있다.

⑥ 보정신청서 제출

납세의무자는 세액보정통지를 받거나 세액보정사유를 안 때(관세법 제28조 제2항에 따라 잠정가격신고 후 확정가격을 신고하는 경우는 제외)에는 세액보정신청내용을 기재한 수입·납부신고정정승인(신청)서를 통관시스템에 전송해야 한다.

⑦ 세관장의 확인

납세의무자가 세액보정신청내용에 따라 부족세액을 납부한 경우에 세관장은 그 내용을 통관시스템에서 확인한 후 당초의 수입신고서 등에 세액보정내역 등을 기록 날인한다.

⑧ 납부기한 및 보정이자

납세의무자가 세액의 보정을 신청한 경우에는 해당 세액보정을 한 날의 다음 날까지 세액을 납부해야 하며, 납부기한(수리전납부는 납부일) 다음 날부터 보정신청을 한 날까지 기간과 관세법 시행령 제56조 제2항에 따른 이율을 적용하여 계산된 금액을 가산하여 납부해야 한다.

6. 부과고지

(1) 부과고지 대상물품 및 심사

세관장이 관세법 제39조 제1항에 따라 부과고지하는 물품과 부과고지 대상물품의 심사에 관한 사항은 「납세업무 처리에 관한 고시」에서 정하는 바에 따른다. 세관장은 부과고지 대상물품에 대하여 관세와 내국세 등 납부해야 할 세액을 확정하여 고지해야 한다.

(2) 부과고지 대상물품의 확인

세관장은 수입물품이 부과고지 대상에 해당하는지 여부를 확인해야 하며 부과고지 대상물품에 해당되지 아니할 때에는 신고납부를 하도록 조치해야 한다.

(3) 간이세율적용 배제물품

간이세율적용 배제물품은 다음의 어느 하나와 같다.

① 관세법 시행령 제96조 제2항 제1호부터 제4호까지 및 제6호의 물품

> 관세법 시행령 제96조 제2항
> ① 관세율이 무세인 물품과 관세가 감면되는 물품
> ② 수출용원재료
> ③ 법 제11장의 범칙행위에 관련된 물품
> ④ 종량세가 적용되는 물품
> ⑤ 다음 각 목의 어느 하나에 해당하는 물품으로서 관세청장이 정하는 물품
>   ㉠ 상업용으로 인정되는 수량의 물품
>   ㉡ 고가품
>   ㉢ 해당 물품의 수입이 국내산업을 해칠 우려가 있는 물품
>   ㉣ 관세법 제81조 제4항에 따른 단일한 간이세율의 적용이 과세형평을 현저히 해칠 우려가 있는 물품
> ⑥ 화주가 수입신고를 할 때에 과세대상물품의 전부에 대하여 간이세율의 적용을 받지 아니할 것을 요청한 경우의 해당 물품

② 부과고지 대상으로서 1개나 1조의 과세가격이 1,000만 원을 초과하는 물품

③ 상업용으로 인정되는 수량의 물품

④ 관세법 제49조 제3호에 따른 관세(법 제51조부터 제67조까지, 제67조의2 및 제68조부터 제77조까지의 규정에 따라 대통령령 또는 기획재정부령으로 정하는 세율)를 적용받는 물품 중 기본관세율보다 높은 세율을 적용받는 물품

(4) 납부고지

① 고지서 교부

세관장은 부과고지 대상물품에 대하여 관세 등을 징수하고자 할 때에는 해당 물품의 세액을 확정하여 납부고지서를 납세의무자에게 교부해야 한다.

② 납부기한

납부고지를 받은 자는 그 고지를 받은 날로부터 15일 이내에 해당 세액을 국고수납기관이나 우체국에 납부해야 한다.

7. 통합납부

(1) 통합납부

납세의무자는 납부해야 할 관세 등의 납부기한과 세입징수관서가 동일한 여러 건의 수입신고물품에 대한 납부세액을 합산하여 1건의 납부서에 의하여 납부 할 수 있다.

(2) 통합납부 대상물품과 업체

통합납부할 수 있는 물품은 신고납부 대상물품으로서 신고, 사후납부(포괄담보)(징수형태 "13")에 해당하는 물품이어야 한다. 통합납부할 수 있는 업체는 통합납부서를 발행하려는 세관에 수입신고하는 건수가 1년간 3,000건 이상(일일평균 약10건 내외)인 업체이어야 한다.

(3) 통합납부업체의 지정

① 신청

통합납부업체로 지정받고자 하는 자는 통합납부업체 지정 신청서를 통합납부서를 발행받고자 하는 세관장에게 제출해야 한다.

② 세관장의 확인

통합납부업체 지정신청서를 접수한 세관장은 통관시스템의 통계정보를 조회하여 요건에 해당되는지 여부를 확인할 수 있다.

③ 통지

세관장이 통합납부업체를 지정한 때에는 그 내용을 전산시스템에 등록하고 그 사실을 신청인에게 통지해야 한다.

(4) 통합납부서 발행 등

① 발행

통합납부서는 신고수리일자별로 신고수리일 익일부터 납부기한 만료 전일까지 납세의무자의 요청에 의하여 통합납부업체로 지정한 세관장이 발행한다. 다만, 납부건수가 1건인 경우에는 발행하지 아니한다.

② 세관장의 확인

세관장이 통합납부서와 통합납부 명세서를 발행하여 교부한 때에는 납세의무자별로 통합납부 발행대장을 출력하여 갖추어 두고 전산수납 여부를 확인기재 해야 한다.

③ 통합납부서의 효력

통합납부서를 교부받은 납세의무자가 납부기한 내에 관세 등을 납부하지 아니한 경우에는 통합납부서는 납부기한 만료일 24시에 그 효력이 상실되며 해당 세액은 개별납부서로 가산세와 함께 납부해야 한다.

(5) 통합납부업체의 지정취소

세관장은 통합납부업체로 지정받은 업체가 세액보정 등으로 수납확인이 되지 아니하거나 수입신고건수가 급격히 감소하여 통합납부대상에서 제외할 필요가 있는 때에는 통합납부업체 지정을 취소할 수 있다. 통합납부업체 지정을 취소한 때에는 전산시스템에 취소사실을 등록해야 한다.

8. 전자통관심사

(1) 전자통관심사

① 적용 기준

전자통관심사는 「수출입 안전관리 우수업체 공인 및 운영에 관한 고시」에 따라 수출입안전관리우수업체로 공인받은 수입업체가 수입하는 물품과 그 외의 업체가 수입신고하는 물품 중 위험도가 낮은 물품에 대하여 적용하는 것을 원칙으로 한다. 다만, 업체의 신고성실도 등을 고려하여 필요하다고 인정하는 경우에는 관세청장이 따로 적용기준을 정하여 적용할 수 있다.

② 제외 대상물품

전자통관심사 대상물품에는 다음의 물품은 제외한다. 다만, 전자통관심사 대상업체의 AEO등급별 제외 대상을 차등 운영할 수 있다.

- 서류제출 대상물품
- 관세법 제226조에 따른 세관장확인 대상물품
- 그 밖에 관세청장이 전자통관심사가 적합하지 않다고 인정하는 물품

(2) 전자통관심사 대상업체 관리

세관장은 전자통관심사 대상업체가 다음의 어느 하나에 해당하는 사실이 발생한 때에는 전자통관심사 적용의 중지를 관세청장에게 요청해야 한다.

① 관세법, 환특법, 「외국환거래법」, 「대외무역법」, 「상표법」 등 수입통관 관련규정을 위반하여 처벌받은 경우. 다만, 세관장은 집행종료 또는 집행유예 기간이 만료한 후 2년이 경과한 경우에는 중지해제를 요청할 수 있다.

② 관세 등 수입물품과 관련된 제세를 체납한 경우. 다만, 납부기한 경과 후 30일 이내에 체납된 관세 등을 납부한 때에는 제외할 수 있다.

③ 거짓으로 전자통관심사 대상물품이 아닌 물품을 전자통관심사 대상으로 신고한 경우

---

03 간이통관절차

1. 소액물품의 자가사용 인정기준 및 합산과세 기준 등

(1) 소액물품의 자가사용 인정기준

관세법 시행규칙 제45조 제2항 제1호에 따른 소액물품의 자가사용 인정기준은 [별표 11]과 같다.

종류	품명	자가사용 인정기준 (면세통관범위)	비 고
농림수축산물	참기름, 참깨, 꿀, 고사리, 버섯, 더덕 호두 잣 소, 돼지고기 육포 수산물 기타	각 5kg 5kg 1kg 각 10kg 5kg 각 5kg 각 5kg	• 면세통관범위 초과의 경우에는 요건확인 대상(식물방역법, 가축전염병예방법, 수산동물질병관리법 대상은 면세통관범위 이내의 물품도 반드시 요건확인을 받아야 함)
한약재	인삼(수삼,백삼,홍삼 등) 상황버섯 녹용 기타 한약재	합 300g 300g 검역 후 150g 각 3kg	• 녹용은 검역 후 500g(면세범위 포함)까지 과세통관 • 면세통관범위 초과의 경우에는 요건확인 대상
뱀, 뱀술, 호골주 등 혐오식품			• CITES규제대상
VIAGRA 등 오·남용우려의약품			• 국내의사 처방전에 정해진 수량만 통관
건강기능식품		총 6병	-

의약품		총 6병(6병 초과의 경우 의약품 용법상 3개월 복용량)	• 면세통관범위인 경우 요건확인 면제. 다만, 다음의 물품은 요건확인대상
			  - CITES규제물품(예 사향 등) 성분이 함유된 물품
			  - 식품의약품안전처장의 수입불허 또는 유해 통보를 받은 품목이거나 외포장상 성분표시가 불명확한 물품
			  - 에페드린, 놀에페드린, 슈도에페드린, 에르고타민, 에르고메트린 함유 단일완제의약품
			• 면세통관범위를 초과한 경우에는 요건확인대상. 다만, 환자가 질병치료를 위해 수입하는 건강기능식품은 의사의 소견서 등에 의거 타당한 범위 내에서 요건확인 면제

생약(한약)제제	모발재생제 제조환 다편환, 인삼봉황 소염제 구심환 소갈환 활락환, 삼편환 백봉환, 우황청심환	100ml × 2병 8g入 × 20병 10T × 3갑 50T × 3병 400T × 3병 30T × 3병 10알 30알	
	十全大補湯, 蛇粉, 鹿胎喝, 秋風透骨丸, 朱砂, 虎骨, 雜骨, 熊膽, 熊膽粉, 雜膽, 海狗腎, 鹿腎, 麝香, 男寶, 女寶, 春寶, 靑春寶, 强力春寶 등 성분미상 보신제		• 약사법 대상
마약류	芬氣拉明片, 鹽酸安非拉同片, 히로뽕, 阿片, 大麻草 등		• 마약류 관리에 관한 법률 대상
야생동물 관련제품	호피, 야생동물가죽 및 박제품		• CITES 규제대상
기호물품	주류 궐련 엽궐련 전자담배 기타담배 향수	1병(1ℓ 이하) 200개비 50개비 니코틴용액 20ml 궐련형 200개비 기타유형 110g 250g 60ml	• 물품가격 미화 150달러 초과의 경우에는 과세대상 • 주류는 주세 및 교육세 과세 • 향수의 부피 또는 중량 표시 단위가 다른 경우(예 60mg, 2oz 등) ml로 환산한 용량이 60ml 이하이면 자가사용 인정
기 타	• 기타 자가사용물품의 인정은 세관장이 판단하여 통관 허용 • 세관장확인대상물품의 경우 각 법령의 규정에 따름		

(2) 합산과세 기준

세관장은 관세법 시행규칙 제45조 제2항 제1호 단서에 따라 다음의 어느 하나에 해당하는 경우로서 각 물품의 물품가격을 합산한 금액이 소액물품의 자가사용 인정 기준을 초과하는 때에는 관세면제대상에서 제외하고 합산하여 과세한다.

> ① 하나의 선하증권(B/L)이나 항공화물운송장(AWB)으로 반입된 과세대상물품을 면세범위 내로 분할하여 수입통관하는 경우
> ② 같은 해외공급자로부터 같은 날짜에 구매한 과세대상물품을 면세범위 내로 분할 반입하여 수입통관하는 경우

(3) 합산과세 시 수입신고서 등의 처리

① 세관장이 합산과세할 때에는 합산금액에 따라 다음의 어느 하나와 같이 처리한다.

> - 특송물품으로 반입된 경우 미화 150불 초과의 물품은 목록통관을 배제하고 일반수입신고
> - 우편물로 반입된 경우
>   - 미화 1,000불 이하의 물품은 우편물목록 등에 따라 과세처리
>   - 미화 1,000불 초과의 물품은 일반수입신고

② 특송물품으로 반입된 경우 미화 150불 초과의 물품은 수입신고서 세관기재란에 합산과세의 근거가 되는 B/L번호와 합산과세임을 표기하고, 합산과세대상이 된 B/L을 수입신고서에 첨부해야 한다.

③ 미화 1,000불 이하의 우편물은 통관안내서에 합산과세대상임을 기재하여 수취인에게 통지하고 우편물목록에 대상 우편물번호를 기재한 후 합산과세임을 표기해야 하며, 미화 1,000불 초과의 우편물은 위 ②에 준하여 처리한다.

④ 세관장은 전산자료 등을 사후 분석하여 상용물품으로 인정되거나 과세대상물품을 분할하여 부당하게 면세통관한 것으로 확인된 경우에는 관세 등을 추징하거나 조사의뢰해야 한다.

2. 수입신고의 생략 및 간이한 신고

(1) 수입신고의 생략 `23 기출` `20 기출` `18 기출`

① 다음의 어느 하나에 해당하는 물품 중 관세가 면제되거나 무세인 물품은 수입신고를 생략한다.

> ㉠ 외교행낭으로 반입되는 면세대상물품(관세법 제88조)
> ㉡ 우리나라에 내방하는 외국의 원수와 그 가족 및 수행원에 속하는 면세대상물품(관세법 제93조 제9호)
> ㉢ 장례를 위한 유해(유골)와 유체
> ㉣ 신문, 뉴스를 취재한 필름·녹음테이프로서 문화체육관광부에 등록된 언론기관의 보도용품
> ㉤ 재외공관 등에서 외교부로 발송되는 자료
> ㉥ 기록문서와 서류
> ㉦ 외국에 주둔하는 국군으로부터 반환되는 공용품[군함·군용기(전세기를 포함)에 적재되어 우리나라에 도착된 경우에 한함]

② 위 ①의 물품은 B/L(외국에 주둔하는 국군으로부터 반환되는 공용품의 경우에는 물품목록)만 제시하면 물품보관장소에서 즉시 인도한다. 이때 B/L 원본을 확인하고 물품인수에 관한 권한 있는 자의 신분을 확인하여 인수증을 제출받은 후 인계해야 한다.

③ 위 ①의 물품에 대한 검사는 무작위선별방식에 의하여 선별된 물품만을 검사한다.

(2) 신고서에 의한 간이신고 `23 기출` `22 기출` `20 기출` `18 기출`

① (1)-①의 ㉠~㉦에 해당하는 물품 중 과세되는 물품과 다음의 어느 하나에 해당하는 물품은 첨부서류 없이 신고서에 수입신고사항을 기재하여 신고(간이신고)한다.

> - 국내거주자가 수취하는 자가사용물품으로서 물품가격이 미화 150달러 이하인 면세대상물품
> - 상업용견본품으로서 과세가격이 미화 250불 이하의 면세대상물품
> - 설계도 중 수입승인이 면제되는 것
> - 「외국환거래법」에 따라 금융기관이 외환업무를 영위하기 위하여 수입하는 지급수단

② 품명과 규격이 각기 다른 소액물품으로서 물품의 관세 등이 면제되거나 합의세율을 적용하는 경우에는 주요물품명 ○○ 등이라고 표기할 수 있다.

(3) 면세신청서 제출생략

① 관세법 제241조 제2항에 따라 수입신고가 생략되거나 간이한 신고절차가 적용되는 물품 중 다음의 어느 하나에 해당하는 경우로서 면세부호를 기재한 신고서와 물품의 확인만으로 면세대상물품임이 확인되는 경우에는 면세신청서를 제출하지 아니하여도 관세를 감면할 수 있다.

- 외교관 면세대상물품(관세법 제88조)
- 국제평화 봉사활동 등 용품(관세법 제91조제3호)
- 신체장애인용품(관세법 제91조제4호)
- 정부용품 등 면세대상물품(관세법 제92조)
- 소액물품 등의 면세(관세법 제94조)
- 여행자휴대품·이사물품 등의 면세(관세법 제96조)
- 재수입면세대상물품(관세법 제99조)

② 면세해당 사실확인을 위하여 필요한 경우에는 관계증빙서류의 제출을 요구할 수 있다.

04 특정물품의 통관절차

1. 고철 및 비금속설

(1) 용어의 정의

① 고철(비금속설을 포함)

사용 후의 노후화된 폐각품이거나 제품의 제조과정에서 발생한 설로서 국제적인 상관습상 고철로서 거래된 것으로 금속의 재생용이나 화학품의 제조용에만 적합한 금속의 웨이스트와 스크랩을 말한다.

② 고철화

국제적인 상관습상 고철로서 거래되었으나 고철 이외의 타용도에 사용될 수 있는 물품을 압착, 절단, 가공 등의 작업을 함으로써 고철로만 사용하도록 하는 과정을 말한다.

③ 고철장

고철화작업을 하기 위한 구역을 말한다. 고철장은 세관장이 고철의 부정유출 방지 및 고철화작업의 감시·감독상 쉬운 장소로서 지정한다. 다만, 주한 미군 잉여재산처리장은 세관장이 지정한다.

(2) 통관기준

① 세관장은 신고물품이 고철이 명백한 것은 즉시 통관을 허용하고 신고물품이 국제적인 상관습상 고철로서 거래된 것이라도 고철 이외의 다른 용도에 사용될 가능성이 있는 것에 대하여는 고철화작업을 완료한 후 통관을 허용한다.

② 고철화작업을 완료한 후 수입화주는 고철화작업완료계를 세관장에게 제출해야 한다.

③ 세관장은 고철 중에 포함되어 있는 물품 중 고철화작업이 부적합한 것에 대하여는 수입화주의 신청에 의하여 원형대로 과세통관을 허용할 수 있다. 다만, 관세법 제226조에 따라 세관장이 확인하는 수입요건을 갖춘 경우에 한한다.

④ 고철화작업을 한 결과 고철과 철강 이외의 설이 구분되는 경우로서 동 물품의 세율이 각각 상이한 경우에는 이를 각각 구분 과세한다. 이 경우 수량 확인은 공인감정기관의 검정서 등으로 대신할 수 있다.

(3) 특례

① 세관장은 200KW 이상의 전기로, 10M/T 이상의 용해로나 시간당 10M/T 이상의 가열로 시설(공장 전체의 시설규모를 말한다)을 갖추고 있는 실수요자가 수입하는 고철에 대하여는 고철화작업을 생략한다.

② 세관장은 실수요자 이외의 전기로, 용해로나 가열로 시설을 갖추고 있는 관내 수입업자 중 세관장이 해당 업계의 시설, 성실도 등을 고려하여 실수요자로 지정한 자가 수입하여 소비할 고철(세관장이 지정한 품목에 한한다)에 대하여는 고철화작업을 생략할 수 있다.

③ 고철화작업을 생략하는 경우 실수요자는 해당물품을 타인에게 양도할 수 없다.

(4) 신고수리조건

세관장은 고철로서 통관허용 시에는 신고필증에 "이 수입신고필증에 표기된 고철을 고철 이외의 다른 용도에 사용하는 때에는 법에 따라 처벌을 받게 됨"이라는 표시를 한다.

(5) 해체·절단 등의 작업대상물품

관세법 제159조 제5항에 따라 보세구역에 장치된 수입물품 중 원형을 변경하거나 해체·절단 등의 작업을 할 수 있는 물품은 다음의 어느 하나로 한다.

> ① 해체용 선박
> ② 각종 설중 세관장이 원형 변경, 해체, 절단 등의 작업이 필요하다고 인정하는 물품
> ③ 세관장이 진정화작업이 필요하다고 인정하는 물품

2. 해체용 선박

(1) 용어의 정의

① 해체용 선박

사용으로 인하여 노후되었거나 선박으로서 그 이상 사용할 수 없다고 판단되는 경우에 구성 재료대로 사용할 목적으로 해체하려는 선박을 말한다.

② 분리과세대상물품

선박 건조 당시부터 해체용 선박에 부착되거나 부수되는 물품으로서 수입자가 이를 원형대로 통관하고자 해체용 선박과 별도로 관세법 제226조에 따른 세관장이 확인하는 수입요건을 갖춘 물품을 말한다.

(2) 입항확인

입항업무 담당과장은 선박용품 및 기타 적재물품과 선박건조 당시부터 부착되거나 부수되는 물품 이외의 물품을 확인한 후 물품목록을 수입과장에게 통보해야 한다.

(3) 신고

해체용 선박의 수입신고는 다음의 어느 하나와 같이 구분하여 신고함을 원칙으로 한다.

> ① 해체용 선박   ② 분리과세대상물품

(4) 신고수리전 해체 및 폐품화작업

신고수리전에 해체작업이나 폐품화작업을 하려는 자는 관세법 제159조에 따라 세관장의 허가를 받아야 한다.

(5) 통관허용 범위 및 과세물품

① 해체용 선박은 분리과세대상물품에 대한 과세처리나 폐품화작업이나 보세구역에의 반입을 완료한 경우 관세율표의 해당세율을 적용하여 관세를 수납한 후 신고수리한다.

② 분리과세대상물품에 대하여 수입신고인이 과세를 원하지 아니하는 경우에는 폐품화작업을 실시하고 해체용 선박으로 일괄 과세처리한다.

(6) 의무이행의 요구

① 세관장은 총톤수 2,000톤 이상의 해체용 철강선박에 대하여는 해체작업 전에 신고수리할 수 있다.

② 위 ①에 따라 신고수리할 경우 세관장은 "분리과세대상물품을 원형으로 사용하고자 할 때에는 최초 수입신고수리일로부터 60일 이내에 추가 신고하여 수리를 받아야 한다"라는 사항을 신고서에 기재하여 신고수리한다.

(7) 심사

세관장은 분리과세 대상물품에 대하여 해체용 선박과 별도로 관세법 제226조에 따른 수입요건을 구비해야 하는 물품인지 여부를 심사해야 한다.

(8) 추가신고

① 총톤수 2,000톤 이상의 해체용 철강선박으로서 수입신고하지 아니한 분리과세 대상물품을 신고수리후 원형대로 사용하고자 할 때에는 최초 신고수리후 60일 이내에 추가로 수입신고해야 하며, 신고 시에는 당초의 신고필증의 사본을 첨부하고, 신고서 비고란에는 "신고번호 ○○○○호 해체용 선박의 분리과세대상물품 추가신고분"이라고 기재해야 한다.

② 세관장은 부득이한 사유가 있다고 인정할 때에는 1월의 범위 내에서 추가로 수입신고해야 하는 기간을 연장할 수 있다.

(9) 작업신고 및 사후관리

신고수리를 받은 해체용 철강선박을 해체작업하려는 자는 세관장에게 신고해야 한다. 그 작업을 종료된 때에도 또한 같다.

3. 공동어업사업에 의하여 반입되는 수산물

(1) 용어의 정의

① 공동어업사업

「수산업법」 제41조에 따라 원양모선식 어업허가를 받은 사업을 말한다.

② 모선식어업

한국모선(처리가공 시설을 갖춘 공모선)과 외국자선(어로선)의 공동조업을 말한다.

③ 운반선

모선에서 처리가공한 수산물을 운반하는 선박을 말한다.

(2) 물품의 적재허가

모선과 운반선에 외국물품을 적재하여 반입하고자 할 때에는 관세법 제140조 제6항에 따라 세관장의 허가를 받아야 한다.

(3) 수입신고

① 외국물품의 적재허가를 받은 선박이 입항하였을 때에는 관세법 제241조 제1항에 따라 수입신고를 해야 한다.

② 수입신고를 해야 할 대상은 공동어업사업에 의하여 반입되는 원어를 냉동시킨 물품과 원어상태의 물품을 처리가공하여 얻어진 물품에 한한다.

(4) 신고 시 제출서류

공동어업사업에 의하여 반입되는 수산물의 수입신고 시에는 신고서에 다음의 서류를 첨부해야 한다.

① 선하증권(자사선인 경우에는 제외)
② 반입물품 명세서
③ 수입승인(허가)서

(5) 통관심사
① 수입신고를 받은 세관장은 해당물품이 신고수리전에 관세법 제226조에 따라 허가, 승인 기타조건의 구비가 필요한 경우에는 동 수입요건을 확인해야 한다.
② 수입요건을 확인받은 물품이 처리가공을 거치지 아니한 원어상태의 수산물이라 하더라도 수입신고된 물품이 원어상태의 수산물을 처리가공하여 얻어진 물품인 경우에는 수입요건을 구비한 물품으로 본다.

(6) 과세물건의 확정
① 공동어업사업에 의하여 반입되는 수산물에 대한 관세는 수입신고를 할 때의 물품의 성질과 그 수량에 의하여 부과한다. (예 공동어업사업에 의하여 구입한 물품은 명태라 하더라도 처리가공하여 실제 반입되는 물품이 명란, 필레트, 연육, 어유 등인 경우에는 각각 명란, 필레트, 연육, 어유가 과세물건임)
② 수량은 수입자가 신고하는 수량을 인정처리할 수 있다.

(7) 사후관리
세관장은 관세법 제266조에 따라 연 1회 이상 관계장부 등을 조사하거나 제출하게 하여 수입신고된 물품의 수량이나 가격의 정확성 여부를 확인할 수 있다.

4. 국제무역선에서 수거된 폐유

(1) 적용대상
해양환경관리법 제37조에 따라 국제무역선에서 수거한 폐유 중 우리나라로 수입하려는 폐유에 대하여 적용한다.

(2) 용어의 정의
① 폐유
국제무역선에서 발생한 다음의 물품을 말한다.

> ㉠ 연료유·윤활유가 새어나와 모인 것에 바닷물 등이 섞여서 생긴 유성혼합물(선저폐수 : Bilge)
> ㉡ 연료유·윤활유를 청정할 때 생기거나 기관에서 기름의 누출 등에 의하여 생기는 유성잔류물로서 연료유·윤활유로 재사용할 수 없는 것(슬러지 : Sludge)
> ㉢ 기관의 윤활유를 교환할 때 수거하는 폐윤활유(폐윤유 : Lubricating Waste Oil)
> ㉣ 탱크 내의 찌꺼기를 제거하거나 수리를 할 때 본선 펌프로 이송이 불가능한 소량의 남은 기름(유창 청소 폐유 : Cleansing Waste Oil)
> ㉤ 위 ㉠부터 ㉣까지를 제외한 국제무역선에서 발생한 기타 폐유

② 유창청소업자
「해양환경관리법」 제70조에 따라 선박의 유창청소와 폐유수거 사업을 하고자 해양경찰청장에게 등록한 자를 말한다.
③ 폐기물처리업자
「폐기물관리법」 제26조에 따라 폐기물의 수집·운반이나 처리를 업으로 하고자 시·도지사 또는 환경부장관으로부터 허가받은 자를 말한다.

(3) 신고인
폐유에 대한 수입신고는 다음의 어느 하나에 해당하는 자의 명의로 해야 한다.

> ① 관세사
> ② 유창청소업자
> ③ 폐기물처리업자(육상에 위치한 해양시설과 조선소에서 건조 중인 선박에서 발생하는 폐유에 한한다)
> ④ 기타 적법한 폐유처리자격이 있는 자로서 폐유를 수입하려는 자

(4) 신고
① 세관장은 수입신고하는 경우 장치장소를 본선이나 바지선으로 하여 통관을 허용할 수 있다.
② 폐유를 수입하려는 자는 수입신고서(보관용, 수입신고필증)와 다음에 해당하는 서류를 제출해야 하며 B/L, 송품장, 포장명세서 등은 제출하지 않는다.

> • 「해양환경관리법 시행규칙」 제39조에 따른 오염물질 수거 확인증이나 「폐기물관리법 시행규칙」 제20조에 따른 폐기물인계서
> • 견적서(판매물품의 경우), 지불증빙서류(실제지불가격의 경우)나 공인감정기관의 감정서

③ 신고수량은 본선에서 수입신고하는 경우 하선 전 수거예정수량으로 신고한 후 수거수량이 확정되면 확정수량을 재신고하며, 바지선에서 수입신고하는 경우에는 하선 후 수거확정수량으로 수입신고한다. 최초 하선을 바지선이 아닌 육지로 한 경우에도 같다.
④ 신고가격은 관세법 제30조 내지 제35조에 따른 과세가격 결정방법에 따른다.

5. 그 밖의 특정물품

(1) 선박·항공기
① 용어의 정의

> • 국적취득조건부 임차선박·항공기
> 임차기간 만료 시 소유권을 이전받는 조건으로 임차 수입하는 선박이나 항공기를 말한다.
> • 편의치적(便宜置籍) 선박
> 소유권을 이전받아 「선박법」 제2조에 따른 한국 선박이 된 수입 선박 중 우리나라 국적이 아닌 외국 국적을 취득한 선박을 말한다.
> • 경락선박·항공기
> 국내법원의 경매를 통해 낙찰받아 수입하려는 외국 선박이나 항공기 말한다.

② 선박·항공기를 외국으로부터 수입하려는 자는 해당 선박·항공기가 우리나라에 최초 입항한 때 수입신고를 하고 세관장으로부터 신고수리를 받아야 한다. 다만, 국적취득조건부 이외의 임차선박·항공기가 관세법 제2조 제6호와 제7호에 따른 국제무역선(기)에 해당되는 경우(원양어선을 포함)는 제외한다.
③ 경락선박·항공기(경락 후 편의지적된 경우를 포함)를 경락받은 자는 해당 선박·항공기를 경락받은 때 수입신고를 하고 세관장으로부터 신고수리를 받아야 한다. 다만 외국으로 수출하려는 경우에는 수출신고를 하고 세관장으로부터 신고수리를 받아야 한다.

(2) 컨테이너 및 항공기용 탑재용기
① 소유권이 이전되는 컨테이너 등을 수입하려는 자는 해당 컨테이너 등이 지정장치장 또는 보세창고에 최초로 반입되거나 보세구역이 아닌 장소에 최초로 장치되는 때에 세관장에게 수입신고를 해야 한다.
② 위 ①에서 컨테이너 등이란 화물을 운송하기 위하여 반복하여 사용할 수 있도록 제작된 운송용기로써 「컨테이너 관리에 관한 고시」 제2조 제1호의 것과 항공기용 탑재용기를 말한다.

(3) 액체화물
① 액체화물은 보세구역의 탱크시설에 장치할 액체화물(원유, 당밀, 동물류, 식물류, 광물류, 유무기 액체제로 액체상의 물품)을 말한다.

② 액체화물은 B/L별 통관을 원칙으로 한다. 다만, 다음의 경우에는 B/L분할통관을 할 수 있다.

- 수출화물 제조에 사용될 원료 수입의 경우
- 협회, 조합 등에서 일괄 수입한 물품으로서 실수요자별로 수입신고하려는 경우
- 저장탱크별로 통관하여도 과세수량 확정과 화물관리에 지장이 없는 경우

③ 하나의 탱크시설에 원산지가 다른 액체화물이 혼합 보관된 경우 해당물품의 원산지는 원산지증명서에 의하며, 수량은 B/L상의 수량에 의하되 검정보고서(Survey Report)상의 검정수량과 일치하지 않는 경우에는 검정수량을 우선 적용한다.

(4) 액화천연가스

① 용어의 정의

- 액화천연가스(LNG)
  천연가스를 정제해서 얻은 메탄을 주성분으로 하는 가스를 냉각시켜 액화한 가스로서 관세율표 제2711.11-0000호에 분류되는 가스를 말한다.
- 천연가스(NG)
  천연가스를 정제해서 얻은 메탄을 주성분으로 하는 가스로서 섭씨 15도의 온도와 수은주 1,013밀리바(101.3kPa)의 압력하에서 가스 상태에서 관세율표 제2711.21-0000호에 분류되는 가스를 말한다.
- 리턴가스
  액화천연가스(LNG) 수송선 탱크와 저장탱크 사이의 일정한 압력유지를 위한 국제적 표준 프로세스(Vapor Return Process)에서 NG암(arm)을 통해 저장탱크와 액화천연가스(LNG) 수송선 탱크 사이에서 이동하는 천연가스를 말한다.
- 순반입량
  액화천연가스(LNG) 하역완료 후 공인감정기관이 발행한 검정보고서(survey report)에 기재된 리턴가스 물량을 제외한 실제 하역물량을 말한다.

② 수입신고 물량

- 액화천연가스(LNG)를 수입신고하고자 하는 자는 우리나라에 실제 반입되는 물량에 따라 신고해야 한다. 이 경우 공인감정기관이 발행한 검정보고서(survey report)에 기재되어 있는 실제 순반입량을 기준으로 수입신고해야 한다.
- 입항 전 수입신고의 경우에는 선적지에서 제3자가 국제표준에 따라 객관적으로 발행한 검정보고서 등에 따른 적재물량으로 수입신고할 수 있다.
  이 경우 액화천연가스(LNG) 하역완료 후 공인감정기관이 발행한 검정보고서(survey report)에 기재된 순반입량으로 수입신고 물량을 정정해야 한다.

(5) 연속공급물품

① 연속공급물품은 외국과 연결된 전선로, 배관 등의 고정시설을 통해 수입하는 물품으로서 관세법 시행령 제246조 제7항에 해당하는 전기, 가스, 유류·용수 등 액체류를 말한다.
② 연속공급물품을 최초로 수입하려는 자는 사전에 해당물품의 검량장소를 관할하는 세관장에게 다음의 사항을 기재한 서류를 작성하여 신고해야 한다.

- 업체상호·주소와 대표자 성명
- 해외거래처 상호와 주소
- 수입하려는 물품의 품명·규격
- 월단위 수입 예정수량
- 검량방법과 검량장소

- 수입 개시일자
- 업체 담당자 성명과 연락처

③ 세관장은 신고한 검량방법이 적정하지 않다고 판단되는 경우 연속공급물품 수입업체와 협의를 통해 적정한 검량방법을 정할 수 있다.
④ 연속공급물품은 1개월 단위의 수입수량에 대하여 다음 달 10일까지 검량장소를 관할하는 세관장에게 수입신고를 해야 하며, 기한을 초과하여 수입신고를 하는 경우 관세법 제241조 제4항을 준용하여 가산세를 징수한다.
⑤ 연속공급물품 수입화주는 매월 말까지 익월 수입예정수량에 대해 관세법 제248조 제2항에 따라 관세에 상당하는 담보를 세관장에게 제공해야 한다.

6. 통관지세관 제한 19 기출

(1) 특정물품의 통관지세관 제한

① [별표 5]에 열거된 물품(특정물품)은 동 별표상에 열거된 세관(특정세관)에서 수입통관을 해야 한다. 다만, 통관지세관장의 사전승인을 받은 경우와 보세공장에서 반출입하는 물품의 경우에는 그러하지 아니하다.
② 특정물품을 특정세관 이외의 세관에서 통관하려는 자는 다음의 사항을 기재한 신청서를 통관지세관장에게 제출해야 한다.

- 물품의 품명, 규격, 수량과 가격
- 입항(예정)일자, 선명, 선하증권번호
- 수입신고 예정일자와 세관명
- 사유
- 기타 참고사항

더 알아보기

[별표 5] 특정물품의 통관지세관 지정 (제106조 관련) 22 기출

특정물품	특정세관
고철	수입물품의 입항지 세관, 관할지 세관장이 인정하는 고철창고가 있는 내륙지 세관. 다만, 제75조에 따라 고철화작업의 특례를 적용받는 실수요자 관할세관에서도 통관가능
해체용 선박	관할지 세관장이 인정하는 선박해체작업 시설을 갖춘 입항지 세관
수산물(HS 0302호, 0303호, 0305호. 단, HS 0305호는 염수장한 것에 한함)	수입물품의 입항지 세관, 보세구역으로 지정받은 냉장·냉동창고가 있는 내륙지 세관. 다만, 수출용원자재는 관할지 세관장이 인정하는 냉장·냉동시설이 있는 수산물제조·가공업체 관할세관에서도 통관 가능
수입쇠고기 및 관련제품(HS 0201호, 0202호 해당물품, HS 0206호, 0210호, 0504호는 쇠고기, 소의 것에 한함, HS 0506.90-1020 물품)	관할구역 내 축산물 검역시행장 및 보세구역으로 지정받은 냉장·냉동창고가 있는 세관
활어(HS 0301호, 관상용 및 양식용은 제외)	관할구역 내 활어장치장이 있는 세관
쌀(HS 1006.20호, 1006.30호 해당물품)	인천, 인천공항, 부산, 평택직할, 마산, 울산, 동해, 광양, 목포, 군산, 포항세관
중고승용차	인천, 인천공항, 서울, 부산, 평택직할, 용당, 마산세관

05 수입신고 수리 후 확인

1. 의무불이행 물품 등에 대한 관리

(1) 보세구역 반입명령대상

① 반입명령대상

관세청장이나 세관장(반입명령인)은 수입신고 수리 물품이 다음의 어느 하나에 해당하는 경우에는 관세법 제238조에 따라 화주 또는 수출입신고인에게 해당 물품을 보세구역으로 반입할 것을 명령할 수 있다. 다만, 해당 물품이 수입신고 수리를 받은 후 3월이 경과하였거나 관련법령에 의하여 관계행정기관의 장의 시정조치가 있는 경우에는 그러하지 아니하다.

- 관세법 제227조에 따른 의무를 이행하지 아니한 경우
- 관세법 제230조에 따른 원산지표시가 적법하게 표시되지 아니하였거나 수입신고 수리 당시와 다르게 표시되어 있는 경우
- 지식재산권을 침해한 경우
- 관세법 제230조의2에 따른 품질 등의 표시(표지의 부착을 포함)가 적법하게 표시되지 아니하였거나 수출입신고 수리 당시와 다르게 표시되어 있는 경우

② 반입명령서 송달

반입명령인이 보세구역 반입명령을 하는 경우에는 반입명령서를 해당물품의 화주 또는 수출입신고인(반입의무자)에게 송달해야 한다.

③ 반입명령 사항 공시

반입명령인은 반입의무자의 주소나 거소가 분명하지 아니한 때에는 관세청이나 세관의 게시판과 기타의 적당한 장소에 반입명령사항을 공시할 수 있다. 이 경우 공시한 날로부터 2주일이 지난 때에는 반입의무자에게 반입명령서가 송달된 것으로 본다.

④ 필요한 조치의 명령

반입명령인은 법 위반사항이 경미하거나 감시·단속에 지장이 없다고 인정되는 경우에는 반입의무자에게 해당 물품을 보세구역으로 반입하지 아니하고 필요한 조치를 하도록 명할 수 있다.

(2) 반입명령인

① 보세구역 반입명령은 관세청장, 수입신고수리세관장, 의무위반 사항을 조사한 세관장, 반입명령 대상물품의 소재지를 관할하는 세관장이 할 수 있다.

② 관세청장은 반입대상물품과 반입명령사유 등을 지정하여 세관장에게 보세구역 반입명령을 발하도록 지시할 수 있다.

(3) 반입할 보세구역

① 반입보세구역은 반입명령인이나 반입대상물품의 소재지 지정보세구역으로 한다. 다만, 해당 세관 관할 내에 지정보세구역이 없거나 기타 부득이한 사유가 있는 경우에는 특허보세구역으로 한다.

② 해당 세관 관할 내 보세구역이 없는 경우에는 해당 세관과 인접한 세관의 관할 내 보세구역에 반입하게 할 수 있다.

(4) 반입기한

① 반입명령인은 반입대상물품의 성질, 수량 및 물품소재지와 반입보세구역 간의 거리 등을 고려하여 반입기한을 지정해야 한다.

② 반입의무자가 반입기한 내 반입이 곤란한 사유가 있는 때에는 그 사유와 증빙서류를 첨부하여 반입명령인에게 반입기한 연장을 신청해야 한다.

③ 연장신청을 받은 반입명령인은 그 연장신청사유가 타당하다고 인정되는 때에는 반입기한을 초과하지 않는 범위 내의 기한을 정하여 연장승인할 수 있다.

(5) 반입의무자의 의무

① 반입의무자는 보세구역 반입명령을 이행하면서 발생되는 운송료, 보관료 및 기타 비용을 부담해야 한다.

② 반입의무자는 반입명령을 받은 해당 물품에 대하여 관련법령에 의하여 이미 관계 행정기관의 장의 시정조치가 있는 경우에는 그 사실을 증명하는 서류를 반입명령인에게 제출해야 한다.

(6) 반입명령 대상물품의 확인

① 반입명령인이 신고수리세관장으로서 해당 세관의 관할구역 내로 반입명령을 한 경우 반입명령인은 물품반입 보세구역의 화물관리인이나 운영인에게 반입명령사실을 통보하고 물품이 반입되는 즉시 반입사유 확인을 위한 물품검사 등을 실시한다.

② 반입명령인이 신고수리세관장으로서 해당 세관 이외의 관할구역으로 반입명령을 한 경우 반입명령인은 반입의무자에게 반입명령을 함과 동시에 반입명령사실을 물품반입지 관할세관장에게 통보해야 한다.

③ 반입명령사실을 통보받은 물품반입지 관할세관장은 물품 반입보세구역의 화물관리인이나 운영인에게 반입명령사실을 통보하고 물품이 반입되는 즉시 물품의 반입사실과 반입사유 확인을 위한 물품검사 등을 실시하고 확인 결과 등을 반입명령인에게 통보해야 한다.

④ 반입명령인이 신고수리세관장이 아닌 경우로서 해당 세관의 관할구역으로 반입명령을 한 경우, 반입명령인은 반입의무자에게 반입명령을 함과 동시에 반입명령사실을 신고수리세관장에게 통보해야 하며, 물품반입 보세구역의 화물관리인이나 운영인에게 반입명령사실을 통보하고 물품이 반입되는 즉시 반입사유 확인을 위한 물품검사 등을 실시한다.

(7) 반입명령 대상물품의 조치 등

① 반입명령인은 보세구역 반입물품의 물품검사 결과에 따라 반입의무자에게 다음의 어느 하나에 해당하는 조치를 명한다.

- 위반사항 등을 보완 또는 정정한 이후 국내로 반입
- 국외로 반출 또는 폐기

② 반입명령인이 반출이나 폐기할 것을 명한 경우 반출이나 폐기에 드는 비용은 반입의무자가 부담한다.

③ 반입명령인이 신고수리세관장으로서 해당 세관 이외의 관할구역으로 반입명령을 한 경우 반입명령인은 조치내용을 물품반입지 관할세관장에게 통보해야 하며, 물품반입지 관할세관장은 반입의무자의 조치 여부를 확인하고 그 이행결과를 반입명령인에게 통보한다.

④ 반입명령인이 수입신고 수리 세관장이 아닌 경우로서 해당 세관의 관할구역으로 반입명령을 한 경우 반입명령인은 조치내용과 반입의무자의 조치 이행결과를 신고수리세관장에게 통보해야 하며 신고필증도 함께 송부한다.

(8) 신고필증의 관리

① 반입의무자는 반입명령 대상물품을 보세구역에 반입함과 동시에 해당 물품의 수입신고필증을 반입명령인에게 제출해야 한다.

② 반입명령인은 반입의무자가 위반사항 등을 보완 또는 정정한 이후 국내로 반입하는 경우에는 보완 또는 정정된 내용에 따라 수입신고필증을 정정하여 교부한다.

③ 반입명령인은 반입물품이 국외로 반출 또는 폐기되었을 때 당초의 수출입신고수리를 취소한 후 신고를 각하한다. 이 경우 해당 물품을 수입할 때 납부한 관세 등은 과오납환급한다.

(9) 반입명령의 집행요령

세관공무원이 반입명령 대상물품을 발견한 경우 다음에서 정하는 요령에 따라 처리한다.

① 반입의무자에게 세관공무원임을 증명할 수 있는 증표(공무원증)를 제시하고 반입명령사유를 설명해야 한다.
② 세관공무원은 반입명령 대상물품에 반입명령 대상임을 알리는 표지를 부착해야 한다.
③ 표지를 부착한 세관공무원은 즉시 과장에게 보고하고 반입명령절차를 밟아야 한다.

2. 수입외국물품 통관표지

(1) 통관표지 첨부대상

① 관세법 제228조(통관표지)와 관세법 시행령 제235조(통관 표지의 첨부)에 따라 통관표지를 첨부해야 할 물품은 수입신고 수리 물품과 관세법에 의하여 매각된 물품으로서 [별표 7]에 열거된 물품으로 한다.
② 다음의 어느 하나에 해당하는 물품은 통관표지의 첨부를 생략한다.

- 수입신고 수리 후 자가사용으로 인정되는 휴대품, 우편물, 탁송품이나 별송품
- 재수출조건부 면세대상 물품 등 일시수입물품
- 우리나라에서 수출된 후 재수입되는 물품
- 외교관 면세대상물품
- 수출조건으로 공매낙찰된 물품

(2) 통관표지의 종류

① 통관표지의 종류는 초록색, 붉은색 2종으로 하고 초록색은 일반수입물품에 붉은색은 매각된 물품에 첨부한다.
② 통관표지의 규격과 모양은 [별표 8]과 같다.

[별표 8] 통관표지의 규격 (제117조 제2항 관련)

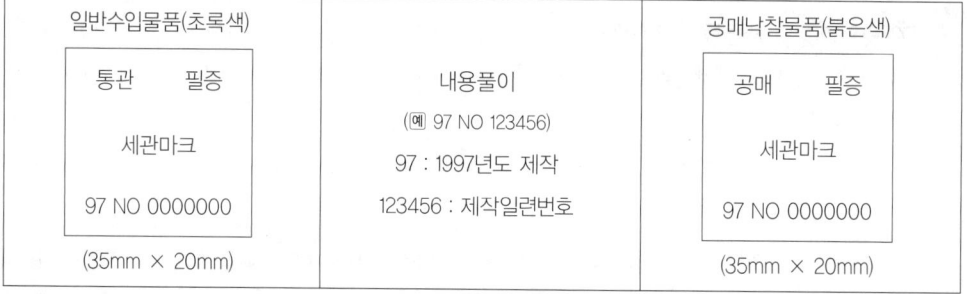

(3) 통관표지의 첨부방법

① 통관표지는 통관표지 첨부대상물품의 현품(개당)에 1장씩 첨부한다.
② 통관표지는 세관공무원의 관리감독 하에 수입화주나 매입자의 비용과 책임으로 첨부해야 하며, 입회한 세관공무원은 첨부 후 재사용이 불가능하도록 완전히 부착되었는지 여부를 확인해야 한다.
③ 통관표지 첨부 시 입회한 세관공무원은 통관표지 첨부결과를 복명서로 보고해야 한다.

(4) 통관표지의 관리

① 통관표지는 관세청장이 일괄 인쇄하여 각 세관장에게 배부한다.
② 통관표지는 각 세관 화물관리담당과에서 관리 운용하되 통관표지가 필요한 기타 해당 과에도 적정량을 교부한다.
③ 화물관리담당과와 기타 통관표지를 교부받은 해당과는 통관표지의 관리대장을 갖추어 두고 통관표지의 반출입수량, 반출입일시, 제작일련번호 및 재고현황 등을 정확히 기록 유지한다.
④ 각 세관 화물관리 담당과장과 기타 통관표지를 교부받은 해당과장은 관리 및 기록사항을 매월 말 확인해야 한다.
⑤ 통관표지를 관리하는 담당자의 보직변경 시에는 철저히 수량확인(인수·인계)하여 통관표지 관리대장에 인수·인계사항 등 기록을 유지해야 한다.

(5) 신고서 등에의 기재
　① 통관표지 첨부대상 물품의 신고서나 매각된 물품의 품명. 규격란에는 제조번호 등을 가능한 한 상세히 표기하여 부정외래품을 쉽게 알아볼 수 있도록 해야 한다.
　② 세관장이 통관표지 첨부대상 수입물품에 대하여 수입신고수리를 하고자 할 때에는 통관표지의 종류와 소요되는 수량을 세관 기재란에 표기해야 한다.

06 수입신고 전 물품반출절차

1. 총칙

(1) 용어의 정의
　① 반출신고
　　관세법 제253조에 따라 수입신고 전에 물품의 반출을 신고하는 것을 말한다.
　② 즉시반출업체
　　관세법 시행령 제257조 제2항에 따라 세관장으로부터 즉시반출제도 적용대상으로 지정받은 업체나 기관을 말한다.
　③ 즉시반출물품
　　관세법 시행령 제257조 제2항에 따라 세관장으로부터 즉시반출제도 적용대상으로 지정받은 물품을 말한다.
　④ 신용담보업체
　　「수출용원재료에 대한 관세 등 환급에 관한 특례법」제6조 제2항 및 「수출용원재료에 대한 관세 등 환급사무처리에 관한 고시」에 따라 신용담보업체로 지정된 자를 말한다.
　⑤ 포괄담보업체
　　관세법 제24조 제4항과 「관세 등에 대한 담보제도 운영에 관한 고시」에 따라 세관장에게 포괄담보를 제공한 자를 말한다.
　⑥ 잉여물품
　　보세작업으로 인하여 발생하는 부산물과 불량품. 제품 생산 중단 등의 사유로 사용하지 않은 원재료와 제품 등을 말한다(보세공장 반입물품 또는 보세공장에서 제조·가공한 물품에 전용되는 포장·운반용품을 포함).
　⑦ 잔존유
　　관세법 제144조 및 관세법 시행령 제167조에 따라 국제무역기를 국내운항기로 전환하는 경우 국제무역기에 적재되어 있는 과세대상 연료유의 잔량을 말한다.

2. 즉시반출업체 및 물품의 지정

(1) 즉시반출업체 및 물품의 지정기준 **22 기출**
　① 즉시반출업체로 지정받을 수 있는 자는 다음과 같다.

> • 관세법 시행령 제257조 제2항 제1호에 따른 제조업체나 「외국인투자촉진법」 제21조에 따른 외국인투자기업에 해당하는 경우로서 다음의 요건을 갖춘 자
> 　- 포괄담보업체. 다만, 즉시반출업체 지정신청 시 개별담보를 제공하려는 경우에는 포괄담보를 제공하지 아니하게 할 수 있다.
> 　- 최근 2년간 관세 등 제세의 체납이 없는 업체

- 최근 2년간 관세법 제269조부터 제271조까지, 제274조, 제275조의2 또는 제275조의3을 위반하거나 「환특법」 제23조 위반으로 처벌받은 사실이 없는 업체. 다만, 세관장이 재범의 우려가 없다고 인정하는 경우를 제외한다.
- 최근 3년간 수출입실적이 있는 업체
- 다음의 어느 하나에 해당하는 자
  - 「관세 등에 대한 담보제도 운영에 관한 고시」 제5조 "제1호부터 제3호까지의" 정부기관 등
  - 「관세 등에 대한 담보제도 운영에 관한 고시」 제6조에 따라 사전에 담보제공 생략을 확인받은 자

② 즉시반출물품으로 지정받을 수 있는 물품은 ①에 해당하는 자가 신청하는 시설재와 원부자재, 「관세 등에 대한 담보제도 운영에 관한 고시」 제3조 및 제6조에 따라 사전에 담보제공 생략을 확인받은 자나 같은 고시 제5조 제1항 제1호부터 제3호까지의 정부기관 등에서 신청한 물품 또는 제1항에 해당하는 자가 신청한 잉여물품으로서 다음에 해당하지 아니하는 물품으로 한다.

- 관세법 제226조에 따른 세관장확인대상물품
- 관세법 제49조 제3호의 관세율을 적용받는 물품
- 사전세액심사 대상물품
- 관세법 제234조에 따른 수출입금지물품
- 관세법 제235조 제1항에 따른 상표권 침해물품에 해당되어 수입이 금지되는 물품
- 기타 통관여건상 즉시반출물품으로 적합하지 아니하다고 세관장이 인정하는 물품

(2) 즉시반출업체 및 물품의 지정신청

① 즉시반출제도를 적용받고자 하는 자는 즉시반출업체(물품) 지정 신청(결과통보)서 2부를 작성요령에 따라 기재하여 다음의 첨부서류와 함께 세관장에게 제출해야 한다. 다만, 정부기관과 지방자치단체의 경우에는 첨부서류의 제출을 생략할 수 있다.

- 민원인 제출서류
  - 「외국인투자촉진법」 제21조에 따른 외국인투자기업등록증(외국인투자기업에 한한다)
  - 「공공기관의 운영에 관한 법률」 제2조에 따른 정부투자기관임을 증명하는 서류(정부투자기관에 한한다)
  - 「공공기관의 운영에 관한 법률」 제5조와 「지방공기업법」 제49조에 따른 공공기관이거나 지방공기업임을 증명하는 서류
  - 기타 세관장이 필요하다고 인정하는 서류
- 담당공무원 확인사항
  - 사업자등록증

② 즉시반출업체(물품) 지정 신청은 다음의 어느 하나에 해당하는 세관(관할지 세관)에 해야 한다.

- 신청자가 신용담보업체인 경우에는 신용담보업체로 지정받은 세관
- 신청자가 포괄담보업체인 경우에는 포괄담보를 제공한 세관
- 기타의 경우에는 주사업장, 본사, 주통관지를 관할하는 세관

③ 즉시반출업체가 추가로 즉시반출물품을 지정받고자 하는 경우에는 즉시반출물품 추가 지정신청(결과통보)서 2부를 작성하여 관할지 세관장에게 제출해야 한다.

(3) 즉시반출업체 및 물품 지정

① 즉시반출업체(물품) 지정 신청을 받은 관할지 세관장은 신청자에 대하여 다음의 사항을 심사한다.
  ㉠ 신청업체가 (1)-①에 해당하는 자인 경우
    - 포괄담보업체인지 여부. 다만, 즉시반출업체 지정신청 시 개별담보를 제공한 경우에는 제외한다.

- 최근 2년간 관세 등 제세의 체납사실 여부
- 법 제269조부터 제271조까지, 제274조, 제275조의2 또는 제275조의3과 환특법 제23조의 위반 여부
- 최근 3년간 수출입실적이 있는지 여부
- 제조업체이거나 「외국인투자촉진법」 제21조에 따른 외국인투자기업에 해당하는지 여부

ⓒ 신청자가 (1)-②에 해당하는 자인 경우
- 정부기관 등·담보제공 생략을 확인받거나 담보제공특례자로 지정된 자인지 여부

② 즉시반출업체(물품) 지정 신청을 받은 관할지세관장은 신청물품에 대하여 다음의 사항을 심사한다.
- (1)-①에 해당하는 자인 경우 시설재와 원부자재에 해당하는지 여부
- (1)-②에 해당하는 물품인지 여부

③ 관할지세관장은 심사결과 신청업체 및 물품이 지정기준에 적합한 경우 즉시반출업체와 물품으로 지정한다.

④ 관할지세관장은 즉시반출업체와 물품의 지정 여부를 결정한 때에는 즉시반출업체(물품) 지정신청(결과통보)서나 즉시반출물품 추가 지정신청(결과통보)서에 그 결과를 기재하여 신청자에게 1부를 통지하고, 지정내용을 즉시 전산등록 해야 한다.

(4) 즉시반출업체 지정기간 및 갱신

① 즉시반출업체의 지정기간은 3년으로 한다. 갱신하는 경우에도 또한 같다.

② 즉시반출업체의 지정기간을 갱신하려는 자는 지정기간 만료 1개월 전까지 즉시반출업체 지정기간 갱신 신청(승인)서 2부를 작성하여 관할지세관장에게 제출해야 한다.

③ 신청을 받은 관할지세관장은 즉시반출업체가 기준에 적합한 경우 지정기간 갱신 신청을 승인한다.

④ 지정기간의 갱신을 승인한 경우에는 승인내용을 통관시스템에 등록하고 즉시반출업체 지정기간 갱신 신청(승인)서에 갱신기간을 지정하여 신청인에게 교부해야 한다.

(5) 즉시반출업체 및 물품의 변경사항 신고

① 즉시반출업체는 지정받은 업체와 물품사항에 대하여 다음의 변경이 있는 경우 즉시반출업체(물품) 지정사항 변경신고(통지)서 2부를 작성하여 관할지세관장에게 신고해야 한다. 다만, 업체지정사항을 변경하려는 경우 세관장은 행정정보공동이용절차에 의하여 사업자등록 내용을 조회·심사해야 한다.

- 업체지정사항
  - 상호·통관고유부호의 변경
  - 대표자명·주소·사업자등록번호의 변경
- 물품지정사항
  - 사정변경 등으로 제123조 제2항 각 호에 해당하게 된 물품의 지정취소
  - 품명·규격사항 변경

② 변경신고를 받은 관할지 세관장은 신고내용이 타당한 경우 다음의 어느 하나에 해당하는 조치를 해야 한다.

- 상호·통관고유부호의 변경에 해당하는 경우 → 변경 전에 지정받은 업체와 물품사항을 등록해제하고 변경 후 상호로 재등록
- 대표자명·주소·사업자등록번호의 변경, 품명·규격 사항 변경에 해당하는 경우 → 변경신고 내용으로 수정등록
- 사정변경 등으로 제123조 제2항 각 호에 해당하게 된 물품의 지정취소에 해당하는 경우 → 물품지정 취소

③ 관할지 세관장은 즉시반출업체와 물품 지정사항을 변경한 경우 이를 통관시스템에 등록한 후 즉시반출업체(물품) 지정사항 변경신고(통지)서에 담당자의 고무인을 찍어서 1부를 신고인에게 교부해야 한다.

(6) 즉시반출업체 및 물품의 지정취소

① 관할지 세관장은 즉시반출업체가 다음의 어느 하나에 해당하는 경우 즉시반출업체의 지정을 취소한다.

> ㉠ 반출신고일로부터 10일 이내에 수입신고를 하지 아니한 업체. 다만, 업무착오인 경우로서 제138조 제1항 제1호(수입신고기한 경과 5일 이내인 경우에는 즉시반출업체로부터 수입신고를 받아 부과고지)에 따른 수입신고한 경우를 제외한다.
> ㉡ 관세법 제269조부터 제271조까지, 제274조, 제275조의2 또는 제275조의3과 환특법 제23조를 위반한 업체. 다만, 세관장이 재범의 우려가 없다고 인정하는 경우를 제외한다.
> ㉢ 관세 등 제세를 체납한 업체. 다만, 체납의 사유가 일시적인 자금사정이거나 업무착오인 경우로서 납부기한 경과 7일 이내에 제세를 자진납부한 경우를 제외한다.
> ㉣ 신용담보업체의 지정이 취소된 업체
> ㉤ 포괄담보업체인 경우 포괄담보가 전부 해제된 업체
> ㉥ 담보제공 생략이 일시정지되거나 중지된 업체

② 관할지 세관장은 즉시반출물품이 제123조 제2항 각 호에 해당하게 된 경우 즉시반출물품의 지정을 취소한다.

> **수입통관 사무처리에 관한 고시 제123조(즉시반출업체 및 물품의 지정기준) 제2항**
> 즉시반출물품으로 지정받을 수 있는 물품은 제1항 제1호 해당하는 자가 신청하는 시설재와 원부자재, 「관세 등에 대한 담보제도 운영에 관한 고시」 제3조 및 제6조에 따라 사전에 담보제공 생략을 확인 받은 자나 같은 고시 제5조 제1항 제1호부터 제3호까지의 정부기관 등에서 신청한 물품 또는 제1항에 해당하는 자가 신청한 잉여물품으로서 다음 각 호에 해당하지 아니하는 물품으로 한다.
> 1. 법 제226조에 따른 세관장확인대상물품
> 2. 법 제49조 제3호의 관세율을 적용받는 물품
> 3. 제24조에 따른 사전세액심사 대상물품
> 4. 법 제234조에 따른 수출입금지물품
> 5. 법 제235조제1항에 따른 상표권 침해물품에 해당되어 수입이 금지되는 물품
> 6. 기타 통관여건상 즉시반출물품으로 적합하지 아니하다고 세관장이 인정하는 물품

③ 즉시반출업체가 ①-㉠~㉥하거나 즉시반출업체가 지정받은 즉시반출물품이 제123조 제2항 각 호에 해당하게 된 사실을 안 통관지세관장 등은 그 사실을 즉시 관할지세관장에게 통보해야 한다.

④ 관할지세관장은 즉시반출업체나 즉시반출물품의 지정을 취소한 경우 통관시스템에 등록하고 즉시 그 사실을 해당업체에 통지해야 한다.

3. 수입신고전 물품 반출신고

(1) 반출신고의 요건

반출신고를 하기 위한 요건은 다음과 같다.

> ① 반출을 하려는 자와 물품이 즉시반출업체와 즉시반출물품으로 지정받아야 한다.
> ② 「관세 등에 대한 담보제도 운영에 관한 고시」에 따른 담보면제한도액이나 담보사용한도액의 잔액(개별담보 제공금액을 포함)이 납부해야 할 관세 등 제세액에 상당하는 금액 이상이어야 한다.
> ③ 해당물품에 대한 적재화물목록정보가 선사(항공사)로부터 화물시스템에 제출되어 있어야 한다. 다만, 보세공장 등에서 발생한 잉여물품과 국제무역기에 적재되어 있는 잔존유는 제외한다.

(2) 반출신고의 시기
   ① 반출신고는 해당 수입물품이 관세법 제135조 제2항에 따라 적재화물목록이 제출된 후부터 관세법 제140조에 따라 하역신고하기 전이나 보세구역에 장치된 후에 할 수 있다.
   ② 적재화물목록이 없는 잉여물품과 잔존유의 반출신고는 다음과 같다.

   - 보세공장 등에서 발생한 잉여물품의 경우 → 운영인이 잉여물품관리대장에 잉여물품 발생사유 등을 기재한 후 반출신고
   - 국제무역기에 적재되어 있는 잔존유의 경우 → 항공사가 국내운항기로의 전환을 신청한 이후 승인 전까지 반출신고

(3) 반출신고 23기출
   ① 반출신고를 하려는 자는 수입신고전물품반출신고서에 다음의 서류를 첨부하여 세관장에게 제출해야 한다.

   - 선하증권(B/L) 사본이나 항공화물운송장(AWB) 사본
   - 송품장(INVOICE) 사본

   ② 반출신고는 B/L 1건에 대하여 반출신고서 1건으로 한다. 다만, 즉시반출대상물품으로 지정된 물품과 지정되지 아니한 물품이 한건의 B/L로 되어 있거나 아래의 어느 하나에 해당되는 경우에는 B/L을 분할하여 반출신고할 수 있다.

   - B/L을 분할하여도 물품검사와 과세가격 산출에 어려움이 없는 경우
   - 신고물품 중 일부만 통관이 허용되고 일부는 통관이 보류되는 경우
   - 검사·검역결과 일부는 합격되고 일부는 불합격된 경우이거나 일부만 검사·검역 신청하여 통관하려는 경우
   - 일괄사후납부 적용·비적용 물품을 구분하여 신고하려는 경우

   ③ 보세공장에서 발생한 잉여물품에 대하여 반출신고를 하려는 자는 잉여물품 수입신고전 반출신고서를 세관장에게 제출해야 한다.
   ④ 국제무역기에 적재되어 있는 잔존유에 대하여 반출신고를 하려는 자는 잔존유 수입신고전 반출신고서를 세관장에게 제출해야 한다.

(4) 반출신고의 정정 및 신고취하
   ① 반출신고사항의 정정이나 신고취하를 하려는 자는 다음의 어느 하나에 따라 반출지 세관장에게 신청해야 한다.

   - 반출신고의 정정을 하려는 자는 수입신고 전 물품 반출 신고 정정(취하) 승인(신청)서에 정정신청내용을 기재하여 세관장에게 제출해야 한다.
   - 반출신고사항의 신고취하를 하려는 자는 수입신고 전 물품 반출 신고 정정(취하)승인(신청)서 2부를 작성하여 반출신고서와 제출서류를 첨부하여 세관장에게 제출해야 한다.

   ② 반출신고사항에 대한 정정신청은 수입신고수리 전까지, 신고취하신청은 보세구역으로부터 해당물품을 반출하기 전까지 해야 한다.
   ③ 세관장은 반출신고의 정정이나 신고취하사유가 다음의 어느 하나에 해당하는 경우에는 이를 승인한다.

   - 물품의 분석, 서류보완 등이 요구되는 경우로서 이의 처리에 상당한 시일이 소요되어 수입화주에게 관세 등 제세 납부기한의 불이익이 우려되는 경우
   - 정당한 이유가 있는 경우

   ④ 세관장은 승인내용을 전산등록하고, 제1항의 신청서에 담당자의 고무인을 찍어서 1부를 신청인에게 교부한다.

(5) 반출신고심사

심사자는 반출신고서에 대하여 다음의 사항을 심사한다.

> ① 첨부서류 구비 여부와 신고내용이 첨부서류의 내용과 일치하는지 여부
> ② 반출신고 업체와 물품이 즉시반출제도 적용대상으로 지정된 업체와 물품에 해당되는지 여부
> ③ 신고내용과 적재화물목록정보와의 일치 여부
> ④ 검사대상인 경우에는 물품이 신고내용과 일치하는지 여부
> ⑤ 관리대상화물의 경우에는 관리대상화물의 검사결과 이상이 없는지 여부

(6) 반출신고수리

① 세관장은 반출신고 내용의 심사결과 이상이 없는 경우 반출신고를 수리한다.
② 반출신고를 수리한 경우에는 신고필증에 반출신고수리인과 처리담당자의 인장을 찍어서 신고인에게 교부한다.

(7) 물품반출

① 보세구역운영인은 즉시반출업체가 반출신고수리물품을 반출하려는 때에는 반출신고의 수리 여부를 확인한 후 물품을 반출시켜야 한다.
② 즉시반출업체는 입항전 반출신고하여 수리된 경우에는 해당 물품이 부두에서 반출이 가능하도록 하선신고서의 하선물품구분부호를 'FD(수입신고전물품반출)'로 기재하도록 선사나 항공사에 통보해야 한다.
③ 항공사는 국제무역기에 적재된 잔존유를 반출하려는 때에는 잔존유 반출신고 수리 여부를 확인한 후 물품을 반출시켜야 한다.

4. 수입신고

(1) 수입신고

① 즉시반출업체는 반출신고 수리물품에 대하여 반출신고일로부터 10일 이내(수입신고기한)에 수입신고서에 다음의 서류를 첨부하여 물품반출지 세관장에게 수입신고해야 한다.

> • 반출신고서
> • 수입신고 시의 제출 서류

② 수입신고서의 신고번호는 해당 물품의 반출신고번호와 동일하게 기재해야 한다. 다만, 부득이한 사유로 반출신고를 하지 아니한 자가 수입신고하게 되는 때에는 그러하지 아니하다.
③ 수입과장은 수입신고를 받은 경우에는 해당 물품의 반출신고번호와 동일한 수입신고번호로 수입신고사항을 통관시스템에 등록하고, 제출된 수입신고서의 수입신고번호를 반출신고번호와 동일하게 정정한다.
④ 수입신고하고자 하는 물품이 잉여물품인 경우에는 수입신고기한 내에 수입신고서에 다음의 서류를 첨부하여 세관장에게 수입신고해야 한다.

> • 잉여물품 수입신고전 반출신고수리서
> • 송품장 및 포장명세서
> • 매매계약서 또는 양수도계약서(필요한 경우에 한한다)

⑤ 수입신고하려는 물품이 잔존유인 경우에는 수입신고기한 내에 수입신고서에 다음의 서류를 첨부하여 세관장에게 수입신고해야 한다.

> • 잔존유 수입신고전 반출신고수리서
> • 항공기 전환 승인서

⑥ 수입신고를 하려는 자는 관세법 제18조에 따른 과세환율 적용 기간이 동일한 반출 물품에 대해 일괄하여 수입신고 할 수 있다. 이 경우 모델·규격란에 반출신고번호별로 각각 구분하여 반출신고번호와 함께 신고해야 하며, 품목번호·품명이 다르면 각각 란을 달리하여 신고해야 한다.

(2) 수입신고사항 심사

① 심사자는 심사사항 및 반출신고 수리사항과 수입신고사항의 일치 여부를 심사한다.

② 세관장은 수입신고를 수리하는 경우 수리내용의 보세창고 통보절차를 생략한다.

(3) 제세 및 가산세 부과고지

① 세관장은 즉시반출업체가 반출신고하여 반출한 물품에 대하여 수입신고기한 내에 수입신고하지 아니한 경우에는 다음의 어느 하나에 따라 관세 등 제세와 가산세를 부과고지 해야 한다.

> ㉠ 수입신고기한 경과 5일 이내인 경우에는 즉시반출업체로부터 수입신고를 받아 부과고지
>
> ㉡ 위 ㉠ 이외의 경우에는 세관장이 부과고지

② 세관장은 관세 등 제세와 가산세를 징수하려는 때에는 해당 물품의 세액을 결정하여 세액계산명세서와 납부고지서를 납세의무자에게 교부해야 한다.

5. 수입신고 이행 관리

(1) 수입신고 이행 사전안내

① 세관장은 납세의무자가 수입신고기한을 경과하여 가산세를 부담하는 불이익을 사전에 예방하기 위하여 수입신고기한 도래 2일 전에 반출신고 수리물품의 수입신고기한 만료예정일을 신고인에게 전산통보한다.

② 양수도가 발생하는 경우 즉시반출업체는 사전안내를 양수자에게 팩스 또는 유선 등으로 즉시 전달해야 한다.

(2) 수입신고 미이행 관리

① 세관장은 즉시반출업체가 수입신고기한 내에 수입신고를 이행하지 아니한 사실이 있는지 여부를 확인해야 한다.

② 세관장은 수입신고 미이행 사실을 확인한 경우에는 수입신고 미이행 사실 등을 신고인이나 즉시반출업체에게 통지(전화 또는 팩스)해야 한다.

③ 통지를 받은 즉시반출업제는 통지내용이 사실과 다른 경우 즉시 이를 입증할 수 있는 자료(수입신고서 등)를 세관장에게 제출해야 한다.

(3) 수입신고 미이행 관리의 종결

① 수입신고 미이행 관리는 다음의 사실이 있는 때 종결한다.

> • 수입신고가 수리된 때
> • 수입신고기한 내에 수입신고를 하지 아니하여 납부고지를 한 때
> • 기타 세관장이 종결의 필요가 있다고 인정한 때

② 세관장은 수입신고 미이행 관리를 종결하는 경우에는 통관시스템에 종결사유를 등록해야 한다.

8절 수출통관 사무처리에 관한 고시

🖊 본문 내용 중 꼭 알아야 하는 부분에 형광펜으로 표시하였으니 반드시 학습하시기 바랍니다.

01 총칙

1. 정의

① 전자통관심사 `20 기출`
수출신고를 하면 세관 직원의 심사 없이 수출통관시스템에서 전자적 방식으로 심사하는 것을 말한다.

② 특송업체
관세법 제222조 제1항 제6호 및 특송물품 수입통관 사무처리에 관한 고시 제4조에 따라 세관장에게 등록된 업체를 말한다.

③ 정식통관절차
목록통관절차 적용대상 이외의 물품의 수출통관에 적용하는 절차를 말한다.

④ 간이수출신고
정식통관절차 중 신고 항목을 간소화한 수출신고를 말한다.

⑤ 목록통관절차
「관세법 시행령」 제246조 제4항 제3호(우편물) 및 제5호(기타 서류·소액면세물품 등 신속한 통관을 위하여 필요하다고 인정하여 관세청장이 정하는 탁송품 또는 별송품)에 해당하는 물품으로서 정식통관절차를 필요로 하지 않는 물품의 수출통관에 적용하는 예외적인 절차를 말한다.

⑥ 통관목록
목록통관절차에 따라 특송업체가 수출하는 물품의 품명·가격 등 이 고시에서 정한 사항을 기재한 목록을 말한다.

⑦ 우편물목록
통관우체국의 장이 우편물의 종류·품명·가격 등 이 고시에서 정한 사항을 기재한 목록을 말한다.

⑧ 자율정정 `20 기출`
심사나 검사대상으로 선별되지 아니한 신고건에 대하여 화주 또는 신고인이 자율적으로 통관시스템을 이용하여 정정하는 것을 말한다.

⑨ 심사 `20 기출`
신고된 세번과 신고가격 등 신고사항의 적정 여부, 법령에 의한 수출요건의 충족 여부 등을 확인하기 위하여 관련 서류(전자이미지 포함)나 분석결과를 검토하는 것을 말한다.

⑩ 물품검사 `20 기출`
수출신고된 물품 이외에 은닉된 물품이 있는지 여부와 수출신고사항과 현품의 일치 여부를 확인하는 것을 말한다.

⑪ 신고지검사
수출신고를 한 물품의 소재지에 방문하여 검사하는 것을 말한다.

⑫ 적재지검사 `20 기출`
수출물품이 선적(기적을 포함)되는 적재지 보세구역 또는 적재지 관할 세관장이 별도로 정하는 장소에서 검사하는 것을 말한다.

⑬ 전자이미지 전송

　　수출신고 시 제출하여야 하는 서류를 스캔 등의 방법으로 전자이미지화 하여 전자통관시스템으로 전송하는 것을 말한다.

⑭ 전자상거래

　　물품의 주문, 대금결제 등 거래의 전부 또는 일부가 전자문서에 의하여 처리되는 상거래를 말한다.

⑮ 전자상거래 업체

　　사이버몰(컴퓨터 등과 정보통신 설비를 이용하여 재화를 거래할 수 있도록 설정된 가상의 영업장)을 이용하여 전자상거래를 업으로 하는 자를 말한다.

⑯ 전자상거래 수출업체

　　전자상거래 업체 중에서 수출신고서상 거래구분 15(전자상거래에 의한 수출물품)로 신고한 자를 말한다.

⑰ 전자상거래 간이신고 시스템

　　전자상거래 물품의 수출신고 시 항목을 간소화한 신고 시스템을 말한다.

⑱ 수출목록 변환신고 시스템

　　목록통관 물품의 배송정보를 수출신고로 변환하여 신고하는 시스템을 말한다.

2. 성실신고의 원칙

① 관세법 제242조에 따른 신고인은 서류제출 없는 신고제도의 원활한 운영을 통한 수출물품의 신속한 통관을 위하여 성실하고 정확하게 수출신고서를 작성하여야 한다.

② 세관장은 신고인의 성실한 수출신고를 유도하기 위하여 필요한 경우에는 신고인의 신고성실도에 따라 서류제출 없는 수출신고를 일정기간 정지하거나 물품검사비율을 조정할 수 있다.

02 정식통관절차

1. 수출신고

(1) 신고의 시기 24기출 21기출 19기출

수출하려는 자는 해당 물품이 장치된 물품소재지를 관할하는 세관장에게 수출신고를 하여야 한다.

(2) 신고인 24기출 21기출 19기출

수출신고는 관세사, 「관세사법」 제17조에 따른 관세법인, 「관세사법」 제19조에 따른 통관취급법인 또는 수출 화주의 명의로 하여야 한다.

(3) 수출신고의 기준

수출신고는 해당 물품을 외국으로 반출하려는 선박 또는 항공기의 적재단위(S/R 또는 S/O, B/L 또는 AWB)별로 하여야 한다. 다만, 제50조 및 제51조에서 별도로 정한 경우에는 그렇지 않다.

> **수출통관 사무처리에 관한 고시 제50조(수출물품의 분할 적재)**
> 수출자가 수출신고수리된 물품을 법 제251조 제1항에 따른 적재 기간 내에 분할하여 적재하고자 하는 경우 선사 등 적재화물목록 작성 책임자는 그 사실을 적재화물목록에 등재하고 이를 수출화물시스템에 전송하여야 한다.
>
> **수출통관 사무처리에 관한 고시 제51조(동시포장 물품의 적재)**
> ① 수출자는 수입국 구매자의 요청 등 부득이한 사유가 있는 경우에는 동시 포장한 물품을 2건 이상으로 분할하여 수출신고를 하거나, 2건 이상으로 수출신고수리된 물품을 1건으로 동시 재포장하여 적재 할 수 있다.

② 수출자는 제1항에 따라 수출물품을 동시포장 또는 동시재포장(이하 "동시포장 등"이라 한다)한 때에는 수출신고필증 및 선적요청서(Shipping Request) 등에 이를 기재하여야 한다.
③ 선사 등 적재화물목록 작성책임자는 수출신고필증 및 선적요청서 등을 통하여 동시포장 등 여부를 확인하고 동시포장 여부 및 동시포장 개수를 적재화물목록에 등재하여야 한다.

(4) 수출신고 및 제출서류

① 수출신고를 하려는 자는 전자문서로 작성된 수출신고서 등 신고자료와 함께 송품장 등 관련서류를 전자제출하거나 전자이미지로 통관시스템에 전송하여야 한다. 다만, 전자제출 또는 전자이미지로 전송할 수 없는 수출신고건에 대하여는 서류로 제출할 수 있다.

② 신고인은 다음의 어느 하나에 해당하는 물품에 대하여는 신고자료 등을 통관시스템에 전송한 후 수출신고서 및 구비서류를 세관장에게 제출하여야 한다. 다만, 해당 구비서류를 전자이미지로 전송한 경우에는 그러하지 아니하다.

- 관세법 제226조와 「관세법 제226조의 규정에 의한 세관장확인물품 및 확인방법 지정고시」 제7조 제1항에 따른 수출물품
  → 각 개별법령별 요건확인 서류(단, 수출요건내역을 전산망으로 확인할 수 없는 경우에 한함)
- 계약내용과 상이하여 재수출하는 물품 또는 재수출조건부로 수입통관되어 수출하는 물품
  → 계약상이 및 재수출조건부 수출 심사에 필요한 서류(다만, 재수출조건부 수출의 경우 단순반복 사용을 위한 포장용기는 제외)
- 수출자가 재수입 시 관세 등의 감면, 환급 또는 사후관리 등을 위하여 서류제출로 신고하거나 세관검사를 요청하는 물품
  → 각 사실관계 확인 서류(다만, 단순반복 사용을 위한 포장용기는 제외)
- 수출통관시스템에서 서류제출대상으로 통보된 물품
  → 제11조에 따른 수출신고 심사에 필요한 서류 등

③ 수출화주가 직접신고하는 경우로서 세관장으로부터 수출신고필증을 발급받고자 하는 때에는 수출신고서를 세관장에게 제출할 수 있다.

④ 수출신고를 하려는 자는 「관세사의 직무수행에 관한 고시」 제52조(신고인 관리) 및 「국가관세종합정보시스템의 이용 및 운영 등에 관한 고시」 제4조(국가관세종합정보시스템 서비스 이용 신청)에 따라 전자방식에 의한 수출입신고업무처리를 위하여 신고자부호(ID)를 부여받아야 한다. 다만, 관세청장이 별도로 지정하는 업체(전년도 수출실적 하위 50% 해당업체 또는 미화 80,000 이하 수출업체)는 대한상공회의소 또는 한국무역협회(본부, 지부 등 포함) 등에 설치된 '수출신고지원센터'의 전산설비를 이용하여 직접 신고할 수 있다.

⑤ 신고인은 전송 또는 제출한 신고자료에 대하여 오류사항을 통보받은 경우에는 오류를 수정하여 당초 제출번호로 다시 전송 또는 제출하여야 한다.

⑥ 신고인은 수출신고 관련 구비서류는 사본(팩스, COPY)을 제출할 수 있다. 서류제출대상 중 선적일정 촉박 등 긴급한 경우에는 신고서 및 첨부서류를 팩스로 제출하여 우선 통관할 수 있으며, 이 경우 익일 세관근무시간 내에 정식신고서류를 제출하여야 한다. 다만, 선적일정 촉박의 사유로 인한 우선통관은 선박회사 등의 선적일정표 기타 사실을 증빙할 수 있는 서류로 확인된 경우에 한한다.

(5) 무역서류의 전자제출

① 「수출입 안전관리 우수업체」로 공인받은 수출업체가 전사적 자원관리시스템(ERP시스템)을 활용하여 「수출입 안전관리 우수업체」로 공인받은 신고인을 통하여 수출신고하는 때에는 관세법 제327조 제2항에 의한 전산처리설비를 이용하여 전자적으로 송품장을 제출할 수 있다.

② 전자적으로 제출하는 송품장은 수출화주의 전자서명(「전자서명법」 제2조 제2호에 따른 전자서명을 말한다) 및 인증서(「전자서명법」 제2조 제6호에 따른 인증서를 말한다)를 첨부하여 제출하여야 한다.

③ 송품장을 전자적인 방법으로 제출하려는 자는 무역서류 전자제출 신청(승인)서에 다음의 서류를 첨부하여 관세청장에게 제출하여야 한다.

> - 「수출입 안전관리 우수업체」임을 확인할 수 있는 서류
> - 전사적 자원관리시스템(ERP시스템)이 구축되어 있음을 확인할 수 있는 서류

(6) 보세구역 등 반입 후 수출신고 24기출 23기출 21기출 19기출 18기출

① 관세법 제243조 제4항에서 "관세청장이 정하는 장소"란 수출물품을 적재하는 공항만 지역으로서 다음의 어느 하나를 말한다(보세구역 등).

> - 관세법 제183조에 따른 보세창고
> - 관세법 제197조에 따른 종합보세구역
> - 관세법 제166조에 따른 지정보세구역
> - 「자유무역지역의 지정 및 운영에 관한 법률」 제2조 제2호에 따른 자유무역지역 입주기업체 중 세관장으로부터 장치장소부호를 부여받은 곳

② 「관세법 시행령」 제248조의2 제1항에 따라 보세구역 등에 반입 후 수출신고하여야 하는 물품은 다음과 같다.

연번	종류	품목명	대상
1	중고자동차	87류 중 '중고차'	컨테이너에 적입하여 수출하는 중고자동차
2	플라스틱 폐기물	HS 3915호 (플라스틱 스크랩)	컨테이너에 적입하여 수출하는 플라스틱 웨이스트·스크랩
3	생활폐기물	HS 3825호 (생활폐기물 등)	컨테이너에 적입하여 수출하는 생활폐기물 등

위의 물품을 수출신고하려는 자는 수출신고서에 보세구역 등의 반입정보(컨테이너번호, 장치장소, 반입번호 등)를 정확히 기재하여야 한다. 보세구역 등 반입대상 물품이 검사로 지정된 경우 수출검사담당 직원은 다른 물품에 우선하여 신속하게 검사하여야 한다.

(7) 수출신고의 효력발생시점 24기출 21기출

수출신고의 효력발생시점은 전송된 신고자료가 통관시스템에 접수된 시점으로 한다.

2. 신고서의 처리 및 심사

(1) 신고서의 배부

① 수출통관업무담당과장은 신고서처리방법에 따라 소속공무원의 업무처리능력, 미결사항, 물품의 장치장소, 검사생략 여부 등을 종합적으로 감안하여 신고서를 처리할 심사담당 세관공무원(심사자)과 검사담당 세관공무원(검사자)을 통관시스템에 등록한다.

② 수출업무담당과장은 접수·심사 및 검사자의 미결사항을 수시점검하고 신고서별로 미결사유를 규명하여 수출통관업무가 신속히 처리되도록 하여야 한다.

(2) 신고서처리방법 24기출

① 수출신고물품에 대한 신고서의 처리방법은 다음의 구분에 따른다.

> - 전자통관심사
> - 심사(화면심사, 서류심사)
> - 물품검사

② 수출업무담당과장은 수출신고물품에 대한 신고서의 처리방법을 변경할 수 있으며, 이 경우 변경된 사항을 시스템에 정정등록한다.

③ 수출업무담당과장은 서류제출 없는 신고물품의 신고사항을 검토한 결과 심사 또는 물품검사가 필요하다고 판단되는 경우에는 서류제출대상으로 선별하고, 서류의 제출을 요구할 수 있다. 다만, 해당 서류를 전자제출하였거나 전자이미지 전송한 경우에는 서류제출을 생략할 수 있다.

(3) 심사

심사자는 다음의 사항을 심사한다.

> ① 신고서를 [별표] "수출신고서 작성요령"에 따라 정확하게 작성하였는지 여부
> ② 관세법 제226조에 따라 세관장이 수출요건을 확인하는 물품의 품목분류의 적정 여부 및 수출요건의 구비 여부
> ③ 관세법 제230조에 따른 원산지 표시 및 관세법 제235조에 따른 지식재산권 침해 여부
> ④ 분석의뢰가 필요한 물품인지 여부
> ⑤ 그 밖에 수출신고수리 여부를 결정하기 위하여 필요한 사항

(4) 분석의뢰

① 수출업무담당과장은 신고물품을 물리적, 화학적 실험에 의하여 그 내용을 확인하여야 하는 등 전문적인 지식과 기술이 필요한 때에는 세관분석실에 분석의뢰하거나 해당 물품에 관한 전문가의 의견을 받아 처리할 수 있다.

② 분석대상 시료는 세관담당직원이 직접 채취하고 봉인한 후 제출하도록 하여 시료의 임의교체 및 분실 등이 일어나지 않도록 하여야 한다.

③ 분석의뢰 시에는 분석의뢰 사실을 통관시스템에 입력하여야 하며, 분석한 물품의 분석결과 신고사항과 일치하지 아니하는 경우에는 이를 정정한다.

④ 분석은 신고수리후 분석을 원칙으로 한다. 다만, 다음의 어느 하나에 해당하는 경우에는 신고수리전에 분석한다.

> • 물품의 특성상 수출제한품목일 가능성이 있는 경우
> • 계약상이 신고물품인 경우

⑤ 보완요구

> • 수출업무담당과장은 신고인이 제출한 서류 및 자료에 의하여 심사사항의 확인이 곤란한 경우에는 보완요구할 사항을 통관시스템에 입력하고 보완요구서를 신고인에게 통보하여야 한다.
> • 보완요구를 하는 경우에는 보완요구서에 보완을 하여야 할 사항, 보완을 요구하는 이유 및 보완기간 등을 구체적으로 기재하여야 한다.
> • 보완하여야 할 사항이 경미한 것으로서 사후에 이를 보완하더라도 신고수리를 할 수 있다고 세관장이 인정한 때에는 신고인 또는 수출화주의 신청을 받아 수리 후에 이를 보완하게 할 수 있으며, 이 경우 신고인 또는 수출화주는 세관장이 지정한 기간 내에 관련서류를 제출하여야 한다.
> • 세관장은 신고인 또는 수출화주가 보완기간 내에 보완요구사항을 구비하지 아니하는 경우에는 통관을 보류하여야 한다.

(5) 통관보류

세관장은 심사결과 수출물품이 다음의 어느 하나에 해당하는 경우에는 해당 물품의 통관을 보류할 수 있으며 통관을 보류한 경우 이를 통관시스템에 입력한다.

> ① 신고서 기재사항 또는 신고 시 제출서류 등 중요한 사항이 미비되어 보완이 필요한 경우
> ② 관세법에 따른 의무사항을 위반하거나 국민보건 등을 위해할 우려가 있는 경우
> ③ 범칙혐의로 자체조사가 진행 중이거나 고발의뢰한 경우
> ④ 그 밖에 통관심사결과 신고수리의 요건을 구비하는 데 장시일이 소요되는 경우

3. 물품검사

(1) 검사대상 선별 24 기출

① 수출신고물품 중 검사대상은 수출신고 자료접수 시 통관시스템에 의해 선별하거나, 신고서 처리방법 결정 시 세관공무원이 선별한다.

② 다음의 어느 하나에 해당하는 업체가 수출하는 물품은 검사대상으로 선별하지 않을 수 있다.

> • 최근 2년간 법 위반사실 및 수출용원재료에 대한 관세 등 환급에 관한 특례법 위반사실이 없는 외국인 투자 촉진법에 따른 외국인투자기업
> • 월별납부제도 운영에 관한 고시에 따른 월별납부업체 승인 요건에 해당하는 업체
> • 전분기 수출실적 상위 10% 해당업체로서 최근 1년간 수출검사에 따른 적발실적이 없고 법 및 관세환급특례법 위반사실이 없는 업체
> • 관세청장이 따로 정하는 기준에 의하여 법규준수도가 높다고 인정된 업체
> • 수출입 안전관리 우수업체 공인 및 운영에 관한 고시에 따라 수출입 안전관리 우수업체로 공인된 업체

(2) 물품검사 24 기출 23기출

① 관세법 제246조에 따른 수출신고물품의 검사는 원칙적으로 생략한다. 다만, 물품을 확인할 필요가 있는 경우에는 물품검사를 할 수 있다.

② 수출물품의 검사는 신고수리 후 적재지에서 검사하는 것을 원칙으로 한다.

③ 세관장은 적재지 검사가 부적절하다고 판단되는 물품이나 반송물품, 계약상이물품, 수입상태 그대로 수출되는 자가사용물품, 재수출물품 및 원상태수출물품, 국제우편 운송 수출물품 등은 신고지 세관에서 물품검사를 실시할 수 있다.

④ 신고인은 적재지 검사 대상물품을 수출신고한 이후 적재지가 변경되는 경우에는 물품검사 이전에 수출신고를 정정하여야 한다.

⑤ 적재지 관할 세관장은 필요하다고 인정되는 경우 물품검사 생략대상으로 수출신고수리된 물품에 대하여도 컨테이너검색기검사 등의 검사를 실시할 수 있다.

⑥ 세관장은 수출물품의 효율적인 검사를 위하여 필요한 경우 포장명세서 등 관계 자료의 제출을 요구할 수 있다.

⑦ 세관장은 신고지검사를 완료한 수출물품에 대하여 봉인조치를 하거나 보세운송을 통하여 적재지 보세구역으로 운송하도록 할 수 있다.

⑧ 세관장은 물품검사가 완료되고 적재지 보세구역에 반입된 물품이 적재 목적 이외의 사유로 반출되는 경우 해당 물품이 적재지 보세구역에 재반입된 때 물품검사를 다시 할 수 있다.

(3) 검사대상의 통보

세관장은 보세화물 입출항 하선 하기 및 적재에 관한 고시 제43조에 따라 수출물품의 적재화물목록이 제출된 이후 특정시기를 정하여 신고인, 적재화물목록 제출자 및 보세구역 운영인 등에게 검사대상임을 통보할 수 있다. 다만, 세관검사의 목적달성을 위하여 필요한 경우 수출물품의 검사대상 여부를 수출신고시점에 신고인에게 통보할 수 있다.

(4) 검사대상의 확인

적재화물목록 제출자는「보세화물 입출항 하선 하기 및 적재에 관한 고시」제43조에 따라 적재화물목록을 제출하는 때 적재화물목록상의 수출물품이 검사대상으로 선별되었는지 여부를 확인하여야 한다.

(5) 검사요청 및 검사대상 반입보고

① 수출신고시점에 검사대상임을 통보받은 신고인 또는 화주는 수출물품이 적재되기 전 적재지 보세구역 또는 적재지 세관장이 별도로 정하는 장소에 해당 물품을 반입하고 적재지 관할 세관장에게 수출신고필증 및 첨부서류 등을 제시하여 물품검사를 요청하여야 한다.

② 적재화물목록 제출자는 검사대상에 대한 확인한 결과 적재화물목록상 수출물품이 검사대상인 경우, 해당 보세구역 내 지정된 세관검사 장소에 해당 물품을 장치하고 적재지 관할 세관장에게 검사대상 반입보고를 하여야 한다.

(6) 검사생략

세관장은 검사대상임을 통보한 수출물품이 검사생략의 필요성이 인정되고 범칙의 우려가 없는 경우 검사를 생략할 수 있다. 이 경우, 수출검사담당직원은 통관시스템에 검사생략 사실을 등록하고 이를 적재화물목록 제출자에게 통보하여야 한다.

(7) 검사장소 `24 기출` `19 기출`

수출신고물품에 대한 검사는 해당 물품이 장치되어 있는 장소에서 행한다. 다만, 다음의 어느 하나에 해당하는 경우에는 관세법 제247조 제2항에 따라 물품을 보세구역에 반입하게 한 후 검사할 수 있다.

- 부정수출 또는 부정환급 등 우범성 정보가 있는 경우
- 물품의 성질, 업체의 성실도 등을 감안하여 물품의 효율적인 검사를 위하여 필요하다고 세관장이 인정하는 경우

(8) 검사 입회 `24 기출`

① 세관장은 물품검사 시 신고인의 입회가 필요하다고 인정하거나, 신고인으로부터 입회요청을 받은 때에는 신고인이 검사에 입회할 수 있도록 검사일시, 장소 및 입회가능시간 등을 통보하여야 한다.
② 검사 입회를 신청하려는 신고인은 검사입회 신청(통보)서 2부를 작성하여 통관지 세관장에게 제출하여야 하며, 신청서류는 우편, 팩스, 전자우편으로 제출할 수 있다.
③ 검사입회는 화주나 신고인 또는 그 소속 종사자가 하여야 한다.
④ 세관장이 검사입회 통보를 하여도 검사일시에 수출화주나 신고인 또는 그 소속 종사자가 입회하지 아니한 때에는 장치장소의 관리인 또는 그를 대리하는 소속 종사자의 입회하에 검사를 실시한다.

(9) 검사방법

① 세관장은 효율적인 물품검사를 위하여 컨테이너검색기 또는 차량이동형검색기 등을 활용하여 검사할 수 있다.
② 세관장은 물품확인이 필요한 경우 전량검사, 발췌검사 또는 분석검사 등을 실시한다.

4. 수출신고의 수리

(1) 수출신고의 수리

수출신고의 수리는 다음의 구분에 의한 신고서 처리방법에 따른다.

> ① 자동수리대상은 통관시스템에서 자동으로 신고수리
> ② 심사대상은 심사 후 수리
> ③ 검사대상은 검사 후 수리. 다만, 적재지검사대상은 수출물품을 적재하기 전에 검사를 받는 조건으로 신고를 수리할 수 있다.

(2) 수출신고필증의 교부

① 세관장은 수출신고를 수리한 때에는 세관특수청인을 전자적으로 날인한 수출신고필증을 교부한다. 다만, 다음의 사유가 있을 때에는 각각의 방법으로 교부한다.

> - 부득이한 사정으로 신고필증을 전자적으로 교부할 수 없는 경우
>   → 수출신고서에 세관특수청인을 직접 날인하여 교부
> - 신고물품의 규격 수가 50개를 초과하여 전산으로 입력하지 않고 신고서 및 신고필증에 상세내역사항을 별도의 붙임서류로 첨부하여 신고하는 경우
>   → 세관특수청인을 전자적으로 날인한 신고필증과 붙임서류의 경계면에 신고서 처리담당자 인장을 날인하여 교부

② 수출신고서를 정정하는 때에는 신고필증을 다시 교부한다. 이 경우 세관장은 제출한 표준 증빙자료를 수출신고정정 승인(신청서)와 함께 보관하여야 한다.

③ 세관장은 수출신고를 수리한 때에는 적재 전 수출신고필증과 수출이행 수출신고필증을 구분하여 교부할 수 있다. 다만, 수출이행 수출신고필증은 출항이 완료된 이후에 교부한다.

④ 세관장은 적재지검사건에 대하여 수출신고를 수리한 때에는 안내문을 기재하여 신고인에게 교부하여야 한다. 다만, 수출검사의 목적 달성을 위하여 필요한 경우 신고수리시점에서의 안내문의 기재는 생략할 수 있다.

⑤ 교부된 신고필증이 통관시스템에 보관된 전자문서의 내용과 상이한 경우에는 통관시스템에 보관된 전자문서의 내용을 원본으로 한다.

⑥ 영문수출통관증명서를 발급받고자 하는 자는 영문수출통관증명서에 수출신고수리내역을 작성하여 통관지세관장 또는 관할지 세관장에게 신청하여야 한다. 이 경우 수출신고수리내역 중 국문은 영문화하여 작성할 수 있으며, 전자문서 방식으로 작성하여 신청할 수 있다.

⑦ 신청을 받은 세관장은 수출통관시스템상의 수출신고수리내역과 신청서의 내용을 비교확인한 후 신청인에게 영문수출통관증명서를 발급할 수 있다. 이 경우 신청인은 관세법 제322조에 따라 수수료를 납부하여야 한다.

(3) 신고자료의 보관

① 신고인은 관세법 제248조 제1항 단서에 따라 신고필증을 교부받은 경우에는 관계서류를 보관 관리하여야 하며, 세관장은 업무상 필요에 의하여 신고서류의 제출을 요구할 수 있다. 다만, 서류를 전자제출하였거나 전자이미지로 전송한 경우는 제외한다.

② 수출화주는 관세법 제12조 및 관세법 시행령 제3조 제2항에 따라 다음의 서류를 해당 신고에 대한 수리일로부터 3년간 보관하여야 한다.

> - 수출신고필증
> - 수출물품 가격결정에 관한 자료
> - 수출거래관련 계약서 또는 이에 갈음하는 서류

③ 신고인이 폐업신고를 한 경우에는 폐업신고를 한 날부터 15일 이내에 보관 중인 서류와 그 목록을 통관지 세관장 또는 관할지 세관장에게 제출하여야 한다. 다만, 관세사가 재개업을 조건으로 폐업하는 경우에는 그렇지 않다.

④ 신고인 및 수출화주는 신고자료를 마이크로필름, 광디스크 등 자료전달 및 보관매체 보관할 수 있다.

(4) 신고자료의 보관실태 확인 등

① 세관장은 반기별(또는 연1회)로 신고자료의 보관실태를 확인할 수 있다. 신고인은 특별한 사유가 없는 한 이에 협조하여야 한다.

② 세관장은 신고자료의 보관실태 확인업무를 수행하면서 통관시스템의 형식적 확인만으로 P/L신고 수리된 신고서에 대하여 선별적으로 사후심사할 수 있다.

③ 세관장은 신고자료의 보관실태 확인과 사후심사 결과를 관세청장에게 보고하고 신고인에 대하여는 필요한 시정조치를 요구할 수 있다.

(5) 신고필증의 재교부
① 신고인과 수출화주는 교부 받은 신고필증을 다시 교부받고자 하는 때에는 수출신고필증 재교부신청서를 작성하여 통관지세관장 또는 관할지 세관장에게 제출하여야 하며, 신청서류는 우편 및 팩스로 제출할 수 있다.
② 세관장은 사유가 타당하다고 인정하는 때에는 수출신고필증을 재교부할 수 있다.

5. 수출신고 정정/취하/각하

(1) 신고사항의 정정
① 수출신고를 정정하려는 자는 정정신청내역을 기재한 수출신고정정신청서를 전자문서로 통관지 세관장 또는 신청인 소재지 관할 세관장에게 전송하고 표준증빙자료를 제출(전자이미지 전송 포함)하여야 한다. 다만, 다음의 어느 하나에 해당하는 경우에는 그 증빙자료의 제출을 생략할 수 있다.

- 자율정정대상에 해당하는 경우
- 잠정수량신고 및 잠정가격신고에 대하여 확정신고를 하는 경우
- 적재예정보세구역, 적재항부호를 정정하는 경우
- 기타 세관장이 수출신고 정정신청서만으로 정정내역의 확인이 가능하다고 인정하는 경우

② 전자통관심사 수출신고 건은 자율정정 제외대상을 제외하고 출항 전까지 자율정정을 허용할 수 있다. 다만, 수출자가 수출입안전관리우수업체로 공인받은 수출업체에 해당하는 경우에는 자율정정 제외대상에 대해서도 자율정정을 허용할 수 있다.

③ 자율정정을 제외한 수출물품의 정정은 다음의 어느 하나인 경우에 승인한다.

- 현품확인으로 정정내용을 확인한 경우
- 품명·규격 및 세번부호 정정으로 환급액이 증가하는 경우는 계약서, 송품장, 해당 수출 물품에 대한 품명·규격을 입증할 수 있는 객관적 자료(분석결과 회보서 등)에 의하여 정정내용을 확인한 경우
- 단가, 신고가격의 정정으로 환급액이 증가하는 경우는 계약서, L/C, 외화입금증명서, P/O(Purchase Order) 등 거래관련서류에 의하여 정정 내용을 확인한 경우
- 수량(중량)정정으로 수출금액이 증가하는 경우는 계약서, L/C, 선하증권, 상대국 해당 물품 수입신고서 사본 등 거래관련서류에 의하여 정정 내용을 확인한 경우
- 거래구분 정정은 임가공계약서등 거래형태를 증빙하는 서류에 의하여 정정내용을 확인한 경우. 다만, 원상태수출 또는 계약상이수출의 거래구분 정정은 원칙적으로 전산시스템상 선적이 완료되기 전에만 허용하고, 선적이 완료된 이후에는 계약서, 법원 판결문, 그 밖에 이에 준하는 객관적 증빙서류로 입증이 가능하여 세관장이 타당하다고 인정하는 경우에만 허용한다.
- 계산착오, 소수점기재착오 등 작성(전송)오류가 수출신고인의 명백한 과실로 인정될 경우
- 그 밖에 환급액 증가가 없는 경우로 관련증빙서류에 의하여 정정사유가 타당하다고 인정될 경우

(2) 신고의 취하
① 관세법 제250조 제1항에 따라 수출신고를 취하하려는 자는 수출신고 취하 승인(신청)서에 신고 취하 신청 내역을 기재하여 통관지세관장에게 전송하고, 증빙서류를 제출(전자이미지 전송을 포함한다)해야 한다. 다만, 전자상거래 물품 등의 간이수출신고를 취하하는 경우에는 증빙서류의 제출을 생략할 수 있다.
② 세관장은 수출신고 취하 승인의 신청을 받은 날부터 10일 이내에 승인 여부를 신청인에게 통지하여야 한다.
③ 세관장이 수출신고취하승인하였을 때 수출신고 또는 수출신고수리의 효력은 상실된다.

(3) 승인의 통보
세관장은 신청자가 신청한 정정/취하신청을 승인한 때에는 승인내역을 신청인에게 전산통보할 수 있다.

(4) 승인서의 교부

신청자는 세관장으로부터 통보받은 내용과 일치하는 정정/취하승인서를 출력하여 화주에게 교부할 수 있다.

(5) 신고의 각하

세관장은 다음의 어느 하나에 해당하는 경우에는 수출신고를 각하할 수 있다. 이 경우 세관장은 즉시 통관시스템에 등록하고 그 사실을 신고인에게 통보하여야 한다.

> ① 거짓 또는 그 밖의 부정한 방법으로 신고한 경우
> ② 그 밖에 수출신고의 형식적 요건을 갖추지 못한 경우

(6) 직권 정정

세관장은 다음의 어느 하나에 해당하는 경우에는 신고내역을 정정할 수 있다.

> ① 신고내역이 잘못된 경우
> ② 수출신고 물품에 대한 분석결과가 수출신고내역과 다른 경우

6. 특수형태의 수출 〔18 기출〕

(1) 선상수출신고

① 수출하려는 물품이 다음의 어느 하나에 해당하는 경우에는 해당 물품을 선적한 후 선상에서 수출신고를 할 수 있다.

> • 선적한 후 공인검정기관의 검정서(SURVEY REPORT)에 의하여 수출물품의 수량을 확인하는 물품(예) 산물 및 광산물)
> • 물품의 신선도 유지 등의 사유로 선상 수출신고가 불가피하다고 인정되는 물품(예) 국내운항선에 적재된 수산물을 다른 선박으로 이적하지 아니한 상태로 국제무역선으로 자격변경하여 출항하고자 하는 경우)
> • 자동차운반전용선박에 적재하여 수출하는 신품자동차
> • 벌크선에 적재하여 수출하는 국내제조 HS 제72류 철강류(웨이스트, 스크랩 등 HS 제7204호 물품 제외)

② 선상수출신고를 하려는 자는 사전에 관세법 제140조 제4항 단서에 따라 수출신고 수리 전 적재 허가(신청)서를 세관장에 제출하고 허가를 받아야 한다. 이 경우 세관장은 수출 물품의 특성 등을 감안하여 1년 범위 내에서 일괄하여 허가할 수 있다.

(2) 현지수출 어패류신고

어패류를 관세법 제136조에 따른 출항허가를 받은 운반선에 의하여 현지에서 수출하는 것이 부득이한 경우에는 수출 후 대금결제 전까지 출항허가를 받은 세관장에게 신고자료를 전송하고, 신고서류에 수출실적을 증명하는 서류(예) Cargo Receipt)를 첨부하여 제출하여야 한다.

(3) 보세판매장 수출신고

관세법 제196조에 따른 보세판매장에서 외국인에게 국내에서 생산(제조 · 가공 · 조립 · 수리 · 재생 또는 개조하는 것)된 물품을 판매하는 경우 보세판매장 운영인은 수출신고서 기재항목 중 일부 항목을 기재하지 아니할 수 있다. 다만, 아래 각 호의 물품은 제외한다.

> **수출통관 사무처리에 관한 고시 제7조(수출신고 및 제출서류) 제2항**
> 신고인은 다음 각 호의 어느 하나에 해당하는 물품에 대하여는 제1항에 따라 신고자료 등을 통관시스템에 전송한 후 수출신고서 및 해당 호에서 정하는 구비서류를 세관장에게 제출하여야 한다(수출신고서상 신고구분은 '서류제출'로 기재). 다만, 해당 구비서류를 전자이미지로 전송한 경우에는 그러하지 아니하다.

1. 법 제226조와 「관세법 제226조의 규정에 의한 세관장확인물품 및 확인방법 지정고시」 제7조 제1항에 따른 수출물품
   → 각 개별법령별 요건확인 서류(단, 수출요건내역을 전산망으로 확인할 수 없는 경우에 한함)
2. 계약내용과 상이하여 재수출하는 물품 또는 재수출조건부로 수입통관되어 수출하는 물품
   → 계약상이 및 재수출조건부 수출 심사에 필요한 서류(다만, 재수출조건부 수출의 경우 단순반복 사용을 위한 포장용기는 제외)
3. 수출자가 재수입 시 관세 등의 감면, 환급 또는 사후관리 등을 위하여 서류제출로 신고하거나 세관검사를 요청하는 물품
   → 각 사실관계 확인 서류(다만, 단순반복 사용을 위한 포장용기는 제외)
4. 수출통관시스템에서 서류제출대상으로 통보된 물품
   → 제11조에 따른 수출신고 심사에 필요한 서류 등

(4) 원양수산물 신고

우리나라 선박이 공해에서 채포한 수산물을 현지 판매하는 경우에는 수출자가 수출 후 대금결제 전까지 수출사실을 증명하는 서류(예 Cargo Receipt, B/L, Final(Fish) Settlement)가 첨부된 수출실적보고서(수출신고서 양식 사용)를 한국원양산업협회를 경유하여 서울세관장에게 신고자료를 전송하여야 한다.

(5) 잠정수량신고·잠정가격신고 대상물품의 수출신고

① 배관 등 고정운반설비를 이용하여 적재하는 경우 또는 제조공정상의 이유 및 국제원자재 시세에 따른 금액이 사후에 확정되어 수출신고 시에 수량이나 가격 확정이 곤란한 물품 중 다음의 어느 하나에 해당하는 물품을 수출하려는 자는 수출신고 시에 적재예정수량 및 금액을 신고하고, 적재완료일로부터 수량의 경우 5일, 금액의 경우 180일이 경과하기 전까지 실제 공급한 수량 및 금액을 신고할 수 있다.

- 가스
- 액체
- 전기
- HS 제50류부터 제60류까지 중 직물 및 편물
- HS 71류부터 83류까지의 귀금속 및 비금속제 물품
- 전자상거래 수출물품
- 위탁판매 수출물품
- 그 밖에 계약의 내용이나 거래의 특성상 잠정수량 또는 잠정가격으로 신고하는 것이 불가피하다고 세관장이 인정하는 물품

② 전자상거래 수출물품 및 위탁판매 수출물품은 수출신고 시에 적재예정금액을 신고하고 판매금액 확정일 또는 판매대금 입금일로부터 60일이 경과하기 전까지 수출신고 정정신청서로 실제 공급한 금액을 신고할 수 있다.

7. 전자상거래 물품의 수출

(1) 전자상거래 물품 등의 간이수출신고

수출하려는 물품 가격이 400만 원(FOB 기준) 이하이고 다음의 어느 하나에 해당하는 경우에는 간이수출신고를 할 수 있다.

① 수출신고서상 신고구분을 전자상거래 간이수출신고로 신고하거나 전자상거래 간이신고 시스템으로 신고하는 수출물품
② 수출목록 변환신고 시스템을 통해 신고하는 수출물품

다만, 다음의 각 호의 물품은 제외한다.

> **수출통관 사무처리에 관한 고시 제7조(수출신고 및 제출서류) 제2항**
> 신고인은 다음 각 호의 어느 하나에 해당하는 물품에 대하여는 제1항에 따라 신고자료 등을 통관시스템에 전송한 후 수출신고서 및 해당 호에서 정하는 구비서류를 세관장에게 제출하여야 한다(수출신고서상 신고구분은 '서류제출'로 기재). 다만, 해당 구비서류를 전자이미지로 전송한 경우에는 그러하지 아니하다.
> 1. 법 제226조와 「관세법 제226조의 규정에 의한 세관장 확인물품 및 확인방법 지정고시」 제7조 제1항에 따른 수출물품
>   → 각 개별법령별 요건확인 서류(단, 수출요건내역을 전산망으로 확인할 수 없는 경우에 한함)
> 2. 계약내용과 상이하여 재수출하는 물품 또는 재수출조건부로 수입통관되어 수출하는 물품
>   → 계약상이 및 재수출조건부 수출 심사에 필요한 서류(다만, 재수출조건부 수출의 경우 단순반복 사용을 위한 포장용기는 제외)

(2) 전자상거래 물품의 국외반출신고에 관한 특례

외국에서 자유무역지역으로 물품을 반입한 후 사용소비신고 등 절차를 거쳐 국내로 수입하지 아니하고 해외 개인 구매자의 주문에 따라 국외로 물품을 반출신고하는 경우에는 국외반출신고서 기재항목 중 일부 항목을 생략할 수 있다.

03 목록통관절차

1. 목록통관

① 다음의 어느 하나에 해당하는 물품은 송품장 목록통관수출 신고(수리)서 및 송품장, 통관목록 또는 우편물목록을 세관장에게 제출하는 것으로 관세법 제241조 제1항의 수출신고를 생략할 수 있다. 다만, 관세법 제226조 제1항에 해당하는 물품은 제외한다.

> - 유해 및 유골
> - 외교행낭으로 반출되는 물품
> - 외교부에서 재외공관으로 발송되는 자료
> - 우리나라를 방문하는 외국의 원수와 그 가족 및 수행원이 반출하는 물품
> - 신문, 뉴스취재 필름, 녹음테이프 등 언론기관 보도용품
> - 카탈로그, 기록문서와 서류
> - 「외국인관광객 등에 대한 부가가치세 및 개별소비세 특례 규정」에 따라 외국인 관광객이 구입한 물품
> - 법 제106조의2(수입한 상태 그대로 수출되는 자가사용물품 등에 대한 관세 환급) 제1항 제호에 따른 환급 물품
> - 환급대상이 아닌 물품가격 FOB 200만 원 이하의 물품. 다만, 이 고시 제7조 제2항 제2호부터 제3호까지 해당하는 아래의 물품은 제외한다.

> **수출통관 사무처리에 관한 고시 제7조(수출신고 및 제출서류) 제2항**
> 신고인은 다음 각 호의 어느 하나에 해당하는 물품에 대하여는 제1항에 따라 신고자료 등을 통관시스템에 전송한 후 수출신고서 및 해당 호에서 정하는 구비서류를 세관장에게 제출하여야 한다(수출신고서상 신고구분은 '서류제출'로 기재). 다만, 해당 구비서류를 전자이미지로 전송한 경우에는 그러하지 아니하다.

1. 법 제226조와 「관세법 제226조의 규정에 의한 세관장 확인물품 및 확인방법 지정고시」 제7조 제1항에 따른 수출물품
   → 각 개별법령별 요건확인 서류(단, 수출요건내역을 전산망으로 확인할 수 없는 경우에 한함)
2. 계약내용과 상이하여 재수출하는 물품 또는 재수출조건부로 수입통관되어 수출하는 물품
   → 계약상이 및 재수출조건부 수출 심사에 필요한 서류(다만, 재수출조건부 수출의 경우 단순반복 사용을 위한 포장용기는 제외)
3. 수출자가 재수입 시 관세 등의 감면, 환급 또는 사후관리 등을 위하여 서류제출로 신고하거나 세관검사를 요청하는 물품
   → 각 사실관계 확인 서류(다만, 단순반복 사용을 위한 포장용기는 제외)

② 환급대상이 아닌 물품가격 FOB 200만 원 이하의 물품은 반출사유(코드) 및 가격을 기재하여 제출하여야 한다.
③ 외국환거래법 및 외국환거래규정에 따라 한국은행·외국환은행 또는 체신관서가 인정된 업무를 영위함에 있어 대외지급수단을 수출하는 경우에는 첨부서류 없이 신고서에 수출신고사항을 기재하여 신고한다.
④ 통관목록 등을 제출하려는 자는 해당 물품이 장치된 소재지를 관할하는 세관장에게 제출하여야 한다.

2. 통관목록자료 전송

① 특송업체는 통관목록전송 대상물품에 대하여 통관목록자료를 전자문서로 통관시스템에 전송할 수 있다.
② 통관목록자료는 운송수단의 출발시간 및 세관검사 소요시간을 고려하여 적재하기 전까지 통관시스템에 전송하여야 한다.

3. 송품장 등 전송

송품장 방식의 목록통관 신고인은 송품장 목록통관수출 신고(수리)서 및 송품장을 전자문서로 통관시스템에 제출할 수 있다.

4. 우편물목록자료 전송

① 통관우체국장은 관세법 제257조에 따라 수출하려는 우편물이 통관우체국에 접수되었을 때에는 해당 통관우체국을 관할하는 세관장에게 우편물목록 작성요령에 따라 작성된 우편물목록을 제출하여야 한다.
② 통관우체국장은 우편물목록을 전자문서로 통관시스템에 전송할 수 있다.

5. 처리담당자의 지정 및 검사대상 선별

① 세관장은 목록통관 신고물품에 대한 통관 업무를 원활하게 하기 위하여 특송업체별, 주기별(예 주·월별)로 처리담당자를 지정하여 운영할 수 있다.
② 세관장은 통관목록 등이 서류로 제출된 경우 신고서류를 확인하여 목록통관 요건, 반출사유 및 가격 등을 참고하여 검사대상물품을 선별할 수 있다.
③ 통관목록자료로 신고하는 물품에 대한 검사대상선별은 통합위험관리시스템에서 무작위 또는 담당자의 수작업 방식으로 선별할 수 있다.
④ 세관장은 통관목록자료로 신고하는 물품에 대하여 검사비율을 지정하여야 한다. 이 경우 검사결과 등 특송업체별 성실도를 감안하여 검사비율을 5% 이내에서 차등 적용할 수 있다.

6. 목록통관신고물품의 심사

심사자는 목록통관신고물품에 대하여 통관목록등 신고내용의 적정성을 심사해야 한다. 다만, 통관목록 등을 전자문서로 신고하는 물품은 검사대상으로 선별된 경우를 제외하고는 별도의 심사를 생략할 수 있다.

7. 목록통관신고물품의 검사

① 세관장은 검사대상으로 선별된 물품에 대하여 통관목록 등 서류에 의하여 현품검사를 할 수 있다. 다만, 통관목록 등을 전자문서로 신고하는 물품은 신고자료를 전산출력하여 현품검사를 할 수 있다.

② 목록통관 신고물품의 검사는 적재지검사를 원칙으로 한다. 다만, 세관장이 적재지 검사가 부적절하다고 판단하는 물품은 해당 물품이 장치된 소재지에서 검사를 실시할 수 있다.

③ 세관장은 검사대상으로 선별된 물품에 대하여 검사생략의 필요성이 인정되고 범칙의 우려가 없는 경우 검사를 생략할 수 있다. 이 경우 검사담당 직원은 통관시스템에 검사생략 사실을 등록하여야 한다.

8. 목록통관신고물품의 심사·검사결과 등록 등

① 세관장은 통관목록 등 또는 전자문서 신고물품에 대한 심사·검사 결과 목록통관 대상물품에 해당하지 아니하거나 이상이 있는 경우 통관목록 등 서류에 신고취하표시를 하거나 전산등록하여 직권 신고취소 등 조치를 하여야 한다.

② 신고취하 또는 직권 신고취소 등의 조치를 한 세관장은 이를 즉시 특송업체 등에게 서면 또는 전산에 의한 방식으로 통지하여야 한다.

③ 세관장은 통관목록 등 또는 전자문서 신고물품을 심사·검사한 결과 이상이 없는 물품에 대하여는 통관목록 등에 고무인을 날인하거나 전산등록하여 신고수리할 수 있다.

9. 휴대반출 견본품의 특례

① 해외 수출상담·전시 등을 위하여 여행자가 휴대 반출하는 견본품으로서 세관장이 타당하다고 인정하는 물품(환급대상물품, 귀금속류, 지급수단 및 법 제226조에 따른 세관장 확인대상물품은 제외)에 대하여는 구두 신고를 수출신고에 갈음하여 즉시 이를 수리할 수 있다.

② 휴대반출물품을 해외 수출상담·전시 후 재수입하려는 경우에는 송품장 등 품명·규격, 수량이 기재된 서류 또는 휴대물품반출신고서에 출국심사 세관공무원의 반출확인을 받아 이를 재수입 면세통관 시 증빙자료로 사용할 수 있다.

10. 적재화물목록에의 갈음 등

통관목록 등을 전송하여 신고수리된 물품에 대하여 출항 적재화물목록의 제출을 생략할 수 있다. 다만, 통관목록 등을 서류로 제출하여 신고수리된 물품에 대하여는 그렇지 않다.

04 수출물품의 적재 이행관리

1. 수출물품의 적재

① 수출자는 수출신고가 수리된 물품을 관세법 제251조 제1항에 따라 수출신고가 수리된 날부터 30일 이내에 우리나라와 외국 간을 왕래하는 운송수단에 적재하여야 한다. 21 기출

② 수출자 및 국제무역선(기)의 선(기)장은 특수형태의 수출을 제외하고는 관세법 제140조 제4항에 따라 수출신고 수리 전에 수출하려는 물품을 국제무역선(기)에 적재하여서는 아니 된다.

③ 출항 또는 적재 일정변경 등 부득이한 사유로 인하여 적재기간을 연장하려는 자는 변경 전 적재기간 내에 통관지 세관장에게 적재기간 연장승인(신청)서를 제출하여야 한다.
④ 세관장은 적재기간 연장승인(신청)서를 접수한 때에는 연장승인신청사유 등을 심사하여 타당하다고 인정하는 경우에는 수출신고수리일로부터 1년의 범위 내에서 적재기간 연장을 승인할 수 있다. 21 기출
⑤ 세관장은 적재기간 연장을 승인한 때에는 즉시 통관시스템에 연장사유 및 연장기간을 기록하여야 한다.

2. 휴대탁송물품의 적재 관리

① 수출신고수리된 물품을 출국 시 휴대하여 반출하려는 때에는 출국심사 세관공무원[외국선원(어선 포함), 관광객 등이 부두초소를 통하여 출국하는 경우에는 부두초소 근무 세관공무원을 포함]에게 수출신고필증 사본을 제출하고 적재확인을 받아야 한다.
② 수출신고필증 사본을 제시받은 출국심사 세관공무원은 반출물품과 대조 확인하고 이상이 없는 때에는 적재일자, 선(기)명, 반출 수량 및 중량을 기재하고 고무인을 날인한 후 수출통관시스템에 적재사실을 직접등록하거나 다음 날까지 출항지세관 휴대탁송물품의 적재등록 담당부서에 인계하여야 한다.
③ 적재 확인을 받은 수출신고필증 사본을 인계받은 휴대탁송물품의 적재등록 담당부서의 세관공무원은 통관시스템에 적재일자, 선(기)명, 반출 수량 및 중량 등을 기록하여야 한다.
④ 통관지 세관장은 휴대탁송품의 미적재 확인 과정에서 수출자로부터 적재사실이 기재된 수출신고필증사본을 제출받은 경우에는 선적지 세관장에게 동 자료를 송부하여 적재 사실확인 및 적재 내용이 등록될 수 있도록 하여야 한다.
⑤ 적재확인 시 수출물품의 휴대 반출자가 반출확인용 수출신고필증사본을 국내 수출자에게 송부하여 줄 것을 요청하는 때에는 세관장은 반출자를 대신하여 발송업무를 취급할 수 있다. 이 경우 발송을 요청한 자는 우표가 부착된 회신용 봉투를 제출하여야 한다.

3. 우편물품의 적재

① 수출신고 수리된 물품을 우편발송하려는 자는 통관우체국의 세관공무원 또는 관세청장이 인정하는 바에 따라 수출우편물 발송확인업무를 취급하는 우체국장에게 현품 및 수출신고필증을 제출하여 발송확인(고무인 날인)을 받아야 한다.
② 발송확인한 세관공무원 또는 우체국장은 적재내용을 직접 등록하여야 한다. 다만, 적재등록이 누락된 경우 세관공무원은 우체국장 등으로부터 국제특급우편(EMS) 번호를 송부 받아 우체국 인터넷홈페이지에서 발송완료 여부를 확인한 후 통관시스템에 수출이행 사실을 등록할 수 있다.

4. 적재화물목록을 제출하지 아니하는 수출물품의 적재 등

① 세관장은 항공기, 선박 등 자력으로 운항하는 운송수단을 다음의 어느 하나에 해당하는 목적으로 적재화물 없이 수출하려는 때에는 출항적재화물목록의 제출을 생략하게 할 수 있다. 이 경우 세관장은 출항허가서를 확인하여 적재 등록하여야 한다. 다만, 국내에서 수리한 해당 항공기, 선박 등이 국제항에 입항한 경우에는 입항보고서를 확인하여 적재 등록할 수 있다.

- 국내에서 수리하고 수출하거나 외국에서 수리할 목적으로 수출하려는 때
- 보세공장에서 신조하여 수출하려는 때

② 수출자가 바지(Barge)선 등 자력운항이 불가능한 운송수단을 수출하려는 때에는 통상적인 수출신고 수리물품에 대한 적재 이행절차를 따른다.
③ 수출신고를 하는 경우 해당 물품을 운송하는 특송업체의 수출목록 변환신고 시스템을 통한 적재이행신고로 출항적재화물목록 제출을 갈음한다.

④ 관세법 제143조에 따른 선박(항공기)용품에 해당하지 않는 물품으로서 국제무역선(기)에 적재되어 설치 및 사용될 목적으로 수출신고 수리된 물품 또는 수리를 위해 장착되는 항공기 부분품으로서 관세법 제140조 제6항 단서에 따라 세관장의 허가를 받고 국제무역기에 적재 후 수출신고 수리된 물품은 세관공무원에게 수출신고필증 사본 및 적재 사실을 확인할 수 있는 자료를 제출하고 적재 확인을 받아야 한다. 이때 수출신고필증 사본을 제시받은 세관공무원은 수출신고필증 사본과 적재물품 또는 적재사실 확인 자료를 대조·확인하고 이상이 없다고 판단하는 경우에는 고무도장(적재화물목록을 제출하지 아니하는 수출물품 적재확인인)을 날인 후 통관시스템에 적재사실을 직접 등록하거나 적재등록 담당 부서에 인계하여야 한다.

5. 현지수출 어패류·원양수산물 등의 적재

현지수출 어패류·원양수산물 및 국내보세공장에서 건조된 국적취득부 나용선 수출에 대하여는 수출신고수리와 동시에 통관시스템에서 자동으로 적재 등록한다.

6. 수출물품의 분할 적재

수출자가 수출신고수리된 물품을 관세법 제251조 제1항에 따른 적재 기간 내에 분할하여 적재하고자 하는 경우 선사 등 적재화물목록 작성 책임자는 그 사실을 적재화물목록에 등재하고 이를 수출화물시스템에 전송하여야 한다.

7. 동시포장 물품의 적재

① 수출자는 수입국 구매자의 요청 등 부득이한 사유가 있는 경우에는 동시 포장한 물품을 2건 이상으로 분할하여 수출신고를 하거나, 2건 이상으로 수출신고수리된 물품을 1건으로 동시 재포장하여 적재할 수 있다.
② 2인 이상의 수출자는 동일한 구매자에게 수출되는 전자상거래 물품이 간이수출신고된 경우, 2건 이상으로 수출신고수리된 물품을 1건으로 동시 재포장하여 적재할 수 있다.
③ 수출자는 수출물품을 동시포장 또는 동시재포장한 때에는 수출신고필증 및 선적요청서(Shipping Request) 등에 이를 기재하여야 한다.
④ 선사 등 적재화물목록 작성책임자는 수출신고필증 및 선적요청서 등을 통하여 동시포장 등 여부를 확인하고 동시포장 여부 및 동시포장 개수를 적재화물목록에 등재하여야 한다. 다만, 동시 재포장한 수출물품을 적재이행신고 시에는 특송업체가 동시포장 여부 등을 기재하여야 한다.

8. 수출신고 수리의 취소·관리

① 통관지 세관장은 매주 월요일(월요일이 휴일인 경우에는 그 다음 날)마다 통관시스템을 조회하여 수출신고 수리 물품의 적재기간이 경과한 물품에 대하여 신고인 등에게 적재기간 내에 적재 확인이 되지 아니하는 경우 수출신고 수리를 취소한다는 수출신고 수리 취소 예정통보를 하여야 한다. `21 기출`
② 수출신고 수리 취소 예정통보를 받은 신고인은 취소예정통보일로부터 14일 내에 적재된 화물이 있는지 여부에 대하여 원인규명을 하여야 하며 원인규명의 결과 이미 적재된 물품이 있는 경우에는 정정 등의 조치를 취하여야 한다. `21 기출`
③ 원인규명의 결과 적재되지 아니하였거나 원인을 규명할 수 없는 물품에 대하여 세관장은 적재관리시스템에서 미적재 여부를 확인한 후 수출신고의 수리를 취소하여야 한다.
④ 수출신고의 수리를 취소한 세관장은 즉시 신고인에게 그 사실을 서면통지하여야 한다. 다만, 연락두절 등의 사유로 서면통지가 불가능한 경우에는 게시공고로서 이에 대신할 수 있다.
⑤ 적재지검사 대상물품이 적재지 보세구역에 반입된 때에는 운영인은 관할세관장에게 즉시 반입보고를 하여야 하고, 적재지검사 대상물품을 반출하기 전에 적재지검사가 완료되었는지 확인하여야 한다. `24 기출` `23 기출`

9절 반송절차에 관한 고시

✎ 본문 내용 중 꼭 알아야 하는 부분에 형광펜으로 표시하였으니 반드시 학습하시기 바랍니다.

01 총칙

1. 목적

이 고시는 관세법 제241조에 따라 우리나라에 반입되었거나 「수출용원재료에 대한 관세 등 환급에 관한 특례법」 제4조 제3호에 따라 보세창고에 반입된 후 외국으로 반출·반송하는 물품(보세공장 및 자유무역지역 반입물품, 여행자 및 승무원 휴대품과 보세판매장에서 판매되어 반출하는 물품은 제외)의 통관관리에 관한 처리지침을 정함을 목적으로 한다.

2. 정의

(1) 반송 `24 기출`

외국물품(수출신고 수리물품을 제외한다)을 외국으로 반출하는 것을 말한다.

(2) 단순반송물품 `19 기출`

외국으로부터 보세구역에 반입된 물품으로서 다음의 어느 하나의 사유로 수입신고를 하지 아니한 상태에서 다시 외국으로 반출되는 물품을 말한다.

> ① 주문이 취소되었거나 잘못 반입된 물품
> ② 수입신고전에 계약상이가 확인된 물품
> ③ 수입신고전에 수입요건을 갖추지 않은 것이 확인된 물품
> ④ 선사(항공사)가 외국으로 반출하는 선박용품, 항공기용품 또는 선(기)내 판매용품
> ⑤ 그 밖의 사유로 반출하는 물품

(3) 통관보류물품 `23 기출`

외국으로부터 보세구역에 반입된 물품으로서 수입신고를 하였으나 수입신고수리요건 등을 갖추지 못하여 통관이 보류된 물품을 말한다.

(4) 위탁가공물품 `19 기출`

해외에서 위탁가공 후 보세구역에 반입된 물품으로서 외국으로 반출될 물품을 말한다.

(5) 중계무역물품 `19 기출`

대외무역법령에 의하여 수출할 것을 목적으로 보세구역 또는 관세법 제156조에 따라 세관장으로부터 보세구역 외 장치허가를 받은 장소에 반입하여 외국으로 반출하는 물품을 말한다.

(6) 보세창고 반입물품

외국으로부터 보세창고에 반입된 물품으로서 국내 수입화주의 결정지연 등으로 수입하지 아니한 상태에서 다시 외국으로 반출될 물품을 말한다.

(7) 장기비축 수출용원재료 및 수출물품 사후 보수용품

보세창고에 반입된 해외조립용 수출용원재료 또는 이미 수출한 물품의 사후 보수, 수리를 위한 물품(해체·절단 등의 작업을 한 구성품을 포함)을 말한다.

(8) 보세전시장반출물품 `19 기출`

우리나라에서 개최하는 박람회 등을 위하여 보세전시장에 반입되어 전시종료 후 외국으로 반출될 물품을 말한다.

(9) 보세판매장 반출물품

보세판매장에 반입되어 판매중인 외국물품이 변질, 고장, 그 밖에 유행의 변화 등의 사유로 판매하지 못하여 운영인이 외국으로 반출하려는 물품을 말한다.

(10) 수출조건부 미군불하물품

미군교역처에서 수출조건부로 불하한 보세물품을 말한다.

3. 적용범위

① 이 고시는 다음에 해당하는 물품에 대하여 적용한다.

> ㉠ 단순반송물품
> ㉡ 통관보류물품
> ㉢ 위탁가공물품
> ㉣ 중계무역물품
> ㉤ 보세창고반입물품
> ㉥ 장기비축 수출용원재료 및 수출물품 사후 보수용품
> ㉦ 보세전시장반출물품
> ㉧ 보세판매장반출물품
> ㉨ 수출조건부 미군불하물품

② 다음의 물품은 이 고시를 적용하지 아니하고 각각 별도의 고시 규정을 적용하며 아래 '사람의 생명이나 재산을 해할 우려가 있거나, 산업폐기물 등 관세법 제160조 제4항에 따른 지정물품 중 폐기 처분이 곤란하거나, 그 밖의 이에 준하는 사유로 세관장이 반송할 것을 명한 물품'의 경우에는 세관장이 정하는 바에 의한다.

> ㉠ 보세공장 반출물품
>   → 「보세공장 운영에 관한 고시」
> ㉡ 자유무역지역 반출물품
>   → 「자유무역지역 반출입 물품의 관리에 관한 고시」
> ㉢ 여행자 및 승무원 휴대품
>   → 「여행자 및 승무원 휴대품 통관에 관한 고시」
> ㉣ 보세판매장 판매물품
>   → 「보세판매장 운영에 관한 고시」
> ㉤ 환적화물 및 오송화물
>   → 「환적화물 처리절차에 관한 특례 고시」
> ㉥ 북한(개성공단을 포함한다)으로 반출되어 제조·가공 등의 공정을 거쳐 남한으로 다시 반입될 외국물품 등 수입신고 수리 후 북한으로 반출신고 하여야 하는 물품
>   → 「남북교역물품 통관관리에 관한 고시」 및 「개성공업지구 반출입품관리에 관한 고시」
> ㉦ 사람의 생명이나 재산을 해할 우려가 있거나, 산업폐기물 등 관세법 제160조 제4항에 따른 지정물품 중 폐기 처분이 곤란하거나, 그 밖의 이에 준하는 사유로 세관장이 반송할 것을 명한 물품

02 반송통관절차

1. 반송인 `24 기출` `23 기출`

반송은 적재화물목록, 선하증권(B/L), 항공화물상환증(AWB)상의 물품수신인 또는 해당 물품의 화주(해당 물품의 처분권리를 취득한 자를 포함)가 할 수 있다.

2. 반송신고 `24 기출`

① 관세법 제241조에 따라 반송신고를 하려는 자는 다음의 서류를 첨부한 반송신고서(수출통관 사무처리에 관한 고시의 서식을 사용하되, 서식명은 반송신고서로 변경 사용)를 세관장에게 제출하여야 한다.

- 해당 물품의 선하증권(항공화물인 경우에는 항공화물상환증) 사본
- 수출송품장 및 포장명세서(필요한 경우에만 해당)
- 대외무역법령 등 관련 법령에 따른 승인·추천·인증 등이 필요한 경우 관련서류

② 반송신고서를 전송할 때에는 서류제출대상(수출신고부호 M)임을 표시하고 첨부서류는 스캔 등의 방법으로 전자 이미지화하여 제출할 수 있다.

③ 반송신고는 해당 물품을 외국으로 반출하고자 하는 선박 또는 항공기 적재단위[선하증권(B/L) 또는 항공화물상환증(AWB)]별로 하여야 한다.

3. 반송심사 `23 기출`

① 세관장은 반송신고물품에 대하여 다음에 해당하는 사항을 심사한다.

- 반송요건에 적합한지 여부
- 관세법 제234조 또는 제235조에 따라 수출입이 금지되는지 여부
- 대외무역법령 및 그 밖의 법령에 따른 조건의 구비 여부
- 통관보류물품 등 수입신고된 물품의 경우 그 신고의 취하 여부
- 그 밖의 반송물품의 통관을 위하여 필요한 사항

② 세관장은 반송신고물품이 외국으로부터 도착되어 수입되지 아니하고 관세 등이 유보된 상태로 외국으로 반출되어야 하는 물품인 것에 특히 유의하여 반송인, 품명 및 규격, 수량, 신고가격 등을 심사하여야 한다.

③ 세관장은 반송심사를 위하여 필요한 경우에는 신고인등 이해관계자의 의견을 청취할 수 있다.

4. 검사대상 선별 및 검사

① 반송신고물품에 대한 검사는 수출통관 사무처리에 관한 고시에서 검사대상으로 선별되었거나 사회 관심 품목 등 소비재와 정상 수출입을 가장한 부정무역의 우려가 있는 물품 등 세관장이 필요하다고 인정하는 경우에는 검사할 수 있다.

② 검사대상 세관공무원은 물품검사를 할 때에 반송신고물품이 당초 반입된 물품의 품명, 규격 등과 일치하는지 여부를 확인하여야 하며 마약류 등 불법부정 물품의 혼재 또는 은닉 여부에 특히 유의하여 검사를 하여야 한다.

5. 반송신고수리 24 기출

① 세관장은 반송신고 물품에 대하여 신고사항 및 신고서류에 이상이 없는 때와 물품검사를 하는 경우 신고사항과 현품이 일치하는 등 이상이 없는 때에 검사결과 이상유무를 수출통관시스템에 등록하고 신고를 수리하여야 한다.

② 세관장은 반송신고를 수리한 때에는 세관특수청인에 관한 규정에 따른 세관특수청인을 전자적으로 날인한 반송신고필증을 교부한다. 이 경우 보세운송을 요하지 아니하는 물품 중 검역 등 수입검사 불합격 물품과 부정유출우려가 많은 사회관심품목 등 세관장이 필요하다고 인정하는 경우에는 반송신고필증 사본을 적재 확인업무 담당과에 즉시 송부하여야 한다.

6. 반송신고의 취하

① 관세법 제250조 제1항에 따라 반송신고를 취하할 수 있는 경우와 신고취하 신청 시 제출하여야 할 서류 및 요건은 다음과 같다.

> • 해외공급자 또는 해외구매자가 반송을 거부한 때
>   → 해당 물품에 대한 반송거부를 증명할 수 있는 서류제출 및 처리계획
> • 재해 기타 부득이한 사유로 반송대상 물품이 멸실되었거나 세관장의 승인을 얻어 폐기하고자 하는 경우
>   → 관세행정정보시스템의 멸실 또는 폐기 등록 여부
> • 그 밖에 세관장이 타당하다고 인정하는 경우

② 반송신고 취하의 신청은 전자 이미지화 또는 전자문서로 제출할 수 있다.

③ 반송신고수리 세관장은 관할지 이외의 보세구역에 장치되어 있는 물품을 신고취하 승인을 하려는 경우에는 신고취하 대상물품이 장치된 보세구역을 관할하는 세관장에게 물품의 소재 여부를 확인한 후 승인하여야 한다.

7. 보세운송신고 23 기출

① 반송물품에 대한 보세운송신고는 보세운송업자의 명의로 하여야 한다.

② 반송물품의 보세운송은 이 고시에서 정하는 것을 제외하고는 보세운송에 관한 고시 제3장의 수입보세운송 규정을 준용한다.

③ 반송물품의 보세운송기간은 7일로 지정한다. 다만, 세관장은 부득이한 사유로 보세운송 신고인으로부터 보세운송기간 연장승인 신청이 있는 경우에는 물품의 성질, 중량, 운송수단, 운송거리 등을 고려하여 보세운송 기간연장을 승인할 수 있다.

④ 활어, 냉장 또는 냉동화물 등 특수한 경우에는 사전에 세관장의 승인을 얻어 보세운송 업체가 아닌 일반업체의 운송수단으로 보세운송할 수 있다.

03 반송통관 후 확인 및 조치 사항

1. 적재확인 23 기출

반송신고수리 세관장은 반송신고수리물품이 수리일로부터 30일을 경과하였을 때에는 적재 여부를 확인하여 적재되지 아니한 경우에는 국외반출 또는 취하하도록 기간을 정하여 관세법 제263조에 따른 명령을 하여야 한다.

2. 자체조사 및 고발의뢰

① 반송물품에 대하여 검사, 심사 및 적재 확인 결과 다음의 어느 하나에 해당될 때에는 관세법 등 위반 혐의에 대하여 조사하여야 한다.

- 수입금지물품이나 수입이 제한되는 물품을 수입하려다 수입이 불가능하여 반송되는 경우로서 수입하려고 하는 의사에 고의성이 있는 경우
- 반송신고에 있어 품명, 규격, 수량, 가격 등 주요사항을 정당한 사유 없이 허위로 신고한 경우
- 신고물품 이외의 물품을 반송하려고 하는 경우
- 선박(항공기) 사정 등 정당한 사유 없이 적재되지 아니한 사실이 있는 경우
- 그 밖에 세관장이 범칙혐의가 있다고 인정하는 경우

② 관세법 등 위반 혐의에 대한 조사는 위반사항을 인지한 부서에서 수행하며, 조사결과 관세법 위반 등의 확증을 얻은 때에는 통고처분 등 필요한 처분을 하여야 한다.

③ 위반사항이 세관공무원의 범칙조사에 관한 훈령 제14조 제1항의 어느 하나에 해당하는 경우 즉시 조사전담부서로 고발(송치)의뢰를 해야 한다.

④ 세관장은 물품의 수출입 및 반송과 관련하여 관세법등 위반 혐의로 통고처분 또는 고발의뢰한 경우 및 무혐의 등으로 조사가 해제된 경우에는 즉시 그 사실(수출입자, B/L번호, 품명, 수량, 규격, 가격등을 기재함)을 해당 물품의 장치장소를 관할하는 세관장(반송신고수리 업무 담당과장)에게 통보하여야 한다.

10절 | 특송물품 수입통관 사무처리에 관한 고시

✎ 본문 내용 중 꼭 알아야 하는 부분에 형광펜으로 표시하였으니 반드시 학습하시기 바랍니다.

01 총칙

1. 목적

이 고시는 「관세법」 제222조 제1항 제6호에 따라 세관장에게 등록한 특급탁송업체가 운송하는 특급탁송물품의 수입통관에 필요한 사항을 규정함을 목적으로 한다.

2. 정의

(1) 특송업체

「관세법」 제222조 제1항 제6호에 따라 세관장에게 등록한 업체를 말한다.

(2) 특송물품

특송업체가 우리나라에 반입하는 물품 중 법 제254조의2 제6항에 따라 통관하는 물품을 말한다.

(3) 통관목록

관세법 제254조의2 제1항에 따라 특송업체가 특송물품의 품명·가격 등 이 고시에서 정한 사항을 기재한 목록을 말한다.

(4) 목록통관 특송물품 사후심사

통관절차가 완료된 목록통관 특송물품에 대하여 통관이 적법한지를 사후심사하는 것을 말한다.

(5) 스마트통관

개인이 수입하는 전자상거래물품 중 우범성이 없는 물품을 전자적으로 일괄심사 처리하는 것을 말한다.

(6) 개인 전자상거래물품

사이버몰을 통하여 물품의 정보가 제공되고 주문·결제 등 거래가 이루어지는 물품 중 개인이 자가사용물품으로 수입하는 물품을 말한다.

(7) 개인 전자상거래 공급망

개인 전자상거래물품의 판매, 주문, 결제, 수입, 수입신고, 운송, 보관 등과 관련된 통신판매중개자, 통신판매자, 구매대행업자, 배송대행업자, 화주, 관세사, 보세구역운영인, 보세운송업자, 특송업체, 화물운송주선업자, 선사, 항공사, 하역업자 등을 말한다.

(8) 통신판매중개자

화주와 통신판매자 간에 개인 전자상거래물품의 판매, 주문, 결제 등이 사이버몰을 통해 이루어지도록 중개 서비스를 제공하는 사업자를 말한다.

(9) 통신판매자

통신판매중개자가 운영하는 사이버몰을 이용하거나 자체 사이버몰의 운영을 통하여 화주에게 정보를 제공하고 청약을 받아 개인 전자상거래물품을 판매하는 사업자를 말한다.

(10) 구매대행업자

자가사용물품을 수입하려는 화주의 위임에 따라 해외 판매자로부터 해당 수입물품의 구매를 대행하거나, 사이버몰(컴퓨터 등과 정보통신설비를 이용하여 재화 등을 거래할 수 있도록 설정된 가상의 영업장) 등을 통하여 해외로부터 구매 가능한 물품의 정보를 제공하고 해당 물품을 자가사용물품으로 수입하려는 화주의 요청에 따라 그 물품을 구매해서 판매하는 자를 말한다.

(11) 배송대행업자

화주가 해외 판매자의 사이버몰에서 구매한 물품을 화주의 위임에 따라 해외에서 대신 수령하여 배송을 대행하는 자를 말한다.

02 특송업체의 등록

1. 등록요건

특송업체로 등록하려는 자는 자본금 3억 원 이상인 법인으로서 관세법 제223조 및 시행령 제231조에 따른 보세운송업자 등의 등록요건을 갖추고 다음의 어느 하나에 해당하여야 한다.

> ① 「항공사업법」 제52조 제1항에 따른 상업서류송달업의 신고를 필한 자(국제무역기를 이용하는 업체)
> ② 관세법 제222조 제1항 제2호에 따른 화물운송주선업자의 등록을 필한 자(국제무역기·국제무역선을 이용하는 업체)

2. 등록신청

① 특송업체로 관세법 제222조 제1항 제6호에 따라 등록을 하려는 자는 다음의 서류를 첨부하여 특송업체 등록신청서를 통관지 세관장에게 제출하여야 하며, 신청서류는 관세청전자통관시스템을 통하여 제출하거나 우편, 팩스, 전자우편으로 제출할 수 있다.

> • 상업서류 송달업 신고증명서 또는 화물운송주선업자 등록증 사본
> • 법인등기사항 전부증명서, 주민등록증 또는 여권 사본 등 결격사유를 확인할 수 있는 서류
> • 「국세징수법」에 따른 납세증명서

② 세관장은 등록신청을 한 업체가 등록요건을 갖춘 때에는 특송업체등록증을 신청인에게 교부하여야 한다.
③ 특송업체는 등록사항에 변동이 생긴 때에는 지체 없이 특송업체 등록사항 변동 신고서를 등록지를 관할하는 세관장에게 제출하여야 한다.

3. 등록갱신

「관세법 시행령」 제231조 제3항에 따라 특송업체 등록을 갱신하려는 자는 특송업체 등록갱신신청서에 아래의 서류를 첨부하여 유효기간 만료 1개월 전까지 등록지를 관할하는 세관장에게 제출하여야 한다.

> ① 상업서류송달업 신고증명서 또는 화물운송주선업자 등록필증 사본
> ② 사업자등록증 사본(담당공무원 확인사항으로 민원인 제출생략)

4. 등록의 효력상실

특송업체가 다음의 어느 하나에 해당하는 때에는 그 등록의 효력이 상실된다.

① 보세운송업자 등이 폐업한 경우
② 보세운송업자 등이 사망한 경우(법인인 경우에는 해산된 경우)
③ 보세운송업자 등의 등록 유효기간이 만료된 경우
④ 보세운송업자 등의 등록이 취소된 경우
⑤ 영업중단 등의 사유로 특송업체 등록증을 반납한 때

03 특송물품의 통관

1. 특송물품의 반입

① 특송물품은 세관장이 따로 지정한 세관지정장치장에 반입하여 세관공무원의 X-Ray 검색기 검사 등을 거친 후 통관하여야 한다.
② 세관장은 특송물품을 컬러로 정확히 판독할 수 있는 양방향 X-Ray 검색기 및 실시간 X-Ray 정밀판독시스템, 자동분류기 등의 검색 및 검사시설을 구비하는 등 특송물품을 반입하여 통관하기에 적합하다고 인정되는 장소에 한하여 세관지정장치장으로 지정할 수 있다.
③ 특송업체가 본사·지사 또는 대리점 관계 등을 통하여 직접 물품발송인으로부터 물품을 수집하지 않고 다른 화물운송주선업자가 수집한 물품을 반입하여 이 고시에 따른 통관절차를 수행하고자 할 때에는 통관목록 제출 또는 수입신고 시 해당 화물운송주선업자의 부호를 세관장에게 제출하여야 한다.
④ 물품을 취급하는 특송업체는 법규를 위반하거나 송하인·수하인, 품명, 가격 등 물품정보와 배송지정보를 불성실하게 제공하는 화물운송주선업자에 대하여 제재, 거래중지 등 적절한 관리 및 통제절차를 마련하여 정확한 통관목록 작성과 세관신고가 이루어지도록 하여야 한다.

2. 신고구분 20 기출

① 특송물품에 대한 통관절차는 다음에 따른다.
- 국내거주자가 수취하는 자가사용물품 또는 면세되는 상용견본품 중 물품가격이 미화 150달러(미합중국과의 협정에 따른 특송물품 통관의 특례에 해당하는 물품은 미화 200달러) 이하에 해당하는 물품(목록통관특송물품)은 특송업체가 통관목록을 세관장에게 제출함으로써 관세법 제241조 제1항의 수입신고를 생략할 수 있다.
- 물품가격이 미화 150달러(대한민국과 미합중국 간의 자유무역협정에 따른 특송물품 통관의 특례에 해당하는 물품은 미화 200달러)를 초과하고 미화 2,000달러 이하인 물품(간이신고특송물품)은 간이한 방법으로 수입신고할 수 있다.
- 물품가격이 미화 2,000달러를 초과하는 물품(일반수입신고 특송물품)은 관세법 제241조 제1항에 따른 수입신고를 하여야 한다.

② [별표 1]의 목록통관 배제대상물품과 [별표 2]의 간이신고 배제대상물품에 대해서는 목록통관 또는 간이신고를 배제하고 관세법 제241조 제1항에 따른 수입신고를 하여야 한다.

[별표 1] 목록통관 배제대상물품

1. 의약품
2. 한약재
3. 야생동물 관련 제품
4. 농림축수산물등 검역대상물품

5. 건강기능식품
6. 지식재산권 위반 의심물품
7. 식품류·주류·담배류
8. 화장품(기능성화장품, 태반함유화장품, 스테로이드제 함유화장품 및 성분미상 등 유해화장품에 한함)
9. 적재화물목록 정정에 따라 선하증권 또는 항공화물운송장 내용이 추가로 제출된 물품
10. 통관목록 중 품명·규격·수량·가격·물품수신인 성명·물품수신인 식별부호·거래코드·공급망 정보·물품수신인 주소·물품수신인 전화번호 등이 부정확하게 기재된 물품
11. 「전파법 시행령」 제77조의2 제1항에 따른 방송통신기자재 등으로서 같은 영 별표 6의2 제1호 자목에 해당하는 물품
12. 그 밖에 법령에 따라 통관이 제한되는 물품 등 목록통관이 타당하지 않다고 세관장이 인정하는 물품

[별표 2] 간이신고 배제대상물품

1. 별표 1에 해당하는 물품
2. 「수입통관 사무처리에 관한 고시」 제13조 제1항 제1호, 제3호, 제6호, 제12호에 해당하는 물품
3. 할당·양허관세율의 적용을 신청한 물품 중 세율추천이 필요한 물품
4. 법 제83조에 따른 용도세율의 적용을 신청한 물품 중 사후관리 대상물품
5. 법 제226조에 따른 세관장 확인대상물품
6. 법 제250조에 따라 신고취하 또는 신고각하된 후 다시 수입신고하는 물품
7. 해체·절단 또는 손상·변질 등에 의해 물품의 성상이 변한 물품
8. 「이사물품 수입통관 사무처리에 관한 고시」 적용대상 물품
9. 품명·규격·수량·가격 등이 부정확하여 세관장이 간이신고가 부적당하다고 인정하는 물품
10. FTA 협정관세의 적용을 신청한 물품
11. 법 제240조의2에 따른 유통이력 신고대상 물품

3. 수입신고 등 20 기출

① 특송업체가 목록통관 특송물품을 수입통관 하려는 때에는 통관목록을 세관장에게 제출하여야 한다. 다만, 개인(사업자를 제외)이 수입하는 전자상거래물품은 「전자상거래물품의 특별통관에 관한 고시」에 따른 전자상거래물품 통관목록을 제출하여야 한다.

② 간이신고특송물품을 수입통관 하려는 때에는 첨부서류 없이 인터넷·EDI 등을 이용하여 전자서류로 수입신고하여야 한다. 다만, 검사대상으로 선별된 물품은 수입신고서에 송품장, 선하증권 또는 항공화물운송장 등을 첨부하여 세관장에게 제출하여야 한다.

③ 일반수입신고특송물품은 「수입통관 사무처리에 관한 고시」에 따른 일반통관절차를 적용한다.

④ 우리나라가 체결한 자유무역협정 및 「자유무역협정의 이행을 위한 관세법의 특례에 관한 법률」 제8조 제2항에 따른 원산지증명 면제대상물품에 대하여 협정관세를 적용받고자 하는 자는 구매처(국가), 가격 정보가 담긴 구매영수증 등을 세관장에게 제출하여야 한다.

4. 특송물품의 목록통관 임시개청

① 공휴일이나 세관의 개청시간 외에 목록통관 절차를 진행하려는 자는 부득이한 경우를 제외하고는 「국가공무원 복무규정」에 따른 공무원의 근무시간 내에 사무의 종류 및 시간과 사유 등을 기재한 임시개청 신청(통보)서를 세관장에게 전자문서로 미리 제출하여야 한다.

② 특송업무 담당과장은 임시개정 신청을 접수한 경우에는 근무시간 종료 30분 전까지 소속 직원 중에서 임시개청담당자를 지정해야 한다.

5. 심사결과의 통보 등

세관장은 특송물품이 다음의 어느 하나에 해당하는 때에는 해당 특송업체에 그 사실을 통보하여야 한다.

① 특송물품에 대한 심사결과 목록통관 또는 간이신고를 배제할 때
② 검사대상으로 선별한 때

6. 검사요청

① 특송업체는 X-Ray 검색기 등 검색장비 운용과정, 물품취급 및 통관서류 작성 과정에서 다음의 어느 하나에 해당하는 물품을 확인한 때에는 세관장에게 검사를 요청하여야 한다.

- 송하인이나 수하인의 주소가 동상적인 주소로 보기 어려운 장소이거나 불분명하게 기재된 경우
- 수입통관고시 제68조에 따른 합산과세 기준에 해당되는 물품
- 동일 주소지 또는 전화번호로 여러 건의 물품이 분할하여 배송되는 경우
- 은닉포장 등 특송물품에 이상 징후가 발견된 경우
- 마약·총기류·국민건강위해물품 등 불법물품의 밀수에 관한 정보를 취득한 경우

② 수입통관 시 합산과세 기준에 해당되는 물품 및 동일 주소지 또는 전화번호로 여러 건의 물품이 분할하여 배송되는 경우의 물품이 제조업체에서 수입하는 견본품, 원자재·부자재 등에 해당되는 때에는 세관 검사요청을 생략할 수 있다.

7. 우범화물 선별검사

① 세관장은 다음의 어느 하나에 해당하는 경우 해당 특송업체 또는 항공편·선박의 반입 화물에 대하여 사전 정보분석하여 검사대상으로 지정하여 검사할 수 있다.

- 마약·테러 등 정보·첩보가 있는 경우
- 특송업체, 물품발송인, 물품수신인, 출발지, 그 밖의 정보 등을 고려하여 반입 화물의 우범성이 매우 높다고 인정되는 경우
- 그 밖에 사전 정보분석 결과 검사가 필요하다고 인정되는 경우

② 세관장은 검사대상으로 지정된 화물에 대하여 필요한 경우 별도의 화물 투입구를 이용하도록 조치할 수 있다.
③ 세관장은 전산에서 검사대상으로 지정된 목록통관 대상 특송물품이 물품발송인, 품명, 규격, 발송국, 전자상거래 사이트 주소 등이 동일하여 반복적으로 수입되는 물품 등으로서 우범성이 없다고 판단되는 경우에는 검사를 생략할 수 있다. 다만, 관세청장이 정하는 전산선별기준에 따라 검사를 생략하는 것이 엄격히 제한된 물품은 제외한다.

8. 신고수리 등

① 목록통관 특송물품은 세관장의 검사 및 심사가 종료된 후에 통관한다.
② 세관장은 간이신고 특송물품에 대하여 검사 및 심사가 종료한 후에 수리한다.
③ 세관장은 일반수입신고 특송물품에 대하여 수입통관고시에 따라 수리한다. 다만, 입항 전 수입신고, 출항 전 수입신고, 도착 전 수입신고 특송물품에 대하여는 X-ray 검사 후 수리할 수 있다.

9. 목록통관 특송물품의 수입신고

① 물품수신인은 목록통관으로 반출된 특송물품을 수입신고하고자 하는 경우에는 사유서 등을 첨부하여 세관장에게 수입신고 할 수 있다.
② 물품수신인은 수입신고를 하는 경우에는 해당물품이 목록통관으로 반출된 날로부터 30일 이내에 하여야 하며, 이 경우 해당물품을 세관장이 지정하는 장소에 반입하여야 한다.

③ 세관장은 반입된 물품의 수입신고수리를 위해 물품수신인에게 증빙자료 등의 제출을 요구할 수 있다.
④ 세관장은 반입된 물품의 개·포장 여부 및 물품의 성상 등을 확인한 후, 반입된 물품이 목록통관으로 반출된 특송물품과 동일물품으로 인정되는 경우에만 수입신고를 수리할 수 있다. 다만, 세관장은 사진 등 영상자료 및 그 밖의 서류 등으로 반입된 물품이 목록통관으로 반출된 특송물품과 동일물품으로 인정되는 경우에는 현품확인을 생략할 수 있다.

04 자체시설 통관

1. 자체시설 운영 요건 및 통관

① 세관장은 특송업체의 자체시설에서 특송물품을 통관하게 할 수 있다. 다만, 다음에 해당하는 물품은 그러하지 아니한다.

- 특송물품이 다음의 물품에 해당될 것으로 의심되어 검사대상으로 선별된 물품
  - 「마약류 관리에 관한 법률」 제2조 제1호에 따른 마약류
  - 「총포·도검·화약류 등의 안전관리에 관한 법률」에 따른 총포, 도검, 화약류, 분사기, 전자충격기, 석궁 및 모의총포
- 그 밖의 세관장이 화물의 감시·단속에 지장이 있다고 인정하는 물품

② 자체시설에서 특송물품을 통관하려는 특송업체는 다음의 요건을 갖추어야 한다.

- 특송업체로 등록한 자로서 자본금이 5억 원 이상이며 관세법 제255조의2에 따른 수출입 안전관리 우수업체로 공인된 법인
- 특송업체 등록일 또는 자체시설 통관종료일로부터 2년이 지났을 것
- 최근 1년간 특송업체의 평가결과가 '우수업체' 또는 '양호업체'로 평가받았을 것
- 창고
  - 특송업체가 해당 창고의 운영인이거나 운영인과 출자 또는 임대차관계 등으로 해당 창고를 배타적·실질적으로 운영하면서 독자적 시설과 인력을 갖추고 특송물품을 취급할 것
  - 특송창고 표준모델 레이아웃(Lay-out)에 따른 창고시설 구비
- 검색 및 검사설비
  - 컬러판독 및 저장이 가능한 양방향 X-Ray 검색기
  - 판독영상과 신고(통관목록)내용이 화면에 동시에 구현되는 실시간 X-Ray 정밀판독 시스템
  - 검사생략 물품·검사대상 물품 및 통관 완료물품·미통관 물품을 자동으로 분류할 수 있는 기능을 갖춘 자동분류기
  - 마약폭발물탐지기 및 방사능측정기
  - 세관직원 전용 검사장소
  - 그 밖에 자체시설 운영을 위해 세관장이 필요하다고 지정하는 설비
- 취급물품 : 특송업체가 운송하거나 운송을 주선하는 특송물품으로서 자기명의로 발행한 선하증권 또는 항공화물운송장에 따라 운송되는 화물

2. 자체시설 운영 절차 등

① 특송업체가 특송물품을 자체시설에서 통관하기 위해 설비를 구축하려는 때에는 시행령 제258조의3 제1항 각 호의 자료 및 다음의 자료를 세관장에게 제출해야 한다.

> **시행령 제258조의3(자체시설 이용절차 등) 제1항**
> 탁송품을 자체시설에서 통관하려는 탁송품 운송업자는 다음 각 호의 자료를 세관장에게 제출하여야 한다.
> 1. 탁송품을 장치할 보세창고 또는 시설의 도면(제258조의2 제1항 각 호에 따른 검사설비의 배치도를 포함한다) 및 위치도
> 2. 장치·통관하려는 탁송품이 해당 탁송품 운송업자가 직접 운송하거나 운송을 주선하는 물품임을 증명하는 서류
> 3. 다음 각 목이 기재된 사업계획서
>   가. 보세창고 또는 시설, X-Ray 검색기 및 자동분류기의 수용능력
>   나. 탁송품 검사설비의 운용인력 계획과 검사대상화물선별 및 관리를 위한 전산설비
>   다. 탁송품 반출입 및 재고관리를 위한 전산설비
>   라. 탁송품의 수집, 통관, 배송 전과정에 대한 관리방안
> 4. 자체시설 통관 시 지켜야할 유의사항, 절차 등을 담은 합의각서

- 창고의 명칭, 소재지, 검사시설 등을 기재한 자체시설 운영 통관절차 수행(변경)계획서
- 자체시설에서 특송물품을 통관하려는 특송업체의 요건을 갖추었음을 증명하는 서류
- 반입예상물량, 인력운용, 불법물품 반입방지 및 정확한 세관신고를 위한 우범화물 선별 및 관리시스템 등에 대한 확인 서류
- 그 밖의 세관장이 심사에 필요하다고 인정하여 요구하는 서류

② 자료를 제출받은 세관장은 제출받은 자료와 세관 인력, 시설 현황, 업체의 운영능력 등을 종합적으로 검토하여 세관의 감시·단속에 지장이 없다고 인정되는 경우 자료를 제출받은 날부터 60일 이내(자료 보완을 요구한 경우에는 그 기간은 산입하지 아니한다)에 자체시설 운영을 위한 설비의 구축이 적합한지를 특송업체에 서면으로 통보해야 한다.

③ 특송업체는 자체시설 운영을 위한 설비의 구축에 대해 적합 통보를 받은 경우 시행령 제258조의3 제1항 제4호에 따른 합의각서에 따른 구축 일정 내에 특송물품 통관을 위한 설비 등을 구축하고 세관장에게 제16조에 따른 현장점검을 요청해야 한다.

④ 세관장은 현장점검을 실시한 후 세관의 감시·단속에 지장이 없고, 자체시설 설비 등이 특송물품 통관에 적합하다고 인정되는 경우에는 심사위원회의 심의를 거쳐 현장점검 요청일로부터 90일 이내(설비 등의 보완을 요구한 경우에는 그 기간은 산입하지 아니한다)에 자체시설에서의 특송물품 통관 개시여부를 특송업체에 통보해야 한다.

⑤ 자체시설운영 특송업체가 자체시설 요건을 변경하려는 때에는 세관장에게 자체시설운영 통관절차 수행(변경)계획서를 제출해야 하며, 이에 대한 세관장의 심사 및 통보는 위 ②부터 ④의 내용에 따른다.

⑥ 자체시설이용 특송업체는 자사가 운송하거나 운송을 주선한 특송물품이 아닌 물품은 자체시설에 반입할 수 없다.

3. 자체시설 통관의 종료

세관장은 다음의 어느 하나에 해당하는 때에는 특송업체 심사위원회의 심의를 거쳐 특송물품의 자체시설 통관을 종료할 수 있다.

> ① 특송업체의 등록이 취소되었거나 등록의 효력을 상실한 경우
> ② 세관장이 보완요구를 하였음에도 이를 이행하지 않은 경우
> ③ 최근 1년 내에 자체시설 통관의 일시정지 조치를 2회 이상 받은 경우

05 특송업체의 관리 및 세관협력

1. 특송업체 점검·관리

① 세관장은 특송업체의 자체시설에 대하여 다음의 사항을 현장점검 하여야 한다.

> • 자체시설운영 통관요건 및 운영의 적정성과 관련 법규의 이행
> • 「보세화물관리에 관한 고시」 및 「자유무역지역 반출입물품의 관리에 관한 고시」에 따른 반출입, 재고관리 등 특송물품의 적정관리

② 현장점검은 종합점검계획을 수립하여 실시하고, 점검계획 수립 시에는 7일 이내의 기간을 정하여 특송화물담당공무원, 조사담당공무원, 장비담당공무원으로 구성된 종합점검반을 편성하여 연 2회(반기별 1회) 정기점검을 실시하여야 하며, 점검방법에 대하여 충분한 사전교육을 실시하여야 한다.
③ 세관장은 필요한 때에는 불시점검을 실시할 수 있다.
④ 세관장은 현장점검 및 불시점검에 따른 점검을 실시한 후 시정이 필요한 사항에 대하여는 즉시 필요한 조치를 하고, 점검결과 보고서에 기록·관리하여야 하며, 그 점검결과를 관세청장에게 보고하여야 한다.

2. 특송물품 보관·관리

자체시설 통관 특송업체는 다음의 물품을 따로 구분하여 보관·관리하여야 한다.

> ① 동·식물 검역대상 물품
> ② 장기보관 물품
> ③ 검사대상 물품
> ④ 심사가 종료되지 않았거나 신고가 수리되지 않은 물품
> ⑤ 반출대기물품

3. 특송업체의 의무

특송업체는 소속직원이 마약·총기류·국민건강 위해물품 등 불법물품을 밀반입하는 것을 방지하기 위하여 다음의 조치를 취하여야 한다.

> ① 마약·총기류·국민건강위해물품 등 불법물품의 밀반입 방지를 위한 직원교육
> ② 통관목록 선별자에 대한 근무명령서 세관제출 및 근무실태 점검
> ③ 세관과의 협력 및 협정사항의 성실한 준수

4. 특송업체 차등관리

① 세관장은 특송업체의 의무사항과 특송물품의 신고 정확도, 검사대상물품 선별의 성실도, 시설·장비·인력관리 등 특송업체에 대한 평가를 분기 또는 반기별로 실시할 수 있다.

② AEO고시에 따라 관세청장으로부터 '수출입 안전관리 우수업체'의 공인을 받은 특송업체에 대하여는 특송업체 평가대상에서 제외하고 AEO고시에서 정하는 바에 따른다.

③ 특송업체의 통관실적이 평가의 실익이 없다고 세관장이 인정하는 때에는 평가를 생략할 수 있다.

④ 세관장은 특송업체별 평가결과에 따라 특송업체를 '우수업체', '양호업체', '개선대상업체', '관리대상업체'로 구분하여 검사비율 차등관리, 자체시설 통관제한 및 그 밖의 필요한 조치를 할 수 있다.

⑤ 세관장은 특송업체별 검사비율 차등관리 등을 하려는 때에는 관세청장에게 보고하여야 한다.

⑥ 세관장은 특송업체별 평가결과를 전자통관시스템에 등록하여 관리하여야 한다.

5. 사후심사

① 세관장은 목록통관 특송물품의 사후심사를 위하여 필요한 때에는 관세법 제266조 제1항에 따라 수취인 또는 특송업체에게 질문하거나 자료제출요구서를 교부하여 관련자료를 제출하도록 요구할 수 있다.

② 세관장은 자료를 제출받은 때에는 심사를 종료한 날로부터 7일 이내에 심사결과통지서를 물품수신인 등에게 통지하여야 한다. 다만, 관세법 제118조에 따라 과세전통지를 하는 때에는 이를 생략할 수 있다.

11절 | 관세법 제226조에 따른 세관장 확인물품 및 확인방법 지정고시

✎ 본문 내용 중 꼭 알아야 하는 부분에 형광펜으로 표시하였으니 반드시 학습하시기 바랍니다.

01 총칙

1. 목적
이 고시는 「관세법」 제226조 제2항 및 「관세법 시행령」 제233조에 따른 세관장의 확인대상 수출입물품, 확인방법, 확인절차 등을 규정하는 것을 목적으로 한다.

2. 정의 [24 기출]

(1) 요건확인기관
관련 법령에 따라 수출입물품에 대한 허가·승인·표시나 그 밖의 조건을 확인·증명하는 수출입 관련 기관을 말한다.

(2) 세관장확인
세관장이 수출입신고자료의 심사과정에서 수출입요건 구비여부를 확인하는 것을 말한다.

(3) 요건신청
수출입시 허가·승인 등의 증명이 필요한 물품을 수출입하려는 자가 요건확인기관의 장에게 허가·승인 그 밖의 조건을 구비하기 위하여 신청하는 것을 말한다.

(4) 통관포털
수출입신고 등 민원업무처리 및 정보서비스를 받기 위하여 https://unipass.customs.go.kr로 접속하게 되는 인터넷 사이트를 말한다.

(5) 자율확인우수기업
수출입신고 시 세관장확인을 생략하고 통관이후 요건확인기관이 사후적으로 관리하도록 관세청장과 요건확인기관의 장이 협의하여 지정한 기업을 말한다.

02 요건신청 절차

1. 요건신청 방법 [24 기출]
① 수출입시 허가·승인 등의 증명이 필요한 물품을 수출입하려는 자는 요건신청을 통관포털을 이용하여 요건확인기관의 장에게 할 수 있다.
② 통관포털을 이용하지 아니하고 서면 등의 방식으로 요건신청을 하려는 자는 요건확인기관의 장에게 직접 신청하여야 한다.
③ 통관포털 이용절차는 「국가관세종합정보시스템의 이용 및 운영 등에 관한 고시」의 규정을 준용한다.

2. 통관포털을 이용한 요건신청 대상

통관포털을 이용하여 요건신청할 수 있는 수출입물품은 별표 3 중 통관포털과 전산망이 연결된 요건확인기관의 업무로 한정한다.

3. 요건신청 효력발생시점

요건신청의 효력발생시점은 통관포털을 통하여 전송된 자료가 요건확인기관의 시스템에 접수된 시점으로 한다.

4. 요건신청 시 제출서류 등 24 기출

① 요건신청 시 제출하여야 하는 서류, 서류의 정정 등 그 밖의 요건신청과 관련된 절차는 개별 법령에 따라 요건확인기관의 장이 정하는 바에 따른다.
② 요건확인기관의 장은 개별 법령의 개정 등으로 인하여 통관포털을 이용한 요건신청 서식 및 업무절차의 변경이 필요한 경우에는 관세청장과 미리 협의하여야 한다.

03 세관장의 확인

1. 확인물품 및 확인사항 24 기출 23 기출 18 기출

① 「관세법」 제226조 제2항에 따라 통관할 때 세관장이 확인하여야 할 수출입물품의 대상법령 및 물품의 구비요건과 물품별 수출입요건은 [별표 1]과 [별표 2]와 같다.
② 다음의 어느 하나에 해당되는 물품은 세관장확인을 생략할 수 있다.

> - 「대외무역법 시행령」 제19조에 의한 수출입승인의 면제 사유에 해당하는 물품. 다만, 다음의 법령을 적용받는 물품은 세관장이 수출입요건 구비 여부를 확인한다.
>   - 「마약류 관리에 관한 법률」
>   - 「식물방역법」
>   - 「야생생물 보호 및 관리에 관한 법률」
>   - 「총포·도검·화약류 등의 안전관리에 관한 법률」
>   - 「수산생물질병 관리법」
>   - 「가축전염병 예방법」
>   - 「폐기물의 국가 간 이동 및 그 처리에 관한 법률」
>   - 「약사법」(식품의약품안전처장이 지정하는 오·남용우려 의약품에 한정한다. 다만, 자가치료 목적으로 처방전을 세관장에게 제출하는 경우에는 세관장 확인을 생략한다)
>   - 「수입식품안전관리 특별법」(「수입식품안전관리특별법 시행규칙」 별표 8의2에 해당하는 식품 등은 제외)
>   - 「통신비밀보호법」
>   - 「화학물질관리법」(금지물질, 제한물질에 한함. 다만, 제한물질 중 시험·연구·검사용 시약은 제외)
>   - 「생물다양성 보전 및 이용에 관한 법률」
>   - 「생활화학제품 및 살생물제의 안전관리에 관한 법률」
> - 법 제255조의2에 따른 수출입 안전관리 우수 공인업체, 자율확인우수기업 등 세관장확인생략 대상법령 및 수출입자가 수출입신고하는 물품. 다만, 세관장이 수출입요건 구비 여부를 확인하는 물품은 제외한다.

③ [별표 1]과 [별표 2]에서 정한 물품이 남북 간에 반출입되는 경우에 세관장은 해당 법령에 따른 요건확인서 외에 통일부장관의 반출승인서 또는 반입승인서를 추가로 확인하여야 한다. 다만, 「반출·반입 승인대상품목 및 승인절차에 관한 고시」(통일부) 제5조에 따른 포괄승인대상 물품은 그러하지 아니한다.

2. 자율확인우수기업

① 자율확인우수기업을 신청(연장)하고자 하는 자는 관세청장에게 자율확인우수기업 지정(연장)신청서를 제출(연장신청의 경우 승인유효기간 만료 3개월 전까지 제출)하여야 한다.
② 신청서를 접수한 관세청장은 [별표 4]의 기준을 충족하는지 여부 및 사후관리가 가능한지 여부 등을 요건확인기관과 협의하여 승인 여부를 신청인에게 통보하여야 한다.
③ 관세청장은 요건확인기관의 장이 요건확인업무 여건상 사후확인이 필요하다고 판단하여 관세청장에게 직권으로 자율확인우수기업의 지정을 요청하는 경우 심사를 한 후 승인 여부를 요건확인기관의 장 및 지정 대상자에게 통보하여야 한다.
④ 승인유효기간은 승인일(연장승인의 경우 승인유효기간 만료일의 다음 날)로부터 3년으로 한다.

3. 지정 요청

① 관세청장은 매년 11월에 요건확인기관의 장을 대상으로 세관장확인대상으로 지정 요청할 물품이 있는지 여부에 대한 수요조사를 실시할 수 있다. 다만, 요건확인기관의 장은 긴급한 경우에는 수요조사 기간이 아닌 때에도 수출입물품의 요건구비 여부 확인을 관세청장에게 요청할 수 있다.
② 세관장에게 세관장확인대상 물품 지정을 요청하려는 기관의 장은 세관장확인대상 물품 지정 요청서에 관련법령·대상물품·대상물품별 HSK 10단위번호, 요청사유 등을 기재하고 통관규제영향분석서, 품목분류 사전검토 결과 확인서 등을 첨부하여 관세청장에게 제출하여야 한다.
③ 요건확인기관의 장은 세관장이 요건구비 여부를 전산으로 확인할 수 있도록 전산망 연계방법, 연계시기 및 법 제246조의3에 따른 안전성 검사 실시 계획을 함께 통보하여야 한다.
④ 관세청장은 요청사유·요청내용·물품의 특성 및 수출입물품의 통관여건, 전산망 연계 및 법 제246조의3에 따른 안전성 검사 실시 계획 등을 고려하여 세관장확인대상의 지정 여부를 결정한 후 이를 요건확인기관의 장에게 통보하여야 한다. 다만, 관세청장은 세관장확인대상 여부를 결정하기 위해 필요한 경우에는 관련기관의 의견을 들을 수 있다.
⑤ 요건확인기관의 장은 수출입요건을 규정하고 있는 법령의 개정 등으로 [별표 1]과 [별표 2]에서 정한 세관장확인대상 수출입물품 및 확인사항을 변경하려면 변경내용 및 그 사유를 지체 없이 관세청장에게 통보하여야 한다. 다만, 세관장확인대상 물품 지정을 추가 요청하려는 경우에는 위 ①부터 ③까지의 내용을 따른다.
⑥ 관세청장은 통관단계에서 적발실적, 요건확인기관의 요건확인 운영 및 사후관리 실적, 통관여건 등을 종합적으로 고려하여 세관장확인대상 물품으로 운영할 필요가 없다고 판단되는 물품은 요건확인기관과 협의하여 세관장확인대상 물품에서 제외할 수 있다.
⑦ 관세청장은 세관장확인대상 품목 가운데 HSK 10단위의 변경이 필요한 품목이나 물품의 통관 시 세관장이 세관장확인이 필요할 것으로 판단한 품목 등의 정보를 요건확인기관의 장에게 제공할 수 있다.
⑧ 요건확인기관의 장은 관세청장으로부터 정보를 제공받은 품목이 세관장확인대상으로 지정될 필요가 있다고 판단한 경우에는 ①부터 ③까지의 규정에 따라 해당 품목을 세관장확인대상으로 지정할 것을 요청할 수 있다.
⑨ 요건확인기관이 세관장확인 대상으로 지정하고자 하는 물품은 다음을 모두 만족하여야 한다. 다음의 어느 하나를 충족하지 못하는 경우 관세청장은 요건확인기관과 협의하여 세관장확인대상 물품에서 제외할 수 있다.

- 세관장확인 대상으로 지정하고자 하는 물품의 관계 법령이 통합공고에 반영되었을 것
- 세관장확인 대상으로 지정하고자 하는 물품의 수출입 구비요건이 통합공고 수출입요령에 반영되었을 것
- 통관단일창구 구축 및 관세청 통관시스템 등의 전산으로 수출입요건 확인이 가능할 것

4. 확인방법

① 요건확인기관의 장은 수출입요건 확인내역을 연계된 전산망을 통하여 관세청 통관시스템에 전자문서로 통보하여야 한다.

② 세관장은 통관시스템에 통보된 수출입요건 확인내역을 조회하여 세관장확인을 하여야 한다. 다만, 다음의 어느 하나의 법령을 적용받는 물품 중 요건확인내용이 보안이 요구되는 비밀사항이거나 동일업무에 대한 요건확인기관이 기초 자치단체단위까지 산재되어 전산망연계가 곤란하다고 판단되는 물품은 요건확인 서류로 세관장확인을 할 수 있다.

- 「외국환거래법」
- 「방위사업법」
- 「총포·도검·화약류 등의 안전관리에 관한 법률」
- 「원자력안전법」
- 「야생생물 보호 및 관리에 관한 법률」

③ 요건확인기관의 장이 통관시스템에 전송한 전자문서는 이를 원본으로 인정한다.

④ 관세청장은 확인 시 다음의 어느 하나에 해당하는 경우 수입신고내역과 요건승인내역을 전산으로 상호 대사하여 자동으로 심사하는 전자심사제를 운영할 수 있다.

- 요건승인번호 등 신고내역의 일부 비교만으로 요건 구비 여부 확인이 가능한 경우
- 주무부 장관이나 요건확인기관의 장의 요청이 있는 경우
- 개별 법령의 특성상 사회안전 또는 국민보건에 미치는 영향이 제한적인 경우
- 동일 세번에 다수 법령 요건이 중복되어 신속통관의 저해가 우려되면서 해당법령이 타법령보다 상대적으로 위험도가 낮은 경우
- 그 밖에 신속통관 지원 등을 위해 관세청장이 필요하다고 인정하는 경우

5. 통관자료의 요청 및 제공

① 요건확인기관의 장이 수출입요건의 효율적인 관리를 위하여 관세청장으로부터 통관자료를 제공받으려는 때에는 관련 법령·대상물품·대상물품별 HSK 10단위 번호·요청사유·전산망 연계방법 및 연계시기를 기재하여 관세청장에게 제출하여야 한다.

② 요청을 받은 관세청장은 요청사유와 내용 등을 검토한 후 통관자료 제공 여부를 결정하여 요건확인기관의 장에게 통보하여야 한다.

③ 통관자료는 관세청과 전산망이 연계된 기관에만 전자문서로 제공한다.

④ 세관장확인이 생략된 물품은 요건확인기관의 장의 신청이 없이도 통관 이후 요건신고 여부를 확인할 수 있도록 관세청장이 요건확인기관의 장에게 통관실적을 제공할 수 있다.

더 알아보기

[별표 1] 세관장확인대상 수출물품 23 기출 18 기출

가. 대상법령 및 물품의 범위와 구비요건

대상법령 및 물품의 범위	구비요건
(1) 「마약류관리에 관한 법률」 해당물품	• 식품의약품안전처장의 수출승인(요건확인)서
(2) <삭제>	-
(3) 「폐기물의 국가 간 이동 및 그 처리에 관한 법률」 해당물품	• 유역(지방)환경청장의 폐기물 수출허가(신고)확인서
(4) 「외국환거래법」 해당물품	• 세관장의 지급수단등의 수출신고필증 • 한국은행총재 또는 외국환은행장의 지급등의 방법(변경)신고서 또는 외국환신고(확인)필증

대상법령 및 물품의 범위	구비요건

(5)「총포·도검·화약류 등의 안전관리에 관한 법률」해당물품
   (가) 권총·소총·기관총·포, 화약·폭약
   (나) 그 외의 총 및 그 부분품, 도검, 화공품, 분사기, 전자충격기, 석궁
	• 경찰청장의 수출허가증
	• 지방경찰청장의 수출허가증

(6)「야생생물 보호 및 관리에 관한 법률」해당물품
   (가) <삭제>
   (나) 멸종위기에 처한 야생생물(국제적 멸종위기종 포함)
   (다) <삭제>
	• <삭제>
	• 유역(지방)환경청장의 멸종위기 야생생물(국제적 멸종위기종) 수출허가(증)서
	• <삭제>

(7)「문화유산의 보존 및 활용에 관한 법률」해당물품	• 문화재청장의 문화재 국외반출 허가서 또는 비문화재확인서
(8)「남북교류협력에 관한 법률」해당물품	• 통일부장관의 반출승인서

(9)「원자력안전법」해당물품
   (가) 핵물질
   (나) 방사성동위원소 및 방사선발생장치
	• 원자력안전위원회의 수출요건확인서
	• 한국원자력안전재단의 수출요건확인서

(10)「가축전염병 예방법」해당물품	• 농림축산검역본부장의 검역증명서
(11) <삭제>	-
(12)「농업생명자원의 보존·관리 및 이용에 관한 법률」해당물품 중 인삼종자	• 농촌진흥청장의 수출승인서
(13)「방위사업법」해당물품 중 군용 총포, 도검, 화약류	• 방위사업청장의 수출허가서
(14)「생물다양성 보전 및 이용에 관한 법률」해당물품 (가) 국외반출승인대상 생물자원	• 유역(지방)환경청장의 생물자원 국외반출 승인서
(15)「생활주변방사선 안전관리법」해당물품 (가) 원료물질·공정부산물	• 원자력 안전위원회의 수출신고 적합통보서

> **더 알아보기**

[별표 2] 세관장확인대상 수입물품 23 기출 18 기출

가. 대상법령 및 물품의 범위와 구비요건

대상법령 및 물품의 범위	구비요건

(1)「약사법」해당물품 중 의약품(첨단바이오의 약품 포함) 및 한약재
   (가) 의약품 및 의약외품
   (나) 자가 치료용 의약품 등(자가치료용, 구호용 등 의약품 등 안전에 관한 규칙 제57조 제6호에 따라 식품의약품안전처장이 정하는 품목에 한함)
   (다) 한약재
   (라) 동물용 의약품
	• 한국의약품수출입협회장의 표준통관예정보고서
	• 수입요건확인 면제 추천서
	• 식품의약품안전평가원장 또는 식품의약품안전청장이 지정한 한약재품질검사기관장의 검사필증이나 검체수거증 또는 수입승인(요건확인)서
	• 한국동물약품협회장의 표준통관예정보고서

(2)「마약류 관리에 관한 법률」해당물품	• 식품의약품안전처장의 수입승인(요건확인)서
(3)「수입식품안전관리 특별법」해당물품 중 식품 및 식품첨가물, 식품용 기구 및 용기·포장, 수산물, 건강기능식품, 축산물	• 지방식품의약품안전청장의 수입식품등의 수입신고확인증
(4) <삭제>	-
(5)「식물방역법」해당물품 중 식물, 종자, 원목, 원석, 가공목재	• 농림축산검역본부장의 수입식물검역증명서, 가공품목확인서 또는 금지품제외확인서
(6)「사료관리법」해당물품	• 농림축산식품부장관이 지정한 신고단체의 장(농협중앙회장, 한국사료협회장, 한국단미사료협회장)의 사료수입신고필증
(7)「가축전염병 예방법」해당물품	• 농림축산검역본부장의 동물검역증명서, 축산물(사료 등) 검역증명서 또는 확인품목 증명서
(8) <삭제>	-

(9) 「전기용품 및 생활용품 안전 관리법」 해당물품
    (가) 안전인증대상 제품
    (나) 안전확인대상 제품
    (다) 공급자 적합성 확인대상 제품
	• 전기용품 및 생활용품 세관장 확인물품 확인증
	• 전기용품 및 생활용품 세관장 확인물품 확인증
	• 공급자 적합성 확인신고 확인증명서(단, 전기용품에 한함)

(10) 「폐기물의 국가 간 이동 및 그 처리에 관한 법률」 해당물품	• 유역(지방)환경청장의 폐기물 수입허가(신고)확인서
(11) 「오존층 보호를 위한 특정물질의 제조규제 등에 관한 법률」 해당물품 중 수입금지물질, 국제협약에 의한 수입쿼터 관리품목	• 한국석유화학협회장의 수입확인서
(12) 「외국환거래법」 해당물품	• 세관장의 지급수단등의 수입신고필증 • 한국은행총재 또는 외국환은행장의 지급등의 방법(변경)신고
(13) 「방위사업법」 해당물품 중 군용 총포, 도검, 화약류	• 방위사업청장의 수입허가서

(14) 「화학물질관리법」 해당물품
    (가) 금지물질
    (나) 제한물질
    (다) 유독물질
	• 유역(지방)환경청장의 금지물질 수입(변경)허가증
	• 유역(지방)환경청장의 제한물질 수입(변경)허가증
	• 유역(지방)환경청장의 유독물질 수입(변경)신고증

(15) 「석면안전관리법」 해당물품	• 유역(지방)환경청장의 석면함유가능물질 수입승인서

(16) 「원자력안전법」 해당물품
    (가) 핵물질
    (나) 방사성동위원소 및 방사선발생장치
	• 원자력안전위원회의 수입요건확인서
	• 한국원자력안전재단의 수입요건확인서

(17) 「총포·도검·화약류 등의 안전관리에 관한 법률」 해당물품
    (가) 권총·소총·기관총·포, 화약·폭약
    (나) 그 외의 총 및 그 부분품, 도검, 화공품, 분사기, 전자충격기, 석궁
	• 경찰청장의 수입허가증
	• 지방경찰청장의 수입허가증

(18) 「야생생물 보호 및 관리에 관한 법률」 해당물품(다만, 쉽게 식별할 수 없는 가공품은 제외)
    (가) 야생동물
    (나) 멸종위기에 처한 야생생물(국제적 멸종위기종 포함)
    (다) <삭제>
    (라) 지정검역물
	• 시장·군수·구청장의 야생동물 수입허가증
	• 유역(지방)환경청장의 멸종위기 야생생물(국제적 멸종위기종) 수입허가증(서)
	• <삭제>
	• 국립야생동물질병관리원장의 야생동물 수입검역 증명서

(19) 「남북교류협력에 관한 법률」 해당물품	• 통일부장관의 반입승인서
(20) 「비료관리법」 해당물품 중 위해성검사대상 물품	• 국립농업과학원장의 중금속 검사합격(면제)증명서
(21) 「먹는물관리법」 해당물품 중 먹는 샘물, 수처리제	• 시·도지사의 수입신고필증

(22) 「종자산업법」 해당물품
    (가) 식량작물종자
    (나) 채소종자
    (다) 버섯종균
    (라) 약용종자
    (마) 목초·사료작물종자 또는 녹비종자
	• 농업기술실용화재단 이사장의 수입요건확인서
	• 한국종자협회장의 수입요건확인서
	• 한국종균생산협회장 또는 산림청장의 수입요건확인서
	• 한국생약협회장 또는 산림청장의 수입요건확인서
	• 농업협동조합중앙회장의 수입요건확인서

(23) 「화장품법」 해당물품	• 한국의약품수출입협회장의 표준통관예정보고서
(24) <삭제>	-

(25) 「의료기기법」 해당물품
    (가) 의료기기
    (나) 시험용 의료기기 등(시험용, 자가사용용, 구호용 등 의료기기법 시행규칙 제32조 제2항에 따라 식품의약품안전처장이 정하는 품목에 한함)
    (다) 동물용 의료기기
	• 한국의료기기산업협회장의 표준통관예정보고서
	• 한국의료기기안전정보원의 장 또는 한국의료기기산업협회장의 의료기기 요건면제확인 추천서
	• 한국동물약품협회장의 표준통관 예정보고서

(26) 「인체조직안전 및 관리 등에 관한 법률」 해당물품	• 한국의약품수출입협회장의 표준통관예정보고서
(27) <삭제>	-

(28) 「통신비밀보호법」 해당물품 중 감청설비	• 과학기술정보통신부장관의 감청설비 인가서
(29) 「산업안전보건법」 해당물품 　(가) 석면함유제품 　(나) 제조등 금지물질 　(다) 안전인증대상제품 　(라) 자율안전확인 대상물품	• 지방고용노동관서장의 제조금지물질 수입승인서 또는 한국산업안전보건공단이사장의 확인서 • 지방고용노동관서장의 제조금지물질 수입승인서 • 안전인증기관의 안전인증확인서 또는 서면심사결과 적합확인서 • 자율안전확인기관의 자율안전확인신고증명서
(30) 「화학무기·생물무기의 금지와 특정화학물질·생물작용제 등의 제조·수출입 규제 등에 관한 법률」 해당물품 중 생물작용제, 독소	• 산업통상자원부장관의 수입허가서
(31) 「수산생물질병 관리법」 해당물품	• 국립수산물품질관리원장의 수입검역증명서
(32) <삭제>	-
(33) 「전파법」 해당물품 　(가) 적합성평가대상 또는 적합성평가시험 신청기자재 　(나) 적합성평가면제 대상 기자재	• 국립전파연구원장의 적합성 평가확인 또는 사전통관확인서 • 국립전파연구원장의 적합성 평가 면제확인서(다만, 면제확인이 생략된 경우는 제외)
(34) 「감염병의 예방 및 관리에 관한 법률」 해당물품 중 고위험병원체	• 보건복지부 장관의 고위험병원체 반입허가 및 인수신고확인서
(35) 「고압가스 안전관리법」 해당물품 중 고압가스용기	• 한국가스안전공사의 용기검사신청확인서
(36) 「어린이제품 안전 특별법」 해당물품	• 안전인증기관 또는 안전확인신고기관의 어린이제품 동일모델 확인서 • 안전인증기관 또는 안전확인신고기관의 사전통관대상 어린이제품 확인증
(37) 「계량에 관한 법률」 해당물품	• 형식승인기관의 형식승인확인서
(38) 「위생용품 관리법」 해당물품	• 지방식품의약품안전청장의 위생용품의 수입신고 확인증
(39) 「농약관리법」 해당물품	• 농촌진흥청장의 농약품목등록증 또는 농약수입허가증
(40) 「목재의 지속가능한 이용에 관한 법률」 해당물품 　(가) 목재, 목재제품, 목재필렛 　(나) 성형목탄, 목탄	• 산림청장의 수입신고확인증 • 산림청장이 지정한 검사기관의 목재제품 규격·품질검사 결과 통지서
(41) 「생물다양성 보전 및 이용에 관한 법률」 해당물품 　(가) 생태계교란 생물	• 유역(지방)환경청장의 생태계교란 생물 수입허가서
(42) 「생활주변방사선 안전관리법」 해당물품 　(가) 원료물질·공정부산물	• 원자력안전위원회의 수입신고 확인증
(43) 「생활화학제품 및 살생물제의 안전관리에 관한 법률」 해당물품 　(가) 안전확인대상생활화학제품	• 한국환경산업기술원장의 안전기준 적합확인 신고증명서 또는 국립환경과학원장의 안전확인대상생활화학제품 승인통지서
(44) 「액화석유가스의 안전관리 및 사업법」 해당물품 　(가) 이동식부탄연소기·이동식프로판연소기	• 한국가스안전공사의 가스용품 검사신청서
(45) 「에너지이용 합리화법」 해당물품 　(가) 삼상유도전동기	• 한국에너지공단이사장의 효율관리기자재 수입 요건 확인서 또는 효율관리기자재 사전통관 확인서

핵심기출문제

01 관세법상 원산지증명서 유효기간으로 맞는 것은?

> 세관장에게 제출하는 원산지증명서는 예외적인 경우를 제외하고 원산지증명서 제출일부터 소급하여 (　　) 이내에 발행된 것이어야 한다.

① 6개월
② 1년
③ 2년
④ 3년
⑤ 4년

정답 및 해설

[시행령 제236조(원산지증명서의 제출 등) 제4항]
원산지증명서에는 해당 수입물품의 품명, 수량, 생산지, 수출자 등 관세청장이 정하는 사항이 적혀 있어야 하며, **제출일부터 소급하여 1년**(다음 각 호의 구분에 따른 기간은 제외한다) 이내에 발행된 것이어야 한다.
1. 원산지증명서 발행 후 1년 이내에 해당 물품이 수입항에 도착하였으나 수입신고는 1년을 경과하는 경우 : 물품이 수입항에 도착한 날의 다음 날부터 해당 물품의 수입신고를 한 날까지의 기간
2. 천재지변, 그 밖에 이에 준하는 사유로 원산지증명서 발행 후 1년이 경과한 이후에 수입항에 도착한 경우 : 해당 사유가 발생한 날의 다음 날부터 소멸된 날까지의 기간

정답 ②

02 과세전통지 및 과세전적부심사와 관련된 설명으로 틀린 것은?

① 세관장은 수입신고 수리 후 세액심사결과 부족세액을 징수하는 경우 과세전통지를 생략할 수 있다.
② 세관장은 납부세액이나 납부하여야 하는 세액에 부족한 금액을 징수하고자 하는 때에는 미리 납세의무자에게 그 내용을 서면으로 통지하여야 한다.
③ 납세의무자는 통지를 받은 때에는 그 통지를 받은 날부터 30일 이내에 세관장 또는 관세청장에게 과세전적부심사를 청구할 수 있다.
④ 과세전적부심사를 청구받은 세관장은 그 청구를 받은 날부터 30일 이내에 관세심사위원회의 심사를 거쳐 결정을 하고 청구인에게 통지하여야 한다.
⑤ 과세전적부심사는 이의신청이나 심사청구 또는 심판청구 전 단계의 권리구제라 할 수 있다.

> **정답 및 해설**
>
> 수입신고 수리 후 세액심사결과 부족세액을 징수하는 경우
> (→ 수입신고 수리 전에 세액을 심사하는 경우로서 그 결과에 따라 부족세액을 징수하는 경우) [관세법 제118조(과세전적부심사) 제1항]
>
> 정답 ①

03 신고의 취하 및 각하에 대한 설명으로 틀린 것은?

① 신고의 취하란 신고인의 요청에 의하여 신고사항을 취하하는 것을 말한다.
② 신고는 정당한 이유가 있는 경우에만 세관장의 승인을 받아 취하할 수 있다.
③ 수입 및 반송의 신고는 운송수단, 관세통로, 하역통로 또는 관세법에 규정된 장치장소에서 물품을 반출한 후에는 취하할 수 없다.
④ 거짓이나 그 밖의 기타 부정한 방법으로 신고한 경우에는 신고를 취하할 수 있다.
⑤ 통관보류, 통관요건 불합격, 수입금지 등의 사유로 반송하거나 폐기하려는 경우 신고취하할 수 있다.

> **정답 및 해설**
>
> 취하 (→ 각하)
>
> [관세법 제250조(신고의 취하 및 각하) 제3항]
> 세관장은 법 제241조 및 제244조의 신고가 그 요건을 갖추지 못하였거나 부정한 방법으로 신고되었을 때에는 해당 수출·수입 또는 반송의 신고를 각하할 수 있다.
>
> [수입통관 사무처리에 관한 고시 제19조(신고의 각하) 제1항]
> 세관장은 다음 각 호의 어느 하나에 해당하는 경우 법 제250조 제3항에 따라 수입신고를 각하할 수 있다.
> 1. 거짓이나 그 밖의 기타 부정한 방법으로 신고한 경우
> 2. 폐기, 공매·경매낙찰, 몰수확정, 국고귀속이 결정된 경우
> 3. 제7조에 따른 출항 전 신고나 입항 전 신고의 요건을 갖추지 아니한 경우
> 4. 출항 전 신고나 입항 전 신고한 화물이 도착하지 아니한 경우
> 5. 기타 수입신고의 형식적 요건을 갖추지 못한 경우
>
> 정답 ④

04 관세의 부과·징수, 수출입물품의 통관 등을 위한 원산지 확인기준에 대한 설명으로 틀린 것은?

① 완전생산기준이란 해당 물품의 전부를 생산·가공·제조한 국가를 원산지로 보는 기준으로, 광산물, 식물성 생산품 등 1차 생산품이 주로 해당된다.
② 2개국 이상에 걸쳐 생산·가공·제조된 물품의 원산지는 해당 물품의 생산과정에서 사용되는 물품의 품목분류표상 4단위 품목번호와 다른 4단위 품목번호의 물품을 최종적으로 생산한 국가를 원산지로 본다.
③ 세관장은 환적 또는 복합환적되는 외국물품 중 원산지를 우리나라로 허위표시한 물품은 유치할 수 있다.
④ 보세구역에서 포장개선, 선별작업 또는 단순 조립작업 등을 수행하여 세번변경이 발생하였다 하더라도 이들 국가를 원산지로 인정하지 아니한다.
⑤ 지리적 또는 운송상의 이유로 제3국을 단순 경유한 경우에도 직접운송원칙을 충족한 것으로 본다.

정답 및 해설

4단위 (→ 6단위)

[관세법 제229조(원산지 확인 기준) 제1항]
이 법, 조약, 협정 등에 따른 관세의 부과·징수, 수출입물품의 통관, 제233조 제3항의 확인요청에 따른 조사 등을 위하여 원산지를 확인할 때에는 다음 각 호의 어느 하나에 해당하는 나라를 원산지로 한다.
1. 해당 물품의 전부를 생산·가공·제조한 나라
2. 해당 물품이 2개국 이상에 걸쳐 생산·가공 또는 제조된 경우에는 그 물품의 본질적 특성을 부여하기에 충분한 정도의 실질적인 생산·가공·제조 과정이 최종적으로 수행된 나라

[시행규칙 제74조(일반물품의 원산지결정기준) 제2항]
법 제229조 제1항 제2호의 규정에 의하여 **2개국 이상에 걸쳐 생산·가공 또는 제조된 물품의 원산지는 당해 물품의 생산과정에 사용되는 물품의 품목분류표상 6단위 품목번호와 다른 6단위 품목번호의 물품을 최종적으로 생산한 국가로 한다.**

정답 ②

05 반송물품의 범위에 대한 설명으로 틀린 것은?

① 동일한 세관의 관할구역에서 입국 또는 입항하는 운송수단에서 출국 또는 출항하는 운송수단으로 물품을 옮겨 실어 외국으로 반출하는 물품
② 외국에 수출할 것을 목적으로 보세구역에 반입하여 다시 외국으로 반출하는 물품
③ 외국으로부터 보세구역에 반입된 물품이 계약상이, 국내시장 여건 변화 등의 사유로 수입신고를 하지 아니한 상태에서 다시 외국으로 반출되는 물품
④ 해외에서 위탁가공 후 보세구역에 반입된 물품으로서 수출할 목적으로 다시 외국으로 반출되는 물품
⑤ 우리나라에서 개최하는 박람회 등을 위하여 보세전시장에 반입된 후 전시 종료 후 외국으로 반출하는 물품

정답 및 해설

[관세법 제2조(정의) 제3호]
"반송"이란 국내에 도착한 외국물품이 수입통관절차를 거치지 아니하고 다시 외국으로 반출되는 것을 말한다.

[관세법 제2조(정의) 제14호]
"환적"(換積)이란 동일한 세관의 관할구역에서 입국 또는 입항하는 운송수단에서 출국 또는 출항하는 운송수단으로 물품을 옮겨 싣는 것을 말한다.

[오답노트]
③ 단순반송물품이란 외국으로부터 보세구역에 반입된 물품으로서 다음 각 목의 어느 하나의 사유로 수입신고를 하지 아니한 상태에서 다시 외국으로 반출되는 물품을 말한다.

[반송절차에 관한 고시 제2조(정의) 제2호]
가. 주문이 취소되었거나 잘못 반입된 물품
나. **수입신고 전에 계약상이가 확인된 물품**
다. 수입신고 전에 수입요건을 갖추지 않은 것이 확인된 물품
라. 선사(항공사)가 외국으로 반출하는 선박용품, 항공기용품 또는 선(기)내 판매용품
마. 그 밖의 사유로 반출하는 물품

정답 ①

06 세관장이 물품의 통관을 보류할 수 있는 경우에 대한 설명으로 틀린 것은?

① 세관장에게 강제징수가 위탁된 해당 체납자가 수입하는 경우
② 수출·수입 또는 반송에 관한 신고서의 기재사항 보완이 필요한 경우
③ 수입신고 시 제출서류 등이 미비되어 보완이 필요한 경우
④ 수출입물품에 대한 안전성 검사가 필요한 경우
⑤ 관세법의 규정에 의하여 필요한 사항을 확인할 필요가 있다고 인정하여 세관장이 정하는 경우

> **정답 및 해설**
>
> 세관장 (→ 대통령령)
>
> [관세법 제237조(통관의 보류) 제1항]
> 세관장은 다음 각 호의 어느 하나에 해당하는 경우에는 해당 물품의 통관을 보류할 수 있다.
> 1. 제241조 또는 제244조에 따른 수출·수입 또는 반송에 관한 **신고서의 기재사항에 보완이 필요한 경우**
> 2. 제245조에 따른 **제출서류 등이 갖추어지지 아니하여 보완이 필요한 경우**
> 3. 이 법에 따른 의무사항(대한민국이 체결한 조약 및 일반적으로 승인된 국제법규에 따른 의무를 포함한다)을 위반하거나 국민보건 등을 해칠 우려가 있는 경우
> 4. 제246조의3 제1항에 따른 **안전성 검사가 필요한 경우**
> 4의2. 제246조의3 제1항에 따른 안전성 검사 결과 불법·불량·유해 물품으로 확인된 경우
> 5. 「국세징수법」 제30조 및 「지방세징수법」 제39조의2에 따라 **세관장에게 강제징수 또는 체납처분이 위탁된 해당 체납자가 수입하는 경우**
> 6. 그 밖에 이 법에 따라 필요한 사항을 확인할 필요가 있다고 인정하여 **대통령령**으로 정하는 경우
>
> 정답 ⑤

07 관세의 성격으로 틀린 것은?

① 관세는 자유무역의 장벽이 된다.
② 관세는 재정수입 조달을 목적으로 한다.
③ 관세는 특별급부에 대한 반대급부가 아니다.
④ 관세는 물품을 수입신고 하는 자에게 부과하는 직접세이다.
⑤ 관세의 부과·징수의 주체는 국가이다.

정답 및 해설

관세는 납부하여야 하는 의무를 부담하는 자(납세의무자)와 실질적인 관세의 부담자(담세자)가 다른 간접세에 해당한다.

[오답노트]
① 국가 정책 목적상 수입을 억제하는 등의 조치를 취하기 위하여 관세율 제도를 적절히 활용하는 경우가 있고, 이는 자유무역의 장벽이 될 수 있다.
② 관세법 제1조에서는 '이 법은 관세의 부과·징수 및 수출입물품의 통관을 적정하게 하고 관세수입을 확보함으로써 국민경제의 발전에 이바지함을 목적으로 한다.'고 규정하고 있다. 즉, 관세는 재정수입의 조달을 위한 수단이 된다.
③ 관세는 수입물품에 대하여 부과되는 대물세로서, 재정수입의 조달 목적으로 국가 또는 조약에 의해 반대급부 없이 세관장에 의하여 부과 징수되고 있다.
⑤ 관세는 세관장이 부과·징수한다.

정답 ④

08 관세법상 ( ) 안에 들어갈 내용으로 맞는 것은?

수출신고가 수리된 물품은 수출신고가 수리된 날부터 ( )일 이내에 운송수단에 적재하여야 한다. 다만, 기획재정부령으로 정하는 바에 따라 1년의 범위에서 적재기간의 연장승인을 받은 것은 그러하지 아니하다. 세관장은 제1항에 따른 기간 내에 적재되지 아니한 물품에 대하여는 대통령령으로 정하는 바에 따라 수출신고의 수리를 ( )할 수 있다.

① 30 – 각하   ② 30 – 취하
③ 30 – 취소   ④ 60 – 취소
⑤ 60 – 각하

정답 및 해설

[관세법 제251조(수출신고수리물품의 적재 등)]
① 수출신고가 수리된 물품은 수출신고가 수리된 날부터 **30일** 이내에 운송수단에 적재하여야 한다. 다만, 기획재정부령으로 정하는 바에 따라 1년의 범위에서 적재기간의 연장승인을 받은 것은 그러하지 아니하다.
② 세관장은 제1항에 따른 기간 내에 적재되지 아니한 물품에 대하여는 대통령령으로 정하는 바에 따라 수출신고의 수리를 **취소**할 수 있다.

정답 ③

09 관세법령상 관세납부에 있어서 제공할 수 있는 담보의 종류로 틀린 것은?

① 국채 또는 지방채
② 보험에 가입된 등록된 차량
③ 세관장이 인정하는 유가증권
④ 토지
⑤ 납세보증보험증권

> **정답 및 해설**
>
> **보험에 가입된 등기 또는 등록된** '건물·공장재단·광업재단·선박·항공기 또는 건설기계' → '차량'은 포함되지 않는다.
>
> > [관세법 제24조(담보의 종류 등) 제1항]
> > 이 법에 따라 제공하는 담보의 종류는 다음 각 호와 같다.
> > 1. 금전
> > 2. 국채 또는 지방채
> > 3. 세관장이 인정하는 유가증권
> > 4. 납세보증보험증권
> > 5. 토지
> > 6. 보험에 가입된 등기 또는 등록된 건물·공장재단·광업재단·선박·항공기 또는 건설기계
> > 7. 세관장이 인정하는 보증인의 납세보증서
>
> 정답 ②

10 수출통관제도에 대한 설명으로 틀린 것은?

① 수출물품은 원칙적으로 보세구역에 장치한 후 수출신고하여야 한다.
② 수출신고는 관세사, 관세법인, 통관취급법인, 수출화주 또는 완제품 공급자 명의로 할 수 있다.
③ 수출하고자 하는 자는 해당 물품이 장치된 물품소재지를 관할하는 세관장에게 수출신고를 하여야 한다.
④ 수출신고물품에 대한 검사는 해당 물품이 장치되어 있는 장소에서 행한다.
⑤ 세관장은 효율적인 물품검사를 위하여 컨테이너 검색기 또는 차량이동형 검색기 등을 활용하여 검사할 수 있다.

> **정답 및 해설**
>
> 수출신고는 해당 수출물품이 장치된 물품소재지에 있는 상태에서도 가능하다. 다만, 세관장은 밀수출 등 불법행위가 발생할 우려가 높거나 감시단속을 위하여 필요하다고 인정하는 물품은 관세청장이 정하는 장소(보세구역 등)에 반입한 후 제241조 제1항에 따른 수출의 신고를 하게 할 수 있다. [관세법 제243조(신고의 요건) 제4항], [수출통관 사무처리에 관한 고시 제4조(신고의 시기)], [수출통관 사무처리에 관한 고시 제7조의3(보세구역 등 반입 후 수출신고) 제1항]
>
> 정답 ①

11 관세법상 수입의 의제는 외국물품이 적법하게 수입된 것으로 보고 관세 등을 따로 징수하지는 아니하는데, 이에 해당하지 않는 것은?

① 체신관서가 수취인에게 내준 우편물
② 관세법에 따라 매각된 물품
③ 법령에 따라 국고에 귀속된 물품
④ 세관장이 타당하다고 인정하는 이사물품
⑤ 몰수에 갈음하여 추징된 물품

> **정답 및 해설**
>
> [관세법 제240조(수출입의 의제) 제1항]
> 다음 각 호의 어느 하나에 해당하는 외국물품은 이 법에 따라 적법하게 수입된 것으로 보고 관세 등을 따로 징수하지 아니한다.
> 1. 체신관서가 수취인에게 내준 우편물
> 2. 이 법에 따라 매각된 물품
> 3. 이 법에 따라 몰수된 물품
> 4. 법 제269조, 제272조, 제273조 또는 제274조 제1항 제1호에 해당하여 이 법에 따른 통고처분으로 납부된 물품
> 5. 법령에 따라 국고에 귀속된 물품
> 6. 법 제282조 제3항에 따라 몰수를 갈음하여 추징된 물품
>
> 정답 ④

12 대외무역법시행령 제19조에 따른 수입승인 면제 사유에 해당하는 수입물품으로서 관세법 제226조에 따른 세관장확인이 생략되는 물품은?

① 마약류관리에 관한 법률 해당물품
② 식물방역법 해당물품
③ 가축전염병예방법 해당물품
④ 통신비밀보호법 해당물품
⑤ 의료기기법 해당물품

> **정답 및 해설**
>
> [관세법 제226조에 따른 세관장확인물품 및 확인방법 지정고시 제7조(확인물품 및 확인사항)]
> ① 「관세법」 제226조 제2항에 따라 통관할 때 세관장이 확인하여야 할 수출입물품의 대상법령 및 물품의 구비요건과 물품별 수출입요건은 별표 1과 별표 2와 같다.
> ② 제1항에도 불구하고 다음 각 호의 어느 하나에 해당되는 물품은 세관장확인을 생략한다.
> 1. 「대외무역법 시행령」 제19조에 따른 수출입 승인 면제 물품. 다만, 다음 각 목의 법령을 적용받는 물품은 세관장이 수출입요건 구비 여부를 확인한다.
>   가. 「**마약류 관리에 관한 법률**」
>   나. 「**식물방역법**」
>   다. 「야생생물 보호 및 관리에 관한 법률」
>   라. 「총포·도검·화약류 등의 안전관리에 관한 법률」
>   마. 「수산생물질병 관리법」
>   바. 「**가축전염병 예방법**」
>   사. 「폐기물의 국가 간 이동 및 그 처리에 관한 법률」
>   아. 「약사법」(식품의약품안전처장이 지정하는 오·남용우려 의약품에 한정한다. 다만, 자가치료 목적으로 처방전을 세관장에게 제출하는 경우에는 세관장 확인을 생략한다)
>   자. 「수입식품안전관리 특별법」(「수입식품안전관리특별법 시행규칙」 별표 9 제1호에 해당하는 식품 등은 제외한다)
>   차. 「**통신비밀보호법**」
>   카. 「화학물질관리법」(금지물질, 제한물질에 한함. 다만, 제한물질 중 시험·연구·검사용 시약은 제외)
>   타. 「생물다양성 보전 및 이용에 관한 법률」
>   파. 「생활화학제품 및 살생물제의 안전관리에 관한 법률」
>
> 정답 ⑤

13 다음은 관세의 부과기준에 대한 설명이다. 틀린 것은?

① 종가세란 수입물품의 가격을 과세표준으로 하는 관세이다.
② 종가세의 장점은 관세부담이 상품가격에 비례함으로 공평하고, 시장가격의 등락에도 불구하고 관세부담의 균형을 이룰 수 있다는 것이다.
③ 종량세란 수입물품의 중량만을 과세표준으로 하는 관세이다.
④ 종량세의 장점은 세액 산출이 쉽고, 수출국에 따라 세액에 변화가 없다.
⑤ 종량세의 단점은 물가변동에 따른 세율적용이 불가능하고, 관세의 공평을 기할 수 없으며, 나라마다 계량단위가 동일하지 않아 적용하는데 어려움이 있다.

> **정답 및 해설**
> 종량세는 수입물품의 수량, 중량, 길이 등을 과세표준으로 하여 관세를 부과하는 것이다.
>
> 정답 ③

14 관세법상 용어의 정의에 대한 설명으로 틀린 것은?

① 우리나라 선박이 공해에서 채집하거나 포획한 수산물은 내국물품이다.
② 선박이 입항하기 전에 입항 전 수입신고가 수리된 물품은 외국물품이다.
③ 수입신고 전 즉시반출신고를 하고 반출된 물품은 내국물품이다.
④ 수출신고가 수리된 물품으로 국내에 있는 물품은 외국물품이다.
⑤ 외국선박이 우리나라의 영해가 아닌 배타적 경제수역(EEZ)에서 포획한 수산물은 외국물품이다.

> **정답 및 해설**
> 선박이 입항하기 전에 입항 전 수입신고가 수리된 물품은 **내국물품**이다.
>
> [관세법 제2조(정의) 제5호]
> "내국물품"이란 다음 각 목의 어느 하나에 해당하는 물품을 말한다.
> 가. 우리나라에 있는 물품으로서 외국물품이 아닌 것
> 나. 우리나라의 선박 등이 공해에서 채집하거나 포획한 수산물 등
> 다. 제244조 제1항에 따른 입항 전 수입신고가 수리된 물품
> 라. 제252조에 따른 수입신고 수리 전 반출승인을 받아 반출된 물품
> 마. 제253조 제1항에 따른 수입신고 전 즉시반출신고를 하고 반출된 물품
>
> 정답 ②

15 관세법상 서류의 송달 등에 관한 설명으로 틀린 것은?

① 세관장은 관세의 납세의무자의 주소, 거소(居所), 영업소 또는 사무소가 모두 분명하지 아니하여 관세의 납부고지서를 송달할 수 없을 때에는 해당 세관의 게시판이나 그 밖의 적당한 장소에 납부고지사항을 공시(公示)할 수 있다.
② 관세의 납부고지서는 납세의무자에게 직접 발급하는 경우를 제외하고는 인편(人便)이나 우편으로 송달한다.
③ 가격신고, 납세신고, 수출입신고, 반송신고, 보세화물반출입신고, 보세운송신고를 한 자는 신고자료를 신고 또는 제출한 날부터 5년의 범위에서 대통령령으로 정하는 기간 동안 보관하여야 한다.
④ 적재화물목록을 제출한 자는 해당 제출 자료를 신고 또는 제출한 날부터 5년의 범위에서 대통령령으로 정하는 기간 동안 보관하여야 한다.
⑤ 납부고지사항을 공시하였을 때에는 공시일부터 7일이 지나면 관세의 납세의무자에게 납부고지서가 송달된 것으로 본다.

> **정답 및 해설**
>
> 공시일부터 7일 → 공시일부터 14일 [관세법 제11조(납부고지서의 송달) 제3항]
>
> 정답 ⑤

16 관세법상 법령의 적용시기에 대한 설명으로 틀린 것은?

① 원칙적으로 수입신고 당시의 법령을 적용한다.
② 입항 전 수입신고는 수입신고 당시의 법령을 적용한다.
③ 보세건설장에 반입된 외국물품은 사용 전 수입신고 당시의 법령을 적용한다.
④ 보세운송하는 외국물품이 지정된 기간 내에 목적지에 도착하지 아니한 경우에는 보세운송을 신고하거나 승인받은 당시의 법령을 적용한다.
⑤ 수입신고가 수리되기 전에 소비하거나 사용하는 경우에는 해당 물품을 소비하거나 사용하는 당시의 법령을 적용한다.

> **정답 및 해설**
>
> 사용 전 수입신고 당시 → 사용 전 수입신고가 수리된 날 [관세법 제17조(적용 법령) 제2호]
>
> 정답 ③

17 보세구역 반입명령에 대한 설명으로 틀린 것은?

① 수출신고가 수리되어 외국으로 반출되기 전에 있는 물품이나 수입신고가 수리되어 반출된 물품이 의무사항을 위반하거나 국민보건 등을 해칠 우려가 있는 경우에는 보세구역으로 반입할 것을 명할 수 있다.
② 원산지나 품질 등의 표시가 적법하게 표시되지 아니하였거나 수출입신고 수리 당시와 다르게 표시되어 있는 경우 보세구역으로 반입할 것을 명할 수 있다.
③ 세관장은 반입명령서를 화주 또는 수출입신고자에게 송달하여야 하고, 주소 등이 불분명한 때에는 반입명령사항을 공시할 수 있다.
④ 관련 법령에 따라 관계행정기관의 장의 시정조치가 있는 경우에는 보세구역 반입명령을 할 수 없다.
⑤ 해당 물품이 수출입신고가 수리된 후 6개월이 경과한 경우에도 보세구역 반입명령을 할 수 있다.

> **정답 및 해설**
>
> 해당 물품이 **수출입신고가 수리된 후 3개월이 경과한 경우**에는 **보세구역 반입명령을 할 수 없다.**
>
> **[시행령 제245조(반입명령) 제1항]**
> 관세청장 또는 세관장은 수출입신고가 수리된 물품이 다음 각 호의 어느 하나에 해당하는 경우에는 법 제238조 제1항에 따라 해당 물품을 보세구역으로 반입할 것을 명할 수 있다. **다만, 해당 물품이 수출입신고가 수리된 후 3개월이 지났거나 관련 법령에 따라 관계행정기관의 장의 시정조치가 있는 경우에는 그러하지 아니하다.**
> 1. 법 제227조에 따른 의무를 이행하지 아니한 경우
> 2. 법 제230조에 따른 원산지 표시가 적법하게 표시되지 아니하였거나 수출입신고 수리 당시와 다르게 표시되어 있는 경우
> 3. 법 제230조의2에 따른 품질 등의 표시(표지의 부착을 포함한다. 이하 이 호에서 같다)가 적법하게 표시되지 아니하였거나 수출입신고 수리 당시와 다르게 표시되어 있는 경우
> 4. 지식재산권을 침해한 경우
>
> 정답 ⑤

18 납세의무자에 대한 설명으로 틀린 것은?

① 수입을 위탁 받아 수입업체가 대행수입한 물품인 경우 : 수입을 위탁한 자
② 수입물품을 수입신고 전에 양도한 경우 : 물품 양수인
③ 보세구역의 장치물품이 도난된 경우 : 운영인 또는 화물관리인
④ 보세운송물품이 운송 중 분실된 경우 : 화주
⑤ 보세구역의 장치물품이 멸실된 경우 : 운영인 또는 보관인

> **정답 및 해설**
>
> **보세운송물품이 운송 중 분실된 경우 → 보세운송을 신고하거나 승인을 받은 자가 납세의무자가 된다.**
>
> [관세법 제19조(납세의무자) 제1항 제10호]
> 도난물품이나 **분실물품**인 경우에는 다음 각 목에 규정된 자
> 가. 보세구역의 장치물품(藏置物品) : 그 운영인 또는 제172조 제2항에 따른 화물관리인
> 나. **보세운송물품 : 보세운송을 신고하거나 승인을 받은 자**
> 다. 그 밖의 물품 : 그 보관인 또는 취급인
>
> 정답 ④

19 수입물품의 과세가격은 실제지급금액에 가산요소를 더하고 공제요소를 뺀 조정한 거래가격을 말하는데, 이에 대한 설명으로 틀린 것은?

① 구매자가 부담하는 수수료와 중개료는 가산요소이나, 구매수수료는 제외한다.
② 구매자가 수입물품에 결합되는 재료·구성요소·부분품 등을 무료로 수출자 등에게 공급한 경우에는 생산지원비용으로 가산요소이나, 우리나라에서 개발된 기술·설계·디자인 등은 제외된다.
③ 수입물품을 수입한 후 전매·처분 또는 사용하여 생긴 수입금액 중 판매자에게 직접 또는 간접으로 귀속되는 금액은 가산요소이다.
④ 수입항까지의 운임·보험료는 가산요소이나, 수입항 도착 이후의 운임·보험료는 공제요소이다.
⑤ 연불조건의 수입인 경우에는 해당 수입물품에 대한 연불이자는 가산요소이다.

> **정답 및 해설**
>
> 연불조건의 수입인 경우에는 해당 수입물품에 대한 연불이자는 **공제요소**이다.
>
> [관세법 제30조(과세가격 결정의 원칙) 제2항]
> 제1항 각 호 외의 부분 본문에서 "구매자가 실제로 지급하였거나 지급하여야 할 가격"이란 해당 수입물품의 대가로서 구매자가 지급하였거나 지급하여야 할 총금액을 말하며, 구매자가 해당 수입물품의 대가와 판매자의 채무를 상계(相計)하는 금액, 구매자가 판매자의 채무를 변제하는 금액, 그 밖의 간접적인 지급액을 포함한다.
> 다만, 구매자가 지급하였거나 지급하여야 할 총금액에서 다음 각 호의 어느 하나에 해당하는 금액을 명백히 구분할 수 있을 때에는 그 금액을 뺀 금액을 말한다.
> 1. 수입 후에 하는 해당 수입물품의 건설, 설치, 조립, 정비, 유지 또는 해당 수입물품에 관한 기술지원에 필요한 비용
> 2. 수입항에 도착한 후 해당 수입물품을 운송하는 데에 필요한 운임·보험료와 그 밖에 운송과 관련되는 비용
> 3. 우리나라에서 해당 수입물품에 부과된 관세 등의 세금과 그 밖의 공과금
> 4. 연불조건(延拂條件)의 수입인 경우에는 해당 수입물품에 대한 연불이자
>
> 정답 ⑤

20 관세법령상 합리적 기준에 의해 과세가격을 결정함에 있어서 그 기준으로 사용할 수 있는 가격은?

① 선택 가능한 가격 중 반드시 높은 가격을 과세가격으로 하여야 한다는 기준에 따라 결정하는 가격
② 우리나라에 수입되어 과세가격으로 인정된 바 있는 동종·동질물품의 과세가격
③ 우리나라에서 생산된 물품의 국내판매가격
④ 수출국의 국내판매가격
⑤ 우리나라 외의 국가에 수출하는 물품의 가격

> **정답 및 해설**
>
> '우리나라에 수입되어 과세가격으로 인정된 바 있는 동종·동질물품의 과세가격'은 합리적 기준에 의하여 과세가격을 결정함에 있어서 그 기준으로 사용할 수 있다.
>
> [시행령 제29조(합리적 기준에 따른 과세가격의 결정) 제2항]
> 법 제35조의 규정에 의하여 과세가격을 결정함에 있어서는 다음 각 호의 1에 해당하는 가격을 기준으로 하여서는 아니 된다.
> 1. 우리나라에서 생산된 물품의 국내판매가격
> 2. 선택가능한 가격 중 반드시 높은 가격을 과세가격으로 하여야 한다는 기준에 따라 결정하는 가격
> 3. 수출국의 국내판매가
> 4. 동종·동질물품 또는 유사물품에 대하여 법 제34조의 규정에 의한 방법 외의 방법으로 생산비용을 기초로 하여 결정된 가격
> 5. 우리나라 외의 국가에 수출하는 물품의 가격
> 6. 특정수입물품에 대하여 미리 설정하여 둔 최저과세기준가격
> 7. 자의적 또는 가공적인 가격
>
> 정답 ②

21. 관세부과 제척기간의 기산일로 틀린 것은?

① 일반 수입신고 : 수입신고 수리된 날의 다음 날
② 의무불이행 등의 사유로 감면된 관세를 징수 : 그 사유가 발생한 날의 다음 날
③ 보세건설장 반입 외국물품의 경우 : 건설공사 완료 보고일과 특허기간 만료일 중 먼저 도래한 날의 다음 날
④ 과다환급 또는 부정환급 등의 사유로 관세징수하는 경우 : 환급한 날의 다음 날
⑤ 도난 또는 분실물품의 경우 : 그 사실이 발생한 날의 다음 날

정답 및 해설

일반 수입신고 → **수입신고한 날의 다음 날**을 관세를 부과할 수 있는 날로 한다.

[시행령 제6조(관세부과 제척기간의 기산일)]
법 제21조 제1항에 따른 관세부과의 제척기간을 산정할 때 수입신고한 날의 다음 날을 관세를 부과할 수 있는 날로 한다. 다만, 다음 각 호의 경우에는 해당 호에 규정된 날을 관세를 부과할 수 있는 날로 한다.
1. 법 제16조 제1호 내지 제11호에 해당되는 경우에는 그 사실이 발생한 날의 다음 날
2. 의무불이행 등의 사유로 감면된 관세를 징수하는 경우에는 그 사유가 발생한 날의 다음 날
3. 보세건설장에 반입된 외국물품의 경우에는 다음 각 목의 날 중 먼저 도래한 날의 다음 날
   가. 제211조의 규정에 의하여 건설공사완료보고를 한 날
   나. 법 제176조의 규정에 의한 특허기간(특허기간을 연장한 경우에는 연장기간을 말한다)이 만료되는 날
4. 과다환급 또는 부정환급 등의 사유로 관세를 징수하는 경우에는 환급한 날의 다음 날
5. 법 제28조에 따라 잠정가격을 신고한 후 확정된 가격을 신고한 경우에는 확정된 가격을 신고한 날의 다음 날(다만, 법 제28조 제2항에 따른 기간 내에 확정된 가격을 신고하지 아니하는 경우에는 해당 기간의 만료일의 다음 날)

정답 ①

22 관세감면신청서 제출기한에 대한 내용이다. ( ) 안에 들어갈 내용이 순서대로 맞는 것은?

> A. 법 기타 관세에 관한 법률 또는 조약에 따라 관세를 감면 받으려는 자는 해당 물품의 수입신고 수리 전에 관세감면신청서를 세관장에게 제출하여야 한다.
> B. 법 제39조 제2항에 따라 관세를 징수하는 경우 해당 납부고지를 받은 날부터 ( )에 감면신청서를 제출할 수 있다.
> C. 수입신고 수리 전까지 감면신청서를 제출하지 못한 경우 해당 수입신고 수리일부터 ( )에 감면신청이 가능하다. (해당 물품이 보세구역에서 반출되지 아니한 경우로 한정한다)

① 3일 이내 – 10일 이내
② 3일 이내 – 15일 이내
③ 5일 이내 – 10일 이내
④ 5일 이내 – 15일 이내
⑤ 7일 이내 – 15일 이내

정답 및 해설

[시행령 제112조(관세감면신청) 제2항]
제1항 각 호 외의 부분 본문에도 불구하고 다음 각 호의 사유가 있는 경우에는 다음 각 호의 구분에 따른 기한까지 감면신청서를 제출할 수 있다.
1. 법 제39조 제2항에 따라 관세를 징수하는 경우 : 해당 납부고지를 받은 날부터 **5일** 이내
2. 그 밖에 수입신고 수리 전까지 감면신청서를 제출하지 못한 경우 : 해당 수입신고 수리일부터 **15일** 이내(해당 물품이 보세구역에서 반출되지 아니한 경우로 한정한다)

정답 ④

23 관세법상 납부세액의 확정과 관련된 설명 중 틀린 것은?

① 납세의무자는 납세신고한 세액을 납부하기 전에 그 세액에 과부족이 있는 것을 알게 되었을 때에는 납세신고한 세액을 정정할 수 있다. 이 경우 납부기한은 세액의 정정일이다.
② 납세의무자는 신고납부한 세액에 부족이 있는 것을 안 때에는 신고납부한 날부터 6개월 이내에 해당 세액을 보정하여 세관장에게 신청할 수 있다.
③ 납세의무자의 성실성 등을 참작하여 관세청장이 정하는 기준에 해당하는 불성실신고인이 신고하는 물품은 수입신고 수리 전에 세액심사를 한다.
④ 세액의 정정을 하는 경우 가산세 문제는 발생하지 않는다.
⑤ 납세의무자는 신고납부한 세액이 과다한 것을 안 때에는 신고한 세액의 경정을 세관장에게 청구할 수 있다.

> **정답 및 해설**
>
> 납부기한은 '세액의 정정일'이 아니라, '당초의 납부기한'이다.
>
> > [관세법 제38조(신고납부) 제4항]
> > 납세의무자는 납세신고한 세액을 납부하기 전에 그 세액이 과부족(過不足)하다는 것을 알게 되었을 때에는 납세신고한 세액을 정정할 수 있다. 이 경우 납부기한은 당초의 납부기한(제9조에 따른 납부기한을 말한다)으로 한다.
>
> 정답 ①

24 다음 ( ) 안에 들어갈 내용이 순서대로 맞는 것은?

> 세관장은 납세의무자가 납부하여야 하는 세액이 ( )인 때에는 이를 징수하지 아니한다. 이 경우 ( )을 그 납부일로 본다.

① 3천 원 이하 – 수입신고일
② 8천 원 미만 – 수입신고일
③ 1만 원 이하 – 수입신고수리일
④ 1만 원 미만 – 수입신고일
⑤ 1만 원 미만 – 수입신고수리일

> **정답 및 해설**
>
> - 세관장은 납세의무자가 납부하여야 하는 세액이 **대통령령으로 정하는 금액 미만**인 경우에는 이를 징수하지 아니한다. [관세법 제40조(징수금액의 최저한)]
> - 법 제40조의 규정에 의하여 세관장이 징수하지 아니하는 금액은 <u>1만 원</u>으로 한다. [시행령 제37조(징수금액의 최저한) 제1항]
> - 제1항의 규정에 따라 관세를 징수하지 아니하게 된 경우에는 당해 물품의 **수입신고수리일**을 그 납부일로 본다. [시행령 제37조(징수금액의 최저한) 제2항]
>
> 정답 ⑤

25 통관지세관이 제한되는 특정 수입물품이 아닌 것은?

① 고철
② 활어(HS 0301호, 관상용 및 양식용은 제외)
③ 고급모피
④ 수산물(HS 0302호, 0303호, 0305호. 단, HS 0305호는 염수장한 것에 한함)
⑤ 쌀(HS 1006.20호, 1006.30호 해당물품)

정답 및 해설

[수입통관 사무처리에 관한 고시 제106조(특정물품의 통관지세관 제한) 제1항]
[별표 5]에 열거된 물품(이하 "특정물품"이라 한다)은 동 별표상에 열거된 세관(이하 "특정세관"이라 한다)에서 수입통관을 해야 한다. 다만, 통관지세관장의 사전승인을 받은 경우와 보세공장에서 반출입하는 물품의 경우에는 그러하지 아니하다.

[별표 5] 특정물품의 통관지세관 지정(제106조 관련)

특정물품	특정세관
1. 〈삭제〉	〈삭제〉
2. 〈삭제〉	〈삭제〉
3. 고철	수입물품의 입항지 세관, 관할지 세관장이 인정하는 고철창고가 있는 내륙지 세관. 다만, 제75조에 따라 고철화작업의 특례를 적용받는 실수요자 관할세관에서도 통관가능
4. 해체용 선박	관할지 세관장이 인정하는 선박해체작업 시설을 갖춘 입항지 세관
5. 수산물(HS 0302호, 0303호, 0305호. 단, HS 0305호는 염수장한 것에 한함)	수입물품의 입항지 세관, 보세구역으로 지정받은 냉장·냉동창고가 있는 내륙지 세관. 다만, 수출용원자재는 관할지 세관장이 인정하는 냉장·냉동시설이 있는 수산물제조·가공업체 관할세관에서도 통관가능
6. 수입쇠고기 및 관련제품(HS 0201호, 0202호 해당물품, HS 0206호, 0210호, 0504호는 쇠고기, 소의 것에 한함, HS 0506.90-1020 물품)	관할구역 내 축산물검역시행장 및 보세구역으로 지정받은 냉장·냉동창고가 있는 세관
7. 활어(HS 0301호, 관상용 및 양식용은 제외)	관할구역 내 활어장치장이 있는 세관
8. 쌀(HS 1006.20호, 1006.30호 해당물품)	인천, 인천공항, 부산, 평택직할, 마산, 울산, 동해, 광양, 목포, 군산, 포항세관
9. 중고승용차	인천, 인천공항, 서울, 부산, 평택직할, 용당, 마산세관

정답 ③

금융·무역 전문 교육기관 **해커스금융**
fn.Hackers.com

해커스 보세사 한권합격 이론 + 최신기출

제2과목
보세구역관리

1절 관세법
2절 세관지정장치장 화물관리인 지정절차에 관한 고시
3절 보세창고 특허 및 운영에 관한 고시
4절 보세공장 운영에 관한 고시
5절 보세건설장 관리에 관한 고시
6절 보세전시장 운영에 관한 고시
7절 보세판매장 특허 및 운영에 관한 고시
8절 종합보세구역 지정 및 운영에 관한 고시
9절 수입활어 관리에 관한 특례고시

❖ 핵심기출문제

1절 | 관세법

✎ 본문 내용 중 꼭 알아야 하는 부분에 형광펜으로 표시하였으니 반드시 학습하시기 바랍니다.

01 통칙

1. 보세제도 `21 기출` `20 기출`

(1) 의의

보세란 외국물품의 수입신고수리 전 상태를 말하며, 보세제도에는 정적인 보세제도인 보세구역제도와 동적인 보세제도인 보세운송제도가 있다. 보세구역이란 수입신고가 수리되기 전의 상태인 외국물품을 장치, 검사, 전시, 건설 및 판매 등을 할 수 있도록 세관장이 지정하거나 특허한 구역을 의미하며, 보세운송은 외국물품이 수입신고수리 미필상태로 국내에서 운송되는 것을 의미한다.

(2) 보세제도의 기능 `19 기출`

① 관세징수권의 확보
- 물품이 세관의 엄격한 통제 하에 있는 상태이다.
- 수입통관 전에 담보적 기능이 있어 관세채권 확보에 도움이 된다.

② 통관업무의 효율화
- 세관의 감시와 단속이 용이하다.
- 화물을 집중 반입하게 함으로써 일괄적인 통관절차를 수행하기가 용이하다.

③ 수출 및 산업지원
- 외국물품을 관세를 납부하지 않고 보세가공하여 외국으로 반출함으로써 가공무역의 진흥 등 수출지원 효과가 있다.
- 외국물품을 그대로 사용하여 산업시설을 건설할 수 있어 국내 산업 및 건설지원의 효과가 있다.

2. 보세구역 종류 (법 제154조) `23 기출` `21 기출` `20 기출`

(1) 지정보세구역

지정보세구역은 세관 또는 국가·지방자치단체 또는 공공단체시설 중에서 세관장이 지정한 구역으로서 지정장치장, 세관검사장으로 구분한다.

(2) 특허보세구역

특허보세구역은 민간인이 영리를 목적으로 하는 시설 중에서 신청에 의하여 세관장이 특허한 구역으로서 보세창고, 보세공장, 보세전시장, 보세건설장 및 보세판매장으로 구분한다.

(3) 종합보세구역

종합보세구역은 관세청장이 일정한 지역전체를 보세구역으로 지정한 곳으로서 외국물품을 통관하지 않은 상태에서 장치·보관·제조·전시·판매 등을 할 수 있는 구역을 말한다.

3. 물품의 장치 (법 제155조)

(1) 보세구역 장치 24 기출

① 원칙

외국물품은 보세구역이 아닌 장소에 장치할 수 없다.

② 예외(보세구역 외 장소에 장치 가능) 22 기출

> - 수출신고가 수리된 물품
> - 크기나 무게의 과다나 그 밖의 사유로 보세구역에 장치하기 곤란하거나 부적당한 물품
> - 재해 그 밖의 부득이한 사유로 임시로 장치한 물품
> - 검역물품
> - 압수물품
> - 우편물품

(2) 보세구역 외 장치허가 (법 제156조)

① 세관장의 허가

법 제155조 제1항 제2호에 해당하는 물품(크기나 무게의 과다나 그 밖의 사유로 보세구역에 장치하기 곤란하거나 부적당한 물품)을 보세구역이 아닌 장소에 장치하려는 자는 세관장의 허가를 받아야 한다.

② 담보의 제공

세관장은 외국물품에 대하여 보세구역 외 장치의 허가를 하려는 때에는 그 물품의 관세에 상당하는 담보의 제공, 필요한 시설의 설치 등을 명할 수 있다.

③ 수수료의 납부 19 기출

보세구역 외 장치의 허가를 받으려는 자는 기획재정부령으로 정하는 금액과 방법 등에 따라 수수료를 납부하여야 한다. 이때 보세구역 외 장치허가수수료는 1만 8천 원으로 한다. 이 경우 동일한 선박 또는 항공기로 수입된 동일한 화주의 화물을 동일한 장소에 반입하는 때에는 1건의 보세구역 외 장치허가신청으로 보아 허가수수료를 징수한다.

④ 수수료의 면제

국가 또는 지방자치단체가 수입하거나 협정에 의하여 관세가 면제되는 물품을 수입하는 때에는 보세구역 외 장치허가수수료를 면제한다.

⑤ 납부사실 증표의 첨부

보세구역 외 장치허가수수료를 납부하여야 하는 자가 관세청장이 정하는 바에 의하여 이를 따로 납부한 때에는 그 사실을 증명하는 증표를 허가신청서에 첨부하여야 한다.

⑥ 일괄 고지

세관장은 전산처리설비를 이용하여 법 제156조 제1항의 규정에 의한 보세구역 외 장치허가를 신청하는 때에는 보세구역 외 장치허가수수료를 일괄고지하여 납부하게 할 수 있다.

4. 물품의 반입·반출 (법 제157조)

(1) 반입·반출 신고

보세구역에 물품을 반입·반출하고자 하는 자는 대통령령으로 정하는 바에 따라 세관장에게 신고하여야 한다.

> 예 보세구역에 물품을 반입하거나 반출하려는 경우에는 세관장은 세관공무원을 참여시킬 수 있으며, 세관공무원은 해당 물품을 검사할 수 있다.

(2) 반입의 제한

세관장은 보세구역에 반입할 수 있는 물품의 종류를 제한할 수 있다.

(3) 수입신고수리물품의 반출 (법 제157조의2)

관세청장이 정하는 보세구역에 반입되어 수입신고가 수리된 물품의 화주 또는 반입자는 법 제177조(장치기간)에도 불구하고 그 수입신고 수리일부터 15일 이내에 해당 물품을 보세구역으로부터 반출하여야 한다. 다만, 외국물품을 장치하는 데에 방해가 되지 아니하는 것으로 인정되어 세관장으로부터 해당 반출기간의 연장승인을 받았을 때에는 그러하지 아니하다.

5. 보수작업 (법 제158조)

(1) 의의

보세구역에 장치된 물품에 대하여 그 현상을 유지하기 위해서 그 성질이 변하지 아니하는 범위 내에서 포장을 바꾸거나 구분·분할·합병 기타 유사한 작업을 할 수 있는데, 이러한 작업을 보수작업이라고 한다.

(2) 보수작업의 범위

보수작업은 다음의 작업 범위 안에서 허용 가능하며, 당해 보수작업으로 인하여 보수작업 대상물품의 HS 품목분류에 변화를 가져오는 경우에는 보수작업으로 인정되지 아니한다.

> ① 물품의 보존을 위해 필요한 작업(부패, 손상 등을 방지하기 위한 보존작업 등)
> ② 물품의 상품성 향상을 위한 개수작업(포장개선, 라벨표시, 단순절단 등)
> ③ 선적을 위한 준비작업(선별, 분류, 용기변경 등)
> ④ 단순한 조립작업(간단한 셋팅, 완제품의 특성을 가진 구성요소의 조립 등)
> ⑤ 기타 위와 유사한 작업

(3) 보수작업의 승인

보수작업을 하려는 자는 세관장의 승인을 받아야 한다. 세관장은 승인의 신청을 받은 날부터 10일 이내에 승인 여부를 신청인에게 통지하여야 하고, 이 기간 내에 승인 여부 또는 민원 처리 관련 법령에 따른 처리기간의 연장을 신청인에게 통지하지 아니하면 그 기간(민원 처리 관련 법령에 따라 처리기간이 연장 또는 재연장된 경우에는 해당 처리기간)이 끝난 날의 다음 날에 승인을 한 것으로 본다.

(4) 보수작업의 재료

보수작업으로 외국물품에 부가된 내국물품은 외국물품으로 본다. 또한 외국물품은 수입될 물품의 보수작업의 재료로 사용할 수 없다.

(5) 보수작업의 절차

① 승인신청

보수작업의 승인을 얻고자 하는 자는 다음의 사항을 기재한 신청서를 세관장에게 제출하여야 한다.

> - 시행령 제175조 각호의 사항(장치장소 및 장치사유 등 보세구역 외 장치의 허가신청서에 기재하여야 하는 사항)
> - 사용할 재료의 품명·수량 및 가격
> - 보수작업의 목적·방법 및 예정기간
> - 장치장소

② 완료 보고 및 확인

보수작업의 승인을 얻은 자는 보수작업을 완료한 때에는 다음의 사항을 기재한 보고서를 세관장에게 제출하여 그 확인을 받아야 한다.

> - 해당 물품의 품명·수량 및 가격

- 포장의 종류·기호·번호 및 개수
- 사용한 재료의 품명·수량 및 가격
- 잔존재료의 품명·수량 및 가격
- 작업완료연월일

(6) 보세구역 외 보수작업

① 승인

보세구역에서의 보수작업이 곤란하다고 세관장이 인정하는 때에는 기간 및 장소를 지정받아 보세구역 밖에서 보수작업을 할 수 있다. 이 경우에도 보수작업 승인을 얻을 때와 마찬가지로 세관장의 승인을 얻어야 한다.

② 절차

이 경우 절차에 관한 규정은 보세공장 외 작업허가 규정의 일부인 법 제187조의 일부 규정을 준용한다.

- 담보의 제공
  세관장은 보세공장 외 작업허가를 하는 경우 필요하다고 인정하는 때에는 해당 물품의 관세에 상당하는 담보를 제공하게 할 수 있다.
- 물품의 검사
  보세공장 외 작업허가를 한 경우 세관공무원은 해당 물품이 보세공장에서 반출되는 때에 이를 검사할 수 있다.
- 보세구역에 있는 것으로 보는 경우
  보세공장 외 작업허가를 받아 지정된 장소에 반입된 외국물품은 지정된 기간이 만료될 때까지는 보세공장에 있는 것으로 본다.
- 기간 경과 시 관세 징수 **18 기출**
  보세공장 외 작업허가기간이 지난 경우 해당 공장 외 작업장에 허가된 외국물품이나 그 제품이 있을 때에는 해당 물품의 허가를 받은 보세공장의 운영인으로부터 그 관세를 즉시 징수한다.

6. 해체·절단 등의 작업 (법 제159조) **24 기출**

(1) 의의

보세구역에 장치된 물품에 대하여는 그 원형을 변경하거나 해체·절단 등의 작업을 할 수 있다.

(2) 세관장의 허가

보세구역에 장치된 물품에 대하여 해체·절단 등의 작업을 하려는 자는 세관장의 허가를 받아야 한다. 세관장은 허가의 신청을 받은 날부터 10일 이내에 허가 여부를 신청인에게 통지하여야 한다.

(3) 해체·절단 등의 작업 대상물품

해체·절단 등의 작업을 할 수 있는 물품은 다음과 같이 관세청장이 정한다.

- 해체용 선박
- 각종의 설중 세관장이 원형변경, 해체·절단 등의 작업이 필요하다고 인정하는 물품
- 세관장이 진정화 작업이 필요하다고 인정하는 경우

(4) 작업 명령

세관장은 수입신고한 물품에 대하여 필요하다고 인정될 때에는 화주 또는 그 위임을 받은 자에게 해체·절단 등의 작업을 명할 수 있다.

7. 장치물품의 폐기 (법 제160조)

(1) 세관장의 승인
부패·손상 기타의 사유로 보세구역에 장치된 물품을 폐기하고자 하는 자는 세관장의 승인을 받아야 한다.

(2) 관세의 징수 19 기출
보세구역에 장치된 외국물품이 멸실되거나 폐기되었을 때에는 그 운영인이나 보관인으로부터 즉시 그 관세를 징수한다. 다만, 재해나 그 밖의 부득이한 사유로 멸실된 때와 미리 세관장의 승인을 받아 폐기한 때에는 예외로 한다.

(3) 잔존물에 대한 과세 24 기출
폐기승인을 받은 외국물품 중 폐기 후에 남아있는 부분에 대하여는 폐기 후의 성질과 수량에 따라 관세를 부과한다.

(4) 세관장의 폐기
① 폐기명령 및 대상

세관장은 위 규정에도 불구하고 보세구역에 장치된 물품 중 다음의 어느 하나에 해당하는 것은 화주, 반입자, 화주 또는 반입자의 위임을 받은 자나 「국세기본법」 제38조부터 제41조까지의 규정에 따른 제2차 납세의무자(화주 등)에게 이를 반송 또는 폐기할 것을 명하거나 화주 등에게 통고한 후 폐기할 수 있다. 다만, 급박하여 통고할 여유가 없는 경우에는 폐기한 후 즉시 통고하여야 한다.

> ㉠ 사람의 생명이나 재산에 해를 끼칠 우려가 있는 물품
> ㉡ 부패하거나 변질된 물품
> ㉢ 유효기간이 지난 물품
> ㉣ 상품가치가 없어진 물품
> ㉤ 위 ㉠부터 ㉣까지에 준하는 물품으로서 관세청장이 정하는 물품

② 공고

폐기 시 통고를 할 때 화주 등의 주소나 거소를 알 수 없거나 그 밖의 사유로 통고할 수 없는 경우에는 공고로써 이를 갈음할 수 있다.

③ 폐기 비용의 부담

세관장이 물품을 폐기하거나 화주 등이 물품을 폐기 또는 반송한 경우 그 비용은 화주 등이 부담한다.

8. 견본품반출 (법 제161조)

(1) 세관장의 허가 18 기출
① 보세구역에 장치된 외국물품의 전부 또는 일부를 견본품으로 반출하고자 하는 자는 세관장의 허가를 받아야 한다. 국제무역선에서 물품을 하역하기 전에 외국물품의 일부를 견본품으로 반출하려는 경우에도 또한 같다.
② 세관장은 허가의 신청을 받은 날부터 10일 이내에 허가 여부를 신청인에게 통지하여야 하고, 이 기간 내에 허가 여부 또는 민원 처리 관련 법령에 따른 처리기간의 연장을 신청인에게 통지하지 아니하면 그 기간(민원 처리 관련 법령에 따라 처리기간이 연장 또는 재연장된 경우에는 해당 처리기간을 말한다)이 끝난 날의 다음 날에 허가를 한 것으로 본다.

(2) 견본품 채취
세관공무원은 보세구역에 반입된 물품 또는 국제무역선에 적재되어 있는 물품에 대하여 검사상 필요하면 그 물품의 일부를 견본품으로 채취할 수 있다.

(3) 관세의 징수

세관공무원의 검사상 필요에 따라 채취된 물품, 다른 법률에 따라 실시하는 검사·검역 등을 위하여 견본품으로 채취된 물품으로서 세관장의 확인을 받은 물품이 사용·소비된 경우에는 수입신고를 하여 관세를 납부하고 수리된 것으로 본다.

9. 물품취급자에 대한 단속 등 (법 제162조 내지 법 제163조)

(1) 물품취급자에 대한 단속 24 기출

다음의 어느 하나에 해당하는 자는 물품 및 보세구역 감시에 관한 세관장의 명령을 준수하고 세관공무원의 지휘를 받아야 한다.

> ① 법 제155조 제1항 각호 물품(보세구역 외 장치물품)을 취급하는 자
> ② 보세구역에 출입하는 자

(2) 세관공무원의 파견 (법 제163조)

세관장은 보세구역에 세관공무원을 파견하여 세관사무의 일부를 처리하게 할 수 있다.

02 지정보세구역

1. 의의

지정보세구역은 통관절차를 이행하여야 하는 물품을 일시적으로 장치하거나 검사하는 등 세관의 통제 하에 물품을 장치할 수 있도록 세관장이 지정하여 설치한 보세구역을 의미한다. 지정보세구역에는 통관하고자 하는 물품의 일시 장치를 위한 지정장치장과 물품검사를 위한 세관검사장이 해당된다.

2. 지정보세구역의 지정 (법 제166조) 22 기출 20 기출

(1) 지정 대상

세관장은 다음에 해당하는 자가 소유 또는 관리하는 토지·건물 기타의 시설을 지정보세구역으로 지정할 수 있다.

> ① 국가
> ② 지방자치단체
> ③ 공항시설 또는 항만시설을 관리하는 법인

(2) 소유자 또는 관리자 등의 동의

세관장은 해당 세관장이 관리하지 아니하는 토지 등을 지정보세구역으로 지정하려면 해당 토지 등의 소유자나 관리자의 동의를 받아야 한다. 이 경우 세관장은 임차료 등을 지급할 수 있다.

3. 지정보세구역의 지정취소 (법 제167조)

세관장은 수출입물량이 감소하거나 그 밖의 사유로 지정보세구역의 전부 또는 일부를 보세구역으로 존속시킬 필요가 없어졌다고 인정될 때에는 그 지정을 취소하여야 한다.

4. 지정보세구역의 처분 (법 제168조)

지정보세구역의 지정을 받은 토지 등의 소유자나 관리자는 다음의 어느 하나에 해당하는 행위를 하려면 미리 세관장과 협의하여야 한다. 다만, 해당 행위가 지정보세구역으로서의 사용에 지장을 주지 아니하거나 지정보세구역으로 지정된 토지 등의 소유자가 국가 또는 지방자치단체인 경우에는 그러하지 아니하다. 또한 세관장은 상기 협의에 대하여 정당한 이유 없이 이를 거부하여서는 아니 된다.

> ① 해당 토지 등의 양도, 교환, 임대 또는 그 밖의 처분이나 그 용도의 변경
> ② 해당 토지에 대한 공사나 해당 토지 안에 건물 또는 그 밖의 시설의 신축
> ③ 해당 건물 또는 그 밖의 시설의 개축·이전·철거나 그 밖의 공사

5. 지정장치장 23 기출

(1) 의의 (법 제169조) 19 기출

지정장치장은 통관을 하려는 물품을 일시 장치하기 위한 장소로서 세관장이 지정하는 구역으로 한다.

(2) 장치기간 (법 제170조) 21 기출 18 기출

지정장치장에 물품을 장치하는 기간은 6개월의 범위에서 관세청장이 정한다. 다만, 관세청장이 정하는 기준에 따라 세관장은 3개월의 범위에서 그 기간을 연장할 수 있다.

(3) 세관의 규제사항 24 기출

지정장치장에는 원칙적으로 내국물품을 반입하여 장치할 수 없다. 다만, 내국운송신고를 하고자 하는 내국물품의 경우에는 장치할 수 있다. 한편, 수입 또는 반송하고자 하는 물품을 지정장치장 또는 보세창고에 반입하거나 보세구역이 아닌 장소에 장치한 자는 그 반입일 또는 장치일부터 30일 이내에 수입·반송신고를 하여야 한다(법 제241조 제3항).

(4) 장치물품에 대한 보관책임 (법 제172조)

① 화주 또는 반입자의 보관책임 22 기출 20 기출

지정장치장에 반입한 물품은 화주 또는 반입자가 그 보관의 책임을 진다.

② 화물관리인의 지정

• 의의

세관장은 지정장치장의 질서유지와 화물의 안전관리를 위하여 필요하다고 인정할 때에는 화주를 갈음하여 보관의 책임을 지는 화물관리인을 지정할 수 있다.

• 지정 요건

다만, 세관장이 관리하는 시설이 아닌 경우에는 세관장은 해당 시설의 소유자나 관리자와 협의하여 화물관리인을 지정하여야 한다. 화물관리인으로 지정받을 수 있는 자는 다음의 어느 하나에 해당하는 자로 한다.

> − 직접 물품관리를 하는 국가기관의 장
> − 관세행정 또는 보세화물의 관리와 관련 있는 비영리법인
> − 해당 시설의 소유자 또는 관리자가 요청한 자(법 제172조 제2항 단서에 따라 세관장이 관리하지 않는 시설에 대하여 화물관리인을 지정하는 경우로 한정)

• 지정 절차

세관장은 다음의 구분에 따라 화물관리인을 지정한다.

> − 직접 물품관리를 하는 국가기관의 장의 경우
>   → 세관장이 요청한 후 직접 물품관리를 하는 국가기관의 장이 승낙한 경우에 지정한다.

- 관세행정 또는 보세화물의 관리와 관련 있는 비영리법인 및 해당 시설의 소유자 또는 관리자가 요청한 자
  → 세관장이 동 해당자로부터 지정신청서를 제출받아 이를 심사하여 지정한다. 이 경우 해당 시설의 소유자 또는 관리자가 요청한 자는 해당 시설의 소유자 또는 관리자를 거쳐 제출하여야 한다.

- 심사기준 등

  화물관리인을 지정할 때에는 다음의 사항에 대하여 관세청장이 정하는 심사기준에 따라 평가한 결과를 반영하여야 한다.

  - 보세화물 취급경력 및 화물관리시스템 구비 사항
  - 보세사의 보유에 관한 사항
  - 자본금, 부채비율 및 신용평가등급 등 재무건전성에 관한 사항
  - 그 밖에 기획재정부령으로 정하는 사항

- 유효기간 등

  화물관리인 지정의 유효기간은 5년 이내로 한다. **21 기출** **18 기출**

  화물관리인으로 재지정을 받으려는 자는 유효기간이 끝나기 1개월 전까지 세관장에게 재지정을 신청하여야 한다. 세관장은 지정을 받은 자에게 재지정을 받으려면 지정의 유효기간이 끝나는 날의 1개월 전까지 재지정을 신청하여야 한다는 사실과 재지정 절차를 지정의 유효기간이 끝나는 날의 2개월 전까지 휴대폰에 의한 문자전송, 전자메일, 팩스, 전화, 문서 등으로 미리 알려야 한다.

- 화물관리 비용의 징수 **23 기출** **18 기출**

  지정장치장의 화물관리인은 화물관리에 필요한 비용(세관설비 사용료를 포함한다)을 화주로부터 징수할 수 있다. 다만, 그 요율에 대하여는 세관장의 승인을 받아야 한다. 지정장치장의 화물관리인은 징수한 비용 중 세관설비 사용료에 해당하는 금액을 세관장에게 납부하여야 한다. 세관장은 불가피한 사유로 화물관리인을 지정할 수 없을 때에는 화주를 대신하여 직접 화물관리를 할 수 있다. 이 경우 화물관리에 필요한 비용을 화주로부터 징수할 수 있다.

6. 세관검사장 (법 제173조) **21 기출**

(1) 의의

세관검사장은 통관을 하려는 물품을 검사하기 위한 장소로서 세관장이 지정하는 지역으로 한다.

(2) 물품의 검사 등

① 세관장은 관세청장이 정하는 바에 따라 검사를 받을 물품의 전부 또는 일부를 세관검사장에 반입하여 검사할 수 있다.

② 세관검사장에 반입되는 물품의 채취·운반 등에 필요한 비용은 화주가 부담한다.

③ 다만, 국가는 「중소기업기본법」 제2조에 따른 중소기업 또는 「중견기업 성장촉진 및 경쟁력 강화에 관한 특별법」 제2조 제1호에 따른 중견기업의 컨테이너 화물로서 해당 화물에 대한 검사 결과 관세법 또는 「대외무역법」 등 물품의 수출입과 관련된 법령을 위반하지 아니하는 경우의 물품 등 아래의 물품에 대해서는 예산의 범위에서 관세청장이 정하는 바에 따라 해당 검사비용을 지원할 수 있다.

- 「중소기업기본법」 제2조에 따른 중소기업 또는 「중견기업 성장촉진 및 경쟁력 강화에 관한 특별법」 제2조 제1호에 따른 중견기업이 해당 물품의 화주일 것
- 컨테이너로 운송되는 물품으로서 관세청장이 정하는 별도 검사 장소로 이동하여 검사받는 물품일 것
- 검사 결과 법령을 위반하여 통고처분을 받거나 고발되는 경우가 아닐 것
- 검사 결과 제출한 신고 자료(적재화물목록은 제외)가 실제 물품과 일치할 것
- 예산의 범위에 따라 관세청장이 정하는 기준을 충족할 것

03 특허보세구역

1. 의의

특허보세구역은 외국물품이나 통관하려는 물품의 장치, 보세가공, 전시, 건설, 판매 등의 목적으로 세관장이 특허한 구역으로서 보세창고, 보세공장, 보세전시장, 보세건설장, 보세판매장 등이 여기에 해당된다. 특허보세구역의 설치·운영에 대한 특허는 설권행위로서 세관장의 공익재량행위에 해당된다.

2. 특허보세구역의 설치·운영에 관한 특허 (법 제174조) `21 기출` `18 기출`

(1) 세관장의 특허

특허보세구역을 설치·운영하고자 하는 자는 세관장의 특허를 받아야 한다. 기존의 특허를 갱신하려는 경우에도 동일하다.

(2) 특허수수료의 납부 `22 기출`

특허보세구역의 설치·운영에 관한 특허를 받으려는 자, 특허보세구역을 설치·운영하는 자, 이미 받은 특허를 갱신하려는 자는 기획재정부령으로 정하는 바에 따라 수수료를 납부하여야 한다. 이 경우 납부하여야 하는 특허신청의 수수료는 4만 5천 원으로 한다.

(3) 특허의 기준 (시행령 제189조)

특허보세구역의 설치·운영에 관한 특허를 받을 수 있는 요건은 다음과 같다.

> ① 체납된 관세 및 내국세가 없을 것
> ② 법 제175조 각호의 결격사유(운영인의 결격사유)가 없을 것
> ③ 「위험물안전관리법」에 따른 위험물 또는 「화학물질관리법」에 따른 유해화학물질 등 관련 법령에서 위험물품으로 분류되어 취급이나 관리에 관하여 별도로 정한 물품을 장치·제조·전시 또는 판매하는 경우에는 위험물품의 종류에 따라 관계행정기관의 장의 허가 또는 승인 등을 받을 것
> ④ 관세청장이 정하는 바에 따라 보세화물의 보관·판매 및 관리에 필요한 자본금·수출입규모·구매수요·장치면적 등에 관한 요건을 갖출 것

(4) 운영인의 결격사유 (법 제175조) `21 기출`

다음에 해당하는 자는 특허보세구역을 설치·운영할 수 없다. 다만, ⑥에 해당하는 자의 경우에는 ⑥-㉠, ㉡의 사유가 발생한 해당 특허보세구역을 제외한 기존의 다른 특허를 받은 특허보세구역에 한정하여 설치·운영할 수 있다.

> ① 미성년자
> ② 피성년후견인과 피한정후견인
> ③ 파산선고를 받고 복권되지 아니한 자
> ④ 관세법을 위반하여 징역형의 실형을 선고받고 그 집행이 끝나거나(집행이 끝난 것으로 보는 경우를 포함한다) 면제된 후 2년이 지나지 아니한 자
> ⑤ 관세법을 위반하여 징역형의 집행유예를 선고받고 그 유예기간 중에 있는 자
> ⑥ 다음의 어느 하나에 해당하는 경우에는 ㉠ 및 ㉡에서 정한 날부터 2년이 지나지 아니한 자. 이 경우 동일한 사유로 ㉠ 및 ㉡ 모두에 해당하는 경우에는 그중 빠른 날을 기준으로 한다.
>   ㉠ 특허보세구역의 설치·운영에 관한 특허가 취소(위 ①, ②, ③ 중 어느 하나에 해당하여 특허가 취소된 경우는 제외)된 경우
>   → 해당 특허가 취소된 날

ⓒ 특허보세구역의 설치·운영에 관한 특허를 받지 아니하고 특허보세구역을 운영한 경우, 거짓이나 그 밖의 부정한 방법으로 특허를 받은 경우, 특허보세구역 운영인의 명의대여 금지 규정을 위반한 경우에 해당하여 벌금형 또는 통고처분을 받은 경우
→ 벌금형을 선고받은 날 또는 통고처분을 이행한 날

⑦ 전자문서 위조·변조죄 등(법 제268조의2), 밀수출입죄(법 제269조), 관세포탈죄 등(법 제270조), 가격조작죄(법 제270조의2), 미수범 등(법 제271조), 밀수품 취득죄 등(법 제274조), 강제징수면탈죄 등(법 제275조의2), 명의대여행위죄 등(법 제275조의3) 또는 보세사의 명의대여죄 등(법 제275조의4) 규정에 따라 벌금형 또는 통고처분을 받은 자로서 그 벌금형을 선고받거나 통고처분을 이행한 후 2년이 지나지 아니한 자. 다만, 양벌규정(법 제279조)에 따라 처벌된 개인 또는 법인은 제외한다.

⑧ ②부터 ⑦까지에 해당하는 자를 임원(해당 보세구역의 운영업무를 직접 담당하거나 이를 감독하는 자로 한정)으로 하는 법인

(5) 특허기간 (법 제176조)

① 원칙

특허보세구역(보세전시장, 보세건설장은 제외)의 특허기간은 10년의 범위 내에서 신청인이 신청한 기간으로 한다. 다만, 관세청장은 보세구역의 합리적 운영을 위하여 필요한 경우에는 신청인이 신청한 기간과 달리 특허기간을 정할 수 있다. **24 기출** **21 기출**

② 예외

특허기간 원칙에도 불구하고 보세전시장과 보세건설장의 특허기간은 다음의 구분에 따른다. 다만, 세관장은 전시목적을 달성하거나 공사를 진척하기 위하여 부득이하다고 인정할 만한 사유가 있을 때에는 그 기간을 연장할 수 있다.

- 보세전시장
  → 해당 박람회 등의 기간을 고려하여 세관장이 정하는 기간
- 보세건설장 **18 기출**
  → 해당 건설공사의 기간을 고려하여 세관장이 정하는 기간
- 보세판매장 **21 기출**
  → 10년의 범위 내(갱신의 경우에는 5년의 범위 내)에서 해당 보세구역의 특허(갱신) 신청기간

(6) 장치기간 (법 제177조) **18 기출**

특허보세구역에 물품을 장치하는 기간은 다음의 구분에 따른다. 다만, 세관장은 물품관리에 필요하다고 인정될 때에는 보세창고물품의 장치기간에도 운영인에게 그 물품의 반출을 명할 수 있다.

① 보세창고

- 외국물품(정부비축용 물품 등은 제외)
  → 1년의 범위에서 관세청장이 정하는 기간. 다만, 세관장이 필요하다고 인정하는 경우에는 1년의 범위에서 그 기간을 연장할 수 있다.
- 내국물품(정부비축용 물품 등은 제외)
  → 1년의 범위에서 관세청장이 정하는 기간. 다만, 세관장이 필요하다고 인정하는 경우에는 1년의 범위에서 그 기간을 연장할 수 있다.
- 정부비축용물품, 정부와의 계약이행을 위하여 비축하는 방위산업용물품, 장기간 비축이 필요한 수출용원재료와 수출품보수용물품으로서 세관장이 인정하는 물품, 국제물류의 촉진을 위하여 관세청장이 정하는 물품
  → 비축에 필요한 기간

② 그 밖의 특허보세구역

해당 특허보세구역의 특허기간

(7) 반입정지 등과 특허의 취소 (법 제178조)

① 물품반입 등의 정지 `24 기출` `23 기출` `22 기출` `20 기출` `19 기출`

세관장은 특허보세구역의 운영인이 다음의 어느 하나에 해당하는 경우에는 관세청장이 정하는 바에 따라 6개월의 범위에서 해당 특허보세구역에의 물품반입 또는 보세건설·보세판매·보세전시 등(물품반입 등)을 정지시킬 수 있다.

> - 장치물품에 대한 관세를 납부할 자금능력이 없다고 인정되는 경우
> - 본인이나 그 사용인이 관세법 또는 관세법에 따른 명령을 위반한 경우
> - 해당 시설의 미비 등으로 특허보세구역의 설치 목적을 달성하기 곤란하다고 인정되는 경우
> - 보세공장에 대한 재고조사 결과 원자재소요량 관리가 적정하지 않은 경우
> - 1년 동안 계속하여 물품의 반입·반출 실적이 없거나, 6개월 이상 보세작업을 하지 않은 경우
> - 운영인이 최근 1년 이내에 법에 따른 절차 등을 위반한 경우 등 관세청장이 정하는 사유에 해당하는 경우

② 반입정지 등을 갈음하는 과징금의 산정

- 의의 `24 기출`

  세관장은 물품반입 등의 정지처분이 그 이용자에게 심한 불편을 주거나 공익을 해칠 우려가 있는 경우에는 특허보세구역의 운영인에게 물품반입 등의 정지처분을 갈음하여 해당 특허보세구역 운영에 따른 매출액의 100분의 3 이하의 과징금을 부과할 수 있다. 이 경우 매출액 산정, 과징금의 금액, 과징금의 납부기한 등에 관하여 필요한 사항은 대통령령으로 정한다.

- 과징금 산정 방법

  > 과징금의 금액은 ㉠의 기간에 ㉡의 금액을 곱하여 산정한다.
  >
  > ㉠ 기간
  >   → 법 제178조 제1항에 따라 산정한 물품반입 등의 정지 일수(1개월은 30일을 기준으로 한다)
  > ㉡ 1일당 과징금 금액
  >   → 해당 특허보세구역 운영에 따른 연간 매출액의 6천분의 1
  >
  > 위 ㉡에서 연간매출액은 다음의 구분에 따라 산정한다.
  > ⓐ 특허보세구역의 운영인이 해당 사업연도 개시일 이전에 특허보세구역의 운영을 시작한 경우
  >   → 직전 3개 사업연도의 평균 매출액(특허보세구역의 운영을 시작한 날부터 직전 사업연도 종료일까지의 기간이 3년 미만인 경우에는 그 시작일부터 그 종료일까지의 매출액을 연평균 매출액으로 환산한 금액)
  > ⓑ 특허보세구역의 운영인이 해당 사업연도에 특허보세구역 운영을 시작한 경우
  >   → 특허보세구역의 운영을 시작한 날부터 반입정지 등의 처분사유가 발생한 날까지의 매출액을 연매출액으로 환산한 금액

- 가중 또는 경감하는 경우 `24 기출`

  세관장은 위 산정방법에 따라 산정된 과징금 금액의 4분의 1의 범위에서 사업규모, 위반행위의 정도 및 위반횟수 등을 고려하여 그 금액을 가중하거나 감경할 수 있다. 다만, 과징금을 가중하는 경우에는 과징금 총액이 연간매출액의 100분의 3을 초과할 수 없다.

③ 특허의 취소

세관장은 특허보세구역의 운영인이 다음의 어느 하나에 해당하는 경우에는 그 특허를 취소할 수 있다. 다만 ㉠, ㉡, ㉢에 해당하는 경우에는 특허를 취소하여야 한다.

⊙ 거짓이나 그 밖의 부정한 방법으로 특허를 받은 경우

⊙ 법 제175조에 따른 운영인의 결격사유에 해당하게 된 경우. 다만, 운영인의 결격사유에 해당하는 자를 임원(해당 보세구역의 운영업무를 직접 담당하거나 이를 감독하는 자로 한정)으로 하는 법인으로서, 운영인의 결격사유 중 피성년후견인과 피한정후견인, 파산선고를 받고 복권되지 아니한 자를 임원으로 하는 법인이 3개월 이내에 해당 임원을 변경한 경우에는 그러하지 아니하다.

⊙ 1년 이내에 3회 이상 물품반입 등의 정지처분(물품반입 등의 정지처분을 갈음한 과징금 부과처분을 포함)을 받은 경우 `24 기출` `18 기출`

⊙ 2년 이상 물품의 반입실적이 없어서 세관장이 특허보세구역의 설치 목적을 달성하기 곤란하다고 인정하는 경우

⊙ 법 제177조의2(특허보세구역 운영인의 명의대여 금지)를 위반하여 명의를 대여한 경우 `19 기출`

(8) 특허의 효력 상실 및 승계 (법 제179조)

① 특허의 효력 상실 `24 기출`

특허보세구역의 설치·운영에 관한 특허는 다음의 어느 하나에 해당하면 그 효력을 상실한다.

> ⊙ 운영인이 특허보세구역을 운영하지 아니하게 된 경우
> ⊙ 운영인이 해산하거나 사망한 경우
> ⊙ 특허기간이 만료한 경우
> ⊙ 특허가 취소된 경우

② 특허승계의 경우 세관장에게 보고

특허의 효력 상실 사유 중 ⊙ 운영인이 특허보세구역을 운영하지 아니하게 된 경우, ⊙ 운영인이 해산하거나 사망한 경우에는, 운영인, 그 상속인, 청산법인 또는 합병·분할·분할합병 후 존속하거나 합병·분할·분할합병으로 설립된 법인(승계법인)은 지체 없이 세관장에게 그 사실을 보고하여야 한다.

③ 상속인의 승계신고

특허보세구역의 설치·운영에 관한 특허를 받은 자가 사망하거나 해산한 경우 상속인 또는 승계법인이 계속하여 그 특허보세구역을 운영하려면 피상속인 또는 피승계법인이 사망하거나 해산한 날부터 30일 이내에 법 제174조 제3항에 따른 요건(특허보세구역의 설치·운영에 관한 특허)을 갖추어 대통령령으로 정하는 바에 따라 세관장에게 신고하여야 한다.

④ 상속인 또는 승계법인의 특허로 보는 경우

상속인 또는 승계법인이 특허승계신고를 하였을 때에는 피상속인 또는 피승계법인이 사망하거나 해산한 날부터 신고를 한 날까지의 기간에 있어서 피상속인 또는 피승계법인의 특허보세구역의 설치·운영에 관한 특허는 상속인 또는 승계법인에 대한 특허로 본다.

(9) 특허의 효력 상실 시 조치 등 (법 제182조)

① 외국물품의 타 보세구역 반출

특허보세구역의 설치·운영에 관한 특허의 효력이 상실되었을 때에는 운영인이나 그 상속인 또는 승계법인은 해당 특허보세구역에 있는 외국물품을 지체 없이 다른 보세구역으로 반출하여야 한다. `24 기출` `20 기출`

② 특허보세구역의 설치·운영에 관한 특허의 효력이 상실되었을 때에는 해당 특허보세구역에 있는 외국물품의 종류와 수량 등을 고려하여 6개월의 범위에서 세관장이 지정하는 기간 동안 그 구역은 특허보세구역으로 보며, 운영인이나 그 상속인 또는 승계법인에 대해서는 해당 구역과 장치물품에 관하여 특허보세구역의 설치·운영에 관한 특허가 있는 것으로 본다. `24 기출` `22 기출` `18 기출`

3. 보세창고 (법 제183조 내지 법 제184조) 24 기출

(1) 의의
보세창고에는 외국물품이나 통관을 하려는 물품을 장치한다.

(2) 내국물품의 장치 (법 제183조 제2항, 제3항)
① 운영인은 미리 세관장에게 신고를 하고 물품의 장치에 방해되지 아니하는 범위에서 보세창고에 내국물품을 장치할 수 있다.
② 다만, 동일한 보세창고에 장치되어 있는 동안 수입신고가 수리된 물품은 신고 없이 계속하여 장치할 수 있다. 18 기출
③ 운영인은 보세창고에 1년(동일한 보세창고에 장치되어 있는 동안 수입신고가 수리된 물품은 6개월) 이상 계속하여 내국물품만을 장치하려면 세관장의 승인을 받아야 한다.
④ 이 경우 승인을 받은 내국물품은 장치기간 중에 법 제161조(견본품반출) 및 법 제177조(장치기간)의 규정을 적용하지 아니한다.

(3) 장치기간이 지난 내국물품 (법 제184조)
① 법 제183조 제2항에 따라 세관장에게 신고를 하고 장치한 내국물품으로서 장치기간이 지난 물품은 그 기간이 지난 후 10일 이내에 운영인의 책임으로 반출하여야 한다.
② 법 제183조 제3항에 따라 승인을 받은 내국물품도 그 승인기간이 지난 경우에는 그 기간이 지난 후 10일 이내에 운영인의 책임으로 반출하여야 한다.

4. 보세공장 (법 제185조 내지 제189조)

(1) 의의 18 기출
보세공장은 가공무역의 진흥을 위하여 세관장의 특허를 받은 보세구역을 말한다. 보세공장에서는 외국물품을 원료 또는 재료로 하거나 외국물품과 내국물품을 원료 또는 재료로 하여 제조·가공하거나 그 밖에 이와 비슷한 작업을 할 수 있다.

(2) 보세공장 반입 원재료의 범위 (시행령 제199조) 19 기출
보세공장에서 보세작업을 하기 위하여 반입되는 원료 또는 재료(보세공장원재료)는 다음에 해당하는 것을 말한다. 다만, 기계·기구 등의 작동 및 유지를 위한 연료, 윤활유 등 제품의 생산·수리·조립·검사·포장 및 이와 유사한 작업에 간접적으로 투입되어 소모되는 물품은 제외한다.

- 해당 보세공장에서 생산하는 제품에 물리적 또는 화학적으로 결합되는 물품
- 해당 보세공장에서 생산하는 제품을 제조·가공하거나 이와 비슷한 공정에 투입되어 소모되는 물품
- 해당 보세공장에서 수리·조립·검사·포장 및 이와 유사한 작업에 직접적으로 투입되는 물품

보세공장원재료는 당해 보세공장에서 생산하는 제품에 소요되는 수량(원자재소요량)을 객관적으로 계산할 수 있는 물품이어야 한다.

(3) 작업의 제한
① 의의 (법 제185조 제2항) 22 기출 19 기출
보세공장에서는 세관장의 허가를 받지 아니하고는 내국물품만을 원료로 하거나 재료로 하여 제조·가공하거나 그 밖에 이와 비슷한 작업을 할 수 없다.
② 작업의 허가
내국물품만을 원재료로 하는 작업의 허가를 받고자 하는 자는 다음의 사항을 기재한 신청서를 세관장에게 제출하여야 한다. 이 경우 당해 작업은 외국물품을 사용하는 작업과 구별하여 실시하여야 한다.

- 작업의 종류
- 원재료의 품명 및 수량과 생산지 또는 제조지
- 작업기간

세관장은 허가의 신청을 받은 날부터 10일 이내에 허가 여부를 신청인에게 통지하여야 하고, 세관장이 이 기간 내에 허가 여부 또는 민원 처리 관련 법령에 따른 처리기간의 연장을 신청인에게 통지하지 아니하면 그 기간(민원 처리 관련 법령에 따라 처리기간이 연장 또는 재연장된 경우에는 해당 처리기간)이 끝난 날의 다음 날에 허가를 한 것으로 본다.

(4) 보세공장 업종의 제한

① 의의 (법 제185조 제5항)

보세공장 중 수입하는 물품을 제조·가공하는 것을 목적으로 하는 보세공장의 업종은 기획재정부령으로 정하는 바에 따라 제한할 수 있다.

② 업종의 제한 (시행규칙 제69조)

수입물품을 제조·가공하는 것을 목적으로 하는 보세공장의 업종은 다음에 규정된 업종을 제외한 업종으로 한다.

- 법 제73조의 규정에 의하여 국내외 가격차에 상당하는 율로 양허한 농·임·축산물을 원재료로 하는 물품을 제조·가공하는 업종
- 국민보건 또는 환경보전에 지장을 초래하거나 풍속을 해하는 물품을 제조·가공하는 업종으로 세관장이 인정하는 업종

(5) 물품의 반출입 절차

① 반입신고

법 제157조(물품의 반입·반출) 규정에 따라 보세구역에 물품을 반입하고자 하는 경우 세관장에게 반입신고를 하여야 한다. 이 경우 세관공무원을 입회시킬 수 있고, 세관공무원은 해당 물품에 대한 검시를 실시할 수 있다.

② 사용신고

운영인은 보세공장에 반입된 물품을 그 사용 전에 세관장에게 사용신고를 하여야 한다. 이 경우 세관공무원은 그 물품을 검사할 수 있다. 이때 사용신고를 한 외국물품이 마약, 총기 등 다른 법령에 따라 허가·승인·표시 또는 그 밖의 요건을 갖출 필요가 있는 물품으로서 관세청장이 정하여 고시하는 물품인 경우에는 세관장에게 그 요건을 갖춘 것임을 증명하여야 한다. `20 기출`

(6) 보세공장 외 작업 허가 (법 제187조) `24 기출`

① 의의

세관장은 가공무역이나 국내산업의 진흥을 위하여 필요한 경우에는 대통령령으로 정하는 바에 따라 기간, 장소, 물품 등을 정하여 해당 보세공장 외에서 법 제185조 제1항(제조·가공하거나 그 밖에 이와 비슷한 작업)에 따른 작업을 허가할 수 있다. 동 허가를 받아 지정된 장소(공장 외 작업장)에 반입된 외국물품은 지정된 기간이 만료될 때까지는 보세공장에 있는 것으로 본다.

② 세관공무원의 검사

보세공장 외 작업 허가를 한 경우 세관공무원은 해당 물품이 보세공장에서 반출될 때에 이를 검사할 수 있다.

③ 보세작업 사용물품의 직접 반입

세관장은 보세공장 외 작업허가를 받은 보세작업에 사용될 물품을 관세청장이 정하는 바에 따라 공장 외 작업장에 직접 반입하게 할 수 있다.

④ 관세의 징수

지정된 기간이 지난 경우 해당 공장 외 작업장에 허가된 외국물품이나 그 제품이 있을 때에는 해당 물품의 허가를 받은 보세공장의 운영인으로부터 그 관세를 즉시 징수한다.

(7) 보세공장 물품에 대한 과세

① 제품과세 (법 제188조) 24 기출 20 기출

- 의의

  외국물품이나 외국물품과 내국물품을 원료로 하거나 재료로 하여 작업을 하는 경우 그로써 생긴 물품은 외국으로부터 우리나라에 도착한 물품으로 본다.

- 혼용 승인

  다만, 대통령령으로 정하는 바에 따라 세관장의 승인(혼용 승인)을 받고 외국물품과 내국물품을 혼용하는 경우에는 그로써 생긴 제품 중 해당 외국물품의 수량 또는 가격에 상응하는 것은 외국으로부터 우리나라에 도착한 물품으로 본다. 위 외국물품과 내국물품의 혼용에 관한 승인을 얻고자 하는 자는 다음의 사항을 기재한 신청서를 세관장에게 제출하여야 한다.

  - 혼용할 외국물품 및 내국물품의 기호·번호·품명·규격별 수량 및 손모율
  - 승인을 얻고자 하는 보세작업기간 및 사유

- 혼용승인을 받지 않은 경우의 과세 방법

  관세액 = 해당 제품의 가격 × 해당 제품의 관세율

- 혼용승인을 받은 경우의 과세 방법

  관세액 = 해당 제품의 가격 × {외국산 원재료의 가격 / (외국산 원재료의 가격 + 국내산 원재료의 가격)} × 해당 제품의 관세율

- 혼용승인을 할 수 있는 경우

  혼용승인을 할 수 있는 경우는 작업의 성질·공정 등에 비추어 당해 작업에 사용되는 외국물품과 내국물품의 품명·규격별 수량과 그 손모율이 확인되고, 외국물품의 과세표준이 결정될 수 있는 경우에 한한다.

② 원료과세 (법 제189조) 21 기출 20 기출

- 의의

  보세공장에서 제조된 물품을 수입하는 경우 사용신고 전에 미리 세관장에게 해당 물품의 원료인 외국물품에 대한 과세의 적용을 신청한 경우에는 법 제16조(과세물건 확정의 시기)에도 불구하고 사용신고를 할 때의 그 원료의 성질 및 수량에 따라 관세를 부과한다. 18 기출

- 과세 방법

  관세액 = 외국산 원료의 가격 × 원료의 관세율

- 원료과세 적용신청

  세관장은 대통령령으로 정하는 기준에 해당하는 보세공장에 대하여는 1년의 범위에서 원료별, 제품별 또는 보세공장 전체에 대하여 원료과세 신청을 하게 할 수 있다.

  - 최근 2년간 생산되어 판매된 물품 중 수출된 물품의 가격 비율이 100분의 50 이상일 것
  - 법 제255조의2 제1항에 따라 수출입 안전관리 우수업체로 공인된 업체가 운영할 것

- 적용신청 방법

    원료과세 적용신청을 하려는 자는 다음의 사항을 적은 신청서를 세관장에게 제출하여야 한다.

    > - 시행령 제175조 각 호의 사항
    > - 원료인 외국물품의 규격과 생산지 또는 제조지
    > - 신청사유
    > - 원료과세 적용을 원하는 기간

    > **관세법 시행령 제175조(보세구역 외 장치의 허가신청)** `20 기출`
    > 법 제156조 제1항에 따른 허가를 받으려는 자는 해당 물품에 관하여 다음 각 호의 사항을 기재한 신청서에 송품장과 선하증권·항공화물운송장 또는 이에 갈음하는 서류를 첨부하여 세관장에게 제출하여야 한다.
    > 1. 장치장소 및 장치사유
    > 2. 수입물품의 경우 당해 물품을 외국으로부터 운송하여 온 선박 또는 항공기의 명칭 또는 등록기호·입항 예정연월일·선하증권번호 또는 항공화물운송장번호
    > 3. 해당 물품의 내외국물품별 구분과 품명·규격·수량 및 가격
    > 4. 당해 물품의 포장의 종류·번호 및 개수

5. 보세전시장 (법 제190조 및 시행령 제208조) `22 기출` `20 기출` `19 기출`

(1) 의의

보세전시장에서는 박람회, 전람회, 견본품 전시회 등의 운영을 위하여 외국물품을 장치·전시하거나 사용할 수 있다.

(2) 보세전시장 안에서의 사용

법 제190조의 규정에 의한 박람회 등의 운영을 위한 외국물품의 사용에는 다음의 행위가 포함되는 것으로 한다.

> - 당해 외국물품의 성질 또는 형상에 변경을 가하는 행위
> - 당해 박람회의 주최자·출품자 및 관람자가 그 보세전시장 안에서 소비하는 행위

(3) 보세전시장의 장치 제한

세관장은 필요하다고 인정되는 때에는 보세전시장 안의 장치물품에 대하여 장치할 장소를 제한하거나 그 사용사항을 조사하거나 운영인으로 하여금 필요한 보고를 하게 할 수 있다.

(4) 수입신고 수리 전의 사용 및 인도 제한

① 사용 제한

보세전시장에 장치된 판매용 외국물품은 수입신고가 수리되기 전에는 이를 사용하지 못한다.

② 인도 제한

보세전시장에 장치된 전시용 외국물품을 현장에서 직매하는 경우 수입신고가 수리되기 전에는 이를 인도하여서는 아니 된다.

6. 보세건설장

(1) 의의 (법 제191조)

보세건설장에서는 산업시설의 건설에 사용되는 외국물품인 기계류 설비품이나 공사용 장비를 장치·사용하여 해당 건설공사를 할 수 있다. 보세건설장에서는 건설물품을 수시로 반입한 후 일정규모의 공정단위별 통관하므로 통관의 신속화 및 능률화와 공사기간 중 자금부담경감 효과가 발생하는 장점이 있다.

(2) 보세건설장 반입물품의 범위 (시행령 제210조)

보세건설장에 반입할 수 있는 물품은 법 제191조의 규정에 의한 외국물품 및 이와 유사한 물품으로서 당해 산업시설의 건설에 필요하다고 세관장이 인정하는 물품에 한한다.

(3) 사용 전 수입신고 (법 제192조)

운영인은 보세건설장에 외국물품을 반입하였을 때에는 사용 전에 해당 물품에 대하여 수입신고를 하고 세관공무원의 검사를 받아야 한다. 다만, 세관공무원이 검사가 필요 없다고 인정하는 경우에는 검사를 하지 아니할 수 있다.

(4) 건설공사 완료보고 (시행령 제211조)

보세건설장의 운영인은 법 제192조의 규정에 의한 사용 전 수입신고를 한 물품을 사용한 건설공사가 완료된 때에는 지체 없이 이를 세관장에게 보고하여야 한다.

(5) 반입물품의 장치 제한 (법 제193조)

세관장은 보세건설장에 반입된 외국물품에 대하여 필요하다고 인정될 때에는 보세건설장 안에서 그 물품을 장치할 장소를 제한하거나 그 사용상황에 관하여 운영인으로 하여금 보고하게 할 수 있다.

(6) 보세건설물품의 가동 제한 (법 제194조)

운영인은 보세건설장에서 건설된 시설을 법 제248조에 따른 수입신고가 수리되기 전에 가동하여서는 아니 된다. 만약 보세건설장에서 건설된 시설을 수입신고가 수리되기 전에 가동된 경우 신고납부 규정에도 불구하고 법 제39조의 규정에 의하여 세관장이 관세를 부과 징수한다.

(7) 보세건설장 외 작업 허가 (법 제195조) 22 기출

세관장은 보세작업상 필요하다고 인정될 때에는 대통령령으로 정하는 바에 따라 기간, 장소, 물품 등을 정하여 해당 보세건설장 외에서의 보세작업을 허가할 수 있다. 이 경우 보세건설장 외에서의 보세작업 허가에 관하여는 법 제187조(보세공장 외 작업허가) 제2항부터 제7항까지의 규정(물품반출 시 검사, 의제규정, 보세작업에 사용될 물품 반입, 관세의 징수 규정)을 준용한다.

(8) 보세건설장 관련 제반 규정

① 적용법령 (법 제17조 제2호) 24 기출

보세건설장에 반입된 외국물품에 대해서는 사용 전 수입신고가 수리된 날에 시행되는 법령에 의하여 관세를 부과한다.

② 관세부과의 제척기간 기산일 (시행령 제6조 제3호)

보세건설장에 반입된 외국물품의 경우에는 건설공사완료보고를 한 날과 특허기간(특허기간을 연장한 경우에는 연장기간)이 만료되는 날 중 먼저 도래한 날의 다음 날로 한다.

③ 과세환율 (법 제18조)

과세가격을 결정하는 경우 외국통화로 표시된 가격을 내국통화로 환산할 때에는 법 제17조에 따른 날(보세건설장에 반입된 물품의 경우에는 수입신고를 한 날을 말한다)이 속하는 주의 전주(前週)의 기준환율 또는 재정환율을 평균하여 관세청장이 그 율을 정한다.

④ 과태료 (법 제277조 제3항 제2호)

세관장의 허가를 받지 아니하고 보세건설장 외의 장소에서 작업을 한 자에게는 1천만 원 이하의 과태료를 부과한다.

7. 보세판매장

(1) 의의 (법 제196조)

보세판매장에서는 다음의 어느 하나에 해당하는 조건으로 물품을 판매할 수 있다.

> ① 해당 물품을 외국으로 반출할 것. 다만, 외국으로 반출하지 아니하더라도 대통령령으로 정하는 바에 따라 외국에서 국내로 입국하는 자에게 물품을 인도하는 경우에는 해당 물품을 판매할 수 있다.
> ② 법 제88조 제1항 제1호부터 제4호까지의 규정에 따라 관세의 면제를 받을 수 있는 자가 해당 물품을 사용할 것

(2) 종류

보세판매장에는 출국장 및 입국장 면세매점, 외교관 면세매점, 시내 면세매점, 귀금속류 면세매점 등이 있다.

(3) 보세판매장의 관리

① 관세청장의 관리사항

> - 관세청장은 보세화물이 보세판매장에서 불법적으로 반출되지 아니하도록 하기 위하여 반입·반출의 절차 기타 필요한 사항을 정할 수 있다.
> - 관세청장은 보세판매장에서의 판매방법, 구매자에 대한 인도방법 등을 정할 수 있다.

② 세관장의 관리사항

> - 세관장은 보세판매장에서 판매할 수 있는 물품의 종류, 수량, 장치 장소 등을 제한할 수 있다. 다만, 보세판매장에서 판매할 수 있는 물품의 종류, 판매한도는 기획재정부령으로 정한다.
> - 세관장은 연 2회 이상 보세화물의 반출입량·판매량·외국반출현황·재고량 등을 파악하기 위하여 보세판매장에 대한 조사를 실시할 수 있다.

③ 운영인의 관리사항

보세판매장의 운영인은 보세판매장에서 물품을 판매하는 때에는 판매사항·구매자인적사항 기타 필요한 사항을 관세청장이 정하는 바에 따라 기록·유지하여야 한다.

04 종합보세구역

1. 의의 24 기출

종합보세구역은 국제무역을 증진하고 외국인의 투자를 유치하려는 노력의 일환으로 관세청장이 일정한 지역의 전체를 보세구역으로 지정한 장소로서, 외국물품을 수입통관 미필 상태에서 장치, 보관, 제조, 전시, 판매 등을 할 수 있는 구역을 의미한다. 즉, 종합보세구역에서는 보세창고·보세공장·보세전시장·보세건설장 또는 보세판매장의 기능 중 둘 이상의 기능(종합보세기능)을 수행할 수 있다.

2. 종합보세구역 지정 등 (법 제197조) 24 기출

(1) 관세청장의 지정 22 기출

관세청장은 직권으로 또는 관계 중앙행정기관의 장이나 지방자치단체의 장, 그 밖에 종합보세구역을 운영하려는 자(지정요청자)의 요청에 따라 무역진흥에의 기여 정도, 외국물품의 반입·반출 물량 등을 고려하여 일정한 지역을 종합보세구역으로 지정할 수 있다.

(2) 지정 대상

종합보세구역은 다음의 어느 하나에 해당하는 지역으로서 관세청장이 종합보세구역으로 지정할 필요가 있다고 인정하는 지역을 그 지정대상으로 한다.

① 「외국인투자촉진법」에 의한 외국인투자지역
② 「산업입지 및 개발에 관한 법률」에 의한 산업단지
③ 「유통산업발전법」에 의한 공동집배송센터
④ 「물류시설의 개발 및 운영에 관한 법률」에 따른 물류단지
⑤ 기타 종합보세구역으로 지정됨으로써 외국인투자촉진·수출증대 또는 물류촉진 등의 효과가 있을 것으로 예상되는 지역

(3) 지정 신청

종합보세구역의 지정을 요청하고자 하는 자(지정요청자)는 다음의 사항을 기재한 지정요청서에 당해 지역의 도면을 첨부하여 관세청장에게 제출하여야 한다.

① 당해 지역의 소재지 및 면적
② 구역안의 시설물현황 또는 시설계획
③ 사업계획

(4) 직권지정 시 협의

관세청장은 직권으로 종합보세구역을 지정하고자 하는 때에는 관계중앙행정기관의 장 또는 지방자치단체의 장과 협의하여야 한다.

(5) 종합보세구역 예정지의 지정

① 관세청장은 지정요청자의 요청에 의하여 종합보세기능의 수행이 예정되는 지역을 종합보세구역 예정지역(예정지역)으로 지정할 수 있다.
② 예정지역의 지정기간은 3년 이내로 한다. 다만, 관세청장은 당해 예정지역에 대한 개발계획의 변경 등으로 인하여 지정기간의 연장이 불가피하다고 인정되는 때에는 3년의 범위 내에서 연장할 수 있다.
③ 시행령 제214조(종합보세구역의 지정)의 규정은 종합보세구역 예정지역의 지정에 관하여 이를 준용한다.
④ 관세청장은 예정지역의 개발이 완료된 후 시행령 제214조(종합보세구역의 지정)의 규정에 따라 지정요청자의 요청에 의하여 종합보세구역으로 지정할 수 있다.

3. 종합보세사업장의 설치·운영에 관한 신고 등 (법 제198조)

(1) 설치·운영 신고

종합보세구역에서 종합보세기능을 수행하려는 자는 그 기능을 정하여 세관장에게 종합보세사업장의 설치·운영에 관한 신고를 하여야 한다.

(2) 설치·운영 신고가 불가한 경우

법 제175조(운영인의 결격사유) 각 호의 어느 하나에 해당하는 자는 종합보세사업장의 설치·운영에 관한 신고를 할 수 없다.

(3) 종합보세기능 변경 신고 [19 기출]

종합보세사업장의 운영인은 그가 수행하는 종합보세기능을 변경하려면 세관장에게 이를 신고하여야 한다.

4. 물품의 반입·반출 등 (법 제199조)

(1) 반출입 신고
종합보세구역에 물품을 반입하거나 반출하려는 자는 대통령령으로 정하는 바에 따라 세관장에게 신고하여야 한다.

(2) 내국물품 반출입 신고 생략 [18 기출]

① 신고 생략

종합보세구역에 반입·반출되는 물품이 내국물품인 경우에는 기획재정부령으로 정하는 바에 따라 반출입 신고를 생략하거나 간소한 방법으로 반입·반출하게 할 수 있다.

② 신고 생략 대상 (시행규칙 제70조) [20 기출]

세관장은 종합보세구역에 반입·반출되는 내국물품이 다음에 해당하지 아니하는 경우에는 반출입 신고를 생략하게 할 수 있다.

- 법 제185조 제2항의 규정에 의하여 세관장의 허가를 받고 내국물품만을 원료로 하여 제조·가공 등을 하는 경우 그 원료 또는 재료
- 법 제188조 단서의 규정에 의한 혼용작업에 소요되는 원재료
- 법 제196조의 규정에 의한 보세판매장에서 판매하고자 하는 물품
- 당해 내국물품이 외국에서 생산된 물품으로서 종합보세구역 안의 외국물품과 구별되는 필요가 있는 물품(보세전시장의 기능을 수행하는 경우에 한한다)

5. 반출입 물품의 범위 등 (법 제200조)

(1) 수입통관 후 소비 또는 사용
종합보세구역에서 소비하거나 사용되는 물품으로서 기획재정부령으로 정하는 다음의 물품은 수입통관 후 이를 소비하거나 사용하여야 한다

① 제조·가공에 사용되는 시설기계류 및 그 수리용 물품 [24 기출]

② 연료·윤활유·사무용품 등 제조·가공에 직접적으로 사용되지 아니하는 물품

(2) 장치기간 [21 기출]
종합보세구역에 반입한 물품의 장치기간은 제한하지 아니한다. 다만, 보세창고의 기능을 수행하는 장소 중에서 관세청장이 수출입물품의 원활한 유통을 촉진하기 위하여 필요하다고 인정하여 지정한 장소에 반입되는 물품의 장치기간은 1년의 범위에서 관세청장이 정하는 기간으로 한다.

(3) 반입·반출의 제한
세관장은 종합보세구역에 반입·반출되는 물품으로 인하여 국가안전, 공공질서, 국민보건 또는 환경보전 등에 지장이 초래되거나 종합보세구역의 지정 목적에 부합되지 아니하는 물품이 반입·반출되고 있다고 인정될 때에는 해당 물품의 반입·반출을 제한할 수 있다.

6. 운영인의 물품관리 (법 제201조)

(1) 종합보세기능별 구분·관리 [24 기출]
운영인은 종합보세구역에 반입된 물품을 종합보세기능별로 구분하여 관리하여야 한다.

(2) 장치된 물품의 매각
세관장은 종합보세구역에 장치된 물품 중 법 제208조 제1항 단서에 해당되는 물품(긴급매각물품)은 장치기간 경과 전이라도 동 물품을 매각할 수 있다.

(3) 기록 유지 및 신고 24 기출

운영인은 종합보세구역에 반입된 물품을 종합보세구역 안에서 이동·사용 또는 처분을 할 때에는 장부 또는 전산처리장치를 이용하여 그 기록을 유지하여야 한다. 이 경우 기획재정부령으로 정하는 물품은 미리 세관장에게 신고하여야 한다. 세관장에게 신고하여야 하는 물품은 종합보세구역의 운영인 상호 간에 이동하는 물품으로 한다.

(4) 외국물품의 매각 요청

운영인은 종합보세구역에 장치된 물품 중 반입한 날부터 6개월 이상의 범위에서 관세청장이 정하는 기간이 지난 외국물품이 다음의 어느 하나에 해당하는 경우에는 관세청장이 정하여 고시하는 바에 따라 세관장에게 그 외국물품의 매각을 요청할 수 있다.

> ① 화주가 분명하지 아니한 경우
> ② 화주가 부도 또는 파산한 경우
> ③ 화주의 주소·거소 등 그 소재를 알 수 없는 경우
> ④ 화주가 수취를 거절하는 경우
> ⑤ 화주가 거절의 의사표시 없이 수취하지 아니한 경우

7. 설비의 유지의무 등 (법 제202조)

(1) 설비 등의 유지

운영인은 대통령령으로 정하는 바에 따라 종합보세기능의 수행에 필요한 다음의 시설 및 장비 등을 유지하여야 한다.

> ① 제조·가공·전시·판매·건설 및 장치 기타 보세작업에 필요한 기계시설 및 기구
> ② 반입·반출물품의 관리 및 세관의 업무검사에 필요한 전산설비
> ③ 소방·전기 및 위험물관리 등에 관한 법령에서 정하는 시설 및 장비
> ④ 보세화물의 분실과 도난방지를 위한 시설

(2) 보수작업 등의 신고 24 기출

종합보세구역에 장치된 물품에 대하여 보수작업을 하거나 종합보세구역 밖에서 보세작업을 하려는 자는 대통령령으로 정하는 바에 따라 세관장에게 신고하여야 한다. 이 경우의 반출검사 등에 관하여는 법 제187조(보세공장 외 작업) 규정을 준용한다.

8. 종합보세구역에 대한 세관의 관리 등 (법 제203조)

(1) 통제 및 검사

세관장은 관세채권의 확보, 감시·단속 등 종합보세구역을 효율적으로 운영하기 위하여 종합보세구역에 출입하는 인원과 차량 등의 출입을 통제하거나 휴대 또는 운송하는 물품을 검사할 수 있다.

(2) 업무실적 등 보고

세관장은 종합보세구역에 반입·반출되는 물품의 반입·반출 상황, 그 사용 또는 처분 내용 등을 확인하기 위하여 장부나 전산처리장치를 이용한 기록을 검사 또는 조사할 수 있으며, 운영인으로 하여금 업무실적 등 필요한 사항을 보고하게 할 수 있다.

(3) 시설 설치의 요구

관세청장은 종합보세구역 안에 있는 외국물품의 감시·단속에 필요하다고 인정될 때에는 종합보세구역의 지정요청자에게 보세화물의 불법유출, 분실, 도난방지 등을 위한 시설을 설치할 것을 요구할 수 있다. 이 경우 지정요청자는 특별한 사유가 없으면 이에 따라야 한다.

9. 종합보세구역의 지정 취소 등 (법 제204조) 21 기출

(1) 지정 취소

관세청장은 종합보세구역에 반입·반출되는 물량이 감소하거나 그 밖에 대통령령으로 정하는 다음의 사유로 종합보세구역을 존속시킬 필요가 없다고 인정될 때에는 종합보세구역의 지정을 취소할 수 있다.

> ① 종합보세구역의 지정요청자가 지정취소를 요청한 경우
> ② 종합보세구역의 지정요건이 소멸한 경우

(2) 종합보세기능의 수행 중지

세관장은 종합보세사업장의 운영인이 다음의 어느 하나에 해당하는 경우에는 6개월의 범위에서 운영인의 종합보세기능의 수행을 중지시킬 수 있다.

> ① 운영인이 법 제202조 제1항에 따른 설비의 유지의무를 위반한 경우
> ② 운영인이 수행하는 종합보세기능과 관련하여 반입·반출되는 물량이 감소하는 경우
> ③ 1년 동안 계속하여 외국물품의 반입·반출 실적이 없는 경우

(3) 종합보세사업장의 폐쇄

세관장은 종합보세사업장의 운영인이 다음의 어느 하나에 해당하는 경우에는 그 종합보세사업장의 폐쇄를 명하여야 한다.

> ① 거짓이나 그 밖의 부정한 방법으로 종합보세사업장의 설치·운영에 관한 신고를 한 경우
> ② 법 제175조 각 호의 어느 하나에 해당하게 된 경우. 다만, 제175조 제8호에 해당하는 경우로서 같은 조 제2호 또는 제3호에 해당하는 사람을 임원으로 하는 법인이 3개월 이내에 해당 임원을 변경한 경우에는 그러하지 아니하다.
> ③ 다른 사람에게 자신의 성명·상호를 사용하여 종합보세사업장을 운영하게 한 경우

2절 세관지정장치장 화물관리인 지정절차에 관한 고시

✎ 본문 내용 중 꼭 알아야 하는 부분에 형광펜으로 표시하였으니 반드시 학습하시기 바랍니다.

01 총칙

1. 목적

이 고시는 「관세법」 제172조 제2항, 「관세법 시행령 제187조」 및 「관세법 시행규칙」 제69조의2 제4항에 따라 관세청장에게 위임된 지정장치장 화물관리인 심사기준과 지정절차에 필요한 사항을 규정함을 목적으로 한다.

2. 정의

(1) 세관지정장치장

세관장이 관리하는 시설 또는 세관장이 시설관리인의 사용승인을 받아 지정장치장으로 지정한 시설을 말한다.

(2) 화물관리인

지정장치장의 질서유지와 반입된 화물의 안전관리를 위하여 화주 또는 반입자를 갈음하여 보관의 책임을 지는 자로서 세관장이 지정한 자를 말한다.

3. 적용 범위

이 고시는 세관지정장치장의 화물관리인 지정 및 재지정과 지정취소 시에 적용한다.

02 화물관리인 지정 관련 절차

1. 화물관리인지정 심사위원회 구성

① 화물관리인지정의 공정한 심사를 위하여 관세청에 화물관리인지정 심사위원회를 둔다.

② 위원회의 위원장은 관세청 통관국장이 되며, 위원은 다음의 자가 된다.

- 관세청 소속 [별표 1]의 직위에 해당하는 공무원
- 관세행정 또는 보세화물에 대한 학식과 경험이 풍부한 민간인 중 관세청장이 위촉하는 10인 이내의 위원

③ 관세행정 또는 보세화물에 대한 학식과 경험이 풍부한 민간인 중 관세청장이 위촉하는 10인 이내의 위원의 임기는 2년으로 하며, 연임할 수 있다.

④ 위원회의 간사는 관세청 통관국 지정장치장 담당 사무관이 된다.

⑤ 위원회는 세관지정장치장 화물관리인의 지정·재지정 및 지정 취소 등을 심사하여 결정한다.

2. 위원회의 회의

① 위원장은 위원회의 회의를 소집하고 그 의장이 된다.

② 위원회는 위원장과 위원장이 매 회의마다 지정하는 10명 이상 15명 이하의 위원으로 구성하되, [별표 1]에서 정하는 관할 본부세관의 위원 1명을 반드시 포함시켜야 하며, 관세행정 또는 보세화물에 대한 학식과 경험이 풍부한 민간인 중 관세청장이 위촉하는 10인 이내의 위원 수는 관세청 소속 별표1의 직위에 해당하는 공무원(관세청은 7인, 인천세관은 3인, 서울세관은 1인)으로 구성된 위원 수를 초과하여 선임하여야 한다.

③ 위원회 회의를 개최하려는 때에는 선임된 위원들에게 회의개최 1주일 전까지 전화 또는 전자우편 등으로 통보해야 하며, 회의개최 2일 전까지 의사일정 및 심의안건을 위원들에게 배포하여야 한다.

④ 위원회의 회의는 제2항에서 선임된 위원의 3분의 2 이상의 출석으로 개의하고, 출석위원 과반수 찬성으로 의결한다.

3. 지정방법

① 세관장은 위원회의 심사를 거쳐 화물관리인을 지정한다.

② 화물관리인은 업무의 통일성을 유지하고 효율성 제고를 위하여 필요하다고 인정되는 경우 본부세관 관할지역별로 1명을 지정할 수 있다.

4. 지정 및 재지정절차

① 세관지정장치장의 화물관리인 지정이 필요한 세관장은 해당 지정장치장을 관할하는 본부세관장에게 지정 공고를 요청하여야 한다.

② 본부세관장은 화물관리인 지정을 위하여 다음의 서류를 제출하도록 알리는 지정장치장 화물관리인 지정 계획 공고를 화물관리인 지정 예정일 3개월 전까지 본부세관과 해당 세관의 인터넷 홈페이지에 공고하여야 한다.

- 지정신청서
- 사업계획서
- 화물관리인 지정 심사·평가기준에 필요한 자료
- 그 밖에 세관장이 지정과 관련하여 요구하는 자료

③ 화물관리인으로 지정을 받으려는 자는 공고일로부터 30일 이내에 신청서에 위 ②의 서류를 첨부하여 관할 세관장에게 제출하여야 하며, 신청서류는 우편으로 제출할 수 있다.

④ 지정신청서를 접수한 세관장은 「관세법」 제175조의 결격사유 등 자격요건을 검토한 후 그 자료를 관할 본부세관장에게 7일 이내에 송부하여야 하며, 본부세관장은 송부받은 지정신청서에 의견서를 첨부하여 신청서 제출 만료일로부터 15일 이내에 위원회에 심사를 요청하여야 한다.

⑤ 위원장은 심사를 요청받은 날로부터 30일 이내에 위원회를 개최하고 제10조에 따른 화물관리인 지정 심사·평가기준을 고려하여 심사한 후 그 결과를 본부세관장과 관할 세관장에게 통보하여야 한다.

⑥ 심사결과를 통보받은 관할 세관장은 심사결과에 따라 화물관리인을 지정하고 세관 인터넷 홈페이지에 공고한다.

5. 지정기간

「관세법 시행령」 제187조 제4항에 따른 세관지정장치장의 화물관리인 지정기간은 5년 이내로 한다.

6. 화물관리인 지정 심사·평가기준

화물관리인을 지정할 때에는 시행령 제187조 제3항에 따라 다음의 사항을 기준으로 평가하여야 한다.

> ① 보세화물 취급경력 및 화물관리시스템 구비 여부
> ② 보세사 채용현황
> ③ 자본금, 부채비율 및 신용평가등급 등 재무건전성 관련 사항
> ④ 지게차, 크레인 등 시설장비
> ⑤ 종합인증우수업체(AEO) 공인 여부

7. 화물관리업무 취급약정

세관장은 화물관리인을 지정(지정기간 갱신을 포함)하는 경우 화물관리인과 화물관리업무 취급약정을 체결하여야 한다.

8. 화물관리인 지정취소 `21 기출`

세관장은 시행령 제187조의2 제1항에 따라 화물관리인이 다음의 어느 하나에 해당하는 사유가 발생한 경우에는 그 지정을 취소할 수 있다.

> ① 거짓이나 그 밖의 부정한 방법으로 지정을 받은 경우
> ② 화물관리인이 「관세법」 제175조 각 호의 어느 하나에 해당하는 경우
> ③ 화물관리인이 세관장 또는 해당 시설의 소유자·관리자와 맺은 화물관리업무에 관한 약정을 위반하여 해당 지정 장치장의 질서유지 및 화물의 안전관리에 중대한 지장을 초래하는 경우
> ④ 화물관리인이 지정취소를 요청하는 경우

3절 보세창고 특허 및 운영에 관한 고시

✎ 본문 내용 중 꼭 알아야 하는 부분에 형광펜으로 표시하였으니 반드시 학습하시기 바랍니다.

01 총칙

1. 용어의 정의

(1) 영업용보세창고
수출입화물을 보관하는 것을 업(業)으로 하는 특허보세구역을 말한다.

(2) 자가용보세창고
운영인이 소유하거나 사용하는 자가화물을 보관하기 위한 특허보세구역을 말한다.

(3) 톤
중량톤과 용적톤을 말한다.

(4) 컨테이너전용보세창고
컨테이너를 보관하고, 컨테이너에 화물을 적입 또는 인출하여 통관절차를 이행할 수 있는 특허보세구역을 말한다.

(5) 야적전용보세창고
철재, 동판, 시멘트 제품이나 그 밖의 광물과 석재, 목재 등의 물품과 노천에서 보관하여도 상품가치가 크게 저하되지 않는 물품을 보관하는 특허보세구역을 말한다.

(6) 복합물류 보세창고
국제물류 촉진기능을 수행하기 위하여 외국물품 등을 보관하는 시설과 관세법 제158조에 따른 보수작업(재포장, 분할·합병 작업 등)을 상시적으로 수행하는 데 필요한 시설을 갖춘 특허보세구역을 말한다.

(7) 위험물품
「위험물안전관리법」에 따른 위험물 또는 「화학물질관리법」에 따른 유해화학물질 등 관련 법령에서 위험물품으로 분류되어 취급이나 관리에 관하여 별도로 정한 물품을 말한다.

02 보세구역 설치·운영의 특허

1. 운영인의 자격 [24 기출] [21 기출]

보세창고를 설치·운영하려는 자(신청인)는 다음의 요건을 갖추어야 한다.

① 법 제175조 각 호의 어느 하나에 해당하지 아니할 것
② 체납된 관세 및 내국세가 없을 것
③ 자본금 2억 원 이상의 법인이거나 특허를 받으려는 토지 및 건물(2억 원 이상)을 소유하고 있는 개인(다만, 자가용보세창고는 제외)

④ 신청인이 보세사 자격증을 취득했거나 1명 이상의 보세사를 관리자로 채용할 것
⑤ 특허갱신의 경우에는 해당 보세창고의 갱신신청 직전 특허기간 동안 법규수행능력평가 점수가 평균 80점(평균 등급 B등급) 이상일 것
⑥ 위험물품을 보세창고에 장치·제조·전시 또는 판매하는 경우에는 관계 행정기관의 장의 허가 또는 승인 등을 받을 것

2. 보세창고 설치·운영 특허의 신청

① 신청인은 다음의 서류를 갖추어 세관장에게 제출하여야 한다. 다만, 신청인이 국가 또는 지방자치단체인 경우에는 아래 ⓐ-㉠부터 ㉿까지의 서류를 제출하지 아니하고 ⓑ-㉠부터 ㉢의 확인을 생략한다.

ⓐ 민원인 제출서류

> ㉠ 보세창고 설치·운영 특허(갱신)신청서
> ㉡ 금융기관 또는 공인 감정기관의 감정평가서 또는 공시가격(토지) 및 지자체 시가표준액(건물)을 확인할 수 있는 서류(개인의 경우에만 해당)
> ㉢ 임대차계약서(임차의 경우에만 해당)
> ㉣ 해당 보세창고의 운영과 관계있는 임원의 인적사항(성명, 주민등록번호, 주소, 등록기준지)
> ㉤ 위험물을 취급하는 경우에는 관계 행정기관의 장의 허가서(승인서 등) 및 위험물취급자 채용관계서류
> ㉥ 보세창고의 도면 및 부근 위치도
> ㉦ 신청인이 외국인(법인의 경우에는 임원이 외국인인 경우를 말함)인 경우에는 관세법 제175조(운영인의 결격사유) 제2호(피성년후견인과 피한정후견인) 및 제3호(파산선고를 받고 복권되지 아니한 자)에 해당하지 아니함을 확인할 수 있는 다음의 구분에 따른 서류
> - 「외국공문서에 대한 인증의 요구를 폐지하는 협약」을 체결한 국가의 경우
>   : 해당 국가의 정부 그 밖에 권한 있는 기관이 발행한 서류이거나 공증인이 공증한 해당 외국인의 진술서로서 해당 국가의 아포스티유(Apostille) 확인서 발급 권한이 있는 기관이 그 확인서를 발급한 서류
> - 「외국공문서에 대한 인증의 요구를 폐지하는 협약」을 체결하지 않은 국가의 경우
>   : 해당 국가의 정부 그 밖에 권한 있는 기관이 발행한 서류이거나 공증인이 공증한 해당 외국인의 진술서로서 해당 국가에 주재하는 우리나라 영사가 확인한 서류

ⓑ 담당공무원 확인사항(민원인 제출생략)

> ㉠ 관세법 제175조에 따른 운영인의 결격사유 해당 여부. 다만, 위 ⓐ-㉦에 해당하는 경우에는 해당 서류 제출
> ㉡ 법인등기부등본(개인인 경우 사업자등록증)
> ㉢ 토지·건물의 부동산등기부등본
> ㉣ 국세납세증명서
> ㉤ 특허신청 사업장에 대한 사업자등록증(본사 사업자등록증으로 특허를 받은 경우 본사 사업자등록증)

② 신청인이 특허보세구역 설치·운영 특허 신청을 하려는 때에는 관세법 시행규칙 제68조에서 정하는 수수료를 납부하여야 한다.
③ 신청을 받은 세관장은 신청인의 자격 및 시설요건의 확인을 위해, '해당 보세창고 운영과 관련이 있는 임원에 대한 결격사유 조회'에 대한 사항은 해당기관에 직접 조회하여 확인하고, '소방시설 등 점검결과 보고서, 소방시설완공 검사필증, 정기검사필증'은 현장 확인 시 해당증명서를 확인하여야 한다.

> • 해당 보세창고 운영과 관련이 있는 임원에 대한 결격사유 조회

- 「소방시설 설치 및 관리에 관한 법률」 제22조에 따른 소방시설 등 점검결과 보고서(다만, 최근 1년 이내에 발행된 것에 한정) 또는 「소방시설공사업법」 제14조에 따른 소방시설완공 검사필증(신설 건축물만 해당)
- 「전기사업법」 제65조에 따른 정기검사필증(다만, 「전기사업법 시행규칙」 제32조에서 정한 정기검사 시기 이내에 발행된 것에 한정)

④ 신청을 받은 세관장은 신청인이 복합물류보세창고를 운영하고자 하는 경우에는 물류사업계획, 보수작업 할 물품, 작업의 종류, 필요한 작업설비·작업능력 등이 기재된 사업계획서 등을 제출받아 확인할 수 있다.

3. 특허기간 및 특허의 범위 [22 기출]

① 보세창고의 특허기간은 10년 이내로 한다.
② 임차한 시설에 대하여 설치·운영의 특허를 신청한 경우 특허기간은 10년 이내에서 정하되 임대차 계약기간의 종료일을 넘지 못한다. 이 경우 임대차 계약기간에 대하여는 「민법」의 규정을 따른다.
③ 세관장은 보세창고 설치·운영의 특허 시 보관화물에 따른 창고유형, 장치할 물품의 종류와 수용능력의 최고한도를 정하여야 한다.
④ 세관장은 신청인이 임차한 시설의 임대차 계약이 제1항에 따른 특허기간까지 갱신 등 연장될 것을 조건으로 보세창고의 특허기간 내에서 특허할 수 있다. 이 경우 신청인은 임대차기간 만료 1개월 전까지 갱신된 임대차 계약서류를 세관장에게 제출해야 한다.

4. 특허의 갱신

① 보세창고의 특허를 갱신하려는 자(갱신신청인)는 제5조 제1항의 서류를 갖추어 특허기간 만료 1개월 전까지 세관장에게 제출하여야 한다. 다만, 보세창고 설치·운영 특허의 신청 서류 중 '금융기관 또는 공인 감정기관의 감정평가서 또는 공시가격(토지) 및 지자체 시가 표준액(건물)을 확인할 수 있는 서류' 및 '보세창고의 도면 및 부근 위치도'에 해당하는 서류는 제출을 생략할 수 있다. 갱신신청인이 국가 또는 지방자치단체인 경우에는 보세창고 설치·운영 특허의 신청 서류 중 '보세창고 설치·운영 특허(갱신)신청서, 임대차계약서, 위험물품을 취급하는 경우에는 관계 행정기관의 장의 허가서(승인서 등) 및 위험물품취급자 채용관계서류 및 보세창고의 도면 및 부근 위치도'에 해당하는 서류만 제출한다. [24 기출]
② 운영인이 갱신신청을 하려는 때에는 관세법 시행규칙 제68조에서 정하는 신청수수료를 납부하여야 한다.
③ 세관장은 특허의 갱신신청을 받은 경우 소방시설 완비 여부 및 「전기사업법」에 따른 검사필증을 확인하여야 한다.

5. 특허의 승계신고

① 관세법 제179조 제3항에 따라 보세창고의 운영을 계속하려는 상속인 또는 승계법인은 보세창고 승계신고서에 다음의 서류를 첨부하여 피상속인 또는 피승계법인이 사망 또는 해산한 날부터 30일 이내에 세관장에게 신고하여야 한다.

- 민원인 제출서류

    - 상속인 또는 승계법인을 확인할 수 있는 서류
    - 임대차계약서(임차의 경우에 한정)
    - 해당 보세창고의 운영과 관계있는 임원의 인적사항(성명, 주민등록번호, 주소, 등록기준지)
    - 그 밖에 보세창고의 시설이 특허내용과 다른 경우는 변동을 확인할 수 있는 서류

- 담당공무원 확인사항(민원인 제출생략)

    - 관세법 제175조에 따른 운영인의 결격사유 해당 여부. 다만, 신청인이 외국인(법인의 경우에는 임원이 외국인인 경우)인 경우에는 관세법 제175조 제2호(피성년후견인과 피한정후견인) 및 제3호(파산선고를 받고 복권되지 아니한 자)에 해당하지 아니함을 확인할 수 있는 해당 서류 제출

- 법인등기부등본(개인인 경우 사업자등록증)
- 토지·건물의 부동산등기부등본
- 국세납세증명서

② 신고를 받은 세관장은 해당 신고내용 등을 심사하여 신고일부터 5일 이내에 그 결과를 신고인에게 통보하여야 한다. `24 기출`

③ 세관장은 특허승계를 허용하는 경우 보세창고의 특허기간은 피승계 보세창고 특허기간의 남은 기간으로 하여 특허장을 재교부하여야 한다.

03 영업용보세창고

1. 특허의 심사기준

세관장은 컨테이너 전용 보세창고와 위험물 전용 보세창고를 특허하는 때에는 「국토의 계획 및 이용에 관한 법률」, 「환경영향평가법」 등에 저촉되지 아니하는 지역에 한정하여 특허하여야 한다.

2. 영업용보세창고의 요건 `21 기출` `20 기출`

① 영업용보세창고의 건물과 부지는 다음의 요건을 갖추어야 한다.

- 지붕이 있고 주위에 벽을 가진 건축물로서 창고면적(창고 내 화물을 장치하는 바닥의 면적)이 1,000㎡ 이상이어야 한다. 다만, 다음에 해당하는 경우 창고면적 산출은 각 내용에서 정하는 바에 따른다.
  - 지하층을 포함한 건축물로서 건축물의 용도를 「건축법」상 창고용도로 설계하여 건축허가 및 준공검사를 받고, 화물전용통로 또는 전용승강기 등 화물운반을 위한 적합한 시설을 갖춘 건물일 경우에는 지하층의 화물장치 바닥면적을 합산하여 창고면적을 산출한다.
  - 자동화 설비를 갖춘 건축물로서 국제거래상 통상 운송되는 단위 포장 및 중량 화물을 충분히 장치할 수 있는 공간을 구비하고 하중에 견딜 수 있는 견고한 선반(RACK)을 설치한 경우에는 선반의 면적과 통로의 면적을 합산하여 창고면적을 산출한다.
- 컨테이너 트레일러가 주차하고 회차하기에 충분한 부지가 있어야 한다.
- 건물은 철근 콘크리트, 시멘트, 벽돌 등 내화성 및 방화성이 있고 외부로부터 침입이 어려운 강도를 가진 재료로 구축되어야 한다.
- 건물의 용도가 「건축법」상 보관하려는 보세화물의 보관에 적합하여야 한다.
- 건물의 바닥은 시멘트·콘크리트·아스팔트 등으로 하여야 한다.
- 해당 건물과 건물의 주변 및 건물 이외의 하치장에 침수방지를 위한 배수구 또는 배수펌프 등 적정시설이 설치되어 있어야 한다.
- 외부 침입 방지를 위해 담벽이나 철조망 및 조명을 설치하여야 하며, 상시 녹화 및 기록보관이 가능한 감시 장비를 갖추어야 한다(다만, 보안 전문업체와 경비위탁계약을 체결한 경우는 제외).
- 해당 창고시설을 임차하고 있는 경우, 신청일 현재 남은 임차기간이 중장기적 사업계획을 추진할 수 있을 만큼 충분하여야 한다.
- 그 밖에 장치한 물품의 종류에 따라 관계 법령에 규정된 시설요건 또는 세관장이 필요하다고 인정되는 시설을 하여야 한다.

② 특허신청인은 다음의 사항을 포함한 내부 화물관리 규정을 작성하여 세관장에게 제출하여야 하며, 특허기간 중 내부 화물관리 규정을 개정한 경우에도 또한 같다. `22 기출`

- 내부 화물관리 종합책임자 및 책임 체계
- 화물 반출입 및 보관 절차
- 대장 기록 체계
- 출입자 통제 및 시설 안전관리
- 세관 보고 사항 및 절차
- 보세화물 취급 직원 교육 방법
- 내부고발자에 대한 포상과 청렴위반자에 대한 징계 체계

③ 특허신청일 전월 기준 최근 1년간 해당 시설이 소재하는 세관 관할지역의 수출입 물동량이 세관장이 정하는 범위 이상이어야 하며, 특허갱신의 경우에는 해당 보세창고의 보세화물 취급 실적이 세관장이 정하는 범위 이상을 유지하여야 한다.

④ 세관장은 다음의 어느 하나에 해당하는 경우에는 '특허신청일 전월 기준 최근 1년간 해당시설이 소재하는 세관 관할지역의 수출입 물동량이 세관장이 정하는 범위 이상이어야 한다'는 요건을 적용하지 아니할 수 있다.

- 법 제179조 제3항에 따른 승계신고 대상인 상속인 또는 승계법인
- 제12조 제2항 또는 제3항에 해당하는 경우
- 국가 산업의 일환으로 조성되는 공항만, 물류단지
- 동일세관 관할 내에서 보세창고 소재지를 단순 이동(변경)하는 경우
- 수출입 안전관리 우수 공인업체(보세구역운영인) 공인기준에 준하는 요건 등을 본부세관별로 설정·운영하는 경우
- 해당 지역 최초로 특수화물을 장치하기 위한 경우
- 기존 보세창고를 인수하는 경우
- 집단화 물류시설에 입주하는 경우
- 수출입화물의 유통구조 개선 및 물류비 절감 등을 위해 조성된 컨테이너 내륙물류기지(ICD)
- 「산업입지 및 개발에 관한 법률」에 해당하는 산업단지 내에서 보세창고를 운영하려는 경우

보세창고 특허 및 운영에 관한 고시 제12조(집단화지역의 기준완화 등)

① 세관장은 특정 보세창고의 위치 또는 규모가 제10조 제1항 제1호 및 제11조 제3항 제1호의 요건을 갖추지는 못하였으나 그 위치가 세관 또는 다른 보세창고에 근접(직선거리 300m 이내)한 경우에는 다음 각 호의 면적기준을 적용한다.
  1. 제10조 제1항 제1호의 경우에는 창고면적이 500㎡ 이상
  2. 제11조 제3항 제1호의 경우에는 부지면적이 3,000㎡ 이상

② 세관장은 독점에 따른 부작용을 방지하고 수출입화주에 대한 서비스를 향상시키기 위하여 필요한 경우에는 같은 종류의 보세창고를 복수 특허할 수 있다. 다만, 이 경우에는 1개소의 규모가 제1항 각 호의 어느 하나에 해당되어야 한다.

③ 세관장은 특정 보세창고의 신청이 이 고시에서 정하는 요건을 갖추지 못하였으나, 관세행정 목적에 비추어 보아 특허하는 것이 불가피하다고 판단되고 다음 각 호의 어느 하나에 해당하면 특허할 수 있다.
  1. 위험물품, 항온·항습 또는 냉동·냉장물, 검역물, 방위산업물품, 체화물품, 조달물품, 활어(활수산물) 등 특수 물품을 취급하는 보세창고
  2. 공항만과 공항만배후단지 내 보세창고
  3. 철도역 구내 컨테이너 일시장치를 위한 보세창고
  4. 「물류시설의 개발 및 운영에 관한 법률」상의 물류단지 내 보세창고

⑤ 영업용보세창고는 화물 반출입, 통관절차 이행 및 화물관리업무를 위하여 필요한 장비와 설비를 갖추어야 한다.

3. 특수보세창고의 요건 등

(1) 위험물 전용 보세창고의 요건

① 지상의 공작물 또는 토지로서 보관하는 위험물의 종류에 따라 「소방기본법」, 「위험물안전관리법」, 「소방시설 설치 및 관리에 관한 법률」, 「소방시설공사업법」, 「총포·도검·화약류 등 단속법」, 「고압가스 안전관리법」이나 그 밖에 관련 법령에 따른 구조 및 시설기준에 적합하여야 하며, 그 적합 여부는 주무관청의 허가서 등으로 판단한다.

② 부지 내에 방화에 필요한 통로와 소화전이나 이를 대신할 소화기구 및 방화용 수리시설을 설치하여야 하며, 그 적합 여부는 소방관서의 확인 결과에 따라 판단한다.

③ 옥외에는 「위험물안전관리법 시행령」 제4조 [별표 2]의 항목 중 7에서 정하는 위험물만을 저장할 수 있다.

> **위험물안전관리법 시행령**
> **[별표 2] 지정수량 이상의 위험물을 저장하기 위한 장소와 그에 따른 저장소의 구분(제4조 관련)**
> 7. 옥외에 다음 각목의 1에 해당하는 위험물을 저장하는 장소. 다만, 제2호의 장소를 제외한다.
>   가. 제2류 위험물중 유황 또는 인화성고체(인화점이 섭씨 0도 이상인 것에 한한다)
>   나. 제4류 위험물중 제1석유류(인화점이 섭씨 0도 이상인 것에 한한다)·알코올류·제2석유류·제3석유류·제4석유류 및 동식물유류
>   다. 제6류 위험물
>   라. 제2류 위험물 및 제4류 위험물 중 특별시·광역시 또는 도의 조례에서 정하는 위험물(「관세법」 제154조의 규정에 의한 보세구역안에 저장하는 경우에 한한다)
>   마. 「국제해사기구에 관한 협약」에 의하여 설치된 국제해사기구가 채택한 「국제해상위험물규칙」(IMDG Code)에 적합한 용기에 수납된 위험물

④ 발화 및 폭발성이 높은 화물을 장치하는 구역은 탄약저장소의 예에 준하여 수개소로 구분하여 방화용 토벽이나 방호벽을 설치하여야 한다.

⑤ 위험물 취급자격자를 채용하여야 한다.

⑥ 「위험물안전관리법」 등 관계 법령으로 정하는 바에 따라 주택가, 주유소, 고압선 등으로 부터의 안전거리가 유지된 장소에 설치하여야 한다.

⑦ 그 밖에 영업용보세창고의 요건 중 세관장이 필요하다고 인정하는 요건을 갖추어야 한다.

(2) 야적전용보세창고의 요건 [21 기출]

야적전용보세창고(창고건물에 부속된 야적장은 제외)는 4,500㎡ 이상의 대지로서 주위의 지면보다 높아야 하며, 침수를 방지할 수 있는 구조와 시설을 갖추어야 한다. 다만, 엔진블록 등 원상태 유출의 우려가 있는 성질의 고철을 장치하는 야적장은 물품을 매몰하거나 그 밖의 방법으로 은닉할 수 없도록 바닥을 단단히 하여야 한다.

(3) 컨테이너전용보세창고의 요건 [22 기출] [21 기출]

① 부지면적은 15,000㎡ 이상이어야 한다.

② 보세화물을 보관하고 컨테이너 적입화물을 적출하는 화물조작장(CFS)을 설치하여야 하나, CFS 면적은 물동량에 따라 운영인이 자율적으로 결정할 수 있다. [18 기출]

③ 건물 및 주변의 시설요건에 관하여는 영업용보세창고의 요건을 따른다.

④ 컨테이너보세창고에는 컨테이너장치에 지장이 없는 최소한의 면적 범위에서 컨테이너로 반입된 거대·중량 또는 장척화물을 장치할 수 있는 야적장을 설치할 수 있다.

⑤ 컨테이너를 차량에 적재한 상태로 건물에 접속시켜 2대 이상 동시에 개장검사할 수 있는 컨테이너검사장(컨테이너에서 물품을 적출할 수 있는 이동식 컨테이너검사대를 구비한 경우를 포함)과 컨테이너차량이 2대 이상 동시에 검사대기할 수 있는 장소를 갖추어야 한다.

(4) 액체화물전용보세창고의 요건

① 영업용보세창고에 대한 창고면적(㎡)기준을 적용하지 않으며 세관장이 관할구역 내 액체화물 물동량과 액체화물 전용장치장의 수용능력을 감안하여 보세창고 특허가 필요하고 관할구역 내 다른 액체화물전용보세창고와 비교하여 보세창고로 특허하기에 충분하다고 인정되는 저장용적(㎡)을 적용한다. **19 기출**

② 액체화물 성상을 보존하기 위한 필요한 부대시설과 선박으로부터 하역 및 입출고를 위한 배관시설을 갖추어야 한다.

(5) 복합물류 보세창고

물품 보관시설과 구획을 달리하여 분류·재포장·상표부착 등에 필요한 시설과 작업장을 갖추어야 하며, 수량단위 화물관리가 가능한 재고관리 시스템을 구비하여야 한다.

4. 집단화지역의 기준완화 등

① 세관장은 특정 보세창고의 위치 또는 규모가 영업용보세창고 및 특수보세창고의 요건을 갖추지는 못하였으나 그 위치가 세관 또는 다른 보세창고에 근접(직선거리 300m 이내)한 경우에는 다음의 면적기준을 적용한다.

> - 영업용보세창고의 경우에는 창고면적이 500㎡ 이상
> - 컨테이너전용 보세창고의 경우에는 부지면적이 3,000㎡ 이상

② 세관장은 독점에 따른 부작용을 방지하고 수출입화주에 대한 서비스를 향상시키기 위하여 필요한 경우에는 같은 종류의 보세창고를 복수 특허할 수 있다. 다만, 이 경우에는 1개소의 규모가 위 ①의 면적기준의 어느 하나에 해당되어야 한다.

③ 세관장은 특정 보세창고의 신청이 이 고시에서 정하는 요건을 갖추지 못하였으나, 관세행정 목적에 비추어 보아 특허하는 것이 불가피하다고 판단되고 다음의 어느 하나에 해당하면 특허할 수 있다

> - 위험물품, 항온·항습 또는 냉동·냉장물, 검역물, 방위산업물품, 체화물품, 조달물품, 활어(활수산물) 등 특수 물품을 취급하는 보세창고
> - 공항만과 공항만배후단지 내 보세창고
> - 철도역 구내 컨테이너 일시장치를 위한 보세창고
> - 「물류시설의 개발 및 운영에 관한 법률」상의 물류단지 내 보세창고

④ 컨테이너전용보세창고는 CFS를 설치하여야 한다. 다만, 철도역 구내 컨테이너 일시장치를 위한 보세창고 중 통관검사기능을 수행하지 않는 보세창고의 경우에는 CFS가 없어도 특허할 수 있다.

5. 영업용 공동보세창고

① 세관장은 2인 이상의 신청인이 공동으로 영업용 보세창고의 요건을 충족하는 경우에는 공동보세창고를 특허할 수 있다.

② 공동보세창고를 운영하려는 자는 전체 창고면적 중에서 신청인의 관리면적만을 특허면적으로 하여 특허를 신청하여야 한다.

③ 공동보세창고의 특허를 받고자 하는 자는 신청인별로 다음의 요건을 갖추어야 한다.

> - 관세법령 및 특허고시 등 관련 규정에 따른 보세사 채용, 운영인의 자격 등 특허요건을 갖출 것
> - 보세화물 반출입 등 통관절차 이행을 위한 시설과 장비 등을 구축할 것
> - 장치물품의 종류와 특성에 따른 보세화물 관리조직, 반출입절차, 보관방법, 출입자 통제, 안전관리 등에 대한 내부 화물관리 규정을 갖출 것

④ 세관장은 공동보세창고의 운영인별로 관리하는 면적을 구분하여 특허하여야 한다.

⑤ 세관장은 공동보세창고의 특허기간을 가급적 동일하게 부여하여야 한다.

⑥ 세관장은 공동보세창고의 특허장에 전체 창고면적과 운영인별 특허면적을 구분하여 표시하여야 한다.

⑦ 세관장은 해당 보세창고가 공동보세창고임을 알 수 있도록 특허장의 보세창고 명칭에 공동보세창고임을 표기하여야 한다.
⑧ 세관장은 공동보세창고의 특허수수료를 운영인별 특허 면적에 따라 구분하여 부과하여야 한다.

04 자가용보세창고

1. 특허요건

① 세관장은 자가화물을 장치하려는 경우 자가용보세창고로 특허할 수 있다. 다만, 다음의 어느 하나에 해당하는 물품으로서 보세화물 감시단속 관련 문제가 있다고 판단하는 경우에는 특허하지 않을 수 있다.

- 소량·고가물품(귀금속 등)
- 고세율 물품(농산물 등)
- 위와 유사한 물품

② 자가용보세창고 운영인은 관세법 시행령 제190조에 따라 장치물품의 종류를 변경하려는 경우 업무내용의 변경 승인 신청 절차에 따라 세관장의 승인을 받아야 한다.

2. 시설요건 23 기출

① 자가용보세창고(공동보세창고를 포함) 운영인은 장치·보관되는 물품의 종류 및 특성에 따라 필요한 면적을 확보하여야 한다.
② 자가용보세창고의 시설에 관하여는 영업용보세창고 및 특수보세구역의 요건에 따른다.

3. 자가용 공동보세창고 23 기출

① 세관장은 다음의 어느 하나에 해당하는 경우에는 자가용보세창고를 공동보세창고로 특허할 수 있다. 19 기출

- 2 이상의 수출입업체가 공동으로 자가화물을 보관하려는 경우
- 정부기관 또는 「공공기관의 운영에 관한 법률」 제5조에 따른 공기업, 준정부기관, 그 밖의 공공기관 등이 수입하는 물품을 일괄하여 보관하는 경우
- 수출입업을 영위할 수 있는 중소기업협동조합에서 회원사의 수입원자재를 수입하여 보관하려는 경우
- 「물류시설의 개발 및 운영에 관한 법률」에 따라 물류단지를 운영하는 자가 입주업체의 수입품을 일괄하여 보관하는 경우
- 관광산업진흥 및 외화획득을 위하여 주식회사 케이티에스씨가 회원사에 공급할 물품을 일괄 수입하여 보관하는 경우
- 정부 또는 정부투자기관이 관리하는 보관·비축시설에 관련 업체의 수입물품을 일괄 보관하는 경우

② 공동보세창고를 운영하려는 자는 전체 창고면적 중에서 신청인의 관리면적만을 특허면적으로 하여 특허를 신청하여야 한다.
③ 공동보세창고의 운영인은 다음의 요건을 갖추어야 한다.

- 관세법령 및 특허고시 등 관련 규정에 따른 보세사 채용, 운영인의 자격 등 자가용보세창고의 특허요건을 갖출 것
- 보세화물 반출입 등 통관절차 이행을 위한 시설과 장비 등을 구축할 것
- 장치물품의 종류와 특성에 따른 내부 화물관리 규정을 갖출 것
- 보세창고 장치물품의 도난, 분실, 멸실 등에 따른 운영인 간의 명확한 책임관계, 보세화물 관리조직, 반출입절차, 보관방법, 출입자 통제, 안전관리 등에 대한 내부 화물관리 규정을 갖출 것

④ 세관장은 공동보세창고의 운영인별로 관리하는 면적을 구분하여 특허하여야 한다.
⑤ 세관장은 공동보세창고의 특허기간을 가급적 동일하게 부여하여야 한다.
⑥ 세관장은 공동보세창고의 특허장에 전체 창고면적과 운영인별 특허면적을 구분하여 표시하여야 한다.
⑦ 세관장은 해당 보세창고가 공동보세창고임을 알 수 있도록 특허장의 보세창고 명칭에 공동보세창고를 표기하여야 한다.
⑧ 세관장은 공동보세창고의 특허수수료를 운영인별 특허 면적에 따라 구분하여 부과하여야 한다.

05 특허보세구역의 관리

1. 특허장의 게시 등 [24 기출] [23 기출]

① 운영인은 보세창고 내 일정한 장소에 다음의 사항을 게시하여야 한다.

- 특허장
- 보관요율(자가용보세창고는 제외) 및 보관규칙
- 화재보험요율
- 자율관리보세구역 지정서(자율관리보세구역만 해당)
- 위험물품장치허가증 등 관계 행정기관의 장의 허가, 승인 또는 등록증(위험물품, 식품류를 보관하는 보세창고에 한정)

② 운영인은 보세창고 입구에 간판을 게시하고 민원인출입구, 울타리 등 필요한 장소에 안내문을 게시하여야 한다.
③ 공동보세창고 운영인은 안내문에 운영인별 보세창고를 구분하여 표시하여야 한다.

2. 운영인의 의무 [24 기출] [21 기출] [20 기출] [19 기출]

① 운영인은 「보세화물 관리에 관한 고시」에서 정한 확인 및 보고사항을 성실하게 이행하여야 하며, 장치화물에 관한 각종 장부와 보고서류(전산화되어 있는 경우에는 전산자료를 포함)는 2년간 보관하여야 한다.
② 운영인은 다음의 사유가 발생한 때에는 지체 없이 세관장에게 보고하여야 한다. [22 기출]

- 운영인의 결격사유(법 제175조) 및 특허의 효력상실 사유(법 제179조 제1항)가 발생한 때
- 도난, 화재, 침수, 기타사고가 발생한 때
- 보세창고에 장치한 물품이 선적서류, 보세운송신고필증 또는 포장 등에 표기된 물품과 상이한 사실을 발견한 때
- 보세창고에 종사하는 직원을 채용하거나 면직한 때
- 보세창고의 건물, 시설 등에 관하여 소방서 등 행정관청으로부터 시정명령을 받은 때

③ 운영인은 다음의 어느 하나에 해당하는 사유가 발생한 때에는 지체 없이 세관장에게 보고하거나 승인을 받아야 한다. [22 기출]

- 영 제190조 제1항에 따라 장치물품의 종류를 변경하거나 그 특허작업의 종류 또는 작업의 원재료를 변경하는 등 업무내용의 변경 승인 신청 [18 기출]
- 영 제190조 제2항에 따른 법인등기 사항의 변경 통보
- 영 제191조에 따른 수용능력 증감 승인신청 또는 신고 및 수용능력 증감공사 준공 신고
- 영 제193조에 따른 폐업 등의 사항 보고·신고

④ 운영인은 관세법 제174조 제2항 및 규칙 제68조에서 정하는 바에 따라 보세창고 특허수수료를 납부하여야 한다. 이때 세관장은 매 분기 마지막 월 10일까지 특허수수료 납부고지서를 교부하여야 한다.

⑤ 세관장은 운영인 또는 임원이나 그 밖의 법인등기사항의 변경에 관한 보고를 받은 경우 변경사유를 함께 제출받아 즉시 결격 여부를 확인하여야 한다. 다만, 동일법인이 전국에 다수의 사업장을 보세창고로 운영하고 있는 경우 해당 법인의 본사 또는 주사무소를 관할하는 세관에서 법인등기 변경사항을 접수한 후 결격 여부를 확인하고 그 결과를 전국 해당 세관장에게 통보하여야 한다.
⑥ 운영인은 장치물품 및 수용능력의 범위 내에서 물품을 장치하여야 한다.
⑦ 운영인은 야적대상이 아닌 물품을 야적장에 장치할 수 없다.
⑧ 운영인은 부패·변질되었거나 부패·변질의 우려가 있는 등 다른 장치물품을 해할 우려가 있는 물품은 신속하게 격리·폐기 등의 조치를 취하여야 한다.
⑨ 공동보세창고 운영인은 창고 안에 장치한 화물이 섞이지 않도록 칸막이 등을 설치하여 구분하여 장치하여야 한다.
⑩ 운영인은 보세사가 퇴사, 업무정지 등의 사유로 보세사 업무를 수행할 수 없는 경우에는 2개월 이내에 다른 보세사를 채용하여 보세사 업무를 수행하게 하여야 한다.

3. 행정제재 `23 기출` `20 기출`

① 세관장은 다음의 어느 하나에 해당하는 경우에는 주의처분을 할 수 있으며, 1년 이내에 주의처분을 3회 받은 때에는 경고 1회로 한다. 이 경우 현장점검, 감사 등의 결과에 따라 여러 개의 동일 위반사항이 적발된 경우 이를 1건으로 주의처분할 수 있다.

> - 운영인이 도난, 화재, 침수, 그 밖의 사고가 발생하는 때 등에 세관장에게 보고하여야 하는 의무, 특허수수료 납부 의무, 보세구역 운영상황의 보고 의무를 위반한 경우
> - 운영인이 위험물 발견 시 세관장에게 보고할 의무, 보세화물 반출입 시 반출입신고서 제출 의무 등, 컨테이너 반출입신고서 제출 의무, 물품확인 대장 기록 관리 의무, 물품 취급 및 출입자 단속과 관련한 보고 의무를 위반한 경우

② 세관장은 보세창고의 운영인이 다음의 어느 하나에 해당하는 경우에는 경고처분을 할 수 있다. 이 경우 현장점검, 감사 등의 결과에 따라 여러 개의 동일 위반사항이 적발된 경우 이를 1건으로 경고처분할 수 있다.

> ㉠ 운영인이 장치화물에 대한 각종 장부와 보고서류 보관 의무, 업무 내용의 변경 승인신청과 관련한 보고 및 승인 의무 등을 위반한 경우
> ㉡ 보관화물에 대한 멸실이 발생한 때(다만, 재해, 천재지변 등 운영인의 귀책사유가 없는 경우 제외)
> ㉢ 운영인이 반입 물품에 대한 이상보고서 제출 의무, 세관장의 반출명령 이행에 대한 결과보고 의무, 세관봉인대 이상 여부 확인 및 기록 관리 의무, 이상 물품의 출고보류와 관련한 보고 의무, 내국물품 반출입 신고서 제출 의무, 내국물품 장치 승인신청서 제출 의무, 전체 전산재고내역 및 현품재고조사 결과 보고 의무, 포괄보수작업 승인신청서 제출 의무, 멸실신고서 제출 의무, 견품반출입 사항 기록 관리 의무 등을 위반한 경우
> ㉣ 위 ㉢에 해당하는 경우에도 법규수행능력 우수업체(A등급)에 대하여는 주의처분을 할 수 있다.

③ 세관장은 보세창고 운영인이 다음의 어느 하나에 해당하는 경우에는 기간을 정하여 보세창고에의 물품반입을 정지시킬 수 있다.

> ㉠ 장치물품에 대한 관세를 납부할 자금능력이 없다고 인정되는 경우
> ㉡ 본인 또는 그 사용인이 법 또는 법에 따른 명령을 위반한 경우
> ㉢ 해당 시설의 미비 등으로 보세창고 설치 목적을 달성하기 곤란하다고 인정되는 경우
> ㉣ 운영인 또는 그 종업원이 합법가장 밀수를 인지하고도 세관장에게 보고하지 않고 보관 또는 반출한 때
> ㉤ 세관장의 시설구비 명령을 미이행하거나 보관화물에 대한 중대한 관리소홀로 보세화물의 도난, 분실이 발생한 때
> ㉥ 운영인 또는 그 종업원의 관리소홀로 해당 보세창고에서 밀수행위가 발생한 때
> ㉦ 운영인이 최근 1년 동안 3회 이상 경고처분을 받은 때

④ 세관장이 ③에 따라 기간을 정하여 물품반입을 정지하는 경우 그 기간은 다음과 같다.

- ③-㉠의 경우 → 관세를 납부할 자금능력을 회복할 때까지
- ③-㉡, ㉣를 위반한 경우 → 6개월의 범위에서 다음의 어느 하나의 기간 이상
  - 물품원가가 5억 원 이상인 경우 또는 최근 1년 이내에 물품반입정지를 받은 경우 → 15일
  - 물품원가가 1억 원 이상 5억 원 미만인 경우 또는 최근 2년 이내에 물품반입정지 처분을 받은 경우 → 10일
  - 물품원가가 1억 원 미만인 경우 → 7일
  - 물품원가를 알 수 없는 경우 → 7일
- ③-㉢의 경우 → 해당 시설의 완비 등으로 보세창고의 설치목적을 달성할 수 있다고 인정될 때까지
- ③-㉤, ㉥, ㉦까지의 경우 → 7일

⑤ 세관장은 ③-㉡, ㉣의 경우에 보세창고의 규모, 위반의 정도, 업체의 법규수행능력평가, 관세행정발전에 기여한 공로 등을 종합적으로 고려하고, 특허심사위원회의 사전심사를 거친 후 기준일의 50%의 범위(A등급을 받은 법규수행능력 우수업체의 경우에는 최소 10% 이상)에서 반입정지 기간을 하향 조정(소수점 이하는 버림)할 수 있다. 다만, 반입정지 기간은 7일 미만으로 할 수 없다.

⑥ 세관장은 물품반입의 정지처분이 그 이용자에게 심한 불편을 주거나 공익을 해칠 우려가 있는 경우에는 관세법 제178조 제3항 및 제4항에 따라 보세창고의 운영인에게 반입정지 처분을 갈음하여 해당 보세창고 운영에 따른 매출액의 100분의 3 이하의 범위에서 과징금을 부과할 수 있다. 이 경우 특허심사위원회의 사전심사를 거쳐야 한다.

⑦ 세관장은 과징금을 부과하는 경우 과징금 부과대상자인 보세창고의 운영인(과징금 부과대상자)으로부터 해당 보세창고 운영에 따른 매출액 산정 자료를 제출 받아 과징금을 산정하여야 한다.

⑧ 세관장은 운영인이 다음의 어느 하나에 해당하는 경우에는 그 특허를 취소할 수 있다. 다만, ㉠, ㉡, ㉤에 해당하는 경우에는 특허를 취소하여야 하고, ㉢, ㉣의 경우 세관장이 특허를 취소하는 것이 보세화물관리상 매우 불합리하다고 인정되고 관세채권 확보 등에 어려움이 없는 경우에는 특허심사위원회의 사전심사를 거친 후 취소하지 않을 수 있다.

- ㉠ 거짓이나 그 밖의 부정한 방법으로 특허를 받은 경우 `24 기출`
- ㉡ 관세법 제175조 각 호의 어느 하나에 해당하게 된 경우. 다만, 관세법 제175조 제8호에 해당하는 법인으로서 같은 조 제2호 또는 제3호에 해당하는 사람(피성년후견인 또는 피한정후견인)을 임원으로 하는 법인이 3개월 이내에 해당 임원을 변경한 경우에는 그러하지 아니하다. `24 기출`
- ㉢ 1년 이내에 3회 이상 물품반입 등의 정지처분(과징금 부과처분을 포함)을 받은 경우
- ㉣ 2년 이상 물품의 반입실적이 없어서 세관장이 보세창고의 설치 목적을 달성하기 곤란하다고 인정하는 경우 `24 기출`
- ㉤ 관세법 제177조의2를 위반하여 명의를 대여한 경우 `24 기출`

⑨ 세관장은 보세창고의 운영인에게 행정제재 처분을 한 때에는 그 내역을 세관화물정보시스템에 등록하여야 한다.

4. 특허취소 등의 경우 의견청취 절차

① 세관장은 물품반입정지(과징금 부과처분을 포함) 또는 특허를 취소하려는 때에는 사전에 해당 보세창고의 운영인에게 통보하여 의견을 청취하는 등 해명할 기회를 주어야 한다.

② 의견청취를 하려는 때에는 의견청취 예정일 10일 전까지 의견청취 예정일 등을 지정하여 해당 보세창고의 운영인에게 서면(과징금 부과 시에는 과징금 부과예정 통지서를 말함)으로 통지하여야 한다. 이 경우 정당한 사유 없이 의견청취에 응하지 않을 때에는 의견진술의 기회를 포기한 것으로 본다는 뜻을 명시하여야 한다.

③ 과징금 부과예정 통지를 받은 해당 보세창고의 운영인 또는 그 대리인은 지정된 날에 출석하여 의견을 진술하거나 지정된 날까지 서면으로 의견을 제출할 수 있다.

④ 해당 보세창고의 운영인 또는 그 대리인이 출석하여 의견을 진술한 때에는 세관공무원은 그 요지를 서면으로 작성하여 출석자 본인으로 하여금 이를 확인하게 한 후 서명날인하게 하여야 한다.

5. 보세창고 운영상황의 보고 22 기출 21 기출

① 보세창고의 운영인은 매년 다음의 사항을 기재한 보세창고 운영상황을 **다음 해 2월 말까지** 관할세관장에게 보고하여야 한다.

> - 특허 또는 특허기간 갱신 시 구비한 시설요건 등의 변동 여부
> - 임대차기간의 연장 여부(임대시설의 경우에만 해당)
> - 종업원명단(보세사를 포함)
> - 장치기간 경과화물 보관 상세내역(12월 31일 기준)
> - 그 밖에 세관장이 보세창고의 운영과 관련하여 필요하다고 인정한 사항

② 보세창고 운영상황을 보고받은 세관장은 특허요건 등의 변동 여부, 재고현황 및 장치기간 경과화물 현황의 정확성 여부를 세관에 보관된 서류 등과 대조 확인하는 등으로 심사를 하여야 하며, 이상이 있는 경우 고발 의뢰, 시정지시 등 필요한 조치 또는 처분을 하여야 한다.

6. 보세창고 운영상황 종합점검계획의 수립

① 세관장은 보세창고 운영상황을 점검하기 위하여 종합점검계획을 수립하여야 한다.
② 세관장은 종합점검을 수행하려는 때에는 화물관리직원으로 구성된 점검반을 편성하되, 필요한 경우에는 조사담당직원 또는 감사담당직원을 포함하여 합동점검반을 편성할 수 있으며, 점검방법에 대한 사전교육을 충분히 실시하여야 한다.

7. 보세창고 운영상황의 점검

① 보세창고 운영상황 보고를 받은 세관장은 7일 이내의 기간을 정하여 소속 공무원으로 하여금 보세창고를 방문하여 운영상황을 실제 점검하도록 하여야 한다. 다만, 세관장은 보세창고 운영상황 보고를 받지 않더라도 보세창고를 방문하여 운영상황을 점검할 수 있다.
② 세관장은 현장확인을 실시하는 때에는 그 보세창고 운영인이 「수출입물류업체에 대한 법규수행능력측정 및 평가관리에 관한 훈령」 제8조에 따른 현지점검, 「보세화물관리에 관한 고시」 제16조에 따른 현장확인, 「자율관리보세구역운영에 관한 고시」 제10조에 따른 정기감사를 생략하거나 통합하여 실시할 수 있다.
③ 세관장은 운영인으로부터 보세창고 운영상황을 보고받고 이를 심사한 결과 보세창고 운영상황이 적정하다고 판단되는 때에는 이로써 현장조사에 갈음할 수 있다.
④ 보세창고 운영상황을 실제 점검하는 경우에는 다음 사항에 중점을 두고 확인·점검하여야 한다.

> - 시설규모 등 특허요건의 계속유지 여부
> - 소방시설, 전기시설 등의 안전 여부
> - 창고시설이 보세화물 안전관리에 적합한지 여부
> - 일일 화물반출입 사항의 전산입력 여부
> - 전산입력된 재고상황과 실제 보관화물의 대조확인
> - 장치기간 경과화물의 적정보관 여부
> - 보세창고 운영상황 보고의 진위 여부
> - 그 밖에 법 등 관련 규정의 적정이행 여부

⑤ 세관장은 보세창고 운영상황에 대한 점검결과 이상이 있는 때에는 즉시 고발 의뢰, 시정 지시 등 필요한 조치를 하여야 하며, 행정제재 사항에 해당하는지 여부를 확인하여 필요한 조치를 취하여야 한다.
⑥ 보세창고 운영상황을 점검한 세관장은 점검결과와 조치결과를 세관화물정보시스템에 등록하여야 한다.

8. 특허상황의 보고 등

① 세관장이 보세창고를 특허한 때에는 세관화물정보시스템에 등록하여야 한다.

② 세관장은 반입정지기간을 하향조정하거나 과징금을 부과한 때 또는 특허를 취소하지 아니한 때에는 특허심사위원회의 심사결과를 첨부하여 관세청장에게 보고하여야 한다.

4절 보세공장 운영에 관한 고시

✎ 본문 내용 중 꼭 알아야 하는 부분에 형광펜으로 표시하였으니 반드시 학습하시기 바랍니다.

01 총칙

1. 정의

(1) 기내식 보세공장

외국물품 또는 외국물품과 내국물품을 원재료로 하여 항공기에 탑승하거나 탑승 대기하는 승무원 및 승객에게 제공할 기내식을 제조·가공(조리)하는 보세공장을 말한다.

(2) 물품도착 전 사용신고

운영인이 보세공장의 작업공정상 물품도착과 동시에 보세작업에 사용하려는 물품에 대하여 해당 보세공장에 물품이 도착하기 전에 세관장에게 사용신고를 하는 것을 말한다.

(3) 내국작업

보세공장의 유휴시설 등을 이용하여 내국물품만을 원료로 하거나 재료로 하여 제조·가공하거나 수리, 그 밖에 이와 유사한 작업을 하는 것을 말한다.

(4) 장외작업

해당 보세공장 외의 장소에서 보세작업의 일부를 행하는 것을 말한다.

(5) 잉여물품 `22 기출`

보세작업으로 인하여 발생하는 부산물과 불량품, 제품 생산 중단 등의 사유로 사용하지 않은 원재료와 제품 등을 말하며, 보세공장 반입물품 또는 보세공장에서 제조·가공한 물품에 전용되는 포장·운반용품을 포함한다.

(6) 보세작업기간 총소요량

해당 보세작업기간 동안에 제품을 생산하는 과정에서 사용한 원재료별 총량을 말한다.

(7) 물품관리체계

보세공장(장외작업 포함)에서 원재료, 잉여물품 및 제품에 대한 반출입사항(예 기초재고, 반입, 반출, 기말재고)과 생산공정에서의 원재료, 잉여물품 및 제품의 수불사항(예 기초재고, 투입, 생산, 재공품, 기말재고)이 장부 또는 자료전달 및 보존매체(마이크로필름, 광디스크, 그 밖의 전산매체)에 따라 기록되고 동 기록을 유지해서, 최종적으로 결산보고서 재무제표 및 관련부속서류와 연계되어 보세화물의 재고 등을 파악 관리하는 일련의 체제를 말한다.

(8) 자율관리보세공장

관세법 제164조에 따라 세관장이 「자율관리보세구역 운영에 관한고시」 제3조 제2호의 우수 자율관리보세구역으로 지정한 보세공장을 말한다.

02 설치·운영의 특허

1. 특허대상

세관장은 다음 ①, ②를 모두 충족하는 경우에는 보세공장 설치·운영특허를 할 수 있다.

> ① 외국물품 또는 외국물품과 내국물품을 원료로 하거나 재료로 하여 수출 또는 수입하는 물품을 제조·가공하거나 수리·조립·분해·검사(원재료 품질검사 등을 포함)·포장 또는 그 밖에 이와 유사한 작업을 하는 것을 목적으로 하는 공장 **21 기출**
> ② 수입을 목적으로 하는 물품을 제조·가공하는 공장의 경우 관세법 제185조 제5항에 따라 제한되지 않는 업종

2. 특허요건

① 시설요건

보세공장은 다음의 시설을 갖추어야 하고, 공장의 규모와 입지적 조건, 그 밖의 사항을 종합 검토하여 보세공장관리 운용에 지장이 없어야 한다.

> - 제조·가공 그 밖의 보세작업에 필요한 기계시설 및 기구의 비치
> - 물품검사를 위하여 필요한 측정용 기기와 이에 부수하는 장비의 비치(제조공정 특성상 물품검사가 필요 없거나, 보세공장 외 장소에서 수행하는 경우는 제외)
> - 원재료, 제품, 잉여물품, 수입통관 후 사용해야 하는 물품 및 기타 반입물품을 구분하여 안전하게 장치 보관할 수 있는 창고 또는 야적장과 필요한 작업장의 확보
> - 소방법령 및 소방관서가 지정하는 방화 및 소방시설의 구비
> - 전기사업법령의 규정에 적합한 전기설비 및 전기안전시설의 구비
> - 보세화물의 분실과 도난방지를 위한 적절한 시설을 완비하거나 보안전문업체와 경비위탁계약서를 구비
> - 위험물품을 취급하는 보세공장의 경우는 위험물취급요령 및 그 밖의 법령(「화학물질관리법」, 소방관련 법령, 「고압가스 안전관리법」 등 기타)에서 정한 시설의 완비 및 취급자격자의 상근과 위험물품 보세공장 특허지역으로서의 적합한 지역

② 관리요건

보세공장은 보세화물관리를 적정하게 하기 위하여 다음의 요건을 갖추어야 한다.

> - 보세화물 관리를 위하여 1명 이상의 보세사를 채용하여야 하며, 단일보세공장의 경우 각 공장별 1명 이상의 보세사를 채용하여 근무하도록 해야 한다.
> - 원자재의 반출입, 제품 제조·가공, 제품 반출 및 잉여물품의 처리 등과 관련한 물품관리체계가 확립되어 있고, 물품관리를 위한 시스템(기업자원관리(ERP) 시스템 등)을 구비하여야 한다.
> - 원자재 등의 부정유출 우려가 없으며, 보세작업의 감시·감독에 지장이 없어야 한다.
> - 특허를 갱신하는 경우에는 갱신신청 전의 특허기간 동안 해당 보세공장의 법규수행능력평가 평균등급이 B등급 이상이어야 한다.

③ 물품관리를 위하여 운영인은 보세작업의 종류 및 특수성에 따라 장부 또는 자료전달 및 보존매체(마이크로필름, 광디스크, 그 밖의 전산매체)를 사용하여 물품을 관리할 수 있으며, 자료전달 및 보존매체에 따라 보관·관리하려는 운영인은 자료보존매체를 확인, 조회할 수 있는 장치를 같이 보관·관리하여야 한다.

3. 설치·운영의 특허

① 보세공장 설치·운영 특허를 받으려는 자는 보세공장설치·운영 특허신청서에 다음의 서류를 첨부하여 세관장에게 신청하고 보세공장설치·운영 특허장을 받아야 한다.

- 민원인 제출서류

  - 사업계획서(공장 위치도 및 도면, 물품관리체계 포함)
  - 위험물품을 취급하는 공장의 경우에는 관계행정기관의 장의 허가서(또는 승인서) 사본
  - 임차계약서 사본(임차인의 경우)
  - 「소방시설 설치 및 관리에 관한 법률」 제22조에 따른 소방시설 등 자체점검 실시결과 보고서(최근 1년 이내의 것으로 한정하며, 신설공장이 아닌 경우 제출함)
  - 「전기사업법」 제63조 및 제65조, 같은 법 시행규칙 제32조 등에 따른 검사확인증
  - 임원(보세공장업무를 직접 담당하거나 감독하는 자로 한정)의 인적사항

- 담당공무원 확인사항. 다만, 신청인이 확인에 동의하지 않는 경우에는 신청인이 제출하여야 한다.

  - 「산업집적활성화 및 공장설립에 관한 법률」 제16조에 따른 공장등록증명서
  - 법 제175조에 따른 운영인·임원(보세공장업무를 직접 담당하거나 감독하는 자로 한정함)에 대한 주민등록표 초본
  - 국세납세증명
  - 법인등기부 등본

② 세관장은 신청서를 접수한 후 특허대상, 특허요건(시설요건, 관리요건) 및 특허제한 사유 등 검토의견을 첨부하여 보세공장 특허심사위원회에 심의를 요청하여야 한다.

③ 세관장은 특허심사위원회의 심의결과를 반영하여 보세공장으로 특허하는 것이 타당하다고 인정될 경우에는 특허할 수 있다.

④ 세관장은 신규 보세공장설치·운영특허 신청업체가 물품관리체계를 갖추지 못한 것으로 인정되는 경우 6개월 이내의 기간을 정하여 물품관리체계를 갖추는 조건으로 설치·운영특허할 수 있다.

⑤ 세관장은 제조·가공 등 작업의 성질상 부득이 보세공장 외에서 일부의 작업(장외작업)을 하여야 하는 경우에도 보세작업의 원재료의 손모율이 안정되어 있어 감독에 지장이 없다고 인정될 때에는 보세공장으로 특허할 수 있다.

4. 보세공장 특허심사위원회

① 관세법 제174조 및 제185조에 따른 보세공장을 특허(갱신 포함) 하려는 때에는 보세공장 특허심사위원회를 개최하여야 한다.

② 특허심사위원회는 위원장 포함 7명 이내의 위원으로 구성하되, 해당지역 본부세관장(직할세관장)을 위원장으로 하고, 다음의 사람을 위원으로 한다. 다만, 보세구역을 대표하는 비영리단체의 임직원이나 학계 및 연구단체 등의 관세행정 또는 무역·물류전문가에 해당하는 사람 중 1명 이상을 포함하여야 한다.

- 본부세관(직할세관) 통관국(과)장, 관할세관 부서장
- 보세구역을 대표하는 비영리단체의 임직원
- 학계 및 연구단체 등의 관세행정 또는 무역·물류전문가
- 그 밖에 위원장이 위촉하는 사람

③ 특허심사위원회는 다음의 사항을 심사한다.

- 특허신청인의 특허요건 충족 여부 및 특허제한 사유
- 보세공장 특허대상, 사업계획서 등을 고려하여 시설요건과 관리요건 등 충족 여부

- 단일보세공장의 적정 여부
- 기장의무 준수가능성과 화물관리능력 등
- 보세공장 주요 제도개선사항

④ 특허심사위원 중에서 공무원이 아닌 위원의 임기는 2년으로 한다.
⑤ 위원은 특허신청인과 최근 3년 이내 사적이해관계가 있는 경우 당해 안건에 대한 심사를 회피하여야 한다. 이 경우 위원장은 다른 사람을 위원으로 지정하여야 한다.
⑥ 세관장은 특허심사위원회의 위원이 다음의 어느 하나에 해당하는 경우 해당 위원을 해촉할 수 있다.

- 심신장애로 인하여 직무를 수행할 수 없게 된 경우
- 직무와 관련된 비위사실이 있는 경우
- 직무태만, 품위손상이나 그 밖의 사유로 위원으로 적합하지 않다고 인정되는 경우
- 위원 스스로 직무 수행이 곤란하다고 의사를 밝히는 경우

5. 단일보세공장의 특허 등 [21 기출]

① 2개 이상 근접한 장소에 있는 공장이 동일기업체에 속하며 각 공장 간에 물품관리체계의 통합관리로 반출입 물품관리 및 재고관리에 지장이 없는 경우 다음의 어느 하나를 충족할 때에는 **단일보세공장**으로 특허할 수 있다.

- 제조·가공의 공정상 일괄작업에 각 공장이 필요한 경우
- 기존 보세공장으로부터 직선거리 15Km 이내에 신규 공장을 증설하는 경우. 다만, 세관장은 세관감시의 단속에 지장이 없는 경우 동일세관 관할구역 내에서는 거리기준을 적용하지 않을 수 있다.

다만, **세관관할구역을 달리하는 경우**에는 통관절차의 간소화 및 세관업무의 편리를 도모하기 위하여 감시 단속에 지장이 없는 경우에만 관계세관과 협의하여 **주공장 관할세관에서 특허할 수 있다**.

② 세관장은 「수출입 안전관리 우수업체 공인 및 운영에 관한 고시」 제5조 1항에 해당하는 보세공장(수출입 안전관리 우수업체) 또는 「수출입물류업체에 대한 법규수행능력 측정 및 평가관리에 관한 훈령」 제12조 제1항 제1호에 해당하는 보세공장(법규수행능력 우수업체)으로서 해당 보세공장에 원재료 및 제품 등의 추가 보관이 곤란하다고 인정되고 다음의 요건을 충족시키는 경우에는 동일세관 관할구역에 보관창고를 증설하게 할 수 있다.

- 보관창고 → 해당 보세공장 및 동일법인 보세공장의 원재료 및 생산제품을 보관하는 전용 창고일 것
- 물품관리 → 보세공장과 보관창고 물품의 통합관리로 반출입 물품관리 및 재고관리에 지장이 없을 것

③ 세관장은 감시단속에 지장이 없다고 판단하는 경우 관할구역을 벗어나는 경우에도 보세공장으로부터 직선거리 15km 이내에 보관창고를 증설하게 할 수 있다. 이때 세관장은 보관창고 관할지 세관장과 협의하여야 하며, 물품관리는 보세공장 관할지 세관장이 수행하는 것을 원칙으로 한다.

6. 특허의 제한 [20 기출]

① 다음의 어느 하나에 해당하는 경우에는 **보세공장의 설치·운영 특허를 할 수 없다**.

- 관세법 제175조 각 호의 어느 하나에 해당되는 자
- 관세 및 내국세를 체납하고 있는 자
- 위험물품을 취급하는 경우에는 위험물품의 종류에 따라 **관계행정기관의 장**의 허가나 승인을 받지 아니한 자

② 다음의 어느 하나에 해당하는 경우에는 **보세작업의 종류 및 특수성을 감안하여 설치·운영특허를 제한할 수 있다**.

- 보수작업만을 목적으로 하는 경우
- 폐기물을 원재료로 하여 제조·가공하려는 경우

- 손모율이 불안정한 농·수·축산물을 원재료로 하여 제조·가공하려는 경우
- 보세작업의 전부를 장외작업에 의존할 경우

7. 특허기간

① 보세공장 설치·운영의 특허기간은 10년의 범위 내에서 해당 보세공장의 설치·운영특허 신청기간으로 하되 갱신할 수 있다. 다만, 타인의 시설을 임차하여 설치·운영특허를 신청하는 경우의 특허기간은 임차계약기간으로 한다.

② 특허 신청면적 중 일부 임차시설이 포함된 경우에는 매 임차기간 종료 전에 갱신된 임대차계약서를 제출하는 것을 조건으로 10년의 범위 내에서 특허기간을 부여할 수 있다.

8. 특허의 갱신

보세공장 설치·운영특허기간을 갱신하려는 자는 특허기간 만료 1개월 전까지 임차계약서 사본 등을 첨부하여 보세공장 설치·운영특허(갱신)신청서를 세관장에게 제출하여야 한다. 본부세관 특허심사위원회에서 심의되어 특허받은 업체가 갱신신청을 하는 경우에는 소재지 관할 세관장 또는 국장을 위원장으로 하고 5명 이상의 위원으로 자체 심사위원회를 구성하여 사전심사를 한 후 특허여부를 결정하여야 한다.

9. 특허의 상실 및 승계

① 세관장은 관세법 제179조에 따라 특허가 상실된 보세공장에 대하여는 지체 없이 재고조사를 실시하고 관세법 제182조에 따라 필요한 조치를 하여야 한다.

② 관세법 제179조 제3항에 따라 상속인 또는 승계법인이 보세공장의 운영을 계속하려는 때에는 특허보세구역(보세공장) 승계신고서에 상속인 또는 승계법인을 확인할 수 있는 서류 등을 첨부하여 피상속인 또는 피승계법인이 사망하거나 해산한 날부터 30일 이내에 세관장에게 제출하여야 한다.

③ 특허보세구역(보세공장) 승계신고를 받은 세관장은 심사하여 신고일부터 5일 이내에 심사결과를 통보하여야 한다.

④ 세관장은 특허승계를 허용하는 경우 보세공장의 특허기간은 피승계 보세공장 특허기간의 남은 기간으로 하여 특허장을 재교부하여야 한다.

03 반출입 관련 사항

1. 반입대상 물품 23 기출

① 보세공장에서 보세작업을 하기 위하여 반입되는 원료 또는 재료(보세공장 원재료)는 관세법 시행령 제199조 제1항 및 제2항에 해당하는 물품으로서 세관장에게 설치·운영 특허받은 품목의 제조·가공 등에 소요되는 것으로 한정한다.

> **관세법 시행령 제199조(보세공장원재료의 범위 등)**
> ① 법 제185조에 따라 보세공장에서 보세작업을 하기 위하여 반입되는 원료 또는 재료(보세공장원재료)는 다음 각 호의 어느 하나에 해당하는 것을 말한다. 다만, 기계·기구 등의 작동 및 유지를 위한 연료, 윤활유 등 제품의 생산·수리·조립·검사·포장 및 이와 유사한 작업에 간접적으로 투입되어 소모되는 물품은 제외한다.
> 1. 당해 보세공장에서 생산하는 제품에 물리적 또는 화학적으로 결합되는 물품
> 2. 해당 보세공장에서 생산하는 제품을 제조·가공하거나 이와 비슷한 공정에 투입되어 소모되는 물품
> 3. 해당 보세공장에서 수리·조립·검사·포장 및 이와 유사한 작업에 직접적으로 투입되는 물품

② 보세공장원재료는 당해 보세공장에서 생산하는 제품에 소요되는 수량(원자재소요량)을 객관적으로 계산할 수 있는 물품이어야 한다.

② 수입통관 후 해당 보세공장에서 사용할 기계, 기구, 부분품, 소모품, 견품, 내국작업 원재료 및 해당 보세공장 부설 연구소에서 사용될 시설기자재·원재료 등은 보세공장에 반입할 수 있다. 이 경우 반입된 물품은 반입일부터 30일 이내에 관세법 제241조 제1항에 따른 수입 또는 반송신고를 하여야 한다.

③ 다음의 어느 하나에 해당하는 물품은 보세공장제도의 원활한 운영을 위하여 보세공장에 반입할 수 있다. 19 기출

- 보세공장에서 제조되어 반출된 제품의 하자보수용 물품
- 보세공장에서 제조·가공하여 반출한 후 하자발생, 불량, 구매자의 인수거절 등으로 인하여 반송된 물품과 하자보수, 성능개선 등 목적으로 보세공장에 재반입되는 물품
- 해당 보세공장의 생산품목과 동일품목을 보세작업 또는 보수작업을 거쳐 재수출하거나 다른 보세공장에 원재료로 공급할 물품
- 해당 보세공장에서 건조·수리되는 선박 또는 항공기에 적재하고자 하는 선박용품·항공기용품(환급대상물품은 제외)
- 해당 보세공장에서 외국으로 원재료 등을 반출하여 제조·가공한 후 국내 보세공장에서 마무리작업, 성능검사, 조립, 재포장, 상표(LABEL)부착의 작업을 하거나 해당 보세공장에 반입 후 양수도 또는 통관절차를 수행하고자 하는 완성품
- 해당 보세공장에서 생산하는 제품의 연구개발을 위하여 해당 보세공장의 시설을 이용하여 연구·시험용 제품의 제조·가공에 사용하는 원재료
- 보세공장 반입물품 또는 보세공장에서 제조·가공한 물품과 세트를 구성하거나 함께 거래되는 물품
- 보세공장 반입물품 또는 보세공장에서 제조·가공한 물품에 전용되는 포장·운반용품
- 해당 보세공장의 특허 받은 품목의 제조·가공에 소요되는 물품과 동일한 물품으로 위탁가공계약에 의해 보세작업을 위하여 반입되는 타인소유 물품
- 해당 보세공장에서 제조되어 수출된 물품의 마무리 작업, 유지보수 또는 수리 등을 위해 추가로 수출하는 물품으로서 해당 보세공장에서 보세작업이 필요한 물품
- 수리를 위해 반입되는 선박 또는 항공기에 적재되어 있는 연료
- 해당 보세공장 생산품과 함께 보관·관리하고자 하는 해외 현지법인 생산품

2. 원료과세 23 기출 22 기출

① 관세법 제189조 제1항에 따라 원료과세의 적용을 받으려는 자는 사용신고 전에 원료과세 적용 신청(승인)서로 세관장에게 신청하여야 한다. 이 경우 세관공무원은 신청된 물품을 검사할 수 있다.

② 관세법 제189조 제2항 및 영 제205조 제3항에 따라 보세공장이 다음의 사항을 충족하는 경우에는 원료과세 포괄적용 신청(승인)서를 제출하여 1년의 범위에서 원료별, 제품별 또는 보세공장 전체에 대하여 원료과세의 적용을 신청할 수 있다.

- 최근 2년간 생산되어 판매된 물품 중 수출된 물품의 가격비율이 100분의 50 이상인 경우
- 수출입 안전관리 우수업체(AEO)
- 내·외국 원재료별 품명, 규격, 소요량, 재고 등이 전산시스템에 의하여 명확하게 기록·관리되는 경우

③ 운영인이 원료과세 적용신청 내역을 정정하려는 때에는 원료과세 포괄적용 정정신청(승인)서를 전산시스템으로 전송하여야 하며, 세관장이 정정신청 내용의 확인을 위하여 증명자료를 요청하는 경우에는 이를 제출하여야 한다.

④ 원료과세 적용신청 물품에 대해 FTA 협정관세를 적용 받으려는 자는 사용신고를 할 때 해당 원산지와 원산지증명서 구비여부(Y), 세율란(FTA 관세율)을 기재하여 사용신고 하여야 하며, 제품 수입신고를 할 때 협정관세적용신청서와 함께 해당 사용신고서를 첨부하여야 한다.

3. 물품의 반출입 `23 기출` `22 기출`

① 보세공장에 물품을 반입, 반출하려는 자는 세관장에게 보세공장물품 반출(입)신고(승인)서로 신고하여야 하며 세관장은 보세공장 반입대상 물품인지를 심사하여 반입대상이 아닌 경우에는 다른 보세구역으로 반출을 명하여야 한다.

② 보세운송절차에 따라 반입되는 물품은 즉시 반입신고를 하여야 한다. 이 경우 반입신고는 보세운송 도착보고를 갈음할 수 있다.

③ 수출용원재료에 대한 관세 등 환급사무처리에 관한 고시에 따른 환급대상물품의 반입신고는 보세사에 의한 반입명세의 기록으로 갈음하며, 국내 반출신고는 반입확인서의 정정·취하 승인으로 갈음한다. 다만, 반입확인서의 정정·취하 승인 대상이 아닌 물품의 반출신고는 수입 등의 절차에 따른다.

④ 운영인은 잉여물품을 수입신고 전에 즉시 반출하려는 경우에는 보세공장 잉여물품 수입신고전 반출신고서를 제출하여야 하며, 반출신고서를 정정하거나 취하하려는 경우에는 보세공장 잉여물품 수입신고전 반출 정정·취하신청(승인)서를 수입신고수리 전까지 제출하여 세관장의 승인을 받아야 한다.

⑤ 수출 또는 수입의 신고가 수리되어 반출되는 물품의 반출신고는 동 신고의 수리로 갈음하며, 운영인은 보세공장에 반입된 물품에 이상(계약내용과 상이 포함)이 있는 경우에는 관할세관장에게 물품이상신고를 하여야 한다.

⑥ 운영인은 다음의 어느 하나에 해당하는 경우에는 보세공장에서 제조·가공·수리 또는 재생한 물품, 원재료와 부산물 등 잉여물품을 보세운송절차에 따라 다른 보세공장으로 반출할 수 있으며, 다른 보세구역으로 반출하는 경우에는 화물관리시스템으로 화물관리번호를 신청한 후 「보세운송에 관한 고시」에서 정한 보세운송절차에 따라 반출할 수 있다. 이때 보세공장과 다른 보세공장에는 제조업종의 사업 또는 복합물류 관련 사업(포장·보수·가공 또는 조립 등의 기능을 수행하는 경우)을 하는 자유무역지역 입주기업체와 복합물류보세창고를 포함한다.

- 비축·보관·판매를 위하여 다른 보세구역 또는 보세공장으로 반출하는 경우
- 다른 보세공장의 원재료로 사용하기 위하여 다른 보세공장으로 반출하는 경우
- 불량, 성능미달 등의 사유로 다른 보세공장으로부터 공급받은 원재료를 원재료 공급 보세공장으로 재반출하는 경우

⑦ 세관장은 운영인이 수출입 안전관리 우수업체 또는 법규수행능력 우수업체에 해당하는 경우에는 화물관리번호의 신청수리를 전산에서 자동수리하게 할 수 있다. 이 경우 해당 보세공장의 보세구역 부호를 화물관리시스템에 등록하여야 한다.

⑧ 이 고시에서 반출입신고를 규정하지 아니한 내국물품에 대한 반출입신고는 생략할 수 있다. 다만, 제품의 제조·가공 등에 소요되는 원재료를 반출입하려는 때에는 그 사실을 기록·관리하여야 한다.

⑨ 전산으로 반입신고를 하려는 운영인은 수입화물 전산시스템을 설치하여야 한다. 다만, 세관장은 전산시스템을 설치하지 못한 영세업체 등에 대하여는 세관의 업무량, 업체의 화물 반출입 건수 등을 감안하여 세관의 전산설비를 이용하게 할 수 있다.

4. 국외가공 등 원재료 원상태 반출 `23 기출`

① 다음의 어느 하나에 해당하는 물품은 반입신고 시의 원재료 원상태로 국외반출을 허용할 수 있다.

- 국외에서 제조·가공공정의 일부를 이행하기 위하여 필요한 원재료
- 보세공장에서 수출한 물품의 하자보수 등 추가적인 제조·가공·수리에 필요한 원재료
- 보세공장의 해외 현지공장에서 제조·가공·수리 그 밖에 유사한 작업에 사용할 원재료
- 생산계획 변경, 제조품목의 사양변경 또는 보세작업과정에서 발생하는 잉여 원재료
- 계약내용과 다른 원재료. 다만, 사용신고가 수리된 경우에는 사용신고 당시의 성질이나 형태가 변경되지 아니한 경우에 한한다.
- 임가공을 의뢰한 해외 공급자가 계약수량 변경, 품질검사 등의 사유로 반환을 요구하는 원재료

② 세관장은 다음의 어느 하나에 해당하는 사유가 있을 때에는 보세운송절차에 따라 보세공장 간 원재료의 원상태 반출을 허용할 수 있다.

- 동일법인이 2개 이상의 보세공장을 설치·운영특허를 받아 운영하는 경우에 일부 보세공장의 원재료 수급 및 재고관리 등 불가피한 사유로 동일법인 보세공장 간 원재료의 원상태 반출이 타당하다고 인정되는 경우
- 생산제품의 사양 변경, 단종 또는 재고 원재료 중 해당 보세공장의 제조·가공에 지장이 없는 원재료에 대하여 동일 원재료를 사용하는 다른 보세공장 등에 양도하는 것이 타당하다고 인정되는 경우

③ 세관장은 보세공장에서 국내로 수입된 물품의 하자 보수, 원재료에 대한 성분 분석, 보세공장 부설연구소의 연구·개발용 원재료의 사용 등 부득이한 사유로 보세공장에 반입신고 또는 사용신고된 원재료를 사용하는 것이 타당하다고 인정하는 경우에는 원재료의 원상태 수입을 허용할 수 있다.

5. 물품반입확인서 발급

① 보세공장에 반입한 보세공장원재료의 환급대상물품 반입확인서의 발급·정정 등의 절차는 환급고시에 따르며, 세관장은 반입확인하는 때에는 기록을 확인하거나 관련 자료 또는 반입사실에 대한 보세사의 확인서를 제출하게 할 수 있다.
② 세관장은 다음의 어느 하나에 해당하는 물품은 물품반입확인서를 발급하지 아니한다.

- 시험·연구용 제품의 생산을 위한 원재료
- 내국작업용 원재료
- 국내로 수입하려는 물품의 제조·가공 등에 필요한 원재료

6. 계약내용상이물품의 반입

① 관세법 제106조 제1항에 따라 보세공장으로부터 수입신고 수리된 물품이 계약내용과 달라 보세공장으로 반입하려는 자는 보세공장 계약상이물품 반입신고(승인)서에 다음의 서류를 첨부하여 세관장에게 제출하여야 한다.

- 수입신고필증
- 해당 물품 수입에 관한 계약내용의 증명서류
- 해당 물품의 품명·규격·수량·가격 및 반입사유를 기재한 사유서

② 보세공장 계약상이물품 반입신고서를 접수한 세관공무원은 제출서류 및 물품검사 등을 통하여 다음의 사항을 심사하여야 한다.

- 해당 물품이 계약내용과 다른지 여부
- 수입신고 당시의 성질 또는 형태가 변경되지 아니한지 여부
- 수입신고 수리일부터 1년 이내에 보세공장에 반입되었는지 여부

③ 반입신고를 승인하는 세관공무원은 수입신고필증의 세관기재란에 보세공장 반입승인내용을 기재하여야 한다.

7. 물품반입의 정지 및 과징금의 부과

① 세관장은 다음의 어느 하나에 해당하는 사유가 발생할 때에는 기간을 정하여 보세공장에 물품반입을 정지시킬 수 있다.

- ㉠ 반입물품에 대한 관세를 납부할 능력이 없다고 인정되는 경우
- ㉡ 해당 시설의 미비 등으로 보세공장 설치·운영의 목적을 달성하기 곤란하다고 인정되는 경우
- ㉢ 재고조사결과 자율 소요량 관리가 부적정하다고 인정되는 경우
- ㉣ 1년 이상 장기간 계속하여 물품 반출입 실적이 없거나, 6개월 이상 보세작업을 아니하거나, 업체가 부도 또는 극심한 경영난으로 인하여 정상적인 영업활동이 불가능하여 보세공장 설치·운영목적을 달성하기 곤란하다고 인정되는 경우

         ⓒ 운영인이 최근 1년 내에 3회 이상 경고처분을 받은 경우
         ⓗ 본인 또는 그 사용인이 법 또는 법에 따른 명령을 위반한 경우. 다만, 주의 또는 경고처분을 받은 경우는 제외한다.

② 세관장은 기간을 정하여 물품반입의 정지를 하는 경우 그 기간은 다음에 따른다.

  - ①-㉠부터 ⓒ까지의 경우에는 6개월의 범위에서 그 사유가 해소될 때까지
  - ①-㉣부터 ⓗ까지의 경우에는 1개월 이내의 기간

③ 세관장은 물품반입을 정지하였을 때에는 지체 없이 관세청 전자통관시스템의 해당 보세공장 보세구역부호를 삭제등록하고, 반입정지기간이 경과하는 때 시스템 관리부서로 부호삭제의 해제를 요청하여야 한다.

④ 세관장은 물품반입의 정지처분이 관세법 제178조 제3항에 해당하는 경우에는 과징금을 부과할 수 있다.

> **관세법 제178조(반입정지 등과 특허의 취소) 제3항** 22 기출
> 세관장은 제1항에 따른 물품반입등의 정지처분이 그 이용자에게 심한 불편을 주거나 공익을 해칠 우려가 있는 경우에는 특허보세구역의 운영인에게 물품반입 등의 정지처분을 갈음하여 해당 특허보세구역 운영에 따른 매출액의 100분의 3 이하의 과징금을 부과할 수 있다. 이 경우 매출액 산정, 과징금의 금액, 과징금의 납부기한 등에 관하여 필요한 사항은 대통령령으로 정한다.

04 반출입 물품의 장치

1. 물품의 장치 및 관리

① 운영인은 다음의 어느 하나에 해당하는 물품을 각각 구분하여 장치하여야 한다.

  - 보세가공용 원재료 등(물품반입확인서 발급대상물품 포함)
  - 수입통관 후 사용하여야 하는 외국물품
  - 보세공장에서 제조·가공, 수리된 물품
  - 보세작업결과 발생한 잉여물품
  - 내국작업 물품

다만 물품을 전산에 의하여 보관·관리하는 자동화 보관시설을 갖춘 경우로서 세관장이 보세화물의 감시 단속에 지장이 없다고 인정할 경우에는 그러하지 아니하며, 수입통관 후 해당 보세공장에서 사용할 기계, 기구, 부분품, 소모품, 견품, 내국작업 원재료 및 해당 보세공장 부설 연구소에서 사용될 시설기자재·원재료 등으로서 해당 사용장소에 장치할 필요가 있는 경우에는 그 장소에 장치할 수 있다.

② 단일보세공장으로 특허한 경우 주공장 관할지세관(특허세관)장은 공장 및 공정별로 구분하여 보세공장을 관리한다. 다만, 보세공장의 감시감독에 필요하다고 인정되는 경우에는 소재지 관할세관장에게 보세공장 운영실태 등의 업무조사를 의뢰할 수 있다.

2. 보세공장 외 일시 물품장치 등 22 기출

① 운영인은 해당 보세공장에 반입하려는 물품과 반입된 물품, 해당 보세공장에서 생산된 재공품 및 제품 중 거대 중량(부피)의 물품 또는 특수보관이 필요한 물품으로서 다른 보세작업의 수행에 지장이 있는 경우에는 세관장의 허가를 받아 해당 물품을 보세공장 외의 장소에 장치(장외일시장치)할 수 있다.

② 보세공장 외 일시 물품 장치허가(정정)신청서를 제출받은 세관장은 신청물품이 다른 보세작업의 수행에 지장을 초래하는지, 그 밖의 장치기간·장소 및 신청사유 등이 보세화물의 감시감독에 지장을 초래하는지 등을 심사하여 1년 6개월의 범위에서 이를 허가할 수 있다. 다만, 재해 그 밖에 부득이한 사유가 있는 경우에는 세관장의 허가를 받아 장치장소를 변경하거나 1년 6개월의 범위에서 장치기간을 연장할 수 있다.
③ 장외일시장치 물품은 장외일시장치 장소에 장치한 상태에서 수출입신고, 양수도 또는 폐기처분 등을 할 수 있다.
④ 운영인은 장외일시장치 허가를 받은 물품을 허가일부터 30일 이내에 허가받은 장소에 반입하여야 한다. 이 경우 해당 물품의 반출신고 및 보세운송신고는 장외일시장치허가서로 갈음한다.
⑤ 장외일시장치장소에 반입된 물품은 허가기간이 종료될 때까지 보세공장에 있는 것으로 본다.
⑥ 운영인은 장외일시장치 물품을 보세공장에 반입하는 때에는 세관장에게 보세공장물품 반출(입)신고(승인)서를 제출하여야 하며, 세관장은 허가기간이 경과한 물품이 장외일시장치장소에 장치되어 있는 경우에는 해당 물품의 허가받은 운영인으로부터 그 관세를 즉시 징수한다.
⑦ 동일한 장외장치 장소에서 반복적으로 허가를 받고자 하는 운영인은 사전에 장외일시장치 장소를 관할하는 세관장에게 장외일시 장치 장소를 등록(변경하는 경우를 포함한다) 할 수 있다.

05 사용신고

1. 사용신고 및 검사

① 운영인은 보세공장에 반입된 물품에 대하여 그 사용 전에 다음의 서류를 첨부하여 세관장에게 사용신고를 하여야 한다.

- 사용신고서(수입신고서 양식 사용)
- 수입승인서 또는 이를 갈음하는 서류(필요한 경우에 한정)
- 송품장
- 선하증권(B/L)·항공화물운송장(AWB) 사본
- 관세법 제226조에 따른 세관장 확인서류
- 그 밖에 세관장이 필요하다고 인정하는 서류(포장명세서, 보수작업신청서, 내·외국물품 혼용작업 신청서, 위탁가공계약서 등)

다만 환급대상물품 반입확인서 발급 대상물품은 보세사에 의한 반입명세의 기록으로 갈음하며, 국내 반출신고는 환급고시에 따른 반입확인서의 정정·취하 승인으로 갈음하는 방법을. 다른 보세공장으로부터 반입된 물품(보세공장에서 화물관리번호 부여 후 다른 보세구역을 경유하여 반입되는 물품을 포함)과 자유무역지역 또는 복합물류보세창고로부터 반입된 물품은 반입신고를 사용신고에 갈음할 수 있으며, 내국물품은 사용신고를 생략한다.

② 사용신고를 한 외국물품이 다음의 법률에 따라 수입요건을 갖출 필요가 있는 물품인 경우에는 세관장에게 그 요건을 갖춘 것임을 증명하여야 한다.

- 「마약류관리에 관한 법률」
- 「식물방역법」
- 「야생생물 보호 및 관리에 관한 법률」
- 「총포·도검·화약류 등의 안전관리에 관한 법률」
- 「수산생물질병관리법」
- 「가축전염병예방법」
- 「폐기물의 국가 간 이동 및 그 처리에 관한 법률」
- 「약사법」 (오·남용우려 의약품 한정)

- 「수입식품안전관리특별법」
- 「통신비밀보호법」
- 「화학물질관리법」 (금지물질, 제한물질에 한함)
- 「방위사업법」
- 국민건강보호·사회안전을 위해 긴급한 대응이 필요하여 법률상 수입요건 구비 여부 확인이 필요하다고 세관장이 인정하는 경우 해당 법

③ 사용신고 물품에 대한 검사는 「수입물품 선별검사에 관한 훈령」을 준용하며, 사용신고를 수리한 때에는 「세관특수청인에 관한 규정(기획재정부 훈령)」에 따른 세관특수청인을 전자적으로 날인한 신고필증을 교부한다. 다만, 다음의 사유가 있을 때에는 해당 각각의 방법으로 교부한다.

- 부득이한 사정으로 신고필증을 전자적으로 교부할 수 없는 경우
    → 사용신고서에 세관 특수청인을 직접 찍어서 교부
- 신고물품의 규격수가 50개를 초과하여 전산으로 입력하지 않고 신고서와 신고필증에 상세내용을 별도의 붙임서류로 첨부하여 신고하는 경우
    → 세관특수청인을 전자적으로 찍은 신고필증과 붙임서류의 경계면에 신고서 처리담당자의 인장을 찍어서 교부

④ 검사대상물품 선별에서 검사방법이 수리 전 분석 또는 수리 후 분석으로 지정된 경우 사용신고한 물품이 원료과세 적용 신청물품이 아닌 경우에는 검사를 생략할 수 있다.

⑤ 운영인은 사용신고하는 보세공장 반입대상 물품 중 다음의 물품이 있는 때에는 란을 달리하여 신고하여야 한다.

- 보세공장 반입물품 또는 보세공장에서 제조·가공한 물품과 세트를 구성하거나 함께 거래되는 물품
- 보세공장 반입물품 또는 보세공장에서 제조·가공한 물품에 전용되는 포장·운반용품

⑥ 세관장은 수출입 안전관리 우수업체 또는 법규수행능력 우수업체 보세공장이 해당 보세공장에서 사용하는 원재료의 품목번호(HSK)를 전산시스템에 등록한 경우에 입항 전에 사용신고를 하게 하거나 사용신고수리를 전산에서 자동수리하게 할 수 있다. 다만, 서류제출대상 또는 검사대상으로 선별된 물품의 경우에는 그러하지 아니하다.

⑦ 운영인은 입항 전 사용신고를 「보세화물 입출항 하선 하기 및 적재에 관한 고시」에 따라 화물관리번호가 부여된 이후에 보세공장 관할세관장에게 할 수 있다.

2. 사용신고 취하 등

① 운영인은 보세공장에 반입된 물품 중 수입통관 후 사용해야 할 물품을 운영인의 착오 등으로 사용신고를 한 물품에 대해서는 관할세관장에게 사용신고 취하신청을 할 수 있다.

② 세관장은 사용신고 취하신청을 받은 때 해당 물품이 사용신고 당시의 성질과 상태가 변경되지 아니한 경우에만 그 사용신고를 취하할 수 있다.

③ 세관장은 사용신고된 물품이 제조공정 등에 투입되어 사용신고 당시의 성질과 상태가 변경된 경우에는 운영인에게 관세 및 가산세를 부과고지 하여야 한다.

3. 보세공장 도착 전 사용신고

① 세관장은 운영인이 보세공장 도착 전 사용신고한 물품 중 검사생략으로 선별된 물품으로서 보세공장 도착 전에 심사 및 결재등록을 하는 경우에는 관세법 제215조에 의한 보세운송 도착보고된 때에 전산에서 자동수리할 수 있다.

② 세관장은 수출입 안전관리 우수업체 또는 법규수행능력 우수업체인 보세공장에 대하여 해당 보세공장에서 사용하는 물품의 품목번호(HSK)를 전산시스템에 등록한 경우에는 보세공장 도착 전 사용신고 물품의 심사 및 결재등록을 생략할 수 있다. 다만, 서류제출대상이나 검사대상으로 선별된 물품의 경우에는 그렇지 않다.

4. P/L신고대상업체 및 P/L신고대상물품 지정

사용신고를 서류제출 없이 전자서류에 의하여 할 경우(P/L신고 : Paperless신고)에는 「수입통관 사무처리에 관한 고시」에 규정한 바에 따른다.

06 보세공장 작업 관련 사항

1. 내·외국물품 혼용작업

① 관세법 제188조 단서에 따라 내·외국물품 혼용작업을 하고자 하는 자는 보세공장 내·외국물품 혼용작업신청서에 소요원재료에 대한 상세목록을 첨부하여 세관장의 승인을 받아야 한다. 다만, 세관장이 혼용작업관리에 지장이 없다고 인정한 때에는 주요원재료목록 제출로 상세목록을 갈음할 수 있다.

② 운영인은 내·외국물품 혼용작업한 물품에 대하여 세관장이 요구하는 때에는 원재료 실소요량 계산서를 세관장에게 제출하여 내·외국물품 혼용비율에 대해 세관장의 확인을 받아야 한다.

③ 세관장은 내·외국물품 혼용작업승인을 받은 물품과 품명 및 규격이 각각 동일하고 손모율에 변동이 없는 동종의 물품을 혼용하는 경우에는 새로운 승인신청을 생략하게 할 수 있다.

④ 장외작업 또는 다른 보세공장 일시보세작업 허가를 받아 생산하는 물품의 내·외국물품 혼용작업 승인신청은 허가 받은 운영인이 원보세공장 관할 세관장에게 신청하여야 한다.

⑤ 운영인이 내·외국물품 혼용작업 승인내역을 정정하려는 때에는 내·외국물품 혼용작업 정정신청(승인)서를 제출하여 세관장의 승인을 받아야 한다.

2. 장외작업 23 기출

① 장외작업을 하려는 운영인은 세관장에게 장외작업장 등록신청서를 제출하여 장외작업장소를 등록하고, 임가공계약서 등 임가공계약을 확인할 수 있는 서류 사본 1부(전산시스템에 의한 신고의 경우 제출생략)를 첨부하여 세관장에게 장외작업허가를 받아야 한다. 이 경우 세관장은 작업에 소요되는 원재료를 부정하게 유출할 우려가 있다고 인정되는 물품 또는 공장에 대하여는 장외작업을 허가하여서는 아니 된다.

② 장외작업 허가신청을 받은 세관장은 6개월 이내의 기간과 장소를 정하여 이를 허가할 수 있다. 다만, 다음의 어느 하나에 해당하는 경우에는 해당 기간 이내에서 장외작업을 허가할 수 있다.

- 임가공계약서 등으로 전체 장외작업의 내용(장외작업장소, 작업종류, 예상 작업기간)을 미리 알 수 있어 여러 건의 장외작업을 일괄 허가하는 경우 → 1년
- 제품 1단위를 생산하는 데 장기간 소요되는 물품인 경우 → 2년

③ 세관장은 다음의 어느 하나에 해당하는 경우에는 장외작업기간 동안 생산하는 물품과 소요 원재료를 포괄하여 장외작업을 허가할 수 있다. 이 경우 임가공계약서 등에 작업공정별 작업장소, 작업기간, 생산하는 물품 및 소요원재료 등이 명시되어 있어야 한다.

- 제조공정상 동일한 장외작업장에서 연속하여 작업수행이 필요한 경우
- 장외작업장과 다른 보세공장 및 자유무역지역 간에 한 곳 이상의 장외작업장 등에서 연속하여 작업수행이 필요한 경우

④ 세관장은 다음의 어느 하나에 해당하는 경우에는 운영인으로부터 장외작업 기간연장(장소변경) 승인신청을 받아 승인할 수 있다.

> - 거대중량 또는 원보세공장의 장치공간 부족 등의 사유로 1년의 범위에서 계속하여 장치하려는 경우
> - 재해 그 밖에 부득이한 사유로 1년의 범위에서 작업기간을 연장하려는 경우
> - 재해 그 밖에 부득이한 사유로 장외작업장소를 변경하려는 경우

⑤ 운영인은 원보세공장과 장외작업장 또는 장외작업장과 장외작업장 간의 원재료 및 제품을 이동할 때에 물품 반출입 내역을 자체적으로 기록·유지하는 경우에는 반출입신고 겸 보세운송신고를 생략할 수 있으며, 장외작업장과 다른 보세공장 간의 원재료 및 제품의 이동은 보세운송절차에 따른다.

⑥ 장외작업의 허가를 받아 보세작업한 물품과 그 잉여물품은 장외작업장소에 장치한 상태에서 원보세공장 관할세관으로 수출·수입신고, 양수도, 다른 보세구역 또는 자유무역지역 입주기업체로의 반출신고, 폐기신청, 장외일시장치신청 등을 할 수 있다. 다만, 세관장이 보세화물의 관리·감독상 필요하다고 판단하거나 검사대상물품으로 선별한 경우에는 원보세공장으로 반입하여야 하며, 거대중량 등 부득이한 사유로 반입하기 곤란한 물품은 장외작업 장소에서 확인하여야 한다.

⑦ 운영인은 허가받은 장외작업내용이 변경된 경우 세관장에게 장외작업 허가정정 신청서를 제출하여 장외작업 허가내용을 정정신청하여야 한다. 이 경우 업종에 따라 잦은 제작(설계) 변경 등으로 허가내용을 수시로 정정하여야 하는 경우 세관장이 타당하다고 인정하는 경우에 한하여 완료보고 전에 사용된 원재료 실소요량으로 일괄하여 1건으로 정정신청을 할 수 있다.

⑧ 운영인은 허가받은 장외작업이 종료된 때에는 장외작업 완료보고서를 제출하여 완료보고를 하여야 한다. 이 경우 동일장소 또는 동일계약에 따른 여러 건의 장외작업허가를 일괄하여 1건으로 완료보고 할 수 있다.

⑨ 장외작업 허가기간이 경과한 물품이 장외작업장에 장치되어 있는 경우 세관장은 해당 물품의 허가를 받은 보세공장 운영인으로부터 그 관세를 즉시 징수한다.

⑩ 장외작업의 허가를 받은 물품은 원보세공장 관할세관에서 관리한다. 다만, 보세공장과 장외작업장소가 서로 다른 세관의 관할구역에 있어 관리가 어렵다고 인정되는 경우에는 장외작업장소 관할세관장에게 구체적으로 확인할 사항을 통보하여 관리·감독을 의뢰할 수 있다.

⑪ 장외작업물품의 관리·감독을 의뢰받은 세관장은 해당 작업장의 관리·감독과정에서 보세화물의 관리가 부적절하다고 인정되는 경우에는 즉시 장외작업허가 세관장에게 그 사실을 통보하여야 한다.

⑫ 운영인은 장외작업허가를 받은 원재료 및 제품의 운송 시에는 보세운송등록 차량, 원보세공장 또는 장외작업장 소유의 차량을 이용하여야 한다.

3. 원재료의 장외작업장소 직접 반입

① 장외작업에 소요되는 물품을 장외작업장소로 직접 반입하고자 하는 경우 운영인은 장외작업 허가신청 시 해당 품목에 장외작업장 직접 반입물품임을 표시하여야 한다. 다만, 서면에 의한 장외작업허가의 경우에는 신청서 우측 상단에 장외작업장 직접 반입물품의 고무인을 날인 신청하여 세관장의 허가를 받아야 한다.

② 장외작업허가를 받은 물품을 보세운송하려는 자는 보세운송신고서에 다음에 해당하는 서류를 모두 첨부하여 신고지세관장에게 제출하여야 한다.

> - 장외작업허가서 사본(자율관리보세공장물품은 제출 생략)
> - 적재화물목록 또는 B/L(AWB 포함) 사본
> - 송품장 사본

③ 운영인은 장외작업장에 원재료가 직접 반입된 때에는 이 고시에 의한 반입신고, 사용신고 등은 보세공장 관할지세관장에게 하여야 한다.

4. 다른 보세공장 등 일시보세작업

① 운영인은 작업공정상 보세작업의 일부를 다른 보세공장 또는 자유무역지역에서 수행하고자 하는 경우에는 세관장에게 다른 보세공장 일시보세작업 허가신청을 하여야 한다.

② 운영인이 전산시스템을 통해 다른 보세공장 일시보세작업 허가신청을 하는 경우 세관장은 작업기간 동안 생산하는 물품과 소요 원재료를 일괄하여 1년 이내의 기간을 정하여 이를 허가할 수 있다. 다만, 세관장은 재해 그 밖에 부득이한 사유로 인정되는 경우 장외작업(다른 보세공장 일시보세작업) 등 허가정정(취소) 신청(승인)서를 제출받아 1년의 범위 내에서 작업기간의 연장을 허가할 수 있다.

③ 세관장은 제조공정상 한 곳 이상의 다른 보세공장이나 자유무역지역 또는 장외작업장에서 연속하여 작업수행이 필요하여 임가공계약서 등에 작업공정별 작업장소, 작업기간, 생산하는 물품 및 소요 원재료가 명시되어 있는 경우에는 작업기간 동안 생산하는 물품과 소요 원재료를 포괄하여 허가할 수 있다. 이 경우 허가받은 물품은 장외작업장과 다른 보세공장 상호 간에 직접 반입할 수 있다.

④ 운영인이 장외작업장 허가받은 물품을 반출입하는 때에는 보세운송절차에 따라야 한다. 이 경우 세관장은 보세화물의 감시감독을 위하여 반출입 시마다 확인하는 것이 필요한 경우를 제외하고 보세운송신고 및 보고에 대한 수리를 전산에서 자동수리하게 할 수 있다.

⑤ 다른 보세공장 일시보세작업에 소요되는 원재료 중 다른 보세공장 운영인이 사용신고한 물품은 다른 보세공장에서 관리한다. **18 기출**

⑥ 운영인이 최초의 보세작업을 다른 보세공장 또는 자유무역지역의 보세작업을 통하여 수행하고자 하는 경우에는 보세운송 도착보고 및 반입신고는 다른 보세공장 운영인(자유무역지역은 입주기업체)이 하여야 한다.

⑦ 운영인은 다른 보세공장 일시보세작업으로 생산한 물품과 잉여물품 등을 다른 보세공장에 장치한 상태에서 수출입신고, 양수도 또는 폐기처분 등을 할 수 있다.

⑧ 운영인은 다른 보세공장 또는 자유무역지역 일시보세작업이 완료된 때에는 관할지 세관장에게 다른 보세공장 일시보세작업 완료보고를 하여야 한다. 이 경우 여러 건의 다른 보세공장 일시보세작업을 일괄하여 1건으로 완료보고할 수 있다.

⑨ 운영인은 다른 보세공장에 일시보세작업허가를 받은 원재료 및 제품을 운송할 때에는 원보세공장 또는 다른 보세공장(자유무역지역 입주기업체를 포함) 소유의 차량을 이용할 수 있다. 이 경우 원보세공장 또는 다른 보세공장 운영인은 사전에 관할세관장에게 보세운송신고자로 등록하여야 한다.

5. 보수작업

① 보수작업 범위는 다음의 어느 하나에 한하며, HS상 품목분류의 변화를 가져오는 것은 보수작업으로 인정되지 아니한다.

> - 물품의 보존을 위해 필요한 작업(부패·손상 등을 방지하기 위해 필요한 작업)
> - 물품의 상품성 향상을 위한 개수작업(포장개선, 라벨표시, 단순절단 등)
> - 선적을 위한 준비작업(선별, 분류, 용기변경 등)
> - 단순한 조립작업(간단한 셋팅, 완제품의 특성을 가진 구성요소의 조립 등) **19 기출**

② 보수작업을 하고자 하는 경우에는 세관장으로부터 보수작업승인을 받아야 한다. 다만, 보수작업 후 즉시 재수출하고자 하는 경우에는 사용신고서에 보수작업물품임을 표시하여 사용신고를 할 수 있으며, 사용신고가 수리되는 경우에는 해당 물품에 대한 보수작업이 승인된 것으로 갈음한다.

③ 보수작업을 완료한 경우에는 세관장에게 완료보고를 하여 그 확인을 받아야 한다. 다만, 완료보고와 동시에 수출하고자 하는 경우에는 수출신고서에 보수작업 완료물품임을 기재하여 수출신고를 할 수 있으며, 이 경우 수출신고가 수리되면 보수작업 완료보고를 하여 확인받은 것으로 본다.

④ 수출 후 재반입된 물품에 대하여 보수작업이 곤란한 경우에는 세관장의 승인을 받아 이를 잉여물품으로 처리하고 대체품을 수출할 수 있다.

6. 내국작업

① 운영인은 보세공장에서 내국작업을 하고자 하는 경우 보세공장 내 내국작업허가신청서를 세관장에게 제출하여야 한다.

② 신청서를 제출받은 세관장은 보세공장의 조업상태 및 보세화물 감시단속상 문제 등을 고려하여 타당하다고 인정되는 경우 내국작업을 허가할 수 있으며, 이때 보세공장의 운영실태, 작업의 성질 및 기간 등을 고려하여 작업기간에 소요될 것으로 예상되는 물품의 품명과 수량을 일괄하여 신고하게 할 수 있다.

③ 세관장은 내국 작업 허가기간 중 재해, 그 밖에 부득이한 사유로 허가취소, 허가내용 변경, 기간연장 등이 필요한 경우에는 보세공장내 내국작업 허가정정(취소) 신청(승인)을 할 수 있다.

④ 허가받은 내국작업 원재료로 반입하는 내국물품의 반입신고는 내국작업허가서로 갈음하며, 이 경우 내국작업으로 제조·가공하여 생산된 물품은 내국물품이 된다.

⑤ 운영인은 내국작업을 종료한 경우에는 세관장에게 내국작업종료신고를 하고 내국작업의 허가를 받아 제조·가공된 물품과 잉여물품을 지체 없이 보세공장 외로 반출하여야 하며, 반출신고는 내국작업종료신고로 갈음한다. 다만, 보세공장의 보세화물과 구분장치에 필요한 충분한 장치장소가 확보된 경우에는 6개월의 범위 내에서 해당 공장에 계속하여 장치할 수 있다.

⑥ 내국작업 일괄 허가를 받은 경우 내국작업이 끝나기 전에도 내국작업으로 제조·가공한 물품의 일부를 보세공장 외로 반출할 수 있다. 이 경우 운영인은 내국작업이 끝나기 전 반출하려는 물품의 품명, 수량 등을 기록·관리하여야 하며, 내국작업이 끝난 때에는 해당 반출기록을 첨부하여 세관장에게 내국작업 종료신고를 하여야 한다.

07 보세공장 물품 등의 이동

1. 수출·수입 또는 국외반출의 신고

① 보세공장에서 제조·가공한 물품을 운영인이 수출 또는 수입을 하거나 양수한 자가 수출, 수입하려는 경우(보세공장에서 제조·가공하여 외국의 제3자와의 거래관계에 의하여 국내업자가 수출, 수입하는 경우 포함)에는 관세법 제241조에 따라 세관장에게 신고하여야 한다.

② 다음의 어느 하나에 해당하는 물품은 수입신고를 하여야 하며, 세관장은 필요한 경우 관련 증명자료의 제출을 요구할 수 있다.

- 보세공장에서 생산한 제품과 잉여물품 중 국내로 수입하려는 물품
- 수입통관 후 보세공장에서 사용할 물품
- 보세공장으로부터 수입한 물품이 반입되어 외국물품 또는 환급대상 내국물품을 사용하여 수리 후 다시 반출하는 물품 또는 그 대체품
- 원재료를 사용하여 제조·가공된 물품 중 시험·연구용 물품
- 세관장이 그 사유와 증명자료 심사결과 타당하다고 인정하는 원재료

③ 운영인이 다른 보세공장 일시보세작업으로 생산한 물품과 잉여물품 등을 수출 또는 수입신고하려는 경우에는 해당 물품이 장치된 보세구역을 관할하는 세관장에게 하여야 한다.

④ 운영인이 아래 제14조 제1항 각 호의 물품을 국외로 반출하려는 경우에는 위 ①에서 정하는 수출의 절차에 따른다. 다만, 사용신고를 하지 아니한 물품은 「반송절차에 관한 고시」의 규정에 따른다.

> **보세공장 운영에 관한 고시 제14조(국외가공 등 원재료 원상태 반출) 제1항** 21 기출 19 기출
> 다음 각 호의 어느 하나에 해당하는 물품은 반입신고 시의 원재료 원상태로 국외반출을 허용할 수 있다.
> 1. 국외에서 제조·가공공정의 일부를 이행하기 위하여 필요한 원재료
> 2. 보세공장에서 수출한 물품의 하자보수 등 추가적인 제조·가공·수리에 필요한 원재료

3. 보세공장의 해외 현지공장에서 제조·가공·수리 그 밖에 유사한 작업에 사용할 원재료
4. 생산중단, 제조품목의 사양변경 또는 보세작업과정에서 발생하는 잉여 원재료
5. 계약내용과 다른 원재료(다만, 사용신고가 수리된 경우에는 사용신고 당시의 성질이나 형태가 변경되지 아니한 경우에 한한다)

⑤ 원료과세 적용물품을 수입하는 경우에는 제품과 원료를 란을 달리하여 신고하여야 한다.
⑥ 수입신고전 반출한 잉여물품은 반출신고서를 제출한 날로부터 10일 이내에 수입신고서에 다음의 서류를 첨부하여 세관장에게 수입신고하여야 한다. 이 경우 10일 이내의 반출한 물품을 일괄하여 수입신고할 수 있다. **23 기출**

- 보세공장 잉여물품 수입신고전 반출신고서
- 송품장 및 포장명세서
- 매매계약서(필요한 경우에 한함)

⑦ 운영인은 수입신고가 수리된 경우에는 화물관리시스템으로 제출한 보세공장 잉여물품 수입신고전 반출신고서 목록을 조회하여 통관이행내역을 등록하여야 한다.

2. 휴대탁송물품 등의 적재이행관리

보세공장에서 제조·가공한 물품을 휴대 또는 우편 등에 의해 반출하려는 경우에는 보세공장 관할세관장에게 관세법 제241조에 의한 수출신고를 하여야 하며, 이에 대한 적재이행관리 등은 「수출통관 사무처리에 관한 고시」상 수출물품의 적재이행관리에 따른다.

3. 견본품 전시 등을 위한 일시반출

① 세관장은 운영인이 다음의 어느 하나에 해당하는 사유로 보세공장에서 전시장, 본·지사의 지정장소, 품질검사업체 등의 장소(전시장 등)로 물품을 반출하고자 견본품 반출 허가 신청서를 제출하는 경우 6개월의 범위 내에서 이를 허가할 수 있다.

- 수출상담이나 전시 등을 위하여 필요한 경우
- 품질검사를 위하여 필요한 경우
- 연구·시험용 목적을 위하여 필요한 경우

② 보세공장 견본품 일시반출입절차는 다음의 규정에 따른다.

- 견본품은 수출상담, 전시 또는 원자재 등의 품질검사 등을 위하여 세관장이 필요하다고 인정하는 최소한의 물량이어야 한다.
- 반출허가를 받은 견본품은 허가일로부터 5일 이내에 허가받은 전시장 등에 반입하여야 한다.
- 견본품을 보세공장에 재반입하고자 하는 경우에는 세관장에게 해당 물품의 반출허가서 사본을 첨부하여 견본품재반입신고를 하여야 한다.
- 견본품 반출허가를 받아 전시장 등으로 반출하거나 보세공장으로 재반입하는 물품의 반출입신고는 동 허가(신고)서로 갈음하고 별도의 보세운송절차를 요하지 아니한다.
- 보세공장과 전시장 등이 서로 다른 세관의 관할구역 내에 있는 경우 세관장은 전시장 등 관할 세관장에게 필요한 사항에 대한 관리·감독을 위탁할 수 있다.

4. 보세공장 보세운송의 특례 **21 기출**

① 세관장은 다음의 어느 하나에 해당하는 물품에 대하여 보세운송신고 수리를 전산에서 자동수리하게 할 수 있다.

- 동일법인 보세공장(자유무역지역 입주기업체 및 복합물류보세창고를 포함) 간 반출입 물품

- 원재료 등 상호 반출입이 빈번한 보세공장(자유무역지역 입주기업체 및 복합물류보세창고를 포함) 간 반출입 물품
- FTA형 특별보세공장 반출입 물품

② 물품 반출입절차를 이용하려는 운영인은 보세공장 관할지 세관장에게 보세공장 보세운송 특례적용 신청(승인)서를 제출하여 세관장의 승인을 받아야 한다.

③ 보세공장 보세운송 특례적용신청(승인)서를 접수한 세관장은 해당 보세공장, 복합물류보세창고 및 자유무역지역을 관할하는 세관장과 협의하여 다음의 사항을 충족하고 보세화물관리에 지장이 없다고 인정하는 경우에는 이를 일괄하여 승인하고 전산시스템에 해당 보세구역 부호 및 자유무역지역 입주기업체 부호를 등록하여야 한다.

- 동일법인 보세공장(자유무역지역 입주기업체 및 복합물류보세창고를 포함) 간 반출입 물품

  - 보세공장, 복합물류보세창고 및 자유무역지역 입주기업체의 물품관리체계상 반출입 물품관리에 지장이 없는 경우
  - 「관세 등에 대한 담보제도 운영에 관한 고시」에 따라 담보제공 생략자 또는 포괄담보제공업체에 해당하는 경우
  - 자유무역지역 입주기업체의 경우 제조업종의 사업이나 포장·보수·가공 또는 조립 등 복합물류 관련 사업을 하는 경우

- 원재료 등 상호 반출입이 빈번한 보세공장(자유무역지역 입주기업체 및 복합물류보세창고를 포함) 간 반출입 물품

  - 해당 업체 중 어느 하나라도 수출입 안전관리 우수업체 또는 법규수행능력 우수업체인 경우
  - 최근 3개월의 해당 업체 간 반출입 횟수가 월평균 20회 이상인 경우. 다만, 해당 보세공장(자유무역지역 입주기업체 또는 복합물류보세창고 포함)이 모두 수출입 안전관리 우수업체인 경우 반출입 횟수와 상관없이 특례를 적용할 수 있다.
  - 자유무역지역 입주기업체 중 제조업종의 사업이나 포장·보수·가공 또는 조립 등 복합물류 관련 사업을 하는 경우

- FTA형 특별보세공장 반출입 물품

  - FTA형 특별보세공장으로 특허받은 경우
  - FTA형 특별보세공장의 상대 보세공장이 수출입 안전관리 우수업체 또는 법규수행능력 우수업체에 해당하는 경우

④ 보세공장 보세운송특례를 승인받은 운영인은 보세운송물품의 내용과 반출입물품의 내용을 보세사로 하여금 확인하도록 하여야 한다.

5. 수출신고의 취하

① 관세법 제250조에 따라 수출신고를 취하하고자 하는 자는 세관장에게 전자문서에 의한 수출신고 취하 승인 신청서를 제출하고 승인을 받아야 한다.

② 세관장은 수출신고수리물품이 해당 보세공장 이외의 보세구역 또는 다른 세관 관할 보세구역에 장치되어 있는 경우에는 원보세공장에 재반입한 후 신고를 취하하여야 한다.

6. 원재료 소요량 관리

① 운영인은 보세작업에 의하여 생산된 해당 제품을 생산하는 과정에서 사용한 각각의 원재료의 총량을 기초로 다음의 사항을 기록·관리하여야 하며, 회계연도 종료 후 3개월 이내에 해당 회계연도에 생산한 제품에 대하여 보세공장원재료 실소요량계산서를 작성 보관(전산설비에 의한 기록을 포함)하여야 한다.

- 제품의 품명, 모델·규격, 수량
- 원재료별 실소요량
- 원재료의 품명, 모델·규격, 내·외국물품의 구분
- 제품 1단위 생산에 소요되는 원재료별 평균 소요량

다만, 동종·동질물품으로서 손모율의 차이가 없다고 세관장이 인정하는 경우에는 제품 또는 소요원재료를 통합하여 손모율을 산정할 수 있다.

② 세관장은 보세작업을 종료한 물품을 국내로 수입통관 할 때 물품의 성질, 보세작업의 종류, 그 밖의 사유로 원재료 소요량 관리가 필요하다고 인정되는 경우에는 운영인으로 하여금 해당 신고물품에 대한 보세공장 원재료 실소요량 계산서를 작성하여 제출하게 할 수 있다. 이 경우 원재료 실소요량은 해당 보세작업 기간에 제품을 생산하는 과정에서 사용한 원재료별 총량으로 산정한다.

③ 원재료 실소요량을 산정하는 데 있어 정상적인 작업공정 중에 발생한 원재료의 손모량 이외에 제조·가공과정 중에 품질검사 등의 목적으로 보세공장 내에서 소모되는 물품, 불량품 생산에 사용된 원재료 등(원재료 자체불량, 천재지변 등으로 발생된 원재료의 손실량, 기계의 고장 등으로 발생한 손실량 등) 잉여물품에 대하여도 소요량으로 인정한다.

④ 운영인은 원재료별 소요량을 객관적으로 확인할 수 있도록 원재료, 재공품, 제품과 잉여물품에 대한 수급명세를 기록하여야 한다.

7. 잉여물품의 처리 `22 기출`

① 운영인은 잉여물품이 발생한 때에는 잉여물품 관리대장에 잉여물품의 형태, 품명·규격, 수량 또는 중량 및 발생사유를 기록하여야 하며, 잉여물품을 다른 보세작업에 사용하고자 하는 경우에는 잉여물품 관리대장에 그 내용을 기록한 후 사용하여야 한다.

② 잉여물품을 폐기하고자 하는 운영인은 세관장의 승인을 받아야 하며, 이 경우 세관장은 해당 물품의 성질, 폐기장소 및 폐기방법 등을 고려하여 필요하다고 인정되는 경우에는 세관공무원을 입회시킬 수 있다. 다만, 기업의 영업비밀 또는 보안상의 사유로 해당 보세공장의 자체 시설을 이용하여 잉여물품의 원형을 변형하고자 하는 경우에는 별도의 폐기승인 절차 없이 잉여물품 등에 대한 원형변형 작업을 할 수 있으며, 이 경우 운영인은 작업 내역을 자체적으로 기록·유지하여야 한다.

③ 운영인이 승인받은 물품을 폐기할 경우에 세관공무원은 폐기물품의 품명, 규격 및 수량 등이 현품과 일치하는지를 확인하여야 하며, 폐기를 완료한 운영인은 관련 자료를 첨부하여 세관장에게 폐기완료일로부터 30일 이내에 폐기완료 보고를 하여야 한다. 이 경우 세관장은 폐기 후 잔존물이 실질적인 가치가 있을 때에는 폐기 후의 물품의 성질과 수량에 따라 관세 등을 징수하여야 한다.

④ 운영인이 잉여물품을 수입신고 전 반출신고, 수입 또는 수출하고자 하는 때에는 보세사가 확인한 잉여물품확인서를 제출하여야 하며, 일시적으로 보세사가 확인할 수 없는 부득이한 사유가 있는 운영인은 세관장으로부터 잉여물품확인서를 확인받아 제출하여야 한다. 다만, 수입신고 전 즉시반출신고 후 수입신고하는 경우에는 반출일로부터 10일 이내에 수입신고하는 때까지 잉여물품확인서를 제출할 수 있다.

⑤ 세관장은 운영인이 잉여물품을 폐기하는 때에는 수출입 안전관리 우수업체, 법규수행능력평가 우수업체 등 성실하다고 인정하는 업체 중 멸각 후의 잔존물이 실질적 가치가 없는 물품에 대하여는 업체의 신청을 받아 사전에 자체폐기 대상물품으로 지정할 수 있다.

이 경우 폐기수량 확인 및 폐기방법 등에 대하여는 특정폐기물처리업체 등으로부터 폐기물처리 완료 증명서를 제출받아 보세공장 운영인이 자체적으로 대장관리하도록 하며, 세관장은 재고조사 시에 이를 일괄하여 확인함으로써 폐기신청, 폐기 시 입회확인 및 폐기완료보고 등을 생략하게 할 수 있다.

⑥ 운영인은 잉여물품의 폐기장소가 다른 보세공장인 경우에는 보세운송절차에 의하여 다른 보세공장으로 반출하여 폐기하여야 하며, 세관장은 세관공무원의 입회가 필요한 물품으로 폐기장소가 세관관할구역을 달리하는 경우에는 관할지 세관장에게 세관공무원의 입회를 의뢰할 수 있다.

⑦ 잉여물품이 사용신고 시 따로 신고하지 아니하는 일회용 포장재로서 반복사용하지 아니하는 물품인 경우에는 해당 원재료의 사용신고수리로써 폐기처분승인을 받은 것으로 본다. 이 경우 폐기에 따른 입회 및 폐기완료보고는 생략한다.

08 특별(귀금속류 등) 보세공장 관리

1. 귀금속류 보세공장

① 귀금속 및 보석류 보세공장 특허 및 운영은 다음에서 정하는 바에 의한다.

> - 설치·운영특허
>   물품검사를 위한 필요한 측정용 기기와 이에 부수하는 장비 비치, 원재료와 제품을 구분하여 안전하게 장치 보관할 수 있는 창고 또는 금고를 구비하여야 한다.
> - 물품의 장치 및 관리
>   세관장은 보세화물의 안전을 위하여 필요하다고 판단하는 경우에는 해당 물품, 창고 또는 금고에 세관봉인을 할 수 있다.
> - 물품의 반출입검사
>   세관장은 전산시스템에 의하여 검사대상으로 선별되지 아니한 물품에 대하여 자체 검사대상 선별기준을 따로 정하여 시행할 수 있다.
> - 장외작업 및 다른 보세공장 일시보세작업은 허용하지 아니한다. 다만, 성실업체로서 세관장이 판단하여 감시·단속에 문제가 없다고 인정되는 경우는 이를 허용할 수 있다.
> - 운영인은 원석 등의 절단 작업장과 일반작업장을 분리하여 작업하여야 한다.
> - 세관장은 원재료·제품의 반출입 및 관리방법, 보세작업신고, 보세작업완료보고 등 귀금속류 보세공장 운영에 필요한 사항에 대하여 내규를 정하여 관세청장의 사전승인을 받아 운영할 수 있다.

② 귀금속류 보세공장의 소요량관리는 보세작업기간 총소요량으로 하며, 다음에서 정하는 바에 따른다.

> - 외국물품 혼용작업 승인
>   매 건별로 혼용작업승인을 받아야 하며, 작업종료 시마다 원재료 실소요량 계산서를 작성 관리하여야 한다.
> - 운영인은 보세작업을 종료한 물품을 수출 또는 수입하고자 하는 경우에 보세작업으로 생산된 제품에 대한 원재료실소요량계산서를 세관장에게 제출하여야 한다.

2. 기내식 보세공장

① 기내식 보세공장의 특허 및 운영은 다음에서 정하는 바에 따른다.

> - 물품의 장치 및 관리
>   세관장은 보세화물의 안전관리를 위하여 필요하다고 판단하는 때에는 세관봉인과 물품 반출입 시 세관공무원을 입회시킬 수 있다.
> - 장외작업 및 다른 보세공장 일시보세작업은 허용하지 아니한다.
> - 세관장은 기내식 보세공장 특성을 감안하여 이 고시에서 규정된 절차의 일부를 생략하는 자체 내규를 정하여 사전에 관세청장의 승인을 득한 후 운영할 수 있다.

② 기내식 보세공장물품의 반출입에 관한 사항은 다음에서 정하는 바에 따른다.

> - 운영인은 보세공장에서 제조·가공한 기내식 물품을 반출입하고자 할 때에는 세관장에게 기내식 적재(하기)허가·신청서를 제출하여 세관장의 허가를 받아야 한다. 이 경우 세관장은 세관공무원으로 하여금 입회하여 확인하게 할 수 있다.
> - 세관장은 수출입 안전관리 우수업체이거나 법규수행능력평가 우수업체 등 보세공장 물품의 관리가 적정하다고 판단되는 보세공장에 대하여 적재(하기)허가를 당일 적재 예정인 항공기 전체에 대하여 포괄하여 허가할 수 있다.

- 운영인은 포괄허가 받은 내역이 실제 적재한 내역과 상이한 경우에는 적재한 날로부터 7일 이내에 기내식 적재허가 정정신청서를 제출하여 세관장의 승인을 받아야 한다.
- 운영인은 기내식 적재신청·허가를 득하고 적재 또는 제공한 후 선(기)장 또는 그 대리인의 적재확인 서명을 받은 적재허가서를 수출신고필증에 준하여 관리하여야 한다. 이 경우 세관담당공무원은 필요시 적재여부를 확인할 수 있다.
- 기내식 보세공장 물품의 수출기적관리는 기내식 적재(하기)신청·허가로 갈음하고 선(기)적관리 규정은 적용하지 아니한다.
- 운영인이 기내식을 보세운송하고자 하는 경우에는 「항공기용품 등 관리에 관한 고시」 보세운송 절차를 준용한다.

③ 기내식 보세공장의 소요량관리는 보세작업기간 총소요량으로 한다.

3. FTA형 특별보세공장

① 「중소기업기본법」 제2조에 따른 중소기업의 범위에 해당하는 자가 다음의 어느 하나에 해당되는 때에는 FTA형 특별보세공장으로 특허를 신청할 수 있다. 이 경우 세관장은 내부시스템 등을 통하여 다음 중 해당사항을 확인해야 한다.

- 「자유무역협정 원산지인증수출자 운영에 관한 고시」 제9조에 따라 업체별 원산지인증수출자로 인증받은 자
- 해당 업체 연간 수출실적의 3분의 1 이상을 FTA협정 체결국으로 수출하거나 수출예정인 자

② FTA형 특별보세공장의 운영 및 물품의 반출입 절차에 대하여는 다음에서 정하는 바에 따른다.

- 세관장은 FTA형 특별보세공장 물품에 대하여 보세공장의 장치공간 협소 등 세관장이 인정하는 경우 보세공장외 일시 물품장치를 허용할 수 있다.
- 세관장은 FTA형 특별보세공장 반입물품에 대하여 입항전 사용신고 또는 사용신고 수리를 전산에서 자동수리하게 할 수 있다.
- 세관장은 FTA형 특별보세공장에서 내국작업을 신청하는 경우 유휴시설 등이 아니더라도 보세화물관리에 지장이 없다고 인정되는 경우 이를 허가할 수 있다.

③ 신청인이 FTA형 특별보세공장으로 신청하고자 하는 때에는 보세공장 설치 운영 특허(갱신) 신청서상 보세공장 종류에 '(FTA)'를 병기하고 해당 요건을 증빙하는 서류를 추가하여 신청하여야 하며, 세관장은 전산시스템에 보세공장을 등록하는 때 설치·운영목적 말미에 '(FTA형)' 문구를 병기하여야 한다.

④ 요건을 갖춘 운영인이 FTA형 특별보세공장으로 전환하고자 하는 때에는 세관장에게 특허사항 변경신청을 하여야 한다.

4. 중소기업형 자율관리보세공장 24 기출

① 세관장은 다음의 어느 하나에 해당하는 자가 보세공장의 특허를 신청하는 경우에는 중소기업형 자율관리보세공장으로 지정할 수 있다.

- 「중소기업기본법」 제2조에 따른 중소기업
- 전년도 해당 공장에서 생산한 물품의 매출액 대비 수출액 비중이 50% 이상인 자(수출액은 「대외무역법 시행령」상 "수출실적"을 적용하여 산출)

② 중소기업형 자율관리보세공장으로 지정받고자 하는 자는 보세공장 설치·운영특허신청서와 중소기업형 자율관리보세공장 지정신청서를 제출하여야 한다.

③ 특허신청 및 중소기업형 자율관리보세공장 지정신청을 받은 세관장은 「특허보세구역 운영에 관한 고시」를 준용한 자체 보세공장 특허심사 위원회를 구성하여 특허요건의 충족 여부 및 관세행정의 목적에 부합하는지 등을 심의하여야 하며, 심의 결과 타당하다고 인정되는 경우에는 중소기업형 자율관리보세공장으로 특허할 수 있다. 이 경우 세관장은 보세공장 설치·운영 특허장 및 중소기업형 자율관리보세공장 지정서를 교부하여야 한다.

④ 세관장은 중소기업형 자율관리보세공장 지정을 신청하는 자가 특허요건을 충족하지 못하였으나, 설치·운영의 목적이 관세행정 목적에 부합하다고 인정되는 경우에는 일정 기간 내에 동 조건을 구비하는 조건으로 설치·운영을 특허할 수 있다.

⑤ 중소기업형 자율관리보세공장으로 지정받은 운영인은 다음의 특례 중 관할 세관장으로부터 특례적용 대상으로 지정받은 작업, 품목, 장소 등에 한하여 특례를 적용받을 수 있다.

> - 자율관리보세공장 특례
> - 보세공장에서 사용하는 원재료의 품목번호(HSK)를 전산시스템에 등록한 경우 사용신고를 전산에서 자동수리
> - 전산시스템에 반출입 보세공장의 보세구역 부호를 등록한 경우 보세운송신고를 전산에서 자동수리
> - 다음의 어느 하나에 해당하는 경우에는 특허기간 동안 일괄하여 허가 또는 승인을 받은 것으로 간주
>   - 장외일시장치 장소, 사유, 장치물품 등을 사전에 제출한 경우 장외일시장치신청
>   - 장외작업 장소, 작업범위, 작업원료, 생산물품 등을 사전에 제출한 경우 장외작업신청
>   - 다른 보세공장명, 작업범위, 작업원료, 생산물품 등을 사전에 제출한 경우 다른 보세공장 일시보세작업신청
>   - 작업내용, 작업원료 등을 사전에 제출한 경우 내국작업
>   - 폐기대상 물품, 폐기방법, 폐기업체 등을 사전에 제출한 경우 잉여물품 자체 폐기대상 지정신청

⑥ 중소기업형 자율관리보세공장으로 지정받은 운영인은 특례적용사항에 대하여 자체 기록·관리하여야 하며, 매월 또는 매분기가 종료된 다음 달 5일까지 중소기업형 자율관리보세공장 운영상황 보고서를 세관장에 제출하여야 한다.

⑦ 해당 요건을 갖춘 보세공장 운영인이 중소기업형 자율관리보세공장으로 전환하고자 하는 때에는 보세공장 제조·가공품목(작업종류) 변경(승인)서와 중소기업형 자율관리보세공장 지정(변경)신청서를 세관장에게 제출하여야 한다.

09 자율관리보세공장

1. 자율관리보세공장 지정요건 및 신청절차 등

① 세관장은 다음에 해당하는 경우에 자율관리보세공장으로 지정할 수 있다.

> - 「수출입 안전관리 우수업체 공인 및 운영에 관한 고시」 제5조에서 정한 A등급 이상인 수출입 안전관리 우수업체인 자
> - 관세법 제164조 제3항에 따라 해당 보세공장에 장치된 물품을 관리하는 보세사를 채용한 자
> - 반출입, 제조·가공, 재고관리 등 업무처리의 적정성을 확인·점검할 수 있는 기업자원관리(ERP)시스템 또는 업무처리시스템에 세관 전용화면을 제공하거나 해당 시스템의 열람 권한을 제공한 자

② 자율관리보세공장을 지정 신청하려는 자는 자율관리보세공장 지정 신청서를 세관장에게 제출하여야 한다.

③ 자율관리보세공장 지정 신청을 받은 세관장은 지정 요건을 검토하여 타당한 경우 자율관리보세공장으로 지정하고 자율관리보세공장 지정서를 신청자에게 교부하여야 한다.

④ 세관장은 자율관리보세공장 지정요건의 적정 여부와 자율관리보세공장 특례사항을 연 1회 이상 점검하여야 한다. 이 경우 특례사항 정기점검은 「자율관리보세구역 운영에 관한 고시」에 따른 자율점검으로 갈음할 수 있으며, 자율관리보세공장으로 지정받은 당해 연도는 특례사항 점검을 생략할 수 있다.

⑤ 세관장은 점검결과 위반사항을 적발한 경우 해당 보세공장에 대한 특례의 적용을 잠정 중단하여야 하며, 관세법령이나 이 고시 규정의 위반사항에 해당하는 경우에는 그에 따른 처분을 하여야 한다. 다만, 단순 보고 지연 등 세관장이 경미한 위반사항이라고 판단하는 경우 그러하지 않을 수 있으며, 특례 적용을 중단한 경우 해당 보세공장의 운영인으로부터 개선계획서 등을 제출받아 적정 여부를 심사한 후에 특례를 다시 적용할 수 있다.

2. 자율관리보세공장의 특례 `23 기출`

① 세관장은 자율관리보세공장으로 지정받은 자에게 다음의 특례를 적용한다. 세관장은 각각의 특례사항 중 자율관리보세공장 운영인이 신청하는 특례적용대상을 자율관리보세공장 지정서에 기재하여 교부하여야 한다.

> - 공휴일(「근로자의 날 제정에 관한 법률」에 따른 근로자의 날 및 토요일을 포함), 야간 등 개청시간 외에 보세공장에 반입된 물품(장외작업장에 직접 반입된 물품을 포함)을 사용하고자 하는 경우에는 법 제186조 제1항 및 이 고시 제18조 제1항에 따른 사용 전 사용신고를 공휴일 또는 야간 종료일 다음 날까지 사용신고 할 수 있다. 다만, 법 제186조 제2항에 해당되는 외국물품은 제외한다.
> - 다른 보세공장 일시 보세작업 장소가 자율관리보세공장인 경우 보세운송절차를 생략할 수 있다.
> - 물품의 반출입을 할 때 동일법인에서 운영하는 자율관리보세공장 간이나, 동일법인에서 운영하는 자율관리보세공장과 자유무역지역 입주기업체 간에는 보세운송절차를 생략할 수 있다.
> - 사용신고 특례적용을 위한 품목번호(HSK) 등록절차를 생략할 수 있다.
> - 연 1회 재고조사를 생략할 수 있다.
> - 해당 보세공장의 특허 목적과 관련 있는 물품은 보세공장에 반입하거나 보세공장으로부터 반출할 수 있다.
> - 해당 보세공장에서 생산된 수출물품이 무상으로 반출하는 상품의 견품 및 광고용품에 해당되고, 물품 가격이 미화 1만 불(FOB기준) 이하인 경우 보세운송절차를 생략할 수 있으며, 보세공장에서 생산된 물품이 장외일시 장치장과 장외작업장에서 수출신고되는 경우에도 이와 같다.
> - 보세공장 장기재고 현황 및 처리계획 보고서의 제출을 생략할 수 있다.
> - 해당 보세공장의 견본품을 기업부설연구소로 반출할 때 장외작업절차를 준용하게 할 수 있다.
> - 장외작업 허가 신청 및 장외작업 완료보고서 제출을 생략하게 할 수 있다. 이 경우 보세공장 운영인은 장외작업장을 등록하여야 하며, 이때 세관장으로부터 장외작업 허가를 받은 것으로 본다.

② 자율관리보세공장은 특례사항에 대한 업무절차 매뉴얼과 물품의 반출입 등 이동내용을 관리할 수 있는 내부통제시스템을 갖추어야 한다.
③ 사용신고, 물품 반출입 내용 등은 보세사가 자체 기록·유지하고, 기록내용을 매 분기 10일까지 세관에 제출하여야 한다.

10 보세운송 및 선(기)적 관리

1. 수출물품 등의 보세운송 `24 기출`

① 보세공장에서 다른 보세구역 또는 다른 보세공장으로 반출하는 물품은 보세운송 승인일로부터 7일 이내에 도착지에 도착하여야 한다. 다만, 부득이한 사유가 있는 경우에는 7일의 범위 내 또는 세관장이 인정하는 기간까지 보세운송기간을 연장할 수 있다.
② 보세공장에서 제조·가공되어 수출신고수리된 물품은 보세운송절차(수출신고서상의 운송(신고)인 및 운송기간의 기재로써 보세운송신고에 갈음)에 의하여 수출신고수리일로부터 30일 이내에 도착지에 도착하여야 하며, 보세운송기간의 연장은 선(기)적 기간의 연장으로 갈음한다.
③ 보세구역 운영인 등은 수출물품이 도착한 때에는 운송인으로부터 수출신고수리필증 또는 반출입신고서 사본을 제출받아 도착화물의 이상 유무를 확인하고, 이상이 있는 경우에는 즉시 그 사실을 도착지세관의 보세운송담당과에 보고하여야 하며, 보세운송 담당과는 도착물품을 검사하고 이상이 있을 때에는 그 결과를 발송지세관장에게 통보하여야 한다.
④ 보세구역 운영인 등은 수출신고수리물품 등의 관리에 있어 수입물품에 준하여 관리하여야 하며, 세관장의 정당한 허가, 승인(보세운송, 적재허가, 재반입명령 등) 없이 해당 물품의 반출을 허용하여서는 안 된다.

⑤ 운영인은 보세공장에서 수출신고수리된 물품을 운송하는 때에는 보세공장 소유의 차량을 이용할 수 있다. 이 경우 사전에 관할세관장에게 보세운송신고자로 등록하여야 한다.

2. 수출물품의 선(기)적 관리

① 운영인은 보세공장에서 제조·가공되어 수출신고수리된 물품을 수출신고가 수리된 날부터 30일 이내에 우리나라와 외국 간을 왕래하는 운송수단에 적재하여야 한다.
② 운영인은 출항 또는 적재 일정변경 등 부득이한 사유로 적재기간을 연장하고자 하는 때에는 「수출통관 사무처리에 관한 고시」 제45조의 수출물품 적재기간 연장승인 신청 절차를 따른다. 다만, 서면으로 신청하는 경우에는 보세공장 수출신고수리물품 선(기)적기간연장신청서의 제출 및 승인으로 한다.
③ 적재기간 연장신청을 받은 통관지 세관장은 신청사유의 타당성을 심사하여 6개월의 범위 내에서 연장승인을 할 수 있다. 이 경우 연장승인을 받고자 하는 물품이 관할지 이외의 보세구역에 장치되어 있는 경우에는 연장승인 대상물품이 장치된 보세구역을 관할하는 세관장에게 물품의 소재 여부를 확인하고 승인하여야 한다.
④ 운영인은 수출신고수리되어 보세운송된 물품이 주문취소, 적재일정 변경 등의 사유로 적재기간 내에 적재할 수 없어 수출신고를 취하하려는 경우에 보세공장 수출신고수리물품 재반입 신청을 하고 관할세관장의 승인을 받아 원보세공장에 반입하여야 한다. 이때 운영인은 재반입 신청을 하는 때에 수출신고 취하 신청을 할 수 있다. `24 기출`
⑤ 통관지세관장은 보세공장에서 제조·가공되어 수출신고수리된 물품이 신고수리일로부터 적재기간 내에 선(기)적되지 아니한 경우에는 원보세공장에 재반입하도록 하여 신고수리를 취하하는 등 필요한 조치를 하여야 한다. 이 경우 수출신고수리물품의 반출입신고 및 보세운송신고는 보세공장 수출신고수리물품 재반입 승인서 또는 보세공장 수출신고수리물품 반입명령서로 갈음한다.

11 물품의 관리·감독

1. 재고조사 `24 기출`

① 보세공장에 대한 재고조사는 서면심사 및 실지조사의 방법으로 회계연도 종료 3개월 이후 연 1회 실시를 원칙으로 한다. 다만, 부정유출의 혐의가 있거나, 설치·운영특허가 상실되는 등 세관장이 필요하다고 인정하는 경우에는 수시로 재고 조사할 수 있다.
② 운영인은 회계연도 종료 3개월이 지난 후 15일 이내에 보세공장 반입 원재료 및 제품 등의 관리에 대한 적정 여부를 자체 점검하고, 다음의 사항을 포함하는 자율점검표를 작성하여 전산시스템으로 전송하거나 관할 세관장에게 서류로 제출하여야 한다. 이 경우 공인회계사가 이 고시에서 정하는 바에 따라 재고조사를 실시하고 작성한 보고서는 자율점검표를 갈음할 수 있다.

> • 보세공장 현황(임원·보세사, 관련부서, 생산제품 등)
> • 원재료, 재공품, 제품 및 잉여물품 등의 재고관리 방법(반입일 또는 생산일로부터 1년 이상된 장기재고물품의 처리계획 포함)
> • 보세공장원재료 실소요량 계산서(전산기록매체 또는 서면)
> • 보세공장 반입물품의 기초재고, 반입/반출량, 기말재고 현황(사용신고 전 원재료, 수입신고 전 자본재, 사용신고 후 원재료, 재공품, 제품, 잉여물품을 구분하여 작성하되, 원재료 반입일 또는 제품 생산일로부터 1년 이상 경과된 원재료 또는 제품의 재고현황은 별도로 구분하여 서식을 사용하여 전산시스템으로 제출함)
> • 재고관리 현황을 확인할 수 있는 관련 서류명 및 관리부서
> • 보세공장의 법규수행능력 제고를 위한 내부 자율통제체제에 관한 사항
> • 그 밖에 보세공장 물품관리와 관련한 참고사항 및 의견

③ 세관장은 수출입 안전관리 우수업체, 법규수행능력평가 우수업체 등 보세공장 물품의 관리가 적정하다고 판단되는 보세공장에 대해서는 제출받은 자율점검표 등을 심사하여 그 결과로 재고조사를 갈음할 수 있으며, 그 밖의 보세공장에 대하여는 재고조사의 방법을 정하여야 한다.

④ 세관장은 재고조사대상으로 정하여진 보세공장에 대하여 재고조사 개시일부터 10일 이전에 물품의 반출입사항, 잉여물품의 처리사항 등 보세공장 물품관리에 필요한 사항이 포함된 제출서류명(결산서 및 부속서류 등), 서류제출기한, 재고조사대상기간, 재고조사기간 등을 기재한 통지서를 운영인에게 송부하여야 하며, 재고조사 개시일부터 서면심사의 경우는 7일 이내, 실지조사의 경우는 10일 내에 완료하여야 한다. 다만, 부득이하게 재고조사기간을 연장하려는 경우에는 7일 이내의 범위에서 연장할 수 있으며, 이미 재고조사가 완료된 "재고조사 대상기간"에 대해서는 부정유출혐의 등의 경우를 제외하고는 반복조사할 수 없다.

⑤ 세관장은 부정유출혐의 등 긴급하게 조사할 필요가 있다고 인정하는 경우에는 사전통지를 생략할 수 있다.

⑥ 세관장은 재고조사의 방법에도 불구하고 자료를 심사한 결과 동 재고조사의 방법이 타당하지 아니하다고 인정되는 경우에는 이를 변경할 수 있다. 다만, 다음의 어느 하나에 해당되면 실지조사를 하여야 한다.

- 자율점검표 및 자료를 제출기한까지 제출하지 않은 경우. 다만, 세관장이 타당하다고 인정하는 경우 제출기한을 연장할 수 있다.
- 보세화물의 부정유출 우려가 있는 경우
- 실소요량 관리가 다른 보세공장과 비교하여 불합리한 경우
- 제출된 자료가 서면조사에 필요한 사항이 기재되지 않아 서면심사가 이루어지기 어려운 경우
- 설치·운영특허가 상실된 경우(세관장이 실지조사를 생략할 수 있다고 인정한 경우는 제외)

⑦ 세관장은 물품의 종류와 작업공정 등을 감안하여 다음에서 정하는 예시와 같이 합리적인 방법으로 재고조사를 실시할 수 있다.

- 전자제품(반도체 제품 등) 원재료로서 게르마늄, 실리콘, 골드와이어 등과 같이 미세하고 촉수확인이 불가능한 물품은 포장단위의 조사
- 제조기간이 장기간이고 제조공정에 투입된 원재료가 변형되어 수량확인에 기술적인 분석이 필요한 것으로서 부정유출의 우려가 없다고 인정하는 물품(예: 선박 및 산업설비 등)은 업체의 작업현황에 따른 합리적인 수량확인 방법으로 조사
- 원자재가 다양하고 수량이 많아서 현품수량의 촉수확인이 곤란한 물품에 대하여는 투입되는 재료 중에서 고가품 또는 부정유출의 우려가 있다고 인정되는 주요 물품위주의 발췌조사

⑧ 운영인이 장부기장과 물품관리를 소홀히 하여 재고조사를 실시할 수 없을 때에는 기간을 정하여 그의 시정을 명하고, 지정기간 내 시정이 이루어지지 않는 경우 물품의 반입정지 등의 조치를 할 수 있다.

⑨ 실지조사결과 물품의 수량이 부족함을 발견하거나 잉여물품을 승인 없이 처분하는 등 관련법령을 위반한 사실을 발견한 때에는 자체조사 후 통고처분 등 필요한 조치를 하여야 한다.

2. 장부의 비치 및 기장의무

보세공장 운영인은 물품의 반출입사항, 잉여물품의 처리사항 등 보세공장물품관리에 필요한 사항이 포함된 장부 또는 자료보존매체(마이크로필름, 광디스크, 기타 전산매체)를 업체특성에 맞게 자율적으로 관리하여야 한다.

3. 운영인 및 보세사의 의무

운영인 또는 보세사는 다음 각 호의 사항을 확인하거나 기록(전산설비에 의한 기록을 포함)하여야 한다.

> ① 보세운송의 도착 및 화물의 이상유무 확인
> ② 보세공장의 원재료보관·보세작업·제품보관 등 각 단계별 반입과 반출
> ③ 장외작업물품의 반입과 반출
> ④ 내국작업허가 물품의 반입과 반출
> ⑤ 잉여물품의 발생과 반출입
> ⑥ 환급고시 규정에 따른 환급대상 내국물품의 반입
> ⑦ 반입대상이 아닌 내국물품의 반출입
> ⑧ 보세공장 물품의 장치와 보관
> ⑨ 기타 이 고시에서 정하는 확인·기록 사항

운영인은 보세사가 퇴사, 업무정지 등의 사유로 보세사 업무를 수행할 수 없는 경우에는 2개월 이내에 다른 보세사를 채용하여 보세사 업무를 수행하게 하여야 한다.

5절 | 보세건설장 관리에 관한 고시

✎ 본문 내용 중 꼭 알아야 하는 부분에 형광펜으로 표시하였으니 반드시 학습하시기 바랍니다.

01 총칙

1. 목적

이 고시는 「관세법」 제191조부터 제195조까지 및 같은 법 시행령 제210조부터 제212조까지에서 관세청장에게 위임된 사항과 보세건설장의 설치 및 운영에 관한 사항을 규정함을 목적으로 한다.

02 특허신청 관련 사항

1. 특허신청

보세건설장 설치·운영의 특허를 받으려는 자는 보세구역 특허신청서와 다음의 서류를 세관장에게 제출하여야 한다.

(1) 민원인 제출서류

> ① 공사계획서(목적, 일정, 투자내역, 건설 후 제조공정도, 수입금액 등 관련 내용 포함)
> ② 수입하는 기계류, 설비품 및 공사용 장비명세서(기본계획도, 설비배열도, 장치의 계선도 등을 포함)
> ③ 공사평면도 및 건물배치도
> ④ 위치도
> ⑤ 보세건설장 운영과 관계가 있는 임원의 인적사항(성명 등)

(2) 담당공무원 확인사항(민원인 제출생략)

> ① 법인 등기부 등본
> ② 국세납세증명서
> ③ 보세건설장 운영과 관계가 있는 임원에 대한 신원확인(신원조회)

2. 특허의 제한

「관세법」 제174조 제3항 및 「관세법 시행령」 제189조 제4호에 따라 관세청장은 법 등 관계법령에서 정하는 보세구역 설치·운영특허의 특허결격 사유 이외의 다음의 어느 하나에 해당하는 경우에는 보세건설장 설치·운영 특허를 하지 아니한다.

> ① 산업시설 공사의 규모, 수입물품의 종류, 수량 등에 비추어 통상의 수입통관 절차를 따르더라도 공사 진행에 지장이 없는 경우
> ② 기존 시설의 보수 및 개수를 하는 경우. 다만 중요산업(관세감면 또는 분할납부 업종)으로서 보수 및 개수를 위하여 세관장이 타당하다고 인정되는 경우에는 그러하지 아니하다. 24 기출

3. 특허

① 세관장은 다음의 어느 하나에 해당하는 경우 보세건설장을 특허할 수 있다.

> ㉠ 「산업발전법」 제2조에 따른 업종에 해당하는 물품을 수입하는 경우 **21 기출**
> ㉡ 중요산업(관세감면 또는 분할납부 업종)으로서 보수 및 개수를 위하여 세관장이 타당하다고 인정하는 경우
> ㉢ 「외국인투자 촉진법」 제2조에 따른 외국인투자지역에 입주하는 외국인투자기업체
> ㉣ 「산업집적활성화 및 공장설립에 관한 법률」 등에 따른 공업단지입주기업체
> ㉤ 「국가첨단전략산업 경쟁력 강화 및 보호에 관한 특별조치법」 제2조에 따른 국가첨단전략산업에 해당하는 경우
> ㉥ ㉠부터 ㉤까지에 해당하지 아니하는 경우로서 정상 통관절차를 따르면 장기간이 소요되어 산업시설건설에 지장을 초래한다고 인정되는 산업 또는 기업체

② 세관장은 보세건설장을 특허하였을 때에는 운영인에게 특허장을 교부하여야 한다.

4. 특허의 갱신 등

① 보세건설장의 특허를 갱신하려는 자는 특허기간 만료 30일 전까지 보세건설장 설치 운영 특허(갱신) 신청서와 다음의 서류를 세관장에게 제출하여야 한다.

- 민원인 제출서류

> - 공사진행상황 경과보고서
> - 보세화물 반입현황(수입신고 및 신고수리내역 포함)
> - 보세건설장운영과 관계가 있는 임원의 인적사항(성명 등)

- 담당공무원 확인사항(민원인 제출생략)

> - 법인등기부등본
> - 국세납세증명서
> - 보세건설장운영과 관계가 있는 임원에 대한 신원확인(신원조회)

② 운영인은 건설물품의 반입 지연, 공사지체 등으로 특허기간 내에 건설공사의 완료가 곤란하다고 판단되어 그 기간을 연장하려는 경우, 보세건설장 특허기간 연장 신청서와 다음의 서류를 세관장에게 제출하여야 하며 신청서류는 우편으로 제출할 수 있다.

> - 공사진행 경과보고서
> - 건설물품 반입현황

③ 운영인은 영 제191조에 따라 특허면적 등 수용능력을 증감하려면 보세건설장 수용능력 증감신청(승인)서를 세관장에게 제출하고 승인을 받아야 한다. **20 기출**

④ 운영인은 수용능력 증감공사를 완료한 때에는 지체 없이 그 사실을 세관장에게 통보하여야 한다.

03 보세건설장 물품 반출입 관련 사항

1. 반입물품의 범위

시행령 제210조에 따라 보세건설장에 반입할 수 있는 물품은 다음과 같다.

> ① 산업시설 건설에 사용되는 외국물품인 기계류 설비품
> ② 산업시설 건설에 사용되는 외국물품인 공사용 장비
> ③ 산업시설에 병설되는 사무소, 의료시설, 식당, 공원, 숙사 등 부대시설을 건설하기 위한 물품
> ④ 그 밖에 해당 산업시설 건설의 형편상 필요하다고 인정되는 물품

2. 물품의 반출입신고

① 보세건설장에 물품을 반출입하려는 자는 관세법 제157조에 따라 세관장에게 반출입신고를 하여야 한다. 이 경우 보세운송되어 반입된 물품은 반입 시 세관 화물정보시스템의 반입예정정보와 대조하여 확인한 후 반입신고를 전자문서로 제출할 수 있다.
② 관세법 제164조에 따라 자율관리보세구역으로 지정받은 경우 운영인은 내국물품의 반출입신고를 생략할 수 있다. 다만, 세관장이 필요하다고 인정하는 때에는 그러하지 아니하다.

3. 세관공무원의 입회

물품을 반입 또는 반출하고자 할 때에는 세관공무원을 입회시켜야 한다. 다만, 세관장이 입회할 필요가 없다고 인정할 때에는 예외로 한다.

4. 물품관리

운영인은 보세건설장에 반입하는 외국물품에 대하여는 다음의 사항을 확인할 수 있는 반출입신고서, 수입신고필증 등을 비치(전자적 방법에 의한 비치를 포함)하고 반입물품을 관리해야 한다.

> ① 해당 물품의 B/L번호·품명·수량·가격, 포장의 종류·기호·번호 및 개수
> ② 반입신고 연월일 및 신고번호
> ③ 수입신고 연월일, 수입신고번호, 검사 연월일, 사용 연월일, 수입신고수리 연월일
> ④ 그 밖에 세관장이 필요하다고 인정하는 사항

5. 수입신고

① 운영인은 보세건설장에 외국물품을 반입하였을 때에는 사용 전에 「수입통관사무처리에 관한 고시」에 따라 해당 물품의 수입신고를 하여야 한다. `21 기출`
② 운영인은 수입신고한 물품을 사용한 건설공사가 완료된 때에는 보세건설장 완료보고서를 세관장에게 제출해야 한다.

6. 분할신고 물품의 처리

보세건설장에 반입하는 외국물품이 분할되어 신고되었을 때에는 품목분류 등 수입통관에 관한 사항은 「수입 통관사무처리에 관한 고시」를 준용한다.

7. 신고수리전 사용제한 및 외국물품의 통관 `24 기출` `23 기출` `21 기출` `19 기출`

보세건설장 운영인은 산업시설 건설에 사용되는 외국물품인 기계류 설비품은 수입신고 후 사용하여야 하며, 산업시설 건설에 사용되는 외국물품인 공사용 장비, 산업시설에 병설되는 사무소, 의료시설, 식당, 공원, 숙사 등 부대시설을 건설하기 위한 물품에 해당하는 외국물품은 수입신고 수리 전에 사용할 수 없다.

8. 잉여물품의 처리

보세건설장 운영인은 관세법 제193조에 따라 보세건설장 작업이 종료한 때에는 수입신고한 물품 중 잉여물품을 세관장에게 보고하여야 하며, 세관장은 잉여물품에 대하여 관세와 내국세 징수 등 해당 세액을 경정하여야 한다.

9. 보세건설물품의 가동제한 `24 기출` `23 기출` `20 기출`

운영인은 보세건설장에서 건설된 시설의 전부 또는 일부를 관세법 제248조에 따른 수입신고가 수리되기 전에 가동할 수 없다. 다만, 세관장의 승인을 받고 시험목적으로 일시 가동한 경우에는 그러하지 아니하다.

10. 보세건설장 외 보세작업의 허가신청

① 관세법 제195조에 따라 보세건설장 외 보세작업의 허가를 받으려는 자는 보세건설장 외 보세작업 신청서와 다음의 서류를 세관장에게 제출하여야 한다.

- 임가공계약서 사본 1부
- 그 밖에 임가공계약을 확인할 수 있는 서류 사본 1부(전산시스템에 따른 신고의 경우 제출을 생략한다)

② 세관장은 재해나 그 밖의 부득이한 사유로 인하여 필요하다고 인정될 때에는 신청을 받아 보세건설장 외 보세작업의 기간 또는 장소를 변경할 수 있다.

③ 보세건설장 외 보세작업 관련 업무처리절차는 「보세공장 운영에 관한 고시」에서 정하고 있는 절차를 준용하며, 보세건설장 외 보세작업 허가기간에 대해서는 지정여건에 따라 관할 세관장이 정하는 바에 따른다.

11. 특허상실 보세건설장 장치물품의 처리

특허상실 또는 특허기간이 만료된 보세건설장에 장치되어 있는 외국물품은 종류, 수량 등을 고려하여 특허상실 또는 특허기간 만료일로부터 6개월을 초과하지 않는 범위에서 세관장이 정한 기간 내에 다른 보세구역으로 반출하여야 한다. 다만, 보세구역 외 장치 사유가 있을 때에는 신청에 의하여 보세구역 외 장치를 허가할 수 있다.

6절 | 보세전시장 운영에 관한 고시

✏️ 본문 내용 중 꼭 알아야 하는 부분에 형광펜으로 표시하였으니 반드시 학습하시기 바랍니다.

01 총칙

1. 목적

이 고시는 「관세법」 제174조부터 제182조까지 및 제190조에 따른 보세전시장의 특허를 받을 수 있는 요건 및 업무처리지침을 정하여 보세전시장 운영을 원활히 하는 데 그 목적이 있다.

2. 정의

(1) 박람회 등

무역·공업·농업·공예·학술·예술·스포츠분야 또는 과학적·교육적·문화적 활동의 촉진 또는 종교·예배 등의 장려 목적으로 이루어진 박람회, 전시회, 견본시 등을 말한다.

(2) 전시장

박람회 등의 운영을 위하여 물품을 장치, 전시 또는 사용하는 구역을 말한다.

02 설치·운영의 특허 23 기출

1. 특허대상

① 보세전시장의 특허대상이 될 박람회 등은 주최자, 목적, 회기, 장소, 참가국의 범위, 전시 또는 사용될 외국물품의 종류와 수량, 회장에서 개최될 각종 행사의 성질 등 그 규모와 내용으로 보아 해당 박람회 등의 회장을 보세구역으로 하는 것이 타당하다고 세관장이 인정하는 경우에 한정한다. 다만, 외국물품의 판매를 주목적으로 점포 또는 영업장소에서 개인영리 목적으로 이루어지는 전시장은 그러하지 아니하다.
② 보세전시장의 운영인은 해당 박람회 등의 주최자 명의로서 하여야 한다. 24 기출

2. 특허장소

보세전시장으로 특허받을 수 있는 장소는 해당 박람회 등의 전시장에 한정하며, 세관장은 그 박람회 등의 내용에 따라 전시장의 일정 지역을 한정하거나 전시장의 전부를 보세구역으로 특허할 수 있다.

3. 특허기간 24 기출

보세전시장의 특허기간은 해당 박람회 등의 회기와 그 회기의 전후에 박람회 등의 운영을 위한 외국물품의 반입과 반출 등에 필요하다고 인정되는 기간을 고려해서 세관장이 정한다. 다만, 부득이한 사유로 특허기간의 연장이 필요하다고 세관장이 인정하는 경우에는 그 기간을 연장할 수 있다.

4. 특허신청

① 보세전시장 설치·운영의 특허를 받으려는 사람은 특허신청서에 다음의 서류를 첨부하여 관할 세관장에게 제출하여야 한다.

> • 민원인 제출서류
>   - 박람회 등의 규모, 내용을 파악할 수 있는 사업계획서 또는 그 밖의 자료
>   - 보세구역도면 및 부근위치도
>   - 보세전시장 운영업무를 담당하고 있는 임원의 인적사항(성명, 주민등록번호, 주소, 등록기준지)
> • 담당공무원 확인사항(민원인 제출생략)
>   - 법인 등기부 등본

② 보세전시장 특허신청서에는 보세전시장에서 개최될 박람회 등의 명칭, 소재지, 면적 및 건조물의 구조, 동수, 회장에서 전시 사용될 외국물품의 종류를 기재하여야 한다.

5. 운영인의 자격

다음의 어느 하나에 해당하는 자는 보세전시장을 설치·운영할 수 없다.

> ① 「관세법」 제175조 각 호의 어느 하나에 해당하는 자
> ② 관세 등 국세의 체납이 있을 때에는 그 체납액을 완납하지 아니한 때
> ③ 어음 등의 부도가 발생한 자일 때에는 그 사유가 완전히 치유되지 아니한 때

6. 특허장 교부

세관장이 보세전시장의 설치·운영 특허를 하였을 때에는 운영인에게 특허장을 교부하여야 한다.

03 반입절차

1. 반입물품의 범위 24 기출 23 기출 20 기출

관세법 제157조 제3항에 따라 보세전시장에 반입이 허용되는 외국물품의 범위는 다음의 어느 하나에서 정하는 바와 같다.

(1) 건설용품

해당 보세전시장에 설치될 전시관, 사무소, 창고, 그 밖의 건조물의 건설유지 또는 철거를 위하여 사용될 물품을 말하며, 여기에는 시멘트, 도료류, 접착제, 볼트, 합판 등의 건축자재와 토목기계, 건축기계, 각종공구 및 이에 사용될 연료나 기계류 등이 포함된다.

(2) 업무용품

해당 박람회 등의 주최자 또는 출품자가 보세전시장에서 그 업무수행을 위하여 사용할 물품을 말하며 여기에는 사무소 또는 전시관에 비치된 가구, 장식품, 진열용구, 사무용비품 및 소모품 등이 포함된다.

(3) 오락용품

해당 보세전시장에서 불특정 다수의 관람자에게 오락용으로 관람시키거나 사용하게 할 물품을 말하며 영화필름, 슬라이드, 회전목마 등이 포함된다.

(4) 전시용품

해당 보세전시장에서 전시할 물품을 말한다.

(5) 판매용품

해당 보세전시장에서 불특정 다수의 관람자에게 판매할 것을 목적으로 하는 물품을 말하며, 판매될 물품이 전시할 기계류의 성능실연을 거쳐서 가공·제조되는 것인 때에는 이에 사용될 원료도 포함된다.

(6) 증여물품

해당 보세전시장에서 불특정 다수의 관람자에게 증여할 것을 목적으로 하는 물품을 말하며, 다음의 물품이 포함된다.

> ① 광고용의 팸플릿(pamphlet), 카탈로그(catalog), 포스터(poster) 또는 이와 유사한 인쇄물
> ② 관세법 제94조 제3호에서 관세가 면제될 진정견본
> ③ 관세법 제94조 제4호에서 관세가 면제될 소액 증여품

2. 반출입의 신고

① 보세전시장에 물품을 반출입하려는 자는 관세법 제157조에 따라 세관장에게 반출입신고를 하여야 한다. 이 경우 보세운송된 물품은 반입 시 세관화물정보시스템의 반입예정정보와 대조 확인 후 반입신고를 전자문서로 제출할 수 있다.

② 반출입할 때에는 세관공무원을 입회시켜야 한다. 다만, 세관장이 입회할 필요가 없다고 인정할 때에는 예외로 한다.

04 검사

1. 물품검사

① 세관장에게 반입신고를 한 외국 물품이 보세전시장에 반입된 경우 운영인은 그 물품에 대하여 세관공무원의 검사를 받아야 한다. **23 기출**

② 운영인이 물품검사를 받으려는 때에는 외국물품 검사신청서(서식은 수입신고서 양식과 동일함) 2부에 다음의 서류를 첨부하여 세관장에게 제출하여야 한다.

> • 반입신고서
> • 송품장, 그 밖에 과세가격 결정에 필요한 서류. 다만, 반입신고서 이외의 서류는 세관장이 이를 제출할 수 없는 부득이한 사유가 있다고 인정한 경우에는 그 제출을 생략하거나 사후에 제출하게 할 수 있다.

③ 세관장은 물품검사 결과 이상이 없으면 제출된 신청서에 "검사필"이라 기재하고 세관청인을 날인하여 신청인에게 1부를 교부한다. 다만, 검사결과 해당 물품이 관세법 제241조에 따라 정식으로 수입신고수리를 받아야만 보세전시장에서 사용이 가능한 물품에 대하여는 신청서의 해당물품란 여백에 "통관 후 사용할 것"이라 표시한 후 「수입통관사무처리에 관한 고시」에서 정하는 바에 따라 통관절차를 이행하도록 명령하여야 한다.

2. 검사결과 상이물품 등의 처리

세관장은 반입신고된 물품이 반입대상물품에 속하지 아니하거나 신고내용과 현품이 다를 때에는 관세법 제177조 제2항에 따라 그 물품을 지체 없이 다른 보세구역으로 반출할 것을 설영인에게 명할 수 있다. 다만, 그 서로 다른 내용이 경미하고 그 물품이 해당 박람회 등의 운영상 필요한 것이라 인정되면 검사실적에 따라 적격품으로 처리할 수 있다.

3. 장치기간

보세전시장에 장치된 외국물품의 장치기간은 보세전시장 특허기간과 같다. 다만, 보세전시장에 있는 외국물품을 다른 보세구역으로 반출하였을 때에는 그 물품의 장치기간을 계산할 때 보세전시장 내에 있었던 기간을 산입하지 아니한다.

4. 내국물품

① 보세전시장에서 사용될 내국물품에 대하여는 반출입의 신고를 생략한다. 다만, 그 내국물품이 다음의 어느 하나에 해당하는 때에는 그러하지 아니한다.

- 내국물품이 외국에서 생산된 제품으로서 보세전시장에 있는 외국물품과 구별할 필요가 있을 때
- 내국물품이 인화성 또는 폭발성 물질로서 안전관리상의 조치가 필요할 때
- 해당 보세전시장에서 개최될 박람회 등의 운영과 관계가 없는 것일 때

② 보세전시장에서 사용될 내국물품에 대하여는 세관장이 해당 내국물품의 장치장소를 제한하거나, 전시 또는 판매행위 등을 제한할 수 있다.

05 전시

1. 전시의 범위

보세전시장에서의 외국물품의 전시는 전시의 대상이 될 물품의 성능을 실연하기 위하여 이를 작동시키는 행위를 포함한다.

2. 사용의 범위 [24 기출]

보세전시장에서 외국물품의 사용은 그 물품의 성질 또는 수량에 변경을 가하거나 전시장에서 소비하는 행위를 포함한다.

3. 수입신고대상

보세전시장에 반입된 외국물품 중 수입신고 수리 후 사용이 가능한 물품은 다음의 어느 하나에서 정하는 바와 같다.

(1) 판매용품 [18 기출]

보세전시장에서 불특정 다수의 관람자에게 판매할 것을 목적으로 하는 물품을 말한다.

(2) 오락용품

보세전시장에서 불특정 다수의 관람자에게 오락용으로 관람케 하거나 사용하게 할 물품 중 유상으로 제공될 물품을 말한다.

(3) 증여용품

보세전시장에서 불특정 다수의 관람자에게 증여할 목적으로 한 물품을 말한다.

4. 소액증여품의 면세

증여용품 중 관세가 면제되는 물품은 주최자 또는 출품자가 전시장에서 관람자에게 무상으로 제공할 목적으로 수입하고 관람자 1명당 증여품의 가액이 미화 5달러 상당액 이하인 소액물품으로서 세관장이 타당하다고 인정하는 물품에 한정한다. 이 경우 소액증여품이 전시된 기계류의 성능실연 과정에서 제조되는 것일 때에는 그 제조용 원료도 포함된다.

06 폐회 후의 물품처리 23 기출

1. 반송
박람회 등의 회기가 종료되면 해당 보세전시장에 있는 외국물품은 이를 외국으로 반송하는 것을 원칙으로 하며, 이 경우의 반송절차는 반송절차에 관한 고시를 적용한다.

2. 수입
기증·매각됨으로써 보세전시장에 있는 외국물품을 국내로 반입하려는 자는 수입신고를 하여야 한다.

3. 폐기 18 기출
보세전시장에 있는 외국물품을 폐기하려는 때에는 미리 세관장의 승인을 받아야 한다. 폐기 후의 잔존물이 가치가 있는 때에는 폐기 후의 성질과 수량에 따라 관세를 부과한다.

4. 다른 보세구역으로의 반출
회기가 종료되고 반송, 수입 또는 폐기 처리되지 아니한 외국물품은 해당 보세전시장의 특허기간에 지체 없이 다른 보세구역으로 반출하여야 한다.

07 운영인의 의무

1. 물품관리
① 운영인은 보세전시장에 있는 외국물품에 대하여 부정유출방지 또는 안전관리를 위한 세관장의 명령을 준수하고 세관공무원의 지휘를 받아야 한다.
② 운영인은 인화성 또는 폭발성 물품에 대하여 「소방기본법」 등 관계법령을 준수하여야 한다.

2. 설비명령
운영인은 보세전시장에서의 외국물품의 관리에 필요한 시설을 설치하거나 물품검사에 필요한 기구를 비치할 것을 내용으로 하는 세관장의 명령이 있을 때에는 즉시 이를 실행하여야 한다.

7절 보세판매장 특허 및 운영에 관한 고시

✎ 본문 내용 중 꼭 알아야 하는 부분에 형광펜으로 표시하였으니 반드시 학습하시기 바랍니다.

01 총칙

1. 목적

이 고시는 「관세법」 제174조부터 제182조까지, 제196조 및 그에 따른 「관세법 시행령」, 「관세법 시행규칙」에서 보세판매장 운영과 관련하여 위임된 사항과 그 시행에 필요한 사항을 규정함을 목적으로 한다.

2. 정의 20 기출 19 기출

(1) 외교관면세점

「관세법」 제88조 제1항 제1호부터 제4호까지에 따라 관세의 면제를 받을 수 있는 자에게 판매하는 보세판매장을 말한다.

(2) 출국장면세점

출국장에서 출국인 및 통과여객기(선)에 의한 임시체류인에게 판매하는 보세판매장을 말한다.

(3) 입국장면세점

관세법 제196조 제2항에 따라 외국에서 국내로 입국하는 자에게 물품을 판매할 목적으로 공항, 항만 등의 입국경로에 설치된 보세판매장을 말한다.

(4) 시내면세점

공항 및 항만의 보세구역 이외의 장소에서 출국인 및 통과여객기(선)에 의한 임시체류인에게 판매하는 보세판매장을 말한다.

(5) 판매장

판매물품을 실제로 판매하는 장소인 "매장"과 계단·에스컬레이터·화장실·사무실 등 물품판매와 직접 관련이 없는 공용시설을 말한다.

(6) 인도장

시내면세점, 출국장면세점 및 전자상거래에 의하여 판매한 물품을 구매자에게 인도하기 위한 곳으로 다음의 어느 하나에 해당하는 장소를 말한다.

> ① 출국장 보세구역 내 설치한 장소
> ② 국제무역선 및 외국여객선박의 선내
> ③ 통관우체국 내 세관통관장소
> ④ 항공화물탁송 보세구역
> ⑤ 세관장이 지정한 보세구역(자유무역지역을 포함)
> ⑥ 입국장 보세구역 내 설치한 장소

(7) 출국장

공항·항만 보세구역 내에서 출국인 또는 통과여객기(선)에 의한 임시체류인이 항공기 또는 선박을 탑승하기 위하여 대기하는 장소를 말한다.

(8) 입국장

공항·항만 보세구역 내에서 입국인이 국내로 입국하기 위하여 대기하는 장소를 말한다.

(9) 운영인

관세법 제174조, 제176조의2 및 제196조에 따라 세관장으로부터 보세판매장 설치·운영 특허를 받은 자를 말한다.

(10) 출국인

「출입국관리법」에 따라 출국하는 내국인 및 외국인을 말한다.

(11) 입국인

「출입국관리법」에 따라 입국하는 내국인 및 외국인을 말한다.

(12) 외국인

다음의 어느 하나에 해당하는 자를 말한다.

> ① 「출입국관리법」 제2조에 따라 대한민국의 국적을 가지지 아니한 자
> ② 「재외동포의 출입국과 법적지위에 관한 법률」 제2조 제1호에 따른 재외동포로서 거주지 국가의 영주권(영주권 제도가 없는 국가에서는 영주권에 갈음하는 장기체류 사증)이나 이민사증을 취득한 자 또는 영주할 목적으로 외국에 거주하고 있는 자로서 거주여권(PR)을 소지한 자
> ③ 「해외이주법」 제6조에 따른 해외이주자로서 해외이주신고확인서 및 「재외국민등록법」 제7조에 따른 영주할 목적인 재외국민으로서 재외국민등록부 등본을 소지한 자 또는 「주민등록법」 제6조 및 제10조의2에 따른 재외국민 주민등록증을 소지한 자

(13) 시설관리권자

공항·항만의 출·입국장 시설을 관리하는 자를 말한다.

(14) 보세판매장 협의단체

운영인의 공정한 상거래질서와 기업윤리를 사율직으로 확립하고 보세판매장제도의 발전을 위하여 「민법」 제32조에 따라 설립된 비영리법인을 말한다.

(15) 통합물류창고 **19 기출**

보세판매장 협의단체장이 회원사의 원활한 보세화물관리와 물류지원을 위하여 관세법 제196조에 따른 보세판매장의 보관창고와 동일한 기능을 수행하기 위해 설치한 곳을 말한다.

(16) 사이버몰

「관세법」 제2조 제19호에 따른 사이버몰을 말한다.

(17) 중소·중견기업 제품 매장

「중소기업기본법」 제2조에 따른 중소기업, 「중견기업 성장촉진 및 경쟁력 강화에 관한 특별법」 제2조 제1호에 따른 중견기업 및 외국의 법령에 따라 중소기업 또는 중견기업으로 확인받은 업체가 제조·가공한 물품을 판매하는 장소를 말한다.

02 특허의 기준

1. 특허의 요건

「관세법 시행령」 제189조 제4호에서 보세판매장에 대하여 "관세청장이 정하는 바"란 다음 각 호와 같다.

> ① 자본금 10억 원 이상의 법인일 것. 다만, 같은 법인이 두 곳 이상의 보세판매장을 설치·운영하려는 경우 두 번째 보세판매장부터는 추가로 특허장소별로 5억 원 이상의 자본금을 보유할 것
> ② 장치면적 등 시설요건을 충족할 것. 다만, 한시적으로 시내보세판매장을 설치한 경우에는 예외로 한다.

> **시행령 제189조(특허보세구역의 설치·운영의 특허의 기준)**
> 특허보세구역의 설치·운영에 관한 특허를 받을 수 있는 요건은 다음과 같다.
> 1. 체납된 관세 및 내국세가 없을 것
> 2. 법 제175조 각 호의 결격사유가 없을 것
> 3. 「위험물안전관리법」에 따른 위험물 또는 「화학물질관리법」에 따른 유해화학물질 등 관련 법령에서 위험물품으로 분류되어 취급이나 관리에 관하여 별도로 정한 물품을 장치·제조·전시 또는 판매하는 경우에는 위험물품의 종류에 따라 관계행정기관의 장의 허가 또는 승인 등을 받을 것
> 4. 관세청장이 정하는 바에 따라 보세화물의 보관·판매 및 관리에 필요한 자본금·수출입규모·구매수요·장치면적 및 시설·장비 등에 관한 요건을 갖출 것

2. 시설요건

① 보세판매장의 판매장과 보관창고의 장치면적 등 시설요건은 다음과 같다.

> - 외교관면세점
>   - 서울특별시 내에 한하며, 판매장 및 보관창고를 각각 별도로 설치하되 세관장이 보세화물 관리에 적정하다고 인정하는 면적
> - 출국장면세점
>   - 판매장
>   출국장의 사정에 따라 사전 협의된 장소의 범위 내에서 세관장이 인정하는 면적
>   - 보관창고
>   판매장과 동일 출국장 내에 위치(다만, 세관장이 보세화물의 감시감독에 지장이 없다고 인정하는 경우 공항·항만 보안구역에 위치할 수 있다)
> - 입국장면세점
>   - 판매장
>   입국장의 사정에 따라 사전 협의된 장소의 범위 내에서 세관장이 인정하는 면적
>   - 보관창고
>   판매장과 동일 입국장 내에 위치(다만, 세관장이 보세화물의 감시감독에 지장이 없다고 인정하는 경우 공항·항만 보안구역에 위치할 수 있다)
> - 시내면세점
>   - 서울과 부산지역
>   → 판매장 : 496㎡ 이상
>   → 보관창고 : 165㎡ 이상

- 그 밖의 지역
    - → 판매장 : 331㎡ 이상
    - → 보관창고 : 66㎡ 이상
- 공통
    중소·중견기업 제품 매장 : 매장 면적의 100분의 20 이상 또는 864㎡ 이상(다만, 중소기업 및 중견기업이 운영하는 시내면세점은 매장 면적의 100분의 10 이상 또는 288㎡ 이상)

② 같은 공항 또는 같은 항만에서 출국장 면세점, 입국장 면세점 등의 보세판매장을 함께 운영하는 사업자의 경우, 세관장이 보세화물의 감시감독에 지장이 없다고 인정하는 때에는 보관창고를 통합하여 운영할 수 있다.

③ 보세판매장을 설치·운영하려는 자(특허 신청자)는 관세법 제180조 제3항에 따라 세관장이 명하는 시설·기계 및 기구를 설치해야 하며, 보석류를 판매하려는 때에는 세관감정용 다이아몬드 테스터기 및 보석 현미경 등을 보세판매장에 비치하여야 한다. 다만, 보세판매장에 입점하는 업체가 해당 기기를 비치하는 경우에는 운영인이 별도로 비치하지 않을 수 있다.

03 특허의 절차

1. 특허신청의 공고

① 관세청장은 다음의 어느 하나에 해당하는 경우 특허신청 공고를 할 수 있다.

1. 시내보세판매장의 신규 특허 수를 통보받은 경우
2. 공항·항만의 출·입국장을 관할하는 세관장으로부터 특허신청 공고문을 보고받은 경우

② 공항·항만의 출·입국장 시설을 관리하는 자(시설관리권자)가 출·입국장 시설 중 일부를 보세판매장 시설로 임대하려는 때에는 다음의 사항에 대하여 관할 세관장과 미리 협의하고 그 결과를 반영하여 입찰공고를 하여야 한다. 이 경우 관할세관장은 관세청장의 의견을 들을 수 있다.

- 보세판매장 위치와 면적, 사업 개시와 만료 예정일
- 특허와 관련되는 임차인 수, 대기업 및 중소·중견기업 수와 위치, 구역별 판매물품
- 입찰자격, 특허사업자 후보 선정 방식 등 입찰 공고
- 보세화물 감시·단속과 안전성 등을 위해 필요한 세관시설 등

③ 공항·항만 출·입국장을 관할하는 세관장은 보세화물 관리에 이상이 없고, 출·입국장 면세점의 추가설치가 필요하다고 인정되는 경우, 사전협의 결과를 반영하여 특허신청 공고문을 작성한 후 이를 관세청장에게 보고하여야 한다.

④ 특허신청 공고를 하는 경우 관세청장은 다음의 사항을 관세청과 해당 세관의 인터넷 홈페이지 등에 20일 이상 공고하여야 한다.

- 특허의 신청 기간과 장소 등 특허의 신청절차에 관한 사항
- 특허의 신청자격
- 특허장소와 특허기간
- 평가기준, 배점
- 특허신청서류 작성지침
- 특허업체 수, 특허 신청 시 구비서류, 그 밖의 유의사항 등

2. 특허신청 접수

① 특허 신청자는 특허신청 공고에서 정한 기간 내에 보세판매장 설치·운영 특허 신청서에 다음의 서류를 첨부하여 관할 세관장에게 제출하여야 한다.

> 1. 사업계획서, 보세판매장의 운영과 관계 있는 임원의 인적사항 등 보세판매장 설치·운영 특허 신청서의 첨부서류
> 2. 서약서 등 특허신청 공고에서 요구한 서류

② 특허 신청자는 특허 신청 시 「관세법 시행규칙」 제68조 제1항에 따라 특허신청 수수료 4만 5천 원을 납부하여야 한다.
③ 세관장은 특허신청서류를 접수하는 경우에는 접수증을 특허 신청자에게 발급하여야 하며, 신청서 및 서류의 원본 각 1부는 보관하고 나머지는 관세청장에게 제출하여야 한다. 이 경우 담당 공무원은 신청자가 동의하는 경우 「전자정부법」에서 정하는 행정정보 공동이용절차에 따라 신청업체의 법인등기부등본, 납세사실 등을 조회하여야 한다.
④ 세관장은 특허신청 접수 마감 결과를 즉시 관세청장에게 보고하여야 한다.

3. 특허의 갱신

보세판매장의 특허 갱신을 받으려는 자는 보세판매장 설치·운영 특허 갱신 신청서 및 관련 첨부서류를 구비하여 특허기간 또는 갱신 기간 만료 6개월 전까지 세관장에게 신청하여야 한다. 다만, 보세판매장과 자율관리보세구역 갱신을 통합하여 신청하는 경우에는 보세판매장 설치·운영 특허 갱신 신청서 하단의 자율관리보세구역 갱신 신청란에 갱신 신청 여부를 표시하는 방법으로 자율관리보세구역 갱신 신청을 한 것으로 갈음한다. 이 경우 담당 공무원은 신청자가 동의하는 경우 「전자정부법」에서 정하는 행정정보 공동이용절차에 따라 신청업체의 법인등기부등본, 납세사실 등을 조회하여야 한다.

4. 검토의견서 제출

① 신청서를 접수한 세관장은 다음의 사항에 대하여 검토한 후, 그 결과를 특허 공고 종료일(특허갱신 신청의 경우 신청서 접수일로 한다)로부터 8근무일 이내에 관세청장에게 제출하여야 한다.

> 1. 보세판매장 특허의 신청자격을 갖추었는지
> 2. 감시업무를 담당할 세관공무원의 확보 등 보세화물 감시·단속에 지장이 없는지

② 세관장은 검토의견서 작성을 위해 특허신청서류에 기재된 보세판매장 예정지역과 특허 신청자의 소재지를 직접 방문하여 특허신청서류에 대한 사실관계 등을 확인할 수 있다.
③ 세관장은 특허 신청자 수 등을 고려할 때 특허 공고 종료일(특허갱신 신청의 경우 신청서 접수일로 한다)로부터 8근무일 이내에 검토의견서 작성이 불가능한 경우 관세청장에게 기간연장을 요청할 수 있으며, 관세청장은 최종 사업자 선정이 지연되지 않는 범위 내에서 이를 승인할 수 있다.

5. 특허심사위원회 심사

① 관세청장은 검토의견서를 제출받은 날부터 60일 이내에 특허심사위원회의 심의·의결을 받아야 한다. 다만, 특허 만료 시기가 집중되는 등 특허심사에 차질이 발생할 우려가 있는 경우에는 심의·의결기한을 60일 이내에서 연장할 수 있다.
② 특허심사위원회는 사업계획서 등 특허 및 특허갱신 신청서류에 대해 평가기준에 따라 심사하며, 특허 요건의 충족 여부에 대해 검토의견서도 함께 심의한다.
③ 사업계획서 심사는 계량평가 항목과 비계량평가 항목으로 구분하여 실시한다.
④ 위원장은 사업계획서의 충실한 평가를 위하여 특허 신청자에게 위원회에 출석하여 사업계획서를 발표하게 할 수 있다. 이 경우 특허 신청자가 둘 이상인 경우에는 모든 특허 신청자에게 동등한 기회를 부여하여야 한다.
⑤ 사업계획서 발표순서는 추첨에 의하여 정한다.

⑥ 사업계획서 심사는 세부 평가항목별 심사위원의 최고점과 최저점을 제외한 점수들을 합산하여 평균점수를 부여하는 방법으로 평가한다. 다만, 평가분야별 참석인원이 2명 이하인 경우에는 예외로 하고, 최고점 또는 최저점이 2개 이상일 경우 각 1개만 제외한다.

⑦ 심사결과 1,000점 만점 기준으로 600점 이상인 특허 신청자 중 고득점 순으로 선정한다. 다만, 동점자가 둘 이상인 경우에는 특허신청 공고에 따라 고득점자를 결정한다.

⑧ 특허 신청자 중 고득점 순으로 선정 시 평가분야별로 특허 신청자의 획득 점수가 배점 점수의 50% 미만에 해당하는 경우 선정에서 제외한다.

⑨ 관세청장은 특허심사위원회의 의결을 받으면 심사위원의 소속, 직책 및 성명, 특허 신청자의 평가항목별 득점내역을 관세청의 인터넷 홈페이지 등에 공개한다. 탈락한 업체의 평가점수는 해당업체가 별지 제8호서식의 평가항목별 평가점수 공개동의서를 제출하는 경우에 한해 공개가 가능하다.

6. 특허 및 특허갱신 여부 결정 등

① 관세청장은 특허심사위원회의 의결을 받은 날부터 10근무일 이내에 그 결과를 해당 세관장에게 회신하고, 이를 회신 받은 세관장은 즉시 특허 또는 특허갱신 신청자에게 개별적으로 그 결과를 통보하여야 한다.

② 특허심사위원회의 의결에 따라 선정된 특허 신청자는 특허심사 시 결정된 영업개시일 30일 전까지 사업계획서 등 보세판매장 설치·운영 특허 신청서에 대한 첨부서류(특허 신청 시 이미 제출한 서류는 제외)를 세관장에게 제출하여야 하며, 세관장은 현장확인을 통해 보세화물 관리 등에 이상이 없는지를 최종 확인하고 보세판매장 특허장을 교부하여야 한다. 다만, 특허 신청자가 영업개시일 30일 전에 관련 서류를 제출하지 못할 타당한 이유가 있는 경우 세관장은 서류제출기간을 연장할 수 있다.

③ 특허 신청자가 해당서류를 제출하지 않아 영업개시일 전에 보세화물 관리 등을 확인할 수 없는 경우 세관장은 특허심사위원회의 심의·의결을 거쳐 특허 선정을 취소할 수 있다.

④ 세관장은 특허갱신 신청을 받은 경우에 신청사항이 이상이 없는지를 최종 확인하고 기존 특허기간 만료 전까지 보세판매장 특허장을 교부하여야 한다.

⑤ 선정된 신규특허 신청자는 특허신청 공고에서 정한 기간 내에 특허요건을 구비하여 영업을 개시하여야 한다. 다만, 세관장은 선정된 특허 신청자가 영업개시일까지 특허요건을 구비하지 못한 부득이한 사유가 있는 경우에는 30일의 범위에서 영업개시일 연장을 할 수 있으며, 추가 연장이 필요하다고 인정되는 경우 특허심사위원회에서 추가연장 여부 및 영업개시에 필요한 기간의 범위를 심의하여 영업개시일 연장을 할 수 있다.

⑥ 선정된 특허 신청자는 특허 신청 시 제출한 판매장 및 보관창고의 도면과 위치도에 따라 영업을 개시하여야 한다. 다만, 세관장이 부득이하다고 인정하는 수용능력 증감에 한하여 세관장의 승인을 받아 변경할 수 있다.

7. 특허기간

① 보세판매장의 특허기간은 10년의 범위 내(갱신의 경우에는 5년의 범위 내)에서 해당 보세구역의 특허(갱신) 신청기간으로 한다. 다만, 임차시설에서 보세판매장을 운영하거나 국제행사 등을 위하여 한시적으로 특허를 신청하는 경우에는 10년의 범위 내(갱신의 경우에는 5년의 범위 내)에서 해당 임차기간, 한시적 기간 등을 특허기간으로 할 수 있다.

② 이 경우 갱신은 두 차례로 한정한다.

③ 세관장은 특허 또는 특허갱신 이후 이 고시에서 정하는 기준에 미달하거나 위반되는 사유가 발생한 때에는 이를 시정할 때까지 해당 보세판매장에 물품반입을 정지할 수 있다.

8. 특허의 효력상실 및 승계 등

① 보세판매장의 운영을 계속하려는 상속인 또는 승계법인은 보세판매장 승계신고서 및 관련 첨부서류를 구비하여 피상속인 또는 피승계법인이 사망하거나 해산한 날부터 30일 이내에 세관장에게 신고하여야 한다.

② 신고를 받은 세관장은 심사하여 신고일부터 5근무일 이내에 심사결과를 통보하여야 한다.

③ 세관장은 특허승계를 허용하는 경우 보세판매장의 특허기간은 피승계보세판매장 특허기간의 잔여기간으로 하여 특허장을 재교부하여야 한다.

9. 특허장소의 이전

① 보세판매장 운영인은 동일 기초지방자치단체 안에서 특허장소를 이전할 수 있다. 다만, 보세판매장 운영인이 중소·중견기업인 경우 동일 광역자치단체 안에서 특허장소를 이전할 수 있다.

② 보세판매장 운영인이 특허장소를 이전하고자 하는 경우에는 보세판매장 설치·운영 특허 신청서 및 관련 첨부서류를 구비하여 관할세관장에게 신청하여야 한다.

③ 서류를 접수한 관할세관장은 접수일부터 8근무일 이내에 검토의견서를 첨부하여 관세청장에게 제출하여야 한다.

④ 관세청장은 검토의견서를 제출받은 날부터 90일 이내에 특허심사위원회에서 심의·의결 이후 그 결과를 해당 세관에 통보하여야 한다.

10. 매장면적의 변경

① 세관장은 외국인관광객 증가, 균형발전 등을 고려하여 보세판매장 운영인의 매장면적 조정이 필요한 경우 보세판매장 매장면적의 변경을 승인할 수 있다.

② 보세판매장 운영인이 보세판매장의 매장면적을 변경하고자 하는 경우에는 보세판매장 설치·운영 특허 신청서 및 관련 첨부서류와 보세판매장 수용능력증감 공사 승인서를 구비하여 관할세관장에게 신청하여야 한다.

③ 관할세관장은 위 ②의 서류를 접수한 경우 접수일부터 8근무일 이내에 검토의견서를 첨부하여 관세청장에게 제출하여야 한다. 다만, 다음의 요건을 모두 충족한 경우에는 관할세관장이 직권으로 보세판매장 매장면적 변경을 승인할 수 있다.

> 1. 보세판매장의 판매장과 보관창고의 장치면적 등 시설요건을 충족할 것
> 2. 화물 반출입관리 및 CCTV설치 등 보세화물 감시단속상에 문제가 없을 것
> 3. 매장면적 확대(최초 특허받은 매장면적의 110% 이내로 확대한 경우에 한함) 또는 매장면적 축소

④ 관세청장은 검토의견서를 제출받은 날부터 90일 이내에 특허심사위원회에서 심의·의결 이후 그 결과를 해당 세관에 통보하여야 한다.

⑤ 세관장은 확대되는 매장면적의 40% 이상(중소·중견기업인 보세판매장 운영인은 확대되는 매장면적의 20% 이상)을 중소·중견기업 제품을 판매하는 매장으로 설치한 경우 매장면적의 확대를 승인한다. 다만, 출국장면세점과 입국장면세점은 예외로 하며 시내면세점의 경우 지역별 판매장의 최소면적 미만만큼의 면적을 추가로 확대하는 경우에는 예외로 한다.

04 특허심사위원회 구성·운영

1. 특허심사위원회 구성

① 특허심사위원회는 영 제192조의8 제1항에 따라 위원장 1명을 포함하여 100명 이내의 위원으로 성별을 고려하여 구성하며, 특허심사위원회의 사무를 처리하기 위하여 간사 1명을 둔다.

② 간사는 보세판매장 특허업무를 소관하는 부서의 장이 된다.

2. 특허심사위원 위촉

① 관세청장은 영 제192조의8 제2항에서 정한 자격요건에 적합한 자를 관계기관(중앙행정기관, 연구기관, 전문자격 관련 협회 등)장으로부터 추천을 받거나 전문직 지식이나 경험이 풍부한 자를 지명하는 등의 방법으로 특허심사위원회의 위원으로 위촉한다.

> **시행령 제192조의8(보세판매장 특허심사위원회의 구성 및 운영)**
> ① 특허심사위원회는 위원장 1명을 포함하여 100명 이내의 위원으로 성별을 고려하여 구성한다.
> ② 특허심사위원회의 위원은 다음 각 호의 어느 하나에 해당되는 사람 중에서 관세청장이 제192조의3 제2항에 따른 평가기준을 고려하여 관세청장이 정하는 분야(평가분야)별로 위촉하고, 위원장은 위원 중에서 호선한다.
>   1. 변호사·공인회계사·세무사 또는 관세사 자격이 있는 사람
>   2. 「고등교육법」 제2조 제1호 또는 제3호에 따른 학교에서 법률·회계 등을 가르치는 부교수 이상으로 재직하고 있거나 재직하였던 사람
>   3. 법률·경영·경제 및 관광 등의 분야에 전문적 지식이나 경험이 풍부한 사람
> ③ 특허심사위원회 위원의 임기는 1년으로 하되, 한 차례만 연임할 수 있다.
> ④ 관세청장은 특허심사위원회의 위원이 다음 각 호의 어느 하나에 해당하는 경우에는 해당 위원을 해촉할 수 있다.
>   1. 심신장애로 인하여 직무를 수행할 수 없게 된 경우
>   2. 직무와 관련된 비위사실이 있는 경우
>   3. 직무태만, 품위손상이나 그 밖의 사유로 인하여 위원으로 적합하지 아니하다고 인정되는 경우
>   4. 위원 스스로 직무를 수행하는 것이 곤란하다고 의사를 밝히는 경우
>   5. 제192조의9 제3항 각 호의 어느 하나에 해당함에도 불구하고 회피하지 아니한 경우

② 영 제192조의8 제2항에서 "관세청장이 정하는 평가분야"라 함은 다음과 같으며, 평가분야별로 25명 내외로 하여 총 100명 이내로 위촉한다.

> 1. 특허보세구역 관리 역량
> 2. 운영인의 경영 능력
> 3. 관광인프라 등 주변 환경 요소
> 4. 사회환원 및 상생협력 등 경제·사회 발전을 위한 기업활동

③ 관세청장은 위촉된 분야별 위원의 소속, 직책 및 성명을 인터넷 홈페이지 등을 통하여 공개한다.
④ 관세청장은 특허심사위원회의 위원이 영 제192조의8 제4항 각 호에 해당하여 해촉하는 경우에는 당해 위원에게 해촉사실을 통보해야 한다.
⑤ 관세청장은 해촉된 위원의 잔여 임기 및 해당 평가분야의 위촉 위원 수 등을 고려하여 위원을 추가로 위촉할 수 있다.

3. 특허심사위원의 선정

① 관세청장은 평가분야별로 위촉된 위원 중에서 심사위원 후보자를 전산에 의해 무작위로 추출하며, 심사위원 후보자 추출 과정에 경찰관 및 청렴 옴부즈만이 참관하게 할 수 있다.
② 심사위원 선정을 위한 교섭은 추출한 순서대로 진행하고, 다음에 따른 필요한 인원이 충족되면 교섭이 종료된다.

> 1. 법 제176조의3 제1항 제1호(보세판매장 특허 신청자의 평가 및 선정)의 경우에는 평가분야별 4~6명
> 2. 법 제176조의3 제1항 제1호의2(특허 갱신의 심사)의 경우에는 평가분야별 4~6명
> 3. 법 제176조의3 제1항 제2호(그 밖에 보세판매장 운영에 관한 중요 사항)의 경우에는 10명 이상

③ 관세청장은 선정된 심사위원이 영 제192조의9 제3항 각 호의 어느 하나에 해당하는지 여부를 확인하여야 하고, 해당하지 아니하는 경우 선정이 완료된 것으로 본다.

> **시행령 제192조의9(보세판매장 특허심사위원회의 회의)**
> ① 특허심사위원회의 위원장은 위원회의 회의를 소집하고 그 의장이 된다. 다만, 특허심사위원회의 위원장이 부득이한 사유로 직무를 수행할 수 없는 경우에는 특허심사위원회의 위원장이 미리 지명한 위원이 그 직무를 대행한다.
> ② 특허심사위원회의 회의는 회의 때마다 평가분야별로 무작위 추출 방식으로 선정하는 25명 이내의 위원으로 구성한다.
> ③ 다음 각 호의 어느 하나에 해당하는 사람은 해당 회의에 참여할 수 없다.
> 1. 해당 안건의 당사자(당사자가 법인·단체 등인 경우에는 그 임원을 포함한다. 이하 이 항에서 같다)이거나 해당 안건에 관하여 직접적인 이해관계가 있는 사람
> 2. 배우자, 4촌 이내의 혈족 및 2촌 이내의 인척의 관계에 있는 사람이 해당 안건의 당사자이거나 해당 안건에 관하여 직접적인 이해관계가 있는 사람
> 3. 해당 안건 당사자의 대리인이거나 대리인이었던 사람
> 4. 해당 안건 당사자의 대리인이거나 대리인이었던 법인·단체 등에 현재 속하고 있거나 최근 3년 이내에 속하였던 사람
> 5. 해당 안건 당사자의 자문·고문에 응하였거나 해당 안건 당사자와 연구·용역 등의 업무 수행에 동업 또는 그 밖의 형태로 직접 해당 안건 당사자의 업무에 관여를 하였던 사람
> 6. 해당 안건 당사자의 자문·고문에 응하였거나 해당 안건 당사자와 연구·용역 등의 업무 수행에 동업 또는 그 밖의 형태로 직접 해당 안건 당사자의 업무에 관여를 하였던 법인·단체 등에 현재 속하고 있거나 최근 3년 이내에 속하였던 사람

④ 위원장을 포함한 심사위원은 공정한 평가와 비밀유지 등을 확약하는 '이해관계 자기진단 체크리스트' 및 '서약서'를 제출하여야 한다.
⑤ 심사위원 선정업무를 수행하는 담당자 등은 심사위원 명단이 특허심사위원회의 회의가 개최되기 전까지 누설되지 않도록 비밀유지를 철저히 하여야 한다.
⑥ 관세청장은 위 ①~⑤까지 및 심사위원들에게 특허심사위원회 회의 개최 3일 전까지 전화 또는 전자우편 등으로 소집 사실을 통보하는 절차를 감사담당관이 수행하게 할 수 있다. 이 경우 감사담당관은 선정 완료된 심사위원의 명단을 특허심사위원회 개최 1일 전에 간사에게 통보한다.

4. 특허심사위원회 진행

① 특허심사위원회의 회의는 심사위원의 과반수 출석으로 개의한다. 다만, 보세판매장 특허 신청자의 평가 및 선정, 갱신에 관한 심의를 하는 경우에는 심사위원 과반수 출석과 평가분야별 심사위원 2명 이상의 출석으로 개의한다.
② 관세청장은 심사위원들에게 특허심사위원회 회의 개최 3일 전까지 전화 또는 전자우편 등으로 소집 사실을 통보한다. 다만, 비밀유지 등 필요하다고 인정하는 때에는 통보 일정을 조정할 수 있다.
③ 특허심사위원회의 회의는 안건에 따라 대면회의 또는 서면회의로 개최할 수 있다.

05 청렴옴부즈만 설치 및 운영

1. 청렴옴부즈만 위촉 및 임기

① 청렴옴부즈만은 학계, 법조계, 시민단체에 소속된 자로서 청렴성이 뛰어난 자를 6인 이내로 관세청장이 위촉한다.
② 관세청장은 위촉된 청렴옴부즈만에게 위촉장을 수여한다.
③ 청렴옴부즈만의 임기는 2년으로 하며, 1회에 한하여 연임할 수 있다.

2. 신분 보장

청렴옴부즈만은 그 의사에 반하여 임기 중에는 해임되지 아니한다. 다만, 다음의 어느 하나에 해당하는 경우에는 해임할 수 있다.

1. 신체 또는 정신상의 이상으로 업무수행이 곤란하다고 인정되는 경우
2. 사회적, 도덕적으로 물의를 일으켜 업무수행이 곤란하다고 인정되는 경우
3. 관세청의 업무와 관련하여 이해관계가 있는 업체의 임직원 또는 청렴옴부즈만의 공정한 직무수행이 곤란하다고 인정되는 직을 겸임한 경우
4. 그 밖에 직무를 태만히 하거나 직무를 수행하기 곤란한 중대한 사유가 발생한 경우

3. 직무와 권한

① 청렴옴부즈만의 직무는 다음과 같다.

- 보세판매장 특허심사위원회 회의 참관
- 특허심사위원회 회의에 참여하는 위원 선정 과정 참관
- 위의 과정에서 확인한 관련 비위 사실 등의 적발

② 청렴옴부즈만의 권한은 다음과 같다.

- 직무와 관련한 제도와 관행의 개선 또는 시정 권고권
- 위원회 회의 및 위원 선정 과정에 대한 참관 과정에서 확인한 비위 사실 등의 적발과 관련한 감사 요구권

③ 다음의 어느 하나에 해당하는 경우에는 청렴옴부즈만의 직무와 권한과 관련한 규정을 적용하지 아니한다.

- 행정심판, 재판 등 다른 법령에 의한 구제 절차가 진행 중인 사항
- 다른 법령에 의하여 조정·중재 절차가 진행 중인 사항
- 검찰·경찰 등 수사기관의 수사가 진행 중인 사항
- 감사원과 관세청의 감사가 진행 중인 사항

4. 청렴옴부즈만의 의무

① 청렴옴부즈만은 다음의 어느 하나에 해당하는 경우에는 직무를 회피하여야 한다.

- 본인, 배우자 또는 직계존비속이 해당 직무와 관련한 임직원이거나 주주인 경우
- 본인, 배우자 또는 직계존비속이 해당 직무와 관련이 있는 경우
- 보세판매장 특허 신청 업체의 용역계약 또는 자문역할을 하는 등 특수관계에 있거나 있었던 경우
- 그 밖에 당해 직무활동의 공정을 기할 수 없는 현저한 사유가 있는 경우

② 청렴옴부즈만은 직무수행 과정에서 취득한 정보나 문서 등을 임의로 공표하거나 타인에게 배포·유포할 수 없다.
③ 청렴옴부즈만은 업무수행 중 알게 된 비밀을 누설하거나 도용하여서는 아니 된다.
④ 청렴옴부즈만은 중립적 입장에서 공정하고 합리적으로 그 직무를 수행하여야 하며 그 직을 이용하여 관세공무원에게 위법·부당한 처분이나 행위를 하도록 요구하거나 청탁할 수 없다.
⑤ 청렴옴부즈만은 직무수행과 관련하여 금품이나 향응을 수수하거나 요구하여서는 아니 된다.

5. 의무위반의 조치

관세청장은 청렴옴부즈만이 의무를 위반한 경우 즉시 해임하고, 위반사항이 「관세공무원의 직무 관련 범죄 고발에 관한 훈령」에 따른 고발대상에 해당하는 경우에는 수사기관에 고발하여야 한다.

06 운영인의 의무 및 판매물품 관련 사항

1. 운영인의 의무 24 기출   23 기출

① 시내면세점 운영인은 해당 보세판매장에 중소·중견기업 제품 매장을 설치하여야 한다. 21 기출
② 보세판매장에서 판매하는 물품과 동일 또는 유사한 물품을 수입하여 내수판매를 하지 않아야 한다.
③ 판매물품을 진열·판매하는 때에는 상표단위별 진열장소의 면적은 매장면적의 10분의 1을 초과할 수 없다. 다만, 세관장이 보세판매장의 특성 등을 고려하여 따로 인정하는 때는 제외한다.
④ 운영인이 외화로 표시된 물품을 표시된 외화 이외의 통화로 판매하는 때에는 다음의 사항을 준수하여야 한다.

> • 해당 물품을 판매하는 날의 전일(최종 고시한 날을 말한다)의 「외국환거래법」에 의한 기준환율 또는 재정환율을 적용 20 기출
> • 당일 적용하는 환율을 소수점 이하 3자리에서 버린 후, 소수점 이하 2자리까지 표시
> • 당일 적용 환율을 정문입구 또는 구매자가 잘 볼 수 있는 곳(전자상거래에 의한 판매는 인터넷 홈페이지)에 게시

⑤ 운영인은 다음의 사항을 팜플렛, 인터넷 홈페이지와 게시판 등을 통하여 홍보하여야 한다.

> • 출국내국인의 구매한도액, 입국장 인도장에서 인도받을 물품의 구매한도액, 입국장 면세점의 구매한도액 및 면세한도액의 혼동방지
> • 면세점에서 구입한 면세물품의 원칙적인 국내반입 제한(입국장면세점 판매물품 및 입국장 인도장 인도 물품은 제외)
> • 면세물품의 교환·환불절차 및 유의사항
> • 현장인도 받은 내국물품의 외국반출 의무
> • 그 밖에 해외통관정보 등 세관장이 홍보할 필요가 있다고 인정하는 사항

⑥ 게시판은 해당 면세점의 정문, 안내데스크, 계산대, 인기품목 매장 등 구매자들의 눈에 잘 띄는 장소에 다음의 매장면적 기준에 따라 설치하여야 한다.

> • 2,000㎡ 초과 : 5개 이상
> • 1,000㎡ 초과, 2,000㎡ 이하 : 4개 이상
> • 100㎡ 초과, 1,000㎡ 이하 : 3개 이상
> • 100㎡ 이하 : 1개

⑦ 운영인은 상거래상의 법적, 도의적 책임을 다하여야 하며 판매가격 표시제를 엄수하여야 한다. 다만 우대고객, 재고상품 등에 대한 할인판매를 하는 경우에는 동등한 고객들에게 공평하게 적용되도록 지침을 작성하여 시행하거나, 할인품목과 할인율을 매장에 게시하고 시행하여야 한다.

⑧ 운영인은 해당 월의 보세판매장의 업무사항을 다음 달 7일까지 보세판매장 반출입물품 관리를 위한 전산시스템(재고관리시스템)을 통하여 세관장에게 보고하여야 한다.

⑨ 운영인은 보세판매장에 근무하는 소속직원과 다른 법인 등에 소속되어 판매물품의 판촉·물류·사무 등을 위하여 근무하는 직원의 월별 현황을 다음 달 7일까지 세관장에게 보고하여야 한다. 이 경우 판촉사원 등은 운영인의 사용인으로 본다.

⑩ 운영인은 보세판매장에 근무하는 소속직원과 판촉사원 등이 협의단체에서 주관하는 교육을 연 1회 이상(사전에 협의단체장이 교육계획을 관세청장에게 보고한 경우에는 그 계획 범위 내) 이수하도록 하여야 한다.

⑪ 운영인은 「관세법 시행령」 제191조에 따른 수용능력증감 등의 공사를 하려는 때에는 신청서를 세관장에게 제출하고 승인을 받아야 한다.

⑫ 운영인이 물품을 판매하는 때에는 구매자의 여권 또는 제2조 제12호에 따른 외국인임을 확인할 수 있는 자료, 그 외 세관장이 인정하는 신원확인방법(여권 등)을 통해 확인해야 한다.

2. 판매대상 물품

① 운영인이 보세판매장에서 판매할 수 있는 물품은 「관세법 시행규칙」 제69조의5와 같다.

> **시행규칙 제69조의5(보세판매장 판매 대상 물품)**
>
> 법 제196조에 따른 보세판매장에서 판매할 수 있는 물품은 다음 각 호와 같다.
>
> 1. 법 제196조 제1항에 따라 외국으로 반출하는 것을 조건으로 보세판매장에서 판매할 수 있는 물품은 다음 각 목의 물품을 제외한 물품으로 한다.
>   가. 법 제234조에 따른 수출입 금지 물품
>   나. 「마약류 관리에 관한 법률」, 「총포·도검·화약류 등의 안전관리에 관한 법률」에 따른 규제대상 물품
>
> 2. 법 제196조 제1항에 따라 법 제88조 제1항 제1호부터 제4호까지에 따라 관세의 면제를 받을 수 있는 자가 사용하는 것을 조건으로 보세판매장에서 판매할 수 있는 물품은 별표 6과 같다.
>
> 3. 법 제196조 제2항에 따라 설치된 보세판매장에서 판매할 수 있는 물품은 다음 각 목의 물품을 제외한 물품으로 한다.
>   가. 법 제234조에 따른 수출입 금지 물품
>   나. 「마약류 관리에 관한 법률」, 「총포·도검·화약류 등의 안전관리에 관한 법률」에 따른 규제대상 물품
>   다. 「가축전염병 예방법」에 따른 지정검역물과 「식물방역법」에 따른 식물검역 대상물품
>   라. 「수산생물질병 관리법」에 따른 지정검역물
>
> 4. 법 제196조 제1항 제1호 단서에 따라 입국장 인도장에서 인도하는 것을 조건으로 보세판매장에서 판매할 수 있는 물품은 다음 각 목의 물품을 제외한 물품으로 한다.
>   가. 법 제234조에 따른 수출입 금지 물품
>   나. 「마약류 관리에 관한 법률」, 「총포·도검·화약류 등의 안전관리에 관한 법률」에 따른 규제대상 물품
>   다. 「가축전염병 예방법」에 따른 지정검역물과 「식물방역법」에 따른 식물검역 대상물품
>   라. 「수산생물질병 관리법」에 따른 지정검역물

② 출국장면세점은 국산 가전제품 중 여행자의 휴대반출이 곤란하거나 세관장이 필요하다고 인정하는 품목에 대하여는 쿠폰으로 판매할 수 있으며, 쿠폰으로 판매한 상품은 관할세관장이 지정하는 보세구역에 반입하여 수출신고 수리 후 선적하여야 한다. `24 기출` `21 기출`

3. 구매자 및 구매총액

① 외교관면세점에서는 법 제88조 제1항 제1호부터 제4호까지에 따라 관세의 면제를 받을 수 있는 주한외교관 및 외국공관원에 한하여 물품을 판매할 수 있다.
② 출국장면세점과 시내면세점에서는 출국인 및 외국으로 출국하는 통과여객기(선)에 의한 임시체류인에 한하여 물품을 판매할 수 있다.
③ 입국장면세점에서는 입국인에게 물품을 판매할 수 있다.
④ 운영인이 관세법 제196조 제1항 제1호 단서에 따라 물품을 판매하는 경우에는 규칙 제69조의4 제2항 및 제3항에 따라야 한다. 21 기출 20 기출 18 기출

> **관세법 제196조(보세판매장) 제1항**
> 보세판매장에서는 다음 각 호의 어느 하나에 해당하는 조건으로 물품을 판매할 수 있다.
> 1. 해당 물품을 외국으로 반출할 것. 다만, 외국으로 반출하지 아니하더라도 대통령령으로 정하는 바에 따라 외국에서 국내로 입국하는 자에게 물품을 인도하는 경우에는 해당 물품을 판매할 수 있다.
> 2. 제88조 제1항 제1호부터 제4호까지의 규정에 따라 관세의 면제를 받을 수 있는 자가 해당 물품을 사용할 것
>
> **관세법 시행규칙 제69조의4(보세판매장 판매한도)**
> ① 법 제196조 제2항에 따라 설치된 보세판매장의 운영인이 외국에서 국내로 입국하는 사람에게 물품(술·담배·향수는 제외한다)을 판매하는 때에는 미화 800달러의 한도에서 판매해야 하며, 술·담배·향수는 제48조 제3항에 따른 별도 면세범위에서 판매할 수 있다. 21 기출 20 기출 18 기출
> ② 법 제196조 제1항 제1호 단서에 따라 입국장 인도장에서 인도하는 것을 조건으로 보세판매장의 운영인이 판매할 수 있는 물품의 한도는 제1항과 같다.
> ③ 제1항 및 제2항에도 불구하고 제1항에 따른 입국장 면세점과 제2항에 따른 입국장 인도장이 동일한 입국경로에 함께 설치된 경우 보세판매장의 운영인은 입국장 면세점에서 판매하는 물품(술·담배·향수는 제외한다)과 입국장 인도장에서 인도하는 것을 조건으로 판매하는 물품(술·담배·향수는 제외한다)을 합하여 미화 800달러의 한도에서 판매해야 하며, 술·담배·향수는 제48조 제3항에 따른 별도 면세범위에서 판매할 수 있다.

⑤ 운영인은 입국인에게 규칙 제69조의4 제1항에 따라 미화 800달러 이하의 구매한도 범위 내에서 물품을 판매하여야 한다. 이 경우 술·담배·향수는 시행규칙 제48조 제3항에 따른 별도 면세범위 내에서만 판매할 수 있다. 22 기출

> **관세법 시행규칙 제48조(관세가 면제되는 여행자 휴대품 등) 제3항**
>
> | 구 분 | 면세한도 | | 비 고 |
> |---|---|---|---|
> | 술 | 2병 | | 2병 합산하여 용량은 2리터(L) 이하, 가격은 미화 400달러 이하로 한다. |
> | 담 배 | 궐 련 | 200개비 | 2 이상의 담배 종류를 반입하는 경우에는 한 종류로 한정한다. |
> | | 엽궐련 | 50개비 | |
> | | 전자담배 궐련형 | 200개비 | |
> | | 전자담배 니코틴용액 | 20밀리리터(mL) | |
> | | 전자담배 기타 유형 | 110그램 | |
> | | 그 밖의 담배 | 250그램 | |
> | 향 수 | 100밀리리터(mL) | | - |

⑥ 운영인은 구매자의 출입국 여부 및 구매총액(입국장면세점 운영인에게만 적용)을 확인하여야 한다.
⑦ 시내면세점 운영인은 구매자가 신용카드로 결제하는 경우「여신전문금융업법」에 따라 본인 명의인지를 확인하여야 한다.

07 보세판매장 물품 반출입 및 관리 사항

1. 판매용물품의 반입신고 및 반입검사신청 [24 기출]

① 운영인은 보세판매장 판매용물품을 보관창고(통합물류창고 또는 지정장치장 포함)에 반입한 후 매장으로 반출하여야 한다. 다만, 운영인이 사전에 세관장에게 반입 전 판매를 신청한 물품은 판매(주문 또는 결제를 포함) 이후에 보세판매장 보관창고에 반입할 수 있다.

② 운영인은 보세운송된 물품을 보관창고에 반입하는 때에는 전자문서 방식 등에 따라 반입신고하여야 하며, 보세운송 도착보고는 반입신고로 갈음한다.

③ 운영인은 보관창고에 반입된 물품을 7근무일 이내에 관할세관장에게 반입검사를 신청하여야 한다. 다만, 부득이한 사유로 같은 기간 내에 반입검사신청을 할 수 없는 때에는 반입검사 신청기간 연장신청을 해야 하며, 세관장은 연장신청사유 등을 검토하여 10일 이내에서 기간연장을 승인할 수 있다.

④ 반입검사신청은 운영인 또는 운영인의 위임을 받은 자가 첨부서류 없이 전자문서(수입신고 양식 사용)를 수입통관시스템에 전송하는 방법으로 하여야 한다. 다만, 세관장이 서류제출대상으로 선별한 물품은 반입검사신청서에 다음의 서류를 첨부하여 관할세관장에게 서류로 제출하여야 한다.

- 반입신고서 사본(물품반입 시 전자문서로 반입신고한 때에는 생략함)
- 매매계약서 또는 물품매도확약서
- 선하증권 사본
- 송품장

⑤ 내국물품, 양수물품, 미인도물품, 반품 및 교환물품(적재화물목록 제출물품 및 재고관리시스템에 의한 보세운송 반입물품을 제외)은 재고관리시스템을 통하여 반입검사를 신청하여야 한다.

⑥ 세관장은 서류제출대상 물품 중 검사대상으로 선별된 물품에 대하여 세관공무원으로 하여금 다음의 사항을 검사·확인하여야 한다.

- 품명, 규격, 수량
- 적용세번 및 신고가격
- 반입검사신청서 및 첨부서류와 현품과의 상이 여부, 파손 등 하자발생 여부 및 그 사유
- 그 밖에 현품관리에 필요한 사항

⑦ 세관장은 업체의 성실도, 물품의 우범도 등을 고려하여 세관별 수입C/S 검사비율 범위 내에서 자체 검사비율을 지정하여 운영할 수 있다.

⑧ 운영인은 영업개시일 이후 물품을 반입할 수 있다. 다만, 세관장은 영업개시일 전이라도 감시단속에 문제가 없는 경우 보세판매장에 물품 반입을 허용할 수 있다.

2. 내국물품의 반출입절차

① 운영인이 내국물품을 보세판매장에 반입한 때에는 반입검사신청을 하여야 한다. 이 경우 반입신고를 한 것으로 본다.

② 세관장은 환급대상 내국물품을 보세판매장에 공급한 자가 「수출용원재료에 대한 관세 등 환급사무처리에 관한 고시」에 따라 환급대상 내국물품의 보세판매장 반입확인을 신청하는 때에는 반입검사신청의 내용을 확인한 후 환급대상 수출물품 반입확인서를 발급하여야 한다.

③ 운영인이 반입된 내국물품을 변질, 손상, 판매부진, 기타 부득이한 사유로 반출하려는 때에는 해당 물품을 보관창고에 구분하여 장치한 후 세관장에게 판매물품 반출 승인(신청)서를 제출한 후 승인을 받아 다음의 어느 하나에 해당하는 방법으로 반출하여야 한다.

- 환급대상 내국물품
  → 환급고시에 따른 정정·취하 승인서. 다만, 같은 규정에 따라 정정·취하를 할 수 없는 경우에는 수입 또는 반송의 절차에 의한다.
- 환급대상 내국물품 이외의 다른 내국물품
  → 판매물품 반출 승인서

④ 운영인은 승인받은 물품을 반출하는 때에는 재고관리시스템에 반출내역을 신고하여야 하며, 환급대상이 아닌 내국물품을 보관창고(통합물류창고 또는 지정장치장 포함)에 보관하는 때에는 다른 외국물품 등과 구분하여 보관하여야 한다.

3. 통합물류창고 등 반출입 물품의 관리

① 보세판매장 협의단체의 장이 보세창고 또는 자유무역지역 내 물류창고를 통합물류창고로 운영하려는 때에는 관세청장으로부터 허가를 받아야 한다.
② 통합물류창고 운영인은 통합물류창고에 반입된 전체 물품의 재고현황을 확인할 수 있도록 반출입 관리하고, 반입검사신청 후의 물품은 각 보세판매장별로 구분하여 관리해야 한다. 다만, 물품을 전산에 의하여 보관·관리하는 자동화 보관시설을 갖추고 재고관리가 적정하다고 세관장이 인정하는 경우에는 각 보세판매장의 물품을 통합하여 보관할 수 있다.
③ 지정보세구역에 물품을 보관한 경우, 화물관리인은 보세판매장 반입물품을 구분하여 재고관리하여야 한다.
④ 운영인은 보세운송절차에 의하여 통합물류창고(지정보세구역을 포함)와 보세판매장 간에 장치된 물품을 반출입하거나, 보세판매장에서 판매된 물품을 통합물류창고(지정보세구역을 포함)에 장치된 같은 물품으로 구매자에게 인도할 수 있다. 구매자가 구매한 물품을 국제우편 또는 항공·해상화물로 송부를 의뢰하는 경우에도 또한 같다.
⑤ 운영인은 통합물류창고를 활용하여 해외 면세점에 물품을 공급하거나 공급한 물품을 재반입할 수 있다.

4. 판매장 진열 및 판매

① 운영인이 물품을 판매한 때에는 구매자 인적사항 및 판매사항을 전산관리하고, 다음에 규정된 때에 세관에 전자문서로 실시간 전송하여야 한다. 23 기출 21 기출

- 시내면세점에서 판매된 물품을 보세운송하는 경우 : 보세운송 신고한 때
- 입국장면세점과 출국장면세점에서 전자상거래에 의하여 판매하는 경우 : 판매물품을 구매자에게 인도한 때
- 그 외의 경우 : 물품을 판매한 때

② 운영인은 다음에서 정하는 대장을 판매장에 비치하고 구매자 인적사항 및 판매사항을 전산관리하여야 하며, 세관장 요구 시 물품별로 확인이 가능하도록 필요사항을 기록유지하여야 한다.

- 외교관면세점
  - 판매대장
  - 면세통관의뢰서 관리대장
- 출국장면세점, 입국장면세점, 시내면세점
  - 판매대장
  - 구매자 관리대장

③ 출국장면세점의 판매물품을 이동판매방식에 의해 판매하려는 경우에는 이동판매대의 설치장소, 설치기한 및 판매품목 등에 관하여 세관장의 승인을 받은 경우에 한한다. 23 기출

08 보세판매장 물품 판매 관련 사항

1. 외교관면세점의 판매절차

① 운영인이 외교관 구매자에게 물품을 판매하는 때에는 외교관 구매자가 관세법 제88조 제1항 제1호부터 제4호까지에 해당하는 자임을 확인한 면세통관신청서를 제출받아야 한다. 다만, 주류와 담배를 판매하려는 때에는 외교부장관이 발행한 면세통관의뢰서를 제출받아야 하며 그 승인 한도 내에서 분할 판매할 수 있다.

> **관세법 제88조(외교관용 물품 등의 면세) 제1항**
> 다음 각 호의 어느 하나에 해당하는 물품이 수입될 때에는 그 관세를 면제한다.
> 1. 우리나라에 있는 외국의 대사관·공사관 및 그 밖에 이에 준하는 기관의 업무용품
> 2. 우리나라에 주재하는 외국의 대사·공사 및 그 밖에 이에 준하는 사절과 그 가족이 사용하는 물품
> 3. 우리나라에 있는 외국의 영사관 및 그 밖에 이에 준하는 기관의 업무용품
> 4. 우리나라에 있는 외국의 대사관·공사관·영사관 및 그 밖에 이에 준하는 기관의 직원 중 대통령령으로 정하는 직원과 그 가족이 사용하는 물품

② 운영인은 물품판매 시 접수한 면세통관신청서의 구매상품란에 상품명세서를 구체적으로 명확하게 기재하고, 외교관 구매자의 확인을 받아 세관공무원에게 제출하여야 한다. 이 경우 면세통관신청서의 제출은 수입신고서로 본다.

③ 세관공무원은 면세통관신청서의 우측하단에 통관확인 필증을 날인한 후, 원본을 세관에 비치하고 사본 1부는 판매자에게 교부하여야 한다. 이 경우 통관필 확인은 수입신고가 수리된 것으로 보고 세관공무원은 이를 수입신고대장에 기재하여야 한다.

④ 운영인은 면세통관신청서의 내용을 면세통관의뢰서 관리대장에 기록하여야 한다.

⑤ 운영인은 주류와 담배에 대하여 면세통관의뢰서 잔량확인대장에 구매승인량과 판매량 및 잔량을 기재하여 분기별로 세관공무원의 확인을 받아야 한다.

2. 전자상거래에 의한 판매

① 운영인은 보세판매장의 물품을 전자상거래의 방법에 의하여 판매할 수 있다. `23 기출` `21 기출`

② 운영인이 물품판매를 하려는 때에는 전자상거래 방법에 의한 보세판매장 물품판매 신고서에 다음의 서류를 첨부하여 관할세관장에게 신고하여야 한다.

> • 「전자상거래 등에서의 소비자보호에 관한 법률」 제12조에 따른 통신판매업신고증 사본
> • 전자상거래 이용약관 사본
> • 프로그램 개발 및 유지보수 계약서(위탁하는 경우에 한함)
> • 사업계획서

③ 전자상거래 방법에 의한 보세판매장 물품판매 신고를 접수한 세관장은 운영인과 통신판매업 신고인이 같은 법인인지 여부(제3자가 운영하는 사이버 몰을 통한 판매를 신청한 경우는 제외)와 전자상거래 운영방법, 구매절차 및 결제방법이 적정한지 여부를 심사하여야 한다.

④ 운영인이 전자상거래방법에 의하여 물품을 판매하는 경우에는 구매자의 인적사항을 대장 또는 전산으로 기록하여야 한다.

⑤ 운영인은 신고한 사항을 변경하거나 전자상거래방법에 의한 판매를 휴지, 폐지 또는 재개하려는 때에는 미리 전자상거래방법에 의한 보세판매장물품판매변경신고서에 관련서류를 첨부하여 세관장에게 신고하여야 한다.

⑥ 세관장은 보세판매장의 전자상거래에 의한 판매방법이 신고한 사항과 다르거나 법규에 위배되는 경우에는 해당 운영인에게 기한을 정하여 시정을 명하여야 하며, 운영인이 기한 내에 시정하지 아니한 때에는 전자상거래방법에 의한 물품판매의 중지를 명할 수 있다.

⑦ 운영인이 「중소기업기본법」 제2조에 따른 중소기업 또는 「중견기업 성장촉진 및 경쟁력 강화에 관한 특별법」 제2조 제1호에 따른 중견기업인 경우에는 사이버몰을 중소·중견기업 간 공동으로 운영할 수 있다.

3. 판매물품의 보세운송

① 시내면세점에서 판매한 물품(전자상거래방법에 의한 판매물품을 포함)에 대하여는 현품을 판매장에서 인도하지 아니하고 구매자가 서명한 교환권(전자서명에 의한 전사식 교환권을 포함)을 발행·교부하고, 인도장으로 운송한 후 해당 인도장에서 인도하여야 한다. 다만, 전자식 교환권을 발행한 경우에는 교환권번호를 통보한 후 인도하는 때 여권 등으로 구매자 본인 여부를 확인할 수 있다.

② 운영인은 출국하는 외국인이 시내면세점에서 구매한 내국물품(전자상거래방법에 의하여 구매한 내국물품, 세관장이 구매내역 등을 고려하여 현장인도를 제한한 여행자가 구매한 내국물품, 환급대상 내국물품을 제외)을 해당 보세판매장에서 인도받기를 원하는 경우에는 반드시 구매자의 여권과 탑승권·전자티켓 등 예약내용을 확인할 수 있는 자료와 현장인도 제한여부를 확인한 후 인도하여야 하며, 운영인은 판매·인도 즉시 재고관리시스템을 통하여 내국물품 현장인도 내역을 관할 세관장에게 신고하여야 한다.

③ 운영인은 관세법 제93조 제9호에 따라 우리나라를 방문하는 외국의 원수와 그 가족 및 수행원 기타 이에 준하는 자로서 세관장이 외교관례상 의전이 필요하다고 인정하는 자 등이 시내면세점에서 구입한 물품에 대하여 구매자가 원할 경우 판매장에서 현장 인도할 수 있다. 이 경우 운영인은 판매 즉시 재고관리시스템을 통하여 판매내역을 세관장에게 신고하여야 한다. 23 기출

④ 운영인은 교환권에 의하여 판매한 물품에 대하여는 반송 및 간이보세운송신고서에 따라 관할지세관장에게 신고 후 수리를 받아 보세운송 신고 건별로 행낭 또는 각종 운반 박스 등에 넣은 후 운영인 책임하에 시건 또는 봉인을 한 후 인도장으로 보세운송하되, 탑승 항공기 또는 선박 출발(입국장 인도장의 경우 도착을 말한다) 예정 2시간 전(인도장 관할 세관장이 보세판매장과 인도장의 거리, 교통상태 등을 고려하여 인정하는 경우에는 1시간 전으로 한다)에 도착되도록 한다. 다만, 각종 운반 박스 등으로 포장되어 시건이 어려운 경우, 봉인만 한 후 운송할 수 있다.

⑤ 세관장은 보세운송업무의 신속한 처리를 위하여 재고관리시스템에서 자동으로 신고내역을 확인하여 신고수리를 할 수 있으며, 운송물품 도착지세관장은 재고관리시스템에 의한 도착확인 및 수리를 하여야 한다. 이 경우 인도자가 지정된 인도장의 보세운송 도착확인 및 수리 업무는 인도자에게 위탁한다.

⑥ 출국장면세점 운영인은 전자상거래방법으로 판매한 물품 및 법 제196조 제1항 제1호 단서에 따라 판매한 물품을 인도장에서 인도할 수 있다.

> **관세법 제196조(보세판매장) 제1항**
> 보세판매장에서는 다음 각 호의 어느 하나에 해당하는 조건으로 물품을 판매할 수 있다.
> 1. 해당 물품을 외국으로 반출할 것. 다만, 외국으로 반출하지 아니하더라도 대통령령으로 정하는 바에 따라 외국에서 국내로 입국하는 자에게 물품을 인도하는 경우에는 해당 물품을 판매할 수 있다.
> 2. 제88조 제1항 제1호부터 제4호까지의 규정에 따라 관세의 면제를 받을 수 있는 자가 해당 물품을 사용할 것

4. 인도자 지정 등 22 기출

① 인도장에서 시내면세점에서 판매한 물품(전자상거래방법에 의한 판매물품을 포함)을 구매자에게 인도하는 업무를 담당하려는 자는 다음에 해당하는 자로서 인도장 관할세관장으로부터 지정을 받아야 한다.

> • 인도자는 다음의 어느 하나에 해당하는 자이어야 한다.
> – 보세판매장 협의단체
> – 관세행정 또는 보세화물관리와 관련 있는 비영리법인

- 다음의 어느 하나에 해당하는 자는 인도자로 지정될 수 없다.
  - 관세법 제175조 각 호의 어느 하나에 해당하는 자
  - 관세 및 국세의 체납이 있는 자
- 다만 입국장 인도장을 설치·운영하려는 자는 관세법 시행령 제213조의2 제3항 각호의 요건을 모두 갖추어야 한다.

> **관세법 시행령 제213조의2(입국장 인도장의 설치·운영 등) 제3항**
> 제2항에 따라 승인을 받으려는 자는 다음 각 호의 요건을 모두 갖추어 세관장에게 신청해야 한다.
> 1. 제189조 제1호 및 제2호의 요건을 모두 갖출 것
> 2. 공항·항만 등의 입국경로에서 물품을 적절하게 관리·인도할 수 있는 공간을 확보할 것
> 3. 법 제96조에 따른 여행자 휴대품의 면세 통관이 적절하게 이루어질 수 있도록 입국장 인도장에서 인도한 물품의 내역을 확인하여 세관장에게 통보할 수 있는 관세청장이 정하는 전산설비 또는 시스템을 갖출 것. 다만, 해당 공항·항만 등의 입국경로에 법 제196조 제2항에 따른 보세판매장(이하 "입국장 면세점"이라 한다)이 있는 경우에는 입국장 인도장에서 인도한 물품의 내역과 입국장 면세점에서 판매한 물품의 내역을 통합·확인하여 세관장에게 통보할 수 있는 관세청장이 정하는 전산설비 또는 시스템을 갖출 것
> 4. 입국장 인도장이 설치되는 공항·항만 등 입국경로의 시설을 관리하는 중앙행정기관·지방자치단체 또는 법인의 동의를 받을 것

② 인도자로 지정받고자 하는 자는 지정신청서와 첨부서류를 구비하여 세관장에게 인도자 지정신청을 하여야 하며, 세관장은 5년의 범위(타인의 시설을 임차하여 사용하는 경우로서 잔여 임차기간이 5년 미만인 경우에는 해당 임차기간) 내에서 기간을 정하여 인도자를 지정하고 그 지정사항을 관세청장에게 보고하여야 한다. 이 경우 인도자의 지정은 관세법 제172조에 따른 화물관리인으로 지정한 것으로 보며, 인도자의 지정기간의 갱신 및 지정취소에 대하여는 다음 ⓒ, ⓒ의 내용에 따른다.

㉠ 지정신청 시 구비서류

- 인도장 운영계획서 1부
- 채용 보세사 자격증 사본 각 1부
- 그 밖에 세관장이 인도자 지정 및 인도장 관리에 필요하다고 인정하는 서류

㉡ 지정기간 갱신 및 지정내용 변경

- 인도자 지정기간을 갱신하려는 자는 지정기간 만료 30일 전까지 지정신청 시 구비한 서류 중 변경된 내역을 구비하여 세관장에게 지정기간 갱신신청을 하여야 한다.
- 세관장은 지정기간 갱신신청이 있을 경우, 해당 요건을 심사하고 5년의 범위(타인의 시설을 임차하여 사용하는 경우로서 잔여 임차기간이 5년 미만인 경우에는 해당 임차기간)내에서 기간을 정하여 지정기간의 갱신을 승인할 수 있으며 승인 시는 승인사실을 관세청장에게 보고하여야 한다.
- 인도자는 인도장의 수용능력을 증감하거나 수선 등 시설을 변경하려는 때에는 사전에 관할 세관장에게 그 사유와 함께 신고하여야 한다.

㉢ 세관장은 다음의 어느 하나에 해당하는 경우 인도자 지정을 취소할 수 있으며, 취소한 경우 그 사실을 관세청장에게 보고하여야 한다.

- 관세법 제175조 각 호의 어느 하나에 해당하거나 관세 및 국세의 체납이 있는 자에 해당하는 경우
- 경고처분을 1년 내에 3회 이상 받은 때
- 그 밖의 인도자가 고의 또는 중대한 과실로 법을 위반하거나 관세행정 질서를 문란하게 하여 세관장이 인도자 지정을 취소함이 타당하다고 인정하는 때
- 그 밖에 인도자가 실제 인도장 업무를 수행하지 않아 지정취소를 요청하는 경우

다만, 세관장은 면세물품 인도업무를 원활하게 수행하기 위하여 필요하다고 인정하는 경우 새로운 인도자 지정 시까지 그 지정취소를 보류할 수 있다.

③ 세관장은 인도장의 수용능력 초과로 추가설치가 필요하거나 공항·항만 출국장 내에서 공간이 협소하여 인도장 설치가 불가능한 경우에는 보세화물 관리와 안전에 이상이 없는 범위 내에서 출국장 인접 보세구역에 한하여 1년의 범위 내에서 임시인도장을 지정할 수 있다. `23 기출`

5. 판매물품의 인도 `23 기출`

① 인도자는 인도장의 업무량을 고려하여 적정인원의 보세사를 채용하여야 하며 인도업무를 보세사에 위임하여 수행하게 할 수 있다.

② 인도자는 인도업무를 보조할 직원을 둘 수 있다.

③ 인도자는 인도자와 인도보조자의 근무시간 및 근무방법을 세관장에게 보고하여야 하며, 세관장은 운영인이 운송한 물품을 인도자에게 인도할 장소를 지정하고 인도자와 인도보조자의 근무 및 물품인도에 관한 사항을 지휘 감독한다.

④ 인도자는 첫 항공편 출발예정시간 1시간 전부터 마지막 항공편이 출발하는 때까지 판매물품 인도업무를 수행할 수 있도록 인도업무를 수행할 보세사 및 인도보조자를 근무 배치하여야 한다.

⑤ 인도자는 인도장에 보세운송 물품이 도착된 때에 시건과 봉인에 이상이 없는지를 확인한 후 시건을 개봉하고 보세운송 책임자와 인도자가 판매물품 인수인계서(반송 및 간이 보세운송 신고서를 판매물품 인수인계서로 사용)를 작성하여 인수인계를 하여야 하며, 세관공무원은 필요한 경우 보세운송 도착물품을 검사할 수 있다.

⑥ 인도자는 물품의 인수를 완료한 때에는 세관공무원에게 이상 유무를 보고하여야 하며, 보세사는 재고관리시스템의 당해 보세운송에 대하여 도착확인 등록을 하여야 한다.

⑦ 인도자는 다음에서 정하는 바에 따라 구매자에게 물품을 인도한다.

> - 구매자로부터 교환권을 회수(전자식 교환권의 경우 확인으로 대체한다)하여야 하며, 구매자의 직접서명(전자서명을 포함)을 받고 구매 시의 서명이나 인적사항을 대조 확인하여야 한다.
> - 인도자는 인도보조자에게 인도 업무를 위임할 수 있다. 다만, 세관장은 인도장의 특성을 고려하여 인도자의 인도방법을 조정할 수 있다.
> - 세관장은 품목 및 금액, 구매 선호도 또는 정보분석 등에 의하여 세관공무원의 물품인도 입회대상물품을 지정하여 세관공무원으로 하여금 입회하도록 하여야 한다.
> - 인도자는 당일 인도할 물품 중 세관장이 지정하는 물품에 대하여는 수시로 세관공무원에게 인도예상시간을 구두로 통지하여야 한다.
> - 인도자는 교환권의 여권번호가 다른 경우에는 세관공무원의 지시에 따라 인도할 수 있다. 이 경우 세관공무원은 출입국사실 등을 조회하여 본인여부 및 고의성 여부 등을 판단하여야 하며, 인도자는 인도 즉시 해당 물품을 판매한 운영인에게 통보하여 해당 물품의 보세운송신고 내용을 정정하도록 하여야 한다.
> - 인도자는 인수자가 교환권을 분실한 경우에는 구매자의 성명, 여권번호, 출국편명(출국일) 등 인적사항을 확인한 후, 구매자와 인수자가 동일인임이 확인된 경우에 한해 교환권을 재발행할 수 있다.

⑧ 세관장은 다음의 정하는 바에 따라 물품인도사항을 지휘 감독한다.

> - 세관장은 필요한 경우 인도자의 인도업무가 적정하게 운영되는지 여부를 점검할 수 있다.
> - 세관공무원이 물품인도 입회대상물품에 대한 확인을 하는 때에는 지정된 물품 전체에 대하여 확인하며, 물품의 품명, 규격, 구매자의 국적, 여권번호 및 성명 등을 확인하여야 한다.

⑨ 인도자는 회수된 교환권을 정리하여 세관장에게 보고한 후 매월 10일 또는 세관장이 지정한 일자 단위로 판매자에게 송부하여야 한다. 다만, 전자식 교환권은 전자문서의 방식으로 송부할 수 있다.

⑩ 운영인 및 인도자는 판매한 물품이 미인도되는 사례가 발생하지 않도록 다음 사항을 이행하여야 한다.

- 운영인은 교환권 이면에 인도절차에 대한 상세한 안내문을 인쇄하여야 한다.
- 운영인은 미인도물품이 발생한 경우 즉시 물품을 송부할 수 있도록 물품판매 시 교환권의 연락처 기재여부를 확인하거나 여행안내인 등의 연락처를 확보하여야 한다.
- 운영인은 판매물품을 구매자의 출·입국일시에 인도될 수 있도록 인도장으로 신속히 운송하여야 한다.
- 인도자는 출국장의 잘 보이는 곳에 인도장의 표시를 하여 구매자들이 인도장 위치를 쉽게 확인할 수 있도록 하여야 한다.
- 인도자는 공항·항만 시설 관리자와 협의하여 방송 등을 통하여 판매물품 인도에 대한 홍보를 하여야 한다.
- 운영인 및 인도자는 각 판매사원과 인도장 근무직원에게 물품인도에 대한 교육을 실시하고 물품판매 시 구매자에게 물품인수 절차에 대한 사전홍보를 하도록 하여야 한다.

⑪ 구매자가 구매한 물품을 국제우편 또는 항공·해상화물로 송부를 의뢰하는 경우 운영인 또는 보세사는 구매자가 작성한 국제우편 또는 항공·해상화물 송부의뢰서 3부 중 1부를 구매자에게 교부하고, 2부는 판매물품과 함께 구매자가 지정한 기일 내에 관세법 제256조에 따른 통관우체국 또는 항공·해상화물 탁송보세구역으로 보세운송하여 세관공무원 입회하에 통관우체국 담당공무원 또는 항공·해상화물 탁송 보세구역 운영인에게 인도하여야 한다. 이 경우 국제우편 또는 항공·해상화물 송부의뢰 물품은 다음의 절차에 의하여야 한다.

- 판매장 순찰공무원은 판매물품 중 일부를 발췌하여 내용물을 확인할 수 있으며, 확인한 물품에 대해서는 포장 후 시건과 세관봉인을 하여야 한다.
- 국제우체국에 근무하는 세관공무원은 도착확인 시 소포물 포장 및 세관 봉인상태의 이상 유무를 확인하여, 이상이 없을 경우에 국제우체국 소포창구(소포창구가 없는 경우에는 같은 건물 내에 있는 비통관우체국 우편창구를 말한다)까지 호송하여 국제우편물 담당공무원에게 인계하여야 한다.
- 공항·항만 세관에 근무하는 세관공무원은 보세구역에 도착한 물품의 도착 확인 시 항공·해상화물 송부의뢰서에 의거 포장 및 봉인상태 이상 유무를 확인하며, 보세판매장 운영인은 선·기적을 입증할 수 있는 서류를 보관하여야 한다.

⑫ 보세운송 시에는 국제우편 또는 항공·해상화물 송부의뢰서 2부를 보세운송신고서에 첨부하여 신고하여야 하며, 1부는 보세운송 도착지 세관공무원의 확인을 받아 운영인이 보관하여야 한다.

⑬ 보세판매장의 물품은 구매자에게 판매하고 판매내역이 구매자관리대장에 기록되거나 전산처리설비에 저장된 때 반송신고(내국물품의 경우 수출신고)한 것으로 보며, 인도장 또는 보세판매장에서 구매자에게 인도하거나 국제우체국 또는 공항·항만 보세구역으로 보세운송신고하여 수리된 때 반송신고가 수리된 것으로 본다(내국물품의 경우 인도된 때 수출신고가 수리된 것으로 본다).

⑭ 인도자는 구매자의 편의와 원활한 인도업무수행을 위해 필요하다고 인정되는 경우에는 세관장의 승인을 받아 2개 이상의 보세판매장 판매물품을 하나의 인도장에서 통합하여 인도할 수 있다. 이 경우 개별 보세판매장 운영인은 통합인도에 필요한 전산설비와 판매내역을 인도자에게 제공할 수 있다.

6. 보세공장 물품 등의 반출입 절차

① 보세공장 또는 자유무역지역에서 보세판매장에 제품을 판매하기 위하여 운송하는 때에는 보세판매장 관할세관 반입신고서와 판매계약서를 첨부하여 보세운송절차에 의거 운송하여야 한다.

② 보세판매장 판매용 물품 중 보세공장 또는 자유무역지역에서 제조·가공된 물품으로서 변질, 손상, 판매부진, 그 밖의 부득이한 사유로 해당 물품을 반출하려는 때에는 해당 물품을 보관창고에 구분하여 장치하고 세관장에게 판매물품 반출 승인(신청)서를 제출하여 승인을 받아야 한다.

③ 운영인은 승인받은 물품을 보세판매장으로부터 반출하는 때에는 재고관리시스템을 통하여 반출내역신고를 하여야 하며, 보세공장 등으로의 보세운송신고는 반출내역신고로 갈음한다.

7. 보세판매장 간 물품의 양수도시 업무처리절차 등

① 보세판매장에 반입된 판매물품을 양수도계약에 의해 타 보세판매장으로 양도하고자 할 때에는 보세운송절차에 의하여 하여야 한다.

② 보세운송을 하려는 자는 양수도계약서 사본 1부(재고관리시스템에 의한 경우와 같은 법인 내 보세판매장 간 양수도시 생략)를 첨부하여 양도·양수물품 보세운송신고를 하고, 보세운송신고수리일부터 7근무일 이내에 해당 물품을 보세판매장에 반입하고 그 결과를 세관장에게 보고하여야 한다. 다만, 재고관리시스템에 의하여 양수도하는 경우의 보세운송 도착보고는 양수인의 반입검사신청으로 갈음할 수 있다.

③ 보세판매장에서 판매한 물품을 구매자가 출국하는 공항·항만의 세관으로 보세운송하기 곤란하고 구매자가 출국하는 공항·항만의 인근에 같은 법인의 보세판매장이 있는 경우에는 보세판매장 간 해당 물품이 판매된 것으로 보고 출국지 보세판매장의 같은 물품을 인도장으로 보세운송할 수 있다. 이때 해당 물품을 실제로 판매한 보세판매장에서는 구매자에게 교환권을 발급한 후 세관장의 승인을 받아 교환권의 사본을 모사전송 등의 방법에 의거 출국지 보세판매장으로 송부하고 출국지 보세판매장에서는 같은 사본에 따라 판매물품을 인도장으로 보세운송한다.

④ 재고관리는 물품을 실제로 판매한 보세판매장에서는 판매되지 않은 것으로 하고 출국지 보세판매장에서는 판매한 것으로 정리하여야 하며 회수한 교환권을 출국지 보세판매장에서 보관하여야 한다.

8. 대금영수

판매대금은 원화 또는 외화로 영수할 수 있으며, 외화로 영수하였을 때에는 환율계산에 있어서 단수는 고객에게 유리하게 절사하고 거스름돈이 없을 때에는 원화로 지불하여야 한다.

09 판매물품의 처리 관련 사항

1. 미인도 물품의 처리 24 기출

① 인도자는 판매물품이 인도장에 반입된 후 5일 이상이 경과하여도 구매자에게 인도되지 아니하는 때에는 미인도 물품목록을 작성하여 세관장에게 보고하고, 인도자의 입회 하에 현품을 행낭 또는 각종 운반용 박스 등에 넣은 후 보세사가 시건 또는 봉인을 하여 세관장이 지정한 장소에서 해당 물품을 판매한 운영인에게 인계하여야 한다. 다만, 판매취소 등 구매자의 미인수 의사가 명확한 미인도 물품에 대하여는 인도장 반입 후 5일 경과 전이라도 운영인에게 인계할 수 있다. 18 기출

② 운영인은 인계받은 물품을 해당 보세판매장으로 보세운송신고하고, 보세운송신고 수리일부터 7근무일 이내에 해당 보세판매장에 반입하고 미인도 물품대장을 기록·관리하여야 한다.

③ 운영인은 재반입된 미인도 물품에 대하여 지체 없이 구매자의 해외주소를 확인하고 해당 물품을 즉시 우편 등으로 송부하여야 한다.

④ 보세판매장에 재반입된 미인도 물품은 반입된 날부터 10일이 경과한 후 미인도 물품 해제 신청을 거쳐 재판매할 수 있다. 다만, 부패, 변질 등의 우려가 있거나, 구매자가 구매취소 의사를 표시하였거나, 해당 물품과 같은 물품을 확보할 수 있어 구매자의 물품 인도 요구에 즉시 응할 수 있는 경우에는 반입 즉시 재판매할 수 있다. 18 기출

2. 반품, 분실물 등의 처리

① 운영인이 구매자로부터 국제우편 또는 항공·해상화물로 판매물품의 교환·환불요청을 받은 때에는 국제우편 또는 항공·해상화물로 교환·환불하여 줄 수 있으며, 구매자가 구입물품을 직접 휴대 입국하여 교환·환불을 요청한 경우에는 입국 시에 세관에 휴대품 신고 및 유치(교환·환불하려는 물품가격 총액이 여행자휴대품 면세범위 이하인 경우는

제외)한 후 출국장면세점에서 교환·환불을 하거나 시내면세점으로 보세운송 후 시내면세점에서 교환·환불을 하게 할 수 있다. 다만, 교환된 물품은 구매자가 출국하는 때 인도장에서 인도되어야 한다.

② 구매자가 구매한 물품을 관세법 제96조 제2항에 따라 자진신고한 경우에는 해당 물품을 국내에 반입하여 교환 또는 환불을 할 수 있다.

③ 운영인이 구매자로부터 입국장면세점에서 구매한 물품에 대해 교환 또는 환불 요청을 받은 때에 세관의 통관 절차를 거치기 전에는 입국장면세점에서 직접 교환 또는 환불을 하게 할 수 있으며, 통관 절차를 거친 후에는 국내우편 및 택배를 통하여 교환·환불을 할 수 있다.

④ 운영인이 판매물품을 교환하여 준 경우에는 그 반품된 물품은 보세판매장 또는 통합물류창고에 재반입 절차를 취하고 교환하여 주는 물품은 판매절차에 의거 처리하여야 한다. 또한 가격상의 차이가 있는 때에는 그 차액을 병기하여야 하며, 판매물품을 환불하여 준 경우에는 그 반품된 물품은 보세판매장에 재반입 절차를 취하며 반환된 현금은 판매취소로 판매금액에서 차감하여야 한다.

⑤ 보세판매장 물품이 분실 그 밖의 사유로 현품과 대장상의 수량이 일치하지 아니한 때에는 그 부족 수량을 월간 매출액과 대비하여 상관례상 불가피하다고 인정되는 범위 이내인 때에는 범칙조사 절차 없이 해당세액을 추징하고 재고대장에서 공제 처리한다. 다만, 부족물품의 발생사유에 고의가 있다고 인정되는 경우에는 자체 조사 후 통고처분하여야 하며, 위반사항이 「세관공무원의 범칙조사에 관한 훈령」 제14조 제1항 각 호의 어느 하나에 해당하는 경우 즉시 조사전담부서로 고발(송치)의뢰를 하여야 한다. 18 기출

3. 특허상실에 따른 재고물품의 처리 21 기출 19 기출

① 보세판매장의 설치·운영특허가 상실되었을 때에는 세관장은 즉시 재고조사를 실시하고 현품을 확정하여야 한다.

② 운영인은 특허가 상실된 때에는 6개월 이내의 범위 내에서 세관장이 정한 기간 내에 재고물품을 판매, 다른 보세판매장에 양도, 외국으로 반출 또는 수입통관절차에 의거 통관하여야 하며, 세관장이 정한 기간이 경과한 때에는 지정장치장 또는 세관장이 지정한 보세구역으로 이고하여야 한다.

③ 지정장치장 또는 세관장이 지정한 보세구역으로 이고한 물품을 운영인이 이고한 날부터 6개월 이내에 타 보세판매장에 양도하지 않거나 외국으로 반출하지 아니하는 때에는 체화처리절차에 의거 처리한다.

4. 미판매 재고물품의 처리

① 운영인은 외국물품을 변질, 고장, 재고과다 그 밖의 유행의 변화에 따라 판매하지 못하는 때에는 다음의 어느 하나의 방법에 의하여 세관장의 승인을 받아 반송하거나 폐기할 수 있으며, 해당 물품을 반송 또는 폐기한 때에는 재고관리시스템을 통하여 반출내역신고를 하여야 한다.

> • 반송 → 판매물품 반출 승인(신청)서
> • 폐기 → 재고관리시스템에 의하여 전자문서로 폐기신청

② 운영인은 폐기하는 물품의 가치가 상당하여 폐기하는 것이 불합리하다고 판단되는 경우에는 지정장치장 또는 세관장이 지정하는 보세구역으로 보세운송하여 체화처리절차에 의하여 처리하여 줄 것을 세관장에게 신청할 수 있다.

③ 운영인은 해당 물품의 공급자(국내공급자와 해외공급자의 국내법인을 포함)가 국내에 소재하는 경우에는 판매물품 반출 승인(신청)서에 의하여 세관장의 승인을 받아 국내의 공급자에게 해당 물품을 반품할 수 있다. 이 경우 반품하는 물품에 대하여 세관화물정보시스템을 통하여 화물관리번호 생성 및 보세운송신고를 하여야 하며, 화물관리번호가 생성된 때에는 해당 물품에 대하여 재고관리시스템에 반출내역신고를 하여야 한다.

10 업무감독 및 협의단체

1. 세관장의 업무감독

① 세관장은 재고관리시스템을 통하여 신고된 판매정보를 주기적으로 분석하여야 하며, 운영인의 규정 위반사항이 발견되는 경우에는 실지조사 등의 방법으로 규정 위반여부를 확인하고 필요한 조치를 하여야 한다.

② 운영인은 회계연도 종료 3개월이 지난 후 15일 이내에 판매물품 재고관리, 업무사항 등의 관리에 관한 적정 여부를 자체 점검하고, 다음의 사항을 포함하는 자율점검표를 작성하여 세관장에게 제출하여야 한다. 다만, 회계감사보고서는 회계연도 종료 4개월이 지난 후 15일 이내 제출한다.

- 보세판매장 현황(대표자, 임원, 판촉사원, 매장, 보관창고 등)
- 판매물품 재고관리(반출, 반입, 미인도, 양수도 등)
- 구매자 구매한도 및 출국자여부 관리
- 구매자 인적사항 및 판매현황 전산관리(구매대장, 판매대장)
- 판매물품 교환권 관리(구매자 직접서명, 인적사항 대조확인 등)
- 반출입물품 보세운송관리(인도장, 보세공장, 보세판매장 등)
- 반품, 교환, 환불 시 물품관리
- 회계감사보고서
- 특허신청 공고 시 제출한 사업계획서의 이행현황(사업계획서의 평가항목별 자체점검)과 그 밖의 제재규정에 해당하는 주요항목의 운영 및 관리

③ 세관장은 제출받은 자율점검표 등의 심사결과 보세판매장 물품관리가 적정하다고 판단되는 경우에는 자율점검표를 반기 1회 재고조사에 갈음할 수 있으며, 그 외의 보세판매장에 대하여는 재고조사를 하여야 한다.

④ 세관장은 매 반기별로 1회 이상 보세판매장의 판매량, 외국반출현황, 재고량 및 행정제재 규정에 해당하는 각 항목의 운영 실태 및 특허신청 시 제출한 사업계획서의 이행실적 등에 대하여 조사하여야 하며 세관장이 필요하다고 인정할 때는 재고조사의 횟수 및 그 항목을 조정하여 조사할 수 있다. 다만, 보세판매장 설치·운영 특허 후 결산기준일이 6개월 미만인 때에는 결산기준일 이후 1개월 이내에 재고조사를 실시한다.

⑤ 세관장이 재고조사를 실시하는 때에는 세관의 업무량 등을 고려하여 특정 품목 및 업무사항 등을 지정할 수 있으며, 조사반을 지명하고 7근무일 이내의 조사기간을 지정하여 실시하여야 한다.

⑥ 세관장은 재고조사 시 필요한 경우 관세법 제266조에 따라 보세판매장운영과 관련한 계약서, 판매대장, 송객수수료 지급내역 등 기타 관계서류를 조사하거나 그 제시 또는 제출을 요구할 수 있다.

2. 담당공무원의 임무

① 세관장은 보세판매장의 관리감독과 효율적인 업무처리를 위하여 필요한 경우에는 담당공무원으로 하여금 보세판매장을 순회하면서 세관업무를 처리하게 할 수 있다.

② 지정된 세관공무원은 다음의 업무를 처리한다. 다만, 자율관리보세구역으로 지정된 보세판매장의 경우에는 각 업무 중 일부를 보세사에게 위임할 수 있다.

- 보세판매장 반출입 물품의 입회 및 검사
- 반입검사신청한 물품의 검사
- 반입물품을 보관창고에 진열하는 업무의 감독
- 판매물품 및 미인도물품의 보세운송 행낭의 봉인·시건 및 이상 유무 확인
- 보관창고와 매장 간 반출입 물품의 입회 및 확인과 관리대장의 확인

- 외교관면세점의 외교부장관 승인수량과 판매잔량의 확인
- 보세운송 신고 및 도착보고 물품의 확인·검사
- 인도자의 업무감독 및 인도장 인도물품의 입회·확인
- 인도장이 지정되지 않은 출국장의 구매물품 인도에 관한 업무
- 보세판매장 물품의 반출입, 판매 및 인도에 관한 대장 등의 기록 확인
- 운영인과 그 종업원에 대한 세관업무의 지휘 감독
- 그 밖에 이 고시에서 정하는 사항

3. 보세사의 임무 [24 기출]

① 보세사는 다음의 사항을 확인하거나 기록·관리하여야 한다. 다만, 자율관리보세구역으로 지정되지 아니한 경우에는 ㉠, ㉡의 사항은 운영인이 하여야 한다.

> ㉠ 반입물품의 보관창고 장치 및 보관
> ㉡ 보세판매장 물품 반출입 및 미인도 관련 대장의 작성
> ㉢ 보세운송 물품의 확인 및 이상 보고 및 도착확인 등록
> ㉣ 보관창고와 매장 간 반출입 물품의 입회 및 확인
> ㉤ 보세운송 행낭의 시건 및 봉인과 이상 유무 확인과 이상 보고
> ㉥ 세관봉인대의 시봉 및 관리
> ㉦ 그 밖에 보세화물의 관리와 관련하여 세관장이 지시하는 사항

② 운영인 및 보세사는 「자율관리보세구역 운영에 관한 고시」 제9조 운영인 등의 의무 및 「보세사제도 운영에 관한 고시」 제13조 보세사의 의무를 준수하여야 한다.

4. 세관장의 보고사항

세관장은 다음의 어느 하나에 해당하는 경우 관세청장에게 그 사실 또는 결과를 보고하여야 한다.

> ① 보세판매장 특허를 하거나 특허 갱신을 한 경우
> ② 보세판매장 설치·운영 특허가 취소 또는 상실된 경우
> ③ 운영인이 제출한 자율점검표 등의 심사 결과 보세판매장 물품관리가 적정하다고 판단되는 경우 재고조사를 갈음한 경우

5. 보세판매장 협의단체

① 운영인의 공정한 상거래질서와 기업윤리를 자율적으로 확립하고 보세판매장제도의 발전을 위하여 설립된 협의단체는 다음의 업무를 수행할 수 있다. 다만, 보세판매장은 설치·운영을 할 수 없다.

- 보세판매장제도 발전을 위한 조사·연구 및 정책제안
- 보세판매장 반출입 물품의 물류관리
- 보세판매장 판매물품 인도사업
- 보세판매장 종사 전문인력 양성을 위한 교육사업
- 그 밖에 관세청장의 승인을 받은 사업

② 협의단체의 장은 운영인의 상거래질서에 대하여 다음 사항을 자율적으로 규제하며, 자율규제사항을 위반하는 행위에 대하여 세관장의 행정처분을 건의할 수 있다.

> - 국가위신과 이익을 손상하는 행위
> - 부당한 가격을 받는 행위
> - 과당경쟁 또는 부당한 금품을 수수하는 행위
> - 그 밖에 거래질서를 문란하게 하거나 보세판매장의 건전한 발전을 저해하는 행위

③ 협의단체의 장은 연간 교육계획을 수립하여 매년 1월 중 관세청장에게 보고하고, 교육이수자에 대한 관리를 하여야 한다.

8절 종합보세구역 지정 및 운영에 관한 고시

✎ 본문 내용 중 꼭 알아야 하는 부분에 형광펜으로 표시하였으니 반드시 학습하시기 바랍니다.

01 총칙

1. 용어의 정의

(1) 종합보세사업장

운영인이 종합보세구역 안에서 보세창고·보세공장·보세전시장·보세건설장 및 보세판매장의 기능을 종합적으로 수행할 수 있는 일정한 장소를 말한다.

(2) 행정기관의 장 등

관세법 시행령 제214조 제1항 각호의 1에 해당하는 지역의 관리권한을 가진 중앙행정기관의 장·지방자치단체의 장 또는 그로부터 관리 권한을 위임·위탁받은 자를 말한다.

2. 이 고시의 해석 및 적용

이 고시에서 따로 정하지 아니한 사항에 대하여는 보세창고 특허 및 운영에 관한 고시, 보세공장 운영에 관한 고시, 보세건설장 관리에 관한 고시, 보세전시장 운영에 관한 고시, 보세판매장 특허 및 운영에 관한 고시, 보세화물관리에 관한 고시, 자율관리 보세구역 운영에 관한 고시의 규정을 적용한다.

02 종합보세구역의 지정 및 설치·운영신고

1. 종합보세구역의 지정 및 변경

① 관세청장은 관세법 제197조의 규정에 따라 직권 또는 지정요청자의 요청을 검토하여 종합보세구역을 지정하거나 변경할 수 있다.

② 종합보세구역의 지정을 요청 또는 변경하고자 하는 자는 종합보세구역 지정 요청서 또는 종합보세구역 변경 요청서에 다음의 서류를 첨부하여 관세청장에게 제출하여야 한다. 다만, 변경 요청하는 경우에는 다음의 서류 중 변경 사항에 대해서만 제출할 수 있다.

- 지역의 위치, 경계를 표시한 도면
- 지역 내 시설물현황 및 시설계획서
- 업체입주현황과 지역의 분양·임대현황을 포함한 사업계획서
- 지역의 외국인투자금액·수출금액 또는 외국물품의 반입물량이 동 고시 제6조의 규정에 따라 기준을 초과함을 증명하는 자료(변경 요청 시에는 제출 생략)

> **종합보세구역의 지정 및 운영에 관한 고시 제6조(종합보세구역의 지정요건) 제1항**
> 관세청장은 종합보세구역으로 직권지정하고자 하는 지역 또는 행정기관의 장 등이 종합보세구역으로 지정요청한 지역에 종합보세기능을 수행하기 위하여 입주하였거나 입주할 업체들의 외국인투자금액·수출금액 또는 외국물품 반입물량이 다음 각 호의 어느 하나에 해당하는 경우 해당 지역을 종합보세구역으로 지정할 수 있다. 다만, 「국가첨단전략산업 경쟁력 강화 및 보호에 관한 특별조치법」상 '국가첨단전략산업 특화단지'에 해당하는 경우에는 다음 각 호의 금액 또는 물량을 100분의 50으로 축소하여 적용한다.
> 1. 외국인투자금액이 미화 1천만 불 이상
> 2. 수출금액이 연간 미화 1천만 불 이상
> 3. 외국물품의 반입물량이 월 1천 톤 이상

- 해당지역에 대한 소유권 기타 사용·수익에 관한 권리를 가진 자임을 증명하는 서류

③ 관세청장은 종합보세구역 지정 요청서를 접수한 경우 접수한 날로부터 3개월(종합보세구역 변경 요청서를 접수한 경우에는 접수한 날로부터 1개월) 이내에 지정(변경) 여부를 결정하여 요청자에게 그 결과를 통보하여야 한다.

④ 관세청장이 종합보세구역을 지정한 때에는 종합보세구역의 명칭, 위치·소재지·면적, 지정목적, 관할세관 및 지정요청한 행정기관명(직권지정인 경우에는 생략)을 관보에 게재하여야 한다.

⑤ 관세청장은 종합보세구역으로 지정된 후 3년이 경과하여도 업체가 입주하지 아니하거나 관세법 제204조 제2항 각 호의 규정에 따라 종합보세기능의 수행이 중지된 후 3년이 경과한 때에는 해당 장소에 대하여 직권 또는 종합보세구역 지정요청자의 요청이 있을 경우 해당 지역을 종합보세구역으로부터 제외하여 변경 지정할 수 있다.

2. 종합보세구역의 지정건의

① 행정기관의 장 등이 아닌 자가 종합보세구역의 지정을 받고자 하는 때에는 해당 지역의 소재지·면적과 제4조 제2항 각호의 서류를 첨부하여 관세청장에게 종합보세구역의 직권 지정을 건의할 수 있다.

> **종합보세구역의 지정 및 운영에 관한 고시 제4조(종합보세구역의 지정 및 변경) 제2항**
> 제1항의 규정에 따라 종합보세구역의 지정을 요청 또는 변경하고자 하는 자는 종합보세구역 지정 요청서 또는 종합보세구역 변경 요청서에 다음 각 호의 서류를 첨부하여 관세청장에게 제출하여야 한다. 다만, 변경 요청하는 경우에는 다음 각 호의 서류 중 변경 사항에 대해서만 제출할 수 있다.
> 1. 지역의 위치, 경계를 표시한 도면
> 2. 지역 내 시설물현황 및 시설계획서
> 3. 업체입주현황과 지역의 분양·임대현황을 포함한 사업계획서
> 4. 지역의 외국인투자금액·수출금액 또는 외국물품의 반입물량이 제6조의 규정에 따라 기준을 초과함을 증명하는 자료(변경 요청 시에는 제출 생략)
> 5. 해당 지역에 대한 소유권 기타 사용·수익에 관한 권리를 가진 자임을 증명하는 서류

② 지정건의를 하는 자는 해당 지역에 대한 소유권 기타 사용·수익에 관한 권리를 가진 자임을 증빙하는 서류를 첨부하여야 한다.

3. 종합보세구역의 지정요건 21 기출

① 관세청장은 종합보세구역으로 직권지정하고자 하는 지역 또는 행정기관의 장 등이 종합보세구역으로 지정요청한 지역에 종합보세기능을 수행하기 위하여 입주하였거나 입주할 업체들의 외국인투자금액·수출금액 또는 외국물품 반입물량이 다음의 어느 하나에 해당하는 경우 해당 지역을 종합보세구역으로 지정할 수 있다. 다만, 「국가첨단전략산업 경쟁력 강화 및 보호에 관한 특별조치법」상 '국가첨단전략산업 특화단지'에 해당하는 경우에는 다음의 금액 또는 물량을 100분의 50으로 축소하여 적용한다.

- 외국인투자금액이 미화 1천만 불 이상
- 수출금액이 연간 미화 1천만 불 이상
- 외국물품의 반입물량이 월 1천 톤 이상

② 관세청장은 종합보세구역 지정요청자가 개별업체로서 다음에 해당하는 경우 해당 사업장을 종합보세구역으로 지정할 수 있다.

- ㉠ 자본금 10억 원 이상으로 종합보세기능을 수행하는 경우
- ㉡ 수출금액이 연간 미화 300만 불 이상으로 종합보세기능을 수행하는 경우
- ㉢ ㉠, ㉡에서 정하는 자본금 또는 수출금액을 충족하는 업체로서 통관을 위한 일시 장치기능과 보관·분할·병합·재포장·분배 등 국제물류 촉진기능을 함께 수행하는 경우

4. 종합보세구역의 예정지역 지정

① 관세청장은 다음의 요건을 충족하는 지역에 대하여는 종합보세구역 예정지역으로 지정할 수 있다. **23 기출**

- 아래 관세법 시행령 제214조 제1항에 해당하는 지역일 것
  - 「외국인투자촉진법」에 의한 외국인투자지역
  - 「산업입지 및 개발에 관한 법률」에 의한 산업단지
  - 「유통산업발전법」에 의한 공동집배송센터
  - 「물류시설의 개발 및 운영에 관한 법률」에 따른 물류단지
  - 기타 종합보세구역으로 지정됨으로써 외국인투자촉진·수출증대 또는 물류촉진 등의 효과가 있을 것으로 예상되는 지역
- 3년 이내 해당지역에 종합보세기능을 수행할 업체가 입주하거나 입주할 가능성이 있다고 관세청장이 인정될 것

② 예정지역의 지정기간은 3년 이내로 하되, 예정지역의 지정기간이 만료되기 전에 관세청장은 종합보세구역으로 지정할 것인지 여부를 결정하여야 한다. 다만, 예정지역 개발계획의 변경 등으로 지정기간의 연장이 불가피하다고 인정되는 때에는 3년의 범위 내에서 연장할 수 있다.

③ 관세청장은 종합보세구역 지정여부 결정 시 종합보세구역으로 지정하지 아니하기로 결정한 경우에는 그 예정지역의 지정을 즉시 해제하여야 한다.

5. 설치·운영신고

① 종합보세구역에서 종합보세기능을 수행하고자 하는 자는 종합보세사업장 설치·운영(변경)신고서에 다음의 서류를 첨부하여 세관장에게 신고하여야 한다. **23 기출**

- 민원인 제출서류
  - 임대차계약서 사본(임차한 경우에 한함)
  - 종합보세사업장의 운영업무를 직접 담당하거나 이를 감독하는 임원의 인적사항(성명, 주민등록번호, 주소 및 주민등록증 사본)
  - 종합보세사업장의 위치도 및 종합보세기능을 수행할 공장 등 건물의 평면도(다층건물인 경우 층별 평면도를 포함)
  - 종합보세기능을 수행하기 위한 사업계획서(보세공장기능의 경우 작업공정 및 제품별 생산계획을 포함) 또는 공사계획서(보세건설장기능에 한함)
- 담당공무원 확인사항(민원인 제출 생략)
  - 법인등기부등본(개인인 경우 사업자등록증)
  - 토지·건물의 부동산등기부등본

② 종합보세사업장 설치·운영신고서를 접수한 세관장은 설치·운영신고를 한 자가 관세법 제175조 운영인의 결격사유에 해당하는지의 여부를 확인한 후 설치·운영신고를 한 자에게 종합보세사업장 설치·운영신고필증을 교부하여야 한다.

③ 세관장은 관세청장 직권으로 종합보세구역을 지정받은 업체가 종합보세사업장 설치·운영신고를 할 때에는 첨부서류의 제출을 생략하게 할 수 있다.

6. 설치·운영변경신고 등

운영인이 종합보세기능 중 수행하고자 하는 기능을 변경하고자 하거나 설치·운영신고한 사항을 변경하고자 할 때에는 그 변경내용을 기재한 신고서에 위 5-①의 서류 중 해당서류를 첨부하여 세관장에게 제출하여야 한다.

7. 폐업신고 등 24 기출

① 운영인이 종합보세사업장을 폐업하거나 30일 이상 계속하여 휴업하고자 할 때에는 운영인 또는 그 상속인(법인인 경우에는 청산법인 또는 합병 후 존속하거나 합병으로 인하여 설립된 법인)은 세관장에게 즉시 그 사실을 신고하여야 하며 다시 개업하고자 할 때에는 서면으로 그 요지를 통지하여야 한다. 23 기출

② 신고를 받은 세관장은 해당 종합보세사업장에 대하여 재고조사 등 필요한 조치를 취하여야 한다.

8. 설비의 유지의무

① 운영인은 다음의 시설을 구비하여 유지하여야 하며, 종합보세사업장의 규모와 입지적 조건, 기타 사항을 종합 검토하여 종합보세사업장 관리·운영에 지장이 없도록 하여야 한다.

- 세관의 물품검사를 위한 검사장비
- 반입·반출물품의 관리 및 세관의 업무검사에 필요한 전산설비
- 소방·전기 및 위험물관리 등에 관한 법령에서 정하는 시설 및 장비
- 보세화물의 분실과 도난방지를 위한 적절한 시설

② 설비가 천재지변 기타 불가피한 사유로 일시적으로 설치·운영신고(변경신고를 포함)한 때의 설비규모에 미달하는 경우에는 3개월 이내에 이를 구비하여야 한다.

③ 세관장은 설치·운영신고일부터 3개월 이내에 운영인이 설비를 구비하였는지의 여부를 확인하여야 하며, 설비를 구비하지 못한 때에는 기간을 정하여 설비를 구비하도록 명령하거나 물품의 반입정지 또는 기능수행중지를 할 수 있다. 이 경우 소방·전기 및 위험물관리 등에 관한 법령에서 정하는 시설 및 장비의 구비 여부를 확인할 때에는 위험물취급허가서 등 관계행정기관의 장이 발급한 증빙서류와 대조확인하여야 한다.

9. 설치·운영기간 24 기출 23 기출

① 종합보세사업장의 설치·운영기간은 운영인이 정하는 기간으로 한다. 다만, 종합보세사업장의 토지·건물 등을 임차한 경우에는 임대차계약기간 만료 15일 전까지 기간연장된 임대차계약서 또는 시설사용허가서 사본을 제출하는 조건으로 운영인이 정하는 기간으로 한다.

② 운영인은 종합보세사업장 설치·운영기간 이후에도 계속하여 종합보세기능을 수행하고자 할 때에는 설영기간 만료 30일 전까지 종합보세사업장 설치·운영기간 변경신고를 하여야 한다.

03 물품의 반출입

1. 반출입신고 `24 기출` `23 기출`

① 종합보세사업장에 물품을 반출입하고자 하는 운영인은 세관장에게 반출입신고를 하여야 한다. 이 경우 외국으로부터 도착한 물품 또는 보세운송되어 반입하는 물품에 대하여는 House B/L단위로 신고하여야 하며, 세관화물정보시스템 반입예정정보와 대조확인하고 전자문서로 반입신고를 하여야 한다.

② 화주, 보세운송업자 등으로부터 물품반출요청을 받은 운영인은 세관화물정보시스템의 반출예정정보 또는 반송신고 수리필증을 확인한 후 이상이 없는 경우 반출 전에 전자문서로 반출신고를 하여야 한다.

③ 운영인이 동일 종합보세사업장에서 종합보세기능 간에 물품을 이동하는 경우에는 반출입신고를 하지 아니하며, 동일 종합보세구역 내의 종합보세사업장 간의 물품의 이동에는 보세운송신고를 하지 아니한다.

④ 종합보세구역에 반입된 외국물품이 사용신고 또는 수입신고되어 수리된 경우에는 반출신고를 생략한다. `18 기출`

2. 반입물품 확인 등 `23 기출`

① 운영인은 반입된 물품이 반입예정 정보와 품명·수량이 상이하거나 안보위해물품의 반입, 포장파손, 누출·오염 등 물품에 이상이 있는 경우에는 즉시 세관장에게 보고하여야 한다.

② 보고를 받은 세관장은 사고 발생 경위를 확인하여 자체조사 후 통고처분 등 필요한 조치를 하거나 적재화물목록 정정이 필요한 경우에는 「보세화물 입출항 하선 하기 및 적재에 관한 고시」에 따른 조치를 하여야 한다. 다만, 「세관공무원의 범칙조사에 관한 훈령」 제14조 제1항 각 호의 어느 하나에 해당하는 경우 즉시 조사 전담부서로 조사의뢰를 하여야 한다.

③ 소방 관련 법령 등에 따라 위험물 장치허가를 받지 아니한 종합보세사업장 운영인은 화물 반입 시 위험물 여부를 확인하여야 하며, 위험물을 발견하였을 때에는 즉시 세관장에게 보고하여야 한다.

④ 해당 종합보세사업장에 반입된 보세화물은 특별한 사유가 없는 한 다른 종합보세사업장 또는 보세구역으로 다시 반출할 수 없다. 다만, 다음의 어느 하나에 해당하는 경우에는 그러하지 아니하다.

- 위험물·보온·보냉 물품, 검역대상물품 등 특수물품으로서 해당물품의 보관에 적합한 보세구역으로 반출하는 경우
- 보세공장, 보세판매장, 보세건설장, 보세전시장 또는 동 기능을 수행하는 종합보세사업장에 반입하기 위하여 반출하는 경우
- 해당 보세사업장의 폐업, 천재지변 등으로 반출하는 경우
- 기타 보세화물의 멸실, 손상방지나 신속통관을 위하여 세관장이 필요하다고 인정하는 경우

3. 환급대상 수출물품 반입확인서의 발급

보세창고·보세공장 및 보세판매장의 기능을 수행하는 종합보세사업장에 공급하는 물품에 대한 물품반입확인의 신청 및 환급대상수출물품 반입확인서의 발급과 정정 기타 이와 관련한 절차는 「수출용 원재료에 대한 관세 등 환급사무처리에 관한 고시」의 규정을 적용한다.

4. 반출명령

① 위험물에 대한 보고를 받은 세관장은 해당 물품의 운송인이나 종합보세사업장 운영인에게 해당 물품을 위험물을 장치할 수 있는 다른 보세구역 또는 다른 종합보세사업장으로 즉시 반출할 것을 명령하여야 한다.

② 세관장은 종합보세사업장에 반입된 물품이 종합보세사업장의 수용능력초과로 물품반입이 곤란하다고 인정되는 때에는 해당 물품을 다른 종합보세사업장으로 반출하도록 명령할 수 있다.

③ 반출명령을 받은 해당 물품의 운송인 또는 운영인은 자기 책임 하에 세관장이 지정한 기간 내에 이를 다른 보세구역 또는 다른 종합보세사업장으로 반출하고 그 결과를 세관장에게 보고하여야 한다.

5. 견본품의 반출입

① 종합보세사업장에서 외국물품 또는 외국물품을 사용(내국물품과 혼용하는 경우를 포함)하여 제조·가공한 물품을 수출상담·전시 기타의 사유로 전시장 등 종합보세사업장 외의 장소에 견본품으로 반출하고자 하는 자는 견본품반출허가(신청)서를 세관장에게 제출하여 허가를 받아야 한다.

② 세관장은 견본품반출허가를 하는 경우에는 견본품의 수량을 필요한 최소한의 수량(예 동일 품목·규격별로 1개 또는 1조)으로 제한하여야 하며, 견본품채취로 인하여 외국물품 또는 외국물품을 사용하여 제조·가공한 물품의 변질·손상·가치감소 등으로 관세채권의 확보에 어려움이 있다고 판단되는 경우에는 견본품반출허가를 하지 아니할 수 있다.

③ 견본품반출허가를 받은 자는 반출기간이 종료되기 전에 해당 물품이 장치 또는 제조·가공된 종합보세사업장에 재반입하고 세관장에게 해당 물품의 견본품반출허가서 사본을 첨부하여 견본품재반입신고서를 제출하여야 한다. 다만, 수출상담의 지속 기타 부득이한 사유로 견본품반출기간을 연장하고자 하는 때에는 세관장에게 견본품반출기간 연장신청서를 제출하여야 한다.

④ 종합보세사업장의 운영인이 견본품 반출입 내역을 정정하거나 취하하려는 경우에는 견본품 반출 정정·취하 승인 신청서를 세관장에게 제출하여 승인을 받아야 한다.

⑤ 종합보세사업장의 운영인은 견본품 반출 허가를 받은 물품이 해당 종합보세사업장에서 반출·반입될 때에는 견본품 반출 허가사항을 확인하고, 견본품 반출입 사항을 견본품 반출입 대장에 기록관리하여야 한다.

⑥ 견본품 반출 허가를 받아 반출하거나 재반입되는 물품의 반출입 신고 및 보세운송 절차는 견본품 반출 허가서 및 견본품 재반입 신고서로 갈음한다.

⑦ 종합보세사업장과 전시장 등 견본품 반출 장소가 서로 다른 세관의 관할구역 내에 있는 경우 세관장은 견본품 반출 장소 관할세관장에게 필요한 사항에 대한 관리·감독을 위탁할 수 있다.

6. B/L제시 인도물품의 반출승인

① B/L제시 인도물품을 반출하고자 하는 자는 화물관리 세관공무원에게 B/L원본을 제시하여 반출승인을 받아야 한다.

② B/L을 제시받은 화물관리 세관공무원은 B/L제시 인도대상물품 여부를 확인하고, 세관화물정보시스템에 반출승인사항을 등록한 후 승인번호를 B/L에 기재하여 화주에게 교부하여야 한다.

③ 운영인은 세관화물정보시스템의 반출승인정보와 B/L을 확인한 후 물품을 반출하고 즉시 반출신고를 전자문서로 제출하여야 한다.

04 보수·멸각작업 등

1. 보수작업

① 종합보세사업장에서 보수작업을 하고자 하는 자는 보수작업신고서를 세관장에게 제출하여야 한다. 다만, 보수작업 후 즉시 재수출하고자 하는 경우에는 사용신고서에 보수작업물품임을 표시하여 사용신고할 수 있으며 사용신고가 수리되는 경우에는 해당 물품에 대한 보수작업신고를 한 것으로 본다.

② 보수작업의 범위는 다음에 한하며, HS 품목분류의 변화를 가져오는 것은 보수작업으로 인정하지 아니한다.

> ㉠ 물품의 보존을 위해 필요한 작업(부패, 손상 등을 방지하기 위한 보존작업 등)
> ㉡ 물품의 상품성 향상을 위한 개수작업(포장개선, 라벨표시, 단순절단 등)

ⓒ 선적 및 보관을 위한 준비작업(성능검사, 선별, 분류, 포장, 용기변경 등)
　　ⓔ 단순한 조립작업(간단한 셋팅, 완제품의 특성을 가진 구성요소의 조립 등)
　　ⓜ 보세공장운영에 관한 고시 제12조 제3항 제1호부터 제3호까지 물품의 하자보수작업

> **보세공장운영에 관한 고시 제12조(반입대상 물품) 제3항**
> 다음 각 호의 어느 하나에 해당하는 물품은 보세공장제도의 원활한 운영을 위하여 보세공장에 반입할 수 있다.
> 1. 보세공장에서 제조되어 반출된 제품의 하자보수용 물품
> 2. 보세공장에서 제조·가공하여 반출한 후 하자발생, 불량, 구매자의 인수거절 등으로 인하여 반송된 물품
> 3. 해당 보세공장의 생산품목과 동일품목을 보세작업 또는 보수작업을 거쳐 재수출하거나 다른 보세공장에 원재료로 공급할 물품

　　ⓑ 위 ㉠부터 ㉤까지와 유사한 작업
③ 보수작업은 종합보세사업장 내의 다른 보세화물에 장애가 되지 않는 범위 내에서 이루어져야 하며, 세관장이 필요하다고 인정하는 경우에는 화물관리 세관공무원으로 하여금 작업과정을 감독하게 할 수 있다.
④ 보수작업 신고인이 보수작업을 완료한 때에는 보수작업 완료보고서를 세관장에게 제출하여 그 확인을 받아야 한다.
⑤ 보수작업의 완료보고와 동시에 수출하고자 하는 경우에는 수출신고서에 보수작업 완료물품임을 기재하여 수출신고를 할 수 있으며, 이 경우 수출신고가 수리되면 보수작업 완료보고를 하여 세관장의 확인을 받은 것으로 본다.
⑥ 화물관리 세관공무원은 보수작업내용이 포장수량의 분할 또는 합병사항인 경우에는 보수작업 결과를 세관화물정보시스템에 등록하여야 한다.
⑦ 수입될 물품의 보수작업의 재료는 내국물품만을 사용하여야 하며, 외국물품은 수입통관 후 사용하여야 한다. `19 기출`

2. 장외 보수작업
종합보세사업장 외에서 보수작업을 하고자 하는 자는 3개월의 범위 내에서 그 기간 및 장소를 지정하여 장외보수작업신고서를 세관장에게 제출하여야 한다.

3. 해체·절단 등의 작업 `20 기출`
① 관세법 제159조 제5항의 규정에 의하여 해체·절단 등의 작업을 할 수 있는 물품은 수입고철에 한한다.
② 수입고철의 해체·절단 등의 작업을 하고자 하는 자는 해체·절단작업허가(신청)서를 세관장에게 제출하고 허가를 받아야 한다.
③ 해체·절단작업의 완료보고 시에는 작업개시 전, 작업 중, 작업종료 상태를 각각 사진으로 촬영하여 작업완료보고서에 첨부하여야 한다.
④ 세관장은 수입고철의 부정유출을 방지하기 위하여 필요하다고 인정하는 때에는 해체·절단 등 작업에 전문지식이 있는 자에게 협조를 의뢰할 수 있다.
⑤ 세관장은 작업을 개시할 때부터 종료할 때까지 화물관리 세관공무원으로 하여금 그 작업을 확인하기 위하여 수시로 현장을 순찰 감시하도록 하여야 한다.

4. 반입물품의 폐기
① 종합보세사업장에 장치된 외국물품(외국으로부터 우리나라에 도착된 물품에 한한다), 종합보세사업장에서 제조·가공된 물품 및 제조·가공 또는 건설 등의 과정에서 발생한 잉여물품이 다음의 사유에 해당하는 때에는 세관장의 승인을 얻어 폐기할 수 있다.

> - 부패·변질·손상·실용시효의 경과 및 물성의 변화 등으로 상품가치를 상실한 경우
> - 상품가치는 있으나 용도가 한정되어 있어 실용의 가능성이 거의 없는 경우

② 물품을 폐기하고자 하는 자는 폐기승인(신청)서를 세관장에게 제출하여 그 승인을 얻어야 한다.
③ 세관장은 폐기승인신청이 있는 때에는 폐기장소와 폐기방법의 적정 여부를 심사하여 세관화물정보시스템에 승인사항을 등록(외국으로부터 우리나라에 도착된 물품에 한한다)하고 승인서를 교부하여야 한다.
④ 세관장은 다음에 해당하는 물품에 대한 폐기승인요청이 있는 경우에는 공해방지시설 등의 요건을 갖춘 후에 폐기하도록 하고, 동 요건을 갖추지 못한 경우에는 이를 반송 또는 수출하도록 하여야 한다.

> - 산업폐기물 등 물의야기 물품
> - 폐기 후 공해문제 유발물품

⑤ 세관장은 폐기대상물품 및 잔존물이 부정유출의 우려가 있거나 감시단속상 지장이 있다고 인정되는 때에는 화물관리 세관공무원으로 하여금 이를 감독하게 할 수 있다.
⑥ 폐기승인신청인은 폐기를 완료한 즉시 잔존하는 물품의 품명·규격·수량 및 가격을 기재한 폐기완료보고서에 폐기전·후 및 잔존물품의 사진을 첨부하여 세관장에게 제출하여야 한다.
⑦ 폐기완료보고를 받은 세관장은 그 내역을 확인하고 잔존물품의 과세에 필요한 조치를 취하여야 한다.

05 종합보세기능별 특칙

1. 제조·가공

(1) 원료과세

종합보세사업장의 운영인이 관세법 제189조의 규정에 따라 원료과세의 적용을 받고자 하는 때에는 물품을 반입할 때 세관장에게 미리 원료과세 적용 신청서를 제출하여야 한다. 이 경우, 화물관리 세관공무원은 신청된 물품에 대하여 선별하여 검사할 수 있다.

(2) 장외 보세작업

① 운영인이 다른 종합보세사업장·보세공장 및 기타 해당 종합보세사업장 이외의 장소(장외작업장소)에서 보세작업을 하고자 하는 때에는 6개월의 범위 내에서 그 기간 및 장소를 지정하여 장외작업 신고서에 임가공계약서 사본 1부를 첨부하여 세관장에게 신고하여야 한다. 다만, 재해 기타 부득이한 사유로 인하여 기간연장 및 장소변경이 필요한 때에는 기간연장 및 장소변경신고서를 세관장에게 제출하여야 한다.
② 세관장은 임가공계약서에 의하여 전체 장외작업의 내용(장외작업장소, 작업종류, 예상작업기간)을 미리 알 수 있는 경우에는 운영인에게 1년의 기간 내에서 작업기간을 정하여 여러 건의 장외작업을 일괄하여 신고하게 할 수 있다.
③ 장외작업신고를 하고 종합보세사업장에서 작업장으로 반출되는 물품에 대하여는 장외작업신고로 물품반출신고 및 보세운송신고를 갈음한다.
④ 신고를 하고 제조·가공한 물품과 잉여물품은 당초의 종합보세사업장으로 재반입하여야 하며, 세관장은 작업신고 단위별로 최종물품의 반입 시 일괄하여 반입신고를 하게 할 수 있다. 다만, 당초의 종합보세사업장으로 반입하기 곤란한 때에는 다른 보세구역으로 반입할 수 있으며, 장외작업장소에서 수출·수입신고, 양수도 및 폐기신청 등을 하는 경우에는 당초의 종합보세사업장으로 재반입하지 아니할 수 있다.
⑤ 신고한 장외작업기간이 경과한 경우 그 신고된 장외작업장소에 외국물품 또는 그 제품이 있을 때에는 세관장은 즉시 해당 물품의 장외작업신고를 한 운영인으로부터 그 관세를 징수하기 위한 조치를 취하여야 한다.

⑥ 장외작업 신고물품은 장외작업신고를 한 종합보세사업장의 관할세관에서 관리한다. 다만, 종합보세사업장과 장외작업장소가 서로 다른 세관의 관할구역에 있어 관리가 어렵다고 인정되는 경우에는 장외작업장소 관할세관장에게 구체적으로 확인할 사항을 통보하여 관리·감독을 의뢰할 수 있다.

(3) 석유제품 등의 혼합 제조

① 석유제품 등(석유화학제품을 포함)을 저장하거나 혼합할 수 있는 시설을 보유한 종합보세사업장에서는 내국물품 또는 외국물품인 석유제품 등을 「석유 및 석유대체연료 사업법 시행령」 제3조에서 정하는 방법으로 혼합하여 다른 석유제품 등을 제조할 수 있다.

② 종합보세사업장 운영인은 외국물품인 석유제품 등을 혼합하기 전에 「보세공장 운영에 관한 고시」 제18조에 따라 사용신고를 하고 세관장이 수리한 후에 사용해야 한다.

③ 혼합작업에 사용되는 내국 석유제품 등에 대한 환급대상 수출물품 반입확인서의 발급신청 절차는 환급고시상의 규정을 따른다. 이 경우 발급신청 물품이 혼합된 후 수출(우리나라와 외국 간을 왕래하는 선박 또는 항공기에 선박용품 또는 항공기용품으로 공급하는 경우를 포함)된다는 것을 확인할 수 있는 매매계약서 또는 관련 증빙서류를 첨부해야 한다.

④ 반입확인서를 발급받은 석유제품 등은 화주 또는 종합보세사업장 운영인이 혼합한 후 전량을 수출해야 한다.

2. 건설

(1) 건설신고

운영인이 종합보세사업장에서 건설을 하고자 할 때에는 건설하고자 하는 시설, 건설에 사용할 물품의 종류 및 수량, 공사기간을 기재한 신고서에 다음의 서류를 첨부하여 세관장에게 제출하여야 한다.

> ① 공사계획서
> ② 수입하는 기계류, 설비품 및 공사용 장비 명세서(기본계획도, 설비배열도, 장치의 계선도 등을 포함)

(2) 장외 보세건설작업

① 해당 종합보세사업장 이외의 장소에서 조립 등 보세건설작업을 하고자 하는 운영인은 관세법 시행령 제175조 각 호의 사항, 작업기간, 작업장소, 장외작업의 사유와 해당 작업에서 생산될 물품의 품명·규격 및 수량을 기재한 신고서를 세관장에게 제출하여야 한다.

② 운영인은 재해 기타 부득이한 사유로 인하여 장외 보세건설작업기간의 연장 또는 장소변경이 필요한 때에는 기간연장 및 장소변경신고서를 세관장에게 제출하여야 한다.

3. 판매 및 전시

(1) 판매가능물품

관세법 시행령 제216조의3 제3항의 규정에 의하여 종합보세사업장에서 보세판매할 수 있는 물품은 해당 종합보세사업장에서 제조·가공한 물품에 한한다.

(2) 전시신고

종합보세사업장에서 박람회 등을 목적으로 외국물품을 전시하고자 하는 운영인은 전시목적, 전시기간, 전시장소, 전시 또는 사용할 물품의 종류 및 수량, 전시관련 행사명 및 규모를 기재한 신고서를 세관장에게 제출하여야 한다.

06 물품의 보관·관리

1. 물품의 보관·관리

① 운영인은 종합보세사업장에 반입된 물품을 내·외국물품별 및 수행하는 기능별로 구분하여 보관·관리하여야 한다.

② 운영인은 수행하는 기능별로 다음에서 정하는 바에 따라 물품을 보관·관리하여야 한다. 다만, 물품을 전산설비에 의하여 보관·관리하는 자동화보관시설을 갖춘 경우로서 세관장이 보세화물의 감시단속상 지장이 없다고 인정하는 경우에는 그러하지 아니하다.

- 보세창고의 기능을 수행하는 종합보세사업장에 반입된 외국물품은 영업용물품과 자가용물품으로 구분하여 보관·관리하여야 한다.
- 보세공장 기능을 수행하는 종합보세사업장에 반입된 물품은 다음에 해당하는 물품을 각각 구분하여 보관·관리하여야 한다.
  - 제조·가공용 원재료(물품반입확인서 발급대상물품을 포함)
  - 수입통관 후 사용하여야 하는 외국물품
  - 종합보세사업장에서 제조·가공한 제품 및 수리된 물품
  - 보세작업결과 발생한 잉여물품
  - 내국작업물품

③ 종합보세사업장에 반입한 물품의 장치기간은 종합보세사업장의 설치·운영신고기간으로 한다. 다만, 설치·운영변경신고를 한 때에는 그 설치·운영기간을 장치기간에 합산한다.

④ 운영인은 종합보세사업장에 반입한 날부터 6개월이 경과한 외국물품이 관세법 제201조 제5항 각 호의 어느 하나에 해당하는 경우에는 세관장에게 장기보관화물 매각승인(요청)서로 매각을 요청할 수 있다. 24기출

> **관세법 제201조(운영인의 물품관리) 제5항**
> 운영인은 종합보세구역에 장치된 물품 중 반입한 날부터 6개월 이상의 범위에서 관세청장이 정하는 기간이 지난 외국물품이 다음 각 호의 어느 하나에 해당하는 경우에는 관세청장이 정하여 고시하는 바에 따라 세관장에게 그 외국물품의 매각을 요청할 수 있다.
> 1. 화주가 분명하지 아니한 경우
> 2. 화주가 부도 또는 파산한 경우
> 3. 화주의 주소·거소 등 그 소재를 알 수 없는 경우
> 4. 화주가 수취를 거절하는 경우
> 5. 화주가 거절의 의사표시 없이 수취하지 아니한 경우

⑤ 운영인은 세관장에게 매각을 요청하려는 경우 화주, 반입자 또는 그 위임을 받은 자에게 외국물품의 반출통고를 해야 하며, 반출통고 후 30일이 경과한 후에 매각을 요청할 수 있다.

⑥ 운영인은 세관장에게 매각을 요청하는 경우에는 다음에 해당하는 증명 서류를 제출하여야 하며, 세관장은 운영인이 증명서류를 제출하지 않거나 매각요청사유에 해당하지 않는 경우에는 매각 요청을 승인하지 않을 수 있다.

- 반입신고서
- 반출통고서
- 그 밖에 매각요청 사유를 입증하기 위한 증명자료

⑦ 그 밖에 매각요청을 받은 장기보관화물의 처리절차는 「보세화물장치기간 및 체화처리에 관한 고시」를 준용한다.

2. 물품의 회계관리

① 운영인이 종합보세사업장에 물품을 반출입하는 때에는 종합보세기능 중 그가 수행하는 기능별로 장부 또는 전산설비를 이용하여 물품의 반입·반출상황을 기록·유지하여야 한다.

② 운영인은 종합보세사업장에 반입된 물품을 종합보세기능 중 그가 수행하는 기능 간에 이동하거나 사용·처분하는 때에는 장부 또는 전산설비를 이용하여 기능별로 물품이동상황, 사용·처분내용 및 잉여물품의 처리사항 등을 기록·유지하여야 한다.

③ 장부 또는 전산설비를 이용한 기록은 작성한 때의 다음 연도부터 2년간 보존하여야 한다.

3. 반출입사항 및 재고조사 등

종합보세사업장에 반입·반출되는 물품의 반입·반출사항, 그 사용 또는 처분사항 및 재고현황 등 물품관리 및 기록의 적정여부를 확인하기 위한 재고조사에 대하여는 「보세공장운영에 관한 고시」 제40조 및 「보세창고 특허 및 운영에 관한 고시」 제22조의 규정을 준용한다.

4. 멸실·도난·분실물품의 처리

① 운영인은 종합보세사업장에 장치된 외국물품 또는 그 제품이 멸실·도난·분실된 때에는 품명, 규격, 수량, 장치장소, 멸실·도난·분실연월일과 멸실·도난·분실원인 등을 기재한 신고서를 세관장에게 제출하여 그 확인을 받아야 한다.

② 신고를 받은 화물관리 세관공무원은 신고내용을 확인하여 관세의 추징·통고처분·고발의뢰·세관화물정보시스템에 결과등록 등 필요한 조치를 취하여야 하며, 운영인은 재고대장 등에서 그 수량을 공제 처리한다.

5. B/L분할 및 합병

① B/L을 분할·합병하고자 하는 자는 B/L분할·합병신고서를 전자문서로 B/L, INVOICE와 함께 세관장에게 제출하여 세관장의 승인을 받아야 한다.

② B/L분할·합병신고서를 접수한 화물관리 세관공무원은 결재를 받은 후 승인사항을 세관화물정보시스템에 등록하여야 한다.

③ 자체 재고관리시스템에 의한 수량단위 화물관리가 가능하다고 세관장이 인정한 운영인이 국제물류기능을 수행하기 위하여 B/L단위 물품을 개별 물품 단위로 분할하거나 합병하려는 경우에는 관세법 시행규칙 제77조의6 제3항에 따른 수입신고서 서식을 사용하여 세관장에게 B/L분할·합병포괄신고를 하여야 하며, 이에 대한 심사 등은 「수입통관사무처리에 관한 고시」를 준용한다.

④ B/L분할·합병포괄신고가 수리된 물품을 국외로 반출하려는 경우에는 「수출통관사무처리에 관한 고시」에 따라 처리한다.

⑤ 수출신고가 수리된 물품을 선(기)적하기 위하여 보세운송하는 경우에는 규칙 제77조의6 제2항에 수출신고서 서식을 사용하여 보세운송신고할 수 있다.

⑥ 보세운송기간은 신고수리일부터 30일 이내로 하며 선(기)적은 수출신고가 수리된 날부터 30일 이내에 선(기)적하여야 한다. 다만, 세관장은 재해·선(기)적 일정 변경 등 부득이한 사유로 기간 연장의 신청이 있는 때에는 3개월의 범위에서 그 기간을 연장할 수 있다.

⑦ 수출신고가 수리된 날부터 30일 이내에 선(기)적 되지 아니한 경우 관할지 세관장은 수출신고가 수리된 물품을 보세구역으로 재반입하게 한 후 수출신고수리 취하 등 필요한 조치를 위하여야 한다.

6. 장치물품의 수입신고전 확인

① 화주는 관세법 제246조 제3항의 규정에 의하여 보세창고의 기능을 수행하는 종합보세사업장에 장치된 물품을 수입신고 전에 확인하고자 할 때에는 수입신고전 물품확인 승인(신청)서를 제출하여 세관장의 승인을 받아야 한다.

② 수입신고전 물품확인 승인을 받아 물품을 확인하고자 하는 자는 종합보세사업장 운영인에게 승인서를 제시하여야 하며 운영인은 확인사항을 물품확인대장에 기록 관리하여야 한다.

③ 물품확인은 세관공무원 또는 보세사 입회하에 실시하여야 한다.

9절 | 수입활어 관리에 관한 특례고시

✎ 본문 내용 중 꼭 알아야 하는 부분에 형광펜으로 표시하였으니 반드시 학습하시기 바랍니다.

01 총칙

1. 목적
이 고시는 우리나라로 수입되는 활어의 장치 및 관리에 관한 기준을 정하는 것을 목적으로 한다.

2. 용어의 정의

(1) 활어 23 기출

「관세법」의 별표 관세율표 제0301호에 해당하는 물품으로서 관상용과 양식용(이식용, 시험연구조사용)을 제외한 것을 말한다.

(2) 활어장치장

> ① 활어를 장치하는 보세구역
> ② 보세구역이 아닌 장소 중 세관장의 허가를 받아 활어를 장치하는 곳(보세구역 외 장치장)

(3) 검역

「수산생물질병 관리법」 제27조에 따른 수입검역을 말한다.

(4) 검사

「수입식품안전관리 특별법」 제21조에 따른 검사를 말한다.

(5) 불합격품

「수산생물질병 관리법」 제34조 제1항 각 호의 어느 하나에 해당하는 검역 불합격품과 「식품위생법」 제19조에 따른 검사 결과 부적합물품을 말한다.

(6) 운영인 등

관세법 제174조 제1항에 따라 특허보세구역의 설치·운영에 관한 특허를 받은 자와 관세법 제156조 제1항에 따라 보세구역 외 장치허가를 받은 자를 말한다.

3. 다른 규정과의 관계

이 고시에서 규정하지 아니한 사항은 「특허보세구역운영에 관한 고시」, 「보세화물관리에 관한 고시」에서 정하는 바에 따르되, 이 고시에서 따로 정하는 경우에는 이 고시의 규정을 우선하여 적용한다.

02 활어장치장의 시설 관련 사항

1. 활어장치장의 시설요건 등 21 기출 20 기출

① 활어장치장은 다음의 요건을 모두 갖추어야 한다.
- 수조외벽

  각각의 수조가 물리적·영구적으로 분리되는 구조와 재질로 이루어져야 하며, 수조 사이에 활어가 이동할 수 없도록 충분한 높이와 넓이를 갖추어야 한다.

- 폐쇄회로 텔레비전(CCTV)

  각각의 출입구와 2개의 수조당 1대 이상 설치하여야 하며, 활어의 검량 감시용으로 사용할 수 있는 이동식 CCTV를 1대 이상 보유하여야 한다. 다만, 세관장이 필요하다고 인정하는 경우에는 이를 가감할 수 있다.

- 조명시설

  세관장이 CCTV 영상을 통해 수조의 현황을 용이하게 식별할 수 있을 정도의 조명시설을 갖춰야 한다. 다만, 암실에 보관하여야 하는 어종을 장치하는 경우에는 적외선 카메라를 보유하여야 한다.

- 영상녹화시설

  CCTV 영상을 상시 녹화할 수 있고 녹화된 영상을 30일 이상 보관할 수 있는 감시장비를 보유하여야 한다. 24 기출

- 냉동·냉장시설

  폐사어를 장치할 수 있는 냉동·냉장 보관시설을 보유하여야 한다.

- 인터넷망 구축

  세관장이 CCTV 영상을 인터넷망을 통해 실시간으로 확인이 가능하도록 조치(예 CCTV 인터넷망에 접속 권한 등을 부여)하여야 한다.

② 운영인 등은 활어장치장의 수조와 CCTV의 배치 도면을 세관장에게 제출하여야 한다. 23 기출

2. CCTV의 배치와 관리

① 운영인 등은 사각지대가 없도록 CCTV를 배치하여야 하며, CCTV의 고장 등으로 촬영이 불가능한 수조에는 활어를 장치할 수 없다.
② 운영인 등은 활어장치장 내에 설치된 CCTV의 전원을 차단하거나, 촬영 방향의 이동 또는 촬영에 방해가 되는 물체의 배치 시에는 사전에 세관장의 승인을 얻어야 한다. 23 기출
③ 운영인 등은 CCTV에 고장이 발생한 때에는 즉시 세관장에게 통보하여야 하며, 통보를 받은 세관장은 기간을 정하여 이를 수리할 것과 장치된 활어를 다른 수조로 이동하거나 다른 CCTV의 방향을 조정하는 등 필요한 조치를 명할 수 있다.
④ 운영인 등은 CCTV 녹화 영상을 촬영한 날로 부터 30일 이상 보관하여야 한다.

03 수입활어의 취급 및 관리 사항

1. 보세구역 외 장치

① 보세구역 외 장치 허가는 해당 수조의 물을 제거한 후에 신청하여야 한다. 다만, 세관장이 해당 수조에 물이 채워진 상태에서도 수조의 내부를 확인할 수 있다고 인정하는 경우에는 그러하지 아니하다.

② 보세구역 외 장치장은 세관으로부터 40km 이내에 위치하여야 한다. 다만, 관내 보세창고의 수용능력, 반입물량, 감시단속상의 문제점 등을 고려하여 세관장이 타당하다고 인정하는 경우에는 세관으로부터 80km를 초과하지 아니하는 범위 내에서 보세구역 외 장치를 허가할 수 있다. 24 기출

③ 세관장은 해당 보세구역 외 장치장에서 「특허보세구역 운영에 관한 고시」 제18조 제3항에서 규정한 반입정지의 대상이 되는 사유가 발생한 때에는 이 고시 제15조 제2항에서 규정한 기간 동안 보세구역 외 장치의 허가를 하지 아니할 수 있다.

2. 통관지 세관의 지정

활어를 통관할 수 있는 세관은 「수입통관사무처리에 관한 고시」 제106조에서 정하는 바에 따른다.

3. 장치장소의 제한

세관장은 다음의 어느 하나에 해당하는 경우에는 「보세화물관리에 관한 고시」 제4조 제1항의 규정에도 불구하고 관할 구역 내의 활어를 장치하기 위한 시설이 갖추어진 지정장치장(세관지정 보세창고 포함)에 반입하게 할 수 있다.

① 불합격품인 경우
② 최초 수입건, 부적합 처분 이력이 있었던 건 또는 수출된 활어의 반송품 등 특별한 보관·관리가 필요하다고 인정되는 경우 24 기출
③ 운영인등이 세관장의 필요시설 설치명령에 대해 기한 내에 응하지 아니한 경우
④ 그 밖에 세관장이 운영인 등의 법규수행능력평가와 활어의 성상 등을 고려하여 우범성이 높다고 판단되는 경우

4. B/L분할 신고 24 기출 23 기출

동일 선박 또는 항공기로 반입된 동일 화주의 활어는 B/L 건별로 수입신고를 하여야 한다. 다만, 검사 또는 검역의 결과 일부 합격 등과 같이 세관장이 분할통관이 필요하다고 인정하는 경우에는 그러하지 아니하다.

5. 검량

① 세관장은 수입활어의 검량방법 및 절차에 관한 표준을 제정할 수 있다.
② 세관장은 검량과정에서 필요하다고 판단되는 경우에는 운영인 등에게 이동식 CCTV의 배치를 요구할 수 있다.
③ 세관장은 다음의 어느 하나에 해당하는 경우에는 화주 또는 운영인 등에게 다시 검량할 것을 요구할 수 있다.

- 수입활어의 검량 방법과 절차에 따르지 아니하는 경우
- 검량과정에서 CCTV 영상 전송이 단절된 경우
- 활어의 수량과 중량에서 과부족이 현저하다고 의심되는 경우 등 재검량이 필요하다고 판단되는 경우

④ 불합격품을 폐기 또는 반송하는 때에는 반드시 검량을 실시하여야 한다. 19 기출

6. 미통관 표식

① 운영인 등은 통관되지 않은 활어가 장치되어 있는 수조에는 이미 통관된 활어와 명확히 구분할 수 있도록 표식을 하여야 한다.
② 미통관 표식은 악천후 또는 야간에도 CCTV 영상으로 쉽게 식별이 가능한 재질(예 야광판 등)로 하여야 한다.

7. 폐사어의 관리 22 기출

① 운영인 등은 장치 중인 활어의 전부 또는 일부가 폐사한 경우에는 그 발생 사유와 발생량 등을 지체 없이 세관장에게 통보하고, 폐사어 관리대장에 기록·유지하여야 한다. 다만, 세관장이 인정하는 범위 내에서 폐사가 발생한 경우에는 그러하지 아니할 수 있다.

② 운영인 등은 폐사어를 별도의 냉동·냉장시설에 B/L별로 구분하여 보관하여야 한다. 24 기출

8. 불합격품의 처리

① 세관장은 불합격품이 발생한 경우 해당 화주에게 불합격 사실을 통보를 받은 날부터 15일 이내에 반송 또는 폐기하도록 명령하여야 한다.

② 세관장은 불합격품이 발생한 경우 운영인 등에게 불합격품이 장치된 수조를 봉인하거나 덮개를 설치하는 등 불법유출을 방지하기 위해 필요한 조치를 명령할 수 있다.

9. 활어 운반용 컨테이너 관리

① 세관장은 수입화주가 소유 또는 임대하여 사용하는 활어 운반용 컨테이너(SOC)의 화주명, 컨테이너번호, 컨테이너 도면 등에 관한 사항을 기록·유지하여야 한다.

② 세관장은 X-ray 검색기 등을 통해 매 반기별로 SOC의 은닉공간 및 불법 개조 여부 등을 확인하여야 한다.

10. 행정제재

① 세관장은 다음의 어느 하나에 해당하는 경우에는 경고처분을 하여야 한다.

- CCTV의 배치와 관리 규정을 위반한 경우
- 세관장의 검량요구를 정당한 사유 없이 이행하지 아니한 경우
- 미통관 표식 관련 규정을 이행하지 아니한 경우
- 운영인 등은 장치 중인 활어의 전부 또는 일부가 폐사한 경우에는 그 발생 사유와 발생량 등을 지체 없이 세관장에게 통보하고 폐사어 관리대장에 기록·유지하여야 하는데 해당 규정을 이행하지 아니한 경우 또는 폐사어 관리대장을 사실과 다르게 기재하거나 세관장에게 통보한 경우
- 그 밖에 이 고시 또는 이 고시에 의한 세관장의 명령에 위반한 경우

② 세관장은 활어를 장치하는 보세구역이 「특허보세구역 운영에 관한 고시」 제18조 제2항의 어느 하나에 해당하는 경우에는 기간을 정하여 물품 반입을 정지하여야 한다.

③ 세관장은 화주가 세관장의 명령을 이행하지 아니하는 경우에는 관세법 제277조 제5항 제5호에 따른 과태료 부과와 경고처분을 하고, 이전 명령의 이행기간 만료일로부터 10일 이내에 반송 또는 폐기하도록 명령하여야 한다.

④ 세관장은 화주가 제13조 제1항에 따른 세관장의 명령을 이행할 때까지 반복하여 과태료 부과, 경고처분, 반송 또는 폐기명령을 하여야 한다.

> **수입활어 관리에 관한 특례고시 제13조(불합격품의 처리)** 23 기출
>
> ① 세관장은 불합격품이 발생한 경우 해당 화주에게 불합격 사실을 통보를 받은 날부터 15일 이내에 반송 또는 폐기하도록 명령하여야 한다.
>
> ② 세관장은 불합격품이 발생한 경우 운영인등에게 불합격품이 장치된 수조를 봉인하거나 덮개를 설치하는 등 불법유출을 방지하기 위해 필요한 조치를 명령할 수 있다.
>
> ⑤ 세관장은 과태료를 부과할 때에는 화주에게 부과·징수한다는 뜻을 미리 문서로 통지하여야 한다.

핵심기출문제

01 보세구역에 대한 설명으로 틀린 것은?

① 지정장치장은 통관을 하려는 물품을 일시 장치하기 위한 장소로서 관세청장이 지정하는 구역으로 한다.
② 보세창고에는 외국물품이나 통관을 하려는 물품을 장치한다.
③ 보세공장에서는 외국물품을 원료 또는 재료로 하거나 외국물품과 내국물품을 원료 또는 재료로 하여 제조·가공하는 작업을 할 수 있다.
④ 보세전시장에서는 박람회, 견본품 전시회 등을 운영하기 위하여 외국물품을 장치·전시하거나 사용할 수 있다.
⑤ 보세건설장에서는 산업시설의 건설에 사용되는 외국물품인 기계류 설비품이나 공사용 장비를 장치·사용하여 해당 건설공사를 할 수 있다.

정답 및 해설

관세청장 → 세관장 [관세법 제169조(지정장치장)]

정답 ①

---

02 보세창고 운영인이 세관장에게 지체 없이 보고해야 할 사항으로 틀린 것은?

① 도난, 화재, 침수, 기타 사고가 발생한 때
② 보세창고의 화재보험요율을 변경한 때
③ 보세창고에 장치한 물품이 보세운송신고필증에 표기된 물품과 상이한 때
④ 보세창고에 종사하는 직원을 면직한 때
⑤ 보세창고의 시설 등에 관하여 소방서로부터 시정명령을 받은 때

정답 및 해설

[보세창고 특허 및 운영에 관한 고시 제17조(운영인의 의무) 제2항]
운영인은 다음 각 호의 사유가 발생한 때에는 지체 없이 세관장에게 보고하여야 한다.
1. 법 제175조 및 제179조 제1항 각 호의 사유가 발생한 때
2. **도난, 화재, 침수, 그 밖의 사고가 발생한 때**
3. 보세창고에 장치한 물품이 선적서류, 보세운송신고필증 또는 포장 등에 표기된 물품과 상이한 사실을 발견한 때
4. **보세창고에 종사하는 직원을 채용하거나 면직한 때**
5. **보세창고의 건물, 시설 등에 관하여 소방서 등 행정관청으로부터 시정명령을 받은 때**

정답 ②

03 특허보세구역의 운영인이 다른 사람에게 자신의 성명·상호를 사용하여 특허보세구역을 운영하게 한 경우 이에 대한 세관장의 행정제재는?

① 특허취소
② 반입정지
③ 과징금 부과
④ 과태료 부과
⑤ 경고처분

정답 및 해설

[관세법 제178조(반입정지 등과 특허의 취소) 제2항]
세관장은 특허보세구역의 운영인이 다음 각 호의 어느 하나에 해당하는 경우에는 그 특허를 취소할 수 있다. 다만, 제1호, 제2호 및 제5호에 해당하는 경우에는 특허를 취소하여야 한다.
5. 제177조의2를 위반하여 명의를 대여한 경우

[관세법 제177조의2(특허보세구역 운영인의 명의대여 금지)]
특허보세구역의 운영인은 다른 사람에게 자신의 성명·상호를 사용하여 특허보세구역을 운영하게 해서는 아니 된다.

정답 ①

04 수입활어의 검량방법 및 절차에 관한 설명으로 틀린 것은?

① 세관장은 검량과정에서 필요하다고 판단되는 경우에는 운영인 등에게 이동식 CCTV의 배치를 요구할 수 있다.
② 세관장은 검량과정에서 CCTV 영상 전송이 단절된 경우 운영인 등에게 다시 검량할 것을 요구할 수 있다.
③ 활어의 수량과 중량에서 과부족이 현저하다고 의심되는 경우 세관장은 화주에게 재검량할 것을 요구할 수 있다.
④ 검역 불합격품을 반송하는 때에는 검량을 생략할 수 있다.
⑤ 세관장은 수입활어의 검량방법 및 절차에 관한 표준을 제정할 수 있다.

정답 및 해설

불합격품을 폐기 또는 반송하는 때에는 반드시 검량을 실시하여야 한다. [수입활어 관리에 관한 특례고시 제10조(검량) 제4항]

정답 ④

05 보세공장 운영에 관한 설명 중 틀린 것은?

① 운영인은 보세공장에 반입된 물품을 그 사용 전에 세관장에게 사용신고를 하여야 한다.
② 보세공장 외 작업허가를 받은 장소에 반입된 외국물품은 지정된 기간이 만료될 때까지는 보세공장에 있는 것으로 본다.
③ 보세공장 외 작업 허가 기간이 지난 경우 해당 공장 외 작업장에 허가된 외국물품이 있을 때에는 운영인으로부터 그 관세를 즉시 징수한다.
④ 외국물품이나 외국물품과 내국물품을 원재료로 하여 작업을 하는 경우 그로써 생긴 물품은 외국으로부터 우리나라에 도착한 물품으로 본다.
⑤ 보세공장에서 내국물품만을 원재료로 하여 제조·가공을 하고자 하는 자는 세관장에게 신고하여야 한다.

정답 및 해설

보세공장에서는 **세관장의 허가**를 받지 아니하고는 내국물품만을 원료로 하거나 재료로 하여 제조·가공거나 그 밖에 이와 비슷한 작업을 할 수 없다. [관세법 제185조(보세공장) 제2항]

정답 ⑤

06 보세공장 잉여물품의 처리에 대한 설명으로 틀린 것은?

① 잉여물품이란 보세작업으로 인하여 발생하는 부산물과 불량품, 제품생산 중단 등의 사유로 사용하지 않은 원재료와 제품 등을 말한다.
② 보세공장에서 제조·가공한 물품에 전용되는 포장·운반용품은 잉여물품에 포함되지 아니한다.
③ 세관장은 성실하다고 인정하는 업체 중 멸각 후의 잔존물이 가치가 없는 물품에 대하여 업체의 신청을 받아 자체폐기대상물품으로 지정할 수 있다.
④ 운영인은 잉여물품이 발생한 때에는 잉여물품관리대장에 잉여물품의 형태, 품명·규격, 수량 또는 중량 및 발생사유를 기록하여야 한다.
⑤ 잉여물품을 폐기하고자 하는 운영인은 세관장의 승인을 받아야 한다.

정답 및 해설

[보세공장 운영에 관한 고시 제3조(정의) 제5호]
잉여물품이란 보세작업으로 인하여 발생하는 부산물과 불량품, 제품 생산 중단 등의 사유로 사용하지 않은 원재료와 제품 등을 말하며, **제12조 제3항 제8호의 물품을 포함**한다.

[보세공장 운영에 관한 고시 제12조(반입대상물품) 제3항]
다음 각 호의 어느 하나에 해당하는 물품은 보세공장제도의 원활한 운영을 위하여 보세공장에 반입할 수 있다.
8. 보세공장 반입물품 또는 **보세공장에서 제조·가공한 물품에 전용되는 포장·운반용품**

정답 ②

07 보세판매장 특허상실에 따른 재고물품의 처리에 대한 설명 중 틀린 것은?

① 특허가 상실된 때에는 세관장은 즉시 재고조사를 실시하고 현품을 확정하여야 한다.
② 운영인은 특허가 상실된 때에는 6개월 이내의 범위 내에서 세관장이 정한 기간 내에 재고물품을 판매, 다른 보세판매장에 양도 등을 해야 한다.
③ 상기 ②의 세관장이 정한 기간이 경과한 때에는 운영인이 지정한 보세구역으로 이고하여야 한다.
④ 보세판매장 특허상실에 따라 이고한 물품을 운영인이 이고한 날부터 6개월 이내에 타 보세판매장에 양도하거나 외국으로 반출하여야 한다.
⑤ 보세판매장 특허상실에 따라 이고한 물품을 이고한 날부터 6개월 이내에 반출하지 아니하는 때에는 체화처리 절차에 의거 처리한다.

> **정답 및 해설**
>
> 운영인은 특허가 상실된 때에는 6개월 이내의 범위 내에서 세관장이 정한 기간 내에 재고물품을 판매, 다른 보세판매장에 양도, 외국으로 반출 또는 수입통관절차에 의거 통관하여야 하며, 세관장이 정한 기간이 경과한 때에는 **지정장치장 또는 세관장이 지정한 보세구역으로 이고하여야 한다.** [보세판매장 특허 및 운영에 관한 고시 제44조(특허상실에 따른 재고물품의 처리) 제2항]
>
> 정답 ③

08 보세판매장에 대한 설명 중 틀린 것은?

① "출국장 면세점"이란 출국장에서 출국인 및 통과여객기(선)에 의한 임시 체류인에게 판매하는 보세판매장을 말한다.
② "운영인"이란 세관장으로부터 보세판매장 설치·운영 특허를 받은 자를 말한다.
③ "출국장"이란 공항·항만 보세구역 내에서 출국인 또는 통과여객기(선)에 의한 임시 체류인이 항공기 또는 선박을 탑승하기 위하여 대기하는 장소를 말한다.
④ "외교관 면세점"이란 관세법 제88조 제1항 제1호부터 제4호까지에 따라 관세의 면제를 받을 수 있는 자에게 판매하는 보세판매장을 말한다.
⑤ "판매장"이란 판매물품을 실제로 판매하는 장소인 매장을 말하는 것으로, 물품 판매와 직접 관련이 없는 계단·화장실·사무실 등 공용시설은 제외한다.

> **정답 및 해설**
>
> 판매장이란 판매물품을 실제로 판매하는 장소인 "매장"과 **계단·에스컬레이터·화장실·사무실 등 물품판매와 직접 관련이 없는 공용시설**을 말한다. [보세판매장 특허 및 운영에 관한 고시 제2조(정의) 제5호]
>
> 정답 ⑤

09 보수작업에 대한 설명으로 틀린 것은?

① 보수작업을 하려는 자는 세관장의 승인을 받아야 한다.
② 외국물품은 수입될 물품의 보수작업의 재료로 사용할 수 있다.
③ 보수작업으로 외국물품에 부가된 내국물품은 외국물품으로 본다.
④ 세관장은 보수작업 신청을 받은 날로부터 10일 이내에 승인 여부를 신청인에게 통지하여야 한다.
⑤ 보세구역에서의 보수작업이 곤란하다고 세관장이 인정할 때에는 보세구역 밖에서 보수작업을 할 수 있다.

정답 및 해설

외국물품은 수입될 물품의 보수작업의 재료로 사용할 수 있다.
→ 외국물품은 수입될 물품의 보수작업의 재료로 사용할 수 **없다.** [관세법 158조(보수작업) 제6항]

정답 ②

10 보세구역 장치물품의 폐기에 대한 설명 중 틀린 것은?

① 부패, 손상 등으로 상품가치를 상실한 경우 보세구역에 장치된 물품을 폐기하려는 자는 세관장의 승인을 받아야 한다.
② 보세구역에 장치된 외국물품이 멸실되거나 폐기되었을 때에는 그 운영인이나 보관인으로부터 즉시 그 관세를 징수한다.
③ 외국물품 중 폐기 후에 남아 있는 부분에 대하여는 폐기 후의 성질과 수량에 따라 관세를 부과한다.
④ 재해로 멸실된 때에는 그 운영인이나 보관인으로부터 즉시 그 관세를 징수한다.
⑤ 세관장은 급박하여 화주에게 폐기 통고할 여유가 없는 경우에는 폐기한 후 즉시 통고를 하여야 한다.

정답 및 해설

보세구역에 장치된 외국물품이 멸실되거나 폐기되었을 때에는 그 **운영인이나 보관인으로부터 즉시 그 관세를 징수한다.** 다만, **재해나 그 밖의 부득이한 사유로 멸실된 때**와 미리 세관장의 승인을 받아 폐기한 때에는 **예외로 한다.**
[관세법 제160조(장치물품의 폐기) 제2항]

정답 ④

11 종합보세구역 지정 및 운영에 관한 설명으로 틀린 것은?

① 관세청장은 직권으로 또는 관계 중앙행정기관의 장 등의 요청에 따라 무역진흥에의 기여 정도, 외국물품의 반입·반출 물량 등을 고려하여 일정한 지역을 종합보세구역으로 지정할 수 있다.
② 종합보세구역에서는 보세창고·보세공장·보세전시장·보세건설장 또는 보세판매장의 기능 중 둘 이상의 기능을 수행할 수 있다.
③ 종합보세구역에서 종합보세기능을 수행하려는 자는 그 기능을 정하여 세관장에게 종합보세사업장의 설치·운영에 관한 신고를 하여야 한다.
④ 종합보세사업장의 운영인은 그가 수행하는 종합보세기능을 변경하려면 관세청장에게 이를 신고하여야 한다.
⑤ 종합보세구역에 물품을 반입하거나 반출하려는 자는 대통령령으로 정하는 바에 따라 세관장에게 신고하여야 한다.

> **정답 및 해설**
>
> 종합보세사업장의 운영인은 그가 수행하는 종합보세기능을 변경하려면 **세관장**에게 이를 신고하여야 한다. [관세법 제198조(종합보세사업장의 설치·운영에 관한 신고 등) 제3항]
>
> 정답 ④

12 보세구역 외 장치허가수수료에 대한 설명으로 틀린 것은?

① 보세구역 외 장치허가수수료는 1만 8천 원으로 한다.
② 서로 다른 선박으로 수입된 동일한 화주의 화물을 동일한 장소에 반입하는 때에는 1건의 보세구역 외 장치허가수수료를 징수한다.
③ 국가 또는 지방자치단체가 수입하거나 협정에 의하여 관세가 면제되는 물품을 수입하는 때에는 보세구역 외 장치허가수수료를 면제한다.
④ 보세구역 외 장치허가수수료를 납부하여야 하는 자가 관세청장이 정하는 바에 의하여 이를 따로 납부한 때에는 그 사실을 증명하는 증표를 허가신청서에 첨부하여야 한다.
⑤ 세관장은 전산처리설비를 이용하여 보세구역 외 장치허가를 신청하는 때에는 보세구역 외 장치허가수수료를 일괄고지하여 납부하게 할 수 있다.

> **정답 및 해설**
>
> 서로 다른 선박으로 수입된 → **동일한 선박으로 수입된**
> 법 제156조 제3항의 규정에 의하여 납부하여야 하는 보세구역 외 장치허가수수료는 1만 8천 원으로 한다. 이 경우 **동일한 선박 또는 항공기로 수입된 동일한 화주의 화물을 동일한 장소에 반입하는** 때에는 **1건**의 보세구역 외 장치허가신청으로 보아 **허가수수료를 징수한다.** [시행규칙 제65조(보세구역 외 장치허가수수료) 제1항]
>
> 정답 ②

13 특허보세구역의 설치 운영에 관한 설명으로 틀린 것은?

① 특허보세구역을 설치 운영하려는 자는 체납된 관세 및 내국세가 없어야 한다.
② 보세구역 특허를 받으려는 자는 관할 세관장에게 특허신청 수수료를 납부하여야 한다.
③ 관세청장은 보세구역의 종류별로 특허요건을 정하여 운영할 수 있다.
④ 특허를 갱신하려는 자는 특허신청서에 운영인의 자격을 증명하는 서류와 보세구역 운영에 필요한 시설 및 장비의 구비서류를 첨부하여야 한다.
⑤ 운영인이 장치물품의 종류를 변경하고자 하는 때에는 세관장에게 신고하여야 한다.

> **정답 및 해설**
>
> 특허보세구역의 **운영인이** 그 **장치물품의 종류를 변경하거나** 그 특허작업의 종류 또는 작업의 원재료를 변경하고자 하는 때에는 그 사유를 기재한 신청서를 세관장에게 제출하여 그 승인을 얻어야 한다. [시행령 제190조(업무내용 등의 변경) 제1항]
>
> 정답 ⑤

14 세관장이 공동보세창고로 특허할 수 있는 경우로서 틀린 것은?

① 정부 또는 정부투자기관이 관리하는 보관·비축시설에 관련 업체의 수입물품을 일괄 보관하는 경우
② 정부기관 또는 공공기관의 운영에 관한 법률 제5조에 따른 공기업, 준정부기관 등이 수입하는 물품을 일괄하여 보관하는 경우
③ 2이상의 수출입업체가 공동으로 타인화물을 보관하려는 경우
④ 물류시설의 개발 및 운영에 관한 법률에 따라 물류단지를 운영하는 자가 입주업체의 수입품을 일괄하여 보관하는 경우
⑤ 수출입업을 영위할 수 있는 중소기업협동조합에서 회원사의 수입원자재를 수입하여 보관하려는 경우

> **정답 및 해설**
>
> 타인화물 → 자가화물
>
> [보세창고 특허 및 운영에 관한 고시 제15조(자가용 공동보세창고) 제1항]
> 세관장은 다음 각 호의 어느 하나에 해당하는 경우에는 자가용보세창고를 공동보세창고로 특허할 수 있다.
> 1. **2 이상의 수출입업체가 공동으로 자가화물을 보관하려는 경우**
> 2. **정부기관 또는 「공공기관의 운영에 관한 법률」 제5조에 따른 공기업, 준정부기관, 그 밖의 공공기관 등이 수입하는 물품을 일괄하여 보관하는 경우**
> 3. **수출입을 영위할 수 있는 중소기업협동조합에서 회원사의 수입원자재를 수입하여 보관하려는 경우**
> 4. **「물류시설의 개발 및 운영에 관한 법률」에 따라 물류단지를 운영하는 자가 입주업체의 수입품을 일괄하여 보관하는 경우**
> 5. 관광산업진흥 및 외화획득을 위하여 주식회사 케이티에스씨가 회원사에 공급할 물품을 일괄 수입하여 보관하는 경우
> 6. **정부 또는 정부투자기관이 관리하는 보관·비축시설에 관련 업체의 수입물품을 일괄 보관하는 경우**
>
> 정답 ③

15 특허보세구역에 대한 설명으로 틀린 것은?

① 보세판매장 특허를 받은 중소기업은 3회에 한정하여 특허를 갱신할 수 있다.
② 특허보세구역의 설치·운영에 관한 특허를 받으려는 자, 이미 받은 특허를 갱신하려는 자는 기획재정부령으로 정하는 바에 따라 수수료를 납부하여야 한다.
③ 보세창고의 특허기간은 10년의 범위 내에서 신청인이 신청한 기간으로 한다.
④ 보세판매장의 특허기간은 5년 이내(갱신 시)로 한다.
⑤ 특허보세구역을 설치·운영하려는 자는 세관장의 특허를 받아야 한다. 기존의 특허를 갱신하려는 경우에도 또한 같다.

> **정답 및 해설**
> 제1항에 따라 특허를 받은 자는 한 차례(다만, **중소기업 등은 두 차례**)에 한정하여 대통령령으로 정하는 바에 따라 특허를 갱신할 수 있다. [관세법 제176조의2(특허보세구역의 특례) 제6항]
>
> 정답 ①

16 시내면세점 및 전자상거래에 의하여 판매된 외국물품을 구매자에게 인도하기 위한 인도장이 아닌 곳은?

① 출국장 보세구역 내 설치한 장소
② 국제무역선 및 외국여객선박의 선내
③ 통관우체국 내 세관통관장소
④ 항공화물탁송 보세구역
⑤ 시내면세점 매장

> **정답 및 해설**
>
> [보세판매장 특허 및 운영에 관한 고시 제2조(정의) 제6호]
> 인도장이란 시내면세점, 출국장면세점 및 전자상거래에 의하여 판매한 물품을 구매자에게 인도하기 위한 곳으로 다음 각 호의 어느 하나에 해당하는 장소를 말한다.
> 가. **출국장 보세구역 내 설치한 장소**
> 나. **국제무역선 및 외국여객선박의 선내**
> 다. **통관우체국 내 세관통관장소**
> 라. **항공화물탁송 보세구역**
> 마. 세관장이 지정한 보세구역(자유무역지역을 포함한다)
> 바. 입국장 보세구역 내 설치한 장소
>
> 정답 ⑤

17 특허보세구역 장치기간에 대한 설명으로 틀린 것은?

① 보세창고에 장치된 외국물품(정부비축용물품 등 제외) - 1년의 범위에서 관세청장이 정하는 기간. 다만, 세관장이 필요하다고 인정하는 경우에는 1년의 범위에서 그 기간을 연장할 수 있다.
② 보세창고에 장치된 내국물품(정부비축용물품 등 제외) - 1년의 범위에서 관세청장이 정하는 기간
③ 보세창고에 장치된 정부비축용물품, 정부와의 계약 이행을 위하여 비축하는 방위산업용물품 - 비축에 필요한 기간
④ 보세창고 외 그 밖의 특허보세구역 - 해당 특허보세구역의 특허기간
⑤ 세관장은 물품관리에 필요하다고 인정될 때에는 특허보세구역에 물품을 장치하는 기간에도 화주에게 그 물품의 반출을 명할 수 있다.

정답 및 해설

화주 → 운영인
세관장은 물품관리에 필요하다고 인정될 때에는 제1항 제1호의 기간에도 **운영인**에게 그 물품의 반출을 명할 수 있다. [관세법 제177조(장치기간) 제2항]

정답 ⑤

18 세관장이 보세작업의 종류 및 특수성을 감안하여 보세공장의 설치·운영 특허를 제한할 수 있는 사유로서 틀린 것은?

① HS상 품목분류의 변화를 가져오는 조립작업을 하려는 경우
② 폐기물을 원재료로 하여 제조·가공하려는 경우
③ 손모율이 불안정한 농·수·축산물을 원재료로 하여 제조·가공하려는 경우
④ 보세작업의 전부를 장외작업에 의존할 경우
⑤ 포장개선, 라벨표시 등 물품의 상품성 향상을 위한 개수작업만을 목적으로 하는 경우

정답 및 해설

HS상 품목분류의 변화를 가져오는 것은 보수작업으로 인정되지 아니한다.

[보세공장 운영에 관한 고시 제25조(보수작업) 제1항]
제12조 제3항 제1호부터 제3호까지에 따른 물품의 보수작업 범위는 다음 각 호의 어느 하나에 한하며, **HS상 품목분류의 변화를 가져오는 것은 보수작업으로 인정되지 아니한다.**
1. 물품의 보존을 위해 필요한 작업(부패·손상 등을 방지하기 위해 필요한 작업)
2. **물품의 상품성 향상을 위한 개수작업(포장개선, 라벨표시, 단순절단 등)**
3. 선적을 위한 준비작업(선별, 분류, 용기변경 등)
4. 단순한 조립작업(간단한 셋팅, 완제품의 특성을 가진 구성요소의 조립 등)

정답 ①

19 세관장이 운영인에게 특허보세구역에 물품반입을 정지시킬 수 있는 사유에 해당하는 것은?

> A. 거짓이나 그 밖의 부정한 방법으로 특허를 받은 경우
> B. 장치물품에 대한 관세를 납부할 자금능력이 없다고 인정되는 경우
> C. 특허보세구역에 반입된 물품이 해당 보세구역의 설치목적에 합당하지 않은 경우
> D. 해당 시설의 미비 등으로 특허보세구역의 설치목적을 달성하기 곤란한 경우

① A, B   ② A, D   ③ B, D
④ C, D   ⑤ A, C

정답 및 해설

[관세법 제178조(반입정지 등과 특허의 취소) 제1항]
세관장은 특허보세구역의 운영인이 다음 각 호의 어느 하나에 해당하는 경우에는 관세청장이 정하는 바에 따라 6개월의 범위에서 해당 특허보세구역에의 물품반입 또는 보세건설·보세판매·보세전시 등(물품 반입 등)을 정지시킬 수 있다.
1. 장치물품에 대한 관세를 납부할 자금능력이 없다고 인정되는 경우
2. 본인이나 그 사용인이 이 법 또는 이 법에 따른 명령을 위반한 경우
3. 해당 시설의 미비 등으로 특허보세구역의 설치 목적을 달성하기 곤란하다고 인정되는 경우
4. 그 밖에 제1호부터 제3호까지의 규정에 준하는 것으로서 대통령령으로 정하는 사유에 해당하는 경우

정답 ③

20 특수보세창고의 요건에 관한 설명으로 틀린 것은?

① 위험물전용 보세창고의 경우 위험물 취급자격자를 채용하여야 한다.
② 컨테이너전용 보세창고의 경우 부지면적은 15,000m^2 이상이어야 한다.
③ 액체화물전용 보세창고의 창고면적은 500m^2 이상이어야 한다.
④ 복합물류 보세창고는 수량단위 화물관리가 가능한 재고관리시스템을 구비하여야 한다.
⑤ 야적전용 보세창고(창고건물에 부속된 야적장은 제외)는 4,500m^2 이상의 대지를 구비하여야 한다.

정답 및 해설

[보세창고 특허 및 운영에 관한 고시 제11조(특수보세창고의 요건 등) 제4항]
액체화물전용보세창고는 다음 각 호의 요건을 갖추어야 한다.
1. 제10조 제1항 제1호의 창고면적(m^2)기준을 적용하지 않으며 세관장이 관할구역 내 액체화물 물동량과 액체화물 전용 장치장의 수용능력을 감안하여 보세창고 특허가 필요하고 관할구역 내 다른 액체화물전용보세창고와 비교하여 보세창고로 특허하기에 충분하다고 인정되는 저장용적(m^3)을 적용한다.
2. 액체화물 성상을 보존하기 위한 필요한 부대시설과 선박으로부터 하역 및 입출고를 위한 배관시설을 갖추어야 한다.

정답 ③

21 보세공장에 반입된 물품으로서 반입신고 시의 원재료 원상태로 국외반출을 허용할 수 있는 물품에 대한 설명으로 틀린 것은?

① 국외에서 제조·가공공정의 전부를 이행하기 위하여 필요한 원재료
② 계약내용과 다른 원재료(다만, 사용신고가 수리된 경우에는 사용신고 당시의 성질이나 형태가 변경되지 아니한 경우에 한한다)
③ 보세공장의 해외 현지공장에서 제조·가공·수리 그 밖에 유사한 작업에 사용할 원재료
④ 생산중단, 제조품목의 사양변경 또는 보세작업과정에서 발생하는 잉여 원재료
⑤ 보세공장에서 수출한 물품의 하자보수 등 추가적인 제조·가공·수리에 필요한 원재료

> **정답 및 해설**
>
> 국외에서 제조·가공공정의 전부를 이행하기 위하여 필요한 원재료
> → 국외에서 제조·가공공정의 **일부**를 이행하기 위하여 필요한 원재료
>
> > [보세공장 운영에 관한 고시 제14조(국외가공 등 원재료 원상태 반출) 제1항]
> > 다음 각 호의 어느 하나에 해당하는 물품은 반입신고 시의 원재료 원상태로 국외반출을 허용할 수 있다.
> > 1. 국외에서 제조·가공공정의 **일부**를 이행하기 위하여 필요한 원재료
> > 2. 보세공장에서 수출한 물품의 하자보수 등 추가적인 제조·가공·수리에 필요한 원재료
> > 3. 보세공장의 해외 현지공장에서 제조·가공·수리 그 밖에 유사한 작업에 사용할 원재료
> > 4. 생산중단, 제조품목의 사양변경 또는 보세작업과정에서 발생하는 잉여 원재료
> > 5. 계약내용과 다른 원재료(다만, 사용신고가 수리된 경우에는 사용신고 당시의 성질이나 형태가 변경되지 아니한 경우에 한한다)
>
> 정답 ①

22 보세건설장에 관한 설명으로 틀린 것은?

① 세관장은 외국인투자지역에 입주하는 외국인투자기업체에 대하여 보세건설장을 특허할 수 있다.
② 산업시설 건설에 사용되는 외국물품인 기계류 설비품은 수입신고후 사용하여야 한다.
③ 산업시설에 병설되는 사무소, 식당 등 부대시설을 건설하기 위한 외국물품은 수입신고가 수리된 후 사용하여야 한다.
④ 세관장의 승인을 받은 경우 보세건설장에서 건설된 시설을 시험목적으로 일시 가동할 수 있다.
⑤ 산업시설 건설에 사용되는 외국물품인 공사용 장비는 수입신고 후 사용하여야 한다.

정답 및 해설

산업시설 건설에 사용되는 외국물품인 기계류 설비품은 수입신고 후 사용하여야 하며, 산업시설 건설에 사용되는 외국물품인 공사용 장비 등은 수입신고 수리 전에 사용할 수 없다.

[보세건설장 관리에 관한 고시 제12조(신고수리 전 사용제한 및 외국물품의 통관) 제1항]
보세건설장 운영인은 제6조 제1호의 외국물품은 수입신고 후 사용하여야 하며, **제6조 제2호부터 제4호까지에 해당하는 외국물품은 수입신고 수리 전에 사용할 수 없다.**

[보세건설장 관리에 관한 고시 제6조(반입물품의 범위)]
영 제210조에 따라 보세건설장에 반입할 수 있는 물품은 다음 각 호와 같다.
1. 산업시설 건설에 사용되는 외국물품인 기계류 설비품
2. <u>산업시설 건설에 사용되는 외국물품인 공사용 장비</u>
3. <u>산업시설에 병설되는 사무소, 의료시설, 식당, 공원, 숙사 등 부대시설을 건설하기 위한 물품</u>
4. 그 밖에 해당 산업시설 건설의 형편상 필요하다고 인정되는 물품

정답 ⑤

23 보세전시장에 관한 설명으로 맞는 것은?

① 보세전시장에서는 반입된 외국물품의 성질 또는 형상에 변경을 가하는 행위를 할 수 없다.
② 박람회의 관람자는 당해 보세전시장 안에서 외국물품을 소비하는 행위를 할 수 없다.
③ 보세전시장에 장치된 판매용 외국물품은 수입신고가 수리되기 전이라도 이를 사용할 수 있다.
④ 보세전시장에 장치된 전시용 외국물품을 현장에서 직매하는 경우 수입신고가 수리되기 전에는 인도할 수 없다.
⑤ 보세전시장에서 관람자에게 무상제공할 목적으로 수입하고, 관람자 1명당 증여품의 가액이 미화 10달러 상당액 이하인 소액물품은 관세를 면제한다.

정답 및 해설

보세전시장에 장치된 전시용 외국물품을 현장에서 직매하는 경우 수입신고가 수리되기 전에는 이를 인도하여서는 아니 된다. [시행령 제209조(보세전시장의 장치 제한 등) 제3항]

[오답노트]
① 보세전시장에서는 반입된 외국물품의 성질 또는 형상에 변경을 가하는 행위를 할 수 없다.
→ 보세전시장에서는 반입된 외국물품의 성질 또는 형상에 변경을 가하는 행위를 **할 수 있다.**
② 박람회의 관람자는 당해 보세전시장 안에서 외국물품을 소비하는 행위를 할 수 없다.
→ 박람회의 관람자는 당해 보세전시장 안에서 외국물품을 소비하는 행위를 **할 수 있다.**

> [관세법 제190조(보세전시장)]
> **보세전시장에서는** 박람회, 전람회, 견본품 전시회 등의 운영을 위하여 **외국물품을 장치 · 전시하거나 사용할 수 있다.**
>
> [시행령 제208조(보세전시장 안에서의 사용)]
> 법 제190조의 규정에 의한 박람회 등의 운영을 위한 **외국물품의 사용에는 다음 각호의 행위가 포함되는 것으로 한다.**
> 1. 당해 **외국물품의 성질 또는 형상에 변경을 가하는 행위**
> 2. 당해 **박람회의 주최자 · 출품자 및 관람자가 그 보세전시장 안에서 소비하는 행위**

③ 보세전시장에 장치된 판매용 외국물품은 수입신고가 수리되기 전이라도 이를 사용할 수 있다.
→ 보세전시장에 장치된 판매용 외국물품은 **수입신고가 수리되기 전에는 이를 사용하지 못한다.** [시행령 제209조(보세전시장의 장치 제한 등) 제2항]
⑤ 10달러 → 5달러
제17조 제3호에 규정된 증여용품 중 관세가 면제되는 물품은 주최자 또는 출품자가 전시장에서 관람자에게 무상으로 제공할 목적으로 수입하고 관람자 1명당 증여품의 가액이 미화 **5달러** 상당액 이하인 소액물품으로서 세관장이 타당하다고 인정하는 물품에 한정한다. 이 경우 소액증여품이 전시된 기계류의 성능실연 과정에서 제조되는 것일 때에는 그 제조용 원료도 포함된다. [보세전시장 운영에 관한 고시 제18조(소액증여품의 면세)]

정답 ④

24 보세공장제도의 원활한 운영을 위하여 보세공장에 반입할 수 있는 물품이 아닌 것은?

① 보세공장에서 제조되어 반출된 제품의 하자보수용 물품
② 보세공장에서 제조·가공하여 반출한 후 구매자의 인수거절 등으로 인하여 반송된 물품
③ 보세공장에서 건조·수리되는 선박(항공기)에 적재하고자 하는 환급대상 선박용품·항공기용품
④ 보세공장 반입물품 또는 보세공장에서 제조·가공한 물품에 전용되는 포장·운반용품
⑤ 보세공장의 특허받은 품목의 제조·가공에 소요되는 물품과 동일한 물품으로 위탁가공계약에 의해 보세작업을 위하여 반입되는 타인소유물품

> **정답 및 해설**
>
> [보세공장 운영에 관한 고시 제12조(반입대상 물품) 제3항]
> 다음 각 호의 어느 하나에 해당하는 물품은 보세공장제도의 원활한 운영을 위하여 보세공장에 반입할 수 있다.
> 1. 보세공장에서 제조되어 반출된 제품의 하자보수용 물품
> 2. 보세공장에서 제조·가공하여 반출한 후 하자발생, 불량, 구매자의 인수거절 등으로 인하여 반송된 물품
> 8. 보세공장 반입물품 또는 보세공장에서 제조·가공한 물품에 전용되는 포장·운반용품
> 9. 해당 보세공장의 특허받은 품목의 제조·가공에 소요되는 물품과 동일한 물품으로 위탁가공계약에 의해 보세작업을 위하여 반입되는 타인소유 물품
>
> 정답 ③

25 보세판매장 협의 단체장이 회원사의 원활한 보세화물관리와 물류지원을 위하여 보세판매장의 보관창고와 동일한 기능을 수행하기 위해 설치한 곳은?

① 단일보세창고
② 복합물류창고
③ 통합물류창고
④ 자가용보세창고
⑤ 면세물류창고

> **정답 및 해설**
>
> 통합물류창고란 보세판매장 협의단체장이 회원사의 원활한 보세화물관리와 물류지원을 위하여 법 제196조에 따른 보세판매장의 보관창고와 동일한 기능을 수행하기 위해 설치한 곳을 말한다. [보세판매장 특허 및 운영에 관한 고시 제2조(정의) 제15호]
>
> 정답 ③

금융·무역 전문 교육기관 **해커스금융**
fn.Hackers.com

해커스 보세사 한권합격 이론 + 최신기출

제3과목
화물관리

1절   보세화물 관리에 관한 고시
2절   보세화물 장치기간 및 체화관리에 관한 고시
3절   보세화물 입출항 하선 하기 및 적재에 관한 고시
4절   환적화물 처리절차에 관한 특례고시
5절   화물운송주선업자의 등록 및 관리에 관한 고시
6절   보세운송 (관세법)
7절   보세운송에 관한 고시

❖ 핵심기출문제

1절 | 보세화물 관리에 관한 고시

✏️ 본문 내용 중 꼭 알아야 하는 부분에 형광펜으로 표시하였으니 반드시 학습하시기 바랍니다.

01 총칙

1. 목적
이 고시는 보세구역 등에 장치할 물품의 반출입절차와 보세화물의 안전한 보관관리를 위하여 필요한 사항을 규정함을 목적으로 한다.

2. 적용범위
이 고시는 「관세법」 제156조에 따른 보세구역 외 장치장, 제169조의 지정장치장, 제183조의 보세창고에 장치할 물품에 대하여 적용한다.

3. 용어의 정의

(1) 세관지정장치장
   세관장이 관리하는 시설 또는 세관장이 시설 관리인의 사용 승인을 받아 지정장치장으로 지정한 시설을 말한다.

(2) 운영인 등
   특허보세구역 운영인, 지정보세구역 화물관리인, 보세구역 외 장치의 허가를 받은 자, 검역물품의 관리인을 말한다.

(3) 선박회사
   물품을 운송한 선박회사와 항공사를 말한다.

(4) 위험물
   폭발성, 인화성, 유독성, 부식성, 방사성, 산화성 등의 물질로서 관계 법령에 따라 위험품으로 분류되어 취급이나 관리가 별도로 정해진 물품을 말한다.

(5) 화물관리 세관공무원
   통관지원과 또는 화물담당부서의 세관공무원을 말한다.

(6) 세관화물정보시스템
   적재화물목록, 적재, 하선·하기, 보세운송신고, 보세구역 반출입 등의 자료를 관리하는 세관운영시스템을 말한다.

(7) 전자문서
   컴퓨터 간에 전송 등이 될 수 있도록 하기 위하여 관세청장이 정한 실행지침서에 따라 작성된 전자자료를 말한다.

(8) B/L제시 인도물품 23기출
   「수입통관 사무처리에 관한 고시」 제70조 제1항에 따른 물품을 말한다.

> **수입통관 사무처리에 관한 고시 제70조(수입신고의 생략) 제1항**
> 다음 각 호의 어느 하나에 해당하는 물품 중 관세가 면제되거나 무세인 물품은 수입신고를 생략한다.
> 1. 외교행낭으로 반입되는 면세대상물품(법 제88조)

2. 우리나라에 내방하는 외국의 원수와 그 가족 및 수행원에 속하는 면세대상물품(법 제93조 제9호)
3. 장례를 위한 유해(유골)와 유체
4. 신문, 뉴스를 취재한 필름·녹음테이프로서 문화체육관광부에 등록된 언론기관의 보도용품
5. 재외공관 등에서 외교통상부로 발송되는 자료
6. 기록문서와 서류
7. 외국에 주둔하는 국군으로부터 반환되는 공용품[군함·군용기(전세기를 포함한다)에 적재되어 우리나라에 도착된 경우에 한함]

(9) 관리대상화물

「관리대상화물 관리에 관한 고시」 제2조 제1호에 따른 물품을 말한다.

> **관리대상화물 관리에 관한 고시 제2조(정의)**
>
> 이 고시에서 사용하는 용어의 뜻은 다음과 같다.
> 1. "관리대상화물"이란 세관장이 지정한 보세구역 등에 감시·단속 등의 목적으로 장치하거나 검사 등을 실시하는 화물로서 다음 각 목의 어느 하나에 해당하는 물품을 말한다.
>   가. 「관세법」 제135조에 따라 입항보고서 및 적재화물목록을 제출받은 세관장이 제3조에 따라 검사대상화물(검색기 검사화물, 즉시 검사화물, 반입 후 검사화물 및 수입신고 후 검사화물) 및 감시대상화물(하선(기) 감시화물 및 운송 추적감시 화물)을 말한다.
>   나. 「특송물품 수입통관 사무처리에 관한 고시」 제2조 제2호에 따른 특송물품
>   다. 「이사물품 수입통관 사무처리에 관한 고시」 제2조 제1호와 제2호의 이사자와 단기체류자가 반입하는 이사물품(이하 "이사물품 등"이라 한다)
>   라. 「여행자 및 승무원 휴대품 통관에 관한 고시」 제17조 제1항과 제2항 및 제41조에 따른 유치물품 및 예치물품(이하 "유치물품 등"이라 한다)
>   마. 「보세판매장 운영에 관한 고시」 제4조 제1항에 따른 보세판매장 판매용 물품(외국물품만을 말한다. 이하 "보세판매용물품"이라 한다)

(10) 식품류

「식품위생법」에 따른 식품 및 식품첨가물, 「건강기능식품에 관한 법률」에 따른 건강기능식품, 「축산물 위생관리법」에 따른 축산물을 말한다.

02 보세화물의 장치장소

1. 화물분류기준 `24 기출` `22 기출` `21 기출` `19 기출` `18 기출`

① 입항 전 또는 하선(기) 전에 수입신고나 보세운송신고를 하지 않은 보세화물의 장치장소 결정을 위한 화물분류 기준은 다음에 따른다.
- 선사는 화주 또는 그 위임을 받은 자가 운영인 등과 협의하여 정하는 장소에 보세화물을 장치하는 것을 원칙으로 한다.
- 화주 또는 그 위임을 받은 자가 장치장소에 대한 별도의 의사표시가 없는 경우에는 다음에 따른다.
  - Master B/L화물은 선사가 선량한 관리자로서 장치장소를 결정한다.

- House B/L화물은 화물운송주선업자가 선량한 관리자로서 선사 및 보세구역 운영인 등과 협의하여 장치장소를 결정한다.

- 보세화물의 장치장소를 정할 때에 화물운송주선업자가 선량한 관리자로서의 의무를 다하지 못할 경우에는 다음의 어느 하나를 장치장소로 한다.

  - 세관지정장치장
  - 세관지정 보세창고

② 다음의 어느 하나에 해당하는 물품은 각각의 내용에서 정하는 바에 따른다.
- 입항 전 또는 하선(기) 전에 수입신고가 되거나 보세운송신고가 된 물품
  보세구역에 반입함이 없이 부두 또는 공항 내에서 보세운송 또는 통관절차와 검사절차를 수행하도록 하여야 한다(이 경우 본·부선통관 목적으로 입항 전 수입신고를 한 물품은 본·부선 내에서 통관절차와 검사절차를 수행하도록 하여야 한다).
- 위험물, 보온·보냉물품, 검역대상물품, 귀금속 등
  해당 물품을 장치하기에 적합한 요건을 갖춘 보세구역에 장치하여야 하며, 식품류는 별도의 보관기준을 갖춘 보세구역에 장치하여야 한다.
- 보세창고, 보세공장, 보세전시장, 보세판매장에 반입할 물품
  특허 시 세관장이 지정한 장치물품의 범위에 해당하는 물품만 해당 보세구역에 장치한다.
- 보세구역외장치의 허가를 받은 물품
  그 허가를 받은 장소에 장치한다.
- 관리대상화물
  「관리대상화물 관리에 관한 고시」 제6조 및 제7조에 따라 장치한다.

관리대상화물 관리에 관한 고시 제6조(검사대상화물의 하선(기) 장소)
① 검색기 검사화물, 반입 후 검사화물, 수입신고 후 검사화물 및 감시대상 화물의 하선(기)장소는 「보세화물 입출항 하선 하기 및 적재에 관한 고시」 제15조 제4항 제3호에 따라 선사(항공사)가 지정한 장소로 한다.
② 제1항에도 불구하고 검색기 검사화물의 경우에는 검사를 마친 경우에만 하선장소에 반입할 수 있으며, 검사 결과 개장검사가 필요하다고 인정되는 경우에는 세관장이 별도로 지정하는 장소를 하선장소로 한다.
③ 즉시검사화물의 하선(기)장소는 「보세화물 입출항 하선 하기 및 적재에 관한 고시」 제15조 제4항 제1호와 제28조 제3항 제1호에 따라 세관장이 지정한 장소로 한다.
④ 세관장이 제2항 및 제3항에 따라 지정하는 하선(기)장소는 다음 각 호의 순서에 따른다.
   1. 세관지정장치장. 다만, 세관지정장치장이 없거나 검사대상화물이 세관지정장치장의 수용능력을 초과할 것으로 판단되는 경우에는 제2호에 따른 장소
   2. 세관지정 보세창고
   3. 검사대상화물이 위험물품, 냉동·냉장물품 등 특수보관을 요하는 물품이거나 대형화물·다량산물인 경우에는 제1호와 제2호의 규정에도 불구하고 해당 화물을 위한 보관시설이 구비된 장소

관리대상화물 관리에 관한 고시 제7조(특송물품 등의 장치)
① 특송물품·이사물품 등·유치물품 등과 보세판매용 물품을 장치할 수 있는 보세구역은 다음 각 호의 어느 하나와 같다.
   1. 특송물품 : 「특송물품 수입통관 사무처리에 관한 고시」 제7조에 따라 세관장이 따로 지정한 세관지정장치장
   2. 이사물품 등 및 유치물품 등 : 세관지정장치장 또는 세관지정 보세창고
   3. 보세판매용물품 : 세관지정장치장 또는 「보세판매장 운영에 관한 고시」 제6조에 따른 보관창고

② 세관지정장치장의 화물관리인과 세관지정 보세창고의 운영인은 관리대상화물을 일반화물과 구분하여 장치해야 한다.

- 수입고철(비금속설을 포함)
  고철전용장치장에 장치하는 것을 원칙으로 한다.

2. 물품의 반입

① 화물분류기준에 따라 장치장소가 결정된 물품은 하선(기)절차가 완료된 후 해당 보세구역(동물검역소 구내계류장을 포함한다)에 물품을 반입하여야 한다.

② 운영인 등은 반입된 물품이 반입예정 정보와 품명·수량이 상이하거나 안보 위해물품의 반입, 포장파손, 누출, 오염 등으로 이상이 있는 경우에는 즉시 반입물품 이상보고서에 다음의 서류를 첨부하여 전자문서로 세관장에게 제출하여야 한다. 다만, 전자문서로 제출할 수 없는 경우에는 서류로 제출할 수 있다.

- 사유서
- B/L사본 등 세관장이 반입물품 이상 여부 확인을 위해 필요한 서류

③ 보고를 받은 세관장은 사고발생 경위를 확인하여 자체조사 후 통고처분 등 필요한 조치를 하거나 적재화물목록 정정이 필요한 경우에는 「보세화물 입출항 하선 하기 및 적재에 관한 고시」 제12조와 제25조에 따른 조치를 해야 한다.

> **보세화물 입출항 하선 하기 및 적재에 관한 고시 제12조(적재화물목록의 정정신청) 〈해상화물〉**
>
> ① 적재화물목록 작성책임자는 적재화물목록 제출이 완료된 이후에 그 기재내용의 일부를 정정하려는 때에는 정정사유를 증명할 수 있는 자료를 첨부하여 별지 제9호 서식의 적재화물목록 정정신청서를 서류 또는 전자문서로 제출하여야 한다. 다만, 보세운송으로 보세구역에 반입된 화물은 도착지 보세구역을 관할하는 세관장에게 정정신청을 하여야 한다.
>
> ② 제1항 단서에 해당하는 경우 수입화주는 적재화물목록 작성책임자에게 즉시 정정신청을 요청하여야 하고, 적재화물목록 작성책임자는 이에 따라 정정신청을 하여야 한다. 다만, 신속 통관을 위하여 필요한 경우 수입화주(위임을 받은 자를 포함한다)는 적재화물목록 작성책임자에게 정정신청을 요청한 사실 및 정정사유 증명자료를 첨부하여 적재화물목록 작성책임자 대신 정정신청을 할 수 있다.
>
> ③ 제1항에 따른 적재화물목록 정정신청은 다음 각 호의 어느 하나에서 정하는 기간 내에 신청할 수 있다. 다만, B/L양수도 및 B/L분할·합병의 경우에는 기간을 제한하지 아니한다.
>
>   1. 하선결과 이상보고서 및 반입결과 이상보고서가 제출된 물품 : 보고서 제출일로부터 15일 이내 **24 기출 23 기출**
>
>   2. 특수저장시설에 장치를 요하는 냉동화물 등을 하선과 동시에 컨테이너적입작업을 하는 경우 : 작업완료 익일까지(검수 또는 세관 직원의 확인을 받은 협정서를 첨부하여야 한다) **24 기출**
>
>   3. 그 밖의 사유로 적재화물목록을 정정하려는 경우 : 선박 입항일로부터 60일 이내 **24 기출**
>
> ④ 적재화물목록 정정신청서를 접수한 화물관리 세관공무원은 심사결과 정정하려는 내역이 관련 증명서류에 근거하여 하선결과보고내역 또는 반입사고 보고내용 등과 일치하고 그 정정사유가 타당하다고 인정할 때에는 세관화물정보시스템에 적재화물목록 정정사항을 등록하여야 한다.
>
> ⑤ 세관장이 적재화물목록 정정신청한 물품에 대하여 필요하다고 인정할 때에는 화물관리 세관공무원에게 현품확인을 하게 할 수 있다.
>
> ⑥ 제4항에 따라 수하인·수량·중량을 정정한 때에는 정정내역을 입항지 세관장 및 해당 물품이 장치되어 있는 보세구역 운영인에게 전자문서로 통보하여야 한다.

보세화물 입출항 하선 하기 및 적재에 관한 고시 제25조(적재화물목록의 정정신청) 〈항공화물〉

① 적재화물목록 제출이 완료된 이후에 적재화물목록 작성책임자가 그 기재내용의 일부를 정정하려는 때에는 별지 제9호 서식의 적재화물목록 정정신청서를 정정사유를 증명할 수 있는 자료를 첨부하여 서류 또는 전자문서로 제출하여야 한다. 다만, 보세운송으로 보세구역에 반입된 화물은 도착지 보세구역을 관할하는 세관장에게 정정신청을 하여야 한다.

② 제1항 단서에 해당하는 경우 수입화주는 적재화물목록 작성책임자에게 즉시 정정신청을 요청하여야 하고, 적재화물목록 작성책임자는 이에 따라 정정신청을 하여야 한다. 다만, 신속 통관을 위하여 필요한 경우 수입화주(위임을 받은 자를 포함한다)는 적재화물목록 작성책임자에게 정정신청을 요청한 사실 및 정정사유 증명자료를 첨부하여 적재화물목록 작성책임자 대신 정정신청을 할 수 있다.

③ 제1항에 따른 적재화물목록 정정신청은 다음 각 호의 어느 하나에서 정하는 기간 내에 신청할 수 있다. 다만, B/L양수도 및 B/L분할·합병의 경우에는 기간을 제한하지 아니한다.
  1. 하기결과보고서 및 반입결과 이상보고서가 제출된 물품의 경우에는 보고서 제출일로부터 15일 이내
  2. 기타의 사유로 적재화물목록을 정정하고자 하는 경우에는 항공기 입항일부터 60일 이내

④ 적재화물목록 정정신청서를 접수한 화물관리 세관공무원은 심사결과 정정하고자 하는 내역이 하기결과보고 내역 또는 반입사고 보고내용 등과 관련 증명서류내역이 일치하고 정정사유가 타당하다고 인정되는 때에는 세관화물정보시스템에 적재화물목록 정정사항을 등록하여야 한다.

⑤ 세관장은 적재화물목록 정정신청한 물품에 대하여 필요하다고 인정할 때에는 화물관리 세관공무원에게 현품확인을 하게 할 수 있다.

⑥ 제4항에 따라 수하인·수량·중량을 정정한 경우에는 정정내역을 입항지세관장 및 당해 물품이 장치되어 있는 보세구역운영인에게 전자문서로 통보하여야 한다.

다만, 위반사항이 「세관공무원의 범칙조사에 관한 훈령」 제14조 제1항 각 호의 어느 하나에 해당하는 경우 즉시 조사 전담부서로 고발의뢰해야 한다.

세관공무원의 범칙조사에 관한 훈령 제14조(업무분장) 제1항

관세범에 대한 통고처분은 위반사항을 인지한 부서에서 수행한다. 다만, 다음 각 호의 어느 하나에 해당하는 경우에는 조사 전담부서로 조사의뢰한다.
1. 법 제316조에 따른 통고불이행고발 요건에 해당하는 경우
2. 법 제318조에 따른 무자력고발 요건에 해당하는 경우
3. 「관세범의 고발 및 통고처분에 관한 훈령」의 고발기준에 해당하는 경우
4. 법 위반사항과 다른 법령 위반사항이 경합되는 경우. 다만, 다른 법령 위반사항이 관세청장 또는 세관장의 소관업무에 속하지 아니하는 경우를 제외한다.
5. 범칙물품의 소유자, 점유자 또는 보관자가 법 제296조 제2항에 따른 임의제출을 거부하는 경우
6. 여죄, 공범 등의 정황이 있다고 판단되는 경우
7. 그 밖에 조사에 장기간이 걸리는 등 인지한 부서에서 처리가 곤란하다고 판단되는 경우

④ 위험물 장치허가를 받지 아니한 특허보세구역 운영인 등 및 지정보세구역 관리인은 화물 반입 시에 위험물인지를 확인하여야 하며, 위험물을 발견하였을 때에는 즉시 세관장에게 보고하여야 한다.

⑤ 세관장은 관리대상화물을 세관지정장치장에 장치한다. 다만, 보세판매장 판매용물품은 「보세판매장 특허 및 운영에 관한 고시」에 따라 장치하고, 수출입물품은 공항만 보세구역의 화물적체 해소와 관할세관 내에 보세창고가 부족하여 화주가 요청하는 경우 세관장의 승인을 얻어 세관지정장치장에 장치할 수 있으며, 관할세관 내에 영업용보세창고가 없는 경우에는 세관장의 승인 없이 장치할 수 있다.

> **보세판매장 운영에 관한 고시 제15조(보세공장 물품 등의 반출입 절차) 제1항**
> 보세공장 또는 자유무역지역에서 보세판매장에 제품을 판매하기 위하여 운송하는 때에는 보세판매장 관할세관 반입신고서와 판매계약서를 첨부하여 보세운송절차에 의거 운송하여야 한다.

3. 반출명령 [24 기출]

① 세관장은 보세구역에 반입된 물품이 보세구역의 수용능력을 초과하여 추가로 물품반입이 곤란하거나, 태풍 등 재해로 인하여 보세화물에 피해의 우려가 있다고 인정될 때 해당 물품을 다른 보세구역으로 반출하도록 명령할 수 있다.
② 위험물 반입 관련 보고를 받은 세관장은 위험물을 장치할 수 있는 장소로 즉시 반출명령하여야 한다.
③ 반출명령을 받은 해당 물품의 운송인, 보세구역 운영인 등 또는 화물관리인은 세관장이 지정한 기간 내에 해당 물품을 다른 보세구역으로 반출하고 그 결과를 세관장에게 보고하여야 한다.
④ 화물반입량의 감소 등 일시적인 사정으로 보세구역의 수용능력이 충분하여 반출이 불필요한 경우에 세관장은 이전 연도 및 해당 연도의 월별, 보세구역별 반입물량의 증가추이와 수용능력 실태 등을 심사하여 월별, 보세구역별로 일정기준을 정하여 반출 또는 반출유예를 조치할 수 있다.
⑤ 세관장은 보세구역 운영인 등이 반출명령을 이행하지 않은 경우에는 관세법 제277조에 따라 과태료를 부과한다.

4. 보세구역 외 장치의 허가 [23 기출] [22 기출] [21 기출]

① 관세법 제156조 제1항에 따른 보세구역 외 장치 허가는 다음에 따른다.

> - 물품이 크기 또는 무게의 과다로 보세구역의 창고 안에 장치하기 곤란한 물품
> - 다량의 산물로서 보세구역에 장치 후 다시 운송하는 것이 불합리하다고 인정하는 물품
> - 부패, 변질의 우려가 있거나, 부패, 변질하여 다른 물품을 오손할 우려가 있는 물품과 방진, 방습 등 특수보관이 필요한 물품
> - 귀중품, 의약품, 살아있는 동·식물 등으로서 보세구역에 장치하는 것이 곤란한 물품
> - 보세구역이 아닌 검역시행장에 반입할 검역물품
> - 보세구역과의 교통이 불편한 지역에 양륙된 물품으로서 보세구역으로 운반하는 것이 불합리한 물품 [24 기출]
> - 「대외무역관리규정」 제2조 제11호에 따른 중계무역물품으로서 보수작업이 필요한 경우 시설미비, 장소협소 등의 사유로 인하여 보세구역 내에서 보수 작업이 곤란하고 감시단속상 문제가 없다고 세관장이 인정하는 물품
> - 자가공장 및 시설(용광로 또는 전기로, 압연시설)을 갖춘 실수요자가 수입하는 고철 등 물품
> - 그 밖에 세관장이 보세구역 외 장치를 허가할 필요가 있다고 인정하는 물품

② 보세구역 외 장치를 하려는 자는 보세구역 외 장치 허가 신청서를 전자문서로 다음의 서류와 함께 세관장에게 제출하여 허가를 받아야 한다. 다만, 전자문서로 제출할 수 없는 자는 보세구역 외 장치 허가(신청)서를 세관장에게 제출하여야 한다.

> - 송품장 또는 물품매도확약서(Offer sheet)
> - B/L사본 또는 B/L사본을 갈음하는 서류
> - 물품을 장치하려는 장소의 도면 및 약도. 다만, 동일화주가 동일장소에 반복적으로 신청하는 경우에는 생략할 수 있다.

③ 보세구역 외 장치 신청서를 접수한 화물관리 세관공무원은 담당과장의 결재를 받은 후 세관화물정보시스템에 허가사항을 등록하고 허가번호를 기재하여 허가서를 교부하여야 한다.
④ 세관장은 보세구역 외 장치 허가 신청(보세구역 외 장치 허가 기간 연장의 경우를 포함)을 받은 경우 **보세구역 외 장치 허가 기간에 1개월을 연장한 기간**을 담보기간으로 하여 담보제공을 명할 수 있다. [24 기출]

⑤ 세관장은 보세구역 외 장치 허가를 받으려는 물품 또는 업체가 아래의 보세구역 외 장치 담보생략 기준에 해당하는 경우에는 담보제공을 생략하게 할 수 있다. 다만, 보세구역 외 장치 허가 시 담보의 제공을 생략받은 업체가 경영부실 등으로 채권확보가 곤란한 때에는 보세구역 외 장치 허가 중인 물품에 대하여 담보를 제공하게 할 수 있다. 20 기출

보세구역 외 장치 담보생략 기준 23 기출	
구 분	내 용
물품별	• 제조업체가 수입하는 수출용원자재(농·축·수산물은 제외) • 무세물품(부가가치세 등 부과대상은 제외) • 방위산업용물품 • 정부용품 • 재수입물품 중 관세가 면제될 것이 확실하다고 세관장이 인정하는 물품
업체별	• 정부, 정부기관, 지방자치단체, 「공공기관의 운영에 관한 법률」 제5조에 따른 공기업·준정부기관· 그 밖의 공공기관 • 「관세 등에 대한 담보제공과 정산제도 운영에 관한 고시」에 의하여 지정된 신용담보업체, 담보제공 특례자 및 담보제공 생략자 • 그 밖에 관할구역 내의 외국인투자업체, 제조업체로서 세관장이 관세채권 확보에 지장이 없다고 판단하는 업체

⑥ 보세구역 외 장치 담보액은 수입통관 시 실제 납부하여야 할 관세 등 제세 상당액으로 한다. 다만, 관세 등 제세의 면제나 감면이 보세구역외장치 허가시점에 객관적인 자료로서 확인되지 않은 경우에는 면제나 감면되지 않은 경우의 관세 등 제세 상당액의 담보를 제공하여야 한다. 24 기출

⑦ 세관장이 보세구역 외 장치를 허가하는 때에는 그 장소가 화재, 도난, 침수 등의 피해로부터 안전하게 보관할 수 있고, 세관의 감시업무 수행상 곤란이 없는 장소인지를 제출된 도면 등으로 확인하고, 보세화물관리 및 감시업무 수행상 필요한 경우 현장확인을 하거나 필요한 시설의 설치 등을 명할 수 있다.

⑧ 위험물을 보세구역 외 장치하려는 경우 해당 장치장소는 「위험물안전관리법」 등 관련 법령에 따라 허가 등을 받은 장소로서 인근 주민에게 피해를 주지 아니하고 주위 환경을 오염시키지 아니하는 곳이어야 한다.

5. 보세구역 외 장치의 허가기간 등 24 기출 21 기출 20 기출 19 기출 18 기출

① 보세구역 외 장치의 허가기간은 6개월의 범위 내에서 세관장이 필요하다고 인정하는 기간으로 정하며, 허가기간이 종료된 때에는 보세구역에 반입하여야 한다. 다만 다음의 어느 하나에 해당하는 사유가 있는 때에는 세관장은 허가기간을 연장할 수 있으나, 그 기간은 최초의 허가일로부터 관세법 제177조 제1항 제1호 가목에서 정하는 기간을 초과할 수 없다.

- 동일세관 관할구역 내에 해당 화물을 반입할 보세구역이 없는 경우
- 품목분류 사전심사의 지연으로 수입신고할 수 없는 경우
- 인지부서의 자체조사, 고발의뢰, 폐기, 공매·경매낙찰, 몰수확정, 국고귀속 등의 결정에 따른 조치를 위하여 필요한 경우
- 관세법 제226조에 따른 수입요건·선적서류 등 수입신고 또는 신고수리 요건을 구비하지 못한 경우
- 재해 그 밖에 부득이한 사유로 생산지연·반송대기 등 세관장이 인정하는 사유가 있는 경우

> **관세법 제177조(장치기간) 제1항**
> 특허보세구역에 물품을 장치하는 기간은 다음 각 호의 구분에 따른다.
> 1. 보세창고 : 다음 각 목의 어느 하나에서 정하는 기간
>   가. 외국물품(다목에 해당하는 물품은 제외한다) : 1년의 범위에서 관세청장이 정하는 기간. 다만, 세관장이 필요하다고 인정하는 경우에는 1년의 범위에서 그 기간을 연장할 수 있다.

② 보세구역 외 장치 허가기간을 연장하려는 자는 보세구역 외 장치기간 연장(신청)서를 제출하여 세관장으로부터 승인을 받아야 한다.
③ **세관장은** 보세구역 외 장치 허가기간이 종료된 때에는 **담보기간 동안** 보세구역 외 장치 허가를 의제할 수 있으며, 이 기간 동안에 장치기간경과물품 처리 절차를 신속히 진행하여야 한다.
④ 보세구역 외 장치 허가 수수료는 **허가건수** 단위로 징수한다. 이 경우, 동일모선으로 수입된 동일화주의 화물을 동일장소에 반입하는 때에는 1건의 보세구역 외 장치로 허가할 수 있다.
⑤ 위험물의 보세구역 외 장치는 당해구역이 「위험물안전관리법」 등 관계법령에 따라 허가 등을 받은 장소로서 인근주민에게 피해를 주지 아니하고 주위환경을 오염시키지 아니하는 장소이어야 한다.

03 보세구역물품 반출입절차 등

1. 반입확인 및 반입신고 `24 기출` `23 기출` `21 기출`

① 운영인 등은 하선신고서에 의한 보세화물을 반입 시 세관화물정보시스템의 반입예정정보와 대조확인하고 반입 즉시 반입신고서를 세관장에게 전자문서로 제출하여야 한다.
② 운영인 등은 하선반입되는 물품 중 세관봉인대 봉인물품의 반입 즉시 세관장에게 세관봉인이 이상 있는지 등을 보고하고, 세관봉인대 봉인물품 반입확인대장에 세관봉인대 확인내역을 기록 관리하여야 한다. 이 경우 세관장은 필요시 화물관리 세관공무원으로 하여금 직접 세관봉인대가 이상이 있는지를 확인하게 하거나 해당 물품을 검사하게 할 수 있다.
③ 운영인 등은 보세운송물품이 도착한 때에는 다음의 사항을 확인하여 이상이 없는 경우에만 물품을 인수하고, 반입 즉시 반입신고서를 전자문서로 제출하여야 한다. 이 경우 보세운송신고(승인) 건별로 도착일시, 인수자, 차량번호를 기록하여 장부 또는 자료보관 매체(마이크로필름, 광디스크, 기타 전산매체)에 2년간 보관하여야 한다.

> • 세관화물정보시스템의 보세운송예정정보와 현품이 일치하는지
> • 운송차량번호, 컨테이너번호, 컨테이너봉인번호가 세관화물정보시스템의 내역과 일치하는지
> • 컨테이너 봉인이 파손되었는지
> • 현품이 과부족하거나 포장이 파손되었는지

④ 운영인 등은 위 ③의 내용을 확인한 결과 일치하지 않는 부분이 있거나 포장 또는 봉인이 파손된 경우에는 물품의 인수를 보류하고 즉시 반입물품 이상 보고서를 세관장에게 제출한 후 세관장의 지시에 따라 처리하여야 한다.
⑤ 운영인 등은 반입신고내역을 정정하려는 때에는 반입신고 정정신청서를 세관장에게 전자문서로 제출하고 승인을 받아야 한다.
⑥ 반입신고는 HOUSE B/L단위로 제출하여야 한다. 다만, 하선장소 보세구역에 컨테이너 상태로 반입하는 경우에는 MASTER B/L단위로 할 수 있다.
⑦ 컨테이너 장치장(CY)에 반입한 물품을 다시 컨테이너 화물조작장(CFS)에 반입한 때에는 CY에서는 반출신고를 CFS에서는 반입신고를 각각 하여야 한다.
⑧ 동일사업장 내 보세구역 간 장치물품의 이동은 물품반출입신고로 보세운송신고를 갈음할 수 있다.
⑨ 운영인 등이 보세화물의 실시간 반출입정보를 자동으로 세관화물정보시스템으로 전송하는 경우 이를 반입신고로 갈음하게 할 수 있다.

2. 반출확인 및 반출신고 `23 기출` `22 기출` `18 기출`

① 운영인 등은 수입신고수리 또는 반송신고수리된 물품의 반출요청을 받은 때에는 세관화물정보시스템의 반출승인정보를 확인한 후 이상이 없는 경우 반출 전에 반출신고서를 전자문서로 제출하여야 한다. 다만, 자가용보세창고에 반입되어 수입신고수리된 화물은 반출신고를 생략한다.

② 운영인 등은 보세운송신고 수리(승인)된 물품의 반출요청을 받은 때에는 세관화물정보시스템의 반출승인정보와 현품이 일치하는지를 확인한 후 이상이 없는 경우 반출 전에 반출신고서를 전자문서로 제출하여야 한다. 다만, 선적지 보세구역에 장치된 반송물품을 출항하는 운송수단에 적재하기 위한 경우에 한하여 반송신고필증 확인 후 반출 전에 반출신고서를 전자문서로 제출할 수 있다.

③ 운영인 등은 폐기, 공매낙찰, 적재 등을 위한 물품 반출요청을 받은 때에는 세관화물정보시스템의 반출승인정보를 확인한 후 이상이 없는 경우 반출 전에 반출신고서를 전자문서로 제출하여야 한다.

④ 운영인 등은 이상이 있는 경우에는 출고를 보류하고 세관장에게 그 사실을 보고한 후 세관장이 지시에 따라 처리하여야 한다.

⑤ 운영인 등은 반출신고내역을 정정하려는 때에는 반출신고 정정신청서를 세관장에게 전자문서로 제출하고 승인을 받아야 한다.

⑥ 운영인 등이 보세화물의 실시간 반출입정보를 자동으로 세관화물정보시스템으로 전송하는 경우 이를 반출신고로 갈음하게 할 수 있다.

3. 컨테이너화물의 반출입신고 `19 기출`

컨테이너보세창고에서 반출입되는 컨테이너화물에 대하여는 컨테이너 단위로 컨테이너 반출입신고서를 세관장에게 전자문서로 제출하여야 한다.

4. 보세창고 내국물품 반출입신고 등 `21 기출` `19 기출`

① 운영인 등이 관세법 제183조 제2항 및 관세법 시행령 제197조에 따라 보세창고의 일정구역에 일정기간 동안 내국물품을 반복적으로 장치하려는 경우 세관장은 외국물품의 장치 및 세관감시단속에 지장이 없다고 인정하는 때에는 보관장소, 내국물품의 종류, 기간 등에 대해 이를 포괄적으로 허용할 수 있다.

② 관세법 제157조 제1항 및 시행령 제176조에 따라 보세창고에 내국물품을 반출입하려는 자는 반출입 전에 내국물품반출입신고서를 세관장에게 전자문서로 제출하여야 하며, 이 경우 반입신고에 대해서는 관세법 제183조 제2항 및 시행령 제197조 제1항에 따른 내국물품 장치 신고로 갈음한다.

③ 반출입신고를 접수한 세관장은 반출입신고 수리필증을 교부하지 아니한다. 다만, 반출입 시 세관공무원을 입회시킬 수 있으며 세관공무원은 해당 물품에 대하여 검사할 수 있다.

④ 관세법 제183조 제3항 및 시행령 제197조 제2항과 제3항에 따라 1년 이상 계속하여 내국물품만을 장치하려는 자는 내국물품 장치 승인(신청)서를 제출하여 세관장의 승인을 받아야 한다. `24 기출`

⑤ 세관장은 내국물품장치에 대한 승인을 얻어 장치하는 물품에 대하여 대장관리 등 기록유지가 되는 경우에는 해당물품의 반출입신고를 생략하게 할 수 있다.

⑥ 관세법 제177조 제1항 제1호 나목에 따른 내국물품의 장치기간은 1년으로 한다. 다만, 관세법 제183조 제2항 단서에 따른 수입신고수리물품의 장치기간은 6개월로 하며, 이 경우 세관장이 필요하다고 인정한 때에는 수입신고수리일부터 1년의 범위에서 반출기간 연장 승인(신청)서에 따른 세관장의 승인을 받아 그 장치기간을 연장할 수 있다.

5. B/L제시 인도물품 반출승인 `23 기출` `21 기출` `19 기출`

① B/L제시 인도물품을 반출하려는 자는 화물관리공무원에게 B/L 원본을 제시하여 반출승인을 받아야 한다. `24 기출`

② B/L을 제시받은 화물관리 세관공무원은 B/L제시 인도대상물품인지를 확인하고, 세관화물정보시스템에 반출승인사항을 등록한 후 승인번호를 B/L에 기재하여 화주에게 교부하여야 한다.

③ 운영인 등은 세관화물정보시스템의 반출승인정보와 B/L을 확인한 후 물품에 이상이 없는 경우 반출 전에 반출신고서를 전자문서로 제출하여야 한다.

6. 선편 국제우편물의 반출입

① 통관우체국장은 국제우편물을 보세구역(컨테이너터미널 등)에서 반출하고자 하는 경우에는 국제우편물 보세구역 반출승인(신청)서를 해당 보세구역 관할 세관장에게 제출하여야 한다. 다만, FCL 컨테이너화물로 통관우체국까지 운송하는 국제우편물의 경우에는 신청을 생략할 수 있다. 24 기출

② 세관장은 반출신청을 받은 물품에 대한 검사가 필요치 않은 경우에는 지체 없이 세관화물정보시스템에 국제우편물 반출사항을 등록한 뒤 국제우편물 보세구역 반출승인(신청)서에 반출승인번호를 기재하여 통관우체국장에게 교부한다.

③ 통관우체국장은 반출 신청한 국제우편물이 통관우체국에 도착하였을 때에는 아래의 사항을 확인하고, 이상이 발견된 경우 지체 없이 용당세관장에게 통보해야 한다.

> - FCL 컨테이너화물로 운송되는 경우 → 컨테이너번호 및 봉인번호 상이, 봉인파손 등
> - 그 밖의 경우 → 포장파손 여부, 품명 및 수(중)량의 이상 유무

④ 통보를 받은 세관장은 담당공무원으로 하여금 그 실태를 조사하게 할 수 있다.

⑤ 부산 및 양산세관의 국제우편물에 대한 보세구역 반출신청처리업무는 용당세관장이 해당 세관장으로부터 그 권한을 위탁받아 처리한다.

7. B/L분할·합병 21 기출

① B/L을 분할·합병하려는 자는 B/L분할·합병승인신청서를 전자문서로 제출하여 세관장의 승인을 받아야 한다. 다만, B/L분할·합병승인신청서를 전자문서로 제출할 수 없는 경우에는 서류제출할 수 있다.

② B/L분할·합병승인신청서를 접수한 화물관리 세관공무원은 결재를 받은 후 승인사항을 세관화물정보시스템에 등록하여야 한다.

8. 보세구역 외 장치 물품의 반출입 22 기출 21 기출 19 기출

① 보세구역 외 장치 허가를 받은 자가 그 허가받은 장소에 물품을 반입한 때에는 물품도착 즉시 다음의 어느 하나에 따라 세관장에게 반입신고를 하여야 한다.

> - 자체 전산설비를 갖추고 있는 화주는 자체시스템에 의하여 반입신고
> - 관세사에게 보세운송신고필증(도착보고용)을 제출한 경우에는 관세사 전산시스템에 의하여 반입신고
> - 세관장에게 보세운송신고필증을 제출한 경우에는 화물관리 세관공무원이 세관화물정보시스템에 입력하여 반입신고

② 반입신고를 받은 화물관리 세관공무원은 포장파손, 품명·수량의 상이 등 이상이 있는지를 확인한 후 이상이 있는 경우에는 제5조 제3항에 따라 처리하여야 한다.

> **보세화물관리에 관한 고시 제5조(물품의 반입) 제3항**
>
> 제2항에 따라 보고를 받은 세관장은 사고발생 경위를 확인하여 자체조사 후 통고처분 등 필요한 조치를 하거나 적재화물목록 정정이 필요한 경우에는 「보세화물 입출항 하선 하기 및 적재에 관한 고시」 제12조와 제25조에 따른 조치를 해야 한다. 다만, 위반사항이 「세관공무원의 범칙조사에 관한 훈령」 제14조 제1항 각 호의 어느 하나에 해당하는 경우 즉시 조사전담부서로 고발의뢰해야 한다.

③ 보세구역 외 장치장에 반입한 화물 중 수입신고수리된 화물은 반출신고를 생략하며 반송 및 보세운송절차에 따라 반출된 화물은 반출신고를 하여야 한다. `23 기출` `21 기출`

④ 세관장은 보세구역 외 장치 허가받은 물품의 안전관리를 위하여 업체의 경영실태를 수시로 파악하여야 하며 반입일로부터 3개월 이내에 통관하지 아니할 때에는 매월 정기적으로 재고조사를 실시하여야 한다.

9. 재고관리 및 확인 `22 기출`

① 운영인 등은 매 분기별 자체 전산시스템의 재고자료를 출력하여 실제재고와 이상이 있는지를 확인하여야 하며, 전체 전산재고내역과 현품재고조사 결과를 세관장에게 보고하여야 한다. 다만, 세관장은 「수출입물류업체에 대한 법규수행능력측정 및 평가관리에 관한 훈령」 제2조 제1호에 해당하는 운영인 또는 자율관리보세구역으로 지정받은 경우 그 운영인 등에게는 연 1회 보고하게 할 수 있다. `18 기출`

② 운영인 등으로부터 전산재고 내역과 현품 재고조사 결과를 보고받은 세관장은 이를 세관화물정보시스템의 재고현황과 대조확인하여야 하며, 필요하다고 판단되는 때에는 7일 이내의 기간을 정하여 현장에서 이를 확인할 수 있다.

③ 세관장은 확인 결과 재고현황에 이상이 있다고 판단되는 경우에는 그 사유를 밝히는 등 필요한 조치를 취하여야 한다.

04 보세화물의 관리·감독

1. 장치물품의 수입신고전 확인 `19 기출`

① 화주는 관세법 제246조 제3항에 따라 장치물품을 수입신고 이전에 확인할 때에는 수입신고전 물품확인 승인(신청)서를 제출하여 세관장의 승인을 받아야 한다.

② 승인을 받아 물품을 확인하려는 자는 보세구역 운영인 등에게 승인서를 제시하여야 하며 운영인 등은 확인사항을 물품확인 대장에 기록 관리하여야 한다.

③ 물품확인은 화물관리 세관공무원 또는 보세사 입회하에 실시하여야 한다.

2. 화물관리 세관공무원의 권한과 임무

① 보세화물 반출입 등에 관한 감시와 감독업무를 수행하는 화물관리 세관공무원의 권한은 다음과 같다.

- 각종 신고서류의 기재사항과 현품과 일치 여부, 검사 및 확인
- 관리대상화물에 대한 감시 및 조사
- 이 고시에 따른 직무수행을 위한 보세구역의 감독
- 각종 신고서의 허가 및 수리 등

② 화물관리 세관공무원은 보세구역 내에 반출입되는 화물과 관련하여 다음의 사항을 확인 감독한다.

- 보세화물의 반출입에 관한 사항
- 보세운송 발송·도착 확인에 관한 사항
- 보세구역 출입문의 잠금, 개봉 및 출입자단속에 관한 사항
- 견본반출 및 회수에 관한 사항
- 장치기간경과물품 처리 통보 여부 등
- 각종 업무보고 및 통제에 관한 사항
- 세관장의 제반 지시, 명령사항 이행 여부

3. 수입신고수리물품의 반출의무 `22 기출` `20 기출`

보세구역에 반입된 물품이 수입신고가 수리된 때에는 그 수리일로부터 15일 이내에 해당 보세구역에서 반출하여야 하며 이를 위반한 경우에는 관세법 제277조에 따라 해당 수입화주를 조사한 후 과태료를 부과한다. 다만, 다음의 어느 하나에 해당하는 경우로서 시행령 제176조의2에 따라 반출기간 연장승인을 받은 경우에는 그러하지 아니하다.

- 정부 또는 지방자치단체가 직접 수입하는 물품
- 정부 또는 지방자치단체에 기증되는 물품
- 외교관 면세물품 및 SOFA 적용 대상물품
- 「수입통관 사무처리에 관한 고시」 제3장 제2절에 따른 간이한 신고대상물품
- 원목, 양곡, 사료 등 벌크화물, 그 밖에 세관장이 반출기간 연장승인이 필요하다고 인정하는 물품

05 보수작업 등

1. 보수작업 대상

세관장은 다음의 어느 하나에 해당하는 사유가 발생한 경우에는 보수작업을 승인할 수 있다.

- 보세구역에 장치된 물품이 운송 도중에 파손되거나 변질되어 시급히 보수하여야 할 필요가 있는 경우
- 보세구역에 장치된 물품의 통관을 위하여 개장, 분할구분, 합병, 원산지표시, 그 밖에 이와 유사한 작업을 하려는 경우 `24 기출` `23 기출`
- 「대외무역관리규정」 제2조 제11호에 따른 중계무역물품을 수출하거나 보세판매장에서 판매할 물품을 공급하기 위하여 제품검사, 선별, 기능보완 등 이와 유사한 작업이 필요한 경우

2. 보수작업 승인신청

① 보세구역에 장치된 물품에 대하여 보수작업을 하려는 자는 보수작업 승인(신청)서를 제출하여 세관장의 승인을 받아야 한다. 다만, 세관장은 수입신고 후 관세법 제230조 단서의 규정에 의한 원산지표시 시정요구에 따른 보수작업 신청건에 대하여 자동승인 처리할 수 있다. `23 기출` `21 기출` `18 기출`
② 운영인 등이 동일 품목을 대상으로 동일한 보수작업을 반복적으로 하려는 경우에 세관장은 외국물품의 장치 및 세관 감시단속에 지장이 없을 때에는 1년 이내의 기간을 정하여 이를 포괄적으로 승인할 수 있다. 이 경우 운영인 등은 포괄 보수작업 승인(신청)서를 제출하여 세관장의 승인을 받아야 한다. `22 기출`
③ 복합물류보세창고 운영인이 사업계획에 따른 보수작업을 하려는 경우 포괄 보수작업 승인(신청)서를 제출하여 세관장의 승인을 받아야 한다.

3. 보수작업의 한계 `18 기출`

① 보수작업의 허용범위는 아래의 경우에만 해당되며 관세법 제50조 제1항에 따른 별표 관세율표(HSK 10단위)의 변화를 가져오는 것은 보수작업으로 인정할 수 없다. 다만, 수출이나 반송 과정에서 부패·변질의 우려가 있는 경우 등 세관장이 타당하다고 인정하는 경우에는 그러하지 아니하다. `24 기출`

- ㉠ 물품의 보존을 위해 필요한 작업(부패, 손상 등을 방지하기 위한 보존작업 등)
- ㉡ 물품의 상품성 향상을 위한 개수작업(포장개선, 라벨표시, 단순절단 등)
- ㉢ 선적을 위한 준비작업(선별, 분류, 용기변경 등)

ⓔ 단순한 조립작업(간단한 세팅, 완제품의 특성을 가진 구성요소의 조립 등)
　　　ⓜ 위 ㉠부터 ⓔ까지와 유사한 작업

② 수출입허가(승인)한 규격과 세번을 합치시키기 위한 작업을 하려는 경우에는 관세청장이 별도로 규정하는 것을 제외하고 이를 보수작업의 범위로 인정할 수 없다.

4. 보수작업의 감독

① 보수작업은 보세구역 내의 다른 보세화물에 장애되지 않는 범위에서 이루어져야 하며, 세관장은 필요한 경우에 화물관리 세관공무원으로 하여금 작업과정을 감독하게 할 수 있다.

② 보수작업 신청인이 보수작업을 완료한 경우에는 보수작업 완료보고서를 세관장에게 제출하여 그 확인을 받아야 한다. 다만, 포괄 보수작업 승인을 받은 경우에는 매월 말 기준으로 다음 달 1일에 보수작업 완료보고서를 일괄하여 제출할 수 있으며, 관세법 제230조 단서에 따른 원산지 표시 시정요구에 따른 보수작업에 대해서는 「원산지표시제도 운영에 관한 고시」 제31조 제3항의 보수작업 완료확인 절차를 따른다. 24 기출 22 기출

> **원산지표시제도 운영에 관한 고시 제31조(원산지표시 보수작업) 제3항**
> 수입자 등은 보수작업을 완료한 경우 세관공무원 또는 보세사(세관공무원 등)의 확인을 받아야 한다. 보수작업을 확인한 세관공무원 등은 보수작업 완료 후의 상태를 촬영하여 전자통관시스템에 등록하고 통보하여야 한다. 다만 보세사가 보수작업 완료 확인내역을 등록 및 통보한 경우 세관공무원은 보세사 확인내역의 적정성을 재확인 할 수 있다.

③ 화물관리 세관공무원은 보수작업내용이 포장수량의 분할이나 합병사항인 경우에는 보수작업 결과를 세관화물정보시스템에 등록하여야 한다.

5. 수입고철의 해체, 절단 등 작업

① 수입고철의 해체, 절단 등의 작업을 하려는 자는 해체·절단 작업 허가(신청)서를 세관장에게 제출하여 허가를 받아야 한다. 23 기출

② 작업완료 보고 시는 작업개시 전, 작업 중, 작업종료 상태를 각각 사진으로 촬영하여 작업완료 보고서에 첨부하여야 한다.

③ 세관장은 수입고철의 부정유출을 방지하기 위하여 필요한 경우 해체, 절단 등 작업에 전문지식이 있는 자에게 협조를 의뢰할 수 있다.

④ 세관장은 작업 개시 시와 종료 시 화물관리 세관공무원으로 하여금 그 작업을 확인하기 위하여 수시로 현장을 순찰 감시하도록 하여야 한다.

6. 폐기기준

관세법 제160조 제1항에 따른 부패, 손상, 기타의 사유라 함은 다음의 어느 하나에 해당하는 경우를 말한다.

- 부패, 변질, 손상, 실용시효의 경과, 물성의 변화 등으로 상품가치를 상실한 경우
- 상품가치는 있으나 용도가 한정되어 있어 실용가능성이 거의 없는 경우
- 관세법 제208조에 따라 매각하려 하였으나 매각되지 아니하고 국고귀속의 실익이 없는 경우

7. 폐기신청 및 승인

① 보세구역에 장치된 물품을 폐기하려는 자는 폐기승인(신청)서를 세관장에게 제출하여 그 승인을 받아야 한다. 다만, 폐기 신청된 물품 중에서 폐기 후 공해 등을 유발하는 물품의 경우에는 공해방지시설 등의 요건을 갖춘 후에 폐기하도록 하고, 그 요건을 갖추지 못한 경우에는 이를 반송하도록 하여야 한다.

② 폐기승인서를 접수한 때에는 결재 후 세관화물정보시스템에 승인사항을 등록하고 승인서를 교부하여야 한다.

8. 멸실신고 [19 기출] [18 기출]

① 보세구역에 장치된 외국물품이 멸실된 때에는 운영인 등, 화물관리인 또는 보관인은 품명, 규격·수량 및 장치장소, 멸실 연월일과 멸실 원인 등을 기재한 신고서를 세관장에게 제출하여야 한다.

② 신고를 받은 화물관리 세관공무원은 신고 내용 및 현품을 확인한 후 결과를 세관화물정보시스템에 등록하여야 한다.

9. 폐기처리

① 세관장은 폐기승인신청이 있는 경우 폐기장소와 폐기방법 등이 적정한지를 심사하여야 한다.

② 세관장은 폐기대상물품 및 잔존물이 부정유출의 우려가 있거나 감시단속상 지장이 있는 경우에는 화물관리 세관공무원으로 하여금 이를 감독하게 할 수 있다. 다만, 화물관리 세관공무원은 수입화물정보시스템에서 검사·검역불합격 내역을 조회하여 검사·검역기관이 폐기입회를 요청하는 경우에는 검사·검역기관과 복수입회하도록 하여야 한다.

③ 폐기승인 신청인은 폐기를 완료한 즉시 폐기완료보고서와 증빙자료를 세관장에게 제출하여 그 확인을 받아야 한다. 다만, 다른 법률에 따라 실시하는 검사·검역 등의 폐기완료 결과를 전산으로 확인(화물관리번호, 불합격 사유, 불합격 조치내역, 폐기입회 등)할 수 있는 경우 전산 확인으로 증빙자료를 갈음할 수 있다.

10. 견본품반출입 절차 [24 기출] [21 기출] [19 기출] [18 기출]

① 보세구역 등에 장치된 외국물품의 전부 또는 일부를 견본품으로 반출하려는 자는 견본품반출 허가(신청)서를 제출하여 세관장의 허가를 받아야 한다.

② 세관장은 견본품반출 허가를 하는 경우에는 필요한 최소한의 수량으로 제한하여야 하며, 견본품채취로 인하여 장치물품의 변질, 손상, 가치감소 등으로 관세채권의 확보가 어려운 경우에는 견본품반출 허가를 하지 아니할 수 있다.

③ 견본품반출 허가를 받은 자는 반출기간이 종료되기 전에 해당 물품이 장치되었던 보세구역에 반입하고 견본품재반입보고서를 세관장에게 제출하여야 한다.

④ 보세구역 운영인 등 또는 관리인은 견본품반출 허가를 받은 물품이 해당 보세구역에서 반출입될 때에는 견본품반출 허가사항을 확인하고, 견본품반출입 사항을 견본품반출입 대장에 기록관리하여야 한다.

06 보칙

1. 비가공증명서 발급

① 세관장은 보세구역(자유무역지역을 포함)에 일시장치된 보세화물에 대하여 다음에 해당하는 작업을 제외한 추가적인 가공을 하지 않고 국외로 반출할 경우 비가공증명서를 발급할 수 있다.

- 하역, 재선적, 운송을 위하여 필요한 작업 또는 그 밖에 화물을 정상상태로 유지하기 위한 작업
- 화물의 분리, 포장, 재포장, 라벨링, 리라벨링, 봉인·표시의 부착 또는 변경으로써 환적화물의 최종 목적국의 법령에 따라 비가공으로 인정되는 작업

② 비가공증명서를 발급받으려는 자는 화물이 국내에 최초 입항한 날로부터 2년 이내에 다음의 서류를 세관장에게 제출하여야 한다.

> - 비가공증명(신청)서
> - 반송·국외반출 신고서 또는 이를 갈음하는 서류(전산으로 확인할 수 있는 경우에는 제출을 생략할 수 있다)
> - 보세구역 운영인 등 또는 자유무역지역 입주기업체가 작성한 일시장치 확인서
> - 입항 및 출항 선하증권 또는 항공화물운송장 사본
> - 최종 목적국에서 비가공으로 인정되는 작업임을 입증하는 다음의 서류
>   - 원산지증명서 사본
>   - 보수작업 완료보고서(「자율관리 보세구역 운영에 관한 고시」 제9조에 따른 기록내역 포함) 또는 「자유무역지역 반출입물품의 관리에 관한 고시」 제21조에 따른 보수작업 내역
> - 기타 세관장이 필요하다고 인정하는 서류

③ 세관장이 비가공증명 신청을 받은 때에는 「관세법 시행규칙」 제76조에 따른 직접운송원칙을 준용하여 심사하여야 하며, 사실의 확인, 조사 등이 필요한 때에는 관계 서류의 제출을 요구하거나 물품을 검사할 수 있다.

> **시행규칙 제76조(직접운송원칙)**
> 법 제229조에 따라 원산지를 결정할 때 해당 물품이 원산지가 아닌 국가를 경유하지 아니하고 직접 우리나라에 운송·반입된 물품인 경우에만 그 원산지로 인정한다. 다만, 다음 각 호의 어느 하나에 해당하는 물품인 경우에는 우리나라에 직접 반입한 것으로 본다.
> 1. 다음 각 목의 요건을 모두 충족하는 물품일 것
>   가. 지리적 또는 운송상의 이유로 단순 경유한 것
>   나. 원산지가 아닌 국가에서 관세당국의 통제하에 보세구역에 장치된 것
>   다. 원산지가 아닌 국가에서 하역, 재선적 또는 그 밖에 정상상태를 유지하기 위하여 요구되는 작업 외의 추가적인 작업을 하지 아니한 것
> 2. 박람회·전시회 및 그 밖에 이에 준하는 행사에 전시하기 위하여 원산지가 아닌 국가로 수출되어 해당 국가 관세당국의 통제하에 전시목적에 사용된 후 우리나라로 수출된 물품일 것

④ 「자유무역지역 반출입물품의 관리에 관한 고시」에 따라 사용소비신고한 물품은 ①, ② 및 다음의 요건을 모두 충족하는 경우에 비가공증명서를 발급할 수 있다.

> - 자유무역지역 입주기업체의 재고관리시스템에서 증명신청 대상 물품을 수량 단위로 관리하고, 사용소비신고서와 화물관리번호, 수출입 B/L(AWB)을 연계하여 물품별로 이력을 추적할 수 있고, 비가공 사실을 세관장에게 입증할 수 있을 것
> - 신청인과 일시장치 확인서 발행자가 모두 「수출입 안전관리 우수업체 공인 및 운영에 관한 고시」에 따른 AEO 공인업체이거나 법규수행능력 우수업체일 것

2. 보세구역 관리

보세구역 운영인 또는 관리인은 보세구역 출입문을 개폐하거나 물품을 취급할 때에는 관리감독과 출입자단속을 철저히 하고 이상이 발견될 때에는 즉시 화물관리 세관공무원에게 그 사실을 보고하여야 한다.

3. 서류 보관 관리

보세구역 운영인은 보세화물 반출입 등에 관련된 서류를 물품반출입일부터 2년간 보관하여야 한다.

4. 가산세 `23 기출` `19 기출`

① 다음의 물품은 반입일로부터 30일 이내에 수입 또는 반송신고하여야 한다. 신고기한을 경과하여 수입 또는 반송신고를 한 때에는 관세법 제241조 및 시행령 제247조에 따라 가산세를 징수한다.

- 다음의 보세구역(수입신고수리물품 반출의무 및 신고지연 가산세 적용대상 보세구역)에 반입된 물품
  - 인천공항과 김해공항의 하기장소 중 지정장치장 및 보세창고
  - 부산항의 하선장소 중 부두 내와 부두 밖의 컨테이너전용보세창고(CY)·컨테이너전용지정장치장(CY)·컨테이너화물조작장(CFS)
  - 부산항의 부두 내 지정장치장 및 보세창고
  - 인천항의 하선장소 중 부두 내와 부두 밖 컨테이너전용보세창고(CY)·컨테이너화물조작장(CFS)
- 관세법 제71조 제1항 제1호 또는 제2호에 해당하는 할당관세 적용 물품 중에서 관세청장이 공고한 물품
- 「경제안보를 위한 공급망 안정화 지원 기본법」 제29조 제1항에 따라 위기품목으로 지정된 품목 중 관세청장이 공고한 물품

② 다음의 어느 하나에 해당하는 물품에 대하여는 가산세를 징수하지 아니한다. `21 기출`

- 정부 또는 지방자치단체가 직접 수입하는 물품
- 정부 또는 지방자치단체에 기증되는 물품
- 수출용원재료(신용장 등 관련서류에 의하여 수출용원재료로 확인되는 경우에만 해당된다)
- 외교관 면세물품 및 SOFA 적용 대상물품
- 환적화물
- 여행자휴대품

③ 경기변동에 따라 물동량 변화, 가격안정 등 가산세 부과요인이 소멸된 때에는 가산세대상물품 전부 또는 일부의 지정 효력을 정지시킬 수 있다.

④ 보세운송 등의 절차에 따라 다음의 보세구역 간을 이동하는 물품에 대한 장치기간은 종전 보세구역의 장치기간을 합산한다.

- 보세구역 [별표 1](부산, 인천세관 해당 보세구역의 폐업 등 대상 재조정 필요)에 반입된 물품
  → [별표 1]의 보세구역
- 관세법 제71조 제1항 제2호에 해당하는 할당관세 적용 물품 중에서 관세청장이 공고한 물품
  → 모든 보세구역(관세법 제156조에 따른 보세구역 외 장치 허가 장소를 포함)

2절 | 보세화물 장치기간 및 체화관리에 관한 고시

본문 내용 중 꼭 알아야 하는 부분에 형광펜으로 표시하였으니 반드시 학습하시기 바랍니다.

01 총칙

1. 용어의 정의

(1) 화주

① 수입화물인 경우 해당 화물의 적재화물목록에 물품수신인으로 기재된 자를 말하며, 물품수신인란에 "TO ORDER"로 기재된 경우에는 통지처로 기재된 자를 말한다. 다만, 통지처가 소재불명이거나 소재파악이 불가능한 경우에는 물품수신인을 화주로 본다.

② 수출화물인 경우 직수출(A)·완제품수출(C)·본지사관계(D)는 해당 화물의 수출신고서에 수출자로 기재된 자, 위탁수출(B)은 위탁자로 기재된 자를 말한다.

(2) 반입자

적재화물목록의 작성책임자로서 「보세화물 입출항 하선 하기 및 적재에 관한 고시」에서 정하는 바에 따라 해당 적재화물목록을 세관장에게 제출한 선박회사, 항공사 및 화물운송주선업자를 말한다.

(3) 위임을 받은 자

보세구역에 반입된 보세화물에 대하여 그 처분의 권한을 위임받은 자, 화주가 도산한 경우는 청산인 또는 청산법인을 말한다.

(4) 체화

보세구역별 물품의 장치기간이 경과한 물품을 말한다.

2. 적용대상 [20 기출] [19 기출]

이 고시에서 보세구역에 반입되는 물품의 장치기간은 다음의 어느 하나에 해당하는 물품에만 적용한다.

① 관세법 제169조에 따른 지정장치장 반입물품
② 관세법 제155조 제1항 제1호부터 제3호까지에 해당하는 물품

> **관세법 제155조(물품의 장치) 제1항**
>
> 외국물품과 제221조 제1항에 따른 내국운송의 신고를 하려는 내국물품은 보세구역이 아닌 장소에 장치할 수 없다. 다만, 다음 각 호의 어느 하나에 해당하는 물품은 그러하지 아니하다.
> 1. 제241조 제1항에 따른 수출신고가 수리된 물품
> 2. 크기 또는 무게의 과다나 그 밖의 사유로 보세구역에 장치하기 곤란하거나 부적당한 물품
> 3. 재해나 그 밖의 부득이한 사유로 임시로 장치한 물품

③ 관세법 제206조에 따른 여행자 또는 승무원의 휴대품으로서 유치 또는 예치된 물품 및 습득물
④ 관세법 제183조에 따른 보세창고 반입물품
⑤ 관세법 제185조에 따른 보세공장 반입물품
⑥ 관세법 제190조에 따른 보세전시장 반입물품

⑦ 관세법 제191조에 따른 보세건설장 반입물품
⑧ 관세법 제196조에 따른 보세판매장 반입물품

3. 장치기간 [23 기출] [22 기출] [21 기출] [18 기출]

① 관세법 제169조에 따른 지정장치장 반입물품의 장치기간은 6개월로 한다. 다만, 부산항·인천항·인천공항·김해공항 항역 내의 지정장치장으로 반입된 물품의 장치기간은 2개월로 하며, 세관장이 필요하다고 인정할 때에는 2개월의 범위에서 그 기간을 연장할 수 있다.

② 관세법 제155조 제1항 제1호부터 제3호까지에 해당하는 물품의 장치기간은 「보세화물관리에 관한 고시」 제8조 제1항에 따라 세관장이 허가한 기간(연장된 기간을 포함)으로 한다.

③ 관세법 제206조에 따른 여행자 또는 승무원의 휴대품으로서 유치 또는 예치된 물품 및 습득물 중 유치물품 및 습득물의 장치기간은 1개월로 하며, 예치물품의 장치기간은 예치증에 기재된 출국예정시기에 1개월을 가산한 기간으로 한다. 다만, 유치물품은 화주의 요청이 있거나 세관장이 필요하다고 인정하는 경우 1개월의 범위에서 그 기간을 연장할 수 있다.

④ 관세법 제183조에 따른 보세창고 반입물품의 장치기간은 6개월로 하되 세관장이 필요하다고 인정할 때에는 6개월의 범위에서 그 기간을 연장할 수 있다. 다만, 다음에 해당하는 물품의 장치기간은 비축에 필요한 기간으로 한다.

- 정부비축물품
- 정부와의 계약이행을 위하여 비축하는 방위산업용품
- 장기간 비축이 필요한 수출용원재료 및 수출품보수용물품
- 국제물류촉진을 위하여 장기간 장치가 필요한 물품(LME, BWT 등)으로서 세관장이 인정하는 물품

⑤ 관세법 제183조에 따른 보세창고 반입물품의 장치기간은 6개월로 하되 세관장이 필요하다고 인정할 때에는 6개월의 범위에서 그 기간을 연장할 수 있으나, 다음의 어느 하나에 해당하는 물품은 그 구분에 따르며 세관장이 필요하다고 인정할 때에는 2개월의 범위에서 그 기간을 연장 할 수 있다.

- 인천공항 및 김해공항 항역 내 보세창고(다만, 자가용보세창고는 제외) → 2개월
- 부산항 부두 내 보세창고와 부두 밖 컨테이너전용보세창고(CFS를 포함) → 2개월
- 인천항 부두 내 보세창고와 부두 밖 컨테이너전용보세창고(CFS를 포함) → 2개월

⑥ 아래 물품의 장치기간은 특허기간으로 한다.

- 관세법 제185조에 따른 보세공장 반입물품
- 관세법 제190조에 따른 보세전시장 반입물품
- 관세법 제191조에 따른 보세건설장 반입물품
- 관세법 제196조에 따른 보세판매장 반입물품

4. 장치기간의 기산 [23 기출] [21 기출]

① 보세구역에 반입된 물품의 장치기간은 해당 보세구역 반입일을 기준으로 장치기간을 기산한다. 다만, 다음의 어느 하나에 해당하는 물품은 종전에 산정한 장치기간을 합산한다.

- 장치장소의 특허변경으로 장치기간을 다시 기산하여야 하는 물품
- 보세운송 승인을 받아 다른 보세구역에 반입하거나 보세구역 간 장치물품을 이동함으로써 장치기간을 다시 기산하여야 하는 경우 중 제4조에 따른 장치기간이 이미 경과된 물품

② 동일 B/L물품이 수차에 걸쳐 반입되는 경우에는 그 B/L물품의 반입이 완료된 날부터 장치기간을 기산한다.

02 매각처분의 결정

1. 반출통고의 주체, 대상 및 내용 `24 기출` `23 기출` `22 기출` `21 기출` `20 기출` `19 기출`

① 보세전시장, 보세건설장, 보세판매장, 보세공장, 보세구역외장치장, 자가용보세창고에 반입한 물품에 대해서는 관할세관장이 화주나 반입자 또는 그 위임을 받은 자(화주 등)에게 반출통고 한다.
② 영업용보세창고에 반입한 물품의 반출통고는 보세구역운영인이 화주 등에게 하며, 지정장치장에 반입한 물품의 반출통고는 화물관리인이 화주 등에게 하여야 한다.

2. 반출통고의 시기 및 방법 `23 기출`

① 지정장치장, 보세창고에 반입한 물품에 대한 반출통고는 장치기간 만료 30일 전까지 하여야 한다. `22 기출`
② 보세공장, 보세판매장, 보세건설장, 보세전시장, 보세구역 외 장치장에 반입한 물품에 대한 반출통고는 보세구역 설영특허기간 만료시점에 반출통고하여야 한다.
③ 장치기간이 2개월 미만인 물품(유치·예치물품 등)의 반출통고는 장치기간 만료시점에 하여야 한다. 다만, 관세법 제207조 제3항에 따라 유치 또는 예치할 때 매각한다는 것을 통고한 경우에는 생략할 수 있다.
④ 반출통고의 방법은 장치기간경과물품 반출통고서 또는 장치기간경과대상물품 반출통고서를 등기우편으로 송부하는 방법으로 하며, 다만 화주 등이 분명하지 않거나 그 소재가 분명하지 않아 반출통고를 할 수 없을 때에는 게시공고로 갈음할 수 있다.

3. 반출통고 목록보고 `21 기출` `20 기출` `18 기출`

① 보세구역 장치물품에 대해 반출통고를 한 보세구역운영인(지정장치장의 경우 화물관리인)은 반출통고 목록(화주내역과 화물관리번호를 포함)을 세관화물정보시스템을 통하여 관세법 제327조 제1항에 따른 전자신고 등으로 관할세관장에게 전송하여야 한다.
② 화주내역은 한글로 입력하여야 한다. 다만, 한글로 입력할 수 없는 불가피한 사유가 있는 경우에는 영문 등으로 입력할 수 있다.
③ 보세구역운영인 또는 화물관리인은 여행자휴대품 등 화물관리번호가 생성되지 않는 보세화물에 대하여는 체화카드를 작성하여 장치기간 만료일부터 5일 이내에 세관장에게 제출하여야 하며, 세관장은 체화카드에 의하여 체화처리를 진행한다.

4. 매각처분의 대상

① 세관장은 보세구역에 반입한 외국물품이 장치기간을 경과한 때에는 이를 매각할 수 있다. 다만, 다음의 어느 하나에 해당하는 경우에는 매각처분을 보류할 수 있다.

- 관세법 위반으로 조사 중인 경우
- 이의신청, 심판청구, 소송 등 쟁송이 계류 중인 경우
- 화주의 의무는 다하였으나 통관지연의 귀책사유가 국가에 있는 경우
- 외자에 의한 도입물자로서 「공공차관의 도입 및 관리에 관한 법률 시행령」 제14조 및 「외국인투자 촉진법 시행령」 제37조에 따라 기획재정부장관 및 산업통상자원부장관의 매각처분 보류요청이 있는 경우
- 화주의 매각처분 보류요청이 있는 경우
- 그 밖에 세관장이 필요하다고 인정하는 경우

② 다음의 사유로 매각처분을 보류한 경우에는 보류사유의 해소 여부를 수시로 확인하여 그 사유가 해제된 때에는 즉시 매각처분을 하여야 한다.

- 법 위반으로 조사 중인 경우
- 이의신청, 심판청구, 소송 등 쟁송이 계류 중인 경우
- 화주의 의무는 다하였으나 통관지연의 귀책사유가 국가에 있는 경우

③ 세관장은 공공차관에 의해 도입된 물품 중 체화된 것에 대하여는 「공공차관의 도입 및 관리에 관한 법률 시행령」 제14조와 「외국인투자 촉진법 시행령」 제37조에 따라 그 목록을 관세청장을 경유하여 기획재정부장관 및 산업통상자원부장관에게 제출하여야 한다.

④ 세관장은 외자목록 제출일부터 1개월간 매각 및 그 밖의 처분을 보류하며 1개월 경과할 때까지 기획재정부장관 및 산업통상자원부장관으로부터 보류요구가 없는 물품에 대하여는 즉시 매각 등 필요한 조치를 취한다.

5. 매각처분 보류요청

① 매각처분을 보류하려는 자는 장치기간 경과물품 매각처분 보류신청(승인)서에 다음의 서류를 첨부하여 세관장에게 제출하고 입찰 전까지 그 승인을 받아야 한다. **20 기출**

- 사유서
- 송품장 등 화주임을 증명하는 서류
- 그 밖에 세관장이 사실 확인을 위하여 필요하다고 인정하는 서류

② 매각처분 보류요청을 받은 세관장은 수출입 또는 반송할 것이 확실하다고 인정하는 경우에만 4개월의 범위에서 필요한 기간을 정하여 매각처분을 보류할 수 있으며, 매각처분 보류결정을 한 경우에는 세관화물정보시스템에 공매보류 등록을 하여야 한다.

03 매각절차

1. 매각공고

① 매각공고는 공매예정가격산출서를 통보받은 날부터 60일의 기간 내(입찰 전일부터 10일 전)에 소관세관관서의 게시판과 관세청 및 본부세관 홈페이지에 공고해야 하고 필요하면 일간신문에 게재할 수 있다. **24 기출**

② 매각공고에는 다음의 사항을 열거하여야 한다.

- 매각물품의 표시 및 매각수량
- 매각방법
- 입찰일시 및 장소
- 매각물품의 공람일시 및 장소
- 매각물품의 예정가격(매각물품이 2종 이상으로서 예정가격 표시가 곤란한 경우에는 해당 매각물품의 공매목록에 표시할 수 있다)
- 입찰참가자의 자격에 관한 사항
- 입찰보증금 납부방법
- 낙찰 시 잔금납입에 관한 사항
- 계약 불이행 시 입찰보증금의 국고귀속에 관한 사항
- 낙찰무효에 관한 사항
- 매각조건

- 대외무역관리규정 [별표 8]의 원산지표시 대상물품의 경우 원산지표시 대상물품에 관한 사항 및 원산지표시 방법 등
- 그 밖에 공매집행에 필요하다고 인정되는 사항

③ 세관장은 공매목록을 출력하여 업종별 조합 또는 협회 등에 송부하거나, 블로그 등 다양한 매체를 활용하여 실수요자가 입찰에 참여하도록 홍보해야 한다.

2. 긴급공매 21 기출 19 기출

① 세관장은 다음의 어느 하나에 해당하는 물품에 대하여는 장치기간 경과 전이라도 공고한 후 매각할 수 있으며, 급박하여 공고할 여유가 없다고 판단되는 경우에는 매각한 후 공고할 수 있다.

> ㉠ 살아있는 동식물이나 부패하거나 부패할 우려가 있는 것
> ㉡ 창고나 다른 외국물품을 해할 우려가 있는 것
> ㉢ 기간경과로 실용가치가 없어지거나 현저히 감소할 우려가 있는 것
> ㉣ 지정장치장·보세창고·보세구역 외 장치장에 반입되어 반입일부터 30일 이내에 수입신고되지 못한 물품으로서 화주의 요청이 있는 물품

② 운영인 등은 위 ①-㉠부터 ㉢까지에 해당하는 물품이 반입된 경우에는 특수시설 또는 환풍이 잘되는 장소에 장치하도록 하여 물품관리를 철저히 하여야 하며 보관관리상 문제가 있다고 판단되는 경우에는 화주나 반입자 또는 그 위임을 받은 자에게 적합한 시설을 갖춘 다른 보세구역으로 이고조치를 하도록 요청하거나 세관장에게 장치기간 경과 전에 매각요청을 하여야 한다.

③ 세관장은 지정장치장·보세창고·보세구역 외 장치장에 반입되어 반입일부터 30일 이내에 수입신고되지 못한 물품 중 화주가 통관반출할 의사가 없는 것으로 판단되고 장치화물의 품명·수량·중량 용적 등을 고려하여 화물관리의 합리적 운영상 신속히 처분할 필요가 있다고 인정되는 물품에 대하여는 반입일부터 30일이 경과하는 즉시 미신고물품 장치기간경과전 매각안내서를 화주에게 송부한다.

④ 세관장은 위 ①-㉣에 해당되는 물품을 장치기간 경과 전에 긴급공매하는 경우에는 낙찰자가 「대외무역법」제11조와 제12조에서 정한 법령의 요건을 구비하는 것을 조건으로 공매한다.

⑤ 세관장은 긴급공매 대상물품에 대하여 월별로 긴급 공매목록을 작성하여 비치하고 이를 공매업무에 활용하도록 한다.

⑥ 장치기간 경과 전 매각처리 요청을 받은 세관장은 수입화주가 수입제한물품을 악용할 소지가 없는지 등의 여부를 심사하여 결정하여야 하며, 악용할 우려가 있다고 판단되는 경우에는 화주의 입찰참가를 제한하거나 그 밖의 필요한 조치를 취할 수 있다.

3. 유통기한 또는 유효기한 표시물품 신속 공매 등

① 공매예정가격산출서를 통보받은 공매담당과장은 유통기한 또는 유효기한 기재 여부를 즉시 확인하고, 유통기한 또는 유효기한이 남아 있는 물품에 대하여는 그 기한 내에 매각될 수 있도록 신속하게 공매에 회부하여야 한다.

② 공매절차를 진행함에 있어 유통기한 또는 유효기한이 급박하여 공고할 여유가 없을 때에는 매각한 후 공고할 수 있다.

③ 공매에서 유찰된 물품 중 유통기한 또는 유효기한이 남아 있는 물품은 즉시 국고귀속 예정통고를 하고, 검역·검사를 의뢰하여야 한다.

④ 국고귀속 예정 통고 기한이 종료되고 검역·검사에 합격된 물품은 즉시 국고귀속 및 폐기심사위원회의 심사를 거쳐 국고귀속 여부를 결정하고, 국고귀속된 물품은 신속히 위탁판매 등의 조치를 하여야 한다.

4. 매각처분의 방법 22 기출

① 세관장은 이 고시에 따라 매각하려는 때에는 경쟁입찰에 의하는 것을 원칙으로 한다.

② 경쟁입찰로 매각하려는 경우 매각되지 아니한 때에는 5일 이상의 간격을 두어 다시 입찰에 붙일 수 있으며, 그 예정가격은 최초 예정가격의 100분의 10 이내의 금액을 입찰 시마다 체감할 수 있다. 24 기출
③ 예정가격의 체감은 제2회 입찰 때부터 하되 그 체감한도액은 최초예정가격의 100분의 50으로 한다. 다만, 최초예정가격을 기초로 산출한 세액 이하의 금액으로 체감할 수 없다.

5. 공매조건

① 관세법 시행령 제222조 제8항에 따라 수출하거나 외화를 받고 판매하는 것을 조건으로 매각할 물품은 다음의 어느 하나에서 정하는 물품으로 한다.

> ㉠ 「대외무역법」 제12조 제2항에 따라 산업통상자원부장관이 고시한 통합공고 제3조에서 정한 법률에 따라 수입이 금지된 물품
> ㉡ 「대외무역법」 제11조 제5항에 따라 고시한 「수출입공고」 [별표 3]에 게기된 수입제한품목
> ㉢ 쌀 및 관련제품(「통합공고」 [별표 2]에 농림축산식품부장관의 수입허가를 받도록 한 품목만 해당)

> **관세법 시행령 제222조(매각방법 등) 제8항**
> 법 제210조의 규정에 의하여 매각한 물품으로 다음 각 호의 1에 해당하는 물품은 수출하거나 외화를 받고 판매하는 것을 조건으로 매각한다. 다만, 제2호의 물품으로서 관세청장이 필요하다고 인정하는 물품은 주무부장관 또는 주무부장관이 지정하는 기관의 장과 협의하여 수입하는 것을 조건으로 판매할 수 있다.
> 1. 법률에 의하여 수입이 금지된 물품
> 2. 기타 관세청장이 지정하는 물품

② 세관장은 선의의 수입자의 피해를 구제하기 위하여 필요하다고 인정하는 경우에는 위 ①의 ㉡, ㉢에 해당하는 물품에 대하여도 관세청장의 승인을 받아 수입조건으로 공매할 수 있다.
③ 관세청장이 승인을 하는 때에는 관세법 시행령 제222조 제8항 단서에 따라 주무부장관 또는 주무부장관이 지정하는 기관의 장과 협의하여 결정한다.
④ 수입조건으로 공매하는 때에는 낙찰자가 물품을 인도받기 전에 해당 물품에 관하여 「대외무역법」 제12조 제2항에 따라 산업통상자원부장관이 고시한 「통합공고」 제3조에서 정한 법령의 요건을 구비하는 것을 조건으로 공매하고, 「대외무역관리규정」 [별표 8]의 원산지표시 대상품목의 경우에는 낙찰자가 「원산지 표시 제도 운영에 관한 고시」 제2장에서 정한 원산지표시방법으로 원산지를 표시할 것을 조건으로 공매한다. 22 기출
⑤ 매각대상 물품 중 다음 수급조절대상 한약재는 한약재 수확시기(10월~12월)를 피하여 공매처분하여야 한다. 22 기출

> 강활, 구기자, 당귀, 독활, 두충, 백문동, 목단피, 방풍, 백수오, 백지, 백출, 산수유, 시호, 오미자, 적작약, 백작약, 지황, 창출, 천궁, 천마, 치자, 택사, 하수오, 향부자, 황금, 황기

6. 공매 예정가격의 산출

① 체화·공매담당과장은 체화발생일에 공매 예정가격 산출 담당과장에게 공매 예정가격 산출을 의뢰하여야 한다.
② 공매 예정가격 산출을 담당하는 과장은 공매 예정가격 산출을 의뢰받은 날부터 1개월 이내에 공매 예정가격을 산출하여 공매담당과장에게 통보하여야 한다. 다만, 공매 예정가격 산출 담당공무원이 화주불명·시가조사 불능 등의 사유로 공매 예정가격 산출이 지연되는 경우에는 그 지연사유를 담당과장에게 보고한다.
③ 공매 예정가격 산출 담당과장은 공매 예정가격 산출 미결점검을 매주 월요일 실시하여 예정가격 산출을 독려하고 특히, 1개월 이내에 처리하지 못할 건에 대하여는 지연사유를 확인하고 처리방법 및 처리기간을 지시하여야 한다. 이 경우 처리기간의 연장은 10일 이내이어야 하며, 연장기간 내에 예정가격 산출이 곤란한 건에 대하여는 공매 예정가격 산출 심사위원회에서 예정가격을 심의할 수 있다.

④ 공매 예정가격의 산출은 「수입물품 과세가격 결정에 관한 고시」에서 정하는 바에 따라 산출하고, 공매 예정가격 산출서에는 공매대상물품의 품명, 세번(HSK), 규격, 수량, 원산지, 공매 예정가격, 제세, 공매조건, 원산지 표시대상물품 및 표시방법, 유통기한 또는 유효기한(현품에 표시된 경우에만 해당)이 기재되어야 한다.

7. 낙찰자의 결정

① 낙찰자가 낙찰을 포기하거나 절차이행을 하지 않는 경우에 해당 입찰에서 예정가격보다 높은 응찰자가 있는 때에는 차점자 순위에 따라 매각할 수 있다. 다만, 낙찰가격과 차순위의 응찰가격에 현저한 차이가 있는 때에는 매각하지 아니할 수 있다.

② 동일가격 입찰자가 2명 이상 있을 때에는 즉시 추첨하여 낙찰자를 결정한다.

8. 낙찰취소 [18 기출]

① 세관장은 다음의 어느 하나에 해당하는 사유가 발생한 때에는 해당 낙찰을 취소할 수 있다.

> ㉠ 낙찰자가 지정된 기일까지 대금잔액을 납입하지 않는 경우
> ㉡ 낙찰자가 특별한 사유 없이 공매조건을 이행하지 않는 경우
> ㉢ 공매낙찰 전에 해당 물품이 수출, 반송 또는 수입신고수리가 된 경우
> ㉣ 착오로 인하여 예정가격, 공매조건 등의 결정에 중대하고 명백한 하자가 있는 경우

② 낙찰이 취소된 경우에는 해당 물품에 대한 입찰보증금은 환불하지 아니한다. 다만, 위 ①의 ㉢, ㉣에 해당하는 사유로 낙찰을 취소하거나 그 밖에 낙찰자의 책임으로 돌릴 수 없는 명백한 사유가 있는 경우에는 그러하지 아니하다.

9. 수의계약 [20 기출] [19 기출]

① 세관장은 다음의 어느 하나에 해당하는 경우에만 수의계약할 수 있다.

> ㉠ 2회 이상 경쟁입찰에 붙여도 매각되지 아니한 경우(단독 응찰한 경우를 포함)로서 다음 회의 입찰에 체감될 예정가격 이상의 응찰자가 있을 때
> ㉡ 공매절차가 종료된 물품을 국고귀속 예정통지 전에 최종예정가격 이상의 가격으로 매수하려는 자가 있을 때
> ㉢ 부패, 손상, 변질 등의 우려가 있는 물품으로서 즉시 매각되지 아니하면 상품가치가 저하될 우려가 있을 때
> ㉣ 1회 공매의 매각예정가격이 50만 원 미만인 때
> ㉤ 경쟁입찰 방법으로 매각함이 공익에 반하는 때

② 위 ①의 ㉠에 따라 수의계약을 할 수 있는 자로서 그 체결에 응하지 아니하는 자는 해당 물품에 대한 다음 회 이후의 경쟁입찰에 참가할 수 없다.

10. 공매물품 잔금처리

① 세관장은 관세법 제210조에 따른 매각대금 중에서 그 물품 매각에 관한 비용, 관세, 각종 세금의 순으로 필요한 금액을 충당하고 잔금이 있을 때에는 화주에게 교부한다.

② 관세법 제208조에 따라 매각하는 물품에 대한 질권자 또는 유치권자는 그 물품을 매각한 날부터 1개월 내에 그 권리를 증명하는 서류를 세관장에게 제출하여야 하며, 매각된 물품을 낙찰자에게 인도하여야 한다. [24 기출]

③ 그 매각물품의 질권자 또는 유치권자가 그 권리를 증명하는 서류를 제출한 경우에는 세관장은 그 잔금을 화주에게 교부하기 전에 그 질권 또는 유치권에 따라 담보된 채권의 금액을 질권자 또는 유치권자에게 교부한다.

④ 질권자 또는 유치권자에게 공매대금의 잔금을 교부할 경우 그 잔금액이 질권 또는 유치권에 의하여 담보된 채권액에 미달하고 교부받을 권리자가 2명 이상인 때에는 세관장은 「민법」 그 밖의 법령에 따라 배분할 순위와 금액을 정하여 배분하여야 한다.

11. 물품반출 `21 기출` `19 기출`

① 체화가 매각처분되어 반출되는 경우 낙찰자는 낙찰대금 수납증명서 사본을 세관장에게 제출하고, 세관장은 세관화물정보시스템의 공매반출승인등록 화면을 통하여 즉시 공매반출승인 등록을 한다.
② 보세구역운영인은 공매물품의 반출신고를 관세법 제327조 제1항 및 같은 조 제2항에 따른 전자신고 등으로 전송하고 세관화물정보시스템을 통하여 공매반출승인을 확인한 후 해당 물품을 낙찰자에게 인도한다.
③ 세관장이 수출하거나 외화를 받고 판매하는 조건으로 매각된 물품에 대하여 공매반출승인 등록을 하려는 때에는 반드시 수출신고수리내역 등을 확인하여야 하며, 실제 선적여부 등에 대하여 사후관리 하여야 한다.

12. 매각절차의 중지

세관장은 다음의 어느 하나에 해당하는 사유가 발생된 때에는 매각절차를 중지할 수 있다.

① 매각처분이 공익에 반하는 경우라고 판단되는 경우
② 이의신청, 심판청구, 소송 등 쟁송이 제기된 경우
③ 해당 물품이 이미 통관되었거나 예정가격, 공매조건 그 밖의 매각절차에 중대한 하자가 발생된 경우
④ 공매공고에 의해 1차 매각절차가 완료된 후 매각되지 아니한 물품으로서 화주의 요청이 있고 1개월 내에 수출입 또는 반송할 것이 확실하다고 인정되는 경우
⑤ 검사·검역기관에서 검사·검역기준 등에 부적합 물품으로 판명된 경우
⑥ 그 밖에 세관장이 필요하다고 인정하는 경우

13. 통합 및 분할공매

체화의 매각은 B/L(AIR WAY BILL을 포함) 또는 수출입신고 단위를 원칙으로 하되, 세관장은 공매시행의 편의상 B/L을 통합하거나 분할하여 공매할 수 있다.

04 국고귀속

1. 국고귀속 예정통고

① 세관장은 관세법 제212조 제1항에 따라 보세구역 장치기간 경과물품 국고귀속 예정통고서를 등기우편으로 발송한다.
② 국고귀속 예정통고를 할 때 수입, 수출 또는 반송통관의 기한은 발송일부터 1개월로 한다.
③ 화주나 반입자 또는 그 위임을 받은 자가 분명하지 아니하거나 그 소재가 불명하여 국고귀속 예정통고를 할 수 없을 때(예 여행자 휴대품으로서 유치된 물품)에는 세관게시판에 게시공고하여 이를 갈음할 수 있다.

2. 국고귀속 대상물품의 재감정

① 화물담당과장은 국고귀속 예정통고를 한 물품 중 재감정이 필요하다고 인정되는 물품은 국고귀속 예정통고 즉시 감정담당과로 재감정을 의뢰하여야 한다.
② 재감정 의뢰를 받은 감정담당과장은 의뢰일부터 15일 이내에 재감정 결과를 통보하여야 한다.

3. 국고귀속

① 세관장은 관세법 제210조 제4항에 따른 경매 및 위탁판매의 방법으로 매각되지 아니한 물품을 관세법 제212조에 따라 국고귀속 처리할 수 있다.

② 보세구역에 장치된 물품으로서 화주가 그 소유권을 포기한 물품에 대하여는 관세법 제208조부터 제212조 제1항까지에 따른 절차를 생략하고 관세법 제212조 제2항에 따라 국고귀속 처리할 수 있다. 다만, 동·식물검역대상이나 식품검사대상물품에 대하여는 국고귀속 심사하기 전에 세관에서는 직접 동·식물검역 또는 식품검사를 검역·검사기관에 의뢰하여 불합격된 물품은 국고귀속을 하지 아니한다.

③ 화물담당과장은 국고귀속 심사일이 확정되는 경우 국고귀속 및 폐기 심사위원회 개최 10일 전에 수탁판매기관에 국고귀속물품 인계예정 통보를 하여야 한다.

④ 국고귀속이 확정된 물품에 대하여는 국고귀속 결정 즉시 국고귀속목록을 작성하여 수탁판매기관에 인계하여야 한다.

4. 국고귀속의 보류 `21 기출` `20 기출` `19 기출` `18 기출`

세관장은 다음의 어느 하나에 해당하는 물품에 대하여 국고귀속 조치를 보류할 수 있다.

> ① 국가기관(지방자치단체 포함)에서 수입하는 물품
> ② 「공공기관의 운영에 관한 법률」 제5조에 따른 공기업, 준정부기관, 그 밖의 공공기관에서 수입하는 물품으로서 국고귀속 보류요청이 있는 물품
> ③ 관세법 위반으로 조사 중인 물품
> ④ 이의신청, 심판청구, 소송 등 쟁송이 제기된 물품
> ⑤ 특수용도에만 한정되어 있는 물품으로서 국고귀속 조치 후에도 공매낙찰 가능성이 없는 물품
> ⑥ 국고귀속 조치를 할 경우 인력과 예산부담을 초래하여 국고에 손실이 야기된다고 인정되는 물품
> ⑦ 부패, 손상, 실용시효가 경과하는 등 국고귀속의 실익이 없다고 인정되는 물품
> ⑧ 그 밖에 세관장이 국고귀속을 하지 아니하는 것이 타당하다고 인정되는 물품

05 물품의 폐기명령 및 대집행

1. 폐기명령 대상 등 `24 기출` `23 기출` `18 기출`

세관장은 관세법 제160조 제4항에 따라 다음의 어느 하나에 해당하는 물품은 그 장치기간에 불구하고 화주, 반입자 또는 그 위임을 받은 자에게 1개월의 기간을 정하여 폐기 또는 반송을 명할 수 있다. 다만, 급박하게 통고할 여유가 없을 때에는 폐기한 후 즉시 통고하여야 한다.

> ① 사람의 생명이나 재산에 해를 끼칠 우려가 있는 물품
> ② 부패하거나 변질된 물품
> ③ 유효기간이 지났거나 상품가치가 없어진 물품
> ④ 의약품 등으로서 유효기간이 경과하였거나 성분이 불분명한 경우
> ⑤ 위조상품, 모조품, 그 밖의 지식재산권 침해물품
> ⑥ 품명미상의 물품으로서 1년이 경과된 물품
> ⑦ 검사·검역기준 등에 부적합하여 검사·검역기관에서 폐기대상 물품으로 결정된 물품

2. 폐기비용 및 대집행 23 기출 20 기출

① 폐기 또는 반송명령을 받은 화주, 반입자 또는 그 위임을 받은 자는 동 물품을 자기비용으로 폐기 또는 반송하여야 한다.

② 폐기명령을 받은 자가 기간이 경과하여도 이를 폐기 또는 반송하지 아니한 물품 중 폐기하지 않고 방치할 경우 자연·생활환경 및 국민보건 등 공익을 해할 것으로 인정된 물품은 세관장이 「행정대집행법」에 따라 보세구역 운영인 또는 화물관리인 등에게 폐기하게 할 수 있다. 다만, 폐기대상물품의 종류, 수량, 폐기비용 등을 고려하여 세관 자체적으로 폐기가 가능하다고 인정되는 물품은 세관장이 폐기할 수 있다.

③ 세관장이 대집행을 하기 위하여는 대집행을 할 시기, 대집행을 하기 위하여 파견하는 집행책임자의 성명과 대집행에 소요되는 비용의 계산에 의한 견적가격 등이 기재된 폐기처분 대집행영장을 화주, 반입자 또는 그 위임을 받은 자에게 송부하여 대집행 사실을 통고하여야 한다.

④ 세관장이 대집행을 하는 경우 해당 물품 장치 보세구역 운영인 또는 관리인을 대집행 책임자로 지정한다. 이 경우 대집행 책임자는 대집행 책임자라는 것을 표시한 증표를 휴대하여 대집행 시에 이해관계인에게 제시하여야 한다.

⑤ 「행정대집행법」에 따라 폐기대집행을 한 세관장은 비용납부명령서를 화주, 반입자 또는 그 위임을 받은 자에게 송부하여 해당비용의 납부를 명하여야 한다. 이 경우 납기는 15일로 한다.

⑥ 비용납부명령서를 받은 자가 납기 내에 납부하지 아니하는 때에는 「국세징수법」에 따라 징수하며, 그 비용을 징수하였을 때에는 국고수입으로 한다.

⑦ 명령과 통고는 관련서류를 화주, 반입자 또는 그 위임을 받은 자의 주소지에 송달하되, 우편으로 송부할 때에는 등기우편으로 하여야 하고, 인편으로 보낼 때에는 수령증을 받아야 한다.

⑧ 화주, 반입자, 그 위임을 받은 자의 주소 및 거소가 불분명하거나 그 밖의 부득이한 사유로 송달이 불가능할 때에는 공시송달하되 송달할 서류와 함께 세관게시판에 공고하여야 한다. 이 경우 공시송달은 공고한 날부터 7일을 경과함으로써 그 효력이 발생한다.

⑨ 세관장은 예산편성 시 폐기처분 대집행에 소요되는 연간 예상비용을 예산에 계상하여야 하며, 대집행에 소요되는 비용은 해당 예산과목에서 지출한다.

3. 폐기처분 22 기출

① 폐기를 명할 때 화주나 반입자 또는 그 위임을 받은 자가 불분명하고, 그 물품의 폐기가 급박할 경우에는 세관장은 공고한 후 이를 폐기할 수 있다.

② 폐기처분은 소각(열에너지화 작업 등으로 소각하는 것을 포함) 또는 매몰 등의 방법으로 처리하여야 한다.

4. 폐기감독

① 세관장은 폐기대상물품이 부정유출될 우려가 있거나 감시단속이 필요하다고 판단되는 경우에는 세관공무원으로 하여금 이를 감독하게 할 수 있다.

② 폐기처분을 한 자는 그 즉시 보세구역 장치물품 폐기결과보고서에 폐기사실을 증명할 수 있는 사진 등의 서류를 첨부하여 세관장에게 제출하여야 한다.

06 체화의 폐기 및 재활용 등 〔19 기출〕

1. 재활용 대상 등

다음의 어느 하나에 해당하는 체화를 재활용의 방법으로 폐기하려는 자는 관세법 제160조 제1항에 따라 세관장의 승인을 받아야 한다.

> ① 원상변형, 사료화 또는 퇴비화 작업 등을 통하여 폐기 후 재활용이 가능하다고 세관장이 인정한 경우
> ② 그 밖에 세관장이 소각 또는 매몰 등의 방법으로 폐기처분 하는 것보다 폐기 후 잔존물을 재활용하는 방법으로 처분하는 것이 효율적이라고 판단하는 경우

2. 원상변형작업

① 원상변형작업이란 체화의 해체, 절단, 분쇄와 같이 형상의 변화를 가져오는 작업을 말한다.
② 원상변형작업 대상물품은 「자원의 절약과 재활용촉진에 관한 법률」에 따라 재활용이 가능한 물품으로 한다.
③ 원상변형작업의 장소는 폐기처분을 신청한 자가 지정한 장소 중 세관장의 승인을 받은 장소로 한다.

3. 사료화작업

① 사료화작업이란 체화를 사료제조시설에서 사료로 제조하는 작업을 말한다.
② 사료화작업의 대상물품은 사료제조용으로 사용이 가능한 것으로 관련 규정에 따른 검사에서 합격한 물품으로 한다.
③ 사료화작업의 장소는 사료 제조업체의 제조시설 중 폐기처분을 신청한 자가 지정한 장소로 하되 세관장의 승인을 받은 장소로 한정한다.

4. 퇴비화작업

① 퇴비화작업이란 체화를 퇴비 제조시설에서 퇴비로 제조하는 작업을 말한다.
② 퇴비화작업의 대상물품은 퇴비제조용으로 사용이 가능한 것으로 「비료관리법」에 따라 농촌진흥청장이 고시한 물품으로 한정한다.
③ 퇴비화작업의 장소는 퇴비제조업체로서 등록된 업체의 제조시설 중 폐기처분을 신청한 자가 지정한 장소로 하되 세관장의 승인을 받은 장소로 한정한다.

5. 폐기신청

관세법 제160조에 따른 폐기처분은 반송 또는 폐기명령을 받은 자 또는 해당 보세구역의 운영인이 이를 신청할 수 있다.

6. 폐기작업절차

① 체화를 폐기하려는 자는 폐기대상 체화의 품명, 규격, 수량, 중량과 장치장소, 폐기일자 및 폐기장소 등을 「보세화물관리에 관한 고시」 물품폐기 승인신청서에 기재하고 다음의 서류를 구비하여 세관장에게 신청하여야 한다.

- 폐기작업 사유서
- 작업별 자격요건을 증명하는 서류
- 서약서

② 폐기작업신청서를 접수한 세관장은 폐기작업의 타당성, 작업시설의 적격성 여부 등을 검토하여 이를 승인할 수 있다.
③ 폐기작업을 승인한 세관장은 폐기작업 중 물품의 불법유출 또는 무단전용의 우려가 있거나 감시단속에 지장이 있다고 판단되는 경우에는 화물담당공무원으로 하여금 감독하게 할 수 있다.

7. 폐기완료보고서의 제출

폐기작업을 종료한 자는 「보세화물관리에 관한 고시」에 따른 폐기완료보고서를 세관장에게 제출해야 한다.

8. 잔존물에 대한 과세

폐기처분 후 잔존물에 대해서는 관세법 제160조에 따라 잔존물의 성질과 수량에 따라 관세 등 각종 세금을 부과한다.

9. 비용부담

폐기비용과 관세 등 각종 세금은 폐기처분을 신청한 자의 부담으로 한다.

10. 보고사항

세관장은 여행자휴대품 등 세관화물정보시스템으로 관리되지 않는 체화에 대하여는 체화의 발생 및 처리상황보고서를 월별로 작성하여 다음 달 10일까지 관세청장에게 보고하여야 한다.

3절 보세화물 입출항 하선 하기 및 적재에 관한 고시

✎ 본문 내용 중 꼭 알아야 하는 부분에 형광펜으로 표시하였으니 반드시 학습하시기 바랍니다.

01 총칙

1. 용어의 정의 [23 기출] [18 기출]

(1) 적재화물목록

적재화물목록 작성요령에 따라 작성된 선박 또는 항공기에 적재된 화물의 목록으로 선박회사(선사) 또는 항공사가 Master B/L 또는 Master AWB의 내역을 기재한 마스터적재화물목록과 화물운송주선업자가 House B/L 또는 House AWB 내역을 기재한 하우스적재화물목록을 말한다.

(2) 적재화물목록 제출의무자 [24 기출]

국제무역선(기)을 운항하는 선사(그 업무를 대행하는 자를 포함하며, '운항선사'라 함), 항공사(그 업무를 대행하는 자를 포함하며, '운항항공사'라 함)를 말한다.

(3) 적재화물목록 작성책임자 [24 기출]

① 마스터적재화물목록은 운항선사 또는 운항항공사. 다만, 공동배선의 경우에는 선박 또는 항공기의 적재공간을 용선한 선사(그 업무를 대행하는 자를 포함하며, '용선선사'라 함) 또는 공동운항항공사(그 업무를 대행하는 자를 포함)
② 하우스적재화물목록은 화물운송주선업자(그 업무를 대행하는 자를 포함)
③ 혼재화물은 화물운송주선업자(그 대리점을 포함)

(4) 하역

화물을 선박 또는 항공기에서 내리는 양륙 작업과 화물을 선박 또는 항공기에 올려 싣는 적재 작업을 말한다.

(5) 하역장소

화물을 하역하는 보세구역(「자유무역지역의 지정 및 운영에 관한 법률」에 따른 자유무역지역 입주기업체의 소재지를 포함)을 말한다. 다만, 항만의 경우에는 보세구역이 아닌 부두를 포함한다.

(6) 하선(기)장소

선박 또는 항공기로부터 하역된 화물을 반입할 수 있는 보세구역(「자유무역지역의 지정 및 운영에 관한 법률」에 따른 자유무역지역 입주기업체의 소재지를 포함)을 말한다.

(7) Master B/L

선사가 발행한 선하증권 또는 해상화물운송장을 말하며, "Master AWB"이란 항공사가 발행한 항공화물운송장을 말한다.

(8) House B/L

화물운송주선업자가 화주에게 발행한 선하증권 또는 해상화물운송장을 말하며, "House AWB"이란 화물운송주선업자가 화주에게 발행한 항공화물운송장을 말한다.

(9) 벌크화물

일정한 포장용기로 포장되지 않은 상태에서 운송되는 물품으로서 수량관리가 불가능한 물품을 말한다.

(10) 화물관리번호

적재화물목록상의 적재화물목록 관리번호(Manifest Reference Number)에 Master B/L 또는 Master AWB 일련번호와 House B/L 또는 House AWB 일련번호(House B/L 또는 House AWB이 있는 경우)를 합한 번호를 말한다.

(11) 검사대상화물

「관리대상화물 관리에 관한 고시」 제3조의 기준에 따라 적재화물목록 등을 심사하여 선별한 화물로서 '검색기 검사화물'과 '즉시 검사화물'을 말한다.

(12) 환적화물

국제무역선(기)에 의하여 우리나라에 도착한 외국화물을 외국으로 반출하는 물품으로서 수출입 또는 반송신고대상이 아닌 물품을 말한다.

2. 적용범위

① 이 고시는 다음의 어느 하나에 해당하는 물품에 대하여 적용한다.

- 수출입화물
- 반송화물
- 환적화물
- 일시양륙화물

② 우리나라에 하선(기)되지 아니하고 선박 또는 항공기에 적재된 상태로 최종목적지인 외국으로 운송될 화물에 대하여는 이 고시를 적용하지 아니한다. 다만, 세관장이 필요하다고 인정할 때에는 이 고시를 적용한다.

3. 업무처리

이 고시에 따른 물품의 입출항, 하선(기) 및 적재와 관련한 적재화물목록의 제출, 신고, 신청 등은 「관세법」(이하 "법"이라 한다) 제327조에 따른 국가관세종합정보망(이하 "시스템"이라 한다)을 통한 전자문서로 한다. 다만, 이 고시에서 따로 정하거나 시스템의 장애발생 등 부득이한 경우에는 수작업으로 신고 등을 할 수 있다.

4. 화물관리기준

화물의 입출항, 하선(기) 및 적재관리는 다음의 기준에 따른다.

① 포장화물 → 포장 단위
② 벌크화물 → 총중량 단위

5. 전자문서의 효력발생시점

이 고시에서 정하는 전자문서의 효력발생시점은 시스템에 기록된 시점으로 한다.

02 해상입항화물 관리

1. 적재화물목록 제출 [18 기출]

① 관세법 제135조 제2항에 따라 적재화물목록 제출의무자는 적재항에서 화물이 선박에 적재되기 24시간 전까지 적재화물목록을 선박 입항예정지 세관장에게 전자문서로 제출해야 한다. 다만, 중국·일본·대만·홍콩·러시아 극동지역 등(근거리 지역)의 경우에는 적재항에서 선박이 출항하기 전까지, 벌크화물의 경우에는 선박이 입항하기 4시간 전까지 제출해야 한다.

② 공동배선의 경우에는 용선선사가 작성하여 제공한 적재화물목록 자료를 운항선사가 이를 취합하여 세관장에게 제출해야 한다.

③ House B/L 내역이 있는 경우에는 운항선사가 하우스적재화물목록 작성책임자로부터 하우스적재화물목록을 제출받아 최종적으로 이를 취합하여 세관장에게 제출해야 한다. [24 기출]

④ 세관장은 적재화물목록 제출 이후 다음의 어느 하나에 해당하는 경우에는 적재화물목록 또는 적재화물목록 일부를 해당 물품 하선 전까지 추가로 제출하게 할 수 있다.

- 하역계획변경 등으로 공컨테이너 추가 하선이 필요한 경우(다만, 세관근무시간 이외에 하선작업을 하는 경우 하선 후 첫 근무일의 근무시간 종료 시까지 적재화물목록을 추가로 제출하게 할 수 있다)
- 선박의 고장 또는 컨테이너고장 등으로 화물 등의 추가 하선이 필요한 경우
- 냉동물 등이 선상에서 현품확인 후 계약됨에 따라 추가 하선이 필요한 경우
- 그 밖의 부득이한 사유로 추가 하선이 필요한 경우

⑤ 세관장은 추가제출한 적재화물목록에 대하여 감시단속상 필요한 때에는 검사대상으로 선별하여 검사를 실시할 수 있다.

2. 적재화물목록 심사

화물관리 세관공무원이 적재화물목록을 제출받은 때에는 다음에 해당하는 사항을 심사해야 한다. 이 경우 적재화물목록 심사는 적재화물목록 기재사항에 관한 형식적 요건에 한하며, 실질적인 요건에 해당하는 기재사항의 오류 여부는 적재화물목록 접수단계에서 이를 심사하지 아니한다.

① 적재화물목록 자료의 취합완료 여부(공동배선의 경우 용선선사별 적재화물목록 누락여부와 하우스적재화물목록의 누락여부를 포함)
② 적재화물목록 기재사항의 누락 여부
③ 세관의 특별감시가 필요한 우범화물 해당 여부
④ 그 밖에 세관장이 필요하다고 인정하는 사항

3. 적재화물목록 취하신청 [24 기출]

적재화물목록 제출의무자는 선박 미입항 등의 사유로 제출된 적재화물목록을 취하하려는 때에는 그 사유를 기재한 적재화물목록 취하신청서를 제출해야 하며, 화물관리 세관공무원은 신청사유가 타당한 경우 해당 적재화물목록의 내역을 삭제해야 한다.

4. 적재화물목록의 정정신청 `20 기출` `18 기출`

① 적재화물목록 작성책임자는 적재화물목록 제출이 완료된 이후에 그 기재내용의 일부를 정정하려는 때에는 정정사유를 증명할 수 있는 자료를 첨부(세관장이 인정하는 경우 증명자료 제출을 생략할 수 있다)하여 적재화물목록 정정신청서를 서류 또는 전자문서로 제출해야 한다. 다만, 보세운송으로 보세구역에 반입된 화물은 도착지 보세구역을 관할하는 세관장에게 정정신청을 해야 한다. `24 기출`

② 보세운송으로 보세구역에 반입된 화물에 해당하는 경우 수입화주(위임을 받은 자를 포함, '수입화주 등'이라고 함)는 적재화물목록 작성책임자에게 즉시 정정신청을 요청해야 하고, 적재화물목록 작성책임자는 이에 따라 정정신청을 해야 한다. 다만, 신속 통관을 위하여 필요한 경우 수입화주 등은 적재화물목록 작성책임자에게 정정신청을 요청한 사실 및 정정사유 증명 자료를 첨부하여 적재화물목록 작성책임자 대신 정정신청을 할 수 있다.

③ 적재화물목록 정정신청은 다음의 어느 하나에서 정하는 기간 내에 신청할 수 있다. 다만, B/L양수도 및 B/L 분할·합병의 경우에는 기간을 제한하지 아니한다.

> • 하선결과 보고서 또는 「보세화물관리에 관한 고시」에 따른 반입물품 이상보고서가 제출된 물품 → 보고서 제출일로부터 15일 이내
> • 특수저장시설에 장치가 필요한 냉동화물 등을 하선과 동시에 컨테이너적입작업을 하는 경우 → 작업완료 다음 날까지(검수 또는 세관 직원의 확인을 받은 협정서를 첨부해야 함)
> • 그 밖의 사유로 적재화물목록을 정정하려는 경우 → 선박 입항일로부터 60일 이내

④ 적재화물목록 정정신청서를 접수한 화물관리 세관공무원은 심사결과 정정하려는 내역이 관련 증명서류에 근거하여 하선결과보고 내역 또는 반입물품 이상보고 내역 등과 일치하고 그 정정사유가 타당하다고 인정될 때에는 적재화물목록 정정신청 사항을 승인해야 한다. 다만, 정정신청 내역과 하선결과보고 내역 또는 반입이상보고 내역과의 일치 여부를 시스템에서 확인할 수 있는 경우 시스템에서 자동심사하여 승인할 수 있다.

⑤ 세관장은 적재화물목록 정정신청한 물품에 대하여 필요하다고 인정할 때에는 화물관리 세관공무원에게 현품확인을 하게 할 수 있다.

⑥ 물품수신인·수량·중량을 정정한 때에는 정정내역을 입항지세관장 및 해당 물품이 장치되어 있는 보세구역 운영인에게 통보해야 한다.

5. 적재화물목록 정정생략 `24 기출` `23 기출` `21 기출` `20 기출` `18 기출`

적재화물목록상의 물품과 실제 물품이 다음의 어느 하나에 해당하는 때에는 적재화물목록 정정신청을 생략할 수 있다.

> ① 벌크화물(예 광물, 원유, 곡물, 염, 원피 등)로서 그 중량의 과부족이 5% 이내인 경우
> ② 용적물품(예 원목 등)으로서 그 용적의 과부족이 5% 이내인 경우
> ③ 포장파손이 용이한 물품(예 비료, 설탕, 시멘트 등) 및 건습에 따라 중량의 변동이 심한 물품(예 펄프, 고지류 등)으로서 그 중량의 과부족이 5% 이내인 경우
> ④ 포장단위 물품으로서 중량의 과부족이 10% 이내이고 포장상태에 이상이 없는 경우
> ⑤ 적재화물목록 이상사유가 단순기재오류 등으로 확인되는 경우
> ⑥ 제19조의2(특송 반입이상물품에 대한 적용특례) 제3항에 따라 별도관리물품 해제승인을 받은 후 반입신고하는 물품

고시 제19조의2(특송 반입이상물품에 대한 적용특례)
① 하선장소 운영인은 「특송물품 수입통관 사무처리에 관한 고시」 제2조 제2호에 따른 특송물품으로서 「보세화물관리에 관한 고시」 제5조 제2항에 따라 반입물품 이상보고서가 제출된 이상화물 중 다음 각 호의 어느 하나에 해당하는 물품은 이상사유가 확인될 때까지 하선장소 내의 일정한 구역에 별도 관리한다.

1. 적재화물목록에 등재되지 아니한 물품
　　　2. 적재화물목록보다 과다하게 반입된 물품
　　　3. 적재화물목록보다 적게 반입된 물품
② 적재화물목록 작성책임자는 제1항에 따라 별도 관리 중인 물품에 대해 반입물품 이상보고일로부터 15일 이내에 이상사유를 규명하여 적재화물목록 정정 등의 절차를 거쳐 하선장소에 반입해야 한다.
③ 적재화물목록 작성책임자는 제1항에 따라 별도 관리하는 물품이 전량 미선적되거나 동일 적재화물목록의 물품이 분할선적된 경우로서 최초 적재화물목록을 제출한 선박의 입항일로부터 15일 이내에 미선적되었던 물품이 도착된 경우(후착화물이 적재화물목록에 등재되지 아니하고 도착된 경우로 한정한다)에는 제2항에도 불구하고 후착화물과 병합하여 별지 제18호서식의 별도관리 물품 해제 신청서를 세관장에게 제출하여 승인을 받은 후 하선장소에 반입해야 한다. 다만, 세관장이 물품관리에 이상이 없다고 판단하는 경우에는 적재화물목록 정정신청 승인 또는 반입신고 접수 시 시스템에서 자동으로 별도관리 물품 해제를 처리할 수 있다.

6. 적재화물목록 직권정정

화물관리 세관공무원은 하선결과 및 반입이상보고된 전자문서 또는 관련서류로 확인이 가능한 다음의 어느 하나에 해당하는 경우에는 직권으로 정정할 수 있다. 다만, 보세운송된 화물의 경우에는 해당 보세구역 관할세관 화물관리 세관공무원이 해야 한다.

① 적재화물목록 정정생략 대상에 해당하는 경우
② 하선화물의 수량·중량에 대하여 검수(검정)업자가 하선결과 이상보고를 한 경우
③ 반입화물의 수량·중량에 대한 이상보고가 된 경우

7. 하선신고 [23 기출] [19 기출]

① 운항선사(공동배선의 경우에는 용선선사를 포함) 또는 그 위임을 받은 하역업체가 화물을 하선하려는 때에는 MAS-TER B/L 단위의 적재화물목록을 기준으로 하역장소와 하선장소를 기재한 하선신고서를 세관장에게 전자문서로 제출해야 한다.
② 다음의 어느 하나에 해당하는 경우에는 세관장에게 서류로 하선신고를 할 수 있으며 하선작업 완료 후 다음 날까지 하선신고서를 세관장에게 전자문서로 제출해야 한다.

- B/L 단위로 구분하여 하선이 가능한 경우
- 검역을 위하여 분할 하선을 해야 하는 경우
- 입항 전에 수입신고 또는 하선 전에 보세운송신고한 물품으로서 검사대상으로 선별된 물품이 선상검사 후에 하선해야 하는 경우
- 재난 등 긴급 하선해야 하는 경우

③ 선사가 물품을 하선할 수 있는 장소는 다음의 장소로 한정한다. 다만, 부두 내에 보세구역이 없는 세관의 경우에는 관할구역 내 보세구역(보세구역 외 장치허가 받은 장소를 포함) 중 세관장이 지정하는 장소로 한다.

- 컨테이너화물 → 컨테이너를 취급할 수 있는 시설이 있는 부두 내 또는 부두 밖 컨테이너 전용 보세창고(이하 'CY'라 하며, CFS를 포함). 다만, 부두사정상 컨테이너화물과 벌크화물을 함께 취급하는 부두의 경우에는 보세구역 중 세관장이 지정한 장소
- 냉동컨테이너화물 → 화주가 냉동컨테이너로부터 화물을 적출하여 반입을 원하는 경우 냉동시설을 갖춘 보세구역
- 벌크화물 등 기타화물 → 부두 내 보세구역

- 액체, 분말 등의 형태로 본선에서 탱크, 사일로(Silo) 등 특수 저장시설로 직송되는 물품 → 해당 저장시설을 갖춘 보세구역
- 특송물품 → 특송물품 통관 시설이 구비된 세관지정장치장 또는 「특송물품 수입통관 사무처리 제13조에 관한 고시」에 따른 특송업체의 자체시설
- 검사대상화물 → 「관리대상화물 관리에 관한 고시」 제6조 제4항에 따라 세관장이 지정하는 장소

④ 선사가 하선장소를 결정하는 때에는 다음의 순서에 따른다.

- 세관장이 밀수방지 등을 위하여 검사대상화물로 선별한 화물은 세관장이 지정한 장소
- 입항 전에 수입신고 또는 하선 전에 보세운송신고가 된 물품으로서 검사가 필요하다고 인정하는 물품은 부두 내의 세관장이 지정하는 장소
- 그 밖의 화물은 위 ③에서 지정된 하선장소 중 선사가 지정하는 장소

⑤ 선사가 하선작업을 할 때에는 다음의 어느 하나에 해당하는 물품별로 하선작업 계획을 수립하여 하역장소 내에 구분하여 일시장치해야 한다.

- 하선장소 내에서 통관할 물품
- 하선장소 내 컨테이너 화물조작장(CFS) 반입대상물품
- 타지역으로 보세운송할 물품
- 세관장이 지정한 장치장에 반입할 검사대상화물
- 냉동·냉장물품
- 위험물품
- 그 밖에 세관장이 별도로 화물을 분류하도록 지시한 물품

⑥ 하선장소가 부두 밖 보세구역인 경우에는 등록된 보세운송차량으로 운송해야 한다. 다만, 냉장 또는 냉동화물 등 특수한 경우에는 「보세운송에 관한 고시」 제37조 제2항부터 제6항까지의 규정을 준용한다.

보세운송에 관한 고시 제37조(보세운송수단)
① 보세운송업자가 보세운송을 하려는 경우에는 제9조에 따라 등록된 자가 보유한 운송수단 또는 등록된 다른 보세운송업자의 운송수단(관련법령에 따라 화물자동차운송사업 등의 자격을 갖춘 보세운송업자로 한정한다)으로 운송하여야 한다. 다만, 보세운송 물품을 철도차량으로 운송하는 경우에는 그러하지 아니하다.
② 제1항에도 불구하고 냉장 또는 냉동화물 등 특수한 경우에는 사전에 세관장의 승인을 얻어 일반업체의 운송수단으로 운송할 수 있으며, 일반업체의 운송수단으로 보세운송(이하 "임차보세운송"이라 한다)을 하려는 자(관계 법령에 의하여 화물운송주선업 등의 자격을 갖춘 보세운송업자에 한한다)는 1년의 임차기간 범위 내에서 별지 제17호 서식의 보세운송수단 임차승인(신청)서를 전자문서 또는 서류로 관할지 또는 신고지세관장에게 제출해야 한다. **24 기출**
③ 제2항에 따라 승인신청을 받은 세관장은 그 신청사유가 타당하다고 인정하면 이를 승인하고 신청인에게 전자문서 또는 서류로 통보해야 한다.
④ 출발지 보세구역운영인 또는 화물관리인은 보세운송업자가 운송하는 경우 보세운송수단의 등록 여부를 확인한 후 물품을 반출해야 한다. **24 기출**
⑤ 한 건의 보세운송에 대하여 복수의 운송수단을 이용할 경우 제26조 및 제32조에 따른 보세운송신고 또는 승인신청 시에 복수의 운송수단을 함께 기재하여 신고 또는 승인신청 할 수 있다. **24 기출**
⑥ 보세운송신고인(또는 승인신청인, 이하 이 절에서 "보세운송인"이라 한다)이 보세운송신고 또는 승인신청 후 운송수단을 변경하려는 경우 보세운송신고 또는 승인신청한 세관장에게 별지 제18호 서식의 보세운송신고(승인신청)항목 변경 승인(신청)서를 전자문서 또는 서류로 제출하여야 한다.

⑦ 선사가 수입 또는 환적 목적이 아닌 외국물품을 하역 작업상의 필요 등에 의하여 일시양륙하려는 경우에는 하선 전에 세관장에게 일시양륙신고를 해야 한다. 이 경우 입항적재화물목록 제출, 하선신고, 보세화물 반입신고는 일시양륙신고서에 필요 항목을 기재하는 것으로 갈음한다.

⑧ 일시양륙한 외국물품은 동일 선박이 접안한 부두에서 떠나기 전에 일시하역물품 재적재 신고서를 제출하고 적재해야 한다. 이 경우 출항적재화물목록 제출, 보세화물 반출신고는 일시하역물품 재적재 신고서에 필요 항목을 기재하는 것으로 갈음한다.

⑨ 외국물품의 일시양륙 장소는 부두 내로 한정한다. 다만, 액체화물을 본선과 보세구역의 저장탱크 사이에 연결된 배관을 통해 일시양륙하는 경우에는 배관과 저장탱크를 양륙장소로 할 수 있다.

⑩ 선사는 일시양륙하려는 외국물품이 다음의 요건을 모두 충족하는 경우에는 세관장에 대한 일시양륙신고 및 일시하역물품 재적재 신고를 생략할 수 있다.

> - 컨테이너화물 또는 전용운반선으로 운송하는 자동차 화물일 것
> - 선박안전 및 적재공간 확보 등으로 일시양륙이 불가피할 것
> - 선사 및 하역업체가 컨테이너 번호 또는 차대번호, 장치위치, 반출입내역 등을 실시간으로 기록하고 관리할 것
> - 출항허가 전까지 본선에 다시 적재할 것

8. 하선장소변경

하선신고를 한 자가 하선장소 반입 에 하선장소를 변경하려는 때에는 변경내역과 변경사유를 기재한 하선장소 변경신청서를 세관장에게 제출하여 승인을 받아야 한다.

9. 하선신고수리

① 세관장은 하선신고서가 접수된 때에는 하선신고내용이 적재화물목록과 일치하는지 여부와 하선장소의 적정성 여부 등을 심사한 후 하선신고수리사실을 등록하고 신고인, 관련하역업자 및 보세구역 등에 통보해야 한다. 다만, 세관장은 신속한 화물처리를 위해 시스템에서 자동으로 하선신고를 수리할 수 있다.

② 세관장은 하선신고서를 심사한 결과 하선장소가 부적정하다고 인정하는 물품과 검사대상화물로 선별한 물품의 하선장소를 직권으로 정정할 수 있다. 이 경우 세관장은 즉시 신고인, 검사회사 및 세관장이 지정한 하선장소의 운영인에게 세관봉인대 봉인대상물품임을 통보하고, 동 내용을 하선신고 물품 세관봉인대 관리대장에 기록한 후, 세관봉인대 봉인 실시 및 하선장소 반입 시 이상 여부 등을 사후관리해야 한다.

③ 세관장으로부터 세관봉인대 봉인대상물품임을 통보받은 검수회사는 해당 물품의 하역단계에서 세관봉인대를 사용하여 봉인하고 그 사용내역을 하선물품 세관봉인대 사용목록에 기록관리한 후, 다음 날까지 세관장에게 봉인 명세를 제출해야 한다. 다만, 세관봉인 물품의 추적감시를 위해 봉인 전에 화물관리번호 및 컨테이너번호별로 세관봉인대 번호를 세관장에게 전자문서로 보고하는 경우에는 세관봉인대 사용목록의 기록관리 및 봉인명세 제출을 생략한다.

10. 하선결과보고

① 하선신고를 한 자는 하선결과 물품이 적재화물목록과 상이할 때에는 하선작업 완료 후 다음 날까지 하선결과보고서를 세관장에게 제출해야 한다. 이 경우 선사와의 계약에 따라 검수(검정)업자가 물품검수(검정)를 한 경우에는 검수(검정)업자가 하선결과보고서를 세관장에게 제출해야 한다.

② 세관장이 하선결과보고서를 접수한 때에는 필요한 경우 화물관리 세관공무원에게 상이내역 및 그 사유를 조사한 후 적재화물목록 정정 등 필요한 조치를 취하게 할 수 있다.

③ 하선결과보고를 한 자는 적재화물목록 작성책임자에게 동 내용을 즉시 통보하여 적재화물목록 정정에 필요한 조치를 취해야 한다.

④ 선사 또는 검수(검정)업자는 하선결과보고를 함에 있어 세관에 제출된 적재화물목록을 사용하여 그 이상 유무를 확인해야 하며, 검수업자의 검수대상범위, 검수방법 및 검수업자의 감독 등에 관하여는 세관장이 정하는 바에 따른다.

11. 하선장소 물품반입 23 기출 22 기출 21 기출 20 기출 18 기출

① 하선신고를 한 자는 입항일(외항에서 입항수속을 한 경우 접안일)로부터 다음의 어느 하나에 해당하는 기간 내에 해당물품을 하선장소에 반입해야 한다.

- 컨테이너화물 → 5일
- 원목, 곡물, 원유 등 벌크화물 → 10일

다만, 부득이한 사유로 지정기한(「관리대상화물 관리에 관한 고시」 제6조 제2항에 따라 검색기검사를 마치고 하선장소에 반입하는 경우에는 지정기한 경과일수를 산출할 때 세관근무일자가 아닌 일수를 제외) 이내에 반입이 곤란할 때에는 반입지연사유, 반입예정일자 등을 기재한 하선장소 반입기간 연장승인(신청)서를 세관장에게 제출하여 승인을 받아야 한다.

② 하선장소를 관리하는 보세구역 운영인은 해당 보세구역을 하선장소로 지정한 물품에 대해 해당 물품의 반입 즉시 House B/L 단위로 세관장에게 물품반입신고를 해야 하며, 창고 내에 물품이 입고되는 과정에서 실물이 적재화물목록상의 내역과 상이함을 발견하였을 때에는 「보세화물 관리에 관한 고시」 제5조에 따라 반입물품 이상보고를 하거나, 반입사고화물로 분류하여 신고해야 한다. 다만, 다음의 어느 하나에 해당하는 물품은 Master B/L 단위로 반입신고를 할 수 있다.

- Master B/L 단위의 FCL화물
- LCL화물로서 해당 하선장소 내의 CFS 내에서 컨테이너 적출 및 반입작업하지 아니하는 물품

③ LCL화물이 Master B/L 단위로 반입신고된 후 사정변경 등의 사유로 해당 하선장소의 CFS 내에 컨테이너 적출 및 반입작업을 하려는 때에는 당해 컨테이너의 내장화물 적출사실을 세관장에게 신고하고 House B/L 단위로 물품반입신고를 해야 한다.

④ 입항 전 수입신고 수리 또는 하선 전 보세운송신고 수리가 된 물품을 하선과 동시에 차상반출하는 경우에는 반출입신고를 생략할 수 있다.

⑤ 하선장소 보세구역운영인(화물관리인)은 하선기한 내 공컨테이너가 반입되지 않은 경우 세관장에게 즉시 보고해야 한다.

⑥ 화물관리 세관공무원은 하선장소 보세구역운영인으로부터 반입신고가 있을 때에는 하선신고물품의 전량반입완료 및 반입사고여부를 확인하고 입항일로부터 아래의 기한까지 반입되지 아니한 물품이 있거나 반입사고가 있는 물품에 대하여는 그 사유를 조사한 후 그 결과에 따라 처리한다.

- 컨테이너화물 → 5일
- 원목, 곡물, 원유 등 벌크화물 → 10일

12. 특송 반입이상물품에 대한 적용 특례

① 하선장소 운영인은 「특송물품 수입통관 사무처리에 관한 고시」 제2조 제2호에 따른 특송물품으로서 「보세화물관리에 관한 고시」 제5조 제2항에 따라 반입물품 이상보고서가 제출된 이상화물 중 다음의 어느 하나에 해당하는 물품은 이상사유가 확인될 때까지 하선장소 내의 일정한 구역에 별도 관리한다.

- 적재화물목록에 등재되지 아니한 물품
- 적재화물목록보다 과다하게 반입된 물품
- 적재화물목록보다 적게 반입된 물품

② 적재화물목록 작성책임자는 별도 관리 중인 물품에 대해 반입물품 이상보고일로부터 15일 이내에 이상사유를 규명하여 적재화물목록 정정 등의 절차를 거쳐 하선장소에 반입해야 한다.

③ 적재화물목록 작성책임자는 별도 관리하는 물품이 전량 미선적되거나 동일 적재화물목록의 물품이 분할선적된 경우로서 최초 적재화물목록을 제출한 선박의 입항일로부터 15일 이내에 미선적되었던 물품이 도착된 경우(후착화물이 적재화물목록에 등재되지 아니하고 도착된 경우로 한정)에는 후착화물과 병합하여 별도관리물품 해제신청서를 세관장에게 제출하여 승인을 받은 후 하선장소에 반입해야 한다. 다만, 세관장이 물품관리에 이상이 없다고 판단하는 경

우에는 적재화물목록 정정신청 승인 또는 반입신고 접수 시 시스템에서 자동으로 별도관리물품 해제를 처리할 수 있다.
④ 하선장소 운영인은 위 ①의 물품에 대하여는 적재화물목록 정정 또는 별도관리 해제절차가 완료된 경우에 한하여 반입신고를 한 후 일반화물과 같이 보관 관리해야 한다.
⑤ 세관장은 위 ①의 물품 및 별도관리대상물품에 대해 반입물품 이상보고일로부터 15일이 경과할 때까지 적재화물목록을 정정신청하지 않거나, 입항일로부터 15일 이내 후착화물과 병합반입하지 않는 경우에는 법 위반여부를 조사 처분한 후 직권으로 적재화물목록을 정정할 수 있다.

13. 잘못 반입된 물품의 처리

① 선사 또는 화물운송주선업자는 입항화물 중 다음의 어느 하나에 해당하는 화물의 경우 잘못 반입된 화물로 처리한다. 다만, 해당 물품의 상거래상의 관행과 수출입관련 공고 등을 종합적으로 검토하여 범칙혐의가 있는 경우는 제외한다.

- 물품수신인 또는 통지처가 제3국의 수입자인 화물을 적재화물목록 작성책임자의 사무착오로 국내 수입화물로 잘못 기재하여 하선한 화물
- 적재화물목록에 기재하지 아니하고 하선한 화물 중 화물운송장에 물품수신인 또는 통지처가 제3국의 수입자인 화물을 하역업자의 사무착오로 잘못 하선한 화물
- 적재화물목록에 기재된 수입화물의 물품수신인이 불분명하고 송하인의 반송요청이 있는 화물

② 위 ①의 화물은 적재화물목록을 정정한 후 「환적화물 처리절차에 관한 특례고시」에 따라 처리한다.
③ 세관장은 잘못 반입된 화물에 대하여 필요하다고 인정하는 때에는 화물관리 세관공무원에게 현품확인을 하게 할 수 있다.

03 항공입항화물 관리

1. 적재화물목록 제출 23 기출 22 기출

① 관세법 제135조 제2항에 따라 적재화물목록 제출의무자는 항공기가 입항하기 4시간 전까지 적재화물목록을 항공기 입항예정지 세관장에게 전자문서로 제출해야 한다. 다만, 근거리 지역(중국·일본·대만·홍콩·러시아 극동지역 등과 필리핀, 베트남, 캄보디아, 태국, 인도네시아, 말레이시아, 싱가포르, 라오스, 미얀마, 몽골, 카자흐스탄, 괌, 마카오, 사이판)의 경우에는 적재항에서 항공기가 출항하기 전까지, 특송화물의 경우에는 항공기가 입항하기 30분 전까지 제출해야 한다.
② 공동운항의 경우에는 공동운항항공사가 작성하여 제공한 적재화물목록 자료를 운항항공사가 이를 취합하여 세관장에게 제출해야 한다.
③ House AWB 내역이 있는 경우에는 항공사가 하우스적재화물목록 작성책임자로부터 하우스적재화물목록을 제출받아 최종적으로 이를 취합하여 세관장에게 제출해야 한다.
④ 세관장은 적재화물목록 제출 이후 다음의 어느 하나에 해당하는 경우에는 적재화물목록 또는 적재화물목록의 일부를 당해 물품 하기 전까지 추가로 제출하게 할 수 있다.

- 항공기의 고장 등으로 화물의 추가 하기가 필요한 경우
- 그 밖에 부득이한 사유로 화물의 추가 하기가 필요한 경우

⑤ 세관장은 추가 제출한 적재화물목록에 대하여 감시단속상 필요한 때에는 검사대상으로 선별하여 검사를 실시할 수 있다.

2. 적재화물목록 심사

화물관리 세관공무원이 적재화물목록을 제출받은 때에는 다음의 어느 하나에 해당하는 사항을 심사해야 한다.

> ① 적재화물목록 자료의 취합완료 여부(공동운항항공사별 적재화물목록 누락여부와 하우스적재화물목록의 누락 여부를 포함)
> ② 적재화물목록 기재사항의 누락 여부
> ③ 세관의 특별감시가 필요한 검사대상화물 해당 여부
> ④ 기타 세관장이 필요하다고 인정하는 사항

이 경우 심사는 적재화물목록 기재사항에 관한 형식적 요건에 한하며, 실질적인 요건에 해당하는 기재사항의 오류여부는 적재화물목록 접수단계에서 심사하지 아니한다.

3. 적재화물목록 취하신청

적재화물목록 제출의무자는 항공기 미입항 등의 사유로 제출된 적재화물목록을 취하하려는 때에는 그 사유를 기재한 적재화물목록 취하신청서를 세관장에게 제출하여 승인을 받아야 한다.

4. 적재화물목록 정정신청 23 기출 22 기출

① 적재화물목록 제출이 완료된 이후에 적재화물목록 작성책임자가 그 기재내용의 일부를 정정하려는 때에는 적재화물목록 정정신청서를 정정사유를 증명할 수 있는 자료(세관장이 인정하는 경우에는 증명자료 제출을 생략할 수 있다)를 첨부하여 서류 또는 전자문서로 제출해야 한다. 다만, 보세운송으로 보세구역에 반입된 화물은 도착지 보세구역을 관할하는 세관장에게 정정신청을 해야 한다.

② 보세운송으로 보세구역에 반입된 화물에 대하여 수입화주는 적재화물목록 작성책임자에게 즉시 정정신청을 요청해야 하고, 적재화물목록 작성책임자는 이에 따라 정정신청을 해야 한다. 다만, 신속 통관을 위하여 필요한 경우 수입화주(위임을 받은 자를 포함)는 적재화물목록 작성책임자에게 정정신청을 요청한 사실 및 정정사유 증명 자료를 첨부하여 적재화물목록 작성책임자 대신 정정신청을 할 수 있다.

③ 적재화물목록 정정신청은 다음의 어느 하나에서 정하는 기간 내에 신청할 수 있다. 다만, B/L양수도 및 B/L 분할·합병의 경우에는 기간을 제한하지 아니한다.

> • 하기결과보고서 및 반입결과 이상보고서가 제출된 물품의 경우에는 보고서 제출일로부터 15일 이내
> • 기타의 사유로 적재화물목록을 정정하고자 하는 경우에는 항공기 입항일부터 60일 이내 21 기출

④ 적재화물목록 정정신청서를 접수한 화물관리 세관공무원은 심사결과 정정하려는 내역이 관련 증명서류에 근거하여 하기결과보고 내역 또는 반입물품 이상보고 내역 등과 일치하고 그 정정사유가 타당하다고 인정할 때에는 적재화물목록 정정신청 사항을 승인해야 한다. 다만, 정정신청 내역과 하기결과보고 내역 또는 반입이상보고 내역과의 일치 여부를 시스템에서 확인할 수 있는 경우 시스템에서 자동심사하여 승인할 수 있다.

⑤ 세관장은 적재화물목록 정정신청한 물품에 대하여 필요하다고 인정할 때에는 화물관리 세관공무원에게 현품확인을 하게 할 수 있다.

⑥ 물품수신인·수량·중량을 정정한 경우에는 정정내역을 입항지세관장 및 당해 물품이 장치되어 있는 보세구역운영인에게 통보해야 한다.

5. 적재화물목록 정정생략 23 기출

적재화물목록상의 물품과 실제 물품이 다음의 어느 하나에 해당하는 때에는 적재화물목록 정정신청을 생략할 수 있다.

> ① 포장파손이 용이한 물품으로서 과부족이 5% 이내인 경우

② 중량으로 거래되는 물품 중 건습에 따라 중량의 변동이 심한 물품으로서 그 중량의 과부족이 5% 이내인 경우
③ 포장단위 물품으로서 중량의 과부족이 10% 이내이고 포장상태에 이상이 없는 경우
④ 적재화물목록 이상사유가 오탈자 등 단순기재오류로 확인되는 경우
⑤ 제32조(하기결과 이상물품에 대한 적용특례) 제3항에 따라 별도관리물품 해제 승인을 받은 후 반입신고 하는 물품

> **고시 제32조(하기결과 이상물품에 대한 적용특례)**
> ① 운항항공사(특송물품은 하기장소 운영인)는 하기결과보고서가 제출된 이상화물 중 다음 각 호의 어느 하나에 해당하는 물품은 이상사유가 확인될 때까지 하역장소(특송물품은 하기장소) 내의 일정한 구역에 별도 관리한다.
>   1. 적재화물목록에 등재되지 아니한 물품
>   2. 적재화물목록보다 과다하게 반입된 물품
>   3. 적재화물목록보다 적게 반입된 물품
> ② 적재화물목록 작성책임자는 제1항에 따라 별도 관리 중인 물품에 대해 하기결과보고일로부터 15일 이내에 이상사유를 규명하여 적재화물목록 정정 등의 절차를 거쳐 하기장소에 반입해야 한다.
> ③ 적재화물목록 작성책임자는 항공기 운항 사정상 동일 AWB의 물품이 전량 미기적 또는 분할기적된 경우로서 최초 적재화물목록을 제출한 항공기의 입항일로부터 15일 이내에 미기적 되었던 물품이 도착된 경우(후착화물이 적재화물목록에 등재되지 아니하고 도착된 경우로 한정한다)에는 제2항에도 불구하고 후착화물과 병합하여 별지 제18호서식의 별도관리 물품 해제 신청서를 세관장에게 제출하여 승인을 받은 후 하기장소에 반입해야 한다. 다만, 세관장이 물품관리에 이상이 없다고 판단하는 경우에는 적재화물목록 정정신청 승인 또는 반입신고 접수 시 시스템에서 자동으로 별도관리 물품 해제를 처리할 수 있다. `24 기출`

6. 적재화물목록 직권정정

화물관리 세관공무원은 하기결과 및 반입이상 보고된 전자문서 또는 관련서류로 확인이 가능한 다음의 어느 하나에 해당하는 경우에는 직권으로 정정할 수 있다. 다만, 보세운송된 화물의 경우에는 해당 보세구역 관할세관 화물관리 세관공무원이 해야 한다.

> ① 적재화물목록 정정생략대상에 해당하는 경우
> ② 하기화물의 수량·중량에 대하여 하기결과보고가 된 경우
> ③ 반입화물의 수량·중량에 대하여 이상보고가 된 경우

7. 하기신고

① 항공사가 화물을 하기하려는 때에는 하역장소와 하기장소를 기재한 하기신고서를 세관장에게 제출해야 한다. 다만, AWB을 추가하는 정정의 경우에는 적재화물목록 정정신청서에 하기장소를 기재하는 것으로 하기신고를 갈음할 수 있다.
② 항공사가 물품을 하기할 수 있는 장소는 항공기가 입항한 공항 항역 내 보세구역으로 한정한다.
③ 항공사가 하기장소를 결정하는 때에는 다음 순서에 따른다. `20 기출`

> • 세관장이 밀수방지 등을 위하여 검사대상화물로 선별한 화물은 세관장에 지정한 장소
> • 다음의 어느 하나에 해당하는 물품은 즉시 반출을 위하여 하역장소로 한다. 다만, 세관장이 계류장 인도대상 물품으로 지정한 물품과 화물의 권리자가 즉시 반출을 요구하는 물품은 하역장소에 반입하지 않고 계류장 내에서 직접 반출할 수 있다.
>   – 입항 전 또는 하기장소 반입 전에 수입신고가 수리된 물품

- 하기장소 반입 전에 보세운송 신고가 수리되었거나 타세관 관할 보세구역으로 보세운송할 물품으로 화물분류가 결정된 물품
- 검역대상물품(검역소에서 인수하는 경우)
- 「수입통관 사무처리에 관한 고시」에 따른 B/L제시인도물품(수입신고생략물품)
• 그 밖의 물품은 공항 항역 내의 하기장소 중 항공사가 화주 또는 그 위임을 받은 자와 협의하여 정하는 장소. 다만, 화주 또는 그 위임을 받은 자가 장치장소에 대한 별도의 의사표시가 없는 경우에는 항공사가 지정한 장소

④ 하역장소 운영인이 검역대상물품(검역소에서 인수하는 경우) 및 B/L제시 인도물품을 하역장소에서 반출하려는 때에는 화물인수자로부터 물품인수증 또는 항공화물운송장을 제시받아 화물관리 세관공무원의 확인을 받은 후 인도해야 한다.

⑤ 항공사가 하기작업을 할 때에는 다음의 어느 하나에 해당하는 물품별로 하기작업 계획을 수립하여 하역장소 내에 구분하여 일시장치해야 한다.

- 공항 항역 내 하기장소별로 통관할 물품
- 타지역으로 보세운송할 물품
- 세관장이 지정한 장치장에 반입할 검사대상화물
- 보냉·보온물품
- 위험물품
- 그 밖에 세관장이 별도로 화물을 분류하도록 지시한 물품

⑥ 하기장소가 계류장과 직접 접속하지 않은 보세구역인 경우에는 등록된 보세운송차량으로 운송해야 한다.
⑦ 항공사는 하기작업을 완료한 경우에는 지체 없이 하역장소 보세구역 운영인에게 물품을 인계해야 한다.

8. 하기결과보고 21 기출

① 항공사(특송화물의 경우에는 특송업체인 화물운송주선업자를 말함)는 하기결과 물품이 적재화물목록과 상이할 때에는 항공기 입항 다음 날까지 하기결과보고서를 세관장에게 제출해야 한다. 이 경우 추가 제출 화물에 대하여는 하기결과보고를 생략할 수 있다.
② 세관장이 하기결과보고서를 접수한 때에는 필요한 경우 화물관리 세관공무원에게 상이내역 및 그 사유를 조사한 후 적재화물목록 정정 등 필요한 조치를 취하게 할 수 있다. 다만, 적재화물목록을 정정할 수 있는 경우에는 그러하지 아니하다.
③ 항공사는 하기결과보고서를 제출한 때에는 적재화물목록 작성책임자에게 동 내용을 즉시 통보하여 적재화물목록 정정 등 필요한 조치를 취할 수 있도록 해야 한다.

9. 하기장소의 물품반입 22 기출

① 하역장소 보세구역 운영인은 화물분류 완료 후 해당 물품을 지정된 하기장소 보세구역 운영인에게 지체 없이 인계해야 하며, **해당 물품을 인수받은 운영인은 입항 다음 날까지 지정된 하기장소에 반입해야 한다.** 다만, 위험물품의 경우에는 지체 없이 하기장소에 반입해야 한다.
② 물품을 인수받은 보세구역 운영인은 해당 보세구역을 하기장소로 지정한 물품에 대해 해당물품의 반입 즉시 House AWB 단위로 세관장에게 물품반입신고를 해야 하며, 창고 내에 물품을 입고하는 과정에서 실물이 적재화물목록상의 내역과 상이함을 발견하였을 때에는 「보세화물 관리에 관한 고시」 제5조에 따라 반입물품 이상보고를 하거나, 반입사고화물로 분류하여 신고해야 한다. 다만, House AWB이 없는 화물은 Master AWB 단위로 반입신고를 할 수 있다.
③ 화물관리 세관공무원은 하기장소 보세구역 운영인으로부터 반입신고가 있을 때에는 적재화물목록상 물품의 전량반입완료 및 반입사고여부를 확인하고 입항 다음 날까지 반입되지 아니한 물품이 있거나 반입사고가 있는 물품에 대하여는 그 사유를 조사한 후 그 결과에 따라 처리한다.

10. 하기결과 이상물품에 대한 적용특례

① 운항항공사(특송물품은 하기장소 운영인)는 하기결과보고서가 제출된 이상화물 중 다음의 어느 하나에 해당하는 물품은 이상사유가 확인될 때까지 하역장소(특송물품은 하기장소) 내의 일정한 구역에 별도 관리한다.

> • 적재화물목록에 등재되지 아니한 물품
> • 적재화물목록보다 과다하게 반입된 물품
> • 적재화물목록보다 적게 반입된 물품

② 적재화물목록 작성책임자는 별도 관리 중인 물품에 대해 하기결과보고일로부터 15일 이내에 이상사유를 규명하여 적재화물목록 정정 등의 절차를 거쳐 하기장소에 반입해야 한다.

③ 적재화물목록 작성책임자는 항공기 운항 사정상 동일 AWB의 물품이 전량 미기적 또는 분할기적된 경우로서 최초 적재화물목록을 제출한 항공기의 입항일로부터 15일 이내에 미기적되었던 물품이 도착된 경우(후착화물이 적재화물목록에 등재되지 아니하고 도착된 경우로 한정)에는 위 ②에도 불구하고 후착화물과 병합하여 별도관리물품 해제신청서를 세관장에게 제출하여 승인을 받은 후 하기장소에 반입해야 한다. 다만, 세관장이 물품관리에 이상이 없다고 판단하는 경우에는 적재화물목록 정정신청 승인 또는 반입신고 접수 시 시스템에서 자동으로 별도관리물품 해제를 처리할 수 있다.

④ 하기장소 보세구역 운영인은 적재화물목록정정 또는 별도관리 해제절차가 완료된 경우에 한하여 반입신고를 한 후 일반화물과 같이 보관 관리해야 한다.

⑤ 세관장은 별도관리대상물품에 대해 하기결과보고일로부터 15일이 경과할 때까지 적재화물목록을 정정신청하지 않거나, 입항일로부터 15일 이내 후착화물과 병합반입하지 않는 경우에는 법 위반여부를 조사 처분한 후 직권으로 적재화물목록을 정정할 수 있다.

04 출항화물 관리

1. 선적지 보세구역 반입 및 적재신고 등 [23 기출]

(1) 보세구역 반입 [21 기출] [18 기출]

① 보세구역 운영인은 수출하려는 물품이 반입된 경우에는 그 내역을 확인할 수 있는 서류(수출신고필증, 송품장, B/L 등)를 받아 화물반출입대장(전산설비를 이용한 기록관리를 포함)에 그 내역을 기록 관리해야 한다. 다만, 전산으로 수출신고수리내역을 확인한 경우에는 수출신고필증을 받지 아니할 수 있다.

② 수출신고수리물품 또는 수출신고수리를 받으려는 물품의 반입신고는 화물반출입대장(전산설비를 이용한 기록관리를 포함)에 기록 관리하는 것으로 갈음한다. 다만, 관세법 제243조 제4항 등에 따라 보세구역에 반입 후 수출신고하게 할 수 있는 물품은 관세법 제157조 제1항에 따라 세관장에게 반입신고를 해야 한다.

> **관세법 제243조(신고의 요건) 제4항**
> 밀수출 등 불법행위가 발생할 우려가 높거나 감시단속을 위하여 필요하다고 인정하여 대통령령으로 정하는 물품은 관세청장이 정하는 장소에 반입한 후 제241조 제1항에 따른 수출의 신고를 하게 할 수 있다.

③ 반송물품을 보세구역에 반입하려는 보세구역 운영인은 관세법 제157조 제1항에 따라 세관장에게 반입신고를 해야 한다. 이 경우 반입신고는 보세운송 도착보고를 갈음할 수 있다.

(2) 보수작업
① 적재지 보세구역(보세구역 외 장치의 허가를 받은 장소를 포함)에 반입한 수출물품을 재포장, 분할, 병합, 교체 등 보수작업하려는 자는 관할세관장에게 수출물품 보수작업승인신청서를 제출하여 승인을 받아야 한다.
② 보수작업결과 포장개수의 변동 등 당초의 수출신고수리사항이 변경되는 경우에는 해당 보수작업 승인을 한 세관장이 그 내역을 수출신고수리 세관장에게 통보해야 한다.

(3) 멸실·폐기 등의 처리
① 적재지 보세구역에 반입된 수출물품을 부패·손상 등의 사유로 폐기하려는 자는 세관장에게 폐기승인신청서를 제출하여 승인을 받아야 한다. **18 기출**
② 보세구역 운영인은 보세구역에 반입된 화물이 천재지변, 화재 등으로 멸실된 경우에는 즉시 세관장에게 그 사실을 보고해야 한다.
③ 수출물품에 대하여 멸실신고를 받거나 폐기승인을 한 세관장은 그 내역을 수출신고수리 세관장에게 통보해야 한다.

(4) 보세구역 반출
① 적재지 보세구역에 반입된 수출물품은 다음의 어느 하나에 해당하는 경우에 한정하여 적재지 보세구역으로부터 반출할 수 있다.

> - 적재예정 선박 또는 항공기에 적재하고자 하는 경우
> - 적재예정 선박 또는 항공기가 변경되거나 해상 또는 항공수송의 상호연계를 위하여 다른 적재지 세관의 보세구역으로 수출물품을 운송(보세운송을 포함)하려는 경우
> - 동일 적재지 세관 내에서 혼재작업을 위해 다른 보세구역으로 수출물품을 운송하려는 경우
> - 보수작업과 폐기처리 등을 해당 적재지 보세구역 내에서 수행하기가 곤란하여 다른 장소로 수출물품을 운송하고자 하는 경우
> - 그 밖에 세관장이 적재지 보세구역에서 반출하는 사유가 타당하다고 인정하는 경우

② 수출물품이 보세구역에서 반출되는 경우 보세구역 운영인은 반출사유가 타당한지 여부를 확인해야 하며 그 내역을 화물반출입대장(전산설비에 의하여 기록 관리를 포함)에 기록 관리해야 한다.
③ 수출신고수리물품 또는 수출신고수리를 받으려는 물품의 반출신고는 화물반출입대장(전산설비를 이용한 기록관리를 포함)에 기록 관리하는 것으로 갈음한다. 다만, 관세법 제243조 제4항 등에 따라 보세구역에 반입 후 수출신고를 하게 할 수 있는 물품은 관세법 제157조 제1항에 따라 세관장에게 반출신고를 해야 한다.
④ 반송물품을 보세구역에서 반출하려는 보세구역 운영인은 세관장에게 관세법 제157조 제1항에 따른 반출신고를 해야 하며, 적재를 위하여 반출하는 경우에는 반출자가 적재권한이 있는 자인지 확인 후 반출해야 한다.

(5) 적재신고 **19 기출**
① 출항(반송물품을 포함)하려는 물품을 선박이나 항공기에 적재하려는 자(적재화물목록 제출의무자)는 물품을 적재하기 전 관세법 제140조 제4항 및 관세법 시행령 제161조 제2항 단서에 따른 적재신고를 해야 한다.

> **관세법 제140조(물품의 하역) 제4항**
> 국제무역선이나 국제무역기에 물품을 하역하려면 세관장에게 신고하고 현장에서 세관공무원의 확인을 받아야 한다. 다만, 세관공무원이 확인할 필요가 없다고 인정하는 경우에는 그러하지 아니하다.
>
> **시행령 제161조(물품의 하역 등의 허가신청) 제2항**
> 법 제140조 제4항에 따라 물품을 하역하려는 자는 다음 각 호의 사항을 기재한 신고서를 세관장에게 제출하고 그 신고필증을 현장세관공무원에게 제시하여야 한다. 다만, 수출물품의 경우에는 관세청장이 정하는 바에 따라 물품목록의 제출로써 이에 갈음할 수 있으며, 항공기인 경우에는 현장세관공무원에 대한 말로써 신고하여 이에 갈음할 수 있다.

> 1. 선박 또는 항공기의 명칭
> 2. 물품의 품명·개수 및 중량
> 3. 승선자 수 또는 탑승자 수
> 4. 선박 또는 항공기 대리점
> 5. 작업의 구분과 작업예정기간

② 적재신고는 출항적재화물목록 제출로 갈음한다.

(6) 컨테이너 적출입 작업 등

CY에서의 입출항화물에 대한 컨테이너 적출입 작업은 CFS에서 해야 한다. 다만, 다음의 어느 하나에 해당하는 경우에는 그러하지 아니하다.

> ① 냉동화물 등 특수화물을 하선과 동시에 선측에서 컨테이너에 적입하는 작업
> ② 컨테이너에 내장된 냉동화물 등 특수화물을 선측에서 적출하여 동시에 적재하는 것이 불가피한 경우
> ③ 위험물 등 특수화물로서 특수시설을 갖춘 장소의 적출입 작업이 불가피한 경우
> ④ 경유지 보세구역(의왕ICD 및 김포공항화물터미널에 한함)에서 환적화물 컨테이너 적출입 작업(ULD 작업 포함)을 하는 경우
> ⑤ 그 밖에 CFS에서 작업이 곤란하다고 세관장이 인정하는 경우

2. 적재 및 출항

(1) 적재

① 출항하려는 물품은 적재신고가 수리되기 전에 선박 또는 항공기에 적재할 수 없다. 다만, 관세법 제140조 제6항에 따른 내국물품적재허가를 받아 직접 본선에 적재 후 수출신고하려는 물품은 그러하지 아니하다.

> **관세법 제140조(물품의 하역) 제6항**
> 국제무역선이나 국제무역기에는 내국물품을 적재할 수 없으며, 국내운항선이나 국내운항기에는 외국물품을 적재할 수 없다. 다만, 세관장의 허가를 받았을 때에는 그러하지 아니하다.

② 선사 또는 항공사는 적재결과 물품이 적재화물목록과 상이할 때에는 적재완료 다음 날까지 적재결과보고서를 작성하여 세관장에게 제출해야 한다. 이 경우 선사와의 계약에 따라 검수(검정)업자가 물품검수(검정)를 한 경우에는 검수(검정)업자가 적재결과보고서를 세관장에게 제출해야 한다. `21 기출`

③ 선사가 출항 목적이 아닌 하역 작업상의 필요 등에 의하여 보세화물을 일시적재하려는 경우에는 적재 전에 세관장에게 일시적재신고를 해야 한다. 이 경우 보세화물 반출신고는 일시적재신고서에 필요항목을 기재하는 것으로 갈음한다.

④ 일시적재한 화물은 동일 선박이 접안한 부두에서 떠나기 전 일시하역물품 재하선 신고서를 제출하고 하선해야 한다. 이 경우 보세화물반입신고는 일시하역물품 재하선 신고서에 필요 항목을 기재하는 것으로 갈음한다.

(2) 적재화물목록 제출

① 관세법 제136조 제2항 내지 제3항 등에 따라 적재화물목록 제출의무자는 출항지 세관장에게 적재화물목록을 제출해야 한다.

② 적재화물목록은 물품이 적재지 공항만 내(ODCY 포함)에 장치된 후 제출해야 하며, 제출시기는 다음의 어느 하나와 같다. `24 기출` `22 기출` `20 기출`

> - 해상화물은 해당물품을 선박에 적재하기 24시간 전까지 제출해야 하며, 근거리 지역(중국·일본·대만·홍콩·러시아 극동지역과 필리핀, 베트남, 캄보디아, 태국, 인도네시아, 말레이시아, 싱가포르)의 경우에는 해당물품을 선박에 적재하기 전까지 제출하되 선박이 출항하기 30분 전까지 최종 마감하여 제출해야 한다. 다만, 적재하려는 물품이 다음의 어느 하나에 해당하는 경우에는 출항하기 전까지, 「수출통관 사무처리에 관한 고시」 제32조에 해당하는 물품의 경우에는 출항 다음 날 자정까지 제출할 수 있다.
>   - 벌크화물
>   - 환적화물, 공컨테이너
>   - 그 밖에 적재 24시간 전까지 제출하기 곤란하다고 세관장이 인정하는 물품
> - 항공화물은 해당물품을 항공기에 적재하기 전까지 제출해야 하며, 항공기가 출항하기 30분 전까지 최종 마감하여 제출해야 한다.
> - 선박 또는 항공기의 안전운항, 적재계획 변경 등으로 물품을 예정대로 적재하지 못하거나 항만의 컨테이너터미널(부두를 포함) 또는 공항의 화물터미널에서 B/L상의 중·수량을 확정하는 경우에는 선박 또는 항공기가 출항한 다음 날 18시까지 1회에 한하여 물품목록의 일부를 삭제하거나 물품목록의 해당항목을 정정할 수 있다.

③ 공동배선의 경우에 운항 선사 또는 항공사는 용선 선사 또는 공동운항 항공사가 작성하여 제공한 적재화물목록 자료를 취합하여 세관장에게 제출해야 한다.

④ 화물운송주선업자가 집하·운송의뢰하는 화물의 경우 선사 또는 항공사는 화물운송주선업자가 작성하여 제공한 하우스적재화물목록을 최종적으로 취합하여 세관장에게 제출해야 한다.

⑤ 세관장은 적재화물목록을 제출한 물품에 대하여 전산시스템으로 수출검사대상 여부를 확인 후 자동으로 수리하되, 수출신고사항과의 이상 유무 등 세관공무원의 확인이 필요하다고 판단되는 물품은 선별하여 확인할 수 있다.

⑥ 적재화물목록 제출의무자는 적재화물목록을 제출한 물품 중 수출검사대상으로 선별된 물품이 있는지 확인하고, 선별된 물품이 있는 경우 세관공무원의 검사를 받은 후 적재해야 한다.

3. 적재화물목록의 취하신청

적재화물목록 제출의무자는 선박 또는 항공기 출항 취소 등의 사유로 제출된 적재화물목록을 취하하려는 때에는 그 사유를 기재한 적재화물목록 취하신청서를 세관장에게 제출하여 승인을 받아야 한다.

4. 적재화물목록의 정정신청

① 적재화물목록 작성책임자가 그 기재내용의 일부를 정정하려는 때에는 적재화물목록 정정신청서를 출항지 세관장에게 제출하여 승인을 받아야 한다. 이 경우 세관장은 그 정정사유를 증명할 수 있는 자료를 요구할 수 있다.

② 적재화물목록 정정신청은 해당 출항물품을 적재한 선박, 항공기가 출항한 날로부터 **해상화물은 90일 내, 항공화물은 60일 내에 해야 한다.** 23 기출

③ 적재화물목록 정정신청서를 접수한 화물관리 세관공무원은 심사결과 정정하려는 내역이 관련 증명서류에 근거하여 출항한 물품의 내역과 일치하고 그 정정사유가 타당하다고 인정되는 때에는 적재화물목록 정정신청 사항을 승인해야 한다. 다만, 신속한 업무처리를 위해 시스템에서 자동심사하여 승인할 수 있다.

5. 적재화물목록의 정정신청 생략

적재화물목록상의 물품과 실제 출항물품의 내역을 비교하여 용적이나 포장화물의 경우 중량(벌크화물은 제외)이 상이한 때에는 적재화물목록 정정신청을 생략하고 관련 근거서류에 따라 화물관리 세관공무원은 직권으로 정정할 수 있다.

05 운수기관 등

1. 선사부호 신고

① 우리나라에 국제무역선을 운항하는 선사는 최초 입항지 세관장에게 선박회사부호 신고서를 제출하여 영문자 4자리의 선사부호를 신고해야 한다.

② 선사가 부호를 신고하는 때에는 이미 다른 선사가 사용하고 있는 부호와 중복되지 않도록 신고해야 한다.

③ 세관장이 선사로부터 선사부호신고를 접수한 때에는 이미 신고된 타선사의 부호와 중복되는지 여부를 심사하여 수리한 즉시 선사부호를 시스템에 등록해야 한다.

2. 항공사부호 신고

우리나라에 국제무역기를 운항하는 항공사는 항공사부호 신고서를 제출하여 국제항공운송협회(IATA)에 등록된 영문자 2자리의 항공사부호를 세관장에게 신고해야 한다.

3. 적재화물목록의 작성 및 제출자격

적재화물목록의 작성 및 제출은 업체부호를 신고한 선사 또는 항공사나 「화물운송주선업자 등록 및 관리에 관한 고시」에 따라 업체부호를 등록한 화물운송주선업자가 해야 한다.

4. 운수기관 등의 의무

① 적재화물목록 제출의무자로서의 선사, 항공사 등 운수기관은 관세법 제135조 및 제136조에 따라 적재화물목록 등 자료제출의 의무를 성실히 이행해야 하며, 적재화물목록자료를 취합할 때에는 적재화물목록의 작성 및 제출자격과 관련한 사항을 확인해야 한다.

② 적재화물목록 제출의무자로서의 선사, 항공사 등은 공항 또는 부두 내에서의 물류신속화와 신속통관 등을 위하여 수출입화주, 보세운송업자 또는 보세구역 운영인, 부두운영공사 등 이해관계자에게 취합된 적재화물목록 자료와 하선(기) 작업계획에 관한 자료 등을 세관장이 정하는 바에 따라 성실히 제공해야 한다.

③ 적재화물목록 작성책임자로서의 선사, 항공사 등은 관세법 제135조 및 제136조에 따라 적재물품과 부합되게 적재화물목록을 작성하여 세관장에게 제출해야 하며, 화물운송주선업자는 관세법 제222조에 따라 하우스적재화물목록을 작성하여 세관장에게 제출해야 한다.

④ 적재화물목록 작성책임자로서의 선사, 항공사 및 화물운송주선업자는 적재물품이 운송 의뢰받은 물품과 일치하지 않거나 마약, 총기류 등 국내에 수출입이 금지되는 물품으로 확인된 때에는 관세법 제222조, 제225조 및 제263조에 따라 그 사실을 세관장에게 지체 없이 보고해야 한다.

5. 운수기관 등의 변동신고

① 세관장에게 신고한 선사, 항공사는 신고사항에 변동이 생긴 때에는 운수기관 등의 변동신고서를 작성하여 지체 없이 신고지 관할세관장에게 신고해야 한다.

② 세관장이 변동신고서를 접수한 때에는 변동사항을 확인한 후 이상이 없는 경우에는 이를 즉시 수리하고 시스템에 등록해야 한다.

6. 적재화물목록 오류검증

① 세관장은 적재화물목록 제출의무자가 전자문서로 제출한 적재화물목록의 신고내용에 대하여 오류검증을 할 수 있다.

② 세관장은 오류검증 결과 발견한 오류내용을 적재화물목록 제출의무자가 오류내용을 보완하여 제출할 수 있도록 전자문서 중계사업자를 통하여 제공할 수 있다.

4절 환적화물 처리절차에 관한 특례고시

✏️ 본문 내용 중 꼭 알아야 하는 부분에 형광펜으로 표시하였으니 반드시 학습하시기 바랍니다.

01 총칙

1. 용어의 정의 [18 기출]

(1) 환적

동일한 세관관할구역 안에서 입항하는 운송수단에서 출항하는 운송수단으로 물품을 옮겨 싣는 것을 말한다.

(2) 복합환적

입항하는 운송수단의 물품을 다른 세관의 관할구역으로 운송하여 출항하는 운송수단으로 옮겨 싣는 것(같은 세관의 관할구역에서 물품을 선박에서 항공기로 또는 항공기에서 선박으로 옮겨 싣는 것을 포함)을 말한다.

(3) 내국환적운송

최초 입항지에서 운송수단을 국제무역선(국제무역기를 포함)으로 변경하여 국내 국제항 간 보세화물 또는 내국물품인 공컨테이너를 운송하는 것을 말한다.

(4) 복합일관운송화물

자동차에 적재한 상태로 해상 및 육로를 일관하여 운송하는 물품을 말한다.

2. 적용범위 등

① 이 고시는 다음의 물품에 대하여 적용한다.

> • 우리나라에 반입되어 외국으로 반출되는 물품 중 수출·수입 또는 반송통관 절차를 거치지 아니하는 환적화물(복합환적화물을 포함)
> • 선사 또는 항공사의 요청에 따라 국내 국제항 간 국제무역선(기)으로 운송되는 내국환적운송화물

② 환적화물 및 복합환적화물의 처리절차에 관하여는 이 고시에 특별한 규정이 있는 경우 외에는 「보세화물 입출항 하선 하기 및 적재에 관한 고시」, 「보세운송에 관한 고시」, 「보세화물 장치기간 및 체화관리에 관한 고시」, 「보세화물 관리에 관한 고시」 등에서 정하는 바에 따른다.

③ 이 고시의 다른 조항에서 환적화물이라는 용어를 사용할 경우 특별히 규정하지 않은 한 복합환적화물과 내국환적운송화물을 포함한 것으로 본다.

02 환적화물 관련 신고 및 처리 사항

1. 하선신고 등 [21 기출]

① 관세법 제141조 제1호 및 관세법 시행령 제162조에 따른 환적화물의 일시양륙신고는 보세화물 입출항 하선 하기 및 적재에 관한 고시에 따른 하선(하기를 포함)신고로 갈음한다.

② 관세법 제140조 제5항에 따라 환적화물을 하역하여 장치할 수 있는 장소는 다음과 같다.

> - 「보세화물 입출항 하선 하기 및 적재에 관한 고시」 세관장이 하선장소로 지정한 보세구역
> - 관세법 제151조 제1항에 따른 물품의 경우에는 해당 통관장 또는 통관역을 관할하는 세관장이 하역장소로 지정한 보세구역
> - 보세화물의 형상, 반입자의 신용도 등을 감안하여 세관장이 필요하다고 인정하는 경우에는 하선 보세구역이 아닌 보세구역(관세법 제156조에 따라 보세구역외장치허가를 받은 장소를 포함)

③ 반입자는 반입장소 및 반입사유 등을 세관장에게 신고하여야 한다.
④ 하선 또는 하기물품은 「보세화물 입출항 하선 하기 및 적재에 관한 고시」 제19조 및 제30조에서 정한 기간 내에 하선 또는 하기장소에 반입해야 한다.
⑤ 항공기에서 양륙하여 동일 공항 내에서 입항 후 10일의 범위에서 세관장이 정하는 기간 이내에 다른 항공기로 환적하려는 경우(위험물품은 제외)에는 하기장소에 반입하지 않고 계류장내 세관장이 지정하는 장소에 일시보관하였다가 출항하는 항공기에 적재할 수 있다. 다만, 세관장이 필요하다고 인정하는 경우에는 10일의 범위에서 그 기간을 연장할 수 있다.

2. 반출입신고

① 보세구역 운영인은 환적화물을 반출입할 때 반입예정정보 또는 반출승인정보와 물품의 상이 여부를 확인한 후 반입 즉시 또는 반출 전에 세관장에게 반출입신고를 하여야 한다.
② 보세구역 운영인이 반출입신고를 하려는 때에는 House B/L 단위의 전자문서로 하여야 한다. 다만, 다음의 어느 하나에 해당하는 경우에는 그 구분에 따른다.

> - 컨테이너보세창고에서 운송용기(컨테이너) 단위로 반출입되는 환적화물 → 운송용기(컨테이너) 단위
> - 공항 내 화물터미널에서 Master B/L단위로 반출입되는 환적화물 → Master B/L 단위
> - 보세운송하여 Master B/L 단위로 반출입되는 환적화물 → Master B/L 단위

③ 세관장은 하기장소가 공항 화물터미널이면서 다른 보세구역 등으로 반출하지 않고 동일 터미널에서 보관하였다가 출항하는 항공기에 적재하는 화물로서 운영인이 환적화물의 반출입 사항을 반출입대장(전산설비에 의한 기록관리를 포함)에 기록 관리하는 경우에는 입출항 적재화물목록을 제출하는 것으로 반출입신고를 갈음할 수 있다.

3. 환적신고 등

① 관세법 제141조 제3호 및 관세법 시행령 제164조에 따라 물품을 환적하려는 자가 컨테이너 적출입 작업(환적화물에 수출물품 또는 다른 환적화물을 추가로 적입하는 것을 포함)을 하려는 때에는 적출입 내역을 기재한 환적신고서를 적출입 작업 전까지 컨테이너 적출입작업 예정지를 관할하는 세관장에게 제출해야 한다.
② 환적화물의 컨테이너 적출입 작업은 컨테이너 보세창고(CY)의 컨테이너 조작장(CFS) 또는 공항 내 보세구역에서 하여야 한다. 다만, 다음의 어느 하나에 해당하는 경우에는 그러하지 아니하다.

> - 냉동화물 등 특수화물을 하선과 동시에 선측에서 컨테이너에 적입하는 작업
> - 컨테이너에 내장된 냉동화물 등 특수화물을 선측에서 적출하여 동시에 선적하는 것이 불가피한 경우
> - 위험물 등 특수화물로서 특수시설을 갖춘 장소에서만 적출입 작업이 가능한 경우
> - 경유지 보세구역(의왕ICD 및 김포공항 화물터미널의 경우에만 해당)에서 환적화물 컨테이너(항공기용 탑재용기를 포함)에 적출입 작업을 하는 경우
> - 그 밖에 컨테이너 조작장(CFS)에서 작업이 곤란하다고 세관장이 인정하는 경우

4. 보세운송 23 기출 21 기출 20 기출 19 기출

① 환적화물을 보세운송하려는 자는 입항 선박 또는 항공기의 House B/L 단위로 세관장에게 보세운송신고를 하여야 한다. 다만, 다음의 어느 하나에 해당하는 경우에는 그러하지 아니하다.

> - 선박을 통해 입항지에 반입된 화물을 공항으로 운송한 후 외국으로 반출하려는 환적화물(보세운송목적지가 공항항역 내 1개 이상인 경우를 포함한다)은 모선단위 1건으로 일괄하여 신고할 수 있다.
> - 다음의 어느 하나에 해당하는 화물은 Master B/L 단위로 신고할 수 있다.
>   - 단일화주의 FCL화물
>   - 컨테이너에서 적출하지 아니하고 동일한 목적지로 보세운송하는 LCL화물
>   - 체신관서가 「우편법」 및 「우정사업 운영에 관한 특례법」에 따라 AEO인 보세운송업자와 위탁운송 계약을 체결하고, 항공으로 반입된 환적 화물을 경유지 없이 통관우체국에서 부두 내 보세구역으로 보세운송하거나 해상으로 반입된 환적 화물을 경유지 없이 부두 내 보세구역에서 통관우체국으로 보세운송하는 경우

② 보세운송의 목적지는 물품을 적재하려는 공항 및 항만의 하선장소로 한정한다. 다만, 컨테이너 적출입 작업 및 보수 작업이 필요한 경우 등 세관장이 필요하다고 인정하는 경우에는 그러하지 아니하다.

③ 보세운송물품이 컨테이너화물(LCL화물을 포함)인 경우에는 최초 도착지 보세구역 운영인(보세사를 포함)의 확인을 받아 컨테이너를 개장하여야 한다.

④ 세관장은 다음의 어느 하나에 해당하는 관할 내 보세구역(자유무역지역 입주기업체를 포함) 중 환적 물동량, 감시단속상 문제점 등을 종합적으로 검토하여 환적화물 보세운송 특례 보세구역을 지정할 수 있다.

> - 부두 내 보세구역
> - 부두 밖 컨테이너 보세장치장(ODCY)
> - 하선장소 중 「수출입 안전관리 우수업체 공인 및 운영에 관한 고시」에 따른 AEO 공인업체 또는 법규수행능력 우수업체

⑤ 보세운송 특례 보세구역 간 운송물품에 대하여는 보세구역 운영인이 반출신고서에 보세운송업자와 목적지를 기재하는 것으로 보세운송신고(승인)를 갈음할 수 있다. 이 경우 보세운송 목적지가 변경되면 보세구역 운영인 또는 보세운송업자는 목적지를 정정신고하여야 한다.

⑥ 화주 및 화물에 대한 권리를 가진 선사 또는 화물운송주선업자(화주 등)가 환적화물을 직접 운송하려는 경우에는 세관장에게 제세 등에 해당하는 담보를 제공하여야 한다. 다만, 세관장은 환적화물을 운송하는 업체가 간이보세운송업체로 지정된 경우에는 담보제공을 생략하게 할 수 있다.

5. 일관운송 환적절차 22 기출 19 기출

① 다음의 어느 하나에 해당하는 환적화물(일관운송 환적화물)은 적재화물목록에 보세운송인과 목적지를 기재하여 제출하는 것으로 반출입신고 및 보세운송신고(승인)를 갈음할 수 있다. 24 기출

> - 선박으로 반입한 화물을 공항으로 운송하여 반출하는 물품
> - 항공기로 반입한 화물을 항만으로 운송하여 반출하는 물품
> - 선박 또는 항공기로 반입한 화물을 차량 또는 철도로 반출하는 물품
> - 차량 또는 철도로 반입한 화물을 항만 또는 공항으로 운송하여 선박 또는 항공기로 반출하는 물품
> - 항공기로 반입한 화물을 다른 공항으로 운송하여 반출하는 물품

② 일관운송 환적화물을 보세운송하려는 화주 등은 최초 입항지 세관장에게 House B/L 단위로 운송업체(화주 등이 직접 운송하는 경우에는 해당 화주 등을 말한다)와 반출 예정지 보세구역을 적재화물목록에 기재하여 신고하여야 한다.

③ 일관운송 환적화물을 운송하려는 경우 운송인은 적재화물목록 사본을 소지하고 보세구역 운영인 등에게 제시한 후 화물을 인계인수하여야 하며, 보세구역 운영인은 화물의 이상 여부를 확인한 후 세관장에게 반출입신고를 하여야 한다.

④ 세관장은 「일시수출입하는 차량통관에 관한 고시」 제10조에 따라 복합일관운송화물을 적재한 차량의 수입신고가 수리된 때에는 하선장소에 반입하지 아니하고 보세운송하게 할 수 있으며, 같은 고시 제16조에 따라 복합일관운송화물을 적재한 차량의 재수출신고가 수리된 때에는 복합일관운송화물을 선적지 보세구역에 반입하지 아니하고 출항하는 선박에 직접 적재하게 할 수 있다.

⑤ 일관운송 환적화물의 운송기한은 하선신고일부터 7일로 한다. `21 기출` `20 기출`

⑥ 일관운송 환적화물의 일관운송 신청인이 신청한 물품을 하선신고일부터 7일 내에 운송하지 않는 경우에는 입항지 세관장에게 일관운송 환적화물 운송신고를 취하하여야 한다. 이 경우 하선신고인이 해당 물품의 하선장소를 최초 입항지(입경지) 보세구역으로 변경하는 것으로 취하를 갈음할 수 있다.

6. 국내 국제항 간 국제무역선에 의한 화물운송 `24 기출` `21 기출` `19 기출`

① 국내 국제항 간 국제무역선으로 화물을 운송할 수 있는 경우는 다음의 어느 하나와 같다.

> • 우리나라로 수입하려는 외국물품으로서 최초 입항지에서 선하증권(항공화물운송장을 포함한다)에 기재된 최종 목적지로 운송하려는 화물
> • 환적화물
> • 수출화물
> • 내국물품인 공컨테이너

② 화물을 운송하려는 자는 적재 및 하선하려는 화물의 명세를 세관장에게 신고하여야 한다. 이 경우, 세관신고를 적재화물목록 제출로 갈음할 수 있다.

7. 보수작업 `21 기출` `20 기출` `18 기출`

① 세관장은 환적화물이 다음의 어느 하나에 해당하는 경우에는 관세법 제158조에 따라 보수작업을 승인할 수 있다.

> • 보세구역에 장치된 물품이 운송 중에 파손 또는 변질되어 긴급하게 보수하여야 할 필요가 있는 경우
> • 보세구역에 장치된 물품의 효율적인 운송 등을 위하여 개장, 분할구분, 합병, 원산지표시나 그 밖에 이와 유사한 작업을 하려는 경우
> • 종합보세구역에 장치된 석유제품의 품질보정작업(첨가제, 식별제 또는 착색제를 혼합하거나 그 석유제품과 동일한 유종의 석유제품을 혼합하는 방법으로 품질기준에 맞도록 보정하는 작업을 말한다)을 하려는 경우

② 보수작업을 하려는 자(보수작업 신청인)는 보수작업승인(신청)서를 세관장에게 제출하고 그 승인을 받아야 한다.

③ 보수작업 신청인이 보수작업을 완료한 때에는 보수작업 완료보고서를 세관장에게 제출하고 그 확인을 받아야 한다.

8. 적재 `22 기출` `21 기출`

환적화물을 외국으로 반출하기 위하여 출항지에서 적재하려는 선사 또는 항공사는 입항할 때 제출한 화물정보와 비교하여 컨테이너봉인번호 상이 등 이상이 있는 경우 적재결과이상보고서를 선박 출항 전까지 세관장에게 제출하여야 한다. 다만, 선사와 계약을 체결하여 검수(검정)업자가 물품을 검수 또는 검정한 경우에는 검수(검정)업자가 세관장에게 이를 제출할 수 있다.

9. 비가공증명서 발급

① 세관장은 보세구역(자유무역지역을 포함)에 일시장치된 환적화물이 하역, 재선적, 운송을 위하여 필요한 작업 또는 그 밖에 정상상태를 유지하기 위한 작업 등을 제외한 추가적인 가공을 하지 않고 국외로 반출될 경우 비가공증명서를 발급할 수 있다.

② 비가공증명서를 발급받으려는 자는 보세구역 운영인 또는 자유무역지역 입주기업체가 발행하는 다음의 사항을 기재한 일시장치 확인서와 비가공증명 신청서를 세관장에게 제출하여야 한다. `23 기출` `22 기출`

- 일시장치 장소
- 화물관리번호
- B/L(AWB)번호
- 반입일자
- 품명, 반입중량, 수량
- 해당화물이 하역, 재선적, 운송을 위한 작업과 그 밖에 정상상태를 유지하기 위한 작업 외의 가공을 하지 않았다는 사실 확인

5절 화물운송주선업자의 등록 및 관리에 관한 고시

✎ 본문 내용 중 꼭 알아야 하는 부분에 형광펜으로 표시하였으니 반드시 학습하시기 바랍니다.

01 총칙

1. 용어의 정의

(1) 통관지세관

화물운송주선업자가 보세화물 취급 및 적재화물목록 제출 등의 업무를 주로 수행하는 세관을 말하며, 등록(갱신) 신청일을 기준으로 최근 1년간의 혼재화물 적재화물목록 제출건수가 가장 많은 세관을 말한다. 다만, 신청일 이전에 적재화물목록 제출 실적이 없는 경우에는 향후 적재화물목록 제출을 주로 할 세관을 말한다.

(2) 혼재화물 적재화물목록

「보세화물 입출항 하선 하기 및 적재에 관한 고시」에 따라 화물운송주선업자가 선하증권(House B/L) 또는 항공화물운송장(House AWB) 내역을 기재한 선박 또는 항공기의 적재화물목록을 말한다.

(3) 혼재화물 적재화물목록 제출

화물운송주선업자가 선하증권(House B/L) 또는 항공화물운송장(House AWB) 내역을 기초로 적재화물목록을 작성하여 항공사 또는 선사에 제출하는 것을 말한다.

(4) 세관화물정보시스템

적재화물목록, 적재·하선(기) 등의 자료를 관리하는 세관운영시스템을 말한다.

(5) 전자문서

컴퓨터 간에 전송 등이 될 수 있도록 하기 위하여 관세청장이 정한 실행지침서에 따라 작성된 전자자료를 말한다.

(6) 화물운송주선업자

관세법 제222조 제1항 제2호에 따른 화물운송의 주선을 업으로 하는 자를 말한다.

02 화물운송주선업자의 등록 관련 사항

1. 등록요건 24 기출 23 기출 21 기출 20 기출

통관지 세관장에게 화물운송주선업을 등록하려는 자는 다음의 요건을 갖추어야 한다.

- 「관세법」 제175조의 어느 하나에 해당하지 아니할 것
- 「물류정책기본법」 제43조에 따른 국제물류주선업의 등록을 하였을 것
- 관세 및 국세의 체납이 없을 것
- 화물운송주선업자 등록이 취소(관세법 제175조 제1호부터 제3호까지(미성년자, 피성년후견인과 피한정후견인, 파산선고를 받고 복권되지 아니한 자)의 어느 하나에 해당하여 등록이 취소된 경우는 제외)된 후 2년이 지났을 것

- 자본금 3억 원 이상을 보유한 법인(법인이 아닌 경우에는 자산평가액이 6억 원 이상)일 것
- 관세법 또는 관세법에 따른 세관장의 명령에 위반하여 관세범으로 조사받고 있거나 기소 중에 있지 아니할 것
- 혼재화물 적재화물목록 제출 등을 위한 전산설비를 갖추고 있을 것

2. 등록신청 및 심사 `22 기출`

① 관세법 제222조에 따라 화물운송주선업자의 등록을 하려는 자는 화물운송주선업자 등록(갱신) 신청서와 신청인 제출서류를 통관지 세관장에게 제출하여야 하며, 신청서류는 우편 및 전자우편으로 제출할 수 있다.

② 화물운송주선업자 등록(갱신) 신청서에는 다음의 서류를 첨부하여야 한다.

> - 국제물류주선업등록증 사본
> - 자산평가 증빙서류(개인사업자에 한함)
> - 자기 명의로 발행할 한글 또는 영문으로 작성된 선하증권 및 항공화물운송장의 양식·약관에 관한 서류
> - 신청인이 외국인(법인의 경우에는 임원이 외국인인 경우)인 경우에는 법 제175조 각 호의 어느 하나에 해당하지 않음을 확인할 수 있는 다음의 어느 하나에 해당하는 서류
>   - 「외국공문서에 대한 인증의 요구를 폐지하는 협약」을 체결한 국가의 경우
>   → 해당 국가의 정부 그 밖에 권한 있는 기관이 발행한 서류이거나 공증인이 공증한 해당 외국인의 진술서로서 해당 국가의 아포스티유(Apostille) 확인서 발급 권한이 있는 기관이 그 확인서를 발급한 서류
>   - 「외국공문서에 대한 인증의 요구를 폐지하는 협약」을 체결하지 않은 국가의 경우
>   → 해당 국가의 정부 그 밖에 권한 있는 기관이 발행한 서류이거나 공증인이 공증한 해당 외국인의 진술서로서 해당 국가에 주재하는 우리나라 영사가 확인한 서류
> - 화물운송주선업자 또는 그 임원의 인적사항(직책, 성명, 주민등록번호, 주소)
> - 화물운송주선업에 종사하는 직원의 인적사항(직책, 성명, 생년월일, 입사일자)
> - 전산설비 보유내역 증빙서류
> - 사업자등록증 사본
> - 법인등기부 등본(법인에 한함)
> - 국세납세증명서

③ 세관장은 화물운송주선업자 등록(갱신) 신청서를 접수받은 때에는 위 1.에 해당하는 등록요건을 충족하는지와 화물운송주선업자부호가 중복되는지 등을 확인하여, 접수일로부터 10일 이내에 처리하여야 한다.

④ 세관장은 등록요건에 부적합하거나, 처리기한 내에 처리할 수 없는 합리적인 사유가 있는 경우에는 그 사유를 신청인에게 통보하여야 한다. `20 기출`

⑤ 화물운송주선업자의 등록기간은 3년으로 하며, 갱신할 수 있다.

⑥ 세관장은 심사결과 이상이 없는 경우에는 세관화물정보시스템에 신청사항을 등록 후 신청인에게 화물운송주선업자 등록증을 교부하여야 한다.

3. 갱신신청 및 변동신고

① 화물운송주선업자의 등록을 갱신하려는 자는 기간만료 1개월 전까지 화물운송주선업자 등록(갱신)신청서와 신청인 첨부서류를 통관지 세관장에게 제출하여야 한다.

② 화물운송주선업자의 등록을 한 자는 등록사항에 변동이 생긴 때에는 그 변동사유가 발생한 날부터 60일 이내에 화물운송주선업 등록사항 변동신고서와 신청인 제출서류를 통관지 세관장에게 제출하여야 한다.

③ 세관장은 변동신고서를 접수한 때에는 변동사항을 확인한 후 이상이 없는 경우에는 이를 수리하고 세관화물정보시스템에 등록하여야 한다.

4. 등록의 효력상실 `24 기출` `21 기출`

화물운송주선업자가 다음의 어느 하나에 해당하는 경우에는 그 등록의 효력이 상실된다.

> ① 화물운송주선업을 폐업한 때
> ② 화물운송주선업자가 사망하거나 법인이 해산된 때
> ③ 등록기간이 만료된 때
> ④ 등록이 취소된 때

5. 화물운송주선업자의 의무 `21 기출`

① 화물운송주선업자는 「보세화물 입출항 하선 하기 및 적재에 관한 고시」에 따른 적재화물목록 작성책임자로서 적재물품과 부합되게 혼재화물 적재화물목록을 작성하여 제출하여야 한다.
② 화물운송주선업자는 적재물품이 운송의뢰를 받은 물품과 일치하지 않거나, 위조화폐·마약 등 관세법 제234조에 따른 수출입이 금지 또는 제한되는 물품으로 확인된 때에는 관세법 제222조 및 제263조에 따라 그 사실을 세관장에게 지체 없이 신고하여야 한다.
③ 화물운송주선업자의 의무 등과 관련하여 이 고시에서 정하는 것을 제외하고는 「보세화물 입출항 하선 하기 및 적재에 관한 고시」 및 「보세화물 관리에 관한 고시」를 준용한다.

6. 전산처리설비의 이용

화물운송주선업자는 적재화물목록 작성 및 제출 등의 업무를 전산처리설비를 이용하여 전자신고 등의 방법으로 처리하여야 한다.

03 화물운송주선업자에 대한 관리 사항

1. 세관장의 업무감독

① 세관장은 등록된 화물운송주선업자의 본사 또는 영업소에 대하여 매년 단위로 자체계획을 수립하여 등록사항의 변동 여부 등에 대한 업무점검을 할 수 있다. 다만, 「보세화물 관리에 관한 고시」 등 다른 규정에 따라 업무점검을 하는 경우 이와 병행하여 점검할 수 있다.
② 업무점검을 하는 경우에는 세관 업무량 등을 고려하여 서면으로 업무점검을 할 수 있으며, 등록 이후 1년 이내이거나 종합인증우수업체(AEO) 또는 법규수행능력 우수업체에 대하여는 업무점검을 생략할 수 있다.
③ 세관장은 화물운송주선업자에 대한 업무점검 결과 이상이 있는 때에는 즉시 필요한 조치를 취하여야 한다.
④ 화물운송주선업자에 대하여 업무점검을 실시한 세관장은 점검결과와 조치결과를 점검만료 1개월 이내에 관세청장에게 보고하여야 한다.
⑤ 관세청장 또는 세관장은 필요하다고 인정되는 경우에는 화물운송주선업자에 대하여 그 영업에 관하여 보고를 하거나 장부 기타 서류의 제출을 명할 수 있다.

2. 행정제재 `19 기출` `18 기출`

① 세관장은 화물운송주선업자 또는 그 임원, 직원, 사용인이 법 또는 법에 따른 세관장 명령사항 등을 위반한 경우 행정제재를 할 수 있다. 다만, 관세행정 발전에 기여하였거나 관세행정 업무와 관련하여 관세청장 이상의 표창을 수상한 자로서 관세채권확보 등에 어려움이 없는 경우에는 기준일수의 50퍼센트 이내에서 업무정지기간을 하향 조정할 수 있다. 이 경우 최소 업무정지기간은 5일 이상이어야 한다.

② 세관장은 화물운송주선업자가 다음의 어느 하나에 해당하는 경우에는 등록을 취소할 수 있다. 다만, ㉠에 해당하는 경우에는 등록을 취소해야 한다.

> ㉠ 관세법 제224조 제1항 제1호(거짓이나 그 밖의 부정한 방법으로 등록을 한 경우)부터 제2호(관세법 제175조 각 호의 어느 하나에 해당하는 경우)에 해당하는 경우
> ㉡ 「물류정책기본법」 제47조에 따른 등록이 취소된 경우
> ㉢ 화물운송주선업자가 최근 1년 이내에 3회 이상 업무정지처분을 받은 경우

> **관세법 제224조(보세운송업자 등의 행정제재) 제1항**
> 세관장은 보세운송업자 등이 다음 각 호의 어느 하나에 해당하는 경우에는 등록의 취소, 6개월의 범위에서의 업무정지 또는 그 밖에 필요한 조치를 할 수 있다. 다만, 제1호 및 제2호에 해당하는 경우에는 등록을 취소하여야 한다.
> 1. 거짓이나 그 밖의 부정한 방법으로 등록을 한 경우
> 2. 제175조 각 호의 어느 하나에 해당하는 경우. 다만, 제175조 제8호에 해당하는 경우로서 같은 조 제2호 또는 제3호에 해당하는 사람을 임원으로 하는 법인이 3개월 이내에 해당 임원을 변경한 경우에는 그러하지 아니하다.
> 3. 「항만운송사업법」 등 관련 법령에 따라 면허·허가·지정·등록 등이 취소되거나 사업정지처분을 받은 경우
> 4. 보세운송업자 등(그 임직원 및 사용인을 포함한다)이 보세운송업자 등의 업무와 관련하여 이 법이나 이 법에 따른 명령을 위반한 경우
> 4의2. 제223조의2를 위반한 경우
> 5. 보세운송업자 등(그 임직원 및 사용인을 포함한다)이 보세운송업자 등의 업무와 관련하여 「개별소비세법」 제29조 제1항 또는 「교통·에너지·환경세법」 제25조 제1항에 따른 과태료를 부과받은 경우

③ 세관장은 업무정지 또는 등록취소를 하려는 경우 세관징(본부세관은 국징)을 위원장으로 하는 5명 이상의 위원회를 구성하여 심의한 후 결정하여야 한다.

④ 세관장은 업무정지기간을 하향 조정한 경우에는 위원회의 심의결과를 첨부하여 관세청장에게 보고하여야 한다.

⑤ 세관장은 화물운송주선업자에 대하여 행정제재를 한 경우에는 즉시 세관화물정보시스템에 등록하여야 하며, 등록취소를 한 경우에는 관세청장에게 보고하여야 한다.

6절 | 보세운송 (관세법)

✎ 본문 내용 중 꼭 알아야 하는 부분에 형광펜으로 표시하였으니 반드시 학습하시기 바랍니다.

01 보세운송

1. 의의

보세운송이란 외국물품을 보세상태로 국내에서 운송하는 것을 말하며, 창고료 부담 없이 화주의 자기 보세창고까지 수출입물품을 운송하므로 화주에게 경비절감 및 통관절차의 간소화 효과 등의 편의를 제공하고, 특허보세구역, 종합보세구역, 자유무역지역의 운영을 지원하기 위한 목적이 있다.

2. 보세운송 구간 (법 제213조 제1항)

외국물품은 다음의 장소 간에 한정하여 외국물품 그대로 운송할 수 있다. 다만, 수출신고가 수리된 물품은 해당 물품이 장치된 장소에서 다음의 장소로 운송할 수 있다.

> ① 국제항
> ② 보세구역
> ③ 법 제156조(보세구역 외 장치허가)에 따라 허가된 장소
> ④ 세관관서
> ⑤ 통관역
> ⑥ 통관장
> ⑦ 통관우체국

3. 보세운송 신고 (법 제213조 제2항)

보세운송을 하려는 자는 관세청장이 정하는 바에 따라 세관장에게 보세운송의 신고를 하여야 한다.

4. 보세운송 승인 (법 제213조 제2항 단서, 시행령 제226조) 23 기출 18 기출

물품의 감시 등을 위하여 필요하다고 인정하여 대통령령으로 정하는 다음의 물품을 보세운송하는 경우에는 세관장의 승인을 받아야 한다. 다만, 다음의 물품 중 관세청장이 보세운송승인대상으로 하지 아니하여도 화물관리 및 불법 수출입의 방지에 지장이 없다고 판단하여 정하는 물품에 대하여는 신고만으로 보세운송할 수 있다.

> ① 보세운송된 물품 중 다른 보세구역 등으로 재보세운송하고자 하는 물품
> ② 「검역법」·「식물방역법」·「가축전염병예방법」 등에 따라 검역을 요하는 물품
> ③ 「위험물안전관리법」에 따른 위험물
> ④ 「화학물질관리법」에 따른 유해화학물질
> ⑤ 비금속설
> ⑥ 화물이 국내에 도착된 후 최초로 보세구역에 반입된 날부터 30일이 경과한 물품
> ⑦ 통관이 보류되거나 수입신고수리가 불가능한 물품

⑧ 법 제156조의 규정에 의한 보세구역 외 장치허가를 받은 장소로 운송하는 물품
⑨ 귀석·반귀석·귀금속·한약재·의약품·향료 등과 같이 부피가 작고 고가인 물품
⑩ 화주 또는 화물에 대한 권리를 가진 자가 직접 보세운송하는 물품
⑪ 법 제236조의 규정에 의하여 관세청장이나 세관장에 의하여 통관지가 제한되는 물품
⑫ 적재화물목록상 동일한 화주의 선하증권 단위의 물품을 분할하여 보세운송하는 경우 그 물품
⑬ 불법 수출입의 방지 등을 위하여 세관장이 지정한 물품
⑭ 법 및 법에 의한 세관장의 명령을 위반하여 관세범으로 조사를 받고 있거나 기소되어 확정판결을 기다리고 있는 보세운송업자 등이 운송하는 물품

5. 물품의 검사 (법 제213조 제3항)

세관공무원은 감시·단속을 위하여 필요하다고 인정될 때에는 관세청장이 정하는 바에 따라 보세운송을 하려는 물품을 검사할 수 있다.

6. 보세운송절차의 생략 (법 제213조 제4항) 23 기출

수출신고가 수리된 물품은 관세청장이 따로 정하는 것을 제외하고는 보세운송절차를 생략한다.

7. 보세운송신고인 (법 제214조) 19 기출

보세운송의 신고 또는 승인신청은 다음의 어느 하나에 해당하는 자의 명의로 하여야 한다.

① 화주
② 관세사 등
③ 보세운송을 업(業)으로 하는 자

8. 보세운송 보고 (법 제215조)

보세운송의 신고를 하거나 승인을 받은 자는 해당 물품이 운송 목적지에 도착하였을 때에는 관세청장이 정하는 바에 따라 도착지의 세관장에게 보고하여야 한다.

9. 보세운송통로 (법 제216조 제1항)

세관장은 보세운송물품의 감시·단속을 위하여 필요하다고 인정될 때에는 관세청장이 정하는 바에 따라 운송통로를 제한할 수 있다.

10. 보세운송 기간

(1) 기간의 연장 (법 제216조 제2항)

보세운송은 관세청장이 정하는 기간 내에 끝내야 한다. 다만, 세관장은 재해나 그 밖의 부득이한 사유로 필요하다고 인정될 때에는 그 기간을 연장할 수 있다.

(2) 관세의 징수 (법 제217조)

보세운송의 신고를 하거나 승인을 받아 보세운송하는 외국물품이 지정된 기간 내에 목적지에 도착하지 아니한 경우에는 즉시 그 관세를 징수한다. 다만, 해당 물품이 재해나 그 밖의 부득이한 사유로 망실되었거나 미리 세관장의 승인을 받아 그 물품을 폐기했을 때에는 그러하지 아니하다.

11. 보세운송의 수단 (법 제216조 제3항)

보세운송을 하려는 자가 운송수단을 정하여 법 제213조 제2항에 따라 보세운송신고를 하거나 승인을 받은 경우에는 그 운송수단을 이용하여 운송을 마쳐야 한다.

12. 보세운송의 담보 (법 제218조)

세관장은 보세운송의 신고를 하거나 승인을 받으려는 물품에 대하여 관세의 담보를 제공하게 할 수 있다.

13. 조난물품의 운송 (법 제219조)

(1) 의의

재해나 그 밖의 부득이한 사유로 선박 또는 항공기로부터 내려진 외국물품은 그 물품이 있는 장소로부터 다음의 법 제213조 제1항 각 호에 규정된 장소로 운송될 수 있다.

① 국제항
② 보세구역
③ 법 제156조(보세구역 외 장치허가)에 따라 허가된 장소
④ 세관관서
⑤ 통관역
⑥ 통관장
⑦ 통관우체국

(2) 조난물품의 운송 승인

조난물품인 외국물품을 운송하려는 자는 법 제213조 제2항에 따라 세관장의 승인을 받아야 한다. 다만, 긴급한 경우에는 세관공무원이나 경찰공무원(세관공무원이 없는 경우로 한정)에게 신고하여야 한다. 그리고 신고를 받은 경찰공무원은 지체 없이 그 내용을 세관공무원에게 통보하여야 한다.

(3) 준용 규정

조난물품의 운송에 관하여는 법 제215조(보세운송 보고), 법 제216조(보세운송통로), 법 제217조(보세운송기간 경과 시의 징수), 법 제218조(보세운송의 담보)의 규정을 준용한다.

14. 간이보세운송 (법 제220조)

세관장은 보세운송을 하려는 물품의 성질과 형태, 보세운송업자의 신용도 등을 고려하여 관세청장이 정하는 바에 따라 보세운송업자나 물품을 지정하여 다음의 조치를 할 수 있다.

① 법 제213조 제2항에 따른 보세운송 신고절차의 간소화
② 법 제213조 제3항에 따른 보세운송 물품 검사의 생략
③ 법 제218조에 따른 보세운송 담보 제공의 면제

02 내국운송

1. 의의

내국운송은 내국물품을 국제무역선 또는 국제무역기에 의하여 국내에서 운송하는 것을 말한다(예 부산항에 외국물품을 적재한 국제무역선이 입항하여 입항 전 수입신고하여 선상통관을 한 후에 일부는 양륙하고 나머지는 목포항으로 운송).

2. 내국운송의 신고 (법 제221조)

내국물품을 국제무역선이나 국제무역기로 운송하려는 자는 대통령령으로 정하는 바에 따라 세관장에게 내국운송의 신고를 하여야 한다.

3. 준용 규정

내국운송에 관하여는 법 제215조(보세운송 보고), 법 제216조(보세운송통로), 법 제246조(물품의 검사), 법 제247조(검사장소) 및 법 제250조(신고의 취하 및 각하)를 준용한다.

03 보세운송업자 등

1. 보세운송업자 등의 등록 및 보고

(1) 보세운송업자 등의 등록

국제무역선(기)에 출입하면서 하역을 하거나 보세운송 등 보세화물을 취급하는 자와 국제무역선(기) 등에 물품 또는 용역을 공급하는 자 등은 관세청장 또는 세관장에게 등록하여야 한다.

(2) 보세운송업자 등의 보고

관세청장이나 세관장은 필요하다고 인정할 때는 보세운송업자 등에게 그 영업에 관하여 보고를 하게 하거나 장부 또는 그 밖의 서류를 제출하도록 명할 수 있다.

(3) 화물운송주선업자의 보고

관세청장이나 세관장은 화물운송주선업자에게 법 제225조 제2항에 따라 해당 보세화물 취급 업무에 관하여 보고하게 할 수 있다.

2. 등록대상인 보세운송업자 등 (법 제222조 제1항) 23 기출

다음의 어느 하나에 해당하는 자(보세운송업자 등)는 대통령령으로 정하는 바에 따라 관세청장이나 세관장에게 등록하여야 한다.

① 보세운송업자
② 보세화물을 취급하려는 자로서 다른 법령에 따라 화물운송의 주선을 업으로 하는 자(화물운송주선업자)
③ 국제무역선·국제무역기 또는 국경출입차량에 물품을 하역하는 것을 업으로 하는 자
④ 국제무역선·국제무역기 또는 국경출입차량에 다음의 어느 하나에 해당하는 물품 등을 공급하는 것을 업으로 하는 자
  - 선박용품
  - 항공기용품
  - 차량용품
  - 선박·항공기 또는 철도차량 안에서 판매할 물품
  - 용역
⑤ 국제항 안에 있는 보세구역에서 물품이나 용역을 제공하는 것을 업으로 하는 자
⑥ 국제무역선·국제무역기 또는 국경출입차량을 이용하여 상업서류나 그 밖의 견본품 등을 송달하는 것을 업으로 하는 자
⑦ 구매대행업자 중 대통령령으로 정하는 자

3. 등록의 유효기간 등 24 기출 23 기출

① 등록의 유효기간은 3년으로 하되, 대통령령으로 정하는 바에 따라 갱신할 수 있다.
② 등록의 유효기간을 갱신하려는 자는 등록갱신신청서를 기간만료 1개월 전까지 관할지 세관장에게 제출하여야 한다.
③ 세관장은 등록을 한 자에게 등록의 유효기간을 갱신하려면 등록의 유효기간이 끝나는 날의 1개월 전까지 등록 갱신을 신청하여야 한다는 사실과 갱신절차를 등록의 유효기간이 끝나는 날의 2개월 전까지 휴대폰에 의한 문자전송, 전자메일, 팩스, 전화, 문서 등으로 미리 알려야 한다.
④ 등록을 한 자는 등록사항에 변동이 생긴 때에는 지체 없이 등록지를 관할하는 세관장에게 신고하여야 한다.

4. 등록요건 (법 제223조)

보세운송업자 등은 다음의 요건을 갖춘 자이어야 한다.

① 법 제175조(운영인의 결격사유) 각 호의 어느 하나에 해당하지 아니할 것
② 「항만운송사업법」 등 관련 법령에 따른 면허·허가·지정 등을 받거나 등록을 하였을 것
③ 관세 및 국세의 체납이 없을 것
④ 보세운송업자 등의 등록이 취소된 후 2년이 지났을 것

5. 보세운송업자 등의 명의대여 등의 금지 (법 제223조의2)

보세운송업자 등은 다른 사람에게 자신의 성명·상호를 사용하여 보세운송업자 등의 업무를 하게 하거나 그 등록증을 빌려주어서는 아니 된다.

6. 보세운송업자 등의 행정제재 (법 제224조)

세관장은 보세운송업자 등이 다음의 어느 하나에 해당하는 경우에는 등록의 취소, 6개월의 범위에서 업무정지 또는 그 밖에 필요한 조치를 할 수 있다. 다만, ① 및 ②에 해당하는 경우에는 등록을 취소하여야 한다.

> ① 거짓이나 그 밖의 부정한 방법으로 등록을 한 경우
> ② 법 제175조(운영인의 결격사유) 각 호의 어느 하나에 해당하는 경우
> ③ 「항만운송사업법」 등 관련 법령에 따라 면허·허가·지정·등록 등이 취소되거나 사업정지처분을 받은 경우
> ④ 보세운송업자 등(그 임직원 및 사용인을 포함한다)이 보세운송업자 등의 업무와 관련하여 관세법이나 관세법에 따른 명령을 위반한 경우
> ⑤ 법 제223조의2(보세운송업자 등의 명의대여 등의 금지)를 위반한 경우
> ⑥ 보세운송업자 등(그 임직원 및 사용인을 포함한다)이 보세운송업자 등의 업무와 관련하여 「개별소비세법」 제29조 제1항 또는 「교통·에너지·환경세법」 제25조 제1항에 따른 과태료를 부과받은 경우

7. 보세화물 취급 선박회사 등의 신고 및 보고 (법 제225조)

(1) 의의

보세화물을 취급하는 선박회사 또는 항공사(그 업무를 대행하는 자를 포함)는 대통령령으로 정하는 바에 따라 세관장에게 신고하여야 한다. 신고인의 주소 등 대통령령으로 정하는 중요한 다음의 사항을 변경한 때에도 또한 같다.

> ① 신고인의 주소 및 성명
> ② 신고인의 상호 또는 영업장소
> ③ 「해운법」, 「항공사업법」 등 관련 법령에 따라 신고한 등록사항

(2) 보세화물 취급 선박회사 등의 요건

보세화물을 취급하는 선박회사 또는 항공사(그 업무를 대행하는 자를 포함)는 다음의 요건을 모두 갖추어 주소·성명·상호 및 영업장소 등을 적은 신고서를 세관장에게 제출하여야 한다.

> ① 법 제175조(운영인의 결격사유) 각 호의 어느 하나에 해당하지 아니할 것
> ② 「해운법」, 「항공사업법」 등 관련 법령에 따른 등록을 할 것

(3) 업무에 대한 보고

세관장은 통관의 신속을 기하고 보세화물의 관리절차를 간소화하기 위하여 필요하다고 인정할 때에는 선박회사 또는 항공사로 하여금 해당 업무에 관하여 보고하게 할 수 있다.

> ① 선박회사 또는 항공사가 화주 또는 화물운송주선업자에게 발행한 선하증권 또는 항공화물운송장의 내역
> ② 화물 취급과정에서 발견된 보세화물의 이상 유무 등 통관의 신속 또는 관세범의 조사상 필요한 사항

7절 | 보세운송에 관한 고시

✎ 본문 내용 중 꼭 알아야 하는 부분에 형광펜으로 표시하였으니 반드시 학습하시기 바랍니다.

01 총칙

1. 보세운송신고

① 보세운송의 신고 또는 승인신청은 다음의 어느 하나에 해당하는 자의 명의로 하여야 한다. 24 기출

- 화주. 다만, 환적화물의 경우에는 그 화물에 대한 권리를 가진 자
- 관세법 제222조에 따라 등록한 보세운송업자
- 「관세사법」에 따른 관세사·관세법인 또는 통관취급법인(관세사 등)
- 관세법 제220조의2에 따라 국제무역선이 소속된 선박회사(그 업무를 대행하는 자를 포함)로서 국제항 안에서 환적물품 등을 국제무역선으로 보세운송 할 수 있는 선박회사

② 보세운송신고 또는 승인신청은 보세운송하려는 화물이 장치되어 있거나 입항예정인 보세구역을 관할하는 세관(발송지세관) 또는 보세운송 물품의 도착지 보세구역을 관할하는 세관(도착지세관)의 장에게 한다.

2. 보세운송 목적지 19 기출 18 기출

보세운송하는 물품의 목적지는 관세법 제213조 제1항에 따른 지역(보세운송 장소) 또는 자유무역지역으로서 해당 물품을 장치할 수 있는 곳이어야 한다.

3. 보세운송절차를 요하지 않는 물품 24 기출 18 기출

① 다음의 어느 하나에 해당하는 물품은 보세운송절차를 요하지 아니한다.

- 「우편법」에 따라 체신관서의 관리하에 운송되는 물품
- 「검역법」 등에 따라 검역관서가 인수하여 검역소 구내계류장 또는 검역시행 장소로 운송하는 검역대상물품
- 국가기관에 의하여 운송되는 압수물품

② 검역대상물품을 인수하는 자는 인수증에 B/L사본 및 보세구역 외 장치허가서 사본(동물검역소구내계류장으로 운송하는 물품은 제외)을 첨부하여 제출하여야 하며, 화물관리공무원은 그 내용을 세관화물정보시스템에 등록해야 한다.

4. 보세운송물품의 폐기 및 멸실처리 21 기출

① 보세운송 중에 있는 물품이 부패, 변질, 손상, 그 밖의 사유로 상품가치를 상실하였을 때에는 보세운송물품 폐기승인(신청)서를 보세운송 신고지 세관장 또는 도착지 세관장에게 제출하여 그 승인을 얻어 폐기할 수 있다.

② 보세운송 중에 있는 물품이 재해 그 밖에 부득이한 사유로 소실, 유실, 증발(도난 및 분실물품은 제외) 등으로 멸실되었을 경우에는 보세운송물품 멸실신고서에 경찰 또는 소방관서장이 발행한 사실확인증명서를 첨부하여 보세운송 신고지 세관장에게 제출해야 한다.

③ 절차를 밟아 처리된 폐기 또는 멸실물품에 대하여는 정해진 관세를 징수하지 아니한다. 다만, 폐기 후 잔존물이 있는 경우에는 관세법 제160조 제3항을 준용하여 그 관세를 징수한다.

5. 보세운송기간 [23 기출] [21 기출] [18 기출]

보세운송물품 중 해상화물은 신고수리(승인)일로부터 10일, 항공화물은 신고수리(승인)일로부터 5일까지 목적지에 도착하여야 한다. 다만, 세관장은 선박 또는 항공기 입항 전에 보세운송신고를 하는 때에는 입항예정일 및 하선(기)장소 반입기간을 고려하여 5일 이내의 기간을 추가할 수 있다.

02 보세운송업자

1. 보세운송업자의 등록

(1) 등록업무의 위탁

① 세관장은 관세법 제222조 제1항에 따른 보세운송업자의 등록에 관한 업무(등록의 취소에 관한 업무를 제외)를 관세법 시행령 제288조 제7항에 따라 사단법인 한국관세물류협회의 장에게 위탁한다.

② 관세물류협회의 장은 위탁받은 업무를 효율적으로 수행하기 위하여 필요한 규정을 제정하거나 개정하려는 때에는 관세청장의 사전승인을 받아 시행한다.

(2) 등록요건

① 관세법 제223조에 따른 보세운송업자의 등록요건은 다음과 같다.

- 「화물자동차운수사업법」에 따른 화물자동차운송사업의 허가를 받은 자
- 「해운법」에 따른 해상화물운송사업의 등록을 마친 자
- 「항공사업법」에 따른 항공운송사업의 면허를 받은 자

② 다음의 어느 하나에 해당하는 자는 보세운송업자로 등록할 수 없다.

- 관세법 제175조 각 호의 어느 하나에 해당하는 자
- 보세운송업자의 등록이 취소(관세법 제175조 제1호부터 제3호까지(미성년자, 피성년후견인과 피한정후견인, 파산선고를 받고 복권되지 아니한 자)의 어느 하나에 해당하여 등록이 취소된 경우는 제외)된 자로서 취소일로부터 2년이 경과되지 아니한 자 [24 기출]
- 관세 및 국세의 체납이 있는 자

(3) 등록신청

① 관세법 제222조에 따라 보세운송업자의 등록을 하려는 자는 보세운송업자(영업소)등록(갱신, 설치)신청서에 다음의 서류를 첨부하여 관세물류협회의 장에게 제출해야 한다.

- 법인등기사항전부증명서(개인사업자는 사업자등록증 사본)
- 보세운송업자의 등록요건과 관련한 다음의 허가증, 등록증, 또는 면허증 사본
  - 「화물자동차운수사업법」에 따른 화물자동차운송사업의 허가증
  - 「해운법」에 따른 해상화물운송사업의 등록증
  - 「항공법」에 따른 항공운송사업의 면허증
- 보유장비명세서 및 보유를 증명할 수 있는 서류
- 납세증명서
- 임원의 인적사항(성명, 주민등록번호, 등록기준지)

② 보세운송업자의 등록의 유효기간은 3년으로 하되 갱신할 수 있다.

③ 관세물류협회의 장이 보세운송업자 등록(갱신) 신청서를 접수한 때에는 신청대장에 즉시 기록한 후 민원사무처리기준표의 처리기한인 10일 이내에 처리해야 하며, 그 기간까지 처리할 수 없는 경우에는 그 사유를 민원인에게 통보해야 한다. 24 기출

(4) 등록증 교부
① 관세물류협회의 장은 보세운송업자 (영업소)등록 (갱신, 설치)신청서를 접수한 때에는 보세운송업자의 등록요건에 해당하는지를 확인한 후 보세운송업자 등록증을 신청인에게 교부한다.
② 관세물류협회의 장이 보세운송업자 등록증을 교부한 때에는 즉시 전자문서로 보세운송업자 관할세관장에게 보고해야 한다.

(5) 갱신신청
① 보세운송업자의 등록을 갱신하려는 자는 기간만료 1개월 전까지 보세운송업자 (영업소)등록 (갱신, 설치) 신청서에 등록신청 서류를 첨부하여 관세물류협회의 장에게 제출하여야 한다. 다만, 변동이 없는 서류는 제출을 생략한다.
② 보세운송업자 (영업소)등록 (갱신, 설치) 신청서를 접수한 관세물류협회의 장은 위 (4)의 내용을 준용하여 처리한다.
③ 관세물류협회의 장은 등록 갱신 대상 보세운송업자에게 등록의 유효기간이 끝나는 날의 2개월 전까지 다음의 사항을 적은 사전안내문을 휴대폰에 의한 문자전송, 전자메일, 팩스, 전화, 문서 등으로 발송해야 한다.

- 등록 유효기간이 끝나는 날의 1개월 전까지 등록 갱신을 신청하여야 한다는 사실
- 등록 갱신 절차

(6) 등록상실
보세운송업자가 다음의 어느 하나에 해당하는 때에는 보세운송업자 등록의 효력이 상실된다.

| ① 보세운송업을 폐업한 때 24 기출 | ② 보세운송업자가 사망하거나 법인이 해산된 때 |
| ③ 등록기간이 만료된 때 | ④ 등록이 취소된 때 |

2. 일반간이보세운송업자 20 기출

(1) 지정요건 22 기출
세관장은 등록한 보세운송업자 중 다음의 요건을 모두 갖춘 자에 대하여는 관세법 제220조에 따른 보세운송물품의 검사생략 및 담보제공의 면제를 받을 수 있는 자(일반간이보세운송업자)로 지정할 수 있다.

① 자본금이 1억 원 이상인 법인
② 5천만 원 이상의 인·허가 보증보험에 가입한 자이거나, 법 제24조에 따른 담보(부동산은 제외)를 5천만 원 이상 제공한 자. 다만, 다음의 요건을 모두 갖춘 일반간이보세운송업자 2인 이상의 연대보증으로 담보를 갈음할 수 있다.
- 일반간이보세운송업자로 지정된 날로부터 2년이 경과한 자
- 관세법의 규정 또는 명령을 위반하여 처벌받은 사실이 없거나, 위반사항이 경미하여 세관장이 감시단속상 문제가 없다고 인정하는 자 또는 처벌종료 또는 집행유예 기간이 만료된 후 5년이 경과한 자
- 총 보증액이 1억 5천만 원을 초과하지 않은 자
③ 「수출입 안전관리 우수업체 운영에 관한 고시」에 따라 공인된 수출입 안전관리 우수업체(AEO : Authorized Economic Operator) 또는 직전 법규수행능력평가 B등급 이상인 법인. 다만, 일반간이보세운송업자 지정 신청을 하려는 업체가 직전 연도 법규수행능력평가를 받지 않은 경우에는 지정신청 전에 세관장에게 법규수행능력평가를 요청할 수 있다.

(2) 지정신청

① 일반간이보세운송업자로 지정을 받으려는 자는 간이보세운송업자 지정(갱신) 신청서에 다음의 서류를 첨부하여 본사 소재지 관할세관장에게 제출해야 한다.

- 민원인 제출서류
  - 담보제공서류
- 담당공무원 확인사항(민원인 제출생략)
  - 법인등기사항전부증명서
  - 보유장비현황

② 일반간이보세운송업자 지정기간은 3년으로 하되 갱신할 수 있다. 다만, 그 지정기간은 보세운송업자의 등록기간 범위에서 한다.

(3) 갱신신청

일반간이보세운송업자 지정을 갱신하려는 자는 지정기간 만료 15일 전까지 간이보세운송업자 지정(갱신)신청서에 위 지정신청 서류와 종전의 지정서를 첨부하여 세관장에게 제출하여야 한다. 다만, 첨부서류 중 종전 지정신청 시의 첨부서류와 내용이 같은 서류는 제출을 생략한다.

(4) 지정

① 세관장이 간이보세운송업자 지정 또는 갱신신청서를 접수한 때에는 지정요건을 충족하였는지를 확인하여 간이보세운송업자 지정대장에 등재한 후 간이보세운송업자 지정서를 신청인에게 교부한다.

② 세관장은 간이보세운송업자를 지정한 때에는 즉시 세관화물정보시스템에 지정사항을 입력하고 관세물류협회의 장에게 전자문서로 통보해야 한다.

(5) 지정의 소멸

간이보세운송업자에게 다음의 어느 하나에 해당하는 사유가 발생한 때에는 그 지정의 효력이 소멸된다.

① 지정기간이 만료되었을 때

② 지정이 취소되었을 때

③ 보세운송업자의 등록이 상실되었을 때

3. 특정물품 간이보세운송업자 21 기출

(1) 지정요건

① 세관장은 등록한 보세운송업자 중 다음의 요건을 갖춘 자에 대하여는 관세법 제220조에 따라 「관리대상화물 관리에 관한 고시」 규정에 의한 검사대상 화물 등 특정물품을 보세운송할 수 있는 자(특정물품 간이보세운송업자)로 지정할 수 있다.

- 자본금 3억 원 이상인 법인
- 2억 원 이상의 인·허가 보증보험에 가입한 자이거나 법 제24조에 따른 담보(부동산은 제외)를 2억 원 이상 제공한 자
- 유개(지붕구조의 덮개가 있는 것) 화물자동차 10대 이상과 트랙터 10대 이상 보유한 자
- 임원 중 관세사 1명 이상 재직하고 있는 업체

② 익산시 소재 귀금속보세공장에서 수출입하는 귀금속 등을 조합에서 직접 운송하려는 경우에는 금고 등을 시설한 특수제작 차량 1대 이상을 보유하여야 하며, 이 경우 세관장은 해당 조합을 관세법 제220조에 따라 특정물품 간이보세운송업자로 지정할 수 있다.

(2) 지정신청

① 특정물품 간이보세운송자로 지정을 받으려는 자는 간이보세운송업자 지정(갱신)신청서에 다음의 서류를 첨부하여 본사 소재지 관할세관장에게 제출해야 한다.

> - 민원인 제출서류
>   - 2억 원 상당액 이상의 담보제공서류(특정물품 간이보세운송자 요건에 해당하는 자만 첨부)
> - 담당공무원 확인사항(민원인 제출생략)
>   - 법인등기사항전부증명서
>   - 보유장비현황
>   - 관세사 자격현황

② 특정물품 간이보세운송자의 지정기간은 3년으로 하되 갱신할 수 있다. 다만, 그 지정기간은 보세운송자의 등록기간 범위에서 한다. `21 기출`

(3) 갱신신청

특정물품 간이보세운송자가 그 지정을 갱신하려는 때에는 지정기간 만료 15일 전까지 간이보세운송업자 지정(갱신)신청서에 지정신청 시의 서류를 첨부하여 세관장에게 제출해야 한다. 다만, 첨부서류 중 종전 지정(갱신)신청 시와 변동이 없는 서류는 제출을 생략할 수 있다.

(4) 지정

① 세관장은 간이보세운송자를 지정 또는 갱신하려는 때에는 지정요건과 그 밖에 필요한 사항을 종합 검토하여 밀수방지를 위한 감시단속상 문제점이 없다고 인정할 때에는 관세청장의 사전승인을 받아 특정물품 간이보세운송자로 지정할 수 있다.

② 세관장이 특정물품 간이보세운송자를 지정한 때에는 일반간이보세운송자 지정절차를 준용하여 처리한다.

(5) 지정의 소멸 `21 기출`

특정물품 간이보세운송자에게 다음의 어느 하나에 해당하는 사유가 발생한 때에는 그 지정의 효력이 소멸된다.

> ① 지정기간이 만료되었을 때
> ② 지정이 취소되었을 때
> ③ 보세운송자의 등록이 상실되었을 때

(6) 업무범위

① 특정물품 간이보세운송자가 보세운송할 수 있는 물품은 다음과 같다.

> - 아래 제31조 제1항 제8호 및 제9호에 따른 물품 중 세관지정장치장 등 세관장이 지정한 보세구역으로 운송하는 물품
> - 그 밖에 화주 또는 화물에 대하여 권리를 가진 자가 보세운송을 의뢰한 물품

> **제31조(승인기준)** `21 기출` `20 기출`
>
> 8. 귀석·반귀석·귀금속·한약재·의약품·향료 등 부피가 작고 고가인 물품은 수출물품 제조용 원재료 또는 세관장이 지정한 보세구역으로 운송하는 물품에만 할 수 있다. 이 경우 다음 각 목의 어느 하나에 해당하는 업체가 운송해야 한다.
>
>   가. 특정물품간이보세운송자
>   나. 수출입 안전관리 우수업체(AEO인증업체) 또는 일반간이보세운송자. 다만, 금고 등 안전시설을 갖춘 유개(有蓋)차량에 운전자 이외의 안전요원이 탑승하여야 하며, 내국물품과 혼적하여서는 아니 된다.

> 9. 불법 수출입의 방지 등을 위하여 세관장이 「관리대상화물 관리에 관한 고시」에 따라 검사대상 화물로 선별한 물품 중 검사하지 아니한 물품은 운송목적지가 세관장이 지정한 보세구역인 경우에만 할 수 있다.

② 특정물품간이보세운송업자가 위 제31조 제1항 제8호 및 제9호에 해당하는 물품을 운송하려는 경우에는 유개(지붕구조의 덮개가 있는 것)차 또는 이에 준하는 봉인조치를 한 후 운송하여야 하며, 내국물품과 혼적하여 운송하여서는 아니 된다.

03 수입보세운송

1. 보세운송신고

(1) 신고대상 24 기출 23 기출 21 기출

보세운송하려는 수입화물 중 다음의 어느 하나에 해당하는 물품은 세관장에게 신고해야 한다.

> ① 관세법 시행령 제226조 제3항의 보세운송 승인대상에 해당되지 않는 물품
> ② 특정물품 간이보세운송업자가 「관리대상화물 관리에 관한 고시」에 따른 검사대상 화물을 하선(기)장소에서 최초 보세운송하려는 물품
> ③ 항공사가 국제항 간 입항적재화물목록 단위로 일괄하여 항공기로 보세운송하려는 물품
> ④ 간이보세운송업자가 관세법 시행령 제226조 제3항 제1호부터 제5호까지, 제7호, 제11호의 물품을 운송하는 경우로서 별도의 서류제출이 필요 없다고 인정되는 물품
> ⑤ 「관세 등에 대한 담보제도 운영에 관한 고시」에 따른 담보제공 생략자 또는 포괄담보를 제공하는 자가 화주로서 자기명의로 보세운송신고하는 물품

(2) 신고시기 24 기출 20 기출

보세운송신고를 하려는 자는 「보세화물 입출항 하선 하기 및 적재에 관한 고시」에 따라 화물관리번호가 부여된 이후에 할 수 있다.

(3) 보세운송신고 24 기출 22 기출

① 수입물품을 보세운송하려는 자는 전자문서로 작성한 보세운송신고서를 세관화물정보시스템에 전송해야 한다. 다만, 전자문서 전송이 불가능하여 서류로만 제출된 경우 화물관리공무원이 그 내역을 세관화물정보시스템에 등록해야 한다.

② 보세운송신고를 한 자는 보세운송 시 사용할 운송수단에 대하여 보세구역 출발 전까지 발송지세관장 또는 도착지세관장에게 운송수단 배차예정내역신고서를 제출(철도·선박·항공 제외)하여야 한다. 이때 한 건의 보세운송에 대하여 복수의 운송수단을 이용할 경우 복수의 운송수단을 함께 기재하여 신고할 수 있다.

③ 배차예정내역신고를 한 자가 사용할 운송수단을 변경하고자 하는 경우에는 보세구역 출발 전까지 다시 신고해야 한다. 다만, 공휴일(토요일 및 일요일, 「공휴일에 관한 법률」에 따른 공휴일 및 대체공휴일, 「근로자의 날 제정에 관한 법률」에 따른 근로자의 날 등) 및 야간 등 세관 개청시간 외에 배차차량이 변경되는 경우에는 보세운송 목적지 보세구역 도착 전까지 운송수단 배차예정내역 신고서를 다시 제출할 수 있다.

④ 보세운송신고를 한 자는 보세구역 출발 이후 차량고장 또는 예상치 못한 기타 사정 등으로 운송수단이 변경되는 경우 해당 사정이 발생한 때로부터 다음 날까지 비고란에 사유를 기재하여 다시 신고해야 한다.

⑤ 항공사가 국내 국제항 간에 항공기로 보세운송하려는 경우의 보세운송신고서는 발송지세관에 전자문서로 출항적재화물목록을 제출하는 것으로 갈음할 수 있다. 이 경우 출항적재화물목록은 보세운송 물품을 적재한 항공기의 출항 전에 제출해야 한다.

⑥ 보세운송신고는 입항선박 또는 항공기별 House B/L 단위로 신고해야 한다. 다만, 다음의 어느 하나에 해당하는 경우에는 그러하지 아니하다.

> - 보세운송하려는 물품이 동일한 보세구역으로부터 동일한 도착지로 운송되는 경우에는 1건으로 일괄하여 신고할 수 있다. 다만, 관세청장이 정하는 기준에 따른 법규준수도가 높은 보세운송업자는 동일한 관할 세관 내 여러 도착지 보세구역으로 운송하는 경우에도 1건으로 일괄하여 신고할 수 있다.
> - 다음의 어느 하나에 해당하는 경우에는 Master B/L 단위로 신고할 수 있다.
>   − 단일화주의 FCL화물
>   − LCL화물 중 컨테이너에서 적출하지 아니한 상태로 보세운송하는 경우
> - 해상화물 중 하선장소에서 다음 입항지의 운송구역 내 1개 이상의 영업용보세구역으로 보세운송하는 경우에는 모선단위 1건으로 일괄하여 신고할 수 있다.
>
> | 입항지 | 운송구역 |
> |---|---|
> | 부산항 | 부산세관, 용당세관, 양산세관 관할구역 |
> | 인천항 | 인천세관, 안산세관 관할구역(인천광역시 지역에 한함) |
> | 마산항 | 마산세관, 창원세관 관할구역 |

(4) 심사

보세운송신고서를 접수한 화물관리공무원은 다음 사항을 심사해야 한다.

> ① 적재화물목록상의 화물관리번호, B/L번호, 품명, 개수 등과 신고내용이 일치하는지 여부
> ② 보세운송 신고인의 적격 여부
> ③ 보세운송신고물품이 적재화물목록상에 이상이 있는 물품인지 여부
> ④ 보세운송하려는 물품이 관세법 시행령 제226조 제3항 각 호에 따른 승인대상 물품에 해당하는지 여부
> ⑤ 보세운송기간이 합당한지 여부
> ⑥ 보세운송도착지가 「보세화물 관리에 관한 고시」 제4조에 따른 화물분류기준에 적합한 장소인지 여부
> ⑦ 담보제공이 필요한 물품에 대하여는 담보제공 여부
> ⑧ 그 밖에 세관장이 필요하다고 인정하는 사항

(5) 물품검사

① 세관장은 보세운송신고한 물품의 감시단속을 위하여 필요하다고 인정하면 발송지세관 또는 도착지세관에서 다음에 해당하는 검사방법으로 화물관리공무원이 검사하게 할 수 있으며, 검사대상물품은 관세청장이 별도로 지시한 기준에 따라 선별한다. 다만, 도착지 세관 검사는 발송지세관장이 개장검사의 방법으로 지정하고 그 검사지정사유를 세관화물정보시스템에 등록해야 한다.

> - 검색기검사
> - 세관봉인부착. 다만, 신고물품이 자율관리 보세구역에서 출발하는 경우, 보세사가 보세운송신고물품에 세관봉인을 봉인할 수 있으며, 이 경우 즉시 봉인내역을 전자문서로 세관장에게 제출해야 한다.
> - 개장검사
> - 모바일 보세운송 검사(모바일 보세운송 앱을 활용하여 물품의 출발과 도착을 확인)

② 세관장은 검사대상물품과 검사방법을 지정한 경우, 그 내역을 즉시 해당 보세운송신고인 및 보세구역운영인(자유무역지역의 입주기업체 및 보세구역 외 장치허가를 받은 자를 포함) 또는 화물관리인에게 통보하여야 하며, 통보를 받은 보세운송신고인 등은 세관공무원의 검사와 관련하여 검사장소 및 장비의 확보, 작업인부 배치 등 편의를 제공해야 한다.

③ 세관장은 물품검사 시 신고인 또는 화주의 입회가 필요하거나, 신고인 또는 화주로부터 입회요청을 받은 때에는 검사에 입회하게 할 수 있다.

④ 세관장은 개장검사를 실시한 경우, 그 결과를 세관화물정보시스템에 등록해야 하며, 이상화물이 발견되었을 때에는 인지한 부서에서 즉시 자체조사와 통고처분 등 적절한 조치를 취해야 한다. 이때 「관세범의 고발 및 통고처분에 관한 훈령」 별표 1에서 고발하도록 정한 경우에는 즉시 조사전담부서로 고발의뢰해야 한다. 다만, 이상이 없는 것으로 나타난 경우에는 신속한 보세운송 등을 위하여 필요한 조치를 해야 한다. **20 기출**

(6) 보세운송신고 수리

① 화물관리공무원은 보세운송신고사항을 심사한 후 신고내용이 타당한 때에는 즉시 세관화물정보시스템에 수리등록을 하고 신고자, 발송지세관장 또는 도착지세관장, 발송지 및 도착지 보세구역운영인에게 수리사실을 통보하여야 하고, 신고내용이 타당하지 아니한 경우에는 세관화물정보시스템에 타당하지 않은 사유와 함께 수리거부로 등록하고 신고자에게 통보해야 한다.

② 세관장은 보세운송업무의 신속한 처리를 위하여 세관화물정보시스템에서 자동으로 신고내역을 확인하여 신고수리하고 통보를 하게 할 수 있다.

③ 보세운송신고 수리통보를 받은 신고자는 신고에 관한 자료를 2년간 보관하여야 하고, 마이크로필름·광디스크 등 자료전달매체에 의하여 보관할 수 있다.

(7) 신고의 취하 등

① 보세운송신고인이 세관에 보세운송신고서를 제출 한 후에 부득이한 사유로 취하 또는 부분취하(일괄 보세운송신고 시)를 하려는 경우에는 보세운송신고(승인신청) 항목 변경승인(신청)서(항목변경신청서)를 작성하여 서류 또는 전자문서로 제출하여야 하며, 이 경우 화물관리공무원은 신고인에게 신청사유를 증명할 수 있는 자료를 요구할 수 있다.

② 항목변경신청서를 접수한 화물관리공무원은 신청사유와 관련 증명자료내역 등을 심사 후 그 결과에 따라 세관화물정보시스템에 승인 또는 기각으로 등록하고, 보세운송신고인에게 그 내역을 전자문서로 통보해야 한다.

③ 보세운송신고서가 세관에 신고 또는 수리된 후, 화물관리공무원이 신고 또는 수리내용을 수정할 필요가 있는 경우에는 세관화물관리정보시스템에 수정내용을 등록하고 수정할 수 있으며, 이 경우 보세운송신고인에게 그 내역을 전자문서로 통보해야 한다.

2. 보세운송승인

(1) 승인기준 **23 기출**

① 관세법 시행령 제226조 제3항 제1호부터 제8호까지 및 제12호의 물품에 대한 승인기준은 다음과 같다.

- 보세운송된 물품 중 다른 보세구역 등으로 재보세운송하려는 물품은 보세공장, 보세전시장, 보세건설장, 보세판매장, 자가용보세창고에 반입하여야 할 경우 등 세관장이 부득이하다고 인정하는 경우에만 할 수 있다.
- 「검역법」·「식물방역법」·「가축전염병 예방법」, 「수산생물질병 관리법」, 「야생생물 보호 및 관리에 관한 법률」 등에 따라 검역이 필요한 물품은 정해진 조치를 마쳤거나 보세구역(보세구역 외 장치 허가를 받은 장소를 포함)으로 지정받은 검역시행장으로 운송하는 경우에만 할 수 있다.
- 「위험물안전관리법」에 따른 위험물, 「화학물질관리법」에 따른 유해화학물질은 도착지가 관계 법령에 따라 해당 물품을 취급할 수 있는 경우에만 할 수 있다. 다만, 「화학물질관리법」 제3조 제1항 각 호에 해당하는 화학물품으로써 관련자료를 제출하면 그러하지 아니하다.
- 비금속설은 다음의 어느 하나에 해당하는 경우에만 할 수 있다.
  - 도착지가 비금속설만을 전용으로 장치하는 영업용보세창고로서 간이보세운송업자가 승인신청하는 경우
  - 도착지가 실화주의 자가용보세창고로서 비금속설을 처리할 수 있는 용광로 또는 압연시설을 갖추고 있고 간이보세운송업자가 보세운송 승인신청을 하는 경우

- 도착지가 비금속설을 장치할 수 있도록 보세구역 외 장치허가를 받은 장소로서 간이보세운송업자가 승인신청하는 경우
- 컨테이너로 운송하는 경우로서 보세화물 관리상 문제가 없다고 세관장이 인정하는 경우
• 화물이 국내에 도착된 후 최초로 보세구역에 반입된 날부터 30일이 경과한 물품은 다음의 어느 하나에 해당하는 경우에만 할 수 있다.
  - 관세법 제236조에 따라 통관지가 제한되는 물품으로서 통관지세관 관할구역 내 보세구역으로 운송하는 물품
  - 보세공장, 보세건설장, 보세전시장 등 특수보세구역으로 반입하여야 할 필요가 있는 물품
  - 그 밖에 세관장이 보세운송이 부득이하다고 인정하는 물품
• 통관이 보류되거나 수입신고 수리를 할 수 없는 물품은 반송을 위하여 선적지 하선장소로 보세운송하는 경우에만 할 수 있다.
• 관세법 제236조에 따라 통관지가 제한되는 물품은 「수입통관 사무처리에 관한 고시」 제106조에 따른 통관지 세관으로 보세운송하는 경우에만 할 수 있다.
• 귀석·반귀석·귀금속·한약재·의약품·향료 등 부피가 작고 고가인 물품은 수출물품 제조용 원재료 또는 세관장이 지정한 보세구역으로 운송하는 물품에만 할 수 있다. 이 경우 다음의 어느 하나에 해당하는 업체가 운송해야 한다.
  - 특정물품 간이보세운송업자
  - 수출입 안전관리 우수업체(AEO인증업체) 또는 일반간이보세운송업자. 다만, 금고 등 안전시설을 갖춘 유개(지붕구조의 덮개가 있는 것)차량에 운전자 이외의 안전요원이 탑승하여야 하며, 내국물품과 혼적하여서는 아니된다.
• 불법 수출입의 방지 등을 위하여 세관장이 「관리대상화물 관리에 관한 고시」에 따라 검사대상 화물로 선별한 물품 중 검사하지 아니한 물품은 운송목적지가 세관장이 지정한 보세구역인 경우에만 할 수 있다.

② 승인기준에 타당하지 아니한 물품과 관세법 제234조에 따른 수출·입 금지품에 대하여는 보세운송승인을 하지 않는다.
③ 세관장은 보세운송 신고대상물품 중 항공사가 국제항 간 입항적재화물목록 단위로 일괄하여 항공기로 보세운송하려는 물품을 재보세운송하려는 경우에는 입항지에서의 최초 보세운송과 동일하게 인정하여 처리할 수 있다.
④ 세관장은 보세운송 신고대상으로 된 물품은 보세운송신고 심사 후 수리대상으로 분류하고 세관화물정보시스템을 이용하여 심사하여야 한다.

(2) 승인신청 24 기출 23 기출
① 관세법 시행령 제226조 제3항에 따른 물품을 보세운송하려는 자는 전자문서로 작성한 보세운송 승인신청서와 다음 서류를 세관화물정보시스템에 전송하여야 한다. 다만, 전자문서 전송이 불가능하여 서류로만 제출된 경우 화물관리공무원이 그 내역을 세관화물정보시스템에 등록해야 한다.

• 송품장(아래의 물품은 제외)
  - 무세 또는 관세가 면제될 것이 확실하다고 인정하는 물품
  - 자율관리보세구역으로 지정된 보세공장에 반입하는 물품
  - 보세운송신고(승인신청)하는 화주가 「관세 등에 대한 담보제도 운영에 관한 고시」에 따른 담보제공 생략자, 담보제공 특례자 또는 포괄담보제공업체로서 담보한도액 범위인 경우이거나 이미 담보를 제공한 물품
  - 간이보세운송업자가 보세운송의 승인을 신청한 물품
• 담보제공서류(담보제공대상 물품에만 해당)
• 검역증(검역대상물품에만 해당)
• 보세운송 도착지를 심사할 수 있는 서류. 다만, 세관화물정보시스템에서 도착지의 확인이 가능한 경우에는 제출을 생략하게 할 수 있다.

- 그 밖에 세관장이 보세운송 승인을 위하여 필요한 서류

② 보세운송 승인신청을 한 자는 운송수단 배차예정내역신고서를 제출하여야 한다.

③ 보세운송 승인신청은 물품이 하선(기)장소에 반입된 후에 할 수 있다. 다만, 양륙과 동시에 차상반출할 물품의 경우에는 입항 후에 하선(기)장소로 반입되기 이전이라도 보세운송 승인신청을 할 수 있다.

(3) 승인심사

① 보세운송 승인신청서를 접수한 화물관리공무원은 세관화물정보시스템에 전송된 내역과 대조한 후에 다음 사항을 심사하여야 한다.

- 송품장, 담보제공서류, 검역증, 보세운송 도착지를 심사할 수 있는 서류 등 첨부서류 구비 여부
- 신청인이 보세운송업자인 경우 등록된 보세운송업자인지 여부
- 보세운송기간이 적당한지 여부
- 보세운송 도착지가 적정한지 여부
- 담보제공이 필요한 물품에 대하여는 담보제공 여부
- 검사의 필요성 여부
- 가산세 부과대상 여부
- 그 밖에 세관장이 보세운송승인에 필요하다고 인정되는 사항

② 세관장은 심사한 결과 보세운송의 승인을 신청한 물품이 다음의 어느 하나에 해당하는 경우에는 보세운송 승인을 할 수 없다. 22 기출

- 보세운송 승인요건에 위배되는 경우
- 그 밖에 세관장이 화물의 감시단속상 보세운송을 제한할 필요가 있는 경우

(4) 담보제공 18 기출

세관장은 관세채권 확보를 위하여 보세운송의 승인을 신청한 물품에 대하여는 관세 및 제세 상당액을 담보로 제공하게 해야 한다. 다만, 다음의 어느 하나에 해당하는 경우에는 그러하지 아니하다.

① 무세 또는 관세가 면제될 것이 확실하다고 인정하는 물품
② 자율관리보세구역으로 지정된 보세공장에 반입하는 물품
③ 보세운송신고(승인신청)하는 화주가 「관세 등에 내한 담보제도 운영에 관한 고시」에 따른 담보제공 생략자 또는 포괄담보를 제공하는 자로서 담보한도액 범위인 경우이거나 이미 담보를 제공한 물품
④ 간이보세운송업자가 보세운송의 승인을 신청한 물품

(5) 물품검사

세관장은 보세운송의 승인을 신청한 물품에 대하여 감시단속을 위하여 필요하다고 인정할 때에는 보세운송 신고물품에 대한 물품검사 규정을 준용하여 검사를 할 수 있다.

(6) 보세운송 승인 24 기출

① 세관장은 보세운송 승인신청서의 심사 및 검사결과 이상이 없을 때에는 즉시 세관화물정보시스템에 승인등록을 한 후 발송지세관장 또는 도착지세관장, 발송지 및 도착지 보세구역 운영인에게 승인내역을 통보하여야 한다.

② 보세운송 승인신청인은 관련 자료를 2년간 보관하여야 하고, 마이크로필름·광디스크 등 자료전달매체에 의하여 보관할 수 있다.

③ 세관장은 보세운송을 승인한 물품의 감시단속을 위하여 필요하다고 인정하면 운송통로를 제한할 수 있다.

3. 보세운송 관리

(1) 보세운송수단 [18 기출]

① 보세운송업자가 보세운송을 하려는 경우에는 등록된 자가 보유한 운송수단 또는 등록된 다른 보세운송업자의 운송수단(관련법령에 따라 화물자동차운송사업 등의 자격을 갖춘 보세운송업자로 한정)으로 운송하여야 한다. 다만, 보세운송 물품을 철도차량으로 운송하는 경우에는 그러하지 아니하다.

② 냉장 또는 냉동화물 등 특수화물이거나 집단운송 거부 등 산업·경제 위기가 발생한 경우에는 사전에 세관장의 승인을 얻어 일반업체의 운송수단으로 운송할 수 있으며, 일반업체의 운송수단으로 보세운송(임차보세운송)을 하려는 자(관계 법령에 의하여 화물운송주선업 등의 자격을 갖춘 보세운송업자에 한함)는 1년의 임차기간 범위 내에서 보세운송수단 임차승인(신청)서를 전자문서 또는 서류로 관할지 또는 신고지세관장에게 제출해야 한다.

③ 승인신청을 받은 세관장은 그 신청사유가 타당하다고 인정하면 이를 승인하고 신청인에게 전자문서 또는 서류로 통보해야 한다.

④ 출발지 보세구역운영인 또는 화물관리인은 보세운송업자가 운송하는 경우 보세운송수단의 등록여부를 확인한 후 물품을 반출해야 한다.

⑤ 한 건의 보세운송에 대하여 복수의 운송수단을 이용할 경우 보세운송신고 또는 승인신청 시에 복수의 운송수단을 함께 기재하여 신고 또는 승인신청 할 수 있다.

⑥ 보세운송신고인 또는 승인신청인(보세운송인)이 보세운송신고 또는 승인신청 후 운송수단을 변경하려는 경우 보세운송신고 또는 승인신청한 세관장에게 보세운송신고(승인신청)항목 변경 승인(신청)서를 전자문서 또는 서류로 제출하여야 한다.

⑦ 승인신청을 받은 세관장은 그 신청사유가 타당하다고 인정하면 이를 승인하고 신청인, 발송지세관장 또는 도착지세관장, 출발지 및 도착지 보세구역 운영인에게 전자문서로 통보하여야 한다.

(2) 보세운송 목적지 등 변경 [18 기출]

① 보세운송인이 보세운송 목적지 또는 경유지를 변경하려는 경우 보세운송신고(승인신청) 항목변경승인(신청)서를 발송지세관장 또는 도착지세관장에게 전자서류 또는 서류로 제출하여 승인을 받아야 한다.

② 승인신청을 받은 세관장은 목적지 또는 경유지 변경사유가 부득이하고 변경하려는 목적지 또는 경유지가 합당할 때에 한하여 이를 승인하고 신청인, 발송지세관장 또는 도착지세관장, 출발지 및 도착지 보세구역 운영인에게 전자문서로 통보하여야 한다.

(3) 보세운송기간 연장

① 재해, 차량사고, 도착지 창고사정 등 그 밖에 부득이한 사유로 보세운송기간을 연장할 필요가 있을 때에는 보세운송인은 발송지세관장 또는 도착지세관장에게 보세운송신고(승인신청) 항목변경승인(신청)서를 전자문서 또는 서류로 제출하여야 한다.

② 항목변경신청서를 접수한 세관장은 그 신청사유가 타당하다고 인정될 때에 한하여 세관장이 필요하다고 인정하는 범위에서 이를 승인하고 신청인, 발송지세관장 또는 도착지세관장, 출발지 및 도착지 보세구역 운영인에게 전자문서로 통보하여야 한다.

③ 세관장은 담당공무원으로 하여금 재해, 차량 사고 현장 또는 창고 사정 등을 확인하게 할 수 있다.

(4) 보세운송 경유지 신고 [23 기출] [19 기출] [18 기출]

① 보세운송인은 보세운송 도중 운송수단을 변경하기 위하여 경유지를 거치는 경우에는 보세운송신고 또는 승인신청 시에 이를 함께 기재하여 신고 또는 승인신청해야 한다.

② 경유지는 보세구역으로 한정한다. 다만, 보세구역이 없는 공항만을 거쳐 운송되는 경우로서 세관장이 부득이하다고 인정하면 그러하지 아니하다.

③ 보세구역 경유지에서는 보세운송물품의 개장, 분리, 합병 등의 작업을 할 수 없다.

(5) 보세운송물품 도착 `23 기출`

① 보세운송인은 물품을 보세운송 기간 내에 도착지에 도착시켜야 한다.
② 보세운송인은 물품이 도착지에 도착한 때 지체 없이 B/L번호 및 컨테이너번호(컨테이너화물인 경우)를 보세구역 운영인 또는 화물관리인에게 제시하고 물품을 인계하여야 한다. 다만, 보세구역 운영인 또는 화물관리인이 요구하는 경우 보세운송신고필증(승인서)(사본 가능)을 제시해야 한다.
③ 도착지 보세구역 운영인 또는 화물관리인은 다음의 사항을 확인한 후 보세운송신고 또는 승인 건별로 도착일시, 인수자, 차량번호를 기록하여 장부 또는 자료보존매체(마이크로필름, 광디스크, 기타 전산매체)에 2년간 보관해야 한다.

- 등록된 보세운송수단으로서 세관 화물정보시스템의 운송수단 정보와 일치 여부
- 신고지 세관장으로부터 통보받은 보세운송 반입예정 정보와 현품의 일치 여부

④ 도착지 보세구역 운영인 또는 화물관리인은 보세운송된 물품을 인수하였을 때에는 즉시 세관화물정보시스템에 반입신고를 하여야 한다. 다만, 보세운송 도착과 동시에 수입신고가 수리된 물품은 보세구역에 입고시키지 않은 상태에서 물품을 화주에게 즉시 인도하고 반출입신고를 동시에 해야 한다. `18 기출`
⑤ 도착지 보세구역 운영인 또는 화물관리인은 도착된 보세운송물품에 과부족이 있거나 컨테이너 또는 유개(지붕구조의 덮개가 있는 것)차의 봉인파손, 봉인번호 상이, 포장파손, 미등록 운송수단 확인 등 이상이 발견된 경우에는 지체 없이 세관장에게 보고해야 한다. `18 기출`
⑥ 보세운송 도착화물에 대한 이상보고를 받은 세관장은 담당공무원으로 하여금 그 실태를 조사하게 할 수 있다.
⑦ 관세법 제215조에 따른 보세운송물품 도착보고는 보세구역 운영인의 반입신고로 갈음한다. 다만, 발송지 세관 검사대상으로 지정된 경우 보세운송신고인 또는 보세운송 승인신청인은 도착 즉시 운영인에게 도착물품의 이상 여부를 확인받은 후 그 결과를 세관화물정보시스템에 전송해야 하며, 도착지 세관 검사지정건은 검사 후 그 결과를 화물담당공무원이 세관화물정보시스템에 등록해야 한다.
⑧ 운송인은 발송지 세관 검사대상으로 지정된 경우의 도착보고는 다음의 방법으로 할 수 있다.

- 전자문서 선송이 불가능한 경우 도착지 보세구역 운영인이 기명 날인한 보세운송신고필증 또는 보세운송승인서를 제출할 수 있으며, 이 경우 화물관리공무원은 세관봉인 이상유무 등을 확인 후 그 내역을 세관화물정보시스템에 등록하여야 함
- 모바일 보세운송 앱을 활용하여 물품의 출발과 도착 정보 제공

⑨ 항공사가 국내 국제항 간에 항공기로 보세운송하려는 경우 보세운송물품 도착보고는 도착지세관에 전자문서로 입항적재화물목록을 제출하는 것으로 갈음할 수 있다.
⑩ 도착지세관 화물담당공무원은 세관화물관리시스템에서 보세운송기간이 경과한 도착보고 예정목록을 확인하여 도착이 되었는지 등 필요한 조치를 취하여야 한다.

(6) 도착관리 `22 기출`

① 도착지세관장은 보세운송 도착화물에 대한 이상보고 실태를 조사한 결과 도착물품에 이상이 있는 경우에는 즉시 신고지세관장에게 이상 내역을 통보해야 한다.
② 신고지세관장은 매일 세관화물정보시스템을 조회하여 보세운송 기간 내에 전량 반입신고가 없는 미착물품과 도착지세관장으로부터 이상내역을 통보받은 물품에 대하여는 사실을 확인하는 조사를 한 후 처벌, 관세추징 등의 조치를 취하고 그 결과를 세관화물정보시스템에 등록하여야 한다.

(7) 담보해제

① 보세운송 승인신청 시에 담보를 제공한 자가 보세운송을 완료한 때에는 세관장에게 담보해제 신청서를 제출하여 담보해제를 신청하여야 한다.
② 담보해제 신청을 받은 세관장은 도착이 되었는지를 조회하고 이상이 없을 때에는 즉시 제공된 담보를 해제한다.

4. 보세운송특례

(1) 집단화지역 내의 보세운송특례

세관장은 다음의 장소 내에서 운송되는 물품에 대하여는 보세운송절차를 생략할 수 있다.

> ① 내륙컨테이너기지 등 관할 보세구역에 위치한 집단화지역 내 `24 기출`
> ② 관할 보세구역과 타 세관이 관할하는 보세구역에 걸쳐서 위치한 동일한 집단화지역 내

(2) 송유관을 통한 보세운송특례 `24 기출` `23 기출` `18 기출`

송유관을 통해 운송하는 석유제품 및 석유화학제품에 대하여는 보세운송절차를 생략할 수 있다.

(3) 보세운송특례 대상의 지정

① 세관장은 보세운송특례 보세구역을 지정하려는 경우에는 감시단속상 문제점 등을 종합 검토하여 지정해야 한다.
② 관할세관 내 보세운송특례 대상 보세구역에 대하여 별도 담보를 징수하지 아니한다.

04 수출물품 등의 보세운송

1. 수출(반송)물품 보세운송

(1) 적용범위 `24 기출` `22 기출` `21 기출`

① 수출신고가 수리된 물품은 보세운송 절차를 생략한다. 다만, 다음의 어느 하나에 해당하는 물품은 그러하지 아니하다.

> ㉠ 「반송 절차에 관한 고시」에 따라 외국으로 반출하는 물품
> ㉡ 보세전시장에서 전시 후 반송되는 물품
> ㉢ 보세판매장에서 판매 후 반송되는 물품
> ㉣ 여행자 휴대품 중 반송되는 물품
> ㉤ 보세공장 및 자유무역지역에서 제조·가공하여 수출하는 물품
> ㉥ 수출조건으로 판매된 몰수품 또는 국고귀속된 물품

② 선박법 제6조에 따라 국제무역선의 국내항간 허가를 받은 경우에 한하여 수출화주가 효율적인 선적 관리를 위해 국제무역선으로 수출신고가 수리된 물품을 운송(동일 국제항 내)하고자 할 때에는 보세운송하게 할 수 있다.

(2) 보세운송 절차

① 위 ㉠, ㉡에 해당하는 물품의 보세운송 절차는 「반송 절차에 관한 고시」에서 정하는 바에 따른다.
② 위 ㉢에 해당하는 물품의 보세운송 절차는 「보세판매장 특허 및 운영에 관한 고시」에서 정하는 바에 따른다.
③ 위 ㉣에 해당하는 물품의 보세운송 절차는 「여행자 및 승무원 휴대품 통관에 관한 고시」에서 정하는 바에 따른다.
④ 위 ㉤에 해당하는 물품의 보세운송 절차는 「보세공장 운영에 관한 고시」와 「자유무역지역 반출입물품의 관리에 관한 고시」에서 정하는 바에 따른다.
⑤ 위 ㉥에 해당하는 물품에 대한 보세운송절차는 「몰수품 및 국고귀속물품 관리에 관한 시행세칙」에서 정하는 바에 따른다.

05 보세운송업자의 의무

1. 명의대여 등의 금지

① 보세운송업자는 이 고시에 따라 등록된 다른 보세운송업자 또는 등록되지 아니한 자로 하여금 유상 또는 무상으로 자기의 명의를 사용하여 영업소 설치 등 보세운송업을 경영하게 할 수 없다. 이 경우 보세운송업자가 다른 보세운송업자 또는 보세운송업자로 등록되지 아니한 자에 대하여 보세운송업과 관련되는 지시를 하는 경우에도 또한 같다.

② 보세운송업자는 유상 또는 무상으로 다른 보세운송업자의 명의를 사용하여 보세운송업을 경영할 수 없다. 이 경우 보세운송업자가 다른 보세운송업자로부터 보세운송과 관련되는 지시를 받는 경우에도 또한 같다.

③ 보세운송업자로 등록되지 아니한 자는 유상 또는 무상으로 보세운송업자의 명의를 사용하여 보세운송업을 경영할 수 없다. 이 경우 보세운송업자로 등록되지 아니한 자가 보세운송업자로부터 보세운송업과 관련되는 지시를 받는 경우에도 또한 같다.

2. 양도·양수와 법인의 합병 등 등록사항 변경 신고의무

① 보세운송업자가 관계 법령에 따른 인가를 받아 운송사업을 양도·양수 하거나 법인을 합병한 때 또는 대표자 성명, 주소지 등이 변경된 때에는 즉시 관세물류협회의 장(간이보세운송업자로 지정한 세관장을 포함)에게 보세운송업자 등록사항 변경신고서에 따라 신고하여야 한다.

② 관세물류협회의 장은 보세운송업자의 대표자 또는 주소지 변경, 양도·양수 및 법인의 합병 등 등록사항에 변동이 발생하였을 때에는 그 사실을 즉시 관세청 보세운송시스템에 등록하여야 한다.

③ 세관장은 간이보세운송업자 지정사항 변경신고를 받은 경우에는 즉시 세관화물정보시스템에 등록하여야 한다.

3. 영업소 설치 등 신고의무

① 보세운송업자가 본사 이외에 영업소를 설치한 때에는 관세물류협회의 장에게 보세운송업자(영업소)등록(갱신, 설치)신청서에 영업소 소재지, 책임자 등을 기재하여 영업소 설치신고를 해야 한다.

② 보세운송업자는 영업소를 폐업하거나 휴업, 변경하였을 때에는 즉시 관세물류협회의 장에게 보세운송업자 등록사항 변경신고서에 따라 신고해야 한다.

06 세관장의 관리 감독 등

1. 세관장의 업무감독

① 세관장은 관할 내 보세운송업자의 본사 또는 영업소에 대하여 매 2년 단위로 정기점검을 통하여 업무에 대한 지도감독을 할 수 있다. 다만, 보세운송업자의 업무량을 고려하여 그 기간을 조정할 수 있으며 필요시에는 수시로 업무점검을 실시할 수 있다.

② 정기점검(업무점검을 포함)은 7근무일 이내에 종료하여야 한다. 다만, 부득이하게 업무점검 기간을 연장하여야 할 필요가 있는 경우에는 7일 이내의 범위에서 연장할 수 있다.

③ 세관장이 보세운송업자에 대하여 업무점검을 실시한 때에는 매 월별로 취합하여 관세청장에게 보고하여야 한다.

2. 행정제재 `23 기출`

① 세관장은 보세운송업자 또는 그 임원, 직원, 사용인이 업무와 관련하여 관세법 제223조의2, 제269조, 제270조, 제271조 또는 제274조의 규정을 위반한 경우에는 행정제재를 할 수 있다. 다만, 관세행정 발전에 기여하였거나 관세행정 업무와 관련하여 관세청장 이상의 표창을 수상한 자로서 관세채권확보에 어려움이 없는 경우 기준일수의 50% 이내에서 업무정지 기간을 하향 조정(소수점 이하는 버림)할 수 있다(다만, 최소 업무정지기간은 5일 이상으로 한다).

② 세관장은 보세운송업자 또는 그 임원, 직원, 사용인이 관세행정 질서문란 행위를 한 경우 자동수리배제 및 검사강화 등의 조치를 해야 한다.

③ 세관장은 행정제재를 하려는 경우 세관장 또는 국장을 위원장으로 하는 5인 이상의 위원회를 구성하여 심의한 후 결정하여야 하며, 업무정지기간을 하향 조정한 경우에는 위원회의 심의결과를 첨부하여 관세청장에게 보고해야 한다.

3. 보세운송업자의 등록취소

① 세관장은 보세운송업자가 다음의 어느 하나에 해당하는 때에는 그 등록을 취소할 수 있다.

- 보세운송업자 등록요건에 결격사유가 발생한 때
- 관세 등 국세를 체납하고 납부할 가능성이 없는 것으로 세관장이 인정하는 때
- 보세운송업무 정지처분을 받은 자가 등록기간 중에 3회 이상 업무정지 처분을 받은 때

② 세관장이 보세운송업자의 등록을 취소한 때에는 즉시 세관화물정보시스템에 입력한 후 관세청장에게 보고하고 해당 보세운송업자 및 관세물류협회의 장에게 서류 또는 전자문서로 통보하여야 한다.

4. 간이보세운송업자 지정취소

세관장은 간이보세운송업자가 다음 각 호의 요건에 해당하는 때에는 그 지정을 취소할 수 있다.

① 간이보세운송업자의 지정요건에 결격사유가 발생한 때
② 간이보세운송업자 지정기간 중 업무정지 처분을 2회 이상 받은 때
③ 간이보세운송업자 지정기간 중 영업실적이 극히 적어 간이보세운송업자 지정이 불필요하다고 세관장이 인정하는 때

5. 관계서류의 보관 `19 기출`

한국관세물류협회장은 보세운송업자 등록에 관한 서류를 5년간 보관하여야 한다.

핵심기출문제

01 보세구역에 장치된 물품을 견본품으로 반출하는 경우에 대한 설명으로 틀린 것은?

① 보세구역 등에 장치된 외국물품의 전부 또는 일부를 견품으로 반출하려는 자는 견본품반출 허가(신청)서를 제출하여 세관장의 허가를 받아야 한다.
② 세관장은 견본품반출 허가를 하는 경우에는 필요한 최소한의 수량으로 제한하여야 한다.
③ 세관장은 견본품채취로 인하여 장치물품의 변질, 손상, 가치감소 등으로 관세채권의 확보가 어려운 경우라 하더라도 견본품반출 허가를 하여야 한다.
④ 견본품반출 허가를 받은 자는 반출기간이 종료되기 전에 해당 물품이 장치되었던 보세구역에 반입하고 견본품재반입보고서를 세관장에게 제출하여야 한다.
⑤ 보세구역 운영인 또는 관리인은 견본품반출 허가를 받은 물품이 해당 보세구역에서 반출입될 때에는 견본품반출 허가사항을 확인하고, 견본품반출입사항을 견본품반출입대장에 기록관리하여야 한다.

정답 및 해설

세관장은 견본품반출 허가를 하는 경우에는 필요한 최소한의 수량으로 제한하여야 하며, **견본품채취로 인하여 장치물품의 변질, 손상, 가치감소 등으로 관세채권의 확보가 어려운 경우에는 견본품반출 허가를 하지 아니할 수 있다.** [보세화물에 관한 고시 제30조(견본품 반출입 절차) 제2항]

정답 ③

02 보세구역별 장치기간에 대한 설명으로 틀린 것은?

① 지정장치장 반입물품의 장치기간을 6개월로 한다.
② 부산항·인천항·인천공항·김해공항 항역 내의 지정장치장으로 반입된 물품의 장치기간은 2개월로 하며, 세관장이 필요하다고 인정할 때에는 2개월의 범위에서 그 기간을 연장할 수 있다.
③ 여행자 또는 승무원이 휴대품으로서 유치물품 및 습득물의 장치기간은 1개월로 한다.
④ 보세창고 반입물품의 장치기간은 6개월로 하되 세관장이 필요하다고 인정할 때에는 6개월의 범위에서 그 기간을 연장할 수 있다.
⑤ 보세창고에 반입된 정부비축물품의 장치기간은 6개월로 하되 세관장이 필요하다고 인정할 때에는 6개월의 범위에서 그 기간을 연장할 수 있다.

정답 및 해설

[보세화물장치기간 및 체화관리에 관한 고시 제3조(적용대상)]
이 고시에서 보세구역에 반입되는 물품의 장치기간은 다음 각 호의 어느 하나에 해당하는 물품에만 적용한다.
5. 법 제183조에 따른 **보세창고 반입물품**

[보세화물장치기간 및 체화관리에 관한 고시 제4조(장치기간) 제5항]
제3조 제5호에 해당하는 물품의 장치기간은 **6개월로 하되** 세관장이 필요하다고 인정할 때에는 6개월의 범위에서 그 기간을 연장할 수 있다. 다만, 다음 각 호에 해당하는 물품의 장치기간은 비축에 필요한 기간으로 한다.
1. 정부비축물품
2. 정부와의 계약이행을 위하여 비축하는 방위산업용품
3. 장기간 비축이 필요한 수출용원재료 및 수출품 보수용 물품
4. 국제물류촉진을 위하여 장기간 장치가 필요한 물품(LME, BWT 등)으로서 세관장이 인정하는 물품

정답 ⑤

03 세관장이 보세화물의 매각절차를 중지할 수 있는 경우로 틀린 것은?

① 매각처분이 공익에 반하는 경우라고 판단되는 경우
② 검사·검역기관에서 검사·검역기준 등에 부적합 물품으로 판명된 경우
③ 해당 물품이 이미 통관되었거나 예정가격, 공매조건 그 밖의 매각절차에 중대한 하자가 발생된 경우
④ 살아있는 동식물이나 부패하거나 부패할 우려가 있는 것
⑤ 공매공고에 의하여 1차 매각절차가 완료된 후, 매각되지 아니한 물품으로서 화주의 요청이 있고, 1개월 내에 수출입 또는 반송할 것이 확실하다고 인정되는 경우

정답 및 해설

[보세화물장치기간 및 체화관리에 관한 고시 제14조(긴급공매) 제1항]
세관장은 다음 각 호의 어느 하나에 해당하는 물품에 대하여는 장치기간 경과 전이라도 공고한 후 매각할 수 있으며, 급박하여 공고할 여유가 없다고 판단되는 경우에는 매각한 후 공고할 수 있다.
1. **살아있는 동식물이나 부패하거나 부패할 우려가 있는 것**

정답 ④

04 세관장이 국고귀속 조치를 보류할 수 있는 물품으로 틀린 것은?

① 관세법 위반으로 조사 중인 물품
② 중소기업, 공기업, 준정부기관의 국고귀속 보류요청이 있는 경우
③ 부패, 손상, 실용시효가 경과하는 등 국고귀속의 실익이 없다고 인정되는 물품
④ 특수용도에만 한정되어 있는 물품으로서 국고귀속 조치 후에도 공매낙찰 가능성이 없는 물품
⑤ 이의신청, 심판청구, 소송 등 쟁송이 제기된 물품

정답 및 해설

중소기업, 공기업, 준정부기관의 국고귀속 보류요청이 있는 경우
→ 공기업, 준정부기관, 그 밖의 공공기관에서 수입하는 물품으로서 국고귀속 보류요청이 있는 물품 [보세화물장치기간 및 체화관리에 관한 고시 제38조(국고귀속의 보류) 제2호]

[보세화물장치기간 및 체화관리에 관한 고시 제38조(국고귀속의 보류)]
제37조에도 불구하고 세관장은 다음 각 호의 어느 하나에 해당하는 물품에 대하여 국고귀속 조치를 보류할 수 있다.
1. 국가기관(지방자치단체 포함)에서 수입하는 물품
2. 「공공기관의 운영에 관한 법률」 제5조에 따른 공기업, 준정부기관, 그 밖의 공공기관에서 수입하는 물품으로서 국고귀속 보류요청이 있는 물품
3. 법 위반으로 조사 중인 물품
4. 이의신청, 심판청구, 소송 등 쟁송이 제기된 물품
5. 특수용도에만 한정되어 있는 물품으로서 국고귀속 조치 후에도 공매낙찰 가능성이 없는 물품
6. 국고귀속 조치를 할 경우 인력과 예산부담을 초래하여 국고에 손실이 야기된다고 인정되는 물품
7. 부패, 손상, 실용시효가 경과하는 등 국고귀속의 실익이 없다고 인정되는 물품
8. 그 밖에 세관장이 국고귀속을 하지 아니하는 것이 타당하다고 인정되는 물품

정답 ②

05 일관운송 환적화물에 해당하지 않는 것은?

① 선박으로 반입한 화물을 공항으로 운송하여 반출하는 물품
② 항공기로 반입한 화물을 항만으로 운송하여 반출하는 물품
③ 선박으로 반입한 화물을 다른 항만으로 운송하여 반출하는 물품
④ 항공기로 반입한 화물을 다른 공항으로 운송하여 반출하는 물품
⑤ 선박 또는 항공기로 반입한 화물을 차량 또는 철도로 반출하는 물품

> **정답 및 해설**
>
> [환적화물 처리절차에 관한 특례고시 제8조(일관운송 환적절차) 제1항]
> 다음 각 호의 어느 하나에 해당하는 환적화물(일관운송 환적화물)은 적재화물목록에 보세운송인과 목적지를 기재하여 제출하는 것으로 반출입신고 및 보세운송신고(승인)를 갈음할 수 있다.
> 1. 선박으로 반입한 화물을 공항으로 운송하여 반출하는 물품
> 2. 항공기로 반입한 화물을 항만으로 운송하여 반출하는 물품
> 3. 선박 또는 항공기로 반입한 화물을 차량 또는 철도로 반출하는 물품
> 4. 차량 또는 철도로 반입한 화물을 항만 또는 공항으로 운송하여 선박 또는 항공기로 반출하는 물품
> 5. 항공기로 반입한 화물을 다른 공항으로 운송하여 반출하는 물품
>
> 정답 ③

06 보세운송업자의 등록 및 취소에 대한 설명으로 틀린 것은?

① 세관장은 보세운송업자가 관세 등 국세를 체납하고 납부할 가능성이 없는 것으로 인정하는 때에는 보세운송업자의 등록을 취소할 수 있다.
② 세관장은 간이보세운송업자가 간이보세운송업자 지정기간 중 업무정지 처분을 2회 받은 때에는 간이 보세운송업자 지정을 취소할 수 있다.
③ 세관장은 간이보세운송업자 지정기간 중 영업실적이 극히 적어 간이보세운송업자 지정이 불필요하다고 인정하는 때에는 그 지정을 취소할 수 있다.
④ 세관장이 보세운송업자에 대하여 업무정지, 등록취소 등 행정제재를 하려는 때에는 이해관계자의 의견을 청취하여야 한다.
⑤ 한국관세물류협회장은 보세운송업자 등록에 관한 서류를 3년간 보관하여야 한다.

> **정답 및 해설**
>
> 한국관세물류협회장은 보세운송업자 등록에 관한 서류를 5년간 보관하여야 한다. [보세운송에 관한 고시 제62조 (관계서류의 보관)]
>
> 정답 ⑤

07 보세운송관리에 대한 설명 중 틀린 것은?

① 출발지 보세구역운영인 또는 화물관리인은 보세운송업자가 운송하는 경우 보세운송수단의 등록 여부를 확인한 후 반출하여야 한다.
② 보세운송인이 보세운송신고 또는 승인신청 후 운송수단을 변경하려는 경우 이를 신청한 세관장에게 전자문서 또는 서류로 제출해야 한다.
③ 보세운송인이 보세운송 목적지 또는 경유지 변경을 하려는 경우 발송지세관장 또는 도착지세관장에게 승인을 받아야 한다.
④ 보세구역 경유지에서는 보세운송물품의 개장, 분리, 합병 등의 작업을 할 수 있다.
⑤ 국내 국제항 간에 항공기로 보세운송하려는 경우 보세운송물품 도착보고는 도착지세관에 전자문서로 입항적재화물목록을 제출하는 것으로 갈음할 수 있다.

정답 및 해설

보세구역 경유지에서는 보세운송물품의 개장, 분리, 합병 등의 작업을 할 수 없다. [보세운송에 관한 고시 제40조(보세운송 경유지 신고) 제3항]

정답 ④

08 보세화물의 장치장소 결정을 위한 화물분류기준에 대한 설명 중 틀린 것은?

① 위험물, 보온·보냉물품, 검역대상물품 등은 해당 물품을 장치하기에 적합한 요건을 갖춘 보세구역에 장치하여야 한다.
② 화주가 장치장소에 대한 별도의 의사표시가 없는 경우 House B/L화물은 세관장이 장치장소를 결정한다.
③ 화주가 장치장소에 대한 별도의 의사표시가 없는 경우 Master B/L화물은 선사가 선량한 관리자로서 장치장소를 결정한다.
④ 입항 전 또는 하선(기) 전에 수입신고가 되거나 보세운송신고가 된 물품은 보세구역에 반입함이 없이 부두 또는 공항 내에서 보세운송 또는 통관 절차와 검사 절차를 수행하도록 하여야 한다.
⑤ 보세창고, 보세공장, 보세전시장, 보세판매장에 반입할 물품은 특허 시 세관장이 지정한 장치물품의 범위에 해당하는 물품만 해당 보세구역에 장치한다.

정답 및 해설

[보세화물 관리에 관한 고시 제4조(화물분류기준) 제1항]
입항 전 또는 하선(기) 전에 수입신고나 보세운송신고를 하지 않은 보세화물의 장치장소 결정을 위한 화물분류 기준은 다음 각 호에 따른다.
1. 선사는 화주 또는 그 위임을 받은 자가 운영인과 협의하여 정하는 장소에 보세화물을 장치하는 것을 원칙으로 한다.
2. 화주 또는 그 위임을 받은 자가 장치장소에 대한 별도의 의사표시가 없는 경우에는 다음 각 목에 따른다.
   가. Master B/L화물은 선사가 선량한 관리자로서 장치장소를 결정한다.
   나. House B/L화물은 화물운송주선업자가 선량한 관리자로서 선사 및 보세구역 운영인과 협의하여 장치장소를 결정한다.

정답 ②

09 보세운송의 신고 또는 승인신청을 할 수 있는 자가 아닌 것은?
① 화주
② 환적화물의 경우에는 그 화물에 대한 권리를 가진 자
③ 관세사
④ 등록한 보세운송업자
⑤ 보세사

> **정답 및 해설**
>
> [보세운송에 관한 고시 제2조(보세운송신고)]
> 보세운송의 신고 또는 승인신청은 다음 각 호의 어느 하나에 해당하는 자의 명의로 하여야 한다.
> 1. 화주. 다만, 환적화물의 경우에는 그 화물에 대한 권리를 가진 자
> 2. 「관세법」 제222조에 따라 등록한 보세운송업자
> 3. 「관세사법」에 따른 관세사·관세법인 또는 통관취급법인(관세사 등)
> 4. 법 제220조의2에 따라 보세운송 할 수 있는 선박회사
>
> 정답 ⑤

10 보세구역 반입일로부터 30일 이내에 수입 또는 반송 신고를 하지 않아 부과되는 가산세에 대한 설명 중 맞는 것은?
① 신고기한이 경과한 날부터 초과된 기한에 따라 각각 다른 가산세율을 적용하며, 이 경우 최대 가산세율은 과세가격의 1천분의 15이다.
② 최대 가산세율이 적용되더라도 가산세액은 500만 원을 초과할 수 없다.
③ 환적화물 및 여행자휴대품과 수출용원재료로 사용되는 물품의 경우 가산세를 징수하지 않는다.
④ 부산항의 부두 내와 부두 밖의 지정장치장 및 보세창고에 반입된 물품을 대상으로 한다.
⑤ 보세구역 간을 이동하는 물품에 대한 장치기간은 현 보세구역의 장치기간만을 대상으로 한다.

> **정답 및 해설**
>
> 제1항에 따른 가산세액은 500만 원을 초과할 수 없다. [시행령 제247조(가산세율) 제2항]
>
> [오답노트]
> ① 최대 가산세율은 과세가격의 1천분의 15이다.
>   → 최대 가산세율은 과세가격의 1천분의 20이다. [시행령 제247조(가산세율) 제1항]
> ③ 수출용원재료(신용장 등 관련서류에 의하여 수출용원재료로 확인되는 경우에만 해당)된다) [보세화물 관리에 관한 고시 제34조(가산세) 제2항]
> ④ 부산항의 부두 내와 부두 밖의 지정장치장 및 보세창고에 반입된 물품
>   → 부산항의 부두 내 지정장치장 및 보세창고에 반입된 물품 [보세화물 관리에 관한 고시 제34조(가산세) 제1항 제1호]
> ⑤ 현 보세구역의 장치기간만을 대상으로 한다.
>   → 종전 보세구역의 장치기간을 합산한다. [보세화물 관리에 관한 고시 제34조(가산세) 제4항]
>
> 정답 ②

11 보세구역 외 장치 허가대상이 아닌 물품은?

① 수출신고수리를 받은 물품
② 물품이 크기 또는 무게의 과다로 보세구역에 장치하기 곤란한 물품
③ 다량의 산물로서 보세구역에 장치 후 다시 운송하는 것이 불합리하다고 인정하는 물품
④ 보세구역이 아닌 검역시행장에 반입할 검역물품
⑤ 보세구역과의 교통이 불편한 지역에 양륙된 물품으로서 보세구역으로 운반하는 것이 불합리한 물품

> **정답 및 해설**
>
> 법 제156조 제1항에 따른 보세구역 외 장치허가는 다음 각 호에 따른다.
>
> [보세화물관리에 관한 고시 제7조(보세구역 외 장치의 허가) 제1항]
> 1. **물품이 크기 또는 무게의 과다로 보세구역의 고내(庫內)에 장치하기 곤란한 물품**
> 2. **다량의 산물로서 보세구역에 장치후 다시 운송하는 것이 불합리하다고 인정하는 물품**
> 3. 부패, 변질의 우려가 있거나, 부패, 변질하여 다른 물품을 오손할 우려가 있는 물품과 방진, 방습 등 특수보관이 필요한 물품
> 4. 귀중품, 의약품, 살아있는 동·식물 등으로서 보세구역에 장치하는 것이 곤란한 물품
> 5. **보세구역이 아닌 검역시행장에 반입할 검역물품**
> 6. **보세구역과의 교통이 불편한 지역에 양륙된 물품으로서 보세구역으로 운반하는 것이 불합리한 물품**
> 7. 「대외무역관리규정」 제2조 제11호에 따른 중계무역물품으로서 보수작업이 필요한 경우 시설미비, 장소협소 등의 사유로 인하여 보세구역 내에서 보수 작업이 곤란하고 감시단속상 문제가 없다고 세관장이 인정하는 물품
> 8. 자가공장 및 시설(용광로 또는 전기로, 압연시설을 말한다)을 갖춘 실수요자가 수입하는 고철 등 물품
> 9. 그 밖에 세관장이 보세구역외장치를 허가할 필요가 있다고 인정하는 물품
>
> 정답 ①

12 보세화물의 장치에 대한 설명으로 틀린 것은?

① 보세화물은 원칙적으로 보세구역에 장치하여야 하지만 화물의 성질상 보세구역에 장치할 수 없거나 보세구역에 반입할 실익이 없는 경우에는 보세구역이 아닌 장소에 반입할 수 있다.
② 수출신고수리를 받고자 하는 물품과 수출신고수리를 받은 물품에 대한 보세구역 장치의무는 폐지되어 수출물품을 생산공장에 둔 상태로 수출신고가 가능하다.
③ 관세법 위반으로 압수된 물품은 관세법 위반 조사를 위해 세관 보세구역에 장치하여야 한다.
④ 동식물 등 전염병을 옮기기 쉬운 물품을 수입 또는 수출하는 경우에는 검역법 등 관계법에 의하여 검역을 받도록 되어 있는 바, 이러한 검역대상물품은 검역을 받아야 할 장소에 따로 장치할 수 있다.
⑤ 장치장소가 결정된 물품은 하선(기)절차가 완료된 후 해당 보세구역에 물품을 반입하여야 한다.

> **정답 및 해설**
>
> 관세법 위반으로 압수된 물품은 관세법 위반 조사를 위해 세관 보세구역이 아닌 장소에 장치할 수 있다.
>
> [관세법 제155조(물품의 장치) 제1항]
> **외국물품**과 제221조 제1항에 따른 내국운송의 신고를 하려는 내국물품은 <u>보세구역이 아닌 장소에 장치할 수 없다</u>. 다만, 다음 각 호의 어느 하나에 해당하는 물품은 그러하지 아니하다.
> 1. 제241조 제1항에 따른 수출신고가 수리된 물품
> 2. 크기 또는 무게의 과다나 그 밖의 사유로 보세구역에 장치하기 곤란하거나 부적당한 물품
> 3. 재해나 그 밖의 부득이한 사유로 임시로 장치한 물품
> 4. 검역물품
> 5. **압수물품**
> 6. 우편물품
>
> 정답 ③

13 보세구역 외 장치물품의 허가기간을 연장할 수 있는 사유로 틀린 것은?

① 보세구역 외 장치 허가신청 업체의 구역 내에 해당 화물을 반입할 장소가 없는 경우
② 품목분류 사전심사의 지연으로 수입신고할 수 없는 경우
③ 인지부서의 자체조사, 고발의뢰 등의 결정에 따른 조치를 위하여 필요한 경우
④ 관세법 제226조에 따른 수입요건·선적서류 등 수입신고 또는 신고수리 요건을 구비하지 못한 경우
⑤ 재해 그 밖에 부득이한 사유로 생산지연·반송대기 등 세관장이 인정하는 사유가 있는 경우

정답 및 해설

[보세화물 관리에 관한 고시 제8조(보세구역외장치의 허가기간 등) 제1항]
보세구역 외 장치의 허가기간은 6개월의 범위 내에서 세관장이 필요하다고 인정하는 기간으로 정하며, 허가기간이 종료한 때에는 보세구역에 반입하여야 한다. 다만, 다음 각 호의 어느 하나에 해당하는 사유가 있는 때에는 세관장은 허가기간을 연장할 수 있으나, 그 기간은 최초의 허가일로부터 법 제177조 제1항 제1호 가목에서 정하는 기간을 초과할 수 없다.
1. **동일세관 관할구역 내에 해당 화물을 반입할 보세구역이 없는 경우**
2. 품목분류 사전심사의 지연으로 수입신고할 수 없는 경우
3. 인지부서의 자체조사, 고발의뢰, 폐기, 공매·경매낙찰, 몰수확정, 국고귀속 등의 결정에 따른 조치를 위하여 필요한 경우
4. 법 제226조에 따른 수입요건·선적서류 등 수입신고 또는 신고수리 요건을 구비하지 못한 경우
5. 재해 그 밖에 부득이한 사유로 생산지연·반송대기 등 세관장이 인정하는 사유가 있는 경우

정답 ①

14 보세화물 반출통고에 관한 설명으로 틀린 것은?

① 영업용보세창고에 반입한 물품의 반출통고는 보세구역운영인이 화주 등에게 한다.
② 지정장치장에 반입한 물품의 반출통고는 세관장이 화주 등에게 하여야 한다.
③ 지정장치장, 보세창고에 반입한 물품의 반출통고는 장치기간 만료 30일 전까지 하여야 한다.
④ 장치기간이 2개월 미만인 물품(유치·예치물품 등)의 반출통고는 장치기간 만료시점에 하여야 한다(다만, 법규정에 따라 유치 또는 예치할 때 매각한다는 것을 통고한 경우에는 생략할 수 있다).
⑤ 화주 등이 분명하지 않거나 그 소재가 분명하지 않아 반출통고를 할 수 없을 때에는 게시공고로 반출통고를 대신할 수 있다.

정답 및 해설

영업용보세창고에 반입한 물품의 반출통고는 보세구역운영인이 화주 등에게 하며, **지정장치장에 반입한 물품의 반출통고는 화물관리인이 화주 등에게 하여야 한다.** [보세화물장치기간 및 체화관리에 관한 고시 제6조(반출통고의 주체, 대상 및 내용) 제2항]

정답 ②

15 물품의 하역에 대한 설명으로 틀린 것은?

① 국제무역선이나 국제무역기는 원칙적으로 입항절차를 마친 후가 아니면 물품을 하역하거나 환적할 수 없다.
② 세관장은 감시단속을 위하여 필요한 때에는 물품을 하역하는 장소 및 통로와 기간을 제한할 수 있다.
③ 국제무역선이나 국제무역기에는 세관장의 허가 없이 내국물품을 적재할 수 없다.
④ 국내운항선이나 국내운항기에는 세관장의 허가 없이 외국물품을 적재할 수 없다.
⑤ 수출물품을 국제무역선이나 국제무역기에 하역 또는 환적하려면 세관장이 정하는 바에 따라 물품목록의 제출로써 물품의 하역 등의 허가신청을 갈음할 수 있다.

> **정답 및 해설**
>
> - 국제무역선이나 국제무역기에 물품을 하역하거나 환적하려면 세관장에게 신고하고 현장에서 세관공무원의 확인을 받아야 한다. 다만, 세관공무원이 확인할 필요가 없다고 인정하는 경우에는 그러하지 아니하다. [관세법 제140조(물품의 하역) 제4항]
> - 법 제140조 제4항에 따라 **물품을 하역 또는 환적하려는 자는** 다음 각 호의 사항을 기재한 신고서를 세관장에게 제출하고 그 신고필증을 현장세관공무원에게 제시하여야 한다. 다만, **수출물품의 경우에는 관세청장이 정하는 바에 따라 물품목록의 제출로써 이에 갈음할 수 있으며,** 항공기인 경우에는 현장세관공무원에 대한 말로써 신고하여 이에 갈음할 수 있다. [시행령 제161조(물품의 하역 등의 허가신청) 제2항]
>
> 정답 ⑤

16. 세관장이 공매대상물품에 대하여 수의계약할 수 있는 사유에 대한 설명으로 맞는 것은?

① 2회 이상 경쟁입찰에 붙여도 매각되지 아니한 경우로서 다음 회의 입찰에 체감될 예정가격 이상의 응찰자가 있을 때
② 공매절차가 종료된 물품을 국고귀속 예정통고 전에 최초예정가격 이상의 가격으로 매수하려는 자가 있을 때
③ 부패, 손상, 변질 등의 우려가 있는 물품으로서 즉시 매각되지 아니하면 상품가치가 저하될 우려가 있을 때
④ 1회 공매의 매각예정가격이 100만 원 미만인 때
⑤ 경쟁입찰 방법의 공매 참여자가 없을 때

정답 및 해설

[보세화물장치기간 및 체화관리에 관한 고시 제22조(수의계약) 제1항]
세관장은 다음 각 호의 어느 하나에 해당하는 경우에만 수의계약할 수 있다.
1. **1회** 이상 경쟁입찰에 붙여도 매각되지 아니한 경우(단독 응찰한 경우를 포함한다)로서 다음 회의 입찰에 체감될 예정가격 이상의 응찰자가 있을 때
2. 공매절차가 종료된 물품을 국고귀속 예정통고 전에 **최종예정가격** 이상의 가격으로 매수하려는 자가 있을 때
3. **부패, 손상, 변질 등의 우려가 있는 물품으로서 즉시 매각되지 아니하면 상품가치가 저하될 우려가 있을 때**
4. 1회 공매의 매각예정가격이 **50만 원** 미만인 때
5. 경쟁입찰 방법으로 매각함이 공익에 반하는 때

[오답노트]
① 2회 → 1회 [보세화물장치기간 및 체화관리에 관한 고시 제22조(수의계약) 제1항 제1호]
② 최초예정가격 → 최종예정가격 [보세화물장치기간 및 체화관리에 관한 고시 제22조(수의계약) 제1항 제2호]
④ 100만 원 → 50만 원 [보세화물장치기간 및 체화관리에 관한 고시 제22조(수의계약) 제1항 제4호]
⑤ 경쟁입찰 방법의 공매 참여자가 없을 때 → 경쟁입찰 방법으로 매각함이 공익에 반하는 때 [보세화물장치기간 및 체화관리에 관한 고시 제22조(수의계약) 제1항 제5호]

정답 ③

17 체화물품의 폐기 및 재활용에 대한 설명으로 틀린 것은?

① 원상변형작업이란 체화물품의 해체, 절단, 분쇄와 같이 형상의 변화를 가져오는 작업을 말한다.
② 원상변형작업 대상물품은 자원의 절약과 재활용촉진에 관한 법률에 따라 재활용이 가능한 물품으로 한다.
③ 사료화작업이란 체화물품을 사료제조시설에 사료로 제조하는 작업을 말한다.
④ 사료화작업의 대상물품은 사료제조용으로 사용이 가능한 것으로 관련 규정에 따른 검사에서 합격한 물품으로 한다.
⑤ 퇴비화작업의 대상물품은 퇴비제조용으로 사용이 가능한 것으로 비료관리법에 따라 관세청장이 고시한 물품으로 한정한다.

> **정답 및 해설**
>
> 관세청장 → 농촌진흥청장
> 퇴비화작업의 대상물품은 퇴비제조용으로 사용이 가능한 것으로 「비료관리법」에 따라 **농촌진흥청장**이 고시한 물품으로 한정한다. [보세화물장치기간 및 체화관리에 관한 고시 제47조(퇴비화작업) 제2항]
>
> 정답 ⑤

18 국내 국제항 간 국제무역선으로 운송할 수 있는 화물이 아닌 것은?

① 반송화물
② 환적화물
③ 수출화물
④ 내국물품인 공컨테이너
⑤ 우리나라로 수입하려는 외국물품으로 최초 입항지에서 선하증권(항공화물운송장을 포함한다)에 기재된 최종 목적지로 운송하려는 물품

> **정답 및 해설**
>
> [환적화물 처리절차에 관한 특례고시 제9조(국내 국제항 간 국제무역선에 의한 화물운송) 제1항]
> 국내 국제항 간 국제무역선으로 화물을 운송할 수 있는 경우는 다음 각 호의 어느 하나와 같다.
> 1. 우리나라로 수입하려는 외국물품으로서 최초 입항지에서 선하증권(항공화물운송장을 포함한다)에 기재된 최종 목적지로 운송하려는 화물
> 2. 환적화물
> 3. 수출화물
> 4. 내국물품인 공컨테이너
>
> 정답 ①

19 보세화물의 반출입에 대한 설명으로 틀린 것은?

① 컨테이너 보세창고에서 반출입되는 컨테이너화물에 대하여는 B/L단위로 반출입신고를 하여야 한다.
② 운영인이 보세창고의 일정구역에 일정기간 동안 내국물품을 반복적으로 장치하려는 경우 세관장은 외국물품의 장치 및 세관 감시단속에 지장이 없다고 인정하는 때에는 보관장소, 내국물품의 종류, 기간 등에 대하여 포괄적으로 허용할 수 있다.
③ 운영인은 보세창고에 1년 이상 계속하여 내국물품만을 장치하려면 내국물품장치승인(신청)서를 제출하여 세관장의 승인을 받아야 한다.
④ B/L 제시 인도물품을 반출하려는 자는 화물관리공무원에게 B/L원본을 제시하여 반출승인을 받아야 한다.
⑤ FCL컨테이너화물로 통관우체국까지 운송하는 국제우편물의 경우에는 국제우편물 보세구역 반출승인 신청을 생략할 수 있다.

> **정답 및 해설**
>
> 제9조 및 제10조에도 불구하고 컨테이너 보세창고에서 반출입되는 컨테이너화물에 대하여는 컨테이너 단위로 별지 제9호 및 별지 제10호 서식의 컨테이너 반출입신고서를 세관장에게 전자문서로 제출하여야 한다. [보세화물 관리에 관한 고시 제11조(컨테이너화물의 반출입신고)]
>
> 정답 ①

20 보세화물의 관리·감독에 대한 설명으로 틀린 것은?

① 보세화물의 화주는 장치물품을 수입신고 이전에 확인할 때에는 수입신고전 물품확인승인(신청)서를 제출하여 세관장의 승인을 받아야 한다.
② 장치물품의 수입신고전 물품확인은 화물관리 세관공무원 또는 보세사의 입회 하에 실시하여야 한다.
③ 재해 기타 부득이한 사유로 인하여 멸실된 때와 미리 세관장의 승인을 얻어 폐기하였을 때에는 그 물품의 관세를 보세구역의 운영인, 보관인(지정보세구역은 화물관리인)으로부터 즉시 징수한다.
④ 보세구역에 장치된 물품이 도난 또는 분실된 때에는 그 물품의 관세를 보세구역의 운영인, 보관인(지정보세구역은 화물관리인)으로부터 즉시 징수한다.
⑤ 재해 기타 부득이한 사유로 물품이 멸실된 때에는 운영인, 화물관리인 또는 보관인은 세관장에게 멸실 신고를 하고 그 확인을 받아야 한다.

> **정답 및 해설**
>
> 보세구역에 장치된 외국물품이 멸실되거나 폐기되었을 때에는 그 운영인이나 보관인으로부터 즉시 그 관세를 징수한다. 다만, 재해나 그 밖의 부득이한 사유로 멸실된 때와 미리 세관장의 승인을 받아 폐기한 때에는 예외로 한다. [관세법 제160조(장치물품의 폐기) 제2항]
>
> 정답 ③

21 선사가 적재물품을 하선할 수 있는 장소에 대한 설명으로 틀린 것은?

① 컨테이너화물 : 컨테이너를 취급할 수 있는 시설이 있는 부두 내 또는 부두 밖 컨테이너 보세장치장 (다만, 부두사정상 컨테이너화물과 벌크화물을 함께 취급하는 경우에는 보세구역 중 세관장이 지정한 장소)
② 냉동컨테이너화물 : 컨테이너화물 하선장소를 준용하되 화주가 냉동컨테이너로부터 화물을 적출하여 반입을 원하는 경우 냉동시설을 갖춘 보세구역
③ 벌크화물 등 기타화물 : 부두 내 보세구역
④ 액체 분말 등의 형태로 본선에서 탱크, 사일로 등 특수저장시설로 직송되는 물품 : 해당 저장시설을 갖춘 보세구역
⑤ 부두 내에 보세구역이 없는 세관의 경우 : 관할구역 내에 보세구역 중 선사가 지정한 장소

> **정답 및 해설**
>
> [보세화물 입출항 하선하기 및 적재에 관한 고시 제15조(하선신고) 제3항]
> 선사가 물품을 하선할 수 있는 장소는 다음 각 호의 장소로 한정한다. 다만, **부두 내에 보세구역이 없는 세관의 경우**에는 **관할구역 내 보세구역(보세구역 외 장치허가 받은 장소를 포함한다)** 중 **세관장이 지정하는 장소**로 한다.
> 1. 컨테이너화물 : 컨테이너를 취급할 수 있는 시설이 있는 부두 내 또는 부두 밖 컨테이너 보세장치장(이하 "CY"라 하며, CFS를 포함한다. 이하 같다). 다만, 부두사정상 컨테이너화물과 벌크화물을 함께 취급하는 부두의 경우에는 보세구역 중 세관장이 지정한 장소
> 2. 냉동컨테이너화물 : 제1호를 준용하되 화주가 냉동컨테이너로부터 화물을 적출하여 반입을 원하는 경우 냉동시설을 갖춘 보세구역
> 3. 벌크화물 등 기타화물 : 부두 내 보세구역
> 4. 액체, 분말 등의 형태로 본선에서 탱크, 사일로 등 특수저장시설로 직송되는 물품 : 해당 저장시설을 갖춘 보세구역
>
> 정답 ⑤

22 환적화물관리에 대한 설명으로 틀린 것은?

① 환적화물은 국내 국제항 간 국제무역선으로 화물을 운송할 수 있다.
② 환적화물의 일시양륙신고는 보세화물 입출항 하선 하기 및 적재에 관한 고시에 따른 하선(기)신고로 갈음한다.
③ 비가공증명서를 발급받으려는 물품을 환적하는 경우에는 해당 물품의 적재 전까지 환적신고서를 선적예정지 관할 세관장에게 전자문서로 제출하여야 한다.
④ 환적화물을 보세운송을 하려는 자는 입항 선박 또는 항공기의 Master B/L단위로 세관장에게 보세운송신고를 하여야 한다.
⑤ 선박을 통해 입항지에 반입된 화물을 공항으로 운송한 후 외국으로 반출하려는 환적화물(보세운송목적지가 공항항역 내 1개 이상인 경우를 포함한다)은 모선단위 1건으로 일괄하여 신고할 수 있다.

정답 및 해설

환적화물을 보세운송하려는 자는 입항 선박 또는 항공기의 House B/L단위로 세관장에게 보세운송 신고를 하여야 한다. 다만, 다음 각 호의 어느 하나에 해당하는 경우에는 그러하지 아니하다. [환적화물 처리절차에 관한 특례고시 제7조(보세운송) 제1항]

정답 ④

23 화물운송주선업자에 대한 설명으로 틀린 것은?

① 화물운송주선업자가 관세법 또는 세관장 명령사항 등 위반으로 2회 이상 업무정지 처분을 받은 경우 화물운송주선업자 등록을 취소하여야 한다.
② 물류정책기본법 제47조에 따른 등록이 취소된 경우 화물운송주선업자 등록을 취소할 수 있다.
③ 거짓이나 그 밖의 부정한 방법으로 등록을 한 경우 화물운송주선업자 등록을 취소하여야 한다.
④ 세관장은 화물운송주선업자에 대하여 등록취소 또는 업무정지를 하려는 때에는 사전에 화물운송주선업자에게 통보하여 의견을 청취하여야 한다.
⑤ 세관장은 화물운송주선업자에 대하여 행정제재를 한 경우에는 즉시 세관 화물정보시스템에 등록하여야 하며, 등록취소를 한 경우에는 관세청장에게 보고하여야 한다.

정답 및 해설

2회 이상 업무정지 처분을 받은 경우 화물운송주선업자 등록을 취소하여야 한다.
→ 최근 1년 이내에 3회 이상 업무정지 처분을 받은 경우 등록을 취소할 수 있다.

[화물운송주선업자의 등록 및 관리에 관한 고시 제10조(행정제재) 제2항]
세관장은 화물운송주선업자가 다음 각 호의 어느 하나에 해당하는 경우에는 등록을 취소할 수 있다. 다만, 제1호에 해당하는 경우에는 등록을 취소해야 한다.
1. 법 제224조의 제1항 제1호부터 제2호에 해당하는 경우
2. 「물류정책기본법」 제47조에 따른 등록이 취소된 경우
3. 화물운송주선업자가 제1항에 따라 최근 1년 이내에 3회 이상 업무정지 처분을 받은 경우

정답 ①

24 보세운송하는 물품의 목적지로서 해당 물품을 장치할 수 있는 곳으로 맞는 것은?

| A. 국제항 | B. 세관관서 | C. 자유무역지역 | D. 우체국 |
| E. 경제자유구역 | F. 통관역 | G. 외국인투자지역 | |

① A, B, C, F
② B, C, D, G
③ A, B, C, D
④ A, C, E, G
⑤ A, D, E, G

정답 및 해설

[보세운송에 관한 고시 제3조(보세운송 목적지)]
보세운송하는 물품의 목적지는 **법 제213조 제1항에 따른 지역** 또는 **자유무역지역**으로서 해당 물품을 장치할 수 있는 곳이어야 한다.

[관세법 제213조(보세운송의 신고) 제1항]
외국물품은 다음 각 호의 장소 간에 한정하여 외국물품 그대로 운송할 수 있다. 다만, 제248조에 따라 수출신고가 수리된 물품은 해당 물품이 장치된 장소에서 다음 각 호의 장소로 운송할 수 있다.
1. 국제항
2. 보세구역
3. 제156조에 따라 허가된 장소
4. 세관관서
5. 통관역
6. 통관장
7. 통관우체국

정답 ①

25 장치기간 경과물품의 매각처분에 대한 설명으로 틀린 것은?

① 화주의 의무는 다하였으나 통관지연의 귀책사유가 국가에 있는 경우 매각처분을 보류할 수 있다.
② 창고나 다른 외국물품을 해할 우려가 있는 물품은 장치기간 경과 전이라도 공고한 후 매각할 수 있으며, 급박하여 공고할 여유가 없다고 판단되는 경우에는 매각한 후 공고할 수 있다.
③ 세관장은 관련 규정에 따라 매각하려는 때에는 경쟁입찰하는 것을 원칙으로 한다.
④ 매각된 물품에 대한 과세가격은 최종예정가격을 기초로 하여 과세가격을 산출한다.
⑤ 세관장은 관세법 제210조에 따른 매각대금 중에서 그 물품 매각에 대한 비용, 관세, 각종세금 순으로 필요한 금액을 충당하고 잔금이 있을 때에는 화주에게 교부한다.

정답 및 해설

제1항부터 제4항까지에 따라 **매각된 물품에 대한 과세가격**은 제30조부터 제35조까지의 규정에도 불구하고 제2항에 따른 **최초예정가격을 기초로 하여 과세가격을 산출한다.** [관세법 제210조(매각방법) 제5항]

정답 ④

금융·무역 전문 교육기관 해커스금융

fn.Hackers.com

해커스 보세사 한권합격 이론 + 최신기출

제4과목
수출입안전관리

1절	운송수단
2절	국제무역선의 입출항 전환 및 승선절차에 관한 고시
3절	국제무역기의 입출항절차 등에 관한 고시
4절	차량
5절	관리대상 화물 관리에 관한 고시
6절	선박용품 등 관리에 관한 고시
7절	선박(항공기)용품 및 용역공급업 등의 등록에 관한 고시
8절	수출입 안전관리 우수 공인업체 (AEO : Authorized Economic Operator) 제도
9절	수출입 안전관리 우수업체 공인 및 운영에 관한 고시

❖ 핵심기출문제

1절 | 운송수단

✎ 본문 내용 중 꼭 알아야 하는 부분에 형광펜으로 표시하였으니 반드시 학습하시기 바랍니다.

01 국제항

1. 국제항 21 기출

(1) 국제항의 의의

국제항이란 국내의 항구 또는 공항 중에서 국제무역선(기)가 자유로이 출입할 수 있는 항구, 공항으로서 대통령령이 지정한 항구 또는 공항을 말하며 국제항의 항계는 항만법 시행령 별표 1에 따른 항만의 수상구역 또는 공항시설법에 의한 범위로 한다.

(2) 국제항의 현황 21 기출 18 기출

구 분	국제항명
항 구	인천항, 부산항, 마산항, 여수항, 목포항, 군산항, 제주항, 동해·묵호항, 울산항, 통영항, 삼천포항, 장승포항, 포항항, 장항항, 옥포항, 광양항, 평택·당진항, 대산항, 삼척항, 진해항, 완도항, 속초항, 고현항, 경인항, 보령항
공 항	인천공항, 김포공항, 김해공항, 제주공항, 청주공항, 대구공항, 무안공항, 양양공항

(3) 국제항의 특징

① 국제무역선(기)의 입출항이 자유롭다.
② 세관 및 유관기관이 상주하고 있어 무역절차가 신속하고 용이하게 처리된다.
③ 보세구역 및 보세운송시설이 정비되어 있어 화물의 장치 및 운송이 신속하고 용이하게 처리된다.
④ 항구시설과 하역시설이 잘 갖추어져 있어 물품의 적재·하역 및 이적이 용이하게 처리된다.
⑤ 세관장의 사전 허가 및 출입허가수수료가 필요 없어 경제적 부담이 적다.

(4) 국제항의 지정요건 22 기출 19 기출

국제항의 지정요건은 다음과 같다.
① 「선박의 입항 및 출항 등에 관한 법률」 또는 「공항시설법」에 의하여 국제무역선(기)가 상시 입출항 할 수 있을 것
② 국내선과 구분되는 국제선 전용통로 및 그 밖에 출입국업무를 처리하는 행정기관의 업무수행에 필요한 시설·장비를 확보할 수 있을 것
③ 공항의 경우에는 정기여객기가 주 6회 이상 입항하거나 입항할 것으로 예상되고, 여객기로 입국하는 여객수가 연간 4만명 이상일 것. 항구의 경우에는 국제무역선인 5천 톤급 이상의 선박이 연간 50회 이상 입항하거나 입항할 것으로 예상될 것 24 기출 18 기출

2. 국제항 등에의 출입

(1) 의의 21 기출 18 기출

국제무역선이나 국제무역기는 국제항에 한정하여 운항할 수 있다. 다만, 대통령령으로 정하는 바에 따라 국제항이 아닌 지역에 대한 출입의 허가를 받은 경우에는 그러하지 아니하다.

(2) 국제항이 아닌 지역에 대한 출입 허가 23 기출

① 신청 및 통보

국제항이 아닌 지역에 대한 출입의 허가를 받고자 하는 자는 다음의 사항을 기재한 신청서를 해당 지역을 관할하는 세관장에게 제출하여야 한다. 다만, 국제무역선 또는 국제무역기 항행의 편의도모나 그 밖의 특별한 사정이 있는 경우에는 다른 세관장에게 제출할 수 있다.

- 선박 또는 항공기의 종류·명칭·등록기호·국적과 총톤수 및 순톤수 또는 자체무게
- 지명
- 당해 지역에 머무는 기간
- 당해 지역에서 하역하고자 하는 물품의 내외국물품별 구분, 포장의 종류·기호·번호 및 개수와 품명·수량 및 가격
- 당해 지역에 출입하고자 하는 사유

국제항이 아닌 지역에 대한 출입허가를 한 세관장은 지체 없이 이를 당해 지역을 관할하는 세관장에게 통보하여야 한다.

② 허가수수료 납부

국제항이 아닌 지역에 출입하기 위하여 내야 하는 수수료는 다음 표와 같다. 이 경우 수수료의 총액은 50만 원을 초과하지 못한다. 21 기출 18 기출

구 분	출입횟수 기준	적용 무게 기준	수수료
국제무역선	1회	해당 선박의 순톤수 1톤	100원
국제무역기	1회	해당 항공기의 자체무게 1톤	1,200원

③ 허가수수료의 면제

세관장은 다음의 어느 하나에 해당하는 사유가 있는 때에는 출입허가수수료를 징수하지 아니한다.

- 법령의 규정에 의하여 강제로 입항하는 경우
- 급병환자, 항해 중 발견한 밀항자, 항해 중 구조한 조난자·조난선박·조난화물 등의 하역 또는 인도를 위하여 일시 입항하는 경우
- 위험물품·오염물품 기타 이에 준하는 물품의 취급, 유조선의 청소 또는 가스발생선박의 가스제거작업을 위하여 법령 또는 권한 있는 행정관청이 정하는 일정한 장소에 입항하는 경우
- 국제항의 협소 등 입항여건을 고려하여 관세청장이 정하는 일정한 장소에 입항하는 경우 24 기출

또한, 세관장은 해당 지역에 머무는 기간의 개시일까지 해당 출입허가를 취소한 경우에는 징수한 수수료를 반환한다.

02 선박과 항공기

1. 의의

관세법은 통관법적 성격에 따라 수출입물품을 관리대상으로 하고 있으며 수출입물품의 효과적인 규제를 위하여 수출입물품을 운송하는 운송수단도 관리대상으로 하고 있다. 관세법상 운송수단은 선박, 항공기 및 차량이고, 이러한 운송수단 중에서 무역을 위하여 우리나라와 외국을 왕래하는 선박(국제무역선), 항공기(국제무역기)가 주요 규제대상이며, 군함, 군용기와 국가 원수 또는 정부를 대표하는 외교사절이 전용하는 선박·항공기 등은 관세법상 규제대상이 아니다. 21 기출

2. 입항절차 (법 제135조)

(1) 입항보고

① 국제무역선이나 국제무역기가 국제항(국제항이 아닌 지역에 대한 출입허가를 받은 지역을 포함)에 입항하려는 때에는 선장이나 기장은 대통령령으로 정하는 사항이 적힌 선박용품 또는 항공기용품의 목록, 여객명부, 승무원명부, 승무원 휴대품목록과 적재화물목록을 첨부하여 관세청장이 정하는 바에 따라 세관장에게 입항보고를 하여야 한다. `18 기출`

② 국제무역선은 선박국적증서와 최종 출발항의 출항허가증이나 이를 갈음할 서류를 제시하여야 한다.

③ 다만, 세관장은 감시·단속에 지장이 없다고 인정될 때에는 선박용품 또는 항공기용품의 목록이나 승무원 휴대품목록의 첨부를 생략하게 할 수 있다.

(2) 입항 전 서류 제출

세관장은 신속한 입항 및 통관절차의 이행과 효율적인 감시·단속을 위하여 필요할 때에는 관세청장이 정하는 바에 따라 입항하는 해당 선박 또는 항공기가 소속된 선박회사 또는 항공사(그 업무를 대행하는 자를 포함한다)로 하여금 여객명부·적재화물목록 등을 입항하기 전에 제출하게 할 수 있다.

3. 출항절차 (법 제136조)

(1) 출항허가 `24 기출` `23 기출`

국제무역선이나 국제무역기가 국제항을 출항하려면 선장이나 기장은 출항하기 전에 관세청장이 정하는 바에 따라 세관장에게 출항허가를 받아야 한다.

(2) 서류의 제출

선장이나 기장은 출항허가를 받으려면 그 국제항에서 적재화물목록을 제출하여야 한다. 다만, 세관장이 출항절차를 신속하게 진행하기 위하여 필요하다고 인정하여 출항허가 후 7일의 범위에서 따로 기간을 정하는 경우에는 그 기간 내에 그 목록을 제출할 수 있다.

4. 간이 입출항절차 (법 제137조)

(1) 입항한 때부터 24시간 이내에 출항하는 경우 `22 기출`

국제무역선이나 국제무역기가 국제항에 입항하여 물품(선박용품 또는 항공기용품과 승무원의 휴대품은 제외한다)을 하역하지 아니하고 입항한 때부터 24시간 이내에 출항하는 경우 세관장은 법 제135조(입항절차)에 따른 적재화물목록, 선박용품 또는 항공기용품의 목록, 여객명부, 승무원명부, 승무원 휴대품목록 또는 법 제136조(출항절차)에 따른 적재화물목록의 제출을 생략하게 할 수 있다.

(2) 우리나라의 다른 국제항에 입항하는 경우 `20 기출`

세관장은 국제무역선이나 국제무역기가 국제항에 입항하여 법 제135조에 따른 입항절차를 마친 후 다시 우리나라의 다른 국제항에 입항할 때에는 서류제출의 생략 등 간소한 절차로 입출항하게 할 수 있다.

5. 승객예약자료의 요청 (법 제137조의2)

(1) 의의

세관장은 다음의 어느 하나에 해당하는 업무를 수행하기 위하여 필요한 경우 법 제135조(입항절차)에 따라 입항하거나 법 제136조(출항절차)에 따라 출항하는 선박 또는 항공기가 소속된 선박회사 또는 항공사가 운영하는 예약정보시스템의 승객예약자료를 정보통신망을 통하여 열람하거나 기획재정부령으로 정하는 시한 내에 제출하여 줄 것을 선박회사 또는 항공사에 요청할 수 있다. 이 경우 해당 선박회사 또는 항공사는 다음에 따라야 한다.

① 법 제234조에 따른 수출입금지물품을 수출입한 자 또는 수출입하려는 자에 대한 검사업무
② 법 제241조 제1항·제2항(수출, 수입, 반송신고 및 간이 수출, 수입, 반송신고)을 위반한 자 또는 법 제241조 제1항·제2항을 위반하여 다음의 어느 하나의 물품을 수출입하거나 반송하려는 자에 대한 검사업무
- 「마약류관리에 관한 법률」에 따른 마약류
- 「총포·도검·화약류 등 단속법」에 따른 총포·도검·화약류·분사기·전자충격기 및 석궁

(2) 승객예약자료의 제출 시한 21 기출

승객예약자료의 제출 시한은 다음의 구분에 의한다.

① 출항하는 선박 또는 항공기의 경우
→ 출항 후 3시간 이내
② 입항하는 선박 또는 항공기의 경우
→ 입항 1시간 전까지. 다만, 운항예정시간이 3시간 이내인 경우에는 입항 30분 전까지 할 수 있다.

(3) 열람 또는 제출 요청이 가능한 자료 19 기출

세관장이 열람이나 제출을 요청할 수 있는 승객예약자료는 다음의 자료로 한정한다.

① 국적, 성명, 생년월일, 여권번호 및 예약번호
② 주소 및 전화번호
③ 예약 및 탑승수속 시점
④ 항공권 또는 승선표의 번호·발권일·발권도시 및 대금결제방법
⑤ 여행경로 및 여행사
⑥ 동반탑승자 및 좌석번호 21 기출
⑦ 수하물 자료 21 기출
⑧ 항공사 또는 선박회사의 회원으로 가입한 경우 그 회원번호 및 등급과 승객주문정보

(4) 자료 열람

① 선박회사 또는 항공사로부터 제공받은 승객예약자료를 열람할 수 있는 사람은 관세청장이 지정하는 세관공무원으로 한정한다. 21 기출
② 세관장은 제공받은 승객예약자료를 열람할 수 있는 세관공무원에게 관세청장이 정하는 바에 따라 개인식별 고유번호를 부여하는 등의 조치를 하여 권한 없는 자가 동 자료를 열람하는 것을 방지하여야 한다.
③ 세관공무원은 직무상 알게 된 승객예약자료를 누설 또는 권한 없이 처리하거나 타인이 이용하도록 제공하는 등 부당한 목적을 위하여 사용하여서는 아니 된다.

(5) 보존 승객 예약자료

① 의의 21 기출

세관장은 승객이 입항 또는 출항한 날부터 1월이 경과한 때에는 해당 승객의 승객예약자료를 다른 승객의 승객예약자료(승객의 입·출항일부터 1월이 경과하지 아니한 승객예약자료)와 구분하여 관리하여야 한다.

② 보존 기간

세관장은 보존승객예약자료를 해당승객의 입·출항일부터 기산하여 3년간 보존할 수 있다. 다만, 다음의 어느 하나에 해당하는 자에 대한 보존승객예약자료는 5년간 보존할 수 있다.

- 법 제234조를 위반하여 수출입금지물품을 수출입한 자 또는 수출입하려고 하였던 자로서 관세청장이나 세관장의 통고처분을 받거나 벌금형 이상의 형의 선고를 받은 사실이 있는 자

- 법 제241조 제1항·제2항(수출, 수입, 반송 신고 및 간이 수출, 수입, 반송 신고)을 위반하였거나 법 제241조 제1항·제2항을 위반하여 다음의 어느 하나의 물품을 수출입 또는 반송하려고 하였던 자로서 관세청장이나 세관장의 통고처분을 받거나 벌금형 이상의 형의 선고를 받은 사실이 있는 자
  - 「마약류 관리에 관한 법률」에 따른 마약류
  - 「총포·도검·화약류 등의 안전관리에 관한 법률」에 따른 총포·도검·화약류·전자충격기 및 석궁
- 수사기관 등으로부터 제공받은 정보나 세관장이 수집한 정보 등에 근거하여 다음 각 목의 어느 하나에 해당하는 행위를 할 우려가 있다고 인정되는 자로서 관세청장이 정하는 기준에 해당하는 자
  - 법 제234조를 위반하여 수출입금지물품을 수출입하는 행위
  - 법 제241조 제1항 또는 제2항을 위반하여 다음의 어느 하나의 물품을 수출입 또는 반송하는 행위
    · 「마약류 관리에 관한 법률」에 따른 마약류
    · 「총포·도검·화약류 등의 안전관리에 관한 법률」에 따른 총포·도검·화약류·전자충격기 및 석궁

③ 세관장의 승인

세관공무원은 보존승객예약자료를 열람하려는 때에는 관세청장이 정하는 바에 따라 미리 세관장의 승인을 얻어야 한다.

6. 재해나 그 밖의 부득이한 사유로 인한 면책 (법 제138조)

(1) 의의 24 기출

법 제134조(국제항 등에의 출입)부터 법 제137조(간이 입출항 절차)까지 및 법 제140조부터 법 제143조까지(물품의 하역 등)의 규정은 재해나 그 밖의 부득이한 사유에 의한 경우에는 적용하지 아니한다.

(2) 사유에 대한 신고 등

선장이나 기장은 지체 없이 그 이유를 세관공무원이나 국가경찰공무원(세관공무원이 없는 경우로 한정한다)에게 신고하여야 한다. 이 신고를 받은 국가경찰공무원은 지체 없이 그 내용을 세관공무원에게 통보하여야 한다.

(3) 세관장에게 경과 보고 21 기출

선장이나 기장은 재해나 그 밖의 부득이한 사유가 종료되었을 때는 지체 없이 세관장에게 그 경과를 보고하여야 한다.

7. 임시 외국 정박 또는 착륙의 보고 23 기출

재해나 그 밖의 부득이한 사유로 국내운항선이나 국내운항기가 외국에 임시 정박 또는 착륙하고 우리나라로 되돌아왔을 때에는 선장이나 기장은 지체 없이 그 사실을 세관장에게 보고하여야 하며, 외국에서 적재한 물품이 있을 때에는 그 목록을 제출하여야 한다. 외국기착의 보고는 다음의 사항을 기재한 보고서에 의하여야 한다. 24 기출

① 선박 또는 항공기의 종류·명칭 또는 등록기호·국적·총톤수 및 순톤수 또는 자체무게
② 임시 정박한 항만명 또는 임시 착륙한 공항명
③ 해당 항만 또는 공항에 머무른 시간
④ 임시 정박 또는 착륙 사유
⑤ 해당 항만 또는 공항에서의 적재물품 유무

8. 물품의 하역 등 23 기출

(1) 물품의 하역 (법 제140조) 18 기출

① 물품의 하역·환적

국제무역선이나 국제무역기는 관세법 제135조에 따른 입항절차를 마친 후가 아니면 물품을 하역하거나 환적할 수 없다. 다만, 세관장의 허가를 받은 경우에는 그러하지 아니하다.

② 허가 여부의 통지

세관장은 입항절차를 마치기 전 물품에 대한 하역·환적 허가의 신청을 받은 날부터 10일 이내에 허가 여부를 신청인에게 통지하여야 한다.

③ 허가 의제

세관장이 허가 신청을 받은 날부터 10일 이내에 허가 여부 또는 민원 처리 관련 법령에 따른 처리기간의 연장을 신청인에게 통지하지 아니하면 그 기간(민원 처리 관련 법령에 따라 처리기간이 연장 또는 재연장된 경우에는 해당 처리기간을 말함)이 끝난 날의 다음 날에 허가를 한 것으로 본다.

④ 세관공무원의 확인

국제무역선이나 국제무역기에 물품을 하역하려면 세관장에게 신고하고 현장에서 세관공무원의 확인을 받아야 한다. 다만, 세관공무원이 확인할 필요가 없다고 인정하는 경우에는 그러하지 아니하다.

⑤ 하역통로 등의 제한 18 기출

세관장은 감시·단속을 위하여 필요할 때에는 물품을 하역하는 장소 및 통로(하역통로)와 기간을 관세청장이 정하는 바에 따라 제한할 수 있다.

⑥ 내국물품의 적재 금지 등 21 기출 18 기출

국제무역선이나 국제무역기에는 내국물품을 적재할 수 없으며, 국내운항선이나 국내운항기에는 외국물품을 적재할 수 없다. 다만, 세관장의 허가를 받았을 때에는 그러하지 아니하다.

⑦ 하역의 제한

세관장은 하역신고된 물품이 폐기물·화학물질 등 관세청장이 관계 중앙행정기관의 장과 협의하여 고시하는 물품으로서 하역 장소 및 통로, 기간을 제한하는 방법으로는 사회안전 또는 국민보건 피해를 방지하기 어렵다고 인정되는 경우에는 하역을 제한하고, 적절한 조치 또는 반송을 명할 수 있다.

(2) 외국물품의 일시양륙 등 (법 제141조)

다음의 행위를 하고자 할 때에는 세관장에게 신고를 하고, 현장에서 세관공무원의 확인을 받아야 한다. 다만, 관세청장이 감시·단속에 지장이 없다고 인정하여 따로 정하는 경우에는 간소한 방법으로 신고 또는 확인하거나 이를 생략하게 할 수 있다.

① 외국물품을 운송수단으로부터 일시적으로 육지에 내려놓으려는 경우
② 해당 운송수단의 여객·승무원 또는 운전자가 아닌 자가 타려는 경우
③ 외국물품을 적재한 운송수단에서 다른 운송수단으로 물품을 환적 또는 복합환적하거나 사람을 이동시키는 경우

(3) 항외하역 (법 제142조)

① 세관장의 허가

국제무역선이 국제항의 바깥에서 물품을 하역 또는 환적하고자 하는 때에는 세관장의 허가를 받아야 한다.

② 허가수수료 납부

선장은 항외하역 허가를 받기 위해서는 기획재정부령으로 정하는 바에 따라 하역 1일마다 4만 원의 항외하역 허가수수료를 납부하여야 한다. 다만, 수출물품(보세판매장에서 판매하는 물품과 보세공장, 자유무역지역에서 제조·가공하여 외국으로 반출하는 물품을 포함)에 대한 하역인 경우에는 하역 1일마다 1만 원으로 한다.

(4) 선박용품 및 항공기용품 등의 하역 등 (법 제143조)

① 선박용품 및 항공기용품의 정의

> - 선박용품은 음료, 식품, 연료, 소모품, 밧줄, 수리용 예비부분품 및 부속품, 집기 기타 이와 유사한 물품으로서 해당 선박에서만 사용되는 것을 말한다.
> - 항공기용품은 선박용품에 준하는 물품으로서 해당 항공기에서만 사용되는 것을 말한다.

② 선박용품 및 항공기용품 등의 범위

선박용품 또는 항공기용품 등의 종류와 수량은 선박이나 항공기의 종류, 톤수 또는 무게, 항행일수·운행일수 또는 조업일수, 여객과 승무원·선원의 수 등을 고려하여 세관장이 타당하다고 인정하는 범위이어야 한다.

③ 하역 또는 환적 허가

선박용품 또는 항공기용품, 국제무역선 또는 국제무역기 안에서 판매하는 물품, 「원양산업발전법」에 따라 해양수산부장관의 허가·승인 또는 지정을 받은 자가 조업하는 원양어선에 무상으로 송부하기 위하여 반출하는 물품으로서 해양수산부장관이 확인한 물품을 국제무역선·국제무역기 또는 「원양산업발전법」 제2조 제6호에 따른 조업에 사용되는 선박(원양어선)에 하역하거나 환적하려면 세관장의 허가를 받아야 하며, 하역 또는 환적 허가의 내용대로 하역하거나 환적하여야 한다.

④ 외국물품인 선박용품 또는 항공기용품 등의 경우

외국물품인 선박용품 또는 항공기용품 등이 외국으로부터 우리나라에 도착한 외국물품일 때에는 보세구역으로부터 국제무역선·국제무역기 또는 원양어선에 적재하는 경우에만 그 외국물품을 그대로 적재할 수 있다.

⑤ 허가 위반 시 관세의 징수

외국물품인 선박용품 또는 항공기용품, 국제무역선 또는 국제무역기 안에서 판매하는 물품이 하역허가의 내용대로 운송수단에 적재되지 아니한 경우에는 해당 허가를 받은 자로부터 즉시 그 관세를 징수한다. 다만, 다음의 어느 하나에 해당하는 경우에는 그러하지 아니하다.

> - 세관장이 지정한 기간 내에 물품이 다시 보세구역에 반입된 경우
> - 재해나 그 밖의 부득이한 사유로 멸실된 경우
> - 미리 세관장의 승인을 받고 폐기한 경우

9. 국제무역선의 국내운항선으로의 전환 등 23 기출

(1) 국제무역선의 국내운항선으로의 전환 등 (법 제144조) 21 기출

국제무역선 또는 국제무역기를 국내운항선 또는 국내운항기로 전환하거나, 국내운항선 또는 국내운항기를 국제무역선 또는 국제무역기로 운항 자격을 전환하고자 하는 때에는 세관장의 승인을 받아야 한다.

(2) 선장 등의 직무대행자 (법 제145조)

선장이나 기장이 하여야 할 직무를 대행하는 자에게도 선장이나 기장에게 적용할 규정을 그대로 적용한다.

(3) 그 밖의 선박 또는 항공기 (법 제146조) 21 기출

① 국제무역선 또는 국제무역기의 규정을 준용하는 경우

다음의 어느 하나에 해당하는 선박이나 항공기는 국제무역선이나 국제무역기에 관한 규정을 준용한다.

- 국제무역선 또는 국제무역기 외의 선박이나 항공기로서 외국에 운항하는 선박 또는 항공기
- 외국을 왕래하는 여행자와 법 제241조 제2항 제1호(간이신고 또는 신고생략 대상인 휴대품 등)의 물품을 전용으로 운송하기 위하여 국내에서만 운항하는 항공기(환승전용 국내운항기) 21 기출

② 국제무역선 또는 국제무역기의 규정을 준용하지 않는 경우

- 군함 및 군용기
- 국가원수 또는 정부를 대표하는 외교사절이 전용하는 선박 또는 항공기

③ 환승전용 국내운항기의 관리 등

- 환승전용 국내운항기에 대해서는 법 제143조 제2항은 적용하지 아니한다. 즉, 환승전용 국내운항기에 대해서는, "선박용품 또는 항공기용품, 국제무역선 또는 국제무역기 안에서 판매하는 물품이 외국으로부터 우리나라에 도착한 외국물품인 때에는 보세구역으로부터 국제무역선 또는 국제무역기에 적재하는 경우에만 그 외국물품을 그대로 적재할 수 있다."는 규정을 적용하지 아니한다.
- 세관장은 법 제146조 제2항에 따라 효율적인 통관 및 감시·단속을 위하여 필요한 다음의 어느 하나에 해당하는 사항에 대하여 관세청장이 정하는 바에 따라 그 절차를 간소화하거나 그 밖에 필요한 조치를 할 수 있다.
  - 법 제135조 제1항에 따른 입항보고
  - 법 제136조 제1항에 따른 출항허가 신청
  - 그 밖에 환승전용 국내운항기 및 해당 항공기에 탑승하는 외국을 왕래하는 여행자와 법 제241조 제2항 제1호에 따른 물품의 통관 및 감시에 필요한 사항

(4) 국경하천을 운항하는 선박 (법 제147조)

국경하천만을 운항하는 내국선박에 대하여는 국제무역선에 관한 규정을 적용하지 아니한다.

2절 국제무역선의 입출항 전환 및 승선절차에 관한 고시

✎ 본문 내용 중 꼭 알아야 하는 부분에 형광펜으로 표시하였으니 반드시 학습하시기 바랍니다.

01 총칙

1. 용어의 정의

(1) 국제무역선

「관세법」 제2조 제6호의 선박(관세법 제146조에 따라 국제무역선을 준용하는 선박을 포함)을 말한다.

(2) 국내운항선

관세법 제2조 제8호의 선박을 말한다.

(3) 선장 등

해당 선박의 선장과 그 소속 선박회사 및 그 직무를 대행하는 자를 말한다.

(4) 업체부호

「보세화물 입출항 하선 하기 및 적재에 관한 고시」 제46조 제1항에 따라 세관장에게 신고한 국제무역선의 선사부호를 말한다.

(5) 전자통관시스템

전자자료 교환방식에 의하여 제출한 입항보고서·출항허가(신청)서, 전환승인(신청)서 및 승선신고서 등을 처리하는 전산시스템을 말한다.

(6) 선박검색

세관공무원이 입항보고 또는 출항허가 신청한 선박에 대하여 검사 및 필요한 조치를 수행하는 것을 말한다.

(7) 국제항이 아닌 지역

「관세법 시행령」 제155조에 따라 국제항으로 지정된 범위 외의 지역을 말한다.

(8) 승무원가족 등

국제무역선에 승선하여 근무하고 있는 승무원의 배우자, 승무원·배우자의 직계 존비속 및 형제자매나 그 밖에 세관장이 인정하는 사람을 말한다.

(9) 업무수행을 위한 승선

승무원가족 등 이외의 자가 입출항절차, 물품의 하역, 용역의 제공·수리 등 선박업무에 필요한 경우 국제무역선에 승선하는 것을 말한다.

(10) 상시승선

관세법 제222조에 따라 등록된 업체의 임·직원이 업무를 처리하기 위하여 국제무역선에 빈번히 승선하는 것을 말한다.

(11) 전환

국제무역선에서 국내운항선으로 또는 국내운항선에서 국제무역선으로 변경하는 것을 말한다.

(12) 입·출항

국제무역선이 국제항의 수상구역으로 들어오거나 국제항의 수상구역에서 나가는 것을 말한다.

(13) 전산심사

입항보고, 출항허가신청 및 승선신고 등 제출서류에 대하여 전자통관시스템에서 전자적 방식으로 심사하는 것을 말한다.

02 국제무역선의 국제항 입·출항 절차

1. 업체부호 등록

선장 등은 국제무역선이 입항하거나 또는 출항하는 때에는 입항보고 또는 출항허가신청 전까지「보세화물 입출항 하선하기 및 적재에 관한 고시」에 따른 선박회사부호 신고서를 세관장에게 제출해야 한다.

2. 입항보고 및 출항허가신청

① 선장 등은 국제무역선(남북 간 운항선박을 포함)이 국제항(관세법 제134조 제1항 단서에 따라 출입허가를 받은 지역을 포함)에 입항하거나 국제항을 출항하는 때에는 관세법 제135조 및 제136조에 따라 입항보고서 또는 출항허가신청서에 다음의 서류를 첨부하여 전자문서로 세관장에게 제출해야 한다.

• 선박용품목록	• 여객명부
• 승무원명부	• 승무원휴대품목록
• 적재화물목록	

다만, 적재화물목록은 「보세화물 입출항하신하기 및 직재에 관한 고시」에서 징한 바에 따라 제출해야 하며, 여객명부는 세관장이 필요하다고 인정하는 경우에는 입항하기 전에 제출하게 할 수 있다.

② 선장 등은 외국에서 선박을 수리하였거나 선박용품을 구입하였을 때에는 입항보고를 할 때에 그 사실을 작성하여 세관장에게 제출해야 한다. 이 경우 세관공무원이 요구하거나 승무원이 외지에서 물품을 구입한 경우에는 선박국적증서와 최종출발항의 출항허가증 또는 이에 갈음할 서류를 제시해야 한다. 20 기출

③ 세관장은 감시단속에 지장이 없다고 인정하는 때에는 선박용품목록 및 승무원휴대품목록의 첨부를 생략하게 할 수 있으며, 국제무역선이 국제항에 입항하여 물품(선박용품과 승무원의 휴대품은 제외)을 하역하지 아니하고 입항한 때부터 24시간 이내에 출항하는 경우에는 적재화물목록, 선박용품의 목록, 여객명부, 승무원명부, 승무원 휴대품목록(적재화물목록 등)의 제출을 생략하게 할 수 있다. 다만, 선박검색대상으로 지정된 경우에는 세관공무원이 선박검색을 하는 때 이를 제출하게 할 수 있다. 19 기출

④ 선장 등은 전산장애 등의 사유로 전자문서로 제출이 불가능한 경우에는 입항보고 또는 출항허가신청 내용을 입력한 저장매체 등을 세관장에게 제출해야 한다. 다만, 그러하지 못하는 경우에는 서류로 제출할 수 있다.

⑤ 세관장은 저장매체 등이나 서류를 제출받은 때에는 즉시 전자통관시스템에 전송하거나 입력해야 한다.

3. 입항보고서 제출시기

① 선장 등은 선박이 입항하기 24시간 전까지 입항예정(최초)보고서를 세관장에게 제출해야 한다. 다만, 직전 출항국가 출항부터 입항까지 운항 소요시간이 24시간 이하인 경우에는 직전 출항국가에서 출항하는 즉시 입항예정(최초)보고서를 제출해야 한다. 20 기출

② 입항예정(최초)보고를 한 선장 등은 선박이 입항하여 부두에 접안하기 전까지 또는 해상에 정박하기 전까지 입항예정 보고한 내용을 근거로 하여 최종입항보고서를 제출해야 한다.
③ 선장 등은 입항 전에 제출하는 여객명부를 선박 입항 30분 전까지 세관장에게 제출해야 한다.

4. 출항허가 신청서 제출시기
① 선장 등은 선박이 출항하기 12시간 전까지 출항예정(최초)허가신청서를 제출해야 한다. 다만, 입항 후 12시간 이내에 출항하려는 선박은 출항하기 3시간 전까지 이를 제출해야 한다.
② 출항예정(최초)허가신청한 선장 등은 선박이 출항을 위하여 부두에서 떠나기 전 또는 정박지(碇泊地)에서 닻을 감아올리기 전까지 출항예정(최초)허가 신청한 내용을 근거로 하여 최종출항허가신청서를 제출해야 한다.

5. 선박검색 여부 결정
① 세관장은 전자통관시스템에서 '선박검색대상'으로 지정한 경우에는 해당 선박에 대하여 검색을 실시해야 한다. 다만, 기상악화 등의 사유로 선박검색이 곤란한 경우에는 담당과장의 승인을 받아 '선박검색대상'에서 제외할 수 있다.
② 세관장은 전자통관시스템에 의하여 선박검색대상으로 지정되지 아니한 선박이라도 우범정보가 있거나 감시단속상 필요하다고 판단되는 경우에는 선박검색대상으로 지정하여 검색할 수 있다.
③ 세관장은 이미 입항보고를 수리하였거나 출항을 허가한 후에 우범정보 입수 등으로 검색 등이 필요한 경우에는 해당 선박에 대하여 불시검색 등을 실시할 수 있다.

6. 선박검색
① 세관공무원은 선박검색을 수행하는 때에는 관세청장 또는 세관장이 정하는 근무요령에 따라 선박의 검색 등을 실시한 후 그 결과를 즉시 전자통관시스템에 등록해야 한다.
② 세관공무원은 선박검색 결과 관세법 위반사항 등을 발견하였을 때에는 즉시 관리자에게 그 사실을 보고하고, 필요한 조치를 취해야 한다.

7. 입항보고수리 및 출항허가
① 세관장은 선박검색대상으로 지정하지 아니한 선박 중 입항선박에 대하여는 해당 선박이 부두에 접안하기 전까지 또는 해상에 정박하기 전까지 입항보고를 수리해야 하며 출항선박에 대하여는 해당 선박이 부두에서 이안하기 전까지 또는 정박지에서 닻을 감아 올리기 전까지 출항허가 해야 한다.
② 세관장은 입항보고 및 출항허가신청에 대하여 우범성 등 기준을 적용하여 전산심사로 수리 또는 허가할 수 있다.
③ 세관장은 선박검색대상으로 결정한 선박에 대하여는 검색한 결과를 전자통관시스템에 등록한 후 입항보고 수리 또는 출항허가 해야 한다.
④ 세관장은 입항보고수리 또는 출항을 허가한 때에는 입항보고자 또는 출항신청자에게 통보해야 한다. 다만, 전자문서로 보고하거나 신청한 경우에는 수리하거나 허가한 때를 통보한 때로 본다.
⑤ 입항보고수리 및 출항을 허가한 세관장은 입출항선박의 정보를 관세청장이 정하는 인터넷 홈페이지(portal.customs.go.kr)에 제공해야 한다.

8. 입항보고 또는 출항허가신청의 정정·취소
① 선장 등은 입항보고하거나 출항허가를 신청한 내용을 정정하거나 취소하려는 경우에는 입항보고수리 또는 출항허가 전까지는 이미 제출한 입항보고서 또는 출항신청서에 정정 또는 취소 내용을 입력하여 전자문서로 세관장에게 제출해야 한다.

② 선장 등은 입항보고 수리 후 또는 출항허가 받은 후에 그 내용을 정정하거나 취소하려는 때에는 다음에서 규정된 기한 내에 입·출항보고 정정(취소)신청서를 전자문서로 제출해야 한다.

> • 입항보고 수리 후 → 입항보고 수리 후 출항 전까지
> • 출항허가 받은 후 → 출항허가 후 24시간 이내. 다만, 정정 신청함에 있어 세관장이 불가피하다고 인정하는 경우에는 출항허가 24시간이 경과한 후에도 신청서 제출 가능

다만, 선박검색대상으로 지정된 경우에는 세관공무원이 선박검색을 하는 때 또는 선장 등은 전산장애 등의 사유로 전자문서로 제출이 불가능한 경우에는 입항보고 또는 출항허가신청 내용을 입력한 저장매체 등을 세관장에게 제출하지 못한 경우에는 정정(취소)신청서를 서면으로 제출할 수 있다.

③ 정정 또는 취소 신청 시 세관장은 관련 서류의 확인이 필요한 경우에는 우편, 팩스, 전자우편으로 관련서류를 제출하게 할 수 있다.

④ 정정·취소 신청을 받은 세관장은 그 내용을 검토하여 타당하다고 인정하는 경우에는 이미 제출된 전자문서자료를 정정 또는 취소해야 한다. 이때 세관장은 전산심사로 정정 또는 취소할 수 있다.

9. 입항선박의 항내 이동신고 등

① 선장 등은 입항보고가 수리된 선박을 항내의 다른 장소로 이동하려는 때에는 항내정박장소 이동신고서를 세관장에게 전자문서로 제출해야 한다. 다만, 전자문서로 제출할 수 없을 때에는 서면으로 제출할 수 있다. `21 기출`

② 항내 이동신고를 받은 세관장은 해당 선박의 이동상황, 정박상황 등을 감시해야 한다.

③ 선장 등은 관세법 제138조 제4항에 따라 재해나 그 밖의 부득이한 사유가 발생한 경우에는 그 사유가 종료된 즉시 재해 등 조치경과보고서를 세관장에게 제출해야 한다.

④ 선장 등은 관세법 제139조에 따라 재해나 그 밖의 부득이한 사유로 국내운항선이 외국에 임시 정박한 경우에는 우리나라로 되돌아 온 즉시 외국 임시 정박보고서를 세관장에게 제출해야 한다.

10. 항외하역

① 관세법 제142조 및 관세법 시행령 제165조에 따라 국제항 밖에서 물품을 하역하거나 환적하려는 자는 세관장에게 항외하역허가(신청)서를 제출하고 허가를 받아야 한다.

② 항외하역 허가를 받으려는 자는 관세법 시행규칙 제63조에서 정한 수수료(1일마다 4만 원)를 납부해야 한다.

03 국제무역선의 국제항이 아닌 지역 출입절차

1. 출입신청

① 선장 등은 국제항이 아닌 지역에 출입하려는 때에는 국제항이 아닌 지역 출입허가(신청)서를 해당 지역을 관할하는 세관장에게 제출해야 한다. 다만, 국제무역선 또는 국제무역기 항행의 편의도모나 그 밖의 특별한 사정이 있는 경우에는 다른 세관장에게 제출할 수 있다.

② 선장 등은 국제항이 아닌 지역에 출입하려는 때에는 규칙 제62조에서 정한 수수료를 납부해야 한다.

> **관세법 시행규칙 제62조(국제항이 아닌 지역에 대한 출입허가수수료 제1항)** `22 기출`
> 법 제134조 제2항에 따라 국제항이 아닌 지역에 출입하기 위하여 내야 하는 수수료는 다음 표에 따라 계산하되, 산정된 금액이 1만 원에 미달하는 경우에는 1만 원으로 한다. 이 경우 수수료의 총액은 50만 원을 초과하지 못한다. `24 기출`

구분	출입횟수 기준	적용 무게 기준	수수료
국제무역선	1회	해당 선박의 순톤수 1톤	100원
국제무역기	1회	해당 항공기의 자체무게 1톤	1천 2백 원

2. 출입허가

① 출입허가 신청서를 접수한 세관장은 감시단속에 지장이 없다고 인정하는 경우 출입사유가 다음의 어느 하나에 해당하고, 선장 등이 수수료를 납부한 때에 출입을 허가할 수 있다. 다만, 부득이한 사유로 수수료를 납부하지 못한 때에는 사후에 납부하는 것을 조건으로 출입을 허가할 수 있다.

- 물품의 하역 또는 선적
- 조업대기 또는 선박수리 예정
- 시행규칙 제62조 제2항의 사유(국제항이 아닌 지역에 대한 출입허가수수료의 면제 사유)가 발생하는 경우

② 세관장은 국제항이 아닌 지역에 출입허가를 하려는 때에는 선박 및 화물의 종류 등을 고려하여 그 허가기간을 1개월 이내로 하고, 기간연장이 필요한 경우에는 그 사유를 입증하는 서류를 제출받아 연장할 수 있다.

③ 출입허가신청을 접수한 세관장은 출입허가 여부를 입항예정지 관할 세관장과 협의해야 하고, 출입허가를 한 경우에는 허가내역(도착예정 일시, 여객 수, 적재화물 등)을 입항예정지 관할 세관장에게 지체 없이 통보해야 한다.

④ 국제항이 아닌 지역에 대한 출입허가의 취소를 신청하려는 자는 허가를 한 세관장에게 국제항이 아닌 지역 출입허가 취소(신청)서를 허가기간의 개시일까지 제출해야 한다.

3. 세관장 조치사항

출입을 허가하거나 출입허가의 통보를 받은 세관장은 여객의 안전과 보세화물 관리 및 감시단속 등에 필요한 조치를 해야 한다.

4. 여객선의 승객 및 화물 관리

① 국제항이 아닌 지역에 입항한 여객선(관광목적으로 입항한 크루즈선은 제외)이 원상을 회복하여 최초 입항예정항으로 출항할 때까지 전원 선내에 대기함을 원칙으로 한다.

② 세관장은 감시단속상 문제가 없다고 판단될 때에는 여객을 통선장 또는 출국대기실에 일시 하선시킬 수 있다. 이때에는 여객에게 신변용품 중 귀중품만 지참하고 그 밖의 휴대품은 선내에 보관해야 한다.

③ 여객을 출국대기실에 일시 하선시켰을 경우에는 세관감시요원을 배치하여 감시해야 한다.

④ 대기시간이 6시간을 초과하거나 그 밖의 부득이한 사정으로 여객이 하선을 원하는 경우에는 여객을 하선시킬 수 있다. 이때의 휴대품 검사는 선내에 휴대하였던 휴대품 및 신변용품만 검사·면세통관할 수 있으며 여행자휴대품신고서 부본에 통관사실을 기재하여 교부해야 하고 입항예정지 세관장에게 통관사실을 통보해야 한다.

⑤ 선박에 적재된 기탁화물 및 예치물품과 현장검사를 하여 유치된 물품에 대하여는 검사종료 후 일괄하여 최초 입항 예정 세관으로 전량을 보세운송해야 한다.

⑥ 보세운송된 물품은 입항예정 세관에서 통관하는 것을 원칙으로 한다. 다만, 입항지에서 통관이 필요하다고 인정된 물품은 입항예정 세관장과 협의하여 통관할 수 있다.

5. 관광목적 입항선박의 휴대품 관리 등

관광을 목적으로 국제항이 아닌 지역에 입항한 크루즈선에 승선한 여행자 및 승무원의 휴대품 신고와 통관에 관한 사항은 「여행자 및 승무원휴대품 통관에 관한 고시」를 준용한다.

6. 업무지원 협조

① 입항지 관할 세관장은 국제항이 아닌 지역에 하선할 여객 또는 화물이 많아서 휴대품검사 등의 감시업무 수행이 곤란하다고 인정되는 경우에는 인근 세관장에게 지원을 요청하여 검사할 수 있다.

② 업무지원을 요청받은 세관장은 하선하고자 하는 여객 수 등을 감안하여 휴대품검사요원, 화물관리요원, 조사요원 등을 편성하여 지원해야 한다. 이때 업무지원을 총괄하는 반장은 6급 이상으로 배치해야 한다.

③ 업무지원 반장은 입항지 관할 세관장의 지휘통솔을 받아 현지의 감시 및 통관 업무를 수행하고 그 결과를 해당 세관장에게 보고해야 한다.

04 국제무역선의 국내운항선 전환절차 등

1. 전환승인 신청(국내운항선 → 국제무역선)

① 선장 등은 국내운항선을 국제무역선으로 전환하려는 때에는 선박 전환신청서에 다음의 서류를 첨부하여 전자문서로 세관장에게 제출하여 승인을 받아야 한다.

- 승무원명부 및 승무원휴대품목록
- 선박용품목록

② 세관장은 필요한 경우 다음의 서류를 추가로 제출하게 할 수 있다.

- 해양수산부장관이 발급한 해상화물운송사업등록증 사본
- 해양수산부장관 또는 지방해양항만청장이 교부한 사업계획변경신고(수리)서 사본
- 해양수산부장관이 발급한 어업허가증 사본
- 선박검사증서 사본
- 그 밖에 세관장이 필요하다고 인정하는 서류

③ 세관장은 전산설비를 갖추지 못하였거나 그 밖에 부득이한 사유로 전자문서로 제출하지 못하는 때에는 서면으로 제출하게 할 수 있다.

2. 전환승인 요건 24 기출

① 세관장은 국제무역선으로 전환하려는 국내운항선이 다음의 어느 하나에 해당하는 때에는 전환승인을 해야 한다. 다만, 해상화물운송사업등록증 등을 신청 중인 선박이 선박용품 적재 등 선박 출항 준비를 위해 필요하다고 인정되는 경우 관계기관에 신청한 서류를 확인하여 신청서 처리기한까지 전환승인 요건을 보완하는 조건으로 전환승인을 할 수 있다.

- 해상화물운송사업등록증에 사업의 종류가 외항정기화물운송사업으로 등록되어 있는 선박인 경우
- 해상화물운송사업등록증에 사업의 종류가 외항부정기화물운송사업으로 등록되어 있는 선박은 항로 및 사업계획서의 내용이 무역을 위하여 외국에 왕래한다고 인정되는 경우
- 해상화물운송사업등록증에 사업의 종류가 냉동운반외항부정기화물운송사업으로 등록되어 있는 선박은 항로 및 사업계획서의 내용이 다음의 어느 하나에 해당하는 경우
  - 무역을 위하여 외국에 왕래한다고 인정되는 경우
  - 관세법 제2조 제4호 나목의 물품(관세법 제241조 제1항에 따른 수출의 신고가 수리된 물품)을 우리나라로 운반하기 위하여 운항하는 선박으로 인정되는 경우
- 해상화물운송사업등록을 하고 내항화물운송사업에 종사하는 선박이 지방해양항만청장이 교부한 사업계획변경신고(수리)서를 첨부하여 전환승인신청한 때에는 항해구역, 적재물품, 운송구간 및 운송기간 등을 검토하여 외국에 왕래한다고 인정되는 경우

> - 해상여객운송사업면허증을 교부받은 선박은 항로, 기점, 종점 및 기항지 등을 검토하여 외국에 왕래한다고 인정되는 경우
> - 「수산업법」에 따라 영해 외 수역을 조업구역으로 하는 어업허가증을 교부받은 선박인 경우
> - 국제무역선이 세관장으로부터 국내운항선 전환승인을 받아 국내운항선으로의 운항을 종료한 경우
> - 예인선, 요트, 용선, 실습선 등 그 밖의 선박은 관계 기관의 승인서 등 관련 서류를 검토하여 관세법 제146조에서 규정한 선박으로 적합하다고 인정되는 경우

② 세관장은 조건부로 자격전환을 승인한 경우 출항허가 신청 시 승인요건이 보완된 경우에만 허가해야 하며, 보완 기한까지 보완하지 못한 경우 자격전환 승인을 취소하고 적재된 선박용품에 대하여는 과세 조치 등을 해야 한다.

3. 사후관리 및 정정·취소

① 세관장은 국내운항선을 사업계획변경신고(수리)서에 따라 일시적으로 국제무역선으로 전환승인한 때에는 운항예정기간 등을 참고하여 국제무역선으로 운항을 종료하였는지 여부를 관리해야 한다.

② 선장 등은 전환 신청 또는 승인 건에 대한 정정 또는 취소 사유가 발생한 경우에는 즉시 선박 전환 정정(취소) 신청서에 다음의 서류를 첨부하여 세관장에게 전자문서로 제출하고 승인을 받아야 한다. 다만, 부득이한 사유로 전자문서로 제출할 수 없는 경우에는 서류로 제출할 수 있다.

> - 해양수산부장관 또는 지방해양청장이 교부한 사업계획변경신고(수리)서 사본
> - 정정 또는 취소 사유를 증명할 수 있는 자료
> - 운항예정기간 연장이나 구간 변경을 증명할 수 있는 자료
> - 그 밖에 세관장이 필요하다고 인정하는 서류

4. 전환승인 신청(국제무역선 → 국내운항선)

① 선장 등은 다음의 어느 하나에 해당하는 경우에는 국내운항선 전환승인신청서를 세관장에게 제출하여 승인을 받아야 한다.

> - 사업계획변경으로 국내운항선에서 국제무역선으로 전환한 선박이 운항을 종료한 선박
> - 폐선 또는 감축 예정인 국제무역선 **21 기출**
> - 장기간 운항계획 없이 정박 또는 수리 예정인 선박
> - 「해운법」 제25조 제2항에 따라 국제무역선의 일시적 국내운송을 위해 해양수산부장관으로부터 '등록 외 사업구역에서의 일시적 운송신고 수리증명서'를 발급받은 선박. 다만, 다음에 해당하는 경우는 예외로 한다.
>   – 「관세법」 제135조 및 제136조에 따른 절차를 이용하여 국제항 간 수출신고수리물품을 운송하는 경우
>   – 「관세법」 제220조의2에 따라 국제항 안에서 국제무역선을 이용하여 보세운송하는 경우
>   – 「관세법」 제221조에 따라 국제항 안에서 국제무역선을 이용하여 내국물품을 운송하는 경우
> - 그 밖에 국제무역선으로서의 자격이 만료되거나 상실된 선박

② 선장 등은 전환승인을 신청할 때에는 승무원휴대품목록, 선박용품목록을 제출해야 한다.

③ 세관장은 필요한 경우 다음의 서류를 추가로 제출하게 할 수 있다.

> - 해양수산부장관 또는 지방해양항만청장이 교부한 사업계획 변경신고(수리)서(사업계획을 변경신고한 선박만 해당)
> - 그 밖에 세관장이 필요하다고 인정하는 서류

5. 전환승인 `24 기출`

세관장은 전환승인 신청한 선박에 대하여 과세대상 물품이 없는 경우에는 즉시 전환승인을 하고, 과세대상 물품이 있는 경우에는 수입신고를 한 때에 전환승인해야 한다. 다만, 부득이한 사정으로 수입신고가 어려운 경우에는 수입신고필증 사본을 전환승인일 다음 근무일까지 제출하는 것을 조건으로 승인할 수 있다.

6. 과세대상물품

선장 등은 다음의 물품에 대하여는 수입통관부서에 신고하여 관세 등을 납부해야. 세관장은 이를 위하여 필요한 조치를 할 수 있다.

① 외지에서 구입한 선박용품이 남아있는 경우	② 그 밖의 과세대상 신고물품

7. 다른 화물의 적재제한 `22 기출`

선장 등이 선박의 전환승인을 신청하려는 때에는 승무원휴대품 및 선박용품을 제외한 다른 화물이 적재되어 있지 않아야 한다. 다만, 다른 화물이 적재되어 있는 상태에서 전환하고자 하는 때에는 전환승인을 신청할 때 품명, 규격, 수(중)량 및 그 사유를 기재해야 한다.

8. 물품의 검사

① 세관장은 전환승인 신청을 받은 때에는 현장확인 담당 세관공무원에게 승무원휴대품 및 선박용품 등 적재물품에 대하여 검사하게 할 수 있다.
② 현장확인 담당 세관공무원은 검사결과를 전산등록하거나 서면으로 보고해야 한다.

9. 위반사항에 대한 조치

세관장은 선장 등이 국제무역선 또는 국내운항선으로의 전환승인을 받지 않고 운항하였거나 운항하고 있는 것을 적발하였을 때에는 법에 따라 처벌해야 한다.

05 국제무역선의 승선신고·수리

1. 승선신고 구분

승선신고는 승무원가족 승선신고와 업무목적 승선신고로 구분한다.

2. 승무원가족 등 승선신고

① 승무원가족 등이 승선하려는 때에는 다음의 어느 하나에 해당하는 자가 해당 국제무역선이 정박한 지역을 관할하는 세관장에게 승선신고서를 전자문서로 제출해야 한다. 다만, 부득이한 사유로 전자문서로 제출할 수 없는 경우에는 서류로 제출할 수 있다.

- 선박회사(그 직무를 대리하는 자를 포함)
- 선장(당직사관을 포함)

② 다수의 승무원가족 등의 승선 또는 하선시기가 상이한 경우에는 승선 또는 하선시기 단위별로 승선신고 해야 한다.
③ 승선신고자는 승무원가족 등의 신원을 확인해야 하며, 승선신고서에 성명, 생년월일, 주소 등을 기재해야 한다.

3. 업무목적 승선신고

① 업무수행 목적으로 승선하려는 때에는 다음의 어느 하나에 해당하는 자가 해당 국제무역선이 정박한 지역을 관할하는 세관장에게 승선신고서를 전자문서로 제출해야 한다. 다만, 부득이한 사유로 전자문서로 제출할 수 없는 경우에는 서류로 제출할 수 있다.

- 선박회사(그 직무를 대리하는 자를 포함)
- 관세법 제222조에 따라 세관에 등록된 자
- 기타 업무상 필요에 의하여 승선하려고 하는 자

② 세관장은 수출용 선박을 제조하는 선박제조회사(협력업체를 포함)의 직원이 자사에서 제조 중인 선박의 마무리 작업 등을 위하여 해당 선박의 수출신고수리 이후 출항 전까지의 기간 동안 승선하려는 때에는 감시·단속에 지장이 없는 경우에 한하여 선박제조회사 명의로 승선 전에 일괄하여 승선신고하게 할 수 있다.

③ 세관장이 전자문서로 제출된 승선신고서를 수리한 때에 신고(수리)서를 교부한 것으로 본다. 다만, 감시담당부서의 세관공무원이 서류로 제출된 승선신고를 수리하는 때에는 승선신고서에 소속, 직급 및 성명을 기재하고 서명을 한 후 「신고수리필」 도장을 찍어 승선신고자에게 교부해야 한다.

4. 승선기간

① 승무원가족의 승선기간은 다음과 같다.

- 해당 항구에서 승선과 하선을 하는 때에는 선박의 정박기간 이내 **21 기출**
- 승선하여 국내항 간을 이동하려는 때에는 승선항의 승선일로부터 목적항의 도착일까지

② 업무수행을 위한 승선기간은 업무수행에 필요한 기간으로 한다.

5. 승선신고자 및 승선자의 의무

① 승선신고자는 다음의 사항을 지켜야 한다.

- 승선자의 안전에 관한 책임을 진다.
- 승선자가 법 및 「출입국관리법」 등을 위반하지 아니하도록 필요한 조치를 해야 하며 밀항 등의 불법행위를 방지할 것을 보증해야 한다.

② 승선자는 승선기간 동안 신고(수리)서를 휴대해야 한다.

6. 승선신고 심사 및 수리

① 승선신고서를 접수한 세관장은 승선목적 등의 타당성을 검토한 후 수리해야 한다.
② 세관장은 승선신고에 대하여 우범성 등 기준을 적용하여 전산심사로 수리할 수 있다.
③ 세관장이 전자문서로 제출한 승선신고서를 수리한 때에 신고(수리)서를 교부한 것으로 본다. 다만, 감시담당부서의 세관공무원이 서류로 제출된 승선신고를 수리하는 때에는 승선신고서에 소속, 직급 및 성명을 기재하고 서명을 한 후 아래의 「신고수리필」 도장을 찍어 승선신고자에게 교부해야 한다.

④ 세관장은 승선신고(수리)서를 교부하려는 때에는 승선신고자에게 의무사항을 알려야 한다.

7. 승선제한

세관장은 다음의 어느 하나에 해당하는 경우에는 승선을 제한할 수 있다.

> ① 최근 1년 이내 밀수전과가 있는 승무원에 대한 방문
> ② 우범선박으로 지정된 선박에 대한 방문
> ③ 마약 등 밀반입 우려가 있거나 수사상 필요하다고 세관장이 지정한 선박에 대한 방문
> ④ 선박용품의 주문을 받기 위한 승선 등 그 목적이 불합리한 방문 24기출 21기출

8. 승선신고의 의제

> ① 선박용품·선박내판매용품·내국물품의 하역 및 용역을 제공하기 위하여 선박용품 적재 등 허가(신청)서에 승선자 명단을 기재하여 허가를 받은 경우에는 승선신고를 한 것으로 갈음한다. 24기출 21기출
> ② 승무원가족 또는 업무목적 등으로 승선하는 자가 국내항 간을 이동하고자 출입국·외국인청장에게 승선허가를 받은 경우에는 승선신고를 한 것으로 갈음한다.

9. 무단승선자의 처벌

세관장은 승선신고를 하지 아니하고 승선한 사람을 발견한 때에는 법에 따라 조치한다.

06 국제무역선의 상시승선(신고)증 발급

1. 발급신청

> ① 상시승선(신고)증을 발급받거나 유효기간을 연장하고자 하는 자는 다음의 서류를 세관장에게 전자문서로 제출해야 한다.
>
> > • 상시승선(신고)증 발급(기간연장) 신청서 1부
> > • 각서
> > • 재직증명서 또는 4대 보험 가입증명서 등 재직을 증명할 수 있는 서류
> > • 사진(4×3㎝) 2매(서면으로 제출한 경우에 한하며, 파일은 해상도 300dpi 이상이어야 한다)
>
> ② 상시승선(신고)증을 발급받거나 유효기간을 연장하고자 하는 자는 다음의 어느 하나에 해당해야 한다.
>
> > • 관세법 제222조에 따라 등록한 업체의 임직원 중 빈번히 승선하여 업무를 수행하는 사람으로서 소속회사가 상시승선(신고)증 발급을 신청하는 사람
> > • 그 밖에 정기적으로 승선하는 사람으로서 세관장이 감시단속상 문제가 없다고 인정하는 사람으로서 상시승선(신고)증의 발급을 신청하는 사람
>
> ③ 세관장은 전산설비를 갖추지 못하였거나 그 밖의 부득이한 사유로 서류를 전자문서로 제출하지 못하는 때에는 우편 및 전자우편으로 제출하게 할 수 있다.
> ④ 상시승선증을 등기우편으로 수령 받고자 하는 자는 발급 신청 시 회송용 봉투를 함께 제출해야 한다.

2. 상시승선증 심사 및 발급

> ① 세관장은 상시승선(신고)증 발급(기간연장) 신청서를 접수한 때에는 범칙조사관리시스템 등에 의하여 발급제한 대상자 해당 여부를 심사해야 한다.

② 세관장은 상시승선(신고)증을 발급한 때에는 상시승선(신고)증 발급현황을 전산 또는 대장으로 관리해야 한다.
③ 상시승선(신고)증의 발급번호는 연도(2자리)와 일련번호(4자리)로 한다.
　예) 발급번호 : 제01-0001호
④ 세관장은 상시승선(신고)증과 지방해양항만청장 또는 항만공사사장이 발급하는 부두출입증을 하나로 통합한 통합증명서를 발급할 수 있다.
⑤ 세관장은 상시승선증을 신청한 자가 「선박(항공기)용품 및 용역공급업 등의 등록에 관한 고시」 제4조 제3항에 해당되는 경우 타세관 관할 항만에서도 승선이 가능한 상시승선증을 발급할 수 있다.
⑥ 세관장은 타세관 관할 항만에서도 승선이 가능한 상시승선증을 발급하려는 경우 해당 세관장의 동의를 받아야 한다.

3. 상시승선증 발급제한

세관장은 상시승선(신고)증을 발급받거나 유효기간을 연장하고자 하는 자가 다음의 어느 하나에 해당되는 때에는 상시승선(신고)증의 발급을 제한할 수 있다.

> ① 관세법 제175조 제1호에 해당되는 경우
> ② 관세법령에 의하여 처벌(통고처분 포함)을 받고 그 집행이 종료되거나 면제된 날로부터 1년이 경과되지 아니한 자
> ③ 상시승선(신고)증을 반납한 자로서 반납한 날로부터 1년이 경과되지 아니한 경우
> ④ 상시승선(신고)증을 회수당한 자로서 회수한 날로부터 1년이 경과되지 아니한 경우
> ⑤ 선박용품공급자가 주문수령, 대금수납, 업무협의 등의 영업활동을 위하여 국제무역선에 타려는 경우

4. 상시승선증 유효기간

① 상시승선(신고)증의 유효기간은 **발급일로부터 3년**으로 한다. `21 기출`
② 상시승선(신고)증의 유효기간을 연장하고자 하는 자는 유효기간 만료 30일 전까지 기간 연장 신청을 해야 한다.

5. 상시승선증 반납

상시승선(신고)증을 발급받은 자 또는 소속업체는 다음의 어느 하나에 해당하는 사실이 발생한 때에는 즉시 발급한 세관장에게 그 사실을 통보하고 상시승선(신고)증을 반납해야 한다.

> ① 업체가 휴업 또는 폐업한 때 `21 기출`
> ② 상시승선(신고)증을 발급받은 자가 법에 따라 처벌 받은 때(다만, 관세법 제277조 해당사항은 제외)
> ③ 상시승선증을 발급받은 자가 퇴사·전출 등의 사유로 해당 업무를 수행할 수 없는 때(발급받은 자가 퇴사 등의 사유로 직접 반납할 수 없는 경우에는 해당 업체가 즉시 반납함)

6. 상시승선증 발급받은 자의 의무

상시승선(신고)증을 발급받은 자는 다음의 사항을 준수해야 한다.

> ① 상시승선(신고)증을 업무외의 다른 목적으로 사용하여서는 아니 된다.
> ② 상시승선(신고)증을 타인에게 양도 또는 대여하여서는 아니 된다.
> ③ 상시승선(신고)증을 분실한 경우에는 분실사실을 인지한 때로부터 24시간 이내에 발급한 세관장에게 신고해야 한다.
> ④ 상시승선(신고)증을 훼손한 경우에는 즉시 발급한 세관장에게 신고해야 한다.
> ⑤ 승선 시 상시승선(신고)증을 항상 소지해야 한다.

3절 국제무역기의 입출항절차 등에 관한 고시

✎ 본문 내용 중 꼭 알아야 하는 부분에 형광펜으로 표시하였으니 반드시 학습하시기 바랍니다.

01 총칙

1. 용어의 정의 [23 기출]

(1) 국제무역기

관세법 제2조 제7호의 항공기(무역을 위하여 우리나라와 외국 간을 운항하는 항공기)와 관세법 제146조에 따라 국제무역기에 준용하는 항공기 및 「남북교류협력에 관한 법률 시행령」 제41조 제5항에 따른 남한과 북한을 왕래하는 항공기를 말한다.

(2) 국내운항기

관세법 제2조 제9호의 항공기(국내에서만 운항하는 항공기)를 말한다.

(3) 기장 등

해당 항공기의 기장과 그 소속 항공사 및 그 직무를 대행하는 자를 말한다.

(4) 항공사부호

「보세화물 입출항 하선 하기 및 적재에 관한 고시」에 따라 신고한 항공사부호를 말한다.

(5) 전자통관시스템

전자자료 교환방식에 의하여 입항보고, 출항허가신청 및 자격전환 등 업무를 처리하는 시스템을 말한다.

(6) 국제항이 아닌 지역

관세법 시행령 제155조에 따라 국제항으로 지정된 범위 외의 지역을 말한다.

(7) 전환

관세법 제144조에 따라 국제무역기를 국내운항기로 전환하거나 국내운항기를 국제무역기로 전환하는 것을 말한다.

(8) 환승전용국내운항기

관세법 제146조 제1항 제2호의 항공기(외국을 왕래하는 여행자와 관세법 제241조 제2항 제1호의 물품을 전용으로 운송하기 위하여 국내에서만 운항하는 항공기)를 말한다.

02 국제무역기의 입출항절차

1. 국제항이 아닌 지역 출입허가 신청

국제무역기의 기장 등은 관세법 제134조 제1항의 단서에 따라 국제항이 아닌 지역에 출입하려는 때에는 국제항이 아닌 지역 출입허가 신청서를 해당 지역을 관할하는 세관장에게 제출해야 한다. 다만, 관세법 시행령 제156조 제1항의 단서에 해당하는 경우(국제무역선 또는 국제무역기 항행의 편의도모나 그 밖의 특별한 사정이 있는 경우)에는 다른 세관장에게 제출할 수 있다.

2. 국제항이 아닌 지역 출입허가 등

① 세관장은 국제항이 아닌 지역에 출입하고자 하는 사유 등을 심사하여 출입의 필요성이 인정되고, 국제항이 아닌 지역에 대한 출입허가수수료가 납부된 때에는 국제항이 아닌 지역에 대한 출입을 허가해야 한다. 다만, 부득이한 사유로 수수료를 납부하지 못할 때에는 사후에 납부하도록 할 수 있다.

② 관세법 시행령 제156조 제1항의 단서(국제무역선 또는 국제무역기 항행의 편의도모나 그 밖의 특별한 사정이 있는 경우)에 따라 국제항이 아닌 지역에 대한 출입을 허가한 세관장은 허가내역을 입항예정지역을 관할하는 세관장에게 지체 없이 통보해야 한다.

③ 국제항이 아닌 지역에 대한 출입허가의 취소를 신청하려는 자는 허가를 한 세관장에게 별지 제2호 서식의 국제항이 아닌 지역 출입허가 취소(신청)서를 허가기간의 개시일까지 제출해야 한다.

3. 입항보고 및 출항허가 신청

① 국제무역기의 기장 등이 관세법 제135조 제1항에 따라 입항보고하려는 경우, 항공기 입항보고서와 다음의 서류를 전자문서로 세관장에게 제출해야 한다. 다만, 세관장이 감시단속에 지장이 없다고 인정하는 경우 ㉠ 및 ㉣의 서류에 대해 제출을 생략하게 할 수 있다.

㉠ 항공기용품목록	㉡ 여객명부	㉢ 승무원명부
㉣ 승무원휴대품목록	㉤ 적재화물목록	

② 국제무역기의 기장 등이 관세법 제136조 제1항에 따라 국제무역기의 출항허가를 받으려면 항공기 출항허가(신청)서와 적재화물목록을 전자문서로 세관장에게 제출해야 한다.

③ 적재화물목록은 「보세화물 입출항 하선 하기 및 적재에 관한 고시」에서 정한 바에 따라 제출한다.

④ 전산장애 등 불가피한 사유로 인하여 서류를 전자문서로 제출할 수 없는 경우 전자문서자료가 입력된 저장매체나 서류로 입항보고하거나 출항허가를 신청할 수 있다. 이 경우 세관장은 제출받은 저장매체 또는 서류를 즉시 전자통관시스템에 전송(등록)해야 한다.

4. 입항보고 및 출항허가신청 시기

① 기장 등은 국제무역기가 공항에 입항하기 전이나 착륙한 때에는 세관장에게 입항보고 해야 한다. 다만, 여객명부는 항공기 입항 30분 전까지 세관장에게 제출해야 한다. **20 기출**

② 기장 등은 국제무역기를 출항하려는 때에는 항공기가 이륙하기 전까지 출항허가를 받아야 한다.

5. 현장확인

세관공무원은 감시 단속상 필요한 경우에는 해당 항공기를 검색하거나 세관장이 감시·단속에 지장이 없다고 인정하여 관세법 제135조 제1항 단서에 따라 생략한 첨부서류를 현장에서 제출받아 확인할 수 있다.

6. 처리결과 통보

세관장은 국제무역기의 입항보고를 수리하거나 출항을 허가한 때에는 기장 등에게 그 사실을 통보해야 한다. 다만, 전자통관시스템으로 입항보고를 하거나 출항허가를 신청한 경우에는 전자통관시스템에서 수리 또는 허가한 때를 통보한 것으로 본다.

7. 입항보고 또는 출항허가의 정정·취소

① 기장 등은 입항보고 또는 출항허가 신청한 내용을 정정 또는 취소하려면 입항보고수리 또는 출항허가 전까지 정정 또는 취소하고자 하는 내용을 전자통관시스템으로 다시 전송해야 한다.

② 다음의 어느 하나에 해당하는 경우에는 입항보고·출항허가 정정(취소)신청서를 전자문서 등으로 제출해야 한다. 다만, 세관장이 한국공항공사 또는 인천공항공사와 시스템을 연계하여 입출항시간이 변경이 되는 경우에는 정정신청을

생략할 수 있다.

> - 서류로 제출한 경우
> - 세관장이 입항보고를 수리한 경우
> - 세관장이 출항허가를 한 경우

③ 세관장은 '입항보고·출항허가 정정(취소) 신청서'의 내용을 심사하는 과정에서 필요하다고 인정하는 경우 관련 증빙서류를 제출하게 할 수 있으며, 심사결과 타당하다고 인정되는 경우에는 정정 또는 취소 승인해야 한다.

8. 재해 등으로 인한 행위의 보고

기장 등은 관세법 제138조 제4항에 따라 재해나 그 밖의 부득이한 사유가 종료되었을 때에는 지체 없이 세관장에게 재해 등 조치 경과 보고서를 제출해야 한다.

9. 외국 임시 착륙의 보고

기장 등은 관세법 제139조에 따라 재해나 그 밖의 부득이한 사유로 국내운항기가 외국에 임시 착륙하고 우리나라로 되돌아왔을 때에는 지체 없이 세관장에게 외국 임시 착륙 보고서를 제출해야 한다.

03 국제무역기의 전환절차

1. 전환승인 신청 23 기출

관세법 제144조에 따라 항공기의 전환을 신청하는 경우 항공기 전환승인(신청)서를 제출해야 한다. 다만, 다음의 어느 하나에 해당하는 경우 전환신청을 생략할 수 있다.

> ① 국제무역기가 수입신고수리되거나 국내운항기가 수출신고수리된 경우
> ② 기상악화, 항공기 고장 등 부득이한 사유로 국내 공항에 임시 착륙 후 최초 목적지 공항으로 이동하는 경우
> ③ 기타 이와 유사한 사유가 발생한 경우

2. 다른 화물의 적재제한

기장 등이 항공기의 전환을 신청하려는 때에는 승무원휴대품과 항공기용품을 제외한 다른 화물이 적재되어 있지 않아야 한다. 다만, 다른 화물이 적재되어 있는 상태에서 전환하려는 때에는 전환승인 신청 시 품명, 규격, 수(중)량 및 그 사유를 기재해야 한다.

3. 전환승인 요건

항공기의 전환승인 신청을 받은 세관장은 항공기 전환 승인(신청)서의 기재사항을 심사하여 이상이 없는 때에 승인해야 한다. 다만, 현장을 확인할 필요가 있는 경우에는 해당 항공기에 나가서 다음의 사항을 확인할 수 있다.

> ① 항공기 전환 승인(신청)서 기재사항의 사실 여부
> ② 과세 또는 환급대상 연료유의 잔량
> ③ 승무원휴대품 및 항공기용품
> ④ 기장 등이 제출한 적재화물 내역

4. 과세대상 물품

① 세관장은 국제무역기를 국내운항기로 전환승인하기 전에 다음의 물품 등에 대하여는 기장 등이 수입신고한 때 승인해야 한다. 다만, 수입신고 전 즉시반출업체가 신청한 건은 즉시반출신고 확인 후 승인할 수 있다.

- 외국에서 구입한 항공기용품이 남아있는 경우
- 그 밖의 과세대상 물품이 있는 경우

② 관세채권 확보가 곤란한 경우에는 관세 등을 납부 후 승인해야 한다. 다만 공휴일 등 관세납부가 어려운 경우 수입신고하는 때 외국 항공기 소유자(기장 등 포함)의 관세납부확약서 등을 제출받아 승인할 수 있다.

04 환승전용국내운항기의 입출항절차

1. 입항보고 및 출항허가 신청

① 기장 등은 환승전용국내운항기가 입항하였을 때에는 입항보고서에 여객명부와 승무원명부를 첨부하여 전자문서로 세관장에게 제출해야 한다.
② 세관장은 외국으로 출국하는 여행자가 탑승한 환승전용국내운항기가 국내의 다른 공항에 입항하는 경우에는 첨부서류의 제출을 생략하게 할 수 있다.
③ 기장 등이 환승전용국내운항기의 출항허가를 받으려면 출항허가(신청)서를 전자문서로 세관장에게 제출해야 한다.

2. 휴대물품신고서 작성 및 제출

① 환승전용국내운항기에 탑승하여 입국하는 여행자는 최종 도착지 공항을 관할하는 세관장에게 「여행자 및 승무원 휴대품 통관에 관한 고시」에 따른 여행자(승무원) 세관 신고서를 제출해야 한다.
② 환승전용국내운항기에 탑승하여 출국하는 여행자는 휴대반출 물품이 있는 경우와 미화 1만불을 초과하는 지급수단을 소지한 경우에는 「여행자 및 승무원 휴대품 통관에 관한 고시」에 따라 최초 출발지 공항을 관할하는 세관장에게 신고해야 한다.

3. 환승이동통로 지정 및 변경 등

① 세관장은 외국에서 입국하여 환승전용국내운항기에 탑승하는 여행자의 환승이동통로와 환승대기장소를 지정할 수 있으며, 필요한 경우에는 그 지정을 변경 또는 취소할 수 있다.
② 세관장이 환승이동통로와 환승대기장소를 지정·변경·취소할 경우에는 출입국관리사무소장, 공항운영자 및 항공운송사업자 등 이해관계자의 의견을 청취할 수 있다.

4. 환승전용국내운항기 운항계획 제출

① 환승전용국내운항기를 운항하고자 하는 자는 환승전용국내운항기 운항계획서를 운항개시 5일 전까지 인천공항세관장에게 제출해야 한다.
② 세관장이 필요하다고 인정하는 경우 다음의 서류를 추가로 제출하게 할 수 있다.

- 「항공사업법」에 따른 정기항공운송사업노선 면허증 사본
- 국토해양부의 국내항공운송사업 사업계획 변경인가 내역
- 기타 세관장이 필요하다고 인정하는 서류

05 국제무역기의 탑승절차

1. 탑승신고

국제무역기에 여객 또는 승무원이 아닌 다음의 자가 입출항절차의 이행, 물품의 하역, 용역의 공급 등을 위해 국제무역기에 탑승하려는 경우에는 탑승수리(신고)서에 탑승자 명단을 첨부하여 세관장에게 제출해야 한다.

> ① 항공사(직무를 대리하는 자 포함)
> ② 관세법 제222조에 따라 세관에 등록된 보세운송업자 등
> ③ 기타 업무상 필요에 의하여 탑승하려고 하는 자

2. 탑승기간

> ① 업무 수행에 필요한 기간
> ② 관세법 제222조에 따라 등록된 사업자(직원 포함)로서 지속적이고 반복적으로 업무를 수행하는 경우 6월 이내

3. 탑승신고의 심사 및 수리

① 탑승수리(신고)서를 접수한 세관장은 탑승목적 등의 타당성을 검토한 후 수리해야 한다. 다만, 다음의 어느 하나에 해당하는 경우에는 탑승을 제한할 수 있다.

> - 최근 1년 이내 밀수전과가 있는 승무원에 대한 방문
> - 우범 국제무역기로 지정된 항공기 방문
> - 마약 등 밀반입 우려가 있거나 수사상 필요하다고 세관장이 지정한 항공기에 대한 방문

② 세관장은 탑승신고를 수리한 때에는 탑승수리(신고)서에 직인을 날인하여 교부해야 한다.

4. 탑승자의 의무

탑승 수리받은 자는 탑승기간 동안 탑승신고(수리)서를 휴대해야 하며, 세관직원의 요구가 있는 경우 이를 제시해야 한다.

5. 무단탑승자의 처벌

세관장은 탑승신고를 하지 아니하고 탑승한 자를 발견한 때에는 법에 따라 조치해야 한다.

6. 전자심사

① 세관장은 다음의 업무에 대하여 전자통관시스템을 통해 전자적인 방법으로 심사할 수 있다.

> - 입항승인, 출항허가 및 입출항 정정·취소 승인
> - 전환승인
> - 환승전용국내운항기 입항승인 및 출항허가
> - 탑승신고수리

② 세관장은 전자심사를 적용하기 위한 세부기준을 별도로 정할 수 있다.

4절 차량

✎ 본문 내용 중 꼭 알아야 하는 부분에 형광펜으로 표시하였으니 반드시 학습하시기 바랍니다.

01 총칙

1. 의의

관세법에서 규정하는 차량은 국경을 출입하는 차량에 한하며, 국경을 출입하는 차량은 철도차량과 철도차량 외의 차량으로 구분되는데, 선박, 차량 또는 항공기가 아닌 기타운송수단은 철도차량 외의 차량으로 본다.

2. 관세통로 (법 제148조) 20 기출 18 기출

(1) 의의

국경을 출입하는 차량은 관세통로를 경유하여야 하고, 통관역 또는 통관장에 정차하여야 한다.

(2) 관세통로

관세통로는 육상국경으로부터 통관역에 이르는 철도와 육상국경으로부터 통관장에 이르는 육로 또는 수로 중에서 세관장이 지정한다.

(3) 통관역

통관역은 국외와 연결되고 국경에 근접한 철도역 중에서 관세청장이 지정한다.

(4) 통관장

통관장은 관세통로에 접속한 장소 중에서 세관장이 지정한다.

02 국경출입차량의 도착 및 출발 등

1. 국경출입차량의 도착절차 (법 제149조)

(1) 도착보고

국경출입차량이 외국으로부터 우리나라의 통관역 또는 통관장에 도착하면 통관역장 또는 도로차량(선박·철도차량 또는 항공기가 아닌 운송수단을 말한다)의 운전자는 차량용품목록·여객명부·승무원명부 및 승무원 휴대품목록과 관세청장이 정하는 적재화물목록을 첨부하여 지체 없이 세관장에게 도착보고를 하여야 한다. 다만, 세관장은 감시·단속에 지장이 없다고 인정되는 때에는 차량용품목록 또는 승무원휴대품목록의 첨부를 생략하게 할 수 있다.

(2) 서류의 사전 제출 23 기출

세관장은 신속한 입국 및 통관절차 이행과 효율적인 감시·단속을 위하여 필요한 때에는 관세청장이 정하는 바에 의하여 도착하는 해당 차량이 소속된 회사(그 업무를 대행하는 자를 포함)로 하여금 여객명부·적재화물목록 등을 도착하기 전에 제출하게 할 수 있다.

(3) 반복운송 도로차량

위 도착보고 규정에도 불구하고 대통령령으로 정하는 물품(모래·자갈 등 골재, 석탄·흑연 등 광물)을 일정 기간에 일정량으로 나누어 반복적으로 운송하는 데에 사용되는 도로차량의 운전자는 사증(査證)을 받는 것으로 도착보고를 대신할 수 있다. 다만, 최종 도착보고의 경우는 제외한다. 이 규정에 따라 사증을 받는 것으로 도착보고를 대신하는 도로차량의 운전자는 최종 도착보고를 할 때에 차량용품목록 등의 서류를 한꺼번에 제출하여야 한다.

2. 국경출입차량의 출발절차 (법 제150조)

(1) 출발허가 18 기출

국경출입차량이 통관역 또는 통관장에서 외국을 향하여 출발하고자 할 때에는 통관역장 또는 도로차량의 운전자는 출발하기 전에 세관장에게 출발보고를 하고 출발허가를 받아야 한다.

(2) 서류의 제출

통관역장이나 도로차량의 운전자는 출발허가를 받으려면 그 통관역 또는 통관장에서 적재한 물품의 목록을 제출하여야 한다.

(3) 반복운송 도로차량

위 출발허가 규정에도 불구하고 대통령령으로 정하는 물품(모래·자갈 등 골재, 석탄·흑연 등 광물)을 일정 기간에 일정량으로 나누어 반복적으로 운송하는 데에 사용되는 도로차량의 운전자는 사증(査證)을 받는 것으로 출발보고 및 출발허가를 대신할 수 있다. 다만, 최초 출발보고와 최초 출발허가의 경우를 제외한다. 이 경우 도로차량을 운행하려는 자는 기획재정부령으로 정하는 바에 따라 미리 세관장에게 신고하여야 한다.

3. 물품의 하역 등 (법 제151조)

(1) 하역 물품 신고 및 확인 18 기출

통관역 또는 통관장에서 외국물품을 차량에 하역하고자 하는 자는 세관장에게 신고를 하고, 현장에서 세관공무원의 확인을 받아야 한다. 다만, 세관공무원이 확인할 필요가 없다고 인정할 때에는 그러하지 아니하다.

(2) 차량용품 및 국경출입차량 판매물품의 하역 등

① 하역 또는 환적의 허가
차량용품과 국경출입차량 안에서 판매할 물품을 해당 차량에 하역하거나 환적하는 경우에는 세관장의 허가를 받아야 한다.

② 외국물품인 차량용품 및 국경출입차량 판매물품
외국물품인 차량용품 및 국경출입차량 안에서 판매할 물품이 외국으로부터 우리나라에 도착한 외국물품인 때에는 보세구역으로부터 차량에 적재하는 경우에만 그 외국물품 그대로 적재할 수 있다.

③ 관세의 징수
외국물품인 차량용품 및 국경출입차량 안에서 판매할 물품이 하역허가의 내용대로 운송수단에 적재되지 아니한 때에는 해당 허가를 받은 자로부터 즉시 그 관세를 징수한다. 다만, 세관장이 지정한 기간에 그 물품이 다시 보세구역에 반입된 경우, 재해나 그 밖의 부득이한 사유에 의하여 멸실된 경우 및 미리 세관장의 승인을 받고 폐기한 경우에는 그러하지 아니하다.

4. 국경출입차량의 국내운행차량으로의 전환 등 (법 제151조의2)

국경출입차량을 국내에서만 운행하는 차량(국내운행차량)으로 전환하거나 국내운행차량을 국경출입차량으로 전환하려는 경우에는 통관역장 또는 도로차량의 운전자는 세관장의 승인을 받아야 한다. 다만, 기획재정부령으로 정하는 차량의 경우에는 그러하지 아니하다.

5. 통관역장 등의 직무 대행자 (법 제151조의3)

통관역장이나 도로차량의 운전자가 하여야 할 직무를 대행하는 자에게도 통관역장이나 도로차량의 운전자에게 적용할 규정을 적용한다.

6. 도로차량의 국경출입 (법 제152조)

국경을 출입하려는 도로차량의 운전자는 해당 도로차량이 국경을 출입할 수 있음을 증명하는 서류를 세관장으로부터 발급받아야 한다. 국경을 출입하는 도로차량의 운전자는 출입할 때마다 증명서류를 세관공무원에게 제시하고 사증을 받아야 한다. 이 경우 전자적인 방법으로 서류의 제시 및 사증 발급을 대신할 수 있다. 사증을 받으려는 자는 기획재정부령으로 정하는 바에 따라 수수료(400원)를 납부하여야 한다. 다만, 기획재정부령으로 정하는 차량은 수수료를 면제한다.

5절 관리대상 화물 관리에 관한 고시

✎ 본문 내용 중 꼭 알아야 하는 부분에 형광펜으로 표시하였으니 반드시 학습하시기 바랍니다.

01 총칙

1. 목적

이 고시는 「관세법」 제246조 및 제265조에 따라 세관장이 지정한 보세구역 등에서 검사 등을 실시하는 화물에 대한 검사방법 등 세부적인 절차를 규정함으로써 효율적인 세관업무의 수행을 목적으로 한다.

2. 용어의 정의

(1) 관리대상 화물

세관장이 지정한 보세구역 등에 감시·단속 등의 목적으로 장치하거나 검사 등을 실시하는 화물로서 다음의 어느 하나에 해당하는 물품을 말한다.

> ① 세관장이 관세법 제135조에서 규정한 입항보고서 및 적재화물목록을 심사하여 선별한 검사대상화물(검색기 검사화물, 즉시 검사화물, 반입 후 검사화물 및 수입신고 후 검사화물) 및 감시대상화물(하선(기) 감시화물 및 운송추적 감시화물)
> ② 「특송물품 수입통관 사무처리에 관한 고시」에 따른 특송물품
> ③ 「이사물품 수입통관 사무처리에 관한 고시」에 따른 이사자와 단기체류자가 반입하는 이사물품
> ④ 「여행자 및 승무원 휴대품 통관에 관한 고시」에 따른 유치물품 및 예치물품
> ⑤ 「보세판매장 특허 및 운영에 관한 고시」에 따른 보세판매장 판매용 물품(외국물품에 한함)

(2) 검색기

X-ray 등을 이용하여 컨테이너 등의 내장물품의 내용을 확인하는 과학검색장비를 말한다.

(3) 검색기 검사화물 [19 기출]

세관장이 선별한 검사대상 화물 중 검색기로 검사를 실시하는 화물을 말한다.

(4) 즉시 검사화물 [22 기출] [19 기출]

세관장이 선별한 검사대상 화물 중 검색기 검사를 하지 않고 바로 개장검사를 실시하는 화물을 말한다.

(5) 반입 후 검사화물 [22 기출] [19 기출]

세관장이 선별한 검사대상 화물 중 하선(기)장소 또는 장치예정장소에서 이동식검색기로 검사하거나 컨테이너적출 시 검사하는 화물을 말한다.

(6) 수입신고 후 검사화물

세관장이 선별한 검사대상 화물 중 수입검사대상으로 선별할 수 있도록 관련부서에 통보하는 화물을 말한다.

(7) 하선(기) 감시화물 [19 기출]

세관장이 선별하여 부두 또는 계류장 내에서 하역과정을 감시하거나 하역즉시 검사하는 화물(공컨테이너를 포함)을 말한다.

(8) 운송추적 감시화물 24기출 22기출

세관장이 선별한 감시대상 화물 중 하선(기)장소 또는 장치예정장소까지 추적감시하는 화물을 말한다.

(9) 세관지정 장치장

「보세화물 관리에 관한 고시」 제3조 제1호에 따른 시설(세관장이 관리하는 시설 또는 세관장이 시설 관리인으로부터 무상사용의 승인을 받은 시설 중 지정 장치장으로 지정한 시설)을 말한다.

(10) 세관지정 보세창고

세관장이 관할구역 내 「특허보세구역운영에 관한 고시」 제2조 제1호에 따른 영업용보세창고 또는 「자유무역지역 반출입물품의 관리에 관한 고시」 제5조 제1항에 따라 관리부호를 부여받은 자유무역지역 내 입주기업체의 소재지 중에서 화물의 감시·단속이 용이한 곳으로 관리대상화물 등을 장치하거나 검사하기 위하여 지정한 장소를 말한다.

(11) 컨테이너 중량측정기

검색기 검사장소에 설치된 계측기를 통하여 컨테이너 운송차량 및 해당 차량에 적재된 컨테이너 화물 등의 중량을 측정하는 장비를 말한다.

02 검사 또는 감시대상 화물 선별

1. 선별기준

① 세관장은 선박회사 또는 항공사가 제출한 적재화물목록을 심사하여 관세청장이 별도 시달한 기준에 따라 감시단속상 검사 또는 감시가 필요하다고 인정하는 화물을 검사대상 화물 또는 감시대상 화물로 선별한다.

② 세관장은 다량의 LCL화물 등 검사대상 화물 또는 감시대상 화물을 효율적으로 선별·검사·감시하기 위하여 자체 실정에 맞는 내규를 따로 제정할 수 있다.

③ 세관장은 검사 또는 감시대상 화물로 선별한 컨테이너 화물에 컨테이너가 다수인 경우에는 검사목적을 달성할 수 있는 최소한의 범위 내에서 검사대상을 지정할 수 있다.

2. 환적화물의 검사대상 화물 또는 감시대상 화물 적용대상 24기출

세관장은 「보세화물 입출항 하선 하기 및 적재에 관한 고시」에 따른 환적화물에 대하여 총기류 등 위해물품·마약류·수출입금지품·밀수품과 대외무역법 및 상표법 위반물품 등과 관련된 정보가 있거나 세관장이 밀수단속을 위해 필요하다고 인정하는 경우 검사대상 화물 또는 감시대상 화물로 선별하여 검사 또는 감시할 수 있다.

3. 검사대상 화물 또는 감시대상 화물의 선별

① 세관장이 검색기 검사화물로 선별하여 검사하는 화물은 다음의 어느 하나와 같다.

- 총기류·도검류 등 위해물품을 은닉할 가능성이 있는 화물
- 물품 특성상 내부에 밀수품을 은닉할 가능성이 있는 화물 24기출
- 실제와 다른 품명으로 수입할 가능성이 있는 화물
- 수(중)량 차이의 가능성이 있는 화물 24기출
- 그 밖에 세관장이 검색기검사가 필요하다고 인정하는 화물

② 세관장이 즉시 검사화물로 선별하여 검사하는 화물은 다음의 어느 하나와 같다.

- 실제와 다른 품명으로 수입할 가능성이 있는 화물로서 「컨테이너 관리에 관한 고시」에서 정한 LCL 컨테이너 화물 등 검색기 검사로 우범성 판단이 곤란한 화물
- 수(중)량 차이의 가능성이 있는 화물
- 반송 후 재수입되는 컨테이너 화물로 밀수입 등이 의심되는 화물 `24 기출` `19 기출`
- 그 밖에 세관장이 즉시검사가 필요하다고 인정하는 화물

③ 검색기가 설치되지 않은 세관장은 즉시 검사화물로 선별하여 검사할 수 있다.

④ 세관장이 반입 후 검사화물로 선별하여 검사하는 화물은 다음의 어느 하나와 같다.

- 우범성이 높다고 판단하는 화물로 검사대상으로 선별되지 않은 화물
- 검사결과 반입후검사가 필요하다고 인정되는 화물
- 하선(기)감시 결과 컨테이너 화물로 봉인번호가 상이하거나 봉인이 훼손되는 등 밀수가 의심되는 화물 `24 기출`
- 그 밖에 세관장이 반입후검사가 필요하다고 인정하는 화물

⑤ 세관장이 수입신고 후 검사화물로 선별하여 검사하는 화물은 다음의 어느 하나와 같다.

- 운송추적 감시화물로 선별된 화물이 CY에서 수입통관되는 경우
- 그 밖에 세관장이 수입신고 후 검사가 필요하다고 인정하는 화물

⑥ 세관장이 하선(기) 감시화물로 선박 또는 항공기 단위로 선별하여 감시하는 화물은 다음의 어느 하나와 같다.

- 우범성이 있다고 판단되는 선박 또는 항공기로 운송하는 화물 및 공컨테이너
- 하선(기) 작업 중 부두(계류장)에서 세관에 신고 없이 화물 반출이 우려되는 화물
- 그 밖에 세관장이 하선(기)감시가 필요하다고 인정하는 화물

⑦ 세관장이 운송 추적 감시대상 화물로 선별하여 감시하는 화물은 다음의 어느 하나와 같다.

- 선별된 검사대상 화물 중 운송도중 다른 화물로 바꿔치기 우려가 있는 화물 `24 기출`
- 입항 후 부두 또는 계류장 밖 보세구역으로 하선(기)운송 또는 보세운송되는 화물 중 감시가 필요하다고 인정되는 화물
- 그 밖에 세관장이 운송추적감시가 필요하다고 인정하는 화물

03 장치 등

1. 검사대상 화물의 하선(기) 장소

① 검색기 검사화물, 반입 후 검사화물, 수입신고 후 검사화물 및 감시대상 화물의 하선(기)장소는 「보세화물 입출항 하선 하기 및 적재에 관한 고시」에 따라 선박회사 또는 항공사가 지정한 장소로 한다.
② 검색기 검사화물의 경우에는 검사를 마친 경우에만 하선장소에 반입할 수 있으며, 검사 결과 개장검사가 필요하다고 인정되는 경우에는 세관장이 별도로 지정하는 장소를 하선장소로 한다. `24 기출` `19 기출`
③ 즉시 검사화물의 하선(기)장소는 「보세화물 입출항 하선 하기 및 적재에 관한 고시」에 따라 세관장이 지정한 장소로 한다.
④ 세관장이 지정하는 하선(기)장소는 다음의 순서에 따른다.

- 세관지정장치장. 다만, 세관지정장치장이 없거나 검사대상화물이 세관지정장치장의 수용능력을 초과할 것으로 판단되는 경우에는 세관지정 보세창고
- 세관지정 보세창고 등
- 검사대상 화물이 위험물품, 냉동·냉장물품 등 특수보관을 요하는 물품이거나 대형화물·다량산물인 경우에는 해당 화물을 위한 보관시설이 구비된 장소

2. 특송물품 등의 장치

① 특송물품·이사물품 등·유치물품 등과 보세판매용물품을 장치할 수 있는 보세구역은 다음의 어느 하나와 같다.

- 특송물품 → 「특송물품 수입통관 사무처리에 관한 고시」 제7조에 따라 세관장이 따로 지정한 세관지정장치장
- 이사물품 등 및 유치물품 등 → 세관지정장치장 또는 세관지정 보세창고 등
- 보세판매용물품 → 세관지정장치장 또는 「보세판매장 운영에 관한 고시」 제6조에 따른 보관창고

② 세관지정장치장의 화물관리인 또는 세관지정 보세창고의 운영인(「자유무역지역 반출입물품의 관리에 관한 고시」에 따라 관리부호를 부여받은 자 및 보세구역 외 장치허가를 받은 자를 포함)은 관리대상화물을 일반화물과 구분하여 장치해야 한다. 19 기출

04 관리절차

1. 검사대상 화물 또는 감시대상 화물의 관리절차

① 세관장은 하선(기)장소의 위치와 검사기의 검사화물량 등을 고려하여 검사대상 화물 또는 감시대상 화물을 선별하고, 해당 화물의 선별내역을 관세행정정보시스템에 입력해야 한다.

② 세관장은 검사대상 화물 또는 감시대상 화물에 대하여 적재화물목록 심사가 완료된 때에 적재화물목록제출자에게 검사대상 또는 중량측정 대상으로 선별된 사실, 하선(기)장소, 검색기 검사장소 등을 검사대상화물 반입지시서 등 전자문서로 통보해야 한다. 20 기출

③ 세관장은 감시대상 화물에 이상이 있다고 판단되는 경우 검사대상 화물로 변경하여 검사할 수 있다. 이때 검사대상으로 선별된 사실을 다음의 어느 하나에 해당하는 자에게 통보해야 한다. 19 기출

- 적재화물목록 제출자
- 「보세운송에 관한 고시」 제2조에 따라 보세운송 신고 또는 승인신청을 할 수 있는 자
- 세관지정장치장의 화물관리인 또는 세관지정 보세창고의 운영인(「자유무역지역 반출입물품의 관리에 관한 고시」에 따라 관리부호를 부여받은 자 및 보세구역 외 장치허가를 받은 자를 포함)
- 적재화물목록에 기재된 화물의 수하인 또는 통지처

④ 반입 후 검사화물 또는 운송추적감시화물의 경우 검사대상 선별사실을 검사가 완료된 이후에 통보할 수 있다.

2. 검사대상 화물 또는 감시대상 화물의 검사 및 조치

① 세관장은 검색기 검사를 실시한 결과 이상이 없는 것으로 판단한 경우에는 그 결과를 관세행정정보시스템에 등록하고 해당 화물이 「보세화물 입출항 하선 하기 및 적재에 관한 고시」에 따른 하선장소로 신속히 이동될 수 있도록 조치해야 한다. 20 기출

② 세관장은 검색기 검사화물 중 중량측정이 필요하다고 인정되는 화물에 대하여 검색기 검사장소에서 컨테이너 중량측정기를 이용하여 컨테이너 운송차량과 그 차량에 적재된 컨테이너 화물 등의 중량을 측정할 수 있다.

③ 세관장은 검색기 검사를 실시한 결과 개장검사가 필요하다고 인정한 화물과 즉시 검사화물에 대하여 지정한 하선(기) 장소에서 개장검사를 실시한다.

④ 세관장은 다음의 어느 하나에 해당하는 경우에 한하여 검사방법을 변경할 수 있다.

- 검색기 검사 결과 개장검사가 필요하다고 인정되어 즉시 검사화물로 변경하는 경우
- 검색기 검사화물로 선별한 화물을 검색기 고장 등의 사유로 즉시 검사화물로 변경하는 경우
- 화주의 요청으로 검색기 검사화물을 즉시 검사화물로 변경하는 경우 20 기출
- 하선(기) 감시화물에 대하여 운송추적감시 또는 검사대상 화물로 지정할 필요가 있다고 인정되는 경우
- 즉시 검사화물로 선별된 화물이 위험물, 냉동·냉장물 등 특수보관을 요하는 물품이거나 대형화물 또는 다량 산물 등의 사유로 해당 화물을 위한 보관시설 등이 구비된 장소에서 개장검사를 하기 위해 반입 후 검사화물로 변경하는 경우

⑤ 세관장은 반입 후 검사화물에 대하여 검색기를 이용한 검사 또는 개장검사를 실시할 수 있다. 24 기출

⑥ 세관장은 선별한 운송 추적감시 화물 또는 반입 후 검사화물이 다른 세관의 관할구역으로 보세운송신고 되거나 CY에서 수입통관 되는 경우 보세운송 검사대상 또는 수입검사대상으로 선별할 수 있도록 관련부서에 통보해야 한다.

⑦ 세관장은 검사대상 화물 또는 감시대상 화물에 대하여 검사 또는 감시를 실시한 경우에는 그 결과를 관세행정정보시스템에 등록해야 하며, 이상화물이 발견되었을 때에는 즉시 자체조사 후 통고처분, 고발의뢰 등 적절한 조치를 해야 한다. 다만, 이상이 없는 것으로 확인된 경우에는 신속한 통관을 위하여 필요한 조치를 해야 한다.

3. 합동검사반 구성 및 운영

① 세관장은 효율적인 검사업무 수행 및 신속한 밀수단속 업무처리를 위하여 필요하다고 인정하는 경우 화물, 감시, 통관, 조사 등 각 업무분야의 전문가로 합동검사반을 구성하여 운영할 수 있다.

② 합동검사반이 검사하는 화물은 다음과 같다.

- 밀수정보가 있는 화물
- 검사대상 화물에 대한 검사 결과 합동검사가 필요하다고 인정되는 화물
- 그 밖에 세관장이 합동검사가 필요하다고 인정하는 화물

③ 세관장은 합동검사를 실시하는 경우 효율적인 검사가 이루어질 수 있도록 마약탐지견 또는 과학검색장비를 적절히 활용하여 검사해야 한다.

4. 검사 참석 및 서류 제출

① 세관장은 개장검사를 실시할 때 화주 또는 화주로부터 권한을 위임받은 자의 참석이 필요하다고 인정하거나 이들로부터 참석요청을 받은 때에는 이들이 검사에 참석할 수 있도록 검사일시·검사장소·참석가능시간 등을 통보해야 한다. 24 기출

② 세관장은 검사참석 통보를 하여도 검사일시에 화주 또는 화주로부터 권한을 위임받은 자가 참석하지 않은 때에는 세관지정장치장의 화물관리인 또는 세관지정 보세창고의 운영인(「자유무역지역 반출입물품의 관리에 관한 고시」에 따라 관리부호를 부여받은 자 및 보세구역 외 장치허가를 받은 자를 포함)이나 그 대리인의 참석 하에 검사를 실시할 수 있다. 19 기출

③ 세관장은 개장검사를 실시하는 화물에 대하여 효율적인 검사업무 수행을 위하여 필요한 경우 화주 또는 화주로부터 권한을 위임받은 자에게 다음의 서류를 제출하게 할 수 있다.

- 송품장
- 선하증권 부본 또는 항공화물운송장 부본
- 상세포장명세서 등 기타 검사관련 서류

05 검사대상 화물의 해제 등

1. 검사대상 화물의 해제 22기출

① 화주 또는 화주로부터 권한을 위임받은 자는 선별된 검사대상 화물 또는 감시대상 화물이 다음의 어느 하나에 해당하는 경우 세관장에게 검사대상 화물의 해제를 신청할 수 있으며, 신청서류는 우편, 팩스, 전자우편으로 제출할 수 있다.

> ㉠ 원자재(수출, 내수용 포함) 및 시설재인 경우
> ㉡ 관세법 제154조에 따른 보세공장, 보세건설장, 보세전시장, 보세판매장 및 「자유무역지역 반출입물품의 관리에 관한 고시」 제2조 제7호에 따른 전자상거래 국제물류센터에 반입하는 물품인 경우
> ㉢ 학술연구용 실험기자재이거나 실험용품인 경우
> ㉣ 그 밖에 세관장이 ㉠부터 ㉢에 준하는 사유가 있다고 인정하는 경우

② 세관장은 검사대상 화물 또는 감시대상 화물의 해제신청을 접수한 경우 해제신청의 사유 등이 타당하고 우범성이 없다고 인정되는 때에는 검사대상 화물 또는 감시대상 화물 지정을 해제할 수 있다.

③ 세관장은 검사대상 화물 또는 감시대상 화물 중 다음의 어느 하나에 해당하는 화물로서 우범성이 없거나 검사 또는 감시의 실익이 적다고 판단되는 경우 검사대상 화물 또는 감시대상 화물의 지정을 직권으로 해제할 수 있다.

23기출 20기출 18기출

> • 등록사유(검사착안사항)와 관련 없는 물품
> • 「수출입 안전관리 우수업체 공인 및 운영에 관한 고시」 제15조에 따라 수출입 안전관리 우수업체(수입부문)가 수입하는 물품
> • 이사물품 등과 관련한 해당 고시에서 정하는 검사절차·검사방법에 따라서 처리되는 물품
> • 그 밖에 세관장이 우범성이 없거나 검사 또는 감시의 실익이 적다고 인정하는 화물

④ 세관장은 검사대상 화물 또는 감시대상 화물을 검사한 결과 적재화물목록 정정, 보수작업 대상 등 해당 조치사항이 완료된 경우 검사대상 화물 또는 감시대상 화물의 지정을 해제할 수 있다.

⑤ 세관장은 검사대상 화물 또는 감시대상 화물의 해제를 결정한 경우에는 그 사유를 관세행정정보시스템에 등록해야 한다.

2. 보세운송

① 검사대상 화물·특송물품 및 이사물품 등의 보세운송 절차는 「보세운송에 관한 고시」에서 정하는 바에 따른다. 다만, 즉시검사 화물의 보세운송은 다음의 어느 하나에 해당하는 경우에 한한다.

> • 진공포장 화물 등 특수한 장소에서만 개장이 불가피하여 해당 장소로 운송하고자 하는 경우
> • 「검역법」·「식물방역법」·「가축전염병예방법」·「위험물안전관리법」·「화학물질관리법」 등 관련 법규에 따라 지정된 보세구역으로 운송해야 하는 경우
> • 화주가 원거리에 소재하고 있어 검사대상 화물 검사 시 참석이 어려운 경우로서 세관장이 필요하다고 인정하는 경우
> • 검사결과 적재화물목록 정정·보수작업 대상 등 범칙조사 대상이 아닌 경우로서 보세화물 관리에 문제가 없다고 세관장이 인정하는 경우

② 유치물품 등의 보세운송 절차는 「여행자 및 승무원 휴대품 통관에 관한 고시」에서 정하는 바에 의한다.
③ 보세판매용 물품의 보세운송 절차는 「보세판매장 특허 및 운영에 관한 고시」에서 정하는 바에 따른다.

6절 선박용품 등 관리에 관한 고시

✏️ 본문 내용 중 꼭 알아야 하는 부분에 형광펜으로 표시하였으니 반드시 학습하시기 바랍니다.

01 총칙

1. 목적

이 고시는 「관세법」 제143조, 제158조 등에 따라 선박용품, 국제무역선 안에서 판매할 물품 및 원양어선에 무상으로 송부하기 위하여 반출하는 물품의 적재·판매·하선·환적·보세운송·사후관리 등에 필요한 사항을 규정함을 목적으로 한다.

2. 정의

(1) 외국선박용품

국제무역선에 공급하는 외국물품으로 「관세법」(이하 "법"이라 한다) 제2조 제10호에 따른 선박용품을 말한다.

(2) 내국선박용품

국제무역선에 공급하는 내국물품으로 법 제2조 제10호에 따른 선박용품을 말한다.

(3) 수리용 예비부분품 및 부속품

해당 선박과 시설의 일부가 소모 또는 마모되어 수리 또는 교체가 예상되는 부분품 및 부속품으로서 일반적으로 항해 도중 선원에 의하여 자체적으로 수리 또는 교체할 수 있는 것을 말한다.

(4) 그 밖에 이와 유사한 물품

닻, 구명용구, 더니지(dunnage), 계기류 및 사소한 전기기구류 등 선박의 항해에 직·간접적으로 필요한 물품을 말한다.

(5) 선박 내 판매품 [20 기출]

여객선에서 여행자 및 승무원에게 판매되는 물품을 말한다.

(6) 원양어선 무상공급물품

「원양산업발전법」 제6조 제1항, 제17조 제1항 및 제3항에 따라 해양수산부장관의 허가·승인 또는 지정을 받은 자가 조업하는 원양어선에 무상으로 송부하기 위하여 반출하는 물품으로서 해양수산부장관이 확인한 물품을 말한다.

(7) 선박용품 등

선박용품, 선박 내 판매품 및 원양어선 무상공급물품을 말한다.

(8) 공급자

국제무역선 또는 원양어선에 선박용품 등을 공급하는 자로서, 법 제222조에 따라 등록한 자를 말한다.

(9) 판매자

「선박(항공기)용품 및 용역공급업 등의 등록에 관한 고시」에 따라 선박 내 판매업으로 등록한 자를 말한다.

(10) 공급자 등

공급자와 판매자를 말한다.

(11) 전자통관시스템

선박용품 등에 대해 반입등록·적재·하선·환적 및 보세운송 등을 처리하는 전산시스템을 말한다.

(12) 적재 등

선박용품 등을 적재·하선·환적하는 것을 말한다.

(13) 품목번호

선박용품 등을 관리하기 위하여 선박용품 등에 품명, 규격별로 일정하게 부여한 번호를 말한다.

(14) 보세운송업자 등

「선박(항공기)용품 및 용역공급업 등의 등록에 관한 고시」에 따라 등록한 자를 말한다.

3. 전자통관시스템 사용 원칙

① 선박용품 등에 대하여 반입등록, 적재 등의 허가신청 및 보세운송신고 등을 하려는 자는 전자통관시스템을 사용해야 한다.

② 세관장이 전자문서로 제출하는 것이 곤란하다고 인정하는 경우에는 서면으로 처리할 수 있다.

02 반입등록 등

1. 반입등록 20 기출 19 기출

공급자 등이 외국 선박용품 등을 보세구역에 반입한 때에는 관할지 세관장에게 반입등록서를 제출해야 한다. 다만, 공급자 등이 하선완료보고하였거나 보세운송하여 도착보고한 물품은 반입등록한 것으로 갈음한다.

2. 반입등록의 정정·취하

공급자 등이 반입등록한 내용을 정정 또는 취하하고자 하는 때에는 반입등록한 날부터 7일 이내에 신청서를 관할지 세관장에게 제출해야 한다.

3. 품목번호

① 관세청장은 품목번호를 지정하고 전자통관시스템에 등록하여 관리할 수 있다.

② 공급자 등은 선박용품 등을 반입등록, 적재 등의 허가신청 및 보세운송신고를 하고자 하는 때에는 지정된 품목번호를 사용해야 한다.

03 선박용품 등의 적재 등 관리

1. 외국 선박용품 등

① 공급자 등이 외국물품인 선박용품 등의 적재 등 허가를 받고자 하는 때에는 해당 국제무역선이 정박한 지역의 관할 세관장에게 신청서를 제출해야 한다. 이 경우 공급자 등은 해당 물품의 선하증권(B/L), 송품장, 그 밖에 과세가격결정자료 및 다른 법령에 의한 구비요건 확인서류를 갖추어 보관해야 하며, 세관공무원의 제출요구가 있을 때에는 즉시 이에 따라야 한다.

② 공급자 등이 선박연료 공급 허가를 신청하는 경우에는 선박연료공급선의 선박명 및 선박번호를 신청서에 기재해야 한다.

③ 선박회사(대리점을 포함)는 자사 소속 국제무역선에 한정하여 선박용품 등을 직접 적재 등을 하거나 보세운송할 수 있다. 다만, 선박회사는 공급자 중에서 대행업체를 지정하여 그 절차를 이행하게 할 수 있다. `19 기출`

2. 내국 선박용품 등

공급자 등이 내국 선박용품 등의 적재 등 허가를 받으려는 때에는 해당 국제무역선이 정박한 지역의 관할 세관장에게 신청서를 제출해야 한다.

3. 환급대상 선박용품 등

공급자 등이 「수출용원재료에 대한 관세 등 환급에 관한 특례법」에 따른 환급을 받고자 하는 선박용품 등의 적재 등에 대하여는 해당 법령으로 정하는 바에 따른다.

4. 적재 등의 정정·취하

적재 등의 허가를 받은 자가 허가내용을 정정 또는 취하하고자 하는 때에는 허가일부터 7일 이내에 신청서를 세관장에게 제출해야 한다. 다만, 적재 등의 완료보고를 하는 때에는 완료보고 전까지 정정해야 한다.

04 적재 등의 이행관리

1. 이행의무자

① 선박용품 등의 적재 등은 해당 허가를 받은 자가 직접 이행해야 한다. `20 기출`
② 선박회사가 대행업체를 지정한 경우에는 대행업체로 하여금 적재 등 허가받은 절차를 이행하게 할 수 있다.
③ 공급자 등은 적재 등 허가 신청이 건당 미화 1만 달러(원화표시는 물품 1천만 원) 이하의 선박용품 등으로서 세관장이 감시단속에 지장이 없다고 인정하는 물품의 경우에는 공급자 중에서 대행업체를 지정하여 적재 등 허가받은 절차를 이행하게 할 수 있다. `21 기출`
④ 대행업체가 적재 등을 이행하는 경우에는 적재 등 신청서에 대행업체를 기재해야 한다.

2. 이행기간

① 선박용품 등의 적재·환적 허가를 받은 자는 허가일부터 7일 이내에 적재 등을 완료해야 한다. 다만, 1회 항행일수가 7일 이내인 국제무역선은 해당 항차의 출항허가 전까지 그 절차를 완료해야 한다. `22 기출` `19 기출`
② 선박용품 등의 하선허가를 받은 자는 허가일부터 7일 이내에 하선허가 받은 물품을 보세구역에 반입해야 한다. `24 기출`

3. 이행착수보고

공급자 등은 하선, 환적, 그 밖에 세관장이 감시 단속을 위해 필요하다고 인정하는 선박용품 등의 적재 등을 이행하는 때에는 관할 세관장에게 이행착수보고를 해야 한다.

4. 완료보고

① 공급자 등은 적재 등을 완료한 때에는 다음날 12시까지 관할 세관장에게 완료보고를 해야 한다. 다만, 보고 기한 내에 해당 선박이 출항하는 때에는 출항허가 전까지 보고해야 한다. `21 기출` `20 기출`
② 공급자 등이 적재 등을 완료한 때에는 선장의 물품인수 확인을 받아야 하며, 세관공무원이 요청할 경우 이를 제출해야 한다.

③ 세관장은 선박의 출항이 임박하거나 정당한 사유가 있는 때에는 완료보고에 갈음하여 선장이 확인·서명한 적재 등 허가서를 현장공무원에게 제출하게 할 수 있다. 이 경우 세관 공무원은 해당 내용을 전자통관시스템에 확인등록해야 한다.

05 특정 선박용품의 처리

1. 조건부 하역 선박용품의 관리 23 기출

① 선박용품 수리업자 및 선박회사(수리업자 등)가 수리·점검 등을 위하여 외국선박용품을 일시 하선하려는 때에는 선박용품 하선허가신청서를 관할세관장에게 제출해야 한다. 이 경우 선박용품 하선신청 및 허가는 법 제158조에 따른 보세구역 외 보수작업의 신청 및 승인으로 본다.

② 수리업자 등은 조건부 하역한 외국선박용품을 하역일부터 30일 이내에 해당 선박에 적재하고 세관장에게 완료보고해야 한다. 다만, 세관장이 선박용품의 수리 지연 등 부득이한 사유가 있다고 인정하는 때에는 5월의 범위 내에서 적재 기간을 연장하거나, 같은 선사 소속의 다른 국제무역선에 적재하도록 할 수 있다. 22 기출 21 기출

③ 수리업자 등은 조건부 하역 대상 선박용품에 대하여 직접 적재 등을 하거나 공급자 중에서 대행업체를 지정하여 선박과 수리업체 간의 운송을 대행하게 할 수 있다.

④ 수리업자 등은 하선한 선박용품을 재적재 기한 내에 적재할 수 없는 때에는 보세구역에 반입해야 한다.

⑤ 수리업자 등은 해당 선박이 입항하지 않거나 부득이한 사유로 조건부 하역한 외국선박용품을 외국으로 반출하려는 때에는 보세구역에 반입한 후 「반송절차에 관한 고시」를 따른다. 24 기출

⑥ 수리업자 등이 하선한 선박용품을 허가 내용대로 운송수단에 적재하지 않거나 재적재 기한이 경과한 이후에도 보세구역에 반입하지 않은 때에는 해당 허가를 받은 자로부터 즉시 그 관세를 징수한다. 다만 재해 그 밖의 부득이한 사유에 의하여 멸실되어 세관장에게 신고한 경우, 미리 세관장의 승인을 받고 폐기한 경우에는 그러하지 아니한다.

2. 출국대기자에 대한 선박용품의 제공

① 선박회사는 법 제239조 제2호에 따라 출국심사를 마치거나 우리나라를 경유하여 제3국으로 출발하려는 자(출국대기자)가 다음의 어느 하나의 사유로 선박의 출항이 지연되어 출국대기하는 경우 세관장의 허가를 받아 출국대기자에게 식음료(주류를 제외한다)를 제공할 수 있다.

> ⊙ 폭우, 폭설, 안개 등 기상악화
> ⓒ 선박의 긴급 정비
> ⓒ 테러 등의 첩보에 의한 안전점검
> ② 위 ⊙부터 ⓒ 등의 사유로 인한 긴급 회항
> ⑩ 그 밖에 항만시설의 장애 등 세관장이 인정하는 사유

② 선박회사 등은 관할 세관장에게 국제항의 출국장 내 지정보세구역 중에서 출국대기자에게 식음료를 제공할 수 있는 보세구역(식음료제공구역) 지정을 요청할 수 있다. 이 경우 세관장은 다음의 사항을 검토해야 한다. 23 기출

> • 보세구역 명칭 및 부호, 보세구역면적, 승객대기시설(의자 등) 유무 등 보세구역에 관한 사항
> • 출항 선박 수, 승선 여행자 수, 환승 여행자 수, 1시간 이상 지연출항 선박 수, 1시간 이상 대기 여행자 수 등 최근 1년의 대기 여행자에 관한 사항
> • 공급처에서 식음료 제공구역까지의 구체적인 식음료 반출입 통로에 관한 사항
> • 보세화물의 감시감독에 관한 사항
> • 식음료 제공구역 위치도 및 식음료 반출입 통로 약도

③ 세관장은 식음료제공구역 지정의 필요성이 있거나 지정 요청을 받은 경우 식음료제공구역으로서의 적합성, 보세화물 관리의 안전성 등을 고려하여 식음료제공구역을 지정할 수 있다.
④ 세관장은 식음료제공구역을 지정할 때에는 해당 지정보세구역 내의 구체적인 식음료 제공장소와 식음료의 반출입 통로를 지정해야 한다.
⑤ 세관장은 지정된 식음료제공구역에 반출입되는 보세화물의 감시감독에 지장을 초래하거나 지정사유가 소멸된 때에는 식음료제공구역 지정을 해제할 수 있다.
⑥ 선박회사가 허가받은 식음료를 출국대기자에게 제공하는 때에는 세관공무원의 확인을 받아야 한다.
⑦ 세관장의 허가를 받지 않고 출국대기 중인 자에게 식음료를 제공한 때에는 관세법 제239조 제2호(선박용품·항공기용품 또는 차량용품을 세관장이 정하는 지정보세구역에서 「출입국관리법」에 따라 출국심사를 마치거나 우리나라에 입국하지 아니하고 우리나라를 경유하여 제3국으로 출발하려는 자에게 제공하여 그 용도에 따라 소비하거나 사용하는 경우)에 따라 소비 또는 사용으로 보지 않으며, 세관장은 즉시 그 관세를 징수해야 한다. **24 기출**

3. 수출용 새로 건조된 선박에 적재하는 선박용품의 관리 **23 기출**

① 공급자는 국제무역선으로 운항예정인 새로 건조된 선박의 건조·검사·점검·시운전 등의 목적을 위하여 부득이하게 국제무역선의 자격을 취득하기 전의 새로 건조된 선박에 외국선박용품(소비용품을 제외)을 적재할 필요가 있는 경우에는 세관장의 승인을 얻어 해당 선박을 건조하는 보세공장을 장치장소로 하여 전자통관시스템에 등록·관리할 수 있다. 이 경우 「보세공장 운영에 관한 고시」에도 불구하고 선박용품을 보세공장에서 건조 중인 선박에 적재하여 장치할 수 있다.
② 세관장의 승인은 보세운송 승인의 방법에 의하며, 보세운송승인신청인은 보세운송승인(신청)서와 해당 선박의 출항예정시기, 선박 내 적재위치 및 적재사유서를 세관장에게 제출하여 승인을 받아야 한다.
③ 공급자는 보세운송 승인받은 선박용품이 도착지 보세공장에 도착한 때에는 보세공장 운영인의 확인을 받은 서류를 첨부하여 도착지 관할 세관장에게 도착보고해야 한다.
④ 공급자는 해당 선박의 수출신고수리가 된 때에는 적재한 선박용품에 대하여 출항 전까지 적재허가신청 및 적재 등 완료보고를 해야 한다.
⑤ 세관장은 필요하다고 인정하는 경우에는 보세운송 도착보고 및 적재완료보고를 받은 때에 해당 선박용품의 적재 등 이행사실을 확인할 수 있다.

06 보세운송 관리

1. 보세운송

① 공급자 등이 선박용품 등을 보세운송하고자 하는 때에는 보세운송신고서를 발송지 세관장에게 제출해야 한다.
② 공급자 등은 보세운송신고한 물품을 도착지 세관의 보세구역으로 운송해야 한다.
③ 세관장은 긴급히 적재해야 할 필요가 있다고 인정하는 선박용품 등에 대하여는 해당 선박이 도착되어 있는 항만으로 직접 보세운송(본선보세운송)하게 할 수 있다.
④ 공급자 등은 선박용품 등이 도착한 후 적재허가를 신청해야 한다. 다만, 본선보세운송의 경우에는 선박용품 등이 도착 전이라도 적재허가를 신청할 수 있다.
⑤ 도착지 세관장은 선박용품 등의 도착 여부 및 수량의 적정 여부 등을 확인한 후 적재허가를 하고, 세관장이 필요하다고 인정하는 경우에는 적재확인을 할 수 있다.
⑥ 보세운송 중 재해나 그 밖의 부득이한 사유로 멸실된 경우에는 즉시 멸실신고서를 도착지 세관장에게 제출해야 한다.

2. 보세운송기간 [22 기출]

① 보세운송기간은 보세운송신고수리(승인)일로부터 15일 이내에서 실제 운송에 필요한 기간으로 한다. 다만, 세관장은 그 사유가 타당하다고 인정하는 경우에는 15일 이내에서 한 번만 연장승인 할 수 있다. [20 기출]
② 보세운송신고인이 보세운송기간을 연장하거나 목적지를 변경하고자 하는 때에는 보세운송기간이 경과하기 전에 신청서를 발송지 세관장 또는 도착지 세관장에게 제출하여 승인을 받아야 한다.
③ 보세운송신고(승인신청)인이 보세운송신고 또는 승인신청 후 운송수단을 변경하는 경우에는 보세구역에서 도착 전(본선보세운송은 적재 전)까지 신청서를 발송지 세관장 또는 도착지 세관장에게 제출하여 변경신고하여야 한다.

3. 도착보고

① 보세운송신고인은 선박용품 등이 목적지에 도착한 때에는 보세구역운영인의 입회 하에 인수자에게 인계해야 하며, 인수자는 물품을 인수하는 즉시 도착지 세관장에게 도착보고를 해야 한다. [19 기출]
② 본선보세운송의 경우에는 보세운송신고인이 도착지 세관에 적재허가신청한 것을 도착보고한 것으로 갈음한다. [24 기출]
③ 보세구역 운영인 및 인수업체는 도착된 물품이 신고내역과 상이한 경우에는 지체 없이 도착지 세관장에게 보고해야 한다.

4. 도착관리

① 도착지 세관장은 도착물품에 이상이 있음을 확인한 때에는 발송지 세관장에게 이상내역을 즉시 통보하고, 그 실태를 조사하여 통고처분 또는 고발의뢰 등 그에 따른 적절한 조치를 해야 한다.
② 도착지 세관장은 전자통관시스템에 따라 보세운송물품의 미착현황을 조회하여 도착 여부를 확인해야 하며, 물품이 보세운송기간 내 도착하지 않은 경우에는 발송지 세관장에게 미착사실을 통보하고 그 사유를 규명해야 한다.

07 선박용품 등의 관리

1. 용도 외 처분

① 공급자 등 및 수리업자 등은 반입등록한 선박용품 등을 수입·반송 또는 공매하는 등 용도 외 처분한 때에는 용도 외 처분한 다음의 날부터 7일 이내에 반입등록한 세관장에게 용도 외 처분보고서를 제출해야 한다. [21 기출]

- 수입신고가 수리된 날
- 반송신고가 수리된 날
- 매각된 날
- 멸실된 날

② 공급자 등 및 수리업자 등은 적재허가 받은 선박용품 등을 폐기하거나, 보세창고에 반입한 외국선박용품 등을 폐기하고자 하는 경우에는 폐기승인신청서를 세관장에게 제출하여 승인을 받아야 하며, 폐기를 완료하였을 때에는 폐기완료보고서를 세관장에게 제출해야 한다.

2. 양도·양수 보고

① 선박용품 등의 양도·양수는 물품공급업 또는 선박 내 판매업으로 등록된 자에 한정하여 할 수 있으며, 화물관리번호를 부여하여 보세화물로 관리하는 경우에는 물품공급업 또는 선박 내 판매업 등록이 되지 않은 업체에게도 양도할 수 있다. [24 기출]

② 선박용품 등을 양도·양수하는 경우 양도자는 양도한 날부터 7일 이내에 도착지 세관장에게 선박용품 등의 양도/양수 보고서를 제출하여야 한다.

3. 재고관리

① 공급자 등은 선박용품 등을 품목별로 재고관리해야 한다.
② 세관장은 출국대기자에게 허가받은 식음료를 제공한 때, 용도 외 처분 및 선박용품 등의 양도·양수 보고서를 제출받은 때에는 전자통관시스템에 해당 선박용품 등의 재고를 변경등록해야 한다.
③ 관세법 제224조의2에 따라 보세운송업자 등의 등록 효력이 상실되었을 때에는 공급자 및 판매자, 수리업자, 선박회사(해운대리점 포함)은 외국 선박용품에 대해 지체 없이 화물관리번호를 부여 받아 보세화물로 전환하여야 한다. **24 기출**
④ 세관장은 관세법 제224조의2에 따라 보세운송업자 등의 등록 효력을 상실한 업체가 외국 선박용품을 보세화물로 전환하지 않는 경우에는 직권으로 화물관리번호를 부여하여 보세화물로 관리하여야 한다.

4. 판매내역의 관리

① 판매자는 출·입국 선박 선명별로 판매내역을 작성하고 이에 구매자의 성명, 생년월일, 여권번호 및 판매사항을 기재해야 한다. 다만, 1인당 판매금액이 「여행자 및 승무원 휴대품 통관에 관한 고시」에서 정한 1인당 면제금액 이하인 경우에는 구매자의 인적사항 및 판매사항 기재를 생략할 수 있다.
② 판매자는 본점 또는 주된 영업소 소재지를 관할하는 세관장에게 월별 선박내판매실적, 기본면세범위 및 별도면세범위 초과구매자 관련 자료를 다음 달 10일까지 제출해야 한다.

5. 선박자동식별장치의 설치

선박급유업자가 국제무역선에 유류를 적재하고자 할 때에는 선박자동식별장치(AIS)가 설치된 급유선을 이용해야 한다.

08 세관장의 관리감독 등

1. 심사

① 세관장은 적재 등 및 보세운송 신청사항의 적정 여부 등을 심사하여 허가해야 한다.
② 세관장은 성실업체가 신청하는 등 타당하다고 인정하는 경우에는 전산심사하여 이를 허가할 수 있다.

2. 보완요구

① 세관장은 신청인이 제출한 서류 및 자료로 심사사항의 확인이 곤란한 경우에는 보완요구서를 신청인에게 통보해야 한다.
② 보완요구를 하는 경우에는 보완요구서에 보완해야 할 사항 및 이유와 7일 이내의 보완기간 등을 구체적으로 기재해야 한다.
③ 세관장은 신청인이 보완기간 내에 보완요구사항을 구비하여 제출하지 아니한 경우에는 해당 신청을 반려할 수 있다.

3. 적재수량의 관리

세관장은 주류, 담배 등 위험도가 높은 선박용품 등에 대하여는 적재허가 시 선박의 항행일수, 승무원 수 등을 고려하여 적재수량을 제한할 수 있다.

4. 검사

① 관세청장 또는 세관장은 선박용품 등에 대해 전산선별 또는 수작업으로 검사대상을 선별할 수 있다.
② 세관장은 검사대상 선박용품 등이 감시단속상 문제가 없다고 판단되는 경우에는 검사를 생략할 수 있다.
③ 세관장은 검사생략 선박용품 등이 선박용품 불법유출에 대한 합리적인 의심이 있는 경우 등에는 검사대상으로 선별할 수 있다.
④ 세관공무원은 검사를 완료한 때에는 그 결과를 전자통관시스템에 등록해야 한다.
⑤ 세관장은 검사결과 허가사항과 일치하지 않을 경우에는 그 사유를 규명하고 그 결과를 전자통관시스템에 등록해야 한다.
⑥ 검사대상의 선별, 변경, 수행절차 등에 필요한 사항은 관세청장이 정하는 바에 따른다.

5. 봉인조치

① 세관장은 부정유출 우려가 있는 선박용품 등에 대하여 봉인 등의 조치를 할 수 있다.
② 선장은 정박 중에 봉인된 선박용품 등을 사용하려는 때에는 세관공무원의 확인을 받은 후에 사용해야 한다.

6. 서류의 보관 및 제출 등

① 공급자 등 및 수리업자 등(대행업체를 포함)은 선박용품 등의 반입등록, 하역, 환적 및 보세운송 등의 절차와 관련된 서류를 등록일, 하역일, 환적일 또는 신고일 등으로부터 2년간 보관해야 한다.
② 세관장은 반입등록한 사항의 적정 여부 및 선박용품 등의 부정유출 여부 등에 대한 확인을 수시로 해야 하며, 이 경우 관세법 제266조에 따라 공급자 등 및 수리업자 등이 보존하고 있는 선하증권(B/L), 송품장, 과세가격결정자료 등 관련자료 제출을 요구할 수 있다.
③ 세관장은 적재 등의 이행착수 및 완료 시 전자문서 보고대상 물품, 적재 등의 완료보고 시기 및 선박용품 등의 사후관리 등 필요한 경우에는 세관실정에 맞게 내규를 정하여 운용할 수 있다.

7. 세관의 업무감독 및 보고

① 세관장은 공급자 등 및 수리업자 등의 재고관리에 대하여 연 1회 이상 현장조사를 할 수 있다. 다만, 현장조사는 근무일 7일 이내에 완료해야 하며 부득이하게 현장조사 기간을 연장해야 할 필요가 있는 경우에는 7일 이내의 범위에서 연장할 수 있다.
② 세관장은 공급자 등 및 수리업자 등이 제출한 선박용품 등의 자율점검표를 심사하여 적정하다고 판단되는 때에는 이를 현장조사에 갈음할 수 있다.
③ 세관장은 현장조사의 결과 위법사항을 발견한 경우에는 즉시 관세청장에게 보고하고 적절한 조치를 해야 한다.

7절 | 선박(항공기)용품 및 용역공급업 등의 등록에 관한 고시

✏️ 본문 내용 중 꼭 알아야 하는 부분에 형광펜으로 표시하였으니 반드시 학습하시기 바랍니다.

01 총칙

1. 목적

이 고시는 「관세법」 제222조부터 제224조 및 「관세법 시행령」 제231조에서 관세청장에게 위임한 사항과 보세운송업자 등의 등록 및 관리에 관한 사항을 규정하는 것을 목적으로 한다.

2. 등록대상영업의 종류

등록대상영업의 종류는 별표와 같다. 다만, 보세운송업자의 등록은 「보세운송에 관한 고시」, 선박회사·항공사는 「보세화물 입출항 하선 하기 및 적재에 관한 고시」, 보세화물 운송주선업자의 등록 및 신고는 「화물운송주선업자의 등록 및 관리에 관한 고시」, 구매대행업자의 등록은 「구매대행업자 등록 및 관리에 관한 고시」를 따른다.

3. 정의

(1) 해운대리점업

해상화물 또는 해상여객 운송사업을 영위하는 자를 위하여 입출항절차 등 그 사업에 속하는 거래를 대리하는 업을 말한다.

(2) 항만하역업

항만에서 화물을 선박에 싣거나 선박으로부터 내리는 업을 말한다.

(3) 항만용역업

① 통선으로 본선과 육지간의 연락을 중계하는 행위

② 본선의 경비 또는 본선의 이안 및 접안을 보조하기 위하여 줄잡이 역무를 제공하는 행위

③ 선박의 청소(유창청소업 제외)·오물제거·소독·폐물수집 및 운반·화물고정·칠 등을 하는 행위

④ 선박에서 사용하는 맑은 물을 공급하는 행위

(4) 물품공급업

국제무역선에 선박용품을 공급하거나 국제무역기에 항공기용품을 공급하는 업을 말한다.

(5) 선박내판매업 또는 항공기내판매업

국제무역선(기)에서 내·외국물품을 승객과 승무원에게 판매하는 업을 말한다.

(6) 선박연료공급업

국제무역선의 운항에 필요한 연료를 공급하는 업을 말한다.

(7) 선박수리업

선체, 기관 등 선박시설 및 설비를 수리, 교체 또는 도색하는 업을 말한다.

(8) 컨테이너수리업

컨테이너의 구성부품을 교체 및 수리하는 업을 말한다.

(9) 통신전자기기수리업

항해계기 및 통신장비의 수리·교체·검사 등을 하는 업을 말한다.

(10) 구명뗏목정비업

구명뗏목을 수리하고, 그 구명뗏목에 비치된 의장품(식량, 신호탄 등)을 교환하고 격납하는 업을 말한다.

(11) 소독업무대행업

수출입식물 소독 및 선박 내 쥐·벌레 등의 서식·흔적, 그 밖의 위생곤충을 제거 또는 예방하는 업을 말한다.

(12) 해양오염방제업

오염물질의 방제에 필요한 설비 및 장비를 갖추고 해양에 배출되거나 배출될 우려가 있는 오염물질을 방제하는 업을 말한다.

(13) 유창청소업

선박의 유창을 청소하거나 선박 또는 해양시설(그 해양시설이 기름 및 유해액체물질 저장시설인 경우에 한정)에서 발생하는 오염물질의 수거에 필요한 설비 및 장비를 갖추고 그 오염물질을 수거하는 업을 말한다.

(14) 감정업

선적화물 및 선박(부선을 포함)에 관련된 증명·조사·감정을 하는 업을 말한다.

(15) 검량업

선적화물을 싣거나 내릴 때 그 화물의 용적 또는 중량을 계산하거나 증명하는 업을 말한다.

(16) 검수업

선적화물을 적하 또는 양하하는 경우에 그 화물의 개수의 계산 또는 인도·인수의 증명을 하는 업을 말한다.

(17) 도선업

선박의 입출항시 도선사가 탑승하여 수로를 안내하는 업을 말한다.

(18) 예선업

예인선으로 선박을 끌어당기거나 밀어서 이안·접안·계류를 보조하는 업을 말한다.

(19) 선박관리업

국내외의 해상운송인, 선박대여업을 경영하는 자, 관공선 운항자, 조선소, 해상구조물 운영자, 그 밖의 「선원법」상의 선박소유자로부터 기술적·상업적 선박관리, 해상구조물관리 또는 선박시운전 등의 업무의 전부 또는 일부를 수탁(국외의 선박관리사업자로부터 그 업무의 전부 또는 일부를 수탁하여 행하는 사업을 포함)하여 관리활동을 영위하는 업을 말한다.

(20) 선박검사업

선박 또는 선체 및 기관의 설비 등에 대하여 기준사항의 적합 여부를 판정 또는 결정하는 업을 말한다.

(21) 수중공사업

선박 및 수중구조물을 관리·유지·보수하기 위한 설치 및 제거하는 업을 말한다.

(22) 환급창구운영업

「외국인관광객 등에 대한 부가가치세 및 개별소비세 특례규정」 제5조의2에 따라 외국인 관광객이 면세물품을 구입한 때에 부담한 부가가치세·개별소비세 상당액을 보세구역 안에서 면세판매자를 대리하여 당해 외국인 관광객에게 환급하는 업을 말한다.

(23) 항공운송총대리점업

항공운송사업자를 위하여 유상으로 항공기를 이용한 여객 또는 화물의 국제운송계약 체결을 대리(사증을 받는 절차의 대행은 제외)하는 업(입출항절차 등)을 말한다.

(24) 항공기정비업

타인의 수요에 맞추어 항공기, 발동기, 프로펠러, 장비품 또는 부품을 정비·수리 또는 개조하는 업무, 해당 업무에 대한 기술관리 및 품질관리 등을 지원하는 업을 말한다.

(25) 항공기취급업

항공기에 대한 급유, 항공화물·수하물의 하역, 항공기 입항·출항에 필요한 유도, 항공기 탑재 관리 및 동력 지원, 항공기 운항정보 지원, 승객 및 승무원의 탑승 또는 출입국 관련 업무, 장비대여 또는 항공기의 청소, 입출항절차 등을 하는 업을 말한다.

(26) 경비업

공항·항만 등 시설의 경비 및 도난·화재 그 밖의 위험발생을 방지하는 업을 말한다.

(27) 식음료판매업

국제항 안 보세구역에서 일반인에게 식음료를 판매하는 업을 말한다.

(28) 환전업

「외국환거래법」 제8조에 따라 국제항 안 보세구역에서 여행자에게 외국환을 바꿔주는 업을 말한다.

(29) 기타업종

「관세법」 제222조 제1항 제3호부터 제6호까지의 영업행위 중 위 (1)부터 (28)까지의 영업행위를 제외한 업을 말한다.

(30) 국제항 안 보세구역 용역제공업

국제항 안에 있는 보세구역에서 계속적·반복적으로 용역을 제공하는 업을 말한다.

02 영업의 등록

1. 등록신청 및 구비서류

① 「관세법」 제222조에 따라 영업등록을 하려는 자는 영업등록·갱신 신청서에 다음의 서류를 첨부하여 영업하고자 하는 지역을 관할하는 세관장에게 제출하여야 하며, 신청서류는 전자통관시스템, 우편, 팩스 또는 전자우편으로 제출할 수 있다. 이 경우 ⓒ 및 ⓔ의 서류는 행정정보의 공동이용을 통하여 담당공무원이 확인하는 것에 동의하는 경우에는 제출을 생략할 수 있다.

> ⊙ 임원명부(업무를 직접 담당하거나 이를 감독하는 자로 한정) (직책, 성명, 주민등록번호, 주소, 등록기준지)
> ⓒ 세무서장이 발행한 국세납세증명서
> ⓒ 「항만운송사업법」 등 관련 법령에 의한 면허, 허가, 지정 등을 받거나 등록하여 해당지역에서 영업을 할 수 있음을 증명하는 서류
> ⓔ 법인등기부등본(법인에 한정)
> ⓜ 「항만운송사업법」 제26조의3에 따라 등록신청한 때 제출한 사업계획서에 포함된 장비의 목록(선박연료공급업에 한함)

② 「항만운송사업법」에 따라 「해운법」에 따른 선박연료공급업자의 내항 화물운송사업 등록을 한 선박연료공급선(운항구간의 제한을 받지 아니하는 선박에 한정)은 영업구역의 제한을 받지 않는다.

③ 다음의 어느 하나에 해당하는 경우에는 본점 또는 주된 사무소를 관할하는 세관장에게만 등록할 수 있다.

- 「항만운송사업법」 제3조에 따른 감정업 및 검량업과 같은 법 제26조의3 제1항 단서 조항에 의한 선박용품 공급업
- 「해운법」 제33조에 따른 해운대리점업
- 「산업집적활성화 및 공장설립에 관한 법률」 제13조에 따른 선박수리업
- 「해양환경관리법」 제37조에 따른 해양오염방제업 및 유창청소업
- 「도선법」 제17조에 따른 도선구에서 영업하려고 하는 도선업
- 그 밖의 관련법령에서 사업범위를 제한하고 있지 않는 업종

④ 「항만운송사업법」 등 관련 법령에 의한 면허·허가·지정 등을 받거나 등록을 하였음을 증명할 수 있는 서류는 다음과 같다.

- 해운대리점업 및 선박관리업 : 해양수산부장관이 발급한 해운업등록증
- 물품공급업, 항만용역업, 선박연료공급업 및 컨테이너수리업 : 해양수산부장관이 발급한 선박용품 공급업 신고 확인증 또는 항만운송관련사업 등록증 등
- 선박수리업 : 해양수산부장관이 발급한 항만운송관련사업 등록증 또는 시장, 군수, 구청장 등이 발급한 공장등록증 또는 지방해양수산청장이 발급한 지정사업장 지정서 또는 「부가가치세법」 제8조에 따라 발급받은 사업자등록증(다만, 사업자등록증으로 등록하고자 하는 경우는 항만 이외 지역에 소재하는 법인 또는 개인에 한하며 항만운송관련사업 등록요건인 자본금 5천만 원 이상이고 공구창고 또는 공장 총면적 20㎡ 이상을 충족하여야 한다)
- 해양오염방제업 및 유창청소업 : 해양수산부장관 또는 해양경찰서장이 발행한 해양오염방제업 등록증 또는 유창청소업 등록증 등
- 통신기기수리업 : 특별시장, 광역시장, 도지사의 장이 발행한 정보통신공사업등록증
- 소독업무대행업 : 특별자치도시사 또는 시장·군수·구청장 등이 발급한 소독업신고증 등
- 항만하역업, 감정업, 검량업 및 검수업 : 해양수산부장관이 발급한 항만운송사업 등록증
- 기타 업종 : 기타 관련법령에서 정한 자격을 갖추었음을 증명하는 서류

⑤ 「관세법 시행령」 제231조 제6항에 따라 등록사항을 변동 신고하려는 자는 영업등록 변동신고서를 작성하여 제출하여야 하며, 선박연료공급업 등록 시의 장비 목록에 변동이 발생한 경우 장비 변동 내역을 지체 없이 신고하여야 한다.

2. 물품공급자 및 판매자의 자격요건 및 등록

① 「관세법 시행령」 제231조에 따라 외국물품인 용품을 국제무역선 또는 국제무역기에 공급·판매하는 공급자 및 판매자는 다음의 요건을 충족하는 자여야 한다.

- 자본금 5천만 원 이상의 법인 또는 개인. 단, 개인인 경우에는 자본금에 갈음하여 금융기관 또는 공인감정기관에 의한 재산감정평가액을 적용하며, 「부동산 가격공시에 관한 법률」 등에 의하여 국가 또는 지방자치단체장이 가장 최근에 발급한 증빙자료도 인정할 수 있다.
- 등록장소별로 용품운송을 전용으로 하는 자가 소유 또는 1년 이상 임차한 자동차를 1대 이상 보유한 법인 또는 는 개인

② 판매자는 위 ①의 요건 이외에 다음의 어느 하나에 해당하는 서류를 갖추어 영업등록 신청해야 한다.

- 「항공사업법」에 의한 국제항공운송사업 면허증 사본
- 「해운법」에 의한 해상여객운송사업에 관련된 면허·허가·지정 등을 받거나 등록 및 신고하였음을 증명하는 서류

> • 국제무역선 또는 국제무역기의 판매시설을 임대하여 선박 내 판매업 또는 항공기 내 판매업을 영위하고자 하는 자는 해당 선박회사 또는 항공사와 체결한 판매시설임대계약서 등 서류

3. 관할구역 외의 영업

관할구역 외의 지역에서 일시적으로 영업행위를 하고자 하는 자는 세관공무원이 감시단속 목적으로 영업등록 확인을 요구하는 경우 지방해양수산청장 등이 발급한 일시영업등록증 사본 등을 제시하여야 하며, 세관공무원은 전자통관시스템상의 영업등록사항을 확인하여야 한다.

4. 심사

① 등록신청서를 접수한 세관장은 「관세법」 제223조에서 정한 등록요건을 심사하여야 한다.
② 세관장은 등록요건에 부적합한 때에는 신청자에게 등록이 불가한 사유를 통보하여야 한다.

5. 등록번호부여

① 세관장은 전자통관시스템을 통해 등록번호를 부여하는 방식으로 영업등록을 하여야 한다. 이 경우 등록번호는 다음과 같은 형식으로 부여한다. [세관부호(숫자 3자리)+업종부호(영문 1자리)+일련번호(숫자 4자리)]
② 선박회사와 항공사의 영업등록은 선박용품 또는 항공기용품 적재허가 담당자가 전자통관시스템에 등록해야 한다.

6. 등록증 교부

세관장은 전자통관시스템에 등록을 완료한 때에는 신청자에게 등록증을 교부하여야 한다.

7. 유효기간 연장

① 등록지 세관장은 국제무역선·국제무역기 또는 국경출입차량에 선박용품, 항공기용품 및 용역 등을 공급하는 것을 업으로 하고자 등록한 자에게, 등록의 유효기간을 갱신하려면 등록의 유효기간이 끝나는 날의 1개월 전까지 등록 갱신을 신청해야 한다는 사실과 갱신절차를 등록의 유효기간이 끝나는 날의 2개월 전까지 문자메시지 전송, 전자메일, 팩스, 전화, 문서 등으로 미리 알려야 한다.
② 등록의 유효기간을 갱신하려는 자는 「관세법 시행령」 제231조 제4항에 따라 영업등록(등록, 갱신) 신청서와 첨부서류를 기간만료 1개월 전까지 등록지 세관장에게 제출하여야 한다.

03 행정제재 등

1. 선박연료공급선 등 이용금지

① 선박연료공급업자는 국제무역선용 유류를 부정유출할 목적으로 이용하다가 적발된 선박연료공급선 및 유조차량을 20일간 이용해서는 안 된다.
② 선박연료공급선 및 유조차량의 이용금지 기간은 세관장이 적발내역을 통보한 날부터 기산한다.

2. 업무정지 등

① 세관장은 「관세법」 제222조에 따라 등록한 보세운송업자 등에 대한 주의 및 경고처분은 「선박용품 등 관리에 관한 고시」 또는 「항공기용품 등 관리에 관한 고시」를 따른다.

② 세관장은 보세운송업자 등의 등록을 완료한 자가 관할구역 내에서 다음의 어느 하나에 해당하는 때에는 10일의 업무정지 처분을 해야 한다. 다만, 아래 ⓒ에 해당되는 때에는 「선박용품 등 관리에 관한 고시」 또는 「항공기용품 등 관리에 관한 고시」에 따른 적재 등 이행의무자에 대하여 10일의 업무정지 처분을 한다.

> ⓐ 등록업자 또는 임원, 직원, 사용인이 업무와 관련하여 관세법 제224조의 제4호부터 제5호까지에 해당되는 경우(단, 법 제276조 및 제277조 해당사항은 제외)
>
>> **관세법 제224조(보세운송업자 등의 행정제재) 제1항**
>> 세관장은 보세운송업자 등이 다음 각 호의 어느 하나에 해당하는 경우에는 등록의 취소, 6개월의 범위에서의 업무정지 또는 그 밖에 필요한 조치를 할 수 있다. 다만, 제1호 및 제2호에 해당하는 경우에는 등록을 취소하여야 한다.
>> 4. 보세운송업자 등(그 임직원 및 사용인을 포함)이 보세운송업자 등의 업무와 관련하여 이 법이나 이 법에 따른 명령을 위반한 경우
>> 4의2. 제223조의2를 위반한 경우
>> 5. 보세운송업자 등(그 임직원 및 사용인을 포함)이 보세운송업자 등의 업무와 관련하여 「개별소비세법」 제29조 제1항 또는 「교통·에너지·환경세법」 제25조 제1항에 따른 과태료를 부과받은 경우
>
> ⓑ 이행의무자가 아닌 자가 관세법 제269조부터 제271조 및 제274조에 의하여 처벌을 받은 경우
> ⓒ 최종 적발일 기준으로 최근 1년 이내에 「선박용품 등 관리에 관한 고시」 또는 「항공기용품 등 관리에 관한 고시」에 따라 3회 이상 경고처분을 받은 경우(최종 적발 건에 대한 경고를 포함)

③ 동일한 업자 또는 법인에 대하여 등록 유효기간 중에 행정제재를 할 사유가 발생한 때에는 2차 시에는 20일, 3차 시 이상의 경우에는 30일의 업무정지 처분을 하여야 한다.
④ 「항만운송사업법」 등의 관련법령에 의하여 사업정지처분을 받은 경우에는 사업정지처분을 받은 기간 동안 업무정지 처분을 할 수 있다.
⑤ 행정제재는 법 규정에 의한 처벌에도 불구하고 조치할 수 있다.
⑥ 세관장은 선박연료공급업자가 다음에 해당하는 경우에는 10일의 업무정지 처분해야 한다.

> - 선박연료공급업자는 국제무역선용 유류를 부정유출할 목적으로 부족적재하여 적발된 선박연료공급선 및 유조차량을 20일간 이용해서는 안 된다는 규정을 위반하는 경우
> - 등록업자 또는 임원, 직원, 사용인이 국제무역선용 유류를 부정유출할 목적으로 부족적재하여 적발된 경우. 다만, 적재하지 않아 적발된 경우에는 30일의 업무정지 처분을 해야 한다.

⑦ 세관장은 행정제재를 하는 경우 최근 3년 이내에 밀수방지 등 공로로 관세청장 또는 세관장 표창을 받는 등 관세행정 발전에 기여한 공로가 있는 경우에는 기준일수의 50% 이내에서 업무정지 기간을 하향조정(소수점 이하는 버림)할 수 있다.
⑧ 세관장은 행정제재를 하려는 경우 세관장 또는 국장을 위원장으로 하는 5인 이상의 위원회를 구성하여 심의한 후 결정하여야 하며, 업무정지 기간을 하향 조정한 경우에는 위원회의 심의결과를 첨부하여 관세청장에게 보고하여야 한다.

3. 행정제재의 적용범위

① 업무정지 등 및 「관세법」 제224조에 따라 등록취소 등을 처분한 세관장은 전자통관시스템에 즉시 입력하고, 이 사실을 등록지 세관장에게 통보하여야 한다.
② 행정제재의 효과는 전국 항만에 동일하게 적용된다.

8절 | 수출입 안전관리 우수 공인업체(AEO : Authorized Economic Operator) 제도

✎ 본문 내용 중 꼭 알아야 하는 부분에 형광펜으로 표시하였으니 반드시 학습하시기 바랍니다.

01 일반 사항

1. 개요

① AEO 제도는 사회안전, 국민건강을 위협할 수 있는 물품의 반입을 차단함과 동시에 신속통관, 세관검사 면제 등 통관절차상의 다양한 혜택을 부여하기 위하여, 관세당국이 수출입 통관 및 물류 관련 업체의 법규준수, 안전관리 수준 등에 대한 심사를 실시하여 공인하는 제도를 말한다.

② 세계관세기구(World Customs Organization : WCO)는 통관서류의 표준화와 간소화, IT 기술의 활용, 통관에 대한 세관의 통제간소화 등 무역원활화를 위한 조치로서 '세관절차의 간소화 및 조화에 관한 국제협약(The International Convention on the Simplification and Harmonization of Customs Procedures : 교토협약)'을 제정하였다.

③ 2001년 미국의 9.11 테러 이후 증폭된 무역 공급망 안정성 확보에 대한 문제는 개정교토협약과 결부되어 논의되었으며, 그 결과 2005년 6월 무역안전과 원활화를 조화하기 위한 '국제무역의 안전과 원활화를 위한 표준에 관한 규범(WCO Framework of Standards to Secure and Facilitate to Global Trade : WCO SAFE Framework)'이 제정되었다.

④ WCO SAFE Framework의 주요 내용에는 국제무역의 안전 및 원활화를 위한 통합표준의 정립, 세관과 세관, 세관과 민간기업 및 세관과 정부기관 간 협력강화를 추진, 민간 자율심사를 위한 AEO제도 등을 포함하고 있다.

- WCO SAFE Framework은 ⊙ 서문, ⓒ 이익(국가/정부, 세관 및 민간업체), ⓒ Pillar 1. 세관 간 협력표준, ⓔ Pillar 2. 세관과 민간 간 협력표준, ⓜ Pillar 3. 세관과 외국 정부 및 세관과 외국정부기관 상호 간 협력 표준, ⓗ 무역의 지속성과 재개, ⓐ 상호인정약정(MRA) 등 총 7개 부문으로 구성되어 있다.
- 각 표준은 이행을 위한 기술적 세부사항을 포함하고 있다.

2. WCO SAFE Framework의 AEO 공인기준

민간업체가 AEO 공인을 획득하기 위해서는 WCO SAFE Framework 「부록 Ⅳ : AEO 조건, 요구사항 및 이익」에 제시된 내용을 충족하여야 한다. AEO 공인기준에는 세관당국과 AEO 공인업체에 대한 역할과 자격요건에 대한 국제적으로 통일화된 13가지 규정이 포함되어 있으며 해당 규정은 각국의 AEO업체의 공인기준의 지침이 되고 있다.

3. AEO 공인업체 자격기준

① 법규준수
② 상업기록관리 및 입증
③ 재무건전성
④ 자문, 협력 및 의사소통
⑤ 교육, 훈련, 인지
⑥ 정보교환, 처리 및 기밀
⑦ 화물보안
⑧ 운송수단 보안

⑨ 작업장 보안
⑩ 인적보안
⑪ 거래업체 보안
⑫ 위험관리 및 복구
⑬ 평가, 분석 및 개선

4. AEO 상호인정약정(MRA : Mutual Recognition Arrangement)
   ① AEO 상호인정약정이란 일국의 AEO 공인업체가 상대국 세관에서도 상대국 AEO 공인업체와 동등한 수준의 혜택을 받도록 하는 약정을 말한다.
   ② 체결 절차는 ㉠ 공인기준 비교 → ㉡ 상호방문 합동심사 → ㉢ 운영절차 협의 → ㉣ 최고 정책결정권자 서명의 순서로 진행된다.
   ③ 2024년 12월 기준으로 우리나라의 경우에는 총 25개국과 MRA를 체결·발효하였고, 그 세부 현황은 다음과 같다. 18 기출

   캐나다('10), 싱가포르('10), 미국('10), 일본('11), 뉴질랜드('11), 중국('13), 홍콩('14), 멕시코('14), 튀르키예('14), 이스라엘('15), 도미니카공화국('15), 인도('15), 대만('15), 태국('16), 호주('17), 아랍에미리트('17), 말레이시아('17), 페루('17), 우루과이('17), 카자흐스탄('19), 몽골('19), 인도네시아('20), 사우디아라비아('23), 영국('24), 베트남('24)

02 우리나라의 AEO 제도

1. 개요

   (1) 제도 도입 배경
   ① 우리나라는 2005년 WCO SAFE Framework를 기축으로 세계에서 확산되고 있던 관세행정의 위험관리 체제에 동참하고, 무역거래가 확대될수록 증가하는 무역위험을 효율적으로 관리하기 위하여 자율적 위험관리 제도인 AEO 제도를 도입하였다.
   ② 우리나라의 AEO 제도는 2008년 1월 관세법에 법적 근거가 마련되었고, 2009년 「종합인증우수업체 공인 및 관리업무에 관한 고시」(현재, 수출입 안전관리 우수업체 공인 및 운영에 관한 고시로 개정)가 제정되어 공인기준, 심사절차 및 제도 운영에 관한 세부사항을 규정하여 운영되고 있다.
   ③ 우리나라 AEO 제도의 특징은 미국을 비롯한 여러 국가에서는 AEO 제도를 물류의 안전을 위한 제도로 운영하고 있는 반면, 우리나라는 통관, 심사, 조사 등 관세행정의 모든 분야에서 발생할 수 있는 위험을 관리하는 체계로 운영되고 있어 운영 부분이나 정책방향에서 다른 국가와 다소 차이가 있다.

   (2) 공인대상
   우리나라의 AEO 공인대상은 ① 수출업체, ② 수입업체, ③ 관세사, ④ 화물운송주선업자, ⑤ 보세운송업자, ⑥ 보세구역운영인, ⑦ 선박회사, ⑧ 항공사, ⑨ 하역업자 등 9개이다.

   (3) 공인기준 18 기출
   우리나라는 관세와 무역에 관한 위험관리를 강조하고 내부통제시스템 기준을 강화하는 것을 목적으로 하여 AEO 공인기준을 규정하고 있으며, 그 내용은 다음의 4개 부문으로 구성되어 있다.

① 법규준수

관세법, 대외무역법, 외국환거래법 등 수출입 관련 법령이 정하는 사항을 준수하고 있는지 여부에 대하여 평가한다. AEO 공인기준으로 운영하는 통합법규준수도는 신고정확도, 세액 정정, 범칙·행정제재 등 중요사항 위반 여부, 관세행정협력도와 갱신심사협력도를 평가기준으로 한다.

② 내부통제시스템

수출입신고의 적정성을 유지하기 위한 기업의 영업활동, 신고관련 서류의 흐름, 회계처리와 관련된 부서 간 상호 의사소통 및 통제체제를 평가한다. 공인업체가 관세 관련 위험을 스스로 식별·해결하여 잠재적 위험요인을 사전에 제거하거나 구조적 오류를 예방할 수 있도록 하는 내부통제시스템을 갖추고, 위험에 즉각적이고 체계적으로 대응할 수 있는지를 평가하는 것이다.

③ 재무건전성

성실한 법규준수의 이행이 가능할 정도의 적절한 기업규모, 조세 체납 여부, 신용등급 등 재정상황을 평가한다.

④ 안전관리

공인기준은 기업의 안전성 충족 여부를 평가하기 위한 것으로 거래업체에 대한 위험평가를 실시하는지 여부, 화물의 보관시설이나 운송수단에 대한 물리적 무결성 유지 여부, 정보보안 등에 관한 일련의 절차를 마련하고 있는지 여부를 평가한다.

(4) 공인혜택

우리나라의 AEO 공인등급은 대상업체들의 법규준수도와 우수사례 보유 여부에 따라 A, AA, AAA의 3개 등급으로 구분된다. AEO 공인기업은 공인유효기간 5년 동안 처벌 경감, 신속통관, 기획심사, 법인심사 등 각종 심사와 납세 혜택을 받을 수 있다. 그리고 수출입 물품에 대한 검사비율이 축소되고 서류 제출이 생략되어 물류흐름이 원활해지며, 각종 관세조사의 원칙적 면제, 수입신고 시 담보생략으로 인한 자금부담 완화 등 다양한 혜택을 통해 신속통관과 경영안정을 도모할 수 있다.

2. 수출입 안전관리 우수업체 공인 신청 절차 및 혜택

(1) 의의

관세청장은 수출입물품의 제조·운송·보관 또는 통관 등 무역과 관련된 자가 시설, 서류 관리, 직원 교육 등에서 관세법 또는 「자유무역협정의 이행을 위한 관세법의 특례에 관한 법률」 등 수출입에 관련된 법령의 준수 여부, 재무 건전성 등 대통령령으로 정하는 안전관리 기준을 충족하는 경우 수출입 안전관리 우수업체로 공인할 수 있다.

(2) 수출입 안전관리 기준

① 「관세법」, 「자유무역협정의 이행을 위한 관세법의 특례에 관한 법률」, 「대외무역법」 등 수출입에 관련된 법령을 성실하게 준수하였을 것
② 관세 등 영업활동과 관련한 세금을 체납하지 않는 등 재무 건전성을 갖출 것
③ 수출입물품의 안전한 관리를 확보할 수 있는 운영시스템, 거래업체, 운송수단 및 직원교육체계 등을 갖출 것
④ 그 밖에 세계관세기구에서 정한 수출입 안전관리에 관한 표준 등을 반영하여 관세청장이 정하는 기준을 갖출 것

(3) 공인 신청

수출입 안전관리 우수업체로 공인받으려는 자는 신청서에 다음의 서류를 첨부하여 관세청장에게 제출하여야 한다.

① 자체 안전관리 평가서
② 안전관리 현황 설명서
③ 그 밖에 업체의 안전관리 현황과 관련하여 관세청장이 정하는 서류

(4) 심사

① 의의

관세청장은 수출입 안전관리 우수업체로 공인받으려고 심사를 요청한 자에 대하여 대통령령으로 정하는 절차에 따라 심사하여야 한다.

② 심사업무의 위탁

관세청장은 대통령령으로 정하는 기관이나 단체에 안전관리 기준 충족 여부를 심사하게 할 수 있다. 관세청장이 안전관리 기준 충족 여부에 대한 심사업무를 위탁할 수 있는 기관이나 단체는 다음의 요건을 모두 갖춘 기관이나 단체 중에서 관세청장이 정하여 고시한다.

- 「민법」 제32조에 따라 설립된 비영리법인일 것
- 안전관리 기준의 심사에 필요한 전문인력 및 전산설비를 갖추고 있을 것

③ 심사의 일부에 대한 생략

관세청장은 수출입 안전관리 우수업체 공인에 대한 심사를 할 때 「국제항해선박 및 항만시설의 보안에 관한 법률」 제12조에 따른 국제선박보안증서를 교부받은 국제항해선박소유자 또는 같은 법 제27조에 따른 항만시설적합확인서를 교부받은 항만시설소유자에 대하여는 안전관리 기준 중 일부에 대하여 심사를 생략할 수 있다.

④ 심사 권한의 위임

관세청장은 수출입 안전관리 우수 공인업체 심사에 관한 권한을 세관장 또는 관세평가분류원장에게 위임할 수 있다.

(5) 예비심사의 요청 등 22 기출

심사를 요청하려는 자는 제출서류의 적정성, 개별 안전관리 기준의 충족 여부 등 관세청장이 정하여 고시하는 사항에 대하여 미리 관세청장에게 예비심사를 요청할 수 있다. 관세청장은 예비심사를 요청한 자에게 예비심사 결과를 통보하여야 하고, 수출입 안전관리 우수업체 공인에 대한 심사를 하는 경우 예비심사 결과를 고려하여야 한다.

(6) 공인 증서의 교부 등

관세청장은 수출입 안전관리 우수업체 공인 신청을 받은 경우 안전관리기준을 충족하는 업체에 대하여 공인증서를 교부하여야 한다. 수출입 안전관리 우수업체에 대한 공인의 등급, 안전관리 공인심사에 관한 세부절차, 그 밖에 필요한 사항은 관세청장이 정한다. 다만, 「국제항해선박 및 항만시설의 보안에 관한 법률」 등 안전관리에 관한 다른 법령과 관련된 사항에 대하여는 관계기관의 장과 미리 협의하여야 한다.

(7) 공인의 유효기간 21 기출

수출입 안전관리 우수업체 공인에 대한 유효기간은 5년으로 하며, 대통령령으로 정하는 바에 따라 공인을 갱신할 수 있다.

(8) 공인의 갱신

① 공인을 갱신하려는 자는 공인의 유효기간이 끝나는 날의 6개월 전까지 신청서에 관련 서류를 첨부하여 관세청장에게 제출하여야 한다. 19 기출

② 관세청장은 공인을 받은 자에게 공인을 갱신하려면 공인의 유효기간이 끝나는 날의 6개월 전까지 갱신을 신청하여야 한다는 사실을 해당 공인의 유효기간이 끝나는 날의 7개월 전까지 휴대폰에 의한 문자전송, 전자메일, 팩스, 전화, 문서 등으로 미리 알려야 한다. 21 기출

(9) 수출입 안전관리 우수업체에 대한 혜택 등

① 관세청장은 제255조의2에 따라 수출입 안전관리 우수업체로 공인된 업체에 통관절차 및 관세행정상의 혜택으로서 대통령령으로 정하는 사항을 제공할 수 있다. 통관절차상의 혜택은 수출입 물품에 대한 검사의 완화 또는 수출입 신고 및 납부 절차의 간소화를 말하며 그 세부내용은 관세청장이 정한다. 21 기출

② 관세청장은 다른 국가의 수출입 안전관리 우수업체에 상호 조건에 따라 통관절차상의 혜택을 제공할 수 있다.

(10) 혜택의 적용 정지

관세청장은 수출입 안전관리 우수업체가 자율 평가 결과를 보고하지 아니하는 등 대통령령으로 정하는 사유에 해당하는 경우 6개월의 범위에서 공인 혜택의 전부 또는 일부를 정지할 수 있고 적용 정지 사유에 해당하는 업체에 그 사유의 시정을 명할 수 있다.

3. 사후관리 및 공인의 취소 등

(1) 수출입 안전관리 우수업체에 대한 사후관리

① 관세청장은 수출입 안전관리 우수업체가 수출입 안전관리 기준을 충족하는지를 주기적으로 확인하여야 한다. **21 기출**

② 관세청장은 수출입 안전관리 우수업체가 수출입 안전관리 기준의 충족 여부를 자율적으로 평가하도록 하여 대통령령으로 정하는 바에 따라 그 결과를 보고하게 할 수 있다.

③ 수출입 안전관리 우수업체가 양도, 양수, 분할 또는 합병하거나 그 밖에 관세청장이 정하여 고시하는 변동사항이 발생한 경우에는 그 변동사항이 발생한 날부터 30일 이내에 그 사항을 관세청장에게 보고하여야 한다. 다만, 그 변동사항이 수출입 안전관리 우수업체의 유지에 중대한 영향을 미치는 경우로서 관세청장이 정하여 고시하는 사항에 해당하는 경우에는 지체 없이 그 사항을 보고하여야 한다. **21 기출**

(2) 수출입 안전관리 우수업체의 공인 취소

관세청장은 수출입 안전관리 우수업체가 다음의 어느 하나에 해당하는 경우에는 공인을 취소할 수 있다. 다만, ①에 해당하는 경우에는 공인을 취소하여야 한다.

> ① 거짓이나 그 밖의 부정한 방법으로 공인을 받거나 공인을 갱신받은 경우 **21 기출**
> ② 수출입 안전관리 우수업체가 양도, 양수, 분할 또는 합병 등으로 공인 당시의 업체와 동일하지 아니하다고 관세청장이 판단하는 경우
> ③ 수출입 안전관리 기준을 충족하지 못하는 경우
> ④ 공인 혜택의 정지 처분을 공인의 유효기간 동안 5회 이상 받은 경우
> ⑤ 공인 혜택의 적용 정지와 관련하여 시정명령을 정당한 사유 없이 이행하지 아니한 경우
> ⑥ 그 밖에 수출입 관련 법령을 위반한 경우로서 대통령령으로 정하는 경우

(3) 수출입 안전관리 우수업체의 공인 관련 지원사업

관세청장은 「중소기업기본법」 제2조에 따른 중소기업 중 수출입물품의 제조·운송·보관 또는 통관 등 무역과 관련된 기업을 대상으로 수출입 안전관리 우수업체로 공인을 받거나 유지하는 데에 필요한 상담·교육 등의 지원사업을 할 수 있다.

(4) 수출입 안전관리 기준 준수도의 측정·평가 **24 기출** **22 기출**

① 관세청장은 수출입 안전관리 우수업체로 공인받기 위한 신청 여부와 관계없이 수출입물품의 제조·운송·보관 또는 통관 등 무역과 관련된 자 중 대통령령으로 정하는 자를 대상으로 수출입 안전관리 기준을 준수하는 정도를 대통령령으로 정하는 절차에 따라 측정·평가할 수 있다. **21 기출**

② 관세청장은 수출입 안전관리 기준의 측정·평가 대상자에 대한 지원·관리를 위하여 측정·평가한 결과를 대통령령으로 정하는 바에 따라 활용할 수 있다.

03 외국의 AEO 제도

1. 미국의 C-TPAT 제도

(1) 개요 `18 기출`

① 2002년 4월 물류안전공급 프로그램의 일환으로 민관 파트너십인 대테러 세관-무역업자 간 파트너십(C-TPAT : Customs-Trade Parnership Against Terroism) 체제가 구축되었다.

② C-TPAT은 수출입업체 등 관련 무역업계가 CBP(U.S. Customs and Border Protection)와 협력하여 자발적으로 법규 및 보안기준을 준수하도록 하여 안전관리를 강화하고 화물 및 운송수단에 대해서는 무역흐름을 촉진하는 수출입물류 보안 제도이다.

③ C-TPAT은 2001년 11월 시작되어 수출업체를 제외하고 수입화물에 대한 보안에 중점을 두었으나 2014년부터는 수출업체도 공인대상에 포함이 되었고, 2006년 10월 13일 항만보안법(Security and Accountability For Every Port Act of 2006, SAFE Port Act 40)이 제정되어 법적 근거를 가지게 되었다.

(2) 공인대상 `18 기출`

C-TPAT의 공인 대상은 12개로 다음과 같으며, 모든 공급망에 적용된다.

- 수입업자
- 수출업자
- 항공운송업자
- 화물혼재업자[항공운송 혼재업자, 해양운송 중개인, 무선박 운송인(NVOCC)]
- 관세사
- 외국 제조업자
- 고속도로 운송업자
- 멕시코의 장거리 운송업자
- 항만 터미널 운영업자
- 철도 운송업자
- 해상 운송업자
- 제3자 물류업자

(3) 공인기준

C-TPAT 공인을 위해 충족해야 하는 보안 기준(Security Criteria)은 공급망 당사자별로 조금씩 상이하나 대부분 유사한 내용을 포함하고 있다. C-TPAT 공인 대상자는 보안 항목별로 정해진 각각의 세부 보안 지침을 이행하여야만 공인을 받을 수 있다.

(4) 공인혜택

세관당국(CBP)은 C-TPAT을 통해 대미국 수입 관련 업체에 대한 보안 정보를 취합하고 있으며, 안전관리수준에 따라 Tier 1, Tier 2, Tier 3으로 구분하고 다음과 같은 혜택을 차별화하여 부여하고 있다. Tier 3에 가장 많은 혜택이 부여된다.

- 세관검사 완화 또는 면제
- 우선 반출 및 검사비용 절감
- 벌금 경감
- 물류보안 전담직원(SCSS) 지정
- 기타 세미나, 교육 등을 통한 정보 제공

2. 중국의 기업분류관리(AEO) 제도

(1) 개요

① 2008년 4월 1일부터 세계관세기구(WCO)의 SAFE Workframe 도입을 위해 종전 4등급 기업분류 및 홍·흑색제도를 폐지하고 5등급 기업분류관리제도를 시행하였다.

② 해관총서령 제170호 「중화인민공화국 세관 기업분류 관리 방법」 제정(2008년 2월 1일)을 통하여 기업의 자율적인 준법정신을 권장하고, 세관 관리의 효율성 제고 및 수출입무역의 안전과 원활화를 보장하도록 하였다.

③ AA류 및 A류 기업은 통관편의 부여, B류 기업은 일상적인 관리, C류 및 D류 기업에 대하여는 엄격한 관리 감독을 실시하였다.

④ 국제무역이 증가함에 따라 중국해관은 2014년 12월 1일 발효된 해관총서령 제225호에 의거하여 중국 기업의 신용 및 위해요소관리를 평가하는 새로운 기업평가기준을 도입하였다.

⑤ 기존의 기업분류관리제도의 공인기준을 폐지하고 미국의 C-TPAT 및 기타 외국의 AEO 제도를 수렴한 새로운 평가 기준을 제시하였다.

(2) 공인대상

2014년 12월 1일부터 기존의 기업분류관리제도에 따라 등급별로 구분되었던 기업의 지위는 다음과 같이 변경되었다.

> ① AA류, A류 기업은 각각 고급인증기업, 일반 인증기업으로 변경됨
> ② B류 기업은 일반 신용기업으로 변경됨
> ③ C류, D류 기업은 중국해관에 의해 재심사되어 변경 가능하나 만약 신용 불량 기업으로 심사결정되는 경우에는 기존 기업분류관리제도의 C류, D류의 신용평가를 그대로 적용받게 됨

(3) 공인기준

중국의 AEO 인증을 위한 기업의 평가기준은 크게 4가지로 구분되며 이는 EU 및 기타 국가에서 시행되는 AEO 제도와 유사하다.

> ① 내부 통제시스템(Internal controls(including IT systems))
> ② 입증된 재무 건전성(Financial conditions or status)
> ③ 세관 요건 준수의 적절한 기록(Compliance)
> ④ 적절한 보안 및 안전 기준(Trade security)

(4) 공인혜택

AEO 공인업체(AA류)는 A류 기업에 제공하는 모든 혜택에 추가적으로 통관 현장검사 제외, 세관절차 종료 전 담보 제공 후 우선 화물반출, 세관의 신속통관시범기업으로 우선 선정, 수출입상품 품목분류 및 분석절차 우선 처리 등의 혜택을 제공하고 있다.

> ① A류 기업 : 근무시간 외 및 공휴일 예약통관 우선 처리, 가공무역(등록, 변경, 정산) 우선 처리, 화물신고·검사·통관 우선 처리, 생산과정이나 하역 시 세관원 파견 검사, 내륙지 신고, 개항지 통관 허용 등의 혜택이 제공된다.
> ② C, D류 기업 : 평가, 품목분류, 원산지, 세율 등에 대해 검사를 강화하고 있으며, 특히 D류 기업에 대해서는 전량 개장검사를 실시하고 있다.

수출입상품의 수취, 발송인, 대리인 소재지 세관 중 한 곳을 자유롭게 선택해 세관신고·통관수속을 처리할 수 있으며, 신속 통관뿐 아니라 공인업체의 통관상의 문제점을 해결하기 위한 세관 전문요원을 파견하는 혜택을 제공하고 있다. 가공무역기업에 대해서는 은행보증금대장제도를 적용하지 않으며, 신용 불량 기업은 다음과 같은 행정조치의 적용을 받게 된다.

① 수출입 물품에 대한 높은 검사율
② 수출입 물품의 서류에 대한 주의 깊은 검토
③ 가공 무역 및 기타 다른 절차에 대한 특별 감독
④ 중국해관에 의해 명시된 그 밖의 행정 원칙과 조치들

3. 일본의 AEO 제도

(1) 개요

① 일본은 2001년 개정교토협약에 가입하고 제3장(Acceleration of Customs Procedure)을 수용하여 수입신고와 납세심사를 분리하고, 일정한 법규준수 요건을 갖추어 세관에 공인된 수출입업자(Authorized Operator)를 대상으로 일정기간 동안 수입신고를 간소화하는 시스템(Simplified Declaration System)을 도입하여 운영해왔다.

② 일본에서는 국제 물류의 보안 확보 및 원활화의 양립을 도모하기 위해 WCO SAFE Framework 체제를 채택하고 2006년 3월 수출자를 대상으로 처음으로 AEO 제도를 도입하였다.

③ 2007년 AEO 제도 시행 이후에는 AEO 공인업체들이 기존의 시스템보다 확대된 신고서류 간소화, 물품장치장에서의 신고수리, 물품검사 완화 등의 혜택을 적용받을 수 있어 통관의 신속화를 도모하도록 하고 있다.

(2) 공인대상

일본의 AEO 공인은 ① 수입자, ② 수출자, ③ 보세구역운영인, ④ 보세운송업자, ⑤ 공인관세사, ⑥ 제조업자 등 6개 부문의 물류당사자가 신청할 수 있으며, 등급이 없이 공인 또는 비공인 제도로 운영하고 있다.

(3) 공인기준

일본에서 AEO 업체로 공인을 받기 위해서는 아래 4가지 공인기준을 충족하여야 한다.

① 법규준수도

3년 동안 관세법, 무역관계법 등 무역법령상 결격사유에 해당하지 않아야 한다.

② 전자통관시스템(Nippon Air Cargo Clearing System : NACCS)의 운영

전자통관시스템을 사용하여 통관절차, 수출 및 수입에 관한 업무를 재무성령으로 정하는 기준에 따라 수행할 수 있는 능력을 보유하여야 한다.

③ 재정건전성(Capability to conduct related operations properly)

안전하게 화물을 관리하고 통관절차를 적절히 운영할 수 있는 재정건전성, 통관업무 가능성 등을 평가한다.

④ 법규준수규칙(Compliance Program : CP) 수립

수출입총괄관리부서, 거래업체 관리, 화물보안, 통관적법성 문서화, 세관협력 등 통관업무를 적절히 수행할 수 있는 운영체제를 갖추어야 한다.

(4) 공인혜택

① 일본은 특정 수준에 따라 관련 업체들을 일괄적으로 구분하기보다는 당사자에 따라 혜택을 주고 있다.

② 특정수출신고제도는 세관장의 승인을 받은 특정수출업체가 보세구역 등에 물품을 반입하지 않고 화물이 놓여있는 위치 또는 화물의 선적(적재)을 예정하고 있는 항구(공항)의 소재지를 관할하는 세관장에게 수출신고를 하고 수출허가를 받을 수 있는 제도이다. 수출업체의 보안관리 및 규정준수가 반영되기 때문에 세관 관련 검사 및 조사율이 경감되는 효과가 있다.

③ 화물 보안관리 및 법령준수의 체제가 정비된 자로서 세관장의 승인을 받은 특례 수입자에 대해서는 수입신고와 납세신고를 분리하여, 납세신고 전에 화물을 수령할 수 있는 특례수입신고제도를 운용하고 있다.

④ 화물이 일본에 도착하기 전에 수입신고를 하고 수입허가를 받을 수 있기 때문에 더욱 빠르고 원활한 수령이 가능하다.

⑤ 수입신고 시 신고 항목이 줄어들며 납세신고는 추후에 일괄적으로 할 수 있다.

⑥ 수입신고 시 납세에 대한 심사·검사가 기본적으로 생략되어 그 결과, 통관에 걸리는 시간을 계산할 수 있어서 재고관리가 한층 용이하게 된다.

⑦ 보전을 위하여 필요하다고 인정되는 경우를 제외하고 담보를 제공하지 않고 납세신고를 추후에 할 수 있다.

4. EU의 AEO 제도

(1) 개요 18 기출

① EU의 AEO 관련법은 EU 관세법(CCC)에 EU CSP를 기초로 한 안전 및 안보 개정안(Safety and Security Amendment)이 반영되어 관세법 시행령 개정안에 AEO 제도가 마련되었고, 2008년 1월 1일부터 시행되었다.

② EU AEO 제도는 WCO SAFE Framework의 기본을 충실히 수용하고 있다.

③ EU AEO의 운영 주체는 EU 집행위원회 산하 조세총국(DG TAXUD)이며 국가별 상황에 따라 회원국별로 관세 담당 부처 내의 AEO 담당부서가 세관에서 실무를 담당하고 있다.

④ EU AEO 공인은 별도의 공인 등급이 존재하지 않고, 공인과 비공인으로 구분되어 있는데, 공인 등급은 없으나 AEO 인증 유형별로 신속통관(AEO-C), 안보(AEO-S), 신속통관/안보 통합(AEO-F)으로 구분하고 있다.

(2) 공인대상

공인대상은 ① 수출업체, ② 수입업체, ③ 제조업체, ④ 포워더, ⑤ 보세구역운영인, ⑥ 관세사, ⑦ 운송업체이다.
EU 비회원국 기업의 경우 자국과 EU 간 AEO 인증의 상호 인정 협약이 체결된 경우에 한하여 참여 가능하며, EU 내에 사무소가 있고 통관 간소화 절차를 완료한 항공 및 선박 운송업자의 경우에도 참여가 가능하다.

(3) 공인기준

EU AEO 제도의 공인기준은 아래의 5개 부문으로 구성된다.

① 총 기업정보
  사업규모, 통관 사항 통계 등의 정보

② 법규 및 기준준수도
  경제운영자가 세관 및 세무관련 요구 사항을 준수하며 그에 대한 기록을 보유하고 있어야 한다.

③ 기업의 회계 및 물류시스템
  적절한 세관 통제를 위한 상업 및 운송기록 관리체계 운영 여부를 평가하며, 세무/관세 목적 회계감사 기록의 존재 여부, 정보 접근성, 재고 관리, 상품 이동경로 추적 등의 관리가 가능한 시스템이 있어야 한다.

④ 재정능력(건전성)
  경제운영자는 어떠한 형태의 지불 불능 상태에도 있어서는 안되며, 필요시 모기업의 AEO 지위 신청 당시의 재정 건전성이 증명되어야 한다.

⑤ 안전 및 보안 요구사항
  물리적 보안, 접근 통제 조치 등을 포함하여 적절한 보안 및 안전표준이 확보되어야 한다.

(4) 공인혜택

① AEO 신속통관 인증유형 업체는 EU 회원국 간 세관절차의 합리화 또는 공급망 보안에 관련된 통관절차 간소화 혜택이 제공된다.

② AEO 안전보안 인증유형 업체는 안전 목적의 위험 분석 시 낮은 위험 점수 부여, 운송수단 사전 출발 또는 도착 시 전송 데이터 항목의 감소 등의 혜택이 제공된다.

③ 통제(검사) 시 우선 검사 및 희망 검사장소 협의, 통제대상 선별 시 사전 통지, 국제공급망상 테러공격이 발생할 경우 무역재개의 최우선권 보장, 선적 프로세스상 세관 간섭 최소화, 세관 단속 결과에 대한 호혜적 고려 등의 혜택이 제공된다.

④ AEO 공인은 신속통관과 안전보안의 혜택 외에도 기업의 이미지 제고 및 프로세스 개선효과를 통하여 장기적으로 기업의 영업 및 매출증대의 효과를 가져올 수 있다.
⑤ AEO 공인 획득을 위해 안전관리 투자가 늘어나면 업무프로세스의 개선, 안전관리로 인한 안전사고 감소, 공급자의 검사비용 절감 및 협력 증대, 직원들의 안전인식 개선을 통한 안전문제 감소, 공급망 파트너와의 안전에 대한 커뮤니케이션 개선 등의 효과를 기대할 수 있다.

9절 | 수출입 안전관리 우수업체 공인 및 운영에 관한 고시

✎ 본문 내용 중 꼭 알아야 하는 부분에 형광펜으로 표시하였으니 반드시 학습하시기 바랍니다.

01 총칙

1. 목적

이 고시는 「관세법」 제255조의2부터 제255조의7까지, 제329조 제5항 제3호, 같은 법 시행령 제259조의2부터 제259조의7까지 및 제288조 제1항의 규정에 따른 수출입 안전관리 우수업체의 공인기준, 공인절차와 제도 운영, 공인 심사지원 업무의 위탁 절차와 수탁기관에 대한 지휘·감독에 관한 사항, 공인획득을 지원하는 사업의 시행에 필요한 사항을 규정함을 목적으로 한다.

2. 용어의 정의

(1) 공인부문

수출입물품의 제조·운송·보관 또는 통관 등 무역과 관련된 자 중에서 수출입 안전관리 우수업체 공인의 대상이 되는 부문을 말한다.

(2) 공인기준

「관세법」 제255조의2 제1항에 따라 관세청장이 수출입 안전관리 우수업체를 공인할 때 심사하는 법규준수, 내부통제시스템, 재무건전성 및 안전관리 기준을 말한다.

(3) 법규준수도 `24 기출`

「통합 법규준수도 평가와 운영에 관한 고시」에 따라 측정한 점수를 말한다.

(4) 공인심사

관세청장이 수출입 안전관리 우수업체로 공인을 받고자 신청한 업체가 공인기준을 충족하는지 등(수입부문은 통관적법성 적정 여부를 포함)을 심사하는 것을 말한다.

(5) 갱신심사

관세청장이 수출입 안전관리 우수업체 공인의 갱신을 신청한 업체가 공인기준을 충족하는지 등(수입부문은 통관적법성 적정 여부를 포함한다)을 심사하는 것을 말한다.

(6) 통관적법성

신고납부 세액과 「관세법」 및 다른 법령에서 정하는 수출입관련 의무이행의 적법 여부를 말한다.

(7) 예비심사 `24 기출`

공인 또는 갱신심사를 신청하기 전에 업체가 희망하여 관세청장이 공인을 신청할 때 준비하여야 하는 서류의 종류와 내용을 안내하고, 공인기준 중에서 일부를 정해서 업체의 수출입 관리현황이 이를 충족하는지 예비적으로 확인하는 것을 말한다.

(8) 서류심사 `22 기출`

관세청장이 공인 또는 갱신심사를 할 때 업체로부터 서류나 장부 등을 제출받아 서면으로 심사하는 것을 말한다.

(9) 현장심사

관세청장이 공인 또는 갱신심사를 할 때 업체의 본사, 사업장 및 거래업체를 방문하여 심사하는 것을 말한다.

(10) 관리책임자

수출입 안전관리 우수업체의 직원으로서 해당 업체가 공인기준과 통관적법성을 충족하는지를 관리하기 위하여 지정한 사람을 말한다.

(11) 기업상담전문관 [24 기출]

관세청 및 세관 소속 공무원으로서 관세청장이 수출입 안전관리 우수업체가 공인기준과 통관적법성을 충족하는지를 점검하고 지원하기 위하여 지정한 사람을 말한다.

(12) 지원기업

관리기관장과 협약을 체결하고 공인획득 지원사업에 참여하여 컨설팅, 교육 등의 서비스를 제공받는 기업으로,「중소기업기본법」제2조에 따른 중소기업을 말한다.

(13) 관리기관

공인획득 지원사업에 대한 보조금의 집행 및 관리, 사업의 진도관리, 중간 및 최종점검 등의 업무를 담당하는 기관을 말한다.

(14) 컨설팅기관

중소기업의 공인획득을 지원하기 위한 지도 및 상담을 하는 기관으로 컨설팅 기관의 요건을 구비한 것으로 확인되어 등록된 기관을 말한다.

3. 공인부문 [24 기출] [23 기출] [21 기출] [20 기출]

① 수출입 안전관리 우수업체(AEO, Authorized Economic Operator)로 공인을 신청할 수 있는 자는 다음과 같다.

- 관세법 제241조에 따른 수출자(수출부문)
- 관세법 제241조에 따른 수입자(수입부문)
- 관세사법 제2조 또는 제3조에 따른 통관업을 하는 관세사 등(관세사부문)
- 관세법 제2조 제16호에 해당하는 운영인 또는 관세법 제172조에 따른 지정장치장의 화물을 관리하는 화물관리인(보세구역운영인부문)
- 관세법 제222조 제1항 제1호에 해당하는 보세운송업자(보세운송부문)
- 관세법 제222조 제1항 제2호에 해당하는 화물운송주선업자 및 제6호에 해당하는 국제무역선·국제무역기 또는 국경출입차량을 이용하여 상업서류나 그 밖의 견본품 등을 송달하는 것을 업으로 하는 자(화물운송주선업부문)
- 관세법 제222조 제1항 제3호에 해당하는 국제무역선·국제무역기 또는 국경출입차량에 물품을 하역하는 것을 업으로 하는 자(하역업부문)
- 관세법 제2조 제6호에 따른 국제무역선을 소유하거나 운항하여 관세법 제225조에 따른 보세화물을 취급하는 선박회사(선박회사부문)
- 관세법 제2조 제7호에 따른 국제무역기를 소유하거나 운항하여 관세법 제225조에 따른 보세화물을 취급하는 항공사(항공사부문)

② 자유무역지역의 지정 및 운영에 관한 법률 제10조 제1항 제1호부터 제6호까지에 따른 자유무역지역 입주자가 위 ①의 업무를 하는 경우에는 해당 공인부문으로 간주한다.

02 공인기준, 등급 및 절차 등

1. 공인기준

(1) 공인기준 구분 23 기출

수출입 안전관리 우수업체의 공인기준은 다음과 같이 구분하며, 세부 내용은 [별표 1] 수출입 안전관리 우수업체 공인기준과 같다. 다만, 관세청장은 「중소기업기본법」 제2조에 해당하는 수출기업(중소 수출기업)이 공인기준을 충족하는지를 심사할 때에는 평가방법을 달리 적용할 수 있다.

① 법규준수

관세법, 「자유무역협정의 이행을 위한 관세법의 특례에 관한 법률」(자유무역협정관세법), 「대외무역법」 및 「외국환거래법」 등 수출입 관련 법령을 성실하게 준수하였을 것

② 내부통제시스템

수출입신고 등의 적정성을 유지하기 위한 기업의 영업활동, 신고 자료의 흐름 및 회계처리 등과 관련하여 부서 간 상호 의사소통 및 통제 체제를 갖출 것

③ 재무건전성

관세 등 영업활동과 관련한 세금을 체납하지 않는 등 재무 건전성을 갖출 것

④ 안전관리

수출입물품의 안전한 관리를 확보할 수 있는 거래업체, 운송수단, 출입통제, 인사, 취급절차, 시설과 장비, 정보 및 교육·훈련체계를 갖출 것

(2) 공인 요건 24 기출

수출입 안전관리 우수업체로 공인을 받기 위해서는 공인기준 중에서 필수적인 기준을 충족하고, 다음의 요건을 모두 충족하여야 한다. 22 기출

① 법규준수도가 80점 이상일 것. 다만, 중소 수출기업은 심의위원회를 개최하는 날을 기준으로 직전 2개 분기 연속으로 해당 분기단위의 법규준수도가 80점 이상인 경우도 충족한 것으로 본다.

② 내부통제시스템 기준의 평가점수가 80점 이상일 것

③ 재무건전성 기준을 충족할 것

④ 안전관리 기준 중에서 충족이 권고되는 기준의 평가점수가 70점 이상일 것

2. 공인등급

(1) 공인등급의 결정 24 기출

관세청장은 수출입 안전관리 우수업체의 공인 요건을 충족한 업체를 대상으로 다음의 공인등급별 기준에 따라 수출입 안전관리 우수업체 심의위원회의 심의를 거쳐 공인등급을 결정한다.

① A등급 → 법규준수도가 80점 이상인 업체

② AA등급 → 법규준수도가 90점 이상인 업체

③ AAA등급 → 갱신심사를 받은 업체 중에서 법규준수도가 95점 이상이고, 다음의 어느 하나에 해당하는 업체 22 기출 18 기출

- 수출입 안전관리와 관련하여 다른 업체에 확대하여 적용할 수 있는 우수사례가 있는 업체. 이 경우 해당 우수사례는 공인등급을 상향할 때에 한 번만 유효하다.
- 중소기업이 수출입 안전관리 우수업체로 공인을 받는 데 지원한 실적이 우수한 업체

> • 그 밖의 관세청장이 인정하는 경우로서 심의위원회의 결정을 받은 업체

(2) 등급 결정 시 우대사항

관세청장은 업체가 다음의 어느 하나에 해당하는 경우에는 공인등급을 결정할 때에 우대할 수 있다.

> ① 관세법 제37조 제1항 제3호에 따라 수입물품의 과세가격 결정방법에 대해서 관세청장의 사전심사를 받은 경우
> ② 「자유무역협정의 이행을 위한 관세법의 특례에 관한 법률」제12조에 따라 관세청장 또는 세관장으로부터 원산지인증수출자로 인증을 받은 경우
> ③ 수출입 안전관리 우수업체 공인부문에 해당하는 거래업체 중에서 수출입 안전관리 우수업체의 비율이 높은 경우
> ④ 그 밖에 심의위원회에서 인정한 경우

(3) 재심의 요청

수출입 안전관리 우수업체가 관세청장의 공인등급 결정에 이의가 있는 경우에는 세관장을 통해 관세청장에게 재심의를 요청할 수 있다.

(4) 공인등급의 조정

① 관세청장은 수출입 안전관리 우수업체가 4개 분기 연속으로 공인등급별 기준을 충족하는 경우에는 공인등급의 조정 신청을 받아 상향할 수 있다. 다만, 수출입 안전관리 우수업체가 갱신이 아닌 때에 공인등급의 조정을 신청하고자 하는 경우에는 공인의 유효기간이 1년 이상 남아 있어야 한다. `23 기출` `21 기출` `19 기출` `18 기출`
② 수출입 안전관리 우수업체가 공인등급의 조정을 신청하고자 할 때에는 공인등급 조정 신청서를 관세청장에게 제출하여야 한다.
③ 관세청장은 필요한 경우에 서류 확인 등 간소한 방법으로 수출입 안전관리 우수업체가 공인등급별 기준을 충족하는지를 확인할 수 있다. `21 기출`
④ 관세청장은 수출입 안전관리 우수업체가 해당 공인등급별 기준을 충족하지 못하거나 「수출입신고 오류방지에 관한 고시」 제13조 제2항에 해당하는 경우 등에는 공인등급을 낮출 수 있다.

3. 공인등급의 조정 절차

① 관세청장은 수출입 안전관리 우수업체가 4개 분기 연속으로 제5조 제1항에 따른 공인등급별 기준을 충족하는 경우 공인등급의 조정 신청을 받아 상향할 수 있다. 다만, 수출입 안전관리 우수업체가 갱신이 아닌 때에 공인등급의 조정을 신청하고자 할 때는 공인의 유효기간이 1년 이상 남아 있어야 한다.
② 수출입 안전관리 우수업체가 공인등급의 조정을 신청할 때는 공인등급 조정 신청서를 관세청장에게 제출하여야 한다.
③ 관세청장은 필요한 경우에 서류 확인 등 간소한 방법으로 수출입 안전관리 우수업체가 공인등급별 기준을 충족하는지를 확인할 수 있다.
④ 관세청장은 수출입 안전관리 우수업체가 해당 공인등급별 기준을 충족하지 못하거나 「수출입신고 오류방지에 관한 고시」 제13조 제2항에 해당하는 경우 등에는 공인등급을 낮출 수 있다.

4. 공인신청 `23 기출` `20 기출`

(1) 신청

수출입 안전관리 우수업체로 공인을 받고자 심사를 신청하는 업체는 수출입 안전관리 우수업체 공인심사 신청서에 다음의 서류를 첨부하여 전자문서로 관세청장에게 제출하여야 한다. 다만, 첨부서류 중에서 「전자정부법」 제36조에 따라 행정기관 간 행정정보 공동이용이 가능한 서류는 신청인이 정보의 확인에 동의하는 경우에는 그 제출을 생략할 수 있다.

① 공인기준을 충족하는지를 자체적으로 평가한 수출입 관리현황 자체평가표(법규준수도를 제외)
② 수출입 관리현황 설명서와 그 증빙서류
③ 사업자등록증 사본
④ 법인등기부등본
⑤ 대표자 및 관리책임자의 인적사항 명세서
⑥ 수출입 안전관리와 관련한 우수사례(우수사례가 있는 경우에만 해당)
⑦ 지정된 교육기관이 발행한 관리책임자 교육이수 확인서. 다만, 관리책임자의 교체, 사업장 추가 등 불가피한 경우에는 현장심사를 시작하는 날까지 제출할 수 있다.
⑧ 상호인정의 혜택관련 영문 정보(국가 간 상호인정의 혜택을 받기를 희망하는 경우에만 해당)
⑨ 신청일을 기준으로 최근 2년 이내에 세관장으로부터 관세조사를 받은 경우에 관세법 제115조에 따른 관세조사 결과통지서(수입부문에만 해당) 다만, 해당 관세조사가 진행 중인 경우에는 관세법 제114조에 따른 관세조사 계획통지서

(2) 서류의 제출

신청업체가 공인을 신청할 때에는 법인 단위(개인사업자를 포함)로 신청하여야 하며, 첨부서류는 각 사업장별로 구분하여 작성하여야 한다. 다만, 첨부서류 중에서 사업장별로 중복되는 사항은 한꺼번에 작성하여 제출할 수 있다.

(3) 서류의 정정

신청업체는 공인심사가 끝나기 전까지 신청한 내용이 잘못된 것을 확인하는 경우 관세청장에게 정정을 신청할 수 있으며, 관세청장은 신청업체가 정정 신청한 내용이 타당한 경우에는 정정된 내용에 따라 공인심사를 진행한다.

(4) 신청의 각하 [20 기출]

관세청장은 신청업체가 공인심사를 신청하였을 때에 다음의 어느 하나에 해당하는 경우에는 그 신청을 각하한다.

① 신청서류를 제출하지 않은 경우
② 공인부문별 공인기준 중에서 법규준수 기준(공인기준 일련번호 1.1.1부터 1.1.3까지만 해당)을 충족하지 못한 경우
③ 공인부문별 공인기준 중에서 재무건전성 기준(공인기준 일련번호 3.1.1에만 해당)을 충족하지 못한 경우
④ 법인단위 법규준수도가 70점 미만(중소 수출기업은 60점 미만)인 경우. 다만, 관세법 제110조 제2항 제2호에 따른 관세조사로 인하여 법규준수도 점수가 하락한 경우에는 그렇지 않다.
⑤ 법규준수도가 공인을 신청하는 날을 기준으로 직전 8개 분기를 대상으로 측정되지 않는 경우. 다만 법인 분할 등으로 신설된 법인의 법규준수도가 측정되지 않는 경우에는 기존 법인과 신설 법인의 동일성 여부를 판단하여 동일성이 인정되는 경우에 한하여 기존 법인의 법규준수도로 신설 법인의 법규준수도를 대체할 수 있다.

(5) 신청의 취하

신청업체는 공인신청을 스스로 취하하고자 할 때에는 공인심사 취하신청서를 작성하여 관세청장에게 제출하여야 한다. 관세청장은 공인심사 신청의 취하를 접수하였을 때에는 해당 업체에게 제출된 서류를 반환하거나 동의를 받아 폐기하여야 한다.

5. 공인심사

(1) 심사 구분 [23 기출] [19 기출]

① 관세청장은 신청업체를 대상으로 공인심사를 할 때에는 서류심사와 현장심사의 순으로 구분하여 실시한다.
② 관세청장은 공인심사를 할 때 통관적법성 심사와 관련하여 신청업체에 오류 정보를 제공하거나 신청업체의 사업장을 방문하여 심사할 수 있다.

(2) 예비심사 20 기출 19 기출

① 신청업체는 공인 또는 갱신심사를 신청하기 전에 예비심사를 희망하는 경우에는 예비심사 신청서를 관세청장에게 제출하여야 한다. 이 경우 예비심사의 내용은 다음과 같다.

> - 공인심사 신청서의 기재 방법과 첨부서류의 종류 및 내용 안내
> - 공인기준 일부에 대한 예시적 심사(제출된 서류의 적정성 확인 포함)
> - 그 밖에 수출입 안전관리 우수업체 공인과 관련한 일반적인 사항에 대한 자문·상담

② 위탁

관세청장은 예비심사 지원업무를 「수출입 안전관리 우수업체 심사지원 업무 수탁기관의 지정과 운영에 관한 고시」에 따라 지정된 기관에 위탁할 수 있다.

③ 중소 수출기업 우선 심사

관세청장은 중소 수출기업이 예비심사를 신청한 경우 다른 신청업체에 우선하여 예비심사를 할 수 있다.

④ 심사결과의 제출

수탁기관은 관세청장으로부터 예비심사관련 서류를 이관받은 날부터 20일 이내에 검토를 마치고, 그 결과를 관세청장에게 제출하여야 한다.

⑤ 예비심사 완료 기한 24 기출

관세청장은 예비심사 신청서를 접수한 날로부터 40일 이내에 예비심사를 마쳐야 한다.

⑥ 결과의 통보

관세청장은 수탁기관이 제출한 사항을 검토한 후 예비심사 결과를 확정하여 신청업체에 통보하여야 한다.

⑦ 예비심사 결과 고려

관세청장은 공인심사 및 갱신심사를 하는 경우 예비심사 결과를 고려하여야 한다.

(3) 서류심사

① 기한 23 기출 19 기출

관세청장은 공인심사 신청서를 접수한 날로부터 60일 이내에 서류심사를 마쳐야 한다.

② 보완 요구 24 기출

관세청장은 신청업체가 제출한 서류를 통해서 공인기준을 충족하는지를 확인하기 어려운 경우에는 30일의 범위 내에서 신청업체에게 보완을 요구할 수 있다. 이 경우 관세청장은 보완을 요구할 사항을 가급적 한꺼번에 요구하여야 하며, 보완에 소요되는 기간은 심사기간에 포함하지 아니한다. 관세청장은 보완을 요구할 때에는 보완 요구서에 보완하여야 할 사항, 보완을 요구하는 이유 및 보완기한 등을 구체적으로 기재하여 신청업체에게 통보하여야 한다. 관세청장은 보완 요구서를 송부하기 전에 신청업체의 요청이 있을 때에는 해당 업체의 의견을 듣거나 업체에게 소명할 수 있는 기회를 줄 수 있다.

③ 보완기간 연장 신청

신청업체는 천재지변, 주요 사업장의 이전, 법인의 양도, 양수, 분할 및 합병 등 부득이한 사유로 보완에 장시간이 걸리는 경우에는 보완기간의 연장을 신청할 수 있다. 이 경우 관세청장은 보완기간을 모두 합하여 180일을 넘지 않는 범위 내에서 보완기간을 연장할 수 있다.

④ 위탁 20 기출

관세청장은 서류심사 지원업무를 「수출입 안전관리 우수업체 심사지원 업무 수탁기관의 지정과 운영에 관한 고시」에 따라 지정된 기관에 위탁할 수 있다.

(4) 현장심사

① 관세청장은 서류심사가 완료된 업체에 대해서 직원 면담, 시설 점검 및 거래업체 확인 등으로 현장심사를 실시한다. 19 기출

② 관세청장은 현장심사를 계획할 때에는 심사 일정, 심사 참여자, 세부 절차 및 방법 등을 미리 신청업체와 협의하여야 한다.

③ 관세청장은 서류심사를 마친 날로부터 30일 이내에 현장심사 계획 통지서를 신청업체에게 송부하여야 한다. 이 경우 관세청장은 현장심사를 시작하기 최소 10일 전까지 그 계획을 통지하여야 한다.

④ 관세청장은 부득이한 사유로 현장심사 일정을 변경하고자 하는 경우에는 현장심사를 시작하기 5일 전까지 변경된 일정을 통지할 수 있다.

⑤ 관세청장은 현장심사를 시작한 날로부터 60일 이내에 그 심사를 마쳐야 하며, 신청업체의 사업장을 직접 방문하는 기간은 15일 이내로 한다. 심사대상 사업장이 여러 곳인 경우에 관세청장은 효율적인 심사를 위하여 일부 사업장을 선택하여 심사하는 등 탄력적으로 심사할 수 있다. **24 기출**

⑥ 관세청장은 신청업체의 사업장을 직접 방문하는 기간을 연장하고자 할 때에는 연장하는 사유와 연장된 기간을 신청업체에게 미리 통보하여야 한다. 이 경우 업체를 방문할 수 있는 기간은 모두 합하여 30일을 넘을 수 없다.

⑦ 관세청장은 현장심사를 시작하기 전이나 시작한 후 업체에 부득이한 사유가 발생하여 정상적인 심사가 어렵다고 판단되는 경우는 최소한의 기간을 정하여 현장심사를 연기하거나 중지할 수 있다. 이때 관세청장은 연기 또는 중지 사유가 해소된 경우 빠른 시일 내에 현장심사를 재개하여야 한다. **22 기출**

⑧ 관세청장은 신청업체의 수출입 관리현황이 공인기준에 현저히 충족하지 못하거나, 신청업체가 자료를 제출하지 않는 등 협조하지 않아 현장심사 진행이 불가능하다고 판단되는 경우에는 현장심사를 중단하고, 공인심사 신청의 기각 등 필요한 조치를 할 수 있다. **22 기출**

⑨ 관세청장은 신청업체가 공인기준을 충족하는지를 확인하기 위하여 필요한 경우에 신청업체의 국내 또는 해외 거래업체를 현장심사 할 수 있다. 이 경우 심사절차 및 기간은 신청업체에 준하여 적용한다.

(5) 심사의 일부 생략 등 **20 기출**

① 관세청장은 관세법 시행령 제259조의2 제2항에 따라 국제선박보안증서를 발급받은 국제항해선박소유자와 항만시설적합확인서를 발급받은 항만시설소유자에 대하여 해양수산부장관으로부터 세부 심사내용을 제공받아 확인한 결과, 공인기준을 충족한 부분에 대해서는 심사를 생략할 수 있다.

② 관세청장은 중소 수출기업의 수출규모 및 법규준수도 점수 등을 고려하여 내부통제시스템 기준 중에서 위험평가 부분에 대한 공인심사를 간소하게 할 수 있다.

(6) 공인 및 공인의 유보 **22 기출** **20 기출** **19 기출** **18 기출**

① 관세청장은 현장심사를 마친 후 심의위원회의 심의를 거쳐 공인기준을 충족한 업체를 수출입 안전관리 우수업체로 공인하고 수출입 안전관리 우수업체 증서를 발급한다.

② 관세청장은 신청업체가 다음의 어느 하나에 해당하는 경우 심의위원회의 심의를 거쳐 공인을 유보할 수 있다.

- 신청업체가 나머지 공인기준은 모두 충족하였으나, 법규준수도 또는 재무건전성 기준을 충족하지 못한 경우
- 신청업체가 수입하는 물품의 과세가격 결정방법이나 품목분류 및 원산지 결정에 이견이 있음에도 불구하고 법 제37조, 제86조 및 「자유무역협정의 이행을 위한 관세법의 특례에 관한 법률」 제31조에 따른 사전심사를 신청하지 않은 경우(수입부문에만 해당)
- 신청업체가 별표 1의 공인부문별 공인기준 중에서 법규준수(공인기준 일련번호 1.1.1부터 1.1.3까지에만 해당한다)의 결격에 해당하는 형사 및 사법절차가 진행 중인 경우
- 신청업체가 사회적 물의 등을 일으켰으나 해당 사안이 공인의 결격에 해당하는지를 판단하는 데 추가적으로 사실을 확인하거나 심의를 위한 충분한 법리검토가 필요한 경우
- 그 밖에 심의위원회에서 공인의 유보가 필요하다고 인정하는 경우

③ 공인이 유보된 업체는 그 결정을 받은 날부터 30일 이내에 관세청장에게 공인기준 준수 개선 계획서를 제출하고 그 제출한 날부터 180일 이내에 공인기준 준수 개선 완료 보고서를 제출하여야 한다. 다만, 재무건전성 기준을 충족하지 못하여 공인이 유보된 경우로서 제출기한 내 재무제표 작성이 완료되지 않는 등의 사유로 개선 완료 보고서 제출이 곤란한 경우에는 1년 이내에서 그 제출기한의 연장을 신청할 수 있다.

④ 관세청장은 공인기준을 충족하지 못한 사항이 경미한 경우에는 공인이 유보된 업체에게 공인기준 준수 개선 계획서 제출을 생략하고, 바로 공인기준 준수 개선 완료 보고서를 제출하게 할 수 있다.

(7) 공인 유보업체의 재심사

① 공인유보업체는 공인기준 준수 개선 완료보고서를 제출한 경우 공인기준 충족 여부에 대한 재심사를 신청한 것으로 본다.
② 재심사의 범위는 심의위원회에서 공인을 유보한 사유로 한정한다. 다만, 관세청장이 다른 공인기준에 대해 심사할 필요가 있다고 인정하는 경우 심사 범위를 확대할 수 있다.
③ 관세청장은 재심사를 그 신청한 날로부터 60일 이내에 마쳐야 하며, 관세청장은 서면심사 등 간소한 방식으로 재심사할 수 있다. 19 기출
④ 관세청장은 재심사 결과, 공인유보업체가 공인기준을 충족한 경우에는 공인 심사와 관련한 절차를 준용한다.

6. 공인신청의 기각 23 기출 22 기출 21 기출 20 기출 19 기출

관세청장은 신청업체가 다음의 어느 하나에 해당하는 경우에는 공인신청을 기각할 수 있다.

① 서류심사 또는 현장심사 결과, 공인기준을 충족하지 못하였으며 보완 요구의 실익이 없는 경우
② 공인심사를 할 때에 제출된 자료가 거짓으로 작성된 경우
③ 관세청장이 보완을 요구하였으나, 천재지변 등 특별한 사유 없이 보완 요구 기한 내에 보완하지 않거나(통관적법성 심사와 관련한 자료제출 및 보완 요구도 포함) 보완 하였음에도 공인기준을 충족하지 못한 경우
④ 신청업체에 대하여 [별표 1]의 공인부문별 공인기준 중에서 법규준수의 결격에 해당하는 형사 및 사법절차가 진행 중이고, 그 사유가 현장심사를 마친 날로부터 1년을 넘어서도 확정되지 않고 계속 진행되는 경우. 다만, 이 경우 최소한 1심 판결이 유죄로 선고되어야 한다.
⑤ 공인기준 준수 개선 계획을 제출하지 않거나, 공인기준 준수 개선 완료 보고를 하지 않은 경우
⑥ 공인유보업체를 재심사한 결과, 공인기준을 충족하지 못한 것으로 확인된 경우
⑦ 공인신청 후 신청업체의 법규준수도 점수가 70점 미만(중소 수출기업은 60점 미만)으로 하락한 경우
⑧ 교육이수 확인서를 제출하지 않은 경우

7. 공인의 유효기간 23 기출 21 기출 19 기출 18 기출

① 수출입 안전관리 우수업체 공인의 유효기간은 증서상의 발급한 날로부터 5년으로 한다. 다만, 수출입 안전관리 우수업체가 증서를 반납하였거나 심의위원회에서 수출입 안전관리 우수업체 공인의 취소를 결정하였을 때는 증서를 반납한 날 또는 해당 결정을 한 날에 공인의 유효기간이 끝나는 것으로 본다.
② 갱신심사가 진행 중이거나 갱신심사에 따른 공인의 갱신 전에 증서상의 발급한 날로부터 5년의 기간이 끝나는 경우 해당 공인은 유효한 것으로 본다. 다만, 다음 각 호의 어느 하나에 해당하는 경우는 그 사유가 발생한 날에 공인의 유효기간이 끝나는 것으로 본다.

- 신청업체가 갱신심사 신청을 철회하는 경우
- 갱신심사 신청이 각하 또는 기각되는 경우

③ 갱신심사에 따라 갱신된 공인의 유효기간은 기존 공인의 유효기간이 끝나는 날의 다음 날부터 시작한다.
④ 관세청장이 공인의 유효기간 중 공인등급을 조정하는 경우 공인의 유효기간은 조정 전의 유효기간으로 한다.

8. 통관절차 등의 혜택 22 기출

① 관세청장은 수출입 안전관리 우수업체에 [별표 2]의 통관절차 및 관세행정 상의 혜택을 제공할 수 있다.

공인 부문	혜택 기준	수출입안전관리우수업체		
		A	AA	AAA
모든 부문	법규위반 시 행정형벌보다 통고처분, 과태료 등 행정질서벌 등 우선 고려 24 기출 18 기출	○	○	○
	「관세법 등에 따른 과태료 부과징수에 관한 훈령」에 따른 과태료 경감 24 기출 23 기출 19 기출 18 기출 *적용시점은 과태료부과시점	20%	30%	50%
	「여행자정보 사전확인제도 운영에 관한 훈령」에 따른 여행자 검사대상 선별제외 24 기출 21 기출 *다만, 현행범, 중대·명백한 탈루 정보가 있는 경우는 제외	○ 대표자 총괄 책임자	○ 대표자 총괄 책임자	○ 대표자 총괄 책임자
	국제공항 입출국 시 전용검사대를 이용한 법무부 입출국 심사 21 기출	○ 대표자	○ 대표자 또는 총괄 책임자	○ 대표자 또는 총괄 책임자
	국제공항 출국 시 승무원전용통로를 이용한 보안검색	○ 대표자	○ 대표자 또는 총괄 책임자	○ 대표자 또는 총괄 책임자
	중소벤처기업부의 「중소기업 병역지정업체 추천」 시 5점 가산 18 기출	○	○	○
	「통고처분 벌금상당액 가중·감경 기준에 관한 고시」에 따른 통고처분금액의 경감 24 기출 23 기출 19 기출	15%	30%	50%
	「외국환거래의 검사업무 운영에 관한 훈령」에 따른 외국환 검사 제외 *현행범, 중대·명백한 위법정보가 있는 경우 본부세관 갱신심사부서와 협의 하에 검사 가능	○	○	○
	「관세청 감사에 관한 훈령」 제12조에 따른 전산감사 확인사항 기업상담전문관을 통해 시정	○	○	○
	기업 ERP에 의한 수출입 및 화물 신고	○	○	○
	「수출입신고 오류방지에 관한 고시」 제14조에 따라 오류에 대한 제재 경감 18 기출	○	○	○
	중소벤처기업부의 「글로벌 쇼핑몰 입점판매사업」 가점 부여	○	○	○
수출·수입 부문(공통)	「수출물품 선별검사에 관한 훈령」, 「수입물품 검사 등에 관한 훈령」에 따른 수출입화물 선별검사 시 우선검사 24 기출	○	○	○
	「보세공장운영에 관한 고시」 제40조에 따른 관할지세관 화물담당부서에서의 재고조사를 자율점검표 심사결과로 갈음	○	○	○
수출 부문	「수출통관 사무처리에 관한 고시」 제7조에 따른 수출신고 서류제출 대상 선별 제외(수출 P/L) *현행 서류제출 비율에서 우측 공인등급에 따른 비율만큼 추가 경감	50%	70%	100%
	「수출통관 사무처리에 관한 고시」 제16조에 따른 수출물품의 검사대상 선별 제외 *무작위(Random)선별은 제외대상 아님	50%	70%	100%
	「수출통관 사무처리에 관한 고시」 제26조에 따른 자율정정 제외대상에 대한 자율정정 허용	○	○	○
	「수출용원재료에 대한 관세 등 환급사무처리에 관한 고시」 제11조 및 「수출용원재료에 대한 관세 등 환급사무에 관한 훈령」 제12조에 따른 서류제출 및 환급전심사 제외 *무작위(Random)선별은 제외대상 아님	○	○	○
	「수출용원재료에 대한 관세 등 환급사무에 관한 훈령」에 따른 환급지세관 환급심사부서의 건별 환급심사 제외 *수입신고세액의 감액경정 등에 따른 이중환급액 추징을 위한 선별건은 제외대상 아님	○	○	○

공인 부문	혜택 기준			수출입안전관리우수업체		
				A	AA	AAA
수출 부문	「수출용원재료에 대한 관세 등 환급사무처리에 관한 고시」 제54조에 따른 분할증명서 자동발급			○	○	○
	「수출용원재료에 대한 관세 등 환급사무처리에 관한 고시」 제57조에 따른 제증명서 P/L발급			○	○	○
	「수출용원재료에 대한 관세 등 환급사무에 관한 훈령」 제24조 및 「수출용원재료에 대한 관세 등 환급사무처리에 관한 고시」 제62조에 따른 환급대상수출물품 반입확인 시 서류제출 및 검사 제외			○	○	○
	「수출용원재료에 대한 관세 등 환급사무처리에 관한 고시」에 제71조에 따른 물품공급 후 반입확인서 발급업체 지정 배제 요건 비적용			○	○	○
	「보세화물 입출항 하선 하기 및 적재에 관한 고시」에 따른 제43조에 따른 적재화물목록 사전제출 특례(출항 후 다음 날 세관근무 시까지) *요건 ① 수출화물이 비컨테이너화물에 해당할 것 ② 수출화물이 전용선박에 적재될 것 ③ 수출화물이 적재과정에서 세관 감시단속상 문제가 없을 것			×	○	○
	「자유무역협정의 이행을 위한 관세법의 특례에 관한 법률 사무처리에 관한 고시」 제32조에 따른 증명서 발급기관의 심사생략			×	○	○
	「자유무역협정의 이행을 위한 관세법의 특례에 관한 법률 사무처리에 관한 고시」 제42조에 따른 원산지증명서 자율발급			×	○	○
	관세청과 무역보험공사 간 MOU에 근거, 무역보험공사의 수출신용보증 한도 우대 *MOU 해지 시 혜택 자동 실효			○	○	○
	관세청과 기업은행 간 MOU에 근거, 기업은행 자금융자관련 금리 우대 *MOU 해지 시 혜택 자동 실효			○	○	○
	관세청과 아이엠뱅크 간 MOU에 근거, 아이엠뱅크 자금융자관련 금리 우대, 외환수수료 우대 및 무역보험공사의 수출신용 보증 보증료 지원 *MOU 해지 시 혜택 자동 실효			○	○	○
수입 부문	「관리대상화물 관리에 관한 고시」 제13조에 따른 검사대상 화물의 지정 해제 *무작위(Random)선별은 제외대상 아님			○	○	○
	「관리대상화물 관리에 관한 고시」 제6조에 따른 검사대상 화물 반입 허용			50%	70%	100%
	「수입통관 사무처리에 관한 고시」 제13조에 따른 수입신고 서류제출 대상 선별 제외(수입 P/L)			50%	70%	100%
	「수입물품 검사 등에 관한 훈령」에 따른 수입물품의 검사대상 선별 제외 *무작위(Random)선별은 제외대상 아님 **MRA 체결국 수출자가 AEO이고 수입자가 AEO가 아닌 경우 A등급(50%) 기준으로 적용함	수출자 非AEO	공급망 非AEO	50%	70%	100%
			공급망 AEO	60%	80%	
		수출자 AEO	공급망 非AEO	70%	80%	
			공급망 AEO	80%	90%	
	「수입물품 검사 등에 관한 훈령」 제22조에 따른 일괄통관심사대상 선별			○	○	○

공인 부문	혜택 기준	수출입안전관리우수업체		
		A	AA	AAA
수입 부문	「관세조사 운영에 관한 훈령」에 따른 관세조사 **24 기출** *현행범, 중대·명백한 위법정보가 있는 경우 본부세관 갱신심사부서와 협의 하에 심사 가능	○	○	○
	「월별납부제도 운영에 관한 고시」 제3조에 따른 월별납부 **24 기출**	○	○	○
	「납세업무 처리에 관한 고시」 제20조에 따른 사전세액심사 제외	○	○	○
	「납세업무 처리에 관한 고시」에 따른 통관지세관 납세심사부서에서의 건별 보정심사 제외	○	○	○
	「사후관리에 관한 고시」 제24조에 따른 자율사후관리	○	○	○
	「관세 등에 대한 담보제도 운영에 관한 고시」에 따른 관세법상 건별 사후납부를 위한 담보생략	○	○	○
	「월별납부제도 운영에 관한 고시」 제9조에 따른 관세법상 월별납부를 위한 담보제공	365/365	365/365	365/365
	「보세공장 운영에 관한 고시」 제7조에 따라 동일 세관 관할 구역 내 보관창고 증설	○	○	○
	「보세공장 운영에 관한 고시」 제12조의2에 따른 원료과세 포괄적용 신청	○	○	○
	「보세공장 운영에 관한 고시」 제13조에 따른 보세구역 반출 시 화물관리번호 신청 전산수리	○	○	○
	「보세공장 운영에 관한 고시」 제18조에 따라 보세공장 원재료의 입항 전 사용신고 및 사용신고 수리를 전산처리	○	○	○
	「보세공장 운영에 관한 고시」 제19조에 따른 보세공장 도착 전 사용신고 물품 심사생략 *서류제출 및 검사대상으로 선별된 경우는 제외	○	○	○
	「보세공장 운영에 관한 고시」 제30조 제1항 제2호에 따른 물품의 보세운송 특례	○	○	○
	「보세공장 운영에 관한 고시」 제30조에 따라 보세공장의 보세운송신고를 전산처리	○	○	○
	「보세공장 운영에 관한 고시」 제36조, 제37조에 따른 자율관리보세공장 지정 및 특례	○	○	○
	「보세공장 운영에 관한 고시」 제45조에 따라 설치·운영 특허 취소, 반입정지 등 처분 시 경감	○	○	○
	「수입통관사무처리에 관한 고시」 제63조에 따른 전자통관심사	○	○	○
	「자유무역지역 반출입물품의 관리에 관한 고시」 제7조의2에 따른 전자통관심사	○	○	○
	원산지 표시 검사 필요시 기업상담전문관이 검사 수행 *위반사항 및 위반금액이 과한 경우 등은 원산지 표시 검사 부서에서 수행	○	○	○
	「관세법 제226조의 규정에 의한 세관장확인물품 및 확인 방법 지정고시」 제7조 제2항 제3호에 따라 세관장확인물품 중 일부물품 세관장확인 생략	○	○	○
	AM활동에 의한 수정·보정의 경우 「통합 법규준수도 평가와 운영에 관한 고시」에 따른 법규준수도 감점 미반영	○	○	○
	「수정수입세금계산서 발급에 관한 운영지침」에 따라, AM활동에 의한 수정·보정의 경우, 수정수입세금계산서 발급 허용	○	○	○
	관세청과 아이엠뱅크 간 MOU에 근거, 아이엠뱅크 자금융자관련 금리 우대, 외환수수료 우대 및 무역보험공사의 수출신용 보증 보증료 지원 *MOU 해지 시 혜택 자동 실효	○	○	○

공인 부문	혜택 기준	수출입안전관리우수업체		
		A	AA	AAA
관세사	「수출통관사무처리에 관한 고시」 제26조에 따른 정정방법 하향조정 *공인등급별 비율만큼 서면심사 → 화면심사, 화면심사 → 자율정정으로 하향	50%	70%	100%
	「수출용원재료에 대한 관세 등 환급사무처리에 관한 고시」 제57조에 따른 제증명서 P/L발급	○	○	○
	「관세사의 직무수행에 관한 고시」에 따른 관세사, 관세법인 및 통관취급법인의 등록 갱신 시 첨부서류 제출 생략	×	×	○
	수출입안전관리우수업체가 관세사무소 확장 시 동 사무소에 대한 수출입안전관리우수업체 잠정 공인 *확장사무소 관세사의 최근 2년간 법규준수 점수가 기준 이상일 경우에 한함	×	○	○
보세구역 운영인	「보세창고 특허 및 운영에 관한 고시」 제7조에 따른 특허 갱신기간 연장 24 기출 23 기출 19 기출 *공인 수출입업체의 자가용 보세창고의 경우에도 동일혜택 적용	6년	8년	10년
	「보세창고 특허 및 운영에 관한 고시」 제7조에 따른 특허 갱신 시 본부세관 특허심사위원회 심사생략 및 해당세관에서 자체 심사 21 기출 *공인 수출입업체의 자가용 보세창고의 경우에도 동일혜택 적용	○	○	○
	「보세화물관리에 관한 고시」 제16조에 따른 분기별 자체 재고조사 후 연 1회 세관장에게 보고 21 기출	○	○	○
	「자율관리보세구역 운영에 관한 고시」에 따른 자율관리보세구역 운영인 이상의 혜택(제10조에 따른 정기감사 생략 등)	○	○	○
	「보세창고 특허 및 운영에 관한 고시」 제18조 제3항에 따른 반입정지 기간을 50% 범위 내에서 하향조정 가능 24 기출 19 기출	×	○	○
보세 운송업	「보세운송에 관한 고시」 제13조에 따른 일반간이보세운송 업자의 혜택 적용	○	○	○
	「보세운송에 관한 고시」 제31조 제1항 제8호에 따른 특정물품 보세운송 승인 *귀석, 반귀석, 귀금속, 한약재, 의약품, 향료 등과 같이 부피가 작고 고가인 물품에 대한 운송승인	○	○	○
	「보세운송에 관한 고시」 제27조에 따른 보세운송 신고사항 심사 시 자동수리비율 상향 조정	90%	95%	100%
	「보세운송에 관한 고시」 제57조에 따른 정기점검을 3년으로 완화	×	○	○
	재보세운송 허용 *단, 정당한 사유가 있고 수입업체와 운송업체 모두 AEO인 경우에 한함	○	○	○
	「보세운송에 관한 고시」 제26조에 따른 관할세관 내 여러 보세구역 도착 시 1건으로 일괄신고	○	○	○
선사	「국제무역선의 입출항 전환 및 승선절차에 관한 고시」 제7조에 따른 선박 검색대상 제외	○	○	○
화물운송 주선업자	「화물운송주선업자의 등록 및 관리에 관한 고시」 제9조에 따른 업무점검 생략	○	○	○

② 관세청장은 입항부터 하역, 운송, 보관, 수입신고 등 일련의 통관절차에 관련된 수출입 안전관리 우수업체에 대해서는 추가적인 혜택을 제공할 수 있다.

③ 관세청장이 정한 다른 고시·훈령·예규·공고의 규정이 이 고시에 따른 통관절차 등의 혜택과 관련한 규정과 상충되는 때에는 이 고시의 규정을 우선하여 적용한다. 다만, 수출입 안전관리 우수업체에 이익이 되는 규정 또는 해당 업체가 요청하는 경우는 그렇지 않다.

03 사후관리 및 갱신심사

1. 관리책임자의 지정 및 역할 [18 기출]

① 수출입 안전관리 우수업체(신청업체를 포함)는 다음에 해당하는 관리책임자를 지정·운영하여야 한다 [23 기출], [19 기출]

- 총괄책임자 : 수출입 안전관리를 총괄하며, 의사 결정 권한이 있는 대표자 또는 임원
- 수출입관리책임자 : 수출입물품의 제조, 운송, 보관, 통관, 반출입 및 적출입 등과 관련된 주요 절차를 담당하는 부서장 또는 직원

② 수출입 안전관리 우수업체는 관리책임자를 지정할 때에 총괄책임자는 1명 이상을 지정하고, 수출입관리책임자는 부서와 사업장별로 충분한 인원을 지정한다.

③ 관리책임자는 다음에 해당하는 업무를 담당한다. [22 기출] [20 기출] [19 기출]

- 정기 자율 평가, 변동사항 보고, 공인 또는 갱신심사 수감 등 공인기준 준수관련 업무
- 직원에 대한 수출입 안전관리 교육
- 정보 교환, 회의 참석 등 수출입 안전관리 관련 관세청 및 세관과의 협업
- 세액 등 통관적법성 준수 관리
- 그 밖에 업체의 법규준수 향상을 위한 활동

④ 관리책임자의 자격요건은 다음의 동 고시 [별표 4]와 같다.

- 총괄책임자

  수출입물품과 관련된 주요 절차를 담당하는 부서의 책임자(대표자 또는 임원)

- 수출입관리책임자

공인 부문	자격 요건
수출, 수입, 화물운송주선업, 보세운송, 보세구역운영인, 하역업	가. 수출입 관련 업무에 3년 이상 근무한 사람(다만, 중소 수출기업은 1년 이상) [24 기출] [19 기출] 또는 나. 보세사 자격이 있는 사람(보세구역운영인 부문에만 해당한다) [24 기출]
관세사	수출입 통관업무를 3년 이상 담당한 관세사
선박회사	가. 「국제항해선박 및 항만시설의 보안에 관한 법률」에 따라 보안책임자로 지정된 사람, 또는 나. 수출입 관련 업무에 3년 이상 근무한 사람
항공사	가. 「항공보안법」에 따라 보안책임자로 지정된 사람, 또는 나. 수출입 관련 업무에 3년 이상 근무한 사람

2. 관리책임자 교육 등

① 관리책임자는 수출입 안전관리 우수업체의 공인 전·후에 다음과 같이 관세청장이 지정하는 교육을 받아야 한다. [23 기출]

- 공인 전 교육 – 수출입관리책임자는 16시간 이상. 다만, 공인 전 교육의 유효기간은 해당 교육을 받은 날로부터 5년 [24 기출] [21 기출] [20 기출] [18 기출]
- 공인 후 교육 – 매 2년마다 총괄책임자는 4시간 이상, 수출입관리책임자는 8시간 이상(처음 교육은 공인일자를 기준으로 1년 이내 받아야 함). 다만, 관리책임자가 변경된 경우에는 변경된 날로부터 180일 이내에 해당 교육을 받아야 한다. [24 기출] [22 기출] [20 기출] [19 기출]

② 관리책임자가 받아야 하는 교육의 내용은 다음의 동 고시 [별표 4의2]와 같다. [22 기출]

구 분	교육 내용
공인 전 교육	가. 무역안전과 원활화를 위한 국제 규범 및 국내외 제도 나. 수출입 안전관리 우수업체 제도와 필요성 다. 법규준수 및 수출입 안전관리를 위한 내부통제시스템 라. 수출입 안전관리 우수업체 공인기준의 세부내용 마. 수출입 안전관리 우수업체 공인 신청 시 사전 점검항목 및 주의사항
공인 후 교육	가. 무역안전과 원활화를 위한 국제 규범 및 국내외 제도의 흐름과 변화 나. 법규준수 및 수출입 안전관리를 위한 관리책임자의 역할 다. 수출입 안전관리 우수업체의 공인 유지를 위한 효율적인 사후관리 방법 라. 정기 자율 평가 및 갱신심사 대비를 위한 준수사항

③ 관세청장은 관리책임자가 관세청장이 별도로 지정하는 수출입 안전관리 우수업체 제도관련 행사 등에 참석하거나 [별표 4의2]의 교육내용이 포함된 「국제항해선박 및 항만시설의 보안에 관한 법률」에 따라 실시되는 교육을 받은 경우에는 해당 교육시간을 인정할 수 있다.

④ 관세청장은 관리책임자가 공인 후 교육을 받지 않았을 때에는 다음 차수의 교육을 받도록 권고하여야 한다. 19 기출

⑤ 관세청장은 관리책임자에 대한 교육을 아래 동 고시 [별표 5]의 관리책임자 교육기관의 지정요건을 충족한 비영리법인에 위탁할 수 있다.

구 분		지정 요건
시 설		가. 교육기관의 주된 강의실이나 실습실이 60제곱미터 이상일 것 나. 효율적인 교육운영을 위한 교육장비(프로젝터, 컴퓨터 등)를 보유할 것
교수 자격	전문 지식	다음 중 어느 하나에 해당할 것 가. 관세행정 분야에서 10년 이상 근무한 사람 나. 관세사 자격을 보유한 자로서 관세관련 분야에서 5년 이상 근무한 사람 다. 관세 및 무역관련 분야 석사학위 이상 소지자로서 관세 관련 분야에서 5년 이상 근무한 사람
	경 험	다음 중 어느 하나에 해당할 것 가. 관세행정 중 수출입 안전관리 우수업체 제도 분야에서 3년 이상 근무한 사람 나. 최근 2년 이내 2개 업체 이상 수출입 안전관리 우수업체 공인(갱신)심사 또는 컨설팅을 수행한 사람 다. 수출입 안전관리 우수업체 제도 관련 연구용역을 수행한 사람

⑥ 관리책임자 교육기관으로 지정받으려는 자는 관리책임자 교육기관 지정 신청서에 다음의 서류를 첨부하여 관세청장에게 제출하여야 하며, 신청서류는 우편 및 팩스로 제출할 수 있다. 이 경우 「전자정부법」 제36조에 따라 행정기관 간 공동이용이 가능한 서류는 신청인이 정보의 확인에 동의하는 경우에는 그 제출을 생략할 수 있다.

- 교육기관의 시설 등의 소유에 관한 증명서류(전세 또는 임대인 경우 계약서 사본)
- 법인등기부등본(법인의 경우에만 해당)
- 관리책임자 교육기관의 지정요건을 갖추었음을 증명하는 서류
- 교육 시행계획서

⑦ 관세청장은 관리책임자 교육기관 지정 신청서를 제출한 자를 심사하여 교육기관으로 지정하고자 하는 경우에는 관리책임자 교육기관 지정서를 발급하여야 한다.

3. 변동사항 보고 23 기출 21 기출 20 기출 19 기출 18 기출

① 수출입 안전관리 우수업체는 다음의 어느 하나에 해당하는 사실이 발생한 경우에는 그 사실이 발생한 날로부터 30일 이내에 수출입 관리현황 변동사항 보고서를 작성하여 관세청장에게 보고하여야 한다. 다만, 변동사항이 범칙행위, 부도 등 공인유지에 중대한 영향을 미치는 경우에는 지체 없이 보고하여야 한다. 24 기출

- 양도, 양수, 분할·합병 및 특허 변동 등으로 인한 법적 지위 등의 변경
- 대표자, 수출입 관련 업무 담당 임원 및 관리책임자의 변경

- 소재지 이전, 사업장의 신설·증설·확장·축소·폐쇄 등
- 사업내용의 변경 또는 추가
- 화재, 침수, 도난, 불법유출 등 수출입화물 안전관리와 관련한 특이사항

② 변동보고를 받은 관세청장은 법적지위 등이 변경된 이후에도 기업의 동일성 유지와 공인기준 충족 여부 등을 점검하여야 하며, 필요한 경우에는 현장을 방문하여야 한다.

③ 기업의 동일성은 아래 사항을 종합적으로 고려하여 판단하여야 한다.

- 당해 기업 조직의 구성 및 운영(수출입 안전관리 업무 관리 조직 포함)
- 매출 구조 및 주요 수출입 물품 현황 등 사업의 내용
- 그 밖에 사업의 실질 및 지위 변동 관련 사항

④ 관세청장은 점검 결과, 수출입 안전관리 우수업체가 공인기준을 충족하지 못하거나 법규준수도의 하락으로 공인등급 하락이 예상되는 경우 공인기준 준수 개선을 요구하여야 한다.

⑤ 수출입 안전관리 우수업체는 공인기준 준수 개선 요구를 받은 날부터 30일 이내에 관세청장에게 공인기준 준수 개선 계획을 제출하고, 그 제출일부터 90일 이내에 개선 완료 보고서를 제출하여야 한다.

⑥ 관세청장은 공인기준을 충족하지 못한 사항이 경미한 경우에는 공인기준 준수 개선계획의 제출을 생략하고, 해당 요구를 받은 날부터 30일 이내에 공인기준 준수 개선 완료 보고서를 제출하게 할 수 있다.

⑦ 관세청장은 공인기준 준수 개선 완료 보고서를 검토한 후 공인등급의 조정, 공인의 취소, 공인의 유보, 공인신청의 기각, 혜택의 정지 등 필요한 조치를 할 수 있다.

4. 정기 자율 평가 〔23 기출〕 〔20 기출〕 〔19 기출〕 〔18 기출〕

① 수출입 안전관리 우수업체는 매년 공인일자가 속하는 달에 정기 자율 평가서에 따라 공인기준을 충족하는지를 자율적으로 점검하고 다음 달 15일까지 관세청장에게 그 결과를 제출하여야 한다. 다만, 수출입 안전관리 우수업체가 여러 공인부문에 걸쳐 공인을 받은 경우는 공인일사가 가장 빠른 공인부문을 기준으로 자율 평가서를 함께 제출할 수 있다. 〔24 기출〕

② 관세청장은 수출입 안전관리 우수업체가 갱신심사를 신청한 경우는 공인의 유효기간이 끝나는 날이 속한 연도에 실시하는 정기 자율 평가를 생략하게 할 수 있다. 다만, 수출입 안전관리 우수업체가 갱신심사 신청을 취하하는 경우에는 매년 공인일자가 속하는 달의 다음 달 15일 또는 갱신심사를 취하한 날의 다음 달 15일까지 정기 자율 평가서를 관세청장에게 제출하여야 한다. 〔24 기출〕

③ 수출입 안전관리 우수업체는 자율 평가서를 다음의 어느 하나에 해당하는 자(해당 업체에 소속된 자는 제외)에게 확인을 받아야 한다. 다만, 「중소기업기본법」 제2조에 따른 중소기업은 수출입 관련 업무에 1년 이상 근무한 경력이 있고 관리책임자 교육을 받은 해당 업체 소속 관리책임자의 확인을 받을 수 있다.

- 관리책임자 교육 기관으로 관세청장이 지정한 비영리법인
- 수출입 안전관리 우수업체 공인을 받은 관세사무소 또는 관세법인·통관취급법인 등에 소속된 자로서 최근 5년 이내에 공인 전 교육(수출입관리책임자는 16시간 이상. 다만, 공인 전 교육의 유효기간은 해당 교육을 받은 날로부터 5년임)을 받은 관세사
- 관세청장 또는 관리책임자 교육기관이 시행하는 수출입 안전관리 우수업체 제도 교육을 최근 5년 이내에 35시간 이상을 받은 관세사
- 수출입 안전관리 우수업체로 공인을 받은 보세구역운영인 등에 소속된 자로서 최근 5년 이내에 공인 전 교육(수출입관리책임자는 16시간 이상. 다만, 공인 전 교육의 유효기간은 해당 교육을 받은 날로부터 5년임)을 받은 보세사(보세구역운영인부문에 한정)
- 관세청장 또는 관리책임자 교육기관이 시행하는 수출입 안전관리 우수업체 제도 교육과정을 최근 5년 이내에 35시간 이상 받은 보세사(보세구역운영인부문에 한정)

④ 정기 자율 평가서 확인자는 정기 자율 평가서 확인서를 관세청장에게 제출하여야 한다.
⑤ 관세청장은 정기 자율 평가서 및 확인서에 대해서 공인기준을 충족하는지를 확인할 경우 확인자에게 관련 자료를 요청하거나, 수출입 안전관리 우수업체의 사업장 등을 방문하여 확인할 수 있다.
⑥ 관세청장은 확인 결과, 수출입 안전관리 우수업체가 공인기준을 충족하지 못하거나 법규준수도가 하락하여 공인등급 하락이 예상되는 경우 공인기준 준수 개선을 요구하여야 한다.

5. 갱신심사

① 수출입 안전관리 우수업체는 공인을 갱신하고자 할 때는 공인의 유효기간이 끝나기 6개월 전까지 수출입 안전관리 우수업체 갱신심사 신청서에 수출입 안전관리 우수업체 공인신청 서류를 첨부하여 관세청장에게 전자문서로 제출하여야 한다. 이 경우 관세청장은 원활한 갱신심사를 운영하기 위해 수출입 안전관리 우수업체가 공인의 유효기간이 끝나기 1년 전부터 갱신심사를 신청하게 할 수 있다. `23 기출` `21 기출` `20 기출`
② 수출입 안전관리 우수업체가 여러 공인부문에 걸쳐 공인을 받은 경우에는 공인일자가 가장 빠른 공인부문을 기준으로 갱신심사를 함께 신청할 수 있다. 이 경우 관세청장은 수출입 안전관리 우수업체의 동의를 받아 공인부문별 유효기간을 공인일자가 가장 빠른 공인부문의 유효기간에 일치시킬 수 있다.
③ 관세청장은 신청업체를 대상으로 갱신심사를 할 때는 수출입 안전관리 우수업체의 공인부문별로 서류심사와 현장심사의 순으로 구분하여 실시한다.
④ 갱신심사의 범위는 [별표 1]의 공인기준과 통관적법성 심사와 관련하여 다음의 사항을 포함할 수 있다.

> • 관세법 제241조에 따른 수입자 → 통관적법성 심사대상 분야(법규준수와 관련된 과세가격, 품목분류, 원산지, 환급, 감면, 외환, 보세화물 관리, 사후관리 및 통관요건에 대한 세관장 확인업무 등).
> • 「관세사법」 제2조 또는 제3조에 따른 통관업을 하는 자 → 관세법 및 「관세사법」과 그 밖에 관세사 직무 관련 법령에 따른 수출입신고와 관련 자료의 작성·관리상의 적정성
> • 관세법 제241조에 따른 수출자 및 운영인, 화물관리인, 보세운송업자, 화물운송주선업자, 하역업자, 보세화물을 취급하는 선박회사, 항공사 등 → 법과 그 밖에 공인부문별 수출입 관련 법령에 따른 세관신고·화물관리 등의 적정성

⑤ 관세청장은 갱신심사 신청서의 접수, 신청의 취하, 서류심사, 현장심사 및 재공인의 유보에 관하여 수출입 안전관리 우수업체 공인신청 및 심사와 관련한 규정을 준용한다. 다만, 이 경우 서류심사 기간은 30일로, 서류의 보완기간을 모두 합한 기간은 90일로 한다.
⑥ 관세청장은 갱신심사 중 현장심사를 할 때 통관적법성 심사를 위하여 수출입 안전관리 우수업체의 사업장을 직접 방문하는 기간은 방문을 시작한 날부터 15일 이내로 한다. 이 경우 수출입 안전관리 우수업체가 「중소기업기본법」 제2조에 따른 중소기업에는 서면심사 등 간소한 방식으로 검증할 수 있다.

6. 갱신심사 결과의 처리 등

① 관세청장은 수출입 안전관리 우수업체에 대한 갱신심사 결과, 갱신 및 갱신의 유보, 갱신유보업체 등에 대한 재심사, 갱신심사 신청의 기각과 관련하여 수출입 안전관리 우수업체 공인, 공인의 유보, 공인 유보업체에 대한 재심사, 공인신청의 기각과 관련한 규정을 준용한다.
② 관세청장은 갱신심사 결과, 수출입 안전관리 우수업체가 공인기준을 충족하지 못하거나 법규준수도의 하락으로 공인등급 하락이 예상되는 경우 현장심사 결과를 보고한 날에 공인기준 준수 개선을 요구하여야 한다.
③ 세관장은 갱신심사 결과, 수출입 안전관리 우수업체가 납부하였거나 납부하여야 할 세액에 과부족이 있음을 안 때에는 「납세업무 처리에 관한 고시」에 따라 해당 업체에게 보정을 신청하도록 통지하거나 경정 등 필요한 조치를 하여야 한다.

7. 정기 통관적법성 자율 검증

① 관세청장은 수출입 안전관리 우수업체에 대한 갱신심사 결과, 갱신 및 갱신의 유보, 갱신유보업체 등에 대한 재심사, 갱신심사 신청의 기각과 관련하여 이 고시에 따른 관련 규정을 준용한다.

② 관세청장은 갱신심사 결과, 수출입 안전관리 우수업체가 공인기준을 충족하지 못하거나 법규준수도의 하락으로 공인등급 하락이 예상되는 경우 현장심사 결과를 보고한 날에 공인기준 준수 개선을 요구하여야 한다.

③ 세관장은 갱신심사 결과, 수출입 안전관리 우수업체가 납부하였거나 납부하여야 할 세액에 과부족이 있음을 안 때에는 「납세업무 처리에 관한 고시」에 따라 해당 업체에게 보정을 신청하도록 통지하거나 경정 등 필요한 조치를 하여야 한다.

8. 기업상담전문관의 지정·운영 [23 기출] [19 기출] [18 기출]

① 관세청장은 수출입 안전관리 우수업체가 공인기준과 통관적법성을 충족하는지를 점검하고 지원하기 위하여 업체별로 기업상담전문관(AM, Account Manager)을 지정·운영한다.

② 기업상담전문관은 수출입 안전관리 우수업체에 대하여 다음의 업무를 담당한다. 이 경우 기업상담전문관은 원활한 업무 수행을 위해서 수출입 안전관리 우수업체에 자료를 요구하거나 해당 업체의 사업장 등을 방문할 수 있다.

- 공인기준을 충족하는지에 대한 주기적 확인
- 공인기준 준수 개선 계획의 이행 확인
- 수입신고에 대한 보정심사 등 관세행정 신고사항에 대한 수정, 정정 및 그 결과의 기록 유지
- 변동사항, 정기 자율평가, 세관협력도의 확인 및 점검
- 법규준수 향상을 위한 정보 제공 및 상담·자문
- 기업 프로파일 관리

③ 기업상담전문관은 수출입 안전관리 우수업체가 공인기준(공인기준 일련번호 3.2.1기준은 제외)을 충족하지 못하거나 분기 단위 법규준수도가 최근 2분기 연속으로 해당 업체의 공인등급별 기준 아래로 떨어진 경우에 공인기준 준수 개선을 요구하여야 한다.

04 국가 간 상호인정

1. 국가 간 수출입 안전관리 우수업체의 상호인정 [23 기출]

① 관세청장은 「세계관세기구의 무역안전과 원활화를 위한 표준틀(WCO SAFE FRAMEWORK OF STANDARDS)」을 적용하고 있는 다른 나라의 관세당국과 상호인정약정(MRA, Mutual Recognition Arrangement)을 체결할 수 있다.

② 관세청장은 다음의 절차에 따라 상호인정약정을 체결하며, 다른 나라의 관세당국과 협의하여 탄력적으로 조정할 수 있다. [24 기출] [19 기출]

- 공인기준의 상호 비교
- 상호방문 합동 공인심사
- 상호인정약정의 혜택 및 정보교환 등 운영절차 마련
- 관세당국 최고책임자 간 서명

2. 상호인정에 따른 혜택 및 이행점검 등 [23 기출]

① 관세청장은 다른 나라 관세당국과 상호인정약정을 체결한 경우에 상대국 통관절차상에서 우리나라의 수출입 안전관리

우수업체가 혜택을 받게 하거나, 우리나라의 통관절차상에서 상대국의 수출입 안전관리 우수업체에게 혜택을 제공할 수 있다. 이 경우 혜택의 제공기간은 양국 관세당국에서 부여한 수출입 안전관리 우수업체 공인의 유효기간으로 한다.

② 상호인정에 따른 혜택의 적용을 위해서 우리나라의 수출입 안전관리 우수업체는 상호인정 약정별로 정해진 방법에 따른 조치사항을 이행하여야 하며, 상대국의 수출입 안전관리 우수업체와 거래하는 우리나라 수출입업체는 해당업체의 공인번호를 연계한 해외거래처부호를 「통관고유부호 및 해외거래처부호 등록·관리에 관한 고시」 제9조에 따라 전자통관시스템을 통하여 신청하여야 한다. 다만, 관세청장은 필요한 경우 등록된 해외거래처부호의 수출입 안전관리 우수기업 공인 정보를 수정할 수 있다.

③ 관세청장은 상대국의 수출입 안전관리 우수업체의 공인이 취소된 경우에는 혜택 제공을 즉시 중단하여야 한다.

④ 관세청장은 상호인정약정의 혜택 점검, 이행 절차 개선, 제도설명 등을 위해 상대국 관세당국과 이행협의를 실시할 수 있다.

05 혜택 적용의 정지 및 공인의 취소 등

1. 공인표지의 사용 20 기출

① 수출입 안전관리 우수업체는 공인의 유효기간 동안 관세청장이 정한 공인표지를 서류 또는 홍보물 등에 표시할 수 있다. 이 경우 수출입 안전관리 우수업체는 관세청장이 정한 공인표지를 임의로 변경하여서는 아니 된다.

② 공인표지의 사용에 관한 사항은 아래의 동 고시 [별표 7]과 같다.

- 「수출입 안전관리 우수업체 공인 및 운영에 관한 고시」 제24조에 따른 수출입 안전관리 우수업체의 공인표지는 다음과 같다.

기본 디자인	KOREA AEO	응용 디자인(2)	KOREA AEO
응용 디자인(1)	KOREA AEO	응용 디자인(3)	KOREA AEO Korea Customs Service

- 공인표지의 활용범위 및 유의사항
  - 공인표지는 수출입 안전관리 우수업체만 사용 가능
  - 수출입 안전관리 우수업체가 소유하거나 실질적으로 관리하는 차량, 건물 등의 시설 외에도 안내책자, 명함, 신문광고 등 기업 활동과 관련된 모든 분야에서 사용 가능
  - 공인표지의 임의적인 변형은 허용이 안 됨

③ 수출입 안전관리 우수업체가 아닌 자가 공인표지를 사용하고자 할 때에는 관세청장에게 사전 승인을 받아야 한다.

2. 혜택 적용의 정지 23 기출 20 기출 19 기출 18 기출

관세청장은 수출입 안전관리 우수업체(대표자 및 관리책임자를 포함)가 다음의 어느 하나에 해당하는 경우 6개월의 범위 내에서 통관절차 등 혜택의 전부 또는 일부의 적용을 정지할 수 있다. 이 경우 관세청장은 수출입 안전관리 우수업체에 시정을 명령하거나 개선을 권고할 수 있다.

① 수출입 안전관리 우수업체(대표자 및 「관세법 시행령」 제259조의5 제1항에 따라 지정된 관리책임자를 포함)가 「관세법」 또는 「자유무역협정의 이행을 위한 관세법의 특례에 관한 법률」, 「대외무역법」, 「외국환거래법」, 「수출용 원재료에 대한 관세 등 환급에 관한 특례법」 등 수출입과 관련된 법령을 위반하여 검찰에 고발 또는 송치되거나 통고처분을 받은 경우
② 정당한 사유 없이 수출입 관리현황에 대한 변동사항을 보고하지 않거나 정기 자율 평가서를 제출 기한부터 1개월 이내에 제출하지 않은 경우
③ 공인의 유효기간 중에 기업상담전문관으로부터 공인기준 준수 개선과 관련한 보완요구를 3회 이상 받은 경우
④ 관리책임자 교육을 받도록 권고 받은 이후에 특별한 사유 없이 교육을 받지 않은 경우 **24 기출**
⑤ 갱신심사 결과에 따라 공인을 유보한 경우. 다만, 공인의 유보 사유가 다음의 어느 하나에 해당하는 경우는 혜택을 부여할 수 있다.

> - 재무건전성 기준을 충족하지 못한 경우
> - 신고정확도 하위 10%에 해당하는 경우
> - 사업장별 법규준수도 기준(관세사부문)을 충족하지 못한 경우
> - 그 밖에 혜택을 부여하는 것이 타당하다고 심의위원회에서 결정한 경우

3. 공인의 취소 **23 기출** **20 기출** **19 기출** **18 기출**

① 관세청장은 수출입 안전관리 우수업체(대표자 및 관리책임자를 포함)가 다음의 어느 하나에 해당하는 경우 공인을 취소할 수 있다. 다만, '거짓이나 그 밖의 부정한 방법으로 공인을 받거나 공인을 갱신한 경우' 공인을 취소하여야 한다.

> - 거짓이나 그 밖의 부정한 방법으로 공인을 받거나 공인을 갱신한 경우
> - 수출입 안전관리 우수업체가 양도, 양수, 분할 또는 합병 등으로 공인 당시 업체와 동일하지 않다고 판단되는 경우
> - 공인기준 준수 개선 또는 자료 제출을 요구(통관적법성 관련 자료 제출 요구를 포함)하였으나 정당한 사유 없이 이행하지 않거나 이행하였음에도 공인기준을 충족하지 못하는 경우
> - 해당 공인 부문의 유효기간 내에 통관절차 등 혜택 적용의 정지 처분을 5회 이상 받은 경우
> - 관세청장의 시정명령 또는 개선 권고사항을 특별한 사유 없이 이행하지 않은 경우
> - 관세법 또는 수출입 관련 법령의 위반과 관련하여 다음의 어느 하나에 해당하는 경우. 다만, 각 법령의 양벌규정에 따라 처벌된 개인 또는 법인은 제외한다.
>   - 관세법 제268조의2(전자문서 위조·변조죄 등), 제269조(밀수출입죄), 제270조(관세포탈죄 등), 제270조의2(가격조작죄), 제271조(미수범 등), 제274조(밀수품 취득죄 등), 제275조의2(강제징수면탈죄 등), 제275조의3(명의대여행위죄 등) 및 제275조의4(보세사의 명의대여죄 등)에 따라 벌금형 이상의 형을 선고받거나 통고처분을 이행한 경우
>   - 관세법 제276조(허위신고죄 등)에 따라 벌금형의 선고를 받은 경우
>   - 「자유무역협정의 이행을 위한 관세법의 특례에 관한 법률」, 「대외무역법」, 「외국환거래법」, 「수출용 원재료에 대한 관세 등 환급에 관한 특례법」 등 수출입과 관련된 법령을 위반하여 벌금형 이상의 형을 선고받은 경우
>   - 「관세사법」 제29조(벌칙)에 따라 벌금형 이상의 형을 선고받거나 통고처분을 받은 경우

② 공인 취소 사유에 해당하는 경우 즉시 통관절차 혜택의 적용을 중단하고 청문 및 공인취소 절차를 진행한다.
③ 관세청장은 심의위원회의 심의를 거쳐 공인의 취소를 결정한 경우 해당 결정을 한 날에 공인의 유효기간이 끝나는 것으로 본다.

4. 청문 등 `19 기출`

① 관세청장은 수출입 안전관리 우수업체 공인을 취소하려는 경우 사전에 해당업체에 청문 등을 통한 의견진술 기회를 주어야 한다.
② 관세청장은 청문을 하는 경우 청문 예정일 10일 전까지 해당 업체에 청문 계획을 서면으로 통지하여야 하며 수출입 안전관리 우수업체가 정당한 사유 없이 청문에 응하지 아니한 때에는 의견 진술을 포기한 것으로 본다.
③ 통지를 받은 수출입 안전관리 우수업체의 대표 또는 그 대리인은 지정된 날에 출석하여 의견을 진술하거나 지정된 날까지 서면으로 의견을 제출할 수 있다.
④ 해당 수출입 안전관리 우수업체의 대표 또는 그 대리인이 출석하여 의견을 진술한 때에는 담당 공무원은 그 요지를 서면으로 작성하여 출석자에게 확인한 후 서명 날인하게 하여야 한다.
⑤ 관세청장이 수출입 안전관리 우수업체에 대한 공인을 취소하려는 때에는 수출입 안전관리 우수업체 심의위원회의 심의를 거쳐야 한다.

5. 수출입 안전관리 우수업체 심의위원회의 설치·구성 `24 기출`

① 관세청장은 다음에 관한 사항을 심의하기 위하여 필요한 경우에는 수출입 안전관리 우수업체 심의위원회를 구성·운영할 수 있다.

- 수출입 안전관리 우수업체의 공인 및 갱신
- 수출입 안전관리 우수업체의 공인등급 조정
- 공인과 갱신을 유보하는 업체의 지정
- 공인과 갱신을 유보한 업체의 공인심사 및 갱신심사의 신청 기각
- 수출입 안전관리 우수업체 공인의 취소
- 그 밖에 관세청장이 수출입 안전관리 우수업체 제도의 운영 등에 관하여 심의위원회에 부치는 사항

② 심의위원회의 위원장은 관세청 차장이 되고 위원은 다음의 어느 하나에 해당하는 사람 중에서 위원장이 지명하는 사람으로 한다.

- 관세청 정보데이터정책관·통관국장·심사국장·조사국장·국제관세협력국장, 관세평가분류원장
- 관세행정에 관한 학식과 경험이 풍부한 사람으로서 관세청장이 위촉하는 30명 이내의 사람

③ 위원의 임기는 2년으로 하고, 연임할 수 있으며, 제5항에 따라 위원회가 해산되는 경우에는 그 해산되는 때에 임기가 만료되는 것으로 한다.
④ 심의위원회의 위원장이 부득이한 사유로 인하여 그 직무를 수행하지 못하는 경우에는 위원장이 지명하는 위원이 그 직무를 대신한다.

6. 수출입 안전관리 우수업체 심의위원회의 운영

① 위원장은 심의위원회의 회의를 소집하고 그 의장이 된다.
② 심의위원회의 회의는 위원장과 위원장이 매 회의마다 지명하는 10명 이상 15명 이내의 위원으로 구성하며, 관세행정에 관한 학식과 경험이 풍부한 사람으로서 관세청장이 위촉하는 30명 이내의 사람 중 6명 이상의 위원이 포함되어야 한다.
③ 심의위원회의 회의는 구성원 과반수 출석으로 개의하고 출석위원 과반수 찬성으로 의결한다.
④ 위원장은 공무원인 위원의 직위가 공석이거나 해당 위원이 회의에 출석하지 못할 부득이한 사유가 있는 때에는 소속 과장급 공무원으로 하여금 회의에 출석하여 그 권한을 대행하게 할 수 있다.
⑤ 심의위원회는 수출입 안전관리 우수업체의 공인 및 갱신, 등급조정 등을 심의할 때 해당 업체의 공인기준 충족 여부(단, 관세법 제110조 제2항 제2호에 따른 관세조사로 인해 법규준수도가 일시적으로 하락한 경우에는 해당 법규준수도 제외 여부) 및 국가경제 기여도, 관세행정 정책목표 적합성 등을 고려할 수 있다.

⑥ 심의위원회에는 간사 1명을 두며, 간사는 관세청의 수출입 안전관리 우수업체 공인제도 담당 과장이 된다.
⑦ 수출입 안전관리 우수업체 공인제도 운영과 관련하여 위원장이 심의위원회에 부치는 사항을 사전 검토하기 위하여 실무위원회를 둘 수 있다.
⑧ 관세청장은 심의위원회의 회의에 출석한 공무원이 아닌 위원에게 예산의 범위에서 수당과 여비를 지급할 수 있다.

7. 증서의 반납

수출입 안전관리 우수업체는 공인이 취소된 경우에 지체 없이 관세청장에게 증서를 반납하여야 한다.

8. 공인정보 활용 및 공개

① 관세청장은 통관절차 등의 혜택을 적용하고, 다른 행정 목적의 사용을 위해서 수출입 안전관리 우수업체의 명단, 유효기간 등 공인정보를 활용할 수 있다.
② 관세청장은 수출입 안전관리 우수업체가 국가간 상호인정 혜택을 받을 수 있도록 공인정보를 상대국 관세당국에 제공할 수 있다. **20 기출**
③ 관세청장은 수출입 안전관리 우수업체의 동의를 얻어 공인정보를 외부에 공개할 수 있다.

9. 수출입 안전관리 우수업체 카드 **20 기출**

① 관세청장은 통관절차 등의 혜택을 효과적으로 제공하기 위하여 수출입 안전관리 우수업체의 **대표자 또는 총괄책임자**를 대상으로 수출입 안전관리 우수업체 카드를 발급할 수 있다.
② 수출입 안전관리 우수업체는 카드를 발급받기 위해서 전자통관시스템을 통하여 전자문서로 카드 발급을 신청하여야 한다.
③ 수출입 안전관리 우수업체는 공인이 취소된 경우에 지체 없이 관세청장에게 카드를 반납하여야 한다.

06 수탁기관 지정과 운영

1. 위탁업무

관세청장은 예비심사지원 업무와 서류심사지원 업무를 수탁기관 지정 요건을 갖춘 기관이나 단체에 위탁할 수 있다.

2. 수탁기관 지정 요건

관세청장이 심사지원 업무를 위탁하는 기관이나 단체(수탁기관)는 [별표 8]에 따른 전문인력 및 전산설비의 요건을 갖추고 있는 비영리법인이어야 한다.

구분	세부내용		
	직급	자격사항	인원
전문인력	책임연구원	해당 용역수행을 지휘·감독하며 결론을 도출하는 역할을 수행하는 자를 말하며, 대학 부교수 수준의 기능을 보유한 자	2명 이상
	연구원	책임연구원을 보조하는 자로서 대학 조교수 수준의 기능을 보유한 자	3명 이상
	연구보조원	통계처리·번역 등의 역할을 수행하는 자로서 해당 연구분야에 대해 조교 정도의 전문지식을 가진 자	4명 이상
	• 전문인력은 심사지원 업무를 전담할 것 • 효율적인 심사지원 업무 처리 절차서(검토 및 결재 등)를 마련할 것		

분야		구비사항
전산설비	사업장	출입이 통제되고, 보안 관리가 철저한 독립된 사업장을 갖출 것
	하드웨어	개인용 컴퓨터, 전화기, 팩스, 복사기 등 충분한 사무기기를 갖출 것
	전산망	관세청 전자통관시스템과 연계되어야 하며, 해킹·바이러스 등 외부의 침입을 차단하는 프로그램이 설치될 것
	소프트웨어	정식으로 허가받은 워드프로세서 등을 사용하여야 하며, 비인가 소프트웨어의 설치는 금지할 것
	보안규정	심사지원 업무 등과 관련한 정보통신보안규정을 갖출 것

3. 수탁기관 지정 신청

AEO 심사지원 업무 위탁사업을 수행하기 위해 「국가를 당사자로 하는 계약에 관한 법률」에 따른 경쟁입찰에 참가한 자는 수출입 안전관리 우수업체 심사지원 업무 수탁기관 지정 신청서에 다음의 서류를 첨부하여 관세청장에게 제출하여야 하며, 신청서류는 우편 및 팩스로 제출할 수 있다. 다만, 「전자정부법」 제36조 제1항에 따른 행정정보의 공동이용을 통하여 담당 공무원이 확인하는 것에 동의하는 경우 ① 및 ②의 서류 제출을 생략할 수 있다.

① 사업자등록증 사본
② 법인등기부 등본(법인의 경우만 해당)
③ 사업계획서(조직, 전담인력, 사업장, 전산설비 내역 및 재무 상태에 대한 설명을 포함)
④ 사업장의 소유 또는 임차를 증빙하는 서류
⑤ 수출입 안전관리 우수업체 제도와 관련한 연구실적(실적이 있는 경우만 해당)

4. 수탁기관 지정 신청에 대한 현장조사

① 관세청장은 심사지원 업무 수탁기관 지정 신청에 대해 관세청 소속의 수출입 안전관리 우수업체 심사업무 및 전산업무 담당공무원 5명 내외의 조사반을 구성하여 현장조사를 실시한다.
② 조사반은 수탁기관 지정 요건과 지정 신청서류를 현장에서 점검하고, 수탁기관 자격요건 및 제출서류 현장조사표와 AEO 심사지원 업무의 경쟁입찰 관련 기술평가 검토자료를 작성하여 입찰제안서의 기술능력평가에 반영되도록 하여야 한다.

5. 지정서 발급

관세청장은 경쟁입찰 방식을 통하여 최종 낙찰받은 자에 대해 수출입 안전관리 우수업체 심사지원 업무 수탁기관 지정서를 발급하여야 한다.

6. 위탁 업무의 결과 보고

수탁기관은 수출입 안전관리 우수업체 심사지원 업무의 결과를 관세청장에게 보고하여야 한다. 이 경우 수탁기관은 위탁 업무의 결과와 관련된 자료를 제출하여야 한다.

7. 재검토 요구

관세청장은 수출입 안전관리 우수업체 심사지원 업무의 결과가 미흡하다고 판단하는 경우 수탁기관에 재검토를 요구할 수 있다.

8. 비밀준수의 의무

수탁기관의 임직원은 수출입 안전관리 우수업체 심사지원 업무의 수행 중에 취득한 정보를 해당 업무 이외의 목적으로 사용하거나 제3자에게 제공 또는 누설하여서는 아니 된다. 다만, 부패행위 신고 및 공익신고 등의 경우에 비밀준수 의무를 위반하지 않은 것으로 본다.

9. 지휘·감독 및 수탁기관의 의무 등

① 관세청장은 수탁기관에 수출입 안전관리 우수업체 심사지원 업무에 관하여 지휘·감독상 필요한 명령을 할 수 있다.
② 관세청장은 매년 수출입 안전관리 우수업체 심사지원 업무 위탁계약 체결 전과 그 밖의 필요한 경우에 수탁기관이 지정 요건을 충족하고 있는지를 조사할 수 있다.
③ 관세청장은 위탁업무 결과의 명확성, 정확성, 만족도 등을 고려하여 수탁기관의 실적을 평가하고 그 결과를 활용할 수 있다.
④ 수탁기관은 수탁기관 지정 요건 중 어느 하나가 변경된 경우 변경된 날로부터 7일 이내에 관세청장에게 보고하여야 한다.
⑤ 관세청장은 수탁기관이 관세법령 및 이 고시에 정한 지정 요건, 의무사항 등을 준수하지 않거나 미충족하는 경우 수탁기관 지정을 취소할 수 있다.

10. 지정의 승계 등

① 수탁기관을 인수·합병하거나 수탁기관으로부터 분할되는 비영리 법인 또는 단체가 이 고시에서 정한 수탁기관의 권리·의무를 포괄적으로 승계하려는 때에는 관세청장에게 미리 보고하여야 한다.
② 관세청장은 보고를 받은 날로부터 30일 이내에 수탁기관 지정 요건 충족 여부를 심사하여 수출입 안전관리 우수업체 심사지원 업무 수탁기관 지정서를 발급하여야 한다.

07 공인획득 지원사업의 운영

1. 공인획득지원사업의 지원범위 등

① 「관세법」 제255조의6에 따른 수출입 안전관리 우수업체의 공인획득을 지원하는 사업은 「중소기업기본법」 제2조에 따른 중소기업 중 수출입물품의 제조·운송·보관 또는 통관 등 무역과 관련된 기업을 대상으로 시행한다.
② 관세청장은 선정된 지원기업에 대하여 다음 각 호의 수출입 안전관리 우수업체의 공인획득에 소요되는 비용(공인획득비용)의 일부를 보조할 수 있다.

- 컨설팅기관의 과제수행 대행료
- 관리책임자 교육과 관련하여 지정된 교육기관에서 수행하는 교육비
- 그 밖에 관세청장이 공인획득에 필요하다고 인정하는 사업의 수행비용

③ 보조금은 관세청장이 지정하는 관리기관이 지원기업과 계약을 체결한 컨설팅기관 및 교육기관에 직접 지급하는 것을 원칙으로 한다.
④ 보조금은 사업연도마다 예산규모, 지원수요 등을 고려하여 산정할 수 있다.

2. 관리기관 등

① 관세청장은 공인획득지원사업의 효율적 관리·운영을 위하여 비영리법인을 관리기관으로 지정하고 다음의 업무를 수행하게 할 수 있다.

- 공인획득지원사업 과제에 대한 협약 체결
- 공인획득지원사업의 보조금 관리 및 지급
- 공인획득지원사업 과제의 진도관리 및 점검
- 공인획득지원사업에 참여하는 컨설팅기관의 등록, 사후관리 및 성과분석

- 공인획득지원사업을 위한 동향분석
- 그 밖에 공인획득지원사업 수행을 위하여 관세청장이 요청하는 사항

② 관리기관은 업무의 효율적 수행을 위하여 이 고시에 저촉되지 않는 범위에서 관세청장의 승인을 얻어 별도의 기준을 정하여 시행할 수 있다.

3. 보조금 관리 등

① 관리기관의 장은 공인획득 지원사업으로 배정받은 정부보조금에 대하여 별도의 계정을 설정하고 수입 및 지출을 명백히 구분하여 처리하여야 한다.

② 관리기관장은 월별 정부보조금의 집행실적 등 공인획득지원사업의 상·하반기 추진실적을 반기 후 30일 이내에 관세청장에게 보고하여야 한다.

③ 관리기관장은 사업이 종료되는 시점을 기준으로 사업연도마다 정부보조금을 정산하여야 하고, 정산결과 잔액 및 이자 수익 등이 발생하였을 경우에는 관세청장의 승인을 얻어 다음 연도 공인획득 지원 사업에 이월하여 사용할 수 있다.

4. 컨설팅기관

① 공인획득지원사업에 참여를 원하는 컨설팅기관은 AEO 컨설턴트 자격요건을 충족하는 상근 인력 2명 이상을 최근 6개월간 지속적으로 고용하고 있어야 하며, 컨설턴트 윤리강령을 준수하여야 한다.

② 관세청장은 컨설팅기관의 사업참여 신청이 있는 경우에는 현장실사 등 요건을 확인하여 등록한 후 지원기업이 알 수 있도록 공표하여야 한다.

③ 관세청장은 관리기관으로 하여금 컨설팅기관 및 컨설턴트별로 성과 분석 및 평가를 실시하게 하는 등 적정한 컨설팅이 이뤄질 수 있도록 사후 관리하여야 한다.

5. 지원기업

지원기업은 공인획득지원사업 과제의 수행을 위하여 다음 사항을 준수하여야 한다.

① 공인획득지원사업 협약 체결
② 공인획득지원사업 과제의 성실한 수행
③ 공인획득지원사업 과제의 완료보고 등 관련 자료 제출
④ 그 밖에 관세청장이 요구하는 공인획득지원사업 관련 의무

6. 사업시행계획의 수립·공고

① 관세청장은 공인획득지원사업의 효율적 추진을 위하여 매년 공인획득지원사업의 시행계획을 수립하고 이를 공고할 수 있다.

② 사업시행계획에는 공인획득지원사업의 신청자격, 접수처, 지원규모 등이 포함되어야 한다.

③ 사업시행계획 수립 시 수출기업, 국내 AEO 공인기업과 거래하는 기업, 외국의 구매자로부터 AEO 공인과 관련한 요청을 받은 기업 등에 대해서는 우대조치를 마련하여 시행할 수 있다.

7. 지원 신청

공인획득지원사업의 지원기업이 되려는 중소기업은 공인을 받으려는 본사 또는 주사업장이 위치한 소재지의 관할 본부세관장에게 신청하여야 한다.

8. 지원신청서의 검토

① 세관장은 지원신청서에 대하여 신청업체의 자격, 지원신청서에 첨부한 제출 서류가 적정한지 등을 검토하여야 한다.

② 세관장은 지원신청서 내용이 사실인지를 확인하기 위하여 필요한 경우에는 소속 직원과 전문가로 하여금 신청기업 또는 컨설팅기관에 대해 현장을 실사하게 할 수 있다.

9. 신청업체의 평가 등

① 관세청장은 지원의 효율성, 수출 증대 기여도, 공인분야별 형평성 등을 고려하여 선정기준을 마련하고, 세관장은 이 기준에 따라 평가를 실시하여야 한다.
② 세관장은 신청업체의 평가를 위해 관계전문가를 활용하여 평가를 할 수 있다.
③ 세관장은 평가를 통해 점수별로 신청업체의 지원 우선순위명부를 작성하여 관세청장에게 보고하여야 한다.

10. 지원기업의 선정 등

① 관세청장은 지역별 중소기업 신청비율, 중소기업 비율, 수출비율 등 제반사항을 고려하여 본부세관별로 예상 지원업체 수를 정하고, 선정위원회에게 지원기업을 선정하게 할 수 있다.
② 선정위원회는 지원 우선순위 업체별로 다음의 사항을 고려하여 지원대상업체를 선정한다.

- 지역별 지원대상업체 평가의 적정성
- 공인획득비용 규모
- AEO 공인분야별, 지역별 지원규모의 적정성
- 그 밖에 관세청장이 필요하다고 인정하는 사항

③ 선정위원회는 필요한 경우 공인획득비용을 조정할 수 있으며, 지원 우선순위 업체를 지원기업으로 선정할 수 있다.

11. 협약의 체결

지원기업은 지원대상업체로 선정 통보를 받은 날로부터 30일 이내에 관리기관장과 협약을 체결하여야 하며, 특별한 사유 없이 그 기간 내에 협약을 체결하지 아니하는 경우 관세청장은 지원기업의 선정을 취소할 수 있다.

12. 협약의 변경

① 지원기업이 불가피한 사정으로 AEO 공인획득비용 또는 컨설팅기관 등 협약의 내용을 변경하려는 때에는 미리 관리기관의 장의 승인을 얻어야 한다.
② 관리기관장은 변경하려는 내용이 당초 공인획득지원사업 과제의 목표에 어긋나지 않는 경우에는 이를 변경하여 수행하게 할 수 있다. 이 경우 관리기관장은 협약변경 승인내용을 해당 분기 말까지 관세청장에게 통보하여야 한다.

13. 협약의 해약

① 관리기관장은 협약을 체결한 후에 다음의 사정으로 인하여 지원기업이 공인획득지원사업 과제를 계속 수행할 수 없다고 판단되는 경우에는 협약을 해약할 수 있다.

1. 지원기업의 부도 및 폐업
2. 지원기업이 AEO 공인획득지원사업 과제의 수행을 임의로 포기하는 경우
3. 협약기간 내에 과제 수행을 완료하지 못한 경우
4. 과제의 착수가 늦거나 사실상 정지되어 소기의 성과를 기대하기 곤란하거나 완수할 능력이 없다고 인정된 경우
5. 추진 중인 과제의 목표가 다른 사업용역의 수행에 의하여 사실상 성취되어 해당 과제 수행을 계속할 필요성이 인정되지 아니한 경우
6. 지원기업이 협약 체결 이후 6개월 이내에 공인신청하지 않은 경우. 단 법규준수도가 공인 신청기준 미만으로 하락한 경우는 제외
7. 지원기업이 허위보고 또는 관련문서를 위·변조하여 보조금을 부당하게 지급받았을 경우
8. 그 밖에 중대한 사유로 인하여 과제 수행이 불가능하거나 불필요하다고 관세청장이 인정하는 경우

② 관리기관장은 협약해약을 한 경우에는 그 내용을 관세청장에게 통보하여야 한다.

14. 과제의 수행 및 결과보고 등
① 지원기업은 협약 체결일로부터 1년 이내에 공인획득지원사업의 과제를 완료하여야 한다. 다만, 기간 연장의 특별한 사유가 있다고 관리기관장이 인정하는 경우에는 1년을 초과하여 과제를 수행할 수 있다.
② 지원기업이 과제를 완료하여 공인서를 받은 때에는 그 날로부터 15일 이내에 획득한 공인증서 사본을 첨부하여 관리기관장에게 완료보고를 하여야 하며, 공인획득에 실패한 경우에는 그 사유를 기재하여 완료보고를 하여야 한다.
③ 관리기관장은 완료보고를 받은 때에는 해당 사업 과제의 추진실적, 공인획득비용의 사용실태 등을 심사하여야 한다.

15. 보조금의 지급
① 관세청장은 공인획득지원사업의 규모, 착수시기, 정부의 재정사정 등을 고려하여 해당 연도 보조금을 일시 또는 분할하여 관리기관장에게 지급할 수 있다.
② 관리기관장은 협약을 체결한 지원기업이 공인획득을 완료하여 완료보고를 한 경우 컨설팅기관에 정부보조금을 전액 일괄 지급한다. 다만, 정책적 필요성, 예산집행의 적정성 등을 이유로 보조금의 일부를 미리 지급할 필요가 있는 경우에는 관세청장이 정하는 바에 따라 보조금의 일부를 공인획득 완료 이전에 컨설팅기관에 미리 지급할 수 있다.
③ 관세청장은 지원기업이 공인획득에 실패하더라도 소요비용을 선급금 범위 내에서 지원할 수 있다. 다만, 협약이 해약되는 경우에는 그 비용을 환수하여야 한다.

16. 관리기관의 지정 등
① 관리기관은 사단법인 한국에이이오(AEO)진흥협회로 한다.
② 관세청장은 관리기관에 대하여 공인획득지원사업의 업무대행에 따른 소요경비를 지원할 수 있다.

17. 선정위원회의 구성
① 관세청장은 지원대상업체 선정을 위하여 공인획득 지원 대상업체 선정위원회를 둔다.
② 선정위원회의 위원장은 관세청 차장이 되고 위원단의 위원은 다음의 어느 하나에 해당하는 사람 중 위원장이 지명하는 사람으로 한다.

- 관세청 정보데이터정책관·통관국장·심사국장·조사국장·국제관세협력국장
- 관세행정에 관한 학식과 경험이 풍부한 사람으로서 관세청장이 위촉하는 사람 10명 이내

③ 위원의 임기는 2년으로 하되, 연임할 수 있다.
④ 선정위원회의 위원장이 부득이한 사유로 인하여 그 직무를 수행하지 못하는 경우에는 위원장이 지명하는 위원이 그 직무를 수행한다.

18. 선정위원회의 운영
① 위원장은 선정위원회의 회의를 소집하고 그 의장이 된다.
② 선정위원회의 회의는 위원장과 회의를 개최할 때마다 위원장이 지정하는 10명 이내의 위원으로 구성하되, 관세행정에 관한 학식과 경험이 풍부한 사람으로서 관세청장이 위촉하는 사람이 5명 이상 포함되어야 한다.
③ 선정위원회의 회의는 위 ②에 따른 구성원 과반수 출석으로 개의하고 출석위원 과반수 찬성으로 의결한다.
④ 선정위원회의 위원 중 공무원인 위원이 회의에 출석하지 못할 부득이한 사유가 있는 때에는 그 소속공무원으로 하여금 회의에 출석하여 그 권한을 대행하게 할 수 있다.
⑤ 선정위원회의 간사는 관세청의 종합인증우수업체 공인제도 담당과장이 된다.
⑥ 선정위원회의 회의에 출석한 공무원이 아닌 위원에 대하여는 예산의 범위 안에서 수당과 여비를 지급할 수 있다.

19. 공인획득지원사업 과제의 승계

① 지원기업이 공인획득지원사업 과제 수행과정에서 기업을 양도하거나 합병하였을 때에는 그 기업을 양수받은 자 또는 합병에 따라 설립된 법인은 관리기관장의 승인을 얻어 공인획득지원사업 과제를 승계할 수 있다.

② 관리기관장은 승인을 한 때에는 승계인의 성명, 주소 등을 관세청장에게 해당 분기 말까지 통보하여야 한다.

20. 공인획득지원사업에의 참여제한

① 관리기관장은 특별한 사유 없이 협약을 체결하지 않은 경우 공인획득지원사업에의 참여를 제한할 수 있다.

② 관리기관장은 협약해약 또는 허위나 부정한 방법 사용 등의 사유가 발생한 경우에는 지원기업, 컨설팅기관에 대하여 공인획득지원사업에의 참여를 제한할 수 있다.

③ 공인획득지원사업에의 참여제한 사유, 참여제한기간 등은 관세청장이 별도로 정한다.

21. 과제 수행의 관리 등

① 관세청장은 관리기관, 지원기업 및 컨설팅기관에 대하여 과제수행 결과 등 공인획득지원사업의 운영·관리에 관계되는 내용을 보고하게 하거나 소속공무원으로 하여금 장부·서류 등을 검사하게 할 수 있다.

② 지원기업 및 컨설팅기관은 중간점검 및 과제수행 결과의 검토 등을 위하여 관리기관장으로부터 확인 요구가 있는 경우에는 협조하여야 한다.

22. 벌칙 등 규정 준용

거짓의 신청이나 그 밖의 부정한 방법으로 보조금의 교부를 받은 자에 대한 벌칙과 그 밖의 공인획득 지원사업 보조금의 교부 및 관리에 관한 사항은 「보조금 관리에 관한 법률」 규정을 준용한다.

> **더 알아보기**

[별표 1] 수출입 안전관리 우수업체 공인기준 (제4조 제1항 관련)

나. 수입자

1. 법규준수

1.1.1 신청업체와 신청인(관리책임자를 포함한다)이 법 제175조 제1호부터 제5호까지 또는 제7호에서 규정한 결격사유에 해당하지 않아야 한다.

1.1.2 신청업체와 신청인(관리책임자를 포함한다)이 법 제275조의4를 위반하여 벌금형 또는 통고처분을 받은 사실이 있거나 법 제276조를 위반하여 벌금형 선고를 받은 사실이 있는 경우에는 벌금형을 선고받거나 통고처분을 이행한 후 2년이 경과하여야 한다. 다만, 법 제279조에 따라 처벌된 개인 또는 법인은 제외한다. **23 기출**

1.1.3 신청업체와 신청인(관리책임자를 포함한다)이 영 제259조의2 제1항 제1호에서 정한 법령(관세법령을 제외한다)을 위반하여 벌금형 이상을 선고받은 사실이 있는 경우에는 징역형 종료 또는 벌금형 선고 후 2년이 경과하거나 집행유예 기간이 만료되어야 한다. 다만, 각 법령의 양벌규정에 따라 처벌된 개인 또는 법인은 제외한다.

1.1.4 신청업체는 통합법규준수도시스템 또는 현장심사를 통하여 측정한 관세행정 법규준수도가 수출입 안전관리 우수업체 공인기준을 충족하여야 한다.

2. 내부통제시스템

2.1.1 수입업체는 최고경영자의 법규준수와 안전관리에 대한 경영방침과 이를 이행하기 위한 세부목표를 수립하여야 한다.

2.1.2 수입업체는 법규준수와 안전관리를 위한 조직과 인력을 확보하고, 관세행정 관련 활동에 적극 참여하여야 한다.

2.1.3 수입업체는 법규준수와 안전관리를 위하여 수출입 관련 자격증 소지자와 경험자를 근무하도록 하여야 한다.

2.1.4 수입업체는 투명하고 공정한 업무수행을 위하여 윤리경영방침을 마련하여야 하고, 내부고발제도 등 부정방지 프로그램을 활성화하여야 한다.

2.2.1 수입업체는 법규준수와 안전관리 관련 업무 처리에 부정적 영향을 주는 위험요소의 식별, 평가, 관리대책의 수립, 개선 등을 포함한 절차를 마련하여야 한다.

2.2.2 수입업체는 수입물품과 관련하여 과세가격 결정방법이나 품목분류, 원산지 결정에 대하여 이견이 있는 경우, 관세법 제37조(과세가격 결정방법의 사전심사), 같은 법 제86조(특정물품에 적용될 품목분류의 사전심사), 자유무역협정의 이행을 위한 관세법의 특례에 관한 법률 제31조(원산지 등에 대한 사전심사), 기타 질의 등을 통하여 명확히 하여야 한다.

2.3.1 수입업체는 법규준수와 안전관리 관련 업무의 이행을 위하여 통관적법성과 수출입물품 관리 등에 대한 절차를 마련하고, 최신자료를 유지하여야 한다.

2.3.2 수입업체는 통관적법성과 수출입물품 관리 등의 이력정보를 추적할 수 있는 절차를 마련하고, 세관장으로부터 요청받을 경우 접근을 허용하여야 한다.

2.3.3 수입업체는 수출입물품의 이동과 이와 관련된 대금의 지급·영수에 관한 자료의 관리절차를 마련하고, 관련 법령에 따라 자료를 보관하여야 한다.

2.4.1 수입업체는 법규준수와 안전관리 업무에 대한 정보가 관련 부서에 공유되도록 하여야 한다.

2.4.2 수입업체는 법규준수와 안전관리를 위하여 관세행정 전문가, 거래업체와 정기적으로 협의하여야 한다.

2.5.1 수입업체는 내부통제활동에 대하여 주기적으로 평가하고 개선하는 절차를 마련하여야 한다.

3. 재무건전성

3.1.1 신청업체와 신청인이 관세 등 국세와 지방세의 체납이 없어야 한다.

3.2.1 신청업체는 ① 재무제표에 대한 감사보고서의 감사의견이 적정이어야 하며, ② 부채비율이 200% 이하이거나 동종업종 평균의 2배 이하이거나, 외부신용 평가기관의 신용평가 등급이 투자적격 이상 또는 매출 증가 등으로 성실한 법규 준수의 이행이 가능할 정도의 재정을 유지하여야 한다. 단, ①의 경우에는 「주식회사 등의 외부감사에 관한 법률」 적용대상 업체에만 적용한다. `23 기출`

4. 안전관리

(1) 거래업체 관리

4.1.1 수입업체는 거래업체를 선정하기 위한 절차를 마련하여야 한다.

4.1.2 수입업체는 거래업체가 국내·외 수출입 안전관리 우수업체 공인을 받았는지 여부를 확인하여야 한다.

4.1.3 수입업체는 수출입 안전관리 우수업체 공인이 없는 거래업체에 안전관리 기준을 충족하였는지 여부를 문서나 전자적인 방법으로 표시하도록 요구하여야 하며, 위험평가 절차에 따라 거래업체의 안전관리기준 충족 여부를 주기적으로 검증하여야 한다.

4.1.4 수입업체는 수출입물품의 안전성을 강화하기 위하여 거래업체가 수출입 안전관리 우수업체 안전관리기준에 부합하는 안전관리절차를 운영하고, 위험평가를 기초로 절차와 시설에 대하여 주기적으로 점검·개선하도록 요구하여야 한다.

(2) 운송수단 등 관리

4.2.1 수입업체는 컨테이너와 트레일러 등에 비인가된 물품이나 사람의 침입을 방지하여야 한다.

4.2.2 수입업체는 컨테이너와 트레일러 등에 비인가된 물품이나 사람의 침입을 방지하기 위해 봉인을 관리하고, 손상된 봉인을 식별하여 세관장 및 관련 외국 관세당국에 보고하여야 하며, 공급망 협력업체와 공유하는 절차를 마련하여야 한다. `22 기출`

4.2.3 수입업체는 컨테이너와 트레일러 등의 이상 여부를 확인하고, 손상된 컨테이너와 트레일러 등을 식별하여 세관장 및 관련 외국 관세당국에 보고하는 절차를 마련하여야 한다.

4.2.4 수입업체는 컨테이너와 트레일러 등에 대한 무단 접근이나 조작을 방지하기 위하여 안전한 장소에 보관하고, 무단침입이 확인된 경우 세관장에게 보고하는 절차를 마련하여야 한다.

(3) 출입통제 관리

4.3.1 수입업체는 직원을 식별하고 접근을 통제하기 위하여 직원식별시스템을 마련하고, 회사 관리자를 지정하여 직원, 방문자, 납품업자를 식별하는 표식의 발급과 회수를 관리하여야 한다. `22 기출`

4.3.2 수입업체는 접근통제구역을 설정하고, 직원별로 직무수행 범위에 따라 접근가능 구역과 권한을 구분하여야 하며, 접근통제장치를 발급, 회수, 변경하는 절차를 마련하여야 한다.

4.3.3 수입업체는 방문자 도착 시 사진이 부착된 신분증을 확인하고, 방문자 안내와 출입증을 패용하도록 하여야 한다.

4.3.4 수입업체는 도착한 소포와 우편물을 배포하기 전에 검사하여야 한다.

4.3.5 수입업체는 권한이 없거나 신원이 확인되지 않은 사람에 대하여 검문과 대응하는 절차를 마련하여야 한다.

(4) 인사관리

4.4.1 수입업체는 채용이 확정된 자의 입사지원 정보에 대한 진위여부를 확인하여야 한다.

4.4.2 수입업체는 관련 법령이 허용하는 범위 내에서 채용이 확정된 자에 대한 이력을 점검하여야 하며, 채용 후에는 직무 수행의 중요성에 기초하여 직원을 주기적으로 점검하여야 한다. **21 기출**

4.4.3 수입업체는 퇴직직원의 사원증·출입증과 시설·시스템 접근권한 등을 회수하는 절차를 마련하여야 한다.

4.4.4 수입업체는 직원의 성명, 생년월일 등 인적사항을 기록한 직원명부를 보유하고, 세관장의 요청이 있을 경우에는 법률이 정하는 범위 내에서 세관장에게 제출하여야 한다.

(5) 취급절차 관리

4.5.1 수입업체는 수출입물품의 운송, 취급, 보관과 관련된 절차를 준수하기 위해 비인가된 물품과 사람의 접근을 통제하는 안전관리조치를 하여야 한다.

4.5.2 수입업체는 물품의 통관에 사용되는 정보 및 문서를 정확하게 하고, 교환이나 손실, 오류정보의 개입으로부터 보호되는 절차를 마련하여야 한다.

4.5.3 수입업체는 물품의 안전성을 보장하기 위하여 거래업체로부터 정확하고 시기적절하게 정보를 통보받는 절차를 마련하여야 한다.

4.5.4 수입업체는 거래업체에 적재화물목록을 정확하게 작성하도록 요구하여야 하며, 물품의 중량·라벨·표식·수량 등을 검증하여야 한다. 수입업체는 수입 물품을 구매주문서 또는 운송의뢰서와 대조·검증하여야 한다. 수입업체는 물품을 인수하거나 불출하기 전에 운전사 및 운송수단 정보 등을 확인하여야 한다. 또한, 반입 및 반출되는 물품의 이동을 적기에 추적하는 절차를 마련하여야 한다.

4.5.5 수입업체는 수입물품의 이상 상황을 해결하고 조사하여야 하며, 불법사항이나 혐의사항을 식별하였을 때에는 즉시 세관장에게 보고하여야 한다.

(6) 시설과 장비 관리

4.6.1 수입업체는 물품 취급 및 보관 시설 주변을 둘러싸는 울타리를 설치하여야 한다. 수입업체는 물품 취급 및 보관시설 안에 내부 울타리를 설치하여 내국물품, 외국물품, 고가물품, 위험물품을 구분하여야 한다. 수입업체는 울타리의 손상 등 이상 여부를 주기적으로 검사하여야 한다.

4.6.2 수입업체는 사람과 차량이 출입하는 출입구에 인력을 배치하거나 감시카메라 설치 등을 통해 감시하고, 적절한 출입과 안전관리를 위하여 출입구를 최소한으로 유지하여야 한다.

4.6.3 수입업체는 물품 취급 및 보관 시설 내부 또는 인접지역에 개인차량이 주차되지 않도록 하여야 한다.

4.6.4 수입업체는 불법 침입을 막을 수 있는 자재로 건축된 건물을 사용하여야 하고, 주기적으로 검사하고 보수하여야 한다.

4.6.5 수입업체는 내·외부 창문, 출입구 및 울타리의 안전관리를 위하여 잠금 장치를 설치하여야 하며, 근무시간 이후에는 사무실 접근을 통제하여야 하고, 회사 관리자에게 열쇠와 자물쇠 등 잠금장치를 관리하도록 하여야 한다.

4.6.6 수입업체는 출입구, 물품 취급 및 보관 시설, 울타리, 주차지역을 포함한 시설 내·외부에 적절한 조명을 설치하여야 한다.

4.6.7 수입업체는 물품 취급 및 보관장소에 권한 없는 사람의 접근을 방지하고 시설을 감시하기 위하여 경보장치와 감시카메라를 설치하여야 한다.

(7) 정보기술 관리

4.7.1 수입업체는 정보기술 관리정책, 절차 및 표준을 마련하고, 주기적으로 또는 위험요소·상황 발생 시 이를 현행화하여야 한다.

4.7.2 수입업체는 회사정보에 대한 부적절한 접근, 조작 및 교환을 포함한 정보 기술의 오·남용을 확인할 수 있는 시스템을 마련하여야 하며, 정기적으로 정보 기술 관련 시스템 및 장치에 대한 안전점검을 실시하여야 한다. 수입업체는 정보기술 관련 규정 위반자에 대하여 합당한 징계처분을 하여야 한다.

(8) 교육과 훈련

4.8.1 수입업체는 수출입물품과 관련된 각 지점에서 발생할 수 있는 각종 위험을 이해하고 인식을 제고하는 프로그램을 수립하여 시행하여야 하며, 직원이 위험상황에 대처하기 위하여 회사가 정한 절차와 보고방법을 숙지하도록 하여야 한다.

4.8.2 수입업체는 법규준수와 안전관리를 위하여 통관적법성에 대한 교육을 실시하여야 한다.

4.8.3 수입업체는 수출입물품에 대한 안전관리 유지, 내부공모 파악·부정방지 프로그램의 준수, 소포·우편물 관리, 물품취급 장소·시설 등에 대한 접근통제 및 정보기술 보호·관리 등에 대해 직원에게 교육하여야 하며, 교육에는 직원의 참여를 독려할 수 있는 체계를 갖춰야 한다.

마. 보세운송업자

1. 법규준수 `22 기출`

1.1.1 신청업체와 신청인(관리책임자를 포함한다)이 법 제175조 제1호부터 제5호까지 또는 제7호에서 규정한 결격사유에 해당하지 않아야 한다.

1.1.2 신청업체와 신청인(관리책임자를 포함한다)이 법 제275조의4를 위반하여 벌금형 또는 통고처분을 받은 사실이 있거나 법 제276조에 따라 벌금형 선고를 받은 사실이 있는 경우에는 벌금형을 선고받거나 통고처분을 이행한 후 2년이 경과하여야 한다. 다만, 법 제279조에 따라 처벌된 개인 또는 법인은 제외한다.

1.1.3 신청업체와 신청인(관리책임자를 포함한다)이 영 제259조의2 제1항 제1호에서 정한 법령(관세법령을 제외한다)을 위반하여 벌금형 이상을 선고받은 사실이 있는 경우에는 징역형 종료 또는 벌금형 선고 후 2년이 경과하거나 집행유예 기간이 만료되어야 한다. 다만, 각 법령의 양벌규정에 따라 처벌된 개인 또는 법인은 제외한다.

1.1.4 신청업체는 통합법규준수도시스템 또는 현장심사를 통하여 측정한 관세행정 법규준수도가 수출입 안전관리 우수업체 공인기준을 충족하여야 한다.

2. 내부통제시스템

2.1.1 보세운송업자는 최고경영자의 법규준수와 안전관리에 대한 경영방침과 이를 이행하기 위한 세부목표를 수립하여야 한다. `18 기출`

2.1.2 보세운송업자는 법규준수와 안전관리를 위한 조직과 인력을 확보하고, 관세행정 관련 활동에 적극 참여하여야 한다.

2.1.3 보세운송업자는 법규준수와 안전관리를 위하여 수출입물품 취급 관련 자격증 소지자와 경험자를 근무하도록 하여야 한다. `18 기출`

2.1.4 보세운송업자는 투명하고 공정한 업무수행을 위하여 윤리경영방침을 마련하고, 내부고발제도 등 부정방지 프로그램을 활성화하여야 한다. `18 기출`

2.2.1 보세운송업자는 법규준수와 안전관리 관련 업무 처리에 부정적 영향을 주는 위험요소의 식별, 평가, 관리대책의 수립, 개선 등을 포함한 절차를 마련하여야 한다.

2.3.1 보세운송업자는 법규준수와 안전관리 관련 업무의 이행을 위하여 수출입 물품의 운송, 취급, 보관절차 등을 마련하고, 최신자료를 유지하여야 한다.

2.3.2 보세운송업자는 수출입물품의 운송 등과 관련된 자료의 관리절차를 마련하고, 관련 법령에 따라 자료를 보관하여야 한다.

2.3.3 보세운송업자는 수출입물품의 운송내역과 이와 관련된 운송 수수료 등을 추적할 수 있는 운영체계를 구축하고, 세관장으로부터 요청받을 경우 접근을 허용하여야 한다.

2.3.4 보세운송업자는 수출입물품 운송의 안전성을 확보하기 위한 절차를 마련하여야 한다.
2.4.1 보세운송업자는 법규준수와 안전관리 업무에 대한 정보가 관련 부서에 공유되도록 하여야 한다.
2.4.2 보세운송업자는 법규준수와 안전관리를 위하여 관세행정 전문가, 거래업체와 정기적으로 협의하여야 한다.
2.5.1 보세운송업자는 내부통제활동에 대하여 주기적으로 평가하고 개선하는 절차를 마련하여야 한다.

3. 재무건전성
3.1.1 신청업체와 신청인이 관세 등 국세와 지방세의 체납이 없어야 한다.
3.2.1 신청업체는 ① 재무제표에 대한 감사보고서의 감사의견이 적정이어야 하며, ② 부채비율이 200% 이하 또는 동종업종 평균의 2배 이하이거나, 외부신용 평가기관의 신용평가 등급이 투자적격 이상 또는 매출 증가 등으로 성실한 법규 준수의 이행이 가능할 정도의 재정을 유지하여야 한다. 단, ①의 경우에는 「주식회사 등의 외부감사에 관한 법률」 적용대상 업체에만 적용한다.

4. 안전관리
(1) 거래업체 관리

4.1.1 보세운송업자는 거래업체를 선정하기 위한 절차를 마련하여야 한다.
4.1.2 보세운송업자는 거래업체가 국내·외 수출입 안전관리 우수업체 공인을 받았는지 여부를 확인하여야 한다. **19 기출**
4.1.3 보세운송업자는 수출입 안전관리 우수업체 공인이 없는 거래업체에 안전 관리기준을 충족하였는지 여부를 문서나 전자적인 방법으로 표시하도록 요구하여야 하며, 위험평가 절차에 따라 거래업체의 안전관리기준 충족 여부를 주기적으로 검증하여야 한다.
4.1.4 보세운송업자는 타 운송업체의 차량을 이용하는 경우 그 업체가 수출입 안전관리 우수업체 공인을 받았는지 또는 수출입 안전관리 우수업체는 아니지만 안전관리기준을 충족하였는지 확인하여야 한다.

(2) 운송수단 등 관리

4.2.1 보세운송업자는 컨테이너와 트레일러 등에 비인가된 물품이나 사람의 침입을 방지하여야 한다.
4.2.2 보세운송업자는 컨테이너와 트레일러 등에 비인가된 물품이나 사람의 침입을 방지하기 위해 봉인을 관리하고, 손상된 봉인을 식별하여 세관장 및 관련 외국 관세당국에 보고하여야 하며, 공급망 협력업체와 공유하는 절차를 마련하여야 한다. 보세운송업자는 운전사에게 운송 중 봉인통제 절차를 이행하도록 하여야 한다.
4.2.3 보세운송업자는 컨테이너와 트레일러 등의 이상 여부를 확인하고, 손상·구조적 변경된 컨테이너 및 트레일러 등을 식별하여 세관장 및 관련 외국 관세 당국에 보고하는 절차를 마련하여야 하며, 운전사가 검사를 마친 후 내부공모를 방지하기 위하여 회사관리자로 하여금 위험평가에 기초하여 무작위로 추가검사를 실시하게 하여야 한다.
4.2.4 보세운송업자는 컨테이너와 트레일러 등에 대한 무단 접근이나 조작을 방지하기 위하여 안전한 장소에 보관하고, 무단침입이 확인된 경우 세관장에게 보고하는 절차를 마련하여야 한다.
4.2.5 보세운송업자는 운송수단의 안전성 유지를 위하여 운송수단이 이동하는 동안에는 추적 및 감시하여야 하며, 운행일지가 기록·유지되고 운송수단 추적 및 감시가 이행되고 있는지 확인하기 위하여 주기적으로 예고 없는 검증을 하여야 한다.
4.2.6 보세운송업자는 사전에 운행경로별 혼잡시간대와 비혼잡시간대를 구분하여 예상소요시간 파악 및 비정상적인 운행경로를 확인하여야 하며, 날씨, 교통상황, 우회 등으로 운송이 지연되는 경우 운전사가 운송의 뢰인에게 그 사실을 통보하도록 하여야 한다.
4.2.7 보세운송업자는 여러 수출입업체의 물품을 적재하는 경우에는 안전이 강화된 자물쇠를 사용하여야 한다.

(3) 출입통제 관리

4.3.1 보세운송업자는 직원을 식별하고 접근을 통제하기 위하여 직원식별시스템을 마련하고, 회사 관리자를 지정하여 직원, 방문자, 납품업자를 식별하는 표식의 발급과 회수를 관리하여야 한다. **18 기출**

4.3.2 보세운송업자는 접근통제구역을 설정하고, 직원별로 직무수행 범위에 따라 접근가능 구역과 권한을 구분하여야 하며, 접근통제장치를 발급, 회수, 변경하는 절차를 마련하여야 한다.

4.3.3 보세운송업자는 방문자 도착 시 사진이 부착된 신분증을 확인하고, 방문자 안내와 출입증을 패용하도록 하여야 한다.

4.3.4 보세운송업자는 권한이 없거나 신원이 확인되지 않은 사람에 대하여 검문과 대응하는 절차를 마련하여야 한다.

(4) 인사관리

4.4.1 보세운송업자는 채용이 확정된 자의 입사지원 정보에 대한 진위여부를 확인하여야 한다.

4.4.2 보세운송업자는 관련 법령이 허용하는 범위 내에서 채용이 확정된 자에 대한 이력을 점검하여야 하며, 채용 후에는 직무 수행의 중요성에 기초하여 직원을 주기적으로 점검하여야 한다.

4.4.3 보세운송업자는 퇴직직원의 사원증·출입증과 시설·시스템 접근권한 등을 회수하는 절차를 마련하여야 한다.

(5) 취급절차 관리

4.5.1 보세운송업자는 수출입물품의 운송, 취급, 보관과 관련된 절차를 준수하기 위해 비인가된 물품과 사람의 접근을 통제하는 안전관리조치를 하여야 한다. `19 기출` `18 기출`

4.5.2 보세운송업자는 보세운송 신고 시 물품의 중량, 수량 등을 정확하게 작성하여야 하며, 불법사항이나 혐의 사항을 식별하였을 때에는 즉시 세관장에게 보고하여야 한다. `18 기출`

4.5.3 보세운송업자는 물품의 안전성을 보장하기 위하여 거래업체로부터 정확하고 시기적절하게 정보를 통보받는 절차를 마련하여야 한다. `18 기출`

(6) 시설과 장비 관리

4.6.1 보세운송업자는 물품 취급 및 보관 시설 주변, 운송수단 주차지역 등을 둘러싸는 울타리를 설치하여야 하며, 울타리의 손상 등 이상 여부를 주기적으로 검사하여야 한다.

4.6.2 보세운송업자는 사람과 차량이 출입하는 출입구에 인력을 배치하거나 감시카메라 설치 등을 통해 감시하고, 적절한 출입과 안전관리를 위하여 출입구를 최소한으로 유지하여야 한다. `19 기출`

4.6.3 보세운송업자는 물품 취급 및 보관 시설 내부 또는 인접지역에 개인차량이 주차되지 않도록 하여야 한다.

4.6.4 보세운송업자는 불법 침입을 막을 수 있는 자재로 건축된 선물을 사용하여야 하고, 주기적으로 검사하고 보수하여야 한다.

4.6.5 보세운송업자는 내·외부 창문, 출입구 및 울타리의 안전관리를 위하여 잠금장치를 설치하여야 하며, 근무시간 이후에는 사무실 접근을 통제하여야 하고, 회사 관리자에게 열쇠와 자물쇠 등 잠금장치를 관리하도록 하여야 한다.

4.6.6 보세운송업자는 출입구, 물품 취급 및 보관 시설, 울타리, 주차지역을 포함한 시설 내·외부에 적절한 조명을 설치하여야 한다.

4.6.7 보세운송업자는 물품 취급 및 보관장소에 권한 없는 사람의 접근을 방지하고 시설을 감시하기 위하여 경보장치와 감시카메라를 설치하여야 한다.

(7) 정보기술 관리

4.7.1 보세운송업자는 정보기술 관리정책, 절차 및 표준을 마련하고, 주기적으로 또는 위험요소·상황 발생 시 이를 현행화하여야 한다.

4.7.2 보세운송업자는 회사정보에 대한 부적절한 접근, 조작 및 교환을 포함한 정보기술의 오·남용을 확인할 수 있는 시스템을 마련하여야 하며, 정기적으로 정보기술 관련 시스템 및 장치에 대한 안전점검을 실시하여야 한다. 보세운송업자는 정보기술 관련 규정 위반자에 대하여 합당한 징계처분을 하여야 한다. `19 기출`

(8) 교육과 훈련

- 4.8.1 보세운송업자는 수출입물품과 관련된 각 지점에서 발생할 수 있는 각종 위험을 이해하고 인식을 제고하는 프로그램을 수립하여 시행하여야 하며, 직원이 위험상황에 대처하기 위하여 회사가 정한 절차와 보고방법을 숙지하도록 하여야 한다.
- 4.8.2 보세운송업자는 법규준수와 안전관리를 위하여 수출입물류업무에 대한 교육을 실시하여야 한다. `23 기출`
- 4.8.3 보세운송업자는 운전사에게 수출입물품의 운송, 취급, 보관에 대한 안전관리 교육을 실시하여야 한다.
- 4.8.4 보세운송업자는 운송수단에 대한 안전관리 유지, 내부공모 파악·부정 방지 프로그램의 준수, 물품취급 장소·시설 등에 대한 접근통제 및 정보기술 보호·관리 등에 대해 직원에게 교육하여야 하며, 교육에는 직원의 참여를 독려할 수 있는 체계를 갖춰야 한다.

바. 보세구역운영인

1. 법규준수

- 1.1.1 신청업체와 신청인(관리책임자를 포함한다)이 법 제175조 제1호부터 제7호에서 규정한 결격사유에 해당하지 않아야 한다.
- 1.1.2 신청업체와 신청인(관리책임자를 포함한다)이 법 제275조의4를 위반하여 벌금형 또는 통고처분을 받은 사실이 있거나 법 제276조에 따라 벌금형 선고를 받은 사실이 있는 경우에는 벌금형을 선고받거나 통고처분을 이행한 후 2년이 경과하여야 한다. 다만, 법 제279조에 따라 처벌된 개인 또는 법인은 제외한다. `21 기출`
- 1.1.3 신청업체와 신청인(관리책임자를 포함한다)이 영 제259조의2 제1항 제1호에서 정한 법령(관세법령을 제외한다)을 위반하여 벌금형 이상을 선고받은 사실이 있는 경우에는 징역형 종료 또는 벌금형 선고 후 2년이 경과하거나 집행유예 기간이 만료되어야 한다. 다만, 각 법령의 양벌규정에 따라 처벌된 개인 또는 법인은 제외한다.
- 1.1.4 신청업체는 통합법규준수도시스템 또는 현장심사를 통하여 측정한 관세행정 법규준수도가 수출입 안전관리 우수업체 공인기준을 충족하여야 한다. `24 기출`

2. 내부통제시스템 `24 기출` `20 기출` `19 기출` `18 기출`

- 2.1.1 운영인은 최고경영자의 법규준수와 안전관리에 대한 경영방침과 이를 이행하기 위한 세부목표를 수립하여야 한다.
- 2.1.2 운영인은 법규준수와 안전관리를 위한 조직과 인력을 확보하고, 관세행정 관련 활동에 적극 참여하여야 한다.
- 2.1.3 운영인은 법규준수와 안전관리를 위하여 수출입물품 취급 관련 자격증 소지자와 경험자를 근무하도록 하여야 한다.
- 2.1.4 운영인은 투명하고 공정한 업무 수행을 위하여 윤리경영방침을 마련하여야 하고, 내부고발제도 등 부정방지 프로그램을 활성화하여야 한다.
- 2.2.1 운영인은 법규준수와 안전관리 관련 업무 처리에 부정적 영향을 주는 위험요소의 식별, 평가, 관리대책의 수립, 개선 등을 포함한 절차를 마련하여야 한다.
- 2.3.1 운영인은 법규준수와 안전관리 관련 업무의 이행을 위하여 수출입물품 관리 등에 대한 절차를 마련하고, 최신자료를 유지하여야 한다.
- 2.3.2 운영인은 수출입물품의 이동과 물품취급 거래내역에 관한 관리절차를 마련하고, 관련 법령에 따라 보관하여야 한다.
- 2.3.3 운영인은 수출입물품의 보관내역과 이와 관련된 보관 수수료 등을 추적할 수 있는 운영체계를 구축하고, 세관장으로부터 요청받을 경우 접근을 허용하여야 한다.
- 2.3.4 운영인은 화물을 반출입하는 경우 즉시 신고할 수 있는 체계를 구축하여야 한다.
- 2.4.1 운영인은 법규준수와 안전관리 업무에 대한 정보가 관련 부서에 공유되도록 하여야 한다.
- 2.4.2 운영인은 법규준수와 안전관리를 위하여 관세행정 전문가, 거래업체와 정기적으로 협의하여야 한다.
- 2.5.1 운영인은 내부통제활동에 대하여 주기적으로 평가하고 개선하는 절차를 마련하여야 한다.

3. 재무건전성

3.1.1 신청업체와 신청인이 관세 등 국세와 지방세의 체납이 없어야 한다. `24 기출`

3.2.1 신청업체는 ① 재무제표에 대한 감사보고서의 감사의견이 적정이어야 하며, ② 부채비율이 200% 이하 또는 동종업종 평균의 2배 이하이거나 외부신용평가기관의 신용평가 등급이 투자적격 이상 또는 매출 증가 등으로 성실한 법규준수의 이행이 가능할 정도의 재정을 유지하여야 한다. 단, ①의 경우에는 「주식 회사 등의 외부감사에 관한 법률」 적용대상 업체에만 적용한다. `21 기출` `19 기출`

4. 안전관리

(1) 거래업체 관리

4.1.1 운영인은 거래업체를 선정하기 위한 절차를 마련하여야 한다. `24 기출`

4.1.2 운영인은 수출입 안전관리 우수업체 공인이 없는 거래업체에 안전관리기준을 충족하였는지 여부를 문서나 전자적인 방법으로 표시하도록 요구하여야 하며, 위험평가 절차에 따라 거래업체의 안전관리기준 충족 여부를 주기적으로 검증하여야 한다.

(2) 운송수단 등 관리

4.2.1 운영인은 선박, 물품, 컨테이너와 트레일러 등에 비인가된 사람의 침입을 방지하여야 하며, 컨테이너와 트레일러 등의 이상 여부를 확인하고, 손상된 컨테이너와 트레일러 등을 식별하여 세관장 및 관련 외국 관세당국에 보고하는 절차를 마련하여야 한다.

4.2.2 운영인은 컨테이너와 트레일러 등에 비인가된 물품이나 사람의 침입을 방지하기 위해 봉인을 관리하고, 손상된 봉인을 식별하여 세관장 및 관련 외국 관세당국에 보고하여야 하며, 공급망 협력업체와 공유하는 절차를 마련하여야 한다.

4.2.3 운영인은 물품 및 컨테이너와 트레일러 등에 대한 무단 접근이나 조작을 방지하기 위하여 안전한 장소에 보관하고, 물품 보관장소 및 컨테이너와 트레일러 등에 대하여 주기적으로 점검하는 절차를 마련하여야 한다. 운영인은 무단침입이 확인된 경우 세관장에게 보고하는 절차를 마련하여야 한다.

(3) 출입통제 관리

4.3.1 운영인은 직원을 식별하고, 접근을 통제하기 위하여 직원식별시스템을 마련하고, 회사 관리자를 지정하여 직원, 방문자, 납품업자를 식별하는 표식의 발급과 회수를 관리하여야 한다.

4.3.2 운영인은 접근통제구역을 설정하고, 직원별로 직무수행 범위에 따라 접근 가능 구역과 권한을 구분하여야 하며, 접근통제장치를 발급, 회수, 변경하는 절차를 마련하여야 한다.

4.3.3 운영인은 방문자 도착 시 사진이 부착된 신분증을 확인하고, 방문자 안내와 출입증을 패용하도록 하여야 한다.

4.3.4 운영인은 방문자가 방문목적에 따라 접근가능 구역에만 출입하도록 통제하는 절차를 마련하여야 한다.

4.3.5 운영인은 권한이 없거나 신원이 확인되지 않은 사람에 대하여 검문과 대응하는 절차를 마련하여야 한다. 운영인은 선박에서 밀항자 등을 발견하였을 경우에는 세관장에게 즉시 보고하여야 한다.

4.3.6 운영인은 물품 취급 및 보관지역을 감시하기 위하여 순찰하여야 한다.

(4) 인사관리

4.4.1 운영인은 채용이 확정된 자의 입사지원 정보에 대한 진위여부를 확인하여야 한다.

4.4.2 운영인은 관련 법령이 허용하는 범위 내에서 채용이 확정된 자에 대한 이력을 점검하여야 하며, 채용 후에는 직무 수행의 중요성에 기초하여 직원을 주기적으로 점검하여야 한다.

4.4.3 운영인은 퇴직직원의 사원증·출입증과 시설·시스템 접근권한 등을 회수하는 절차를 마련하여야 한다.

(5) 취급절차 관리

4.5.1 운영인은 수출입물품의 운송, 취급, 보관, 반출입과 관련된 절차를 준수하기 위해 비인가된 물품과 사람의 접근을 통제하는 안전관리조치를 하여야 한다.

4.5.2 운영인은 컨테이너에 밀항자를 은닉하는 것으로 알려진 외국의 항구로부터 선박 및 컨테이너가 반입되었을 경우에는 정밀검색하는 절차를 마련하여야 한다.

4.5.3 운영인은 반입물품의 중량·라벨·표식·수량 등을 반입예정정보와 대조 확인하여야 한다. 운영인은 반출물품을 구매주문서 또는 운송의뢰서, 반출승인 정보 등과 대조 확인하여야 한다. 또한, 물품을 인수하거나 불출하기 전에 운전사 및 운송수단 정보 등을 확인하여야 한다.

4.5.4 운영인은 물품을 수하인 등에게 인계할 때 검수하여야 하며, 물품의 불일치 또는 부적절한 인계 등이 발생하였을 때에는 즉시 세관장에게 보고하여야 한다. `23 기출`

4.5.5 운영인은 컨테이너가 반출되기 전에 검사를 위하여 선별된 컨테이너를 안전하게 보관하고, 세관 검사대상으로 선별된 컨테이너가 세관장이 지정한 장소로 정확하고 신속하게 운송되도록 하여야 한다.

4.5.6 운영인은 세관직원 등이 검사를 위하여 컨테이너를 개장한 경우에는 검사 종료 즉시 재봉인하여야 한다. `18 기출`

(6) 시설과 장비 관리 `18 기출`

4.6.1 운영인은 물품 취급 및 보관 시설 주변을 둘러싸는 울타리를 설치하여야 하며, 울타리의 손상 등 이상 여부를 주기적으로 검사하여야 한다.

4.6.2 운영인은 사람과 차량이 출입하는 출입구에 인력을 배치하거나 감시카메라 설치 등을 통해 감시하고, 적절한 출입과 안전관리를 위하여 출입구를 최소한으로 유지하여야 한다.

4.6.3 운영인은 물품 취급 및 보관 시설 내부 또는 인접지역에 개인차량이 주차되지 않도록 하여야 한다.

4.6.4 운영인은 불법 침입을 막을 수 있는 자재로 건축된 건물을 사용하여야 하고, 주기적으로 검사하고 보수하여야 한다.

4.6.5 운영인은 내·외부 창문, 출입구 및 울타리의 안전관리를 위하여 잠금장치를 설치하여야 하며, 근무시간 이후에는 사무실 접근을 통제하여야 하고, 회사 관리자에게 열쇠와 자물쇠 등 잠금장치를 관리하도록 하여야 한다.

4.6.6 운영인은 출입구, 물품 취급 및 보관 시설, 울타리, 주차지역을 포함한 시설 내·외부에 적절한 조명을 설치하여야 하며, 선박이 항구에 접안하고 있는 동안 부두 및 선박의 측면에도 조명을 설치하여야 한다.

4.6.7 운영인은 물품 취급 및 보관장소에 권한 없는 사람의 접근을 방지하고 시설을 감시하기 위하여 경보장치와 감시카메라를 설치하여야 한다.

4.6.8 운영인은 밀수를 방지하기 위하여 개인 차량이 터미널에 접근하는 것을 제한하고, 개인 차량의 접근을 허용하는 경우에는 선박, 물품 취급 및 보관 장소의 내부 또는 인접지역에 주차되지 않도록 하여야 한다. 또한 운송수단이 항구에 있는 동안에는 항상 잠긴 상태를 유지하여 밀항자가 침입하지 못하도록 하여야 한다.

(7) 정보기술 관리

4.7.1 운영인은 정보기술 관리정책, 절차 및 표준을 마련하고, 주기적으로 위험 요소·상황 발생 시 이를 현행화하여야 한다.

4.7.2 운영인은 회사정보에 대한 부적절한 접근, 조작 및 교환을 포함한 정보기술의 오·남용을 확인할 수 있는 시스템을 마련하여야 하며, 정기적으로 정보기술 관련 시스템 및 장치에 대한 안전점검을 실시하여야 한다. 운영인은 정보기술 관련 규정 위반자에 대하여 합당한 징계처분을 하여야 한다. `20 기출`

(8) 교육과 훈련

4.8.1 운영인은 수출입물품과 관련된 각 지점에서 발생할 수 있는 각종 위험을 이해하고 인식을 제고하는 프로그램을 수립하여 시행하여야 하며, 직원이 위험 상황에 대처하기 위하여 회사가 정한 절차와 보고방법을 숙지하도록 하여야 한다.

4.8.2 운영인은 법규준수와 안전관리를 위하여 수출입물류업무에 대한 교육을 실시하여야 한다.

4.8.3 운영인은 수출입물품에 대한 안전관리 유지, 내부공모 파악·부정방지 프로그램의 준수, 물품취급 장소·시설 등에 대한 접근통제 및 정보기술 보호·관리 등에 대해 직원에게 교육하여야 하며, 교육에는 직원의 참여를 독려할 수 있는 체계를 갖춰야 한다. `20 기출`

핵심기출문제

01 수출입 안전관리 우수업체 공인을 위한 심사 절차에 대한 설명으로 맞는 것은?

① 관세청장은 개선이행을 완료한 공인유보업체가 재심사를 요청했을 경우에 재심사를 신청일로부터 90일 이내에 마쳐야 한다.
② 신청업체가 공인기준을 모두 충족하였으나 결격사유에 해당하는 형사절차가 진행 중인 경우에 관세청장은 검찰 처분 또는 법원 판결이 현장 심사 종료일로부터 6개월을 초과하는 경우에는 심의 상정을 하여야 한다.
③ 공인심사 결과 공인 기준에 미달한 경우로서 관세청장이 요구한 개선 계획을 제출하지 않은 경우에는 특례적용을 중단할 수 있다.
④ 관세청장은 현장심사 결과 신청업체가 안전관리 기준은 충족하지 못하였으나 나머지 공인기준을 모두 충족한 경우에는 수출입 안전관리 우수업체 심의위원회의 심의를 거쳐 신청업체를 공인유보업체로 지정할 수 있다.
⑤ 공인유보업체는 지정일로부터 30일 이내에 관세청장에게 공인기준(법규준수) 개선 계획을 제출하고 제출일로부터 180일 내에 개선 완료 보고서를 제출하여야 한다.

정답 및 해설

[수출입 안전관리 우수업체 공인 및 운영에 관한 고시 제11조(공인 및 공인의 유보) 제3항]

[오답노트]
① 관세청장은 개선이행을 완료한 공인유보업체가 재심사를 요청했을 경우에 재심사를 신청일로부터 **60일** 이내에 마쳐야 한다. [수출입 안전관리 우수업체 공인 및 운영에 관한 고시 제12조(공인유보업체에 대한 재심사 등) 제3항]
② 관세청장은 신청업체가 별표 1의 공인부문별 공인기준 중에서 법규준수의 결격에 해당하는 형사 및 사법절차가 진행 중인 경우 심의위원회에 상정하여 공인을 유보할 수 있는데, 이 사유가 현장심사를 마친 날로부터 1년을 넘어서도 확정되지 않고 계속 진행되는 경우 공인신청을 기각할 수 있다. [수출입 안전관리 우수업체 공인 및 운영에 관한 고시 제11조(공인 및 공인의 유보) 제2항 제3호, 제12조의2(공인신청의 기각) 제4호]
③ 공인심사 결과 공인 기준에 미달한 경우로서 관세청장이 요구한 개선 계획을 제출하지 않은 경우에는 즉시 통관절차 등 혜택의 적용을 중단하고 청문 및 공인취소 절차를 진행한다. [수출입 안전관리 우수업체 공인 및 운영에 관한 고시 제25조의2(공인의 취소) 제1항 제3호]
④ 관세청장은 신청업체가 나머지 공인기준은 모두 충족하였으나, **법규준수도 점수 기준을 충족하지 못한 경우** 심의위원회의 심의를 거쳐 공인을 유보할 수 있다. [수출입 안전관리 우수업체 공인 및 운영에 관한 고시 제11조(공인 및 공인의 유보) 제2항 제1호]

정답 ⑤

02 수출입 안전관리 우수업체 공인 유효기간에 대한 설명으로 틀린 것은?

① 갱신심사 결과에 따른 새로운 유효기간은 당초 유효기간 만료일부터 시작한다.
② 공인등급을 조정하는 경우에도 공인의 유효기간은 조정 전의 유효기간으로 한다.
③ 공인의 유효기간은 관세청장이 증서를 교부한 날부터 5년으로 한다.
④ 수출입 안전관리 우수업체 심의위원회에서 공인취소 결정이 있는 경우에는 결정일에 공인유효기간이 만료된 것으로 본다.
⑤ 갱신심사 실시 중 또는 갱신심사에 의한 공인 갱신 전에 유효기간이 만료하는 경우에도 통관절차 등의 특례는 새로운 증서가 교부되는 날까지 적용한다.

정답 및 해설

갱신심사에 따라 갱신된 공인의 유효기간은 기존 공인의 유효기간이 끝나는 날의 다음 날부터 시작한다. [수출입 안전관리 우수업체 공인 및 운영에 관한 고시 제13조(공인의 유효기간) 제3항]

정답 ①

03 다음은 무엇에 대한 설명인가?

> 상대국의 AEO제도를 자국의 AEO제도와 동등하게 받아들여 각 국가의 수출입통관절차상에서 상대국 AEO 업체에 대하여 신속통관 혜택 등을 부여하기로 한 관세당국 간의 합의를 말한다. 통상 공인기준 비교 → 상호방문 합동심사 → 혜택 및 공인업체 정보공유 등 운영절차 논의 → 관세당국 최고책임자간 서명의 순으로 진행된다.

① 상호인정약정(Mutual Recognition Arrangement)
② 세관상호지원협정(Cooperation and Mutual Assistance Agreement)
③ 자유무역협정(Free Trade Agreement)
④ WTO관세평가협정(WTO Customs Valuation Agreement)
⑤ 개정 교토협약(Revised Kyoto Convention)

정답 및 해설

상호인정약정(MRA, Mutual Recognition Arrangement)에 대한 설명이다. [수출입 안전관리 우수업체 공인 및 운영에 관한 고시 제22조(국가 간 수출입 안전관리 우수업체의 상호인정)]

정답 ①

04 수출입 안전관리 우수업체 공인심사 시 적용되는 보세운송업자 부문 안전관리 공인기준에 대한 설명으로 틀린 것은?

① 보세운송업자는 사람과 차량이 출입하는 출입구에 인력을 배치하거나 감시하고 적절한 출입과 안전관리를 위하여 출입구를 최소한으로 유지하여야 한다.
② 보세운송업자는 수출입물품의 운송, 취급, 보관, 반출입과 관련된 절차를 준수하기 위해 비인가된 물품과 사람의 접근을 통제하는 안전관리 조치를 하여야 한다.
③ 보세운송업자는 거래업체가 국내·외 수출입 안전관리 우수업체 공인을 받았는지 여부를 확인하여야 한다.
④ 보세운송업자는 여러 수출입업체의 물품을 적재해서는 안 된다.
⑤ 보세운송업자는 회사정보에 대한 부적절한 접근, 조작 및 교환을 포함한 정보기술의 오·남용을 확인할 수 있는 시스템을 마련하여야 한다.

정답 및 해설

[수출입 안전관리 우수업체 공인 및 운영에 관한 고시 별표 1(수출입 안전관리 우수업체 공인기준)]
마. 보세운송업자
 4. 안전관리
  (2) 운송수단 등 관리
   4.2.7 보세운송업자는 **여러 수출입업체의 물품을 적재하는 경우에는 안전이 강화된 자물쇠를 사용하여야 한다.**

정답 ④

05

수출입 안전관리 우수업체 공인심사 시 적용되는 보세구역운영인 부문 내부통제시스템 공인기준에 대한 설명으로 틀린 것은?

① 운영인은 최고경영자의 법규준수와 안전관리에 대한 경영방침과 이를 이행하기 위한 세부목표를 수립하여야 한다.
② 운영인은 법규준수와 안전관리를 위한 조직과 인력을 확보하고, 관세행정 관련 활동에 적극 참여하여야 한다.
③ 운영인은 법규준수와 안전관리를 위하여 수출입물품 취급 관련 자격증 소지자와 경험자를 근무하도록 하여야 한다.
④ 운영인은 청렴성을 유지하기 위하여 윤리경영방침을 마련하고, 내부고발제도 등 부정방지 프로그램을 활성화하여야 한다.
⑤ 운영인은 직원을 식별하고, 접근을 통제하기 위하여 직원식별시스템을 마련하고, 회사 관리자를 지정하여 직원, 방문자, 납품업자를 식별하는 표식의 발급과 회수를 관리하여야 한다.

정답 및 해설

[수출입 안전관리 우수업체 공인 및 운영에 관한 고시 별표 1(수출입 안전관리 우수업체 공인기준)]
바. 보세구역운영인
  4. 안전관리
    (3) 출입통제 관리
      4.3.1 운영인은 직원을 식별하고, 접근을 통제하기 위하여 직원식별시스템을 마련하고, 회사 관리자를 지정하여 직원, 방문자, 납품업자를 식별하는 표식의 발급과 회수를 관리하여야 한다.

정답 ⑤

06

수출입 안전관리 우수업체 공인을 위한 심사절차에 대한 설명으로 틀린 것은?

① 공인심사는 신청업체가 제출한 서류에 대한 심사와 신청업체의 본사 및 관련 사업장 등에 대한 방문심사로 구분하여 실시한다.
② 신청업체는 공인심사 신청 전에 제출서류의 적정성 등에 관하여 사전 확인을 받고자 하는 경우에는 예비심사 신청서를 관세청장에게 제출하여야 한다.
③ 관세청장은 공인심사 신청서를 접수한 날로부터 90일 이내에 서류심사를 완료하여야 한다.
④ 관세청장은 서류심사가 완료된 업체에 대하여 직원면담, 현장방문 등을 통해 수출입관리현황이 신청업체가 제출한 자료와 일치하는지 등을 현장심사 하여야 한다.
⑤ 관세청장은 현장심사 결과 공인기준을 충족한 업체에 대해서는 수출입 안전관리 우수업체 심의위원회의 심의를 거쳐 수출입 안전관리 우수업체로 공인한다.

정답 및 해설

관세청장은 공인심사 신청서를 접수한 날로부터 **60일** 이내에 서류심사를 완료하여야 한다. [**수출입 안전관리 우수업체 공인 및 운영에 관한 고시 제8조(서류심사) 제1항**]

정답 ③

07 수출입 안전관리 우수업체의 관리책임자에 대한 설명으로 틀린 것은?

① 관리책임자는 총괄책임자와 수출입관리책임자로 구분된다.
② 관리책임자는 수출입관리현황 설명서 및 정기 자율평가서를 작성하고, 관련 직원 교육을 실시하며 세관 등 유관기관과 수출입관리 관련 정보의 교류 및 그 밖에 사내 법규준수도 향상을 위한 지원을 한다.
③ 보세구역 운영인 또는 보세운송업자의 수출입관리 책임자는 수출입 관련 업무를 3년(중소수출기업은 1년) 이상 종사한 자 또는 보세사 자격증을 소지한 자(사업장이 보세구역인 경우에 한정)여야 한다.
④ 관리책임자는 수출입 안전관리 우수업체로 공인된 후 관세청장이 정하는 바에 따라 매년 일정 교육을 받아야 한다.
⑤ 관세청장은 관리책임자가 공인 후 교육을 이수하지 않을 경우에는 다음 회 교육이수를 권고하여야 한다.

> **정답 및 해설**
> 관리책임자는 수출입 안전관리 우수업체로 공인된 후 관세청장이 정하는 바에 따라 **매 2년마다** 총괄책임자는 4시간 이상, 수출입관리책임자는 8시간 이상(처음 교육은 공인일자를 기준으로 1년 이내 받아야 함)의 교육을 받아야 한다.
> [수출입 안전관리 우수업체 공인 및 운영에 관한 고시 제16조의2(관리책임자 교육 등) 제1항 제2호]
>
> 정답 ④

08 수출입 안전관리 우수업체의 공인취소 및 청문절차에 대한 설명으로 틀린 것은?

① 관세청장은 수출입 안전관리 우수업체 공인을 취소하려는 때에는 사전에 해당업체에 통보하여 의견을 청취하는 등 해명할 수 있는 기회를 주어야 한다.
② 업체의 의견을 청취하려는 때에는 의견 청취 예정일 10일 전까지 해당 업체에게 의견 청취 계획을 서면으로 통지하여야 하며 정당한 사유 없이 의견 청취에 응하지 아니한 때에는 의견 진술을 포기한 것으로 본다.
③ 의견 청취 계획의 통지를 받은 수출입 안전관리 우수업체의 대표 또는 그 대리인은 지정된 날에 반드시 출석하여 의견을 진술하여야 하며, 서면으로는 의견을 제출할 수 없다.
④ 수출입 안전관리 우수업체의 대표 또는 그 대리인이 출석하여 의견을 진술한 때에는 담당 공무원은 그 요지를 서면으로 작성하여 출석자로 하여금 확인하게 한 후 서명 날인하게 하여야 한다.
⑤ 관세청장이 수출입 안전관리 우수업체에 대한 공인을 취소하려는 때에는 수출입 안전관리 우수업체 심의위원회의 심의를 거쳐야 한다.

> **정답 및 해설**
> 의견 청취 계획의 통지를 받은 수출입 안전관리 우수업체의 대표 또는 그 대리인은 지정된 날에 출석하여 의견을 진술하거나 **지정된 날까지 서면으로 의견을 제출할 수 있다.** [수출입 안전관리 우수업체 공인 및 운영에 관한 고시 제26조(청문) 제3항]
>
> 정답 ③

09 수출입 안전관리 우수업체의 갱신심사에 관한 설명으로 틀린 것은?

① 공인을 갱신하고자 하는 수출입 안전관리 우수업체는 유효기간 만료 6개월 전까지 관세청장에게 갱신심사를 신청하여야 한다.
② 수출입 안전관리 우수업체가 공인부문별로 공인일자가 다른 경우에는 공인일자가 가장 빠른 적용대상을 기준으로 함께 갱신심사를 신청할 수 있다.
③ 갱신심사 신청이 있는 때에는 최초 공인심사 시 서류심사는 통과하였으므로 현장심사만 실시한다.
④ 관세청장은 갱신심사 결과 수출입 안전관리 우수업체가 공인기준을 충족하지 못한 것으로 확인된 경우에는 공인을 취소하여야 한다.
⑤ 관세청장은 갱신심사결과 법규준수도의 하락으로 공인등급의 하향조정이 예상되거나 법규준수도가 공인 기준 미만인 경우에는 수출입 안전관리 우수업체에게 갱신심사 종료일로부터 1개월 이내에 법규준수 개선계획을 제출하도록 요구하여야 한다.

정답 및 해설

관세청장은 신청업체를 대상으로 갱신심사를 할 때에는 수출입 안전관리 우수업체의 공인부문별로 <u>서류심사와 현장심사의 순으로 구분하여 실시한다.</u> [수출입 안전관리 우수업체 공인 및 운영에 관한 고시 제19조(갱신심사) 제3항]

정답 ③

10 수출입 안전관리 우수업체의 공인취소 사유에 해당하지 않는 것은?

① 관세법 제268조의2부터 제271조까지, 제274조, 제275조의2, 제275조의3에 따라 **벌금형 이상을 선고**받거나 통고처분을 이행한 경우
② 자유무역협정의 이행을 위한 관세법의 특례에 관한 법률, 대외무역법, 외국환거래법, 수출용원재료에 대한 관세 등 환급에 관한 특례법 등 수출입에 관련된 법령의 벌칙조항 중 징역형이 규정된 조항에 따라 벌금형 이상을 선고받은 경우
③ 수출입 안전관리 우수업체가 분할·합병 등으로 당초 공인한 수출입 안전관리 우수업체와 동일하지 않다고 관세청장이 인정하는 경우
④ 갱신심사 결과 공인기준을 충족하지 못한 것으로 확인되는 경우
⑤ 특별한 사유 없이 공인 후 변동사항을 신고하지 않거나 정기 자율평가서를 제출기한 경과일로부터 30일 이내에 제출하지 아니한 경우

정답 및 해설

변동사항 보고 및 정기 자율평가서와 관련하여 거짓자료를 제출한 경우에 한하여 공인취소 사유에 해당한다. [수출입 안전관리 우수업체 공인 및 운영에 관한 고시 제25조의2(공인의 취소) 제1항]

정답 ⑤

11 다음은 무엇에 대한 설명인가?

> - 수출입 안전관리 우수업체의 내부통제시스템을 개선하고 법규준수도를 제고하기 위하여 지정된 관세청 소속 공무원을 의미함.
> - 수출입 안전관리 우수업체별로 배치되며, 해당 업체의 공인기준 이행실태를 확인하고, 내부통제시스템을 분석하여 미진한 부문에 대해서 개선하도록 지원하며, 법규준수도를 제고하기 위한 종합적인 컨설팅을 담당함.

① 수출입관리책임자 ② 기업상담전문관
③ 법규준수도 담당자 ④ 공인심사자
⑤ 갱신심사자

정답 및 해설

"기업상담전문관"이란 관세청 및 세관 소속 공무원으로서 관세청장이 수출입 안전관리 우수업체가 공인기준과 통관적법성을 충족하는지를 점검하고 지원하기 위하여 제21조에 따라 지정한 사람을 말한다. [수출입 안전관리 우수업체 공인 및 운영에 관한 고시 제2조(정의) 제10호, 제21조(기업상담전문관의 지정·운영) 제2항]

정답 ②

12 수출입 안전관리 우수업체 공인심사 시 적용되는 보세구역운영인의 출입통제관리 공인기준에 대한 설명으로 틀린 것은?

① 운영인은 접근통제구역을 설정하고 직원별로 직무수행 범위에 따라 접근가능 구역과 권한을 구분하여야 한다.
② 운영인은 보세구역에서 밀항자 등을 발견하였을 경우에는 관할 해군 부대장 및 국가 경찰관서의 장에게 즉시 보고하여야 한다.
③ 운영인은 방문자 도착 시 사진이 부착된 신분증을 확인하고 출입증을 패용하도록 하여야 한다.
④ 운영인은 권한이 없거나 신원이 확인되지 않은 사람에 대하여 검문과 대응하는 절차를 마련하여야 한다.
⑤ 운영인은 물품 취급 및 보관지역을 감시하기 위하여 순찰하여야 한다.

정답 및 해설

[수출입 안전관리 우수업체 공인 및 운영에 관한 고시 별표 1(수출입 안전관리 우수업체 공인기준)]
바. 보세구역운영인
　4. 안전관리
　　(3) 출입통제 관리
　　　4.3.5 운영인은 권한이 없거나 신원이 확인되지 않은 사람에 대하여 검문과 대응하는 절차를 마련하여야 한다. 운영인은 **선박**에서 밀항자 등을 발견하였을 경우에는 **세관장**에게 즉시 보고하여야 한다.

정답 ②

13 수출입 안전관리 우수업체에 대한 특례적용의 정지 사유에 해당하는 것은?

① 관세법 제179조(특허의 효력상실 및 승계)에 따라 보세구역 운영인의 특허효력이 상실된 경우
② 관세법 제276조(허위신고죄 등)의 규정에 따라 벌금형을 선고받은 경우
③ 수출입 안전관리 우수업체가 증서를 반납하는 경우
④ 분기별 법규준수도가 공인 기준 미만으로 하락하여 개선계획의 제출을 3회 이상 요구받은 경우
⑤ 관세법 제279조(양벌규정)에 따라 벌금형을 선고받은 경우

정답 및 해설

[수출입 안전관리 우수업체 공인 및 운영에 관한 고시 제25조(혜택 적용의 정지) 제3호]

[오답노트]
①, ②, ③ 공인취소 사유에 해당한다.
⑤ 관세법이 아닌 수출입 관련 법령을 위반하여 그 양벌규정에 따라 벌금형을 선고받는 경우에 한하여 혜택 적용의 정지 사유에 해당한다.

정답 ④

14 수출입 안전관리 우수업체 공인신청의 기각 사유에 해당하지 않는 것은?

① 공인심사 결과 공인기준에 미달한 경우로서 보완 요구의 실익이 없는 경우
② 천재지변 등 특별한 사유 없이 지정기간 내에 서류심사 및 현장심사 보완을 이행하지 아니한 경우
③ 공인유보업체에 대하여 재심사한 결과 공인기준을 충족하지 못한 것으로 확인된 경우
④ 수출입 안전관리 우수업체(공인, 종합) 심사신청서 등 공인신청 제출서류가 허위로 판명된 경우
⑤ 공인신청 후 신청업체의 법규준수도 점수가 80점 미만으로 하락한 경우. 단, 중소 수출기업의 경우는 70점 미만으로 하락한 경우

정답 및 해설

관세청장은 공인신청 후 신청업체의 법규준수도 점수가 70점 미만(중소 수출기업은 60점 미만)으로 하락한 경우에는 공인신청을 기각할 수 있다. [수출입 안전관리 우수업체 공인 및 운영에 관한 고시 제12조의2(공인신청의 기각) 제7호]

정답 ⑤

15 수출입 안전관리 우수업체가 변동사항 발생 시 관세청장에게 지체 없이 보고하여야 하는 것으로 맞는 것은?

① 양도, 양수, 분할, 합병 등으로 인한 법적 지위의 변경
② 범칙행위, 부도 등 공인유지에 중대한 영향을 미치는 사실의 발생
③ 대표자, 수출입 관련 업무 담당 임원 및 관리책임자의 변경
④ 소재지 이전, 사업장 신설·증설·확장·축소·폐쇄 등 발생
⑤ 사업내용의 변경 또는 추가

> **정답 및 해설**
>
> 수출입 안전관리 우수업체는 변동사항이 범칙행위, 부도 등 공인유지에 중대한 영향을 미치는 경우에는 해당 변동사항 발생 시 관세청장에게 지체 없이 보고하여야 한다. [수출입 안전관리 우수업체 공인 및 운영에 관한 고시 제17조(변동사항 보고) 제1항]
>
> [오답노트]
> ①, ③, ④, ⑤ 이러한 경우 수출입 안전관리 우수업체는 <u>그 사실이 발생한 날로부터 30일 이내</u>에 수출입 관리현황 변동사항 보고서를 작성하여 관세청장에게 보고하여야 한다.
>
> 정답 ②

16 수출입 안전관리 우수업체의 정기 자율평가 실시에 대한 설명으로 틀린 것은?

① 수출입 안전관리 우수업체는 공인 후 매년 공인 받은 달에 정기 자율평가서를 자율점검 하여야 한다.
② 수출입 안전관리 우수업체는 공인받은 달의 다음 달 15일까지 정기 자율평가서를 관세청장에게 제출하여야 한다.
③ 수출입 안전관리 우수업체 적용대상별로 공인일자가 다른 경우 공인일자가 가장 늦은 적용대상을 기준으로 정기 자율평가를 할 수 있다.
④ 관세청장은 수출입 안전관리 우수업체가 갱신심사를 신청한 경우 유효기간 만료 연도의 자율평가를 면제할 수 있다.
⑤ 관세청장은 공인기준 충족여부 등의 확인이 필요한 경우에는 심사자에게 관련 자료를 요청하거나 수출입 안전관리 우수업체의 사업장 등을 현장 확인하여야 한다.

> **정답 및 해설**
>
> 수출입 안전관리 우수업체가 여러 공인부문에서 걸쳐 공인을 받은 경우에는 <u>공인일자가 가장 빠른 공인부문을 기준으로 자율평가서를 함께 제출할 수 있다.</u> [수출입 안전관리 우수업체 공인 및 운영에 관한 고시 제18조(정기 자율평가) 제1항]
>
> 정답 ③

17 다음은 수출입 안전관리 우수업체에 적용되는 통관절차 특례이다. ( ) 안에 들어갈 내용을 A.부터 D.까지 순서대로 나열한 것은?

적용부문	혜택 기준	수출입안전관리우수업체		
		A	AA	AAA
모든부문	관세법 등에 따른 과태료 부과징수에 관한 훈령에 따른 과태료 경감	20%	30%	(A)
	관세범의 고발 및 통고처분에 관한 훈령 제3조 제2항에 따른 통고처분 금액의 경감	15%	30%	(B)
보세구역 운영인	특허보세구역 운영에 관한 고시 제7조에 따른 특허 갱신기간 연장	6년	(C)	10년
	특허보세구역 운영에 관한 고시 제18조 제3항에 따른 반입정지 기간을 (D) 범위 내에서 하향조정 가능	×	○	○

	A	B	C	D
①	50%	50%	8년	50%
②	40%	45%	8년	40%
③	50%	40%	9년	30%
④	40%	50%	7년	50%
⑤	50%	45%	7년	40%

정답 및 해설

[별표 2] 통관절차 및 관세행정상의 혜택

정답 ①

18. 다음은 수출입 안전관리 우수업체 공인심사 시 적용되는 보세구역운영인 부문의 재무건전성 기준에 대한 설명이다. (   ) 안에 들어갈 내용을 순서대로 나열한 것은?

> - 신청업체와 신청인이 (A)의 체납이 없어야 한다.
> - 운영인은 부채비율이 동종업종의 평균 부채비율의 (B)% 이하이거나 외부신용평가기관의 신용평가 등급이 투자적격 이상 또는 매출증가 등으로 성실한 법규준수의 이행이 가능할 정도의 재정을 유지하여야 한다.

	A	B
①	관세 등 국세	200
②	지방세	300
③	관세 등 국세와 지방세	200
④	관세 등 국세와 지방세	300
⑤	관세 등 국세	150

정답 및 해설

[수출입 안전관리 우수업체 공인 및 운영에 관한 고시 별표 1(수출입 안전관리 우수업체 공인기준)]
바. 보세구역운영인
  3. 재무건전성
    3.1.1 신청업체와 신청인이 **관세 등 국세와 지방세**의 체납이 없어야 한다.
    3.2.1 신청업체는 ① 재무제표에 대한 감사보고서의 감사의견이 적정이어야 하며, ② 부채비율이 동종업종의 평균 부채비율의 **200%** 이하이거나 외부신용평가기관의 신용평가 등급이 투자적격 이상 또는 매출 증가 등으로 성실한 법규준수의 이행이 가능할 정도의 재정을 유지하여야 한다. 단, ①의 경우에는 「주식회사의 외부감사에 관한 법률」 적용대상 업체에만 적용한다.

정답 ③

19

보세창고를 운영하는 A사는 수출입 안전관리 우수업체 공인 후 다음과 같은 활동을 수행하였다. 관련 법령 및 공인기준 적용 시 틀린 것은?

① 2014년 9월 1일 수출입 안전관리 우수업체 공인을 받고 2019년 2월 20일에 갱신심사를 신청하였다.
② 2015년 5월 1일에 수출입 안전관리 우수업체 공인이 갱신된 후 상위등급기준을 충족하여 2017년 4월 30일에 공인등급 조정 신청을 하였다.
③ 2017년 2월 1일 사내 인사이동으로 수출입관리책임자가 교체되어 2017년 3월 20일에 관세청장에게 보고하였다.
④ 2018년 1월 1일 관세청장에게 수출입관리책임자 변경신고를 하고 2018년 5월 20일에 공인 후 교육을 이수하였다.
⑤ 2019년 3월 15일에 기업상담전문관의 법규준수 개선계획 제출 요청을 받고 2019년 4월 1일에 제출하였다.

정답 및 해설

수출입 안전관리 우수업체는 대표자, 수출입 관련 업무 담당 임원 및 **관리책임자의 변경 사실**이 발생한 경우에는 **그 사실이 발생한 날로부터 30일 이내**에 수출입 관리현황 변동사항 보고서를 작성하여 관세청장에게 보고하여야 한다. 즉, 사안의 경우 2017년 2월 1일 수출입 관리책임자가 교체된 사실이 발생한 날로부터 30일 이내에 관세청장에게 보고하여야 한다. [수출입 안전관리 우수업체 공인 및 운영에 관한 고시 제17조(변동사항 보고) 제1항 제2호]

[오답노트]
① 공인의 유효기간은 증서상의 발급일자로부터 5년이고, 갱신심사는 공인의 유효기간이 끝나기 1년 전부터 유효기간이 끝나기 6개월 전까지 신청하여야 하므로, 사안의 경우 적절하게 갱신심사를 신청하였다. [수출입 안전관리 우수업체 공인 및 운영에 관한 고시 제13조(공인의 유효기간) 제1항, 제19조(갱신심사) 제1항]
② 관세청장은 수출입 안전관리 우수업체가 4개 분기 연속으로 공인등급별 기준을 충족하는 경우에는 공인등급의 조정 신청을 받아 상향할 수 있다. 다만, 수출입 안전관리 우수업체가 갱신이 아닌 때에 공인등급의 조정을 신청하고자 하는 경우에는 공인의 유효기간이 1년 이상 남아 있어야 한다. 따라서, 사안의 경우 적절하게 공인등급 조정 신청을 하였다. [수출입 안전관리 우수업체 공인 및 운영에 관한 고시 제5조의2(공인등급의 조정 절차) 제1항]
④ 관리책임자가 변경된 경우에는 변경된 날로부터 180일 이내에 해당 교육을 받아야 하므로, 사안의 경우 적절한 기간 이내에 교육을 이수하였다. [수출입 안전관리 우수업체 공인 및 운영에 관한 고시 제16조의2(관리책임자 교육 등) 제1항 제2호]
⑤ 수출입 안전관리 우수업체는 요구를 받은 날로부터 30일 이내에 관세청장에게 공인기준 준수 개선 계획을 제출하고, 그 제출일로부터 90일 이내에 개선 완료 보고서를 제출하여야 하므로, 사안의 경우 적절한 기간 내에 공인기준 준수 계획을 제출하였다. [수출입 안전관리 우수업체 공인 및 운영에 관한 고시 제21조(기업상담전문관의 지정·운영) 제3항, 제17조(변동사항 보고) 제4항]

정답 ③

20 관세법령상 국제항의 지정요건에 대한 설명으로 틀린 것은?

① 국제항은 관세청장이 지정한다.
② 선박의 입항 및 출항 등에 관한 법률 또는 공항시설법에 의하여 국제무역선(기)이 상시 입출항 할 수 있어야 한다.
③ 국내선과 구분되는 국제선 전용통로 및 그 밖에 출입국 업무를 처리하는 행정기관의 업무수행에 필요한 인력·시설·장비를 확보할 수 있어야 한다.
④ 공항의 경우에는 정기여객기가 주 6회 이상 입항하거나 입항할 것으로 예상되거나 또는 여객기로 입국하는 여객 수가 연간 4만 명 이상이어야 한다.
⑤ 항구의 경우에는 국제무역선인 5천 톤급 이상의 선박이 연간 50회 이상 입항하거나 입항할 것으로 예상되어야 한다.

정답 및 해설

국제항은 <u>대통령령</u>으로 지정한다. [관세법 제133조(국제항의 지정 등) 제1항]

정답 ①

21 관세법상 국제무역선(기)의 입항보고 시 첨부해야 하는 서류 중 세관장이 감시·단속에 지장이 없다고 인정될 경우에 생략 가능한 서류로 맞는 것은?

① 선박용품 목록, 항공기용품 목록, 승무원 휴대품 목록
② 여객명부, 승무원 명부
③ 선박용품 목록, 항공기용품 목록, 적재화물목록
④ 승무원 휴대품 목록, 승무원 명부
⑤ 선박국적증서, 최종 출발항의 출항면장

정답 및 해설

세관장은 감시·단속에 지장이 없다고 인정될 때에는 <u>선박용품 또는 항공기용품의 목록이나 승무원 휴대품목록</u>의 첨부를 생략하게 할 수 있다. [관세법 제135조(입항절차) 제1항]

정답 ①

22 관리대상화물 관리에 관한 고시에 규정된 용어의 정의에 대한 설명으로 틀린 것은?

① 검색기 검사화물이란 세관장이 선별한 검사대상화물 중 검색기로 검사를 실시하는 화물을 말한다.
② 즉시검사화물이란 세관장이 선별한 검사대상화물 중 검색기검사를 하지 않고 바로 정밀검사를 실시하는 화물을 말한다.
③ 반입 후 검사화물이란 세관장이 선별한 검사대상화물 중 세관지정장치장으로 반입토록 하여 검사하는 화물을 말한다.
④ 하선(기)감시화물이란 세관장이 선박 또는 항공기 단위로 선별한 감시대상화물 중 부두(계류장) 내에서 집중감시하거나 검사하는 화물 및 공컨테이너를 말한다.
⑤ 운송추적 감시화물이란 세관장이 선별한 감시대상화물 중 반입장소까지 추적감시하는 화물을 말한다.

> **정답 및 해설**
>
> **반입 후 검사화물**이란 세관장이 선별한 검사대상화물 중 **하선(기)장소 또는 장치예정장소에서 이동식검색기로 검사하거나 컨테이너적출 시 검사하는 화물**을 말한다. [관리대상화물 관리에 관한 고시 제2조(정의) 제5호]
>
> 정답 ③

23 관리대상화물 관리에 관한 고시에 규정된 화물의 장치 및 관리 절차에 대한 설명으로 틀린 것은?

① 검색기 검사화물의 경우에는 검사를 마친 경우에만 하선장소에 반입할 수 있다.
② 세관지정장치장의 화물관리인과 세관지정 보세창고의 운영인은 관리대상 화물을 일반 화물과 구분하여 장치하여야 한다.
③ 세관장은 하선(기) 감시화물에 대하여 이상이 있다고 판단되는 경우 현장에서 확인하거나 운송추적 대상 또는 반입 후 검사대상으로 지정하여 검사를 실시할 수 있다.
④ 세관장은 정밀검사 시 검사입회 통보를 하여도 검사일시에 화주 또는 화주로부터 권한을 위임받은 자가 입회하지 않은 때에는 해당 보세구역의 화물관리인(운영인)이나 그 대리인의 입회 하에 검사를 실시할 수 있다.
⑤ 반송 후 재수입되는 컨테이너 화물로 밀수입 등이 의심되는 경우에는 '수입신고 후 검사화물'로 선별하여 검사한다.

> **정답 및 해설**
>
> 반송 후 재수입되는 컨테이너 화물로 밀수입 등이 의심되는 화물은 세관장이 **즉시 검사화물**로 선별하여 검사한다. [관리대상화물 관리에 관한 고시 제5조(검사대상화물 또는 감시대상화물의 선별) 제2항 제3호]
>
> 정답 ⑤

24 세관장이 선박회사 또는 항공사에 열람 또는 제출을 요구할 수 있는 승객예약자료에 해당하지 않는 것은?

① 예약 및 탑승수속 시점
② 동반탑승자 및 좌석번호
③ 도착국가 내 소재지 주소 및 전화번호
④ 여행경로 및 여행사
⑤ 수하물 자료

정답 및 해설

[관세법 제137조의2(승객예약자료의 요청) 제2항]
세관장이 제1항에 따라 열람이나 제출을 요청할 수 있는 승객예약자료는 다음 각 호의 자료로 한정한다.
1. 국적, 성명, 생년월일, 여권번호 및 예약번호
2. 주소 및 전화번호
3. 예약 및 탑승수속 시점
4. 항공권 또는 승선표의 번호·발권일·발권도시 및 대금결제방법
5. 여행경로 및 여행사
6. 동반탑승자 및 좌석번호
7. 수하물 자료

정답 ③

25

선박용품·항공기용품과 선(기)내판매용품(이하 "용품"이라 함)의 반출입 및 하역에 대한 설명으로 틀린 것은?

① 공급자 또는 판매자가 용품으로 공급(판매)하고자 하는 외국물품을 보세구역에 반입한 때에는 관할지 세관장에게 반입등록서를 전자문서로 제출하여야 한다.
② 공급자 또는 판매자가 외국용품의 적재 허가를 받고자 하는 때에는 당해 국제무역선(기)가 정박한 지역의 관할 세관장에게 적재허가신청서를 전자문서로 제출하여야 한다.
③ 선박회사(대리점 포함) 또는 항공사는 자기회사에 소속되어 있는 국제무역선(기)에 한하여 용품을 직접 적재 등을 하거나 보세운송할 수 있다.
④ 용품 보세운송신고인은 보세운송한 용품이 보세구역에 도착한 때에는 선박용품, 항공기용품 공급업자의 입회 하에 인수자에게 인계하여야 한다.
⑤ 용품의 하선(기) 허가를 받은 자는 허가일로부터 7일 이내에 하선(기) 허가받은 물품을 보세구역에 반입하여야 한다.

> **정답 및 해설**
>
> 보세운송신고인은 선박용품 등이 **목적지**에 도착한 때에는 **보세구역 운영인**의 입회 하에 인수자에게 인계하여야 한다. [선박용품 등 관리에 관한 고시 제20조(도착보고) 제1항]
>
> 정답 ④

금융·무역 전문 교육기관 해커스금융
fn.Hackers.com

해커스 보세사 한권합격 이론 + 최신기출

제5과목
자율관리 및 관세벌칙

1절 벌칙
2절 조사와 처분
3절 자율관리보세구역 및 보세사제도 (관세법)
4절 자율관리보세구역 운영에 관한 고시
5절 보세사제도 운영에 관한 고시
6절 자유무역지역의 지정 및 운영에 관한 법률 등
7절 자유무역지역 반출입물품의 관리에 관한 고시
8절 수출입물류업체에 대한 법규수행능력측정 및 평가 관리에 관한 훈령

❖ 핵심기출문제

1절 | 벌칙

✎ 본문 내용 중 꼭 알아야 하는 부분에 형광펜으로 표시하였으니 반드시 학습하시기 바랍니다.

01 총칙

1. 관세행정벌

(1) 행정벌의 개념

각종 행정법규에는 그 행정 목적을 실현하기 위하여 여러 가지 의무규정을 두고 이를 위반하였을 때에는 처벌하는 규정을 두고 있는바, 이와 같이 행정법규상의 의무위반에 대한 제재로서 일반통치권에 의거하여 과하는 처벌을 행정벌이라고 한다.

(2) 관세행정벌

관세법에서는 관세수입의 확보와 수출입통관의 적정이라는 행정목적 달성을 위하여 각종의 명령, 금지 등의 규정을 두고 그 실효성을 확보하기 위하여 이를 위반한 경우에는 처벌을 하도록 규정하고 있는데, 관세법상 의무위반에 대한 제재로서 과하는 처벌을 관세행정벌이라고 한다.

2. 관세행정벌의 종류

(1) 관세형벌

① 관세형벌이란 관세법상 의무위반에 대한 제재로서 형법상 형명이 있는 형벌을 과하는 것을 말한다.
② 형법상 사형, 징역, 금고, 자격상실, 자격정지, 벌금, 구류, 과료, 몰수 등 9가지 형명의 형벌이 있지만, 이 중 관세범에 대하여는 징역, 벌금, 몰수 3종이 적용된다.
③ 관세범에 대한 형벌 적용 시 형법 총칙이 적용되나, 관세범의 특수성으로 인하여 관세법에 형법총칙의 일부 배제 규정을 두고 형법에 없는 양벌 규정 등을 두고 있다.

(2) 관세질서벌

① 관세법상의 의무위반에 대한 제재이기는 하나 형법에 형명이 없는 벌인 과태료를 과하는 경우를 말한다.
② 관세질서벌은 형법총칙이 적용되지 않기 때문에 고의, 과실, 착오 등을 고려할 필요가 없이 관세법 위반사실 그 자체에 대하여 부과되는 행정벌이며, 과태료 부과에 대해 다툼이 있는 경우에는 형사소송법에 따르지 않고 비송사건절차법이 정하는 바에 따라 처리한다.

3. 관세범의 성격

(1) 법정범

법 규범에 의하여 명령·금지된 사항을 위반함으로써 성립하므로 반윤리적·반사회적인 범죄인 자연범과 구별된다.

(2) 행정범

일반범죄가 형법에 규정되어 형사범이라고 하는데 반하여 관세범은 행정법령의 일종인 관세법에 규정되어 있으므로 행정범에 해당한다.

(3) 경제범

재정범 또는 조세범으로서의 관세범은 행정의 합목적성이 강조되어 그 형벌에 있어서 재산형을 위주로 적용한다.

02 관세범 처벌상의 특례

1. 형법 적용의 일부 배제 (법 제278조) `22 기출`

관세법에 따른 벌칙에 위반되는 행위를 한 자에게는 「형법」 제38조 제1항 제2호 중 벌금경합에 관한 제한가중규정을 적용하지 아니한다.

2. 양벌 규정 (법 제279조) `22 기출` `20 기출` `18 기출`

① 의의

법인의 대표자나 법인 또는 개인의 대리인, 사용인, 그 밖의 종업원이 그 법인 또는 개인의 업무에 관하여 제11장에서 규정한 벌칙(법 제277조의 과태료는 제외한다)에 해당하는 위반행위를 하면, 그 행위자를 벌하는 외에 그 법인 또는 개인에게도 해당 조문의 벌금형을 과한다.

② 개인에 대한 처벌 대상 `23 기출`

처벌의 대상이 되는 개인은 다음의 어느 하나에 해당하는 사람으로 한정한다.

- 특허보세구역 또는 종합보세사업장의 운영인
- 수출(「수출용원재료에 대한 관세 등 환급에 관한 특례법」 제4조에 따른 수출 등을 포함한다)·수입 또는 운송을 업으로 하는 사람
- 관세사
- 국제항 안에서 물품 및 용역의 공급을 업으로 하는 사람
- 법 제327조의3 제3항에 따른 전자문서 중계사업자

③ 면책받는 경우

다만, 법인 또는 개인이 그 위반행위를 방지하기 위하여 해당 업무에 관하여 상당한 주의와 감독을 게을리하지 아니한 경우에는 그러하지 아니하다.

④ 기타 양벌 규정 적용 관련 사항

양벌 규정은 관세법 제11장(벌칙 규정)에 의한 관세법 위반행위에 대하여만 적용되고, 과태료 부과 시에는 적용되지 아니한다. 또한, 양벌 규정에 의한 개인 및 법인에 대하여 관세법 제282조(몰수·추징) 규정을 적용 시 이를 범인으로 본다.

3. 미수범 등 (법 제271조) `21 기출`

① 교사자 또는 방조자

그 정황을 알면서 법 제269조(밀수출입죄) 및 법 제270조(관세포탈죄 등)에 따른 행위를 교사하거나 방조한 자는 정범(正犯)에 준하여 처벌한다.

② 미수범 또는 예비범 `24 기출`

- 미수범
  법 제268조의2(전자문서 위조·변조죄 등), 법 제269조(밀수출입죄) 및 법 제270조(관세포탈죄 등)의 미수범은 본죄에 준하여 처벌한다.
- 예비범
  법 제268조의2(전자문서 위조·변조죄 등), 법 제269조(밀수출입죄) 및 법 제270조(관세포탈죄 등)의 죄를 저지를 목적으로 그 예비를 한 자는 본죄의 2분의 1을 감경하여 처벌한다.

4. 징역과 벌금의 병과 (법 제275조) 22 기출 18 기출

다음의 죄를 범한 자는 정상에 의하여 징역과 벌금을 병과할 수 있다.

- 밀수출입죄 (법 제269조)
- 가격조작죄 (법 제270조의2)
- 밀수품의 취득죄 등 (법 제274조)
- 관세포탈죄 등 (법 제270조)
- 미수범 등 (법 제271조)

각 처벌규정에는 징역 또는 벌금이란 형식으로 자유형과 재산형을 선택적으로 과할 수 있게 하고 있으나, 밀수범 등 악질범죄에 대하여 한 가지 형태의 처벌만으로 불충분할 경우에는 자유형과 재산형을 병과하여 그 처벌의 실효를 거두려고 한 것이다.

03 관세형벌

1. 관세형벌의 종류 22 기출 21 기출 20 기출 19 기출 18 기출

(1) 전자문서 위조·변조죄 등 (법 제268조의2)

① 전자문서 위조·변조죄 24 기출

법 제327조의4 제1항을 위반하여 국가관세종합정보시스템이나 전자문서중계사업자의 전산처리설비에 기록된 전자문서 등 관련 정보를 위조 또는 변조하거나 위조 또는 변조된 정보를 행사한 자는 1년 이상 10년 이하의 징역 또는 1억 원 이하의 벌금에 처한다.

② 그 밖의 국가관세종합정보시스템의 운영 및 전자문서중계사업과 관련한 위반 행위

다음의 어느 하나에 해당하는 자는 5년 이하의 징역 또는 5천만 원 이하의 벌금에 처한다.

- 법 제327조의3 제1항을 위반하여 관세청장의 지정을 받지 아니하고 전자문서중계업무를 행한 자
- 법 제327조의4 제2항을 위반하여 국가관세종합정보시스템 또는 전자문서중계사업자의 전산처리설비에 기록된 전자문서 등 관련 정보를 훼손하거나 그 비밀을 침해한 자
- 법 제327조의4 제3항을 위반하여 업무상 알게 된 전자문서 등 관련 정보에 관한 비밀을 누설하거나 도용한 한국관세정보원 및 전자문서중계사업자의 임직원 또는 임직원이었던 사람

(2) 밀수출입죄 (법 제269조) 23 기출 21 기출 20 기출 19 기출 18 기출

① 금지품 수출입죄 (제1항)

법 제234조에 해당하는 다음의 물품을 수출하거나 수입한 자는 7년 이하의 징역 또는 7천만 원 이하의 벌금에 처한다.

- 헌법질서를 문란하게 하거나 공공의 안녕질서 또는 풍속을 해치는 서적·간행물·도화, 영화·음반·비디오물·조각물 또는 그 밖에 이에 준하는 물품
- 정부의 기밀을 누설하거나 첩보활동에 사용되는 물품
- 화폐·채권이나 그 밖의 유가증권의 위조품·변조품 또는 모조품 24 기출

② 밀수입죄 (제2항)

다음의 어느 하나에 해당하는 자는 5년 이하의 징역 또는 관세액의 10배와 물품원가 중 높은 금액 이하에 상당하는 벌금에 처한다.

> - 법 제241조 제1항·제2항에 따른 수입신고 또는 법 제244조 제1항에 따른 입항 전 수입신고를 하지 아니하고 물품을 수입한 자. 다만, 법 제253조 제1항에 따른 수입신고 전의 물품 반출신고를 한 자는 제외한다. **24 기출**
> - 법 제241조 제1항·제2항에 따른 수입신고 또는 법 제244조 제1항에 따른 입항 전 수입신고를 하였으나 해당 수입물품과 다른 물품으로 신고하여 수입한 자

③ 밀수출죄 (제3항)

다음의 어느 하나에 해당하는 자는 3년 이하의 징역 또는 물품원가 이하에 상당하는 벌금에 처한다.

> - 법 제241조 제1항 및 제2항에 따른 수출 또는 반송신고를 하지 아니하고 물품을 수출하거나 반송한 자
> - 법 제241조 제1항 및 제2항에 따른 수출 또는 반송신고를 하였으나 해당 수출물품 또는 반송물품과 다른 물품으로 신고하여 수출하거나 반송한 자

(3) 관세포탈죄 등 (법 제270조) **23 기출** **19 기출** **18 기출**

① 관세포탈죄 (제1항)

법 제241조 제1항·제2항 또는 법 제244조 제1항에 따른 수입신고를 한 자 중 다음의 어느 하나에 해당하는 자(구매대행업자를 포함한다)는 3년 이하의 징역 또는 포탈한 관세액의 5배와 물품원가 중 높은 금액 이하에 상당하는 벌금에 처한다. 이 경우 ㉠의 물품원가는 전체 물품 중 포탈한 세액의 전체 세액에 대한 비율에 해당하는 물품만의 원가로 한다.

> ㉠ 세액결정에 영향을 미치기 위하여 과세가격 또는 관세율 등을 거짓으로 신고하거나 신고하지 아니하고 수입한 자(구매대행업자를 포함한다) **24 기출**
> ㉡ 세액결정에 영향을 미치기 위하여 거짓으로 서류를 갖추어 법 제86조 제1항·제3항에 따른 품목분류 사전심사·재심사 및 법 제87조 제3항에 따른 품목분류 재심사를 신청한 자
> ㉢ 법령에 따라 수입이 제한된 사항을 회피할 목적으로 부분품으로 수입하거나 주요 특성을 갖춘 미완성·불완전한 물품이나 완제품을 부분품으로 분할하여 수입한 자

② 부정수입죄 (제2항)

법 제241조 제1항·제2항 또는 법 제244조 제1항에 따른 수입신고를 한 자 중 법령에 따라 수입에 필요한 허가·승인·추천·증명 또는 그 밖의 조건을 갖추지 아니하거나 부정한 방법으로 갖추어 수입한 자는 3년 이하의 징역 또는 3천만 원 이하의 벌금에 처한다.

③ 부정수출죄 (제3항)

법 제241조 제1항 및 제2항에 따른 수출신고를 한 자 중 법령에 따라 수출에 필요한 허가·승인·추천·증명 또는 그 밖의 조건을 갖추지 아니하거나 부정한 방법으로 갖추어 수출한 자는 1년 이하의 징역 또는 2천만 원 이하의 벌금에 처한다.

④ 부정감면죄 (제4항)

부정한 방법으로 관세를 감면받거나 관세를 감면받은 물품에 대한 관세의 징수를 면탈한 자는 3년 이하의 징역에 처하거나, 감면받거나 면탈한 관세액의 5배 이하에 상당하는 벌금에 처한다.

⑤ 부정환급죄 (제5항)

부정한 방법으로 관세를 환급받은 자는 3년 이하의 징역 또는 환급받은 세액의 5배 이하에 상당하는 벌금에 처한다. 이 경우 세관장은 부정한 방법으로 환급받은 세액을 즉시 징수한다.

(4) 가격조작죄 (법 제270조의2)

아래 ①에 따른 신청 또는 신고를 할 때 부당하게 재물이나 재산상 이득을 취득하거나 제3자로 하여금 이를 취득하게 할 목적으로 물품의 가격을 조작하여 신청 또는 신고한 자는 2년 이하의 징역 또는 아래 ②에 따른 금액 이하의 벌금에 처한다.

① 다음의 어느 하나에 해당하는 신청 또는 신고
- 법 제38조의2 제1항·제2항에 따른 보정신청
- 법 제38조의3 제1항에 따른 수정신고
- 법 제241조 제1항·제2항에 따른 수출·수입 또는 반송신고
- 법 제244조 제1항에 따른 입항 전 수입신고

② 5천만 원, 물품원가, 아래 금액 간의 차액 중 가장 높은 금액
- 위 ①에 해당하는 신청 또는 신고를 한 물품가격
- 과세가격(법 제241조 제1항·제2항에 따른 수출신고 또는 반송신고의 경우에는 해당 물품을 국제무역선 또는 국제무역기에 인도하는 조건으로 실제로 지급받았거나 지급받아야 할 가격으로서 최종 선적항 또는 선적지까지의 운임·보험료를 포함한 가격을 말함)

(5) 밀수품 취득죄 등 (법 제274조) 19 기출 18 기출

다음의 어느 하나에 해당되는 물품을 취득·양도·운반·보관 또는 알선하거나 감정한 자는 3년 이하의 징역 또는 물품원가 이하에 상당하는 벌금에 처한다.

① 법 제269조(금지품 수출입죄, 밀수출입죄)에 해당되는 물품
② 법 제270조 제1항 제3호(관세포탈죄 중 법령에 따라 수입이 제한된 사항을 회피할 목적으로 부분품으로 수입하거나 주요 특성을 갖춘 미완성·불완전한 물품이나 완제품을 부분품으로 분할하여 수입한 자), 같은 조 제2항(부정수입죄), 제3항(부정수출죄)에 해당되는 물품

이러한 밀수품 취득죄의 미수범은 본죄에 준하여 처벌한다. 그리고 밀수품 취득죄를 범할 목적으로 그 예비를 한 자는 본죄의 2분의 1을 감경하여 처벌한다.

(6) 강제징수 면탈죄 등 (법 제275조의2) 20 기출 19 기출

① 재산을 은닉·탈루하거나 거짓 계약을 한 경우
  납세의무자 또는 납세의무자의 재산을 점유하는 자가 강제징수의 집행을 면탈할 목적 또는 면탈하게 할 목적으로 그 재산을 은닉·탈루하거나 거짓 계약을 하였을 때에는 3년 이하의 징역 또는 3천만 원 이하의 벌금에 처한다.

② 압수 또는 압류 물건을 은닉·탈루, 손괴 또는 소비한 경우
  법 제303조 제2항에 따른 압수물건의 보관자 또는 「국세징수법」 제48조에 따른 압류물건의 보관자가 그 보관한 물건을 은닉·탈루, 손괴 또는 소비하였을 때에도 3년 이하의 징역 또는 3천만 원 이하의 벌금에 처한다.

③ 위 ①, ②를 방조하거나 거짓 계약을 승낙한 경우
  위 ①, ②의 사정을 알고도 이를 방조하거나 거짓 계약을 승낙한 자는 2년 이하의 징역 또는 2천만 원 이하의 벌금에 처한다.

(7) 명의대여행위죄 등 (법 제275조의3) 20 기출 19 기출

① 관세(세관장이 징수하는 내국세 등을 포함)의 회피 또는 강제집행의 면탈을 목적으로 하거나 재산상 이득을 취할 목적으로 다음의 행위를 한 자는 2년 이하의 징역 또는 2천만 원 이하의 벌금에 처한다.

- 타인의 명의를 사용하여 탁송품 또는 우편물을 수입한 자
- 타인의 명의를 사용하여 제38조에 따른 납세신고를 한 자

② 관세(세관장이 징수하는 내국세 등을 포함)의 회피 또는 강제집행의 면탈을 목적으로 하거나 재산상 이득을 취할 목적으로 타인에게 자신의 명의를 사용하여 법 제38조에 따른 납세신고를 하도록 허락한 자는 1년 이하의 징역 또는 1천만 원 이하의 벌금에 처한다.

(8) 보세사의 명의대여죄 등 (법 제275조의4) 22 기출 21 기출

다음의 어느 하나에 해당하는 자는 **1년 이하의 징역 또는 1천만 원 이하의 벌금**에 처한다.

> ① 다른 사람에게 자신의 성명·상호를 사용하여 보세사 업무를 수행하게 하거나 자격증 또는 등록증을 빌려준 자
> ② 다른 사람의 성명·상호를 사용하여 보세사의 업무를 수행하거나 자격증 또는 등록증을 빌린 자 24 기출
> ③ 위 ①, ②의 행위를 알선한 자

(9) 허위신고죄 등 (법 제276조) 23 기출 22 기출 21 기출 20 기출 19 기출

① 물품원가 또는 2천만 원 중 높은 금액 이하의 벌금

다음의 어느 하나에 해당하는 자는 **물품원가 또는 2천만 원 중 높은 금액 이하의 벌금**에 처한다.

> - 법 제198조 제1항에 따른 종합보세사업장의 설치·운영에 관한 신고를 하지 아니하고 종합보세기능을 수행한 자 24 기출
> - 법 제204조 제2항에 따른 세관장의 중지조치 또는 제3항에 따른 세관장의 폐쇄 명령을 위반하여 종합보세기능을 수행한 자
> - 법 제238조에 따른 보세구역 반입명령에 대하여 반입대상 물품의 전부 또는 일부를 반입하지 아니한 자
> - 법 제241조 제1항·제2항 또는 법 제244조 제1항에 따른 신고를 할 때 법 제241조 제1항에 따른 사항(해당 물품의 품명·규격·수량 및 가격과 그 밖에 대통령령으로 정하는 사항)을 신고하지 아니하거나 허위신고를 한 자
> - 법 제38조의2 제1항 및 제2항, 법 제38조의3 제1항에 따른 보정신청 또는 수정신고를 할 때 법 제241조 제1항에 따른 사항(해당 물품의 품명·규격·수량 및 가격과 그 밖에 대통령령으로 정하는 사항)을 허위로 신청하거나 신고한 자
> - 법 제248조 제3항에 따라 신고수리 전에 운송수단, 관세통로, 하역통로, 관세법에 따른 장치장소로부터 신고된 물품을 반출한 자

② 2천만 원 이하의 벌금

다음의 어느 하나에 해당되는 자는 **2천만 원 이하의 벌금**에 처한다. 다만, **과실로 ⓑ부터 ⓟ까지에 해당하게 된 경우에는 300만 원 이하의 벌금**에 처한다.

> ⓐ 부정한 방법으로 적재화물목록을 작성하였거나 제출한 자 24 기출
> ⓑ 법 제12조(장부 등의 보관) 제1항을 위반한 자(법 제277조 제7항 제2호에 따라 신고필증을 보관하지 아니하여 100만 원 이하의 과태료에 해당하는 경우는 제외)
> ⓒ 법 제98조 제2항에 따른 재수출 감면을 적용 받은 물품을 승인을 받지 아니하고 용도 외 사용 또는 양도한 자
> ⓓ 법 제109조 제1항에 따라 다른 법령 등에 따른 감면물품을 용도 외 사용 또는 양도한 자(법 제277조 제6항 제3호에 따라 법 제102조 제1항을 위반한 자 중 해당 물품을 직접 수입한 경우 관세를 감면 받을 수 있고 수입자와 동일한 용도에 사용하려는 자에게 양도한 자는 제외)
> ⓔ 법 제134조 제1항에 따라 국제무역선 또는 국제무역기가 국제항이 아닌 지역에 대한 출입허가를 받지 아니하고 출입한 자
> ⓕ 법 제136조 제2항에 따라 출항허가를 받을 때 적재물품에 대한 목록제출 관련 규정을 위반한 자
> ⓖ 법 제148조 제1항에 따라 국경출입차량의 관세통로 경유 및 통관 또는 통관장에 정차하여야 하는 의무를 위반한 자
> ⓗ 법 제149조에 따른 국경출입차량의 도착절차를 위반한 자
> ⓘ 법 제222조 제1항에 따라 보세운송업자 등에 대한 등록 규정을 위반한 자

ⓙ 법 제225조 제1항 전단에 따라 보세화물 취급 선박회사 등의 세관장 신고 규정을 위반한 자
ⓚ 법 제83조 제2항에 따라 용도세율의 적용물품을 수입신고 수리일부터 3년의 범위 내에서 관세청장이 정하는 기간 내에 해당 용도 외 다른 용도에 사용하거나 양도한 자
ⓛ 법 제88조 제2항의 외교관용 물품 등에 대한 면세 규정에 따라 양수제한 물품에 해당하는 자동차, 선박 등의 물품을 수입신고 수리일부터 3년의 범위에서 관세청장이 정하는 기간 내에 해당 용도 외 다른 용도에 사용하기 위하여 양수한 자
ⓜ 법 제97조 제2항의 재수출 면세 규정에 따라 관세를 면제받은 물품을 재수출기간 내에 해당 용도 외 다른 용도로 사용하거나 양도한 자
ⓝ 법 제102조 제1항에 따른 관세감면 물품에 대한 사후관리 규정을 위반한 자. 다만, 위 ⓛ, ⓜ, ⓝ에 대해서는 법 제277조 제6항 제3호에 따라 해당 물품을 직접 수입한 경우, 관세를 감면받을 수 있고 수입자와 동일한 용도에 사용하려는 자에게 양도한 자는 제외한다.
ⓞ 법 제174조 제1항에 따른 특허보세구역의 설치·운영에 관한 특허를 받지 아니하고 특허보세구역을 운영한 자
ⓟ 법 제227조에 따른 세관장의 의무 이행 요구를 이행하지 아니한 자
ⓠ 법 제38조 제4항 후단에 따른 자율심사 결과를 거짓으로 작성하여 제출한 자 `24 기출`
ⓡ 법 제178조 제2항 제1호에 따라 거짓이나 기타 부정한 방법으로 특허를 받은 자, 제5호에 따라 특허보세구역 운영인의 명의대여 금지 규정을 위반한 자 및 법 제224조 제1항 제1호에 따라 거짓이나 기타 부정한 방법으로 등록을 한 보세운송업자 등에 해당하는 자

③ 1천만 원 이하의 벌금

다음의 어느 하나에 해당하는 자는 **1천만 원 이하의 벌금**에 처한다. 다만, **과실로 ⓐ부터 ⓚ까지의 규정에 해당하게 된 경우에는 200만 원 이하의 벌금**에 처한다.

ⓐ 법 제135조 제1항(법 제146조 제1항에서 준용하는 경우를 포함)에 따른 입항보고를 거짓으로 하거나 법 제136조 제1항(법 제146조 제1항에서 준용하는 경우를 포함)에 따른 출항허가를 거짓으로 받은 자 `24 기출`
ⓑ 법 제135조 제1항(법 제146조 제1항에서 준용하는 경우를 포함하며 법 제277조 제6항 제4호에 해당하는 자는 제외)에 따른 입항보고 규정을 위반한 자
ⓒ 법 제136조 제1항에 따른 출항허가 규정을 위반한 자
ⓓ 법 제137조의2 제1항 각 호 외의 부분 후단(법 제277조 제6항 제4호에 따라 과실로 여객명부 또는 승객예약자료를 제출하지 아니한 자는 제외)에 따라 선박회사 또는 항공사의 승객예약자료 열람 허용 및 제출 규정을 위반한 자
ⓔ 법 제140조 제1항·제4항·제6항에 따라 입항절차를 마친 후 하역 또는 환적, 국제무역선(기) 하역·환적 시 세관장에게 신고 등, 국제무역선(기)에 내국물품의 적재 금지, 국내운항선(기)에 외국물품 적재 금지 규정을 위반한 자
ⓕ 법 제142조 제1항에 따라 항외하역 허가의무를 위반한 자
ⓖ 법 제144조에 따라 국제무역선(기)의 국내운항선(기)로의 전환 또는 국내운항선(기)의 국제무역선(기)로의 전환 시 승인받을 의무를 위반한 자
ⓗ 법 제150조에 따라 국경출입차량의 출발허가의무를 위반한 자
ⓘ 법 제151조에 따라 통관역 또는 통관장에서의 외국물품 하역 시 해당 신고의무를 위반한 자
ⓙ 법 제213조 제2항에 따른 보세운송신고 또는 승인받아야 하는 의무를 위반한 자
ⓚ 법 제223조의2에 따른 보세운송업자 등의 명의대여 등의 금지의무를 위반한 자
ⓛ 부정한 방법으로 법 제248조 제1항 단서에 따라 전산처리설비를 이용하여 신고필증을 발급받은 자

⑩ 법 제265조에 따른 세관장 또는 세관공무원의 물품 또는 운송수단 등에 대한 검사 등의 조치를 거부 또는 방해한 자

④ 500만 원 이하의 벌금

법 제165조 제3항에 따라 보세사로 근무하려는 자가 해당 보세구역을 관할하는 세관장에게 등록하여야 하는 규정을 위반한 경우에는 500만 원 이하의 벌금에 처한다.

2. 몰수와 추징 21기출 20기출 19기출 18기출

(1) 의의

몰수는 범죄행위에 제공하였거나 범죄로 생긴 물건 등에 대한 사회적 유통을 억제하고 범죄로 인한 재산적 이익을 회수하기 위하여 그 소유권을 박탈하는 재산형의 일종으로서, 주형에 부가하여 과하는 것이 원칙이나 예외적으로 몰수만을 과할 수 있고 몰수가 가능하지 아니한 경우에는 그 가액을 추징하는 것을 의미한다.

(2) 몰수의 대상

① 금지품 수출입죄의 경우

법 제269조 제1항(금지품 수출입죄)에 해당하는 경우(그 죄를 범할 목적으로 예비를 한 자를 포함)에는 그 물품을 몰수한다.

② 밀수입죄, 밀수출죄, 밀수품취득죄의 경우

법 제269조 제2항(밀수입죄)·제3항(밀수출죄) 또는 법 제274조 제1항 제1호(밀수품취득죄)의 경우(그 죄를 범할 목적으로 예비를 한 자를 포함)에는 범인이 소유하거나 점유하는 그 물품을 몰수한다. 다만, 법 제269조 제2항(밀수입죄) 또는 제3항(밀수출죄)의 경우로서 다음의 어느 하나에 해당하는 물품은 몰수하지 아니할 수 있다.

- 법 제154조의 보세구역에 법 제157조에 따라 신고를 한 후 반입한 외국물품
- 법 제156조에 따라 세관장의 허가를 받아 보세구역이 아닌 장소에 장치한 외국물품
- 폐기물관리법 제2조의 규정에 따른 폐기물
- 그 밖에 몰수의 실익이 없는 물품으로서 대통령령으로 정하는 물품

③ 밀수 전용 운반기구의 경우

법 제269조의 죄(금지품 수출입죄, 밀수출입죄)에 전용(專用)되는 선박·자동차나 그 밖의 운반기구는 그 소유자가 범죄에 사용된다는 정황을 알고 있고, 다음의 어느 하나에 해당하는 경우에는 몰수한다.

- 범죄물품을 적재하거나 적재하려고 한 경우
- 검거를 기피하기 위하여 권한 있는 공무원의 정지명령을 받고도 정지하지 아니하거나 적재된 범죄물품을 해상에서 투기·파괴 또는 훼손한 경우
- 범죄물품을 해상에서 인수 또는 취득하거나 인수 또는 취득하려고 한 경우
- 범죄물품을 운반한 경우

④ 범죄에 사용된 물품인 경우

- 법 제269조(금지품 수출입죄, 밀수출입죄)에 사용하기 위하여 특수한 가공을 한 물품은 누구의 소유이든지 몰수하거나 그 효용을 소멸시킨다.
- 법 제269조(금지품 수출입죄, 밀수출입죄)에 해당되는 물품이 다른 물품 중에 포함되어 있는 경우 그 물품이 범인의 소유일 때에는 그 다른 물품도 몰수할 수 있다.

(3) 추징

몰수할 물품의 전부 또는 일부를 몰수할 수 없을 때에는 그 몰수할 수 없는 물품의 범칙 당시의 국내도매가격에 상당한 금액을 범인으로부터 추징한다. 이 경우 국내도매가격은 도매업자가 수입물품을 무역업자로부터 매수하여 국내도매시장에서 공정한 거래방법에 의하여 공개적으로 판매하는 가격을 말한다. 다만, 법 제274조 제1항 제1호(밀수품취득죄) 중 법 제269조 제2항(밀수입죄)의 물품을 감정한 자는 제외한다.

(4) 양벌 규정 해당 자에 대한 몰수 추징 등

법 제279조(양벌 규정)의 개인 및 법인은 몰수 및 추징 규정을 적용할 때에는 이를 범인으로 본다.

04 관세 질서벌

1. 의의

관세질서벌은 관세법상의 의무위반에 대한 제재이지만 형법상 형명이 없는 벌인 과태료를 부과하는 것을 말한다. 관세질서벌에 해당하는 과태료는 직접적으로 관세행정 목적을 침해하는 것은 아니지만, 일정한 보고, 신고, 등록 등의 의무를 태만히 함으로써 간접적으로 행정목적 달성에 장애를 미치는 위험성이 있는 행위 즉, 관세행정 질서를 문란하게 하는 행위에 대한 제재로서 과하여지는 것이다. 따라서 형법상의 형벌이 아닌 과태료를 부과하는 관세질서벌에 대하여는 형법총칙이나 형법이론이 적용될 여지가 없는 것이며 관세법상의 양벌규정을 적용할 수 없다.

2. 과태료 (법 제277조) 22 기출 21 기출 19 기출

(1) 1억 원 이하의 과태료

법 제37조의4(특수관계자 수입물품 과세가격 결정자료 제출) 제1항에 따라 자료제출을 요구받은 특수관계에 있는 자가 법 제10조(천재지변 등으로 인한 기한의 연장)에서 정하는 정당한 사유 없이 법 제37조의4(특수관계자 수입물품 과세가격 결정자료 제출) 제3항에서 정한 기한(자료제출을 요구받은 날부터 60일 이내)까지 자료를 제출하지 아니하거나 거짓의 자료를 제출하는 경우에는 1억 원 이하의 과태료를 부과한다. 이 경우 법 제276조(허위신고죄)는 적용되지 아니한다.

(2) 2억 원 이하의 과태료

세관장은 법 제37조의4(특수관계자 수입물품 과세가격 결정자료 제출) 제1항에 따라 자료제출을 요구받은 자가 법 제277조 제1항에 따라 과태료를 부과받고도 자료를 제출하지 아니하거나 거짓의 자료를 시정하여 제출하지 아니하는 경우에는 미제출된 자료를 제출하도록 요구하거나 거짓의 자료를 시정하여 제출하도록 요구할 수 있다. 위 자료제출을 요구받은 자는 그 요구를 받은 날부터 30일 이내에 그 요구에 따른 자료를 제출하여야 하는데 이를 위반한 자에게는 2억 원 이하의 과태료를 부과한다. 이 경우 제276조는 적용되지 아니한다.

(3) 5천만 원 이하의 과태료

다음의 어느 하나에 해당하는 자에게는 5천만 원 이하의 과태료를 부과한다. 다만, 과실로 법 제200조 제3항, 법 제203조 제1항 또는 법 제262조에 따른 관세청장 또는 세관장의 조치를 위반하거나 검사를 거부·방해 또는 기피한 자에 해당하게 된 경우에는 400만 원 이하의 과태료를 부과한다.

① 세관공무원의 질문에 대하여 거짓의 진술을 하거나 그 직무의 집행을 거부 또는 기피한 자 24 기출
② 법 제200조 제3항에 따른 종합보세구역 지정목적에 부합되지 아니하는 물품의 반입·반출의 규정을 위반한 자
③ 법 제203조 제1항에 따른 종합보세구역 출입 인원·차량통제 및 물품검사를 거부·방해 또는 기피한 자
④ 법 제262조에 따른 관세청장 또는 세관장의 운송수단 출발중지 또는 진행정지 조치를 위반한 자

⑤ 법 제263조를 위반하여 서류의 제출·보고 또는 그 밖에 필요한 사항에 관한 명령을 이행하지 아니하거나 거짓의 보고를 한 자

⑥ 법 제266조 제1항에 따른 세관공무원의 자료 또는 물품의 제시요구 또는 제출요구를 거부한 자

(4) 1천만 원 이하의 과태료

다음의 어느 하나에 해당하는 자에게는 1천만 원 이하의 과태료를 부과한다.

① 법 제139조에 따른 임시 외국 정박 또는 착륙의 보고 의무를 위반한 자
② 법 제143조 제1항에 선박용품 및 항공기용품 등의 하역 허가 의무를 위반한 자
③ 법 제152조 제1항에 따른 도로차량의 국경출입 관련 의무를 위반한 자
④ 법 제155조 제1항에 따른 보세구역 외 장치 관련 의무를 위반한 자
⑤ 법 제156조 제1항에 따른 보세구역 외 장치의 허가 관련 의무를 위반한 자
⑥ 법 제159조 제2항에 따른 해체·절단 등의 작업 허가 관련 의무를 위반한 자
⑦ 법 제160조 제1항에 따른 장치물품의 폐기 승인 관련 의무를 위반한 자
⑧ 법 제161조 제1항에 따른 견본품 반출 허가 관련 의무를 위반한 자
⑨ 법 제186조 제1항에 따른 사용신고 관련 의무를 위반한 자
⑩ 법 제192조에 따른 사용 전 수입신고 관련 의무를 위반한 자
⑪ 법 제200조 제1항에 따른 종합보세구역 내 소비 또는 사용 관련 의무를 위반한 자
⑫ 법 제201조 제1항·제3항에 따른 운영인의 물품관리 및 종합보세구역 내 물품의 이동 등에 대한 기록 유지 관련 의무를 위반한 자
⑬ 법 제219조 제2항에 따른 조난물품의 운송 관련 의무를 위반한 자
⑭ 법 제266조 제2항에 따른 세금계산서 또는 수입사실 등을 증명하는 자료를 영업장에 갖출 의무를 위반한 자
⑮ 법 제187조 제1항 또는 법 제195조 제1항에 따른 허가를 받지 아니하거나 법 제202조 제2항에 따른 신고를 하지 아니하고 보세공장·보세건설장·종합보세구역 또는 지정공장 외의 장소에서 작업을 한 자

(5) 500만 원 이하의 과태료

다음의 어느 하나에 해당하는 자에게는 500만 원 이하의 과태료를 부과한다.

① 법 제240조의2 제1항을 위반하여 유통이력을 신고하지 아니하거나 거짓으로 신고한 자
② 법 제240조의2 제2항을 위반하여 장부기록 자료를 보관하지 아니한 자
③ 법 제243조 제4항을 위반하여 관세청장이 정하는 장소에 반입하지 아니하고 법 제241조 제1항에 따른 수출의 신고를 한 자
④ 법 제327조의2 제10항을 위반하여 한국관세정보원 또는 이와 유사한 명칭을 사용한 자

(6) 200만 원 이하의 과태료

다음의 어느 하나에 해당하는 자에게는 200만 원 이하의 과태료를 부과한다.

① 특허보세구역의 특허사항을 위반한 운영인
② 다음의 어느 하나에 해당하는 자

- 법 제38조 제4항에 따른 자율심사 결과 제출의무를 위반한 자
- 법 제83조 제1항에 따른 용도세율 적용 시 승인받을 의무를 위반한 자
- 법 제107조 제3항에 따른 분할납부승인 물품의 용도 변경 및 양도 시 승인을 받을 의무를 위반한 자

- 법 제135조 제2항에 따른 입항하는 해당 선박 또는 항공기가 소속된 선박회사 또는 항공사 중 여객명부·적재화물목록 등을 입항하기 전에 제출하는 의무를 위반한 자
- 법 제136조 제3항에 따른 출항하는 해당 국제무역선 또는 국제무역기가 소속된 선박회사 또는 항공사 중 적재화물목록을 출항허가 신청 전에 제출하는 의무를 위반한 자
- 법 제140조 제5항에 따른 국제무역선 또는 국제무역기로부터 물품 하역 시 하역통로와 기간 준수의무를 위반한 자
- 법 제157조 제1항에 따른 보세구역에 물품 반입 또는 반출 시 신고의무를 위반한 자
- 법 제158조 제2항·제6항에 따른 보세구역 장치물품에 대한 보수작업 시 승인을 받을 의무·보수작업 시 보수작업의 재료로 외국물품 사용 금지 관련 규정을 위반한 자
- 법 제172조 제3항에 따른 지정장치장 화물관리비용의 요율에 대하여 승인받을 의무를 위반한 자
- 법 제194조(제205조에서 준용하는 경우를 포함한다)에 따른 보세건설장 또는 종합보세구역에서 건설된 시설에 대한 수입신고 수리 전 가동 제한 규정을 위반한 자
- 법 제196조의2 제5항에 따른 시내보세판매장의 운영인이 물품 인도가 제한되는 사람에게 물품을 판매할 때에는 해당 물품을 판매 현장에서 인도해서는 아니되고, 관세청장이 정하는 바에 따라 인도하여야 하는데 해당 규정을 위반한 자
- 법 제198조 제3항에 따른 종합보세기능 변경 시 신고의무를 위반한 자
- 법 제199조 제1항에 따른 종합보세구역 물품 반입 또는 반출 시 신고의무를 위반한 자
- 법 제202조 제1항에 따른 종합보세기능 수행에 필요한 시설 및 장비 등의 유지의무를 위반한 자
- 법 제214조에 따른 보세운송 신고 또는 승인신청의 명의를 화주, 관세사 등, 보세운송업자로 하여야 하는 의무를 위반한 자
- 법 제215조에 따른 보세운송 보고(조난물품 운송 및 내국운송에서 준용하는 경우를 포함)를 위반한 자
- 법 제216조 제2항에 따른 보세운송 기간 내 종료(조난물품 운송 및 내국운송에서 준용하는 경우를 포함)를 위반한 자
- 법 제221조 제1항에 따른 내국운송의 신고 의무를 위반한 자
- 법 제222조 제3항에 따른 보세운송업자 등의 영업보고 및 서류제출 의무를 위반한 자
- 법 제225조 제1항 후단에 따른 보세화물 취급 선박회사 등의 중요사항 변경신고
- 법 제251조 제1항에 따른 수출신고 수리물품의 기간 내 적재 의무를 위반한 자

③ 다음의 규정을 위반한 자 중 해당 물품을 직접 수입한 경우 관세를 감면받을 수 있고 수입자와 동일한 용도에 사용하려는 자에게 양도한 자

- 법 제83조 제2항에 따른 용도세율의 적용 용도 외 사용 또는 양도 승인 규정
- 법 제88조 제2항에 따른 외교관용 물품 등의 면세 용도 외 사용·양도에 대한 규정
- 법 제97조 제2항에 따른 재수출면세사용·양도에 대한 규정
- 법 제102조 제1항에 따른 관세감면 물품의 사후관리 용도 외 사용·양도에 대한 규정
- 법 제109조 제1항에 따른 다른 법령 등에 따른 감면물품의 관세징수에 대한 규정

④ 다음의 규정을 위반한 자 중 과실로 여객명부 또는 승객예약자료를 제출하지 아니한 자

- 법 제135조 제1항에 따른 국제무역선(기) 입항보고 시 서류제출 관련 규정
- 법 제137조의2 제1항 각 호 외의 부분 후단에 따른 선박회사·항공사의 승객예약자료 열람 허용, 제출 관련 규정

⑤ 다음의 규정에 따른 관세청장 또는 세관장의 조치를 위반한 자

- 법 제159조 제6항에 따른 세관장의 해체·절단 작업 명령
- 법 제180조 제3항(법 제205조에서 준용하는 경우를 포함한다)에 따른 세관장의 특허보세구역 또는 종합보세구역 운영에 필요한 시설·기계 및 기구의 설치 명령을 위반한 자
- 법 제196조 제4항에 따른 세관장의 보세판매장 판매물품·장치장소 등 제한조치를 위반한 자
- 법 제216조 제1항(법 제219조 제4항 및 법 제221조 제2항에서 준용하는 경우를 포함한다)에 따른 세관장의 보세운송·조난물품 운송·내국운송의 통로 제한조치를 위반한 자
- 법 제222조 제4항에 따른 관세청장 또는 세관장의 화물운송주선업자에 대한 보고 명령 의무를 위반한 자
- 법 제225조 제2항에 따른 세관장의 선박회사 또는 항공사에 대한 보고 명령 의무를 위반한 자
- 법 제228조에 따른 세관장의 통관표지 첨부 명령을 위반한 자
- 법 제266조 제3항에 따른 관세청장 또는 세관장의 상설 영업장의 판매인 또는 그 밖의 관계인에 대한 보고 명령을 위반한 자

⑥ 법 제321조 제2항 제2호에 따른 운송수단의 물품취급시간이 아닌 때에 물품취급 시의 사전통보의무 규정을 위반하여 운송수단에서 물품을 취급한 자

⑦ 보세구역에 물품을 반입하지 아니하고 거짓으로 제157조 제1항에 따른 반입신고를 한 자 `24 기출`

(7) 100만 원 이하의 과태료

다음의 어느 하나에 해당하는 자에게는 100만 원 이하의 과태료를 부과한다.

① 적재물품과 일치하지 아니하는 적재화물목록을 작성하였거나 제출한 자. 다만, 다음의 어느 하나에 해당하는 자가 투입 및 봉인한 것이어서 적재화물목록을 제출한 자가 해당 적재물품의 내용을 확인하는 것이 불가능한 경우에는 해당 적재화물목록을 제출한 자는 제외한다.

- 법 제276조 제3항 제1호에 해당하는 자(부정한 방법으로 적재화물목록을 작성하였거나 제출한 자)
- 적재물품을 수출한 자
- 다른 선박회사·항공사 및 화물운송주선업자

② 법 제12조에 따른 장부 등의 보관 규정을 위반하여 신고필증을 보관하지 아니한 자

③ 법 제28조 제2항에 따라 잠정가격신고에 대한 확정가격신고를 정해진 기간 내에 하지 아니한 자

④ 다음의 규정을 위반한 자

- 법 제107조 제4항에 따라 관세의 분할납부 승인을 받은 법인이 합병·분할·분할합병 또는 해산을 하거나 파산 선고를 받은 경우 또는 관세의 분할납부 승인을 받은 자가 파산선고를 받은 경우의 그 사유에 대한 신고의무를 위반한 자
- 법 제108조 제2항에 따라 용도세율을 적용받거나 관세의 감면 또는 분할납부를 승인받은 자의 해당 조건 이행 여부 확인 시 필요서류 제출의무를 위반한 자
- 법 제138조 제2항·제4항에 따라 재해나 그 밖의 부득이한 사유로 인한 국제항출입·입출항절차·물품의 하역 규정에 대한 면책이유 신고의무·재해 등의 사유 종료 시 경과보고의무를 위반한 자
- 법 제141조 제2호에 따른 해당 운송수단의 여객·승무원 또는 운전자가 아닌 자가 타려는 경우의 신고의무를 위반한 자
- 법 제157조의2에 따른 관세청장이 정하는 보세구역에 반입되어 수입신고가 수리된 물품에 대한 수입신고 수리일부터 15일 이내 반출의무를 위반한 자
- 법 제162조에 따른 물품취급자의 세관장 명령을 준수하고 세관공무원 지휘를 받아야 하는 의무를 위반한 자

- 법 제179조 제2항에 따른 운영인이 특허보세구역을 운영하지 아니하게 되거나 해산하거나 사망한 경우에 운영인, 그 상속인, 청산법인 또는 승계법인의 사실보고의무를 위반한 자
- 법 제182조 제1항(법 제205조에서 준용하는 경우를 포함한다)에 따른 특허보세구역 특허의 효력이 상실된 때 또는 종합보세구역 지정이 취소된 때 해당 보세구역에 있는 외국물품을 다른 보세구역으로 반출하여야 하는 의무를 위반한 자
- 법 제183조 제2항·제3항에 따른 내국물품 보세창고 장치 시 신고 또는 승인을 받을 의무를 위반한 자
- 법 제184조(법 제205조에서 준용하는 경우를 포함한다)에 따른 장치기간이 지난 보세창고 또는 종합보세구역에 장치한 내국물품 반출의무를 위반한 자
- 법 제185조 제2항(법 제205조에서 준용하는 경우를 포함한다)에 따른 보세공장 또는 종합보세구역에서 내국물품만을 원료로 하거나 재료로 할 경우의 허가 받을 의무를 위반한 자
- 법 제245조 제3항에 따른 수출·수입 또는 반송의 신고시 서류의 제출을 생략하게 하거나 수입신고 수리 후에 서류를 제출하게 하는 경우로서 세관장의 자료 제시 또는 제출 요청에 따라야 하는 의무를 위반한 자
- 법 제254조의2 제2항 및 제3항에 따른 탁송품 운송업자의 사실과 다른 통관목록 제출금지 규정 및 탁송품 운송업자의 실제 배송지의 제출규정을 위반한 자

⑤ 법 제160조 제4항(법 제207조 제2항에서 준용하는 경우를 포함한다)에 따른 보세구역 장치물품 또는 유치·예치 물품에 대한 세관장의 폐기명령을 이행하지 아니한 자

⑥ 다음의 규정에 따른 세관장의 명령이나 보완조치를 이행하지 아니한 자

- 법 제177조 제2항(법 제205조에서 준용하는 경우를 포함한다) 또는 법 제180조 제4항에 따른 특허보세구역 또는 종합보세구역 장치물품에 대한 세관장의 물품반출명령을 이행하지 아니한 자
- 법 제180조 제4항(법 제205조에서 준용하는 경우를 포함한다)에 따른 특허보세구역, 종합보세구역에 반입된 물품이 해당 특허보세구역, 종합보세구역의 설치 목적에 합당하지 아니한 경우에는 세관장은 해당 물품을 다른 보세구역으로 반출할 것을 명할 수 있는데 관련 의무를 이행하지 아니한 자
- 법 제249조에 따른 수출·수입 또는 반송에 대한 신고서 또는 제출서류에 대한 세관장의 보완요구조치를 이행하지 아니한 자

⑦ 다음의 규정에 따른 세관장의 감독·검사·보고지시 등에 응하지 아니한 자

- 법 제180조 제1항(법 제205조에서 준용하는 경우를 포함)·제2항(법 제89조 제5항에서 준용하는 경우를 포함)에 따라 세관장의 특허보세구역 또는 종합보세구역 운영인에 대한 감독 규정 및 특허보세구역 또는 제조·수리공장 운영인에 대한 보고명령 또는 운영사항 검사규정에 응하지 아니한 자
- 법 제193조(법 제205조에서 준용하는 경우를 포함)에 따른 보세건설장 또는 종합보세구역 반입물품에 대한 세관장의 장치장소 제한 또는 상황 보고지시에 응하지 아니한 자
- 법 제203조 제2항에 따른 종합보세구역에 대한 세관장의 장부나 전산처리장치를 이용한 기록검사 또는 조사 및 업무보고지시에 응하지 아니한 자

2절 조사와 처분

✏️ 본문 내용 중 꼭 알아야 하는 부분에 형광펜으로 표시하였으니 반드시 학습하시기 바랍니다.

01 통칙

1. 총설

(1) 의의
① 관세범은 관세법 또는 관세법에 의한 명령에 위반하는 행위로서 관세법에 의하여 처벌되는 것을 말한다(법 제283조 제1항).
② 관세범에 대한 조사·처분은 세관공무원이 행한다(법 제283조 제2항).

(2) 관세범의 조사처분 전담
① 일반 형사범은 검사와 검사의 지휘를 받는 사법경찰관리의 수사를 거쳐 검사가 공소를 제기하고 법원의 재판을 통하여 처벌한다.
② 반면에 관세범은 범죄의 특성상 전문적인 지식과 능력을 가진 세관공무원이 조사하고, 범죄사실이 확인되는 경우 관세청장 또는 세관장이 통고처분하여 통고의 요지를 이행하면 처벌이 종료된다.

(3) 형사소송법과의 관계 **21 기출**
① 형사소송법은 실체적 진실 발견과 피고인 또는 피의자의 인권보장을 규정하고 있어 관세청장 또는 세관장이 검사에게 고발하여 검사가 공소 제기를 하는 경우 해당 사건에 대하여는 형사소송법상의 절차가 적용된다.
② 그러나 이에 앞서 세관공무원이 관세범을 조사 처분할 때에는 관세법 제12장의 조사와 처분규정을 우선 적용하나, 이러한 경우에도 관세법에 규정되어 있지 아니한 부분은 형사소송법의 규정을 준용한다.
③ 관세법상의 규정된 특별규정

> - 관세범에 대한 공소의 요건 (법 제284조 제1항)
> - 관세범 사건의 즉시 인도 (법 제284조 제2항)
> - 관세범에 대한 사법경찰권 (법 제295조)
> - 수색·압수영장 (법 제296조)
> - 현행범의 체포와 인도 (법 제297조 내지 법 제298조)
> - 통고처분에 따른 공소시효 정지 (법 제311조)
> - 즉시 고발 (법 제312조)
> - 통고불이행에 의한 고발 (법 제316조)
> - 일사부재리 (법 제317조)
> - 무자력 고발 (법 제318조)
> - 형사소송법 준용 (법 제319조)

(4) 검사와 세관공무원의 관계
① 관세청장이나 세관장에 의한 통고처분권 행사를 목적으로 하는 세관공무원의 조사는 관세법에 의한 독자적인 권한이므로 형사소송법상 형사처분을 위한 수사를 주재하는 검사의 지휘·감독 대상이 아니다.

② 따라서, 사법경찰관리로 지명받은 세관공무원이 통고처분을 목적으로 하는 임의 조사를 하는 때에는 검사의 지휘, 감독을 받지 아니하는 것으로 본다.
③ 다만, 해당 세관공무원이 관세범에 대하여 구속, 압수, 수색 등 강제조사를 할 때에는 검사의 지휘를 받아야 한다.

2. 공소의 요건 19 기출

① 관세범에 관한 사건은 관세청장 또는 세관장의 고발이 없는 한 검사는 공소를 제기할 수 없다(법 제284조 제1항).
② 다만, 검사는 특정범죄 가중처벌 등에 관한 법률의 적용 대상에 해당하는 관세범에 대하여는 관세청장 또는 세관장의 고발 없이 공소제기를 할 수 있다.
③ 다른 기관이 관세범에 관한 사건을 발견하거나 피의자를 체포한 때에는 즉시 관세청이나 세관에 인계하여야 한다(법 제284조 제2항).

3. 관세범에 관한 서류의 처리

(1) 관세범에 관한 서류 (법 제285조)
① 관세범에 관한 서류의 처리에는 연월일을 기재하고 서명·날인하여야 한다.
② 관세범에 관한 서류는 신문조서·압수조서·진술서·감정서 등이 있고 이런 서류에는 조사자인 세관공무원뿐만 아니라 피의자, 진술자, 감정인 등이 서명·날인한 증거물로 보전하여 통고처분 또는 재판에 있어서의 중요한 판단자료로 인정되고 있다.

(2) 조사처분에 관한 서류 (법 제286조)
① 관세범의 조사와 처분에 관한 서류에는 각 장마다 간인하여야 한다.
② 문자를 추가하거나 삭제할 때와 난의 바깥에 기입할 때에는 날인하여야 한다.
③ 문자를 삭제할 때에는 그 문자체를 그대로 두고 그 글자 수를 기재하여야 한다.

(3) 조서작성 (법 제292조)
① 세관공무원이 피의자·증인 또는 참고인을 조사하였을 때에는 조서를 작성하여야 한다.
② 조서는 세관공무원이 진술자에게 읽어주거나 열람하게 하여 그 기재사실에 서로 다른 점이 있는지 물어보아야 한다.
③ 진술자가 조서 내용의 증감 변경을 청구한 때에는 그 진술을 조서에 기재하여야 한다.
④ 조서에는 연월일과 장소를 기재하고 조사를 한 사람, 진술자, 참여자가 함께 서명·날인하여야 한다.

(4) 조서의 대용 (법 제293조) 23 기출
① 현행범인에 대한 조사로서 긴급을 요하는 경우에는 그 주요 내용을 기재한 서면으로 조서를 대신할 수 있다. 24 기출
② 동 서면에는 연월일시와 장소를 기재하고 조사를 한 자와 피의자가 이에 서명·날인하여야 한다.

(5) 조서의 서명 (법 제287조)
① 관세범에 관한 서류에 서명·날인하는 경우 본인이 서명할 수 없을 때에는 다른 사람에게 대리서명하게 하고 도장을 찍어야 한다. 이 경우 도장을 소지하지 아니하였을 때에는 손도장을 찍어야 한다.
② 다른 사람에게 대리서명하게 한 경우에는 대리서명자가 그 사유를 기재하고 서명·날인하여야 한다.

(6) 서류의 송달 (법 제288조, 법 제289조)
① 관세범에 관한 서류는 인편이나 등기우편으로 송달하여야 한다.
② 관세범에 관한 서류를 송달하였을 때에는 수령증을 받아야 한다.

02 조사

1. 관세범 조사

세관공무원은 관세범이 있다고 인정할 때에는 범인, 범죄사실 및 증거를 조사하여야 한다(법 제290조).

(1) 조사 (법 제291조)

세관공무원은 관세범 조사에 필요하다고 인정할 때에는 피의자, 증인 또는 참고인을 조사할 수 있다.

(2) 출석 요구 (법 제294조)

① 세관공무원은 관세범 조사에 필요하다고 인정할 때에는 피의자·증인 또는 참고인의 출석을 요구할 수 있다. `24 기출`
② 세관공무원이 관세범 조사에 필요하다고 인정할 때에는 지정한 장소에 피의자·증인 또는 참고인의 출석이나 동행을 명할 수 있다.
③ 피의자·증인 또는 참고인에게 출석 요구를 할 때에는 출석요구서를 발급하여야 한다.

2. 사법경찰권 (법 제295조) `18 기출`

① 세관공무원은 관세범에 관하여 「사법경찰관리의 직무를 수행할 자와 그 직무범위에 관한 법률」에서 정하는 바에 따라 사법경찰관리의 직무를 수행한다.
② 사법경찰관리의 직무를 행하는 세관공무원이 법령에 의하여 피의자를 구속하는 때에는 세관관서·국가 경찰관서 또는 교도관서에 유치하여야 한다.

3. 수색·압수영장 (법 제296조) `23 기출`

① 관세법에 따라 수색·압수를 할 때에는 관할 지방법원 판사의 영장을 받아야 한다. 다만, 긴급한 경우에는 사후에 영장을 발급받아야 한다. `24 기출`
② 소유자·점유자 또는 보관자가 임의로 제출한 물품이나 남겨 둔 물품은 영장 없이 압수할 수 있다.

4. 현행범의 체포 및 인도 (법 제297조 내지 법 제298조)

(1) 체포

세관공무원이 관세범의 현행범인을 발견하였을 때에는 즉시 체포하여야 한다.

(2) 인도 `24 기출` `23 기출`

관세범의 현행범인이 그 장소에 있을 때에는 누구든지 체포할 수 있다. 관세범인을 체포한 자는 지체 없이 세관공무원에게 범인을 인도하여야 한다.

5. 검증 및 수색

(1) 의의

세관공무원은 관세범 조사에 필요하다고 인정할 때에는 선박·차량·항공기·창고 또는 그 밖의 장소를 검증하거나 수색할 수 있다(법 제300조).

(2) 신변 수색 등 (법 제301조)

① 세관공무원은 범죄사실을 증명하기에 충분한 물품을 피의자가 신변에 은닉하였다고 인정될 때에는 이를 내보이도록 요구하고, 이에 따르지 아니하는 경우에는 신변을 수색할 수 있다. `24 기출`
② 여성의 신변을 수색할 때에는 성년의 여성을 참여시켜야 한다.

(3) 참여 (법 제302조)

① 세관공무원이 수색을 할 때에는 다음의 어느 하나에 해당하는 사람을 참여시켜야 한다. 다만, 이들이 모두 부재중일 때에는 공무원을 참여시켜야 한다.

> - 선박·차량·항공기·창고 또는 그 밖의 장소의 소지인·관리인
> - 동거하는 친척이나 고용된 사람
> - 이웃에 거주하는 사람

② 동거하는 친척이나 고용된 사람, 이웃에 거주하는 사람은 성년자이어야 한다.

(4) 압수조서 등의 작성 (법 제305조)

검증·수색 또는 압수를 하였을 때에는 조서를 작성하여야 한다.

(5) 야간집행의 제한 (법 제306조) 23 기출

해가 진 후부터 해 뜨기 전까지는 검증·수색 또는 압수를 할 수 없다. 다만, 현행범인 경우에는 그러하지 아니하다. 그리고 이미 시작한 검증·수색 또는 압수는 위 제한 규정에도 불구하고 계속할 수 있다.

(6) 조사 중 출입금지 (법 제307조)

세관공무원은 피의자·증인 또는 참고인에 대한 조사·검증·수색 또는 압수 중에는 누구를 막론하고 그 장소에의 출입을 금할 수 있다.

(7) 신분 증명 (법 제308조)

세관공무원은 조사·검증·수색 또는 압수를 할 때에는 제복을 착용하거나 그 신분을 증명할 증표를 지니고 그 처분을 받을 자가 요구하면 이를 보여 주어야 한다. 세관공무원이 제복을 착용하지 아니한 경우로서 그 신분을 증명하는 증표제시 요구에 응하지 아니하는 경우에는 처분을 받을 자는 그 처분을 거부할 수 있다.

(8) 경찰관의 원조 (법 제309조)

세관공무원은 조사·검증·수색 또는 압수를 할 때 필요하다고 인정하는 경우에는 국가경찰공무원의 원조를 요구할 수 있다.

(9) 조사 결과의 보고 (법 제310조)

세관공무원은 조사를 종료하였을 때에는 관세청장이나 세관장에게 서면으로 그 결과를 보고하여야 한다.

6. 압수와 보관 (법 제303조) 23 기출 20 기출 18 기출

(1) 의의

세관공무원은 관세범 조사에 의하여 발견한 물품이 범죄의 사실을 증명하기에 충분하거나 몰수하여야 하는 것으로 인정될 때에는 이를 압수할 수 있다.

(2) 압수와 보관

① 압수물품은 편의에 따라 소지자나 시·군·읍·면사무소에 보관시킬 수 있다.

② 물품을 압수하는 때에는 당해 물품에 봉인하여야 한다. 다만, 물품의 성상에 따라 봉인할 필요가 없거나 봉인이 곤란하다고 인정되는 때에는 그러하지 아니하다.

(3) 압수물품의 매각 24 기출

관세청장이나 세관장은 압수물품이 다음의 어느 하나에 해당하는 경우에는 피의자나 관계인에게 통고한 후 매각하여 그 대금을 보관하거나 공탁할 수 있다. 다만, 통고할 여유가 없을 때에는 매각한 후 통고하여야 한다.

① 부패 또는 손상되거나 그 밖에 사용할 수 있는 기간이 지날 우려가 있는 경우

② 보관하기가 극히 불편하다고 인정되는 경우

③ 처분이 지연되면 상품가치가 크게 떨어질 우려가 있는 경우

④ 피의자나 관계인이 매각을 요청하는 경우

(4) 압수물품의 공고 및 국고 귀속 (법 제299조)

① 유실물 공고

세관장은 법 제269조(밀수출입죄), 법 제270조 제1항부터 제3항(관세포탈죄, 부정수입죄, 부정수출죄), 법 제272조(밀수 전용 운반기구의 몰수), 법 제273조(범죄에 사용된 물품의 몰수 등), 법 제274조(밀수품의 취득죄 등)에 해당되어 압수된 물품에 대하여 그 압수일부터 6개월 이내에 해당 물품의 소유자 및 범인을 알 수 없는 경우에는 해당 물품을 유실물로 간주하여 유실물 공고를 하여야 한다.

② 국고 귀속

위 공고일부터 1년이 지나도 소유자 및 범인을 알 수 없는 경우에는 해당 물품은 국고에 귀속된다.

(5) 압수물품의 폐기 (법 제304조) `22 기출`

관세청장이나 세관장은 압수물품 중 다음의 어느 하나에 해당하는 것은 피의자나 관계인에게 통고한 후 폐기할 수 있다. 다만, 통고할 여유가 없을 때에는 폐기한 후 즉시 통고하여야 한다.

- 사람의 생명이나 재산을 해칠 우려가 있는 것
- 유효기간이 지난 것
- 부패하거나 변질된 것
- 상품가치가 없어진 것

(6) 압수물품의 반환 (법 제313조)

① 반환

관세청장이나 세관장은 압수물품을 몰수하지 아니할 때에는 그 압수물품이나 그 물품의 환가대금을 반환하여야 한다.

② 공고

위 압수물품이나 그 환가대금을 반환받을 자의 주소 및 거소가 분명하지 아니하거나 그 밖의 사유로 반환할 수 없을 때에는 그 요지를 공고하여야 한다.

③ 국고 귀속

위 공고를 한 날부터 6개월이 지날 때까지 반환의 청구가 없는 경우에는 그 물품이나 그 환가대금을 국고에 귀속시킬 수 있다.

④ 관세가 미납된 물품에 대한 반환

반환할 물품에 대하여 관세가 미납된 경우에는 반환받을 자로부터 해당 관세를 징수한 후 그 물품이나 그 환가대금을 반환하여야 한다.

03 처분

1. 관세범 처분의 의의

관세범 처분이란 세관공무원이 관세범이 있다고 인정하여 범인·범죄사실 및 증거를 조사한 결과 범죄의 존재에 관하여 확증을 얻었을 때 관세청장이나 세관장이 행하는 통고, 고발 등의 행정처분을 말하며, 범죄의 혐의가 없을 때에는 몰수할 것으로 인정하여 압수한 물품을 환부하여야 한다.

2. 통고처분 (법 제311조) 23 기출 22 기출 21 기출 20 기출 18 기출

(1) 통고처분의 대상 24 기출

관세청장이나 세관장은 관세범을 조사한 결과 범죄의 확증을 얻었을 때에는 그 이유를 구체적으로 밝히고 다음의 어느 하나에 해당하는 금액이나 물품을 납부할 것을 통고할 수 있다.

| ① 벌금에 상당하는 금액 | ② 몰수에 해당하는 물품 | ③ 추징금에 해당하는 금액 |

(2) 통고처분 관련 사항

① 벌금에 상당하는 금액은 해당 벌금 최고액의 100분의 30으로 한다. 다만, 시행령 별표 4에 해당하는 물품 원가를 기준으로 통고처분하는 범죄로서 해당 물품의 원가가 해당 벌금의 최고액 이하인 경우에는 해당 물품 원가의 100분의 30으로 한다.

② 관세청장이나 세관장은 관세범이 조사를 방해하거나 증거물을 은닉·인멸·훼손한 경우 등 관세청장이 정하여 고시하는 사유에 해당하는 경우에는 해당 벌금 최고액의 100분의 30의 100분의 50 범위에서 관세청장이 정하여 고시하는 비율에 따라 그 금액을 늘릴 수 있다.

③ 관세청장이나 세관장은 관세범이 조사 중 해당 사건의 부족세액을 자진하여 납부한 경우, 심신미약자인 경우 또는 자수한 경우 등 관세청장이 정하여 고시하는 사유에 해당하는 경우에는 해당 벌금 최고액의 100분의 30의 100분의 50 범위에서 관세청장이 정하여 고시하는 비율에 따라 그 금액을 줄일 수 있다.

④ 관세범이 위 ②, ③의 사유에 2가지 이상 해당하는 경우에는 각각의 비율을 합산하되, 합산한 비율이 100분의 50을 초과하는 경우에는 100분의 50으로 한다.

⑤ 관세청장이나 세관장은 법 제311조 제1항에 따라 통고처분을 하는 경우 관세범의 조사를 마친 날부터 10일 이내에 그 범칙행위자 및 법 제279조의 양벌 규정이 적용되는 법인 또는 개인별로 통고서를 작성하여 통고해야 한다.

(3) 예납

관세청장이나 세관장은 통고처분을 받는 자가 벌금이나 추징금에 상당한 금액을 예납하려는 경우에는 이를 예납시킬 수 있다. 예납하고자 하는 자는 다음의 사항을 기재한 신청서를 관세청장 또는 세관장에게 제출하여야 한다.

| • 주소 및 성명 | • 예납금액 | • 신청사유 |

예납금을 받은 관세청장 또는 세관장은 그 보관증을 예납자에게 교부하여야 한다. 관세청장 또는 세관장은 보관한 예납금으로써 예납자가 납부하여야 하는 벌금 또는 추징금에 상당하는 금액에 충당하고 잔금이 있는 때에는 지체 없이 예납자에게 환급하여야 한다.

(4) 통고서의 작성 (법 제314조)

통고처분을 할 때에는 통고서를 작성하여야 한다. 이 통고서에는 다음 사항을 적고 처분을 한 자가 서명날인하여야 한다.

① 처분을 받을 자의 성명, 나이, 성별, 직업 및 주소
② 벌금에 상당한 금액, 몰수에 해당하는 물품 또는 추징금에 상당한 금액
③ 범죄사실
④ 적용 법조문
⑤ 이행 장소
⑥ 통고처분 연월일

(5) 통고서의 송달 (법 제315조)

통고처분의 고지는 통고서를 송달하는 방법으로 하여야 한다.

(6) 통고처분의 효력 [24 기출]

① 통고처분으로 인하여 관세징수권의 소멸시효는 중단된다.
② 통고처분의 통고가 있는 때에는 공소의 시효는 정지된다.

(7) 통고의 불이행과 고발 (법 제316조)

관세범인이 통고서의 송달을 받았을 때에는 그 날부터 15일 이내에 이를 이행하여야 하며, 이 기간 내에 이행하지 아니하였을 때에는 관세청장이나 세관장은 즉시 고발하여야 한다. 다만, 15일이 지난 후 고발이 되기 전에 관세범인이 통고처분을 이행한 경우에는 그러하지 아니하다.

(8) 일사부재리 (법 제317조) [24 기출]

관세범인이 통고의 요지를 이행하였을 때에는 동일사건에 대하여 다시 처벌을 받지 아니한다.

(9) 수입의 의제 (법 제240조)

관세법에 따른 통고처분으로 납부된 물품에 해당하는 외국물품은 관세법에 따라 적법하게 수입된 것으로 보고 관세 등을 따로 징수하지 아니한다.

(10) 불복청구에 포함되지 아니하는 처분 (법 제119조)

관세법에 따른 통고처분은 처분성이 없는 것으로 보며, 통고를 받은 자가 해당 통고처분을 이행하지 아니하면 관세청장 또는 세관장으로부터 고발 조치를 당하여 법원의 재판을 받게 되므로, 위법·부당한 통고처분이라 할지라도 불복청구의 대상에 포함되지 아니한다.

3. 고발 [23 기출] [21 기출] [20 기출]

(1) 의의

고발은 관세청장 또는 세관장이 관세법의 규정에 의하여 범죄사실을 검사에게 고지하여 일반적인 형사소송절차에 따라 수사와 소추를 구하는 의사표시를 말한다.

(2) 통고의 불이행과 고발 (법 제316조)

관세범인이 통고서의 송달을 받았을 때에는 그 날부터 15일 이내에 이를 이행하여야 하며, 이 기간 내에 이행하지 아니하였을 때에는 관세청장이나 세관장은 즉시 고발하여야 한다. 다만, 15일이 지난 후 고발이 되기 전에 관세범인이 통고처분을 이행한 경우에는 그러하지 아니하다.

(3) 즉시 고발 (법 제312조)

관세청장이나 세관장은 범죄의 정상이 징역형에 처해질 것으로 인정될 때에는 법 제311조 제1항에 따른 통고처분에도 불구하고 즉시 고발하여야 한다.

(4) 무자력 고발 (법 제318조)

관세청장이나 세관장은 다음의 어느 하나의 경우에는 법 제311조 제1항에 따른 통고처분에도 불구하고 즉시 고발하여야 한다.

> ① 관세범인이 통고를 이행할 수 있는 자금능력이 없다고 인정되는 경우
> ② 관세범인의 주소 및 거소가 분명하지 아니하거나 그 밖의 사유로 통고를 하기 곤란하다고 인정되는 경우

(5) 고발의 효과

① 관세범에 관한 사건에 대하여는 관세청장이나 세관장의 고발이 없으면 검사는 공소를 제기할 수 없다.
② 관세청장 또는 세관장이 검사에게 고발하는 경우 관세징수권의 소멸시효는 중단된다.
③ 관세청장 또는 세관장이 검사에게 고발함에 따라 관세청 또는 세관에서의 조사는 더 이상 진행되지 아니하고, 해당 사건은 검찰에 이첩되어 형사소송법에 따른 절차가 진행된다.

3절 자율관리보세구역 및 보세사제도 (관세법)

✎ 본문 내용 중 꼭 알아야 하는 부분에 형광펜으로 표시하였으니 반드시 학습하시기 바랍니다.

01 보세구역의 자율관리 (법 제164조)

1. 의의 24 기출

보세구역 중 물품의 관리 및 세관감시에 지장이 없다고 인정하여 관세청장이 정하는 바에 따라 세관장이 지정하는 보세구역(자율관리보세구역)에 장치한 물품은 법 제157조(물품의 반입·반출)에 따른 세관공무원의 참여와 관세법에 따른 절차 중 관세청장이 정하는 절차를 생략한다.

2. 자율관리보세구역의 지정

① 지정 신청 24 기출

보세구역의 화물관리인이나 운영인은 자율관리보세구역의 지정을 받으려면 세관장에게 지정을 신청하여야 한다.

② 보세사 채용 24 기출

자율관리보세구역의 지정을 신청하려는 자는 해당 보세구역에 장치된 물품을 관리하는 사람(보세사)을 채용하여야 한다.

③ 세관장의 지정

세관장은 자율관리보세구역의 지정신청을 받은 경우 해당 보세구역의 위치와 시설상태 등을 확인하여 자율관리보세구역으로 적합하다고 인정될 때에는 해당 보세구역을 자율관리보세구역으로 지정할 수 있다.

④ 생략 절차에 대한 기록

자율관리보세구역의 지정을 받은 자는 생략하는 절차에 대하여 기록하고 관리하여야 한다.

⑤ 지정취소 가능 24 기출 23 기출

세관장은 자율관리보세구역의 지정을 받은 자가 관세법에 따른 의무를 위반하거나 세관감시에 지장이 있다고 인정되는 사유가 발생한 경우에는 자율관리보세구역의 지정을 취소할 수 있다.

02 보세사 등록 및 직무

1. 보세사의 자격

관세법 제175조(운영인의 결격사유) 제2호부터 제7호까지의 어느 하나에 해당하지 아니하는 사람으로서 보세화물의 관리 업무에 관한 시험에 합격한 사람은 보세사의 자격이 있다.

① 미성년자
② 피성년후견인과 피한정후견인
③ 파산선고를 받고 복권되지 아니한 자

④ 관세법을 위반하여 징역형의 실형을 선고받고 그 집행이 끝나거나(집행이 끝난 것으로 보는 경우를 포함한다) 면제된 후 2년이 지나지 아니한 자
⑤ 관세법을 위반하여 징역형의 집행유예를 선고받고 그 유예기간 중에 있는 자
⑥ 다음의 어느 하나에 해당하는 경우에는 ㉠ 및 ㉡에서 정한 날부터 2년이 지나지 아니한 자. 이 경우 동일한 사유로 ㉠ 및 ㉡ 모두에 해당하는 경우에는 그 중 빠른 날을 기준으로 한다.
  ㉠ 특허보세구역의 설치·운영에 관한 특허가 취소(위 ①, ②, ③ 중 어느 하나에 해당하여 특허가 취소된 경우는 제외)된 경우: 해당 특허가 취소된 날
  ㉡ 특허보세구역의 설치·운영에 관한 특허를 받지 아니하고 특허보세구역을 운영한 경우, 거짓이나 그 밖의 부정한 방법으로 특허를 받은 경우, 특허보세구역 운영인의 명의대여 금지 규정을 위반한 경우에 해당하여 벌금형 또는 통고처분을 받은 경우: 벌금형을 선고받은 날 또는 통고처분을 이행한 날
⑦ 전자문서 위조·변조죄 등(법 제268조의2), 밀수출입죄(법 제269조), 관세포탈죄 등(법 제270조), 가격조작죄(법 제270조의2), 미수범 등(법 제271조), 밀수품 취득죄 등(법 제274조), 강제징수면탈죄 등(법 제275조의2) 또는 명의대여행위죄 등(법 제275조의3) 또는 보세사의 명의대여죄 등(법 제275조의4) 규정에 따라 벌금형 또는 통고처분을 받은 자로서 그 벌금형을 선고받거나 통고처분을 이행한 후 2년이 지나지 아니한 자. 다만, 양벌규정(법 제279조)에 따라 처벌된 개인 또는 법인은 제외한다.
⑧ 위 ②부터 ⑦까지에 해당하는 자를 임원(해당 보세구역의 운영업무를 직접 담당하거나 이를 감독하는 자로 한정)으로 하는 법인

2. 보세사 시험의 과목 면제

일반직공무원으로 5년 이상 관세행정에 종사한 경력이 있는 사람이 보세사 시험에 응시하는 경우에는 시험 과목 수의 2분의 1을 넘지 아니하는 범위에서 대통령령으로 정하는 과목을 면제한다. 다만, 다음의 어느 하나에 해당하는 사람은 면제하지 아니한다.

① 탄핵이나 징계처분에 따라 그 직에서 파면되거나 해임된 자
② 강등 또는 정직처분을 받은 후 2년이 지나지 아니한 자

3. 보세사의 등록 21 기출

① 보세사 자격을 갖춘 사람이 보세사로 근무하려면 해당 보세구역을 관할하는 세관장에게 등록하여야 한다.
② 다음의 어느 하나에 해당하는 사람은 보세사의 등록을 할 수 없다.

- 법 제175조(운영인의 결격사유) 제1호부터 제7호까지의 어느 하나에 해당하게 된 경우, 사망한 경우, 관세법이나 관세법에 따른 명령을 위반하여 보세사의 등록이 취소(법 제175조 제1호부터 제3호까지의 어느 하나에 해당하여 등록이 취소된 경우는 제외)된 후 2년이 지나지 아니한 사람
- 등록 신청일을 기준으로 법 제175조(운영인의 결격사유) 제1호(미성년자)에 해당하는 사람

4. 보세사의 등록 취소 19 기출

세관장은 보세사의 등록을 한 사람이 다음의 어느 하나에 해당하는 경우에는 등록의 취소, 6개월 이내의 업무정지, 견책 또는 그 밖에 필요한 조치를 할 수 있다. 다만, ① 및 ②에 해당하면 등록을 취소하여야 한다.

① 법 제175조(운영인의 결격사유) 제1호부터 제7호까지의 어느 하나에 해당하게 된 경우
② 사망한 경우
③ 관세법이나 관세법에 따른 명령을 위반한 경우

5. 보세사 시험의 무효 등

관세청장은 다음의 어느 하나에 해당하는 사람에 대하여는 해당 시험을 정지시키거나 무효로 하고, 그 처분이 있는 날부터 5년간 시험 응시자격을 정지한다.

> ① 부정한 방법으로 시험에 응시한 사람
> ② 시험에서 부정한 행위를 한 사람

6. 보세사의 직무 `23 기출`

보세사의 직무는 다음과 같다.

> ① 보세화물 및 내국물품의 반입 또는 반출에 대한 참관 및 확인
> ② 보세구역 안에 장치된 물품의 관리 및 취급에 대한 참관 및 확인
> ③ 보세구역출입문의 개폐 및 열쇠관리의 감독
> ④ 보세구역의 출입자관리에 대한 감독
> ⑤ 견본품의 반출 및 회수
> ⑥ 기타 보세화물의 관리를 위하여 필요한 업무로서 관세청장이 정하는 업무

4절 자율관리보세구역 운영에 관한 고시

✏️ 본문 내용 중 꼭 알아야 하는 부분에 형광펜으로 표시하였으니 반드시 학습하시기 바랍니다.

01 총칙

1. 목적

이 고시는 「관세법」 제164조 및 제165조와 같은 법 시행령 제184조 및 제185조에 따라 관세청장에게 위임된 사항과 자율관리보세구역의 운영에 필요한 사항을 규정함을 목적으로 한다.

2. 용어의 정의

(1) 운영인 등

관세법 제2조 제16호에 해당하는 사람과 관세법 제172조 제2항에 따라 지정된 지정장치장의 화물관리인을 말한다.

(2) 보세사 채용

운영인이 직접 보세사를 채용하는 것과 운영인이 화물관리업무를 분사시킨 후 해당 분사회사에서 보세사를 채용하는 것을 말한다. 이 경우 분사회사는 관세법 제175조 각 호의 결격사유(운영인의 결격사유)에 해당하지 아니하여야 한다.

(3) 세관장

당해 보세구역을 관할하는 세관장을 말한다.

02 지정신청 및 취소

1. 지정요건 [24 기출] [22 기출] [21 기출] [18 기출]

자율관리보세구역은 다음의 사항을 충족하고 운영인 등의 법규수행능력이 우수하여 보세구역 자율관리에 지장이 없어야 한다.

(1) 일반 자율관리보세구역

> ① 보세화물관리를 위한 보세사 채용
> ② 화물의 반출입, 재고관리 등 실시간 물품관리가 가능한 전산시스템(WMS, ERP 등) 구비

(2) 우수 자율관리보세구역

> ① 보세화물관리를 위한 보세사 채용
> ② 화물의 반출입, 재고관리 등 실시간 물품관리가 가능한 전산시스템(WMS, ERP 등) 구비
> ③ 수출입 안전관리 우수업체
> ④ 보세공장의 경우 「보세공장 운영에 관한 고시」 제36조 제1항 제3호 및 제4호를 충족할 것

> **보세공장 운영에 관한 고시 제36조(자율관리보세공장 지정요건 및 신청절차 등) 제1항**
> 세관장은 다음 각 호에 해당하는 경우에 자율관리보세공장으로 지정할 수 있으며 이 조에서 특별히 정하지 않은 사항은 이 고시의 일반적인 규정을 따른다.
> 1. 「수출입 안전관리 우수업체 공인 및 관리업무에 관한 고시」 제5조에서 정한 A등급 이상인 수출입 안전관리 우수업체인 자
> 2. 법 제164조 제3항에 따라 해당 보세공장에 장치된 물품을 관리하는 보세사를 채용한 자
> 3. 삭제
> 4. 반출입, 제조·가공, 재고관리 등 업무처리의 적정성을 확인·점검할 수 있는 기업자원관리(ERP)시스템 또는 업무처리시스템에 세관 전용화면을 제공하거나 해당 시스템의 열람 권한을 제공한 자

2. 지정신청 및 갱신 [24 기출] [22 기출] [20 기출]

① 관세법 시행령 제184조 제1항에 따라 자율관리보세구역으로 지정을 받으려는 사람은 자율관리보세구역 지정신청서를 세관장에게 제출하여야 하며, 신청서류는 우편 또는 팩스 등 정보통신망 등을 이용하여 제출할 수 있다.

② 자율관리보세구역 지정신청을 받은 세관장은 지정요건을 검토하여 보세화물관리 및 세관 감시감독에 지장이 없다고 판단되는 경우 해당 보세구역의 특허기간을 지정기간으로 하여 관세법 제164조 제4항에 따라 자율관리보세구역을 지정하고, 자율관리보세구역 지정서를 교부하여야 한다.

③ 보세구역 운영인 등이 자율관리보세구역 지정기간을 갱신하려는 때에는 지정기간이 만료되기 1개월 전까지 세관장에게 지정신청 서식으로 자율관리보세구역 갱신 신청을 하여야 한다. 다만, 「특허보세구역 운영에 관한 고시」 제7조에 따라 특허의 갱신과 자율관리보세구역 갱신을 통합하여 신청한 경우에는 특허보세구역 설치·운영 특허(갱신) 신청서 하단의 자율관리보세구역 갱신 신청란에 갱신 신청 여부를 표시하는 방법으로 자율관리보세구역 갱신 신청을 한 것으로 갈음한다. 이때, 자율관리보세구역 갱신 심사기간은 특허보세구역 갱신 심사기간에 따른다.

④ 세관장은 자율관리보세구역 운영인 등에게 다음의 사항을 지정기간 만료 2개월 전에 문서, 전자메일, 전화, 휴대폰 문자전송 방법 등으로 미리 알려야 한다.

> • 지정기간 만료 1개월 전까지 갱신신청하여야 한다는 사실
> • 갱신절차

3. 지정취소 사유 등 [21 기출] [20 기출] [19 기출] [18 기출]

① 관세법 제164조 제6항에서 '이 법에 따른 의무를 위반하거나 세관감시에 지장이 있다고 인정되는 사유'란 다음의 하나를 말한다.

> • 관세법 제178조 제1항에 해당된 때
> • 동 고시 제9조 제1항 제1호를 위반한 때
> • 동 고시 제9조 제1항 제3호에서 규정한 기간까지 보세사를 채용하지 않을 때
> • 동 고시 제3조의 자율관리보세구역 지정요건을 충족하지 못한 경우
> • 그 밖에 보세화물을 자율적으로 관리할 능력이 없거나 부적당하다고 세관장이 인정하는 경우

> **관세법 제178조(반입정지 등과 특허의 취소) 제1항**
> 세관장은 특허보세구역의 운영인이 다음 각 호의 어느 하나에 해당하는 경우에는 관세청장이 정하는 바에 따라 6개월의 범위에서 해당 특허보세구역에의 물품반입 또는 보세건설·보세판매·보세전시 등(이하 이 조에서 "물품반입 등"이라 한다)을 정지시킬 수 있다.

1. 장치물품에 대한 관세를 납부할 자금능력이 없다고 인정되는 경우
2. 본인이나 그 사용인이 이 법 또는 이 법에 따른 명령을 위반한 경우
3. 해당 시설의 미비 등으로 특허보세구역의 설치 목적을 달성하기 곤란하다고 인정되는 경우
4. 그 밖에 제1호부터 제3호까지의 규정에 준하는 것으로서 대통령령으로 정하는 사유에 해당하는 경우

자율관리보세구역 운영에 관한 고시 제9조(운영인 등의 의무) 제1항

운영인 등은 자율관리보세구역 운영과 관련하여 다음 각 호의 사항을 준수하여야 한다.

1. 운영인 등은 보세사가 아닌 자에게 보세화물관리 등 보세사의 업무를 수행하게 하여서는 아니 된다. 다만, 업무대행자를 지정하여 사전에 세관장에게 신고한 경우에는 보세사가 아닌 자도 보세사가 이탈 시 보세사 업무를 수행할 수 있다.
2. 운영인 등은 당해 보세구역에 작업이 있을 때는 보세사를 상주근무하게 하여야 하며 보세사를 채용, 해고 또는 교체하였을 때에는 세관장에게 즉시 통보하여야 한다.
3. 보세사가 해고 또는 취업정지 등의 사유로 업무를 수행할 수 없는 경우에는 2개월 이내에 다른 보세사를 채용하여 근무하게 하여야 한다.

자율관리보세구역 운영에 관한 고시 제3조(지정요건)

자율관리보세구역은 다음 각 호의 사항을 충족하고 운영인 등의 법규수행능력이 우수하여 보세구역 자율관리에 지장이 없어야 한다.

1. 일반 자율관리보세구역
    가. 보세화물관리를 위한 보세사 채용
    나. 화물의 반출입, 재고관리 등 실시간 물품관리가 가능한 전산시스템(WMS, ERP 등) 구비
2. 우수 자율관리보세구역
    가. 1호 가목 및 나목 충족
    나. 수출입 안전관리 우수업체
    다. 보세공장의 경우 「보세공장 운영에 관한 고시」 제36조 제1항 제3호 및 제4호를 충족할 것

② 세관장은 자율관리보세구역의 지정을 취소한 때에는 해당 보세구역의 운영인 등에게 통보하여야 한다.

4. 의견청취 23 기출

① 세관장은 자율관리보세구역의 지정을 취소하려는 때에는 미리 해당 운영인 등의 의견을 청취하는 등 기회를 주어야 한다. 24 기출
② 세관장이 의견청취를 할 때에는 의견청취 예정일 10일 전까지 의견청취 예정일 등을 지정하여 당해 보세구역의 운영인 등에게 서면으로 통지하여야 한다. 이 경우 통지서에는 정당한 사유 없이 의견청취에 응하지 아니할 때에는 의견 진술의 기회를 포기하는 것으로 본다는 뜻을 명시하여야 한다.
③ 의견청취와 관련한 통지를 받은 해당 운영인 등 또는 그 대리인은 지정된 날에 출석하여 의견을 진술하거나 지정된 날까지 서면으로 의견을 제출할 수 있다.
④ 해당 보세구역의 운영인 등 또는 그 대리인이 출석하여 의견을 진술한 때에는 세관공무원은 그 요지를 서면으로 작성하여 출석자 본인으로 하여금 이를 확인하게 한 후 서명날인하게 하여야 한다.

03 자율관리보세구역 업무 관련 절차

1. 절차생략 등 [23 기출] [22 기출] [21 기출] [20 기출] [19 기출]

① 관세법 제164조 제1항에서 '관세청장이 정하는 절차'라 함은 다음의 어느 하나를 말한다.

> **관세법 제164조(보세구역의 자율관리) 제1항**
> 보세구역 중 물품의 관리 및 세관감시에 지장이 없다고 인정하여 **관세청장**이 정하는 바에 따라 **세관장**이 지정하는 보세구역(이하 "자율관리보세구역"이라 한다)에 장치한 물품은 제157조에 따른 세관공무원의 참여와 이 법에 따른 절차 중 **관세청장**이 정하는 절차를 생략한다.

㉠ 일반 자율관리보세구역

> ⓐ 「식품위생법」 제10조, 「건강기능식품에 관한 법률」 제17조 및 「축산물 위생관리법」 제6조, 「의료기기법」 제20조 및 「약사법」 제56조, 「화장품법」 제10조 및 「전기용품 및 생활용품 안전관리법」 제9조·제18조·제25조·제29조에 따른 표시작업(원산지표시 제외)과 벌크화물의 사일로(silo)적입을 위한 포장제거작업의 경우 법 제158조에 따른 보수작업 신청(승인) 생략
> ⓑ 「보세화물 관리에 관한 고시」 제16조에 따른 재고조사 및 보고의무를 **분기별 1회에서 연 1회로 완화**
> ⓒ 「특허보세구역 운영에 관한 고시」 제22조에 따른 보세구역 운영상황의 점검생략
> ⓓ 「보세화물 관리에 관한 고시」 제17조에 따른 장치물품의 수입신고 전 확인신청(승인) 생략

㉡ 우수 자율관리보세구역

> ⓐ 위 ㉠-ⓐ부터 ㉠-ⓓ의 사항
> ⓑ 「보세공장 운영에 관한 고시」 제37조에 따른 특례 적용
> ⓒ 「보세공장 운영에 관한 고시」 제7조 제2항에 따른 **보관창고 증설을 단일보세공장 소재지 관할구역 내의 장소에도 허용**

② 세관장은 절차생략 등의 업무에 대하여는 자율관리보세구역 지정서에 명기하고, 보세사로 하여금 수행하게 하여야 한다.

2. 절차생략 등의 정지 [22 기출]

① 세관장은 자율관리보세구역 운영인 등이 다음의 어느 하나에 해당하는 경우에는 기간을 정하여 절차생략 등을 정지할 수 있다.

> • 보세사가 해고 또는 취업정지 등의 사유로 업무를 수행할 수 없는 경우
>   → 보세사를 채용할 때까지 세관장이 절차생략 등을 정지한다.
> • 운영인 등이 보세화물관리에 관한 의무사항을 불이행하여 경고처분을 1년에 3회 이상 받은 경우
>   → 1개월 이내의 기간 동안 세관장이 절차생략 등을 정지한다.

② 세관장은 절차생략 등을 정지하는 기간 동안 자율관리보세구역에 위탁되거나 생략된 업무는 **세관공무원**이 직접 관리한다.

3. 운영인 등의 의무 [24 기출] [23 기출] [21 기출] [20 기출] [19 기출]

① 운영인 등은 자율관리보세구역 운영과 관련하여 다음의 사항을 준수하여야 한다.

> - 운영인 등은 보세사가 아닌 자에게 보세화물관리 등 보세사의 업무를 수행하게 하여서는 아니 된다. 다만, 업무대행자를 지정하여 사전에 세관장에게 신고한 경우에는 보세사가 아닌 자도 보세사가 이탈 시 보세사 업무를 수행할 수 있다.
> - 운영인 등은 당해 보세구역에 작업이 있을 때는 보세사를 상주근무하게 하여야 하며 보세사를 채용, 해고 또는 교체하였을 때에는 세관장에게 즉시 통보하여야 한다.
> - 보세사가 해고 또는 취업정지 등의 사유로 업무를 수행할 수 없는 경우에는 2개월 이내에 다른 보세사를 채용하여 근무하게 하여야 한다.
> - 운영인 등은 절차생략 등에 따른 물품 반출입 상황 등을 보세사로 하여금 기록·관리하게 하여야 한다.
> - 운영인 등은 해당 보세구역 반출입 물품과 관련한 생산, 판매, 수입 및 수출 등에 관한 세관공무원의 자료요구 또는 현장 확인 시에 협조하여야 한다.

② 업무대행자를 지정하여 사전에 세관장에게 신고한 경우에는 보세사가 아닌 자도 보세사가 이탈 시 보세사 업무를 수행할 수 있는데, 이러한 경우에는 업무대행자가 수행한 업무에 대해서는 운영인이 책임진다.

4. 자율관리보세구역에 대한 감독 [23 기출] [22 기출] [21 기출] [20 기출]

① 운영인은 회계연도 종료 3개월이 지난 후 15일 이내에 자율관리보세구역 운영 등의 적정 여부를 자체 점검하고, 다음의 사항을 포함하는 자율점검표를 작성하여 세관장에게 제출하여야 한다. [24 기출]

> - 자율관리보세구역 지정요건 충족 여부
> - 관세청장이 정하는 절차생략 준수 여부
> - 운영인 등의 의무사항 준수 여부

다만, 운영인이 자율점검표를 「특허보세구역운영에 관한 고시」 제20조에 의한 보세구역 운영상황 및 「보세화물 관리에 관한 고시」 제16조에 의한 재고조사 결과와 함께 제출하려는 경우, 자율점검표를 다음 해 2월 말까지 제출할 수 있다.

② 세관장은 제출받은 자율점검표 등의 심사결과 자율관리보세구역 운영 관리가 적정하다고 판단되는 경우에는 자율점검표를 해당 년도 정기감사에 갈음하여 생략할 수 있으며, 자율점검표 미제출·제출기한 미준수 등의 사유에 해당하는 자율관리보세구역에 대하여는 정기감사를 하여야 한다. [24 기출]

③ 세관장은 관세법 시행령 제184조 제2항에 따라 자율관리보세구역의 운영실태 및 보세사의 관계법령 이행 여부 등을 확인하기 위하여 별도의 감사반을 편성(외부 민간위원을 포함할 수 있다)하고 7일 이내의 기간을 설정하여 년 1회 정기감사를 실시하여야 한다.

④ 세관장은 감사 결과 이상이 있을 경우에는 시정명령 등 필요한 조치를 하고 그 결과를 관세청장에게 보고하여야 한다.

5. 행정제재 [20 기출]

① 세관장은 운영인 등과 보세사가 보세화물관리에 관한 의무사항을 불이행한 때에는 사안에 따라 경고처분 등의 조치를 할 수 있다. [24 기출]

② 세관장은 보세사에게 경고처분을 하였을 때에는 한국관세물류협회장에게 통보하여야 한다.

6. 관계서류의 보존 [24 기출] [23 기출] [18 기출]

운영인 등은 관세법 시행령 제3조 제1항 제3호에 따라 해당 보세구역에서 반출입된 화물에 대한 장부를 2년간 보관하여야 한다.

5절 보세사제도 운영에 관한 고시

✎ 본문 내용 중 꼭 알아야 하는 부분에 형광펜으로 표시하였으니 반드시 학습하시기 바랍니다.

01 보세사 시험

1. 보세사 시험 등 24기출
① 「관세법 시행령」 제185조 제9항에 따라 관세청장이 보세사 시험업무를 위탁하는 법인 또는 단체는 국가자격검정 관련 전문기관 또는 사단법인 한국관세물류협회를 말하며(시험수행기관), 시험수행기관장은 관세청장의 승인을 받아 보세사 시험을 실시한다.
② 시험수행기관장은 보세사 시험을 매년 실시하여야 한다. 다만, 보세구역 및 보세사의 수급상황을 고려하여 필요하다고 인정하면 관세청장의 승인을 받아 격년제로 실시할 수 있다.
③ 보세사 시험의 공고는 관세청 및 시험수행기관 홈페이지에 공고하되 필요하다고 인정될 경우에는 세관관서, 시험수행기관 본회 및 지역협회 게시판에 공고할 수 있다.

2. 시험 신청절차
① 시험에 응시하려는 사람은 공고된 바에 따라 보세사 시험 응시원서를 시험수행기관장에게 제출하여야 한다.
② 보세사 시험 응시원서를 제출할 때에는 공고에서 정하는 바에 따라 수수료를 내야 한다.

3. 시험위원회 설치 등
① 보세사 시험의 출제와 평가 등 보세사 시험에 필요한 사항을 심의·결정하기 위하여 시험수행기관에 보세사시험위원회를 둔다.
② 위원회의 위원장은 시험수행기관장으로 하고 위원회는 위원장을 포함한 10명 이내의 위원으로 구성하되, 위원회의 위원은 보세화물관리에 관한 이론과 경험이 풍부한 사람으로서 시험수행기관장이 위촉하는 사람으로 한다.
③ 위원회의 조직과 운영 등에 관하여 필요한 사항은 위원장이 정한다.

02 자격증 교부 및 등록

1. 자격증 교부
① 일반직공무원으로서 5년 이상 관세행정에 종사한 경력으로 보세사 자격증을 교부받고자 하는 사람은 보세사 자격증 교부(재교부)신청서를 그 자격을 증명하는 서류를 첨부하여 관세청장에게 제출하여야 한다.
② 보세사 자격증 교부신청을 받은 관세청장은 보세사 자격증 교부신청을 한 사람이 「관세법」 제175조(운영인의 결격사유) 제2호부터 제7호까지의 어느 하나에 해당하지 아니한 경우에 관세청 전자통관시스템에 자격증 교부내역을 등록하고 보세사 자격증을 교부한다.
③ 관세청장은 합격한 사람이 결정된 때에는 합격한 사람을 공고하고 합격한 사람이 관세법 제175조(운영인의 결격사유) 제2호부터 제7호까지의 어느 하나에 해당하지 아니한 경우에 시험수행기관장을 경유하여 보세사 자격증을 교부한다.

2. 자격증 재교부 24기출 23기출

보세사 자격증을 교부받은 사람이 분실 등으로 재발급받고자 하는 경우에는 보세사 자격증 교부(재교부)신청서에 재발급 사유서를 첨부하여 관세청장에게 제출하여야 한다.

3. 등록절차 등 23기출

① 보세사 등록을 신청하고자 하는 사람은 보세사 등록 신청서에 입사예정 증명서 또는 재직확인 증명서를 첨부하여 세관장이 권한을 위탁한 한국관세물류협회장에게 제출하여야 한다. 24기출

② 보세사 등록신청을 받은 한국관세물류협회장은 보세사 등록신청을 한 사람이 법 제175조(운영인의 결격사유) 제1호부터 제7호까지의 어느 하나에 해당하지 아니한 경우에 보세사 등록대장에 기재하고 별지 제7호서식의 보세사 등록증을 교부한 후 세관장에게 등록사실을 통보하여야 한다. 다만, 한국관세물류협회장이 국가관세종합정보망에 전산 입력한 경우에는 세관장에게 통보절차를 생략한다.

③ 보세사 등록을 하는 경우에는 보세사로 근무하려는 사업장이 세관장으로부터 보세구역부호를 부여받은 곳이어야 한다. 다만, 세관장이 보세구역부호를 부여할 예정인 다음의 어느 하나에 해당하는 사업장을 근무지로 하여 보세사 등록을 신청할 수 있다.

> 1. 「특허보세구역 운영에 관한 고시」 제5조에 따라 특허보세구역의 설치·운영에 관한 특허를 신청하여 특허 예정인 보세구역
> 2. 「보세판매장 운영에 관한 고시」 제8조 제1항에 따라 보세판매장 물류창고 운영 허가를 신청하여 운영 예정인 통합물류창고
> 3. 「보세판매장 운영에 관한 고시」 제13조 제2항에 따라 보세판매장 판매물품 인도자 지정을 신청하여 운영 예정인 인도장

④ 위 ③의 어느 하나에 해당하는 사업장을 근무지로 하여 보세사 등록신청을 받은 한국관세물류협회장은 다음의 요건을 모두 충족하는 경우에 보세사 등록증을 신청인에게 교부하여야 한다.

> 1. 보세사 등록신청을 한 사람이 법 제175조(운영인의 결격사유) 제1호부터 제7호까지의 어느 하나에 해당하지 아니할 것
> 2. 해당 사업장이 세관장으로부터 보세구역부호를 부여받았을 것

⑤ 특허보세구역 운영인(법 제172조 제2항에 따라 지정된 지정장치장의 화물관리인을 포함한다), 통합물류창고 운영인 및 인도자가 본인이 운영하는 사업장 간에 등록된 보세사를 인사이동하려는 때에는 보세사 등록 변경 신고서에 해당 보세사 재직확인 증명 서류와 인사이동 증명 서류를 첨부하여 한국관세물류협회장에게 제출하여야 한다. 이 경우 보세사 등록신청을 한 것으로 본다.

⑥ 보세사 등록 변경 신고서를 접수한 한국관세물류협회장은 보세사 등록에 관한 업무를 처리한다. 다만, 보세사 등록 변경 신고한 보세사가 법 제175조(운영인의 결격사유) 제2호부터 제7호까지의 어느 하나에 해당하는지 여부의 확인은 생략할 수 있다.

4. 등록취소 24기출 23기출 18기출

① 세관장은 보세사가 다음의 어느 하나에 해당하는 때에는 그 등록을 취소하고, 그 사실을 전산에 등록한 후 한국관세물류협회장에게 통보하여야 한다.

> - 관세법 제165조 제5항 각 호(법 제175조 제1호부터 제7호까지의 어느 하나에 해당하게 된 경우, 사망한 경우, 관세법이나 관세법에 따른 명령을 위반한 경우 등)와 관련하여 어느 하나가 등록취소 사유에 해당하는 때
> - 특허보세구역 운영인, 통합물류창고 운영인, 인도자 및 등록보세사로부터 보세사의 퇴사·해임·교체통보 등을 받은 때

② 관세법 제165조 제5항 각 호(관세법 제175조 제1호부터 제7호까지의 어느 하나에 해당하게 된 경우, 사망한 경우, 관세법이나 관세법에 따른 명령을 위반한 경우)의 어느 하나가 등록취소 사유에 해당하여 등록이 취소(법 제175조 제1호부터 제3호까지의 어느 하나에 해당하여 등록이 취소된 경우는 제외)된 사람은 그 취소된 날로부터 2년 내에 다시 등록하지 못한다.

03 보세사의 직무 등

1. 직무교육 23 기출

① 보세사의 직무교육은 한국관세물류협회장이 실시한다. 이 경우 직무교육 이수시간의 계산방법 및 직무교육 이수의 주기 등에 관한 사항은 한국관세물류협회장이 정한다.
② 한국관세물류협회장은 교육을 실시하였을 때에는 종료 후 7일 이내에 그 결과를 관세청장에게 보고하여야 한다.
③ 세관장은 직무교육 이수 이력에 따라 보세사가 소속한 보세구역에 대한 관세법상의 평가, 심사 및 혜택 등을 차등화할 수 있다.

2. 보세사의 직무 23 기출 21 기출 19 기출

관세법 시행령 제185조 제1항 제6호에서 '관세청장이 정하는 업무'란 다음과 같다.

> ① 보수작업과 화주의 수입신고 전 장치물품확인 시 입회·감독
> ② 세관봉인대의 시봉 및 관리
> ③ 환적화물 컨테이너 적출입 시 입회·감독
> ④ 다음의 비치대장 작성과 확인. 다만, 전산신고 등으로 관리되는 경우에는 생략할 수 있다.
> • 내국물품 반출입 관리대장
> • 보수작업 관리대장
> • 환적화물 컨테이너 적출입 관리대장
> • 장치물품 수입신고 전 확인대장
> • 세관봉인대 관리대장
> • 그 밖에 보세화물 관련규정에서 보세사의 직무로 정한 각종 대장

> **관세법 시행령 제185조(보세사의 직무 등) 제1항**
> 보세사의 직무는 다음 각 호와 같다.
> 1. 보세화물 및 내국물품의 반입 또는 반출에 대한 참관 및 확인
> 2. 보세구역 안에 장치된 물품의 관리 및 취급에 대한 참관 및 확인
> 3. 보세구역출입문의 개폐 및 열쇠관리의 감독
> 4. 보세구역의 출입자관리에 대한 감독
> 5. 견본품의 반출 및 회수
> 6. 기타 보세화물의 관리를 위하여 필요한 업무로서 관세청장이 정하는 업무

3. 보세사의 의무 23 기출 22 기출 20 기출 18 기출

① 보세사는 다음의 사항과 세관장의 업무감독에 관련된 명령을 준수하여야 하고 세관공무원의 지휘를 받아야 한다.

- 보세사는 다른 업무를 겸임할 수 없다. 다만, 영업용보세창고가 아닌 경우 보세화물 관리에 지장이 없는 범위 내에서 다른 업무를 겸임할 수 있다.
- 해당 보세구역에 작업이 있는 시간에는 상주하여야 한다. 다만, 영업용보세창고의 경우에는 관세법 제321조 제1항에 따른 세관개청시간과 해당 보세구역 내의 작업이 있는 시간에 상주하여야 한다.
- 직무와 관련하여 부당한 금품을 수수하거나 알선·중개하여서는 아니 된다. `24 기출`

② 보세사는 보세구역 내에 장치된 화물의 관리와 관련하여 법령 및 화물관계 제반규정과 자율관리보세구역 관리에 관한 규정을 항상 숙지하고 이를 준수하여야 한다.

4. 보세사 징계 `23 기출` `22 기출` `20 기출` `18 기출`

① 세관장은 보세사가 관세법이나 관세법에 따른 명령을 위반한 경우와 다음의 어느 하나에 해당한 때에는 보세사징계위원회의 의결에 따라 징계처분을 한다.

- 보세사의 직무 또는 의무를 이행하지 아니하는 경우
- 경고처분을 받은 보세사가 1년 내에 다시 경고 처분을 받는 경우

② 보세사에 대한 징계는 다음의 3종으로 한다. 다만, 연간 6월의 범위 내 업무정지를 2회 받으면 등록취소하여야 한다. `24 기출`

- 견책
- 6월의 범위 내 업무정지
- 등록취소

③ 보세사징계위원회에는 간사 1인을 두며, 간사는 보세사 업무를 담당하는 화물주무가 된다. `24 기출`
④ 세관장은 보세사에게 징계처분을 하였을 때에는 한국관세물류협회장에게 통보하여야 한다.

04 보칙

1. 관계서류의 보존 등

시험수행기관장 및 한국관세물류협회장은 보세사시험, 보세사 등록 및 직무교육과 관련한 서류를 5년간 비치·보존하여야 한다.

2. 한국관세물류협회에 대한 감독

이 고시에 정한 사항 외에 한국관세물류협회에 대한 감독은 「기획재정부 및 그 소속청 소관 비영리법인의 설립 및 감독에 관한 규칙」에 따른다.

3. 보세사의 근무이력 기록·관리 `23 기출`

① 한국관세물류협회장은 보세사에 대하여 등록취소를 하거나 및 징계처분함에 따라 세관장으로부터 통보받은 내역을 기록·관리하여야 한다.
② 한국관세물류협회장은 보세사 근무이력에 대한 기록·관리를 위해 보세사의 근무실태를 확인할 수 있고, 그 확인한 결과를 기록하고 이상이 있는 경우 세관장에게 즉시 통보하여야 하며, 통보받은 세관장은 필요한 조치를 취하여야 한다.

6절 | 자유무역지역의 지정 및 운영에 관한 법률 등

✎ 본문 내용 중 꼭 알아야 하는 부분에 형광펜으로 표시하였으니 반드시 학습하시기 바랍니다.

01 총칙

1. 목적
이 법은 자유로운 제조·물류·유통 및 무역활동 등이 보장되는 자유무역지역을 지정·운영함으로써 외국인투자의 유치, 무역의 진흥, 국제물류의 원활화 및 지역개발 등을 촉진하여 국민경제의 발전에 이바지함을 목적으로 한다.

2. 용어의 정의 23 기출

(1) 자유무역지역

「관세법」,「대외무역법」 등 관계 법률에 대한 특례와 지원을 통하여 자유로운 제조·물류·유통 및 무역활동 등을 보장하기 위한 지역으로서 법 제4조에 따라 지정된 지역을 말한다.

(2) 입주기업체

법 제10조 제1항 제1호부터 제5호까지 및 같은 조 제2항에 따른 입주 자격을 갖춘 자로서 법 제11조에 따라 입주계약을 체결한 자를 말한다.

> **자유무역지역의 지정 및 운영에 관한 법률 제10조(입주 자격)**
>
> ① 자유무역지역에 입주할 수 있는 자는 다음 각 호의 어느 하나에 해당하는 자로 한다.
>
> 1. 수출을 주목적으로 하는 제조업종의 사업을 하려는 자로서 수출 비중 등이 대통령령으로 정하는 기준을 충족하는 자. 이 경우 「수출용 원재료에 대한 관세 등 환급에 관한 특례법」 제3조에 따른 수출용원재료의 공급을 주목적으로 하는 제조업종의 사업을 하려는 자로서 해당 공급을 수출로 보아 그 수출 비중 등이 대통령령으로 정하는 기준을 충족하는 자를 포함한다.
> 1의2. 수출을 주목적으로 하려는 국내복귀기업(「해외진출기업의 국내복귀 지원에 관한 법률」 제7조에 따라 지원대상 국내복귀기업으로 선정된 기업을 말한다)으로서 복귀 이전 총매출액 대비 대한민국으로의 수출액을 제외한 매출액의 비중 등이 대통령령으로 정하는 기준을 충족하는 자
> 2. 제조업종 또는 지식서비스산업에 해당하는 업종(제4호부터 제6호까지의 규정에 해당하는 업종은 제외한다)의 사업을 하려는 외국인투자기업으로서 외국인투자비중 및 수출비중 등이 대통령령으로 정하는 기준을 충족하는 자. 다만, 국내 산업구조의 고도화와 국제경쟁력 강화를 위하여 대통령령으로 정하는 업종에 해당하는 외국인투자기업에 대하여는 수출비중을 적용하지 아니한다.
> 3. 지식서비스산업에 해당하는 업종(제4호부터 제6호까지의 규정에 해당하는 업종은 제외한다)의 사업을 하려는 자로서 수출비중 등이 대통령령으로 정하는 기준을 충족하는 자
> 4. 수출입거래를 주목적으로 하는 도매업종의 사업을 하려는 자로서 수출입거래 비중 등이 대통령령으로 정하는 기준을 충족하는 자
> 5. 물품의 하역·운송·보관·전시 또는 그 밖에 대통령령으로 정하는 사업을 하려는 자
> 6. 입주기업체의 사업을 지원하는 업종으로서 대통령령으로 정하는 업종의 사업을 하려는 자
> 7. 대통령령으로 정하는 공공기관

8. 국가기관

② 관리권자는 제조업 또는 지식서비스산업에 해당하는 업종의 사업을 하려는 자가 제1항 제1호 또는 제3호의 요건을 갖추지 아니한 경우에도 국제물류의 원활화와 지역개발 및 수출촉진 등을 위하여 필요하다고 인정하여 산업통상자원부령으로 정하는 경우에는 산업통상자원부장관과 협의를 거쳐 자유무역지역에 입주하게 할 수 있다.

(3) 지원업체

법 제10조 제1항 제6호에 따른 입주 자격을 갖춘 자(입주기업체의 사업을 지원하는 업종으로서 대통령령으로 정하는 업종의 사업을 하려는 자)로서 법 제11조에 따라 입주계약을 체결한 자를 말한다.

(4) 외국인투자기업

「외국인투자 촉진법」 제2조 제1항 제6호에 따른 기업(외국인투자기업이나 출연을 한 비영리법인-외국투자가가 출자한 기업이나 출연을 한 비영리법인)으로서 같은 법 제4조 제3항 또는 제4항에 따라 외국인투자가 제한되는 업종에 해당하지 아니하는 업종을 경영하는 기업을 말한다.

(5) 공장

「산업집적활성화 및 공장설립에 관한 법률」 제2조 제1호에 따른 공장(건축물 또는 공작물, 물품제조공정을 형성하는 기계·장치 등 제조시설과 그 부대시설을 갖추고 대통령령으로 정하는 제조업을 하기 위한 사업장으로서 대통령령으로 정하는 것)을 말한다.

(6) 관세 등

관세, 부가가치세, 임시수입부가세, 주세, 개별소비세, 교통·에너지·환경세, 농어촌특별세 또는 교육세를 말한다.

(7) 관세영역

자유무역지역 외의 국내지역을 말한다.

(8) 수입

「관세법」 제2조 제1호에 따른 수입을 말한다.

(9) 수출

「관세법」 제2조 제2호에 따른 수출을 말한다.

(10) 외국물품

「관세법」 제2조 제4호에 따른 외국물품을 말한다.

(11) 내국물품

「관세법」 제2조 제5호에 따른 내국물품을 말한다.

관세법 제2조(정의)

이 법에서 사용하는 용어의 뜻은 다음과 같다.

1. "수입"이란 외국물품을 우리나라에 반입(보세구역을 경유하는 것은 보세구역으로부터 반입하는 것을 말한다)하거나 우리나라에서 소비 또는 사용하는 것(우리나라의 운송수단 안에서의 소비 또는 사용을 포함하며, 제239조 각 호의 어느 하나에 해당하는 소비 또는 사용은 제외한다)을 말한다.
2. "수출"이란 내국물품을 외국으로 반출하는 것을 말한다.
3. "반송"이란 국내에 도착한 외국물품이 수입통관절차를 거치지 아니하고 다시 외국으로 반출되는 것을 말한다.
4. "외국물품"이란 다음 각 목의 어느 하나에 해당하는 물품을 말한다.

가. 외국으로부터 우리나라에 도착한 물품[외국의 선박 등이 공해(公海, 외국의 영해가 아닌 경제수역을 포함한다. 이하 같다)에서 채집하거나 포획한 수산물 등을 포함한다]으로서 제241조 제1항에 따른 수입의 신고(이하 "수입신고"라 한다)가 수리(受理)되기 전의 것
나. 제241조 제1항에 따른 수출의 신고(이하 "수출신고"라 한다)가 수리된 물품

5. "내국물품"이란 다음 각 목의 어느 하나에 해당하는 물품을 말한다.
가. 우리나라에 있는 물품으로서 외국물품이 아닌 것
나. 우리나라의 선박 등이 공해에서 채집하거나 포획한 수산물 등
다. 제244조 제1항에 따른 입항전수입신고(이하 "입항전수입신고"라 한다)가 수리된 물품
라. 제252조에 따른 수입신고수리 전 반출승인을 받아 반출된 물품
마. 제253조 제1항에 따른 수입신고 전 즉시반출신고를 하고 반출된 물품

(12) 지식서비스산업

「산업발전법」 제8조 제2항에 따른 지식서비스산업(지식의 생산, 가공, 활용 및 유통을 통하여 부가가치를 창출하는 산업)을 말한다.

3. 다른 법률과의 관계 `24 기출` `21 기출`

① 자유무역지역에서는 이 법에 규정된 사항을 제외하고는 「관세법」을 적용하지 아니한다. 다만, 다음의 어느 하나에 해당하는 경우에는 그러하지 아니하다.

- 자유무역지역에 물품의 반입·반출을 효율적으로 관리하기 위하여 필요한 시설로서 대통령령으로 정하는 통제시설이 설치되어 있지 아니한 경우
- 입출항 및 하역 절차 등 통관을 위하여 필수적인 절차가 이 법에 규정되어 있지 아니한 경우
- 물품의 통관에 관하여 이 법보다 「관세법」을 적용하는 것이 입주기업체에 유리한 경우

② 입주기업체 중 외국인투자기업에 대하여는 다음의 법률을 적용하지 아니한다.

- 「고용상 연령차별금지 및 고령자고용촉진에 관한 법률」 제12조
- 「국가유공자 등 예우 및 지원에 관한 법률」 제31조, 「보훈보상대상자 지원에 관한 법률」 제35조, 「5·18민주유공자예우 및 단체설립에 관한 법률」 제22조, 「특수임무유공자 예우 및 단체설립에 관한 법률」 제21조
- 「장애인고용촉진 및 직업재활법」 제28조

③ 자유무역지역의 지정 및 운영에 관하여 「경제자유구역의 지정 및 운영에 관한 특별법」에 이 법과 다른 규정이 있는 경우에는 이 법을 우선하여 적용한다.

02 자유무역지역의 지정 등

1. 자유무역지역의 지정 등

① 중앙행정기관의 장이나 특별시장·광역시장·특별자치시장·도지사 또는 특별자치도지사는 대통령령으로 정하는 바에 따라 관계 중앙행정기관의 장 및 관계 시·도지사와의 협의를 거쳐 산업통상자원부장관에게 자유무역지역의 지정을 요청할 수 있다. 이 경우 시·도지사는 자유무역지역 관리권자에게 그 시·도지사를 대신하여 관계 중앙행정기관의 장 및 관계 시·도지사와 협의하여 줄 것을 요청할 수 있으며, 요청을 받은 자유무역지역 관리권자는 특별한 사유가 없으면 그 요청에 따라야 한다.

② 중앙행정기관의 장 또는 시·도지사는 자유무역지역의 지정을 요청하려면 자유무역지역 기본계획을 작성하여 산업통상자원부장관에게 제출하여야 한다.
③ 자유무역지역의 기본계획에는 다음의 사항이 포함되어야 한다.

> - 자유무역지역의 명칭·위치·경계 및 면적과 위치도
> - 개발사업의 시행자와 개발 기간 및 방법
> - 자유무역지역의 운영 목표 및 방향, 입주대상 업종, 입주 우선순위, 입주업체 선정기준, 입주업체의 유치계획 및 배치계획(도면을 포함한다) 등이 포함된 입주관리계획
> - 토지이용계획, 주요 지원시설 배치계획(도면을 포함한다) 및 도로·항만·용수공급시설 등의 기반시설계획
> - 지정에 따른 추정 소요비용 및 재원조달계획
> - 외국인투자·무역·국제물류·지역개발 및 고용증진의 전망 등 자유무역지역의 지정에 따른 경제적 효과의 분석
> - 해당 지역에 있는 시설의 현황과 화물 처리능력
> - 수용하거나 사용할 토지, 건축물, 그 밖의 물건 및 권리가 있는 경우에는 그 세목(細目)
> - 해당 지역에 있는 기존 입주업체의 현황과 기존 입주업체에 대한 대책
> - 「환경영향평가법」에 따른 환경영향평가 또는 관련 검토자료
> - 출입구, 울타리 등 통제시설의 설치계획
> - 법 제8조 제1항에 따른 관리권자로부터 관리권을 위임·위탁받는 자가 둘 이상일 경우 위임·위탁받은 자의 관할 범위와 통제시설의 설치 등에 관한 비용부담방법

④ 산업통상자원부장관은 지정이 요청된 지역의 실정과 지정의 필요성 및 지정 요건을 검토한 후 기획재정부장관, 국토교통부장관 등 대통령령으로 정하는 관계 중앙행정기관의 장과 협의하여 자유무역지역을 지정한다. 다만, 자유무역지역 예정지역으로 지정된 지역의 전부 또는 일부를 자유무역지역으로 지정하려는 경우에는 관계 중앙행정기관의 장과 협의를 거치지 아니할 수 있다.
⑤ 산업통상자원부장관은 자유무역지역을 지정하였을 때에는 그 지역의 위치·경계·면적과 그 밖에 대통령령으로 정하는 사항을 고시하고, 그 내용을 지체 없이 관계 중앙행정기관의 장 및 시·도지사에게 통지하여야 한다.
⑥ 통지를 받은 시·도지사는 그 내용을 14일 이상 일반인이 열람할 수 있게 하여야 한다.

2. 자유무역지역의 지정 요건

자유무역지역은 다음의 요건을 모두 갖춘 지역에 대하여 지정한다.
① 다음의 어느 하나에 해당하는 지역으로서 화물 처리능력 등 대통령령으로 정하는 기준에 적합할 것

> - 「산업입지 및 개발에 관한 법률」 제2조 제8호에 따른 산업단지
>   공항 또는 항만에 인접하여 화물을 외국의 반출·반입하기 쉬운 지역일 것
> - 「공항시설법」 제2조 제3호에 따른 공항 및 배후지
>   공항의 경우 다음의 요건을 모두 갖추고 있을 것
>
>   > - 연간 30만 톤 이상의 화물을 처리할 수 있고, 정기적인 국제 항로가 개설되어 있을 것
>   > - 물류터미널 등 항공화물의 보관, 전시, 분류 등에 사용할 수 있는 지역 및 그 배후지의 면적이 30만 제곱미터 이상이고, 배후지는 해당 공항과 접하여 있거나 전용도로 등으로 연결되어 있어 공항과의 물품 이동이 자유로운 지역으로서 화물의 보관, 포장, 혼합, 수선, 가공 등 공항의 물류기능을 보완할 수 있을 것
>
> - 「물류시설의 개발 및 운영에 관한 법률」 제2조 제2호 및 제6호에 따른 물류터미널 및 물류단지
>   다음 각 목의 요건을 모두 갖추고 있을 것
>
>   > - 연간 1천만 톤 이상의 화물을 처리할 수 있는 시설이나 설비를 갖추고 있을 것

- 반입물량의 100분의 50 이상이 외국으로부터 반입되고, 외국으로부터 반입된 물량의 100분의 20 이상이 국외로 반출되거나 반출될 것으로 예상될 것
- 물류단지 또는 물류터미널의 면적이 50만 제곱미터 이상일 것

• 「항만법」 제2조 제1호에 따른 항만 및 배후지
항만의 경우 다음의 요건을 모두 갖추고 있을 것

- 연간 1천만 톤 이상의 화물을 처리할 수 있고, 정기적인 국제 컨테이너선박 항로가 개설되어 있을 것
- 3만 톤급 이상의 컨테이너선박용 전용부두가 있을 것
- 「항만법 시행령」 별표 1에 따른 육상구역의 면적 및 그 배후지의 면적이 50만 제곱미터 이상이고, 배후지는 해당 항만과 접하여 있거나 전용도로 등으로 연결되어 있어 항만과의 물품 이동이 자유로운 지역으로서 화물의 보관, 포장, 혼합, 수선, 가공 등 항만의 물류기능을 보완할 수 있을 것

② 도로 등 사회간접자본시설이 충분히 확보되어 있거나 확보될 수 있을 것
③ 물품의 반입·반출을 효율적으로 관리하기 위하여 필요한 시설로서 대통령령으로 정하는 아래의 시설(통제시설)이 설치되어 있거나 통제시설의 설치계획이 확정되어 있을 것

• 담장, 출입문, 경비초소 또는 그 밖에 외국물품의 불법유출 및 도난을 방지하기 위해 필요한 시설로서 관세청장이 정하여 고시하는 면적, 위치 등에 관한 기준을 충족하는 시설
• 반입물품 및 반출물품을 검사하기 위한 검사장으로서 관세청장이 정하여 고시하는 면적, 위치 등에 관한 기준을 충족하는 아래의 시설
  - 외곽울타리 및 외국물품의 불법유출·도난방지를 위한 과학감시장비
  - 감시종합상황실과 화물차량통제소
  - 다음의 요건을 충족하는 세관검사장
    · 물품의 장치장소, 출입문 등을 고려하여 해당 자유무역지역 내 최적의 동선을 확보할 수 있는 장소에 설치하되, 차량의 출입 및 회차 등이 자유롭도록 충분한 면적을 확보하여야 한다.
    · 검사장은 컨테이너트레일러를 부착한 차량이 3대 이상 동시에 접속하여 검사할 수 있는 규모인 400㎡ 이상의 검사대, 검사물품 보관창고 등 검사를 용이하게 할 수 있는 시설을 갖추어야 한다.
    · 컨테이너화물을 취급하는 자유무역지역의 경우 컨테이너검색기 설치에 필요한 최소면적인 10,000㎡를 따로 확보하여야 한다.
  - 세관공무원이 24시간 상주근무에 필요한 사무실 및 편의시설

3. 자유무역지역의 변경 등

① 자유무역지역의 지정을 요청한 중앙행정기관의 장 또는 시·도지사는 자유무역지역의 운영을 위하여 필요한 경우에는 산업통상자원부장관에게 그 자유무역지역의 위치·경계 또는 면적의 변경을 요청할 수 있다.
② 산업통상자원부장관은 자유무역지역의 지정 사유가 없어졌다고 인정하거나 관계 중앙행정기관의 장 또는 시·도지사로부터 지정해제 요청을 받은 경우에는 자유무역지역의 지정을 해제할 수 있다.

4. 자유무역지역 예정지역의 지정 등

① 산업통상자원부장관은 중앙행정기관의 장 또는 시·도지사의 요청에 따라 아래의 어느 하나에 해당하는 지역(그 예정지를 포함)을 자유무역지역 예정지역으로 지정할 수 있다.

• 「산업입지 및 개발에 관한 법률」 제2조 제8호에 따른 산업단지

- 「공항시설법」제2조 제3호에 따른 공항 및 배후지
- 「물류시설의 개발 및 운영에 관한 법률」제2조 제2호 및 제6호에 따른 물류터미널 및 물류단지
- 「항만법」제2조 제1호에 따른 항만 및 배후지

② 예정지역의 지정을 요청한 중앙행정기관의 장 또는 시·도지사는 필요한 경우 산업통상자원부장관에게 그 예정지역의 위치·경계 또는 면적의 변경을 요청할 수 있다.

③ 예정지역의 지정기간은 3년 이내로 한다. 다만, 산업통상자원부장관은 해당 예정지역에 대한 개발계획의 변경 등으로 지정기간의 연장이 불가피하다고 인정하는 경우에는 3년의 범위에서 지정기간을 연장할 수 있다.

④ 산업통상자원부장관은 예정지역의 지정기간이 만료되기 전에 자유무역지역으로 지정할 것인지 여부를 결정하여야 한다.

⑤ 산업통상자원부장관은 자유무역지역으로 지정하지 아니하기로 결정한 경우에는 그 예정지역의 지정을 즉시 해제하여야 한다.

03 자유무역지역의 입주자격 및 계약 등

1. 관리권자 19 기출

① 자유무역지역의 구분별 관리권자는 다음과 같다. 24 기출

- 「산업입지 및 개발에 관한 법률」제2조 제8호에 따른 산업단지 → 산업통상자원부장관
- 「공항시설법」제2조 제3호에 따른 공항 및 배후지 → 국토교통부장관
- 「물류시설의 개발 및 운영에 관한 법률」제2조 제2호 및 제6호에 따른 물류터미널 및 물류단지 → 국토교통부장관
- 「항만법」제2조 제1호에 따른 항만 및 배후지 → 해양수산부장관

② 관리권자는 자유무역지역의 관리에 관한 다음의 업무를 수행한다.

- 입주기업체 및 지원업체의 사업활동 지원
- 공공시설의 유지 및 관리
- 각종 지원시설의 설치 및 운영
- 그 밖에 자유무역지역의 관리 또는 운영에 관한 업무

2. 자유무역지역의 구분 21 기출

관리권자는 관리업무를 효율적으로 운영하기 위하여 자유무역지역을 그 기능 및 특성에 따라 생산시설지구, 지식서비스시설지구, 물류시설지구, 지원시설지구, 그 밖에 공공시설지구와 교육·훈련시설지구로 구분할 수 있다.

3. 입주 자격

자유무역지역에 입주할 수 있는 자는 다음의 어느 하나에 해당하는 자로 한다.

- 수출을 주목적으로 하는 제조업종의 사업을 하려는 자로서 수출 비중 등이 대통령령으로 정하는 기준을 충족하는 자. 이 경우 「수출용 원재료에 대한 관세 등 환급에 관한 특례법」제3조에 따른 수출용원재료의 공급을 주목적으로 하는 제조업종의 사업을 하려는 자로서 해당 공급을 수출로 보아 그 수출 비중 등이 대통령령으로 정하는 기준을 충족하는 자를 포함한다.

- 수출을 주목적으로 하려는 국내복귀기업(「해외진출기업의 국내복귀 지원에 관한 법률」 제7조에 따라 지원대상 국내복귀기업으로 선정된 기업을 말한다)으로서 복귀 이전 총매출액 대비 대한민국으로의 수출액을 제외한 매출액의 비중 등이 대통령령으로 정하는 기준을 충족하는 자
- 제조업종 또는 지식서비스산업에 해당하는 업종의 사업을 하려는 외국인투자기업으로서 외국인투자비중 및 수출비중 등이 대통령령으로 정하는 기준을 충족하는 자. 다만, 국내 산업구조의 고도화와 국제경쟁력 강화를 위하여 대통령령으로 정하는 업종(「조세특례제한법」 제121조의2 제1항 제1호에 따른 신성장동력산업에 속하는 사업으로서 외국인투자금액이 미화 100만 달러 이상인 경우)에 해당하는 외국인투자기업에 대하여는 수출비중을 적용하지 아니한다.
- 지식서비스산업에 해당하는 업종의 사업을 하려는 자로서 수출비중 등이 대통령령으로 정하는 기준을 충족하는 자
- 수출입거래를 주목적으로 하는 도매업종의 사업을 하려는 자로서 수출입거래 비중 등이 대통령령으로 정하는 기준을 충족하는 자
- 물품의 하역·운송·보관·전시 또는 그 밖에 대통령령으로 정하는 사업을 하려는 자
- 입주기업체의 사업을 지원하는 업종으로서 대통령령으로 정하는 업종의 사업을 하려는 자
- 대통령령으로 정하는 공공기관
- 국가기관

(1) 수출을 주목적으로 하는 제조업종의 사업을 하려는 자

수출 비중 등이 대통령령으로 정하는 기준을 충족하는 자는 입주계약 신청일(입주기업체의 경우에는 영업일 현재)부터 과거 3년의 기간 중 총매출액 대비 수출액 비중이 다음의 구분에 따른 기준을 충족하는 기간이 연속하여 1년 이상인 자를 말한다.

① 「산업발전법」 제5조 제1항에 따른 첨단기술을 활용하는 제품·서비스나 같은 항에 따른 첨단제품을 생산하는 사업(산업통상자원부장관이 정하여 고시하는 바에 따라 첨단기술 또는 첨단제품 확인을 받은 경우로 한정)을 경영하는 경우 → 다음의 구분에 따른 기준

- 「중소기업기본법」 제2조에 따른 중소기업인 경우 → 100분의 20 이상
- 중소기업이 아닌 경우 → 100분의 30 이상

② 위 ①에 해당하지 않는 경우 → 다음의 구분에 따른 기준

- 중소기업인 경우 → 100분의 30 이상
- 「중견기업 성장촉진 및 경쟁력 강화에 관한 특별법」 제2조 제1호에 따른 중견기업(이하 "중견기업"이라 한다)인 경우 → 100분의 40 이상
- 중소기업 및 중견기업이 아닌 경우 → 100분의 50 이상

(2) 수출을 주목적으로 하려는 국내복귀기업

복귀 이전 총매출액 대비 대한민국으로의 수출액을 제외한 매출액의 비중 등이 대통령령으로 정하는 기준을 충족하는 자란 입주계약 신청일부터 과거 3년의 기간 중 총매출액 대비 대한민국으로의 수출액을 제외한 매출액이 100분의 30(중소기업의 경우에는 100분의 20) 이상인 기간이 연속하여 1년 이상인 자를 말한다.

(3) 제조업종 또는 지식서비스산업에 해당하는 업종의 사업을 하려는 외국인투자기업

외국인투자 비중 및 수출 비중 등이 대통령령으로 정하는 기준을 충족하는 자란 다음의 사항을 모두 충족하는 자를 말한다.

① 「외국인투자 촉진법 시행령」 제2조 제2항 본문에 따른 외국인투자의 기준을 충족하는 자. 다만, 입주계약을 체결한 후 신주발행 등으로 국내자본이 증가하여 「외국인투자 촉진법 시행령」 제2조 제2항 제1호의 요건을 충족하지 아니하게 되는 경우에도 외국인투자의 기준을 충족하는 것으로 본다.

② 입주계약 신청일(입주기업체의 경우에는 영업일 현재)부터 과거 3년의 기간 중 총매출액 대비 수출액이 100분의 30(지식서비스산업의 경우에는 100분의 5) 이상인 기간이 연속하여 1년 이상인 자. 다만, 입주계약 신청일 기준으로 과거 매출실적이 없는 신설 외국인투자기업의 경우에는 본문의 요건을 적용하지 아니할 수 있으며, 이 경우 신설 외국인투자기업은 법 제14조 제2항에 따른 공장설립등의 완료신고일(지식서비스산업의 경우에는 입주계약일 또는 법 제14조 제4항에 따른 사업개시의 신고일)부터 3년 이내에 본문의 요건을 충족하여야 한다.

(4) 지식서비스산업에 해당하는 업종의 사업을 하려는 자

수출 비중 등이 대통령령으로 정하는 기준을 충족하는 자란 입주계약 신청일(입주기업체의 경우에는 영업일 현재를 말한다)부터 과거 3년의 기간 중 총매출액 대비 수출액이 100분의 5 이상인 기간이 연속하여 1년 이상인 자를 말한다.

(5) 수출입거래를 주목적으로 하는 도매업종의 사업을 하려는 자

수출입거래 비중 등이 대통령령으로 정하는 기준을 충족하는 자란 입주계약 신청일(입주기업체의 경우에는 영업일 현재)부터 과거 3년의 기간 중 총매출액 대비 수출입거래 비중이 100분의 50(중소기업의 경우에는 100분의 30으로 하고, 중견기업의 경우에는 100분의 40) 이상인 기간이 연속하여 1년 이상인 자를 말한다.

(6) 물품의 하역·운송·보관·전시 또는 그 밖에 대통령령으로 정하는 사업을 하려는 자

대통령령으로 정하는 사업이란 다음의 사업을 말한다.

① 국제운송주선·국제선박거래, 포장·보수·가공 또는 조립하는 사업 등 복합물류 관련 사업
② 선박 또는 항공기(선박 또는 항공기의 운영에 필요한 장비를 포함)의 수리·정비 및 조립업 등 국제물류 관련 사업
③ 연료, 식수, 선식 및 기내식 등 선박 또는 항공기 용품의 공급업
④ 물류시설 관련 개발업 및 임대업

(7) 입주기업체의 사업을 지원하는 업종으로서 대통령령으로 정하는 업종의 사업을 하려는 자

대통령령으로 정하는 업종이란 다음의 업종을 말한다.

- 금융업
- 보험업
- 통관업
- 세무업
- 회계업
- 「해운법」 제33조에 따른 해운중개업, 해운대리점업, 선박대여업 및 선박관리업
- 「항만운송사업법 시행령」 제2조 제1호 가목부터 다목까지의 규정에 따른 행위를 하는 항만용역업
- 교육·훈련업
- 유류판매업
- 폐기물의 수집·운반 및 처리업
- 정보처리업
- 음식점업
- 식품판매업
- 숙박업
- 목욕장업
- 세탁업
- 이용업 및 미용업

- 그 밖에 입주기업체의 사업을 지원하는 업종으로서 자유무역지역 운영지침에서 정하는 업종

(8) 대통령령으로 정하는 공공기관

대통령령으로 정하는 공공기관이란 다음의 기관을 말한다.

- 지방자치단체 및 지방자치단체가 전액 출자·출연한 법인
- 「국민연금법」 제24조에 따른 국민연금공단
- 「국민건강보험법」에 따른 국민건강보험공단
- 「무역보험법」 제37조에 따른 한국무역보험공사
- 「한국공항공사법」에 따른 한국공항공사
- 「인천국제공항공사법」에 따른 인천국제공항공사
- 「항만공사법」 제4조에 따른 항만공사
- 「한국철도공사법」에 따른 한국철도공사

4. 입주제한 업종

관리권자는 자유무역지역에 입주하려는 자가 입주 자격을 갖춘 경우에도 「관세법」 제73조에 따라 국내외 가격차에 상당하는 율로 양허한 농림축산물(양허관세품목)을 원재료로 하는 물품을 제조·가공하는 업종의 사업을 하려는 자의 입주를 제한하여야 한다. 다만, 원재료 및 원재료를 제조·가공한 물품을 전량 국외로 반출하는 경우에는 입주를 제한하지 아니할 수 있다.

5. 입주계약

① 자유무역지역에 입주하여 사업을 하려는 자는 관리권자와 그 입주에 관한 계약을 체결하여야 한다. 입주계약을 변경하려는 경우에도 또한 같다.

② 입주계약을 체결할 때에 관리권자는 다음의 어느 하나에 해당하는 자와 우선적으로 입주계약을 체결할 수 있다.

- 외국인투자기업
- 「조세특례제한법」 제121조의2 제1항 제1호에 따른 국내산업구조의 고도화와 국제경쟁력 강화에 긴요한 신성장동력산업 기술을 수반하는 사업을 하는 자
- 수출을 주목적으로 하는 사업을 하려는 자

③ 관리권자는 입주계약을 체결하는 경우에는 입주 목적 달성을 위하여 필요한 조건을 붙일 수 있다. 그 조건은 공공의 이익을 증진하기 위하여 필요한 최소한도에 한하여야 하며, 부당한 의무를 부과하여서는 아니 된다.

④ 입주계약을 체결할 때 농림축산물을 원재료로 하는 제조업종·가공업종의 사업을 하려는 자는 다음의 물품관리체계를 갖추고 그 자유무역지역을 관할하는 세관장과 사전 협의를 하여야 한다.

- 물품의 반출입 및 재고관리 전산시스템 구축
- 「관세법」 제165조에 따른 보세사 채용
- 원재료의 수량을 객관적으로 계산할 수 있는 증빙자료 제출

6. 결격사유

다음의 어느 하나에 해당하는 자는 입주계약을 체결할 수 없다.

① 피성년후견인
② 이 법 또는 「관세법」을 위반하여 징역형의 실형을 선고받고 그 집행이 끝나거나(집행이 끝난 것으로 보는 경우를 포함) 집행이 면제된 날부터 2년이 지나지 아니한 사람

③ 이 법 또는 「관세법」을 위반하여 징역형의 집행유예를 선고받고 그 유예기간 중에 있는 사람

④ 이 법에 따른 벌칙 조항을 위반한 경우(㉠ 관세법 제234조에 따른 수출입금지품을 자유무역지역 안으로 반입하거나 자유무역지역 밖으로 반출한 경우, ㉡ 수입신고 및 관세 등의 납부를 하지 아니하고 외국물품을 사용·소비하거나 자유무역지역 안으로 반입한 경우, ㉢ 수입신고 및 관세 등의 납부를 하지 아니하고 외국물품 등을 자유무역지역에서 관세영역으로 반출한 경우, ㉣ 내국물품을 자유무역지역에서 관세영역으로 무단 반출한 경우, ㉤ 전량 국외반출을 조건으로 반입한 원재료 및 원재료를 제조·가공한 물품을 자유무역지역에서 관세영역으로 반출한 경우, ㉥ 역외작업에 의하여 가공 또는 보수된 물품을 관세영역으로 반출한 경우, ㉦ 국외 반출신고를 한 자 중 법령에 따라 국외 반출에 필요한 허가·승인·추천·증명 또는 그 밖의 조건을 구비하지 아니하거나 부정한 방법으로 이를 구비하여 국외 반출한 경우, ㉧ 이 법에 따라 벌금형에 해당하는 위반행위를 한 경우), 「관세법」 제269조(밀수출입죄)부터 제271조(미수범 등)까지 또는 같은 법 제274조(밀수품의 취득죄 등)에 따라 벌금형 또는 통고처분을 받은 자로서 그 벌금형 또는 통고처분을 이행한 후 2년이 지나지 아니한 자. 다만, 이 법 제68조, 「관세법」 제279조에 의한 양벌규정에 따라 처벌된 법인 또는 개인은 제외한다.

⑤ 관세 또는 내국세를 체납한 자

⑥ ①부터 ⑤에 해당하는 사람을 임원(해당 법인의 자유무역지역의 운영업무를 직접 담당하거나 이를 감독하는 사람으로 한정)으로 하는 법인

⑦ 입주계약이 해지(①에 해당하여 입주계약이 해지된 경우는 제외)된 후 2년이 지나지 아니한 자

7. 공장설립 등의 완료신고 등

① 자유무역지역에 입주하려는 자가 입주계약을 체결한 경우에는 「산업집적활성화 및 공장설립에 관한 법률」 제13조에 따른 공장의 신설·증설 또는 업종변경의 승인 및 같은 법 제20조에 따른 공장의 신설·증설·이전 또는 업종변경의 승인을 받은 것으로 본다.

② 입주계약을 체결한 자가 제조업종 외의 사업을 하기 위하여 입주계약을 체결한 바에 따라 시설을 설치한 경우에는 기준건축면적률에 적합하도록 요건을 갖추어 대통령령으로 정하는 바에 따라 관리권자에게 미리 사업개시의 신고를 하여야 한다. 변경계약을 체결한 자의 경우에도 또한 같다.

③ 사업개시의 신고를 하려는 자는 시설을 설치한 날부터 2개월 내에 사업개시 신고서에 사업계획서에 따른 시설의 구입 증명서류 등 사업의 개시를 증명할 수 있는 서류를 첨부하여 관리권자에게 제출하여야 한다.

④ 관리권자는 사업개시 신고서를 받은 경우 시설이 사업계획서와 맞으면 관리대장에 이를 적고 사업개시 신고서를 받은 날부터 3일 이내에 해당 신고인에게 확인서를 발급하여야 한다.

8. 입주계약의 해지 등 24 기출 20 기출

① 관리권자는 입주기업체 또는 지원업체가 부정한 방법으로 입주계약을 체결한 경우에는 입주계약을 해지하여야 한다.

② 관리권자는 입주기업체 등이 다음의 어느 하나에 해당하는 경우에는 입주계약을 해지할 수 있다. 다만, 아래 ㉠ 및 ㉢의 경우 관리권자가 시정을 명한 후 산업통상자원부령으로 정하는 기간(1년) 이내에 입주기업체 등이 이를 이행하는 때에는 그러하지 아니하다.

> ㉠ 입주 자격을 상실한 경우
> ㉡ 입주계약을 체결한 사업 외의 사업을 한 경우
> ㉢ 입주계약을 체결할 때 부여된 조건을 이행하지 아니한 경우
> ㉣ 결격사유에 해당하게 된 경우
> ㉤ 폐업한 경우

③ 입주계약이 해지된 자는 그 해지 당시의 수출 또는 수입 계약에 대한 이행업무 및 산업통상자원부령으로 정하는 잔무 처리업무(남은 물품의 재고조사 및 처분)를 제외하고는 그 사업을 즉시 중지하여야 한다.

④ 입주계약이 해지된 자는 외국물품, 자유무역지역 안으로 반입신고를 한 제29조 제1항 제2호·제3호의 물품, 「수출용 원재료에 대한 관세 등 환급에 관한 특례법」 제4조 제3호에 따라 관세영역에서 자유무역지역 안으로 공급한 물품의 종류 및 수량 등을 고려하여 6개월의 범위에서 그 자유무역지역을 관할하는 세관장이 정하는 기간 이내에 잔여 외국물품 등을 자유무역지역 밖으로 반출하거나 다른 입주기업체에 양도하여야 한다.

> **자유무역지역의 지정 및 운영에 관한 법률 법 제29조(물품의 반입 또는 수입) 제1항**
>
> 2. 입주기업체가 자유무역지역에서 사용 또는 소비하려는 내국물품 중 제45조 제1항 및 제2항의 적용을 받으려는 물품으로서 다음 각 목의 어느 하나에 해당하는 물품
>
>   가. 기계, 기구, 설비 및 장비와 그 부분품
>
>   나. 원재료, 윤활유, 사무용컴퓨터 및 건축자재
>
>   다. 그 밖에 사업목적을 달성하는 데에 필요하다고 인정하여 관세청장이 정하는 물품
>
> 3. 「부가가치세법」 제52조 제1항 제1호에 해당하는 자(이하 "비거주자 등"이라 한다)가 국외반출을 목적으로 자유무역지역에 보관하려는 내국물품 중 제45조 제2항의 적용을 받으려는 물품으로서 다음 각 목의 요건을 모두 갖춘 물품
>
>   가. 국내사업자와 직접 계약에 따라 공급받을 것
>
>   나. 대금은 외국환은행을 통하여 원화로 지급할 것
>
>   다. 비거주자 등이 지정하는 입주기업체에게 인도할 것

⑤ 입주계약이 해지된 자는 자유무역지역에 소유하는 토지나 공장·건축물 또는 그 밖의 시설을 대통령령으로 정하는 바에 따라 다른 입주기업체나 입주 자격이 있는 제3자에게 양도하여야 한다.

⑥ 다음의 어느 하나에 해당하는 경우 해당 토지 또는 공장 등을 처분하여야 한다.

> - 양도되지 아니한 토지 또는 공장 등을 처분하는 경우
> - 공장설립 등의 완료신고 전에 입주계약이 해지된 경우
> - 사업개시의 신고 전에 입주계약이 해지된 경우

⑦ 입주계약이 해지된 자(입주계약해지자)가 자유무역지역 안에 소유하는 토지나 공장·건축물 또는 그 밖의 시설을 처분하려면 처분계획서에 서류를 첨부하여 관리권자에게 제출하여야 한다.

⑧ 입주계약해지자는 그 입주계약이 해지된 날부터 6개월 이내에 토지 또는 공장 등을 입주 자격이 있는 자에게 처분하여야 한다. 다만, 토지 또는 공장 등에 대하여 경매나 그 밖에 법률에 따른 절차가 진행 중인 경우에는 그 절차의 진행기간을 산입하지 아니한다.

⑨ 입주계약해지자는 입주계약이 해지된 날부터 6개월 이내에 토지 또는 공장 등을 처분하지 못한 경우에는 처분신청서에 서류를 첨부하여 관리권자에게 제출하여야 한다.

⑩ 처분신청서를 받은 관리권자는 인터넷 홈페이지에 게시하는 등 효과적인 방법으로 그 매각에 관한 사항을 공고하여 양수인을 선정하여야 한다.

⑪ 양도인은 관리권자로부터 양수인을 추천받으면 지체 없이 양도에 관한 협상을 시작하여 그 추천을 받은 날부터 6개월 이내에 매매계약을 체결하여야 한다.

⑫ 토지 또는 공장 등을 양도받은 자는 그 양도받은 날부터 3개월 이내에 입주계약 또는 변경계약을 체결하여야 한다.

9. 입주계약 체결 등의 통보

① 관리권자는 입주계약(변경계약을 포함)을 체결하거나 입주계약을 해지한 경우에는 대통령령으로 정하는 바에 따라 세관장에게 통보하여야 한다.

② 관리권자는 입주계약(변경계약을 포함) 또는 입주계약 해지에 관한 사항을 그 자유무역지역을 관할하는 세관장에게 통보하는 경우에는 입주계약 또는 입주계약 해지 사실을 확인할 수 있는 서류의 사본을 첨부하여야 한다.

③ 통보를 받은 세관장은 세관의 물품관리를 위하여 필요하다고 인정되면 관리권자가 입주업체로부터 제출받은 서류의 범위에서 관리권자에게 자료의 제출을 요청할 수 있다.

04 자유무역지역의 통제 및 관리 등

1. 통제시설의 설치 등 21기출 20기출

① 관리권자는 관세청장과 협의를 거쳐 자유무역지역에 통제시설을 설치하고, 그 운영시기를 공고하여야 한다.
② 관리권자는 통제시설을 유지·관리하여야 한다.
③ 관세청장은 통제시설의 보수 또는 확충이 필요하다고 인정할 때에는 관리권자에게 통제시설의 보수 또는 확충을 요청할 수 있다. 이 경우 관리권자는 특별한 사유가 없으면 그 요청에 따라야 한다.
④ 관리권자는 자유무역지역을 출입하는 사람 및 자동차에 대한 기록을 산업통상자원부령으로 정하는 방법으로 관리하여야 하며, 세관장이 출입기록을 요청하는 경우 특별한 사유가 없으면 이에 따라야 한다.
⑤ 관리권자는 개인정보보호법 제2조 제7호에 따른 영상정보처리기기를 이용하여 자유무역지역을 출입하는 사람 및 자동차에 대한 기록을 90일 동안 관리하여야 한다.

2. 공동시설의 유지비

① 관리권자는 자유무역지역 안의 공동시설 중 산업통상자원부령으로 정하는 시설의 관리·운영에 필요한 비용(유지비)을 입주기업체 등으로부터 받을 수 있다.

> 산업통상자원부령으로 정하는 시설의 관리·운영에 필요한 비용(유지비)은 다음 각 호의 시설을 관리·운영하는 데 필요한 비용을 말한다.
> - 도로·가로등·울타리·체육시설·운동장 및 기숙사
> - 그 밖에 산업통상자원부장관이 정하여 고시하는 시설

② 유지비의 부담에 관한 기준·방법과 그 밖에 필요한 사항은 대통령령으로 정한다.
③ 공동시설의 유지비는 각 입주기업체가 해당 공동시설을 이용하여 얻는 수익의 정도에 따라 산정한 금액으로 한다. 다만, 입주기업체별로 수익의 정도를 산출하기 곤란한 경우에는 그 비용 전체에 대하여 입주기업체의 건물년석·대시년적 또는 종업원의 수를 종합적으로 고려하여 관리권자가 고시하는 기준에 따라 산출한 금액으로 할 수 있다.
④ 유지비는 매월 부과한다. 다만, 관리권자가 필요하다고 인정할 때에는 분기별로 부과할 수 있다.

3. 자유무역지역 운영지침 등

① 산업통상자원부장관은 대통령령으로 정하는 바에 따라 자유무역지역 운영지침을 수립하여 관보에 고시하여야 한다. 이를 변경하는 경우에도 또한 같다.
② 관리권자는 자유무역지역을 효율적으로 관리하기 위하여 필요한 경우에는 입주관리 요령을 공고할 수 있다. 이를 변경하는 경우에도 또한 같다.
③ 공고하려는 입주관리 요령이 지방자치단체가 소유하는 토지 또는 공장 등과 관계되는 경우 관리권자는 해당 지방자치단체의 장과 협의하여야 한다.
④ 자유무역지역의 지정을 요청하려는 자는 자유무역지역 기본계획과 관계 중앙행정기관의 장 및 관계 특별시장·광역시장·특별자치시장·도지사 또는 특별자치도지사와의 협의 결과를 산업통상자원부장관에게 제출하여야 한다. 다만, 이미 개발이 완료되었거나 개발이 진행 중인 지역에 대하여 지정을 요청하는 경우에는 자유무역지역 운영지침에서 정하는 사항을 생략할 수 있다.

⑤ 자유무역지역 기본계획에는 다음의 사항이 포함되어야 한다.

- 자유무역지역의 명칭·위치·경계 및 면적과 위치도
- 개발사업의 시행자와 개발 기간 및 방법
- 자유무역지역의 운영 목표 및 방향, 입주대상 업종, 입주 우선순위, 입주업체 선정기준, 입주업체의 유치계획 및 배치계획(도면을 포함) 등이 포함된 입주관리계획
- 토지이용계획, 주요 지원시설 배치계획(도면을 포함) 및 도로·항만·용수공급시설 등의 기반시설계획
- 지정에 따른 추정 소요비용 및 재원조달계획
- 외국인투자·무역·국제물류·지역개발 및 고용증진의 전망 등 자유무역지역의 지정에 따른 경제적 효과의 분석
- 해당 지역에 있는 시설의 현황과 화물처리능력
- 수용하거나 사용할 토지, 건축물, 그 밖의 물건 및 권리가 있는 경우에는 그 세목
- 해당 지역에 있는 기존 입주업체의 현황과 기존 입주업체에 대한 대책
- 「환경영향평가법」에 따른 환경영향평가 또는 관련 검토자료
- 출입구, 울타리 등 통제시설의 설치계획
- 관리권자로부터 관리권을 위임·위탁받는 자가 둘 이상일 경우 위임·위탁받은 자의 관할 범위와 통제시설의 설치 등에 관한 비용부담방법

05 물품의 반입·반출 등

1. 물품의 반입 또는 수입 23 기출 21 기출 19 기출

① 다음의 어느 하나에 해당하는 물품을 자유무역지역 안으로 반입하려는 자는 관세청장이 정하는 바에 따라 세관장에게 반입신고를 하여야 한다.

㉠ 외국물품. 다만, 「관세법」 제241조에 따른 수출신고가 수리된 물품으로서 관세청장이 정하는 아래 ⓐ, ⓑ의 자료를 제출하는 물품은 제외한다.

ⓐ 국외에서 반입되는 물품으로서 이를 적재한 선박·항공기 그 밖의 운송수단에서 다른 선박·항공기 그 밖의 운송수단으로 이적하는 화물인 경우에는 입항 적재화물목록
ⓑ 수출신고가 수리된 물품인 경우에는 수출신고필증

㉡ 입주기업체가 자유무역지역에서 사용 또는 소비하려는 내국물품 중 관세 등의 면제 및 환급을 받거나 부가가치세 영세율을 적용받으려는 물품으로서 다음의 어느 하나에 해당하는 물품

- 기계, 기구, 설비 및 장비와 그 부분품
- 원재료, 윤활유, 사무용컴퓨터 및 건축자재
- 그 밖에 사업목적을 달성하는 데에 필요하다고 인정하여 관세청장이 정하는 물품

㉢ 「부가가치세법」 제52조 제1항 제1호에 해당하는 자(비거주자 등)가 국외반출을 목적으로 자유무역지역에 보관하려는 내국물품 중 부가가치세 영세율의 적용을 받으려는 물품으로서 다음의 요건을 모두 갖춘 물품

- 국내사업자와 직접 계약에 따라 공급받을 것
- 대금은 외국환은행을 통하여 원화로 지급할 것
- 비거주자 등이 지정하는 입주기업체에게 인도할 것

② 세관장은 반입신고를 하지 아니하고 자유무역지역 안으로 반입된 내국물품에 대하여 그 물품을 반입한 자가 신청한 경우에는 내국물품 확인서를 발급할 수 있다. 이 경우 내국물품 확인서의 발급절차와 그 밖에 필요한 사항은 관세청장이 정하여 고시한다.

③ 다음의 어느 하나에 해당하는 경우 그 반입을 하려는 자는 「관세법」 제241조에 따른 수입 신고를 하고 관세 등을 내야 한다.

> ㉠ 입주기업체 외의 자가 외국물품을 자유무역지역 안으로 반입하려는 경우
> ㉡ 아래 법 제10조 제1항 제1호부터 제3호까지 및 같은 조 제2항에 따른 입주 자격을 갖춘 입주기업체가 자유무역지역에서 사용 또는 소비하기 위하여 외국물품을 자유무역지역 안으로 반입하려는 경우. 다만, 다음의 어느 하나에 해당하는 외국물품을 반입하는 경우는 제외한다.
>   ⓐ 기계, 기구, 설비 및 장비와 그 부분품
>   ⓑ 원재료(입주기업체가 수입신고하려는 원재료는 제외), 윤활유, 사무용컴퓨터 및 건축자재
>   ⓒ 그 밖에 사업목적을 달성하는 데에 필요하다고 인정하여 관세청장이 정하는 물품
> ㉢ 아래 법 제10조 제1항 제4호 및 제5호에 따른 입주 자격을 갖춘 입주기업체가 자유무역지역에서 자기가 직접 사용 또는 소비하기 위하여 외국물품(위 ㉡-ⓐ~ⓒ 해당하는 물품 중 해당 사업목적을 달성하는 데에 필요한 물품은 제외)을 자유무역지역 안으로 반입하려는 경우

자유무역지역의 지정 및 운영에 관한 법률 제10조(입주 자격) 제1항

자유무역지역에 입주할 수 있는 자는 다음 각 호의 어느 하나에 해당하는 자로 한다.

1. 수출을 주목적으로 하는 제조업종의 사업을 하려는 자로서 수출 비중 등이 대통령령으로 정하는 기준을 충족하는 자. 이 경우 「수출용 원재료에 대한 관세 등 환급에 관한 특례법」 제3조에 따른 수출용원재료의 공급을 주목적으로 하는 제조업종의 사업을 하려는 자로서 해당 공급을 수출로 보아 그 수출 비중 등이 대통령령으로 정하는 기준을 충족하는 자를 포함한다.
1의2. 수출을 주목적으로 하려는 국내복귀기업(「해외진출기업의 국내복귀 지원에 관한 법률」 제7조에 따라 지원 대상 국내복귀기업으로 선정된 기업을 말한다)으로서 복귀 이전 총매출액 대비 대한민국으로의 수출액을 제외한 매출액의 비중 등이 대통령령으로 정하는 기준을 충족하는 자
2. 제조업종 또는 지식서비스산업에 해당하는 업종(제4호부터 제6호까지의 규정에 해당하는 업종은 제외한다)의 사업을 하려는 외국인투자기업으로서 외국인투자비중 및 수출비중 등이 대통령령으로 정하는 기준을 충족하는 자. 다만, 국내 산업구조의 고도화와 국제경쟁력 강화를 위하여 대통령령으로 정하는 업종에 해당하는 외국인투자기업에 대하여는 수출비중을 적용하지 아니한다.
3. 지식서비스산업에 해당하는 업종(제4호부터 제6호까지의 규정에 해당하는 업종은 제외한다)의 사업을 하려는 자로서 수출비중 등이 대통령령으로 정하는 기준을 충족하는 자
4. 수출입거래를 주목적으로 하는 도매업종의 사업을 하려는 자로서 수출입거래 비중 등이 대통령령으로 정하는 기준을 충족하는 자
5. 물품의 하역·운송·보관·전시 또는 그 밖에 대통령령으로 정하는 사업을 하려는 자
6. 입주기업체의 사업을 지원하는 업종으로서 대통령령으로 정하는 업종의 사업을 하려는 자
7. 대통령령으로 정하는 공공기관
8. 국가기관

④ 다음의 어느 하나에 해당하는 경우 그 반출을 하려는 자는 수입신고를 하고 관세 등을 내야 한다.

- 자유무역지역에서 외국물품등의 전부 또는 일부를 원재료로 하여 제조·가공·조립·보수 등의 과정을 거친 후 그 물품을 관세영역으로 반출하려는 경우
- 외국물품 등을 자유무역지역에서 그대로 관세영역으로 반출하려는 경우

⑤ ⓒ-ⓒ의 내국물품[「부가가치세법」 제52조 제1항 제1호에 해당하는 자(비거주자 등)가 국외반출을 목적으로 자유무역지역에 보관하려는 내국물품]은 자유무역지역에서 관세영역으로 반출해서는 아니 된다.
⑥ 전량 국외반출을 조건으로 반입한 원재료 및 원재료를 제조·가공한 물품은 자유무역지역에서 관세영역으로 반출해서는 아니 된다.

2. 사용·소비 신고 등 18 기출

입주기업체가 자유무역지역에 반입된 외국물품 중 제29조 제4항 제2호 각 목에 해당하는 물품 등 대통령령으로 정하는 물품을 자유무역지역에서 사용 또는 소비하려는 경우에는 그 사용 또는 소비 전에 세관장에게 사용·소비 신고를 하여야 한다. 이 경우 세관공무원은 물품을 검사할 수 있다.

> **자유무역지역의 지정 및 운영에 관한 법률 제29조(물품의 반입 또는 수입) 제4항**
> 제1항에도 불구하고 다음 각 호의 어느 하나에 해당하는 경우 그 반입을 하려는 자는 「관세법」 제241조에 따른 수입신고(이하 "수입신고"라 한다)를 하고 관세 등을 내야 한다.
> 1. 입주기업체 외의 자가 외국물품을 자유무역지역 안으로 반입하려는 경우
> 2. 제10조 제1항 제1호부터 제3호까지 및 같은 조 제2항에 따른 입주 자격을 갖춘 입주기업체가 자유무역지역에서 사용 또는 소비하기 위하여 외국물품을 자유무역지역 안으로 반입하려는 경우. 다만, 다음 각 목의 어느 하나에 해당하는 외국물품을 반입하는 경우는 제외한다.
>   가. 기계, 기구, 설비 및 장비와 그 부분품
>   나. 원재료(입주기업체가 수입신고하려는 원재료는 제외한다), 윤활유, 사무용컴퓨터 및 건축자재
>   다. 그 밖에 사업목적을 달성하는 데에 필요하다고 인정하여 관세청장이 정하는 물품

3. 국외로의 반출 및 수출 18 기출

① 외국물품 등을 자유무역지역에서 국외로 반출(국제무역선 또는 국제무역기에 대한 공급을 포함)하려는 자는 대통령령으로 정하는 바에 따라 세관장에게 신고하여야 한다. 다만, 법 제29조 제1항 제1호에 해당하는 물품으로서 관세청장이 정하는 출항 적재화물목록을 제출하는 물품에 대하여는 그러하지 아니하다. 24 기출

> **자유무역지역의 지정 및 운영에 관한 법률 제29조(물품의 반입 또는 수입) 제1항**
> 다음 각 호의 어느 하나에 해당하는 물품을 자유무역지역 안으로 반입하려는 자는 관세청장이 정하는 바에 따라 세관장에게 반입신고를 하여야 한다.
> 1. 외국물품. 다만, 「관세법」 제241조에 따른 수출신고가 수리된 물품으로서 관세청장이 정하는 자료를 제출하는 물품은 제외한다.

② 외국물품 등이 아닌 물품을 자유무역지역에서 국외로 반출하려는 자는 수출신고를 하여야 한다.
③ 물품 반출신고를 하려는 자는 다음의 사항이 포함된 국외반출신고서를 세관장에게 제출하여야 한다.

- 물품의 품명·규격·수량·가격 및 품목분류번호
- 포장의 종류·번호 및 개수
- 목적지·원산지 및 선적지
- 사업자등록번호 및 통관고유부호
- 국제 무역선 또는 무역기에서 사용되는 용품을 공급하는 경우에는 해당 선박 또는 항공기의 종류, 명칭 또는 등록기호, 국적, 선박의 순톤수 또는 항공기의 무게, 항행 예정일수, 여객 및 승무원의 수 등 해당 선박 또는 항공기의 항행에 필요한 적정 용품의 수량을 파악하는 데 근거가 되는 자료

4. 내국물품의 반출 확인 21 기출 20 기출

① 외국물품 등이 아닌 내국물품을 자유무역지역에서 관세영역으로 반출하려는 자는 내국물품 확인서, 세금계산서 등 내국물품으로 반입된 사실을 증명하는 서류를 세관장에게 제출하여야 한다. 다만, 아래의 **출입 차량, 출입자의 휴대품 등 대통령령으로 정하는 물품**에 대하여는 그러하지 아니하다.

> - 출입차량
> - 출입자의 휴대품
> - 그 밖에 자유무역지역에서 사용하거나 소비하려는 소비재 또는 소모품으로서 관세청장이 정하여 고시하는 물품. 관세청장이 정하여 고시하는 물품이라 함은 다음의 어느 하나에 해당하는 물품을 말한다.
>   - 법 제29조 제1항 제2호 각 목의 어느 하나에 해당하지 아니하는 물품으로서 자유무역지역에서 사용 또는 소비하기 위하여 반입된 사무용 소모품, 음식료품, 담배, 유류(전기·가스를 포함) 및 후생복리용 소모품 등으로 관세영역으로부터 반입되었음이 확인된 물품
>   - 세관장이 타당하다고 인정하는 직업에 필요한 용구로서 출입자가 휴대하여 반입하는 물품
>   - 출입자가 상시 휴대하여 사용하는 개인용 물품으로서 기호품, 신변장식용품, 취미용품 그 밖에 세관장이 타당하다고 인정하는 물품

② 내국물품을 반출하려는 자는 관세청장이 정하는 내국물품 반출목록신고서를 세관장에게 제출하는 것으로 내국물품 반입증명서류의 제출을 갈음할 수 있다. 다만, 세관장이 내국물품 반입증명서류의 제출을 요구하는 경우에는 이에 따라야 한다.

③ 내국물품을 반출하려는 자는 같은 항에 따른 내국물품 반출목록신고서를 제출한 날부터 **5년 이내의 범위에서 대통령령으로 정하는 기간(2년)** 동안 내국물품 반입증명서류를 보관하여야 한다.

5. 수출입승인에 대한 특례 등

① 「대외무역법」 제11조에 따라 수입 또는 수출이 제한된 물품(같은 법 제46조에 따라 조정명령을 받은 물품은 제외)을 자유무역지역 안으로 반입하거나 자유무역지역으로부터 외국으로 반출하려는 자는 산업통상자원부장관(아래 법 제5조 제1호 '나목부터 '라'목까지의 규정에 해당하는 지역의 경우는 세관장으로 한다)의 승인을 받아야 한다. 이 경우 산업통상자원부장관의 승인은 「대외무역법」에 따른 승인으로 본다.

> **법 제5조(자유무역지역의 지정 요건)**
> 자유무역지역은 다음 각 호의 요건을 모두 갖춘 지역에 대하여 지정한다.
> 1. 다음 각 목의 어느 하나에 해당하는 지역으로서 화물 처리능력 등 대통령령으로 정하는 기준에 적합할 것
>   가. 「산업입지 및 개발에 관한 법률」 제2조 제8호에 따른 산업단지
>   나. 「공항시설법」 제2조 제3호에 따른 공항 및 배후지(背後地)
>   다. 「물류시설의 개발 및 운영에 관한 법률」 제2조 제2호 및 제6호에 따른 물류터미널 및 물류단지
>   라. 「항만법」 제2조 제1호에 따른 항만 및 배후지

② 「대외무역법」 제12조에 따라 통합하여 공고되는 수출·수입요령에 해당되는 품목의 물품은 관계 행정기관이 정하여 고시하는 수출·수입요령에도 불구하고 자유무역지역 안으로 반입하거나 자유무역지역으로부터 외국으로 반출할 수 있다. 다만, 마약, 총기, 부패한 식품 등 해당 통합 공고에서 따로 정하는 수입제한 품목에 해당하는 물품은 그러하지 아니하다.

③ 「대외무역법」 제11조에 따라 수입 또는 수출이 제한된 물품을 관세영역으로 반출하려면 산업통상자원부장관의 승인을 받아야 한다. 이 경우 산업통상자원부장관의 승인은 「대외무역법」에 따른 승인으로 본다.

④ 「대외무역법」 제12조에 따라 통합하여 공고되는 수출·수입요령에 해당되는 품목의 물품을 관세영역으로 반출할 때에는 「대외무역법」 제12조에 따른 통합 공고에서 정한 수출·수입요령에 따른다.

⑤ 산업통상자원부장관 또는 세관장의 수출입승인을 받으려는 자는 수출입승인 신청서를 산업통상자원부장관 또는 세관장에게 제출하여야 한다.
⑥ 산업통상자원부장관 또는 세관장이 수입 또는 수출이 제한된 물품의 반입 또는 반출을 승인하는 경우에는 「대외무역법」에 따른 수출입승인기관과 미리 협의하여야 한다.
⑦ 수출입승인의 유효기간은 1년으로 한다. 다만, 산업통상자원부장관 또는 세관장은 국내의 물가안정, 수요·공급 조정, 물품 등의 인도조건, 그 밖에 거래 특성에 따라 필요하다고 인정하는 경우에는 유효기간을 달리 정할 수 있다.

6. 외국물품 등의 일시 반출

① 입주기업체는 자유무역지역 안에 반입된 외국물품 등을 물품의 수리(修理), 견본품의 전시, 시험검사 등의 목적으로 관세영역으로 일시 반출하려는 경우에는 반출 허용기간 등 대통령령으로 정하는 바에 따라 세관장의 허가를 받아야 한다.
② 외국물품 등을 일시 반출하거나 반입하기 위하여 세관장의 허가를 받으려는 자는 일시 반출·반입허가 신청서를 세관장에게 제출하여야 한다.
③ 물품의 일시 반출·반입 기간은 6개월 이내로 한다. 다만, 물품의 전시·홍보 등 부득이한 사유로 그 기간을 연장하려는 자는 기간이 끝나기 전에 세관장에게 기간의 연장을 신청하여야 한다.

7. 역외작업 `19 기출`

① 입주기업체는 외국물품 등(외국으로부터 직접 반출장소에 반입하려는 물품을 포함)을 가공 또는 보수하기 위하여 관세영역으로 반출하려는 경우에는 그 가공 또는 보수 작업(역외작업)의 범위, 반출기간, 대상물품, 반출장소를 정하여 세관장에게 신고하여야 한다. 다만, 법 제10조의2 단서에 따른 입주기업체(원재료 및 원재료를 제조·가공한 물품을 전량 국외로 반출하는 경우)는 역외작업을 할 수 없다.
② 역외작업을 신고하려는 자는 다음의 사항이 포함된 역외작업 신고서를 세관장에게 제출하여야 한다.

- 역외작업 전후 물품의 품명, 규격, 수량 및 중량
- 작업의 종류, 기간, 장소 및 작업 사유

③ 역외작업의 범위는 해당 입주기업체가 전년도에 원자재를 가공하여 수출(「대외무역법 시행령」 제2조 제3호에 따른 수출)한 금액의 100분의 60 이내로 한다. 다만, 전년도 수출실적이 없거나 수출실적이 크게 증가되는 등의 사유로 전년도에 수출한 금액을 적용하는 것이 적합하지 아니하다고 인정되는 경우 역외작업의 범위는 다음과 같다.

- 해당 연도에 사업을 시작하여 전년도 수출실적이 없는 경우
  → 사업을 시작한 날부터 반출신고한 날까지의 기간 중 수출실적이 가장 많은 달의 수출실적금액을 연간으로 환산한 금액의 100분의 60 이내. 다만, 사업개시 이후 최초로 수출주문을 받은 경우에는 해당 수출주문량의 금액을 월평균 수출실적으로 보아 연간으로 환산한 금액의 100분의 60 이내로 한다.
- 반출신고한 달의 수출주문량의 금액이 전년도 월평균 수출액보다 100분의 150 이상 증가한 경우
  → 반출신고한 달의 수출주문량의 금액을 월평균 수출실적으로 보아 연간으로 환산한 금액의 100분의 60 이내
- 전년도에 천재지변 등 불가피한 사유로 수출실적이 100분의 50 이하로 감소한 경우
  → 해당 사유가 발생한 직전 달부터 과거 1년간 수출한 금액의 100분의 60 이내

④ 역외작업의 반출기간은 다음과 같다.

- 원자재 → 1년 이내
- 시설재 → 같은 품목에 대하여 입주기업체와 역외작업 수탁업체 간에 체결된 계약기간의 범위로 하되, 그 기간은 3년을 초과할 수 없다. 다만, 세관장은 역외작업이 계약기간 내에 끝나지 아니하는 등 부득이한 사유로 반출기간을 연장할 필요가 있다고 인정할 때에는 3년의 범위에서 그 기간을 연장할 수 있다.

⑤ 역외작업의 대상물품은 원자재 또는 원자재의 제조·가공에 전용되는 시설재(금형을 포함)만 해당한다.

⑥ 역외작업의 반출장소는 역외작업 수탁업체의 공장 또는 그에 부속된 가공장소로 한다.

⑦ 세관장은 신고가 이 법에 적합하게 이루어졌을 때에는 이를 지체 없이 수리하여야 한다. `24 기출`

⑧ 역외작업의 범위, 반출기간, 대상물품 등에 관한 사항은 대통령령으로 정한다. `24 기출`

8. 역외작업 물품의 반출신고 등 `24 기출`

① 입주기업체가 역외작업에 의하여 가공 또는 보수된 물품을 반출장소에서 반출장소 외의 관세영역으로 반출하려는 경우에는 법 제29조 제5항을 준용한다.

> **법 제29조(물품의 반입 또는 수입) 제5항**
>
> 다음 각 호의 어느 하나에 해당하는 경우 그 반출을 하려는 자는 수입신고를 하고 관세 등을 내야 한다.
>
> 1. 자유무역지역에서 외국물품 등의 전부 또는 일부를 원재료로 하여 제조·가공·조립·보수 등의 과정을 거친 후 그 물품을 관세영역으로 반출하려는 경우
> 2. 외국물품 등을 자유무역지역에서 그대로 관세영역으로 반출하려는 경우

② 입주기업체가 역외작업에 의하여 가공 또는 보수된 물품을 반출장소에서 국외로 직접 반출하려는 경우에는 법 제30조 제1항 및 제3항을 준용한다.

> **법 제30조(국외로의 반출 및 수출)**
>
> ① 외국물품 등을 자유무역지역에서 국외로 반출(국제 무역선 또는 국세 무역기에 대한 공급을 포함한다. 이하 같다)하려는 자는 대통령령으로 정하는 바에 따라 세관장에게 신고하여야 한다. 다만, 제29조 제1항 제1호 각 목의 어느 하나에 해당하는 물품으로서 관세청장이 정하는 자료를 제출하는 물품에 대하여는 그러하지 아니하다.
>
> ③ 제1항에 따른 국외 반출신고에 관하여는 「관세법」 제226조, 제241조 제2항, 제242조, 제245조, 제246조 제1항·제2항, 제247조 제1항 단서, 제249조, 제250조 제1항 본문·제2항·제3항 및 제251조를 준용한다. 이 경우 「관세법」 제226조 제1항 중 "수출입"은 "국외 반출"로, 같은 조 제2항 중 "수출입물품"은 "국외 반출물품"으로, 같은 법 제242조 단서 및 제251조 제1항·제2항 중 "수출신고"는 "국외 반출신고"로, 같은 법 제242조 단서 중 "수출물품"은 "국외 반출물품"으로, 같은 법 제245조 제1항·제2항, 제246조 제1항, 제247조 제1항 단서, 제249조 및 제250조 제2항·제3항 중 "수출"은 "국외 반출"로 본다.

③ 입주기업체가 역외작업의 공정에서 발생한 폐품을 처분하려는 경우에는 세관장에게 신고하여야 한다.

9. 보세운송

① 외국물품 등은 자유무역지역과 다른 자유무역지역 또는 「관세법」 제213조 제1항 각 호의 보세운송 장소 간에 한정하여 보세운송할 수 있다.

> **관세법 제213조(보세운송의 신고)**
>
> ① 외국물품은 다음 각 호의 장소 간에 한정하여 외국물품 그대로 운송할 수 있다. 다만, 제248조에 따라 수출신고가 수리된 물품은 해당 물품이 장치된 장소에서 다음 각 호의 장소로 운송할 수 있다.
>
> 1. 국제항
> 2. 보세구역
> 3. 제156조에 따라 허가된 장소
> 4. 세관관서
> 5. 통관역

       6. 통관장

       7. 통관우체국

  ② 제1항에 따라 보세운송을 하려는 자는 관세청장이 정하는 바에 따라 세관장에게 보세운송의 신고를 하여야 한다. 다만, 물품의 감시 등을 위하여 필요하다고 인정하여 대통령령으로 정하는 경우에는 세관장의 승인을 받아야 한다.

  ③ 세관공무원은 감시·단속을 위하여 필요하다고 인정될 때에는 관세청장이 정하는 바에 따라 보세운송을 하려는 물품을 검사할 수 있다.

  ④ 수출신고가 수리된 물품은 관세청장이 따로 정하는 것을 제외하고는 보세운송절차를 생략한다.

  ⑤ 제2항과 제3항에 따른 보세운송의 신고·승인 및 검사에 대하여는 제247조와 제250조를 준용한다.

② 보세운송에 관하여는 「관세법」 제213조 제2항부터 제5항까지 및 제214조(보세운송의 신고인)부터 제220조(간이보세운송)까지의 규정을 준용한다. 이 경우 「관세법」 제213조 제5항에 따라 준용되는 같은 법 제247조 제2항의 "보세구역"은 "자유무역지역"으로 본다.

10. 물품의 반출 등 [22 기출] [19 기출]

① 자유무역지역으로 반입된 외국물품(수입신고가 수리된 물품을 포함)을 관세영역, 다른 자유무역지역 또는 동일 자유무역지역 내 다른 입주기업체로 반출하려는 자는 반출신고를 하여야 한다. 이 경우 반출신고에 관하여는 「관세법」 제157조를 준용한다.

> **관세법 제157조(물품의 반입·반출)**
> ① 보세구역에 물품을 반입하거나 반출하려는 자는 대통령령으로 정하는 바에 따라 세관장에게 신고하여야 한다.
> ② 제1항에 따라 보세구역에 물품을 반입하거나 반출하려는 경우에는 세관장은 세관공무원을 참여시킬 수 있으며, 세관공무원은 해당 물품을 검사할 수 있다.
> ③ 세관장은 보세구역에 반입할 수 있는 물품의 종류를 제한할 수 있다.

② 관세청장이 지정하는 지역에서 법 제10조 제1항 제5호에 해당하는 사업(물품의 하역·운송·보관·전시 또는 그 밖에 대통령령으로 정하는 사업)을 하는 자는 장치기간이 지난 물품이 화물의 원활한 반입·반출에 지장을 주는 경우에는 관세청장이 정하여 고시하는 바에 따라 해당 물품의 반출 또는 매각 등의 조치를 위하여 장치기간 경과물품에 대한 현황을 세관장에게 통보할 수 있다.

③ 입주기업체는 자유무역지역 중 공항 또는 항만으로서 관세청장이 지정하는 지역 외의 지역에 반입한 날부터 1년 이내의 범위에서 관세청장이 정하는 기간이 지난 외국물품이 다음의 어느 하나에 해당하는 경우에는 관세청장이 정하여 고시하는 바에 따라 세관장에게 그 외국물품의 매각을 요청할 수 있다.

> • 화주가 분명하지 아니한 경우
> • 화주가 부도 또는 파산한 경우
> • 화주의 주소·거소 등 그 소재를 알 수 없는 경우
> • 화주가 수취를 거절하는 경우
> • 화주가 거절의 의사표시 없이 수취하지 아니하는 경우

06 물품의 관리 등

1. 재고 기록 등

① 입주기업체는 다음의 물품에 대하여 관세청장이 정하여 고시하는 바에 따라 그 품명, 규격, 수량, 가격, 보수작업의 내용 등 재고관리에 필요한 사항을 기록·관리하여야 한다.

> ㉠ 자유무역지역 안으로 반입한 물품
> ㉡ 자유무역지역에서 사용·소비하거나 생산한 물품
> ㉢ 자유무역지역으로부터 반출한 물품
> ㉣ 외국물품 등을 폐기한 후에 남는 경제적 가치를 가진 물품

다만, 관세청장이 정하여 고시하는 금액 이하의 물품 등 대통령령으로 정하는 물품에 대하여는 그러하지 아니하다.

- 해당 물품의 가격이 관세청장이 정하여 고시하는 금액 이하인 물품
- 출입차량, 출입자의 휴대품, 그 밖에 자유무역지역에서 사용하거나 소비하려는 소비재 또는 소모품으로서 관세청장이 정하여 고시하는 물품 중 어느 하나에 해당하는 물품
- 내용연수가 지나 경제적 가치를 상실한 물품으로서 관세영역으로 반입할 때 「관세법」 제40조에 해당하는 물품

② 입주기업체는 위 ㉠부터 ㉣에 따른 물품이 입주기업체가 자유무역지역에서 사용 또는 소비하려는 내국물품에 해당하는 경우에는 그 물품에 대한 재고관리에 필요한 사항을 다른 물품과 구분하여 기록·관리하여야 한다.

③ 입주기업체는 외국물품 등을 멸실·분실한 경우 또는 폐기하려는 경우에는 대통령령으로 정하는 바에 따라 세관장에게 신고하여야 한다.

④ 외국물품 등의 멸실 또는 분실 신고를 하려는 자는 해당 외국물품 등의 품명, 규격, 수량, 가격, 화주의 성명, 멸실·분실의 사유 및 일시, 장치장소 등을 적은 신고서를 세관장에게 제출하여야 한다.

⑤ 외국물품 등을 폐기하려는 자는 미리 해당 외국물품 등의 품명, 규격, 수량, 가격, 화주의 성명, 폐기 사유·일시 및 방법 등을 적은 신고서를 세관장에게 제출하여야 한다.

⑥ 입주기업체는 기록한 자료를 대통령령으로 정하는 기간(5년) 동안 보존하여야 한다.

2. 입주기업체의 재고관리 상황의 조사 등

① 세관장은 재고관리의 이행 여부를 확인하기 위하여 소속 공무원으로 하여금 입주기업체에 대하여 조사를 하게 할 수 있다. 이 경우 조사를 하는 공무원은 그 권한을 표시하는 증표를 지니고 이를 관계인에게 보여 주어야 한다.

② 세관장은 입주기업체에 대하여 조사에 필요한 회계장부, 원재료 및 제품의 관리대장, 그 밖에 필요한 자료의 제출을 요구할 수 있다.

③ 입주기업체는 정당한 사유 없이 조사를 거부·방해 또는 기피하거나 자료제출을 거부하여서는 아니 된다.

④ 세관장은 조사를 한 결과 외국물품 등의 재고가 부족한 경우에는 대통령령으로 정하는 바에 따라 입주기업체로부터 그에 해당하는 관세 등을 지체 없이 징수하여야 한다. 재고가 부족한 외국물품 등에 관세 등을 부과하는 경우에는 다음의 어느 하나에 해당하는 날을 「관세법」 제16조 및 제17조에 따른 과세물건의 확정 및 법령 적용의 시기로 보아 관세 등을 부과한다.

- 외국물품이 반입된 상태에서 분실된 경우 : 해당 물품을 반입한 날
- 외국물품 등을 제조 또는 가공 등을 한 경우 : 제조 또는 가공 등을 한 날

다만, 분실신고를 한 외국물품 등이 자유무역지역에 있는 것이 확인되는 경우 또는 재해나 그 밖의 부득이한 사유로 물품이 멸실된 경우에는 그러하지 아니하다.
⑤ 관리권자는 자유무역지역의 효율적인 관리·운영을 위하여 필요한 경우에는 대통령령으로 정하는 바에 따라 관세청장에게 입주기업체의 물품 반입·반출실적에 대한 자료의 제공을 요청할 수 있다.
⑥ 관리권자는 관세청장에게 물품 반입·반출실적에 대한 자료의 제공을 요청하는 경우 제공대상자료의 사용목적 및 목록을 명시하여 서면 또는 전자문서로 요청하여야 한다.

3. 물품의 폐기 23 기출 22 기출 20 기출 18 기출

① 세관장은 자유무역지역에 있는 물품 중 다음의 어느 하나에 해당하는 물품에 대하여는 화주 및 반입자와 그 위임을 받은 자(화주 등)에게 국외 반출 또는 폐기를 명하거나 화주 등에게 미리 통보한 후 직접 이를 폐기할 수 있다.

> ㉠ 사람의 생명이나 재산에 해를 끼칠 우려가 있는 물품
> ㉡ 부패 또는 변질된 물품
> ㉢ 유효기간이 지난 물품
>   • 실용시효가 경과되었거나 상품가치를 상실한 물품
>   • 의약품 등으로서 유효기간이 만료되었거나 성분이 불분명한 경우
> ㉣ 위 ㉠부터 ㉢까지의 규정에 준하는 물품으로서 관세청장이 정하여 고시하는 물품
>   • 위조상품, 모조품, 그밖에 지식재산권 침해물품
>   • 품명미상의 물품으로서 반입 후 1년이 지난 물품
>   • 검사·검역기준 등에 부적합하여 검사·검역기관에서 폐기대상으로 결정된 물품

다만, 화주 등에게 통보할 시간적 여유가 없는 특별한 사정이 있을 때에는 그 물품을 폐기한 후 지체 없이 화주 등에게 통보하여야 한다.
② 물품의 폐기명령을 받은 화주 및 반입자와 그 위임을 받은 자가 그 물품을 폐기하려면 미리 그 품명·규격·수량 및 가격, 화주의 성명, 폐기 일시 및 방법을 세관장에게 통보하여야 하며, 그 물품을 폐기하였을 때에는 그 결과를 세관장에게 통보하여야 한다.
③ 세관장은 통보를 할 때에 화주 등의 주소 또는 거소를 알 수 없거나 그 밖의 부득이한 사유로 통보를 할 수 없는 경우에는 대통령령으로 정하는 바에 따라 공고로써 통보를 갈음할 수 있다.
④ 물품의 폐기를 공고하는 경우에는 관보에 게재하거나 세관 게시판에 14일 이상 게시하고, 그 내용을 인터넷 홈페이지에 게시하는 등 효과적인 방법으로 공고하여야 한다.
⑤ 화주 등이 물품을 국외로 반출하거나 폐기한 경우 또는 세관장이 폐기한 경우 그 비용은 화주 등이 부담한다.

4. 반입정지 등 22 기출 18 기출

① 세관장은 다음의 어느 하나에 해당하는 경우에는 대통령령으로 정하는 바에 따라 6개월의 범위에서 해당 입주기업체에 대하여 자유무역지역으로의 물품반입을 정지시킬 수 있다.

> ㉠ 수입신고 및 관세 등의 납부를 하지 아니하고 외국물품을 사용·소비하기 위하여 자유무역지역 안으로 반입한 경우
> ㉡ 수입신고 및 관세 등의 납부를 하지 아니하고 외국물품 등을 자유무역지역에서 관세영역으로 반출한 경우
> ㉢ 전량 국외반출을 조건으로 반입한 원재료 및 원재료를 제조·가공한 물품을 자유무역지역에서 관세영역으로 반출한 경우
> ㉣ 사용·소비 신고를 하지 아니하고 물품을 사용·소비한 경우
> ㉤ 국외 반출신고 시 법령에 따라 국외 반출에 필요한 허가·승인·추천·증명 또는 그 밖의 조건을 구비하지 아니하거나 부정한 방법으로 구비한 경우

ⓑ 역외작업 물품의 반출신고 및 관세 등의 납부의무를 위반한 경우

ⓐ 재고 기록 등의 의무를 위반한 경우

ⓞ 정당한 사유 없이 조사를 거부·방해 또는 기피하거나 자료제출을 거부한 경우

ⓧ 「관세법」 제269조, 제270조, 제270조의2, 제271조(제268조의2의 미수범과 제268조의2의 죄를 범할 목적으로 그 예비를 한 자는 제외한다) 및 제274조에 따른 위반사유에 해당하는 경우

② 반입정지 기간

물품반입을 정지하는 기간은 다음과 같다.

- ①의 ㉠, ㉡, ⓑ의 경우

  - 물품원가(운임 및 보험료를 포함한 가격)가 5억 원 미만인 경우 : 7일 이상 30일 이하
  - 물품원가가 5억 원 이상 10억 원 미만인 경우 : 31일 이상 60일 이하
  - 물품원가가 10억 원 이상 40억 원 미만인 경우 : 61일 이상 90일 이하
  - 물품원가가 40억 원 이상 60억 원 미만인 경우 : 91일 이상 120일 이하
  - 물품원가가 60억 원 이상 80억 원 미만인 경우 : 121일 이상 150일 이하
  - 물품원가가 80억 원 이상 100억 원 미만인 경우 : 151일 이상 180일 이하
  - 물품원가가 100억 원 이상인 경우 : 180일

- ①-㉢의 경우 → 61일 이상 90일 이하
- ①-ⓐ, ⓞ의 경우 → 7일 이상 30일 이하
- ①-ⓧ의 경우 → 180일

③ 세관장은 물품반입의 정지처분이 그 이용자에게 심한 불편을 주거나 공익을 해칠 우려가 있는 경우에는 입주기업체에 대하여 물품반입의 정지처분을 갈음하여 해당 입주기업체 운영에 따른 매출액의 100분의 3 이하의 과징금을 부과할 수 있다. 이 경우 매출액 산정, 과징금의 금액, 과징금의 납부기한 등에 관하여 필요한 사항은 대통령령으로 정한다. 24 기출

④ 부과하는 과징금의 금액은 아래 ㉠의 기간에 ㉡의 금액을 곱하여 산정한다.

㉠ 기간 → 세관장이 결정한 물품반입의 정지 일수

㉡ 1일당 과징금 금액 → 해당 자유무역지역의 사업에 따른 연간 매출액의 6천분의 1에 상당하는 금액 24 기출

⑤ 해당 자유무역지역의 사업에 따른 연간 매출액은 다음의 구분에 따라 산정한다.

- 입주기업체가 물품반입정지의 처분사유가 발생한 날이 속하는 사업연도 개시일 이전에 자유무역지역의 사업을 시작한 경우
  → 직전 3개 사업연도의 연평균 매출액(자유무역지역의 사업을 시작한 날부터 직전 사업연도 종료일까지의 기간이 3년 미만인 경우에는 그 사업 시작일부터 직전 사업연도 종료일까지의 매출액을 연평균 매출액으로 환산한 금액)
- 입주기업체가 물품반입정지의 처분사유가 발생한 날이 속하는 사업연도에 자유무역지역의 사업을 시작한 경우
  → 자유무역지역의 사업을 시작한 날부터 물품반입정지의 처분사유가 발생한 날까지의 매출액을 연매출액으로 환산한 금액

⑥ 세관장은 위반행위를 한 자에게 과징금을 부과하려는 경우에는 그 위반행위의 종별과 해당 과징금의 금액을 명시하여 이를 납부할 것을 서면 또는 전자문서로 통지하여야 한다.

⑦ 통지를 받은 자는 납부통지일부터 20일 이내에 과징금을 세관장이 지정하는 수납기관에 납부하여야 한다. 다만, 천재·지변 그 밖의 부득이한 사유로 인하여 그 기간 내에 과징금을 납부할 수 없는 경우에는 그 사유가 소멸한 날부터 7일 이내에 납부하여야 한다.

⑧ 과징금의 납부를 받은 수납기관은 납부자에게 영수증을 서면으로 교부하거나 전자문서로 송부하여야 하고, 그 사실을 세관장에게 서면 또는 전자문서로 지체 없이 통지하여야 한다.
⑨ 과징금을 납부하여야 할 자가 납부기한까지 납부하지 아니한 경우 과징금의 징수에 관하여는 국세 강제징수의 예에 따라 징수한다.

5. 물품의 반입·반출의 금지 등

① 누구든지 「관세법」 제234조 각 호의 어느 하나에 해당하는 물품(수출입 금지품)을 자유무역지역 안으로 반입하거나 자유무역지역 밖으로 반출할 수 없다.
② 세관장은 국민보건 또는 환경보전에 지장을 초래하는 물품이나 다음 ㉠부터 ㉤까지의 물품에 대하여는 자유무역지역 안으로의 반입과 자유무역지역 밖으로의 반출을 제한할 수 있다. 23 기출

> ㉠ 사업장폐기물 등 폐기물
> ㉡ 총기 등 불법무기류
> ㉢ 마약류
> ㉣ 「상표법」에 따른 상표권 또는 「저작권법」에 따른 저작권을 침해하는 물품
> ㉤ 위 ㉠부터 ㉣까지의 규정에 따른 물품과 유사한 물품으로서 관세청장이 정하여 고시하는 물품

6. 지식재산권 등의 보호

① 다음의 어느 하나에 해당하는 지식재산권 등을 침해하는 물품은 자유무역지역 안으로 반입하거나 자유무역지역 밖으로 반출할 수 없다.

- 「상표법」에 따라 설정등록된 상표권
- 「저작권법」에 따른 저작권과 저작인접권
- 「식물신품종 보호법」에 따라 설정등록된 품종보호권
- 「농수산물품질관리법」에 따라 등록되거나 조약·협정 등에 따라 보호대상으로 지정된 지리적표시권 또는 지리적표시
- 「특허법」에 따라 설정등록된 특허권
- 「디자인보호법」에 따라 설정등록된 디자인권
- 「방위산업기술 보호법」에 따른 방위산업기술

② 관세청장 및 세관장은 자유무역지역에서 지식재산권 등을 침해하는 물품을 단속하기 위하여 필요한 조치를 할 수 있다.

7. 물품의 검사 등

① 자유무역지역에서 반출·반입·수출·수입되는 물품에 대하여는 세관장이 검사 또는 확인할 수 있다.
② 물품의 검사 또는 확인은 그 물품이 장치되어 있는 장소에서 한다. 다만, 공항 또는 항만 지역으로서 관세청장이 지정하는 지역에 장치되어 있는 물품 또는 정밀한 검사가 필요한 물품에 대하여는 그러하지 아니하다.
③ 세관장은 자유무역지역을 출입하는 자가 휴대하거나 운송하는 물품 또는 운송수단에 대하여 관세청장이 정하여 고시하는 바에 따라 이를 검사할 수 있다.

8. 「관세법」의 적용

자유무역지역 안의 외국물품 등을 관세영역으로 반출하는 경우에는 이 법에서 정한 경우를 제외하고는 「관세법」을 적용한다.

07 관세 등의 부과 및 감면 등

1. 자유무역지역에서 생산한 물품에 대한 관세 등의 부과기준

① 자유무역지역에서 외국물품 등의 전부 또는 일부를 원재료로 하여 제조·가공·조립·보수 등의 과정을 거친 후 그 물품을 관세영역으로 반출하려는 경우, 그 반출되는 물품은 외국으로부터 우리나라에 도착된 외국물품으로 보아 관세 등을 부과한다. 이 경우 반입신고를 하지 아니한 내국물품을 대통령령으로 정하는 바에 따라 세관장의 승인을 받아 원재료로 사용하였을 때에는 그 내국물품의 수량 또는 가격을 제조·가공·조립·보수한 물품의 과세표준에서 공제한다.

② 내국물품을 원재료로 사용하기 위한 승인을 받으려는 자는 다음의 사항을 적은 신청서를 세관장에게 제출하여야 한다.

- 원재료로 사용하려는 내국물품의 품명, 규격, 수량, 중량 및 가격
- 원재료를 사용하여 제조, 가공, 조립 또는 보수하려는 물품의 품명, 규격, 수량, 중량 및 가격
- 작업기간 및 소요량

③ 반입신고를 하지 아니한 내국물품을 원재료로 사용한 경우에 있어, 해당 원재료는 「관세법 시행령」 제199조 제1항 각 호의 어느 하나에 해당하는 내국물품으로서 그 제조·가공 또는 보수의 성질, 공정 등에 비추어 품명, 규격별 수량 및 소요량이 확인될 수 있는 것으로 한다.

> **관세법 시행령 제199조(보세공장원재료의 범위 등) 제1항**
>
> 법 제185조에 따라 보세공장에서 보세작업을 하기 위하여 반입되는 원료 또는 재료(이하 "보세공장원재료"라 한다)는 다음 각 호의 어느 하나에 해당하는 것을 말한다. 다만, 기계·기구 등의 작동 및 유지를 위한 연료, 윤활유 등 제품의 생산·수리·조립·검사·포장 및 이와 유사한 작업에 간접적으로 투입되어 소모되는 물품은 제외한다.
> 1. 당해 보세공장에서 생산하는 제품에 물리적 또는 화학적으로 결합되는 물품
> 2. 해당 보세공장에서 생산하는 제품을 제조·가공하거나 이와 비슷한 공정에 투입되어 소모되는 물품
> 3. 해당 보세공장에서 수리·조립·검사·포장 및 이와 유사한 작업에 직접적으로 투입되는 물품

④ 세관장은 반입신고를 하지 아니한 내국물품에 대하여 승인을 하는 경우 원재료로 사용하려는 내국물품의 품명 및 규격이 같고 그 소요량이 일정한 경우에는 일정 기간의 소요량을 일괄하여 승인할 수 있다.

⑤ 원재료로 사용된 내국물품이 수량 또는 가격을 관세의 과세표준에서 공제받으려는 자는 수입신고시에 다음의 서류를 첨부하여 세관장에게 제출하여야 한다.

- 내국물품의 원재료 사용에 관한 승인서
- 내국물품 확인서
- 그 밖에 원재료로 사용된 물품의 수량 등을 증명할 수 있는 서류

⑥ 세관장은 관세의 과세표준에서 공제할 내국물품의 수량 또는 가격을 산정하는 경우에는 해당 물품을 반입한 날이나 내국물품 확인서를 발급받은 날을 기준으로 하여야 한다.

2. 관세 등의 면제 또는 환급 등

① 입주기업체가 반입신고를 한 내국물품에 대하여는 「주세법」 제31조 제1항 제1호, 「개별소비세법」 제15조 제1항 제1호 또는 「교통·에너지·환경세법」 제13조 제1항 제1호에 따라 수출하거나 「수출용원재료에 대한 관세 등 환급에 관한 특례법」 제4조 제1호 또는 제3호에 따라 수출 또는 공급하는 것으로 보아 관세 등을 면제하거나 환급한다.

② 입주기업체가 반입신고를 한 내국물품에 대해서는 「부가가치세법」 제21조 제1항에 따라 수출에 해당하는 것으로 보아 부가가치세의 영세율(零稅律)을 적용한다.

③ 자유무역지역에서 입주기업체 간에 공급하거나 제공하는 외국물품 등과 용역에 대하여는 부가가치세의 영세율을 적용한다.

3. 예정지역에서의 관세 등의 면제

① 예정지역 또는 「관세법」을 적용받는 자유무역지역에서 입주기업체가 건물 및 공장을 건축하기 위하여 외국에서 반입하는 아래의 시설재에 대하여는 관세 등을 면제한다.

- 건물 또는 공장의 건축에 직접 사용되는 건설자재
- 건물 또는 공장의 설치·운영에 직접 사용되는 기계, 기자재, 시설품, 기구 및 장비

② 관세 등이 면제된 물품의 사후관리 등에 관하여는 「관세법」 제102조(관세감면물품의 사후관리) 및 제103조(관세감면물품의 용도 외 사용)를 적용한다.

4. 법인세 등 조세감면

외국인투자기업인 입주기업체에 대하여는 「조세특례제한법」에서 정하는 바에 따라 법인세, 소득세, 취득세, 등록면허세, 재산세, 종합토지세 등의 조세를 감면할 수 있다.

5. 교통유발부담금의 면제

입주기업체의 공장 등에 대하여는 「도시교통정비 촉진법」 제36조에 따른 교통유발부담금을 면제한다.

6. 입주기업체의 기술개발활동 지원 등

① 국가나 지방자치단체는 자유무역지역에 있는 아래의 입주기업체의 기술개발활동 및 인력양성을 촉진하기 위하여 필요한 자금을 지원할 수 있다.

- 「조세특례제한법 시행령」 제116조의2 제1항 제2호에 따른 고도의 기술을 수반하는 사업을 하는 자
- 「산업발전법」 제5조에 따른 첨단기술을 사용하여 사업을 하거나 첨단제품을 생산하는 자
- 그 밖에 관리권자가 해당 지역의 산업적 특성을 고려하여 법 제28조의2 제2항에 따라 공고하는 입주관리 요령에 포함되는 업무에 해당하는 사업을 하는 자

② 국가나 지방자치단체는 자유무역지역에 있는 입주기업체의 사업을 지원하기 위하여 입주기업체에 임대하는 공장 등의 유지·보수와 의료시설·교육시설·주택 등 각종 기반시설의 확충에 노력하여야 하며, 그에 필요한 자금을 지원할 수 있다.

③ 입주기업체의 사업에 대한 지원기준 등에 관하여 필요한 사항은 대통령령으로 정한다.

7. 자유무역지역 경쟁력강화사업 추진계획의 수립 등

① 관리권자는 자유무역지역 입주기업체의 경쟁력 강화를 위한 경쟁력강화사업 추진계획을 수립·시행하여야 한다.

② 추진계획에는 다음의 사항이 포함되어야 한다.

- 해당 자유무역지역의 경쟁력 현황
- 기업, 연구소, 대학 등의 연구개발 역량 강화 및 상호연계에 관한 사항
- 입주기업체에 대한 인센티브 강화에 관한 사항
- 자유무역지역 경쟁력강화사업 추진체계 및 재원조달 방안
- 그 밖에 자유무역지역 경쟁력 강화를 위하여 필요한 사항

③ 국가와 지방자치단체는 추진계획을 효과적으로 시행하기 위하여 필요한 재원을 확보하도록 노력하여야 한다.

④ 관리권자는 추진계획을 수립하거나 변경하려는 경우에는 시·도지사의 의견을 듣고 관계 중앙행정기관의 장과 협의하여야 한다. 다만, 대통령령으로 정하는 경미한 사항을 변경하는 경우에는 그러하지 아니하다.
⑤ 관리권자는 자유무역지역 경쟁력강화사업의 효율적인 추진을 위하여 「산업기술혁신 촉진법」 제11조 제4항에 따른 전담기관에 사업을 위탁할 수 있다. 이 경우 관리권자는 예산의 범위에서 그 위탁업무의 원활한 수행을 위하여 필요한 경비를 전담기관에 출연 또는 보조할 수 있다.
⑥ 사업을 위탁받은 전담기관은 효율적이고 체계적인 사업 추진을 위하여 산업통상자원부령으로 정하는 해당 분야 전문기관 또는 「민법」 제32조에 따라 설립된 비영리법인에 사업의 일부를 대행하게 할 수 있다.

08 보칙

1. 행정기구 등의 설치

① 산업통상자원부장관은 자유무역지역을 관리·운영하고 수출산업을 지원하기 위하여 행정기구를 설치·운영할 수 있다.
② 입주기업체의 기업활동에 필요한 업무를 관장하는 기관인 기획재정부장관, 법무부장관, 산업통상자원부장관, 보건복지부장관, 고용노동부장관 및 관세청장은 관세·조세의 부과·징수, 출입국관리, 우편·통신, 검역, 노무에 관한 사무를 처리하기 위하여 자유무역지역에 출장소를 설치하거나 소속 공무원을 상주시킬 수 있다.
③ 자유무역지역에 출장소를 설치하거나 소속 공무원을 상주시키려는 행정기관의 장은 미리 관리권자와 협의하여야 한다.

2. 청문

관리권자가 입주계약을 해지하거나, 세관장이 반입정지를 하고자 하는 경우에는 청문을 하여야 한다.

3. 권한의 위임·위탁

① 중앙행정기관의 장은 대통령령으로 정하는 바에 따라 그 권한의 일부를 관리권자에게 위탁할 수 있다.
② 산업통상자원부장관 또는 주무부장관은 입주기업체가 도입하는 외자에 관하여 「외국인투자 촉진법」에 따른 권한의 일부를 대통령령으로 정하는 바에 따라 관리권자에게 위탁할 수 있다.
③ 관리권자는 이 법에 따른 권한 중 그 일부를 대통령령으로 정하는 바에 따라 그 소속 기관의 장, 시·도지사, 시장·군수 또는 구청장(자치구의 구청장)에게 위임하거나 관세청장 또는 그 소속 기관의 장이나 그 밖에 대통령령으로 정하는 법인에 위탁할 수 있다.

4. 벌칙 적용 시의 공무원 의제

관리권자로부터 위탁받은 업무에 종사하는 법인의 임원 및 직원은 「형법」 제129조부터 제132조까지의 규정을 적용할 때에는 공무원으로 본다.

7절 자유무역지역 반출입물품의 관리에 관한 고시

✎ 본문 내용 중 꼭 알아야 하는 부분에 형광펜으로 표시하였으니 반드시 학습하시기 바랍니다.

01 총칙

1. 목적

이 고시는 「자유무역지역의 지정 및 운영에 관한 법률」(이하 '법') 및 같은 법 시행령에서 위임된 사항과 그 시행에 필요한 사항을 규정하여 자유무역지역의 물품 반출입 관리와 관세 등 징수의 적정을 기함을 목적으로 한다.

2. 용어의 정의 21 기출 20 기출

(1) 반출입신고

물품을 자유무역지역 입주기업체에서 반출하거나 자유무역지역 입주기업체로 반입하기 위한 신고로서 「관세법」 제157조에 따른 신고를 말한다.

(2) 사용소비신고

외국물품을 고유한 사업의 목적 또는 용도에 사용 또는 소비하기 위하여 「자유무역지역의 지정 및 운영에 관한 법률 시행령」 제18조의3 제2항에서 정한 사항을 「관세법 시행령」 제246조 제2항에 따른 수입신고서 서식으로 신고하는 것을 말한다.

(3) 국외반출신고 22 기출

외국물품 등을 자유무역지역에서 국외로 반출하기 위한 신고를 말한다.

(4) 보수

해당 물품의 HS품목분류의 변화를 가져오지 아니하는 보존 작업, 선별, 분류, 용기변경, 포장, 상표부착, 단순조립, 검품, 수선 등의 활동(원산지를 허위로 표시하거나, 지식재산권을 침해하는 행위는 제외)을 말한다.

(5) 잉여물품

제조·가공작업 등으로 인하여 발생하는 부산물과 불량품, 제품생산 중단 등의 사유로 사용하지 않는 원재료와 제품(제조물품의 전용 포장재·운반용품을 포함) 등을 말한다.

(6) 외국물품 등

외국물품, 자유무역지역 안으로 반입신고를 한 법 제29조 제1항 제2호 및 제3호의 물품, 「수출용원재료에 대한 관세 등 환급에 관한 특례법」 제4조 제3호에 따라 관세영역에서 자유무역지역 안으로 공급한 물품을 말한다.

(7) 전자상거래 국제물류센터

세관장으로부터 입주기업체 관리부호를 부여받아 국경 간 전자상거래 물품을 고객주문에 맞춰 품목별로 분류·보관·재포장 후 배송을 하는 물류센터를 말한다.

(8) 상품코드

자유무역지역 입주기업체에 반입되는 물품의 재고관리를 위하여 최소 모델규격단위별로 자체 부여한 고유값을 말한다.

(9) 품목단위 반출입신고

사용소비신고가 수리된 물품, 내국물품 등 화물관리번호가 없는 물품에 대해 품목단위로 반출입내역을 세관장에게 신고하는 것을 말한다.

3. 적용범위

① 자유무역지역의 물품 반출입신고와 입주기업체 간의 물품이동 등에 관한 사항은 「자유무역지역의 지정 및 운영에 관한 법률」에서 정한 경우를 제외하고는 「관세법」을 적용하지 아니한다. 다만, 자유무역지역 안의 외국물품 등을 관세영역으로 반출하는 경우에는 법에서 정한 경우를 제외하고는 「관세법」을 적용한다.

② 자유무역지역에 물품을 반입하기 이전과 자유무역지역에서 물품을 반출한 이후의 입출항, 적재화물목록 제출, 하역절차 등 통관을 위하여 필수적인 절차가 법에 규정되어 있지 아니한 경우에는 「관세법」을 적용한다.

③ 「관세법」 제255조의2에 따른 수출입 안전관리 우수업체에 대한 통관절차상 혜택 등 물품의 통관에 관하여 「관세법」을 적용하는 것이 입주기업체에 유리한 경우에는 「관세법」을 적용한다.

02 통제시설 및 입주기업체 관리

1. 통제시설의 기준 [20 기출]

① 「자유무역지역의 지정 및 운영에 관한 법률 시행령」 제4조 제2항에서 관세청장이 정하여 고시하는 면적, 위치 등에 관한 기준이란 다음의 어느 하나에 해당하는 시설을 말한다.

> - 외곽울타리 및 외국물품의 불법유출·도난방지를 위한 과학감시장비
> - 감시종합상황실과 화물차량통제소
> - 다음의 요건을 충족하는 세관검사장
>   - 물품의 장치장소, 출입문 등을 고려하여 해당 자유무역지역 내 최적의 동선을 확보할 수 있는 장소에 설치하되, 차량의 출입 및 회차 등이 자유롭도록 충분한 면적을 확보하여야 한다.
>   - 검사장은 컨테이너트레일러를 부착한 차량이 3대 이상 동시에 접속하여 검사할 수 있는 규모인 400㎡ 이상의 검사대, 검사물품 보관창고 등 검사를 용이하게 할 수 있는 시설을 갖추어야 한다.
>   - 컨테이너화물을 취급하는 자유무역지역의 경우 컨테이너검색기 설치에 필요한 최소면적인 10,000㎡를 따로 확보하여야 한다.
> - 세관공무원이 24시간 상주근무에 필요한 사무실 및 편의시설

② 관세청장은 해당 자유무역지역의 지정규모, 반출입물량, 지리적 특성 등 그 밖의 여건을 고려하여 세관의 감시단속 및 물품검사에 지장이 없다고 인정되는 때에는 위 ①의 시설 및 기준을 증감하여 적용할 수 있다.

2. 입주기업체에 대한 관리 [23 기출] [18 기출]

① 자유무역지역 입주기업체는 자유무역지역에서 외국물품 등을 취급하려는 경우 관할 세관장에게 입주기업체관리부호 발급 신청을 하여야 한다.

② 세관장은 외국물품 등을 적정하게 관리할 수 있다고 인정하는 경우 입주기업체관리부호(장치장소부호를 겸한다)를 부여할 수 있으며 이를 관세청 전자통관시스템에 등록하여야 한다. 이때 세관장은 입주기업체 관리대장에 입주내역 등을 기록하여 관리하여야 한다.

③ 세관장은 관리권자로부터 입주계약변경을 통보받은 경우 통보받은 사항을 입주기업체 관리대장에 기록유지하고, 변경사항을 관세청 전자통관시스템에 등록하여야 한다.

④ 세관장은 관리권자로부터 입주계약해지를 통보받은 경우 지체 없이 재고조사를 실시하고, 6개월 이내의 기간을 정하여 외국물품 등을 자유무역지역 밖으로 반출하거나 다른 입주기업체에 양도하도록 통보하여야 한다. 이 경우 세관장이 정하는 기간에 대하여는 해당 업체와 그 물품에 대하여 입주가 계속되는 것으로 본다.

⑤ 세관장은 입주계약과 관련한 다음의 서류를 관리권자에게 제출하도록 요청할 수 있다.

- 사업계획서
- 자유무역지역 입주자격에 해당함을 증명하는 서류
- 사업장의 경계를 표시한 위치도와 시설물 배치도
- 그 밖에 물품관리에 필요하다고 인정하여 세관장이 정하는 서류

⑥ 세관장은 다음의 사유가 있는 경우 지체 없이 해당 입주기업체의 관리부호를 삭제하거나 변경하여야 한다. 다만, 품목단위 재고관리 입주기업체가 「수출입물류업체에 대한 법규수행능력측정 및 평가관리에 관한 훈령」에 따른 법규수행능력 평가결과 C등급 이하를 부여받은 경우 입주기업체가 1년의 유예기간 동안 법규수행능력을 B등급 이상으로 개선한 경우에는 그러하지 아니한다.

- 입주계약이 해지되고 세관장이 정한 기간이 경과한 경우: 부호 삭제
- 2년 이상 외국물품 등의 반입실적이 없어 입주기업체관리부호가 필요하지 않다고 인정하는 경우: 부호 삭제
- 품목단위 재고관리 입주기업체가 「수출입물류업체에 대한 법규수행능력측정 및 평가관리에 관한 훈령」에 따른 법규수행능력 평가결과 C등급 이하를 부여받은 경우: 별표 1의 자유무역지역 업종별 고유번호를 77 또는 75로 변경

⑦ 해당 입주기업체의 관리부호를 삭제하는 경우에는 입주기업체의 의견을 미리 청취하여야 한다.

3. 입주기업체와의 사전협의 23 기출 22 기출

① 농림축산물을 원재료로 하는 제조업종·가공업종의 사업을 하려는 자는 관리권자와 입주계약 체결 전에 신청서를 관할 세관장에게 제출하여야 한다.

② 세관장은 입주계약을 체결하려는 자로부터 협의 요청을 받은 경우 다음의 사항을 검토한 후 그 결과를 신청자 및 관리권자에게 통보하여야 한다.

- 물품의 반출입 및 재고관리 전산시스템 구축 여부
- 「관세법」 제165조에 따른 보세사 채용 여부
- 원재료의 수량을 객관적으로 계산할 수 있는 증빙자료 제출 여부

4. 입주기업체의 공장 등 임대허가

① 입주기업체가 외국물품 등을 사용하여 건축한 공장 등을 공장 등의 완료신고 또는 사업개시일부터 3년 이내에 지원업체에 임대하기 위하여 임대허가를 받으려는 자는 임대허가신청서를 세관장에게 제출하여야 한다.

② 세관장은 임대허가신청서를 접수한 때에는 다음의 사항을 확인한 후 허가할 수 있다.

- 임대하려는 공장 등의 사용승인일 및 임대면적
- 임대받으려는 자가 자유무역지역에 입주한 지원업체인지 등 임대요건의 적정 여부
- 임대받으려는 자가 외국물품 등의 안전관리에 지장을 초래할 우려가 있는지 여부

③ 세관장이 임대허가신청사항을 확인한 후 그 요건의 보완이 필요하거나, 허가가 곤란하다고 인정한 때에는 그 뜻을 신청자에게 통지하여야 한다.

03 물품의 반입·반출 등

1. 외국물품의 반입신고

① 법 제29조 제1항 제1호에 따라 외국물품을 자유무역지역으로 반입하려는 자는 관세청 전자통관시스템을 통하여 세관장에게 반입신고를 하여야 한다.
② 전산시스템 오류 등 부득이한 사유로 반입신고를 하지 못하는 경우에는 자유무역지역 외국물품 반입신고서로 신고할 수 있다.
③ 반입신고는 House B/L 단위로 하여야 하며, 하선 또는 하기장소로 지정된 입주기업체에 컨테이너 상태로 반입하는 경우에는 Master B/L 단위로 신고할 수 있다. 다만, 컨테이너보관창고(CY)에서 반출입되는 컨테이너화물에 대하여는 컨테이너 단위로 반입신고하여야 한다.
④ 보세운송에 의하여 자유무역지역으로 반입되는 외국화물의 보세운송도착보고는 반입신고로 갈음한다.
⑤ 국제무역선 또는 국제무역기에서 사용되는 선박용품 또는 항공기용품 및 그 밖의 수리용 물품을 일시적으로 자유무역지역에 반입하려는 자는 「선박용품 등 관리에 관한 고시」 또는 「항공기용품 등 관리에 관한 고시」에서 규정한 하선 또는 하기절차를 준용하여야 한다. 이 경우 허가는 신고로 보며, 반입신고는 생략한다.
⑥ 국외에서 반입되는 물품으로서 이를 적재한 선박·항공기 또는 그 밖의 운송수단에서 다른 선박·항공기 또는 그 밖의 운송수단으로 옮겨 싣는 화물을 자유무역지역에 반입하거나 반출하려는 자는 「환적화물 처리절차에 관한 특례고시」에서 정한 절차를 따른다.

2. 외국물품의 사용소비신고

① 법 제29조의2에 따라 입주기업체가 자유무역지역에 반입한 외국물품을 자유무역지역에서 사용 또는 소비하려는 경우에는 그 사용 또는 소비 전에 세관장에게 사용소비신고를 하여야 한다.
② 사용소비신고를 하여야 하는 물품은 법 제29조 제4항 제2호 각 목의 물품(기계, 기구, 설비 및 장비와 그 부분품 등) 중 입주기업체가 해당 사업의 목적을 달성하는 데 필요한 물품(자체 재고관리시스템에 의한 수량단위 또는 중량단위 화물관리가 가능하다고 세관장이 인정한 입주기업체가 반입하여 분할 또는 병합하는 물품을 포함)으로 한다.
③ 입주기업체는 자유무역지역에 물품이 도착하기 전에 사용소비신고를 할 수 있다.
④ 세관장은 도착 전 사용소비신고한 물품이 검사대상으로 선별되지 않은 경우 자유무역지역에 반입한 때(보세운송 물품은 보세운송 도착보고가 된 때를 말함) 신고수리한다. 다만, 검사대상으로 선별된 경우에는 그 검사가 종료된 후에 수리한다.
⑤ 사용·소비의 신고, 신고한 사항의 정정, 심사 및 사용소비신고필증의 교부, 사용소비신고의 취하에 관한 사항은 「수입통관 사무처리에 관한 고시」의 수입신고서 처리 절차를 준용한다. 이때 '수입신고'는 '사용소비신고'로 한다.
⑥ 세관장은 사용소비신고의 심사와 관련하여 수출입 안전관리 우수업체로 공인받은 입주기업체가 사용하는 원재료의 품목번호(HSK)를 전산시스템에 등록한 경우 「수입통관 사무처리에 관한 고시」 제2장 제8절의 전자통관심사 규정을 준용하여 처리할 수 있다.
⑦ 세관장은 다음의 요건을 모두 충족하는 제조업체에 대해 반입된 원재료를 공휴일 또는 야간 등 세관 개청시간 외에 먼저 사용·소비하고 다음 정상근무일에 사용소비신고하게 할 수 있다. 이때 해당 입주기업체는 공휴일 또는 야간에 사용·소비한 물품에 대해 보세시기 지체 기록·유지하고 기록내용을 배분기가 종료된 다음 달 10일까지 세관에 제출하여야 한다.

> - 「수출입 안전관리 우수업체 공인 및 운영에 관한 고시」 제5조에서 정한 A등급 이상인 수출입 안전관리 우수업체인 자
> - 「관세법」 제165조에 따라 해당 입주기업체에 장치된 물품을 관리하는 보세사를 채용한 자
> - 전년도 해당 공장에서 생산한 물품에 대한 국외반출신고금액 비중이 50% 이상인 자 또는 전년도 국외반출신고금액이 미화 1천만 달러 이상인 자
> - 반출입, 제조·가공, 재고관리 등 업무처리의 적정성을 확인·점검할 수 있는 기업자원관리(ERP)시스템 또는 업무처리시스템에 세관 전용화면을 제공하거나 해당 시스템의 열람 권한을 제공한 자

⑧ 자유무역지역에서 사용소비신고가 수리된 물품과 「관세법」에 따라 사용신고 또는 B/L분할·합병포괄신고가 수리된 물품이 자유무역지역 입주기업체로 반입되는 경우 반입신고를 사용소비신고에 갈음할 수 있다. 사용소비신고가 수리된 물품 등이 화물관리번호를 생성하여 반입되는 경우에도 이와 같다.

3. 내국물품의 반입신고

아래 법 제29조 제1항 제2호 및 제29조 제1항 제3호에 해당하는 물품을 자유무역지역으로 반입하려는 입주기업체는 자유무역지역 내국물품 반입신고서를 세관장에게 전자문서로 제출하여야 한다.

> **법 제29조(물품의 반입 또는 수입) 제1항** 22 기출
>
> 다음 각 호의 어느 하나에 해당하는 물품을 자유무역지역 안으로 반입하려는 자는 관세청장이 정하는 바에 따라 세관장에게 반입신고를 하여야 한다.
>
> 1. 외국물품. 다만, 「관세법」 제241조에 따른 수출신고(수출신고)가 수리된 물품으로서 관세청장이 정하는 자료를 제출하는 물품은 제외한다.
> 2. 입주기업체가 자유무역지역에서 사용 또는 소비하려는 내국물품 중 제45조 제1항 및 제2항의 적용을 받으려는 물품으로서 다음 각 목의 어느 하나에 해당하는 물품
>   가. 기계, 기구, 설비 및 장비와 그 부분품
>   나. 원재료, 윤활유, 사무용컴퓨터 및 건축자재
>   다. 그 밖에 사업목적을 달성하는 데에 필요하다고 인정하여 관세청장이 정하는 물품
> 3. 「부가가치세법」 제52조 제1항 제1호에 해당하는 자(이하 "비거주자 등"이라 한다)가 국외반출을 목적으로 자유무역지역에 보관하려는 내국물품 중 제45조 제2항의 적용을 받으려는 물품으로서 다음 각 목의 요건을 모두 갖춘 물품
>   가. 국내사업자와 직접 계약에 따라 공급받을 것
>   나. 대금은 외국환은행을 통하여 원화로 지급할 것
>   다. 비거주자 등이 지정하는 입주기업체에게 인도할 것

4. 환급대상물품 반입확인서 발급 등

① 반입신고를 한 내국물품에 대하여 관세 등을 면제 또는 환급받고자 하는 자는 「수출용원재료에 대한 관세 등 환급사무처리에 관한 고시」에 따라 세관장에게 환급대상물품 반입확인을 신청하여야 한다. 이때 원재료 외의 물품에 대하여 반입확인을 신청하는 자는 매매계약서 및 입주기업체의 용도확인서 등을 세관장에게 제출하여야 한다.
② 환급대상물품 반입확인서의 발급 및 정정의 절차는 환급사무처리고시를 준용한다.
③ 내국물품 반입확인을 받으려는 자는 세관장에게 내국물품 반입확인서를 발급받아야 한다. 23 기출
④ 반입신고를 하지 않았거나 반입신고한 내국물품의 전부 또는 일부를 품질불량 등의 사유로 대체하려는 자는 동종동질인 대체품을 자유무역지역으로 반입신고 없이 반입한 후 세관장으로부터 내국물품 반입확인서를 발급받아 대체대상 물품을 관세영역으로 반출할 수 있다.

⑤ 법 제29조 제1항 제2호에 따라 반입신고한 내국물품의 전부 또는 일부를 품질불량 등의 사유로 대체품 반입 없이 원공급자에게 반품하려는 경우 환급대상물품 반입확인서가 발급되지 않은 물품에 한해 관련 증빙서류를 관할 세관장에게 제출하여 반입신고서의 정정·취하를 완료한 후 관세영역으로 반출할 수 있다.

⑥ 내국물품 반입확인을 받으려는 자는 반입한 내국물품의 목록을 관세청 전자통관시스템에서 정한 전산자료로 제출할 수 있다.

5. 계약상이물품 등의 반입절차

① 「관세법」 제106조 제1항 제1호 및 제106조의2 제1항 제1호에서 "자유무역지역 중 관세청장이 수출물품을 일정기간 보관하기 위하여 필요하다고 인정하여 고시하는 장소"란 세관장으로부터 보관업종 등에 해당하는 관리부호(별표 1에 따른 자유무역지역 업종별 고유번호 : 75, 76, 77, 78, 80)를 발급받은 입주기업체의 보관창고를 말한다.

② 입주기업체는 위 장소에 계약상이물품 또는 자가사용물품을 반입한 경우 지체 없이 내국물품 반입확인(신청)서를 제출하여야 하며, 이때 반입사유 항목에는 "계약상이물품 환급 신청" 또는 "개인 자가사용물품 환급 신청" 문구와 해당 화주의 상호 및 사업자등록번호를 반드시 기재하여야 한다.

③ 세관장은 입주기업체가 반입확인 신청한 물품에 대해 현품확인이 필요하다고 판단되는 경우 현품확인 후 내국물품 반입확인서를 발급하여야 한다.

④ 내국물품 반입확인서를 발급받은 물품을 수출신고한 자는 수출신고가 수리될 때까지 해당 장치장소에서 물품을 반출해서는 안 된다.

6. 수입신고

① 법 제29조 제4항에 따른 물품을 자유무역지역에서 사용 또는 소비하거나, 자유무역지역에서 외국물품 등의 전부 또는 일부를 원재료로 하여 제조·가공·조립·보수 등의 과정을 거친 물품 또는 외국물품 등을 관세영역으로 반출하려는 자는 「관세법」 제241조에 따른 수입신고를 하고 「관세법」 제248조 또는 제252조에 따른 신고의 수리 또는 신고수리 전 반출승인을 받아야 한다.

> **법 제29조(물품의 반입 또는 수입)**
>
> ④ 제1항에도 불구하고 다음 각 호의 어느 하나에 해당하는 경우 그 반입을 하려는 자는 「관세법」 제241조에 따른 수입 신고(이하 "수입신고"라 한다)를 하고 관세 등을 내야 한다.
> 1. 입주기업체 외의 자가 외국물품을 자유무역지역 안으로 반입하려는 경우
> 2. 제10조 제1항 제1호부터 제3호까지 및 같은 조 제2항에 따른 입주 자격을 갖춘 입수기업체가 자유무역지역에서 사용 또는 소비하기 위하여 외국물품을 자유무역지역 안으로 반입하려는 경우. 다만, 다음 각 목의 어느 하나에 해당하는 외국물품을 반입하는 경우는 제외한다.
>   가. 기계, 기구, 설비 및 장비와 그 부분품
>   나. 원재료(입주기업체가 수입신고하려는 원재료는 제외한다), 윤활유, 사무용컴퓨터 및 건축자재
>   다. 그 밖에 사업목적을 달성하는 데에 필요하다고 인정하여 관세청장이 정하는 물품
> 3. 제10조 제1항 제4호 및 제5호에 따른 입주 자격을 갖춘 입주기업체가 자유무역지역에서 자기가 직접 사용 또는 소비하기 위하여 외국물품(제2호 각 목에 해당하는 물품 중 해당 사업목적을 달성하는 데에 필요한 물품은 제외한다)을 자유무역지역 안으로 반입하려는 경우
>
> ⑤ 다음 각 호의 어느 하나에 해당하는 경우 그 반출을 하려는 자는 수입신고를 하고 관세 등을 내야 한다.
> 1. 자유무역지역에서 외국물품 등의 전부 또는 일부를 원재료로 하여 제조·가공·조립·보수 등의 과정을 거친 후 그 물품을 관세영역으로 반출하려는 경우
> 2. 외국물품 등을 자유무역지역에서 그대로 관세영역으로 반출하려는 경우

② 세관장은 수입신고를 한 물품의 과세가격의 적정 여부를 확인하기 위하여 제조·가공 등에 사용된 외국물품 등의 송품장, 소요량계산서 등 관련 자료를 제출하게 할 수 있다.

③ 수입신고서의 처리에 관하여는 「수입통관 사무처리에 관한 고시」를 준용한다.

7. 국외반출신고 등 18 기출

① 국외반출신고는 관세청 전자통관시스템에 전자문서로 신고하여야 한다.

② 국외반출신고 시 자유무역지역이나 다른 보세구역에서 제조·가공한 물품 및 사용소비신고한 물품에 대하여는 「수출통관 사무처리에 관한 고시」를 준용하고, 단순반송거나 통관보류되어 국외반출하려는 물품 등에 대하여는 「반송절차에 관한 고시」를 준용하며, 다른 운송수단으로 환적하는 화물에 대하여는 「환적화물 처리절차에 관한 특례고시」를 준용한다. 24 기출

③ 국제무역선에 선박용품을 공급하는 경우에는 「선박용품 등 관리에 관한 고시」 중 적재절차를, 국제무역기에 항공기용품을 공급하는 경우에는 「항공기용품 등 관리에 관한 고시」 중 적재절차를 각각 준용한다. 이 경우 "허가"는 "신고"로 본다.

8. 수출신고

외국물품 등이 아닌 물품을 자유무역지역에서 국외로 반출하려는 자는 「관세법」 제241조에 따라 수출신고하여야 하며, 수출신고서의 처리 및 선(기)적 절차 등에 관하여는 「수출통관 사무처리에 관한 고시」를 준용한다.

9. 내국물품의 반출확인 등 19 기출

① 외국물품 등이 아닌 내국물품을 자유무역지역에서 관세영역으로 반출하려는 자는 다음의 어느 하나에 해당하는 서류를 세관장에게 제출하여야 한다. 다만, 「보세판매장 운영에 관한 고시」에 따라 관세청장이 지정한 보세판매장 통합물류창고(통합물류창고)에서 내국물품의 반출입사항을 관세청 전자통관시스템에 실시간 전송하는 경우에는 제출을 생략할 수 있다.

> - 내국물품 반입확인서
> - 「관세법」 제250조 및 제251조에 따라 수출신고가 취하·각하되거나 수출신고수리가 취소된 물품인 경우에는 그 증빙서류
> - 내국물품 원재료 사용승인을 받은 물품인 경우에는 내국물품 원재료 사용승인서
> - 「관세법」 제248조에 따라 수입신고 수리된 물품은 수입신고필증. 다만 관세청 전자통관시스템으로 반출신고한 물품은 제출 생략
> - 그 밖에 세금계산서 등 내국물품으로 반입된 사실을 입증할 수 있는 서류

② 내국물품 반출목록신고서를 전자문서로 세관장에게 제출하는 경우 내국물품으로 반입된 사실을 증명하는 서류(내국물품 반입증명서류)의 제출을 생략할 수 있다. 다만, 세관장이 요구하는 경우에는 내국물품 반입증명서류를 제출하여야 한다.

③ 내국물품을 반출하려는 자가 내국물품 반출목록신고서를 전자문서로 제출하기 곤란한 경우에는 서류로 제출할 수 있다.

④ 세관공무원은 반출하는 내국물품에 대하여 검사 또는 확인할 수 있다.

10. 외국물품 등의 일시반출입 23 기출 19 기출

① 자유무역지역에 반입된 외국물품 등이 다음의 어느 하나에 해당하는 경우로서 관세영역으로 일시반출하려는 자는 세관장의 허가를 받아야 한다.

> - 수리, 전시, 검사, 중량 측정 또는 불가피한 포장작업 등이 필요한 경우
> - 관세영역의 물품을 무상으로 수리하는 경우(다만, 소모품 등 일시반출 후 재반입이 곤란한 물품은 제외)

② 세관장은 반출허가를 할 때는 6개월의 범위에서 기간을 정해야 하며 반출목적을 고려하여 물품의 수량 및 장소 등을 제한할 수 있다.
③ 일시반출허가를 받은 자는 반출기간이 종료되기 전에 자유무역지역으로 해당 물품을 재반입하고, 일시반출허가서 사본을 첨부하여 재반입신고를 하여야 한다. 다만, 수출상담이 지속되거나 그 밖에 부득이한 사유로 일시반출기간을 연장하려는 때에는 기간이 만료되기 전에 세관장에게 일시반출기간 연장신청을 하여야 하며, 세관장은 6개월의 범위에서 연장승인을 할 수 있다.
④ 수리를 목적으로 관세영역으로 일시 반출된 물품이 구성품의 일부나 전부가 교체된 경우 수리된 물품과 교체된 물품 모두 자유무역지역으로 재반입하여야 하고 교체된 물품은 잉여물품으로 관리하여야 한다. 다만, 교체된 물품이 실질적 가치가 없다고 세관장이 인정하는 경우에는 재반입하지 않고 폐기처분하게 할 수 있다.
⑤ 일시반출허가를 받아 반출하거나 재반입하는 물품의 반출입신고는 일시반출허가서나 재반입신고서로 갈음하며 따로 보세운송절차를 거칠 필요가 없다.

11. 역외작업 23 기출

① 역외작업을 하려는 자는 역외작업신고를 하여야 한다.
② 역외작업신고를 하는 때에는 다음의 서류를 세관장에게 제출하여야 한다.

> - 역외작업 수탁 업체의 사업자등록증 사본(세관공무원이 행정정보공동이용절차에 따라 확인하고 신고인은 제출을 생략한다)
> - 역외작업 수탁 업체의 소재지 약도 및 시설 배치도(해당 연도에 최초로 신고하는 경우에 한정한다)
> - 역외작업 계약서 사본(계약금액·계약수량 및 계약기간 등을 기재하여야 한다)
> - 역외작업에서 생기는 부산물 및 폐품의 내용(품목·수량 등)을 기재한 서류(부산물 및 폐품이 발생하는 경우에 한정한다)
> - 수출주문서·신용장 또는 내국신용장 사본
> - 전년도 수출실적을 증명할 수 있는 서류(해당 연도에 최초로 신고하는 경우에 한정하며, 통관기준 수출실적으로 신청하는 경우 제출을 생략하고 세관공무원이 수출실적을 조회·확인한다)

③ 제조공정상 동일한 역외작업장에서 연속하여 작업수행이 필요하거나 둘 이상의 역외작업장 간 연속하여 작업수행이 필요한 경우 역외작업을 하려는 자는 역외작업포괄신고를 할 수 있다. 이 경우 역외작업 신고 서류를 제출하여야 하고, 역외작업계약서 등에 작업공정별 작업장소, 작업기간, 생산하는 물품 및 소요원재료 등이 명시되어 있어야 한다.
④ 신고한 역외직입기간연장, 작업장소변경, 신고취하 또는 신고내용 정정을 하려는 자는 기간이 만료되기 전에 세관장에게 역외작업신고 정정(취하) 신고서를 제출하여야 한다. 다만, 시설재의 반출기간 연장은 역외작업 시설재 기간연장 신고서에 의한다.
⑤ 세관장은 역외작업신고를 수리할 때 반출되는 물품이 시설재인 경우에는 해당 시설재가 해당 역외작업에 전용되는 것에 한하여 신고수리할 수 있으며, 「관세법」 제73조에 따라 국내외 가격차에 상당하는 율로 양허한 농림축산물에 해당하는 원재료 및 그 원재료로 제조·가공한 물품은 신고수리를 해서는 안 된다.
⑥ 역외작업신고를 한 자는 역외작업이 완료된 경우에 그 사실을 세관장에게 보고하고, 역외작업기간이 만료되기 전에 가공된 물품, 사용하지 않은 원재료 및 폐품(부산물을 포함)을 자유무역지역으로 다시 반입하여야 한다. 다만, 다음의 어느 하나에 해당하는 물품으로서 미리 세관장에게 신고한 경우에는 그렇지 않다.

> - 가공된 물품을 역외작업장소에서 직접 수출하거나 국내에 판매하기 위하여 세관장에게 국외반출신고 또는 수입신고한 물품
> - 역외작업공정에서 생긴 폐품(부산물을 포함한다)으로서 세관장에게 처분신고를 한 물품

⑦ 입주기업체가 역외작업신고를 전자문서로 신고하는 때에는 작업기간 동안 생산하는 물품과 소요 원재료를 포괄하여 신고할 수 있으며, 이 경우 세관장은 서류 등의 제출을 생략하고 자율적으로 보관하게 할 수 있다.

⑧ 역외작업신고를 하려는 입주기업체는 역외작업장의 등록, 역외작업신고, 역외작업신고한 물품의 반출신고, 역외작업으로 제조·가공된 물품의 반입신고 및 역외작업 완료보고 등 일련의 절차를 전자문서로 이행하여야 하며, 세관장은 신고물품의 반출입 신고를 전산에 의하여 수리할 수 있다.

⑨ 세관장은 필요한 경우 역외작업신고의 내용에 대하여 적정 여부를 조사할 수 있으며, 신고내용이 규정에 적합하지 않은 경우에는 역외작업 중지 등 필요한 조치를 하여야 한다.

⑩ 운영인은 제조과정에서 발생한 잉여물품의 자원재활용을 위한 재생작업 등을 위하여 자유무역지역 이외의 장소로 반출하려는 때에는 역외작업에 관한 절차를 준용하여 반출할 수 있다.

12. 역외작업장소에서의 반입·반출

① 외국물품을 역외작업장소로 직접 반입하려는 자는 역외작업신고서 사본을 첨부하여 발송지세관장에게 보세운송신고하여야 한다. 이 경우 발송지세관장은 그 사실을 자유무역지역 관할지 세관장에게 통보하여야 한다. `24 기출`

② 보세운송신고 물품의 반입신고는 자유무역지역 관할지 세관장에게 하여야 하며, 보세운송 도착보고는 반입신고로 갈음한다.

③ 입주기업체가 자유무역지역에서 사용 또는 소비하려는 내국물품을 역외작업장소로 직접 반입하려는 경우에는 자유무역지역 관할지 세관장에게 역외작업신고서 사본을 첨부하여 반입신고하여야 한다.

④ 입주기업체가 역외작업장소에서 국외반출신고 또는 수입신고하려는 경우에는 자유무역지역 관할지 세관장에게 신고하여야 한다.

⑤ 역외작업 신고 시 세관장이 판단하여 신고물품에 대한 검사가 필요하다고 인정하는 때에는 역외작업장소 관할지 세관장에게 검사를 의뢰할 수 있다.

⑥ 역외작업 공정에서 발생한 폐품을 처분하려는 경우에는 자유무역지역 관할지 세관장에게 폐품처분신고를 하여야 한다.

13. 보세운송

① 외국물품 등을 자유무역지역에서 다른 자유무역지역 또는 「관세법」 제213조 제1항 각 호의 어느 하나에 해당하는 장소로 보세운송하려는 경우에는 「보세운송에 관한 고시」를 준용한다. 다만, 자유무역지역에서 제조·가공한 물품인 경우 보세운송기간을 7일로 하며 7일 이내의 범위에서 연장할 수 있다. `24 기출`

② 동일 자유무역지역 내 입주기업체 간에 외국물품 등을 이동하려는 때에는 관세청 전자통관시스템에 의한 반출입신고로 보세운송신고를 갈음할 수 있다. 다만, 동일 자유무역지역이라 하더라도 관세영역을 통해 원거리 운송해야 하는 부산항 자유무역지역의 용당지역(북항), 남항지역(남항), 감천지역(감천항), 부산·진해지역(신항) 간 외국물품 등을 이동하려는 때에는 「관세법」에 따른 보세운송절차를 따른다. `24 기출`

③ 반출입신고가 곤란한 업체는 입주기업체 간에 체결된 계약서 등을 제출하여 세관공무원의 확인을 받은 후 이동할 수 있다.

④ 통합물류창고에 반입되는 물품 중 보세판매장재고관리시스템에 의하여 관리되는 물품을 보세판매장, 인도장 또는 국외반출을 위하여 공항만의 보세구역 등으로 보세운송하는 경우에는 「보세판매장 운영에 관한 고시」에서 정하는 바에 따른다.

14. 물품의 반출입 및 보세운송 특례

① 제조업 또는 복합물류업에 해당하는 입주기업체 간에는 반출입 및 보세운송신고를 할 수 있다.

② 입주기업체에는 보세공장과 「특허보세구역 운영에 관한 고시」에 따른 복합물류보세창고를 포함한다.

③ 입주기업체가 동일법인에 속하는 「보세공장 운영에 관한 고시」에 따른 자율관리보세공장 간에 물품을 반출입하는 경우 보세운송절차를 생략할 수 있다. 다만, B/L단위로 재고관리하는 화물은 제외한다.

④ 입주기업체는 물품 반출입 내역을 보세사가 자체 기록·유지하고, 기록내용을 매 분기가 종료된 다음 달 10일까지 세관에 제출하여야 한다.

15. 국외반출물품 등의 보세운송 및 선·기적 `24 기출` `23 기출`

① 국외반출신고가 수리된 물품을 선적하기 위하여 보세운송하는 경우에는 수출신고서 서식을 사용하여 보세운송신고 할 수 있다.
② 보세운송기간은 신고수리일부터 30일 이내로 하며, 선(기)적은 국외반출신고가 수리된 날부터 30일 이내에 선(기)적하여야 한다. 다만, 세관장은 재해·선(기)적 일정 변경 등 부득이한 사유로 기간 연장의 신청이 있는 때에는 6개월의 범위에서 그 기간을 연장할 수 있다.
③ 국외반출신고가 수리된 날부터 30일 이내에 선(기)적 되지 아니한 경우 자유무역지역 관할지 세관장은 국외반출신고가 수리된 물품을 자유무역지역으로 재반입하게 한 후 국외반출신고수리 취하 등 필요한 조치를 취하여야 한다.

04 물품의 재고관리 등

1. 업무처리체제 등의 확인

① 세관장은 입주기업체의 입주가 확인되면 해당 업체의 재고관리에 필요한 물품관리체계 및 업무처리체제를 확인할 수 있다.
② 물품관리체계란 입주기업체에서 물품의 반출입사항 등 물품관리에 관한 사항을 장부 또는 자료보존매체에 따라 기록하고 동 기록을 유지해서 최종적으로 결산보고서 재무제표 및 관련 부속서류와 연계되어 보세화물의 재고 등을 파악 관리하는 일련의 체계를 말한다.
③ 업무처리체제란 해당 업체에서 물품의 반입·반출 및 재고관리와 관련한 부서 간의 업무의 분담, 분담업무에 대한 권한과 책임의 정도, 업무의 적정성 확인을 위한 일상적 조치사항·확인주기 및 발견된 오류의 신속한 정정 등 물품관리업무의 적정성을 확보하기 위한 업체 내부의 경영조직 및 업무수행방식을 말한다.
④ 세관장은 물품관리체계 및 업무처리체제를 확인한 후 그 결과에 따라 업체의 물품검사 및 재고조사를 할 때 차등 있게 관리할 수 있다.

2. 재고관리에 필요한 사항 기록 관리

① 입주기업체가 재고기록을 유지해야 할 물품은 외국물품, 반입신고를 한 내국물품 및 내국물품의 원재료 사용승인을 받은 물품으로 한정한다. 재고관리의 기록을 생략할 수 있는 물품은 「관세법 시행령」 제37조에서 정한 징수금액의 최저한에 해당하는 물품을 말한다.
② 입주기업체는 재고내역 기록 시 다음의 사항을 장부 또는 자료보존매체(마이크로필름, 광디스크, 그 밖의 전산매체)를 통하여 기록 유지할 수 있다.

- 반입내역 → 내·외국물품의 구분, 반입일자, 반입근거(반입신고번호·화물관리번호·환급대상물품반입확인신청번호·공급자 등)
- 반출내역 → 내·외국물품의 구분, 반출일자, 반출근거(수출신고번호·수입신고번호·보세운송신고번호·반출신고번호·화물관리번호 등), 품명, 규격, 수량 또는 중량, 단가, 가격 등
- 제조공정별 원재료 등 사용 또는 소비 내역 → 내·외국물품의 구분, 품명, 규격, 수량 또는 중량, 반입일자, 사용 또는 소비일자, 재고수량 또는 중량 등
- 제품 및 잉여물품 내역 → 생산(발생)일자, 품명, 규격, 수량 또는 중량

> - 역외작업물품 내역 → 신고번호, 신고일자, 반출입일자 및 반출입 내역(직반출입 내역 포함), 품명, 규격, 수량 또는 중량, 가격, 역외작업장소, 역외작업완료일자 등
> - 부가가치 물류활동 작업내역 → 반입물품의 보관 외에 보수작업 등의 부가가치 물류활동을 하는 경우에는 화물관리번호별 관련 작업내역 및 작업일자 등
> - 폐기 및 잔존물 내역
> - 보수작업내역

③ 입주기업체는 가공·보수를 하지 아니하고 반입된 상태로 수입신고나 보세운송신고에 의하여 관세영역으로 반출되는 물품에 대하여는 관세청 전자통관시스템에 동 내용을 신고함으로써 재고기록을 갈음할 수 있다.

④ 입주기업체가 자료보존매체에 의하여 화물관리를 전산화하여 반출입하는 물품을 관리하는 경우에는 세관장이 전산 입력사항을 확인·조회할 수 있어야 한다.

⑤ 자유무역지역에서 입주기업체 간에 물품을 이동하려는 때에는 입주기업체는 자율적으로 또는 관세청 전자통관시스템을 이용하여 반출입사항을 기록 유지하여야 한다.

⑥ 「보세판매장운영에 관한 고시」에 따라 관세청장이 지정한 보세판매장 통합물류창고에 반입하는 물품 중 보세판매장 재고관리시스템에 의하여 관리되는 물품의 재고관리 등 기록은 동 고시에서 정하는 바에 따른다.

3. 재고관리상황의 조사 [19 기출]

① 재고조사는 서면심사 또는 실지조사의 방법으로 회계연도 종료 3월 이후 년 1회 실시를 원칙으로 한다. 다만, 물품관리체계 및 업무처리체제를 확인한 결과 세관장이 효율적인 물품관리를 위하여 필요하다고 판단하는 경우 그러하지 아니하다.

② 입주기업체는 회계연도 종료 3개월이 경과한 후 15일 이내에 입주기업체의 반출입물품의 관리에 대한 적정 여부를 자체 점검하고 다음의 사항을 포함하는 자율점검표 또는 공인회계사가 이 고시에서 정하는 바에 따라 재고조사를 실시하고 작성한 보고서를 관할 세관장에게 제출하여야 한다.

> - 원재료, 재공품, 제품 및 잉여물품 등의 재고관리 방법
> - 제품별 원재료 실소요량 계산서(전산기록매체 또는 서면)
> - 반입물품의 기초재고, 반입·반출량, 기말재고현황(수입신고 제외대상인 기계·기구·설비 및 장비와 그 부분품 등을 구분하여 작성)
> - 재고관리현황을 확인할 수 있는 관련 서류명 및 관리부서
> - 그 밖에 물품관리와 관련한 참고사항 및 의견

③ 세관장은 제출받은 자율점검표 등의 심사결과 물품의 관리가 적정하다고 판단되는 입주기업체에 대하여 자율점검표 제출로 재고조사를 갈음할 수 있으며, 그 외의 입주기업체에 대하여 재고조사의 방법을 정하여야 한다.

④ 세관장은 재고조사 대상으로 정해진 입주기업체에 대하여 재고조사 개시일부터 10일 이전에 다음의 사항을 기재한 통지서를 입주기업체에게 송부하여야 하며, 재고조사 개시일부터 서면심사인 경우는 7일 이내, 실지조사인 경우는 10일 이내에 완료하여야 한다.

> - 물품의 반출입 사항, 잉여물품의 처리사항 등 물품관리에 필요한 사항이 포함된 제출서류명(결산서 및 부속서류 등)
> - 서류제출기한
> - 재고조사대상기간
> - 재고조사기간
> - 그 밖에 재고조사에 필요한 안내 및 협조사항 등

다만 부득이하게 재고조사기간을 연장하려는 경우에는 7일 이내의 범위에서 연장할 수 있으며, 이미 재고조사가 완료된 '재고조사 대상기간'에 대해서는 부정유출혐의 등의 경우를 제외하고는 반복 조사할 수 없다.

⑤ 세관장은 부정유출혐의 등 긴급하게 조사할 필요가 있다고 인정하는 경우에는 사전통지를 생략할 수 있다.
⑥ 사전통지를 하지 아니하는 경우 세관장은 재고조사를 할 때 통지를 하지 아니한 사유를 알려야 한다.
⑦ 세관장은 재고조사의 방법에도 불구하고 관련 자료를 심사한 결과 재고조사의 방법이 타당하지 아니하다고 인정되는 경우에는 이를 변경할 수 있다. 다만, 다음의 어느 하나에 해당하는 경우에는 실지조사하여야 하며, 실지조사의 경우에는 증표를 휴대하고 이를 관계인에게 제시하여야 한다.

- 자율점검표 및 관련 자료를 제출기한까지 제출하지 않은 경우
- 외국물품 등의 부정유출 우려가 있는 경우
- 실소요량관리가 다른 입주기업체와 비교하여 불합리한 경우
- 제출된 자료가 서면조사에 필요한 사항이 기재되지 않아 서면심사가 이루어지기 어려운 경우
- 입주기업체의 입주계약이 해지된 경우(세관장이 실지조사를 생략할 수 있다고 인정한 경우는 제외)

⑧ 세관장은 입주기업체의 업종, 반출입 물품의 성격, 작업의 종류 등을 감안하여 합리적인 방법으로 재고조사를 실시할 수 있다.
⑨ 입주기업체가 장부기장이나 물품관리를 소홀히 하여 재고조사를 실시할 수 없거나 실지조사 결과 재고수량의 부족 등 관련 법령 위반사실을 발견한 때에는 자체조사 후 통고처분 등 필요한 조치를 하여야 한다.

4. 서류의 보관

입주기업체가 물품관리를 위하여 5년간 보관하여야 할 서류는 다음과 같다.

- 수입신고필증(수입신고서 서식에 따른 반입신고서 포함), 수입거래 및 지식재산권 거래 관련 계약서 등
- 국외반출신고필증, 수출신고필증 및 가격결정 관련자료
- 재고기록에 관한 장부 또는 자료보존매체
- 실소요량 관련자료

5. 폐기명령의 통보

① 세관장이 화주 등에게 국외반출 또는 폐기를 명령할 때에는 등기우편이나 인편으로 송달하여야 하며, 인편으로 송달할 때에는 수령증을 받아야 한다.
② 물품폐기공고를 인터넷 홈페이지에 게시하는 경우에는 관세청 인터넷 홈페이지에 14일 이상 게시하여야 한다.

6. 대집행

폐기명령을 받은 자가 기간이 지나도 이를 폐기하지 아니할 때에는 「행정대집행법」에 따라 제3자에게 폐기하게 하여야 한다. 다만, 폐기대상 물품의 종류, 수량, 폐기비용, 자연·생활환경 및 국민보건에 해가 되는 지의 여부 등을 고려하여 세관 자체적으로 폐기가 가능하다고 인정되는 물품은 세관장이 직접 폐기할 수 있다.

7. 폐기의 감독

① 세관장은 폐기대상물품이 부정유출 우려가 있어 감시단속이 필요하다고 인정하는 때에는 세관공무원으로 하여금 이를 감독하게 할 수 있다.
② 폐기명령을 받은 화주 등은 폐기하려는 날의 3일 전까지 폐기예정통보를 하고, 폐기한 날부터 3일 이내에 폐기결과보고를 하여야 한다.

8. 반출입 제한물품 등 보고

① 입주기업체는 다음의 어느 하나에 해당하는 물품이 반입되는 경우 즉시 세관장에게 보고하여야 한다.

- 반출입 제한대상인 경우
- 반입예정정보와 품명, 수량이 다르거나 포장파손, 누출, 오염 등 물품에 이상이 있는 경우
- 자유무역지역에 반출입되는 외국물품의 원산지가 허위표시된 경우
- 자유무역지역에 반출입되는 물품이 영 제29조에 따른 상표권 및 저작권을 침해하는 물품인 경우

② 보고를 받은 세관장은 보고사실에 대한 사실조사 등을 실시하고 밀수 등 혐의점이 있는 경우에는 위반혐의에 대하여 조사하여야 한다.

③ 조사는 위반사항을 알게 된 부서에서 수행하며, 조사 결과 「관세법」 등을 위반한 확증을 얻은 때에는 통고처분 등 필요한 처분을 하여야 한다.

05 관세의 감면 등

1. 원재료 등의 범위

① 법 제29조 제1항 제2호, 제3항 제2호 및 법 제44조의 '원재료'의 범위는 다음과 같다.

- 법 제10조 제1항 제1호부터 제3호까지의 입주자격을 갖춘 입주기업체의 경우 「관세법」에 따른 보세공장 원재료의 범위를 준용하여 적용한다.
- 법 제10조 제1항 제4호 및 제5호의 입주자격을 갖춘 입주기업체의 경우 보관, 전시 등을 위하여 반입한 물품의 보수에 사용되는 물품에 한정한다.
- 법 제29조 제1항 제2호 다목의 '관세청장이 정하는 물품'이라 함은 영 제7조 제5항 제1호의 복합물류 관련 사업을 수행하는 입주기업체가 포장·보수·가공 또는 조립 등에 사용하기 위하여 반입하는 물품

② 법 제29조 제1항 제2호 및 제3항 제2호의 '사무용컴퓨터 및 건축자재'란 다음의 물품을 말한다.

- 사무용컴퓨터는 입주기업체가 사무를 위하여 사용하는 컴퓨터로서 입·출력장치를 포함한다.
- 건축자재는 입주기업체가 제조·가공, 하역, 운송, 보관, 전시 등 사업을 영위하기 위한 공장, 창고, 사무실 그 밖에 시설물의 건축에 필요한 원자재를 말한다.

2. 내국물품의 원재료 사용승인 신청과 과세표준 공제신청

① 내국물품의 원재료 사용승인 신청은 내국물품의 원재료 사용승인(신청)서식에 따른다.

② 관세 등의 과세표준에서 공제할 내국물품의 수량 및 가격은 해당 물품에 대한 세금계산서 또는 매매계약서 등으로 확인이 가능하여야 하며, 세관장은 공제할 내국물품의 수량 및 가격을 결정하는 데 필요하다고 인정하는 경우 공제신청을 하는 물품의 실소요량계산서를 제출하게 할 수 있다.

3. 관세 등의 환급

반입신고를 한 내국물품의 수입 시 납부한 관세 등의 환급에 관하여는 환급사무처리고시를 준용한다.

4. 수입신고 제외대상 물품에 대한 점검

세관장은 수입신고 없이 자유무역지역에서 사용 또는 소비하는 물품에 대하여는 입주기업체별 사용명세를 파악하여 해당 물품이 자유무역지역에서 용도에 맞게 사용되고 있는지 여부를 수시로 점검할 수 있다.

8절 수출입물류업체에 대한 법규수행능력측정 및 평가관리에 관한 훈령

✐ 본문 내용 중 꼭 알아야 하는 부분에 형광펜으로 표시하였으니 반드시 학습하시기 바랍니다.

01 총칙

1. 목적

이 훈령은 관세법 제255조의2 및 같은 법 시행령 제259조의4에 따라 보세화물을 취급하는 수출입물류업체에 대한 세관절차의 법규이행정도 등을 공정하고 투명하게 측정하고 평가관리함으로서 수입화주의 권익보호와 관세행정질서의 구현은 물론 관세법규 등을 성실히 준수하도록 수출입물류업체를 효과적으로 지원함을 목적으로 한다.

2. 정의 [22 기출] [19 기출]

(1) 수출입물류업체

「관세법」 제172조의 규정에 따른 화물관리인, 법 제174조의 규정에 따른 특허보세구역 운영인, 법 제198조의 규정에 따른 종합보세사업장 운영인, 법 제222조의 규정에 따른 보세운송업자·화물운송주선업자, 법 제225조의 규정에 따른 항공사·선박회사와 「자유무역지역의 지정 및 운영에 관한 법률」 제2조 제2호의 규정에 따른 업체를 말한다. 다만, 「수출입 안전관리 우수업체 공인 및 운영에 관한 고시」의 규정에 따라 종합인증우수업체로 공인된 업체는 제외한다.

(2) 법규수행능력 [24 기출]

수출입물류업체가 관세법규 등에서 정하는 사항을 준수한 정도를 측정한 점수를 말한다.

(3) 통합법규수행능력

개별 수출입물류업체의 측정점수와 물류공급망으로 연관된 전체 수출입물류업체의 측정점수를 반영하여 산출한 점수를 말한다.

(4) 내부자율통제시스템

수출입물류업체가 관세법령 등에서 정하는 보세화물취급업무를 수행하기 위한 일련의 처리절차, 내부통제절차 등을 갖춘 자체시스템을 말한다.

(5) 세관장

수출입물류업체의 영업장소를 관할하는 세관장(보세구역을 지정·특허한 세관장, 자유무역지역 관할 세관장, 기타 업체는 본사 소재지를 관할하는 세관장)을 말한다.

(6) 점검요원

이 훈령에서 정하는 법규수행능력 측정 및 평가관련 사항의 점검·확인·평가관리 등을 수행하기 위하여 세관화물부서에 편성된 점검반의 구성원을 말한다.

(7) 평가미이행업체

법규수행능력 평가항목 자율점검표를 세관장에게 제출하지 아니한 업체를 말한다.

(8) 법규수행능력측정 및 평가관리시스템(법규수행능력 평가시스템)

수출입물류업체에 대한 세관절차의 법규 이행정도를 확인하기 위한 평가항목의 등록, 측정, 평가 등을 하는 전산시스템을 말한다.

3. 업무의 범위

이 훈령에 따른 법규수행능력 측정 및 평가업무의 범위는 다음과 같다.
① 「관세법」 제135조부터 제225조까지, 「관세법시행령」 제157조부터 제232조까지, 「자유무역지역의 지정 및 운영에 관한 법률」에서 규정하고 있는 보세화물취급에 관한 사항
② 관세청장이 정하는 적재화물목록 작성 및 제출, 관리대상화물의 선별과 검사, 반출입신고, 보세운송신고 등 보세화물관리에 관한 사항
③ 기타 보세화물취급의 적정성 확인 등 의무이행에 관한 사항

4. 점검요원의 책무

① 점검요원은 법규수행능력 측정 및 평가업무를 수행함에 있어 관세법령 등의 목적에 비추어 일반적으로 타당하다고 인정되는 한계를 엄수하여야 하며 신의에 좇아 성실히 하여야 한다.
② 점검요원은 관세법령 등에 규정된 수출입물류업체의 권리가 부당하게 침해되지 않도록 노력하여야 한다.
③ 점검요원은 점검 등 업무와 관련하여 취득한 정보나 자료 기타 영업상의 비밀 등을 타인에게 누설하여서는 아니 된다. 다만, 법령의 규정에 따라 그 제공이 강제되거나 허용되는 경우에는 그러하지 아니하다.

02 내부자율통제시스템 구축

1. 내부자율통제를 위한 표준매뉴얼의 작성 및 비치 18기출

세관장은 수출입물류업체가 [별표 1]에서 정하는 분야별 항목을 참고하여 업체 자체 실정에 맞는 단계별 업무처리절차, 내부통제절차, 업무처리 전산화, 시설·장비의 구비 등 내부자율통제를 위한 표준매뉴얼을 작성하고 비치하도록 하여야 한다.

[별표 1] 내부자율통제시스템 가이드라인

1. 내부자율통제시스템의 목적
   수출입물류업체는 관세 등 제세가 유보된 보세화물을 취급하므로 관세법령 준수와 선량한 관리자로서 주의를 다하여야 하며, 보세화물을 신속·안전하게 관리하기 위하여 업체 스스로 내부자율통제시스템 작성 및 비치
2. 내부자율통제시스템에 포함하여야 할 사항
   - 내부자율통제시스템을 철저히 운영하여 법규수행능력 향상을 위한 사항
   - 소속직원이 보세화물 취급과정에서 밀수 등 불법행위에 가담하는 것을 적극 방지하기 위한 사항
   - 설비, 장비가 밀수 등 불법행위에 이용되는 것을 사전에 예방하기 위한 사항
   - 세관과의 긴밀한 협조를 통해 자율적인 법규수행능력 향상에 필요한 사항
   - 보세화물의 안전관리 및 물류 신속화를 위한 사항
3. 보세화물 취급에 필요한 조직운영
   수출입물류업체는 운영인, 임원, 담당직원 등 필요한 조직을 갖추고, 내부자율통제시스템을 운영하여야 함
4. 보세화물을 신속·안전하게 처리할 수 있는 장비구비
   보세화물의 상하차작업 등에 필요한 시설·장비, 반출입신고, 적재화물목록 제출, 보세운송신고 등을 신속·안전하게 할 수 있는 전산시스템 등 장비를 구비하여야 함

5. 보세화물 취급관련 보고 및 정보제공
   - 보세화물 취급과정에서 이상한 물품, 동태 이상자 등을 발견했을 때는 즉시 관할세관에 보고하여야 함
   - 보세화물 취급과정에서 수집한 정보 중 세관에 필요하다고 판단된 정보는 즉시 관할세관에 제공하여야 함
   - 관할세관의 정기 및 수시점검에서 지적된 사항에 대하여 즉시 시정조치하고 그 결과를 보고하여야 함
6. 보세화물 취급관련 교육 및 취약요인 발굴·개선
   - 보세화물 취급직원에게 관계법령, 위탁업무처리절차 등 법규수행능력 향상에 필요한 전반적인 교육을 실시하여야 함
   - 밀수 등 불법행위를 방지하기 위하여 인원·시설·장비 등에 대한 보안조치를 강구하여야 함
   - 보세화물 취급과정에서 밀수 등 불법행위에 이용될 수 있는 취약 요인을 적극 발굴하여 개선하여야 함
   - 밀수정보 적발(제공자) 등에 대한 특진 등 인사상 우대 사내 내규화
7. 업무처리절차의 준수
   - 관세법규에서 정하는 보세화물 취급관련 업무를 수행하기 위한 일련의 처리절차, 검증절차 등을 갖춘 내부자율통제시스템을 구비하고 운영상황을 주기적으로 점검하여야 함
   - 세관장의 업무를 위탁받아 수행하는 경우에는 위탁업무처리대장 및 서류를 비치하고 관리하여야 함
8. 내부감사인 지정 및 임무부여
   - 법규수행능력 제고 및 안전하고 신속한 보세화물 취급·관리를 위해 이사회 결의 등을 통하여 내부감사인을 지정하여야 함
   - 내부감사인에게 다음 임무를 부여하여 수행토록 하여야 함
     - 보세화물 취급업무에 대한 정기 및 수시감사
     - 세관장 위탁업무 수행시 관련법령 준수여부 감사
     - 위탁업무처리절차, 관계법령 등에 관한 자체교육
     - 관할세관의 점검에서 지적된 사항에 대한 시정조치 확인
     - 내부자율통제시스템 운영상황에 대한 점검 및 보고 등

2. 표준매뉴얼 제작 및 배포

세관장은 수출입물류업체가 작성하여 비치한 내부자율통제를 위한 표준매뉴얼의 적정성 여부를 확인한 결과 세관 및 수출입물류업체의 특성상 통일된 표준매뉴얼이 필요하다고 판단하는 때에는 자체실정에 맞는 표준매뉴얼을 제작하여 수출입물류업체에 배포할 수 있다.

03 법규수행능력 평가항목에 대한 점검

1. 점검반 편성 및 운영

① 세관장은 법규수행능력 점검반에 적재화물목록, 보세운송, 보세화물 등 해당분야의 전문지식을 보유한 세관공무원이 균형있게 배치될 수 있도록 편성하여야 하며, 점검의 효율성과 투명성 확보를 위해 필요한 경우 관세사 또는 보세사 등 외부전문가를 점검반원으로 편성할 수 있다.

② 점검반 편성인원은 화물주무를 반장으로 하고, 반원 3인 이상으로 구성하는 것을 원칙으로 한다. 다만, 세관공무원 및 점검대상 업체 수 등을 고려하여 편성인원을 조정하여 운영할 수 있다.

2. 점검계획의 사전통지와 자율점검

① 세관장은 법규수행능력 점검대상 수출입물류업체에 대하여 서면(현지)점검 개시 7일 전까지 법규수행능력 점검통지서와 관세청장이 별도 정하는 법규수행능력 평가항목 자율점검표를 송부하여야 한다. 다만, 점검일정상 불가피한 경우에는 유선으로 통보하고 서면(현지)점검 시에 동 통지서를 교부할 수 있다.

② 세관장이 수출입물류업체에 사전통지를 한 때에는 사전통지를 받은 날부터 3일 이내에 업체 자율적으로 점검하고 법규수행능력 평가항목 자율점검표를 작성하여 점검반에게 이를 제출할 수 있도록 하여야 한다.

3. 점검 및 결과조치 [24 기출] [21 기출]

① 법규수행능력 평가대상 수출입물류업체에 대한 점검은 서면점검을 원칙으로 한다. 다만, 수출입물류업체의 업무특성상 현지점검의 필요성이 있다고 판단되는 때에는 7일 이내의 기간을 정하여 현지점검을 실시할 수 있다.

② 세관장이 서면(현지)점검을 하는 경우 평가항목에 대한 사실 확인 등이 필요하다고 판단하는 때에는 수출입물류업체에게 추가적으로 자료의 제출을 요구하거나 질문 등을 할 수 있다.

③ 점검반은 수출입물류업체에 대한 법규수행능력 점검을 완료한 때에는 그 결과를 세관장에게 보고하고 즉시 법규수행능력 평가시스템에 등록하여야 한다.

④ 세관장이 현지점검을 실시한 때에는 수출입물류업체에 대한 「특허보세구역운영에 관한 고시」 제22조에 따른 보세구역운영상황의 점검, 「자율관리보세구역운영에 관한 고시」 제10조에 따른 자율관리보세구역에 대한 감독, 「보세공장운영에 관한 고시」 제40조에 따른 재고조사, 「보세판매장운영에 관한 고시」 제32조에 따른 세관장의 업무감독, 「종합보세구역의 지정 및 운영에 관한 고시」 제35조에 따른 반출입사항 및 재고조사와 「보세운송에 관한 고시」 제57조에 따른 세관장의 업무감독, 「자유무역지역 반출입물품의 관리에 관한 고시」 제22조에 따른 재고관리상황의 조사 등을 생략할 수 있다.

4. 시정 등의 조치 [24 기출]

세관장은 점검결과 수출입물류업체가 보세화물을 취급함에 있어서 내부자율통시스템이 기준에 미달하거나 시설장비 등의 부족으로 보세화물취급에 지장이 있다고 판단하는 때에는 다음과 같이 시정을 명하고 이행기간을 정하여 시정조치 내용을 보고하게 할 수 있다.

> ① 위반내용이 경미한 경우 → 현지 시정
> ② 보세화물취급에 지장이 초래될 우려가 있거나 있는 경우 → 서면으로 시정내용과 기간을 정하여 이행 요구

04 법규수행능력 측정 및 평가

1. 법규수행능력 측정

① 법규수행능력 측정에 대한 평가항목, 평가항목별 평가요소, 평가항목 및 평가요소별 배점 등의 평가기준은 관세청장이 별도로 정한다.

② 관세청장은 평가기준 등에 대하여 수출입물류를 관할하는 단체 등의 건의가 있거나, 보세화물을 취급하는 수출입물류업체의 업무특성 등을 고려하여 현실에 맞도록 조정 운영할 수 있다.

③ 수출입물류업체에 대한 법규수행능력은 세관장이 점검결과를 법규수행능력 평가시스템에 등록함으로서 측정된다.

2. 점수의 산출

① 법규수행능력 측정 및 평가시스템에 따른 점수는 원칙적으로 평가항목 및 평가요소별 배점을 합산한 100점을 만점으로 하고, 가산요소가 반영된 관세협력 평가항목을 추가 합산하여 세관장이 관리한다.

② 세관장은 수출입물류업체별로 구분하여 법규수행능력 측정 및 평가시스템에서 점수를 산출하여야 한다.

3. 등급부여

① 세관장은 수출입물류업체의 법규수행능력에 따라 세관절차상의 위임·위탁범위를 정하기 위하여 산출된 점수를 기준으로 수출입물류업체에 다음과 같이 등급을 부여하여야 한다.

- 90점 이상인 업체는 A등급
- 80점 이상 90점 미만인 업체는 B등급
- 70점 이상 80점 미만인 업체는 C등급
- 70점 미만인 업체는 D등급(종전 규정에 의한 D~F등급은 현행 D등급으로 본다)
- 평가미이행업체는 E등급

② 관세청장은 수출입물류업체별 점수와 등급에 따른 편차를 고려하여 수출입물류업체별로 등급별 점수를 재조정할 수 있으며 평가미이행업체는 70점 미만인 업체와 동일하게 관리한다.

③ 세관장은 법규수행능력에 따른 수출입물류업체의 점수별 등급에 따라 수출입물류업체에 세관 절차상의 편의제도 이용을 제한할 수 있다.

4. 평가관리

① 세관장이 점수를 산출하고 등급부여를 하여 점수의 산출 및 등급화한 수출입물류업체는 다음과 같이 구분하여 관리한다.

- 선박회사 및 항공사
- 화물운송주선업자
- 보세운송업체
- 보세구역(지정장치장, 보세창고, 보세공장, 보세판매장, 종합보세구역, 보세건설장)
- 자유무역지역 입주기업체

② 세관장은 부여된 업체별 등급을 다음과 같이 구분하여 관리한다.

- A등급인 업체는 법규수행능력 우수업체
- B, C등급인 업체는 법규수행능력 양호업체
- D등급인 업체는 법규수행능력 개선이행업체
- E등급인 업체는 법규수행능력 평가미이행업체

5. 평가결과의 통지

세관장은 평가결과를 당해 수출입물류업체가 요청하는 경우에는 「법규수행능력 평가결과통지서」를 전자적인 방식 등으로 통보할 수 있다.

6. 평가의 주기와 평가항목의 등록 23 기출

① 세관장이 법규수행능력 평가시스템에 의하여 수출입물류업체의 법규수행능력을 평가할 수 있는 주기는 연 1회를 원칙으로 한다.

② 신규업체가 법규수행능력평가를 요청할 때에는 다음의 기준을 충족하는 경우 평가를 실시할 수 있다. 24 기출

- 보세구역, 자유무역지역 → 설립 후 6개월 경과
- 운송사, 선사, 항공사, 포워더 → 세관신고 250건 이상

③ 평가이행업체 또는 평가미이행업체가 추가 평가를 요청하는 때에는 세관장이 타당하다고 인정하는 경우에 한하여 연 1회의 추가 평가를 실시할 수 있다.

④ 추가 평가를 실시하여 등급이 조정된 경우에는 조정된 등급에 따라 관리하되, 추가 평가 결과는 평가 결과 통보일 이후부터 적용한다.

⑤ 세관장은 평가주기에 불구하고 평가항목 중에서 행정제재, 표창의 수상, 안보위해물품의 적발실적 등은 사유발생 즉시 법규수행능력 평가시스템에 등록하여야 한다.

05 법규수행능력에 따른 관리원칙

1. 업체별 등급에 따른 관리 20 기출

① 세관장은 법규수행능력우수업체에 대하여는 다음과 같은 우대 등의 조치를 취할 수 있다.

- 세관장 권한의 대폭적 위탁
- 관세 등에 대한 담보제공의 면제
- 보세화물에 대한 재고조사 면제 등 자율관리 확대
- 화물C/S에 의한 검사비율의 축소 및 검사권한 위탁
- 기타 관세청장이 정하는 사항

② 세관장은 법규수행능력 개선이행업체(D등급), 법규수행능력 평가미이행업체(E등급)에 대하여 다음에서 정하고 있는 관세행정상 편의제도의 이용을 제한할 수 있다.

- 보세운송신고·적재화물목록 정정·사용신고 자동수리
- 관리대상화물 선별 또는 보세판매장 반입검사 완화
- 보세공장 등의 재고조사
- 보세화물 반출입 정정 시 자동수리
- 기타 관세청장이 정하는 사항

2. 개선이행계획 권고 등

① 세관장은 수출입물류업체에 대한 법규수행능력 평가결과가 법규수행능력 개선이행업체(D등급)에 해당하는 경우에는 법규수행능력 향상을 위한 개선이행계획서를 평가결과 통지서를 받은 날부터 1월 이내에 제출하도록 하고 법규수행능력 평가시스템에 이를 등록하여 그 이행 여부를 관리하여야 한다. 세관 화물담당부서 점검요원은 개선이행사항 완료기간까지 업무지도와 점검을 실시하여야 한다.

② 세관장이 개선이행계획서를 제출받은 경우 개선이행계획서상 목표일이 경과된 후 1월 이내에 재평가를 실시하고 평가결과 법규수행능력이 개선된 경우 등급을 상향조정하여 조정된 등급에 따라 관리한다.

③ 세관장이 개선이행계획서를 자율적으로 제출한 업체 또는 권고한 업체가 개선을 불이행하는 등 개선의 여지가 없다고 판단하는 경우에는 중점관리대상업체로 지정하여야 한다.

3. 중점관리대상업체 등에 대한 처리원칙

① 세관장이 중점관리대상업체와 법규수행능력 평가미이행업체(E등급)는 조속한 기간 내에 업체 자력으로 법규수행능력을 향상시킬 수 있도록 특별관리하여야 한다.

② 세관장은 특별관리하는 기간 동안 기존의 법규수행능력보다 악화되는 등 개선의 여지가 없고, 보세화물에 대한 관세 등의 채권확보에 지장이 있다고 판단하는 경우에는 중점 관리대상업체에 대해 담보를 제공하게 하거나 세관절차의 배제 또는 보세화물취급과 관련한 고시 등에서 정하는 바에 따라 세관장이 예고 후 일정기간 업무정지 등의 조치를 취할 수 있다. 세관장이 조치를 취하는 경우에는 관세청장에게 즉시 보고하여야 한다.

06 통합법규수행능력 평가 및 관리

1. 평가대상

세관장은 법규수행능력 평가시스템에 등록하여 측정한 수출입물류업체를 대상으로 통합법규수행능력을 평가하여야 한다. 다만, 수출입물류업체 중 관세법 제225조의 선박회사, 항공사는 통합법규수행능력 평가에서 제외한다.

2. 평가관리 및 활용

통합법규수행능력 평가결과는 다음에서 정하는 화물의 이동단계별 위험관리에 활용할 수 있다.

① 관리대상화물 선별·검사
② 보세운송화물 선별·검사
③ 보세구역 종합관리시스템과 연계한 보세구역 순찰·점검
④ 수출입업체별 통관관리기준
⑤ 적재화물목록 정정심사 등 관세청장 또는 세관장이 정하는 사항

핵심기출문제

01 자율관리보세구역에 장치한 물품은 관세법에 따른 절차 중 관세청장이 정하는 절차를 생략할 수 있다. 이에 해당하지 않는 것은?
① 보세화물 관리에 관한 고시에 따른 재고조사 및 보고의무
② 벌크화물의 사일로(silo)적입을 위한 포장제거작업의 경우 관세법에 따른 보수작업 신청(승인)
③ 특허보세구역 운영에 관한 고시에 따른 보세구역 운영상황의 점검
④ 보세화물 관리에 관한 고시에 따른 장치물품의 수입신고 전 확인 승인신청
⑤ 의료기기법, 약사법, 화장품법 및 전기용품 및 생활용품 안전 관리법에 따른 표시작업(원산지 표시 제외)의 보수작업 신청(승인)

정답 및 해설

「보세화물 관리에 관한 고시」 제16조에 따른 재고조사 및 보고의무를 **분기별 1회에서 연 1회로 완화** [자율관리보세구역 운영에 관한 고시 제7조(절차생략 등) 제1항]

정답 ①

02 보세사의 직무에 해당되지 않는 것은?

① 보세구역 장치물품의 폐기 시 입회 및 확인
② 보수작업과 화주의 수입신고전 장치물품 확인 시 입회·감독
③ 환적화물 컨테이너 적출입 시 입회·감독
④ 내국물품 반출입관리대장 작성과 확인
⑤ 보세구역의 출입자관리에 대한 감독

정답 및 해설

보세구역 장치물품의 폐기 시 입회 및 확인은 화물관리 세관공무원이 수행한다.

[보세사제도 운영에 관한 고시 제10조(보세사의 직무) 제1항]
1. 보수작업과 화주의 수입신고 전 장치물품확인 시 입회·감독
2. 세관봉인대의 시봉 및 관리
3. 환적화물 컨테이너 적출입 시 입회·감독
4. 다음의 비치대장 작성과 확인. 다만, 전산신고 등으로 관리되는 경우에는 생략할 수 있다.
   가. 내국물품 반출입 관리대장(별지 제8호 서식)
   나. 보수작업 관리대장(별지 제9호 서식)
   다. 환적화물 컨테이너적출입 관리대장(별지 제10호 서식)
   라. 장치물품 수입신고전 확인대장(별지 제11호 서식)
   마. 세관봉인대 관리대장(별지 제12호 서식)
   바. 그 밖에 보세화물 관련규정에서 보세사의 직무로 정한 각종 대장

정답 ①

03 자율관리보세구역 운영인의 의무사항에 대한 설명으로 틀린 것은?

① 절차생략 등에 따른 물품 반출입 상황 등을 보세사로 하여금 기록 관리하게 하여야 한다.
② 보세사가 이탈하고 1개월 이내에 보세사가 아닌 자를 업무대행자로 지정하면 보세사 업무를 수행할 수 있다.
③ 보세사를 채용, 해고 또는 교체하였을 때에는 세관장에게 즉시 통보하여야 한다.
④ 보세사가 해고 등의 사유로 업무를 수행할 수 없는 경우에는 2개월 이내에 다른 보세사를 채용하여 근무하게 하여야 한다.
⑤ 보세구역 반출입 물품과 관련한 생산, 판매, 수입 및 수출 등에 관한 세관공무원의 자료요구 또는 현장 확인 시 협조하여야 한다.

정답 및 해설

운영인 등은 보세사가 아닌 자에게 보세화물관리 등 보세사의 업무를 수행하게 하여서는 아니 된다. 다만, **업무대행자를 지정하여 사전에 세관장에게 신고한 경우에는 보세사가 아닌 자도 보세사가 이탈 시 보세사 업무를 수행할 수 있다.** [자율관리보세구역 운영에 관한 고시 제9조(운영인 등의 의무) 제1항]

정답 ②

04 수출입물류업체에 대한 법규수행능력 측정 및 평가관리에 관한 훈령상 법규수행능력측정 및 평가 대상자가 아닌 것은?

① 지정장치장 화물관리인
② 특허보세구역 운영인
③ 종합보세사업장 운영인
④ 수출입 안전관리 우수업체
⑤ 화물운송주선업자

> **정답 및 해설**
>
> 수출입물류업체란 화물관리인, 특허보세구역 운영인, 종합보세사업장 운영인, 보세운송업자·화물운송주선업자, 항공사·선박회사와 자유무역지역 입주기업체를 말한다. 다만, 「수출입 안전관리 우수업체 공인 및 운영에 관한 고시」의 규정에 따라 수출입 안전관리 우수업체로 공인된 업체는 제외한다. [수출입물류업체에 대한 법규수행능력측정 및 평가관리에 관한 훈령 제2조(정의) 제1호]
>
> 정답 ④

05 보세사의 결격사유에 해당하지 않는 것은?

① 미성년자
② 피성년후견인과 피한정후견인
③ 관세법을 위반하여 징역형의 실형을 선고받고 그 집행이 끝나거나 면제된 후 2년이 지나지 아니한 자
④ 파산선고를 받고 복권되지 아니한 자
⑤ 관세법을 위반하여 과태료 처분을 이행한 후 2년이 지나지 아니한 자

정답 및 해설

[관세법 제165조(보세사의 자격 등) 제5항]
세관장은 보세사 등록을 한 사람이 다음의 어느 하나에 해당하는 경우에는 등록의 취소, 6개월 이내의 업무정지, 견책 또는 그 밖에 필요한 조치를 할 수 있다. 다만, 제1호 및 제2호에 해당하면 등록을 취소하여야 한다.
1. 제175조 제1호부터 제7호까지의 어느 하나에 해당하게 된 경우
2. 사망한 경우
3. 이 법이나 이 법에 따른 명령을 위반한 경우

[관세법 제175조(운영인의 결격사유)]
다음 각 호의 어느 하나에 해당하는 자는 특허보세구역을 설치·운영할 수 없다. 다만, 제6호에 해당하는 자의 경우에는 같은 호 각 목의 사유가 발생한 해당 특허보세구역을 제외한 기존의 다른 특허를 받은 특허보세구역에 한정하여 설치·운영할 수 있다.
1. 미성년자
2. 피성년후견인과 피한정후견인
3. 파산선고를 받고 복권되지 아니한 자
4. 이 법을 위반하여 징역형의 실형을 선고받고 그 집행이 끝나거나(집행이 끝난 것으로 보는 경우를 포함한다) 면제된 후 2년이 지나지 아니한 자
5. 이 법을 위반하여 징역형의 집행유예를 선고받고 그 유예기간 중에 있는 자
6. 다음 각 목의 어느 하나에 해당하는 경우에는 해당 목에서 정한 날부터 2년이 지나지 아니한 자. 이 경우 동일한 사유로 다음 각 목 모두에 해당하는 경우에는 그 중 빠른 날을 기준으로 한다.
    가. 제178조 제2항에 따라 특허보세구역의 설치·운영에 관한 특허가 취소(이 조 제1호부터 제3호까지의 규정 중 어느 하나에 해당하여 특허가 취소된 경우는 제외한다)된 경우 : 해당 특허가 취소된 날
    나. 제276조 제3항 제3호의2 또는 같은 항 제6호(제178조제2항제1호·제5호에 해당하는 자만 해당한다)에 해당하여 벌금형 또는 통고처분을 받은 경우 : 벌금형을 선고받은 날 또는 통고처분을 이행한 날
7. 제268조의2, 제269조, 제270조, 제270조의2, 제271조, 제274조, 제275조의2 또는 제275조의3 또는 제275조의4에 따라 벌금형 또는 통고처분을 받은 자로서 그 벌금형을 선고받거나 통고처분을 이행한 후 2년이 지나지 아니한 자. 다만, 제279조에 따라 처벌된 개인 또는 법인은 제외한다.
8. 제2호부터 제7호까지에 해당하는 자를 임원(해당 보세구역의 운영업무를 직접 담당하거나 이를 감독하는 자로 한정한다)으로 하는 법인

정답 ⑤

06 다음은 각각의 보세창고에 소속된 보세사 갑, 을, 병, 정, 무 5명의 대화 내용이다. 틀린 것은?

갑 : 특허보세구역 ABC 냉동창고 법인의 보세창고 운영을 감독하는 임원이 지난 주에 관세를 회피할 목적으로 타인에게 자신의 명의를 사용하여 납세신고를 하도록 허락한 사실이 있어 벌금형 처분을 받았다고 합니다. 이런 경우는 특허보세구역을 운영할 수 없는 사유에 해당됩니다.

을 : ABC 보세창고 임원이 보세사 자격이 있는 사람으로 보세화물관리업무를 이행하고 있었고 해당 규정 위반 사실은 보세사의 징계처분 중 보세사 등록취소의 사유에 해당됩니다.

병 : ABC 보세창고는 최근 6개월 동안 물품반입 실적이 없었다고 하던데 그러한 상태로 1년 이상 지속되면 특허가 취소될 수 있는 사유에 해당됩니다.

정 : 만약 ABC 보세창고의 특허 효력이 상실되었다 하여도 6개월의 범위에서 세관장이 지정하는 기간 동안은 그 구역은 특허보세구역으로 보며, 운영인에 대해서도 해당 구역과 장치물품에 관하여 특허보세구역의 설치·운영에 관한 특허가 있는 것으로 봅니다.

무 : ABC 보세창고는 자율관리보세구역으로 운영되고 있으나 소속 임원의 관세법 위반 사실은 자율관리보세구역 지정 취소의 사유에 해당됩니다.

① 갑
② 을
③ 병
④ 정
⑤ 무

정답 및 해설

2년 이상 물품의 반입실적이 없어야 특허 취소 사유에 해당할 수 있다.

[관세법 제178조(반입정지 등과 특허의 취소) 제2항]
세관장은 특허보세구역의 운영인이 다음 각 호의 어느 하나에 해당하는 경우에는 그 특허를 취소할 수 있다. 다만, 제1호, 제2호 및 제5호에 해당하는 경우에는 특허를 취소하여야 한다.
1. 거짓이나 그 밖의 부정한 방법으로 특허를 받은 경우
2. 제175조 각 호의 어느 하나에 해당하게 된 경우. 다만, 제175조 제8호에 해당하는 경우로서 같은 조 제2호 또는 제3호에 해당하는 사람을 임원으로 하는 법인이 3개월 이내에 해당 임원을 변경한 경우에는 그러하지 아니하다.
3. 1년 이내에 3회 이상 물품반입 등의 정지처분(제3항에 따른 과징금 부과처분을 포함한다)을 받은 경우
4. **2년 이상 물품의 반입실적이 없어서 세관장이 특허보세구역의 설치 목적을 달성하기 곤란하다고 인정하는 경우**
5. 제177조의2를 위반하여 명의를 대여한 경우

정답 ③

07 자율관리보세구역 지정취소사유를 설명한 것이다. 틀린 것은?

① 장치물품에 대한 관세를 납부할 자금능력이 없는 경우
② 본인이나 그 사용인이 관세법 또는 관세법에 따른 명령을 위반한 경우
③ 보세사가 해고되어 업무를 수행할 수 없는 경우에 1개월 내에 다른 보세사를 채용하지 않는 경우
④ 보세화물을 자율적으로 관리할 능력이 없거나 부적당하다고 세관장이 인정하는 경우
⑤ 자율관리보세구역의 지정요건을 충족하지 못한 경우

정답 및 해설

보세사가 해고 또는 취업정지 등의 사유로 업무를 수행할 수 없는 경우에는 2개월 이내에 다른 보세사를 채용하여 근무하게 하면 된다.

[자율관리보세구역 운영에 관한 고시 제5조(지정취소 사유 등) 제1항]
1. 운영인이 법 제178조 제1항에 따른 물품 반입 등의 정지사유에 해당하게 된 경우
    1) 장치물품에 대한 관세를 납부할 자금능력이 없다고 인정되는 경우
    2) 본인이나 그 사용인이 이 법 또는 이 법에 따른 명령을 위반한 경우
    3) 해당 시설의 미비 등으로 특허보세구역의 설치 목적을 달성하기 곤란하다고 인정되는 경우
    4) 그 밖에 1)부터 3)에 준하는 것으로서 대통령령으로 정하는 사유에 해당하는 경우
2. 운영인 등이 보세사가 아닌 자에게 보세화물관리 등 보세사의 업무를 수행하게 한 경우
3. **보세사가 해고 또는 취업정지 등의 사유로 업무를 수행할 수 없는 경우에는 2개월 이내에 다른 보세사를 채용하여 근무하게 하여야 하는데 이를 위반한 경우**
4. 자율관리보세구역 지정요건을 충족하지 못한 경우
5. 그 밖에 보세화물을 자율적으로 관리할 능력이 없거나 부적당하다고 세관장이 인정하는 경우

정답 ③

08
자유무역지역에 반입한 외국물품의 매각 요청에 대한 설명이다. (   ) 안에 들어갈 내용을 순서대로 나열한 것은?

- 입주기업체는 반입한 날부터 (   )이 경과한 외국물품이 화주가 분명하지 않은 경우 등에 해당하면 세관장에게 장기보관화물 매각승인(요청)서로 매각을 요청할 수 있다.
- 이 경우 입주기업체는 세관장에게 매각을 요청하는 경우 화주, 반입자 또는 그 위임을 받은 자에게 외국물품의 반출통고를 해야 하며, 반출통고 후 (   )이 경과한 후에 매각을 요청할 수 있다.

① 6개월, 15일　　　　　　② 3개월, 30일
③ 3개월, 15일　　　　　　④ 6개월, 30일
⑤ 6개월, 45일

정답 및 해설

- 입주기업체는 반입한 날부터 **6개월**이 경과한 외국물품이 화주(貨主)가 분명하지 않은 경우 등에는 세관장에게 장기보관화물 매각승인(요청)서로 매각을 요청할 수 있다.
- 입주기업체는 세관장에게 매각을 요청하는 경우 화주, 반입자 또는 그 위임을 받은 자에게 외국물품의 반출통고를 해야 하며, 반출통고 후 **30일**이 경과한 후에 매각을 요청할 수 있다. [자유무역지역 반출입물품의 관리에 관한 고시 제19조(물품의 반출 및 장치기간 등) 제6항, 제7항]

정답 ④

09
자유무역지역 반입물품 역외작업에 대한 설명으로 틀린 것은?

① 역외작업의 범위는 해당 입주기업체가 전년도에 원자재를 가공하여 수출한 금액의 100분의 60 이내로 한다.
② 역외작업의 대상물품은 원자재 또는 원자재의 제조·가공에 전용되는 시설재(금형을 포함한다)만 해당한다.
③ 시설재의 경우 반출기간은 입주기업체와 역외작업 수탁업체 간에 체결된 계약기간의 범위로 하되, 그 기간은 1년을 초과할 수 없다.
④ 역외작업의 반출장소는 역외작업 수탁업체의 공장 또는 그에 부속된 가공장소로 한다.
⑤ 원자재의 경우 반출기간은 1년 이내로 한다.

정답 및 해설

[자유무역지역의 지정 및 운영에 관한 법률 시행령 제24조(역외작업의 신고 등) 제3항]
역외작업의 반출기간은 다음 각 호와 같다.
1. 원자재 : 1년 이내
2. 시설재 : 같은 품목에 대하여 **입주기업체와 역외작업 수탁업체 간에 체결된 계약기간의 범위로 하되, 그 기간은 3년을 초과할 수 없다.** 다만, 세관장은 역외작업이 계약기간 내에 끝나지 아니하는 등 부득이한 사유로 반출기간을 연장할 필요가 있다고 인정할 때에는 3년의 범위에서 그 기간을 연장할 수 있다.

정답 ③

10 자유무역지역에서 내국물품을 관세영역으로 반출하는 절차에 대한 설명으로 틀린 것은?

① 내국물품을 관세영역으로 반출하려는 자는 내국물품 반입증명서류를 세관장에게 제출하여야 한다.
② 내국물품 반출목록신고서를 제출하는 것으로 반입증명서류 제출을 갈음할 수 있다.
③ 내국물품 반출목록신고서를 제출한 날부터 2년간 내국물품 반입증명서류를 보관하여야 한다.
④ 수출신고수리가 취소된 물품인 경우에는 그 증빙서류를 제출하고 반출하여야 한다.
⑤ 내국물품 반입증명서류를 제출하지 아니하고 반출하였을 경우 100만 원 이하의 과태료 부과대상이다.

> **정답 및 해설**
>
> 내국물품 반입증명서류를 제출하지 아니하고 반출하였을 경우 **200만 원 이하**의 과태료 부과대상이다. [자유무역지역의 지정 및 운영에 관한 법률 제70조(과태료) 제2항 제8호]
>
> 정답 ⑤

11 자유무역지역 입주기업체의 재고관리 상황 조사에 대한 설명이다. (   ) 안에 들어갈 내용을 순서대로 나열한 것은?

> 입주기업체는 회계연도 종료 (   )이 경과한 후 (   ) 이내에 입주기업체의 반출입물품의 관리에 대한 적정 여부를 자체 점검하고 자율점검표 또는 공인회계사가 자유무역지역 반출입물품 관리에 관한 고시에서 정하는 바에 따라 재고조사를 실시하고 작성한 보고서를 관할 세관장에게 제출하여야 한다.

① 3개월, 15일
② 2개월, 15일
③ 6개월, 10일
④ 3개월, 10일
⑤ 1개월, 10일

> **정답 및 해설**
>
> 입주기업체는 회계연도 종료 **3개월**이 경과한 후 **15일** 이내에 입주기업체의 반출입물품의 관리에 대한 적정 여부를 자체 점검하고 자율점검표 또는 공인회계사가 이 고시에서 정하는 바에 따라 재고조사를 실시하고 작성한 보고서를 관할 세관장에게 제출하여야 한다. [자유무역지역 반출입물품의 관리에 관한 고시 제22조(재고관리상황의 조사) 제2항]
>
> 정답 ①

12 자유무역지역의 관리권자에 대한 내용이다. 바르게 연결된 것은?

A. 산업단지 – 국토교통부장관
B. 물류터미널 및 물류단지 – 산업통상자원부장관
C. 공항 및 배후지 – 국토교통부장관
D. 항만 및 배후지 – 해양수산부장관

① A, B
② B, C
③ A, C
④ C, D
⑤ A, B, C

> **정답 및 해설**
>
> [자유무역지역의 지정 및 운영에 관한 법률 제8조(관리권자) 제1항]
> 자유무역지역의 구분별 관리권자(관리권자)는 다음 각 호와 같다.
> 1. 제5조 제1호 가목에 따른 산업단지 : 산업통상자원부장관
> 2. 제5조 제1호 나목에 따른 **공항 및 배후지 : 국토교통부장관**
> 3. 제5조 제1호 다목에 따른 물류터미널 및 물류단지 : 국토교통부장관
> 4. 제5조 제1호 라목에 따른 **항만 및 배후지 : 해양수산부장관**
>
> 정답 ④

13 자유무역지역에 반입된 외국물품 등의 일시반출절차에 관한 내용으로 틀린 것은?

① 자유무역지역에 반입된 외국물품 등을 관세영역으로 일시반출하려는 자는 세관장의 허가를 받아야 한다.
② 자유무역지역에 반입된 외국물품 등이 수리, 전시, 검사 또는 불가피한 포장작업 등이 필요한 경우 일시반출절차를 따른다.
③ 자유무역지역에 반입된 외국물품 등이 일시반출절차를 통해 반출되거나 재반입하는 때에는 보세운송절차를 이행하여야 한다.
④ 일시반출절차를 거친 물품에 대해 수출상담이 지속되거나 기타 부득이한 사유로 일시반출기간을 연장하려는 때에는 기간이 만료되기 전에 신청하여야 하며 세관장은 6개월의 범위에서 연장승인을 할 수 있다.
⑤ 세관장은 자유무역지역에 반입된 외국물품 등의 일시반출 시 반출목적을 고려하여 물품의 수량 및 장소 등을 제한할 수 있다.

> **정답 및 해설**
>
> 일시반출허가를 받아 반출하거나 재반입하는 물품의 반출입신고는 일시반출허가서나 재반입신고서로 갈음하며 따로 보세운송절차를 거칠 필요가 없다. [자유무역지역 반출입물품의 관리에 관한 고시 제14조(외국물품 등의 일시반출입) 제4항]
>
> 정답 ③

14 자유무역지역의 반출입물품 관리에 관한 내용으로 틀린 것은?

① 외국물품 등이 아닌 물품을 자유무역지역에서 국외로 반출하려는 자는 수출신고를 하여야 한다.
② 세관장은 반입신고를 하지 아니하고 자유무역지역 안으로 반입된 내국물품에 대해서는 내국물품 확인서를 발급할 수 없다.
③ 세관장은 자유무역지역에 장치되어 있는 물품 중 품명미상의 물품으로서 반입 후 1년이 지난 경우 국외반출 또는 폐기를 명할 수 있다.
④ 입주기업체는 자유무역지역에 반출입되는 외국물품의 원산지가 허위로 표시된 경우 즉시 세관장에게 보고하여야 한다.
⑤ 입주기업체는 반입한 날로부터 6개월이 경과한 외국물품으로 화주가 분명하지 않은 경우 장기보관 화물 매각 요청을 할 수 있다.

> **정답 및 해설**
>
> 세관장은 반입신고를 하지 아니하고 자유무역지역 안으로 반입된 내국물품에 대하여 <u>그 물품을 반입한 자가 신청한 경우에는 내국물품 확인서를 발급할 수 있다.</u> [자유무역지역의 지정 및 운영에 관한 법률 제29조(물품의 반입 또는 수입) 제3항]
>
> 정답 ②

15 관세형벌 중 법정 징역형이 가장 중한 죄는?

① 금지품수출입죄
② 밀수출죄
③ 밀수품취득죄
④ 관세포탈죄
⑤ 밀수입죄

> **정답 및 해설**
>
> **금지품수출입죄** : 관세법 제234조 각 호의 물품을 수출하거나 수입한 자는 <u>7년 이하의 징역 또는 7천만 원 이하의 벌금</u>에 처한다. [관세법 제269조(밀수출입죄) 제1항]
>
> [오답노트]
> ② **밀수출죄** : <u>3년 이하의 징역 또는 물품원가 이하에 상당하는 벌금</u>에 처한다. [관세법 제269조(밀수출입죄) 제3항]
> ③ **밀수품취득죄** : <u>3년 이하의 징역 또는 물품원가 이하에 상당하는 벌금</u>에 처한다. [관세법 제274조(밀수품의 취득죄 등)]
> ④ **관세포탈죄** : 3년 이하의 징역 또는 포탈한 관세액의 5배와 물품원가 중 높은 금액 이하에 상당하는 벌금에 처한다. [관세법 제270조(관세포탈죄 등) 제1항]
> ⑤ **밀수입죄** : 5년 이하의 징역 또는 관세액의 10배와 물품원가 중 높은 금액 이하에 상당하는 벌금에 처한다. [관세법 제269조(밀수출입죄) 제2항]
>
> 정답 ①

16 관세법상 과태료에 대한 설명으로 맞는 것은?

① 관세법 제277조에 따라 부과할 수 있는 과태료 최고 금액은 1억 원이다.
② 과태료는 금전적 제재로서 형벌에 해당된다.
③ 과태료 처분에 불복하는 자는 그 처분의 고지를 받은 날부터 90일 이내에 이의를 제기할 수 있다.
④ 과태료 처분에 이의제기가 있을 경우 관할법원은 비송사건절차법에 의한 과태료 재판을 한다.
⑤ 과태료 처분 시에는 금액 감경을 할 수 없다.

> **정답 및 해설**
>
> [오답노트]
> ① 관세법 제277조에 따라 부과할 수 있는 과태료 최고 금액은 <u>2억 원</u>이다. [관세법 제277조(과태료) 제2항]
> ② 과태료는 금전적 제재로서 <u>질서벌</u>에 해당된다.
> ③ 행정청의 과태료 부과에 불복하는 당사자는 과태료 부과 통지를 받은 날부터 <u>60일</u> 이내에 해당 행정청에 서면으로 이의제기를 할 수 있다. [질서위반행위규제법 제20조(이의제기) 제1항]
> ⑤ 행정청은 당사자가 제16조에 따른 의견 제출 기한 이내에 과태료를 자진하여 납부하고자 하는 경우에는 대통령령으로 정하는 바에 따라 과태료를 감경할 수 있다. [질서위반행위규제법 제18조(자진납부자에 대한 과태료 감경) 제1항]
>
> 정답 ④

17 관세범의 조사와 처분에 관한 설명 중 맞는 것은?

① 관세범에 관한 사건이더라도 범죄의 정상이 징역형에 처해질 것으로 인정될 때에는 세관장의 고발이 없어도 검사는 공소를 제기할 수 있다.
② 세관장은 압수물품이 부패하거나 변질된 경우 피의자나 관계인에게 통고한 후 매각하여 그 대금을 보관하거나 공탁할 수 있다.
③ 경찰, 검찰 등 다른 기관이 관세범에 관한 사건을 발견하거나 피의자를 체포하였을 때에는 즉시 관세청이나 세관에 인계하여야 한다.
④ 세관장은 관세범인이 통고를 이행할 수 있는 자금능력이 없다고 인정되더라도 절차적 정당성 확보를 위해 일단 통고처분을 하여야 한다.
⑤ 관세범에 대해서는 관세법 규정과 상관없이 형사소송법을 우선 준용한다.

정답 및 해설

[관세법 제284조(공소의 요건) 제2항]

[오답노트]
① 관세범에 관한 사건에 대하여는 관세청장이나 세관장의 고발이 없으면 검사는 공소를 제기할 수 없다. [관세법 제284조(공소의 요건) 제1항]
② 관세청장이나 세관장은 부패 또는 손상되거나 그 밖에 사용할 수 있는 기간이 지날 우려가 있는 경우 피의자나 관계인에게 통고한 후 매각하여 그 대금을 보관하거나 공탁할 수 있다.
이미 압수물품이 부패하거나 변질된 경우는 해당사항이 없다. [관세법 제303조(압수와 보관) 제3항]
④ 관세청장이나 세관장은 관세범인이 통고를 이행할 수 있는 자금능력이 없다고 인정되는 경우에는 즉시 고발하여야 한다. [관세법 제318조(무자력 고발)]
⑤ 관세범에 관하여는 **이 법에 특별한 규정이 있는 것을 제외하고는** 「형사소송법」을 준용한다. [관세법 제319조(준용)]

정답 ③

18 관세법 제303조(압수와 보관) 제2항에 따른 압수물건의 보관자가 그 보관한 물품을 은닉·탈루, 손괴 또는 소비하였을 때 처벌하는 조항은?

① 관세법 제269조 제2항(밀수입죄)
② 관세법 제270조 제1항(관세포탈죄)
③ 관세법 제270조 제3항(부정수입죄)
④ 관세법 제275조의2 제2항(강제징수면탈죄 등)
⑤ 관세법 제275조의3(타인에 대한 명의대여죄)

> **정답 및 해설**
> 관세법 제303조 제2항에 따른 압수물건의 보관자 또는 「국세징수법」 제48조에 따른 압류물건의 보관자가 그 보관한 물건을 은닉·탈루, 손괴 또는 소비하였을 때에도 3년 이하의 징역 또는 3천만 원 이하의 벌금에 처한다. [관세법 제275조의2(강제징수면탈죄 등) 제2항]
>
> 정답 ④

19 관세법 제275조에 따라 징역과 벌금을 병과할 수 있는 대상이 아닌 것은?

① 부정한 방법으로 관세를 환급받은 자
② 강제징수의 집행을 면탈할 목적으로 그 재산을 은닉한 자
③ 세액결정에 영향을 미치기 위해 과세가격을 거짓으로 신고하여 수입한 자
④ 세관에 신고를 하지 아니하고 물품을 수입한 자
⑤ 밀수품을 취득하려다 미수에 그친 자

> **정답 및 해설**
> 강제징수의 집행을 면탈할 목적으로 그 재산을 은닉한 자는 관세법 제275조의2(강제징수면탈죄 등) 제1항에 따라 3년 이하의 징역 또는 3천만 원 이하의 벌금에 처한다. [관세법 제275조의2(강제징수면탈죄 등) 제1항]
> 다만, 관세법 제275조의2(강제징수면탈죄 등)는 관세법 제275조(징역과 벌금의 병과)가 적용되지 않는다.
> **제269조부터 제271조까지 및 제274조의 죄를 저지른 자**는 정상(情狀)에 따라 징역과 벌금을 병과할 수 있다. [관세법 제275조(징역과 벌금의 병과)]
>
> 정답 ②

20. 관세법상 과태료 부과 대상자가 아닌 경우로만 짝지어진 것은?

A. 특허보세구역의 특허사항을 위반한 운영인
B. 관세법 제240조의2 제1항을 위반하여 유통이력을 신고하지 아니하거나 거짓으로 신고한 자
C. 외국으로부터 우리나라에 도착한 선박용품을 세관장의 허가 없이 국제무역선에 하역하거나 환적한 자
D. 부정한 방법으로 적재화물목록을 작성하였거나 제출한 자
E. 관세법 제238조에 따른 보세구역 반입명령에 대하여 반입대상물품의 전부 또는 일부를 반입하지 아니한 자

① A, B
② A, C
③ B, D
④ C, E
⑤ D, E

정답 및 해설

D. 부정한 방법으로 적재화물목록을 작성하였거나 제출한 자
→ **2천만 원 이하의 벌금** [관세법 제276조(허위신고죄 등) 제3항 제1호]
E. 관세법 제238조에 따른 보세구역 반입명령에 대하여 반입대상물품의 전부 또는 일부를 반입하지 아니한 자
→ **물품원가 또는 2천만 원 중 높은 금액 이하의 벌금** [관세법 제276조(허위신고죄 등) 제2항 제3호]

정답 ⑤

21. 관세법상 벌칙에 관한 설명으로 틀린 것은?

① 제269조(밀수출입죄)에 해당되는 물품이 다른 물품 중에 포함되어 있는 경우 그 물품이 범인의 소유일 때에는 그 다른 물품도 몰수할 수 있다.
② 제276조(허위신고죄 등)의 죄를 범한 자는 벌금형이 부과된다.
③ 밀수출입죄에 전용되는 선박은 그 소유자가 범죄에 사용된다는 정황을 알고 있고, 범죄물품을 운반한 경우에는 몰수한다.
④ 그 정황을 알면서 제269조(밀수출입죄) 및 제270조(관세포탈죄 등)에 따른 행위를 교사하거나 방조한 자는 정범에 준하여 처벌한다.
⑤ 관세법상 몰수할 물품의 전부 또는 일부를 몰수할 수 없을 때에는 그 몰수할 수 없는 물품의 범칙 당시의 정상거래가격에 상당한 금액을 범인으로부터 추징한다.

정답 및 해설

몰수할 물품의 전부 또는 일부를 몰수할 수 없을 때에는 그 몰수할 수 없는 물품의 **범칙 당시의 국내도매가격**에 상당한 금액을 범인으로부터 추징한다. [관세법 제282조(몰수·추징) 제3항]

정답 ⑤

22 제275조의3(타인에 대한 명의대여죄)에 대한 내용이다. ( ) 안에 들어갈 내용을 순서대로 나열한 것은?

> 관세(세관장이 징수하는 내국세 등을 포함한다)의 회피 또는 강제집행의 면탈을 목적으로 타인에게 자신의 명의를 사용하여 관세법 제38조에 따른 ( )를 할 것을 허락한 자는 ( )년 이하의 징역 또는 ( ) 이하의 벌금에 처한다.

① 납세신고, 1년, 1천만 원 ② 수정신고, 1년, 1천만 원
③ 납세신고, 2년, 5백만 원 ④ 수정신고, 2년, 5백만 원
⑤ 수입신고, 1년, 5백만 원

정답 및 해설

관세(세관장이 징수하는 내국세 등을 포함한다)의 회피 또는 강제집행의 면탈을 목적으로 타인에게 자신의 명의를 사용하여 제38조에 따른 **납세신고**를 할 것을 허락한 자는 **1년** 이하의 징역 또는 **1천만 원** 이하의 벌금에 처한다.
[관세법 제275조의3(타인에 대한 명의대여죄)]

정답 ①

23 제270조(관세포탈죄 등)에 대한 내용이다. ( ) 안에 들어갈 내용을 순서대로 나열한 것은?

> 부정한 방법으로 관세를 환급받은 자는 ( ) 이하의 징역 또는 환급받은 세액의 ( ) 이하에 상당하는 벌금에 처한다. 이 경우 세관장은 부정한 방법으로 환급받은 세액을 즉시 ( )한다.

① 2년, 3배, 독촉 ② 2년, 3배, 몰수
③ 3년, 5배, 징수 ④ 3년, 5배, 몰수
⑤ 5년, 5배, 징수

정답 및 해설

부정한 방법으로 관세를 환급받은 자는 **3년** 이하의 징역 또는 환급받은 세액의 **5배** 이하에 상당하는 벌금에 처한다. 이 경우 세관장은 부정한 방법으로 환급받은 세액을 즉시 **징수**한다. [관세법 제270조(관세포탈죄 등) 제5항]

정답 ③

24 관세법상 형벌에 대한 설명으로 틀린 것은?

① 전자문서 등 관련 정보를 위조·변조·행사한 자는 1년 이상 10년 이하의 징역 또는 1억 원 이하의 벌금에 처한다.
② 관세청장으로부터 지정을 받지 않고 국가관세종합정보망을 운영한 자는 5년 이하의 징역 또는 5천만 원 이하의 벌금에 처한다.
③ 수출입 금지품을 밀수입한 자는 7년 이하의 징역 또는 7천만 원 이하의 벌금에 처한다.
④ 신고를 하지 아니하고 물품을 수입한 자는 5년 이하의 징역 또는 관세액의 5배와 물품원가 중 높은 금액 이하에 상당하는 벌금에 처한다.
⑤ 신고를 하지 아니하고 물품을 수출 또는 반송한 자는 3년 이하의 징역 또는 물품원가 이하에 상당하는 벌금에 처한다.

정답 및 해설

신고를 하지 아니하고 물품을 수입한 자는 5년 이하의 징역 또는 관세액의 **10배**와 물품원가 중 높은 금액 이하에 상당하는 벌금에 처한다. [관세법 제269조(밀수출입죄) 제2항]

정답 ④

25 관세질서벌에 대한 설명으로 틀린 것은?

① 관세법상의 의무위반에 대한 제재로서 형법상에 형명이 없는 과태료를 부과하는 벌이다.
② 질서위반행위 규제법에는 질서위반행위가 종료된 날부터 3년이 경과한 경우에는 과태료를 부과할 수 없다.
③ 관세행정질서를 문란케 하는 행위에 대한 제재로 과하여 지는 것으로 관세법과 질서위반행위 규제법을 적용한다.
④ 질서위반행위 규제법에서 행위자가 행정법규상 의무위반을 하지 않기 위하여 최선의 노력을 하였다면 과태료를 부과할 수 없다.
⑤ 하나의 행위가 2이상의 질서위반행위에 해당하면 각 질서위반행위에 대하여 정한 과태료 중 가장 중한 것을 부과한다.

정답 및 해설

행정청은 질서위반행위가 종료된 날(다수인이 질서위반행위에 가담한 경우에는 최종행위가 종료된 날을 말한다)부터 **5년**이 경과한 경우에는 해당 질서위반행위에 대하여 과태료를 부과할 수 없다. [질서위반행위규제법 제19조(과태료 부과의 제척기간) 제1항]

정답 ②

fn.Hackers.com

최신기출

2024년 기출문제
2023년 기출문제
2022년 기출문제
2021년 기출문제
2020년 기출문제

🕒 제한시간 : 1회당 135분

최신기출은 실전처럼 시간을 정해 놓고 풀어본 후, 정답 및 해설에 있는 '바로 채점 및 성적 분석 서비스' QR코드를 스캔하여 본인의 실력을 점검하고 취약점을 분석하여 보완하세요.

실력 점검표

보세사 합격에 있어 기출문제 반복학습은 매우 중요합니다.
5개년 기출문제를 최소 2회 이상 풀이한 후, 맞힌 개수를 적고 자신의 실력을 점검해 보세요.

구 분	과 목	1회독	2회독	3회독
2024년 기출문제	제1과목	/25	/25	/25
	제2과목	/25	/25	/25
	제3과목	/25	/25	/25
	제4과목	/25	/25	/25
	제5과목	/25	/25	/25
	총 합	/125	/125	/125
2023년 기출문제	제1과목	/25	/25	/25
	제2과목	/25	/25	/25
	제3과목	/25	/25	/25
	제4과목	/25	/25	/25
	제5과목	/25	/25	/25
	총 합	/125	/125	/125
2022년 기출문제	제1과목	/25	/25	/25
	제2과목	/25	/25	/25
	제3과목	/25	/25	/25
	제4과목	/25	/25	/25
	제5과목	/25	/25	/25
	총 합	/125	/125	/125
2021년 기출문제	제1과목	/25	/25	/25
	제2과목	/25	/25	/25
	제3과목	/25	/25	/25
	제4과목	/25	/25	/25
	제5과목	/25	/25	/25
	총 합	/125	/125	/125
2020년 기출문제	제1과목	/25	/25	/25
	제2과목	/25	/25	/25
	제3과목	/25	/25	/25
	제4과목	/25	/25	/25
	제5과목	/25	/25	/25
	총 합	/125	/125	/125

2024년 기출문제

제1과목 : 수출입통관절차

01 관세법상 기간 및 기한에 대한 설명으로 맞는 것은?
① 관세법에 따른 기간을 계산할 때 관세법 제252조에 따른 수입신고수리전 반출승인을 받은 경우에는 그 반출일을 수입신고의 수리일로 본다.
② 관세법에 따른 기간의 계산은 이 법에 특별한 규정이 있는 것을 제외하고는 국세기본법에 따른다.
③ 관세법에 따른 기한이 토요일 및 일요일, 공휴일에 관한 법률에 따른 공휴일 및 대체공휴일에 해당하는 경우에는 그 다음 날을 기한으로 한다.
④ 국가관세종합정보시스템이 장애로 가동이 정지되어 관세법에 따른 기한까지 신고, 신청, 승인, 납부 등을 할 수 없게 되는 경우에는 그 장애가 복구된 날을 기한으로 한다.
⑤ 관세법 제38조 제1항에 따른 납세신고를 한 경우 관세의 납부기한은 납부고지를 받은 날부터 15일 이내이다.

02 관세법 제24조의 규정에 의한 담보의 종류가 아닌 것은?
① 자동차
② 지방채
③ 납세보증보험증권
④ 세관장이 인정하는 유가증권
⑤ 세관장이 인정하는 보증인의 납세보증서

03 관세법령상 가격신고를 생략할 수 있는 물품이 아닌 것은?
① 공공기관의 운영에 관한 법률 제4조에 따른 공공기관이 수입하는 물품
② 방위산업용 기계와 그 부분품 및 원재료로 수입하는 물품. 다만, 해당 물품과 관련된 중앙행정기관의 장의 수입확인 또는 수입추천을 받은 물품에 한정한다.
③ 특정연구기관 육성법의 규정에 의한 특정연구기관이 수입하는 물품
④ 종가세 적용물품. 다만, 종량세와 종가세 중 높은 세액 또는 높은 세율을 선택하여 적용해야 하는 물품의 경우에는 제외한다.
⑤ 과세가격이 미화 1만 불 이하인 물품. 다만, 개별소비세, 주세, 교통·에너지·환경세가 부과되는 물품과 분할하여 수입되는 물품은 제외한다.

04 관세법상 수정 및 경정에 대한 설명이다. (　　) 안에 들어갈 내용을 바르게 나열한 것은?

> - 납세의무자는 신고납부한 세액, 보정신청한 세액 및 수정신고한 세액이 과다한 것을 알게 되었을 때에는 최초로 납세신고를 한 날부터 (A) 이내에 신고한 세액의 경정을 세관장에게 청구할 수 있다.
> - 세관장은 경정의 청구를 받은 날부터 (B) 이내에 세액을 경정하거나 경정하여야 할 이유가 없다는 뜻을 그 청구를 한 자에게 통지하여야 한다.
> - 경정을 청구한 자가 (C) 이내에 통지를 받지 못한 경우에는 그 (D)이 되는 날의 다음 날부터 이의신청, 심사청구, 심판청구 또는 감사원법에 따른 심사청구를 할 수 있다.

	A	B	C	D
①	3년	1개월	1개월	1개월
②	3년	2개월	2개월	2개월
③	5년	1개월	2개월	1개월
④	5년	2개월	1개월	1개월
⑤	5년	2개월	2개월	2개월

05 관세법상 불복의 신청에 대한 설명으로 틀린 것은?
① 수입물품에 부과하는 내국세 등의 부과, 징수, 감면, 환급 등에 관한 세관장의 처분에 불복하는 자는 이의신청·심사청구 및 심판청구를 할 수 있다.
② 동일한 처분에 대하여는 심사청구와 심판청구를 중복하여 제기할 수 없다.
③ 관세법에 따른 처분으로 권리나 이익을 침해받게 되는 제2차 납세의무자 등은 그 처분에 대하여 심사청구 또는 심판청구를 하여 그 처분의 취소 또는 변경이나 그 밖에 필요한 처분을 청구할 수 있다.
④ 감사원법에 따른 심사청구는 그 처분을 한 것을 안 날(처분의 통지를 받았을 때에는 그 통지를 받은 날을 말한다)부터 90일 이내에 하여야 한다.
⑤ 관세법에 따른 통고처분으로 인해 권리나 이익을 침해당한 자는 그 처분의 취소 또는 변경을 청구하거나 필요한 처분을 청구할 수 있다.

06 관세법 제71조(할당관세)를 적용할 수 있는 요건으로 맞는 것은?
① 특정물품의 수입증가로 인하여 동종물품 또는 직접적인 경쟁관계에 있는 물품을 생산하는 국내 산업이 심각한 피해를 받거나 받을 우려가 있음이 조사를 통하여 확인된 경우
② 교역상대국이 관세 또는 무역에 관한 국제협정이나 양자 간의 협정 등에 규정된 우리나라의 권익을 부인하거나 제한하는 경우
③ 공중도덕 보호, 인간·동물·식물의 생명 및 건강 보호, 환경보전, 한정된 천연자원 보존 및 국제평화와 안전보장 등을 위하여 필요한 경우
④ 수입가격이 급등한 물품 또는 이를 원재료로 한 제품의 국내가격을 안정시키기 위하여 필요한 경우
⑤ 국내 산업이 실질적인 피해를 받거나 받을 우려가 있는 경우 또는 국내산업의 발전이 실질적으로 지연된 경우

07 관세법 제246조의3에서 규정한 안전성 검사에 관한 설명이다. (   ) 안에 들어갈 내용으로 바르게 나열한 것은?

- 관세청장은 안전성 검사를 위하여 (A)를 주요 공항·항만에 설치할 수 있다.
- 세관장은 안전성 검사 대상 물품으로 지정된 물품에 대하여 (B)과 협력하여 안전성 검사를 실시하여야 한다.
- 관세청장은 안전성 검사 결과 불법·불량·유해 물품으로 확인된 물품의 정보를 (C)을/를 통하여 공개할 수 있다.

	A	B	C
①	수출입기업지원센터	화물관리인	관세청 인터넷 홈페이지
②	협업검사센터	중앙행정기관의 장	관보 또는 일간신문
③	수출입기업지원센터	화물관리인	관보 또는 일간신문
④	협업검사센터	화물관리인	관보 또는 일간신문
⑤	협업검사센터	중앙행정기관의 장	관세청 인터넷 홈페이지

08 수출통관에 대한 설명으로 틀린 것은?
① 물품을 수출하려면 해당물품의 품명·규격·가격 등을 세관장에게 신고하여야 한다.
② 수출신고는 수출화주, 화물운송주선업자, 관세사, 관세법인 또는 통관취급법인의 명의로 하여야 한다.
③ 수출신고의 효력발생시점은 전송된 신고자료가 통관시스템에 접수된 시점으로 한다.
④ 수출신고 물품에 대한 신고서의 처리방법은 전자통관심사, 화면심사, 서류심사, 물품검사 등으로 구분한다.
⑤ 적재지 관할 세관장은 필요하다고 인정되는 경우 물품검사 생략대상으로 수출신고수리된 물품에 대하여도 컨테이너검색기 등의 검사를 실시할 수 있다.

09 관세부과의 제척기간에 대한 설명으로 맞는 것은?
① 부정한 방법으로 관세를 포탈하거나 환급 또는 감면을 받은 경우에는 관세를 부과할 수 있는 날로부터 5년이 지나면 부과할 수 없다.
② 관세부과 제척기간에도 불구하고, 심판청구에 대한 결정이 있는 경우에는 그 결정이 확정되거나 회신을 받은 날로부터 2년 이내에 관세를 부과할 수 있다.
③ 의무불이행 등의 사유로 감면된 관세를 징수하는 경우에는 그 사유가 발생한 날의 다음 날을 관세를 부과할 수 있는 날로 한다.
④ 보세구역에 장치된 외국물품이 멸실되거나 폐기된 때의 관세부과 제척기간의 기산일은 그 발생 사실을 세관장에게 보고한 날의 다음 날로 한다.
⑤ 잠정가격을 신고한 후, 기간 내에 확정된 가격을 신고하지 않은 경우에는 해당 기간의 만료일을 관세를 부과할 수 있는 날로 한다.

10 관세법 제90조에 따른 학술연구용품의 감면대상으로 맞는 것은?
① 교회, 사원 등 종교단체의 의식에 사용되는 물품으로서 외국으로부터 수입하는 물품
② 우리나라를 방문하는 외국의 원수와 그 가족 및 수행원의 물품
③ 공공직업훈련원, 박물관에서 훈련용, 연구용으로 사용할 물품 중 기획재정부령이 정하는 물품
④ 시각장애인을 위한 용도로 특수하게 제조된 물품 중 기획재정부령으로 정하는 물품
⑤ 폐기물 처리(재활용을 포함한다)를 위하여 사용하는 기계·기구로서 기획재정부령으로 정하는 것

11 수출입화물 검사비용 지원 요건으로 틀린 것은?
① 중소기업기본법 제2조에 따른 중소기업이 해당물품의 화주일 것
② 예산의 범위에 따라 관세청장이 정하는 기준을 충족할 것
③ 검사 결과 법령을 위반하여 통고처분을 받거나 고발되는 경우가 아닐 것
④ 검사 결과 제출한 신고 자료(적재화물목록은 제외한다)가 실제 물품과 일치할 것
⑤ 벌크(Bulk)로 운송되는 물품으로서 관세청장이 정하는 별도 검사 장소로 이동하여 검사받는 물품일 것

12 보세구역 반입명령에 대한 설명으로 맞는 것은?
① 해당물품이 수입신고수리를 받은 후 1개월이 경과하였거나 관련 법령에 따라 관계 행정기관의 장의 시정조치가 있는 경우는 반입명령 대상에서 제외한다.
② 보세구역 반입명령은 관세청장, 수입신고수리 세관장, 반입명령대상물품의 소재지를 관할하는 세관장이 할 수 있다.
③ 반입명령인은 보세구역 반입명령을 이행하면서 발생되는 운송료, 보관료 및 기타 비용을 부담해야 한다.
④ 원산지표시가 적법하게 표시되지 아니하였거나 수출입신고 수리 당시와 다르게 표시되어 있는 경우 반입명령할 수 없다.
⑤ 반입명령인은 반입물품이 폐기되었을 때 당초의 수출입신고 수리를 취소할 수 없다.

13 수입물품의 검사방법으로 틀린 것은?
① 발췌검사
② 원격지화상검사
③ 협업검사
④ 안전성분석검사
⑤ 파괴검사

14 수입한 자가 불분명한 경우 '수입화주에 해당하는 자'로 틀린 것은?
① 법원 임의경매절차에 의하여 경락받은 물품은 그 물품의 경락자
② 수입신고 전에 양도한 때에는 그 양도인
③ 송품장상의 물품수신인이 부도 등으로 직접 통관하기 곤란한 경우에는 적법한 절차를 거쳐 수입물품의 양수인이 된 은행
④ 물품의 수입을 위탁받아 수입업자가 대행 수입한 물품인 때에는 그 물품의 수입을 위탁한 자
⑤ 수입을 위탁받아 수입업체가 대행수입한 물품이 아닌 때에는 송품장에 기재된 물품수신인

15 관세징수권의 소멸시효 중단 사유로 틀린 것은?
① 조사의뢰
② 납부독촉
③ 압류
④ 고발
⑤ 통고처분

16 물품의 통관을 보류할 수 있는 사유로 틀린 것은?
① 세관장에게 체납처분이 위탁된 해당 체납자가 수입하는 경우
② 안전성 검사가 필요한 경우
③ 지방세 관련 법령을 위반한 혐의로 고발된 경우
④ 관세법에 따른 의무사항을 위반하거나 국민 보건 등을 해칠 우려가 있는 경우
⑤ 수출·수입 또는 반송에 관한 신고서의 기재사항에 보완이 필요한 경우

17 관세법 제226조에 따른 세관장확인물품 및 확인방법 지정 고시에서 사용하는 용어의 뜻이다. (   ) 안에 들어갈 내용으로 바르게 나열한 것은?

| • (A)(이)란 수출입 시 허가·승인 등의 증명이 필요한 물품을 수출입 하려는 자가 요건확인기관의 장에게 허가·승인 그 밖의 조건을 구비하기 위하여 신청하는 것을 말한다.
• (B)(이)란 관련 법령에 따라 수출입 요건이 면제되는 물품으로 면제절차는 이 고시 또는 관련 법령을 적용한다.
• (C)(이)란 수출입신고 시 세관장확인을 생략하고 통관 이후 요건확인기관이 사후적으로 관리하도록 관세청장과 요건확인기관의 장이 협의하여 지정한 기업을 말한다. |

	A	B	C
①	요건신청	요건면제물품	자율확인우수기업
②	세관장확인신청	확인면제물품	자율확인우수기업
③	요건신청	요건면제물품	수출입안전관리공인업체
④	세관장확인신청	요건면제물품	자율확인우수기업
⑤	요건신청	확인면제물품	수출입안전관리공인업체

18 세관장은 관세청장에게 신고된 지식재산권을 침해하였다고 인정될 때에는 그 지식재산권을 신고한 자에게 통보하여야 한다. 이에 해당하는 물품이 아닌 것은?
① 수출입신고된 물품
② 보세구역에 반입신고된 물품
③ 보세운송신고된 물품
④ 물품폐기 신고된 물품
⑤ 환적 또는 복합환적 신고된 물품

19 물품검사에 따른 손실보상제도에 대한 설명으로 맞는 것은?
① 검사 대상 물품을 포장한 용기는 손실보상 대상이 아니다.
② 손실 보상해야 할 물품을 수리할 수 없는 경우 해당 물품의 구입가격을 손실보상금액으로 한다.
③ 손실 보상해야 할 운송수단이 수리할 수 없는 경우 손실보상 금액은 구매가격 및 손실을 입은 자가 청구하는 금액을 고려하여 관세청장이 합리적인 범위에서 인정하는 금액으로 한다.
④ 손실보상의 지급절차 및 방법, 그 밖에 필요한 사항은 세관장이 정한다.
⑤ 수리할 수 있는 물품의 손실보상 금액 한도는 수리비 상당액을 지급하되 200만 원을 초과할 수 없다.

20 수출물품 검사에 관한 설명으로 틀린 것은?
① 수출입 안전관리 우수업체로 공인된 업체가 수출하는 물품은 검사대상으로 선별하지 않을 수 있다.
② 원상태수출물품은 부정환급 우려가 있으므로 신고지검사를 할 수 없다.
③ 적재지검사 대상물품이 적재지 보세구역에 반입된 때에는 운영인은 관할 세관장에게 즉시 반입보고를 해야 한다.
④ 세관장이 검사입회 통보를 하여도 검사일시에 수출화주나 신고인 또는 그 소속 종사자가 입회하지 않은 때에는 장치장소의 관리인 또는 그를 대리하는 소속 종사자의 입회하에 검사를 실시한다.
⑤ 부정수출 등 우범성 정보가 있는 경우에는 수출물품을 보세구역에 반입하게 한 후 검사할 수 있다.

21 보세구역 등 반입 후 수출신고에 관한 설명으로 틀린 것은?
① 밀수출 등 불법행위가 발생할 우려가 높거나 감시단속을 위하여 필요하다고 인정하여 대통령령으로 정하는 물품은 관세청장이 정하는 장소에 반입한 후 수출의 신고를 하게 할 수 있다.
② 국내에서 제작한 신형자동차는 보세구역 등 반입 후 수출신고를 하여야 하는 물품이다.
③ 보세구역 등 반입대상 물품이 검사로 지정된 경우 수출검사 담당직원은 다른 물품에 우선하여 신속하게 검사하여야 한다.
④ 수출입 안전관리 우수업체로 공인된 업체가 수출하는 물품은 보세구역 등 반입 후 신고 물품에서 제외할 수 있다.
⑤ 보세구역 운영인 등은 통관과 관련된 이해관계자(수출업자, 관세사, 포워딩업체)에게 신속하고 원활한 통관을 위하여 보세구역 반입 정보를 제공하여야 한다.

22 반송에 대한 설명으로 틀린 것은?
① 세관장은 반송신고 물품에 대하여 신고사항 및 신고서류에 이상이 없는 때와 물품검사를 하는 경우 신고사항과 현품이 일치하는 등 이상이 없는 때에 검사결과 이상유무를 수출통관시스템에 등록하고 신고를 수리하여야 한다.
② 반송은 적재화물목록, 선하증권(B/L), 항공화물상환증(AWB) 상의 수하인 또는 해당 물품의 화주(해당 물품의 처분권리를 취득한 자를 포함한다)가 할 수 있다.
③ 수출신고수리된 물품을 외국으로 반출하는 것을 반송이라 한다.
④ 반송신고물품에 대한 검사는 검사대상으로 선별되었거나 사회관심품목 등 소비재와 정상 수출입을 가장한 부정무역의 우려가 있는 물품 등 세관장이 필요하다고 인정하는 경우에는 검사할 수 있다.
⑤ 반송신고는 해당 물품을 외국으로 반출하고자 하는 선박 또는 항공기 적재단위[선하증권(B/L) 또는 항공화물상환증(AWB)]별로 하여야 한다.

23 세관장확인물품 및 확인방법에 대한 설명으로 맞는 것은?
① 수출입 시 허가·승인 등의 증명이 필요한 물품을 수출입하려는 자는 요건신청을 통관포털을 이용하여 세관장에게 할 수 있다.
② 요건신청 시 제출하여야 하는 서류, 서류의 정정 등 그 밖의 요건신청과 관련된 절차는 개별 법령에 따라 세관장이 정하는 바에 따른다.
③ 요건확인기관의 장은 개별 법령의 개정 등으로 인하여 통관포털을 이용한 요건 신청 서식 및 업무절차의 변경이 필요한 경우에는 기획재정부장관과 미리 협의하여야 한다.
④ 요건신청의 효력발생시점은 통관포털을 통하여 전송된 자료가 관세청 수출입통관시스템에 접수된 시점으로 한다.
⑤ 수산생물질병 관리법, 가축전염병 예방법 대상 물품은 대외무역법 시행령 제19조에 따른 수출입승인면제대상에 해당할 경우에도 세관장은 수출입 요건 구비 여부를 확인하여야 한다.

24 수입신고에 대한 설명으로 틀린 것은?
① 수입신고의 시기에는 출항 전 신고, 입항 전 신고, 보세구역 도착 전 신고, 보세구역 장치 후 신고가 있다.
② 농·수·축산물이나 그 가공품으로서 수입신고하는 때와 입항하는 때의 물품의 관세율표 번호 10단위가 변경되는 물품은 입항 전에 신고를 할 수 없다.
③ 보세구역 도착 전 신고는 해당물품이 도착할 보세구역을 관할하는 세관장에게 신고하여야 한다.
④ 출항 전 신고나 입항 전 신고는 해당물품을 적재한 선박 등이 우리나라에 입항하기 5일 전(항공기에 의한 경우에는 1일 전)부터 할 수 있다.
⑤ 농·수·축산물이나 그 가공품으로서 수입신고하는 때와 입항하는 때의 과세단위(수량이나 중량)가 변경되는 물품은 입항 전에 신고를 할 수 있다.

25 관세 및 내국세 등의 부과·징수에 대한 설명으로 틀린 것은?
① 관세를 납부하여야 하는 물품에 대하여는 다른 조세, 그 밖의 공과금 및 채권에 우선하여 그 관세를 징수한다.
② 수입물품에 대하여 세관장이 부과·징수하는 내국세 등에 대한 담보제공요구, 국세충당, 담보해제, 담보금액 등에 관하여는 국세기본법 중 담보 관련 규정을 적용한다.
③ 수입물품에 대하여 세관장이 부과·징수하는 내국세 등의 체납이 발생하였을 때에는 징수의 효율성 등을 고려하여 필요하다고 인정되는 경우 납세의무자의 주소지를 관할하는 세무서장이 체납세액을 징수할 수 있다.
④ 관세법에 따른 가산세 및 강제징수비의 부과·징수·환급 등에 관하여는 관세법 중 관세의 부과·징수·환급 등에 관한 규정을 적용한다.
⑤ 국세징수의 예에 따라 관세를 징수하는 경우 강제징수의 대상이 해당 관세를 납부하여야 하는 물품이 아닌 재산인 경우에는 관세의 우선순위는 국세기본법에 따른 국세와 동일하게 한다.

제2과목 : 보세구역관리

01 관세법상 보세구역에 대한 설명으로 모두 맞는 것은?

> A. 검역물품인 외국물품과 내국운송신고를 하려는 내국물품은 보세구역이 아닌 장소에 장치할 수 없다.
> B. 보세구역에 장치된 외국물품을 부패·손상되거나 그 밖의 사유로 승인을 받아 폐기한 경우 폐기 후에 남아있는 부분에 대하여는 폐기 후의 성질과 수량에 따라 관세를 부과한다.
> C. 보세구역에 장치된 물품에 대하여는 그 원형을 변경하거나 해체 절단 등의 작업을 할 수 있으며, 그러한 작업을 할 수 있는 물품의 종류는 관세청장이 정한다.
> D. 보세구역에 출입하는 자는 물품 및 보세구역 감시에 관한 세관장의 명령을 준수하고 보세사의 지휘를 받아야 한다.
> E. 종합보세구역에서는 보세창고·보세공장·보세전시장·보세건설장 또는 보세판매장의 기능 중 둘 이상의 기능을 수행할 수 있다.

① A, B, C
② A, D, E
③ B, C, D
④ B, C, E
⑤ C, D, E

02 관세법상 특허보세구역의 물품반입 정지와 특허 취소에 대한 설명으로 맞는 것은?

① 세관장은 보세공장에 대한 재고조사 결과 원자재소요량 관리가 적정하지 않은 경우 6개월의 범위 내에서 해당 보세공장의 물품반입을 정지시킬 수 있다.
② 세관장은 보세창고 운영인이 최근 2년 이내에 관세법에 따른 절차 등을 위반하는 경우 해당 보세창고에 물품반입을 정지시킬 수 있다.
③ 세관장은 반입정지 처분이 공익을 해칠 우려가 있는 경우 보세창고 운영인에게 반입정지 처분을 갈음하여 매출액의 6천분의 1 이하의 과징금을 부과할 수 있다.
④ 세관장은 반입정지 처분을 갈음하여 과징금을 부과하는 경우 위반행위의 정도, 위반횟수 등을 고려하여 과징금의 100분의 3의 범위에서 그 금액을 감경할 수 있다.
⑤ 세관장은 보세판매장 운영인이 1년 이내에 3회 이상 물품반입 정지 처분(물품반입 정지 처분에 갈음하는 과징금 부과처분을 제외)을 받은 경우 해당 보세판매장의 특허를 취소할 수 있다.

03 특허보세구역의 특허 및 관리에 대한 설명으로 맞는 것은?

① 운영인이 특허를 갱신하려면 특허기간 만료 3개월 전까지 세관장에게 갱신신청서를 제출하여야 한다.
② 보세창고의 특허 수수료는 보세창고별로 연간 매출액을 기준으로 정한다.
③ 보세창고와 보세판매장의 특허기간은 5년 이내로 한다.
④ 운영인이 특허작업의 종류를 변경하고자 하는 때에는 특허를 새로 받아야 한다.
⑤ 운영인이 장치물품의 수용능력을 증감하려면 세관장의 승인을 얻어야 한다.

04 특허보세구역의 특허취소 사유로 틀린 것은?

① 거짓이나 그 밖의 부정한 방법으로 특허를 받은 경우
② 2년 이상 물품의 반입실적이 없어서 세관장이 특허보세구역의 설치 목적을 달성하기 곤란하다고 인정하는 경우
③ 1년 동안 계속하여 물품의 반입·반출실적이 없거나, 6개월 이상 보세작업을 하지 않은 경우
④ 운영인이 파산선고를 받고 복권되지 아니한 경우
⑤ 특허보세구역 운영인이 다른 사람에게 자신의 성명·상호를 사용하여 특허보세구역을 운영하게 한 경우

05 특허보세구역 특허의 효력상실과 승계에 대한 설명으로 틀린 것은?

① 운영인이 해산하거나 사망한 경우 특허의 효력을 상실한다.
② 특허받은 사업체를 양수하여 특허보세구역을 운영하려는 양수인은 양수일부터 30일 이내에 승계신고를 하여야 한다.
③ 특허의 효력이 상실되었을 때에는 6개월의 범위에서 세관장이 지정하는 기간 동안 그 구역은 특허보세구역으로 본다.
④ 특허보세구역 승계신고서를 받은 세관장은 이를 심사하여 신고일부터 5일 이내에 그 결과를 신고인에게 통보하여야 한다.
⑤ 특허보세구역 운영인의 결격사유(관세법 제175조)에 해당하는 자는 특허의 승계신고를 할 수 없다.

06 특허보세구역을 설치·운영하려는 자(신청인)가 갖추어야 할 요건이 아닌 것은?

① 관세법 제175조(운영인의 결격사유) 각 호의 어느 하나에 해당하지 않을 것
② 체납된 관세 및 내국세가 없을 것
③ 신청인이 보세사 자격증을 취득했거나 1명 이상의 보세사를 관리자로 채용할 것
④ 자가용 보세창고를 설치·운영하려는 경우 자본금 2억 원 이상의 법인이거나 특허를 받으려는 토지 및 건물(2억 원 이상)을 소유하고 있는 개인일 것
⑤ 위험물품을 특허보세구역에 장치·제조·전시 또는 판매하는 경우에는 관계 행정기관의 장의 허가 또는 승인 등을 받을 것

07 특허보세구역 운영인의 의무사항을 설명한 것으로 맞는 것은?

① 장치화물에 관한 각종 장부와 보고서류(전산자료 포함)를 5년간 보관하여야 한다.
② 30일 이상 계속하여 특허보세구역의 운영을 휴지하고자 하는 때에는 세관장의 승인을 받아야 한다.
③ 특허보세구역의 특허 효력이 상실되었을 때에는 해당 특허보세구역에 있는 외국물품을 세관장이 지정하는 다른 보세구역으로 즉시 반출하여야 한다.
④ 보세구역에 종사하는 직원을 채용하거나 면직할 때에는 지체없이 세관장에게 보고하여야 한다.
⑤ 운영인은 100분의 10의 범위 내에서는 세관장이 정한 수용능력을 초과하여 물품을 장치할 수 있다.

08 특허보세구역의 관리에 대한 설명으로 틀린 것은?
① 세관장은 운영인에게 그 업무 종사자의 성명 기타 인적사항을 보고하도록 명할 수 있다.
② 세관장은 특허보세구역의 운영과 관련 없는 시설·기계 및 기구의 설치를 명할 수 있다.
③ 세관장은 필요하다고 인정되는 장소에는 2중으로 자물쇠를 채우게 하고, 그중 1개소의 열쇠를 세관공무원에게 예치하도록 할 수 있다.
④ 특허보세구역 운영인은 그 업무에 종사하는 자 기타 보세구역에 출입하는 자에 대하여 상당한 단속을 하여야 한다.
⑤ 특허보세구역 운영인은 보세구역 내 일정한 장소에 특허장, 보관요율(자가용 보세창고는 제외) 및 보관규칙 등을 게시하여야 한다.

09 보세창고에 대한 설명으로 틀린 것은?
① 보세창고에는 외국물품이나 통관을 하려는 물품을 장치한다.
② 운영인은 미리 세관장에게 신고를 하고 외국물품이나 통관하려는 물품의 장치에 방해되지 아니하는 범위에서 보세창고에 내국물품을 장치할 수 있다.
③ 운영인은 보세창고에 1년(동일 보세창고에서 수입신고수리된 물품은 6개월) 이상 계속하여 내국물품만을 장치하려면 세관장의 승인을 받아야 한다.
④ 세관장에게 신고하고 보세창고에 장치 중인 내국물품으로서 장치기간이 지난 물품은 그 기간이 지난 후 10일 내에 운영인의 책임으로 반출하여야 한다.
⑤ 동일한 보세창고에 장치되어 있는 동안 수입신고가 수리된 물품을 계속하여 장치하려면 세관장에게 신고하여야 한다.

10 중소기업형 자율관리 보세공장에 대한 설명으로 틀린 것은?
① 특허요건, 신고절차 등을 간소화하여 중소기업의 제조활동과 수출경쟁력 강화를 지원할 목적으로 도입되었다.
② 세관장은 보세공장의 특허요건을 충족하지 못하였으나, 관세행정 목적에 부합하다고 인정되는 경우 일정 기간 내 특허요건을 구비하는 조건으로 특허할 수 있다.
③ 운영인은 특례적용 사항에 대하여 자체 기록·관리하여야 하며, 회계연도 종료 3개월이 지난 후 15일 이내에 운영상황 보고서를 세관장에게 제출하여야 한다.
④ 운영인은 관할 세관장으로부터 특례적용 대상으로 지정받은 작업, 품목, 장소 등에 한하여 특례를 적용받을 수 있다.
⑤ 운영인이 장외작업 장소, 작업 범위, 작업원료, 생산물품 등을 사전에 제출한 경우 운영인은 세관장의 별도의 허가 없이 특허기간 동안 장외작업을 할 수 있다.

11 보세공장 물품의 보세운송 및 선적 절차에 대한 설명으로 틀린 것은?
① 보세공장에서 다른 보세구역 또는 다른 보세공장으로 반출하는 물품은 보세운송 절차에 따른다.
② 보세공장에서 제조·가공되어 수출신고수리된 물품은 수출신고서에 운송(신고)인 및 운송기간을 기재하는 방법으로 간이하게 보세운송할 수 있다.
③ 수출신고수리되어 보세운송된 물품의 수출신고를 취하하고자 하는 경우 운영인은 수출신고수리물품을 원보세공장에 반입한 후 수출신고 취하를 신청하여야 한다.
④ 보세구역 운영인 등은 수출신고수리물품 등의 관리에 있어 수입물품에 준하여 관리하여야 하며, 세관장의 정당한 허가, 승인 없이는 반출을 허용하여서는 안 된다.
⑤ 관할세관에 보세운송신고자로 등록한 운영인은 수출신고수리된 물품을 보세공장 소유의 차량을 이용하여 보세운송할 수 있다.

12 세관장의 혼용승인을 받고 보세공장에서 외국물품과 내국물품을 혼용하여 제조한 제품을 국내로 수입하는 경우이다. 제품에 부과되는 관세로 맞는 것은?

| · 제품가격 : 10,000,000원 | · 제품 관세율 : 10% |
| · 외국원자재 가격 : 3,000,000원 | · 내국원자재 가격 : 2,000,000원 |

① 1,000,000원
② 800,000원
③ 600,000원
④ 400,000원
⑤ 300,000원

13 보세공장 외 작업 허가에 대한 설명으로 틀린 것은?
① 세관장은 허가의 신청을 받은 날부터 10일 이내에 허가 여부를 신청인에게 통지하여야 한다.
② 허가받은 보세공장 외 작업장에 반입된 외국물품은 지정된 기간이 만료될 때까지는 보세공장에 있는 것으로 본다.
③ 지정된 기간이 지난 경우 보세공장 외 작업장에 허가된 외국물품이 있을 때에는 해당 물품의 허가를 받은 보세공장의 운영인으로부터 그 관세를 즉시 징수한다.
④ 세관장은 물품 1단위 생산에 장기간이 소요된다고 인정하는 경우 5년의 범위에서 보세공장 외 작업을 허가할 수 있다.
⑤ 보세공장 외 작업허가를 받은 자는 허가받은 기간이 끝나는 날부터 5일 이내에 세관장에게 보세공장 외 작업완료 결과를 통보해야 한다.

14 보세공장 재고조사에 대한 설명으로 틀린 것은?
① 보세공장 재고조사는 서면심사 및 실지조사의 방법으로 회계연도 종료 3개월 이후 연 1회 실시를 원칙으로 한다.
② 세관장은 재고조사 대상 보세공장에 대하여 재고조사 개시일부터 서면심사의 경우 7일 이내, 실지조사의 경우는 10일 이내에 완료하여야 한다.
③ 세관장은 재고조사 대상 보세공장 운영인에게 재고조사 개시일부터 10일 이전에 재고조사기간 등을 기재한 통지서를 송부하여야 한다.
④ 운영인은 회계연도 종료 3개월이 지난 후 15일 이내에 자율점검표를 작성하여 전산시스템으로 전송하거나 관할세관장에게 서류로 제출하여야 한다.
⑤ 세관장은 설치·운영 특허가 상실된 경우에는 반드시 실지조사를 하여야 한다.

15 보세판매장에 관한 설명으로 맞는 것은?
① 운영인은 보세판매장에서 판매하는 물품과 동일 또는 유사한 물품을 수입하여 내수판매를 하지 않아야 한다.
② 운영인이 보세판매장에서 판매물품을 진열·판매하는 때에는 상표단위별 진열장소의 면적은 매장면적의 10분의 1을 초과할 수 있다.
③ 운영인은 해당 월의 보세판매장의 업무사항을 다음 달 5일까지 보세판매장 반출입물품 관리를 위한 전산시스템을 통하여 세관장에게 보고하여야 한다.
④ 시내면세점은 국산 가전제품 중 여행자의 휴대반출이 곤란하거나 세관장이 필요하다고 인정하는 품목에 대하여는 쿠폰으로 판매하여야 한다.
⑤ 출국장면세점 운영인은 해당 보세판매장에 중소·중견기업 제품 매장을 설치해야 한다.

16 보세판매장 판매용물품의 반입신고 및 반입검사신청에 대한 설명으로 틀린 것은?
① 운영인은 보관창고에 반입된 물품을 7근무일 이내에 관할세관장에게 반입검사를 신청하여야 한다.
② 운영인이 사전에 세관장에게 반입 전 판매를 신청한 물품은 판매 이후에 보세판매장 보관창고에 반입하여 관할세관장에게 반입검사를 신청할 수 있다.
③ 냉장 보관이 필요한 내국물품은 세관장이 재고관리에 문제가 없다고 인정하는 경우 매장으로 바로 반입할 수 있다.
④ 운영인은 보세운송된 물품을 보관창고에 반입하는 때에는 전자문서 방식으로 반입신고하여야 하며, 보세운송 도착보고는 별도로 해야 한다.
⑤ 세관장은 영업개시일 전이라도 감시단속에 문제가 없는 경우 보세판매장에 물품 반입을 허용할 수 있다.

17 보세판매장의 보세사 임무가 아닌 것은?
① 보세운송 물품의 확인·이상 보고 및 도착확인 등록
② 반입검사 신청한 물품의 검사
③ 세관봉인대의 잠금·봉인 및 관리
④ 보관창고와 매장 간 반출입 물품의 입회 및 확인
⑤ 보세운송 행낭의 잠금·봉인과 이상유무 확인과 이상보고

18 보세판매장 미인도물품의 처리에 관한 설명으로 틀린 것은?
① 인도자는 판매취소 등 구매자의 미인수 의사가 명확한 미인도 물품에 대하여는 인도장 반입 후 5일 경과 전이라도 운영인에게 인계할 수 있다.
② 인도자는 판매물품이 인도장에 반입된 후 5일 이상이 경과하여도 구매자에게 인도되지 아니하는 때에는 운영인에게 인계하여야 한다.
③ 운영인은 인계받은 미인도물품을 보세판매장으로 보세운송하는 경우 보세운송신고 수리일부터 7근무일 이내에 해당 보세판매장에 반입하여야 한다.
④ 운영인은 보세판매장에 재반입된 미인도 물품에 대하여 지체 없이 구매자의 해외주소를 확인하고 해당 물품을 즉시 우편 등으로 송부하여야 한다.
⑤ 운영인은 보세판매장에 재반입된 미인도물품은 반입된 날부터 5일이 경과한 후 미인도물품 해제 신청을 거쳐 재판매할 수 있다.

19 관세법에 따른 종합보세구역 지정 등에 대한 설명으로 틀린 것은?
① 관세청장은 관계 중앙행정기관의 장이나 지방자치단체의 장의 요청에 따라 일정한 지역을 종합보세구역으로 지정할 수 있다.
② 관세청장은 종합보세구역으로 지정됨으로써 외국인투자촉진·수출증대 또는 물류촉진 등의 효과가 있을 것으로 예상되는 지역을 직권으로 종합보세구역으로 지정할 수 있다.
③ 관세청장은 지정요청자의 요청에 의하여 종합보세기능의 수행이 예정되는 지역을 3년의 범위 내에서 종합보세구역예정지역으로 지정할 수 있다.
④ 종합보세구역에서 종합보세기능을 수행하려는 자는 그 기능을 정하여 세관장에게 종합보세사업장의 설치·운영에 관한 신고를 하여야 한다.
⑤ 보세판매장의 기능을 수행하는 종합보세구역에서 판매용 내국물품의 반입·반출신고는 생략하거나 간소한 방법으로 할 수 있다.

20 종합보세구역의 물품 반출입 및 보관·관리에 대한 설명으로 맞는 것은?
① 운영인은 종합보세구역에 반입된 물품을 종합보세기능별로 구분하여 관리하여야 한다.
② 종합보세구역의 운영인 상호 간에 이동하는 물품은 세관장에게 신고할 필요 없이 장부 또는 전산처리장치를 이용하여 그 기록을 유지하면 된다.
③ 종합보세구역에서 제조·가공에 사용되는 시설기계류 및 그 수리용 물품은 소비 또는 사용 전에 세관장에게 사용·신고히여야 힌다.
④ 종합보세구역에 장치된 물품에 대하여 보수작업을 하려는 자는 세관장의 허가를 받아야 한다.
⑤ 운영인은 종합보세사업장에 반입한 날부터 6개월이 경과한 외국물품이 화주가 분명하지 아니한 경우에는 세관장에게 그 외국물품의 매각을 요청할 수 없다.

21 종합보세구역에 대한 설명으로 틀린 것은?
① 종합보세사업장의 설치·운영기간은 관세청장이 정하는 기간으로 한다.
② 운영인이 종합보세사업장을 폐업하거나 30일 이상 계속하여 휴업하고자 할 때에는 운영인은 세관장에게 즉시 그 사실을 신고하여야 한다.
③ 폐업신고를 받은 세관장은 해당 종합보세사업장에 대하여 재고조사 등 필요한 조치를 취하여야 한다.
④ 종합보세사업장에 외국으로부터 도착한 물품 또는 보세운송되어 반입하는 물품에 대하여는 House B/L단위로 반출입신고를 하여야 한다.
⑤ 운영인이 동일 종합보세사업장에서 종합보세기능 간에 물품을 이동하는 경우에는 반출입신고를 하지 아니한다.

22 보세전시장에 대한 설명으로 맞는 것은?
① 보세전시장의 운영인은 해당 박람회 등의 주최자 명의로서 하여야 하며, 보세전시장의 특허기간은 해당 박람회 등의 회기기간으로 한다.
② 보세전시장에서 외국물품의 사용은 그 물품의 성질 또는 수량에 변경을 가하거나 전시장에서 소비하는 행위를 포함한다.
③ 박람회의 주최자가 보세전시장에서 그 업무수행을 위하여 사용할 외국물품 중 사무용비품 및 소모품은 반입신고를 생략한다.
④ 보세전시장에서 불특정다수의 관람자에게 오락용으로 관람케 하거나 사용하게 할 물품 중 유상으로 제공되는 물품은 수입신고 후 사용이 가능하다.
⑤ 보세전시장에서 불특정다수의 관람자에게 판매할 것을 목적으로 하는 외국물품은 보세전시장에 반입할 수 없다.

23 보세건설장에 대한 설명으로 맞는 것은?
① 중요산업(관세감면 또는 분할납부업종)인 경우에는 기존 시설의 보수 및 개수를 목적으로 하는 보세건설장의 설치·운영을 특허할 수 있다.
② 산업시설 건설에 사용되는 외국물품인 기계류 설비품 및 공사용 장비는 수입신고 수리 전에 사용할 수 있다.
③ 보세건설장 외 보세작업을 하고자 할 때에는 세관장에게 신고하여야 한다.
④ 보세건설장에서 건설된 시설을 시험목적으로 일시 가동하려면 수입신고수리 후에만 가능하다.
⑤ 보세건설장에 반입된 외국물품에 대한 관세는 수입신고한 날의 법령에 따라 부과한다.

24 화물관리인을 지정한 지정장치장에 반입된 외국물품이 도난된 경우 도난물품에 대한 관세의 납세의무자는?
① 물품을 수입한 화주
② 물품을 반입한 운송인
③ 지정장치장의 화물관리인
④ 물품을 통관하는 관세사
⑤ 물품을 보세운송한 보세운송업자

25 우리나라로 수입되는 활어의 장치 및 관리에 관한 기준을 설명한 것으로 맞는 것은?
① 활어장치장은 CCTV 영상을 상시 녹화할 수 있고 녹화된 영상을 15일 이상 보관할 수 있는 감시장비를 보유하여야 한다.
② 활어를 장치하기 위한 보세구역 외 장치장은 세관으로부터 최대 40km 범위 내에 위치하여야만 세관장으로부터 보세구역 외 장치허가를 받을 수 있다.
③ 세관장은 수출된 활어의 반송품을 관할 구역 내의 활어를 장치하기 위한 시설이 갖추어진 지정장치장(세관지정보세창고 포함)에 반입하게 할 수 있다.
④ 운영인 등은 폐사어를 별도의 냉동·냉장시설에 수조별로 구분하여 보관하여야 한다.
⑤ 동일 선박으로 반입된 동일 화주의 활어는 반입일자별로 구분하여 수입신고 하여야 한다.

제3과목 : 화물관리

01 보세운송업자의 등록업무에 대한 설명으로 맞는 것은?
① 보세운송업자의 등록 유효기간은 5년으로 하되 갱신할 수 있다.
② 보세운송업자의 등록 갱신신청은 기간만료 15일 전까지 하여야 한다.
③ 한국관세물류협회의 장은 등록갱신 대상 보세운송업자에게 등록의 유효기간이 끝나는 날의 2개월 전까지 사전 안내문을 발송해야 한다.
④ 한국관세물류협회의 장은 보세운송업자 등록신청서를 접수한 때에는 15일 이내에 처리해야 한다.
⑤ 보세운송업자의 등록이 취소된 자로서 취소일로부터 3년이 경과되지 아니한 자는 보세운송업자로 등록할 수 없다.

02 수입화물 보세운송신고에 대한 설명으로 맞는 것은?
① 보세운송신고를 하려는 자는 화물관리번호가 부여되기 전에도 할 수 있다.
② 배차예정내역신고를 한 자가 사용할 운송수단을 변경하고자 하는 경우 도착지 보세구역 도착 다음 날까지 다시 신고해야 한다.
③ 항공사가 국내 국제항 간에 항공기로 보세운송하려는 경우 보세운송신고서는 도착지세관에 출항 적재화물목록을 제출하는 것으로 갈음할 수 있다.
④ LCL화물 중 컨테이너에서 적출하지 아니한 상태로 보세운송하는 경우 House B/L 단위로 신고해야 한다.
⑤ 보세운송신고를 한 자는 보세구역 출발 이후 차량고장 등으로 운송수단이 변경되는 경우 해당 사정이 발생한 때로부터 다음 날까지 다시 배차예정 내역을 신고해야 한다.

03 보세운송 승인에 대한 설명으로 맞는 것은?
① 양륙과 동시에 차상반출할 물품의 경우에는 입항 후에 하선(기)장소로 반입되기 이전이라도 보세운송 승인신청을 할 수 있다.
② 세관장은 보세운송을 승인한 물품의 감시단속을 위하여 필요한 경우에도 운송통로를 제한할 수 없다.
③ 보세운송 승인신청인은 보세운송 신청에 관한 자료를 3년간 보관하여야 하고, 마이크로필름·광디스크 등 자료 전달매체에 의하여 보관할 수 있다.
④ 특정물품 간이보세운송업자가 관리대상화물 관리에 관한 고시에 따른 검사대상화물을 하선(기)장소에서 최초 보세운송하려는 물품은 보세운송 승인대상이다.
⑤ 항공사가 국제항 간 입항적재화물목록 단위로 일괄하여 항공기로 보세운송하려는 물품은 보세운송 승인대상이다.

04 우리나라로 수입하려는 물품의 보세운송 신고 또는 승인신청을 할 수 있는 자로 모두 맞는 것은?

　　A. 관세법 제222조에 따라 등록한 보세운송업자
　　B. 화주
　　C. 관세사
　　D. 보세구역 운영인
　　E. 화물운송주선업자

① A
② A, B
③ A, B, C
④ A, B, C, D
⑤ A, B, C, D, E

05 보세운송 절차를 반드시 거쳐야 하는 물품으로 모두 맞는 것은?

　　A. 송유관을 통해 운송하는 석유제품
　　B. 보세공장에서 제조·가공하여 수출하는 물품
　　C. 여행자 휴대품 중 반송되는 물품
　　D. 우편법에 따라 체신관서의 관리 하에 운송되는 물품
　　E. 수출조건으로 판매된 몰수품 또는 국고귀속된 물품
　　F. 국가기관에 의하여 운송되는 압수물품
　　G. 내륙컨테이너기지 등 관할 보세구역에 위치한 집단화지역 내에서 운송되는 물품

① A, B, C
② B, C, E
③ C, D, G
④ C, E, F
⑤ E, F, G

06 보세운송에 대한 설명으로 틀린 것은?

① 보세운송물품은 보세운송 출발일로부터 해상화물 10일, 항공화물 5일 이내에 목적지에 도착하여야 한다.
② 냉장 또는 냉동화물 등 특수한 경우에는 사전에 세관장의 승인을 얻어 일반업체의 운송수단으로 운송할 수 있다.
③ 출발지 보세구역운영인 또는 화물관리인은 보세운송업자가 운송하는 경우 보세운송수단의 등록여부를 확인한 후 물품을 반출해야 한다.
④ 한 건의 보세운송에 대해 복수의 운송수단을 이용할 경우 보세운송신고 또는 승인신청 시에 복수의 운송수단을 함께 기재하여 신고 또는 승인 신청을 할 수 있다.
⑤ 보세운송업자가 보세운송업을 폐업한 때 등록의 효력이 상실된다.

07 보세구역물품 반출입절차 등에 대한 설명으로 맞는 것은?
① 하선장소 보세구역에 컨테이너 상태로 반입하는 경우 반입신고는 HOUSE B/L 단위로 제출하여야 한다.
② 동일사업장 내 보세구역 간 장치물품의 이동은 물품반출입신고와 보세운송신고를 해야 한다.
③ B/L제시 인도물품을 반출하려는 자는 화물관리공무원에게 B/L 원본을 제시하여 반출승인을 받아야 한다.
④ 보세창고에서 6개월 이상 계속하여 내국물품만을 장치하려는 자는 내국물품 장치신청서를 제출하여야 한다.
⑤ FCL 컨테이너 화물로 통관우체국까지 운송하는 국제우편물의 경우에는 반출승인 신청서를 관할 세관장에게 제출하여야 한다.

08 수입신고수리물품의 반출의무와 보세구역 외 장치의 허가업무에 대한 설명이다. ( ) 안에 들어갈 내용을 바르게 나열한 것은?

> • 수입신고수리물품 반출의무 및 신고지연 가산세 적용대상 보세구역에 반입된 물품이 수입신고가 수리된 때에는 그 수리일로부터 (A) 이내에 해당 보세구역에서 반출하여야 한다.
> • 세관장은 보세구역 외 장치 허가신청을 받은 경우 보세구역 외 장치 허가기간에 (B)을 연장한 기간을 담보기간으로 하여 담보제공을 명할 수 있다.

	A	B
①	15일	1개월
②	15일	2개월
③	15일	3개월
④	30일	1개월
⑤	30일	2개월

09 보세구역에 반입된 물품의 반출명령에 대한 설명으로 틀린 것은?
① 세관장은 보세구역에 반입된 물품이 보세구역의 수용능력을 초과하여 추가로 물품반입이 곤란할 때 해당 물품을 다른 보세구역으로 반출하도록 명령할 수 있다.
② 세관장은 태풍 등 재해로 인하여 보세화물에 피해의 우려가 있다고 인정될 때 해당 물품을 다른 보세구역으로 반출하도록 명령할 수 있다.
③ 위험물 장치허가를 받지 아니한 특허보세구역 운영인으로부터 위험물 반입 보고를 받은 세관장은 위험물을 장치할 수 있는 장소로 즉시 반출명령 하여야 한다.
④ 반출명령을 받은 해당 물품의 운송인, 보세구역 운영인 또는 화물관리인은 세관장이 지정한 기간 내에 해당 물품을 다른 보세구역으로 반출하고 그 결과를 세관장에게 보고하여야 한다.
⑤ 세관장은 운영인이 반출명령을 이행하지 않은 경우에는 관세법 제276조에 따라 벌금을 부과한다.

10 보세구역 외 장치에 대한 설명으로 맞는 것은?
① 보세구역과의 교통이 불편한 지역에 양륙된 물품으로서 보세구역으로 운반하는 것이 불합리한 물품은 세관장에게 신고하고 보세구역 외에 장치할 수 있다.
② 보세구역 외 장치의 허가기간은 3년의 범위 내에서 세관장이 필요하다고 인정하는 기간으로 정한다.
③ 보세구역 외 장치 허가기간을 연장하려는 자는 보세구역 외 장치기간 연장(신청)서를 제출하여 세관장으로부터 승인을 받아야 한다.
④ 보세구역 외 장치 허가수수료는 허가건수 단위로 징수한다. 이 경우, 동일모선으로 수입된 화물이 동일 장소에 반입된 때에는 화주가 다르더라도 1건의 보세구역 외 장치로 허가할 수 있다.
⑤ 보세구역 외 장치 담보액은 수입통관 시 실제 납부하여야 할 관세 상당액의 120%로 한다.

11 보세구역 등에 장치된 외국물품의 견본품 반출입에 대한 설명으로 맞는 것은?
① 세관장은 국제무역선에서 물품을 하역하기 전에는 견본품 반출을 허가할 수 없다.
② 견본품 반출은 필요한 최소한의 수량으로 제한하여야 하므로 외국물품의 전부를 견본품으로 반출하는 것은 허용되지 아니한다.
③ 견본품 반출 허가를 받은 자는 반출기간 종료 다음 날까지 해당 물품이 장치되었던 보세구역에 반입하고 견본품 재반입보고서를 세관장에게 제출하여야 한다.
④ 보세구역 운영인은 견본품 반출 허가를 받은 물품이 해당 보세구역에서 반출입될 때 견본품 반출 허가사항을 확인한 경우에는 견본품 반출입 대장 기록은 생략할 수 있다.
⑤ 세관공무원은 보세구역에 반입된 물품에 대하여 검사상 필요하면 그 물품의 일부를 견본품으로 채취할 수 있다.

12 보세구역에서의 보수작업에 대한 설명으로 맞는 것은?
① 외국물품은 수입될 물품의 보수작업의 재료로 사용할 수 있다.
② 보수작업으로 외국물품에 부가된 내국물품은 내국물품으로 본다.
③ 운영인은 포괄보수작업승인을 받은 경우에는 매월 말 기준으로 다음 달 5일까지 보수작업 완료보고서를 일괄하여 제출할 수 있다.
④ 수출이나 반송 과정에서 부패·변질의 우려가 있는 경우 등 세관장이 타당하다고 인정하는 경우에는 관세율표(HSK 10단위)의 변화를 가져오는 것도 보수작업으로 인정할 수 있다.
⑤ 운영인은 보세구역에 장치된 물품의 통관을 위하여 개장, 분할구분, 합병, 원산지표시, 그 밖에 이와 유사한 작업을 하려는 경우 보수작업 신고를 하여야 한다.

13 보세구역에 반입한 물품에 대한 반출통고의 주체가 다른 하나는?
① 영업용보세창고
② 보세판매장
③ 보세구역외장치장
④ 자가용보세창고
⑤ 보세공장

14 세관장은 보세구역에 장치된 물품 중 화주 또는 반입자에게 반송 또는 폐기할 것을 명할 수 있다. 다음 중 그 대상물품으로 틀린 것은?
① 사람의 생명이나 재산에 해를 끼칠 우려가 있는 물품
② 변질될 우려가 있는 물품
③ 유효기간이 지난 물품
④ 상품가치가 없어진 물품
⑤ 위조상품, 모조품, 그 밖의 지식재산권 침해물품

15 입항 전 또는 하선(기) 전에 수입신고나 보세운송신고를 하지 않은 보세화물의 장치장소 결정을 위한 화물분류기준에 대한 설명으로 틀린 것은?
① 선사는 화주 또는 그 위임을 받은 자가 운영인과 협의하여 정하는 장소에 보세화물을 장치하는 것을 원칙으로 한다.
② 화주 또는 그 위임을 받은 자가 장치장소에 대한 별도의 의사표시가 없는 경우에 Master B/L화물은 선사가 선량한 관리자로서 장치장소를 결정한다.
③ 화물운송주선업자가 선량한 관리자로서의 의무를 다하지 못할 경우에는 세관지정장치장 또는 세관지정 보세창고를 장치장소로 한다.
④ 위험물은 해당 물품을 장치하기에 적합한 요건을 갖춘 보세구역에 장치해야 하나 관리대상화물(검사대상화물)로 선별된 경우에는 세관지정장치장에 장치하여야 한다.
⑤ 보세구역 외 장치의 허가를 받은 물품은 그 허가를 받은 장소에 장치한다.

16 장치기간이 경과한 외국물품의 매각절차에 대한 설명으로 맞는 것은?
① 장치기간 경과물품의 매각은 공고를 거친 후에만 할 수 있다.
② 매각된 물품의 질권자나 유치권자는 다른 법령에도 불구하고 그 물품을 매수인에게 인도하여야 한다.
③ 매각대행기관이 매각을 대행하는 경우에는 매각대행기관의 장을 관세청장으로 본다.
④ 경쟁입찰의 방법으로 매각하려는 경우 매각되지 아니하였을 때에는 5일 이상의 간격을 두어 다시 입찰에 부칠 수 있으며 그 예정가격은 최초 예정가격의 100분의 20 이내의 금액을 입찰에 부칠 때마다 줄일 수 있다.
⑤ 매각공고는 공매예정가격산출서를 통보받은 날부터 30일의 기간 내에 소관세관서의 게시판과 관세청 및 본부세관 홈페이지에 공고해야 한다.

17 항공 입항화물의 하기결과 이상물품에 대한 적용특례 관련 설명이다. (   ) 안에 들어갈 내용을 바르게 나열한 것은?

- 적재화물목록 작성책임자는 별도 관리 중인 물품에 대해 하기결과보고일로부터 (A) 이내에 이상사유를 규명하여 적재화물목록 정정 등의 절차를 거쳐 하기장소에 반입해야 한다.
- 적재화물목록 작성책임자는 항공기 운항 사정상 동일 AWB의 물품이 전량 미기적 또는 분할기적된 경우로서 최초 적재화물목록을 제출한 항공기의 입항일로부터 (B) 이내에 미기적 되었던 물품이 도착된 경우 후착화물과 병합하여 별도관리 물품 해제 신청서를 세관장에게 제출하여 승인을 받은 후 하기장소에 반입해야 한다.

	A	B
①	10일	10일
②	15일	15일
③	15일	30일
④	30일	15일
⑤	30일	30일

18 하선(하기) 장소의 물품반입기간에 대한 설명이다. (   ) 안에 들어갈 내용을 바르게 나열한 것은?

구분	해상 컨테이너화물	해상 벌크화물 (원목, 곡물, 원유 등)	항공화물	항공 위험물품
하선(하기) 반입기간	(A)	입항일로부터 10일 이내	(B)	지체 없이

	A	B
①	입항일로부터 3일 이내	입항시점으로부터 24시간 이내
②	입항일로부터 3일 이내	입항 다음 날까지
③	입항일로부터 5일 이내	입항시점으로부터 24시간 이내
④	입항일로부터 5일 이내	입항 다음 날까지
⑤	입항일로부터 7일 이내	입항시점으로부터 48시간 이내

19 해상출항 적재화물목록 제출시기에 관한 설명이다. (   ) 안에 들어갈 내용을 바르게 나열한 것은?

구분	원칙	근거리	벌크화물	선상수출신고물품 (수출통관 사무처리에 관한 고시 제32조 해당물품)
제출시기	적재 (A)시간 전	적재 전 (출항 30분 전 최종마감 제출)	출항 전	(B)까지

	A	B
①	12	출항일 자정
②	12	출항시간 12시간 이내
③	24	출항시간 12시간 이내
④	24	출항 다음 날 오전
⑤	24	출항 다음 날 자정

20 해상 입항화물의 적재화물목록 정정에 대한 설명으로 모두 맞는 것은?

> A. 보세운송으로 보세구역에 반입된 화물의 적재화물목록 정정신청은 입항지 보세구역을 관할하는 세관장에게 해야 한다.
> B. 하선결과보고서가 제출된 물품의 적재화물목록 정정신청은 보고서 제출일로부터 15일 이내에 할 수 있다.
> C. 특수저장시설에 장치가 필요한 냉동화물 등을 하선과 동시에 컨테이너 적입작업을 하는 경우의 적재화물목록 정정신청은 작업완료 다음 날까지 할 수 있다.
> D. 그 밖의 사유로 적재화물목록을 정정하려는 경우는 선박 입항일로부터 90일 이내에 할 수 있다.
> E. 포장단위 물품으로서 중량의 과부족이 15% 이내이고 포장상태에 이상이 없는 경우 적재화물목록 정정신청을 생략할 수 있다.
> F. 포장파손이 용이한 물품(예 : 비료, 설탕, 시멘트 등)의 경우 그 중량의 과부족이 5% 이내인 경우 적재화물목록 정정신청을 생략할 수 있다.

① A, B, C
② B, D, F
③ B, E, F
④ A, D, E
⑤ B, C, F

21 적재화물목록에 대한 설명으로 틀린 것은?

① 적재화물목록 제출의무자란 국제무역선(기)을 운항하는 선사(그 업무를 대행하는 자를 포함), 항공사(그 업무를 대행하는 자를 포함)를 말한다.
② 하우스적재화물목록 작성책임자는 화물운송주선업자(그 업무를 대행하는 자를 포함)이다.
③ 공동배선의 경우에는 용선선사가 작성하여 제공한 적재화물목록 자료를 운항선사가 이를 취합하여 세관장에게 제출해야 한다.
④ 적재화물목록 작성책임자는 선박 미입항 등의 사유로 제출된 석재화물목록을 취하하려는 때에는 그 사유를 기재한 적재화물목록 취하신청서를 제출해야 한다.
⑤ House B/L 내역이 있는 경우에는 운항선사가 하우스적재화물목록 작성책임자로부터 하우스적재화물목록을 제출받아 이를 취합하여 세관장에게 제출해야 한다.

22 내국환적운송 대상물품에 대한 설명으로 틀린 것은?

① 우리나라로 수입하려는 외국물품으로서 최초 입항지에서 선하증권에 기재된 최종 목적지로 운송하려는 화물
② 선박으로 반입한 화물을 긴급한 사유로 다른 항만으로 운송하여 우리나라로 수입하려는 외국물품
③ 환적화물
④ 수출신고가 수리된 화물
⑤ 내국물품인 공컨테이너

23 복합환적화물 중 적재화물목록에 보세운송인과 목적지를 기재하여 제출하는 것으로 보세운송신고(승인)를 갈음할 수 있는 물품을 모두 고른 것은?

> A. 선박으로 반입한 화물을 공항으로 운송하여 반출하는 물품
> B. 항공기로 반입한 화물을 항만으로 운송하여 반출하는 물품
> C. 선박 또는 항공기로 반입한 화물을 차량 또는 철도로 반출하는 물품
> D. 차량 또는 철도로 반입한 화물을 항만 또는 공항으로 운송하여 선박 또는 항공기로 반출하는 물품
> E. 항공기로 반입한 화물을 다른 공항으로 운송하여 반출하는 물품

① A
② A, B
③ A, B, C
④ A, B, C, D
⑤ A, B, C, D, E

24 화물운송주선업자 등록의 효력상실 사유로 틀린 것은?
① 화물운송주선업자가 최근 2년 이내 3회 이상 업무정지처분을 받는 때
② 등록이 취소된 때
③ 화물운송주선업자가 사망한 때
④ 등록기간이 만료된 때
⑤ 화물운송주선업을 폐업한 때

25 화물운송주선업자의 등록요건에 대한 설명으로 틀린 것은?
① 관세법 제175조 각 호의 어느 하나에 해당하지 않을 것
② 물류정책기본법 제43조에 따른 국제물류주선업의 등록을 하였을 것
③ 관세, 국세 및 지방세의 체납이 없을 것
④ 관세법 또는 관세법에 따른 세관장의 명령에 위반하여 관세범으로 조사를 받고 있거나 기소 중에 있지 않을 것
⑤ 자본금 3억 원 이상을 보유한 법인(법인이 아닌 경우에는 자산평가액 6억 원 이상)일 것

제4과목 : 수출입안전관리

01 수출입 안전관리 우수업체의 공인 부문으로 모두 맞는 것은?
① 수출부문, 화물운송주선업부문, 특송업부문
② 항공사부문, 하역업부문, 전자상거래업부문
③ 수입부문, 보세구역운영인부문, 선박회사부문
④ 보세운송업부문, 관세사부문, 해외구매대행업부문
⑤ 보세구역운영인부문, 특송업부문, 선박회사부문

02 수출입 안전관리 우수업체의 공인기준 심사에 대한 설명이다. (　) 안에 들어갈 내용을 바르게 나열한 것은?

- 공인심사 결과 법규준수도가 85점인 경우 공인기준을 (A)한 것으로 본다.
- 공인심사 결과 내부통제시스템 기준의 평가점수가 75점인 경우 공인기준을 (B)한 것으로 본다.
- 부채비율이 120%(동종업종 평균 부채비율은 70%임)인 경우 공인기준을 (C)한 것으로 본다.
- 안전관리 기준 중에서 충족이 권고되는 기준의 평가 점수가 75점인 경우 공인기준을 (D)한 것으로 본다.

	A	B	C	D
①	충족	충족	미충족	충족
②	충족	미충족	충족	충족
③	충족	미충족	미충족	충족
④	미충족	충족	미충족	미충족
⑤	미충족	미충족	충족	미충족

03 수출입 안전관리 우수업체의 공인을 받고자 신규로 신청하여 공인기준을 모두 충족한 업체에 대한 관세청장의 공인등급 결정으로 틀린 것은?
① 법규준수도가 80점이어서 A등급을 부여하였다.
② 법규준수도가 90점이어서 AA등급을 부여하였다.
③ 원산지인증수출자 인증 기업이어서 공인등급을 부여할 때 우대하였다.
④ 공인부문에 해당하는 거래업체 중에서 수출입 안전관리 우수업체 공인기업의 비율이 높은 경우라서 공인등급을 부여할 때 우대하였다.
⑤ 수출입 안전관리 관련 우수사례가 있고, 법규준수도가 95점이어서 AAA등급을 부여하였다.

04 수출입 안전관리 우수업체 공인 및 운영에 관한 고시에서 사용하는 용어의 정의이다. (   ) 안에 들어갈 내용을 바르게 나열한 것은?

> (A) : 통합 법규준수도 평가와 운영에 관한 고시에 따라 측정한 점수를 말한다.
> (B) : 공인 또는 갱신심사를 신청하기 전에 업체가 희망하여 관세청장이 공인을 신청할 때 준비하여야 하는 서류의 종류와 내용을 안내하고, 공인기준 중에서 일부를 정해서 업체의 수출입관리현황이 이를 충족하는지 예비적으로 확인하는 것을 말한다.
> (C) : 관세청 및 세관 소속 공무원으로서 관세청장이 수출입 안전관리 우수업체가 공인기준과 통관적법성을 충족하는지를 점검하고 지원하기 위하여 제21조에 따라 지정한 사람을 말한다.

	A	B	C
①	신고정확도	사전심사	수출입관리책임자
②	법규준수도	예비심사	기업상담전문관
③	법규준수도	사전심사	기업상담전문관
④	법규준수도	예비심사	수출입관리책임자
⑤	신고정확도	예비심사	기업상담전문관

05 수출입 안전관리 기준 준수도의 측정·평가의 절차 및 활용 등에 대한 설명으로 틀린 것은?
① 관세청장은 수출입 안전관리 우수업체로 공인받기 위해 신청을 한 경우에 한하여 안전관리기준 준수도를 측정·평가할 수 있다.
② 관세법 제172조 제2항에 따른 화물관리인은 수출입 안전관리 기준 준수도의 측정평가 대상이다.
③ 관세청장은 수출입 안전관리 기준 준수도를 측정·평가한 결과를 대통령령이 정하는 바에 따라 활용할 수 있다.
④ 관세법 제254조 및 관세법 시행령 제258조 제1호에 따른 특별통관대상업체는 기준 준수도의 측정·평가 대상이다.
⑤ 수출입 안전관리 기준 준수도 측정·평가에 대한 평가 항목, 배점 및 등급 등 세부 사항은 관세청장이 정하여 고시한다.

06 수출입 안전관리 우수업체 공인 및 운영에 관한 고시 제18조(정기 자율 평가)에서 규정하고 있는 보세구역운영인부문 정기 자율 평가 체크리스트 중 일부를 발췌한 것이다. (   ) 안에 들어갈 내용을 바르게 나열한 것은?

No	자율평가		확인사항
1	(통제환경) 경영방침 및 세부목표		
	☐ Yes ☐ No		세부목표는 (A)을 초과하지 않는 범위에서 검토하고 있습니까?
11	(정보기술관리) 정보기술 관리		
	☐ Yes ☐ No		전산시스템 백업을 주기적(B)으로 시행하고 있습니까?
	☐ Yes ☐ No		암호를 주기적(C)으로 변경하고 있습니까?
15	(기타) 변동신고 사항		
	☐ Yes ☐ No		화재, 침수, 도난, 불법유출 등 수출입화물 안전관리와 관련한 특이사항 발생 시 (D) 이내 신고하고 있습니까?

	A	B	C	D
①	3개월	30일	30일	15일
②	3개월	60일	60일	20일
③	6개월	30일	90일	30일
④	6개월	60일	120일	30일
⑤	6개월	90일	150일	60일

07 수출입 안전관리 우수업체 심의위원회에 대한 설명으로 틀린 것은?
① 수출입 안전관리 우수업체의 공인등급 조정은 심의위원회 심의 사항이다.
② 위원장은 관세청 차장이 된다.
③ 회의는 구성원 과반수 출석으로 개의하고 출석위원 과반수 찬성으로 의결한다.
④ 위원의 임기는 2년으로 하고, 연임할 수 없다.
⑤ 위원장이 부득이한 사유로 그 직무를 수행하지 못하는 경우에는 위원장이 지명하는 위원이 그 직무를 대신한다.

08 수출입 안전관리 우수업체 공인 절차에 관한 설명이다. (   ) 안에 들어갈 내용을 바르게 나열한 것은?

- 예비심사 : 예비심사 신청서를 접수한 날로부터 (A) 이내에 예비심사를 마쳐야 한다.
- 서류심사 : 관세청장은 신청업체가 제출한 서류를 통해서 공인기준을 충족하는지를 확인하기 어려운 경우에는 (B)의 범위 내에서 신청업체에 보완을 요구할 수 있다.
- 현장심사 : 관세청장은 현장심사를 시작한 날부터 (C) 이내에 그 심사를 마쳐야 하며, 신청업체의 사업장을 직접 방문하는 기간은 (D) 이내로 한다.

	A	B	C	D
①	30일	30일	30일	15일
②	30일	60일	60일	15일
③	40일	30일	60일	15일
④	40일	60일	30일	30일
⑤	40일	30일	60일	30일

09 보세구역운영인 부문의 수출입 안전관리 우수업체 공인을 획득한 기업에 제공되는 혜택으로 틀린 것은?
① 월별납부제도 운영에 관한 고시 제3조에 따른 월별납부
② 특허보세구역 운영에 관한 고시 제17조에 따른 특허보세구역 갱신기간 연장
③ 특허보세구역 운영에 관한 고시 제18조 제3항에 따른 반입정지기간을 50% 범위 내에서 하향 조정 가능
④ 법규위반 시 행정형벌보다 통고처분, 과태료 등 행정질서벌 우선 고려
⑤ 관세법 등에 따른 과태료 부과징수에 관한 훈령에 따른 과태료 경감

10 국가 간 수출입 안전관리 우수업체의 상호인정약정 체결 절차가 아닌 것은?
① 공인기준의 상호 비교
② 상호방문 합동 공인심사
③ 상호인정약정의 혜택 및 정보교환 등 운영절차 마련
④ 관세당국 최고책임자 간 서명
⑤ 협정 체결국 국회의 비준

11 수출입 안전관리 우수업체 보세구역운영인 부문에 대한 안전관리 공인기준으로 맞는 것은?
① 신청업체와 신청인이 관세 등 국세와 지방세의 체납이 없어야 한다.
② 운영인은 거래업체를 선정하기 위한 절차를 마련하여야 한다.
③ 운영인은 화물을 반출입하는 경우 즉시 신고할 수 있는 체계를 구축하여야 한다.
④ 운영인은 수출입물품의 이동과 물품취급 거래내역에 관한 관리절차를 마련하고, 관련 법령에 따라 보관하여야 한다.
⑤ 신청업체는 통합법규준수도시스템 또는 현장심사를 통하여 측정한 관세행정 법규준수도가 수출입 안전관리 우수업체 공인기준을 충족하여야 한다.

12 수출입 안전관리 우수업체 공인 및 운영에 관한 고시 [별표 1] 보세구역운영인 부문의 내부통제시스템 기준이다. ( ) 안에 들어갈 내용을 바르게 나열한 것은?

> • 운영인은 (A)의 법규준수와 안전관리에 대한 경영방침과 이를 이행하기 위한 세부목표를 수립하여야 한다.
> • 운영인은 법규준수와 안전관리 관련 업무 처리에 부정적 영향을 주는 (B)의 식별, 평가, 관리대책의 수립, 개선 등을 포함한 절차를 마련하여야 한다.
> • 운영인은 법규준수와 안전관리를 위하여 관세행정 전문가, (C)와(과) 정기적으로 협의하여야 한다.

	A	B	C
①	최고경영자	위험요소	거래업체
②	최고경영자	위험	기업상담전문관
③	이사회	위험요소	거래업체
④	이사회	위험	기업상담전문관
⑤	총괄책임자	위험요소	거래업체

13 수출입 안전관리 우수업체 사후관리에 대한 설명으로 틀린 것은?
① 보세구역 특허 변동으로 법적 지위의 변경에 해당하는 사실이 발생한 경우 그 사실이 종료된 날로부터 30일 이내 수출입관리 현황보고서를 관세청장에게 보고하여야 한다.
② 범칙행위, 부도 등 공인유지에 중대한 영향을 미치는 변동사항이 발생한 경우 지체없이 관세청장에게 보고하여야 한다.
③ 관리책임자가 변경된 경우는 변경된 날부터 180일 이내에 공인 후 교육을 받아야 한다.
④ 수출입 안전관리 우수업체가 여러 공인부문에 걸쳐 공인을 받은 경우는 공인 일자가 가장 빠른 공인부문을 기준으로 자율평가서를 함께 제출할 수 있다.
⑤ 관세청장은 수출입 안전관리 우수업체가 갱신심사를 신청한 경우는 공인의 유효기간이 끝나는 날이 속한 연도에 실시하는 정기 자율 평가를 생략하게 할 수 있다.

14 보세구역운영인 부문의 수출입 안전관리 우수업체 관리책임자의 지정 및 교육에 대한 설명으로 틀린 것은?
① 수출입 관련 업무에 3년 이상 근무한 경력이 있는 사람으로 수출입관리 책임자를 지정하여야 한다.
② 보세사는 수출입 관련 업무 경력과 관계없이 수출입관리책임자로 지정할 수 있다.
③ 공인 전 교육을 이수한 후 5년이 지나서 공인신청을 할 경우 공인신청 전에 공인 전 교육을 다시 이수하여야 한다.
④ 관리책임자는 법규준수 및 수출입 안전관리를 위한 관리책임자의 역할 등이 포함된 공인 후 교육을 매년 이수하여야 한다.
⑤ 관세청장이 관리책임자에게 공인 후 교육을 받도록 권고하였음에도 특별한 사유 없이 이를 이행하지 않으면 수출입 안전관리 우수업체 혜택 적용이 정지될 수 있다.

15 A등급 수출입 안전관리 우수업체의 통관절차 및 관세행정상의 혜택으로 틀린 것은?

① A社(수출업체)는 수출물품 선별검사에 관한 훈령에 따른 수출화물 선별검사 시 우선 검사를 받을 수 있다.
② B社(수입업체)는 관세조사 운영에 관한 훈령에 따른 관세조사를 제외할 수 있다.
③ C社(관세사)의 대표자, 총괄책임자는 여행자정보 사전확인제도 운영에 관한 훈령에 따른 여행자 검사대상 선별에서 제외된다(다만, 현행범, 중대·명백한 탈루정보가 있는 경우 제외).
④ D社(보세운송업자)는 통고처분 벌금상당액 가중·감경 기준에 관한 고시에 따른 통고처분 금액의 15%를 경감받을 수 있다.
⑤ E社(보세구역운영인)는 특허보세구역 운영에 관한 고시에 따른 반입정지 기간을 50% 범위 내에서 하향 조정이 가능하다.

16 국제항과 국제항이 아닌 지역에 대한 설명으로 맞는 것은?

① 국제항은 대통령령으로 지정하며 국제항의 시설기준 등에 관하여 필요한 사항은 기획재정부령으로 지정한다.
② 공항의 경우에는 정기여객기가 연간 50회 이상 입항하거나 입항할 것으로 예상될 것이 국제항의 지정요건 중 하나이다.
③ 항구의 경우에는 국제무역선인 3천 톤급 이상의 선박이 주 6회 이상 입항하거나 입항할 것으로 예상될 것이 국제항의 지정요건 중 하나이다.
④ 국제항의 협소 등 입항여건을 고려하여 관세청장이 정하는 일정한 장소에 입항하는 경우에는 국제항이 아닌 지역에 대한 출입허가수수료를 징수하지 않는다.
⑤ 국제항이 아닌 지역에 대한 출입허가수수료가 1만 원에 미달하는 경우에는 수수료를 징수하지 않으며 수수료의 총액은 50만 원을 초과하지 못한다.

17 국제무역선(기)의 입출항절차에 대한 설명이다. (   ) 안에 들어갈 내용을 바르게 나열한 것은?

- 국제항이 아닌 지역에 대한 출입의 허가를 받은 경우 세관장은 허가의 신청을 받은 날부터 (A) 이내에 허가 여부를 신청인에게 통지하여야 하며, 정한 기간 내에 허가 여부를 통지하지 아니하면 그 기간이 (B)에 허가를 한 것으로 본다.
- 재해나 그 밖의 부득이한 사유로 국내운항선이나 국내운항기가 외국에 임시 정박 또는 착륙하고 우리나라로 되돌아 왔을 때에는 선장이나 기장은 (C) 그 사실을 세관장에게 보고하여야 하며, 외국에서 적재한 물품이 있을 때에는 그 목록을 제출하여야 한다.
- 국제무역선이나 국제무역기가 국제항을 출항하려면 선장이나 기장은 (D)에 세관장에게 출항허가를 받아야 한다.

	A	B	C	D
①	7일	끝난 날의 다음 날	입항 후 4시간 이내에	출항하기 4시간 전
②	10일	끝난 날	입항 후 4시간 이내에	출항하기 전
③	10일	끝난 날의 다음 날	지체 없이	출항하기 전
④	7일	끝난 날의 다음 날	지체 없이	출항하기 전
⑤	10일	끝난 날	지체 없이	출항하기 전

18 국제무역선의 자격전환 및 승선신고에 대한 설명으로 틀린 것은?
① 선박용품 주문을 받기 위한 경우에는 승선을 제한할 수 있다.
② 선박용품 적재 등 허가(신청)서에 승선자 명단을 기재하여 허가를 받은 경우에는 승선신고를 한 것으로 갈음한다.
③ 장기간 운항계획 없이 정박 또는 수리 예정인 국제무역선은 국내운항선으로 자격전환승인을 받아야 한다.
④ 국제무역선에서 국내운항선으로 전환신청한 선박에 과세대상 물품이 있는 경우에는 과세대상물품의 수입신고수리필증을 확인 후 전환승인을 해야 한다.
⑤ 외국을 왕래하려는 실습선은 국내운항선에서 국제무역선으로 자격전환 승인을 받아야 한다.

19 국제무역선이 재해나 그 밖의 부득이한 사유로 관세법상 면책 받을 수 있는 사항으로 틀린 것은?
① 선박용품 하역 허가
② 입항보고
③ 외국물품 일시양륙 신고
④ 항외하역 허가
⑤ 국제무역선의 국내운항선으로의 자격전환 승인

20 선박용품 관리에 대한 설명으로 맞는 것은?
① 본선 보세운송의 경우에는 선박용품 등이 도착 전이라도 적재허가를 신청할 수 있으며 적재 완료보고로 도착보고를 갈음한다.
② 선박용품 하선허가를 받은 자는 허가일로부터 10일 이내에 하선허가 받은 물품을 보세구역에 반입해야 한다.
③ 관세법 제224조의2에 따라 보세운송업자등의 등록의 효력이 상실되었을 때에는 공급자 및 판매자, 수리업자, 선박회사는 외국 선박용품에 대해 지체 없이 화물관리번호를 부여 받아 보세화물로 전환해야 한다.
④ 조건부 하역한 외국선박용품을 해당 선박이 입항하지 않거나 부득이한 사유로 외국으로 반출하려는 때에는 수출통관 사무처리에 관한 고시를 따른다.
⑤ 선박용품의 양도·양수는 화물관리번호를 부여받아 보세화물로 전환하여 물품공급업 또는 선박 내 판매업으로 등록된 자에 한하여 할 수 있다.

21 항공기용품 등의 관리에 관한 설명으로 틀린 것은?
① 기물, 세탁물 등 반복적으로 사용하는 외국항공기용품은 월별로 적재내역을 취합하여 적재허가를 신청할 수 있다.
② 공급자 등은 국내운항 후 국제무역기로 자격전환하여 외국으로 출항예정인 국내운항기에 대해서 사전에 국내운항 출발 국제항에서 용품의 적재허가 신청을 할 수 있다.
③ 국제무역기에서 용품을 하기한 이후 외국용품 하기허가 신청을 하려는 공급자는 하기한 용품을 보세창고 등에 반입하고 하기 당일에 하기내역을 취합하여 하기 신청해야 한다.
④ 공급자 등은 자격전환하여 국내구간을 운항할 예정인 국제무역기에 대해서 용품의 재고관리를 하는 국제항의 보세구역을 하기장소로 하여 하기허가 신청을 할 수 있다.
⑤ 세관장의 허가를 받지 아니하고 출국대기 중인 자에게 식음료를 제공한 때에는 관세법 제239조 제2호에 따라 소비 또는 사용으로 보지 아니하며, 세관장은 즉시 그 관세를 징수해야 한다.

22 관리대상화물에 대한 설명으로 맞는 것은?
① 검색기 검사화물의 경우에는 검사를 마친 경우에만 하선장소에 반입할 수 있다.
② 환적화물은 검사대상화물로 선별하여 검사할 수 없다.
③ 하선(기)감시화물이란 선별한 감시대상화물 중 하선(기)장소 또는 장치예정 장소까지 추적감시하는 화물을 말한다.
④ 세관장은 검색기검사를 실시할 때 화주로부터 참석요청을 받은 때에는 참석할 수 있도록 검사일시·검사장소·참석가능시간 등을 통보해야 한다.
⑤ 반입 후 검사화물에 대하여는 검색기를 이용한 검사를 할 수 없다.

23 관리대상화물에 대한 세관의 검사 및 감시에 대한 설명 중 틀린 것은?
① 물품 특성상 내부에 밀수품을 은닉할 가능성이 있는 화물은 검색기 검사화물로 선별하여 검사한다.
② 수(중)량 차이의 가능성이 있는 화물은 수입신고 후 검사화물로 선별하여 검사한다.
③ 하선(기) 감시 결과 컨테이너 화물로 봉인번호가 상이하거나 봉인이 훼손되는 등 밀수가 의심되는 화물은 반입 후 검사화물로 선별하여 검사한다.
④ 반송 후 재수입되는 컨테이너 화물로 밀수입 등이 의심되는 화물은 즉시검사화물로 선별하여 검사한다.
⑤ 검사대상화물이 운송도중 다른 화물로 바꿔치기 우려가 있는 화물은 운송추적 감시대상화물로 선별하여 감시한다.

24 밀수 등 신고자 포상에 관한 설명으로 맞는 것은?
① 위해물품 또는 위변조화폐 등을 적발한 경우 적발사실이 학인된 때 포상을 히며, 고발 또는 송치사건의 경우 법원의 판결이 있은 때 포상한다.
② 관세포상심사위원회는 관세청, 본부세관 및 각 세관별로 두며, 포상대상자, 공로의 평가, 포상종류, 지급액 등을 심의·의결한다.
③ 원산지표시 위반에 따른 과징금 부과건 및 외국환거래법 제32조에 따른 과태료 부과건의 경우 각각 과징금 또는 과태료 부과사실을 통지하였을 때 포상을 실시한다.
④ 포상금 산정 시에는 하나의 범칙물품에 대하여 각각의 법령을 적용하여 산출하되 마약류 관리에 관한 법률 위반사범의 포상금 최고액은 3억 원이다.
⑤ 관세행정의 개선이나 발전에 특별히 공로가 있는 자에 대해서도 그 공로에 따라 200만 원의 범위에서 포상금을 지급할 수 있다.

25 국민보호와 공공안전을 위한 테러방지법에 따라 테러 예방 및 대응을 위하여 관계기관 합동으로 구성하거나 관계기관의 장이 설치하는 전담조직(협의체를 포함한다)이 아닌 것은?
① 지역 테러대책협의회
② 대테러합동조사팀
③ 공항·항만 테러대책협의회
④ 국가테러대책위원회
⑤ 화생방테러대응지원본부

제5과목 : 자율관리 및 관세벌칙

01 관세법상 벌칙 조항에 관한 내용이다. ( ) 안에 들어갈 내용을 바르게 나열한 것은?

> - 화폐·채권이나 그 밖의 유가증권의 위조품·변조품 또는 모조품을 수출하거나 수입한 자는 7년 이하의 징역 또는 (A) 이하의 벌금에 처한다.
> - 제241조 제1항·제2항 또는 제244조 제1항에 따른 신고를 하지 아니하고 물품을 수입한 자는 (B) 이하의 징역 또는 관세액의 10배와 물품원가 중 높은 금액 이하에 상당하는 벌금에 처한다.
> - 제241조 제1항·제2항 또는 제244조 제1항에 따른 수입신고를 한 자 중 세액결정에 영향을 미치기 위하여 과세가격 또는 관세율 등을 거짓으로 신고하거나 신고하지 아니하고 수입한 자는 3년 이하의 징역 또는 포탈한 관세액의 (C) 와 물품원가 중 높은 금액 이하에 상당하는 벌금에 처한다.

	A	B	C
①	7천만 원	5년	5배
②	7천만 원	3년	5배
③	5천만 원	5년	3배
④	5천만 원	3년	3배
⑤	3천만 원	5년	5배

02 관세법 제276조(허위신고죄 등)에 해당하는 행위 중 과실인 경우에도 벌금에 처하는 것으로 맞는 것은?
① 종합보세사업장의 설치·운영에 관한 신고를 하지 아니하고 종합보세기능을 수행한 자
② 부정한 방법으로 적재화물목록을 작성하였거나 제출한 자
③ 관세법 제38조(신고납부) 제3항 후단에 따른 자율심사 결과를 거짓으로 작성하여 제출한 자
④ 세관공무원의 질문에 대하여 거짓의 진술을 하거나 그 직무의 집행을 거부 또는 기피한 자
⑤ 관세법 제135조(입항절차) 제1항에 따른 입항보고를 거짓으로 한 자

03 관세법상 미수범과 예비범을 처벌할 수 있는 조항이 아닌 것은?
① 관세법 제268조의2(전자 문서 위조·변조죄 등)
② 관세법 제269조 제1항(금지품수출입죄)
③ 관세법 제269조 제2항(밀수입죄)
④ 관세법 제270조 제1항 제1호(관세포탈죄)
⑤ 관세법 제270조의2(가격조작죄)

04 관세법 제165조의2 제2항을 위반하여 다른 사람의 성명·상호를 사용하여 보세사의 업무를 수행하거나 자격증 또는 등록증을 빌린 자에 대한 처벌은?
① 1년 이하의 징역 또는 1천만 원 이하의 벌금
② 1년 이하의 징역 또는 3천만 원 이하의 벌금
③ 3년 이하의 징역 또는 1천만 원 이하의 벌금
④ 3년 이하의 징역 또는 3천만 원 이하의 벌금
⑤ 1천만 원 이하의 과태료

05 관세법 제303조(압수와 보관)에 따라 관세청장이나 세관장이 압수물품을 피의자나 관계인에게 통고한 후 매각하여 그 대금을 보관하거나 공탁할 수 있는 사유가 아닌 것은?

① 피의자나 관계인이 매각을 요청하는 경우
② 처분이 지연되면 상품가치가 크게 떨어질 우려가 있는 경우
③ 사람의 생명이나 재산을 해칠 우려가 있는 경우
④ 보관하기가 극히 불편하다고 인정되는 경우
⑤ 부패 또는 손상되거나 그 밖에 사용할 수 있는 기간이 지날 우려가 있는 경우

06 관세법 제294조(출석요구)제1항에 대한 내용이다. (   ) 안에 들어갈 내용을 바르게 나열한 것은?

> 세관공무원이 관세범 조사에 필요하다고 인정할 때에는 (A) 또는 (B)의 출석을 요구할 수 있다.

	A	B
①	당사자	대리인
②	조사를 한 사람	관세범
③	소유자·점유자	보관자
④	피의자·증인	참고인
⑤	진술인	참여자

07 관세법상 관세범 조사에 관한 설명으로 틀린 것은?

① 현행범인에 대한 조사로서 긴급히 처리할 필요가 있을 때에는 그 주요 내용을 적은 서면으로 조서를 대신할 수 있다.
② 이 법에 따라 수색·압수를 할 때에는 관할 지방법원 판사의 영장을 받아야 한다. 다만, 긴급한 경우에는 사후에 영장을 발급받아야 한다.
③ 세관공무원은 범죄사실을 증빙하기에 충분한 물품을 피의자가 신변(身邊)에 은닉하였다고 인정될 때에는 이를 내보이도록 요구하고, 이에 따르지 아니하는 경우에는 신변을 수색할 수 있다.
④ 관세범의 현행범인이 그 장소에 있을 때에는 누구든지 체포할 수 있고, 범인을 체포한 자는 지체 없이 경찰공무원에게 범인을 인도하여야 한다.
⑤ 세관공무원은 피의자·증인 또는 참고인에 대한 조사·검증·수색 또는 압수 중에는 누구를 막론하고 그 장소에의 출입을 금할 수 있다.

08 관세법에서 규정하고 있는 통고처분 제도에 대한 설명으로 맞는 것은?

① 관세청장이나 세관장은 관세범을 조사한 결과 범죄의 확증이 없더라도, 벌금에 상당하는 금액, 몰수에 해당하는 물품, 추징금에 해당하는 금액을 납부할 것을 통고할 수 있다.
② 관세법 제311조 제1항에 따른 통고가 있는 때에는 공소의 시효는 중단된다.
③ 관세범인이 통고의 요지를 이행하였을 때에는 동일사건에 대하여 다시 처벌을 받지 아니한다.
④ 관세징수권의 소멸시효는 통고처분의 사유로 정지된다.
⑤ 관세법 제311조 제8항에 따른 통고처분 면제는 벌금에 상당하는 금액이 50만 원 이하 또는 몰수에 해당하는 물품의 가액과 추징금에 해당하는 금액을 합한 금액이 150만 원 이하인 관세범을 대상으로 한다.

09 관세법상 법정 징역형이 가장 중한 범죄는?
① 관세법 제269조 제1항(금지품수출입죄)
② 관세법 제269조 제2항(밀수입죄)
③ 관세법 제275조의2 제1항(강제징수면탈죄 등)
④ 관세법 제274조 제1항(밀수품의 취득죄 등)
⑤ 관세법 제268조의2 제1항(전자문서 위조·변조죄)

10 보세구역에 물품을 반입하지 아니하고 거짓으로 관세법 제157조 제1항에 따른 반입신고를 한 자에 대한 처벌은?
① 200만 원 이하의 과태료
② 500만 원 이하의 과태료
③ 1천만 원 이하의 과태료
④ 5천만 원 이하의 과태료
⑤ 1억 원 이하의 과태료

11 자율관리 보세구역에 대한 설명으로 맞는 것은?
① 보세구역의 화물관리인이나 운영인은 자율관리보세구역의 지정을 받으려면 관세청장에게 지정을 신청하여야 한다.
② 자율관리보세구역으로 지정받기 위해서는 화물의 반출입, 재고관리 등 실시간 물품관리가 가능한 전산시스템(WMS, ERP 등)을 구비하여야 한다.
③ 자율관리보세구역의 지정을 신청하려는 자는 해당 보세구역에 장치된 물품을 관리하는 관세사를 채용하여야 한다.
④ 자율관리보세구역에 장치한 물품은 관세법에 따른 절차 중 세관장이 정하는 절차를 생략한다.
⑤ 관세청장은 자율관리보세구역의 지정을 받은 자가 관세법에 따른 의무를 위반하거나 세관감시에 지장이 있다고 인정되는 경우 등 대통령령으로 정하는 사유가 발생한 경우에는 자율관리보세구역 지정을 취소할 수 있다.

12 자율관리 보세구역에 대한 설명이다. ( ) 안에 들어갈 내용을 바르게 나열한 것은?

- 운영인은 회계연도 종료 (A)이 지난 후 (B) 이내에 자율관리 보세구역 운영 등의 적정 여부를 자체 점검하고, 자율점검표를 작성하여 세관장에게 제출하여야 한다.
- 운영인은 관세법 시행령 제3조 제1항 제3호에 따라 해당 보세구역에서 반출입 된 화물에 대한 장부를 (C)간 보관하여야 한다.

	A	B	C
①	2개월	10일	3년
②	2개월	10일	2년
③	2개월	15일	3년
④	3개월	15일	2년
⑤	3개월	10일	3년

13 자율관리보세구역 운영인 등의 의무에 대한 설명으로 틀린 것은?

① 운영인 등은 당해 보세구역에 작업이 있을 때는 보세사를 상주 근무하게 하여야 한다.
② 운영인 등은 보세사를 채용, 해고 또는 교체하였을 때에는 관세청장에게 즉시 통보하여야 한다.
③ 운영인 등은 관세청장이 정하는 절차생략 등에 따른 물품 반출입 상황 등을 보세사로 하여금 기록·관리하게 하여야 한다.
④ 운영인 등은 해당 보세구역 반출입 물품과 관련한 생산, 판매, 수입 및 수출 등에 관한 세관 공무원의 자료요구 또는 현장 확인 시에 협조하여야 한다.
⑤ 운영인 등은 보세사가 아닌 자에게 보세화물관리 등 보세사의 업무를 수행하게 하여서는 아니 된다.

14 자율관리보세구역 제도에 대한 설명으로 모두 맞는 것은?

> A. 보세구역 운영인 등이 자율관리보세구역 지정기간을 갱신하려는 때에는 지정기간이 만료되기 2개월 전까지 세관장에게 자율관리 보세구역 신청을 하여야 한다.
> B. 세관장은 자율관리보세구역의 운영실태 등을 확인하기 위하여 년 2회 정기감사를 실시하여야 한다.
> C. 세관장은 운영인 등과 보세사가 보세화물관리에 관한 의무사항을 불이행한 때에는 사안에 따라 경고처분 등의 조치를 할 수 있다.
> D. 보세화물을 자율적으로 관리할 능력이 없다고 세관장이 인정하는 경우에는 관세법 제328조에 따른 청문절차 없이 자율관리보세구역 지정을 취소할 수 있다.
> E. 자율관리보세구역 지정신청서는 세관장에게 제출하며, 신청서류는 우편 또는 FAX 등 정보통신망 등을 이용하여 제출할 수 있다.

① A, B
② A, C
③ B, D
④ A, E
⑤ C, E

15 보세사 제도 운영에 대한 설명으로 틀린 것은?

① 관세법 시행령 제185조 제9항에 따라 보세사 시험업무를 위탁하는 기관은 국가자격검정 관련 전문기관 또는 사단법인 한국관세물류협회를 말한다.
② 보세사는 직무와 관련하여 부당한 금품을 수수하거나 알선·중개하여서는 아니된다.
③ 보세사시험 수행기관장은 보세사에 대한 시험을 매년 실시하여야 한다. 다만, 보세구역 및 보세사의 수급상황을 고려하여 필요하다고 인정하면 관세청장의 승인을 받아 격년제로 실시할 수 있다.
④ 보세사 징계의 종류는 견책, 6월의 범위 내 업무정지, 등록취소의 3종으로 한다.
⑤ 보세사징계위원회는 간사 1인을 두며, 간사는 보세사 업무를 담당하는 한국관세물류협회위원이 된다.

16 보세사 등록 및 취소에 대한 설명으로 맞는 것은?

① 보세사 등록을 신청하고자 하는 사람은 보세사 등록 신청서에 입사예정증명서 또는 재직확인증명서를 첨부하여 관세청장에게 제출하여야 한다.
② 한국관세물류협회장은 운영인 또는 등록보세사로부터 보세시의 퇴사·해임·교체통보 등을 받은 때에는 그 등록을 취소하고, 그 사실을 전산에 등록하여야 한다.
③ 보세사 자격증을 교부받은 사람이 분실 등으로 재발급 받고자 하는 경우에는 보세사자격증 교부(재교부) 신청서에 재발급사유서를 첨부하여 관세청장에게 신청하여야 한다.
④ 관세청장은 보세사로 등록된 자가 관세법이나 관세법에 따른 명령을 위반한 경우에는 등록을 취소하여야 한다.
⑤ 보세사 등록이 취소된 사람은 그 취소된 날로부터 3년 내에 다시 등록하지 못한다.

17 수출입물류업체에 대한 법규수행능력측정 및 평가관리에 대한 설명으로 틀린 것은?
① 법규수행능력이란 수출입물류업체가 관세법규 등에서 정하는 사항을 준수한 정도를 측정한 점수를 말한다.
② 법규수행능력 평가대상 수출입물류업체에 대한 점검은 현지점검을 원칙으로 하며, 7일 이내의 기간을 정하여 현지점검을 실시할 수 있다.
③ 세관장이 법규수행능력 평가 현지점검을 실시한 때에는 특허보세구역운영에 관한 고시에 따른 보세구역운영상황의 점검을 생략할 수 있다.
④ 세관장이 법규수행능력 평가 점검결과 수출입물류업체가 시설장비 등의 부족으로 보세화물취급에 지장이 있다고 판단하는 때에는 시정을 명할 수 있다.
⑤ 법규수행능력 점검반이 수출입물류업체에 대한 법규수행능력 점검을 완료한 때에는 그 결과를 세관장에게 보고하고 즉시 법규수행능력평가시스템에 등록하여야 한다.

18 세관장이 실시하는 수출입물류업체 법규수행능력 평가에 대한 설명이다. (   ) 안에 들어갈 내용을 바르게 나열한 것은?

> 세관장이 법규수행능력 평가시스템에 의하여 수출입물류업체의 법규수행능력을 평가할 수 있는 주기는 연 1회를 원칙으로 하며, 신규업체가 법규수행능력 평가를 요청할 때에는 보세구역, 자유무역지역은 설립 후 (A) 경과한 경우에 평가를 실시할 수 있으며, 운송사, 선사, 항공사, 포워더는 세관신고 (B) 이상을 충족하는 경우에 평가를 실시할 수 있다.

	A	B
①	3개월	100건
②	3개월	150건
③	6개월	100건
④	6개월	150건
⑤	6개월	250건

19 자유무역지역에서 물품을 국외로 반출 또는 수출하는 절차에 대한 설명으로 맞는 것은?
① 외국물품 등이 아닌 물품을 자유무역지역에서 국외로 반출하려는 자는 국외반출신고를 하여야 한다.
② 단순반송하거나 통관보류되어 국외반출하려는 물품 등에 대하여는 수출신고를 하여야 한다.
③ 국외반출신고가 수리된 물품은 30일 이내에 선(기)적하여야 하며, 세관장은 재해·선(기)적 일정 변경 등 부득이한 사유로 기간 연장의 신청이 있는 때에는 1년의 범위에서 그 기간을 연장할 수 있다.
④ 국외반출신고가 수리된 물품을 선적하기 위하여 보세운송하는 경우에는 수출신고서 서식을 사용하여 보세운송신고할 수 있다.
⑤ 국외반출신고 시 자유무역지역이나 다른 보세구역에서 제조가공한 물품 및 사용 소비신고한 물품에 대하여는 반송절차에 관한 고시를 준용한다.

20 자유무역지역의 지정 및 운영에 관한 법률 제40조의2(반입정지 등)에 대한 설명이다. (   ) 안에 들어갈 내용을 바르게 나열한 것은?

> 세관장은 물품반입의 정지처분이 그 이용자에게 심한 불편을 주거나 공익을 해칠 우려가 있는 경우에는 입주기업체에 대하여 물품반입의 정지처분을 갈음하여 해당 입주기업체 운영에 따른 매출액의 (A) 이하의 과징금을 부과할 수 있으며, 1일당 과징금 금액은 해당 자유무역지역의 사업에 따른 연간 매출액의 (B)에 상당하는 금액으로 한다.

	A	B
①	100분의 2	4천분의 1
②	100분의 2	3천분의 1
③	100분의 1	5천분의 1
④	100분의 3	4천분의 1
⑤	100분의 3	6천분의 1

21 자유무역지역 입주기업체의 역외작업에 대한 설명으로 틀린 것은?
① 세관장은 자유무역지역 입주기업체가 외국물품 등을 가공 보수하기 위하여 적법하게 역외작업 신고 시에는 이를 지체 없이 수리하여야 한다.
② 자유무역지역 입주기업체의 역외작업의 범위, 반출기간, 대상물품 등에 관한 사항은 산업통상자원부령으로 정한다.
③ 입주기업체가 역외작업에 의하여 가공 또는 보수된 물품을 반출장소 외의 관세영역으로 반출하려는 경우에는 수입신고를 하고 관세 등을 내야 한다.
④ 입주기업체가 역외작업의 공정에서 발생한 폐품을 처분하려는 경우에는 세관장에게 신고하여야 한다.
⑤ 역외작업의 신고수리에 관하여는 관세법 제187조(보세공장 외 작업 허가) 제5항 및 제7항을 준용한다. 이 경우 "허가"는 "신고수리"로 "보세공장"은 "자유무역지역"으로, "운영인"은 "입주기업체"로 본다.

22 자유무역지역 관리권자와 입주기업체 간의 입주계약의 해지 등에 대한 설명으로 틀린 것은?
① 관리권자는 입주기업체 또는 지원업체가 부정한 방법으로 입주계약을 체결한 경우에는 입주계약을 해지하여야 한다.
② 관리권자는 입주기업체 또는 지원업체가 입주계약을 체결한 사업 외의 사업을 한 경우 입주계약을 해지할 수 있다.
③ 관리권자는 입주기업체 또는 지원업체가 폐업한 경우 입주계약을 해지할 수 있다.
④ 입주계약이 해지된 자는 그 해지 당시의 수출 또는 수입계약에 대한 이행업무 및 산업통상자원부령으로 정하는 잔무 처리업무를 제외하고는 그 사업을 즉시 중지하여야 한다.
⑤ 입주계약이 해지된 자는 자유무역지역에 소유하는 토지나 공장·건축물 또는 그 밖의 시설을 대통령령이 정하는 바에 따라 관리권자에게 양도하여야 한다.

23 자유무역지역의 지정 및 운영에 관한 법률(이하 '자유무역지역법')과 다른 법률과의 관계에 대한 설명으로 틀린 것은?

① 입출항 및 하역 절차 등 통관을 위하여 필수적인 절차가 자유무역지역법에 규정되어 있지 아니한 경우에는 관세법을 적용한다.
② 자유무역지역의 지정 및 운영에 관하여 경제자유구역의 지정 및 운영에 관한 특별법에 자유무역지역법과 다른 규정이 있는 경우에는 자유무역지역법을 우선하여 적용한다.
③ 물품의 통관에 관하여 관세법을 적용하는 것이 입주기업체에 유리한 경우에는 관세법을 적용한다.
④ 입주기업체 중 외국인투자기업은 장애인고용촉진 및 직업재활법에 따른 사업주의 장애인 고용 의무 규정을 준수하여야 한다.
⑤ 물품의 반입·반출을 효율적으로 관리하기 위하여 필요한 통제시설이 설치되어 있지 아니한 경우에는 관세법을 적용한다.

24 자유무역지역의 관리권자에 대한 내용이다. ( ) 안에 들어갈 내용을 바르게 나열한 것은?

- 산업단지 – 산업통상자원부장관
- 물류터미널 및 물류단지 – 국토교통부장관
- 공항 및 배후지 – (A)
- 항만 및 배후지 – (B)

	A	B
①	국토교통부장관	산업통상자원부장관
②	산업통상자원부장관	해양수산부장관
③	국토교통부장관	해양수산부장관
④	산업통상자원부장관	국토교통부장관
⑤	해양수산부장관	국토교통부장관

25 자유무역지역에서 반출입되는 외국물품 등의 보세운송에 대한 설명으로 맞는 것은?

① 국외반출신고가 수리된 물품의 보세운송기간은 신고수리일부터 20일 이내로 하며, 선(기)적은 국외반출신고가 수리된 날부터 20일 이내에 선(기)적하여야 한다.
② 동일 자유무역지역 내 입주기업체 간에 외국물품 등을 이동하려는 때에는 관세청 전자통관시스템에 의한 수출입신고로 보세운송신고를 갈음할 수 있다.
③ 외국물품을 역외작업장소로 직접 반입하려는 자는 역외작업신고서 원본을 첨부하여 도착지 세관장에게 보세운송신고하여야 한다.
④ 국외반출신고가 수리된 물품을 선적하기 위하여 보세운송하는 경우에는 수입신고서 서식을 사용하여 보세운송신고할 수 있다.
⑤ 자유무역지역에서 제조·가공한 물품을 다른 자유무역지역으로 보세운송하는 경우에는 보세운송기간을 7일로 하며 7일 이내의 범위에서 연장할 수 있다.

2023년 기출문제

제1과목 : 수출입통관절차

01 관세법 제240조의 '수출입의 의제'에 해당하는 물품이 아닌 것은?
① 보세구역 장치기간이 지난 물품
② 관세법에 따라 매각된 물품
③ 관세법에 따라 몰수된 물품
④ 법령에 따라 국고에 귀속된 물품
⑤ 관세법에 따라 몰수를 갈음하여 추징된 물품

02 수입신고의 시기, 요건, 신고세관에 관한 설명으로 틀린 것은?
① 수입하려는 자는 출항 전 신고, 입항 전 신고, 보세구역 도착 전 신고, 보세구역 장치 후 신고 중에서 필요에 따라 요건에 맞는 신고방법을 선택하여 수입신고할 수 있다.
② 출항 전 신고나 입항 전 신고는 수입물품을 적재한 선박 등의 입항 예정지를 관할하는 세관장에게 하여야 한다.
③ 출항 전 신고나 입항 전 신고는 해당 물품을 적재한 선박 등이 우리나라에 입항하기 5일 전(항공기에 의한 경우에는 1일 전)부터 할 수 있다.
④ 보세구역 도착 전 신고는 해당 물품이 출발한 보세구역을 관할하는 세관장에게 신고하여야 한다.
⑤ 보세구역 장치 후 신고는 해당 물품이 장치된 보세구역을 관할하는 세관장에게 신고하여야 한다.

03 수입신고를 생략하거나 신고서에 의한 간이신고를 할 수 없는 물품은?
① 우리나라에 내방하는 외국의 원수와 그 가족 및 수행원에 속하는 면제대상물품
② 상업용견본품으로서 과세가격이 미화 250불 이하의 면세대상물품
③ 설계도 중 수입승인이 면제되는 것
④ 미화 1,500불 상당의 우편물
⑤ 외국환거래법에 따라 금융기관이 외환업무를 영위하기 위하여 수입하는 지급수단

04 수입통관 사무처리에 관한 고시상 B/L 분할신고 및 수리에 관한 규정으로 틀린 것은?
① 검사·검역 결과 일부는 합격되고 일부는 불합격된 경우이거나 일부만 검사·검역 신청하여 통관하려는 경우에는 B/L을 분할하여 신고할 수 있다.
② 신고물품 중 일부만 통관이 허용되고 일부는 통관이 보류되는 경우에는 B/L을 분할하여 신고를 할 수 있다.
③ B/L을 분할하더라도 물품검사와 과세가격 산출에 어려움이 없는 경우로서 분할신고된 물품의 납부세액이 1만원 미만이 되는 경우에도 B/L을 분할하여 신고할 수 있다.
④ B/L 분할신고에 따른 수입물품이 물품검사 대상인 경우 처음 수입신고할 때 분할 전 B/L 물품 전량에 대하여 물품 검사를 하여야 한다.
⑤ B/L 분할신고에 따른 수입물품이 물품검사 대상인 경우 2차 이후 분할신고되는 물품에 대하여는 물품검사를 생략할 수 있다.

05 반송절차에 관한 고시의 내용 중 틀린 것은?
① 통관보류물품이란 외국으로부터 보세구역에 반입된 물품으로서 수입신고를 하였으나 수입신고 수리요건 등을 갖추지 못하여 통관이 보류된 물품을 말한다.
② 반송물품에 대한 보세운송 신고는 보세운송업자 또는 화주의 명의로 하여야 하며, 그 보세운송기간은 10일로 지정한다.
③ 통관보류물품 등 수입신고된 물품이 반송신고된 경우에는 세관장은 그 수입신고의 취하 여부를 심사한다.
④ 반송은 적재화물목록, 선하증권(B/L), 항공화물운송장(AWB) 상의 물품수신인 또는 해당 물품의 화주가 할 수 있다.
⑤ 반송신고수리 세관장은 반송신고 수리물품이 수리일로부터 30일을 경과하였을 때에는 적재 여부를 확인하여야 한다.

06 ( )에 공통으로 들어갈 내용으로 맞는 것은?

> 관세법 제229조 제1항 제2호의 규정에 의하여 2개국 이상에 걸쳐 생산·가공·제조된 물품의 원산지는 당해 물품의 생산과정에서 사용되는 물품의 품목분류표상 ( ) 품목번호와 다른 ( ) 품목번호의 물품을 최종적으로 생산한 국가로 한다.

① 2단위
② 4단위
③ 6단위
④ 8단위
⑤ 10단위

07 컨테이너에 적입하여 수출하는 물품 중 관세청장이 보세구역에 반입한 후 수출신고를 하도록 고시하고 있는 물품으로 맞는 것은?
① 마스크, 생활폐기물
② 마스크, 중고휴대폰
③ 생활폐기물, 중고자동차
④ 중고휴대폰, 중고자동차
⑤ 중고휴대폰, 생활폐기물

08 관세법상 물품검사에 대한 설명으로 틀린 것은?
① 세관공무원은 수출·수입 또는 반송하려는 물품에 대하여 검사를 할 수 있다.
② 관세청장은 검사의 효율을 거두기 위하여 검사대상, 검사범위, 검사방법 등에 관하여 필요한 기준을 정할 수 있다.
③ 화주는 수입신고를 하려는 물품에 대하여 수입신고 전에 관세청장이 정하는 바에 따라 확인할 수 있다.
④ 관세청장 또는 세관장은 세관공무원의 적법한 물품검사로 인하여 물품에 손실이 발생한 경우에는 그 손실을 입은 자에게 보상할 필요가 없다.
⑤ 세관장은 효율적인 검사를 위하여 부득이하다고 인정될 때에는 관세청장이 정하는 바에 따라 해당 물품을 보세구역에 반입하게 한 후 검사할 수 있다.

09 수출검사에 관한 설명으로 틀린 것은?
① 수출신고물품의 검사는 원칙적으로 생략하나, 물품을 확인할 필요가 있는 경우에는 물품검사를 할 수 있다.
② 수출물품의 검사는 신고지 검사를 원칙으로 한다.
③ 세관장은 수출물품의 효율적인 검사를 위하여 필요한 경우 포장명세서 등 관계 자료의 제출을 요구할 수 있다.
④ 세관장은 신고지 검사를 완료한 수출물품에 대하여 봉인조치를 하거나 보세운송을 통하여 적재지 보세구역으로 운송하도록 할 수 있다.
⑤ 적재지 검사 대상물품이 적재지 보세구역에 반입된 때에는 운영인은 관할 세관장에게 즉시 반입보고를 하여야 한다.

10 수입신고의 취하 또는 각하에 관한 설명으로 맞는 것은?
① 수입신고 취하승인(신청)서를 접수한 세관장이 접수일로부터 10일 이내에 승인 여부를 통지하지 아니하면 해당 처리기간이 끝난 날의 다음 날에 승인을 한 것으로 본다.
② 세관장은 거짓이나 그 밖의 기타 부정한 방법으로 수입신고가 된 경우에는 수입신고를 취하한다.
③ 세관장은 수입계약 내용과 상이한 물품을 해외공급자 등에게 반송하기로 한 경우로서 화주 등이 요청하는 경우 직권으로 수입신고를 각하할 수 있다.
④ 세관장은 입항 전 수입신고한 화물이 도착하지 아니한 경우에는 화주 등으로부터 수입신고 취하승인(신청)서를 접수받아 취하승인을 하여야 한다.
⑤ 세관장은 수입신고가 수리된 물품에 대하여는 수입신고의 취하를 승인할 수 없다.

11 관세법상 수출신고 수리물품의 적재와 관련된 설명이다. (　) 안에 들어갈 내용을 바르게 나열한 것은?

> 수출신고가 수리된 물품은 수출신고가 수리된 날부터 (A) 이내에 운송수단에 적재하여야 한다. 다만, 기획재정부령으로 정하는 바에 따라 (B)의 범위에서 적재기간의 연장승인을 받은 것은 그러하지 아니하다.

	A	B
①	30일	3개월
②	30일	6개월
③	30일	1년
④	60일	3개월
⑤	60일	6개월

12 수입통관에 곤란한 사유가 없는 물품으로서 수입신고수리 전 반출 승인 대상이 아닌 것은?
① 사전세액심사 대상물품(부과고지 물품을 포함한다)으로서 세액결정에 오랜 시간이 걸리는 경우
② 조달사업에 관한 법률에 따른 비축물자로 신고된 물품으로서 실수요자가 결정된 경우
③ 완성품의 세번으로 수입신고수리 받고자 하는 물품이 미조립상태로 분할선적 수입된 경우
④ 품목분류나 세율 결정에 오랜 시간이 걸리는 경우
⑤ 수입신고 시 관세법 시행령 제236조 제1항 제1호에 따라 원산지증명서를 세관장에게 제출하지 못한 경우

13 임시개청 및 시간 외 물품 취급과 관련한 설명으로 맞는 것은?
① 세관의 업무시간이 아닌 때에 통관절차를 진행하고자 하는 경우 사전통보는 부득이한 경우를 제외하고는 공무원의 근무시간 외에 하여야 한다.
② 관세법 제241조에 따라 신고를 하여야 하는 우편물을 취급하는 경우에는 통보서를 세관에 제출할 필요가 없다.
③ 개청시간 외 통관절차를 진행함에 따른 수수료를 계산함에 있어 관세청장이 정하는 물품의 경우 여러 건의 수출입물품을 1건으로 하여 통관절차를 신청하는 때에는 이를 1건으로 한다.
④ 개청시간 및 물품 취급시간 외 통관절차 등을 진행함에 따른 기본수수료는 평일과 공휴일 구분 없이 동일하다.
⑤ 세관의 개청시간 외에 통관절차·보세운송절차를 진행하기 위해 세관에 제출한 통보서상의 시간 외에 물품을 취급하는 경우에는 통보서를 별도로 세관에 제출할 필요가 없다.

14 관세법에서 규정하는 용어의 정의로서 틀린 것은?
① 수입에는 여행자가 휴대품을 국제무역기에서 소비하는 경우를 포함한다.
② 외국물품에는 관세법 제241조 제1항에 따른 수출의 신고가 수리된 물품을 포함한다.
③ 우리나라의 선박이 공해에서 포획한 수산물은 내국물품에 해당한다.
④ 수리용 예비부분품이 해당 선박에서만 사용되는 경우 선박용품에 해당한다.
⑤ 복합환적이란 입국 또는 입항하는 운송수단의 물품을 다른 세관의 관할 구역으로 운송하여 출국 또는 출항하는 운송수단으로 옮겨 싣는 것을 말한다.

15 관세의 납부기한에 대한 설명으로 맞는 것은?
① 세관장은 관세청장이 정하는 요건을 갖춘 성실납세자가 신청을 할 때에는 납부기한이 동일한 달에 속하는 세액에 대하여 그 기한이 속하는 달의 다음 달 말일까지 한꺼번에 납부하게 할 수 있다.
② 수입신고 전 즉시반출신고를 한 경우에는 수입신고 전 즉시반출신고일부터 15일 이내에 관세를 납부해야 한다.
③ 납세의무자는 납세신고한 세액을 납부하기 전에 그 세액이 과부족하다는 것을 알게 된 때에는 납세신고한 세액을 정정할 수 있으며, 이 경우 납부기한은 당초 납부기한의 다음 날까지로 한다.
④ 납세의무자가 부족한 세액의 대한 세액의 보정을 신청한 경우에는 해당 보정신청을 한 날의 다음 날까지 해당 관세를 납부하여야 한다.
⑤ 납세의무자는 신고납부한 세액이 부족한 경우에는 일정한 기간 내에 수정신고를 할 수 있으며, 이 경우 수정신고한 날까지 해당 관세를 납부하여야 한다.

16 아래의 사실관계에 기초하여 관세법상 규정을 설명한 것으로 틀린 것은?

> 우리나라에 소재하는 K-주식회사는 미국에 소재하는 A사로부터 승용차 100대를 국내 판매용으로 구매('22. 9. 30.) 후 수입한다. 해당 물품은 미국 L.A 산타모니카항에서 선적('22. 11. 30.)되어 부산항 보세구역에 반입('23. 1. 1.)된 후 수입신고('23. 1. 10.)하여 관세 등을 납부하고 통관되었다.

① 해당 물품에 대한 관세의 납세의무자는 K-주식회사이다.
② 해당 물품에 대한 관세액은 승용차의 가격에 기초하여 결정한다.
③ 해당 물품에 대한 관세율은 수입신고 당시의 법령에 따라 적용한다.
④ 해당 물품에 대한 관세는 부산항 보세구역에 반입된 때의 물품의 성질과 수량에 따라 부과한다.
⑤ 해당 물품에 대한 관세의 과세가격 결정 시 적용할 과세환율은 관세청장이 정한 수입신고를 한 날이 속하는 주의 전주(前週)의 기준환율을 평균한 율을 적용한다.

17 관세법상 규정을 설명한 것으로 맞는 것은?
① 관세부과의 제척기간은 통고처분 등에 의해 중단된다.
② 의무불이행 등의 사유로 감면된 관세를 징수하는 경우에는 그 사유가 발생한 날의 다음 날부터 5년이 지나면 부과할 수 없다.
③ 납세의무자가 신고납부한 세액이 과다한 것을 알게 되어 관세법 제38조의3 제2항에 따라 경정청구를 하는 경우 그 청구일부터 3개월 이내에 세관장은 경정한다.
④ 부정환급 등의 사유로 관세를 징수하는 경우에는 환급한 날의 다음 날부터 5년이 지나면 부과할 수 없다.
⑤ 행정소송법에 따른 소송에 대한 판결이 있는 경우에는 그 판결이 확정된 날부터 2년 이내에 세관장은 그 판결에 따라 경정이나 그 밖에 필요한 처분을 할 수 있다.

18 관세법상 과세가격의 가산요소로 틀린 것은?
① 구매자가 부담하는 수수료와 중개료. 다만, 구매수수료는 제외한다.
② 해당 수입물품과 동일체로 취급되는 용기의 비용과 해당 수입물품의 포장에 드는 노무비와 자재비로서 구매자가 부담하는 비용
③ 연불조건의 수입인 경우에는 해당 수입물품에 대한 연불이자
④ 해당 수입물품을 수입한 후 전매·처분 또는 사용하여 생긴 수익금액 중 판매자에게 직접 또는 간접으로 귀속되는 금액
⑤ 특허권, 실용신안권, 디자인권, 상표권 및 이와 유사한 권리를 사용하는 대가로 지급하는 것으로서 대통령령으로 정하는 바에 따라 산출된 금액

19 아래의 물품 중 간이세율을 적용하지 아니하는 물품을 모두 고른 것은?

> A. 관세율이 무세인 물품과 관세가 감면되는 물품
> B. 수출용 원재료
> C. 관세법상 범칙행위에 관련된 물품
> D. 당해 물품의 수입이 국내산업을 저해할 우려가 있다고 관세청장이 정하는 물품
> E. 관세청장이 상업용으로 인정하는 수량의 물품

① A
② A, B
③ A, B, C
④ A, B, C, D
⑤ A, B, C, D, E

20 아래 설명에 해당하는 수입물품에 적용되는 세율은?

> 일괄하여 수입신고가 된 물품으로서 물품별 세율이 다른 물품에 대하여는 신고인의 신청에 따라 그 세율 중 가장 높은 세율을 적용할 수 있다.

① 합의에 따른 세율
② 용도세율
③ 간이세율
④ 편익관세
⑤ 국제협력관세

21 관세법상 관세감면에 관한 규정에 대한 설명으로 맞는 것은?
① 관세감면을 받으려는 자는 예외 없이 해당 물품의 수입신고 수리 전에 신청서를 세관장에게 제출하여야 한다.
② 관세청장은 관세감면물품의 사후관리기간을 정하려는 경우, 동일물품에 대한 사후관리기간이 다르면 그 중 가장 긴 기간으로 하여야 한다.
③ 관세법 제89조에 따른 세율불균형물품에 대한 관세의 감면은 세관장으로부터 제조·수리공장을 지정받은 중소기업만 적용받을 수 있다.
④ 수출물품을 해외에서 설치, 조립 또는 하역하기 위해 사용하는 장비로서 우리나라에서 수출신고 수리일부터 2년 내에 재수입되는 물품은 그 관세를 면제할 수 있다.
⑤ 세관장의 승인을 얻어 관세감면을 받은 물품을 용도 외 사용하거나 양도·임대하는 경우에는 감면된 관세를 징수하지 않는다.

22 관세법상 가산세 적용대상이 아닌 것은?
① 우리나라로 거주를 이전하기 위하여 입국하는 자가 관세를 납부하여야 할 물품에 해당하는 이사물품을 신고하지 아니하여 과세하는 경우
② 수입신고 전 반출신고 후 10일 이내에 수입신고를 하지 않은 경우
③ 재수출면세를 적용받은 물품이 규정된 기간 내에 수출되지 아니한 경우
④ 여행자가 관세를 납부하여야 할 물품에 해당하는 휴대품을 신고하지 아니하여 과세하는 경우
⑤ 세액을 납부하기 전에 세액정정을 하는 경우

23 관세감면 대상 중 관세법 제102조에 따른 사후관리대상인 것은?

① 정부용품 등의 면세
② 종교용품, 자선용품, 장애인용품 등의 면세
③ 소액물품 등의 면세
④ 여행자 휴대품 및 이사물품 등의 감면
⑤ 해외임가공물품 등의 감면

24 관세행정 구제제도에 관한 설명이다. (   ) 안에 들어갈 내용을 바르게 나열한 것은?

과세 전 적부심사는 과세 전 통지를 받은 날부터 (A) 이내에 청구할 수 있고 심사청구는 해당 처분을 한 것을 안 날로부터 (B) 이내에 청구하여야 한다.

	A	B
①	20일	60일
②	20일	90일
③	30일	30일
④	30일	60일
⑤	30일	90일

25 대외무역법 시행령 제19조에 따른 수출입승인 면제물품에 해당하는 경우라도 관세법 제226조 제2항에 따라 세관장이 수출입요건 구비 여부를 확인하는 물품이 아닌 것은?

① 마약류 관리에 관한 법률 해당물품
② 어린이제품 안전 특별법 해당물품
③ 총포·도검·화약류 등의 안전관리에 관한 법률 해당물품
④ 가축전염병 예방법 해당물품
⑤ 식물방역법 해당물품 중 식물, 종자, 원목, 원석, 가공목재

제2과목 : 보세구역관리

01 지정장치장에 대한 설명으로 맞는 것은?
① 지정장치장은 통관을 하려는 물품을 일시 장치하기 위한 장소로서 시설주의 신청에 의하여 세관장이 지정하는 구역이다.
② 지정장치장에서의 물품 장치기간은 6개월이며, 세관장은 6개월의 범위에서 그 기간을 연장할 수 있다.
③ 세관장은 화물관리인을 지정할 수 없을 때에는 해당 시설의 관리자를 화물관리인으로 지정하여야 한다.
④ 화물관리인은 화물관리에 필요한 비용을 화주로부터 징수할 수 있다. 다만, 그 요율에 대하여는 세관장의 승인을 받아야 한다.
⑤ 지정장치장의 화물관리인은 중소기업의 장치물품에 대하여 세관설비 사용료를 납부하지 아니한다.

02 영업용보세창고에의 물품반입을 정지시킬 수 있는 경우로서 틀린 것은?
① 장치된 외국물품이 멸실된 때에 운영인이 세관장에게 멸실 신고를 하지 않은 경우
② 해당 시설의 미비 등으로 특허보세구역 설치 목적을 달성하기 곤란하다고 인정되는 경우
③ 운영인 또는 그 종업원이 합법가장 밀수를 인지하고도 세관장에게 보고하지 않고 보관 또는 반출한 경우
④ 운영인 또는 그 종업원의 관리소홀로 해당 보세구역에서 밀수행위가 발생한 경우
⑤ 운영인이 장치물품에 대한 관세를 납부할 자력(자금능력)이 없다고 인정되는 경우

03 특허보세구역 설치·운영에 관한 세관장의 감독사항으로 틀린 것은?
① 특허보세구역의 설치·운영에 관한 보고를 명할 수 있다.
② 세관공무원에게 특허보세구역의 운영 상황을 검사하게 할 수 있다.
③ 특허보세구역의 운영에 필요한 시설·기계 및 기구의 설치를 명할 수 있다.
④ 특허보세구역의 설치 목적에 합당하지 않은 물품의 반출을 명할 수 있다.
⑤ 특허보세구역과 거래하는 업체의 종사자 인적사항을 보고하도록 할 수 있다.

04 보세구역에 대한 설명이다. ( ) 안에 들어갈 내용을 바르게 나열한 것은?

보세구역은 (A)·(B) 및 (C)으로 구분하고, (A)은 지정장치장 및 세관검사장으로 구분하며, (B)은 보세창고·보세공장·보세전시장·보세건설장 및 보세판매장으로 구분한다.

	A	B	C
①	지정보세구역	특수보세구역	자유무역지역
②	지정보세구역	종합보세구역	자유무역지역
③	지정보세구역	특허보세구역	종합보세구역
④	자유무역지역	특허보세구역	종합보세구역
⑤	종합보세구역	특허보세구역	자유무역지역

05 특허보세구역 운영인의 의무에 대한 설명으로 틀린 것은?

① 장치화물에 관한 각종 장부와 보고서류(전산자료 포함)를 2년간 보관하여야 한다.
② 보세구역의 건물, 시설 등에 관하여 소방서 등 행정관청으로부터 시정명령을 받은 때에는 지체 없이 세관장에게 보고하여야 한다.
③ 보세구역의 수용능력을 증가시키는 설치·운영시설의 증축 등의 공사를 하려는 때에는 세관장에게 신고하여야 한다.
④ 보세구역의 장치물품의 종류를 변경하려는 때에는 미리 세관장의 승인을 받아야 한다.
⑤ 운영인은 관세법령에서 정하는 바에 따라 특허보세구역 특허수수료를 납부하여야 한다.

06 보세창고 운영인에 대한 행정제재로 틀린 것은?

① 1년에 주의처분을 3회 받은 때에는 경고 1회로 한다.
② 현장점검, 감사 등의 결과에 따라 수개의 동일 위반사항이 적발된 경우 이를 1건으로 주의처분하거나 경고처분할 수 있다.
③ 거짓이나 그 밖의 부정한 방법으로 특허를 받은 경우에는 특허를 취소하여야 한다.
④ 보세구역 운영인 또는 그 사용인이 관세법을 위반하여 물품반입을 정지하는 경우 범칙시가에 따라 정지기간을 산정한다.
⑤ 세관장은 자체 특허심사위원회의 사전심사를 거쳐 반입정지기간을 하향 조정하는 경우, 기준일의 50%의 범위에서 조정할 수 있다. 다만, 반입정지기간은 7일 미만으로 할 수 없다.

07 보세공장에서의 물품 수출입 및 반송 등에 대한 설명 중 틀린 것은?

① 해당 보세공장 부설 연구소에서 사용될 시설 기자재·원재료 등은 보세공장 반입일부터 30일 이내에 수입 또는 반송신고 하여야 한다.
② 원료과세 적용신청 물품으로서 FTA 협정관세를 적용받고자 하는 경우에는 사용신고를 할 때 해당 원산지와 원산지증명서 구비여부(Y), 세율란(FTA 관세율)을 기재하여 사용신고하여야 한다.
③ 생산계획 변경, 제조품목의 사양변경 또는 보세작업 과정에서 발생하는 잉여 원재료는 반입신고 시의 원재료 원상태로 국외반출을 할 수 있다.
④ 운영인은 잉여물품을 수입신고 전에 즉시 반출하려는 경우 세관장에게 보세공장 잉여물품 수입신고 전 반출신고서를 제출해야 한다.
⑤ 수입신고 전 반출한 잉여물품은 반출신고서를 제출한 날로부터 30일 이내에 반출신고서 건별로 수입신고하여야 한다.

08 보세공장 장외작업에 대한 설명으로 틀린 것은?
① 세관장은 장외작업 허가기간이 경과한 물품이 장외작업장에 장치되어 있는 때에는 지체 없이 보세공장 반입명령을 하여야 한다.
② 장외작업으로 보세작업한 물품은 장외작업 장소에 장치한 상태에서 원보세공장 관할 세관으로 수출·수입신고, 양수도, 반출신고 등을 할 수 있다.
③ 세관장은 운영인이 거대중량 등의 사유로 1년의 범위에서 계속하여 장치하려는 경우 장외작업 기간 연장을 승인할 수 있다.
④ 장외작업의 허가를 받은 물품은 원보세공장 관할 세관에서 관리하거나 관리가 어려운 경우 장외작업장 관할 세관장에게 관리·감독을 의뢰할 수 있다.
⑤ 임가공계약서 등으로 전체 장외작업의 내용을 미리 알 수 있어 여러 건의 장외작업을 일괄 허가하는 경우 1년 이내에서 장외작업 허가를 받을 수 있다.

09 자가용보세창고를 공동보세구역으로 특허하는 경우에 대한 설명으로 틀린 것은?
① 공동보세구역을 운영하려는 자는 전체 창고면적을 특허면적으로 하여 특허를 신청하여야 한다.
② 정부 또는 정부투자기관이 관리하는 보관·비축시설에 관련 업체의 수입물품을 일괄 보관하는 경우 공동보세구역으로 특허할 수 있다.
③ 물류시설의 개발 및 운영에 관한 법률에 따라 물류단지를 운영하는 자가 입주업체의 수입품을 일괄하여 보관하는 경우 공동보세구역으로 특허할 수 있다.
④ 운영인은 장치물품의 종류와 특성에 따른 내부 화물관리 규정을 갖추어야 한다.
⑤ 수출입업을 영위할 수 있는 중소기업협동조합에서 회원사의 수입 원자재를 수입하여 보관하려는 경우 공동보세구역으로 특허할 수 있다.

10 특허보세구역 운영인이 보세구역 내 일정한 장소에 게시하여야 하는 사항으로 틀린 것은?
① 보세구역 출입자 명단
② 특허보세구역 특허장
③ 위험물품 장치허가증 등 관계행정기관의 장의 허가, 승인 또는 등록증(위험물품, 식품류를 보관하는 보세구역에 한정)
④ 화재보험요율
⑤ 보관요율(자가용보세창고는 제외) 및 보관규칙

11 보세공장 원재료의 범위 등에 관한 설명으로 틀린 것은?
① 당해 보세공장에서 생산하는 제품에 물리적 또는 화학적으로 결합되는 물품은 보세공장 원재료에 해당된다.
② 해당 보세공장에서 생산하는 제품을 제조·가공하는 공정에 투입되어 소모되는 물품은 보세공장 원재료에 해당된다.
③ 기계·기구 등의 작동 및 유지를 위한 연료, 윤활유 등 제품의 생산작업에 간접적으로 투입되어 소모되는 물품은 보세공장 원재료에 해당된다.
④ 해당 보세공장에서 수리·조립·검사·포장 작업에 직접적으로 투입되는 물품은 보세공장 원재료에 해당된다.
⑤ 보세공장 원재료는 당해 보세공장에서 생산하는 제품에 소요되는 수량을 객관적으로 계산할 수 있는 물품이어야 한다.

12 자율관리보세공장의 특례에 대한 설명으로 틀린 것은?
① 연 1회 실시하는 재고조사를 생략할 수 있다.
② 물품의 반출입을 할 때, 동일법인에서 운영하는 자율관리보세공장 간에는 보세운송절차를 생략할 수 있다.
③ 물품의 반출입을 할 때, 동일법인에서 운영하는 자율관리보세공장과 자유무역지역 입주업체 간에는 보세운송절차를 생략할 수 있다.
④ 자율관리보세공장에서 무상으로 수출하는 미화 1만 불(FOB 기준) 이하 견본품은 보세운송절차를 생략할 수 있다.
⑤ 자율관리보세공장에서 내·외국물품 혼용작업을 하는 경우 세관장의 승인을 생략한다.

13 보세전시장의 폐회 후 물품처리로 틀린 것은?
① 박람회 등의 회기가 종료되면 해당 보세전시장에 있는 외국물품은 이를 외국으로 반송하는 것을 원칙으로 한다.
② 기증·매각됨으로써 보세전시장에 있는 외국물품을 국내로 반입하려는 자는 수입신고를 하여야 한다.
③ 보세전시장에 있는 외국물품을 폐기하려는 때에는 미리 세관장의 승인을 받아야 한다.
④ 회기가 종료되고 반송, 수입 또는 폐기처리되지 아니한 외국물품은 해당 보세전시장의 특허기간 만료 후 30일 이내에 다른 보세구역으로 반출하여야 한다.
⑤ 폐기 후의 잔존물이 가치가 있는 때에는 폐기 후의 성질과 수량에 따라 관세를 부과한다.

14 보세전시장의 운영에 대한 설명으로 틀린 것은?
① 보세전시장의 운영인은 해당 박람회 등의 주최자 명의로서 하여야 한다.
② 보세전시장으로 특허 받을 수 있는 장소는 해당 박람회 등의 전시장에 한정한다.
③ 보세전시장의 특허기간은 해당 박람회 등의 회기와 그 회기의 전후에 박람회 등의 운영을 위한 외국물품의 반입과 반출 등에 필요하다고 인정되는 기간을 고려해서 세관장이 정한다.
④ 세관장에게 반입신고를 한 외국물품이 보세전시장에 반입된 경우 운영인은 그 물품에 대하여 세관공무원의 검사를 받아야 한다.
⑤ 해당 보세전시장에서 불특정다수의 관람자에게 판매할 것을 목적으로 하는 외국물품은 보세전시장에 반입할 수 없다.

15 보세건설장에 대한 설명으로 맞는 것은?
① 보세건설장의 부대시설을 건설하기 위해 반입되는 외국물품은 사용·소비신고 후 사용하여야 한다.
② 외국물품인 기계류 설비품은 건설공사에 투입되기 전에 세관장에게 사용신고를 하여야 한다.
③ 보세건설장에서 건설된 시설을 수입신고수리 전에 시험목적으로 일시 가동하고자 하는 경우에는 세관장의 승인을 받아야 한다.
④ 공사용 장비는 일시 사용신고를 하고 건설공사에 투입하여 사용할 수 있다.
⑤ 운영인은 전체 산업시설의 건설이 완료되면 완료일부터 1개월 이내에 세관장에게 건설완료보고를 해야 한다.

16 보세판매장의 물품판매절차에 대한 설명으로 틀린 것은?
① 운영인이 물품을 판매한 때에는 구매자 인적사항 및 판매사항을 세관에 전자문서로 실시간 전송(시내면세점에서 판매된 물품을 보세운송하는 경우 보세운송 신고 시)하여야 한다.
② 운영인은 보세판매장의 물품을 전자상거래의 방법에 의하여 직접 판매하거나 제3자가 운영하는 사이버몰을 통하여 판매할 수 없다.
③ 출국장면세점의 판매물품을 이동판매 방식에 의해 판매하려는 경우 세관장의 승인을 받아야 한다.
④ 외국 원수와 그 가족이 시내면세점에서 구입한 물품은 보세판매장에서 현장 인도할 수 있다.
⑤ 인수자가 교환권을 분실한 경우 인도자는 구매자가 동일인임을 확인한 후 교환권을 재발행할 수 있다.

17 보세판매장의 인도장 및 인도자에 대한 설명 중 틀린 것은?
① 교환권의 여권번호가 다른 경우 인도자는 구매자의 인적사항과 서명 등을 구매내역과 비교하여 동일인임을 확인한 후 인도하여야 한다.
② 인도자는 전자식 교환권의 경우 구매자의 전자서명을 받고 구매 시 서명이나 인적사항을 대조 확인하여야 한다.
③ 세관장은 인도장의 수용능력을 초과하는 경우 출국장 인접 보세구역에 1년의 범위 내에서 임시인도장을 지정할 수 있다.
④ 인도자는 회수된 교환권을 정리하여 세관장에게 보고한 후 매월 10일 또는 세관장이 지정한 일자 단위로 판매자에게 송부하여야 한다.
⑤ 인도장에서 보세판매장 판매물품을 구매자에게 인도하는 업무를 담당하려는 자는 인도장 관할세관장으로부터 지정을 받아야 한다.

18 보세판매장 판매물품의 인도에 대한 설명으로 틀린 것은?
① 인도자는 인도장의 업무량을 고려하여 적정인원의 보세사를 채용해야 한다.
② 인도자는 인도업무를 직접 수행하여야 하며, 보세사에게 위임할 수 없다.
③ 인도자는 인도자와 인도보조자의 근무시간 및 근무방법을 세관장에게 보고해야 한다.
④ 세관장은 운영인이 운송한 물품을 인도자에게 인도할 장소를 지정한다.
⑤ 인도자는 인도장에 보세운송된 물품의 인수를 완료한 때에는 세관공무원에게 이상유무를 보고해야 한다.

19 보세판매장 특허심사위원회에 관한 설명으로 틀린 것은?
① 특허심사위원회는 위원장을 포함하여 100명 이내의 위원으로 성별을 고려하여 구성된다.
② 보세판매장의 신규 특허 수 결정을 심의한다.
③ 보세판매장 특허 신청자의 평가 및 선정을 심의한다.
④ 보세판매장 특허 갱신 심사를 심의한다.
⑤ 특허심사위원회 심의 후 참여 위원 명단을 공개한다.

20 보세판매장 운영인의 의무로 틀린 것은?

① 시내면세점 운영인은 중소·중견기업 제품 매장을 설치하여야 한다.
② 운영인은 보세판매장에서 판매하는 물품과 동일 또는 유사한 물품을 수입하여 내수판매를 하지 않아야 한다.
③ 운영인은 해당 월의 보세판매장의 업무사항을 다음 달 7일까지 보세판매장 반출입물품 관리를 위한 전산시스템을 통하여 세관장에게 보고하여야 한다.
④ 운영인은 보세판매장에 근무하는 사람 중 소속직원에 대해 보세판매장 협의단체에서 주관하는 교육을 연 1회 이상 이수하도록 하여야 하며, 다른 법인 등에 소속된 판촉사원에 대해서는 해당 교육의 이수를 생략한다.
⑤ 운영인은 물품을 판매하는 때에는 구매자의 인적사항을 여권 또는 외국인임을 확인할 수 있는 자료, 그 외 세관장이 인정하는 신원확인방법을 통해 확인해야 한다.

21 보세판매장 운영인이 팸플릿, 인터넷 홈페이지와 게시판 등을 통해 홍보해야 하는 것으로 틀린 것은?

① 입국장 인도장에서 인도받을 물품의 구매한도액, 입국장 면세점의 구매한도액 및 면세한도액의 혼동 방지
② 면세점에서 구입한 면세물품의 원칙적인 국내반입 제한(입국장면세점 판매물품 및 입국장 인도장 인도 물품은 제외한다)
③ 면세물품의 교환·환불절차 및 유의사항
④ 현장인도 받은 내국물품의 외국반출 의무
⑤ 해당 월의 보세판매장 업무 상황

22 종합보세구역의 물품반출입에 대한 설명으로 틀린 것은?

① 외국으로부터 도착한 물품 또는 보세운송되어 반입하는 물품에 대하여는 House B/L 단위로 반입신고를 하여야 한다.
② 동일 종합보세구역 내의 종합보세사업장 간에 물품의 이동에는 보세운송신고를 하여야 한다.
③ 운영인이 동일 종합보세사업장에서 종합보세기능 간에 물품을 이동하는 경우에는 반출입신고를 하지 아니한다.
④ 운영인은 반입된 물품이 반입예정 정보와 품명·수량이 상이한 경우에는 즉시 세관장에게 보고하여야 한다.
⑤ 소방 관련 법령 등에 의한 위험물 장치허가를 받지 아니한 종합보세사업장 운영인은 화물 반입 시 위험물 여부를 확인하여야 하며, 위험물을 발견하였을 때에는 즉시 세관장에게 보고하여야 한다.

23 종합보세구역에서 종합보세사업장 설치·운영 등에 대한 설명으로 맞는 것은?
① 종합보세구역에서 종합보세기능을 수행하고자 하는 자는 종합보세사업장 설치·운영 특허 신청서를 제출하여 세관장에게 특허를 받아야 한다.
② 운영인이 종합보세사업장을 15일 이상 계속하여 휴업하고자 할 때에는 운영인은 세관장에게 즉시 그 사실을 신고하여야 한다.
③ 종합보세사업장의 설치·운영기간은 30년의 범위 내에서 운영인이 정하는 기간으로 한다.
④ 종합보세사업장의 토지·건물 등을 임차한 경우 종합보세사업장의 설치·운영기간은 임대차 계약기간 만료 10일 전까지 기간 연장된 임대차계약서 또는 시설사용허가서 사본을 제출하는 조건으로 운영인이 정하는 기간으로 한다.
⑤ 설치·운영기간 이후에도 계속하여 종합보세기능을 수행하고자 할 때에는 설치·운영기간 만료 30일 전까지 설치·운영 변경신고에 의하여 설치 운영기간을 연장하여야 한다.

24 관세청장이 지정하는 종합보세구역의 대상지역에 해당하지 않는 것은?
① 외국인투자촉진법에 의한 외국인투자지역
② 산업입지 및 개발에 관한 법률에 의한 산업단지
③ 자유무역지역의 지정 및 운영에 관한 법률에 따라 운영시기가 공고된 자유무역지역
④ 유통산업발전법에 의한 공동집배송센터
⑤ 물류시설의 개발 및 운영에 관한 법률에 따른 물류단지

25 수입활어의 관리에 관한 사항으로 맞는 것은?
① 활어란 관세법의 별표 관세율표 제0301호에 해당하는 물품으로서 관상용과 양식용(이식용, 시험연구조사용)을 포함한 것을 말한다.
② 세관장은 검역 불합격품이 발생한 경우 해당 화주에게 불합격 사실을 통보 받은 날부터 15일 이내에 반송 또는 폐기하도록 명령하여야 한다.
③ 운영인 등은 활어장치장 내에 설치된 CCTV의 전원을 차단하거나, 촬영에 방해가 되는 물체를 배치하려는 경우에는 세관장에게 통보하여야 한다.
④ 동일 선박 또는 항공기로 반입된 동일 화주의 활어는 장치된 수조별로 수입신고를 하여야 한다.
⑤ 운영인 등은 세관공무원의 관리 감독을 용이하게 하기 위하여 활어의 수조와 CCTV의 배치 도면을 활어장치장 입구에 게시하여야 한다.

제3과목 : 화물관리

01 보세구역의 물품 반출에 대한 설명으로 맞는 것은?
① B/L 제시 인도물품을 반출하려는 자는 화물관리공무원에게 B/L 원본을 제시하여 반출승인을 받아야 한다.
② 외교행낭으로 반입되는 영사관 직원이 사용하기 위한 엽총은 B/L 제시로 반출할 수 있다.
③ 장례를 위한 유해(유골)와 유체는 B/L 제시로 반출할 수 없다.
④ 보세구역 외 장치장에 반입한 화물 중 수입신고 수리된 화물은 반출 시에 세관장에게 반출신고를 하여야 한다.
⑤ 폐기승인을 받은 물품은 폐기완료보고 후 반출신고 한다.

02 보세구역의 물품 반입절차에 대한 설명으로 맞는 것은?
① 컨테이너장치장(CY)에 반입한 물품을 다시 컨테이너화물조작장(CFS)로 반입한 때에는 반입신고를 생략한다.
② 운영인은 보세운송물품 도착 시 보세운송 건별로 도착일시, 인수자, 차량번호를 기록하여 장부 또는 자료보관매체에 1년간 보관해야 한다.
③ 도착물품의 현품에 과부족이 있는 경우 물품을 즉시 인수한 후 반입물품 이상보고서를 세관장에게 제출해야 한다.
④ 반입신고는 Master B/L 단위로 해야 한다. 다만, 하선장소 보세구역에 컨테이너 상태로 반입하는 경우 House B/L 단위로 할 수 있다.
⑤ 동일사업장 내 보세구역 간 장치물품의 이동은 물품 반출입신고로 보세운송신고를 갈음할 수 있다.

03 보세창고에 장치할 수 있는 내국물품에 관한 설명으로 맞는 것은?
① 운영인은 외국물품이나 통관을 하려는 물품의 장치에 방해되지 아니하는 범위에서 보세창고에 내국물품을 장치한 후 세관장에게 신고를 하여야 한다.
② 운영인은 보세창고에 5개월 이상 계속하여 내국물품만을 장치하려면 세관장에게 허가를 받아야 한다.
③ 자율관리보세구역으로 지정받은 자가 장부를 비치하고 반출입사항을 기록 관리하는 경우 내국물품(수입신고가 수리된 물품은 제외한다)의 반출입신고를 면제하거나 기재사항의 일부를 생략하게 할 수 있다.
④ 동일한 보세창고에 장치되어 있는 동안 수입신고가 수리된 물품은 신고 없이 2년 동안 장치할 수 있다.
⑤ 내국물품으로서 장치기간이 지난 물품은 그 기간이 지난 후 30일 이내에 그 운영인의 책임으로 반출하여야 한다.

04 보세구역 외 장치허가에 대한 설명으로 맞는 것은?
① 보세구역 외 장치허가를 받으려는 자는 장치허가수수료 18만 원을 납부하여야 한다.
② 동일한 선박 또는 항공기로 수입된 동일한 화주의 화물을 동일한 장소에 반입하는 때에는 1건의 보세구역 외 장치허가수수료를 징수한다.
③ 협정에 의하여 관세가 면제되는 물품의 보세구역 외 장치허가를 받으려면 장치허가수수료를 납부하여야 한다.
④ 세관장은 보세구역 외 장치허가신청을 받은 경우 보세구역 외 장치허가기간 이내를 담보기간으로 하여 담보제공을 명할 수 있다.
⑤ 세관장은 제조업체가 수입하는 수출용 농산물 원자재는 보세구역 외 장치허가신청 시 담보제공을 생략하게 할 수 있다.

05 수입 또는 반송신고를 지연한 경우의 가산세에 대한 설명으로 맞는 것은?
① 관세청장이 정하는 보세구역에 반입한 물품은 그 반입일로부터 20일이 경과하여 수입신고한 경우 가산세를 부과한다.
② 신고기한 내에 수입 또는 반송의 신고를 하지 아니한 경우에는 경과기간에 상관없이 해당 물품의 과세가격의 1,000분의 5에 상당하는 금액의 가산세를 징수한다.
③ 신고지연 가산세액은 1,000만 원을 초과할 수 없다.
④ 한국전력공사에서 직접 수입하여 사용할 물품은 신고지연 가산세 징수대상이다.
⑤ 계절관세 적용물품 중 관세청장이 공고한 물품은 가산세 부과대상이 된다.

06 보세화물을 취급함에 있어 세관장의 허가를 받아야 하는 작업으로 모두 맞는 것은?

> A. 보세구역 외 장치
> B. 견본품 반출
> C. 보수작업
> D. 장치물품의 폐기
> E. 해체·절단 작업

① A, B, D
② A, B, E
③ A, C, D
④ B, C, E
⑤ B, D, E

07 보세구역에 장치된 물품의 보수작업에 대한 설명으로 맞는 것은?
① 보세구역 밖에서 보수작업을 하려면 세관장에게 신고하여야 한다.
② 세관장은 보수작업 승인의 신청을 받은 날부터 20일 이내에 승인 여부를 신청인에게 통지하여야 한다.
③ 보수작업으로 외국물품에 부가된 내국물품은 외국물품으로 본다.
④ 외국물품은 수입될 물품의 보수작업의 재료로 사용할 수 있다.
⑤ 보세구역에 장치된 물품의 통관을 위하여 개장, 분할구분, 합병의 작업을 하려는 경우에는 보수작업의 승인을 받지 않아도 된다.

08 보세구역에 반입되는 물품의 장치기간에 대한 설명으로 맞는 것은?
① 인천공항 항역 내 지정장치장에 반입하는 물품의 장치기간은 6개월로 한다. 다만, 세관장이 필요하다고 인정할 때에는 6개월의 범위에서 그 기간을 연장할 수 있다.
② 보세창고에 반입하는 정부비축물품의 장치기간은 1년으로 하되 세관장이 필요하다고 인정할 때에는 1년의 범위에서 그 기간을 연장할 수 있다.
③ 장치장소의 특허변경으로 장치기간을 다시 기산하여야 하는 물품은 특허변경 전 장치장소에 반입한 날부터 장치기간을 합산한다.
④ 여행자 또는 승무원의 휴대품으로서 예치물품의 장치기간은 예치증에 기재된 출국예정시기에 2개월을 가산한 기간으로 한다.
⑤ 보세전시장 반입물품의 장치기간은 전시에 필요한 기간에 1개월을 가산한 기간으로 한다.

09 보세화물의 장치기간과 관련하여 화주, 반입자 또는 그 위임을 받은 자(화주 등)에 대한 반출통고에 관한 설명으로 맞는 것은?

① 보세창고에 반입한 외국물품의 장치기간이 지나 매각하려면 그 화주 등에게 통고일부터 2개월 내에 해당 물품을 수출·수입 또는 반송할 것을 통고하여야 한다.
② 장치기간이 2개월 미만인 물품(유치·예치물품 등)의 반출통고는 장치기간 만료 10일 전까지 하여야 한다.
③ 보세건설장에 반입한 물품에 대한 반출통고는 보세구역 설영특허기간 만료 30일 전까지 하여야 한다.
④ 영업용보세창고에 반입한 물품의 반출통고는 관할 세관장이 화주 등에게 하며, 지정장치장에 반입한 물품의 반출통고는 화물관리인이 화주 등에게 하여야 한다.
⑤ 보세전시장에 반입한 물품에 대해서는 특허기간 만료시점에 관할 세관장이 화주 등에게 반출통고하여야 한다.

10 보세구역에 장치된 물품의 폐기에 관한 설명으로 맞는 것은?

① 보세구역에 장치된 외국물품이 폐기되었을 때에는 세관장의 승인 여부와 관계없이 그 운영인이나 보관인으로부터 즉시 그 관세를 징수한다.
② 세관장의 폐기 또는 반송명령을 받은 화주, 반입자 또는 그 위임을 받은 자는 동 물품을 자기비용으로 폐기 또는 반송하여야 한다.
③ 품명 미상의 물품으로서 1년이 경과한 물품은 그 장치기간에 불구하고 화주에게 2개월의 기간을 정하여 폐기 또는 반송을 명할 수 있다.
④ 행정대집행법에 따라 폐기대집행을 한 세관장은 보세구역 운영인에게 해당 비용의 납부를 명하여야 하며, 이 경우 납기는 10일로 한다.
⑤ 폐기승인을 받은 외국물품 중 폐기 후에 남아 있는 부분에 대하여는 보세구역 반입 당시의 성질과 수량에 따라 관세를 부과한다.

11 보세운송과 관련된 설명이다. ( ) 안에 들어갈 내용을 바르게 나열한 것은?

- 수출신고가 수리된 물품은 (A)이 따로 정하는 것을 제외하고는 보세운송절차를 생략한다.
- 화물이 국내에 도착된 후 최초로 보세구역에 반입된 날부터 (B)이 경과한 물품은 보세운송 승인을 받아야 한다.
- 자율관리보세구역으로 지정된 (C)에 반입하는 물품은 보세운송 승인신청 시 담보를 제공하지 않아도 된다.

	A	B	C
①	관세청장	30일	보세창고
②	관세청장	20일	보세공장
③	세관장	20일	보세창고
④	관세청장	30일	보세공장
⑤	세관장	20일	보세창고

12 보세운송에 관한 설명 중 틀린 것은?
① 우편법에 따라 체신관서 관리하에 운송되는 물품은 보세운송 절차가 필요 없다.
② 보세운송신고는 화주, 관세사 및 화물운송주선업자가 할 수 있다.
③ 보세운송인은 보세운송 도중 경유지 보세구역에서 보세운송물품의 개장, 분리, 합병 등의 작업을 할 수 없다.
④ 보세운송업자의 등록이 취소된 자로서 취소일로부터 2년이 경과되지 아니한 자는 보세운송업자로 등록할 수 없다.
⑤ 송유관을 통해 운송하는 석유제품은 보세운송 절차를 생략할 수 있다.

13 수입화물 보세운송신고와 승인 중 신고대상으로 맞는 것은?
① 특정물품 간이보세운송업자가 관리대상화물 관리에 관한 고시에 따른 검사대상 화물을 하선장소에 최초 보세운송하려는 물품
② 도착지가 비금속설만을 전용으로 장치하는 영업용보세창고로서 간이보세운송업자가 운송하는 비금속설
③ 화주 또는 화물에 대한 권리를 가진 자가 직접 보세운송하는 물품
④ 특정물품 간이보세운송업자가 운송하는 부피가 작고 고가인 귀석·귀금속·향료 등 수출물품 제조용 원재료
⑤ 위험물안전관리법에 따라 물품을 취급할 수 있는 보세구역으로 운송하는 위험물

14 보세운송 물품의 도착 관련 설명으로 틀린 것은?
① 보세운송인은 물품이 도착지에 도착한 때 지체 없이 B/L번호 및 컨테이너 번호(컨테이너 화물인 경우)를 보세구역 운영인 또는 화물관리인에게 제시하고 물품을 인계하여야 한다.
② 보세운송 기간연장을 신청하지 않은 경우 항공화물은 보세운송 신고수리(승인)일로부터 15일 이내에 목적지에 도착하여야 한다.
③ 도착지 보세구역 운영인 또는 화물관리인은 보세운송 도착과 동시에 수입신고가 수리된 물품은 보세구역에 입고시키지 않은 상태에서 물품을 화주에게 즉시 인도하고 반출입신고를 동시에 해야 한다.
④ 발송지 세관 검사대상으로 지정된 경우 보세운송신고인은 도착 즉시 운영인에게 확인을 받은 후 그 결과를 세관에 전송한다.
⑤ 국내 국제항 간 항공기로 보세운송하는 경우 보세운송물품 도착보고는 도착지 세관에 입항적재화물목록을 제출하는 것으로 갈음할 수 있다.

15 항공입항화물 적재화물목록 제출 및 정정과 관련하여 틀린 것은?
① 특송화물의 경우에는 항공기가 입항하기 2시간 전까지 제출해야 한다.
② 적재화물목록보다 실제 물품이 적은 경우로서 하기결과 이상보고서 제출 이후 7일 이내 부족화물이 도착되어 병합관리가 가능한 경우 정정신청을 생략할 수 있다.
③ 적재화물목록에 등재되지 아니한 화물로서 해당 항공기 도착 7일 이내에 선착화물이 있어 병합관리가 가능한 경우 정정신청을 생략할 수 있다.
④ B/L 양수도 및 B/L 분할·합병의 경우에는 정정기간을 제한하지 아니한다.
⑤ 보세운송으로 보세구역에 반입된 화물은 도착지 보세구역을 관할하는 세관장에게 적재화물목록 정정신청을 해야 한다.

16 해상입항 적재화물목록 정정신청을 생략할 수 있는 범위에 대한 설명이다. (   ) 안에 들어갈 내용을 바르게 나열한 것은?

- 산물(예 : 광물, 곡물 등)로서 그 중량의 과부족이 (A)% 이내인 경우
- 용적물품(예 : 원목 등)으로서 그 용적의 과부족이 (B)% 이내인 경우
- 포장파손이 용이한 물품(예 : 비료, 시멘트 등)으로서 그 중량의 과부족이 (C)% 이내인 경우
- 포장단위 물품으로서 중량의 과부족이 (D)% 이내이고 포장상태에 이상이 없는 경우

	A	B	C	D
①	5	5	5	10
②	5	5	5	5
③	10	10	10	10
④	10	5	5	5
⑤	10	5	5	10

17 적재화물목록의 정정신청 기간에 대한 설명이다. (   ) 안에 들어갈 내용을 맞게 나열한 것은?

- 하기결과보고서 및 반입결과 이상보고서가 제출된 물품의 경우에는 보고서 제출일로부터 (A)일 이내
- 해상 출항물품을 적재한 선박이 출항한 날로부터 (B)일 이내
- 항공 출항물품을 적재한 항공기가 출항한 날로부터 (C)일 이내

	A	B	C
①	15	60	30
②	30	60	60
③	30	60	30
④	30	90	60
⑤	15	90	60

18 해상입항 보세화물의 하선에 대한 설명으로 틀린 것은?
① 화물을 하선하려는 때에는 Master B/L 단위의 적재화물목록을 기준으로 하선신고서를 세관장에게 전자문서로 제출해야 한다.
② B/L 단위로 구분하여 하선이 가능한 경우에는 세관장에게 서류로 하선신고를 할 수 있으며 하선작업 완료 후 다음 날까지 하선신고서를 세관장에게 전자문서로 제출해야 한다.
③ 입항 전에 수입신고 또는 하선 전에 보세운송신고가 된 물품으로서 검사가 필요하다고 인정하는 물품은 선사가 지정하는 장소에 하선한다.
④ 하선장소가 부두 밖 보세구역인 경우에는 등록된 보세운송 차량으로 운송해야 한다.
⑤ 선사가 수입 또는 환적 목적이 아닌 외국물품을 하역 작업상의 필요 등에 의하여 일시양륙하려는 경우에는 하선 전에 세관장에게 일시양륙 신고를 해야 한다.

19 해상입항 화물의 하선장소 반입에 대한 설명으로 맞는 것은?
① 하선장소를 관리하는 보세구역 운영인은 LCL화물로서 해당 하선장소 내의 CFS 내에서 컨테이너 적출 및 반입 작업을 하지 아니하는 물품은 Master B/L 단위로 반입신고할 수 있다.
② 하선신고를 한 자는 원목, 곡물, 원유 등 산물은 입항일로부터 15일 이내에 하선장소에 반입해야 한다.
③ 하선신고를 한 자는 컨테이너 화물을 입항일로부터 10일 이내에 하선장소에 반입해야 한다.
④ 입항 전 수입신고수리 또는 하선 전 보세운송 신고수리가 된 물품을 하선과 동시에 차상반출하는 경우에는 반출입신고를 해야 한다.
⑤ 하선장소 보세구역 운영인은 하선기한 내 공컨테이너가 반입되지 않은 경우 하선기한 만료일로부터 15일 이내에 세관장에게 보고해야 한다.

20 물품의 하역 및 일시양륙에 대한 설명으로 틀린 것은?
① 국제무역선은 입항절차를 마친 후가 아니면 물품을 하역하거나 환적할 수 없다. 다만, 세관장의 허가를 받은 경우에는 그러하지 아니하다.
② 외국물품을 운송수단으로부터 일시적으로 육지에 내려 놓으려면 세관장에게 허가를 받아야 한다.
③ 국제무역기에 물품을 하역하려면 세관장에게 신고하고 현장에서 세관공무원의 확인을 받아야 한다. 다만, 세관공무원이 확인할 필요가 없다고 인정하는 경우에는 그러하지 아니하다.
④ 국제무역선에는 내국물품을 적재할 수 없으며, 국내운항선에는 외국물품을 적재할 수 없다. 다만, 세관장의 허가를 받았을 때에는 그러하지 아니하다.
⑤ 세관장은 감시·단속을 위하여 필요할 때에는 물품을 하역하는 장소 및 통로와 기간을 제한할 수 있다.

21 보세화물의 입출항 하선 하기에 대한 설명으로 맞는 것은?
① 하선신고는 하역업체로 등록한 업체만 할 수 있다.
② House B/L이란 선박회사(항공사)가 화주에게 직접 발행한 선하증권(항공화물운송장)을 말한다.
③ 환적화물이란 국제무역선(기)에 의하여 우리나라에 도착한 외국화물을 외국으로 반출하는 물품으로서 반송신고 대상이다.
④ 화물관리번호란 적재화물목록상의 적재화물목록 관리번호에 Master B/L 일련번호와 House B/L 일련번호를 합한 번호를 말한다.
⑤ 화물운송주선업자는 적재화물목록 작성책임자가 아니다.

22 출항 화물 관리에 대한 설명으로 맞는 것은?
① 수출신고수리가 되기 전의 수출화물은 내국물품이므로 선적지 보세구역에 반입하는 때에는 화물 반출입 대장에 기록하고 반입신고하여야 한다.
② 반송물품을 보세구역에 반입하려는 보세구역 운영인은 반입신고와 보세운송 도착보고를 반드시 별도로 해야 한다.
③ 선적지 보세구역에 반입된 물품의 부패·손상 시에는 세관장의 승인을 받고 폐기할 수 있다.
④ 선적지 보세구역에 반입된 수출물품은 선적예정 선박 또는 항공기에 적재하고자 하는 경우를 제외하고 선적지 보세구역으로부터 반출할 수 없다.
⑤ 보세구역 운영인은 물품을 적재하기 전 적재신고를 해야 한다.

23 보세구역에 일시장치된 환적화물의 비가공증명을 위하여 보세구역 운영인이 발행하는 일시장치확인서의 기재사항으로 틀린 것은?

① 일시장치 장소
② B/L(AWB) 번호
③ 운송경로
④ 품명, 반입중량, 수량
⑤ 반입일자

24 화물운송주선업자의 등록요건에 대한 설명으로 틀린 것은?

① 물류정책기본법 제43조에 따른 국제물류주선업의 등록을 하였을 것
② 관세 및 국세의 체납이 없을 것
③ 혼재화물 적재화물목록 제출 등을 위한 전산설비를 갖추고 있을 것
④ 관세법 또는 이 법에 따른 세관장의 명령을 위반하여 관세범으로 조사받고 있거나 기소 중에 있지 않을 것
⑤ 자본금 2억 원 이상을 보유한 법인일 것

25 화물운송주선업자에 대한 업무 감독 및 행정 제재에 대한 설명으로 틀린 것은?

① 세관장은 등록된 화물운송주선업자의 본사 또는 영업소에 대하여 매년 단위로 자체계획을 수립하여 등록사항의 변동 여부 등에 대한 업무 점검을 할 수 있다.
② 세관장은 화물운송주선업자 또는 그 임원, 직원, 사용인이 관세법 또는 이 법에 따른 세관장 명령사항 등을 위반한 경우 행정제재를 할 수 있다.
③ 관세행정 발전에 기여한 사람으로서 관세채권확보 등에 어려움이 없는 경우에는 기준일수의 50% 이내에서 업무정지기간을 하향 조정할 수 있다.
④ 세관장은 경고처분을 하려는 경우 세관장(본부세관은 국장)을 위원장으로 하는 5명 이상의 위원회를 구성하여 심의한 후 결정하여야 한다.
⑤ 세관장은 화물운송주선업자에 대하여 등록취소 또는 업무정지를 하려는 때에는 사전에 화물운송주선업자에게 통보하여 의견을 청취하여야 한다.

제4과목 : 수출입안전관리

01 관세법에서 정한 보세운송업자 등의 등록에 관한 내용 중 맞는 것은?
① 보세운송업자 등록의 유효기간을 갱신하려는 자는 등록갱신신청서를 기간만료 2개월 전까지 관할지 세관장에게 제출하여야 한다.
② 하역업 등록을 한 자는 등록사항에 변동이 생긴 때에는 1개월 이내에 등록지를 관할하는 세관장에게 신고해야 한다.
③ 보세화물을 취급하려는 자로서 다른 법령에 따라 화물운송의 주선을 업으로 하는 자는 등록 대상이다.
④ 국내운항선 안에서 판매할 물품 등을 공급하는 것을 업으로 하는 자는 등록 대상이다.
⑤ 보세운송업자 등록의 유효기간은 2년이다.

02 관세법에서 정한 선박용품으로 틀린 것은?
① 해당 선박에서 사용하는 음료
② 수출용 선박엔진 부분품
③ 해당 선박에서 사용하는 소모품
④ 해당 선박에서 사용하는 밧줄
⑤ 해당 선박에서 사용하는 식품

03 밀수 등 신고자 포상에 관한 훈령의 내용으로 틀린 것은?
① 밀수 등 신고란 민간인 등이 포상의 대상에 해당하는 행위를 인편, 구두, 전화, 인터넷 및 팩스 등을 통하여 관세청이나 세관에 알리는 행위를 말한다.
② 위해물품이란 총포류, 실탄류 및 화약·폭약류 및 도검류 등 밀수 등 신고자 포상에 관한 훈령에서 규정하고 있는 물품을 말한다.
③ 위변조된 화폐 등의 불법 수출입 사범을 밀수신고센터에 신고한 자는 이 훈령에 따른 포상 대상이다.
④ 마약, 향정신성의약품 및 대마의 밀수출입거래는 국민 보건 관련 전문분야에 해당되므로 관세청 또는 세관 밀수신고센터가 아닌 식품의약품안전처장에게 신고하여야 한다.
⑤ 국고수입액이란 해당 사건과 직접 관련된 벌금, 몰수판매대금 또는 몰수에 갈음하는 추징금, 부족세액 추징금, 과징금, 과태료 등 실제 국고납부액의 합계를 말한다.

04 항공기용품의 관리 제도에 대한 내용으로 맞는 것은?
① 외국용품의 반송신고가 수리된 때에는 공급자 등은 용도 외 처분한 날로부터 10일 이내에 반입등록한 세관장에게 용품의 용도 외 처분보고서를 제출해야 한다.
② 용품의 양도 및 양수는 물품공급업, 항공기취급업 또는 항공기내판매업으로 등록된 자에게 할 수 있다.
③ 보세구역 운영인은 외국물품을 용품으로 보세구역에 반입한 때에는 즉시 관할지 세관장에게 외국용품 반입등록을 해야 한다.
④ 공급자 등은 식자재 용기, 세탁물 등 반복적으로 사용하는 외국항공기용품의 적재내역을 일별로 취합하여 적재신청하여야 한다.
⑤ 용품을 양도한 자는 보세운송 신고일로부터 7일 이내에 반입등록한 세관장에게 용품의 양도양수보고서를 제출해야 한다.

05 관리대상화물 관리에 관한 고시에 따른 검사대상화물 중 세관장이 검사지정을 직권으로 해제할 수 있는 물품으로 맞는 것은?

> A. 원자재(수출, 내수용 포함) 및 시설재
> B. 보세공장, 보세건설장, 보세전시장, 보세판매장에 반입하는 물품
> C. 수출입 안전관리 우수업체 공인 및 운영에 관한 고시 제15조에 따라 수출입 안전관리 우수업체(수입부문)가 수입하는 물품
> D. 국가(지방자치단체)가 수입하는 물품 또는 SOFA 관련 물품
> E. 학술연구용 실험기자재이거나 실험용품

① A, B
② B, C
③ C, D
④ D, E
⑤ A, E

06 국제무역기의 자격전환에 대한 설명으로 맞는 것은?
① 국제무역기를 국내운항기로 전환하려면 기장은 항공기의 명칭 등 제원이나 전환하고자 하는 내용 및 사유를 기재한 신청서를 세관장에게 제출하고 허가를 받아야 한다.
② 기장 등이란 해당 항공기의 기장과 그 소속 항공사를 말하며 해당 항공사의 직무를 대행하는 자는 제외된다.
③ 국제무역기의 자격전환 등 업무는 전자통관시스템을 통한 전자적인 방법으로 심사할 수 없다.
④ 국제무역기가 수입신고 수리되거나 국내운항기가 수출신고 수리된 경우에는 전환신청을 생략할 수 있다.
⑤ 정부를 대표하는 외교사절이 전용하는 항공기는 국제무역기에 관한 규정을 준용하므로 전환할 때마다 세관장에게 전환신청서를 제출하여야 한다.

07 위해물품 보고 및 포상에 관한 훈령 별표에 게기된 물품으로서, 총포·도검·화약류 등의 안전관리에 관한 법률에서 정한 총포, 도검, 화약 등 위해물품으로 틀린 것은?
① 총포신 및 기관부
② 탄창 및 탄피
③ 실탄 및 공포탄
④ 총포형 및 막대형 전자충격기
⑤ 소음기 및 조준경

08 선박과 항공기의 입출항 절차에 대한 설명으로 맞는 것은?
① 재해나 그 밖의 부득이한 사유로 국내운항선이 외국에 임시 정박하고 우리나라에 되돌아왔을 때에는 선장은 7일 이내에 그 사실을 세관장에게 보고하여야 한다.
② 국제무역선이 국제항을 출항하려면 선장은 출항하기 전에 세관장에게 출항보고를 하여야 한다.
③ 외국을 항행한 요트가 국내 마리나 거점 요트계류장에 입항 시에는 세관의 입항절차를 요하지 않는다.
④ 세관장은 신속한 입항 및 통관절차의 이행과 효율적인 감시·단속을 위하여 필요할 때에는 관세청장이 정하는 바에 따라 여객명부·적재화물목록 등을 입항하기 전에 제출하게 할 수 있다.
⑤ 국제무역선이 국제항의 바깥에서 물품을 하역하거나 환적하려는 경우 선장은 세관장에게 신고하여야 한다.

09 선박용품 관리에 대한 설명으로 틀린 것은?
① 공급자는 보세운송 승인받은 선박용품을 도착지 보세공장 운영인에게 확인을 받아 적재한 후 출발지 관할 세관장에게 도착보고를 해야 한다.
② 조건부 하역한 외국선박용품이 수리 지연 등 부득이한 사유가 있다고 세관장이 인정하는 경우에는 5월의 범위 내에서 적재 기간을 연장할 수 있다.
③ 선박회사는 관할 세관장에게 국제항의 출국장 내 지정보세구역 중에서 출국대기자에게 식음료를 제공할 수 있는 보세구역 지정을 요청할 수 있다.
④ 공급자는 국제무역선 자격을 취득하기 전의 신조 선박에 외국선박용품(소비용품 제외)을 적재할 필요가 있는 경우에는 해당 선박을 건조하는 보세공장을 장치장소로 하여 전자통관시스템에 등록 관리할 수 있다.
⑤ 수리업자 등이 수리·점검 등을 위하여 일시 하선하는 외국선박용품의 하선신청 및 허가는 관세법 제158조에 따른 보수작업의 신청 및 승인으로 본다.

10 국제무역선이나 국제무역기의 국제항이 아닌 지역 출입 허가 등에 대한 설명 중 맞는 것은?
① 국제무역선의 경우 출입 횟수 1회 기준 해당 선박의 총톤수 1톤당 100원의 수수료를 납부하여야 한다.
② 국제무역기의 경우 출입 횟수 1회 기준 해당 항공기의 자체무게 1톤당 1천원의 수수료를 납부하여야 한다.
③ 국제항의 협소 등 입항 여건을 고려하여 관세청장이 정하는 일정한 장소에 입항하는 경우에도 국제항이 아닌 지역이라면 출입허가수수료를 납부하여야 한다.
④ 유조선의 청소 또는 가스발생선박의 가스제거작업을 위하여 법령 또는 권한 있는 행정관청이 정하는 일정한 장소에 입항하는 경우에도 출입허가 수수료를 납부하여야 한다.
⑤ 국제무역선 또는 국제무역기 항행의 편의도모나 그 밖의 특별한 사정이 있는 경우 허가신청서를 출입지역 관할 세관장이 아닌 다른 세관장에게 제출할 수 있다.

11 수출입 안전관리 우수업체 공인기준으로 틀린 것은?
① 법규준수
② 내부통제시스템
③ 재무건전성
④ 기업규모
⑤ 안전관리

12 수출입 안전관리 우수업체 공인심사에 대한 설명으로 틀린 것은?
① 공인부문에는 수출자, 수입자 등 총 9개의 공인부문이 있다.
② 인적사항 명세서 제출 대상자는 대표자 및 관리책임자이다.
③ 관세청장은 공인심사 신청서를 접수한 날로부터 120일 이내에 서류심사를 마쳐야 한다.
④ 공인심사 신청 시 관리책임자 교육이수 확인서를 제출하여야 한다. 다만, 관리책임자의 교체, 사업장 추가 등 불가피한 경우에는 현장심사를 시작하는 날까지 제출할 수 있다.
⑤ 법인 단위(개인사업자를 포함한다)로 신청하여야 한다.

13 수출입 안전관리 우수업체 보세구역운영인 부문 공인기준에 대한 설명이다. (   ) 안에 들어갈 내용을 바르게 나열한 것은?

> 1.1.2 신청업체와 신청인(관리책임자를 포함한다)이 관세법 제268조의2를 위반하여 벌금형 또는 통고처분을 받은 사실이 있는 경우에는 벌금형을 선고받거나 통고처분을 이행한 후 (A)이 경과하여야 한다.
> 3.2.1 신청업체는 부채비율이 동종업종의 평균 부채비율의 (B) 이하이거나 외부신용평가기관의 신용평가 등급이 투자 적격 이상 또는 매출 증가 등으로 성실한 법규준수의 이행이 가능할 정도의 재정을 유지하여야 한다.
> 4.5.4 운영인은 물품을 수하인 등에게 인계할 때 검수하여야 하며, 물품의 불일치 또는 부적절한 인계 등이 발생하였을 때에는 즉시 (C)에게 보고하여야 한다.
> 4.8.2 운영인은 법규준수와 안전관리를 위하여 (D)에 대한 교육을 실시하여야 한다.

	A	B	C	D
①	1년	150%	세관장	통관적법성
②	2년	200%	관세청장	수출입물류업무
③	2년	150%	관세청장	수출입물류업무
④	2년	200%	세관장	수출입물류업무
⑤	1년	150%	관세청장	통관적법성

14 수출입 안전관리 우수업체 공인신청의 기각에 대한 설명으로 틀린 것은?
① 공인유보업체를 재심사한 결과, 공인기준을 충족하지 못한 것으로 확인된 경우
② 교육이수 확인서를 제출하지 않은 경우
③ 현장심사 결과, 공인기준을 충족하지 못하였으며 보완 요구의 실익이 없는 경우
④ 공인심사를 할 때에 제출한 자료가 거짓으로 작성된 경우
⑤ 공인신정 후 신청업체의 법규준수도 점수가 80점 미만으로 하락한 경우

15 수출입 안전관리 우수업체 공인의 유효기간으로 맞는 것은?
① 수출입 안전관리 우수업체 증서상의 발급한 날로부터 3년
② 수출입 안전관리 우수업체 심의위원회를 개최하는 날로부터 3년
③ 수출입 안전관리 우수업체 증서상의 발급한 날로부터 5년
④ 수출입 안전관리 우수업체 심의위원회를 개최하는 날로부터 5년
⑤ 현장심사를 마친 날로부터 5년

16 보세구역 운영인 부문에 적용되는 통관절차 등의 혜택에 대해 (   ) 안에 들어갈 내용을 바르게 나열한 것은?

공인 부문	혜택 기준	수출입안전관리우수업체		
		A	AA	AAA
모든 부문	관세법 등에 따른 과태료 부과징수에 관한 훈령에 따른 과태료 경감 * 적용시점은 과태료 부과시점	(A)	30%	50%
	관세범의 고발 및 통고처분에 관한 훈령 제3조 제2항에 따른 통고처분금액의 경감	15%	(B)	50%
보세구역 운영인	특허보세구역 운영에 관한 고시 제7조에 따른 특허 갱신기간 연장 * 공인 수출입업체의 자가용보세창고의 경우에도 동일혜택 적용	(C)	8년	10년

	A	B	C
①	20%	30%	6년
②	20%	20%	5년
③	15%	30%	6년
④	15%	20%	5년
⑤	10%	30%	6년

17 수출입 안전관리 우수업체의 관리책임자에 대한 공인 전·후 교육에 대한 설명이다. (   ) 안에 들어갈 내용을 바르게 나열한 것은?

> 관리책임자는 수출입 안전관리 우수업체의 공인 전·후에 아래와 같이 관세청장이 지정하는 교육을 받아야 한다.
> ① 공인 전 교육 : (A)는 16시간 이상. 다만, 공인 전 교육의 유효기간은 해당 교육을 받은 날부터 (B)이다.
> ② 공인 후 교육 : (C) 마다 총괄책임자는 4시간 이상, 수출입관리책임자는 8시간 이상(처음 교육은 공인일자를 기준으로 (D) 이내에 받아야 함). 다만, 관리책임자가 변경된 경우에는 변경된 날부터 180일 이내에 해당 교육을 받아야 한다.

	A	B	C	D
①	수출입관리책임자	3년	매년	2년
②	총괄책임자	5년	매 2년	2년
③	수출입관리책임자	5년	매 2년	1년
④	총괄책임자	3년	매년	1년
⑤	수출입관리책임자	5년	매년	1년

18 수출입 안전관리 우수업체인 P사가 공인 전후에 행한 활동이다. 수출입 안전관리 우수업체 공인 및 운영에 관한 고시 내용을 잘못 적용한 것은?

> • P사 공인부문 : 보세구역 운영인
> • 공인유효기간 : 2018년 11월 15일~2023년 11월 14일

① 수출입물품과 관련된 주요 절차를 담당하는 부서의 책임자(임원)인 A 전무를 총괄책임자로 지정하였다.
② 수출입 관련 업무 경력 3년 이상으로 보세사 자격증을 보유한 B 과장을 수출입관리책임자로 지정하였다.
③ 2019년부터 2022년까지 매년 12월 15일 관세청장에게 정기 자율평가서를 제출하였고 2023년도는 공인의 유효기간이 끝나는 날이 속하는 연도로 정기자율평가를 생략하였다.
④ 2023년 2월 1일 사업내용의 변경이 발생하여 2023년 2월 20일 관세청장에게 수출입 관리현황 변동 보고를 실시하였다.
⑤ 수출입 안전관리 우수업체 공인을 갱신하고자 2023년 6월 30일 갱신심사를 신청하였다.

19 수출입 안전관리 우수업체 공인제도 운영에 대한 설명으로 틀린 것은?

① 수출입 안전관리책임자는 수출입물품의 제조, 운송, 보관, 통관, 반출입 및 적출입 등과 관련된 주요 절차를 담당하는 부서장 또는 직원으로 한다.
② 관세청장은 공인심사를 할 때에는 서류심사와 현장심사의 순으로 구분하여 실시한다.
③ 수출입 안전관리 우수업체가 여러 공인 부문에 걸쳐 공인을 받은 경우에는 공인일자가 가장 빠른 공인부문을 기준으로 자율 평가서를 함께 제출할 수 있다.
④ 갱신이 아닌 때에 공인등급 조정을 신청하고자 하는 경우에는 공인의 유효기간이 1년 이상 남아 있어야 한다.
⑤ 관세청장은 수출입 안전관리 우수업체가 해당 공인 부문의 유효기간 내에 혜택 적용의 정지 처분을 5회 이상 받은 경우 심의위원회의 공인을 취소하여야 한다.

20 수출입 안전관리 우수업체의 변동사항 중 관세청장에게 지체 없이 보고하여야 하는 사항으로 맞는 것은?

① 합병으로 인한 법적 지위의 변경
② 부도 등 공인유지에 중대한 영향을 미치는 경우
③ 대표자의 변경
④ 사업장의 폐쇄
⑤ 화재, 침수 등 수출입화물 안전관리와 관련한 특이사항

21 관세청장이 수출입 안전관리 우수업체의 정기 자율평가서 및 확인서를 확인하는 절차로서 ( ) 안에 들어갈 내용을 바르게 나열한 것은?

> • 관세청장은 정기 자율평가서 및 확인서에 대해서 공인기준을 충족하는지를 확인할 경우에는 수출입 안전관리 우수업체 공인 및 운영에 관한 고시 제18조 제3항에서 정한 (A)에게 관련 자료를 요청하거나, 수출입 안전관리 우수업체의 사업장 등을 방문하여 확인할 수 있다.
> • 관세청장은 위의 확인 결과, 수출입 안전관리 우수업체가 (B)을 충족하지 못하거나 (C)가 하락하여 공인등급의 하향 조정이 예상되는 경우에 공인기준 준수 개선을 요구하여야 한다.

	A	B	C
①	확인자	자율평가기준	공인점수
②	확인자	공인기준	법규준수도
③	공인업체	공인기준	법규준수도
④	공인업체	자율평가기준	공인점수
⑤	기업상담전문관(AM)	공인기준	법규준수도

22 수출입 안전관리 우수업체와 관련하여 세관의 기업상담전문관(AM)이 담당하는 업무로 맞는 것은?
① 변동사항, 정기 자율평가, 세관협력도의 확인 및 점검
② 수출입 안전관리 기준 준수도 측정
③ 수출입 안전관리 우수업체에 대한 현장심사
④ 수출입 안전관리 우수업체 심의위원회 운영
⑤ 공인 및 갱신 심사 신청 업체에 대한 예비심사 수행

23 국가 간 수출입 안전관리 우수업체의 상호인정약정에 대한 설명으로 틀린 것은?
① 국제표준화기구(ISO)의 국제물류보안경영시스템(ISO28000)을 적용하고 있는 국가의 관세당국과 체결한다.
② 공인기준 상호비교, 상호방문 합동 공인심사, 혜택 및 정보교환 등 운영절차 마련, 관세당국 최고책임자 간 서명 등의 절차에 따라 체결한다.
③ 관세청장은 상대국의 수출입 안전관리 우수업체의 공인이 취소된 경우에는 제공된 통관절차상의 혜택 제공을 즉시 중단하여야 한다.
④ 수출입업체는 혜택 적용을 위해 상대국 해당업체의 공인번호를 연계한 해외거래처부호를 전자통관시스템에 등록하여야 한다.
⑤ 상호인정약정의 혜택 점검, 이행절차 개선, 제도설명 등을 위해 상대국 관세당국과 이행협의를 실시할 수 있다.

24 수출입 안전관리 우수업체 공인 취소사유가 아닌 것은?
① 관세법 제276조(허위신고죄 등)에 따라 통고처분을 받은 경우
② 공인기준 준수 개선 또는 자료 제출을 요구하였으나 정당한 사유 없이 이행하지 않거나 이행하였음에도 공인기준을 충족하지 못하는 경우
③ 공인의 유효기간 내에 혜택 적용의 정지 처분을 5회 이상 받은 경우
④ 혜택 적용 정지에 따른 관세청장의 시정요구 또는 개선 권고사항을 특별한 사유 없이 이행하지 않는 경우
⑤ 갱신심사와 관련하여 거짓자료를 제출한 경우

25 관세청장이 수출입 안전관리 우수업체에 대한 통관절차 등의 혜택 적용을 정지할 수 있는 경우로 틀린 것은?
① 정당한 사유 없이 변동사항을 보고하지 않은 경우
② 정당한 사유 없이 정기 자율평가서를 제출기한으로부터 1개월 이내에 제출하지 않은 경우
③ 공인의 유효기간 중에 기업상담전문관으로부터 공인기준 준수 개선 요구를 3회 이상 받은 경우
④ 관리책임자 공인 후 교육을 받도록 권고 받은 이후에 특별한 사유 없이 교육을 받지 않은 경우
⑤ 양도, 양수, 분할 및 합병 등으로 처음에 공인한 수출입 안전관리 우수업체와 동일하지 않다고 판단되는 경우

제5과목 : 자율관리 및 관세벌칙

01 과실범은 법률에 특별한 규정이 있는 경우에 한하여 처벌한다. 관세법상 과실범을 처벌할 수 있는 경우로 맞는 것은?
① 과실로 관세법 제248조에 따른 수입신고수리 전 반출금지를 위반한 자
② 과실로 관세법 제238조에 따른 보세구역 반입명령에 대하여 반입대상 물품의 일부를 반입하지 아니한 자
③ 과실로 관세법 제274조에 따른 밀수입품의 취득·보관·운반한 자
④ 과실로 관세법 제226조에 따른 법령에 따라 수입에 필요한 허가 또는 그 밖의 조건을 갖추지 아니하고 수입한 자
⑤ 과실로 관세법 제227조에 따른 세관장의 의무 이행 요구를 이행하지 아니한 자

02 질서위반행위규제법 내용에 대한 설명 중 틀린 것은?
① 법률상 의무의 효율적인 이행을 확보하고 국민의 권리와 이익을 보호하기 위하여 질서위반행위의 성립요건과 과태료의 부과·징수 및 재판 등에 관한 사항을 규정하는 것을 목적으로 한다.
② 법인의 대표자, 법인 또는 개인의 대리인·사용인 및 그 밖의 종업원이 업무에 관하여 법인 또는 그 개인에게 부과된 법률상의 의무를 위반한 때에는 법인 또는 그 개인에게 과태료를 부과한다.
③ 과태료의 부과·징수, 재판 및 집행 등의 절차에 관한 다른 법률의 규정 중 이 법의 규정에 저촉되는 것은 이 법으로 정하는 바에 따른다.
④ 자신의 행위가 위법하지 아니한 것으로 오인하고 행한 질서위반행위는 그 오인에 정당한 이유가 있는 때에 한하여 과태료를 부과하지 아니한다.
⑤ 과태료는 행정청의 과태료 부과처분이나 법원의 과태료 재판이 확정된 후 3년간 징수하지 아니하거나 집행하지 아니하면 시효로 인하여 소멸한다.

03 관세법 제279조 제2항에 따라 양벌 규정의 적용을 받는 개인으로 틀린 것은?
① 세관지정장치장 화물관리인
② 특허보세구역 또는 종합보세사업장의 운영인
③ 수출·수입 또는 운송을 업으로 하는 사람
④ 관세사
⑤ 국제항 안에서 물품 및 용역의 공급을 업으로 하는 사람

04 관세법에서 정한 관세범인의 조사와 처분에 대한 설명으로 맞는 것은?
① 해양경찰공무원은 관세범인(특정범죄 가중처벌 등에 관한 법률 제외)에 관한 사건을 발견하였을 때에는 관세청이나 세관에 인계하지 않고 직접 조사하여야 한다.
② 세관공무원이 피의자를 조사하였을 때에는 조서를 작성해야 한다. 다만, 현행범 조사 등 긴급한 경우에는 수요내용을 적은 서면으로 조서를 대신할 수 있다.
③ 소유자·점유자 또는 보관자가 임의로 제출한 물품이라도 관할 지방법원 판사의 영장을 발급 받아 압수해야 한다.
④ 관세범인의 현행범이 그 장소에 있을 때에는 세관공무원만 체포할 수 있다.
⑤ 해진 후부터 해뜨기 전까지는 검증·수색 또는 압수를 할 수 없으므로 해지기 전부터 시작한 검증·수색 또는 압수라도 해가 지면 중단하여야 한다.

05 관세범인에 대한 통고처분 및 고발에 대한 설명으로 맞는 것은?
① 세관장이 통고처분을 할 때 벌금에 상당하는 금액을 해당 벌금 최고액의 100분의 30으로 하되 관세청장이 정하는 바에 따라 100분의 50 범위에서 그 금액을 늘리거나 줄일 수 있다.
② 관세범인에 대한 세관장의 통고처분이 있는 때에도 공소 시효는 진행된다.
③ 벌금에 상당하는 금액이 30만 원 이하이면 관세청장이나 세관장이 직권으로 해당 통고처분을 면제할 수 있다.
④ 관세범인이 통고의 요지를 이행한 경우에도 동일 사건에 대해 다시 조사할 수 있다.
⑤ 관세범인이 통고서의 송달을 받은 날로부터 20일 이내에 이행하지 않으면 관세청장이나 세관장은 즉시 고발해야 한다.

06 관세법에 따른 압수물품의 보관·폐기·처분에 대한 설명으로 틀린 것은?
① 세관공무원은 관세범인 조사에 의하여 발견한 물품이 몰수해야 하는 것으로 인정될 때에는 압수할 수 있다.
② 관세법 제269조의 밀수입죄에 해당되어 압수된 물품에 대해 압수일로부터 6개월 이내에 해당 물품의 소유자 및 범인을 알 수 없는 경우 유실물 공고를 해야 한다.
③ 유실물 공고로 압수물품에 대해 공고일로부터 1년이 지나도 소유자 및 범인을 알 수 없는 경우에는 국고로 귀속된다.
④ 세관장은 압수물품이 사람의 생명이나 재산을 해칠 우려가 있는 경우에는 즉시 폐기하고 피의자나 관계인에게 통고하지 않는다.
⑤ 세관장은 처분이 지연되면 상품가치가 크게 떨어질 우려가 있는 경우 피의자나 관계인에게 통고한 후 매각하여 그 대금을 공탁할 수 있다.

07 관세법 제269조(밀수출입죄) 제1항에서 처벌하는 수출입의 금지품으로 틀린 것은?
① 화폐의 위조품
② 화폐의 변조품
③ 총기류·폭발물
④ 정부의 기밀을 누설하는 물품
⑤ 헌법질서를 문란하게 하는 서적·간행물

08 관세법 제269조(밀수출입죄)에 따른 처벌 대상 행위로 틀린 것은?
① 여행자가 해외에서 구입한 2천만 원 상당의 다이아몬드를 세관에 신고하지 않고 여행가방 바닥에 숨겨서 수입한 행위
② 무역회사가 1억 원 상당의 치과용 의료기기를 수입하면서 세관장에게 수입신고를 하였으나 관세를 적게 납부할 의도로 물품의 가격을 5천만 원으로 신고하여 수입한 행위
③ 무역회사가 참깨 1톤을 수입하면서 세관장에게 수입신고할 때에는 품명을 플라스틱 파이프라고 신고하여 수입한 행위
④ 가정주부가 해외직구를 통해 300만 원 상당의 판매용 진공청소기를 구입해서 개인통관고유부호를 부여받아 자가소비용으로 세관에 수입신고하면서 품명을 식품으로 신고하여 수입한 행위
⑤ 무역업체가 고춧가루 1톤을 수입하면서 세관장에게 수입신고할 때에는 품명을 양념다대기로 신고하여 수입한 행위

09 관세청장이나 세관장이 고발하여야 하는 경우로 틀린 것은?
① 범죄의 정상이 징역형에 처해질 것으로 인정되는 경우
② 관세범인이 통고를 이행할 수 있는 자금능력이 없다고 인정되는 경우
③ 관세범인이 3회 이상의 출석요구에 불응하는 경우
④ 관세범인의 주소 및 거소가 분명하지 아니하거나 그 밖의 사유로 통고를 하기 곤란하다고 인정되는 경우
⑤ 관세범인이 통고서의 송달을 받은 날부터 15일 이내에 이행하지 아니하였을 경우. 다만, 15일이 지난 후 고발이 되기 전에 통고처분을 이행한 경우에는 그러하지 아니한다.

10 관세법 제282조에 따라 몰수하지 아니할 수 있는 물품으로 맞는 것은?
① 밀수입된 관세법 제234조의 수출입의 금지물품
② 밀수입 범죄를 예비한 범인이 소유 또는 점유하는 물품
③ 보세구역에 신고를 한 후 반입한 외국물품 중 밀수입품
④ 범인이 소유하는 밀수출 물품
⑤ 범인이 소유하는 밀수품의 취득죄에 해당하는 물품

11 관세법 제264조에 따른 자율관리보세구역에서 관세청장이 정하는 절차의 생략대상으로 틀린 것은?
① 보세화물관리에 관한 고시에 따른 재고조사 및 보고의무 생략
② 특허보세구역 운영에 관한 고시에 따른 보세구역 운영상황의 점검 생략
③ 보세화물관리에 관한 고시에 따른 장치물품의 수입신고 전 확인신청(승인) 생략
④ 약사법 및 화장품법 등에 따른 표시작업(원산지 표시 제외)의 경우 관세법 제158조에 따른 보수작업 신청(승인) 생략
⑤ 벌크화물의 사일로(silo) 적입을 위한 포장제거작업의 경우 관세법 제158조에 따른 보수작업 신청(승인) 생략

12 자율관리보세구역 운영인 등의 의무에 대한 설명으로 맞는 것은?
① 운영인 등은 어떠한 경우에도 보세사가 아닌 자에게 보세화물관리 등 보세사의 업무를 수행하게 하여서는 아니 된다.
② 운영인 등은 보세사가 해고 또는 취업정지 등의 사유로 업무를 수행할 수 없는 경우에는 1개월 이내에 다른 보세사를 채용하여 근무하게 하여야 한다.
③ 운영인은 회계연도 종료 2개월이 지난 후 15일 이내에 자율관리보세구역 운영 등의 적정 여부를 자체점검하고 자율점검표를 작성하여 세관장에게 제출하여야 한다.
④ 운영인이 자율점검표를 보세구역 운영 현황 및 재고조사 결과와 함께 제출하려는 경우 자율점검표를 다음 해 2월 말까지 제출할 수 있다.
⑤ 운영인 등은 관세법령에 따라 해당 보세구역에서 반출입된 화물에 대한 장부를 3년간 보관하여야 한다.

13 자율관리보세구역 지정 취소 등에 대한 설명으로 틀린 것은?
① 세관장은 자율관리보세구역 운영인이 관세법에 따른 의무를 위반한 경우 자율관리보세구역 지정을 취소할 수 있다.
② 보세사가 해고 또는 취업정지 등의 사유로 업무를 수행할 수 없게 되었음에도 일정기간 이내에 보세사를 채용하지 않을 때에는 자율관리보세구역 지정 취소 사유가 된다.
③ 세관장은 자율관리보세구역의 지정을 취소하려는 때에는 미리 해당 운영인 등의 의견을 청취하는 등 기회를 주어야 한다.
④ 세관장이 운영인 등의 의견청취를 할 때에는 의견청취 예정일 5일 전까지 의견청취 예정일 등을 지정하여 유선 또는 구두로 통지하여야 한다.
⑤ 보세구역 운영인 또는 그 대리인이 출석하여 의견을 진술할 때에는 세관공무원은 그 요지를 서면으로 작성하여 출석자 본인으로 하여금 이를 확인하게 한 후 서명날인하게 하여야 한다.

14 보세사 제도에 대한 설명으로 맞는 것은?
① 보세사 등록을 신청하고자 하는 사람은 보세사 등록 신청서에 입사예정증명서 또는 재직확인 증명서를 첨부하여 관세청장에게 제출하여야 한다.
② 보세사 등록이 취소된 사람은 그 취소된 날로부터 3년 내에 다시 등록하지 못한다.
③ 보세사는 그 업무수행에 필요한 교육을 받아야 하며, 이에 따른 직무교육은 한국관세물류협회장이 실시한다.
④ 영업용보세창고의 경우 보세화물 관리에 지장이 없는 범위 내에서 보세사는 다른 업무를 겸임할 수 있다.
⑤ 보세사자격증을 재발급 받고자 하는 경우에는 보세사자격증교부(재교부) 신청서에 재발급사유서를 첨부하여 한국관세물류협회장에게 제출하여야 한다.

15 보세사 징계에 대한 설명으로 틀린 것은?
① 세관장은 보세사가 관세법이나 같은 법에 따른 명령을 위반한 경우 등록을 취소하여야 한다.
② 세관장은 보세사가 보세사의 직무 또는 의무를 이행하지 아니하는 경우 보세사징계위원회의 의결에 따라 징계처분을 한다.
③ 보세사의 징계에 관한 사항을 심의·의결하기 위하여 세관에 보세사징계위원회를 둔다.
④ 보세사징계위원회의 위원이 징계의결 대상 보세사와 채권·채무 등 금전관계가 있는 경우 보세사징계위원회의 심의·의결에서 제척된다.
⑤ 세관장은 보세사에 대하여 등록취소하거나 징계처분한 때에는 한국관세물류협회장에게 통보하여야 한다.

16 보세사 직무로 틀린 것은?
① 보수작업과 화주의 수입신고 전 장치물품 확인 시 입회·감독
② 세관봉인대의 시봉 및 관리
③ 환적화물 컨테이너 적출입 시 입회·감독
④ 보세운송신고서 작성 및 제출
⑤ 견본품의 반출 및 회수

17 수출입물류업체에 대한 법규수행능력측정 및 평가관리에 대한 설명이다. ( ) 안에 들어갈 내용을 바르게 나열한 것은?

> - 세관장이 법규수행능력 평가시스템에 의하여 수출입물류업체의 법규수행능력을 평가할 수 있는 주기는 연 (A)를 원칙으로 한다.
> - 신규업체가 법규수행능력평가를 요청할 때에는 다음 각 호의 기준을 충족하는 경우 평가를 실시할 수 있다.
>   1. 보세구역, 자유무역지역 : 설립 후 (B) 경과
>   2. 운송사, 선사, 항공사, 포워더 : 세관신고 (C) 이상

	A	B	C
①	1회	3개월	250건
②	1회	3개월	1,000건
③	1회	6개월	250건
④	2회	6개월	1,000건
⑤	2회	12개월	1,000건

18 자유무역지역의 지정 및 운영에 관한 법률 제2조에 따른 용어의 정의로 맞는 것은?
① "관세 등"이란 관세, 부가가치세, 임시수입부가세, 주세, 개별소비세, 교통·에너지·환경세, 농어촌특별세 또는 교육세를 말한다.
② "공장"이란 관세법에 따라 세관장의 특허를 받은 지역으로 관세가 유보된 상태에서 외국물품을 자유롭게 제조·가공할 수 있는 곳을 말한다.
③ "수입"이란 관세법 및 대외무역법에 따른 수입을 말한다.
④ "수출"이란 관세법·수출용 원재료에 대한 관세 등 환급에 관한 특례법 및 대외무역법에 따른 수출을 말한다.
⑤ "외국물품"이란 대외무역법에 따른 외국물품을 말한다.

19 세관장이 자유무역지역 안으로의 반입과 자유무역지역에서 외국으로 반출을 제한할 수 있는 물품이 아닌 것은?
① 사업장폐기물 등 폐기물
② 총기 등 불법무기류
③ 마약류
④ 상표법에 따른 상표권 또는 저작권법에 따른 저작권을 침해하는 물품
⑤ 수입요건을 구비하지 아니한 전기용품

20 자유무역지역에서 국외반출물품의 보세운송 및 선·기적에 대한 설명이다. (   ) 안에 들어갈 내용을 순서대로 나열한 것은?

> 국외반출신고가 수리된 물품을 선적하기 위하여 보세운송하는 경우에는 수출신고서 서식을 사용하여 보세운송신고를 할 수 있고, 보세운송기간은 신고수리일로부터 (A) 이내로 하며, 선(기)적은 국외반출신고가 수리된 날부터 (B) 이내에 선(기)적 하여야 한다. 다만, 세관장은 재해·선(기)적 일정 변경 등 부득이한 사유로 기간 연장의 신청이 있는 때에는 (C)의 범위에서 그 기간을 연장할 수 있다.

	A	B	C
①	15일	15일	1개월
②	15일	30일	3개월
③	15일	30일	6개월
④	30일	30일	3개월
⑤	30일	30일	6개월

21 세관장이 자유무역지역에 있는 물품 중 화주 및 반입자와 그 위임을 받은 자에게 국외 반출 또는 폐기를 명하거나 미리 통보한 후 직접 폐기할 수 있는 물품이 아닌 것은?
① 실용시효가 경과되었거나 상품가치를 상실한 물품
② 의약품 등으로서 유효기간이 만료되었거나 성분이 불분명한 경우
③ 위조상품, 모조품, 그 밖에 지식재산권 침해물품
④ 품명미상의 물품으로서 반입 후 6개월이 지난 물품
⑤ 검사·검역기준 등에 부적합하여 검사·검역기관에서 폐기대상으로 결정된 물품

22 세관장에게 입주기업체관리부호 발급신청을 하려는 아래의 자유무역지역 입주기업체 중 보세사 채용의무가 있는 업체로 맞는 것은?

> A. 제조업종 사업의 자유무역지역 입주기업체
> B. 수량단위 화물관리가 가능한 복합물류 사업의 자유무역지역 입주기업체
> C. 화물터미널 운영을 하고자 하는 자유무역지역 입주기업체
> D. 농림축산물을 원재료로 하는 제조·가공업종 사업의 자유무역지역 입주기업체
> E. 전자상거래 국제물류센터(GDC) 운영을 하고자 하는 자유무역지역 입주기업체

① A, B
② B, C
③ C, D
④ D, E
⑤ E, A

23 자유무역지역 입주기업체 관리에 대한 설명으로 맞는 것은?
① 자유무역지역에서 내국물품과 외국물품을 같이 취급하려는 입주기업체로 내국물품 취급 비중이 높은 경우에는 세관장에게 입주기업체 관리부호를 발급 받지 않아도 된다.
② 세관장은 입주기업체 관리부호 부여 시 입주기업체의 보세화물 적정관리 여부를 판단하기 위해 관할 자유무역지역의 특성을 고려하여 자체 심사 기준을 정하여 운영할 수 있다.
③ 세관장은 1년 이상 외국물품 등의 반입실적이 없어 해당 입주기업체의 관리부호가 필요하지 않다고 인정하는 경우 부호를 삭제하여야 한다.
④ 세관장은 관리권자로부터 입주계약해지 통보를 받아 입주기업체의 관리부호를 삭제하는 경우에는 입주기업체의 의견을 미리 청취할 필요는 없다.
⑤ 세관장은 입주계약해지를 통보받은 경우 3개월 이내에 재고조사를 실시하고, 1년 이내의 기간을 정하여 외국물품 등을 자유무역지역 밖으로 반출하거나 다른 입주기업체에 양도하도록 통보하여야 한다.

24 자유무역지역 전자상거래 국제물류센터(GDC)에 대한 설명으로 맞는 것은?
① 모든 반입물품은 국외반출만 가능하고 국내 수입통관은 불가능하다.
② 세관장은 전자상거래 국제물류센터(GDC)에 대해 자유무역지역의 지정 및 운영에 관한 법률 제39조에 따른 재고관리 상황의 조사를 생략한다.
③ 수출입 안전관리 우수업체(AEO)에만 운영 자격이 있다.
④ B/L단위 관리물품의 실시간 반출입신고 전산시스템만 구축하여도 운영할 수 있다.
⑤ 입주기업체는 재고관리시스템, 시설 및 내부통제 등 관세청장이 정한 화물관리 역량 평가기준을 충족하여야 한다.

25 자유무역지역에서 물품의 반입 및 반출에 대한 설명으로 맞는 것은?
① 선박으로 반입된 화물을 항공기로 반출하기 위해 자유무역지역으로 반입하려는 환적화물에 대해서는 반입신고 절차를 생략한다.
② 환급대상 내국물품을 자유무역지역으로 반입하려는 입주기업체는 세관장에게 내국물품 반입신고서 제출을 생략한다.
③ 세관장은 반입신고를 하지 아니하고 자유무역지역 안으로 반입된 내국물품에 대하여 그 물품을 반입한 자가 신청한 경우에는 내국물품 확인서를 발급할 수 있다.
④ 외국물품 등을 관세영역으로 일시반출하려는 자는 세관장에게 일시반출신고를 하여야 한다.
⑤ 외국물품 등에 대해 역외작업을 하려는 자는 세관장의 허가를 받아야 한다.

2022년 기출문제

제1과목 : 수출입통관절차

01 관세법 제226조에 따른 세관장 확인물품 및 확인방법 지정 고시상 용어 정의 및 확인절차를 설명한 것이다. 틀린 것은?

① "요건확인기관"이란 관련 법령에 따라 수출입물품에 대한 허가·승인·표시나 그 밖의 조건을 확인·증명하는 수출입 관련 기관을 말한다.
② 요건확인기관의 장은 수출입요건 확인내역을 연계된 전산망을 통하여 관세청 통관시스템에 전자문서로 통보해야 한다.
③ 요건확인기관의 장이 통관시스템에 전송한 전자문서는 이를 사본으로 인정한다.
④ "세관장확인"이란 세관장이 수출입신고 자료의 심사과정에서 수출입요건의 구비여부를 확인하는 것을 말한다.
⑤ 세관장은 통관시스템에 통보된 수출입요건 확인 내역을 조회하여 세관장 확인을 하여야 한다.

02 관세법령상 다음 사례의 원산지 국가를 바르게 나열한 것은?

- 〈사례1〉 A는 일본에서 일본산 평판압연제품을 한국으로 수입한 후 보세구역에서 절단 작업을 진행하였고, 그 과정에서 부스러기(스크랩)가 발생하였다. 이 부스러기(스크랩)의 원산지는?
- 〈사례2〉 B는 호주에서 30개월 사육된 육우를 뉴질랜드로 운송하여 도축한 후 소고기 상태로 한국으로 수입하였다. 이 소고기의 원산지는?

	〈사례1〉	〈사례2〉
①	일본	호주
②	한국	호주
③	일본	뉴질랜드
④	한국	뉴질랜드
⑤	한국	한국

03 관세법 제241조에 따른 수출·수입 또는 반송신고 시 신고할 내용에 대한 설명이다. ( ) 안에 들어갈 내용을 바르게 나열한 것은?

물품을 수출·수입 또는 반송하려면 해당물품의 품명·(A)·(B) 및 가격과 그 밖에 대통령령으로 정하는 사항을 (C)에게 신고해야 한다.

	A	B	C
①	모델	중량	세관장
②	모델	중량	관세청장
③	규격	수량	세관장
④	규격	수량	관세청장
⑤	모델	수량	세관장

04 수입통관 사무처리에 관한 고시상 용어의 정의에 대한 설명으로 맞는 것은?
① "공급망"이란 물품의 수입, 수입신고, 운송, 보관과 관련된 수입업체, 관세사, 보세구역운영인, 보세운송업자, 화물운송주선업자, 선사, 항공사, 하역업자 등을 말한다.
② "전자통관심사"란 수입신고 된 물품 중 관세법 위반 위험도가 높은 물품에 대하여 통관시스템에서 전자적 방식으로 심사하여 검사대상으로 선별하는 것이다.
③ "통합선별심사"란 수입통관담당과에서 "P/L신고"건과 서류로 접수된 신고건을 통합해 위험분석 및 신고사항을 심사하는 것을 말한다.
④ "부두직통관"이란 화주가 2명 이상인 컨테이너 화물로 부두내에서 통관절차 및 검사절차가 이루어지는 것을 말한다.
⑤ "장치장소 관리인"이란 특허보세구역은 화물관리인, 지정장치장은 운영인, 자유무역지역은 입주기업체 등 화물을 관리하는 자를 말한다.

05 수입물품의 검사절차에 대한 설명으로 맞는 것은?
① 세관장은 물품 검사 전 검사준비 사항이 포함된 검사계획을 신고인에게만 전자통관시스템으로 통보해야 한다.
② 세관장은 수입화주 또는 장치장소 관리인에게 검사 준비사항을 요구할 수 있으나, 이 경우 검사준비 완료 여부에 따라 검사의 순서를 조정할 수는 없다.
③ 세관장은 검사준비가 완료된 경우 장치장소 관리인이나 그를 대리하는 소속종사자의 협조하에 검사를 실시한다.
④ 세관장은 수입화주나 신고인이 검사에 참여하게 할 수 있지만, 신고인이 세관장에게 어떠한 요청이나 간섭을 하여서는 아니 된다.
⑤ 검사자는 장치장소 관리인의 검사준비 또는 협조 사항을 전자통관시스템에 등록하면 되고 화물담당부서에 통보할 필요는 없다.

06 수입물품의 과세물건 확정시기에 대한 설명으로 틀린 것은?
① 보세운송하는 외국물품이 지정된 기간 내에 목적지에 도착하지 아니하여 관세를 징수하는 물품은 보세운송을 신고하거나 승인받은 때
② 우편으로 수입되는 물품(수입신고대상 우편물에 해당하는 것은 제외한다)은 통관우체국에 도착한 때
③ 관세법에 따라 매각되는 물품은 해당 물품이 매각된 때
④ 수입신고 전 즉시반출신고를 하고 반출한 물품은 수입신고를 한 때
⑤ 도난물품 또는 분실물품은 해당 물품이 도난되거나 분실된 때

07 관세법상 납세의무자에 대한 설명으로 맞는 것은?
① 수입을 위탁받아 수입업체가 대행수입한 물품의 경우에는 그 물품의 수입을 위탁받은 자이다.
② 보세운송하는 외국물품이 지정기간 내에 목적지에 도착하지 아니하는 경우에는 보세운송 허가를 받은 자이다.
③ 보세구역에 장치된 외국물품이 멸실되거나 폐기되었을 경우에는 수입화주이다.
④ 수입물품을 수입신고 전에 양도한 경우에는 송품장에 적힌 물품수신인이다.
⑤ 우편으로 수입되는 물품의 경우에는 그 수취인이다.

08 수입신고수리 전 세액심사 대상물품으로 틀린 것은?
① 법률 또는 조약에 의하여 관세 또는 내국세를 감면받고자 하는 물품
② 관세법 제107조의 규정에 의하여 관세를 분할납부하고자 하는 물품
③ 관세를 체납하고 있는 자가 신고하는 물품(체납액이 15만원 미만이거나 체납기간 7일 이내에 수입신고하는 경우를 제외한다)
④ 납세자의 성실성 등을 참작하여 관세청장이 정하는 기준에 해당하는 불성실신고인이 신고하는 물품
⑤ 물품의 가격변동이 큰 물품 기타 수입신고수리후에 세액을 심사하는 것이 적합하지 아니하다고 인정하여 관세청장이 정하는 물품

09 관세법령상 신고서류의 보관기간에 대한 설명으로 맞는 것은?
① 지식재산권의 거래에 관련된 계약서 : 해당 신고수리일부터 5년
② 수입물품 가격결정에 관한 자료 : 해당 신고수리일부터 3년
③ 보세화물반출입에 관한 자료 : 해당 신고수리일부터 1년
④ 적재화물목록에 관한 자료 : 해당 신고수리일부터 1년
⑤ 수출신고필증 : 해당 신고수리일부터 2년

10 관세징수권의 소멸시효 기산일에 대한 설명으로 맞는 것은?
① 신고납부하는 관세에 있어서 월별납부의 경우에는 그 납부기한이 경과한 날
② 세관장이 부과고지 하는 관세의 경우 납부고지를 받은 날부터 15일이 경과한 날의 다음 날의 다음 날
③ 보정신청에 의하여 납부하는 관세에 있어서는 부족세액에 대한 보정신청일의 다음 날
④ 수정신고에 의하여 납부하는 관세에 있어서는 수정신고일의 다음 날
⑤ 수입신고 전 즉시반출에 의하여 납부하는 관세에 있어서는 수입신고한 날부터 15일이 경과한 날의 다음 날

11 관세의 분할납부에 대한 설명으로 맞는 것은?
① 세관장은 천재지변으로 관세의 납부를 정하여진 기한까지 할 수 없다고 인정될 때에는 2년을 넘지 아니하는 기간을 정하여 관세를 분할하여 납부하게 할 수 있다.
② 정부나 지방자치단체가 수입하는 물품으로서 기획재정부령으로 정하는 물품이 수입될 때에는 세관장은 10년을 넘지 아니하는 기간을 정하여 관세의 분할납부를 승인할 수 있다.
③ 관세의 분할납부를 승인받은 물품을 동일한 용도로 사용하려는 자에게 양도한 경우에는 그 양도인이 관세를 납부하여야 한다.
④ 관세의 분할납부를 승인받은 물품을 정한 기간에 해당 용도 외의 다른 용도로 사용하거나 해당 용도 외의 다른 용도로 사용하려는 자에게 양도한 경우에는 납부하지 아니한 관세의 전액을 즉시 징수한다.
⑤ 관세의 분할납부 승인을 받은 자가 정당한 사유 없이 지정된 기한까지 납부하지 아니하여 관세를 징수할 때에는 세관장은 15일 이내의 납부기한을 정하여 납부고지하여야 한다.

12 관세법 제234조에 따른 수출입 금지물품으로 맞는 것은?
① 마약·향정신성의약품
② 품질의 허위 표시물품
③ 정부의 기밀을 누설하거나 첩보활동에 사용되는 물품
④ 화폐·채권이나 그 밖의 유가증권
⑤ 총포·도검류

13 관세법령 및 수입통관 사무처리에 관한 고시상 통관제도에 대한 설명으로 맞는 것은?
① 세관장은 다른 법령에 의하여 수입 후 특정한 용도로의 사용 등 의무를 이행하도록 되어 있는 물품에 대하여는 구두로써 당해 의무를 이행할 것을 요구할 수 있다.
② 분석대상 시료는 보세사가 직접 채취하고 봉인한 후 세관장에게 제출하도록 하여 시료의 임의 교체와 분실 등이 일어나지 않도록 하여야 한다.
③ 수출신고가 수리되어 외국으로 반출되기 전에 있는 물품으로 보세구역 반입명령을 받고 반입된 물품이 폐기되었을 때에는 당초의 수출신고 수리는 취소된 것으로 본다.
④ 관세청장 또는 세관장은 수입신고가 수리된 물품의 원산지가 수입신고수리 당시와 다르게 표시된 경우 수입신고 수리일로부터 6개월 이내에는 보세구역 반입명령이 가능하다.
⑤ 유통이력 신고의 의무가 있는 자는 유통이력을 장부에 기록(전자적 기록방식을 제외한다)하고, 그 자료를 거래일부터 1년간 보관하여야 한다.

14 관세법 제232조 제1항 단서 규정에 의하여 원산지증명서 제출의 예외 대상물품이 아닌 것은?
① 세관상이 물품의 종류·성질·형상 또는 그 상표·생산국명·제조자 등에 의하여 원산지를 확인할 수 있는 물품
② 우편물(수입신고대상 우편물에 해당하는 것을 제외한다)
③ 과세가격(종량세의 경우에는 이를 과세표준 규정에 준하여 산출한 가격을 말한다)이 20만 원 이하인 물품
④ 개인에게 무상으로 송부된 탁송품·별송품
⑤ 여행자의 휴대품

15 다음은 관세법령상 잠정가격의 신고에 대한 설명이다. (　) 안에 들어갈 내용이 바르게 나열된 것은?

- 잠정가격으로 가격신고를 한 자는 (A)의 범위 안에서 구매자와 판매자 간의 거래계약의 내용 등을 고려하여 세관장이 지정하는 기간 내에 확정된 가격을 신고하여야 한다.
- 이 경우 잠정가격으로 가격신고를 한 자는 관세청장이 정하는 바에 따라 신고기간이 끝나기 (B) 전까지 확정된 가격의 계산을 위한 가산율을 산정해 줄 것을 요청할 수 있다.

	A	B
①	2년	60일
②	2년	30일
③	3년	60일
④	3년	30일
⑤	3년	15일

16 세액정정 및 보정에 대한 설명으로 맞는 것은?
① 납세의무자는 신고납부한 세액이 과다한 것을 안 때에는 세액보정을 하여야 한다.
② 납세의무자는 정정한 내용대로 세액을 경정하여 납부서를 재발행하되 납부서번호와 납부기한도 변경하여야 한다.
③ 세관장은 신고납부한 세액이 과다하거나 과세가격이나 품목분류 등에 오류가 있는 것을 안 때에는 납세의무자에게 보정을 신청할 수 있도록 통지할 수 있다.
④ 납세의무자가 세액보정을 신청한 경우에는 해당 세액보정을 한 날로부터 15일까지 세액을 납부해야 한다.
⑤ 납세의무자는 납부기한(수리 전 납부는 납부일) 다음 날부터 보정신청을 한 날까지의 기간과 관세법시행령 제56조 제2항에 따른 이율을 적용하여 계산된 금액을 가산하여 납부해야 한다.

17 수입신고서에 의한 간이신고 대상물품으로 맞는 것은?
① 설계도 중 수입승인이 면제되는 물품
② 장례를 위한 유해로서 관세가 면제되는 물품
③ 기록문서와 서류로서 관세가 면제되는 물품
④ 재외공관 등에서 외교통상부로 발송되는 자료로서 관세가 면제되는 물품
⑤ 외교행낭으로 반입되는 면세대상물품

18 수입통관 시 통관지세관이 제한되는 특정물품으로 틀린 것은?
① 고철
② 쌀(HS 1006.20호, 1006.30호 해당물품)
③ 중고승용차
④ 활어(관상용 및 양식용 포함)
⑤ 해체용 선박

19. 수입신고 전의 물품 반출에 대한 설명으로 틀린 것은?
① 수입하려는 물품을 수입신고 전에 운송수단, 관세통로, 하역통로 또는 관세법에 따른 장치장소로부터 즉시반출하려는 자는 세관장에게 즉시반출신고를 하여야 한다.
② 세관장은 즉시반출신고를 하는 자에게 납부하여야 하는 관세에 상당하는 담보를 제공하게 할 수 있다.
③ 반출 대상은 관세 등의 체납이 없고 최근 2년 동안 수출입실적이 있는 제조업자 또는 외국인투자자가 수입하는 시설재 또는 원부자재로 세관장이 지정한다.
④ 수입신고 전 즉시반출신고를 하고 반출을 하는 자는 즉시반출신고를 한 날부터 10일 이내에 수입신고를 하여야 한다.
⑤ 세관장은 즉시반출한 자가 수입신고를 하여야 하는 기간 내에 수입신고를 하지 아니하는 경우 해당 물품에 대한 관세의 100분의 20에 상당하는 금액을 가산세로 징수한다.

20 다음은 조정관세와 할당관세 부과에 대한 설명이다. ( ) 안에 들어갈 내용을 바르게 나열한 것은?

- 조정관세는 100분의 (A)에서 해당 물품의 기본세율을 뺀 율을 기본세율에 더한 율의 범위에서 관세를 부과할 수 있다.
- 할당관세는 100분의 (B)의 범위의 율을 기본세율에서 빼고 관세를 부과할 수 있다.

	A	B
①	40	100
②	100	40
③	60	40
④	40	60
⑤	40	40

21 관세법 제2조에 규정된 용어의 설명으로 맞는 것은?
① 우리나라의 선박 등이 공해에서 채집하거나 포획한 수산물 등은 외국물품에 해당한다.
② 관세법 제241조 제1항에 따른 수출의 신고가 수리된 물품은 내국물품에 해당한다.
③ "통관"이란 관세법에 따른 절차를 이행하여 물품을 수입·수출 또는 환적하는 것을 말한다.
④ "환적"이란 동일한 세관의 관할구역에서 입국 또는 입항하는 운송수단에서 출국 또는 출항하는 운송수단으로 물품을 옮겨 싣는 것을 말한다.
⑤ 관세법 제252조에 따른 수입신고수리 전 반출승인을 받아 반출된 물품은 "외국물품"에 해당된다.

22 지식재산권을 침해하는 물품은 수출하거나 수입할 수 없다. 관세법 제235조 제1항에 규정된 지식재산권이 아닌 것은?
① 농수산물 품질관리법에 따라 등록되거나 조약·협정 등에 따라 보호대상으로 지정된 지리적표시권 또는 지리적표시
② 저작권법에 따른 저작권과 저작인접권
③ 식물신품종 보호법에 따라 설정등록된 품종보호권
④ 실용신안법에 따라 설정등록된 실용신안권
⑤ 디자인보호법에 따라 설정등록된 디자인권

23 관세법 제241조에 따른 수입 또는 반송신고 기간을 경과하여 부과되는 신고지연 가산세에 대한 설명으로 맞는 것은?

① 수입하거나 반송하려는 물품을 지정장치장 또는 보세창고에 반입하거나 보세구역이 아닌 장소에 장치한 자는 그 반입일 또는 장치일부터 60일 이내에 수입 또는 반송의 신고를 하여야 한다.
② 신고기한이 경과한 경우 해당 물품 관세의 100분의 20에 상당하는 금액의 범위에서 대통령령으로 정하는 금액을 가산세로 징수한다.
③ 신고기한이 경과한 물품에 대한 신고지연 가산세액은 500만 원을 초과할 수 없다.
④ 신고기한이 경과한 후 보세운송된 물품에 대하여는 보세운송신고를 한 때를 기준으로 수입반송신고 지연 가산세의 가산세율을 적용하며 그 세액은 보세운송신고를 하는 때에 징수한다.
⑤ 가산세를 징수해야 하는 물품은 물품의 신속한 유통이 긴요하다고 인정하여 보세구역의 종류와 물품의 특성을 고려하여 세관장이 정하는 물품으로 한다.

24 ( ) 안에 들어갈 내용으로 맞는 것은?

> 관세법 제250조에 따라 세관장은 관세법 제241조 및 제244조의 신고가 그 요건을 갖추지 못하였거나 부정한 방법으로 신고되었을 때에는 해당 수출·수입 또는 반송의 신고를 ( )할 수 있다.

① 취소
② 취하
③ 각하
④ 반려
⑤ 보류

25 다음은 관세법 제96조에 따라 관세가 면제되는 이사물품에 대한 설명이다. ( ) 안에 들어갈 내용을 바르게 나열한 것은?

> 우리나라 국민(재외영주권자를 제외한다)으로서 외국에 주거를 설정하여 (A)년 이상 거주한 사람이 반입하는 다음 각 호의 어느 하나에 해당하는 것으로 한다.
> 1. 해당물품의 성질·수량·용도 등으로 보아 통상적으로 가정용으로 인정되는 것으로서 우리나라에 입국하기 전에 (B)개월 이상 사용했고 입국한 후에도 계속하여 사용할 것으로 인정되는 것 〈이하 생략〉

	A	B
①	2	6
②	2	3
③	1	6
④	1	3
⑤	1	1

제2과목 : 보세구역관리

01 보세공장의 잉여물품에 대한 설명으로 틀린 것은?
① "잉여물품"이란 보세작업으로 인하여 발생하는 부산물과 불량품, 제품생산중단 등의 사유로 사용하지 않는 원재료와 제품 등을 말하며 보세공장 반입물품 또는 보세공장에서 제조·가공한 물품과 세트를 구성하거나 함께 거래되는 물품을 포함한다.
② 운영인은 잉여물품이 발생한 때에는 잉여물품 관리대장에 잉여물품의 형태, 품명·규격, 수량 또는 중량 및 발생사유를 기록하여야 한다.
③ 폐기 후 잔존물이 실질적인 가치가 있을 때에는 폐기 후의 물품의 성질과 수량에 따라 관세 등을 납부하여야 한다.
④ 수출입 안전관리 우수업체가 잉여물품을 폐기하는 때에는 멸각 후의 잔존물이 실질적 가치가 있는 물품에 대하여 업체의 신청을 받아 사전에 자체 폐기대상물품으로 지정할 수 있다.
⑤ 폐기를 완료한 운영인은 관련 자료를 첨부하여 폐기완료일로부터 30일 이내에 세관장에게 폐기완료보고를 하여야 한다.

02 보세공장의 제품과세와 원료과세에 대한 설명으로 틀린 것은?
① 외국물품이나 외국물품과 내국물품을 원료로 하거나 재료로 하여 작업을 하는 경우 그로써 생긴 물품은 외국으로부터 우리나라에 도착한 물품으로 본다.
② 세관장의 승인을 받고 외국물품과 내국물품을 혼용하는 경우에는 그로써 생긴 제품 중 해당 외국물품의 수량 또는 가격에 상응하는 것은 외국으로부터 우리나라에 도착한 물품으로 본다.
③ 보세공장에서 제조된 물품을 수입하는 경우 사용신고 전에 미리 세관장에게 해당 물품의 원료인 외국물품에 대한 과세의 적용을 신청한 경우에는 수입신고할 때의 그 원료의 성질 및 수량에 따라 관세를 부과한다.
④ 최근 2년간 생산되어 판매된 물품 중 수출된 물품의 가격비율이 100분의 50 이상이고 수출입 안전관리 우수업체인 보세공장은 1년의 범위 내에서 원료별, 제품별 또는 보세공장 전체에 대하여 원료과세 신청을 할 수 있다.
⑤ 세관장은 외국물품과 내국물품의 혼용승인을 얻은 사항 중 혼용하는 외국물품 및 내국물품의 품명 및 규격이 각각 동일하고 손모율에 변동이 없는 동종의 물품을 혼용하는 경우에는 새로운 승인신청을 생략하게 할 수 있다.

03 보세공장 물품의 반출입에 대한 설명으로 맞는 것은?
① 보세운송절차에 따라 반입되는 물품은 보세운송 도착보고로 반입신고를 갈음한다.
② 환급대상물품의 반입신고는 보세사에 의한 반입명세의 기록으로 갈음한다.
③ 운영인은 잉여물품을 수입신고 수리 후에만 반출할 수 있다.
④ 운영인은 제품의 제조·가공 등에 소요되는 내국물품인 원재료를 반출입하려는 때에는 세관장에게 반출입신고를 하여야 한다.
⑤ 보세공장에 반입된 원재료는 다른 보세공장의 원재료로 사용하기 위하여 다른 보세공장으로 반출할 수 없다.

04 보세공장 물품관리에 대한 설명으로 틀린 것은?
① 보세공장의 해외 현지공장에서 제조·가공·수리 그 밖에 유사한 작업에 사용할 원재료는 반입신고 시의 원재료 원상태로 국외반출을 허용할 수 있다.
② 보세공장 부설연구소의 연구·개발용 원재료의 사용 등 부득이한 사유로 보세공장에 반입신고된 원재료를 사용하는 것이 타당하다고 인정하는 경우에는 원재료의 원상태 수입을 허용할 수 있다.
③ 국내로 수입하려는 물품의 제조·가공 등에 필요한 내국물품 원재료는 환급대상물품 반입확인서를 발급하지 아니한다.
④ 보세공장 외 일시 장치물품에 대해 수출입신고, 양수도 또는 폐기처분 등을 하려면 보세공장에 재반입하여야 한다.
⑤ 보세공장 외 일시 장치장소에 반입된 물품은 허가기간이 종료될 때까지 보세공장에 있는 것으로 본다.

05 보세공장에 대한 설명으로 틀린 것은?
① 보세공장에서는 외국물품을 원료 또는 재료로 하거나 외국물품과 내국물품을 원료 또는 재료로 하여 제조하거나 가공할 수 있다.
② 세관장은 내국물품만을 원료로 하거나 재료로 하여 제조 또는 가공하는 것을 허가해서는 아니 된다.
③ 수입하는 물품을 제조·가공하는 것을 목적으로 하는 보세공장의 업종은 제한할 수 있다.
④ 세관장은 수입통관 후 보세공장에서 사용하게 될 물품에 대하여는 보세공장에 직접 반입하여 수입신고를 하게 할 수 있다.
⑤ 보세공장의 원재료 범위에는 기계·기구 등의 작동을 위한 연료, 윤활유 등 제품의 생산·수리·조립 등에 간접적으로 투입되어 소모되는 물품은 제외한다.

06 수입활어장치장에 대한 설명으로 틀린 것은?
① 활어장치장은 CCTV 영상을 상시 녹화할 수 있고 녹화된 영상을 30일 이상 보관할 수 있는 감시장비를 보유해야 한다.
② 세관장이 CCTV 영상을 인터넷망을 통해 실시간으로 확인이 가능하도록 조치해야 한다.
③ 보세구역 외 장치장은 원칙적으로 세관으로부터 40km 이내에 위치해야 한다. 다만, 세관장이 타당하다고 인정하는 경우에는 세관으로부터 80km를 초과하지 않는 범위 내에서 보세구역외 장치를 허가할 수 있다.
④ 장치중인 활어의 전부 또는 일부가 폐사한 경우에는 그 발생사유와 발생량 등을 지체 없이 세관장에게 통보하고, 폐사어 관리대장에 기록·유지해야 한다. 다만, 세관장이 인정하는 범위 내에서 폐사가 발생한 경우에는 그러하지 아니할 수 있다.
⑤ 운영인은 폐사어를 별도의 냉동·냉장시설에 폐사시기별로 구분하여 보관해야 한다.

07 종합보세구역에 대한 설명으로 맞는 것은?
① 관세청장은 직권으로 무역진흥에의 기여 정도, 외국물품의 반입·반출 물량 등을 고려하여 일정한 지역을 종합보세구역으로 지정할 수 있다.
② 종합보세구역은 특허보세구역의 기능 중 하나만을 수행해야 한다.
③ 종합보세구역에서 종합보세기능을 수행하려는 자는 그 기능을 정하여 관세청장에게 종합보세사업장의 설치·운영에 관한 신고를 하여야 한다.
④ 종합보세구역의 보세판매장에서 판매하고자 하는 내국물품을 반입하거나 반출하려는 경우에는 반출입신고를 생략한다.
⑤ 국내에 주재하는 외교관이 종합보세구역에서 구입한 물품을 국외로 반출하는 경우에는 해당 물품을 구입할 때 납부한 관세 및 내국세 등을 환급받을 수 있다.

08 보세판매장 판매물품의 인도자에 대한 설명으로 맞는 것은?

① 판매물품을 구매자에게 인도하는 업무를 담당하고자 하는 자는 보세판매장 관할 세관장으로부터 지정을 받아야 한다.
② 보세판매장 협의단체는 인도자로 지정될 수 있다.
③ 관세행정 또는 보세화물관리와 관련 있는 비영리 법인은 인도자로 지정될 수 없다.
④ 지방세의 체납이 있는 자는 인도자로 지정될 수 없다.
⑤ 인도자는 인도장의 업무량을 고려하여 적정인원의 보세사를 채용하여야 하나 인도 업무를 보세사에 위임하여 수행하게 할 수 없다.

09 보세판매장에 대한 설명으로 틀린 것은?

① 공항 및 항만 등의 입국경로에 설치된 보세판매장에서는 외국에서 국내로 입국하는 자에게 물품을 판매할 수 있다.
② 입국장면세점에서는 외국에서 국내로 입국하는 사람에게 술·담배·향수를 포함하여 미화 800달러 한도에서 판매할 수 있다.
③ 시내면세점에서 판매한 외국물품은 판매장에서 인도하지 아니하고 보세운송 후 해당 인도장에서 인도한다.
④ 출국장면세점의 판매물품을 이동판매 방식에 의해 판매하려는 경우에는 이동판매대의 설치장소, 설치기한 및 판매품목 등에 관하여 세관장의 승인을 받은 경우에 한한다.
⑤ 운영인이 물품을 판매한 때에는 구매자 인적사항 및 판매사항을 전산관리하고, 세관에 전자문서로 실시간 전송(시내면세점에서 판매한 물품을 보세운송하는 경우 보세운송 신고 시)하여야 한다.

10 시내면세점, 출국장면세점 및 전자상거래에 의하여 판매한 보세판매장 물품을 구매자에게 인도하기 위한 장소로 틀린 것은?

① 출국장 보세구역 내 설치한 장소
② 국제무역선의 선내
③ 관세청장이 지정한 보세구역(자유무역지역을 포함한다)
④ 항공화물탁송 보세구역
⑤ 입국장 보세구역 내 설치한 장소

11 보세전시장에 대한 설명으로 맞는 것은?

① 보세전시장에서는 박람회, 전람회, 견본품 전시회 등의 운영을 위하여 외국물품을 장치·전시하거나 사용할 수 있다.
② 보세전시장에서 외국물품의 사용은 그 물품의 성질 또는 수량에 변경을 가하거나 전시장에서 소비하는 행위를 포함하지 아니한다.
③ 보세전시장 안에서는 박람회의 주최자·출품자 및 관람자가 당해 외국물품을 소비할 수 없다.
④ 보세전시장에 장치된 판매용 외국물품은 수입신고가 수리되기 전에 이를 사용할 수 있다.
⑤ 보세전시장에 장치된 전시용 외국물품을 현장에서 직매하는 경우 수입신고가 수리되기 전에 이를 인도할 수 있다.

12 보세건설장에 대한 설명으로 틀린 것은?
① 운영인은 보세건설장에 외국물품을 반입하였을 때에는 사용 전에 수입신고를 하여야 한다.
② 운영인은 보세건설장에서 건설된 시설을 수입신고가 수리되기 전에 가동하여서는 아니 된다.
③ 보세건설장은 보세공장과는 달리 장외작업을 허가하지 아니한다.
④ 운영인은 건설공사가 완료된 때에는 지체 없이 이를 세관장에게 보고하여야 한다.
⑤ 산업시설 건설에 사용되는 외국물품인 공사용 장비는 수입신고 수리 후 사용하여야 한다.

13 지정장치장에 대한 설명으로 틀린 것은?
① 지정장치장은 통관을 하려는 물품을 일시 장치하기 위한 장소로서 세관장이 지정한다.
② 지정장치장에 반입한 물품은 지정장치장을 지정한 세관장이 보관의 책임을 진다.
③ 장치기간은 6개월의 범위 내에서 관세청장이 정하며, 세관장은 3개월의 범위에서 연장할 수 있다.
④ 지정장치장의 화물관리인은 화물관리에 필요한 비용(세관설비 사용료를 포함한다)을 화주로부터 징수할 수 있다.
⑤ 지정장치장의 화물관리인은 화주로부터 징수한 화물관리비용 중 세관설비 사용료에 해당하는 금액을 세관장에게 납부하여야 한다.

14 지정장치장 화물관리인의 지정 취소 사유로 틀린 것은?
① 거짓이나 그 밖의 부정한 방법으로 지정을 받은 경우
② 화물관리인이 세관장과 맺은 화물관리 업무에 관한 약정을 위반하여 해당 지정장치장의 질서유지에 중대한 지장을 초래한 경우
③ 화물관리인이 그 지정의 취소를 요청하는 경우
④ 화물관리인이 관세법 제175조(운영인의 결격사유) 각 호의 어느 하나에 해당하는 경우
⑤ 2년 이상 물품의 반입실적이 없는 경우

15 세관장이 지정보세구역으로 지정할 수 있는 장소로 틀린 것은?
① 세관이 소유한 토지 및 건물
② 국토교통부가 소유한 토지 및 건물로서 국토교통부장관의 동의를 받은 토지 및 건물
③ 인천광역시가 소유한 토지 및 건물로서 인천광역시장의 동의를 받은 토지 및 건물
④ 한국관광공사가 소유한 토지 및 건물로서 한국관광공사 사장의 동의를 받은 토지 및 건물
⑤ 부산항만공사가 소유한 토지 및 건물로서 부산항만공사 사장의 동의를 받은 토지 및 건물

16 보세창고 특허신청인이 세관장에게 제출하여야 하는 화물관리 규정에 포함되어야 하는 사항으로 틀린 것은?
① 내부 화물관리 종합책임자 및 책임체계
② 화물 반출입 및 보관 절차
③ 출입자 통제 및 시설안전관리
④ 내부고발자에 대한 포상과 청렴위반자에 대한 징계 체계
⑤ 보세화물 취급 직원 채용 조건 및 절차

17 특허보세구역의 특허기간으로 맞는 것은?

① 보세창고 : 10년 이내
② 보세판매장 : 10년 이내(갱신의 경우)
③ 보세공장 : 7년 이내
④ 보세전시장 : 5년 이내
⑤ 보세건설장 : 5년 이내

18 보세구역에 장치해야 하는 물품으로 틀린 것은?

① 세관에 압수된 물품
② 외국에서 환적화물로 우리나라에 입항하여 하역한 외국물품
③ 내국운송의 신고를 하려는 내국물품
④ 외국에서 반송되어 우리나라에 입항 후 하역한 외국물품
⑤ 외국 선박이 공해에서 포획하여 우리나라에 입항 후 하역한 수산물

19 특허보세구역(보세판매장 제외)의 특허수수료에 대한 설명으로 틀린 것은?

① 특허수수료는 특허보세구역의 설치·운영에 관한 특허가 있은 날이 속하는 분기분의 수수료를 포함하여 분기단위로 매 분기 말까지 다음 분기분을 납부하여야 한다.
② 특허신청의 수수료는 이미 받은 특허를 갱신하려는 경우에도 납부하여야 한다.
③ 특허신청의 수수료는 4만 5천 원이다.
④ 특허수수료는 운영인이 원하는 때에는 1년 단위로 일괄하여 납부할 수 있다.
⑤ 특허수수료의 산정기준은 특허보세구역의 연면적으로 한다.

20 특허보세구역에의 물품반입 또는 보세건설·보세판매·보세전시 등을 정지시킬 수 있는 사유로 틀린 것은?

① 해당 시설의 미비 등으로 특허보세구역의 설치목적을 달성하기 곤란하다고 인정하는 경우
② 2년 이상 물품의 반입실적이 없어서 세관장이 특허보세구역의 목적을 달성하기 곤란하다고 인정하는 경우
③ 운영인 본인이 관세범 또는 관세법에 따른 명령을 위반한 경우
④ 운영인의 사용인이 관세법 또는 관세법에 따른 명령을 위반한 경우
⑤ 장치물품에 대한 관세를 납부할 자금능력이 없다고 인정되는 경우

21 보세구역 특허의 효력상실 시 조치 등에 대한 설명이다. (   ) 안에 들어갈 내용을 바르게 나열한 것은?

> 보세구역 특허의 효력이 상실되었을 때에는 해당 특허보세구역에 있는 외국물품의 종류와 수량 등을 고려하여 (A)의 범위에서 (B)이 지정하는 기간 동안 그 구역은 특허보세구역으로 본다.

	A	B
①	6개월	세관장
②	3개월	세관장
③	1개월	세관장
④	6개월	관세청장
⑤	3개월	관세청장

22 특허보세구역 업무내용 등의 변경사항 중 세관장 승인대상이 아닌 것은?
① 운영인이 법인인 경우에 그 등기사항을 변경한 때
② 운영인이 장치물품의 종류를 변경하고자 하는 때
③ 운영인이 특허작업의 종류를 변경하고자 하는 때
④ 운영인이 작업의 원재료를 변경하고자 하는 때
⑤ 운영인이 장치물품의 수용능력을 증감하고자 하는 때

23 특허보세구역의 특허를 취소할 수 있는 사유에 해당하는 것은?

> A. 거짓이나 그 밖의 부정한 방법으로 특허를 받은 경우
> B. 최근 1년 이내에 3회 이상 물품반입의 정지처분을 받은 경우
> C. 운영인이 해산하거나 사망한 경우
> D. 관세법 제177조의2를 위반하여 명의를 대여한 경우
> E. 본인이나 그 사용인이 관세법 또는 관세법에 따른 명령을 위반한 경우

① A, B, C
② A, C, D
③ B, C, D, E
④ A, B, E
⑤ A, B, D

24 특허보세구역 중 보세창고 운영인에 대한 주의처분 사유로 맞는 것은?
① 세관장이 특허한 수용능력의 범위를 초과하여 물품을 장치한 때
② 장치화물에 관한 각종 장부와 보고서류(전산화되어 있는 경우에는 전산자료를 포함)의 2년간 보관 의무를 위반한 때
③ 야적대상이 아닌 물품을 야적장에 장치하였을 때
④ 보세구역 운영상황 보고 의무를 위반한 때
⑤ 견본품반출 허가를 받은 물품이 해당 보세구역에서 반출입되는 경우 견본품반출 허가사항 확인 및 견본품반출입 대장에 기록관리하지 아니한 때

25 컨테이너전용 보세창고의 특허요건으로 틀린 것은?
① 부지면적은 15,000m² 이상이어야 한다.
② 보세화물을 보관하고 컨테이너 적입화물을 적출하는 화물조작장(CFS)을 설치하여야 한다.
③ 화물조작장(CFS) 면적은 물동량에 따라 운영인의 신청으로 세관장이 결정한다.
④ 컨테이너를 차량에 적재한 상태로 건물에 접속시켜 2대 이상 동시에 개장검사할 수 있는 컨테이너 검사장을 갖추어야 한다.
⑤ 컨테이너 장치에 지장이 없는 최소한의 면적 범위에서 컨테이너로 반입된 거대·중량 화물을 장치할 수 있는 야적장을 설치할 수 있다.

제3과목 : 화물관리

01 항공입항화물 적재화물목록 제출에 관한 설명이다. ( ) 안에 들어갈 내용을 바르게 나열한 것은?

> 적재화물목록 제출의무자는 항공기가 입항하기 (A)까지 적재화물목록을 항공기 입항예정지 세관장에게 전자문서로 제출해야 한다. 다만, 근거리 지역의 경우에는 적재항에서 항공기가 (B)까지, 특송화물의 경우에는 항공기가 입항하기 (C)까지 제출해야 한다.

	A	B	C
①	24시간 전	출항하기 전	1시간 전
②	1시간 전	출항하기 전	24시간 전
③	4시간 전	출항하기 1시간 전	24시간 전
④	4시간 전	출항하기 전	1시간 전
⑤	1시간 전	출항하기 1시간 전	24시간 전

02 항공입항화물의 하기장소 물품반입에 대한 설명으로 틀린 것은?
① 하역장소 보세구역 운영인은 화물분류 완료 후 해당 물품을 지정된 하기장소 보세구역 운영인에게 지체 없이 인계하여야 한다.
② 하역장소 보세구역 운영인으로부터 해당 물품을 인수받은 하기장소 보세구역 운영인은 입항 후 12시간 이내에 지정된 하기장소에 반입해야 한다.
③ 하기장소 보세구역 운영인은 인수받은 물품이 위험물품인 경우에는 지체 없이 하기장소에 반입하여야 한다.
④ 하기장소 보세구역 운영인은 해당 보세구역을 하기장소로 지정한 물품의 반입 즉시 House AWB 단위로 반입신고를 하여야 한다. 다만, House AWB이 없는 화물은 Master AWB 단위로 반입신고할 수 있다.
⑤ 하기장소 보세구역 운영인은 물품을 입고하는 과정에서 실물이 적재화물목록 내역과 상이한 경우에는 반입사고화물로 분류하여 신고하여야 한다.

03 해상입항화물의 적재화물목록 정정과 관련한 설명으로 맞는 것은?
① 적재화물목록 제출이 완료된 이후 보세운송하여 보세구역에 반입된 화물의 적재화물목록 정정신청은 출발지 보세구역 관할 세관장에게 제출하여야 한다.
② 신속 통관을 위해 필요한 경우 보세운송하여 보세구역에 반입된 화물은 수입화주가 적재화물목록 작성책임자를 대신하여 정정신청을 할 수 있다.
③ 반입결과 이상보고서가 제출된 물품의 적재화물목록 정정은 이상보고서 제출일로부터 10일 이내에 신청하여야 한다.
④ 포장파손이 용이한 물품은 중량의 과부족이 10% 이내인 경우 적재화물목록 정정신청을 생략할 수 있다.
⑤ 화물관리 세관공무원은 하선화물의 수량에 대하여 운항선사가 하선결과 이상보고를 한 경우 직권으로 적재화물목록을 정정할 수 있다.

04 해상 입항화물의 하선에 대한 설명으로 ( ) 안에 들어갈 내용을 바르게 나열한 것은?

- 하선신고를 한 자는 입항일(외항에서 입항수속을 한 경우 접안일)로부터 컨테이너 화물은 (A), 원목, 곡물, 원유 등 산물은 (B) 내에 해당물품을 하선장소에 반입해야 한다.
- 하역업체가 화물을 하선하려는 때에는 (C) 단위의 적재화물목록을 기준으로 하선신고 하며, LCL화물로서 해당 하선장소의 CFS내에 컨테이너 적출 및 반입작업을 하려는 때에는 (D) 단위로 물품반입신고를 해야 한다.

	A	B	C	D
①	5일	30일	Master B/L	House B/L
②	5일	10일	Master B/L	Master B/L
③	5일	10일	Master B/L	House B/L
④	3일	5일	House B/L	Master B/L
⑤	3일	5일	Master B/L	House B/L

05 출항하려는 물품에 대한 적재화물목록 제출과 관련한 설명으로 틀린 것은?
① 환적화물에 대한 출항적재화물목록은 적재화물목록 제출자가 입항 시 제출한 적재화물목록의 항목을 참조하여 간소하게 제출할 수 있다.
② 태국으로 출항하려는 해상포장화물의 적재화물목록은 적재하기 전까지 제출해야 하며, 선박이 출항하기 전까지 최종 마감하여 제출하여야 한다.
③ 출항하려는 항공화물의 적재화물목록은 적재하기 전까지 제출해야 하며, 항공기가 출항하기 30분 전까지 최종 마감하여 제출해야 한다.
④ 공동배선의 경우 출항하려는 물품의 운항선사는 용선선사가 전자문서로 작성하여 제공한 물품목록 자료를 취합하여 세관장에게 제출해야 한다.
⑤ 출항하려는 혼재화물의 경우 선사는 화물운송주선업자가 전자문서로 작성하여 제공한 혼재화물 적재화물목록을 최종적으로 취합하여 제출해야 한다.

06 출항화물 적재에 대한 설명으로 틀린 것은?
① 출항하려는 물품은 적재신고가 수리되기 전에 선박 또는 항공기에 적재할 수 없다. 다만, 내국물품 적재허가를 받아 직접 본선에 적재 후 수출신고하려는 물품은 그러하지 아니한다.
② 선사 또는 항공사는 적재결과 물품이 적재화물목록과 상이할 때에는 적재완료를 한 날까지 적재결과보고서를 세관장에게 제출하여야 한다.
③ 선사와의 계약에 따라 검수(검정)업자가 물품검수(검정)를 한 경우에는 검수(검정)업자가 적재결과보고서를 세관장에게 제출하여야 한다.
④ 선사가 출항목적이 아닌 하역작업상의 필요 등에 따라 보세화물을 일시적재하려는 경우 적재 전에 세관장에게 일시적재신고를 하여야 한다.
⑤ 일시적재한 화물은 동일 선박이 접안한 부두에서 떠나기 전 일시하역물품 재하선 신고서를 제출하고 하선해야 한다.

07 화물운송주선업자에 대한 설명으로 틀린 것은?
① 화물운송주선업자의 등록을 하려는 자는 화물운송주선업자 등록(갱신) 신청서를 업체 소재지 관할 세관장에게 제출하여야 한다.
② 화물운송주선업자의 등록을 갱신하려는 자는 기간만료 1개월 전까지 신청하여야 한다.
③ 화물운송주선업자의 등록을 한 자는 등록사항에 변동이 생긴 때에는 그 변동사유가 발생한 날부터 60일 이내에 변동신고하여야 한다.
④ 화물운송주선업자는 적재화물목록 작성책임자로서 적재물품과 부합되게 혼재화물 적재화물목록을 작성하여 제출하여야 한다.
⑤ 화물운송주선업자는 적재물품이 운송의뢰를 받은 물품과 일치하지 않거나 위조화폐, 마약 등 수출입금지물품 또는 제한물품을 확인한 때에는 지체없이 세관장에게 신고하여야 한다.

08 일관운송 환적절차에 대한 설명으로 틀린 것은?
① 일관운송 환적화물은 적재화물목록에 보세운송인과 목적지를 기재하여 제출하는 것으로 반출입신고 및 보세운송신고(승인)를 갈음할 수 있다.
② 일관운송 환적화물을 보세운송하려는 화주 등은 최초 입항지 세관장에게 Master B/L 단위로 운송업체와 반출예정지 보세구역을 적재화물목록에 기재하여 신고하여야 한다.
③ 일관운송 환적화물 운송인은 적재화물목록 사본을 보세구역 운영인 등에게 제시한 후 화물을 인계인수하여야 하며, 보세구역 운영인은 화물의 이상 여부를 확인한 후 세관장에게 반출입신고를 하여야 한다.
④ 복합일관운송화물을 적재한 일시 수입차량의 수입신고가 수리된 때에는 하선장소에 반입하지 않고 보세운송하게 할 수 있다.
⑤ 일관운송 환적화물의 운송기한은 하선신고일부터 7일로 한다.

09 환적화물에 대한 비가공증명서 발급 근거인 일시장치 확인서 기재사항으로 틀린 것은?
① 일시장치 장소
② 화물관리번호
③ B/L(AWB)번호
④ 송화주
⑤ 정상상태를 유지하기 위한 작업 외의 가공을 하지 않았다는 사실 확인

10 보세운송화물 도착에 대한 설명으로 틀린 것은?
① 보세운송인은 보세운송물품을 신고수리(승인)일로부터 정하는 기간(항공화물 5일, 해상화물 10일)까지 목적지에 도착시켜야 한다.
② 보세운송인은 물품이 도착지에 도착한 때 지체없이 B/L번호 및 컨테이너번호(컨테이너화물인 경우)를 보세구역 운영인 또는 화물관리인에게 제시하고 물품을 인계하여야 한다.
③ 도착지 보세구역 운영인 또는 화물관리인은 도착물품에 과부족이 있거나 봉인파손, 봉인번호 상이 등 이상이 발견된 경우 지체없이 세관장에게 보고하여야 한다.
④ 보세운송 도착화물에 대한 이상보고를 받은 도착지 세관장은 담당공무원으로 하여금 그 실태를 조사하게 할 수 있다.
⑤ 도착지세관장은 도착물품에 이상이 있는 경우 사실 확인을 조사한 후 처벌, 관세추징 등의 조치를 하고 그 결과를 세관화물정보시스템에 등록하여야 한다.

11 특정물품 간이보세운송업자 지정요건으로 틀린 것은?
① 자본금 3억 원 이상인 법인
② 2억 원 이상의 인·허가 보증보험에 가입한 자이거나 관세법 제24조에 따른 담보(부동산은 제외)를 2억 원 이상 제공한 자
③ 유개 화물자동차 10대 이상과 트랙터 10대 이상 보유한 자
④ 임원 중 관세사 1명 이상 재직하고 있는 업체
⑤ 수출입 안전관리 우수업체 또는 직전 법규수행능력평가 B등급 이상인 법인

12 보세운송신고에 대한 설명으로 틀린 것은?
① 보세운송신고를 하려는 자는 화물관리번호가 부여된 이후에 할 수 있다.
② 보세운송신고를 한 자는 보세구역 출발 전까지 운송수단 배차예정내역 신고서를 제출(철도·선박·항공 포함)하여야 한다.
③ 항공사가 국내 개항(국제항) 간에 항공기로 보세운송하려는 경우의 보세운송 신고서는 발송지세관에 전자문서로 출항적재화물목록을 제출하는 것으로 갈음할 수 있다.
④ 보세운송하려는 물품이 동일한 보세구역으로부터 동일한 도착지로 운송되는 경우에는 1건으로 일괄하여 신고할 수 있다.
⑤ LCL화물 중 컨테이너에서 적출하지 아니한 상태로 보세운송하는 경우, Master B/L단위로 신고할 수 있다.

13 보세운송 절차가 필요한 물품으로 맞는 것은?
① 우편법에 따라 체신관서의 관리하에 운송되는 물품
② 검역법 등에 따라 검역관서가 인수하여 검역소 구내계류장으로 운송하는 검역대상물품
③ 검역법 등에 따라 검역관서가 인수하여 검역시행장소로 운송하는 검역대상물품
④ 보세공장 및 자유무역지역에서 제조·가공하여 수출하는 물품
⑤ 국가기관에 의하여 운송되는 압수물품

14 보세운송 승인에 대한 설명으로 틀린 것은?
① 세관장은 보세운송을 승인한 물품의 감시단속을 위하여 필요하다고 인정하면 운송통로를 제한할 수 있다.
② 무세 또는 관세가 면제될 것이 확실하다고 인정되는 물품은 담보제공을 생략한다.
③ 자율관리보세구역으로 지정된 보세공장에 반입하는 물품은 담보제공을 생략한다.
④ 보세운송 승인신청은 신청에 관한 자료를 2년간 보관하여야 한다.
⑤ 보세운송 승인요건에 위배되는 경우에는 특정물품 간이보세운송업자에게 보세운송을 승인할 수 있다.

15 보세구역 외 장치의 허가 등에 대한 설명으로 틀린 것은?

① 세관장은 보세구역 외 장치 허가신청을 받은 경우 보세구역 외 장치 허가기간에 1개월을 연장한 기간을 담보기간으로 하여 담보제공을 명할 수 있다.
② 보세구역 외 장치의 허가기간은 6개월의 범위 내에서 세관장이 필요하다고 인정하는 기간으로 정한다.
③ 보세구역 외 장치장에 반입된 화물이 수입신고수리되거나 반송 및 보세운송절차에 따라 반출된 화물은 반출신고를 하여야 한다.
④ 보세구역 외 장치허가를 받은 자가 그 허가받은 장소에 물품을 반입할 때에는 물품 도착 즉시 세관장에게 반입신고를 하여야 한다.
⑤ 세관장은 보세구역 외 장치물품의 반입일로부터 3개월 이내에 통관하지 아니할 때에는 매월 정기적으로 재고조사를 실시하여야 한다.

16 보세화물의 반입에 대한 설명으로 틀린 것은?

① 화물분류기준에 따라 장치장소가 결정된 물품은 하선(기)절차가 완료된 후 보세구역에 물품을 반입하여야 한다.
② 운영인은 반입된 물품이 반입예정 정보와 품명·수량이 상이하거나 안보위해물품의 반입, 포장파손, 누출, 오염 등으로 이상이 있는 경우에는 즉시 세관장에게 반입물품 이상보고서를 제출하여야 한다.
③ 위험물 장치허가를 받지 아니한 특허보세구역 운영인 및 지정보세구역 관리인은 화물 반입 시에 위험물인지를 확인하여야 하며 위험물을 발견하였을 때에는 즉시 세관장에게 보고하여야 한다.
④ 수출입물품은 관할세관 내에 보세창고기 부족하여 화주가 요청하는 경우 세관장의 승인을 얻어 세관지정장치장에 장치할 수 있다.
⑤ 수입화주는 관할세관 내에 영업용보세창고가 없어 세관지정장치장에 장치하고자 하는 경우 세관장의 승인을 얻어 장치할 수 있다.

17 보세화물의 장치장소 결정에 대한 설명으로 맞는 것은?

① 선시는 회주 또는 그 위임을 받은 자가 세관장과 협의하여 정하는 장소에 보세화물을 장치하는 것을 원칙으로 한다.
② 화주 또는 그 위임을 받은 자가 장치장소에 대한 별도의 의사표시가 없는 경우, Master B/L화물은 화물운송주선업자가 선량한 관리자로서 장치장소를 결정한다.
③ 화주 또는 그 위임을 받은 자가 장치장소에 대한 별도의 의사표시가 없는 경우, House B/L화물은 화물운송주선업자가 선량한 관리자로서 선사 및 보세구역 운영인과 협의하여 장치장소를 결정한다.
④ 입항 전 또는 하선(기) 전에 수입신고가 된 물품은 세관지정장치장에 반입하여 통관절차와 검사절차를 수행하여야 한다.
⑤ 수입고철은 세관지정 보세창고에 장치하는 것을 원칙으로 한다.

18 보세화물의 재고관리에 관한 설명 중 틀린 것은?
① 운영인은 매 반기별 자체 전산시스템의 재고자료를 출력하여 실제재고와 이상이 있는지를 확인하여야 하며, 전체 전산재고내역과 현품재고조사 결과를 세관장에게 보고하여야 한다.
② 세관장은 자율관리보세구역으로 지정받은 경우 전체 전산재고내역과 현품재고조사 결과를 연 1회 보고하게 할 수 있다.
③ 운영인으로부터 전산재고 내역과 현품 재고조사 결과를 보고받은 세관장은 이를 세관화물정보시스템의 재고현황과 대조 확인하여야 하며, 필요하다고 판단되는 때에는 7일 이내의 기간을 정하여 현장에서 이를 확인할 수 있다.
④ 세관장은 확인결과 재고현황에 이상이 있다고 판단되는 경우에는 그 사유를 밝히는 등 필요한 조치를 취하여야 한다.
⑤ 법규수행능력평가 결과 A등급 업체의 경우, 재고조사 현장확인을 보세구역 운영상황 점검과 같이 실시할 수 있다.

19 보수작업에 대한 설명으로 틀린 것은?
① 보세구역에서의 보수작업이 곤란하다고 세관장이 인정할 때에는 기간과 장소를 지정받아 보세구역 밖에서 보수작업을 할 수 있다.
② 운영인이 동일 품목을 대상으로 동일한 보수작업을 반복적으로 하려는 경우에 세관장은 외국물품의 장치 및 세관 감시단속에 지장이 없을 때에는 1년 이내의 기간을 정하여 이를 포괄적으로 승인할 수 있다.
③ 보수작업 신청인이 보수작업을 완료한 경우에는 보수작업 완료보고서를 세관장에게 제출하여 그 확인을 받아야 한다.
④ 보수작업으로 외국물품에 부가된 내국물품은 외국물품으로 본다.
⑤ 수입될 물품의 보수작업은 외국물품을 재료로 해서 작업할 수 있다.

20 ( ) 안에 들어갈 내용을 바르게 나열한 것은?

- 관세법 제157조의2에 따라 관세청장이 정하는 보세구역에 반입된 물품의 화주 또는 반입자는 관세법 제177조에도 불구하고 그 물품의 (A)로부터 (B) 이내에 해당물품을 보세구역으로부터 반출하여야 한다.
- 세관장은 화주 또는 반입자가 이를 위반한 경우에는 관세법 제277조에 따라 100만 원 이하의 (C)을(를) 부과한다.

	A	B	C
①	수입신고일	15일	과태료
②	수입신고일	30일	과징금
③	수입신고수리일	15일	과태료
④	수입신고수리일	30일	과징금
⑤	수입신고수리일	30일	과태료

21 보세구역에 장치된 물품에 대하여 아래의 상황이 발생한 때 세관장에게 신고해야 하는 것으로 맞는 것은?
① 장치물품에 이상이 있는 때
② 장치물품의 폐기
③ 장치물품의 견본품 반출
④ 장치물품의 해체·절단 등의 작업
⑤ 장치물품의 보수작업

22 ( ) 안에 들어갈 보세화물의 장치기간을 모두 합산한 기간으로 맞는 것은?

> A. 지정장치장 반입물품의 장치기간은 (ⓐ)로 한다.
> 다만, 부산항·인천항·인천공항·김해공항 항역 내의 지정장치장으로 반입된 물품과 특송물품 수입통관 사무처리에 관한 고시 제2조 제2호에 해당하는 물품의 장치기간은 (ⓑ)로 하며, 세관장이 필요하다고 인정할 때에는 (ⓒ)의 범위에서 그 기간을 연장할 수 있다.
> B. 유치물품 및 습득물의 장치기간은 (ⓓ)로 한다. 다만, 유치물품은 화주의 요청이 있거나 세관장이 필요하다고 인정하는 경우 (ⓔ)의 범위에서 그 기간을 연장할 수 있다.

① 10개월
② 11개월
③ 12개월
④ 13개월
⑤ 14개월

23 보세화물 폐기에 관한 설명으로 틀린 것은?
① 부패·손상되거나 그 밖의 사유로 보세구역에 장치된 물품을 폐기하려는 자는 세관장의 승인을 받아야 한다.
② 세관장의 폐기 또는 반송명령을 받은 화주, 반입자 또는 그 위임을 받은 자는 동 물품을 자기비용으로 폐기 또는 반송하여야 한다.
③ 세관장의 폐기명령을 받은 자가 기간이 경과하여도 이를 폐기 또는 반송하지 않은 물품 중 폐기하지 않고 방치할 경우 공익을 해할 것으로 인정되는 물품은 세관장이 행정대집행법에 따라 보세구역 운영인 또는 화물관리인 등에게 폐기하게 할 수 있다.
④ 세관장이 폐기를 명할 때 화주나 반입자 또는 그 위임을 받은 자가 불분명하고 그 물품의 폐기가 급박할 경우에는 세관장은 별도의 공고 없이 이를 폐기할 수 있다.
⑤ 폐기처분 후 잔존물에 대해서는 잔존물의 성질과 수량에 따라 관세 등 각종 세금을 부과한다.

24 보세화물 매각에 관한 설명으로 틀린 것은?
① 경쟁입찰로 매각하려는 경우, 매각되지 아니한 때에는 5일 이상의 간격을 두어 다시 입찰에 붙일 수 있으며 그 예정가격은 최초 예정가격의 100분의 10 이내의 금액을 입찰 시마다 체감할 수 있다.
② 예정가격의 체감은 제2회 입찰 때부터 하되 그 체감한도액은 최초예정가격의 100분의 50으로 한다. 다만, 최초 예정가격을 기초로 산출한 세액 이하의 금액으로 체감할 수 없다.
③ 요건확인품목을 수입조건으로 공매하는 때에는 낙찰자가 공매대금을 납입할 때까지 법령에서 정한 요건을 구비하는 것을 조건으로 공매한다.
④ 대외무역관리규정의 원산지표시 대상품목의 경우에는 낙찰자가 원산지를 표시할 것을 조건으로 공매한다.
⑤ 수급조절대상 한약재는 한약재 수확시기(10월~12월)를 피하여 공매처분하여야 한다.

25 반출통고에 관한 설명으로 맞는 것은?
① 보세판매장에 반입한 물품에 대해서는 보세판매장 운영인이 화주나 반입자 또는 그 위임을 받은 자(이하 "화주 등"이라 한다)에게 반출통고한다.
② 영업용보세창고에 반입한 물품의 반출통고는 관할세관장이 화주 등에게 한다.
③ 지정장치장에 반입한 물품의 반출통고는 화물관리인이 화주 등에게 한다.
④ 지정장치장, 보세창고에 반입한 물품에 대한 반출통고는 장치기간 만료 10일 전까지 하여야 한다.
⑤ 유치·예치물품 등의 반출통고는 장치기간 만료 30일 전까지 하여야 한다.

제4과목 : 수출입안전관리

01 국제무역선(기)의 입출항 절차에 대한 설명으로 틀린 것은?
① 국제무역선(기)이 국제항에 입항하였을 때에는 세관장에게 입항보고를 하여야 하며, 출항하려면 세관장으로부터 출항허가를 받아야 한다.
② 선장이나 기장은 국제무역선(기) 입출항시 여객 및 승무원에 관한 사항과 적재화물에 관한 사항 등이 기재된 서류를 세관장에게 제출하여야 한다.
③ 대통령령으로 정하는 요건을 갖춘 화물운송주선업자는 입출항과 관련한 적재화물목록을 제출할 수 있다.
④ 국제무역선(기) 입항 후 물품을 하역하지 않고 48시간 이내에 출항하는 경우 적재화물목록 제출 생략 등 간이 입출항 절차 적용의 혜택을 받을 수 있다.
⑤ 세관장은 필요한 경우 승객예약자료 제출을 요청할 수 있으며, 이 경우 선박회사나 항공사는 이에 따라야 한다.

02 조건부 하역 선박용품의 관리에 관한 설명으로 틀린 것은?
① 수리업자 등은 조건부 하역 대상 선박용품에 대하여 직접 적재 등을 하거나 공급자 중에서 대행업체를 지정하여 선박과 수리업체 간의 운송을 대행하게 할 수 있다.
② 일시 하선하려는 때에는 세관장에게 하선허가신청서를 제출하고 허가를 받아야 한다.
③ 조건부 하역한 외국선박용품은 최대 1년 이내에 해당 선박에 적재하고 적재완료 보고를 하여야 한다.
④ 수리업자 등이 하선한 선박용품을 적재기간 내에 적재할 수 없는 때에는 보세구역에 반입해야 한다.
⑤ 해당 선박이 입항하지 않거나 부득이한 사유로 조건부 하역 외국선박용품을 외국으로 반출하려는 때에 보세구역에 반입 후 반송절차에 관한 고시에 따라 처리한다.

03 관리대상화물 관리에 관한 고시상 용어의 정의이다. 들어갈 내용을 바르게 나열한 것은?

- (A)이란 세관장이 선별한 검사대상화물 중 검색기검사를 하지 않고 바로 개장검사를 실시하는 화물을 말한다.
- (B)이란 세관장이 선별한 검사대상화물 중 하선(기)장소 또는 장치예정장소에서 이동식 검색기로 검사하거나 컨테이너적출 시 검사하는 화물을 말한다.
- (C)이란 세관장이 선별한 감시대상화물 중 하선(기)장소 또는 장치예정장소까지 추적감시하는 화물을 말한다.

	A	B	C
①	즉시검사화물	수입신고 후 검사화물	반입 후 검사화물
②	반입 후 검사화물	운송추적검사화물	하선감시화물
③	즉시검사화물	반입 후 검사화물	운송추적감시화물
④	검색기검사화물	수입신고 후 검사화물	하선감시화물
⑤	반입 후 검사화물	즉시검사화물	운송추적감시화물

04 관세법령상 물품의 하역 등에 대한 설명으로 틀린 것은?

① 국제무역선이나 국제무역기는 입항절차를 마친 후가 아니면 물품을 하역하거나 환적할 수 없다.
② 국제무역선이나 국제무역기에 물품을 하역하려면 세관장에게 신고하고 현장에서 세관공무원의 확인을 받아야 한다. 다만, 세관공무원이 확인할 필요가 없다고 인정하는 경우에는 그러하지 아니하다.
③ 세관장은 감시·단속을 위하여 필요할 때에는 물품을 하역하는 장소 및 통로와 기간을 제한할 수 있다.
④ 국제무역선이나 국제무역기에는 내국물품을 적재할 수 없다. 다만, 세관장의 승인을 받았을 때에는 그러하지 아니하다.
⑤ 세관장은 내국운송신고를 하는 경우에는 국제무역선 또는 국제무역기에 내국물품을 적재하게 할 수 있다.

05 선박용품 관리에 대한 설명이다. ( ) 안에 들어갈 내용이 바르게 나열된 것은?

- 선박용품의 보세운송기간은 보세운송신고수리(승인)일로부터 (A) 이내에서 실제 운송에 필요한 기간으로 한다. 다만, 세관장은 그 사유가 타당하다고 인정하는 경우에는 (B) 이내에서 한 번만 연장승인 할 수 있다.
- 선박용품의 적재·환적 허가를 받은 자는 허가일부터 (C) 이내에 적재 등을 완료해야 한다. 다만, 1회 항행일수가 7일 이내인 국제무역선은 해당 항차의 출항허가 전까지 그 절차를 완료해야 한다.

	A	B	C
①	10일	7일	10일
②	10일	10일	10일
③	10일	15일	7일
④	15일	10일	10일
⑤	15일	15일	7일

06 관세법령상 국제항의 지정 요건이다. ( ) 안에 들어갈 내용을 바르게 나열한 것은?

- 항구의 경우 국제무역선인 5천 톤급 이상의 선박이 연간 (A) 이상 입항하거나 입항할 것으로 예상될 것
- 공항의 경우 정기여객기가 주 (B) 이상 입항하거나 입항할 것으로 예상될 것, 또는 여객기로 입국하는 여객수가 연간 (C) 이상일 것
- (D) 또는 관계 행정기관의 장은 국제항이 국제항의 지정요건을 갖추지 못하여 업무수행 등에 상당한 지장을 준다고 판단하는 경우에는 기획재정부장관에게 그 사실을 보고해야 한다.

	A	B	C	D
①	50회	6회	4만 명	세관장
②	60회	6회	4만 명	관세청장
③	50회	5회	5만 명	세관장
④	50회	6회	4만 명	관세청장
⑤	60회	5회	5만 명	관세청장

07 관세법령상 국제항이 아닌 지역에 대한 출입허가수수료 징수예외 사유로 규정되어 있지 않은 것은?
① 국제무역선 또는 국제무역기에 대한 항행의 편의도모나 그 밖의 특별한 사정이 있는 경우
② 급병환자, 항해 중 발견한 밀항자, 항해 중 구조한 조난자·조난선박·조난화물 등의 하역 또는 인도를 위하여 일시 입항하는 경우
③ 위험물품·오염물품 기타 이에 준하는 물품의 취급, 유조선의 청소 또는 가스발생선박의 가스제거작업을 위하여 법령 또는 권한 있는 행정관청이 정하는 일정한 장소에 입항하는 경우
④ 국제항의 협소 등 입항여건을 고려하여 관세청장이 정하는 일정한 장소에 입항하는 경우
⑤ 법령의 규정에 의하여 강제로 입항하는 경우

08 국제무역기를 국내운항기로 전환하는 절차와 관련하여 틀린 것은?
① 항공기의 전환승인 신청을 받은 세관장은 항공기 전환 승인(신청)서의 기재사항을 심사하여 이상이 없는 때에 승인해야 한다. 다만, 현장을 확인할 필요가 있는 경우에는 해당 항공기에 나가서 기재사항의 사실여부를 확인할 수 있다.
② 세관장은 국제무역기를 국내운항기로 전환승인하기 전에 외국에서 구입한 항공기용품이 남아있는 경우와 그 밖의 과세대상 물품이 있는 경우 기장 등이 수입신고한 때 전환승인해야 한다.
③ 기장 등이 항공기의 전환을 신청하려는 때에는 승무원휴대품과 항공기용품을 제외한 다른 화물이 적재되어 있지 않아야 한다. 다만, 다른 화물이 적재되어 있는 상태에서 전환하려는 때에는 전환승인 신청 시 소정의 수수료만 납부하면 된다.
④ 세관장은 국제무역기의 전환승인 시 관세채권의 확보가 곤란한 경우에는 관세 등을 납부 후 승인해야 한다. 다만, 공휴일 등 관세납부가 어려운 경우 수입신고하는 때 외국 항공기 소유자(기장 등 포함)의 관세납부확약서 등을 제출받아 승인할 수 있다.
⑤ 국제무역기가 수입신고수리되거나 국내운항기가 수출신고수리된 경우, 기상악화, 항공기 고장 등 부득이한 사유로 국내 공항에 임시 착륙 후 최초 목적지 공항으로 이동하는 경우에는 전환신청을 생략할 수 있다.

09 관리대상화물 관리에 관한 고시에서 규정한 관리대상화물에 해당하지 않는 것은?
① 우편물
② 특송물품
③ 단기체류자가 반입하는 이사물품
④ 여행자의 유치물품 및 예치물품
⑤ 보세판매장 판매용 물품(외국물품에 한함)

10 관리대상화물 중 화주의 신청에 의해 검사대상화물의 해제가 가능한 화물로 맞는 것은?

A. 원자재(수출, 내수용 포함) 및 시설재
B. 학술연구용 실험기자재이거나 실험용품
C. 보세공장, 영업용보세창고에 반입하는 물품
D. 보세전시장, 자가용보세창고에 반입하는 물품

① A, B
② A, D
③ B, C
④ B, D
⑤ C, D

11. 수출입 안전관리 기준 준수도의 측정·평가·활용 등에 대한 설명이다. (   ) 안에 들어갈 내용을 바르게 나열한 것은?

> A. 관세청장은 수출입 안전관리 우수업체로 공인받기 위한 신청 여부와 관계없이 수출입물품의 제조·운송·보관 또는 통관 등 무역과 관련된 자 중 대통령령으로 정하는 자를 대상으로 관세법 제255조의2 제1항에 따른 (ⓐ) 기준을 준수하는 정도를 대통령령으로 정하는 절차에 따라 측정·평가할 수 있다.
> B. 관세청장은 A.에 따른 측정·평가 대상자에 대한 (ⓑ)를 위하여 A.에 따라 측정·평가한 결과를 대통령령으로 정하는 바에 따라 활용할 수 있다.

	ⓐ	ⓑ
①	안전관리	지원·관리
②	위험관리	지원·관리
③	내부통제	지원·관리
④	안전관리	통제·관리
⑤	내부통제	통제·관리

12. 수출입 안전관리 우수업체 공인 및 운영에 관한 고시 제4조 및 별표 1에서 정하고 있는 공인기준 중 일부를 발췌한 것이다. (   ) 안에 들어갈 내용을 바르게 나열한 것은?

> • (A) : 수출입신고 등의 적정성을 유지하기 위한 기업의 영업활동, 신고 자료의 흐름 및 회계처리 등과 관련하여 부서간 상호 의사소통 및 통제 체제를 갖출 것
> • 안전관리 : 수출입물품의 안전한 관리를 확보할 수 있는 거래업체, 운송수단, 출입통제, 인사, 취급절차, (B), 정보 및 교육·훈련체계를 갖출 것
> • 재무건전성 : 재무제표에 대한 감사보고서의 감사의견이 적정이어야 하며, 부채비율이 동종업종의 평균 부채비율의 (C) 이하이거나 외부신용평가기관의 신용평가 등급이 투자적격 이상 또는 매출 증가 등으로 성실한 법규준수의 이행이 가능할 정도의 재정을 유지하여야 한다.

	A	B	C
①	법규준수도	채용절차	200%
②	법규준수도	시설과 장비	300%
③	내부통제시스템	채용절차	300%
④	내부통제시스템	시설과 장비	300%
⑤	내부통제시스템	시설과 장비	200%

13. 수출입 안전관리 우수업체의 관리책임자에 대한 공인 전 교육 내용이 아닌 것은?
① 무역안전과 원활화를 위한 국제 규범 및 국내외 제도
② 수출입 안전관리 우수업체 공인기준의 세부내용
③ 수출입 안전관리 우수업체 제도와 필요성
④ 법규준수 및 수출입 안전관리를 위한 내부통제시스템
⑤ 정기자율평가 및 갱신심사 대비를 위한 준수사항

14 수출입 안전관리 우수업체의 관리책임자에 대한 공인 후 교육에 대한 설명이다. ( ) 안에 들어갈 내용을 바르게 나열한 것은?

> 공인 후 교육 : 매 (A)마다 총괄책임자는 (B) 이상, 수출입관리책임자는 (C) 이상(처음 교육은 공인일자를 기준으로 1년 이내에 받아야 함) 다만, 관리책임자가 변경된 경우에는 변경된 날로부터 (D) 이내에 해당 교육을 받아야 한다.

	A	B	C	D
①	1년	4시간	8시간	1년
②	2년	4시간	8시간	180일
③	2년	4시간	16시간	180일
④	2년	8시간	8시간	1년
⑤	2년	8시간	16시간	150일

15 수출입 안전관리 우수업체 공인 기준에 대한 설명이다. ( ) 안에 들어갈 내용을 바르게 나열한 것은?

> 수출입 안전관리 우수업체로 공인을 받기 위해서는 공인기준 중에서 필수적인 기준을 충족하고, 다음 각 호의 요건을 모두 충족하여야 한다.
> 1. 법규준수도가 (A)점 이상일 것. 다만, 중소 수출기업은 심의위원회를 개최하는 날을 기준으로 직전 2개 분기 연속으로 해당 분기단위의 법규준수도가 (A)점 이상인 경우도 충족한 것으로 본다.
> 2. 내부통제시스템 기준의 평가점수가 (B)점 이상일 것
> 3. 재무건전성 기준을 충족할 것
> 4. 안전관리 기준 중에서 충족이 권고되는 기준의 평가점수가 (C)점 이상일 것

	A	B	C
①	70	70	70
②	70	70	80
③	80	70	70
④	80	80	70
⑤	80	80	80

16 수출입 안전관리 우수업체가 공인심사 및 갱신심사 절차를 이행한 사례이다. 관련 규정에 따라 맞게 처리된 것은?

① A社는 공인유효기간이 2017. 10. 15.~2022. 10. 14.까지인 업체로 2022. 5. 15.에 갱신심사 신청서를 제출하였다.
② B社는 5개 공인부문에 걸쳐 공인을 받은 업체로 부문별 공인일자가 달라서, 공인일자가 가장 늦은 공인부문을 기준으로 갱신심사를 함께 신청하였다.
③ 대기업인 C社는 공인심사 신청 전 예비심사를 희망하였으나, 중소 수출기업만 예비심사가 가능하다고 알고 있어 신청서를 제출하지 않았다.
④ D社는 공인신청 시 관리책임자의 교육이수확인서를 제출하지 않아 관세청장으로부터 기각 당하였다.
⑤ 공인유효기간이 2022. 5. 15.인 E社는 2022. 6. 20. 특허보세구역의 특허사항을 위반하여 과태료가 부과되었으나, 2022. 6. 30. 현재 갱신심사가 진행 중이어서 과태료 경감혜택을 적용받았다.

17 수출입 안전관리 우수업체 공인 및 갱신심사 운영상 예비심사에 대한 설명으로 틀린 것은?

① 관세평가분류원장은 예비심사 신청서를 접수하고, 수탁기관에 해당 신청서와 관련 서류를 이관한다.
② 수탁기관은 예비심사 신청업체에 연락하여 심사대상·범위, 면담일정·장소 등을 협의하여야 한다.
③ 수탁기관은 예비심사를 할 때에 서류심사 방식으로 수행한다. 다만, 신청업체가 원하는 경우에는 신청업체의 사업장을 직접 방문하여 수행할 수 있다.
④ 수탁기관은 예비심사를 마친 후 10일 이내에 심사결과 총평, 공인심사 준비서류 점검 결과, 공인기준 일부에 대한 예시적 검증 결과, 그 밖에 수출입 안전관리 우수업체 공인과 관련하여 참고할 사항을 포함한 예비심사 결과 보고서를 관세평가분류원장에게 제출하여야 한다.
⑤ 수탁기관은 수출입 안전관리 우수업체 공인을 신청한 업체가 제출한 내용을 검토한 후 신청업체에게 예비심사 결과 통지서를 송부하여야 한다.

18 수출입 안전관리 우수업체 공인심사 신청에 따른 서류심사에 대한 설명으로 틀린 것은?

① 관세청장은 공인심사 신청서를 접수한 날로부터 60일 이내에 서류심사를 마쳐야 한다.
② 관세청장은 보완 요구서를 송부하기 전에 신청업체의 요청이 없는 경우에도 해당 업체의 의견을 듣거나 업체에게 소명할 수 있는 기회를 주어야 한다.
③ 관세청장은 신청업체가 제출한 서류를 통해서 공인기준을 충족하는지를 확인하기 어려운 경우에는 30일의 범위 내에서 신청업체에게 보완을 요구할 수 있다.
④ 신청업체는 천재지변, 주요 사업장의 이전, 법인의 양도, 양수, 분할 및 합병 등 부득이한 사유로 보완에 장시간이 걸리는 경우에는 보완기간의 연장을 신청할 수 있다.
⑤ 관세청장은 보완을 요구할 때에는 보완 요구서에 보완하여야 할 사항, 보완을 요구하는 이유 및 보완기한 등을 구체적으로 기재하여 신청업체에게 통보하여야 한다.

19 수출입 안전관리 우수업체 공인 및 갱신심사 시 관세평가분류원장의 현장심사 중단에 대한 내용이다. ( ) 안에 들어갈 내용을 바르게 나열한 것은?

> 관세평가분류원장은 신청업체가 다음 각 호의 어느 하나에 해당하는 경우에는 공인운영고시 제9조 제7항에 따라 관세청장의 승인을 받고 별지 제10호 서식의 현장심사 중단 통지서에 따라 현장심사를 중단할 수 있다.
> (이하 중략)
> 1. 신청업체의 (A)이 공인기준을 현저히 충족하지 못하여 심사를 계속하더라도 기간 내에 공인기준을 충족할 가능성이 없는 것으로 판단되는 경우
> 2. 심사를 고의적으로 (B)하는 경우
> 3. 심사를 방해하는 경우
> 4. 요구한 자료(통관적법성 관련 자료 제출 요구를 포함한다)를 제출하지 않거나 거짓자료를 제출한 경우

	A	B
①	내부통제기준	거부
②	수출입 관리현황	지연
③	수출입 관리현황	거부
④	내부통제기준	지연
⑤	위험관리기준	지연

20 수출입 안전관리 우수업체 공인기준 중 보세구역운영인 부문에서 공인 가능한 경우로 맞는 것은?
① 관세법 제276조에 따라 벌금형 선고를 받은 후 1년이 경과한 경우
② 신청업체의 통합법규준수도가 70점인 경우
③ 관세법을 위반하여 징역형의 실형을 선고받고 그 집행이 끝나거나 면제된 후 2년이 경과한 경우
④ 안전관리 기준 중에서 충족이 권고되는 기준의 평가점수가 60점인 경우
⑤ 중소기업으로서 부채비율이 동종업종 평균 부채비율의 300%인 경우

21 수출입 안전관리 우수업체 중 보세구역운영인 부문에 적용되는 안전관리 기준이다. (   ) 안에 들어갈 내용을 바르게 나열한 것은?

> • 운영인은 컨테이너와 트레일러 등에 비인가된 물품이나 사람의 침입을 방지하기 위해 (A)을(를) 관리하고, 손상된 (A)을(를) 식별하여 (B) 및 관련 외국 관세당국에 보고하는 절차를 마련하여야 한다.
> • 운영인은 직원을 식별하고, 접근을 통제하기 위하여 (C)을(를) 마련하고, 회사 관리자를 지정하여 직원, 방문자, 납품업자를 식별하는 표식의 발급과 회수를 관리하여야 한다.

	A	B	C
①	봉인	세관장	직원식별시스템
②	봉인	관세청장	출입카드
③	잠금장치	세관장	직원식별시스템
④	잠금장치	관세청장	출입카드
⑤	접근통제장치	세관장	접근통제장치

22 수출입 안전관리 우수업체 공인 및 운영과 관련하여 아래 표 안의 업무를 수행하는 자로 맞는 것은?

> • 정기 자율평가, 변동사항 보고, 공인 또는 갱신심사 수감 등 공인기준 준수 관련 업무
> • 직원에 대한 수출입 안전관리 교육
> • 정보 교환, 회의 참석 등 수출입 안전관리 관련 관세청 및 세관과의 협업
> • 세액 등 통관적법성 준수 관리
> • 그 밖에 업체의 법규준수 향상을 위한 활동

① 한국 AEO진흥협회 본부장
② 관리책임자
③ 기업상담전문관
④ 회사대표
⑤ AEO심사관

23 수출입 안전관리 우수업체 중 AAA등급을 받을 수 있는 조건으로 바르게 짝지어진 것은?

> A. 갱신심사를 받은 업체 중 법규준수도가 95점 이상인 업체
> B. 세관장으로부터 원산지인증수출자로 인증을 받은 업체
> C. 중소기업이 수출입 안전관리 우수업체로 공인을 받는 데 지원한 실적이 우수한 업체
> D. 거래업체 중 수출입 안전관리 우수업체의 비율이 높은 업체

① A, B
② A, C
③ B, C
④ B, D
⑤ C, D

24 수출입 안전관리 우수업체 심의위원회의 심의대상으로 틀린 것은?
① 수출입 안전관리 우수업체의 공인 및 갱신
② 수출입 안전관리 우수업체의 공인의 취소
③ 수출입 안전관리 우수업체의 공인등급 조정
④ 공인과 갱신을 유보한 업체의 공인심사 및 갱신심사의 신청 각하
⑤ 공인과 갱신을 유보하는 업체의 지정

25 다음 표 안의 사례 발생 시 수출입 안전관리 우수업체에 대하여 조치할 사항으로 맞는 것은?

> • 신청업체가 나머지 공인기준은 모두 충족하였으나, 법규준수도 점수 기준을 충족하지 못한 경우
> • 신청업체가 수입하는 물품의 과세가격 결정방법이나 품목분류 및 원산지 결정에 이견이 있음에도 불구하고 관세법 제37조, 제86조 및 자유무역협정의 이행을 위한 관세법의 특례에 관한 법률 제31조에 따른 사전심사를 신청하지 않은 경우(수입부문에만 해당한다)
> • 신청업체가 사회석 물의 등을 일으켰거나 해당 사안이 공인의 결격에 해당하는지를 판단하는 데 추가적으로 사실을 확인하거나 심의를 위한 충분한 법리검토가 필요한 경우

① 수출입 안전관리 우수업체 공인취소
② 수출입 안전관리 우수업체 혜택정지
③ 수출입 안전관리 우수업체 공인유보
④ 수출입 안전관리 우수업체 공인등급조정
⑤ 수출입 안전관리 우수업체 공인신청기각

제5과목 : 자율관리 및 관세벌칙

01 자율관리보세구역 지정에 관한 설명으로 틀린 것은?
① 운영인 등의 법규수행능력이 우수하여 보세구역 자율관리에 지장이 없어야 한다.
② 일반 자율관리보세구역과 우수 자율관리보세구역이 있다.
③ 우수 자율관리보세구역은 보세사 채용이 면제된다.
④ 화물의 반출입, 재고관리 등 실시간 물품관리가 가능한 전산시스템(WMS, ERP 등)을 구비하여야 한다.
⑤ 세관장은 자율관리보세구역 운영인 등에게 갱신절차 등을 지정기간 만료 2개월 전에 문서, 전자메일, 전화, 휴대폰 문자전송방법 등으로 미리 알려야 한다.

02 자율관리보세구역의 감독에 대한 설명 중 틀린 것은?
① 운영인은 회계연도 종료 3개월이 지난 후 15일 이내에 자율관리보세구역 운영 등의 적정여부를 자체점검하고 자율점검표를 작성하여 세관장에게 제출하여야 한다.
② 운영인이 자율점검표를 재고조사 결과와 함께 제출하려는 경우 자율점검표를 다음 해 2월 말까지 제출할 수 있다.
③ 세관장은 자율점검표 심사결과 자율관리보세구역 운영관리가 적정하다고 판단되는 경우 정기감사를 생략할 수 있다.
④ 자율점검표 미제출·제출기간 미준수 등의 사유에 해당하는 경우 정기감사를 하여야 한다.
⑤ 세관장이 별도의 감사반을 편성하여 정기감사를 하는 경우 외부 민간요원은 감사반에 포함할 수 없다.

03 세관장이 자율관리보세구역에 대하여 기간을 정하여 절차생략 등을 정지하는 경우에 대한 설명으로 맞는 것은?
① 보세사가 해고 또는 취업정지 등의 사유로 업무를 수행할 수 없는 경우 절차생략 등을 정지할 수 있다.
② 운영인이 보세화물 관리에 관한 의무사항 불이행으로 경고처분을 1년에 2회 이상 받은 경우 절차생략이 정지된다.
③ 경고처분으로 절차생략이 정지되는 경우 최대 정지기간은 2개월을 초과할 수 없다.
④ 절차생략 등을 정지하는 기간 동안 자율관리보세구역에 위탁되거나 생략된 업무는 운영인이 직접 관리한다.
⑤ 세관장은 절차생략 등을 정지하는 경우 한국관세물류협회장에게 통보하여야 한다.

04 보세구역의 자율관리에 대한 관세법 본문이다. (   ) 안에 들어갈 내용을 바르게 나열한 것은?

> 보세구역 중 물품의 관리 및 세관감시에 지장이 없다고 인정하여 (A)이 정하는 바에 따라 (B)이 지정하는 보세구역(이하 "자율관리보세구역"이라 한다)에 장치한 물품은 제157조에 따른 세관공무원의 참여와 이 법에 따른 절차 중 (C)이 정하는 절차를 생략한다.

	A	B	C
①	관세청장	세관장	관세청장
②	세관장	관세청장	세관장
③	세관장	세관장	세관장
④	관세청장	관세청장	관세청장
⑤	세관장	관세청장	관세청장

05 자율관리보세구역 제도에 대한 설명으로 맞는 것은?
① 보세구역의 화물관리인이나 운영인은 자율관리보세구역의 지정을 받으려면 관세청장에게 지정을 신청하여야 한다.
② 자율관리보세구역의 지정기간은 지정일로부터 5년으로 하며, 지정기간 만료 1개월 전까지 갱신 신청하여야 한다.
③ 세관장은 보세구역 운영상황 점검(현장확인) 시 자율관리보세구역에 대한 정기감사를 생략하거나 통합하여 실시할 수 있다.
④ 보세창고가 보세사 채용 및 물품관리전산시스템을 구비한 경우 우수 자율관리보세구역으로 지정할 수 있다.
⑤ 보세사가 해고 또는 취업정지 등의 사유로 업무를 수행할 수 없는 경우 3개월 이내의 기간 동안 자율관리보세구역에 대한 절차생략 등을 정지할 수 있다.

06 보세사의 징계와 보세사징계위원회의 운영에 대한 설명 중 맞는 것은?
① 보세사의 징계의 종류는 견책, 해임, 업무정지가 있다.
② 세관장은 보세사가 관세법이나 관세법에 따른 명령을 위반한 경우에는 보세사징계위원회에 1개월 이내에 해당 보세사에 대한 징계의결을 요구하여야 한다.
③ 보세사징계위원회는 보세사 징계의결의 요구를 받은 때에는 징계의결의 요구를 받은 날로부터 2개월 내에 이를 의결하여야 한다.
④ 위원이 징계의결 대상 보세사와 직접적으로 업무 연관성이 있는 경우 보세사징계위원회의 심의·의결에서 제척된다.
⑤ 보세사가 연간 6월의 범위 내에서 업무정지를 3회 받으면 등록을 취소한다.

07 보세사의 의무에 대한 설명 중 틀린 것은?
① 보세사는 관세법과 관세법에 따른 명령을 준수하여야 하며, 그 직무를 성실하고 공정하게 수행하여야 한다.
② 보세사는 직무를 수행할 때 고의로 진실을 감추거나 거짓 진술을 하여서는 아니 된다.
③ 보세사는 다른 업무를 겸임할 수 없다. 다만 영업용보세창고의 경우 보세화물 관리에 지장이 없는 범위 내에서 다른 업무를 겸임할 수 있다.
④ 해당 보세구역에 작업이 있는 시간에는 상주하여야 한다.
⑤ 세관장의 업무감독에 관련된 명령을 준수하여야 하고 세관공무원의 지휘를 받아야 한다.

08 수출입물류업체에 대한 법규수행능력측정 및 평가관리에 관한 훈령에서 규정하는 용어의 정의로 틀린 것은?
① "법규수행능력측정 및 평가관리 시스템"이란 수출입물류업체에 대한 세관절차의 법규 이행정도를 확인하기 위한 평가항목의 등록, 측정, 평가 등을 하는 전산시스템을 말한다.
② "법규수행능력"이란 수출입물류업체가 관세법규 등에서 정하는 사항을 준수한 정도를 측정한 점수를 말한다.
③ "통합법규수행능력"이란 개별 수출입물류업체의 측정점수와 물류공급망으로 연관된 전체 수출입물류업체의 측정점수를 반영하여 산출한 점수를 말한다.
④ "내부자율통제시스템"이란 수출입물류업체가 관세법령 등에서 정하는 보세화물 취급업무를 수행하기 위한 일련의 처리절차, 내부통제절차 등을 갖춘 자체시스템을 말한다.
⑤ "평가미이행업체"란 법규수행능력 평가항목 표준매뉴얼을 세관장에게 제출하지 아니한 업체를 말한다.

09 자유무역지역 반출입물품의 관리에 관한 고시에서 규정하고 있는 용어의 정의로 틀린 것은?
① "반입신고"란 물품을 자유무역지역으로 반입하기 위한 신고로서 관세법 제157조에 따른 반입신고를 말한다.
② "국외반출신고"란 외국물품 등을 국외반출하기 위한 신고로서 관세법상 수출신고와 동일한 성격의 신고를 말한다.
③ "보수"란 해당 물품의 HS품목분류의 변화를 가져오지 않는 보존작업, 선별, 분류, 단순조립 등의 활동을 말한다.
④ "잉여물품"이란 제조·가공작업으로 인하여 발생하는 부산물과 불량품 등의 사유로 사용하지 않는 원재료와 제품 등을 말한다.
⑤ "사용소비신고"란 외국물품을 고유한 사업의 목적 또는 용도에 사용 또는 소비하기 위하여 관세법 시행령에 따른 수입신고서 서식으로 신고하는 것을 말한다.

10 자유무역지역의 지정 및 운영에 관한 법률(이하 '자유무역지역법'이라 한다)과 다른 법률과의 관계에 대한 내용으로 틀린 것은?
① 자유무역지역의 지정 및 운영에 관하여 경제자유구역의 지정 및 운영에 관한 특별법에 다른 규정이 있는 경우에는 자유무역지역법을 우선하여 적용한다.
② 자유무역지역 안의 외국물품 등을 관세영역으로 반출하는 경우에는 관세법을 적용하지 아니한다.
③ 자유무역지역 내에서의 물품의 통관에 관하여는 관세법을 적용하는 것이 입주기업체에 유리한 경우에는 관세법을 적용한다.
④ 입주기업체 중 외국인투자기업에 대하여는 고용상 연령차별금지 및 고령자 고용촉진에 관한 법률에 따른 고용 의무 규정을 적용하지 아니한다.
⑤ 입주기업체 중 외국인투자기업에 대하여는 장애인 고용촉진 및 직업재활법에 따른 사업주의 장애인 고용 의무 규정을 적용하지 아니한다.

11 자유무역지역의 입주에 대한 내용으로 틀린 것은?
① 관리권자와 입주계약을 체결하여야 하는 경우 파산선고를 받고 복권되지 아니한 자와는 계약을 체결할 수 없다.
② 국내외 가격차에 상당하는 율로 양허(讓許)한 농림축산물을 원재료로 하는 물품을 제조·가공한 물품을 전량 국외로 반출하는 경우에는 입주를 제한하지 아니할 수 있다.
③ 관리권자는 외국인투자기업, 수출을 주목적으로 사업을 하려는 자와 우선적으로 입주계약을 체결할 수 있다.
④ 관리권자와 입주계약을 체결하여야 하는 경우 관세 또는 내국세를 체납한 자와는 계약을 체결할 수 없다.
⑤ 물품의 하역·운송·보관·전시 사업을 하려는 자는 자유무역지역에 입주할 수 있다.

12 자유무역지역으로의 물품반입정지 사유로 틀린 것은?
① 수입신고 및 관세 등의 납부를 하지 아니하고 외국물품 등을 자유무역지역에서 관세영역으로 반출한 경우
② 수입신고 및 관세 등의 납부를 하지 아니하고 외국물품을 사용·소비하기 위하여 자유무역지역 안으로 반입한 경우
③ 관세법 제276조(허위신고죄 등)에 따른 위반사유에 해당하는 경우
④ 정당한 사유 없이 조사를 거부·방해 또는 기피하거나 자료제출을 거부한 경우
⑤ 국외 반출신고 시 법령에 따라 국외 반출에 필요한 허가·승인·추천·증명 또는 그 밖의 조건을 구비하지 아니하거나 부정한 방법으로 구비한 경우

13 자유무역지역 외국물품 등의 보세운송에 관한 설명으로 틀린 것은?
   ① 국외반출신고가 수리된 물품을 선적하기 위하여 보세운송하는 경우에는 수출신고서 서식을 사용하여 보세운송신고를 할 수 있다.
   ② 자유무역지역에서 제조·가공한 물품을 다른 자유무역지역 등으로 보세운송하려는 경우에는 보세운송기간을 7일로 하며 7일 이내의 범위에서 연장할 수 있다.
   ③ 국외반출신고가 수리된 물품의 경우 보세운송기간은 신고수리일부터 30일 이내로 하며, 선(기)적은 국외반출신고가 수리된 날부터 30일 이내에 선(기)적하여야 한다.
   ④ 동일 자유무역지역 내 입주기업체 간에 외국물품 등을 이동하려는 때에는 반출입신고와 보세운송신고를 생략한다.
   ⑤ 일시반출허가를 받아 반출하거나 재반입하는 물품의 반출입신고는 일시반출허가서나 재반입신고서를 갈음하며 따로 보세운송절차를 거칠 필요가 없다.

14 자유무역지역의 지정 및 운영에 관한 법률 및 자유무역지역 반출입물품의 관리에 관한 고시에 따른 폐기대상 물품으로 틀린 것은?
   ① 사람의 생명이나 재산에 해를 끼칠 우려가 있는 물품
   ② 부패 또는 변질된 물품
   ③ 실용시효가 경과되었거나 상품가치를 상실한 물품
   ④ 위조상품, 모조품, 그 밖에 지식재산권 침해물품
   ⑤ 검사·검역기준 등에 부적합한 것으로 화주가 판단하는 물품

15 자유무역지역과 특허보세구역에 대한 설명으로 맞는 것은?
   ① 자유무역지역에서 농림축산물을 원재료로 하는 제조·가공 업종의 사업을 하려는 자는 보세사를 채용하여야 한다.
   ② 자유무역지역 출입자(차량)는 출입증을 소지하거나 통행증을 부착하여야 하나, 특허보세구역은 출입자(차량)에 대한 출입증 소지 등 의무가 없다.
   ③ 제조업을 영위하는 자유무역지역 입주기업체의 사용소비신고 대상물품의 범위와 보세공장의 사용신고 대상물품의 범위는 동일하다.
   ④ 1년 이내에 3회 이상 물품반입 정지처분(과징금 부과처분 포함)을 받은 경우 입주계약 해지(자유무역지역)나 특허취소(특허보세구역)가 가능하다.
   ⑤ 자유무역지역에서 내국물품을 반출하려는 자는 내국물품 반출목록 신고서를 제출한 날부터 3년 동안 내국물품 반입증명서류를 보관하여야 한다.

16 관세법에 대한 설명 중 틀린 것은?
   ① 관세범이란 관세법 또는 관세법에 따른 명령을 위반한 행위로서 관세법에 따라 형사처벌되거나 통고처분되는 것을 말한다.
   ② 몰수할 물품이 전부 또는 일부를 몰수할 수 없는 때에는 그 몰수할 수 없는 물품의 범칙당시의 국내도매가격에 상당하는 금액을 범인으로부터 추징한다.
   ③ 관세청장과 세관장은 통고처분 대상자의 연령과 환경, 법 위반의 동기와 결과, 범칙금 부담능력 등을 고려하여 관세심사위원회의 심의·의결을 거쳐 통고처분을 면제할 수 있다.
   ④ 지정장치장의 화물관리인은 관세법 제279조 양벌규정의 적용을 받는 개인에 해당하지 않는다.
   ⑤ 법령에 따라 수입이 제한된 사항을 회피할 목적으로 부분품으로 수입하거나 주요 특성을 갖춘 미완성·불완전한 물품이나 완제품을 부분품으로 분할하여 수입한 자에 대한 처벌은 관세포탈죄이다.

17 관세법에서 정한 죄를 범한 자는 정상에 따라 징역과 벌금을 병과할 수 있다. 징역과 벌금을 병과할 수 있는 법조항만으로 이루어진 것은?

> A. 관세법 제268조의2(전자문서 위조·변조죄 등)
> B. 관세법 제269조(밀수출입죄)
> C. 관세법 제270조(관세포탈죄 등)
> D. 관세법 제271조(미수범 등)
> E. 관세법 제274조(밀수품의 취득죄 등)
> F. 관세법 제275조의2(강제징수면탈죄 등)
> G. 관세법 제275조의3(타인에 대한 명의대여죄)

① A, B, C, D, E
② B, C, D, F
③ A, B, C, E, F
④ B, C, D, E
⑤ A, B, C, D, E, F, G

18 다음 설명 중 ( )에 맞는 것은?

> 관세법에 따른 벌칙에 위반되는 행위를 한 자에게는 형법 제38조 제1항 제2호 중 ( )경합에 관한 제한가중규정을 적용하지 아니한다.

① 법조
② 벌금
③ 상상적
④ 실체적
⑤ 양벌

19 관세법 제304조에서 규정하고 있는 세관장이 압수물품 관계인에게 통고한 후 폐기할 수 있는 경우가 아닌 것은?
① 사람의 생명이나 재산을 해칠 우려가 있는 것
② 보관하기가 극히 불편하다고 인정되는 것
③ 유효기간이 지난 것
④ 상품가치가 없어진 것
⑤ 부패하거나 변질된 것

20 관세법 제277조 규정에 의한 과태료 부과대상인 것은?
① 다른 사람의 성명·상호를 사용하여 보세사의 업무를 수행한 경우
② 부정한 방법으로 적재화물목록을 작성하였거나 제출한 자
③ 보세구역에 물품을 반입하지 아니하고 거짓으로 반입신고를 한 경우
④ 특허보세구역의 설치·운영에 관한 특허를 받지 아니하고 특허보세구역을 운영한 자
⑤ 해당 보세구역을 관할하는 세관장에게 등록하지 않고 보세사로 근무한 경우

21 관세법 제274조 밀수품 취득죄의 대상이 되지 않는 물품은?
① 밀수입된 위조채권(관세법 제269조 제1항 해당물품)
② 밀수입된 금괴(관세법 제269조 제2항 해당물품)
③ 수입요건을 갖추기 아니하고 부정수입된 건강기능식품(관세법 제270조 제2항 해당물품)
④ 재산상 이득을 위하여 가격이 조작되어 수입된 의료용품(관세법 제270조의2 해당물품)
⑤ 법령에 따라 수입이 제한된 사항을 회피할 목적으로 완제품을 부분품으로 분할하여 수입된 가전제품(관세법 제1항 제3호 해당물품)

22 관세법 제275조의4(보세사의 명의대여죄 등)에 해당하지 않는 것은?
① 다른 사람의 보세사 자격증을 사용하여 보세사 업무를 수행하도록 알선하는 경우
② 다른 사람에게 자신의 성명·상호를 사용하여 보세사 업무를 수행하게 한 경우
③ 다른 사람에게 자신의 보세사 자격증 또는 등록증을 빌려준 경우
④ 다른 사람의 성명·상호를 사용하여 보세사의 업무를 수행하거나 자격증 또는 등록증을 빌린 경우
⑤ 보세사 자격을 갖추어 보세사로서 근무하려는 자가 해당 보세구역을 관할하는 세관장에게 등록하지 아니하고 보세사 업무를 수행한 경우

23 관세법 제279조(양벌 규정)에 대한 설명으로 틀린 것은?
① 양벌 규정이란 형벌 법규를 직접 위반한 행위자를 벌하는 외에 그 행위자와 일정한 관계를 맺고 있는 다른 법인이나 사람도 함께 처벌하는 규정을 말한다.
② 법인 또는 개인의 대리인, 사용인, 그 밖의 종업원이 그 법인 또는 개인의 업무에 관하여 관세법상 제11장에서 규정한 벌칙에 해당하는 위법한 행위를 하면 그 행위자를 벌하는 외에 그 법인 또는 개인에게도 벌금형을 과(科)한다.
③ 법인 또는 개인이 그 위반행위를 방지하기 위하여 해당 업무에 관하여 상당한 주의와 감독을 게을리하지 아니한 경우에는 법인과 개인을 처벌하지 아니한다.
④ 법인의 대표자가 그 법인의 업무에 관하여 관세법 제277조(과태료)에 해당하는 위반행위를 한 경우 양벌 규정에 따라 법인의 대표자 외에 그 법인에게도 과태료를 부과한다.
⑤ 양벌 규정을 적용받는 개인은 특허보세구역 또는 종합보세사업장의 운영인, 수출(수출용원재료에 대한 관세 등 환급에 관한 특례법 제4조에 따른 수출 등을 포함한다)·수입 또는 운송을 업으로 하는 사람, 관세사, 국제항 안에서 물품 및 용역의 공급을 업으로 하는 사람, 국가관세종합정보시스템 운영사업자 및 전자문서중계사업자로 한정한다.

24 관세법상 벌칙에 대한 설명으로 맞는 것은?

① 화폐·채권이나 그 밖의 유가증권의 위조품·변조품 또는 모조품을 수입한 자는 7년 이하의 징역 또는 5천만 원 이하의 벌금에 처한다.
② 수출신고를 한 자 중 법령에 따라 수출에 필요한 허가·승인·추천·증명 또는 그 밖의 조건을 갖추지 아니하거나 부정한 방법으로 갖추어 수출한 자는 2년 이하의 징역 또는 2천만 원 이하의 벌금에 처한다.
③ 부정한 방법으로 적재화물목록을 작성하였거나 제출한 자는 3천만 원 이하의 벌금에 처한다.
④ 수입신고를 할 때 부당하게 재물이나 재산상 이득을 취득하거나 제3자로 하여금 취득하게 할 목적으로 물품의 가격을 조작하여 신고한 자는 3년 이하의 징역 또는 물품원가와 5천만 원 중 높은 금액 이하의 벌금에 처한다.
⑤ 국가관세종합정보시스템이나 전자문서중계사업자의 전산처리설비에 기록된 전자문서 등 관련 정보를 위조 또는 변조하거나 위조 또는 변조된 정보를 행사한 자는 1년 이상 10년 이하의 징역 또는 1억 원 이하의 벌금에 처한다.

25 관세법령상 통고처분에 관한 조문의 일부분이다. ( )에 들어갈 내용을 바르게 나열한 것은?

> • 〈관세법 시행령〉
> 제270조의2(통고처분)
> ① 법 제311조 제1항 제1호에 따른 벌금에 상당하는 금액은 해당 벌금 최고액의 (A)으로 한다.
> (이하 중략)
> ② 관세청장이나 세관장은 관세범이 조사를 방해하거나 증거물을 은닉·인멸·훼손한 경우 등 관세청장이 정하여 고시하는 사유에 해당하는 경우에는 제1항에 따른 금액의 (B) 범위에서 관세청장이 정하여 고시하는 비율에 따라 그 금액을 늘릴 수 있다.
>
> • 〈관세법〉
> 제311조(통고처분)
> ① 관세청장이나 세관장은 관세범을 조사한 결과 범죄의 확증을 얻었을 때에는 대통령령으로 정하는 바에 따라 그 대상이 되는 자에게 그 이유를 구체적으로 밝히고 다음 각 호에 해당하는 금액이나 물품을 납부할 것을 통고할 수 있다.
>   1. 벌금에 상당하는 금액

	A	B
①	100분의 30	100분의 30
②	100분의 20	100분의 30
③	100분의 30	100분의 50
④	100분의 50	100분의 50
⑤	100분의 30	100분의 40

2021년 기출문제

제1과목 : 수출입통관절차

01 수입물품에 대하여 세관장이 부과·징수할 수 없는 조세가 포함된 것은?
① 부가가치세, 교통·에너지·환경세 및 농어촌특별세
② 지방소비세, 담배소비세
③ 지방교육세, 개별소비세
④ 담배소비세, 주세
⑤ 개별소비세, 법인세

02 관세법상 법령의 적용시기와 과세물건 확정의 시기에 대한 설명으로 틀린 것은?
① 관세법에 따라 매각되는 물품은 해당 물품이 매각된 날의 법령을 적용한다.
② 관세법 제192조에 따라 보세건설장에 반입된 외국물품은 해당 물품이 보세건설장에 반입된 날의 법령을 적용한다.
③ 도난물품 또는 분실물품의 과세물건 확정시기는 해당 물품이 도난되거나 분실된 때이다.
④ 보세구역 장치물품의 멸실·폐기로 관세를 징수하는 물품의 과세물건 확정시기는 해당 물품이 멸실되거나 폐기된 때이다.
⑤ 수입신고 전 즉시반출신고를 하고 반출한 물품의 과세물건 확정시기는 수입신고 전 즉시반출신고를 한 때이다.

03 관세법 제30조(과세가격 결정의 원칙) 제1항에 근거하여 우리나라에 수출하기 위하여 판매되는 물품으로 맞는 것은?
① 국내 도착 후 경매 등을 통해 판매가격이 결정되는 위탁판매물품
② 수출자의 책임으로 판매하기 위해 국내에 도착하는 물품
③ 별개의 독립된 법적 사업체가 아닌 지점 등과의 거래에 따라 국내에 도착하는 물품
④ 수입자가 국내에서 국가기관에 판매하기 위한 거래에 따라 유상으로 국내에 도착하는 물품
⑤ 임대차계약에 따라 국내에 도착하는 물품

04 관세법상 수입물품의 경정청구에 대한 설명이다. (   ) 안에 들어갈 내용을 순서대로 나열한 것은?

> 납세의무자는 신고납부한 세액이 과다한 것을 안 때에는 최초로 납세신고한 날부터 (   ) 이내에 신고한 세액의 경정을 세관장에게 청구할 수 있다. 다만, 다음의 경우에는 각 호에서 정하는 바에 따른다.
> 1. 법 제38조의3 제3항에 따라 소송에 대한 판결 결과 납부한 세액이 과다한 것을 알게 되었을 때 : 그 사유가 발생한 것을 안 날부터 (   ) 이내
> 2. 법 제38조의4(수입물품의 과세가격 조정에 따른 경정)의 경우 : 그 결정·경정 처분이 있음을 안 날(처분의 통지를 받은 경우에는 그 받은 날)부터 (   ) 또는 최초로 납세신고를 한 날부터 5년 이내

① 5년, 2개월, 2개월
② 5년, 2개월, 3개월
③ 5년, 3개월, 3개월
④ 3년, 3개월, 6개월
⑤ 3년, 6개월, 6개월

05 수입물품에 대한 B/L분할신고 및 수리 등에 대한 설명으로 틀린 것은?
① 신고물품 중 일부만 통관이 허용되고 일부는 통관이 보류되는 경우 B/L분할신고 및 수리를 할 수 있다.
② 검사·검역 결과 일부는 합격되고 일부는 불합격된 경우이거나 일부만 검사·검역 신청하여 통관하려는 경우 B/L분할신고 및 수리를 할 수 있다.
③ 일괄사후납부 적용·비적용 물품을 구분하여 신고하려는 경우 B/L분할신고 및 수리를 할 수 있다.
④ B/L을 분할하여도 물품검사와 과세가격 산출에 어려움이 없는 경우 분할된 물품의 납부세액에 상관없이 B/L분할신고 및 수리를 할 수 있다.
⑤ 보세창고에 입고된 물품으로서 세관장이 보세화물관리에 관한 고시에 따른 보세화물관리에 지장이 없다고 인정하는 경우에는 여러 건의 B/L에 관련되는 물품을 1건으로 수입신고할 수 있다.

06 아래의 설명에 해당하는 관세는?

> 교역상대국이 우리나라의 수출물품 등에 대하여 관세 또는 무역에 관한 국제협정이나 양자 간의 협정 등에 규정된 우리나라의 권익을 부인하거나 제한하는 행위를 하여 우리나라의 무역이익이 침해되는 경우에는 그 나라로부터 수입되는 물품에 대하여 피해상당액의 범위에서 관세를 부과할 수 있다.

① 덤핑방지관세
② 보복관세
③ 상계관세
④ 조정관세
⑤ 특별긴급관세

07 수출신고에 대한 설명으로 맞는 것은?
① 관세법 제243조 제4항에 따른 밀수출 우려가 높은 물품은 자유무역지역에 반입하여 수출신고를 할 수 없다.
② 수출신고의 효력발생시점은 전송된 신고자료가 담당자에게 배부된 시점으로 한다.
③ 수출신고물품에 대한 신고서의 처리방법은 전자통관심사, 화면심사, 서류심사, 물품검사 등으로 구분한다.
④ 수출하려는 자는 해당 물품을 적재할 부두 또는 보세구역을 관할하는 세관장에게 수출신고를 하여야 한다.
⑤ 수출신고는 관세사, 관세법인, 통관취급법인, 운송인 또는 수출 화주의 명의로 하여야 한다.

08 관세의 납부기한 등에 관한 규정으로 틀린 것은?
① 납세신고를 한 경우의 관세의 납부기한은 납세신고 수리일부터 15일 이내이다.
② 월별납부 승인의 유효기간은 승인일부터 그 후 2년이 되는 날이 속하는 달의 마지막 날까지로 한다.
③ 관세의 납부기한이 토요일에 해당하는 경우에는 그 날을 기한으로 한다.
④ 국가관세종합정보시스템이 정전, 프로그램 오류 등으로 관세의 납부를 기한 내에 할 수 없게 된 경우에는 그 장애가 복구된 날의 다음 날을 기한으로 한다.
⑤ 수입신고수리 전 반출승인을 받은 경우에는 그 승인일을 수입신고의 수리일로 본다.

09 관세의 납세의무자에 관한 규정으로 틀린 것은?
① 수입신고하는 때의 화주가 불분명할 때로서 수입물품을 수입신고 전에 양도한 경우에는 그 양수인이 납세의무자가 된다.
② 보세구역에 장치된 물품이 도난되거나 분실된 경우에는 그 운영인 또는 화물관리인이 그 도난물품이나 분실물품에 대한 납세의무자가 된다.
③ 수입화주 등 납세의무자와 관세법 제143조 제6항에 따라 관세를 징수하는 물품 등에 대한 특별납세의무자가 경합되는 경우에는 특별납세의무자를 납세의무자로 한다.
④ 수입신고물품이 공유물인 경우에는 그 공유자가 해당 물품에 관계되는 관세 등에 대해서는 수입화주와 연대하여 납부할 의무를 진다.
⑤ 납세의무자가 관세 등을 체납한 경우 그 납세의무자에게 국세기본법 제42조 제3항에 따른 양도담보재산이 있을 때에는 우선적으로 그 재산으로써 관세 등을 징수한다.

10 수입업자 김한국님이 세관장에게 제출한 해당 수입물품과 관련한 다음의 과세가격결정 관련 자료에 기초한 과세가격은 얼마인가? (각 항목의 가격 등은 별도 지급됨)

> A. 송품장가격 : 1,000$(연불이자 10$, 수입 후 해당 물품의 조립비용 100$ 포함)
> B. 구매수수료 : 20$
> C. 수출국 특수포장비용 : 20$
> D. 상표권 사용료 : 40$
> E. 복제권 사용료 : 30$
> F. 구매자가 판매자의 채무를 변제하는 금액 : 300$
> G. 해상운송비용 : 50$
> H. 보험료 : 20$
> I. 수입국 통관비용 : 10$
> J. 수입국 물품양하비용 : 10$

① 1,500$
② 1,340$
③ 1,320$
④ 1,020$
⑤ 1,000$

11 수입물품 통관 후 유통이력 신고 등에 관한 규정으로 틀린 것은?
① 외국물품을 수입하는 자와 수입물품을 국내에서 거래하는 자(소비자에 대한 판매를 주된 영업으로 하는 사업자는 제외한다)는 통관 후 유통이력을 관세청장에게 신고하여야 한다.
② 유통이력 신고물품은 사회안전 또는 국민보건을 해칠 우려가 현저한 물품 등으로서 관세청장이 지정하는 물품이다.
③ 유통이력 신고의무자는 유통단계별 거래명세를 장부에 기록하거나 전자적 기록방식으로 기록하여야 한다.
④ 유통이력 신고의무자는 그 자료를 거래일부터 2년간 보관하여야 한다.
⑤ 세관공무원은 유통이력 신고의무자의 사업장에 출입하여 영업관계의 장부나 서류를 열람하여 조사할 수 있다.

12 관세의 담보에 관한 규정으로 틀린 것은?
① 세관장은 천재지변 등으로 인하여 관세의 납부기한을 연장하는 경우에는 납부할 관세에 상당하는 담보를 제공하게 할 수 있다.
② 납세의무자는 관세법에 따라 계속하여 담보를 제공하여야 하는 사유가 있는 경우에는 일정 기간에 제공하여야 하는 담보를 포괄하여 미리 세관장에게 제공할 수 있다.
③ 관세담보를 제공하고자 하는 자가 담보액 확정일부터 10일 이내에 담보를 제공하지 아니하는 경우에는 세관장은 납부고지를 할 수 있다.
④ 세관장은 담보를 관세에 충당하고 남은 금액이 있을 때에는 담보를 제공한 자에게 이를 돌려주어야 하며, 돌려줄 수 없는 경우에는 이를 즉시 국고에 귀속한다.
⑤ 담보물이 납세보증보험증권인 경우 담보의 관세충당은 그 보증인에게 담보한 관세에 상당하는 금액을 납부할 것을 즉시 통보하는 방법에 따른다.

13 관세법 제94조(소액물품 등의 면세)에 따라 관세를 면제할 수 있는 수입물품에 해당하지 않는 것은?
① 우리나라의 거주자에게 수여된 훈장·기장(紀章) 또는 이에 준하는 표창장 및 상패
② 판매 또는 임대를 위한 물품의 상품목록·가격표 및 교역안내서
③ 과세가격이 미화 250달러 이하의 물품으로서 견본품으로 사용될 것으로 인정되는 물품
④ 물품가격이 미화 150달러 이하의 물품으로서 자가사용 물품으로 인정되는 것
⑤ 우리나라를 방문하는 외국의 원수와 그 가족 및 수행원의 물품

14 관세법상 입항 전 수입신고에 관한 규정으로 맞는 것은?
① 입항 전 수입신고는 해당 물품을 적재한 선박 등이 우리나라에 입항하기 전에는 언제든지 할 수 있다.
② 입항 전 수입신고의 수리는 해당 물품을 적재한 선박 등이 우리나라에 입항한 후에 하여야 한다.
③ 세율이 인상되는 법령이 적용될 예정인 물품은 해당 물품을 적재한 선박 등이 우리나라에 도착한 후에 수입신고 하여야 한다.
④ 입항 전 수입신고한 물품이 검사 대상으로 결정된 경우에는 신고를 취하하고, 해당 물품을 적재한 선박 등이 입항한 후에 다시 수입신고 하여야 한다.
⑤ 입항 전 수입신고 시 입항은 최종 입항보고를 한 후 해당 물품을 적재한 선박 등이 하역 준비를 완료한 때를 기준으로 한다.

15 관세법 제99조(재수입면세)로 관세면제를 신청한 수입물품에 대해 통관심사한 내용이다. 이 중 통관심사방법으로 맞는 것은?
① 우리나라에서 3년 전 해외시험 및 연구목적으로 수출된 후 재수입된 물품에 대하여 재수입기간 2년을 경과하여 수입하였으므로 면세를 불허하였다.
② 재수입면세 신청한 금형(법인세법에 따른 내용연수가 2년 이상)이 장기간에 걸쳐 사용할 수 있는 물품으로서 임대차계약 또는 도급계약 등에 따라 해외에서 일시 사용하고 재수입되어 면세해 주었다.
③ 보세공장에서 보세가공수출된 장비가 해외 바이어의 구매거질로 다시 국내로 반입되어 재수입면세 신청한 정밀기기를 현품검사 결과 해외에서 사용되지 않아 면세해 주었다.
④ 재수입면세 신청한 자동차가 미국으로 수출된 후 미국에서 HSK 10단위의 변경이 없는 수리·가공을 거쳐 면세해 주었다.
⑤ 재수입면세 신청한 한산모시제품이 제품보증서 등 수입자가 제시한 자료로 보아 국산품이 수출된 후 재수입된 사실이 확인되나, 수출신고필증이나 반송신고필증이 없어 면세를 불허하였다.

16 수입신고 취하 및 기각에 대한 설명으로 틀린 것은?
① 수입신고 취하신청은 수입신고가 수리된 이후에 할 수 없다.
② 세관장이 신고취하를 승인하면 당초 신고납부한 관세는 환급받을 수 있다.
③ 수입계약과 상이한 물품으로 해외공급자에게 반송하는 경우에는 취하승인 대상이다.
④ 통관요건 불합격의 사유로 폐기하는 경우에는 취하승인 대상이다.
⑤ 신고의 요건을 갖추지 못하였을 경우에는 세관장이 직권으로 각하할 수 있다.

17 관세법상 용어의 정의에 대한 설명 중 틀린 것은?
① 수출이란 내국물품을 외국으로 반출하는 것을 말한다.
② 반송이란 국내에 도착한 외국물품이 수입통관절차를 거쳐 보세구역에서 반출된 상태에서 해당물품의 수출자에게 원상태로 다시 재반출하는 것을 말한다.
③ 수입이라 함은 외국물품을 우리나라에 반입(보세구역을 경유하는 것은 보세구역으로부터 반입하는 것을 말한다)하거나 우리나라에서 소비 또는 사용하는 것을 말한다.
④ 환적이라 함은 동일한 세관관할구역 안에서 입국 또는 입항하는 운송수단에서 출국 또는 출항하는 운송수단으로 물품을 옮겨 싣는 것을 말한다.
⑤ 통관이란 관세법의 규정에 의한 절차를 이행하여 물품을 수출, 수입 또는 반송하는 것을 말한다.

18 관세법 제238조 규정에 의한 보세구역 반입명령 제도에 관련한 조치 및 설명으로 맞는 것은?
① 세관장은 수출신고가 수리되어 외국으로 반출된 물품에 대해 수출신고 수리일로부터 6개월 이내에 보세구역 반입명령을 하였다.
② 수입신고가 수리되어 반출된 물품에 대해 세관장은 국민보건을 해칠 우려가 있어 수입신고 수리일로부터 3개월 이내에 보세구역 반입명령을 하였다.
③ 지식재산권을 침해한 물품은 보세구역 반입명령 대상이 아니다.
④ 한-미 FTA 세율 심사결과 FTA 세율적용이 취소된 경우 보세구역 반입명령을 하여 원산지 표시를 변경하여야 한다.
⑤ 반입명령 수령인의 주소나 거소가 분명하지 아니한 때에는 반입명령 수령인에 대해 소재수사 후 송달하여야 한다.

19 관세법 제237조 규정에 근거하여 수입신고한 물품을 통관보류한 다음 사례 중 맞게 처리된 것을 모두 나열한 것은?

A. 미국에서 반입하여 수입신고한 기계에 대해 신고서상의 기재사항에 보완이 필요하여 통관보류하였다.
B. 중국에서 반입하여 수입신고한 수출용원재료인 직물에 대해 가격신고서를 제출하지 않아 통관보류하였다.
C. 체코에서 반입하여 수입신고한 모터에 대해 전기용품 및 생활용품 안전관리법상 안전인증서를 제출하지 아니하여 통관보류하였다.
D. 중국에서 반입하여 수입신고한 뱀(CITES종)에 대해 야생물보호 및 관리에 관한 법률상의 허가서와 특정 연구목적에 사용한다는 계획서 등을 제출하지 않아 통관보류하였다.
E. 프랑스에서 반입하여 수입신고한 병행수입이 허용된 가방에 대해 상표권자 보호를 위해 통관보류하였다.

① A, B
② A, B, C
③ B, C
④ A, C, D
⑤ A, C, E

20 수입물품에 대한 세율적용의 우선순위를 맞게 나열한 것은?

> A. 덤핑방지관세
> B. 조정관세
> C. 일반특혜(최빈특혜)관세
> D. 다른 세율보다 낮은 국제협력관세
> E. 기본세율

① A, B, C, D, E
② B, A, C, E, D
③ C, E, A, B, D
④ A, D, B, C, E
⑤ A, D, C, B, E

21 관세법상 내국물품을 모두 나열한 것은?

> A. 외국의 선박 등이 공해에서 채집하거나 포획한 수산물
> B. 입항 전 수입신고가 수리된 물품
> C. 수입신고 전 즉시반출신고를 하고 반출된 물품
> D. 수출신고수리 전 국제무역선에 적재된 물품
> E. 보세구역에서 보수작업결과 외국물품에 부가된 내국물품

① A, B, C
② A, B, D
③ B, C, D
④ B, C, E
⑤ C, D, E

22 관세징수권 소멸시효의 정지사유로 틀린 것은?
① 관세의 분할납부기간
② 징수유예기간
③ 특정범죄 가중처벌 등에 관한 법률 제16조에 따른 공소제기
④ 압류·매각의 유예기간
⑤ 사해행위 취소소송기간

23 관세법상 수출입물품의 지식재산권보호에 대한 설명으로 맞는 것은?
① 세관장은 지식재산권을 침해하였음이 명백한 경우에도 지식재산권자의 통관보류 요청이 없으면 직권으로 해당 물품의 통관을 보류하거나 해당 물품을 유치할 수 없다.
② 세관장은 통관보류 등을 요청한 자가 해당 물품에 대한 통관보류 등의 사실을 통보받은 후 15일(휴일 및 공휴일을 제외한다) 이내에 법원에의 제소사실을 입증하였을 때에는 해당 통관보류 등을 계속할 수 있다.
③ 통관 보류나 유치를 요청하려는 자와 통관 또는 유치 해제를 요청하려는 자는 세관장에게 해당 물품의 과세가격의 100분의 125에 상당하는 금액의 담보를 제공하여야 한다.
④ 담보를 제공하여야 하는 자가 조세특례제한법에 따른 중소기업인 경우에는 해당 물품의 과세가격의 100분의 50에 상당하는 금액의 담보를 제공하여야 한다.
⑤ 상업적 목적이 아닌 개인용도에 사용하기 위한 여행자휴대품으로서 소량으로 수출입되는 물품에 대하여는 적용하지 아니한다.

24 수입신고에 대한 설명으로 틀린 것은?
① 수입하려는 자는 출항전신고, 입항전신고, 보세구역 도착전신고, 보세구역 장치후 신고 중에서 필요에 따라 신고방법을 선택하여 수입신고할 수 있다.
② 수입신고는 관세사, 관세법인, 통관취급법인 등이나 수입화주의 명의로 하여야 한다.
③ 수입신고를 하려는 자는 인터넷통관포탈서비스 이용신청을 하고 세관장의 승인을 받아야 한다.
④ 수입신고의 효력발생시점은 원칙적으로 전송된 신고자료가 통관시스템에 접수된 시점으로 한다.
⑤ 수입신고 시 제출서류 대상으로 지정된 신고 건 중 일시수입통관증서(A.T.A Carnet)에 의한 일시수입물품은 전자적 방식으로 서류를 제출할 수 있다.

25 수출물품의 적재 이행관리에 대한 설명으로 틀린 것은?
① 수출자는 수출신고가 수리된 물품은 수출신고가 수리된 날로부터 원칙적으로 30일 이내에 우리나라와 외국 간을 왕래하는 운송수단에 적재하여야 한다.
② 세관장은 적재 일정변경 등 부득이한 사유가 타당하다고 인정하는 경우에는 수출신고수리일로부터 2년의 범위 내에서 적재기간 연장을 승인할 수 있다.
③ 적재지검사 대상물품의 경우에는 물품검사가 완료된 후 운송수단에 적재하여야 한다.
④ 통관지 세관장은 적재기간이 경과한 수출신고수리물품에 대하여 신고인 등에게 적재기간 내에 적재 확인이 되지 아니하는 경우 수출신고수리를 취소한다는 예정통보를 하여야 한다.
⑤ 수출신고수리취소 예정통보를 받은 신고인은 취소예정통보일로부터 14일 이내에 적재된 화물이 있는지 여부에 대하여 원인규명을 하여야 하며 이미 적재된 물품이 있는 경우에는 정정 등의 조치를 취하여야 한다.

제2과목 : 보세구역관리

01 보세공장의 원료과세에 관한 설명으로 맞는 것은?
① 사용신고전에 원료과세 신청을 한 경우에는 제조된 물품을 수입신고하는 때의 원료 성질과 수량에 따라 관세를 부과한다.
② 최근 1년간 생산되어 판매된 물품 중 수출된 물품의 가격비율이 100분의 60 이상인 경우 1년의 범위 내에서 원료과세 포괄적용 신청을 할 수 있다.
③ 원료과세 적용물품에 대해 FTA 협정관세를 적용 받으려면 제품 수입신고 시에 원산지증명서 구비 여부, FTA관세율을 신고하여야 하며, 사용신고서 제출은 생략할 수 있다.
④ 내·외국 원재료별 품명, 규격, 소요량, 재고 등이 전산시스템에 의하여 명확하게 기록·관리되는 경우에는 1년의 범위 내에서 원료과세 포괄적용 신청을 할 수 있다.
⑤ 원료과세의 적용을 받으려는 자는 해당 원료로 제조된 물품의 수입신고 전까지 원료과세 적용신청(승인)서로 세관장에게 신청하여야 한다.

02 단일보세공장의 특허 관련 설명으로 틀린 것은?
① 근접한 장소에 있는 2개 이상의 공장이 동일기업체에 속해야 한다.
② 2개 이상 공장 간에 물품관리체계의 통합관리로 반출입 물품관리 및 재고관리에 지장이 없어야 한다.
③ 2개 이상의 공장이 세관 관할을 달리하는 경우 세관별로 특허를 받아야 한다.
④ 제조·가공의 공정상 일괄작업에 각 공장이 필요한 경우에 특허할 수 있다.
⑤ 기존 보세공장으로부터 직선거리 15km 이내에 신규 공장을 증설하는 경우 단일보세공장으로 특허할 수 있다. 다만, 세관장은 세관감시 단속에 지장이 없는 경우 동일세관 관할구역 내에서는 거리기준을 적용하지 않을 수 있다.

03 보세공장 특허에 관한 설명 중 틀린 것은?
① 외국물품 또는 외국물품과 내국물품을 원료로 하거나 재료로 하여 수출하는 물품을 제조·가공하는 경우에는 특허를 받을 수 있다.
② 폐기물을 원재료로 하여 제조·가공하는 경우에는 보세공장의 설치·운영 특허를 제한할 수 있다.
③ 수입하는 물품을 제조·가공하는 것을 목적으로 하는 업종은 특허를 받을 수 없다.
④ 국내외 가격차에 상당하는 율로 양허한 농산물을 원재료로 하는 물품을 제조·가공하는 업종의 경우에는 특허를 제한할 수 있다.
⑤ 보세작업의 전부를 장외작업에 의존할 경우에는 보세작업의 종류 및 특수성을 감안하여 설치·운영 특허를 제한할 수 있다.

04 보세공장 보세운송 특례절차의 적용 해제 사유로 틀린 것은?
① 운영인이 보세공장 보세운송 특례적용 정정(해제) 신청서를 제출한 때
② 운영인이 경고처분을 받을 때
③ 수출입 안전관리 우수업체 또는 법규수행능력 우수업체에 해당하지 아니한 때
④ 보세공장간 반출입 횟수가 최근 3개월의 월평균 10회 미만인 때
⑤ FTA형 특별보세공장의 기준에 부합하지 아니한 때

05 보세공장에서 원상태 국외반출이 허용되는 원재료가 아닌 것은?
① 생산계획변경, 제조품목의 사양변경 또는 보세작업과정에서 발생하는 잉여 원재료
② 보세공장에서 수출한 물품의 하자보수 등 추가적인 제조·가공·수리에 필요한 원재료
③ 계약내용과 동일한 원재료(다만, 사용신고가 수리된 경우에는 사용신고 당시의 성질이나 형태가 변경된 것도 포함한다)
④ 국외에서 제조·가공공정의 일부를 이행하기 위하여 필요한 원재료
⑤ 보세공장의 해외 현지공장에서 제조·가공·수리 그 밖에 유사한 작업에 사용할 원재료

06 보세판매장에 관한 설명으로 맞는 것은?
① 시내면세점 운영인은 해당 보세판매장에 보세판매장 특허에 관한 고시 제4조(시설요건)에 따른 중소·중견기업 제품 매장을 설치하여야 한다.
② 출국장면세점은 국산 가전제품 중 여행자의 휴대반출이 곤란하거나 세관장이 필요하다고 인정하는 품목이라 하더라도 쿠폰으로 판매할 수 없다.
③ 출국장면세점과 시내면세점에서는 출국인, 입국인 및 외국으로 출국하는 통과여객기(선)에 의한 임시체류인에 한하여 물품을 판매할 수 있다.
④ 보세판매장 운영인이 물품을 판매한 때에는 구매자 인적사항 및 판매사항을 전산관리하고, 세관에 전자문서로 24시간 내 전송하여야 한다.
⑤ 보세판매장 운영인은 보세판매장의 물품을 전자상거래의 방법에 의하여 판매할 수 없다.

07 보세판매장 판매물품의 인도와 관련한 설명으로 틀린 것은?
① 인도자는 인도장의 업무량을 고려하여 적정인원의 보세사를 채용하여야 하며 인도업무를 보세사에 위임하여 수행하게 할 수 있다.
② 인도자는 첫 항공편 출발예정시간 1시간 전부터 마지막 항공편이 출발하는 때까지 판매물품 인도업무를 수행할 수 있도록 인도업무를 수행할 보세사 및 인도보조자를 근무 배치하여야 한다.
③ 인도자는 회수된 교환권을 정리하여 세관장에게 보고한 후 매월 10일 또는 세관장이 지정한 일자 단위로 판매자에게 송부하여야 한다. 다만, 전자식 교환권은 전자문서의 방식으로 송부 할 수 있다.
④ 인도자는 물품의 인수를 완료한 때에는 세관공무원에게 이상유무를 보고하여야 하며, 운영인은 재고관리시스템의 당해 보세운송에 대하여 도착확인 등록을 하여야 한다.
⑤ 인도자는 인도자와 인도보조자의 근무시간 및 근무방법을 세관장에게 보고하여야 하며, 세관장은 운영인이 운송한 물품을 인도자에게 인도할 장소를 지정하고 인도자와 인도보조자의 근무 및 물품인도에 관한 사항을 지휘 감독한다.

08 보세판매장의 특허상실에 따른 재고물품의 처리에 대한 설명이다. ( ) 안에 들어갈 내용을 순서대로 나열한 것은?

> 운영인은 특허가 상실된 때에는 ( ) 이내의 범위 내에서 세관장이 정한 기간 내에 재고물품을 판매, 다른 보세판매장에 양도, 외국으로 반출 또는 수입통관절차에 의거 통관하여야 하며, 지정장치장 또는 세관장이 지정한 보세구역으로 이고한 물품의 운영인이 이고한 날부터 ( ) 이내에 다른 보세판매장에 양도하지 않거나 외국으로 반출하지 아니하는 때에는 체화처리 절차에 따라 처리한다.

① 2개월, 3개월
② 3개월, 3개월
③ 3개월, 6개월
④ 6개월, 3개월
⑤ 6개월, 6개월

09 관세법에 근거하여 특허한 보세구역이 아닌 것은?
① 입국장면세점
② 지정면세점
③ 외교관면세점
④ 시내면세점
⑤ 출국장면세점

10 보세건설장 관리에 대한 설명으로 틀린 것은?
① 세관장은 산업발전법 제2조에 따른 업종에 해당하는 물품을 수입하는 경우 보세건설장을 특허할 수 있다.
② 운영인은 수용능력 증감공사를 완료한 때에는 지체 없이 그 사실을 세관장에게 통보하여야 한다.
③ 보세건설장에 반입하는 외국물품이 분할되어 신고되었을 때에는 품목분류 등 수입통관에 관한 사항은 수입통관 사무처리에 관한 고시를 준용한다.
④ 산업시설 건설에 사용되는 외국물품인 공사용 장비는 수입신고수리 전에 사용할 수 있다.
⑤ 운영인은 보세건설장에 외국물품을 반입하였을 때에는 사용 전에 수입통관사무처리에 관한 고시에 따라 해당 물품의 수입신고를 하여야 한다.

11 보세전시장에 대한 설명 중 맞는 것은?
① 박람회, 전시회, 견본품 전시회 등의 운영을 위하여 외국물품을 장치·전시할 목적의 보세구역이며 보세전시장 내 사용, 소비행위는 금지된다.
② 보세전시장에 장치된 판매용 외국물품은 수입신고 후에 사용할 수 있다.
③ 보세전시장에 전시된 외국물품은 판매할 수 없다.
④ 보세전시장의 특허기간은 해당 박람회 등의 회기기간으로 한다.
⑤ 박람회 등의 운영을 위한 외국물품의 '사용'에는 외국물품의 성질 또는 형상에 변경을 가하는 행위가 포함된다.

12 종합보세사업장에 반입된 물품의 보관·관리에 대한 설명으로 틀린 것은?
① 운영인은 종합보세사업장에 반입된 물품을 내·외국물품별 및 수행하는 기능별로 구분하여 보관·관리하여야 한다.
② 종합보세사업장에 반입한 물품의 장치기간은 2년의 범위에서 관세청장이 정한다.
③ 운영인은 외국물품의 반출통고 후 30일이 경과한 후에 매각을 요청할 수 있다.
④ 운영인은 종합보세사업장에 반입한 날부터 6개월이 경과한 외국물품으로서 화주가 수취를 거절하는 경우에는 세관장에게 장기보관화물 매각승인(요청)서로 매각을 요청할 수 있다.
⑤ 매각요청을 받은 장기보관화물의 처리절차는 보세화물장치기간 및 체화처리에 관한 고시를 준용한다.

13 수입활어장치의 시설요건 및 화물관리 등에 관한 설명으로 틀린 것은?
① CCTV 영상을 상시 녹화할 수 있고 녹화된 영상을 30일 이상 보관할 수 있는 감시장비를 보유하여야 한다.
② 폐사어는 별도의 냉동·냉장시설에 반입일자별로 구분하여 보관하여야 한다.
③ 세관장이 CCTV 영상을 인터넷 망을 통해 실시간으로 확인이 가능하도록 CCTV 인터넷 망 접속 권한 부여 등의 조치를 하여야 한다.
④ 암실에 보관하여야 하는 어종을 장치하는 경우에는 적외선 카메라를 보유하여야 한다.
⑤ 통관되지 않은 활어가 장치되어 있는 수조에는 이미 통관된 활어와 명확히 구분할 수 있도록 표식을 하여야 한다.

14 지정장치장 화물관리인에 대한 설명으로 틀린 것은?
① 화물관리인이 관세에 대한 체납이 있는 경우, 화물관리인 지정 취소요건에 해당한다.
② 세관장이나 해당 시설의 소유자 또는 관리자는 화물관리인을 지정하려는 경우에는 지정예정일 3개월 전까지 지정 계획을 공고하여야 한다.
③ 화물관리인으로 재지정을 받으려는 자는 유효기간이 끝나기 1개월 전까지 세관장에게 재지정 신청을 하여야 한다.
④ 화물관리인이 화주로부터 징수하는 비용의 요율에 관하여는 세관장의 승인을 받아야 한다.
⑤ 화물관리인은 화주로부터 징수한 화물관리비용 중 세관설비 사용료에 해당하는 금액을 세관장에게 납부하여야 한다.

15 세관검사장에 대한 설명으로 틀린 것은?
① 중소기업의 컨테이너 화물로서 대통령령으로 정하는 조건을 충족하는 경우 세관검사장에 반입된 물품의 채취·운반 등에 필요한 비용을 예산의 범위에서 국가로부터 지원받을 수 있다.
② 세관장은 보세화물의 안전관리를 위하여 세관검사장에 화주를 갈음하여 보관의 책임을 지는 화물관리인을 지정하여야 한다.
③ 세관장은 관세청장이 정하는 바에 따라 검사를 받을 물품의 전부 또는 일부를 세관검사장에 반입하여 검사할 수 있다.
④ 세관검사장은 관세법상 지정보세구역의 한 종류이다.
⑤ 세관청사, 국제공항의 휴대품검사장이 세관검사장으로 지정될 수 있다.

16 관세법상 보세구역에 대한 설명이다. (   ) 안의 숫자를 모두 더하면?

> A. 지정장치장 화물관리인 지정의 유효기간은 (   )년 이내로 한다.
> B. 지정장치장에 물품을 장치하는 기간은 (   )개월의 범위 내에서 관세청장이 정한다.
> C. 특허보세구역의 특허기간은 (   )년 이내로 한다.
> D. 보세판매장의 특허기간은 (   )년 이내로 한다.

① 18
② 21
③ 23
④ 26
⑤ 33

17 특허보세구역의 특허수수료에 대한 설명으로 틀린 것은?
① 특허신청 수수료는 4만 5천 원이다.
② 우리나라에 있는 외국공관이 직접 운영하는 보세전시장에 대하여는 특허보세구역의 설치·운영에 관한 특허수수료를 면제한다.
③ 보세건설장의 설치·운영에 관한 특허수수료는 분기단위로 매 분기말까지 다음 분기분을 납부한다.
④ 보세공장에 외국물품이 없는 상태에서 더 이상 보세공장을 운영하지 않게 된 경우 이미 납부한 해당 분기분의 특허수수료는 환급한다.
⑤ 보세판매장의 설치·운영에 관한 특허수수료는 연단위로 납부한다.

18 관세법 제175조의 특허보세구역 운영인 결격사유에 해당되지 않는 것은?
① 피성년후견인과 피한정후견인
② 관세법 제279조(양벌규정)에 따라 벌금형 또는 통고처분을 받은 자로서 그 벌금형을 선고받거나 통고처분을 이행한 후 2년이 지나지 않은 개인 또는 법인
③ 관세법을 위반하여 징역형의 집행유예를 선고받고 그 유예기간 중에 있는 자
④ 관세법을 위반하여 징역형의 실형을 선고받고 그 집행이 끝나거나 면제된 후 2년이 지나지 아니한 자
⑤ 파산선고를 받고 복권되지 아니한 자

19 특허보세구역 운영인의 명의대여 금지에 대한 설명으로 틀린 것은?
① 특허보세구역 운영인이 명의대여를 한 경우, 동 운영인이 특허받은 모든 특허보세구역을 설치·운영할 수 없다.
② 특허보세구역 운영인은 운영인이 아닌 자연인 또는 법인에게 자신의 성명·상호를 사용하여 특허보세구역을 운영하게 해서는 아니 된다.
③ 특허보세구역 운영인의 명의를 대여한 자와 명의를 차용한 자는 관세법 위반으로 처벌받을 수 있다.
④ 특허보세구역 명의대여 금지 위반으로 통고처분을 받은 자가 통고처분을 이행한 날로부터 2년이 지나지 아니한 경우에는 관세법 제175조 규정에 의한 운영인의 결격사유에 해당된다.
⑤ 보세창고 운영인이 명의대여하였는지 여부는 임대인과 임차인이 체결한 임대차 계약서 내용 및 보관료 세금계산서 발행주체 등 제반 사실관계에 따라 객관적으로 판단하여야 한다.

20 관세법상 보세구역에 대한 설명으로 틀린 것은?
① 보세구역은 지정보세구역, 특허보세구역 및 종합보세구역으로 구분한다.
② 지정장치장은 통관을 하기 위한 물품을 일시 장치하기 위한 장소로서 세관장이 지정한다.
③ 세관검사장은 통관하려는 물품을 검사하기 위한 장소로서 세관장이 지정하는 지역으로 한다.
④ 종합보세구역의 지정요건, 지정절차 등에 관하여 필요한 사항은 세관장이 정한다.
⑤ 보세공장에서는 세관장의 허가를 받지 아니하고는 내국물품만을 원료로 하여 제조·가공하거나 그 밖의 이와 비슷한 작업을 할 수 없다.

21 특허보세구역 중 보세창고 운영인에 대한 행정제재로 맞는 것은?
① 보세구역의 건물에 관하여 소방서로부터 시정명령을 받았으나 세관장에게 보고하지 않은 경우 경고처분 대상이다.
② 특허보세구역 특허수수료를 납부하지 않은 경우 경고처분 대상이다.
③ 세관장이 정한 수용능력을 초과하여 물품을 장치한 경우 경고처분 대상이다.
④ 장치물품에 대한 관세를 납부할 자금능력이 없는 경우 물품반출을 정지한다.
⑤ 세관장의 시설구비 명령을 미이행하여 보세화물의 도난이 발생한 경우 경고처분한다.

22 특허보세구역 운영인의 의무에 대한 설명으로 틀린 것은?
① 운영인은 장치화물에 대한 각종 장부와 보관서류를 2년간 보관하여야 한다.
② 보세구역에 종사하는 직원을 채용하거나 면직한 때에는 지체없이 세관장에게 보고하여야 한다.
③ 운영인이 야적장에 야적대상이 아닌 화물을 장치하기 위해서는 침수를 방지할 수 있는 구조와 시설을 갖추어야 한다.
④ 운영인은 특허보세구역 특허수수료를 납부하여야 한다.
⑤ 운영인은 도난, 화재, 침수, 기타 사고가 발생한 때에는 지체없이 세관장에게 보고하여야 한다.

23 컨테이너전용보세창고와 야적전용보세창고에 대한 설명으로 틀린 것은?
① 컨테이너전용보세창고의 부지면적은 15,000m² 이상이어야 한다.
② 컨테이너전용보세창고에는 컨테이너 장치에 지장이 없는 최소한의 면적 범위에서 컨테이너로 반입된 거대·중량 또는 장척화물을 장치할 수 있는 야적장을 설치할 수 있다.
③ 컨테이너전용보세창고는 컨테이너 적입화물을 적출하는 화물조작장(CFS)을 설치하여야 하며, CFS면적은 물동량에 따라 세관장의 승인을 받아야 한다.
④ 컨테이너전용보세창고는 컨테이너를 차량에 적재한 상태로 건물에 접속시켜 2대 이상 동시에 개장검사할 수 있는 컨테이너검사장과 컨테이너차량이 2대 이상 동시에 검사대기할 수 있는 장소를 갖추어야 한다.
⑤ 야적전용보세창고(창고건물 부속 야적장 제외)는 4,500m² 이상의 대지로서 주위의 지면보다 높아야 하며, 침수를 방지할 수 있는 구조와 시설을 갖추어야 한다.

24 영업용보세창고와 자가용보세창고의 특허요건에 대한 설명으로 틀린 것은?
① 영업용보세창고 특허 시에는 해당 시설이 소재하는 세관 관할지역의 수출입물동량이 세관장이 지정하는 범위 이상이어야 하나, 자가용보세창고 특허 시에는 이러한 물동량 기준을 적용받지 아니한다.
② 영업용보세창고는 화물 반출입, 통관절차 이행 및 화물관리를 위하여 필요한 장비와 설비를 갖추어야 한다.
③ 자가용보세창고 특허시청인은 내부 화물관리 규정을 작성하여 세관장에게 제출하여야 한다.
④ 자가용보세창고 특허를 신청하려는 자는 신청인이 보세사 자격증을 취득했거나 1명 이상의 보세사를 관리자로 채용하여야 한다.
⑤ 자가용보세창고의 특허를 신청하려는 자는 자본금 2억 원 이상의 법인이거나, 특허를 받으려는 토지 및 건물(2억 원 이상)을 소유하고 있는 개인이어야 한다.

25 특허보세구역 중 보세창고 운영인이 매년(2월 말) 관할세관장에게 보고해야 할 보세구역 운영 상황이 아닌 것은?
① 특허 또는 특허기간 갱신 시 구비한 시설요건 등의 변동 여부
② 임대차기간의 연장 여부(임대시설의 경우에만 해당한다)
③ 종업원 명단(보세사를 포함한다)
④ 일일화물반출입사항의 전산입력 여부
⑤ 장치기간 경과화물 보관 상세내역(12월 31일 기준으로 한다)

제3과목 : 화물관리

01 관세법 제156조에 의한 보세구역 외 장치의 허가에 관한 설명으로 맞는 것은?
① 보세구역 외 장치의 허가기간은 1년 범위 내에서 세관장이 필요하다고 인정하는 기간으로 정한다.
② 보세구역 외 장치 허가기간이 종료한 때에는 반송하여야 한다.
③ 부패, 변질되어 다른 물품을 오손할 우려가 있는 물품은 보세구역 외 장치를 할 수 있다.
④ 품목분류 사전심사의 지연으로 수입신고할 수 없는 경우는 보세구역 외 장치 허가기간의 연장 사유에 해당하지 아니한다.
⑤ 보세구역 외 장치 담보액은 수입통관 시 실제 납부하여야 할 관세 등 제세 상당액의 110%로 한다.

02 보세화물 반출입절차 등에 관한 설명으로 틀린 것은?
① B/L 제시 인도물품을 반출하려는 자는 화물관리공무원에게 B/L 원본을 제시하여 반출승인을 받아야 한다.
② B/L을 분할·합병하려는 자는 세관장의 승인을 받아야 한다.
③ 관세법 제156조에 의한 보세구역 외 장치장에 반입한 화물 중 보세운송절차에 따라 반출된 화물은 반출신고를 생략한다.
④ 동일사업장내 보세구역 간 장치물품의 이동은 물품반출입신고로 보세운송신고를 갈음할 수 있다.
⑤ 컨테이너장치장(CY)에 반입한 물품을 다시 컨테이너 화물조작장(CFS)에 반입한 때에는 CY에서는 반출신고를 CFS에서는 반입신고를 각각 하여야 한다.

03 보세구역별 보세화물장치기간 경과화물의 반출통고 주체로서 맞는 것은?
① 보세공장 - 보세구역운영인
② 자가용보세창고 - 보세구역운영인
③ 지정장치장 - 수입화주
④ 영업용보세창고 - 관할세관장
⑤ 보세판매장 - 관할세관장

04 보세구역에 장치된 물품의 폐기·멸실에 관한 설명으로 맞는 것은?
① 보세구역에 장치된 물품 중 유효기간이 지난 물품은 폐기대상이 아니다.
② 보세구역에 장치된 외국물품이 재해나 그 밖의 부득이한 사유로 멸실된 때에는 관세를 징수하지 아니한다.
③ 세관장의 외국물품 폐기승인을 받은 경우에는 폐기 후에 남아 있는 부분에 대하여는 관세를 부과하지 아니한다.
④ 부패하거나 변질이 예상되는 물품에 대하여 세관장은 화주 등에게 통고한 후 폐기할 수 있다.
⑤ 세관장이 물품을 폐기한 경우에는 세관장이 그 비용을 부담하고, 화주 등이 물품을 폐기한 경우 그 비용은 화주 등이 부담한다.

05 보세화물 장치기간에 관한 설명으로 맞는 것은?
① 보세판매장에 반입된 보세화물의 장치기간은 보세판매장 특허기간으로 한다.
② 동일 B/L물품이 수차에 걸쳐 반입되는 경우에는 그 B/L물품의 최초 반입일로부터 장치기간을 기산한다.
③ 보세창고 반입물품의 장치기간은 1년으로 하되 세관장이 필요하다고 인정할 때에는 6개월의 범위에서 그 기간을 연장할 수 있다.
④ 여행자 휴대품으로서 유치 또는 예치된 물품 및 습득물은 6개월 범위에서 그 기간을 연장할 수 있다.
⑤ 보세구역 외 장치허가를 받은 물품의 장치기간은 30일로 한다.

06 환적화물 처리절차에 관한 특례고시에 따라 국제항 간 국제무역선에 의한 운송을 할 수 있는 화물로서 틀린 것은?
① 환적화물
② 수출화물
③ 압수화물
④ 내국물품 공컨테이너
⑤ 우리나라로 수입하려는 외국물품으로서 최초 입항지에서 선하증권(B/L)에 기재된 최종 목적지로 운송하려는 물품

07 수입화물 중 보세운송 승인대상으로 맞는 것은?
① 특정물품 간이보세운송업자가 관리대상화물 관리에 관한 고시에 따른 검사대상 화물을 하선(기)장소에서 최초 보세운송하려는 물품
② 관세 등에 대한 담보제도 운영에 관한 고시에 따른 신용담보업체 또는 포괄담보제공업체인 화주가 자기 명의로 보세운송하려는 물품
③ 항공사가 국제항 간 입항 적재화물목록 단위로 일괄하여 항공기로 보세운송하려는 물품
④ 국내에 도착된 후 최초로 보세구역에 반입된 날부터 30일이 경과한 물품을 간이보세운송업자가 보세운송하는 경우로서 별도의 서류제출이 필요 없다고 인정되는 물품
⑤ 관세법 제236조의 규정에 의하여 통관지가 제한되는 물품

08 보세구역 외 장치의 허가기간 연장대상으로 틀린 것은?
① 동일세관 관할구역 내에 해당 화물을 반입할 보세구역이 없는 경우
② 국내판로가 결정되지 아니한 경우
③ 품목분류 사전심사의 지연으로 수입신고할 수 없는 경우
④ 관세법 제226조에 따른 수입요건·선적서류 등 수입신고 또는 신고수리 요건을 구비하지 못한 경우
⑤ 공매, 경매낙찰, 몰수확정, 국고귀속 등의 결정에 따른 조치를 위하여 필요한 경우

09 출항(반송물품 포함)하려는 물품의 적재신고 및 적재에 관한 설명으로 틀린 것은?
① 출항하려는 물품을 선박이나 항공기에 적재하려는 자는 물품을 적재하기 전에 적재신고를 하여야 한다.
② 출항화물의 적재신고는 출항 적재화물목록의 제출로 갈음한다.
③ 출항화물의 적재신고가 수리되기 전에 선박 또는 항공기에 물품을 적재할 수 없다. 다만, 내국물품 적재허가를 받은 경우에는 예외로 한다.
④ 선사 또는 항공사는 적재물품이 적재화물목록과 다를 때에는 출항한 다음 날까지 적재결과보고서를 세관장에게 제출하여야 한다.
⑤ 선사가 출항 목적이 아닌 하역 작업상의 필요 등에 의하여 보세화물을 일시적재하려는 경우 세관장에게 일시적재신고를 하여야 한다.

10 보수작업에 대한 설명으로 틀린 것은?
① 보수작업을 하려는 자는 세관장의 승인을 받아야 한다.
② 세관장은 보수작업 승인신청을 받은 날로부터 10일 이내에 승인 여부를 신청인에게 통지하여야 한다.
③ 세관장이 정한 기간 내에 승인 여부 또는 처리기간 연장을 신청인에게 통지하지 아니하면 그 기간이 끝난 날에 승인을 한 것으로 본다.
④ 보수작업으로 외국물품에 부가된 내국물품은 외국물품으로 본다.
⑤ 외국물품은 수입될 물품의 보수작업의 재료로 사용할 수 없다.

11 견본품 반출입에 대한 설명으로 틀린 것은?
① 보세구역에 장치된 외국물품의 전부 또는 일부를 견본품으로 반출하려는 자는 견본품반출허가(신청)서를 제출하여 세관장의 허가를 받아야 한다.
② 세관장은 견본품반출허가를 하는 경우에는 필요한 최소한의 수량으로 제한하여야 한다.
③ 견본품채취로 인하여 장치물품의 변질, 손상, 가치감소 등으로 관세채권의 확보가 어려운 경우에는 견본품반출허가를 하지 아니할 수 있다.
④ 보세구역 운영인 또는 관리인은 견본품반출 허가를 받은 물품이 해당 보세구역에서 반출입될 때에는 견본품반출 허가사항을 확인하고 견본품반출입 대장에 기록관리하여야 한다.
⑤ 수입신고인은 세관공무원이 검사상 필요에 따라 견본품으로 채취된 물품을 사용·소비한 경우 해당 물품의 관세를 납부하여야 한다.

12 장치기간 경과물품의 매각에 대한 설명으로 틀린 것은?
① 세관장은 보세구역에 반입한 외국물품의 장치기간이 지나면 그 사실을 공고한 후 해당 물품을 매각할 수 있다.
② 살아있는 동식물, 부패하거나 부패할 우려가 있는 물품의 경우 그 기간이 지나기 전이라도 공고한 후 매각할 수 있다.
③ 기간이 지나면 사용할 수 없게 되거나 상품가치가 현저히 떨어질 우려가 있는 물품의 경우 급박하여 공고할 여유가 없을 때에는 매각한 후 공고할 수 있다.
④ 매각된 물품의 질권자나 유치권자는 다른 법령에도 불구하고 그 물품을 매수인에게 인도하지 않을 수 있다.
⑤ 세관장은 특수한 사정이 있어 직접 매각하기에 적당하지 아니하다고 인정되는 경우 매각대행기관에 이를 대행하게 할 수 있다.

13 세관장이 국고귀속을 보류할 수 있는 물품으로 틀린 것은?
① 특수용도에만 한정되어 있는 물품으로서 국고귀속 조치 후에도 공매낙찰 가능성이 있는 물품
② 공기업, 준정부기관, 그 밖의 공공기관에서 수입하는 물품으로서 국고귀속 보류요청이 있는 물품
③ 관세법 위반으로 조사 중인 물품
④ 이의신청, 심판청구, 소송 등 쟁송이 제기된 물품
⑤ 국고귀속 조치를 할 경우 인력과 예산부담을 초래하여 국고에 손실이 야기된다고 인정되는 물품

14 해상입항화물의 적재화물목록 정정신청을 생략할 수 있는 물품으로 맞는 것은?
① 광물, 원유 등 산물로서 그 중량의 과부족이 10% 이내인 경우
② 원목 등 용적물품으로서 그 용적의 과부족이 10% 이내인 경우
③ 포장단위 물품으로서 중량의 과부족이 10% 이내이고 포장상태에 이상이 없는 경우
④ 비료, 설탕, 시멘트 등 포장파손이 용이한 물품으로서 그 중량의 과부족이 10% 이내인 경우
⑤ 펄프, 고지류 등 건습에 따라 중량의 변동이 심한 물품으로서 그 중량의 과부족이 10% 이내인 경우

15 해상입항화물의 하선장소 물품반입에 대한 설명으로 틀린 것은?
① 하선장소 보세구역운영인(화물관리인)은 하선기한 내 공컨테이너가 반입되지 않은 경우 세관장에게 즉시 보고해야 한다.
② Master B/L 단위의 FCL화물은 Master B/L 단위로 반입신고 할 수 있다.
③ 컨테이너 화물의 하선장소 반입기간은 입항일로부터 3일이다.
④ LCL화물로서 해당 하선장소 내의 CFS 내에서 컨테이너 적출 및 반입작업을 하려는 때에는 Master B/L 단위로 반입신고를 하여야 한다.
⑤ 입항전 수입신고수리 또는 하선 전 보세운송신고수리가 된 물품을 하선과 동시에 차상반출하는 경우에는 반출입신고를 생략할 수 있다.

16 항공입항화물 적재화물목록 및 하기결과보고에 관한 설명으로 틀린 것은?
① 항공사는 하기결과 물품이 적재화물목록과 상이할 때에는 하기결과보고서를 세관장에게 제출하여야 한다.
② 항공사는 하기결과보고서를 제출한 때에는 적재화물목록 작성책임자에게 즉시 통보하여 적재화물목록 정정에 필요한 조치를 하여야 한다.
③ 항공사는 하기결과보고 화물 중 적재화물목록에 등재되지 아니한 물품, 적재화물목록보다 과다하거나 적게 반입된 물품은 이상 사유가 확인될 때까지 항공사가 지정한 하기 장소 보세구역 내의 일정한 장소에 별도 관리한다.
④ 적재화물목록 제출의무자 또는 작성책임자는 별도 보관 중인 물품에 대하여 하기결과보고일로부터 15일 이내에 적재화물목록 이상 사유를 규명하여야 한다.
⑤ 세관장은 별도 관리 대상물품에 대하여 15일이 경과할 때까지 적재화물목록 정정신청 또는 별도 관리 해제신청이 없는 경우 외국으로 반송조치하여야 한다.

17 다음 (   ) 안에 들어갈 내용을 순서대로 나열한 것은?

- 적재화물목록의 정정신청은 해당 출항물품을 적재한 선박, 항공기가 출항한 날로부터 해상화물은 (   ), 항공화물은 (   ) 내에 하여야 한다.
- 보세운송물품은 신고수리(승인)일로부터 해상화물은 (   ), 항공화물은 (   )까지 목적지에 도착하여야 한다. 다만, 세관장은 선박 또는 항공기 입항 전에 보세운송신고를 하는 때에는 입항예정일 및 하선(기) 장소 반입기간을 고려하여 (   ) 이내의 기간을 추가할 수 있다.

① 120일, 100일, 15일, 10일, 10일
② 120일, 80일, 15일, 10일, 5일
③ 90일, 70일, 10일, 7일, 5일
④ 90일, 60일, 10일, 5일, 5일
⑤ 60일, 30일, 5일, 5일, 5일

18 환적화물에 대한 설명으로 틀린 것은?
① 환적화물의 일시양륙신고는 보세화물 입출항 하선(하기) 및 적재에 관한 고시에 따른 하선(하기)신고로 갈음한다.
② 일관운송 환적화물의 운송기한은 하선신고일로부터 10일 이내로 한다.
③ 보세운송의 목적지는 물품을 적재하려는 공항 및 항만의 하선장소로 한정한다. 다만, 컨테이너 적출입작업 및 보수작업이 필요한 경우 등 세관장이 필요하다고 인정하는 경우에는 그러하지 아니한다.
④ 보세운송물품이 컨테이너 화물인 경우에는 최초 도착지 보세구역 운영인의 확인을 받아 컨테이너를 개장하여야 한다.
⑤ 선사(선사와 계약체결을 한 검수·검정업자를 포함한다) 또는 항공사는 환적화물을 외국으로 반출하기 위하여 적재하는 과정에서 컨테이너 봉인번호 상이 등 이상이 있는 경우 선박 출항 전까지 적재결과 이상 보고서를 세관장에게 제출하여야 한다.

19 화물운송주선업자에 대한 설명으로 틀린 것은?
① 화물운송주선업자는 혼재화물의 적재화물목록을 작성한다.
② 화물운송주선업자의 등록기간은 3년으로 한다.
③ 화물운송주선업자가 폐업한 때에는 등록의 효력이 상실된다.
④ 화물운송주선업자에 대한 등록취소 또는 업무정지를 하려는 경우 청문을 실시한다.
⑤ 물류정책기본법에 따라 국제물류주선업의 등록을 한 자는 화물운송주선업자 등록을 생략한다.

20 보세운송절차를 거쳐야만 하는 물품을 맞게 나열한 것은?

> A. 보세전시장에서 전시 후 반송되는 물품
> B. 국가기관에 의하여 운송되는 압수물품
> C. 우편법에 따라 체신관서의 관리 하에 운송되는 물품
> D. 검역법 등에 따라 검역관서가 인수하여 검역소 구내계류장 또는 검역 시행장소로 운송하는 검역대상물품
> E. 보세공장에서 제조·가공하여 수출하는 물품

① A, B
② A, E
③ B, C
④ C, D
⑤ D, E

21 특정물품 간이보세운송업자에 대한 설명으로 틀린 것은?
① 특정물품 간이보세운송업자는 관리대상화물 관리에 관한 고시에 따른 검사 대상화물 등 특정물품을 보세운송 할 수 있다.
② 특정물품 간이보세운송업자는 자본금 1억 원 이상인 법인이어야 한다.
③ 특정물품 간이보세운송업자의 지정기간은 3년으로 하되 갱신할 수 있다.
④ 특정물품 간이보세운송업자가 귀석·반귀석·한약재 등 부피가 작고 고가인 물품을 세관지정장치장 등 세관장이 지정한 보세구역으로 운송하고자 하는 경우 유개차 또는 이에 준하는 시봉 조치를 한 후 운송하여야 한다.
⑤ 특정물품 간이보세운송업자의 지정이 취소되었을 때에는 그 지정의 효력이 소멸된다.

22 보세화물에 대한 신고지연 가산세 및 장치기간에 대한 설명으로 틀린 것은?
① 수출용원재료(신용장 등 관련 서류에 의하여 수출용원재료로 확인되는 경우에만 해당한다)의 경우 신고지연 가산세를 징수하지 아니한다.
② 보세구역에 반입된 물품의 장치기간은 해당 보세구역 반입일 기준으로 기산하는 것을 원칙으로 한다.
③ 장치장소의 특허변경으로 장치기간을 다시 기산하는 물품은 종전에 산정한 장치기간을 합산하지 않는다.
④ 이전 보세구역에서 장치기간이 경과한 뒤 보세운송으로 다른 보세구역에 반입된 물품의 장치기간은 종전에 산정한 장치기간을 합산한다.
⑤ 동일 B/L물품이 수차에 걸쳐 반입되는 경우에는 그 B/L물품의 반입이 완료된 날부터 장치기간을 기산한다.

23 수출하려는 물품의 보세구역 반입에 대한 설명으로 틀린 것은?

① 반송물품이 보세구역에 반입되는 경우, 보세운송 도착보고는 반입신고를 갈음할 수 있다.
② 수출하려는 물품이 반입된 경우 그 내역을 확인할 수 있는 서류를 받아 화물반출대장에 그 내역을 기록관리하여야 한다. 다만, 전산으로 수출신고수리내역이 확인된 경우 서류는 받지 않을 수 있다.
③ 수출하려는 물품의 반입신고는 화물반출입대장에 기록 관리하는 것으로 갈음한다.
④ 보세구역에 반입한 후 수출신고하게 할 수 있는 물품은 법 제157조에 따라 세관장에게 반입신고를 하여야 한다.
⑤ 선적지 보세구역에 반입한 수출물품을 재포장, 분할 등 보수작업하려는 자는 관할세관장에게 수출물품 보수작업승인을 받아야 한다.

24 보세창고의 내국물품 장치에 대한 설명으로 틀린 것은?

① 보세창고에 내국물품으로 반입된 물품의 장치기간은 1년이다.
② 보세창고에서 수입신고수리된 내국물품의 장치기간은 6개월이며, 신고 수리일로부터 1년의 범위에서 연장할 수 있다.
③ 장치기간이 지난 내국물품은 그 기간이 지난 후 10일 내에 운영인의 책임으로 반출하여야 한다.
④ 보세창고 운영인이 6개월(보세창고에서 수입신고수리된 내국물품은 2개월) 이상 계속하여 내국물품만을 장치하려면 세관장의 허가를 받아야 한다.
⑤ 운영인이 보세창고에서 일정구역에 일정기간 동안 내국물품을 반복적으로 장치하려는 경우 세관장은 이를 포괄적으로 허용할 수 있다.

25 보세화물의 장치장소 결정을 위한 화물분류 기준으로 틀린 것은?

① 화주 또는 그 위임을 받은 자가 장치장소에 대한 별도의 의사표시가 없는 경우 House B/L화물은 보세구역운영인이 선량한 관리자로서 장치장소를 결정한다.
② 선사는 화주 또는 그 위임을 받은 자가 운영인과 협의하여 정하는 장소에 보세화물을 장치하는 것을 원칙으로 한다.
③ 화주 또는 그 위임을 받은 자가 장치장소에 대한 별도의 의사표시가 없는 경우 Master B/L화물은 선사가 선량한 관리자로서 장치장소를 결정한다.
④ 보세창고, 보세공장, 보세판매장에 반입할 물품은 특허 시 세관장이 지정한 장치물품의 범위에 해당하는 물품만 해당 보세구역에 장치한다.
⑤ 입항전 또는 하선(기)전에 수입신고가 되거나 보세운송신고가 된 물품은 보세구역에 반입함이 없이 부두 또는 공항 내에서 보세운송 또는 통관절차와 검사절차를 수행하도록 하여야 한다.

제4과목 : 수출입안전관리

01 수출입 안전관리 우수업체 공인부문으로 틀린 것은?
① 수출부문
② 수입부문
③ 관세사부문
④ 보세운송부문
⑤ 구매대행업부문

02 수출입 안전관리 우수 공인업체 등에 관한 설명 중 틀린 것은?
① 수출입 안전관리 우수공인업체의 공인 유효기간은 5년으로 하되, 대통령이 정하는 바에 따라 갱신할 수 있다.
② 수출입 안전관리 우수 공인업체가 양도, 양수, 분할 또는 합병하거나 그 밖에 관세청장이 정하는 사유가 발생한 경우에는 그 사유가 발생한 날부터 30일 이내에 그 사실을 관세청장에게 보고하여야 한다.
③ 수출입 안전관리 우수 공인업체 공인을 갱신하려는 자는 공인의 유효기간이 끝나는 날의 6개월 전까지 신청서를 제출하여야 한다.
④ 관세청장은 공인을 받은 자에게 해당 공인의 유효기간이 끝나는 날의 7개월 전까지 휴대폰에 의한 문자전송, 전자메일, 팩스 등으로 갱신 신청을 해야 한다는 사실을 알려야 한다.
⑤ 관세청장은 수출입 안전관리 공인을 받기 위해 신청한 업체에 한해 운영인, 납세의무자 등 수출입물품의 제조·운송·보관 또는 통관 등 무역과 관련된 자를 대상으로 연 4회 범위에서 안전관리 기준의 준수 정도에 대한 측정·평가를 할 수 있다.

03 수출입 안전관리 우수업체 공인심사 신청에 대한 기각사유만으로 나열한 것은?

| A. 신청업체가 공인기준을 충족하는지를 자체적으로 평가한 수출입 관리현황 자체평가표(법규준수도를 제외한다)를 제출하지 않은 경우 |
| B. 공인심사를 할 때에 제출한 자료가 거짓으로 작성된 경우 |
| C. 신청업체가 관세 체납이 있는 경우 |
| D. 공인신청 후 신청업체의 법규준수도 점수가 70점 미만(중소 수출 기업은 60점 미만)으로 하락한 경우 |
| E. 법규준수의 결격에 해당하는 공인 유보사유가 현장심사를 마친 날로부터 6개월을 넘어서도 확정되지 않고 계속 진행되는 경우 |

① A, C
② B, D
③ C, E
④ B, D, E
⑤ A, B, C, D, E

04 수출입 안전관리 우수업체에 대한 서류심사에 관한 설명 중 틀린 것은?
① 관세청장은 공인심사 신청서를 접수한 날로부터 60일 이내에 서류심사를 마쳐야 한다.
② 관세청장은 신청업체가 제출한 서류를 통해서 공인기준을 충족하는지를 확인하기 어려운 경우에는 20일의 범위 내에서 신청업체에게 보완을 요구할 수 있다. 이 경우 관세청장은 보완을 요구할 사항을 가급적 한꺼번에 요구하여야 하며, 보완에 소요되는 기간은 심사기간에 포함한다.
③ 관세청장은 보완을 요구할 때에는 보완 요구서에 보완하여야 할 사항, 보완을 요구하는 이유 및 보완기한 등을 구체적으로 기재하여 신청업체에게 통보하여야 한다.
④ 관세청장은 보완 요구서를 송부하기 전에 신청업체의 요청이 있을 때에는 해당 업체의 의견을 듣거나 업체에게 소명할 수 있는 기회를 줄 수 있다.
⑤ 신청업체는 천재지변, 주요 사업장의 이전, 법인의 양도, 양수, 분할 및 합병 등 부득이한 사유로 보완에 장시간이 걸리는 경우에는 보완기간의 연장을 신청할 수 있다. 이 경우 관세청장은 보완기간을 모두 합하여 180일을 넘지 않는 범위 내에서 보완기간을 연장할 수 있다.

05 다음은 수출입 안전관리 우수업체에 적용되는 통관절차 특례이다. ( ) 안에 들어갈 내용을 순서대로 나열한 것은?

공인 부문	혜택 기준	수출입안전관리우수업체		
		A	AA	AAA
모든 부문	「여행자정보 사전확인제도 운영에 관한 훈령」에 따른 여행자검사대상 선별 제외	(A)	대표자· 총괄 책임자	대표자· 총괄 책임자
	국제공항 입출국 시 전용검사대를 이용한 법무부 입출국 심사	대표자	(B)	대표자· 총괄 책임자
보세구역 운영인	「특허보세구역 운영에 관한 고시」 제7조에 따른 특허 갱신 시 본부세관 특허심사위원회 심사생략 및 해당 세관에서 자체 심사	(C)	○	○
	「보세화물관리에 관한 고시」 제16조에 따른 분기별 자체 재고조사 후 연 1회 세관장에게 보고	(D)	○	○

	A	B	C	D
①	대표자	대표자	○	○
②	대표자	대표자·총괄 책임자	×	○
③	대표자·총괄 책임자	대표자	○	○
④	대표자·총괄 책임자	대표자	×	○
⑤	대표자·총괄 책임자	대표자·총괄 책임자	○	○

06 관세법상 수출입 안전관리 우수업체 공인 및 운영에 관한 설명으로 틀린 것은?
① 관세청장은 대통령령으로 정하는 기관이나 단체에 안전관리 기준 충족 여부를 심사하게 할 수 있다.
② 수출입 안전관리 우수 공인업체에 대하여는 관세청장이 정하는 바에 따라 관세감면 등 세제상의 혜택을 제공할 수 있다.
③ 관세청장은 수출입 안전관리 우수 공인업체가 공인 심사요청을 거짓으로 한 경우에는 공인을 취소할 수 있다.
④ 관세청장은 수출입 안전관리 우수 공인업체가 관세법에 따른 안전관리 기준을 충족하는지 여부를 주기적으로 확인하여야 한다.
⑤ 관세청장은 다른 국가의 수출입 안전관리 우수 공인업체에 대하여 상호조건에 따라 통관절차상의 혜택을 제공할 수 있다.

07 다음은 보세구역운영인 부문의 수출입 안전관리 우수업체에 적용되는 취급절차 관리 기준에 대한 설명이다. ( ) 안에 들어갈 내용을 순서대로 나열한 것은?

> 운영인은 반입물품의 중량·라벨·표식·수량 등을 ( )와 대조 확인하여야 한다. 운영인은 반출물품을 구매주문서 또는 운송의뢰서, 반출승인정보 등과 대조 확인하여야 한다. 또한 물품을 인수하거나 불출하기 전에 ( )의 정확한 신원을 확인하여야 한다.

① 통관정보, 관세사
② 반입예정정보, 수출·수입업체
③ 통관정보, 수출·수입업체
④ 반입예정정보, 운전사
⑤ 통관정보, 운전사

08 다음은 수출입 안전관리 우수업체로 공인된 보세구역 운영인(A社)이 행한 활동이다. 수출입 안전관리 관련 고시에 따른 수출입 관리 책임자 지정과 변경, 교육에 대한 내용으로 틀린 것은?
① A社는 수출입 물품을 취급하는 사업장의 수출입관리책임자로 보세사인 김OO 과장을 지정하였다.
② A社는 2018년 5월 1일 공인신청을 하였으며, 보세사인 김OO 과장은 2015년 7월 10일 관리책임자 공인전 교육을 이수하였다.
③ 보세사인 김OO 과장은 수출입 물품을 취급하는 담당 직원들에게 수출입 안전관리 교육을 실시하였다.
④ A社는 2020년 5월 1일 수출입관리책임자를 보세사인 최OO 과장으로 변경하였고 2020년 6월 15일 관세청장에게 보고하였다.
⑤ 2020년 5월 1일 변경된 수출입관리책임자 최OO 과장은 2020년 8월 30일에 공인 후 교육을 이수하였다.

09 수출입 안전관리 우수업체 공인등급 조정 관련 설명으로 틀린 것은?
① 수출입 안전관리 우수업체가 4분기 연속으로 해당 공인등급별 기준을 충족하는 경우에는 공인등급의 조정 신청을 받아 상향할 수 있다.
② 갱신이 아닌 때에 공인등급 조정을 신청하고자 하는 경우에는 공인의 유효기간이 1년 이상 남아 있어야 한다.
③ 관세청장이 필요한 경우 확인 등 간소한 방법으로 공인등급별 기준을 충족하는지를 확인할 수 있다.
④ 최초로 수출입 안전관리 우수업체로 공인받은 업체는 등급조정 신청을 할 수 없다.
⑤ 관세청장은 수출입 안전관리 우수업체가 해당 공인등급별 기준을 충족하지 못하는 경우에는 공인등급을 낮출 수 있다.

10 수출입 안전관리 우수업체에 대한 혜택 적용의 정지·중단 및 공인취소에 대한 설명으로 맞는 것은?

① 관세청장은 수출입 안전관리 우수업체가 수출입과 관련된 법령을 위반하여 검찰에 고발 또는 송치되거나 통고처분을 받은 경우 6개월의 범위 내에서 고시 규정에 따른 혜택의 전부 또는 일부의 적용을 정지할 수 있다.
② 관세청장은 갱신심사의 결과에 따라 공인을 유보한 경우 유보 사유의 경중에 관계없이 6개월 범위 내에서 고시 규정에 따른 혜택의 전부 또는 일부의 적용을 정지하여야 한다.
③ 관세청장은 수출입 안전관리 우수업체가 관세법 제276조(허위신고죄 등)를 위반하여 양벌 규정에 따라 처벌된 경우 즉시 공인에 따른 혜택을 중단하고 청문 및 공인취소 절차를 진행한다.
④ 관세청장은 심의위원회의 심의를 거쳐 공인의 취소를 결정한 경우 해당 심의를 거친 날에 공인의 유효기간이 끝나는 것으로 본다.
⑤ 수출입 안전관리 우수업체는 공인이 취소된 경우에는 관세청장에게 취소가 결정된 날로부터 30일 이내에 증서를 반납하여야 한다.

11 수출입 안전관리 우수업체의 공인 유효기간에 대한 설명으로 틀린 것은?

① 공인의 유효기간은 공인증서상의 발급한 날로부터 5년으로 한다.
② 공인의 취소가 결정된 경우 해당 결정을 한 날에 공인의 유효기간이 끝나는 것으로 본다.
③ 갱신심사가 진행 중이거나 갱신심사에 따른 공인의 갱신 전에 공인 유효기간이 끝나는 경우에도 해당 공인은 유효한 것으로 본다.
④ 갱신심사에 따라 갱신된 공인의 유효기간은 기존 공인의 유효기간이 끝나는 날의 다음 날부터 시작한다.
⑤ 공인의 유효기간 중에 공인등급을 조정하는 경우 공인의 유효기간은 공인등급이 조정된 날로부터 5년으로 한다.

12 다음은 수출입 안전관리 우수업체의 갱신심사에 대한 설명이다. (   ) 안에 들어갈 내용을 순서대로 나열한 것은?

> • 수출입 안전관리 우수업체는 공인을 갱신하고자 할 때에는 공인의 유효기간이 끝나기 (   ) 전까지 갱신심사 신청서에 관련 서류를 첨부하여 관세청장에게 전자문서로 제출하여야 한다.
> • 관세청장은 원활한 갱신심사를 운영하기 위해 수출입 안전관리 우수업체에게 공인의 유효기간이 끝나기 (   ) 전부터 갱신심사를 신청하게 할 수 있다.

① 3개월, 6개월
② 3개월, 1년
③ 6개월, 1년
④ 6개월, 18개월
⑤ 6개월, 2년

13 수출입 안전관리 우수업체의 공인신청과 관련한 설명으로 틀린 것은?

① 공인 심사 신청 시 첨부하는 서류 중에서 전자정부법 제26조에 따라 행정기관 간 공동이용이 가능한 서류는 신청인이 정보의 확인에 동의하는 경우에는 그 제출을 생략할 수 있다.
② 공인 심사 신청 시 관리책임자의 교체, 사업장 추가 등 불가피한 경우에는 관리책임자 교육 이수 확인서를 현장 심사를 마치는 날까지 제출할 수 있다.
③ 관세조사를 받고 있는 업체(수입부문)가 공인 심사를 신청하는 경우에는 관세조사 계획통지서를 공인 심사 신청 시 제출하여야 한다.
④ 공인 심사를 신청할 때 첨부서류 중에서 사업장 별로 중복되는 사항은 한꺼번에 작성하여 제출할 수 있다.
⑤ 관세청장은 법인단위 법규준수도 70점 미만이라도 관세법 제110조 제2항 제2호에 따른 관세조사로 인하여 법규준수도 점수가 하락한 경우에는 공인심사 신청을 각하하지 아니한다.

14 수출입 안전관리 우수업체에게 제공하는 통관절차 등의 혜택으로 틀린 것은?

① 모든 공인 부문의 수출입 안전관리 우수업체는 법규위반 시 행정형벌보다 통고처분, 과태료 등 행정질서벌 등이 우선 고려된다.
② 모든 공인 부문의 수출입 안전관리 우수업체는 관세법 등에 따른 세관장의 과태료 부과징수 시 공인 등급에 따라 과태료 경감율을 달리 적용 받을 수 있다.
③ 모든 공인부문의 수출입 안전관리 우수업체의 대표자 및 총괄 책임자는 입출국 시 여행자 검사대상 선별에서 제외될 수 있다.
④ 모든 공인부문의 수출입 안전관리 우수업체는 어떠한 경우라도 기획심사나 법인심사 대상에서 제외된다.
⑤ 세관장은 모든 공인부문의 수출입 안전관리 우수업체가 세관에 제출한 신고 서류의 작성 오류에 대하여 제재 조치하는 경우 제재 수준을 경감할 수 있다.

15 다음은 보세구역운영인 부문의 수출입 안전관리 우수업체 공인 기준에 대한 설명이다. ( ) 안에 들어갈 내용을 순서대로 나열한 것은?

- 신청업체와 신청인(관리책임자를 포함한다)이 관세법 제276조에 따라 벌금형 선고를 받은 사실이 있는 경우 벌금형 선고 후 ( )이 경과하여야 한다.
- 신청업체는 부채비율이 동종업종의 평균 부채비율의 ( ) 이하이거나 외부 신용평가 기관의 신용평가 등급이 투자적격 이상으로 성실한 법규준수의 이행이 가능할 정도의 재정을 유지하여야 한다.

① 6개월, 200%
② 1년, 200%
③ 1년, 300%
④ 2년, 200%
⑤ 2년, 300%

16 다음은 물품의 하역에 대한 설명이다. ( ) 안에 들어갈 내용을 순서대로 나열한 것은?

> 국제무역선이나 국제무역기에는 ( )을 적재할 수 없으며, 국내운항선이나 국내운항기에는 ( )을 적재할 수 없다. 다만 세관장의 ( )을(를) 받았을 때에는 그러하지 아니하다.

① 내국물품 – 외국물품 – 허가
② 외국물품 – 내국물품 – 승인
③ 내국 환적화물 – 외국 환적화물 – 허가
④ 내국선박용품(내국항공기용품) – 외국선박용품(외국항공기용품) – 승인
⑤ 외국선박용품(외국항공기용품) – 내국선박용품(내국항공기용품) – 허가

17 세관장의 승인사항으로 맞는 것은?
① 국제무역선(기)에 선박용품(항공기용품)을 하역하거나 환적하려는 경우
② 국제무역선이 국제항의 바깥에서 물품을 하역하거나 환적하려는 경우
③ 국제무역선(기)이 국제항을 출항하려는 경우
④ 국제무역선(기)을 국내운항선(기)으로 전환하려는 경우
⑤ 국제무역선(기)가 국제항이 아닌 지역에 출입하려는 경우

18 국제무역선의 승선신고 처리절차에 관한 설명으로 틀린 것은?
① 승무원 가족의 승선기간은 해당 항구에서 승선과 하선을 하는 때에는 선박의 정박기간 이내이다.
② 선박용품의 주문을 받기 위한 승선 등 그 목적이 불합리한 방문인 경우에는 승선을 제한할 수 있다.
③ 상시승선(신고)증의 유효기간은 발급일로부터 2년으로 한다.
④ 선박용품의 하역 및 용역을 제공하기 위하여 선박용품 적재 등 허가(신청)서에 승선자 명단을 기재하여 허가를 받은 경우에는 승선신고를 한 것으로 갈음한다.
⑤ 업체가 휴업 또는 폐업한 때에는 즉시 발급한 세관장에게 상시승선(신고)증을 반납해야 한다.

19 국제항에 대한 설명 중 틀린 것은?
① 국제항은 대통령령으로 지정한 25개 항구와 8개 공항을 말한다.
② 국제항의 시설기준 등에 관하여 필요한 사항은 대통령령으로 정한다.
③ 국제항의 운영자는 국제항이 법률에 따른 시설기준 등에 미치지 못하게 된 경우 그 시설 등을 신속하게 개선하여야 하며, 관세청장은 대통령령으로 정하는 바에 따라 그 시설 등의 개선을 명할 수 있다.
④ 국제무역선이나 국제무역기는 국제항에 한정하여 운항할 수 있다. 다만, 대통령령으로 정하는 바에 따라 국제항이 아닌 지역에 대한 출입의 허가를 받은 경우에는 그러하지 아니하다.
⑤ 국제항이 아닌 지역에 출입하고자 하는 경우 내야 하는 수수료의 총액은 50만 원을 초과하지 못한다.

20 관리대상화물에 대한 설명 중 틀린 것은?

① 운송추적감시화물이란 세관장이 선별한 감시대상화물 중 부두 또는 계류장 내에서 하역과정을 감시하거나 하역 즉시 검사하는 화물(공컨테이너를 포함한다)을 말한다.
② 검색기검사화물이란 세관장이 선별한 검사대상화물 중 검색기로 검사를 실시하는 화물을 말한다.
③ 즉시검사화물이란 세관장이 선별한 검사대상화물 중 검색기검사를 하지 않고 바로 개장검사를 실시하는 화물을 말한다.
④ 반입후 검사화물이란 세관장이 선별한 검사대상화물 중 하선(기)장소 또는 장치예정장소에서 이동식검색기로 검사하거나 컨테이너적출 시 검사하는 화물을 말한다.
⑤ 수입신고후 검사화물이란 세관장이 선별한 검사대상화물 중 수입검사 대상으로 선별할 수 있도록 관련 부서에 통보하는 화물을 말한다.

21 선박용품에 대한 설명 중 맞는 것은?

① 선박용품의 적재허가를 받은 자는 허가일로부터 7일 이내에 적재를 완료하여야 한다.
② 미화 5천 달러(원화표시 물품 500만 원)이하의 선박용품이라면 공급자가 대행업체를 지정하여 적재허가 받은 절차를 이행하게 할 수 있다.
③ 선박용품 수리업자가 조건부 하역한 외국선박용품은 60일 이내에 해당 선박에 적재하고 세관장에게 완료보고를 하여야 한다.
④ 공급자가 적재를 완료하면 해당 선박의 출항 여부에 상관없이 다음 날 12시까지 관할 세관장에게 보고하면 된다.
⑤ 공급자는 반입등록한 선박용품을 수입·반송 또는 공매하는 등 용도 외 처분한 때에는 용도 외 처분한 날로부터 10일 이내에 반입등록한 세관장에게 용도 외 처분보고서를 제출하여야 한다.

22 관세법상 승객예약자료의 요청 등에 관한 설명으로 틀린 것은?

① 제공받은 승객예약자료를 열람할 수 있는 사람은 관세청장이 지정하는 세관공무원으로 한정한다.
② 승객예약자료에는 동반탑승자 및 좌석번호, 수하물 자료가 포함된다.
③ 세관장은 승객이 입항 또는 출항한 날부터 1월이 경과한 때에는 해당 승객의 승객예약자료를 다른 승객의 승객예약자료와 구분하여 관리하여야 한다.
④ 출항하는 선박 또는 항공기의 승객예약자료 제출시한은 출항 후 3시간 이내이다.
⑤ 입항하는 선박 또는 항공기의 승객예약자료 제출시한은 입항 2시간 전까지이나 운항예정시간이 3시간 이내인 경우에는 입항 30분 전까지 할 수 있다.

23 관세법상 국제무역선의 입출항절차 등에 대한 설명으로 맞는 것은?
① 외국을 항행한 요트가 국내 요트계류장에 입항한다면 세관의 입항절차를 요하지 않는다.
② 국제무역선이 태풍 등의 사유로 입항 시 정상적인 입항보고가 불가하면 해당 사유가 종료되었을 때 지체 없이 세관장에게 그 경과를 보고하여야 한다.
③ 국제무역선에서 국내운항선 또는 국내운항선에서 국제무역선으로 전환승인 시 세관은 승인수수료를 징수한다.
④ 미군의 항공모함은 국내 입항시 세관에 입항보고를 해야 하지만, 미군의 잠수함은 국내 입항 시 세관의 입항보고 절차를 생략한다.
⑤ 부산 감천항에 입항보고가 수리된 선박을 부산 신항으로 이동하려는 때에는 입출항허가를 받아야 한다.

24 국제무역선의 국내운항선으로의 전환 및 그 밖의 선박 또는 항공기에 관한 설명으로 틀린 것은?
① 국제무역선을 국내운항선으로 전환하거나, 국내운항선을 국제무역선으로 전환하려면 세관장의 승인을 받아야 한다.
② 국제무역선의 국내운항선으로의 전환신청이 있는 때에는 세관장은 당해 선박 또는 항공기에 적재되어 있는 물품을 검사할 수 있다.
③ 폐선 또는 감축 예정인 국제무역선은 국내운항선 전환신청서를 세관장에게 제출하여 승인을 받아야 한다.
④ 국가원수 또는 정부를 대표하는 외교사절이 전용하는 선박 또는 항공기는 국제무역선이나 국제무역기에 관한 규정을 준용하지 아니한다.
⑤ 외국을 왕래하는 여행자를 전용으로 운송하기 위하여 국내에서만 운항하는 항공기는 국제무역기에 관한 규정을 준용하지 아니한다.

25 국제항으로 지정된 항구가 아닌 것은?
① 목포항
② 대변항
③ 고현항
④ 삼천포항
⑤ 대산항

제5과목 : 자율관리 및 관세벌칙

01 자율관리보세구역 운영인의 의무사항으로 틀린 것은?
① 보세구역 반출입 물품과 관련한 생산, 판매, 수입 및 수출 등에 관한 세관공무원의 자료 요구 또는 현장 확인 시에 협조하여야 한다.
② 절차생략 등에 따른 물품 반출입 상황 등을 보세사로 하여금 기록·관리하게 하여야 한다.
③ 보세사가 해고 또는 취업정지 등의 사유로 업무를 수행할 수 없을 경우에는 2개월 이내에 다른 보세사를 채용하여 근무하게 하여야 한다.
④ 보세사가 아닌 자에게 보세화물관리 등 보세사의 업무를 수행하게 하여서는 아니 된다.
⑤ 보세사를 채용, 해고하였을 때에는 7일 이내에 세관장에게 신고하여야 한다.

02 세관장은 자율관리보세구역의 지정을 받은 자가 관세법에 따른 의무를 위반한 경우 지정을 취소할 수 있다. 자율관리보세구역 지정취소 사유에 해당하지 않는 것은?
① 당해 보세구역 장치물품에 대한 관세를 납부할 자금능력이 없다고 인정되는 경우
② 1년 동안 계속하여 물품의 반입·반출 실적이 없거나, 6개월 이상 보세작업을 하지 않은 경우
③ 자율관리보세구역 운영인이 보세사가 아닌 사람에게 보세사의 직무를 수행하게 한 경우
④ 운영인이 절차생략 등에 따른 물품 반출입 상황 등을 보세사로 하여금 기록·관리하게 하지 않은 경우
⑤ 화물의 반출입, 재고관리 등 실시간 물품관리가 가능한 전산시스템을 갖추지 않은 경우

03 일반 자율관리보세구역 운영에 대한 절차생략 등으로 맞는 것은?
① 모든 벌크화물의 분할재포장 작업을 위한 보수작업 신청(승인)을 생략할 수 있다.
② 장치물품의 수입신고 전 확인신청(승인)을 생략할 수 있다.
③ 원산지표시 보수작업 신청(승인)을 생략할 수 있다.
④ 보세화물관리에 관한 고시에 따른 재고조사 및 보고의무를 분기별 1회에서 반기 1회로 완화할 수 있다.
⑤ 특허보세구역 운영에 관한 고시에 따른 보세구역 운영상황의 점검을 연 2회에서 연 1회로 완화할 수 있다.

04 자율관리보세구역 운영인의 자율점검표 작성 제출에 대한 설명이다. ( ) 안에 들어갈 내용을 순서대로 나열한 것은?

> 운영인은 회계연도 종료 ( )이 지난 후 ( ) 이내에 보세구역 운영 등의 적정 여부를 자체 점검하고, 자율점검표를 작성하여 세관장에게 제출하여야 한다. 다만, 운영인이 자율점검표를 특허보세구역 운영에 관한 고시에 의한 보세구역 운영상황 및 보세화물 관리에 관한 고시에 의한 재고조사 결과와 함께 제출하려는 경우, 자율점검표를 다음 해 ( ) 말까지 제출할 수 있다.

① 1개월, 7일, 1월
② 1개월, 15일, 2월
③ 3개월, 15일, 2월
④ 3개월, 10일, 1월
⑤ 3개월, 7일, 3월

05 보세공장이 우수 자율관리보세구역으로 지정받기 위한 요건으로 틀린 것은?
① 화물의 반출입, 재고관리 등 실시간 물품관리가 가능한 전산시스템을 구비하여야 한다.
② 보세화물관리를 위한 보세사를 채용하지 않아도 지정이 가능하다.
③ 일반 자율관리보세구역의 지정요건을 모두 충족하여야 한다.
④ 전년도 해당 공장에서 생산한 물품의 수출입신고금액 중 수출신고금액 비중이 50% 이상이거나 전년도 수출신고금액이 미화 1천만 달러 이상이어야 한다.
⑤ 보세화물의 관리체계가 확립되고, 운영인 등의 법규수행능력이 우수하여 보세화물의 관리를 자율적으로 수행할 수 있어야 한다.

06 보세사의 직무 범위에 해당되지 않는 것은?
① 보세화물 및 내국물품의 반입 또는 반출에 대한 참관 및 확인
② 보세구역 안에 장치된 물품의 관리 및 취급에 대한 참관 및 확인
③ 보세구역 출입문의 개폐 및 열쇠관리의 감독
④ 보세구역의 출입자 관리에 대한 감독
⑤ 보세구역 장치물품에 대한 보수작업 승인 및 감독

07 보세사의 등록 및 취소에 대한 설명으로 틀린 것은?
① 보세사의 자격을 갖춘 자가 보세사로 근무하려면 관세청장에게 등록을 하여야 한다.
② 세관장은 보세사로서 근무하기 위하여 등록을 한 사람이 관세법이나 관세법에 의한 명령을 위반한 경우 등록의 취소, 6개월 이내의 업무정지, 견책 또는 그 밖에 필요한 조치를 할 수 있다.
③ 세관장은 보세구역운영인 또는 등록보세사로부터 보세사의 퇴사·해임·교체통보를 받은 때에는 그 등록을 취소하고, 그 사실을 전산에 등록하여야 한다.
④ 보세사로서 근무하기 위하여 등록을 한 사람이 관세법이나 관세법에 의한 명령을 위반하여 등록이 취소된 사람은 그 취소된 날로부터 2년 내에 다시 등록하지 못한다.
⑤ 보세사 등록을 신청하고자 하는 사람은 보세사등록 신청서에 입사예정증명서 또는 재직확인증명서를 첨부하여 한국관세물류협회장에게 제출하여야 한다.

08 수출입물류업체에 대한 법규수행능력 측정 및 평가관리에 관한 설명으로 틀린 것은?
① 법규수행능력 평가대상 수출입물류업체에 대한 점검은 현지점검을 원칙으로 한다.
② 세관장은 수출입물류업체에 대한 점검 시 수출입물류업체에게 자료의 제출을 요구하거나 질문 등을 할 수 있다.
③ 세관장이 현지점검을 실시한 때에는 자율관리보세구역 운영에 관한 고시 제10조에 따른 자율관리보세구역에 대한 감독을 생략할 수 있다.
④ 점검을 실시하는 세관공무원은 행정조사기본법 제11조 제3항의 규정에 따라 권한을 나타내는 증표를 지니고 이를 조사대상자에게 내보여야 한다.
⑤ 세관 화물부서에 편성된 점검반이 수출입물류업체에 대한 법규수행능력 점검을 완료한 때에는 그 결과를 법규수행능력 평가시스템에 등록해야 한다.

09 자유무역지역의 지정 및 운영에 관한 법률(이하 '자유무역지역법')과 다른 법률과의 관계에 대한 설명으로 맞는 것은?
① 자유무역지역에서는 자유무역지역법에 규정된 사항을 제외하고는 관세법을 적용한다. 다만, 자유무역지역에 통제시설이 설치되어 있지 않은 경우에는 그러하지 아니하다.
② 자유무역지역의 지정 및 운영에 관하여 경제자유구역의 지정 및 운영에 관한 특별법에 자유무역지역법과 다른 규정이 있는 경우에는 자유무역지역법을 우선하여 적용한다.
③ 자유무역지역법에서 "수입", "수출", "외국물품", "내국물품"에 대한 용어는 관세법상 용어와 차이가 있다.
④ 입주기업체 중 외국인 투자기업에 대해서도 장애인고용촉진 및 직업재활법 제28조가 적용된다.
⑤ 고용상 연령차별금지 및 고령고용촉진에 관한 법률 제12조 및 관련 규정에 따라 일정 수 이상의 근로자를 사용하는 자유무역지역 입주기업체로서 외국인투자기업의 사업주는 기준 고용률 이상의 고령자를 고용해야 한다.

10 자유무역지역에서 외국물품 등이 아닌 내국물품의 반출확인 절차에 대한 설명으로 틀린 것은?
① 내국물품을 자유무역지역에서 관세영역으로 반출하는 자는 내국물품으로 반입된 사실을 증명하는 서류를 세관장에게 제출하여야 한다.
② 내국물품 반출목록신고서를 전자문서로 세관장에게 제출하는 경우 내국물품 반입증명서류의 제출을 생략할 수 있다.
③ 세관장이 타당하다고 인정하는 직업에 필요한 용구로서 출입자가 휴대하여 반입한 물품은 내국물품 반출확인을 생략할 수 있다.
④ 내국물품 반출목록신고서를 제출한 날로부터 3년 이내의 범위에서 대통령령으로 정하는 기간 동안 내국물품 반입증명서류를 보관하여야 한다.
⑤ 내국물품 반출목록신고서를 전자문서로 제출하기 곤란한 경우에는 서류로 제출할 수 있으며, 세관공무원은 반출하는 내국물품에 대하여 검사 또는 확인할 수 있다.

11 자유무역지역 반출입물품의 관리에 관한 고시에서 규정하고 있는 용어의 뜻으로 틀린 것은?
① "반입신고"란 물품의 자유무역지역으로 반입하기 위한 신고로서 관세법 제157조의 보세구역 반입신고를 의미한다.
② "국외반출신고"란 외국물품 등을 국외반출하기 위한 신고로서 관세법의 수출신고와 동일하다.
③ "잉여물품"이란 제조·가공작업으로 인하여 발생하는 부산물과 불량품 등을 말한다.
④ "보수"란 해당 물품의 HS품목분류의 변화를 가져오지 아니하는 보전작업, 선별, 분류 또는 포장 등의 활동을 말한다.
⑤ "사용소비신고"란 외국물품을 고유한 목적 등에 사용하기 위하여 관세법 시행령에 따른 제246조 제2항 수입신고서 서식으로 반입신고를 하는 것을 말한다.

12 자유무역지역에 입주하여 사업을 영위하고자 하는 자에 대하여 입주자격을 갖춘 후 관리권자의 입주허가를 받도록 하고 있다. 입주할 수 있는 자에 대한 설명으로 틀린 것은?
① 수출을 주목적으로 하는 제조업종의 사업을 하려는 자로서 수출비중 등이 대통령령으로 정하는 기준을 충족하는 자
② 수출입거래를 주목적으로 하는 도매업종의 사업을 하려는 자로서 수출입거래 비중 등이 대통령령으로 정하는 기준을 충족하는 자
③ 물품의 하역·운송·보관·전시 또는 그 밖에 대통령령으로 정하는 사업을 하려는 자
④ 입주기업체의 사업을 지원하는 업종으로서 대통령령으로 정하는 업종의 사업을 하려는 자
⑤ 지식서비스산업에 해당하는 업종(자유무역지역의 지정 및 운영에 관한 법률 제10조 제4호부터 제6호까지의 규정에 의한 업종은 제외한다)의 사업을 하려는 자로서 수입비중 등이 대통령령으로 정하는 기준을 충족하는 자

13 자유무역지역의 통제시설의 설치·운영에 대한 설명으로 맞는 것은?
① 관리권자는 세관장과 협의를 거쳐 자유무역지역에 통제시설을 설치하고 그 운영시기를 공고하여야 한다.
② 관세청장은 통제시설의 보수 또는 확충이 필요하다고 인정할 때에는 관리권자에게 통제시설의 보수 또는 확충을 요청할 수 있다.
③ 입주기업체는 통제시설을 유지·관리하여야 한다.
④ 관리권자는 자유무역지역을 출입하는 사람 및 자동차에 대한 기록을 대통령령으로 정하는 방법으로 관리하여야 한다.
⑤ 관리권자는 입주기업체가 출입기록을 요청하는 경우 특별한 사유가 없으면 이에 따라야 한다.

14 자유무역지역의 지정 및 운영에 관한 법률 제9조에 따른 자유무역지역의 구분지구가 아닌 것은?
① 생산시설지구
② 지식서비스시설지구
③ 물류시설지구
④ 지원시설지구
⑤ 민간시설지구

15 자유무역지역의 지정 및 운영에 관한 법률에 따른 자유무역지역에서의 물품의 반출입 또는 수입에 대한 설명으로 틀린 것은?
① 외국물품을 자유무역지역 안으로 반입하려는 자는 관세청장이 정하는 바에 따라 세관장에게 반입신고를 하여야 한다.
② 세관장은 반입신고를 하지 아니하고 자유무역지역 안으로 반입된 내국물품에 대하여 반입자의 신청에 의해 내국물품 확인서를 발급할 수 있다.
③ 입주기업체 외의 자가 외국물품을 자유무역지역 안으로 반입하려는 경우에는 관세법 제241조에 따른 수입신고 대상이 아니다.
④ 입주기업체가 자유무역지역에서 사용 또는 소비하려는 내국물품 중 자유무역지역의 지정 및 운영에 관한 법률 제45조 제1항 및 제2항의 적용을 받으려는 사무용컴퓨터는 세관장에서 반입신고를 하여야 한다.
⑤ 외국물품 등을 자유무역지역에서 그대로 관세영역으로 반출하려는 경우 그 반출을 하려는 자는 수입신고를 하고 관세 등을 납부하여야 한다.

16 관세법상 '보세사의 명의대여죄'의 처벌내용으로 맞는 것은?
① 1년 이하의 징역 또는 1천만 원 이하의 벌금에 처한다.
② 1년 이하의 징역 또는 2천만 원 이하의 벌금에 처한다.
③ 2년 이하의 징역 또는 1천만 원 이하의 벌금에 처한다.
④ 2년 이하의 징역 또는 2천만 원 이하의 벌금에 처한다.
⑤ 3년 이하의 징역 또는 3천만 원 이하의 벌금에 처한다.

17 (   ) 안에 들어갈 내용으로 맞는 것은?

| 관세법 제319조(준용)에 따라 관세범에 관하여 관세법에 특별한 규정이 있는 것을 제외하고는 (   )을 준용한다. |

① 형법
② 형사소송법
③ 질서위반행위규제법
④ 민법
⑤ 대외무역법

18 관세법 제311조에서 규정하고 있는 통고처분에 대한 설명으로 틀린 것은?
① 관세청장이나 세관장은 관세범을 조사한 결과 범죄의 확증을 얻었을 때는 벌금에 상당하는 금액, 몰수에 해당하는 물품, 추징금에 해당하는 금액을 납부할 것을 통고할 수 있다.
② 통고처분 시 벌금에 상당하는 금액은 해당 벌금 최고액의 100분의 30으로 하며, 관세청장이 정하여 고시하는 사유에 해당하는 경우에는 그 금액의 100분의 50 범위에서 관세청장이 정하여 고시하는 비율에 따라 늘리거나 줄일 수 있다.
③ 통고처분 금액을 늘려서 산정하는 때에 관세청장이 정하여 고시하는 사유가 2가지 이상 해당되는 경우에는 각 사유에 따른 비율 중에서 가장 높은 비율에 해당되는 만큼 통고처분 금액을 늘릴 수 있다.
④ 세관장은 통고처분을 받는 자가 벌금이나 추징금에 상당한 금액을 예납하려는 경우에는 이를 예납시킬 수 있다.
⑤ 관세법 제311조 제1항에 따라 세관장이 통고한 경우에는 공소의 시효는 정지된다.

19 관세법 제277조에서 규정하고 있는 과태료 처분의 대상이 아닌 것은?
① 관세법 제174조 제1항에 따른 특허보세구역의 설치·운영에 관한 특허를 받지 아니하고 특허보세구역을 운영한 자
② 특허보세구역의 특허사항을 위반한 운영인
③ 관세법 제243조 제4항을 위반하여 관세청장이 정하는 장소에 반입하지 아니하고 관세법 제241조 제1항에 따른 수출의 신고를 한 자
④ 관세법 제202조 제2항에 따른 신고를 하지 아니하고 보세공장·보세건설장 종합보세구역 또는 지정공장 외의 장소에서 작업을 한 자
⑤ 관세법 제240조의2 제2항을 위반하여 장부기록 자료를 보관하지 아니한 자

20 관세청장이나 세관장이 관세법에 의하여 고발하는 경우가 아닌 것은?
① 범죄의 정상이 징역형에 처해질 것으로 인정될 때
② 관세범인이 통고서의 송달을 받은 날로부터 15일이 지난 후 고발이 되기 전에 통고처분을 이행하였을 때
③ 관세범인이 통고를 이행할 수 있는 자금능력이 없다고 인정되는 경우
④ 관세범인의 주소 및 거소가 분명하지 아니한 경우
⑤ 관세범인에게 통고를 이행하기 곤란하다고 인정되는 경우

21 관세법 제271조에서 규정하고 있는 미수범 등에 대한 설명으로 맞는 것은?
① 그 정황을 알면서 관세법 제269조에 따른 밀수입 행위를 교사한 자는 정범에 준하여 처벌한다.
② 그 정황을 알면서 관세법 제270조에 따른 관세포탈 행위를 방조한 자는 본죄의 2분의 1을 감경하여 처벌한다.
③ 관세법 제269조의 밀수입죄 미수범은 본죄의 2분의 1을 감경하여 처벌한다.
④ 관세법 제270조의 관세포탈죄 미수범은 본죄의 2분의 1을 감경하여 처벌한다.
⑤ 관세법 제268조의2 전자문서 위조·변조죄를 범할 목적으로 그 예비를 한 자는 본죄에 준하여 처벌한다.

22 관세법 제269조에서 규정하고 있는 밀수출입죄에 대한 설명으로 틀린 것은?
① 관세법 제241조 제1항에 따른 신고를 하지 아니하고 물품을 수입한 자는 5년 이하의 징역 또는 관세액의 10배와 물품원가 중 높은 금액 이하의 상당하는 벌금에 처한다.
② 관세법 제241조 제1항에 따른 신고를 하지 아니하고 물품을 수출한 자는 3년 이하의 징역 또는 물품원가 이하의 상당하는 벌금에 처한다.
③ 관세법 제241조 제1항에 따른 신고를 하지 아니하고 물품을 반송한 자는 1년 이하의 징역 또는 물품원가 이하의 상당하는 벌금에 처한다.
④ 관세법 제241조 제1항에 따른 신고를 하였으나 해당 수출물품과 다른 물품으로 신고하여 수입한 자는 밀수입죄에 해당한다.
⑤ 관세법 제241조 제2항에 따른 신고를 하였으나 해당 수출물품과 다른 물품으로 신고하여 수출한 자는 밀수출죄에 해당한다.

23 관세법상 벌칙에 대한 설명으로 틀린 것은?
① 관세법 제282조(몰수·추징)에 따라 몰수할 수 없을 때에는 범칙 당시 물품의 수입신고가격에 상당한 금액을 범인으로부터 추징한다.
② 밀수품 취득죄의 미수범은 본죄에 준하여 처벌한다.
③ 관세의 회피를 목적으로 타인에게 자신의 명의를 사용하여 납세신고를 할 것을 허락한 자에 대해서는 관세법 제275조의3(타인에 대한 명의대여죄 등)를 적용한다.
④ 관세포탈죄를 범한 자는 정상에 따라 징역과 벌금을 병과할 수 있다.
⑤ 밀수입에 사용하기 위하여 특수가공한 물품을 누구의 소유이든지 몰수하거나 그 효용을 소멸시킨다.

24 관세법상 징역형으로 처벌할 수 없는 경우는?
① 밀수입죄
② 전자문서 위조죄
③ 허위신고죄
④ 관세포탈죄
⑤ 가격조작죄

25 ( ) 안에 들어갈 수 없는 것은?

> 밀수품을 취득·( )·( )·( ) 또는 ( )하거나 ( )한 자는 3년 이하의 징역 또는 물품원가 이하에 상당하는 벌금에 처한다.

① 양도
② 운반
③ 보관
④ 알선
⑤ 폐기

▶ 정답 및 해설 | p.92

2020년 기출문제

제1과목 : 수출입통관절차

01 관세에 대한 설명으로 틀린 것은?
① 관세법상 납세의무자와 실질적인 조세부담자가 다른 간접세에 해당한다.
② 국가가 일정한 과세기간에 따라 일정시점에 조세를 부과하는 정기세에 해당한다.
③ 납세의무자의 의사와 관계없이 관세법 또는 조약에 의거 강제적으로 부과징수하는 조세이다.
④ 자유무역의 장애요소가 될 수 있다.
⑤ 부가가치세 등과 같은 소비세적 성격이 있다.

02 간이세율 적용에 대한 설명으로 틀린 것은?
① 외국을 오가는 운송수단의 승무원이 휴대하여 수입하는 물품은 간이세율을 적용할 수 있다.
② 탁송품은 간이세율을 적용할 수 있다.
③ 종량세가 적용되는 물품은 간이세율을 적용하지 아니한다.
④ 관세율이 무세인 물품은 간이세율을 적용하지 아니한다.
⑤ 우편물은 모두 간이세율을 적용할 수 있다.

03 관세법의 목적에 대한 설명이다. ( ) 안에 들어갈 용어를 맞게 나열한 것은?

| 이 법은 관세의 부과·징수 및 수출입물품의 통관을 (　)하게 하고 (　)수입을 확보함으로써 (　)경제의 발전에 이바지함을 목적으로 한다. |

① 신속, 관세, 국가
② 신속, 관세, 국민
③ 적정, 조세, 국민
④ 적정, 관세, 국민
⑤ 정확, 조세, 국가

04 보세구역에 반입된 수입물품의 수입신고 의무에 관한 설명으로 틀린 것은?
① 신고의무기간의 미준수에 따른 가산세 대상물품은 보세구역의 종류와 물품의 특성을 감안하여 관할 세관장이 정한다.
② 신고의무기간은 보세구역 반입일로부터 30일 이내이다.
③ 신고의무기간 내에 수입의 신고를 하지 아니한 경우에는 해당 물품의 과세가격의 100분의 2에 상당하는 금액의 범위에서 가산세를 징수한다.
④ 신고지연가산세는 500만 원을 초과할 수 없다.
⑤ 관세법 별표 관세율표상 관세가 무세인 국제운송을 위한 컨테이너는 수입신고를 생략한다.

05 수출 심사 및 검사에 대한 설명으로 틀린 것은?
① 전자통관심사란 수출신고를 하면 세관 직원의 심사 없이 수출통관시스템에서 전자적 방식으로 심사하는 것을 말한다.
② 심사란 신고된 세번과 신고가격 등 신고사항의 적정여부, 법령에 의한 수출요건의 충족 여부 등을 확인하기 위하여 관련서류(전자 이미지 포함)나 분석결과를 검토하는 것을 말한다.
③ 자율정정이란 심사나 검사대상으로 선별되지 아니한 신고 건에 대하여 화주 또는 신고인이 자율적으로 통관시스템을 이용하여 정정하는 것을 말한다.
④ 물품검사란 수출신고된 물품 이외에 은닉된 물품이 있는지 여부와 수출신고사항과 현품의 일치 여부를 확인하는 것을 말한다.
⑤ 적재지검사란 수출신고를 한 물품의 소재지에 방문하여 검사하는 것을 말한다.

06 첨부 서류 없이 신고서에 수입신고사항을 기재하는 간이신고 대상물품이 아닌 것은?
① 국내거주자가 수취하는 해당 물품의 총 가격이 미화 150달러 이하인 물품으로서 자가사용물품으로 인정되는 면세대상물품
② 외교행낭으로 반입되는 면세대상물품
③ 해당 물품의 총 과세가격이 미화 250달러 이하의 면세되는 상용견품
④ 설계도 중에서 수입승인이 면제되는 것
⑤ 외국환거래법에 따라 금융기관이 외환업무를 영위하기 위하여 수입하는 지급수단

07 과세물건 확정의 시기에 대한 설명으로 틀린 것은?
① 수입신고가 수리되기 전에 소비하거나 사용하는 물품(관세법 제239조에 따라 소비 또는 사용을 수입으로 보지 않는 물품은 제외) : 해당 물품을 소비하거나 사용한 때
② 도난물품 또는 분실물품 : 해당 물품이 도난되거나 분실된 때
③ 보세운송신고를 하거나 승인을 받아 보세운송하는 외국물품이 지정된 기간 내에 목적지에 도착하지 아니하여 관세를 징수하는 물품 : 보세운송 지정기간이 만료된 때
④ 우편으로 수입되는 물품(정식 수입신고 대상물품은 제외) : 통관 우체국에 도착한 때
⑤ 관세법 제253조 제1항에 따른 수입신고 전 즉시 반출신고를 하고 반출한 물품 : 수입신고 전 즉시반출신고를 한 때

08 원산지표시 보수작업에 대한 설명으로 틀린 것은?

① 수입자 등이 수입물품의 원산지표시 보수작업을 하고자 하는 때에는 보수작업 승인(신청)서를 세관장에게 제출하여야 한다.
② 원산지가 표시되지 않은 물품의 원산지표시 보수작업을 신청 받은 세관장은 원산지증명서 또는 원산지 증빙서류에 의하여 원산지를 확인한 뒤 이를 승인하여야 한다.
③ 수입자 등은 보수작업을 완료한 경우 세관공무원 또는 관세사의 확인을 받아야 한다.
④ 보수작업을 확인한 세관공무원 등은 보수작업 완료 후의 상태를 촬영하여 전자통관시스템에 등록하고 통보하여야 한다.
⑤ 보수작업신청, 승인, 작업완료 확인 내역 등록 및 통보는 전자통관시스템에 의하여 확인할 수 있다.

09 관세법상 용어에 대한 설명으로 맞는 것은?

① 관세법 제244조 제1항에 따라 입항 전 수입신고가 수리된 물품은 외국물품이다.
② 외국의 선박 등이 공해상에서 채집한 수산물로서 수입신고가 수리된 것은 외국물품이다.
③ 수출신고가 수리되었으나 선박에 적재되지 않은 물품은 내국물품이다.
④ 복합환적이란 입국 또는 입항하는 운송수단의 물품을 다른 세관의 관할구역으로 운송하여 출국 또는 출항하는 운송수단으로 옮겨 싣는 것을 말한다.
⑤ 통관이란 관세법에 따른 절차를 이행하여 물품을 수출·수입하는 것을 말하며, 반송은 포함되지 않는다.

10 과세가격을 결정하는 경우 외국통화로 표시된 가격을 내국통화로 환산할 때 기준으로 하는 환율은?

① 대고객 전신환 매입율
② 대고객 현찰 매입율
③ 은행 간 전신환율
④ 대고객 전신환 매도율
⑤ 기준환율 또는 재정환율

11 관세의 과세표준 및 과세물건 확정의 시기에 대한 설명이다. (   ) 안에 들어갈 용어를 맞게 나열한 것은?

- 관세의 과세표준은 수입물품의 (   ) 또는 (   )으로 한다.
- 관세는 수입신고(입항 전 수입신고를 포함한다)하는 때의 물품의 (   )과 (   )에 따라 부과한다.

① 가격, 수량, 가격, 수량
② 수량, 중량, 수량, 중량
③ 가격, 수량, 성질, 수량
④ 수량, 중량, 가격, 수량
⑤ 가격, 수량, 규격, 수량

12 수입신고 각하 사유에 해당하지 않는 것은?
① 사위 기타 부정한 방법으로 신고한 경우
② 재해 기타 부득이한 사유로 수입물품이 멸실되었거나 세관의 승인을 얻어 폐기하려고 하는 경우
③ 멸각, 폐기, 공매, 국고귀속이 결정된 경우
④ 출항 전 신고나 입항 전 신고의 요건을 갖추지 못한 경우
⑤ 출항 전 신고나 입항 전 신고한 화물이 도착하지 아니한 경우

13 특송물품에 대한 신고구분 및 수입신고 등의 설명으로 틀린 것은?
① 국내거주자가 수취하는 자가사용물품 또는 면세되는 사용견품 중 물품가격이 미화 150달러(미합중국과의 협정에 해당하는 물품은 미화 200달러) 이하에 해당하는 물품은 목록통관 특송물품이다.
② 물품가격이 미화 150달러(미합중국과의 협정에 해당하는 물품은 미화 200달러)를 초과하고 2,000달러 이하인 물품은 간이신고 특송물품이다.
③ 물품가격이 미화 2,000달러를 초과하는 물품은 일반수입신고 특송물품이다.
④ 우리나라가 체결한 자유무역협정에 따른 원산지증명 면제대상물품에 대하여 협정관세를 적용받고자 하는 자는 구매처(국가), 가격정보가 담긴 구매영수증 등을 세관장에게 제출하여야 한다.
⑤ 목록통관 특송물품을 수입통관 하려는 때에는 관세사, 관세법인, 통관취급법인이나 수입화주는 통관목록을 세관장에게 제출하여야 한다.

14 다음 설명 중 틀린 것은?
① 입항 전 수입신고가 수리된 물품은 우리나라에 도착된 것으로 보아 이를 외국으로 반출하는 경우에는 수출에 해당한다.
② 외국물품과 내국물품을 혼용하여 만든 제품은 모두 외국으로부터 우리나라에 도착된 외국물품으로 본다.
③ 보세구역 장치기간을 경과하여 매각한 물품은 수입신고수리 절차를 거치지 아니하였지만, 관세법상 내국물품으로 간주한다.
④ 보수작업으로 외국물품에 부가된 내국물품은 외국물품으로 본다.
⑤ 잠정가격신고 후에 확정가격신고서 세액이 증가하는 경우에는 가산세를 면제한다.

15 관세법상 신고서류 보관기간을 나열한 것이다. 틀린 것은?
① 수입신고필증 : 5년
② 수출신고필증 : 3년
③ 보세화물 반출입에 관한 자료 : 3년
④ 수입물품 과세가격 결정에 관한 자료 : 5년
⑤ 보세운송에 관한 자료 : 2년

16 수출입 금지 물품이 아닌 것은?
① 헌법질서를 문란하게 하는 물품
② 세액을 허위로 기재한 물품
③ 공공의 안녕질서 또는 풍속을 해치는 물품
④ 정부의 기밀을 누설하거나 첩보활동에 사용되는 물품
⑤ 화폐, 채권이나 그 밖의 유가증권의 위조품·변조품 또는 모조품

17 도난물품이나 분실물품에 대하여 관세법에서 정한 납세의무자가 아닌 것은?
① 보세구역 운영인
② 보세운송 신고인
③ 물품보관인
④ 물품점유자
⑤ 물품취급인

18 서류제출대상으로 선별된 수입신고건에 대하여는 제출서류를 스캔 등의 방법으로 이미지화하거나 무역서류의 전자제출을 이용하여 통관시스템에 전송하는 것이 원칙이다. 그럼에도 불구하고 종이서류로 제출하여야 하는 것은?
① 송품장
② 가격신고서
③ 선하증권(B/L) 사본이나 항공화물운송장(AWB) 사본
④ 킴벌리프로세스증명서
⑤ 원산지증명서

19 수출입물품 검사에 대한 설명으로 틀린 것은?
① 세관공무원은 수출입물품에 대하여 검사할 수 있다.
② 화주는 수입신고하려는 물품에 대하여 수입신고 전에 확인할 수 있다.
③ 세관장은 적법한 물품검사로 인하여 물품에 손실이 발생한 경우 그 손실을 입은 자에게 보상하여야 한다.
④ 세관장은 다른 법령에서 정한 물품의 성분, 품질 등에 대한 안전성 검사를 할 수 있다.
⑤ 세관장은 물품의 화주 및 신고인이 검사에 참여할 것을 신청한 경우 화주에 한하여 참여를 허용할 수 있다.

20 관세법상 심사청구에 대한 설명으로 틀린 것은?
① 심사청구는 해당 처분을 한 것을 안 날부터 120일 이내에 제기하여야 한다.
② 심사청구는 불복하는 사유를 심사청구서에 적어 해당 처분을 하였거나 하였어야 하는 세관장을 거쳐 관세청장에게 하여야 한다.
③ 이의신청을 거친 후 심사청구를 하려는 경우에는 이의신청에 대한 결정을 통지 받은 날부터 90일 이내에 하여야 한다.
④ 해당 심사청구서를 제출 받은 세관장은 이를 받은 날부터 7일 이내에 그 심사청구서에 의견서를 첨부하여 관세청장에게 보내야 한다.
⑤ 우편으로 기한 내에 제출한 심사청구서가 청구기간이 지나 세관장 또는 관세청장에게 도달한 경우에는 그 기간의 만료일에 청구된 것으로 본다.

21 고액·상습체납자의 명단 공개에 대한 설명이다. (   ) 안에 들어갈 내용을 맞게 나열한 것은?

> 관세청장은 체납발생일부터 (   )이 지난 관세 및 내국세 등이 (   ) 이상인 체납자에 대하여는 그 인적사항과 체납액 등을 공개할 수 있다. 다만, 체납관세 등에 대하여 이의신청·심사청구 등 불복청구가 진행 중이거나 체납액의 일정금액 이상을 납부한 경우 등 대통령령으로 정하는 사유에 해당하는 경우에는 그러하지 아니하다.

① 6개월, 1억 원
② 6개월, 2억 원
③ 1년, 2억 원
④ 1년, 1억 원
⑤ 3년, 3억 원

22 관세법 제231조 규정에 의한 환적물품 등의 원산지 허위표시물품 유치에 대한 설명으로 틀린 것은?
① 세관장은 원산지표시 수정 등 필요한 조치사항이 이행된 경우에는 물품의 유치를 즉시 해제하여야 한다.
② 세관장은 유치사실을 통지할 때에는 이행 기간을 정하여 원산지표시의 수정 등 필요한 조치를 명할 수 있다. 이 경우 지정한 이행 기간 내에 명령을 이행하지 아니하면 매각한다는 뜻을 함께 통지하여야 한다.
③ 세관장은 외국물품을 유치할 때에는 그 사실을 그 물품의 화주나 그 위임을 받은 자에게 통지하여야 한다.
④ 유치하는 외국물품은 세관장이 관리하는 장소에 보관하여야 한다. 다만, 세관장이 필요하다고 인정할 때에는 그러하지 아니하다.
⑤ 일시적으로 육지에 내려지거나 다른 운송수단으로 환적 또는 복합환적되는 외국물품 중 원산지를 최종 수입국으로 허위표시한 물품은 유치할 수 있다.

23 외국에 거주하는 친인척이 국내거주자에게 무상으로 기증하는 수입물품이 있을 때, 이에 대하여 세관장이 부과·징수할 수 있는 조세가 아닌 것은?

① 개별소비세
② 주세
③ 증여세
④ 교육세
⑤ 농어촌특별세

24 세관장이 수입신고서 심사결과 해당 물품을 통관 보류할 수 있는 경우가 아닌 것은?

① 수입신고서 기재사항 중 중요한 사항이 미비되어 보완이 필요한 경우
② 해당 물품에 대한 가격신고서 내용 중 일부사항이 기재 누락된 경우
③ 관세벌칙 혐의로 고발되거나 조사를 받는 경우
④ 관세법 제246조의 3에 따른 안정성 검사가 필요한 경우
⑤ 국세징수법에 따라 세관장에게 강제징수가 위탁된 해당 체납자가 수입하는 경우

25 세관장이 수입신고 수리 전 반출을 승인할 수 있는 경우가 아닌 것은?

① 조달사업에 관한 법률에 따른 비축물자로 신고된 물품으로 실수요자가 결정되지 아니한 경우
② 해당 물품에 대한 품목분류 또는 세율 결정에 오랜 시간이 걸리는 경우
③ 완성품의 세번으로 수입신고 수리를 받고자 하는 물품이 미조립상태로 분할 선적 수입된 경우
④ 특혜세율을 적용받기 위한 원산지 확인에 필요한 원산지증명서를 세관장에게 제출하지 못한 경우
⑤ 수입통관 시 법령에 따른 허가·승인·표시 또는 그 밖의 조건 등 구비조건을 증명하는 데 오랜 시간이 걸리는 경우

제2과목 : 보세구역관리

01 특허보세구역의 수용능력 증감에 대한 설명 중 틀린 것은?
① 운영인은 수용능력을 증감할 필요가 있는 경우 세관장의 승인을 얻어야 한다.
② 특허작업 능력을 변경할 운영시설의 관계도면과 공사내역서를 세관장에게 제출하여야 한다.
③ 운영시설의 증축은 수용능력 증감에 해당하지만, 수선은 해당하지 않는다.
④ 특허를 받은 면적의 범위 내에서 수용능력 변경은 신고로써 승인을 얻은 것으로 본다.
⑤ 수용능력에 대한 공사를 준공한 운영인은 그 사실을 지체 없이 세관장에게 통보하여야 한다.

02 ( ) 안에 들어갈 내용으로 맞는 것은?

> 보세구역은 지정보세구역·특허보세구역 및 (A)으로 구분하고, 지정보세구역은 지정장치장 및 (B)(으)로 구분하며, 특허보세구역은 (C)·보세공장·보세전시장·(D) 및 보세판매장으로 구분한다.

	A	B	C	D
①	종합보세구역	세관검사장	보세창고	보세건설장
②	합동보세구역	세관검사장	보세장치장	보세건설장
③	합동보세구역	세관검사장	보세창고	보세건설장
④	종합보세구역	보세건설장	보세창고	세관검사장
⑤	합동보세구역	보세창고	보세장치장	보세건설장

03 보세구역 물품의 반출입에 관한 설명 중 틀린 것은?
① 보세구역에 물품을 반입하거나 반출하려는 자는 대통령령으로 정하는 바에 따라 세관장에게 신고하여야 한다.
② 보세구역에 물품을 반입하거나 반출하려는 경우, 세관공무원은 해당 물품을 검사할 수 있다.
③ 세관장은 보세구역에 반입할 수 있는 물품의 종류를 제한할 수 있다.
④ 관세청장이 정하는 보세구역에 반입되어 수입신고가 수리된 물품은 장치기간에도 불구하고 수입신고수리일부터 15일 이내에 해당 물품을 보세구역으로부터 반출하여야 한다.
⑤ 수입신고 수리된 물품이 보세구역의 외국물품 장치에 방해가 되지 않는 경우 세관장의 반출기간 연장 승인을 받지 않아도 반출기한이 연장된다.

04 특허보세구역 물품반입 정지 사유가 아닌 것은?
① 운영인 또는 그 종업원의 관리 소홀로 해당 보세구역에서 밀수행위가 발생한 때
② 운영인 또는 그 종업원이 합법 가장 밀수를 인지하고도 세관장에게 보고하지 아니하고 보관 또는 반출할 때
③ 운영인이 특허보세구역을 운영하지 아니하거나 30일 이상 계속하여 운영을 휴지하고자 한 때에 세관장에게 통보하지 않은 경우
④ 장치물품에 대한 관세를 납부할 자력이 없다고 인정되는 경우
⑤ 운영인은 최근 1년 동안 3회 이상 경고처분을 받은 때

05 보세전시장에 반입이 허용되는 외국물품의 범위에 해당하지 않은 것은?
① 보세전시장에 설치될 전시관, 사무소, 창고, 건조물의 건설유지 또는 철거를 위하여 사용될 물품
② 박람회 등의 주최자 또는 국내 대행자가 보세전시장에서 그 업무수행을 위하여 사용할 물품
③ 보세전시장에서 불특정다수의 관람자에게 오락용으로 관람시키거나 사용하게 될 물품
④ 보세전시장에서 불특정다수의 관람자에게 판매할 것을 목적으로 하는 물품
⑤ 보세전시장에서 불특정다수의 관람자에게 증여할 것을 목적으로 하는 물품

06 보세구역 운영인이 세관장에게 지체 없이 보고하여야 할 사유에 해당하지 않은 것은?
① 관세법 제175조 및 제179조 제1항에 의거 운영인의 결격사유와 특허의 효력상실 사유가 발생한 때
② 도난, 화재, 침수, 기타 사고가 발생할 우려가 있을 때
③ 보세구역에 장치한 물품이 선적서류, 보세운송신고필증 또는 포장 등에 표기된 물품과 상이한 사실을 발견한 때
④ 보세구역에 종사하는 직원을 채용하거나 면직한 때
⑤ 보세구역의 건물, 시설 등에 관하여 소방서 등 행정관청으로부터 시정명령을 받은 때

07 보세공장의 설치·운영 특허 제한 사유에 대한 설명으로 틀린 것은?
① 위험물품을 취급하는 경우 관세청장의 별도 승인을 받지 아니한 자
② 라벨표시, 용기변경, 단순조립 등 보수작업만을 목적으로 하는 경우
③ 폐기물을 원재료로 하여 제조·가공하려는 경우
④ 손모율이 불안정한 농·수·축산물을 원재료로 하여 제조·가공하려는 경우
⑤ 보세작업의 전부를 장외작업에 의존할 경우

08 영업용보세창고 특허요건으로 틀린 것은?
① 지붕이 있고 주위에 벽을 가진 지상건축물로서 창고면적이 $500m^2$ 이상이어야 한다.
② 건물의 용도가 건축법상 보관하려는 보세화물의 보관에 적합하여야 한다.
③ 해당 창고시설을 임차하고 있는 경우, 신청일 현재 잔여 임차기간이 중장기적 사업계획을 추진할 수 있을 만큼 충분하여야 한다.
④ 특허신청인은 내부화물관리 규정을 작성하여 세관장에게 제출하여야 한다.
⑤ 화물반출입, 통관절차 이행 및 화물관리업무를 위하여 필요한 장비와 설비를 갖추어야 한다.

09 영업용보세창고 신규특허와 관련하여 세관장이 관할 지역의 수출입 물동량 요건을 적용하여야 하는 경우에 해당하는 것은?
① 국가 산업의 일환으로 조성되는 공항만 및 물류단지
② 다른 세관 관할로 보세창고 소재지를 이동하는 경우
③ 해당 지역 최초로 특수화물을 장치하기 위한 경우
④ 기존 보세창고를 인수하는 경우
⑤ 집단화 물류시설에 입주하는 경우

10 세관장이 특허보세구역 운영인에게 주의 처분할 수 있는 경우로 틀린 것은?
① 도난, 화재, 침수, 기타 사고 발생과 관련하여 지체 없이 보고하지 아니한 때
② 보세구역 수용능력 증감 관련 세관장에게 승인을 받지 아니한 때
③ 특허보세구역 특허수수료를 납부하지 아니한 때
④ 보세화물 반입 즉시 반입신고서를 제출하지 아니한 때
⑤ 보세창고 운영상황을 다음 해 2월 말까지 세관장에게 보고하지 아니한 때

11 수입활어장치장의 시설요건에 대한 설명으로 틀린 것은?
① 수조외벽은 각각의 수조가 물리적·영구적으로 분리되는 구조이어야 하며 수조사이에 활어가 이동할 수 없도록 충분한 높이를 갖추어야 한다.
② 폐쇄회로 텔레비전(CCTV)은 각각의 출입구와 2개의 수조당 1대 이상 설치하여야 하며 활어의 검량 감시용 이동식 폐쇄회로 텔레비전(CCTV)을 1대 이상 보유하여야 한다.
③ 영상녹화시설은 폐쇄회로 텔레비전(CCTV) 영상을 상시 녹화할 수 있고 녹화된 영상을 30일 이상 보관할 수 있는 감시장비를 보유하여야 한다.
④ 폐사어를 장치할 수 있는 냉동·냉장 보관시설은 필요시 설치하여 보유할 수 있다.
⑤ 세관장이 폐쇄회로 텔레비전(CCTV) 영상을 인터넷 망을 통하여 실시간으로 확인할 수 있도록 폐쇄회로 텔레비전(CCTV) 인터넷 망 접속권한 부여 등의 조치를 하여야 한다.

12 보세건설장 물품관리에 관한 설명으로 틀린 것은?
① 운영인은 보세건설장에 외국물품을 반입하였을 때에는 사용 전에 해당 물품의 수입신고를 하여야 한다.
② 운영인은 수입신고한 물품을 사용한 건설공사가 완료된 때에는 보세건설장 완료보고서를 세관장에게 제출하여야 한다.
③ 운영인이 보세건설장에 물품을 반출입하려는 경우 세관장에게 반출입신고를 하여야 한다.
④ 운영인은 보세건설장 작업이 종료한 때에는 수입신고한 물품 중 잉여물품을 세관장에게 보고하여야 하며, 세관장은 잉여물품에 대하여 관세와 내국세 징수 등 해당 세액을 경정하여야 한다.
⑤ 운영인은 보세건설장에서 건설된 시설의 전부 또는 일부를 수입신고 후 가동할 수 있다.

13 보세판매장 운영에 관한 고시에서 규정하는 용어의 정의로 틀린 것은?
① 출국장면세점이란 출국장에서 출국인 및 통과여객기(선)에 의한 임시체류인에게 판매하는 보세판매장을 말한다.
② 판매장이란 판매물품을 실제로 판매하는 장소인 매장을 말하며 계단·에스컬레이터·사무실 등 물품 판매와 직접 관련 없는 공용시설은 제외한다.
③ 인도장이란 시내면세점 및 전자상거래에 의하여 판매한 물품을 구매자에게 인도하기 위한 곳으로 출국장 보세구역 내 설치장소, 항공화물탁송 보세구역 등을 말한다.
④ 보세판매장 협의단체란 운영인의 공정한 상거래질서를 자율적으로 확립하고 보세판매장제도의 발전을 위하여 설립된 비영리법인을 말한다.
⑤ 통합물류창고란 보세판매장 협의단체장이 회원사의 원활한 보세화물관리와 물류지원을 위하여 보세판매장의 보관창고와 동일한 기능을 수행하기 위하여 설치한 곳을 말한다.

14 세관장이 지정보세구역으로 지정할 수 있는 구역이 아닌 것은?
① 국가가 소유하거나 관리하는 토지
② 지방자치단체가 소유하거나 관리하는 건물
③ 공공기관이 소유하거나 관리하는 토지나 건물
④ 공항시설을 관리하는 법인이 소유하거나 관리하는 토지나 건물
⑤ 항만시설을 관리하는 법인이 소유하거나 관리하는 토지나 건물

15 특허보세구역의 특허취소 사유에 대한 설명으로 틀린 것은?
① 세관장은 특허보세구역 운영인이 거짓이나 그 밖의 부정한 방법으로 특허를 받은 경우에는 특허를 취소하여야 한다.
② 세관장은 특허보세구역 운영인이 1년 이내에 3회 이상 물품반입 등의 정지처분을 받은 경우 특허를 취소할 수 있다.
③ 세관장은 특허보세구역 운영인이 2년 이상 물품의 반입실적이 없어서 세관장이 특허보세구역의 설치 목적을 달성하기 곤란하다고 인정하는 경우 특허를 취소할 수 있다.
④ 세관장은 특허보세구역 운영인이 관세법 제177조의2를 위반하여 명의를 대여한 경우 특허를 취소하여야 한다.
⑤ 세관장은 해당 시설의 미비 등으로 특허보세구역의 설치 목적을 달성하기 곤란하다고 인정되는 경우 특허를 취소할 수 있다.

16 특허보세구역 특허의 효력 상실에 대한 설명으로 틀린 것은?
① 운영인이 특허보세구역을 운영하지 아니하게 된 경우 그 효력은 상실한다.
② 특허보세구역의 특허기간이 만료한 경우 특허의 효력은 상실한다.
③ 운영인이 해산하거나 사망한 경우 특허의 효력은 상실한다.
④ 특허보세구역 특허의 효력이 상실되었을 때에는 운영인은 해당 특허보세구역에 있는 외국물품을 지체 없이 수입통관하여야 한다.
⑤ 특허보세구역의 특허가 취소된 경우에는 특허의 효력은 상실한다.

17 보세공장에 대한 설명으로 틀린 것은?
① 보세공장에서 내국물품만을 원료로 하거나 재료로 하여 제조·가공하거나 그 밖에 이와 비슷한 작업을 하고자 하는 자는 세관장의 허가를 받아야 한다.
② 세관장은 내국작업 허가의 신청을 받은 날부터 10일 이내에 허가 여부를 신청인에게 통지하여야 한다.
③ 세관장이 내국작업 허가의 신청을 받은 날부터 10일 이내에 신청인에게 허가 여부 또는 민원 처리 관련 법령에 따른 처리기간의 연장을 통지하지 아니하면 그 기간이 끝난 날의 다음 날에 허가한 것으로 본다.
④ 보세공장 중 수입하는 물품을 제조·가공하는 것을 목적으로 하는 보세공장의 업종은 기획재정부령으로 정하는 바에 따라 제한할 수 있다.
⑤ 보세공장에 반입되어 사용신고한 외국물품은 다른 법령에 따라 허가·승인·표시를 갖출 필요가 있는 물품임을 증명하지 않아도 된다.

18 보세판매장 판매한도에 대한 설명이다. ( ) 안에 들어갈 내용을 순서대로 나열한 것은?

> 보세판매장의 운영인이 외국에서 국내로 입국하는 사람에게 물품((A)은 제외한다)을 판매하는 때에는 (B)의 한도에서 판매하여야 한다.

	A	B
①	담배·향수·술	미화 800달러
②	담배·향수·술	미화 1,000달러
③	화장품·향수·술	미화 800달러
④	담배·화장품·술	미화 1,000달러
⑤	담배·화장품·술	미화 800달러

19 보세구역에 장치된 물품에 대한 해체·절단 등의 작업에 관한 설명으로 맞는 것은?
① 보세구역에 장치된 물품은 그 현상을 유지하기 위하여 필요한 작업과 그 성질을 변하지 아니하게 하는 범위에서 분할·합병 등을 할 수 있다.
② 해체·절단 등의 작업을 하려는 자는 세관장에게 신고하여야 한다.
③ 세관장은 해체·절단 등의 신청을 받은 날로부터 7일 이내에 허가 여부를 신청인에게 통지하여야 한다.
④ 해체·절단 등의 작업을 할 수 있는 물품의 종류는 세관장이 정한다.
⑤ 세관장은 수입신고한 물품에 대하여 필요하다고 인정될 때에는 화주 또는 위임을 받은 자에게 해체·절단 등의 작업을 명할 수 있다.

20 보세판매장 운영에 관한 고시에 따른 구매자 및 구매총액에 대한 설명으로 틀린 것은?
① 외교관면세점에서는 관세법 제88조 제1항 제1호부터 제4호까지에 따라 관세의 면제를 받을 수 있는 주한외교관 및 외국공관원에 한하여 물품을 판매할 수 있다.
② 운영인은 입국인에게 미화 800달러 이하의 구매한도 범위 내에서 물품을 판매하여야 한다. 이 경우 술·담배·향수는 별도 면세범위 내에서만 판매할 수 있다.
③ 입국장면세점에서는 입국인에게 물품을 판매할 수 있다.
④ 출국장면세점과 시내면세점에서는 출국인, 입국인 및 외국으로 출국하는 통과여객기(선)에 의한 임시체류인에 한하여 물품을 판매할 수 있다.
⑤ 운영인은 구매자의 출입국 여부 및 구매총액을 확인하여야 한다.

21 종합보세구역에서 세관장이 내국물품 반출입신고를 생략하게 할 수 있는 물품에 해당하는 것은?
① 관세법 제185조 제2항의 규정에 의하여 세관장의 허가를 받고 내국물품만을 원료로 하여 제조·가공 등을 하는 경우 그 원료 또는 재료
② 관세법 제188조 단서의 규정에 의한 혼용작업에 소요되는 원재료
③ 관세법 제196조의 규정에 의한 보세판매장에서 판매하고자 하는 물품
④ 관세법 제190조의 규정에 의한 보세전시장에서 판매하고자 하는 물품
⑤ 당해 내국물품이 외국에서 생산된 물품으로서 종합보세구역 안의 외국물품과 구별되는 필요가 있는 물품(보세전시장의 기능을 수행하는 경우에 한한다)

22 보세판매장 운영인의 의무에 대한 설명으로 틀린 것은?
① 시내면세점 운영인은 해당 보세판매장에 중소·중견기업 제품 매장을 설치하여야 한다.
② 운영인은 면세물품의 교환·환불절차 및 유의사항을 팜플렛, 인터넷 홈페이지와 게시판 등을 통하여 홍보하여야 한다.
③ 외화로 표시된 물품을 표시된 원화 이외의 통화로 판매하는 때에는 해당 물품을 판매하는 날의 전일의 관세법에 의한 기준환율 또는 재정환율을 적용한다.
④ 운영인은 해당 월의 보세판매장의 업무사항을 다음 달 7일까지 보세판매장 반출입물품 관리를 위한 전산시스템을 통하여 세관장에게 보고하여야 한다.
⑤ 보세판매장에 근무하는 소속직원과 판촉사원 등이 보세판매장 협의단체에서 주관하는 교육을 연 1회 이상 이수하도록 하여야 한다.

23 보세구역에 장치된 물품에 이상이 있는 경우 세관장에게 제출하여야 하는 이상신고서에 기재할 내용이 아닌 것은?
① 해당 물품의 품명·규격·수량 및 가격
② 당해 물품의 포장의 종류·번호 및 개수
③ 장치장소 및 장치사유
④ 장치하는 물품의 종류 및 수용능력
⑤ 발견연월일, 이상의 원인 및 상태

24 지정장치장에 반입한 물품의 보관책임에 대한 설명 중 틀린 것은?
① 반입한 물품은 지정장치장의 소유자가 보관책임을 진다.
② 세관장은 지정장치장의 질서유지와 화물의 안전관리를 위하여 필요하다고 인정할 때에는 화물관리인을 지정할 수 있다.
③ 세관장이 관리하는 시설이 아닌 경우에는 시설의 소유자나 관리자와 협의하여 화물관리인을 지정하여야 한다.
④ 화물관리인은 화물관리에 필요한 비용을 화주로부터 징수할 수 있다.
⑤ 화물관리인이 화주로부터 징수하는 비용의 요율에 대하여는 세관장의 승인을 받아야 한다.

25 보세공장의 제품과세와 원료과세에 대한 설명 중 틀린 것은?
① 외국물품이나 외국물품과 내국물품을 원료로 하거나 재료로 하여 작업하는 경우 그로써 생긴 물품은 외국으로부터 우리나라에 도착한 것으로 본다.
② 세관장의 승인을 받고 외국물품과 내국물품을 혼용하는 경우에는 그로써 생긴 제품 중 해당 외국물품의 수량 또는 가격에 상응하는 것은 외국으로부터 우리나라에 도착한 물품으로 본다.
③ 보세공장에서 제조된 물품을 수입하는 경우 사용신고 전에 미리 세관장에게 물품의 원료인 외국물품의 과세 적용을 신청한 경우에는 사용신고를 할 때의 그 원료의 성질과 수량에 따라 관세를 부과한다.
④ 보세공장에 대하여는 1년의 범위 내에서 원료별, 제품별 또는 보세공장 전체에 대하여 원료과세 신청을 할 수 있다.
⑤ 원료과세는 최근 2년간 생산되어 판매된 물품 중 수출된 물품의 가격비율이 100분의 50 미만인 경우에만 적용할 수 있다.

제3과목 : 화물관리

01 환적화물의 처리절차에 대한 설명으로 틀린 것은?
① 컨테이너에서 적출하지 않고 동일한 목적지로 보세운송하는 LCL화물은 House B/L 단위로 보세운송신고를 하여야 한다.
② 환적화물을 보세운송하려는 자는 입항 선박 또는 항공기의 House B/L 단위로 세관장에게 보세운송신고를 하여야 한다.
③ 보세운송물품이 컨테이너화물(LCL화물을 포함한다)인 경우에는 최초도착지 보세구역 운영인(보세사를 포함한다)의 확인을 받아 컨테이너를 개장하여야 한다.
④ 일괄운송 환적화물의 운송기한은 하선신고일부터 7일로 한다.
⑤ 보수작업 신청인이 보수작업을 완료할 때에는 보수작업 완료보고서를 세관장에게 제출하고 그 확인을 받아야 한다.

02 적재화물목록 정정신청을 생략할 수 있는 대상으로 틀린 것은?
① 산물(예 : 광물과 원유 등)로서 그 중량의 과부족이 5% 이내인 경우
② 용적물품(예 : 원목 등)으로서 그 용적의 과부족이 5% 이내인 경우
③ 포장파손이 용이한 물품(예 : 비료 등) 및 건습에 따라 중량의 변동이 심한 물품(예 : 펄프 등)으로서 그 중량의 과부족이 5% 이내인 경우
④ 포장단위 물품으로서 수량의 과부족이 10% 이내이고 포장상태에 이상이 없는 경우
⑤ 적재화물목록 이상 사유가 단순 기재오류 등 확인되는 경우

03 보세화물 반출통고의 주체에 대한 설명으로 틀린 것은?
① 자가용보세창고에 반입한 물품의 반출통고는 화물관리인이 화주 등에게 한다.
② 보세공장에 반입한 물품의 반출통고는 관할세관장이 화주 등에게 한다.
③ 보세구역 외 장치장에 반입한 물품의 반출통고는 관할세관장이 화주 등에게 한다.
④ 영업용보세창고에 반입한 물품의 반출통고는 보세구역운영인이 화주 등에게 한다.
⑤ 지정장치장에 반입한 물품의 반출통고는 화물관리인이 화주 등에게 한다.

04 관세법상 운송수단에 대한 설명으로 틀린 것은?
① 국제무역선이나 국제무역기는 국제항에 한정하여 운항할 수 있다. 다만, 국제항이 아닌 지역에 출입의 허가를 받은 경우에는 그러하지 아니하다.
② 세관장은 국제무역선이 국제항에 입항하여 입항절차를 마친 후 다시 우리나라의 다른 국제항에 입항할 때에는 서류제출의 생략 등 간소한 절차로 입출항하게 할 수 있다.
③ 세관장은 국제항이 아닌 지역에 대한 출입허가의 신청을 받은 날부터 14일 이내에 허가 여부를 신청인에게 통지하여야 한다.
④ 국제무역선이나 국제무역기가 국제항을 출항하려면 선장이나 기장은 출항하기 전에 세관장에게 출항허가를 받아야 한다.
⑤ 국제무역선의 선장 또는 국제무역기의 기장은 국제항이 아닌 지역에 출입허가를 받으려면 허가수수료를 납부하여야 한다.

05 외국물품의 장치기간 경과물품 매각처분 등에 대한 설명으로 틀린 것은?
① 세관장은 수출입 또는 반송할 것이 확실하다고 인정하는 경우에만 4개월의 범위에서 필요한 기간을 정하여 매각처분을 보류할 수 있다.
② 세관장은 매각처분 보류사유의 해소 여부를 수시로 확인하여 그 사유가 해제된 때에는 즉시 매각처분을 하여야 한다.
③ 세관장은 매각처분 보류결정을 한 경우에는 세관화물정보시스템에 공매보류등록을 하여야 한다.
④ 매각처분을 보류하려는 자는 장치기간 경과물품 매각처분 보류신청서를 세관장에게 낙찰 후 반출 전까지 제출하여 그 승인을 받아야 한다.
⑤ 화주의 의무는 다하였으나 통관지연의 귀책사유가 국가에 있는 경우 세관장은 매각처분을 보류할 수 있다.

06 세관장이 매각물품에 대하여 수의계약을 할 수 있는 것은?
① 1회 이상 경쟁입찰에 붙여도 매각되지 아니하는 경우(단독 응찰한 경우를 포함한다)로서 다음 회의 입찰에 체감될 예정가격 이상의 응찰자가 없을 때
② 1회 공매의 매각예정가격이 100만 원 미만일 때
③ 경쟁입찰 방법으로 매각함이 공익에 반하는 때
④ 공매절차가 종료된 물품을 국고귀속 예정통고 후에 최종 예정가격 이상으로 매수하려는 자가 있을 때
⑤ 부패 등의 우려 물품으로서 5일 이내에 매각되지 아니하면 상품가치가 저하될 우려가 있을 때

07 보세운송 물품검사에 대한 설명으로 틀린 것은?
① 세관장은 보세운송신고한 물품의 감시단속을 위하여 필요하다고 인정하면 화물관리공무원에게 검사하게 할 수 있다.
② 세관장은 물품검사 시 신고인 또는 화주의 입회가 필요한 경우 입회하게 할 수 있다.
③ 세관장은 신고인 또는 화주로부터 입회요청을 받은 때에는 입회하게 할 수 있다.
④ 세관장은 개장검사를 실시한 경우 그 결과를 세관화물정보시스템에 등록하여야 한다.
⑤ 개장검사결과 이상화물이 발견되었을 때에는 인지한 부서에서 즉시 조사전담부서로 고발 의뢰하여야 한다.

08 보세구역에 장치된 물품의 보수작업에 대한 설명으로 틀린 것은?
① 외국물품은 수입될 물품의 보수작업 재료로 사용할 수 있다.
② 관세가 무세인 외국물품은 수입될 물품의 보수작업 재료로 사용할 수 없다.
③ 운영인이 동일 품목을 대상으로 동일한 보수작업을 할 때에는 1년 이내의 기간을 정하여 포괄 승인하는 제도가 있다.
④ 세관장은 보수작업의 승인신청을 받은 날부터 10일 이내에 승인 여부를 신청인에게 통지하여야 한다.
⑤ 간단한 세팅 등 단순한 조립작업은 보수작업으로 할 수 있다.

09 해상수입화물의 하선절차에 대한 설명으로 틀린 것은?

① 하선장소가 부두 밖 보세구역인 경우에는 등록된 보세운송차량으로 운송하여야 한다.
② 세관장은 신속한 화물처리를 위하여 세관화물정보시스템에서 자동으로 하선신고 수리할 수 있다.
③ 원목, 곡물, 원유 등 산물은 입항일로부터 15일 이내에 하선장소에 반입하여야 한다.
④ 적재화물목록에 기재하지 아니하고 하선한 화물은 오송화물로 처리한다.
⑤ 하선장소 보세구역운영인(화물관리인)은 하선기한 내 공컨테이너가 반입되지 않은 경우 세관장에게 즉시 보고하여야 한다.

10 보세운송절차에 대한 설명으로 틀린 것은?

① 항공사가 국제항간 입항 적재화물목록 단위로 일괄하여 항공기로 보세운송하려는 수입화물은 세관장에게 신고하여야 한다.
② 보세운송 중에 물품이 도난 등으로 멸실된 경우 정해진 관세를 징수할 수 있다.
③ 송유관을 통하여 운송하는 석유제품 및 석유화학제품에 대하여는 보세운송절차를 생략할 수 있다.
④ 보세운송신고를 하려는 자는 화물관리번호가 부여된 이후에 할 수 있다.
⑤ 여행자 휴대품 중 반송되는 물품의 보세운송절차는 반송절차에 관한 고시에서 정하는 바에 따른다.

11 보세운송 승인기준에 대한 설명으로 틀린 것은?

① 비금속설은 도착지가 실화주의 자가용 창고로서 비금속설을 처리할 수 있는 용광로 또는 압연실을 갖추고 있고, 수입화주가 보세운송 승인신청을 하는 경우에만 승인할 수 있다.
② 통관이 보류되거나 수입신고 수리를 할 수 없는 물품은 반송을 위하여 선적지 하선장소로 보세운송하는 경우에만 승인할 수 있다.
③ 귀석·반귀석·귀금속·한약재·의약품·향료 등 부피가 작고 고가인 물품은 수출품목 제조용 원재료 또는 세관장이 지정한 보세구역으로 운송하는 물품에만 승인을 할 수 있다.
④ 해체용 선박, 활어, 중고자동차 등 특정물품은 통관지세관으로 보세운송하는 경우에만 승인을 할 수 있다.
⑤ 보세운송된 물품 중 다른 보세구역 등으로 재보세운송하려는 물품은 세관장이 부득이하다고 인정하는 경우에만 승인을 할 수 있다.

12 보세화물의 관리·감독에 대한 설명으로 틀린 것은?

① 수입신고 수리 물품 반출의무 보세구역에 장치된 수입화물은 수입신고 수리일로부터 15일 이내에 해당 보세구역에서 반출하여야 하며, 이를 위반한 경우에는 해당 보세구역 운영인에게 과태료가 부과된다.
② 장치물품을 수입신고 이전에 확인하고자 하는 화주는 세관장의 승인을 받아야 하며, 물품 확인은 화물관리 세관공무원 또는 보세사 입회 하에 실시하여야 한다.
③ 보세판매장에서 판매할 물품을 공급하기 위하여 제품검사, 선별, 기능보완 등 이와 유사한 작업이 필요한 경우에는 세관장에게 보수작업 승인신청을 할 수 있다.
④ 수입고철의 해체, 절단 등의 작업을 하려는 자는 세관장에게 허가를 받아야 한다.
⑤ 보세구역에 장치된 외국물품이 멸실된 경우 운영인, 화물관리인 또는 보관인은 품명, 규격·수량 및 장치장소, 멸실 연월일과 멸실 원인 등을 기재한 신고서를 세관장에게 제출하여야 한다.

13 화물운송주선업자 등록의 유효기간으로 맞는 것은?
① 1년
② 2년
③ 3년
④ 4년
⑤ 5년

14 보세구역에 반입되는 물품 중 장치기간 규정을 적용받지 않는 물품은?
① 여행자 또는 승무원의 휴대품으로서 유치 또는 예치된 물품 및 습득물
② 검역물품
③ 보세창고 반입물품
④ 보세판매장 반입물품
⑤ 지정장치장 반입물품

15 세관장이 국고귀속 조치를 보류할 수 있는 물품이 아닌 것은?
① 특수용도에만 한정되어 있는 물품으로서 국고귀속 조치 후에도 공매낙찰 가능성이 없는 물품
② 폐기 또는 반송대상 물품
③ 국가기관에서 수입하는 물품
④ 관세법 위반으로 조사 중인 물품
⑤ 국고귀속 조치를 할 경우 인력과 예산부담을 초래하여 국고에 손실이 야기된다고 인정되는 물품

16 해상수입화물의 하선장소 물품반입에 대한 설명으로 틀린 것은?
① LCL화물을 하선장소의 CFS 내에 컨테이너 적출 및 반입작업을 하려는 때에는 당해 컨테이너의 내장화물 적출 사실을 세관장에게 신고하여 Master B/L 단위로 물품 반입신고를 하여야 한다.
② 컨테이너 화물의 하선신고를 한 자는 입항일(외항에서 입항수속을 한 경우 접안일)로부터 5일 이내에 해당 물품을 하선장소에 반입하여야 한다.
③ 입항 전 수입신고 수리 또는 하선 전 보세운송 신고 수리가 된 물품을 하선과 동시에 차상반출하는 경우에는 반출입신고를 생략할 수 있다.
④ 하선장소 보세구역운영인(화물관리인)은 하선기한 내 공컨테이너가 반입되지 않은 경우 세관장에게 즉시 보고하여야 한다.
⑤ 하선장소의 물품반입 지정기간 이내에 반입이 곤란할 때에는 반입지연 사유, 반입예정일자 등을 기재한 하선장소 반입기간 연장(신청)서를 세관장에게 제출하여 승인을 받아야 한다.

17 항공사가 공항 내 현도장 보세구역을 하기장소로 결정하는 물품이 아닌 것은?

① 입항 전 또는 하기장소 반입 전에 수입신고가 수리된 물품
② 화물의 관리자가 즉시 반출을 요구하는 물품
③ 하기장소 반입 전에 보세운송 신고가 수리되었거나 타세관 관할 보세구역으로 보세운송한 물품
④ 검역대상물품(검역소에서 인수하는 경우)
⑤ 수입신고절차가 생략되는 B/L제시 인도물품

18 적재화물목록 정정신청 기간과 관련하여 ( ) 안에 들어갈 내용으로 맞는 것은?

> A. 하선(기)결과 이상보고서 및 반입결과 이상보고서가 제출된 물품은 보고서 제출일로부터 ( )일 이내
> B. 수입화물의 적재화물목록을 정정신청하려는 경우는 선박(항공기) 입항일로부터 ( )일 이내
> C. 수출화물의 적재화물목록을 정정신청하려는 경우 해당 수출물품을 적재한 선박, 항공기가 출항한 날로부터 해상 화물은 ( )일 이내, 항공화물은 ( )일 이내

	A	B	C
①	15	30	60, 90
②	7	60	90, 60
③	7	30	60, 90
④	10	30	90, 60
⑤	15	60	90, 60

19 보세구역 외 장치 등에 대한 설명으로 틀린 것은?

① 보세구역의 장치허가 수수료는 허가건수 단위로 징수한다. 이 경우 동일모선으로 수입된 동일화주의 화물을 동일장소에 반입하는 때에는 1건의 보세구역 외 장치로 허가할 수 있다.
② 보세구역 외 장치의 허가기간은 원칙적으로 1년의 범위 내에서 세관장이 필요하다고 인정하는 기간으로 정한다.
③ 다량의 산물로서 보세구역에 장치 후 다시 운송하는 것이 불합리하다고 인정하는 물품은 보세구역 외 장치할 수 있다.
④ 세관장은 보세구역 외 장치허가를 받으려는 물품(환적화물도 포함)이 일정기준에 해당하는 경우 담보제공을 생략하게 할 수 있다.
⑤ 보세구역의 장치 담보액은 수입통관 시 실제 납부하여야 할 관세 등 제세상당액으로 한다.

20 보세화물관리에 관한 고시에서 정한 보세구역 외 장치물품의 담보생략 기준에 해당하지 않는 것은?

① 제조업체가 수입하는 수출용원자재(농·축·수산물은 제외)
② 무세물품(부가가치세 등 부과대상은 제외)
③ 재수출물품 중 관세가 면제될 것이 확실하다고 세관장이 인정하는 물품
④ 정부용품
⑤ 방위산업용 물품

21 수출물품의 적재신고에 따른 물품목록 제출시기에 대한 설명으로 틀린 것은?
① 해상화물은 해당 물품을 선박에 적재하기 24시간 전까지 제출하여야 한다.
② 근거리 지역의 경우 해당 물품을 선박에 적재하기 전까지 제출하되 선박이 출항하기 30분 전까지 최종 마감하여 제출하여야 한다.
③ 공컨테이너의 경우 출항하기 전까지 제출하여야 한다.
④ 선상 수출신고물품의 경우 출항 익일 12시까지 제출하여야 한다.
⑤ 공항의 화물터미널에서 B/L상의 중·수량을 확정하는 경우 항공기의 출항 익일 세관 근무시간까지 1회에 한하여 물품목록의 해당 항목을 정정할 수 있다.

22 일반 간이보세운송업자 지정 등에 대한 설명으로 맞는 것은?
① 지정요건 중 자본금은 5천만 원 이상인 법인이다.
② 지정요건 중 법규수행능력 평가는 직전 A등급 이상인 법인이다.
③ 지정요건 중 담보(부동산은 제외)는 5천만 원 이상 제공한 자이다.
④ 지정기간은 2년으로 하되 갱신할 수 있다.
⑤ 갱신신청은 지정기간 만료 10일 전까지 하여야 한다.

23 체화물품의 폐기비용 및 대집행 등에 대한 설명으로 틀린 것은?
① 폐기명령을 받은 화주, 반입자 또는 그 위임을 받은 자는 동 물품을 자기비용으로 폐기 또는 반송하여야 한다.
② 폐기명령 대상물품에 대한 공시송달은 공고한 날부터 7일을 경과함으로써 그 효력이 발생한다.
③ 폐기처분은 소각(열에너지화 작업 등으로 소각하는 것을 포함한다) 또는 매몰 등의 방법으로 처리하여야 한다.
④ 세관장은 예산 편성 시 폐기처분 대집행에 소요되는 예상비용을 예산에 계상하여야 한다.
⑤ 행정대집행법에 따라 비용납부명령서를 받은 자가 납기 내에 납부하지 아니하는 때에는 행정절차법에 따라 징수한다.

24 화물운송주선업자의 등록요건에 대한 설명으로 틀린 것은?
① 관세 및 국세의 체납이 없을 것
② 화물운송주선업자 등록이 취소된 후 1년이 지났을 것
③ 자본금 3억 원 이상을 보유한 법인(법인이 아닌 경우에는 자산평가액이 6억 원 이상)일 것
④ 물류정책기본법에 따른 국제물류주선업의 등록을 하였을 것
⑤ 혼재화물 적재화물목록 제출 등을 위한 전산설비를 갖추고 있을 것

25 공매물품의 낙찰취소 사유에 대한 설명으로 틀린 것은?
① 낙찰자가 지정된 기일까지 대금잔액을 납입하지 않는 경우
② 낙찰자가 특별한 사유 없이 공매조건을 이행하지 않는 경우
③ 공매낙찰 전에 해당 물품이 수출, 반송 또는 수입신고수리가 된 경우
④ 부패, 손상, 변질 등의 우려가 있는 물품으로서 즉시 매각되지 아니하면 상품가치가 저하될 우려가 있는 경우
⑤ 착오로 인하여 예정가격, 공매조건 등의 결정에 중대하고 명백한 하자가 있는 경우

제4과목 : 수출입안전관리

01 수출입 안전관리 우수업체 관리책임자의 공인 전·후 교육에 대한 설명으로 틀린 것은?
① 공인 전에 수출입관리책임자는 16시간 이상의 교육을 받아야 한다.
② 공인 전 교육의 유효기간은 해당 교육을 받은 날로부터 5년이다.
③ 공인 후에 총괄책임자는 매 2년마다 4시간 이상의 교육을 받아야 한다.
④ 관리책임자가 변경된 경우에는 변경된 날로부터 1년 이내에 해당 교육을 받아야 한다.
⑤ 관세청장이 별도로 지정하는 수출입 안전관리 우수업체 제도 관련 행사 등에 참석하는 경우에는 해당 교육시간을 인정할 수 있다.

02 수출입 안전관리 우수업체 공인 신청 시 제출하여야 하는 서류가 아닌 것은?
① 수출입 안전관리 우수업체 공인심사 신청서
② 공인기준을 충족하는지를 자체적으로 평가한 수출입 관리현황 자체평가표
③ 자체 측정한 법규준수도 평가표
④ 법인등기부등본
⑤ 대표자 및 관리책임자의 인적사항 명세서

03 보세구역 운영인의 수출입 안전관리 우수업체 공인기준에 대한 설명으로 틀린 것은?
① 운영인은 부채비율이 동종업종의 평균 부채비율의 300% 이하로 성실한 법규준수의 이행이 가능할 정도의 재정을 유지하여야 한다.
② 운영인은 법령에 허용하는 범위 내에서 채용예정자에 대한 이력을 점검하여야 한다.
③ 운영인은 컨테이너에 밀항자를 은닉하는 것으로 알려진 외국의 항구로부터 선박 및 컨테이너가 반입되었을 경우에는 징밀검색하는 절차를 미련히어야 한다.
④ 운영인은 회사정보에 대한 부적절한 접근, 조작 및 교환을 포함한 정보기술의 오·남용을 확인할 수 있는 시스템을 마련하여야 한다.
⑤ 운영인은 수출입물품에 대한 안전관리 유지 등에 대하여 직원들에게 교육하여야 한다.

04 수출입 안전관리 우수업체의 사후관리 등에 대한 설명으로 틀린 것은?
① 수출입 안전관리 우수업체의 수출입관리책임자는 공인 후 매 2년마다 8시간 이상의 교육을 받아야 한다.
② 총괄책임자는 수출입 안전관리를 총괄하며, 의사 결정 권한이 있는 대표자 또는 임원으로 한다.
③ 수출입 안전관리 우수업체는 범칙행위, 부도 등 공인유지에 중대한 영향을 미치는 변동사항이 발생한 경우에는 지체 없이 관세청장에게 보고하여야 한다.
④ 수출입 안전관리 우수업체가 여러 공인부문에 걸쳐 공인을 받은 경우에는 공인일자가 가장 늦은 공인 부분을 기준으로 자율 평가서를 함께 제출할 수 있다.
⑤ 중소기업기본법에 따른 중소기업은 수출입 관련 업무에 1년 이상 근무한 경력이 있고 관세청장이 정한 교육을 받은 해당 업체 소속 관리책임자의 확인을 받아 자율 평가서를 제출할 수 있다.

05 수출입 안전관리 우수업체 공인심사 신청에 대한 각하 사유가 맞게 나열된 것은?

> A. 공인기준을 충족하는지를 자율적으로 평가한 수출입 관리현황 자율 평가표(법규준수도를 제외한다)를 제출하지 않은 경우
> B. 관세조사 결과로 법규준수도 점수가 하락하여 법인 단위 법규준수도가 70점 미만(중소 수출기업은 60점 미만)인 경우
> C. 지방세의 체납이 있는 경우
> D. 공인부문별 공인기준 중에서 안전관리 기준을 충족하지 못한 경우
> E. 대표자 및 관리책임자의 인적사항 명세서를 제출하지 않은 경우

① A, C, D
② B, D, E
③ B, C, E
④ A, C, E
⑤ A, C, D, E

06 수출입 안전관리 우수업체는 변동사항보고 점검 결과에 따라 공인기준 준수 개선 완료보고서를 제출하여야 한다. 관세청장이 이를 검토한 후 취할 수 있는 조치가 아닌 것은?

① 공인등급 조정
② 현장 심사
③ 공인의 유보
④ 공인신청의 기각
⑤ 혜택의 정지

07 보세구역 운영인의 수출입 안전관리 우수업체 공인기준 중 내부통제시스템 기준에 대한 설명으로 틀린 것은?

① 운영인은 법규준수와 안전관리를 위하여 수출입물품 취급 관련 자격증소지자와 경험자를 근무하도록 하여야 한다.
② 운영인은 법규준수와 안전관리 관련 업무 처리에 부정적 영향을 주는 위험요소의 식별, 평가, 관리대책의 수립, 개선 등을 포함한 절차를 마련하여야 한다.
③ 운영인은 수출입물품의 보관내역과 이와 관련된 보관 수수료 등을 추적할 수 있는 운영체계를 구축하고, 세관장으로부터 요청받을 경우 접근을 허용하여야 한다.
④ 운영인은 법규준수와 안전관리 업무에 대한 정보가 관련 부서에 공유되지 않도록 보안에 최선을 다해야 한다.
⑤ 운영인은 내부통제활동에 대하여 주기적으로 평가하고 개선하는 절차를 마련하여야 한다.

08 보세구역운영인의 수출입 안전관리 우수업체 공인기준 중 안전관리 기준에 대한 설명으로 틀린 것은?
① 운영인은 컨테이너와 트레일러 등의 이상 여부를 확인하고, 손상된 컨테이너와 트레일러 등을 식별하여 세관장 및 관련 외국 관세당국에 보고하는 절차를 마련하여야 한다.
② 운영인은 컨테이너와 트레일러 등에 비인가된 물품이나 사람의 침입을 방지하기 위해 봉인을 관리하고, 손상된 봉인을 식별하여 세관장 및 관련 외국 관세당국에 보고하는 절차를 마련하여야 한다.
③ 운영인은 물품 보관장소 및 컨테이너와 트레일러 등에 대하여 주기적으로 점검하는 절차를 마련하여야 한다.
④ 운영인은 권한이 없거나 신원이 확인되지 않은 사람에 대하여 검문과 대응하는 절차를 마련하여야 한다.
⑤ 운영인은 물품을 수하인 등에게 인계할 때 검수하여야 하며, 물품의 불일치 또는 부적절한 인계 등이 발생하였을 경우 세관장 및 관련 외국 관세당국에 보고하는 절차를 마련하여야 한다.

09 수출입 안전관리 우수업체 공인 및 운영에 관한 설명으로 틀린 것은?
① 관세청장은 통관절차 등의 혜택을 효과적으로 제공하기 위하여 수출입 안전관리 우수업체의 대표자 또는 수출입 안전관리책임자를 대상으로 수출입안전관리 우수업체 카드를 발급할 수 있다.
② 관세청장은 수출입 안전관리 우수업체가 국가 간 상호인정 혜택을 받을 수 있도록 업체 명단, 유효기간 등 공인 정보를 상대국 관세당국에 제공할 수 있다.
③ 수출입 안전관리 우수업체는 공인이 취소된 경우에 지체 없이 관세청장에게 공인증서를 반납하여야 한다.
④ 관세청장은 갱신심사 결과 공인이 유보된 경우에도 공인유보의 사유가 경미하다고 판단되는 경우에는 혜택을 부여할 수 있다.
⑤ 관세청장은 수출입 안전관리 우수업체가 공인의 유효기간 중에 보완요구를 3회 이상 받은 경우에는 혜택의 전부 또는 일부의 적용을 정지할 수 있다.

10 수출입 안전관리 우수업체의 공인을 유보할 수 있는 사유에 해당하지 않는 것은?
① 신청업체가 나머지 공인기준은 모두 충족하였으나 재무건전성기준을 충족하지 못한 경우
② 신청업체가 수입하는 물품이 과세가격 결정방법에 이견이 있음에도 불구하고 사전심사를 신청하지 않은 경우 (수입부분에만 해당)
③ 신청업체가 공인기준 중에서 법규준수의 결격에 해당하는 형사 및 사법절차가 진행 중인 경우
④ 신청업체가 사회적 물의 등을 일으켰으나 사실확인 등 심의를 위한 충분한 법리검토가 필요한 경우
⑤ 수출입 안전관리 우수업체 심의위원회에서 공인유보가 필요하다고 인정하는 경우

11 수출입 안전관리 우수업체 공인신청에 대한 기각 사유에 해당하지 않은 것은?
① 예비심사 결과 공인기준을 충족하지 못하였으며 보완 요구의 실익이 없는 경우
② 공인심사를 할 때에 제출한 자료가 거짓으로 작성된 경우
③ 관세청장이 보완을 요구하였으나, 천재지변 등 특별한 사유 없이 보완 요구기간 내에 보완하지 아니하거나(통관적법성 검증과 관련한 자료제출 및 보완 요구도 포함한다) 보완을 하였음에도 공인기준을 충족하지 못한 경우
④ 공인이 유보된 업체가 정해진 기간 내에 공인기준 준수 개선 계획을 제출하지 않거나, 공인기준 준수개선 완료 보고를 하지 않은 경우
⑤ 공인신청 후 법규준수도 점수가 70점 미만(중소 수출기업은 60점 미만)으로 하락한 경우

12 수출입 안전관리 우수업체 공인표지에 대한 설명으로 틀린 것은?
① 수출입 안전관리 우수업체 공인표지는 1개의 디자인으로 되어 있다.
② 수출입 안전관리 우수업체 공인의 유효기간 동안 관세청장이 정한 공인표지를 서류 또는 홍보물 등에 표시할 수 있다.
③ 수출입 안전관리 우수업체는 공인표지를 홍보물에 표시하는 경우 공인표지를 임의로 변경할 수 없다.
④ 수출입 안전관리 우수업체 공인 신청업체는 공인표지를 사용할 수 없다.
⑤ 수출입 안전관리 우수업체가 아닌 자가 공인표지를 사용하고자 할 때에는 관세청장의 사전승인을 받아야 한다.

13 수출입 안전관리 우수업체 관리책임자의 업무에 해당하지 않는 것은?
① 직원에 대한 수출입 안전관리 교육
② 정보교환, 회의참석 등 수출입 안전관리 관련 관세청 및 세관과의 협업
③ 세액 등 통관적법성 준수 관리
④ 정기 자율평가, 변동사항 보고 등 공인기준 준수 관련 업무
⑤ 기업 프로파일 관리

14 수출입 안전관리 우수업체 변동사항 보고에 관한 설명으로 틀린 것은?
① 양도, 양수, 분할, 합병 등에 의한 법적지위의 변경이 있으면 수출입관리현황 변동사항 보고서를 작성하여 관세청장에게 보고하여야 한다.
② 소재지 이전, 사업장 신설 등이 발생한 경우 수출입관리현황 변동사항 보고서를 작성하여 관세청장에게 보고하여야 한다.
③ 관세청장은 변동사항 점검 결과 법규준수도 하락으로 공인등급 하향조정이 예상되는 경우에는 공인기준 준수 개선을 요구하여야 한다.
④ 공인기준 준수 개선을 요구받은 수출입 안전관리 우수업체는 요구받은 날로부터 30일 이내에 공인기준 준수 개선 계획을 제출하여야 한다.
⑤ 관세청장은 공인기준을 충족하지 못한 사항이 경미한 경우에는 공인기준 준수 완료보고서의 제출을 생략하게 할 수 있다.

15 수출입 안전관리 우수업체의 공인 취소에 대한 설명으로 맞는 것은?
① 수출입 안전관리 우수업체가 수출입 관련 법령을 위반한 경우 처벌의 확정 여부를 구분하지 않고 공인취소 절차를 진행한다.
② 관세법 제276조(허위신고죄 등)에 따라 통고처분을 받은 경우 공인취소 절차를 진행한다.
③ 수출입 안전관리 우수업체가 정기 자율평가와 관련하여 거짓자료를 제출한 경우 공인취소 절차를 진행한다.
④ 갱신심사 결과 공인기준을 충족하지 못하는 수출입 안전관리 우수업체에게 공인기준 준수 개선 또는 자료제출을 요구(통관적법성 관련 자료 제출을 요구하는 경우는 제외) 하였으나 정당한 이유 없이 이행하지 않는 경우 공인취소 절차를 진행한다.
⑤ 수출입 안전관리 우수업체가 최근 2년 이내에 혜택 적용의 정지 처분을 3회 이상 받은 경우 공인취소 절차를 진행한다.

16 수출입 안전관리 우수업체의 혜택적용 정지사유에 해당하지 않는 것은?
① 정당한 사유 없이 변동사항을 보고하지 않은 경우
② 공인의 유효기간 중에 공인기준 미충족 등으로 보완요구를 3회 이상 받은 경우
③ 관리책임자가 교육을 받도록 권고받은 이후에 특별한 사유 없이 교육을 받지 않은 경우
④ 정기 자율 평가서를 제출기한으로부터 1개월 이내에 제출하지 아니한 경우
⑤ 관세청장의 시정명령 또는 개선 권고사항을 특별한 사유 없이 이행하지 않은 경우

17 수출입 안전관리 우수업체 공인심사에 대한 설명으로 틀린 것은?
① 갱신심사 대상 업체는 갱신심사를 신청하기 전에 예비심사를 신청할 수 있다.
② 관세청장은 수출입 안전관리 우수업체 공인심사 시 서류심사를 지정된 기관에 위탁할 수 있다.
③ 중소 수입기업이 예비심사를 신청할 경우에는 다른 신청업체에 우선하여 예비심사를 할 수 있다.
④ 관세청장은 국제선박보안증서를 발급받은 국제항해선박소유자에 대하여 별도의 확인절차를 받아 공인기준을 충족한 부분에 대해서는 심사를 생략할 수 있다.
⑤ 관세청장은 중소 수출기업의 규모 및 법규준수도 점수 등을 고려하여 내부통제시스템 기준 중에서 위험평가 부분에 대한 공인심사를 간소하게 할 수 있다.

18 수출입 안전관리 우수업체로 공인을 신청할 수 없는 사는?
① 관세법 제241조에 따른 수입자(수입부문)
② 관세법 제172조에 따른 지정장치장의 화물을 관리하는 자(보세구역 운영인 부문)
③ 관세법 제222조 제1항 제2호에 해당하는 화물운송주선업자(화물운송주선업 부문)
④ 관세법 제222조 제1항 제3호에 해당하는 자(하역업 부문)
⑤ 관세법 제199조의2에 따른 환급창고운영사업사(수출 부문)

19 수출입 안전관리 우수업체의 갱신심사에 대한 설명으로 틀린 것은?
① 수출입 안전관리 우수업체가 공인을 갱신하고자 할 때에는 공인의 유효기간이 끝나기 6개월 전까지 수출입 안전관리 우수업체 갱신심사 신청서를 관세청장에게 제출하여야 한다.
② 수출입 안전관리 우수업체가 여러 공인부문에 걸쳐 공인을 받은 경우에는 공인일자가 가장 빠른 공인 부문을 기준으로 갱신심사를 함께 신청할 수 있다.
③ 관세청장은 갱신심사를 할 때에는 수출입 안전관리 우수업체의 공인부문별로 서류심사와 현장심사의 순으로 구분하여 실시한다.
④ 수입업체의 갱신심사 범위에는 통관적법성 확인대상 분야(법규준수와 관련된 과세가격, 품목분류, 원산지, 환급, 감면, 외환, 보세화물 관리, 사후관리 및 통관요건에 대한 세관장 확인업무 등)를 포함할 수 있다.
⑤ 갱신심사 중 현장심사를 할 때에 통관적법성 검증을 위하여 수출입 안전관리 우수업체의 사업장을 직접 방문하는 기간은 방문을 시작한 날로부터 30일 이내로 한다.

20 수출입 안전관리 우수업체에 대한 현장심사에 관한 설명 중 틀린 것은?
① 관세청장은 서류심사를 마친 날부터 30일 이내에 현장심사 계획 통지서를 신청업체에게 송부하여야 한다. 이 경우 관세청장은 현장심사를 시작하기 최소 10일 전까지 그 계획을 통지하여야 한다.
② 관세청장은 부득이한 사유로 심사 일정을 변경하고자 하는 경우에는 현장심사를 시작하기 5일 전까지 변경된 일정을 통지할 수 있다.
③ 관세청장은 현장심사를 시작한 날부터 30일 이내에 그 심사를 마쳐야 하며, 신청업체의 사업장을 직접 방문하는 기간은 10일 이내로 한다. 심사대상 사업장이 여러 곳인 경우에 관세청장은 효율적인 심사를 위하여 일부 사업장을 선택하여 심사하는 등 탄력적으로 심사할 수 있다.
④ 관세청장은 신청업체의 사업장을 직접 방문하는 기간을 연장하고자 할 때에는 연장하는 사유와 연장된 기간을 신청업체에게 미리 통보하여야 한다. 이 경우 업체를 방문할 수 있는 기간은 모두 합하여 30일을 넘을 수 없다.
⑤ 관세청장은 현장심사를 시작하기 전이나 시작한 후에 업체에게 부득이한 사유가 발생하여 정상적인 심사가 어렵다고 판단되는 경우에는 최소한의 기간을 정하여 현장심사를 연기하거나 중지할 수 있다. 이 경우 관세청장은 부득이한 사유가 해소된 경우에는 빠른 시일 내에 현장심사를 재개하여야 한다.

21 국제항에 대한 설명으로 틀린 것은?
① 국제항이란 국제무역선이나 국제무역기가 자유로이 출입할 수 있는 항구 또는 공항으로서 대통령령으로 지정한다.
② 국제항의 시설기준은 관세청장이 정한다.
③ 물품의 하역이나 환적이 용이한 항구 및 하역시설이 갖추어져 있다.
④ 국제무역선이나 국제무역기가 국제항을 출입하는 경우에는 출입허가수수료가 없어 경제적으로 부담이 적다.
⑤ 국제무역선이나 국제무역기는 국제항에 한정하여 운항할 수 있으며, 국제항이 아닌 지역에 출입하고자 하는 경우에는 세관장의 허가를 받아야 한다.

22 국제무역선(기)의 입항절차에 대한 설명으로 틀린 것은?
① 기장은 국제무역기가 공항에 착륙한 때에는 지체 없이 세관장에게 입항보고를 하여야 한다. 다만, 여객명부는 항공기 입항 30분 전까지 세관장에게 제출하여야 한다.
② 선장 등은 외국에서 선박을 수리하였거나 선박용품을 구입하였을 때에는 입항보고 시 그 사실을 세관장에게 제출하여야 한다.
③ 선장 등은 선박이 입항하기 24시간 전까지 입항예정(최초)보고서를 세관장에게 제출하여야 한다.
④ 직전 출항국가 출항부터 입항까지 운항 소요시간이 24시간 이하인 경우에는 직전 출항국가에서 출항하는 즉시 입항예정(최초)보고서를 제출하여야 한다.
⑤ 국제항에 입항하여 입항절차를 마친 후 다시 우리나라의 다른 국제항에 입항할 때에는 서류제출의 생략 등 간소한 절차로 입·출항할 수 있으며 항내의 다른 장소로 별도의 신고 없이 이동할 수 있다.

23 선박용품에 대한 설명 중 틀린 것은?

① 보세구역 운영인은 외국 선박용품을 보세구역에 반입한 때에는 관할지 세관장에게 반입등록서를 제출하여야 한다. 다만, 공급자 등이 하선완료 보고하였거나 보세운송하여 도착보고한 물품은 반입 등록한 것으로 갈음한다.
② 선내판매품이란 여객선에서 여행자 및 승무원에게 판매되는 물품을 말한다.
③ 선박용품 등의 적재 등은 해당 허가를 받은 자가 직접 이행하여야 한다.
④ 공급자 등은 적재 등을 완료한 때에는 다음 날 12시까지 관할 세관장에게 보고하여야 한다. 다만, 보고 기한 내에 해당 선박이 출항하는 때에는 출항허가 전까지 보고하여야 한다.
⑤ 선박용품 보세운송기간은 보세운송 신고 수리(승인)일로부터 15일 이내에서 실제 운송에 필요한 기간으로 한다.

24 관리대상화물 검사에 대한 설명으로 틀린 것은?

① 세관장은 화주가 요청하는 경우 검색기 검사화물로 선별된 화물의 검사방법을 즉시검사 화물로 변경할 수 있다.
② 세관장은 검사대상화물에 대하여 적재화물목록 심사가 완료된 때에 적재화물목록 제출자에게 검사대상으로 선별된 사실을 통보하여야 한다.
③ 세관장은 검색기 검사를 실시한 결과 이상이 없는 것으로 판단된 경우에는 선사가 지정하는 하선장소로 신속히 이동될 수 있도록 조치하여야 한다.
④ 세관장은 검사대상화물 중 우범성이 없거나 검사의 실익이 적다고 판단되는 화물은 검사대상화물 지정을 직권으로 해제할 수 있다.
⑤ 세관장이 검색기 검사결과 정밀 검사가 필요하다고 인정하는 때에는 화주가 요청하는 보세창고에서 정밀검사를 실시하여야 한다.

25 관세통로, 통관역, 통관장의 지정권자를 나열한 것으로 맞는 것은?

① 관세통로 - 관세청장, 통관역 - 세관장, 통관장 - 세관장
② 관세통로 - 세관장, 통관역 - 관세청장, 통관장 - 세관장
③ 관세통로 - 세관장, 통관역 - 관세청장, 통관장 - 관세청장
④ 관세통로 - 관세청장, 통관역 - 관세청장, 통관장 - 세관장
⑤ 관세통로 - 세관장, 통관역 - 세관장, 통관장 - 관세청장

제5과목 : 자율관리 및 관세벌칙

01 자율관리보세구역의 감독에 관한 내용으로 틀린 것은?
① 자율점검표에는 자율관리보세구역 지정요건 충족 여부를 포함하여야 한다.
② 자율점검표에는 관세청장이 절차생략 준수 여부를 포함하여야 한다.
③ 자율점검표에는 운영인 등의 의무사항 준수 여부를 포함하여야 한다.
④ 자율점검표를 미제출하는 경우에는 정기검사를 하여야 한다.
⑤ 자율점검표 제출기한은 회계연도 종료 3개월이 지난 후 20일 이내이며, 보세구역 운영상황 및 재고조사 결과와 함께 제출하려는 경우 다음 해 2월 말까지 제출할 수 있다.

02 자율관리보세구역 운영에 관한 내용 중 틀린 것은?
① 운영인 등은 해당 보세구역에서 반출입된 화물에 대한 장부를 2년간 보관하여야 한다.
② 세관장은 운영인 등과 보세사가 보세화물관리에 관한 의무사항을 불이행한 때에는 사안에 따라 경고처분 등의 조치를 할 수 있다.
③ 세관장은 보세사에게 경고처분 하였을 때에는 관세청장에게 보고하여야 한다.
④ 세관장은 자율관리보세구역의 운영실태 및 보세사의 관계법령 이행여부 등을 확인하기 위하여 연 1회 정기 감사를 실시하여야 한다.
⑤ 세관장은 정기 감사 결과 이상이 있을 경우에는 시정명령 등 필요한 조치를 하고 그 결과를 관세청장에게 보고하여야 한다.

03 일반 자율관리보세구역에 부여하는 혜택으로 틀린 것은?
① 단일 보세공장 소재지 관할 보세구역에 보관창고 증설 허용
② 벌크화물로 사일로(silo) 적입을 위한 포장제거 작업의 경우 보수작업 신청(승인) 생략
③ 재고조사 및 보고의무를 분기별 1회에서 연 1회로 완화
④ 보세구역 운영상황에 대한 세관공무원의 점검 생략
⑤ 보세구역 반입물품에 대해 세관장에게 수입신고 전 확인 신청 생략

04 자율관리보세구역 운영인의 의무를 설명한 것으로 틀린 것은?
① 보세구역에 작업이 있을 때에는 보세사를 상주근무하게 하여야 한다.
② 보세사를 해고하였을 때에는 세관장에게 즉시 통보하여야 한다.
③ 운영인은 절차생략에 따른 물품 반출입 상황 등을 보세사로 하여금 기록·관리하게 하여야 한다.
④ 보세사가 보세구역을 이탈할 경우에는 업무대행자를 지정하여 보세사 업무를 수행할 수 있으며 이 경우 지체 없이 세관장에게 보고하여야 한다.
⑤ 보세구역 반출입물품과 관련한 수입 및 수출 등에 관하여 세관공무원의 자료요구가 있으면 협조하여야 한다.

05 자율관리보세구역의 지정신청과 갱신에 관한 내용 중 틀린 것은?
① 자율관리보세구역으로 지정을 받으려는 사람은 자율관리보세구역 지정신청서를 세관장에게 제출하여야 한다.
② 신청서류는 우편 또는 팩스 등 정보통신망 등을 이용하여 제출할 수 있다.
③ 지정 신청을 받은 세관장은 자율관리보세구역 관련 규정에 따른 지정 요건을 검토하여 보세화물관리 및 세관 감시감독에 지장이 없다고 판단되는 경우 해당 보세구역의 특허기간을 지정기간으로 하여 자율관리보세구역을 지정한다.
④ 특허의 갱신과 자율관리보세구역 갱신을 통합하여 신청한 경우 자율관리보세구역 갱신 심사기간은 특허보세구역 갱신 심사기간에 따른다.
⑤ 세관장은 자율관리보세구역 운영인 등에게 갱신 신청과 절차에 관한 사항을 지정기간 만료 1개월 전에 문서, 전자메일, 전화, 휴대폰 문자 전송 방법 등으로 미리 알려야 한다.

06 자율관리보세구역 지정취소 사유에 해당하지 않는 것은?
① 보세화물을 자율적으로 관리할 능력이 없거나 부적당하다고 세관장이 인정하는 경우
② 보세화물 관리를 위한 보세사를 채용하지 않은 때
③ 화물의 반출입, 재고관리 등 실시간 물품관리가 가능한 전산시스템이 구비되지 않은 경우
④ 장치물품에 대한 관세를 납부할 자금 능력이 없어 물품 반입이 정지된 때
⑤ 운영인 등이 보세구역 반출입 물품과 관련한 생산, 판매, 수입 및 수출 등에 관한 세관공무원의 자료 요구 또는 현장 확인 시에 협조하지 않는 경우

07 보세사의 징계에 대한 내용으로 틀린 것은?
① 보세사가 관세법이나 관세법에 따른 명령을 위반한 경우에는 징계사유에 해당된다.
② 보세사가 직무 또는 의무를 이행하지 아니하는 경우에는 징계사유에 해당된다.
③ 경고처분을 받은 보세사가 1년 내에 다시 경고처분을 받는 경우에는 징계사유에 해당된다.
④ 징계의 종류에는 견책, 감봉, 6월의 범위 내 업무정지가 있다.
⑤ 세관장은 보세사가 연간 6월의 범위 내 업무정지를 2회 받으면 등록 취소하여야 한다.

08 보세사의 직무 및 의무에 대한 내용으로 틀린 것은?
① 보세사는 보세구역 안에 장치된 물품의 관리 및 취급에 대한 입회·확인 업무를 수행한다.
② 보세사는 보세구역의 종류에 관계없이 관세법 제321조(세관의 업무시간 및 물품취급시간) 제1항에 따른 세관개청시간과 해당 보세구역 내의 작업이 있는 시간에 해당 보세구역에 상주하여야 한다.
③ 보세사는 영업용보세창고가 아닌 경우 보세화물 관리에 지장이 없는 범위 내에서 타업무를 겸임할 수 있다.
④ 보세사는 환적화물 컨테이너 적출입 시 입회·감독 업무를 수행한다.
⑤ 보세사는 보수작업과 화주의 수입신고전 장치물품 확인 시 입회·감독 업무를 수행한다.

09 자유무역지역 반출입물품의 관리에 관한 고시상의 용어에 대한 설명 중 틀린 것은?

① 반입신고란 물품을 자유무역지역으로 반입하기 위한 신고로서 관세법 제157조의 보세구역 반입신고(사용소비신고를 포함한다)를 의미한다.
② 사용소비신고란 외국물품을 고유한 목적 또는 용도에 사용 또는 소비하기 위하여 반입신고하는 것을 말한다.
③ 국외반출신고란 외국물품 등을 국외반출하기 위한 신고로서 관세법의 반송신고와 동일한 성격의 신고를 말한다.
④ 보수란 해당 물품의 HS품목분류의 변화를 가져오는 보존작업, 선별, 분류, 용기변경, 포장, 상표부착, 단순조립, 검품, 수선 등의 활동을 말한다.
⑤ 잉여물품이란 제조·가공작업으로 인하여 발생하는 부산물과 불량품, 제품생산 중단 등의 사유로 사용하지 아니하는 원재료와 제품 등을 말한다.

10 자유무역지역의 물품 반입·반출에 대한 내용으로 틀린 것은?

① 입주기업체 외의 자가 외국물품을 자유무역지역 안으로 반입하려는 경우 수입신고를 하고 관세 등을 내야 한다.
② 자유무역지역에서 외국물품 등의 전부 또는 일부를 원재료로 하여 제조·가공·조립·보수 등의 과정을 거친 후 그 물품을 관세영역으로 반출하려는 경우 수입신고를 하고 관세 등을 내야 한다.
③ 외국물품 등이 아닌 내국물품을 자유무역지역에서 관세영역으로 반출하려는 자는 내국물품 반출확인서를 세관장에게 제출하여야 한다.
④ 외국물품 등을 자유무역지역에서 국외로 반출하려는 자는 국외반출신고서를 세관장에게 수출통관시스템을 이용하여 전자문서로 제출하여야 한다.
⑤ 외국물품 등이 아닌 물품을 자유무역지역에서 국외로 반출하려는 자는 수출신고를 하여야 한다.

11 보세화물의 안전관리를 위한 자유무역지경의 시설통제요건으로 틀린 것은?

① 외곽울타리 및 외국물품의 불법유출·도난방지를 위한 과학감시장비
② 감시종합상황실과 화물차량통제소
③ 세관공무원이 24시간 상주근무에 필요한 사무실 및 편의시설
④ 컨테이너트레일러를 부착한 차량이 1대 이상 동시에 접속하여 검사할 수 있는 검사대
⑤ 차량의 출입 및 회차 등이 자유로울 수 있는 충분한 면적

12 자유무역지역에 있는 물품 중 폐기대상 물품이 아닌 것은?

① 품명미상 물품으로 1년이 지난 물품
② 원산지 미표시 물품
③ 유효기간이 지난 물품
④ 검역기관에서 폐기대상으로 결정된 물품
⑤ 위조상품

13 자유무역지역 통제시설에 대한 설명이다. (   ) 안에 들어갈 내용을 순서대로 나열한 것은?

> 관리권자는 (   )과 협의를 거쳐 자유무역지역에 통제시설을 설치하고, 그 운영시기를 공고하여야 한다. 또한 자유무역지역을 출입하는 사람 및 자동차에 대한 기록을 (   )일 동안 관리하여야 하고, (   )이 출입기록을 요청하는 경우 특별한 사유가 없으면 이에 따라야 한다.

① 국토교통부장관, 60, 세관장
② 관세청장, 60, 관세청장
③ 관세청장, 90, 세관장
④ 세관장, 90, 관세청장
⑤ 국토교통부장관, 90, 관세청장

14 자유무역지역 업무 절차 중에 청문을 하여야 하는 경우는?
① 물품 반입정지 시
② 물품 폐기 시
③ 장치기간 경과 물품 통보 시
④ 역외작업 허가 기각 시
⑤ 재고가 부족한 물품의 관세 등 징수 시

15 법규수행능력 우수업체의 우대조치에 대한 설명으로 틀린 것은?
① 보세화물에 대한 재고조사 면제 등 자율관리 확대
② 화물 C/S에 의한 검사비율의 축소
③ 관세 등 납부기한 연장
④ 관세 등에 대한 담보제공의 면제
⑤ 세관장 권한의 대폭적 위탁

16 관세법 제282조(몰수·추징)에 대한 설명으로 틀린 것은?
① 금지품 밀수출입죄의 경우에는 그 물품을 몰수한다.
② 세관장의 허가를 받아 보세구역이 아닌 장소에 장치한 외국물품을 밀수입한 경우에는 몰수를 하지 않을 수 있다.
③ 보세구역에 반입신고를 한 후 반입한 외국물품을 밀수입한 경우에는 몰수를 하지 않을 수 있다.
④ 밀수입 물품 중 몰수의 실익이 없는 물품으로서 대통령령으로 정하는 물품은 몰수를 하지 않을 수 있다.
⑤ 밀수출죄의 경우에는 범인이 소유하거나 점유하는 그 물품을 몰수해야 하나 예비범은 몰수를 하지 않을 수 있다.

17 관세법상 통고처분에 대한 설명으로 맞는 것은?
① 벌금에 상당하는 금액은 해당 벌금 최고액의 100분의 10으로 한다.
② 형법상의 벌금을 통고하는 것이다.
③ 통고처분을 하면 공소의 시효는 정지된다.
④ 통고의 요지를 이행하였어도 동일사건에 대하여 다시 조사 후 처벌을 받을 수 있다.
⑤ 벌금 50만 원 미만인 경우 관세범칙조사심의위원회의 심의·의결을 거쳐 통고처분 면제를 할 수 있다.

18 관세법의 조사와 처분에 관한 내용으로 맞는 것은?
① 관세법에 관한 사건에 대하여는 관세청장이나 세관장의 고발이 없으면 검사는 공소를 제기할 수 없다.
② 다른 수사기관이 관세범의 현행범인을 체포하였을 때에는 조사 후 세관에 인도하여야 한다.
③ 관세범의 현행범인이 그 장소에 있을 때에는 반드시 세관공무원만 체포할 수 있다.
④ 관세범에 관한 조사·처분은 관세청장 또는 세관장이 한다.
⑤ 세관장은 관세범이 있다고 인정할 때에는 범인, 범죄사실 및 증거를 조사하여야 한다.

19 세관장이 피의자나 관계인에게 통고한 후 매각하여 그 대금을 보관하거나 공탁할 수 있는 압수물이 아닌 것은?
① 부패 또는 손상되거나 그 밖에 사용할 수 있는 기간이 지날 우려가 있는 경우
② 보관하기가 극히 불편하다고 인정되는 경우
③ 처분이 지연되면 상품가치가 크게 떨어질 우려가 있는 것
④ 피의자나 관계인이 매각을 요청하는 경우
⑤ 유효기간이 지난 것

20 관세법 제275조에 따라 징역과 벌금을 병과할 수 있는 대상이 아닌 것은?
① 밀수품을 취득하려다 미수에 그친 자
② 관세의 회피 또는 강제집행의 면탈을 목적으로 타인에게 자신의 명의를 사용하여 납세신고를 할 것을 허락한 자
③ 세액결정에 영향을 미치기 위하여 과세가격을 거짓으로 신고하여 수입하려다 예비에 그친 자
④ 부정한 방법으로 관세의 감면을 받은 자
⑤ 관세법 제241조 제1항에 따라 신고를 하지 아니하고 물품을 수입한 행위를 방조한 자

21 관세법상 그 위반행위에 대한 처벌이 과태료 부과 대상이 아닌 것은?
① 특허보세구역의 특허사항을 위반한 운영인
② 크기 또는 무게의 과다와 그 밖의 사유로 보세구역에 장치하기 곤란하거나 부적당한 물품을 세관장의 허가를 받지 않고 보세구역 외에 장치한 경우
③ 보세구역에 장치된 물품을 세관장의 허가 없이 그 원형을 절단하거나 해체, 절단 작업을 한 경우
④ 밀수출 등 불법행위 발생 우려가 높거나 감시단속상 필요하다고 인정하여 대통령령으로 정하는 물품을 관세청장이 정하는 장소에 반입하지 않고 제241조 제1항에 따른 수출의 신고를 한 경우
⑤ 세관공무원이 관세법 제265조에 의거 물품, 운송수단, 장치장소 및 관계장부 서류를 검사 또는 봉쇄하려는 조치를 거부한 자

22 다음 중 ( ) 안에 들어갈 말은?

> 관세법상 몰수할 물품의 전부 또는 일부를 몰수할 수 없을 때에는 그 몰수할 수 없는 물품의 범칙 당시의 ( )에 상당한 금액을 범인으로부터 추징한다.

① 국내 도매가격
② 과세가격
③ 국내 소매가격
④ 실제지급가격
⑤ 법정기준가격

23 관세법 제279조(양벌 규정)는 개인의 대리인, 사용인, 그 밖의 종업원이 그 개인의 업무와 관련하여 관세법을 위반한 경우 행위자를 처벌하는 이외에 개인에게도 해당 조문의 벌금형을 과하도록 규정하고 있다. 개인의 양벌 규정에 해당하지 않는 사람은?

① 종합보세사업장의 운영인
② 관세사
③ 보세사
④ 국제항 안에서 물품 및 용역의 공급을 업으로 하는 사람
⑤ 보세판매장의 운영인

24 관세법 제276조(허위신고죄 등)에 해당하지 않는 것은?

① 보세구역 반입명령에 대하여 반입대상 물품의 전부 또는 일부를 반입하지 아니한 자
② 세관공무원의 직무에 대하여 거짓 진술을 한 자
③ 종합보세사업장의 설치·운영에 관한 신고를 하지 아니하고 종합보세기능을 수행한 자
④ 강제징수의 집행을 면탈할 목적으로 그 재산을 은닉·탈루한 납세의무자
⑤ 부정한 방법으로 적재화물목록을 작성하였거나 제출한 자

25 밀수입죄에 대한 설명으로 맞는 것은?

① 수입신고를 하였으나 해당 수입물품과 다른 물품으로 신고하여 수입한 자는 밀수입죄로 처벌한다.
② 밀수입죄를 방조한 자는 본죄의 2분의 1을 감성하여 처벌한다.
③ 밀수입죄를 범할 목적으로 그 예비를 한 자는 본죄에 준하여 처벌한다.
④ 법령에 따라 수입이 제한된 사항을 회피할 목적으로 부분품으로 수입하는 경우 밀수입죄를 적용한다.
⑤ 밀수입죄의 경우 범인이 소유한 물품은 몰수 대상이 아니다.

해커스 보세사 한권합격 이론+최신기출

정답 및 해설

2024년 기출문제

정답

<제1과목> 수출입통관절차

01 ③	02 ①	03 ④	04 ⑤	05 ⑤	06 ④	07 ⑤	08 ②	09 ③	10 ③
11 ⑤	12 ②	13 ②	14 ②	15 ①	16 ③	17 ①	18 ④	19 ③	20 ②
21 ②	22 ③	23 ⑤	24 ⑤	25 ②					

<제2과목> 보세구역관리

01 ④	02 ①	03 ⑤	04 ③	05 ②	06 ④	07 ④	08 ②	09 ⑤	10 ③
11 ③	12 ③	13 ④	14 ⑤	15 ①	16 ④	17 ②	18 ⑤	19 ⑤	20 ①
21 ①	22 ②	23 ①	24 ③	25 ③					

<제3과목> 화물관리

01 ③	02 ⑤	03 ①	04 ③	05 ②	06 ③	07 ③	08 ①	09 ⑤	10 ③
11 ⑤	12 ④	13 ①	14 ②	15 ④	16 ②	17 ②	18 ④	19 ④	20 ⑤
21 ④	22 ③	23 ③	24 ①	25 ③					

<제4과목> 수출입안전관리

01 ③	02 ②	03 ⑤	04 ②	05 ①	06 ④	07 ④	08 ③	09 ①	10 ⑤
11 ③	12 ①	13 ①	14 ④	15 ⑤	16 ④	17 ③	18 ④	19 ⑤	20 ③
21 ③	22 ①	23 ②	24 ⑤	25 ④					

<제5과목> 자율관리 및 관세벌칙

01 ①	02 ⑤	03 ⑤	04 ①	05 ③	06 ④	07 ④	08 ③	09 ⑤	10 ①
11 ②	12 ④	13 ②	14 ⑤	15 ⑤	16 ①	17 ②	18 ⑤	19 ④	20 ⑤
21 ②	22 ⑤	23 ④	24 ③	25 ⑤					

| 해설 |

<제1과목> 수출입통관절차

01 정답 ③

[관세법 제8조(기간 및 기한의 계산) 제3항]

오답노트
① 관세법에 따른 기간을 계산할 때 관세법 제252조에 따른 수입신고수리전 반출승인을 받은 경우에는 그 **승인일**을 수입신고의 수리일로 본다. [관세법 제8조(기간 및 기한의 계산) 제1항]
② 관세법에 따른 기간의 계산은 이 법에 특별한 규정이 있는 것을 제외하고는 **민법**에 따른다. [관세법 제8조(기간 및 기한의 계산) 제2항]
④ 국가관세종합정보시스템이 장애로 가동이 정지되어 관세법에 따른 기한까지 신고, 신청, 승인, 납부 등을 할 수 없게 되는 경우에는 **그 장애가 복구된 날의 다음 날**을 기한으로 한다. [관세법 제8조(기간 및 기한의 계산) 제4항]
⑤ 관세법 제38조 제1항에 따른 납세신고를 한 경우 관세의 납부기한은 **납세신고 수리일**부터 15일 이내이다. [관세법 제9조(납부기한 등) 제1항]

02 정답 ①

[관세법 제24조(담보의 종류 등) 제1항]
이 법에 따라 제공하는 담보의 종류는 다음 각 호와 같다.
1. 금전
2. 국채 또는 **지방채**
3. **세관장이 인정하는 유가증권**
4. **납세보증보험증권**
5. 토지
6. 보험에 가입된 등기 또는 등록된 건물·공장재단·광업재단·선박·항공기 또는 건설기계
7. **세관장이 인정하는 보증인의 납세보증서**

03 정답 ④

[관세법 제27조(가격신고) 제3항]
과세가격을 결정하기가 곤란하지 아니하다고 인정하여 기획재정부령으로 정하는 물품에 대하여는 가격신고를 생략할 수 있다.

[시행규칙 제2조(가격신고의 생략) 제1항]
법 제27조 제3항의 규정에 따라 가격신고를 생략할 수 있는 물품은 다음 각 호와 같다.
1. 정부 또는 지방자치단체가 수입하는 물품
2. 정부조달물품
3. **「공공기관의 운영에 관한 법률」제4조에 따른 공공기관이 수입하는 물품**
4. 관세 및 내국세 등이 부과되지 않는 물품
5. **방위산업용 기계와 그 부분품 및 원재료로 수입하는 물품. 다만, 해당 물품과 관련된 중앙행정기관의 장의 수입확인 또는 수입추천을 받은 물품에 한정한다.**
6. 수출용 원재료
7. **「특정연구기관 육성법」의 규정에 의한 특정연구기관이 수입하는 물품**
8. 과세가격이 미화 1만 불 이하인 물품. 다만, 개별소비세, 주세, 교통·에너지·환경세가 부과되는 물품과 분할하여 수입되는 물품은 제외한다.
9. **종량세 적용물품.** 다만, 종량세와 종가세 중 높은 세액 또는 높은 세율을 선택하여 적용해야 하는 물품의 경우에는 제외한다.

10. 법 제37조 제1항 제3호에 따른 과세가격 결정방법의 사전심사 결과가 통보된 물품. 다만, 「관세법 시행령」 제16조 제1항 각 호의 물품은 제외한다.

04 정답 ⑤

- 납세의무자는 신고납부한 세액, 보정신청한 세액 및 수정신고한 세액이 과다한 것을 알게 되었을 때에는 최초로 납세신고를 한 날부터 (A : 5년) 이내에 신고한 세액의 경정을 세관장에게 청구할 수 있다. [관세법 제38조의3(수정 및 경정) 제2항]
- 세관장은 경정의 청구를 받은 날부터 (B : 2개월) 이내에 세액을 경정하거나 경정하여야 할 이유가 없다는 뜻을 그 청구를 한 자에게 통지하여야 한다. [관세법 제38조의3(수정 및 경정) 제4항]
- 경정을 청구한 자가 (C : 2개월) 이내에 통지를 받지 못한 경우에는 그 (D : 2개월)이 되는 날의 다음 날부터 이의신청, 심사청구, 심판청구 또는 감사원법에 따른 심사청구를 할 수 있다. [관세법 제38조의3(수정 및 경정) 제5항]

05 정답 ⑤

[관세법 제119조(불복의 신청) 제1항]
이 법이나 그 밖의 관세에 관한 법률 또는 조약에 따른 처분으로서 위법한 처분 또는 부당한 처분을 받거나 필요한 처분을 받지 못하여 권리나 이익을 침해당한 자는 이 절의 규정에 따라 그 처분의 취소 또는 변경을 청구하거나 필요한 처분을 청구할 수 있다. **다만, 다음 각 호의 처분에 대해서는 그러하지 아니하다.**
1. **이 법에 따른 통고처분**
2. 「감사원법」에 따라 심사청구를 한 처분이나 그 심사청구에 대한 처분
3. 이 법이나 그 밖의 관세에 관한 법률에 따른 과태료 부과처분

06 정답 ④

[관세법 제71조(할당관세) 제1항]

오답노트
① 특정물품의 수입증가로 인하여 동종물품 또는 직접적인 경쟁관계에 있는 물품을 생산하는 국내 산업이 심각한 피해를 받거나 받을 우려가 있음이 조사를 통하여 확인된 경우 [관세법 제65조(긴급관세의 부과대상 등) 제1항]
② 교역상대국이 관세 또는 무역에 관한 국제협정이나 양자 간의 협정 등에 규정된 우리나라의 권익을 부인하거나 제한하는 경우 [관세법 제63조(보복관세의 부과대상) 제1항]
③ 공중도덕 보호, 인간·동물·식물의 생명 및 건강 보호, 환경보전, 한정된 천연자원 보존 및 국제평화와 안전보장 등을 위하여 필요한 경우 [관세법 제69조(조정관세의 부과대상)]
⑤ 국내 산업이 실질적인 피해를 받거나 받을 우려가 있는 경우 또는 국내산업의 발전이 실질적으로 지연된 경우 [관세법 제51조(덤핑방지관세의 부과대상)], [관세법 제57조(상계관세의 부과대상)]

07 정답 ⑤

- 관세청장은 안전성 검사를 위하여 (A : 협업검사센터)를 주요 공항·항만에 설치할 수 있다. [관세법 제246조의3(물품에 대한 안전성 검사) 제4항]
- 세관장은 안전성 검사 대상 물품으로 지정된 물품에 대하여 (B : 중앙행정기관의 장)과 협력하여 안전성 검사를 실시하여야 한다. [관세법 제246조의3(물품에 대한 안전성 검사) 제5항]
- 관세청장은 안전성 검사 결과 불법·불량·유해 물품으로 확인된 물품의 정보를 (C : 관세청 인터넷 홈페이지)을/를 통하여 공개할 수 있다. [관세법 제246조의3(물품에 대한 안전성 검사) 제6항]

08　　　　　　　　　　　　　　　　　　　　　　　　　　정답 ②

[수출통관 사무처리에 관한 고시 제5조(신고인)]
수출신고는 수출화주 또는 관세사,「관세사법」제17조에 따른 관세법인,「관세사법」제19조에 따른 통관취급법인(관세사 등)의 명의로 하여야 하며, 화주에게 해당 수출물품을 제조하여 공급한 자의 명의로 할 수 있다.

09　　　　　　　　　　　　　　　　　　　　　　　　　　정답 ③

[시행령 제6조(관세부과 제척기간의 기산일) 제2호]

오답노트
① 부정한 방법으로 관세를 포탈하거나 환급 또는 감면을 받은 경우에는 관세를 부과할 수 있는 날로부터 **10년**이 지나면 부과할 수 없다. [관세법 제21조(관세부과의 제척기간) 제1항 제2호]
② 관세부과 제척기간에도 불구하고, 심판청구에 대한 결정이 있는 경우에는 그 결정이 확정되거나 회신을 받은 날로부터 **1년** 이내에 관세를 부과할 수 있다. [관세법 제21조(관세부과의 제척기간) 제2항 제1호]
④ 보세구역에 장치된 외국물품이 멸실되거나 폐기된 때의 관세부과 제척기간의 기산일은 <u>그 사실이 발생한 날의 다음 날</u>로 한다. [시행령 제6조(관세부과 제척기간의 기산일) 제1호]
⑤ 잠정가격을 신고한 후, 기간 내에 확정된 가격을 신고하지 않은 경우에는 <u>해당 기간의 만료일의 다음 날</u>을 관세를 부과할 수 있는 날로 한다. [시행령 제6조(관세부과 제척기간의 기산일) 제5호]

10　　　　　　　　　　　　　　　　　　　　　　　　　　정답 ③

[관세법 제90조(학술연구용품의 감면) 제1항 제2호]

오답노트
① 교회, 사원 등 종교단체의 의식에 사용되는 물품으로서 외국으로부터 수입하는 물품 [관세법 제91조(종교용품, 자선용품, 장애인용품 등의 면세) 제1호]
② 우리나라를 방문하는 외국의 원수와 그 가족 및 수행원의 물품 [관세법 제93조(특정물품의 면세 등) 제9호]
④ 시각장애인을 위한 용도로 특수하게 제조된 물품 중 기획재정부령으로 정하는 물품 [관세법 제91조(종교용품, 자선용품, 장애인용품 등의 면세) 제4호]
⑤ 폐기물 처리(재활용을 포함한다)를 위하여 사용하는 기계·기구로서 기획재정부령으로 정하는 것 [관세법 제95조(환경오염방지물품 등에 대한 감면) 제1항 제2호]

11　　　　　　　　　　　　　　　　　　　　　　　　　　정답 ⑤

[시행령 제187조의4(검사비용 지원 대상) 제1항]
법 제173조 제3항 단서에서「중소기업기본법」제2조에 따른 중소기업 또는「중견기업 성장촉진 및 경쟁력 강화에 관한 특별법」제2조 제1호에 따른 중견기업의 컨테이너 화물로서 해당 화물에 대한 검사 결과 이 법 또는「대외무역법」등 물품의 수출입과 관련된 법령을 위반하지 아니하는 물품 등 대통령령으로 정하는 물품이란 다음 각 호의 요건을 모두 갖춘 물품을 말한다.
1.「중소기업기본법」제2조에 따른 중소기업 또는「중견기업 성장촉진 및 경쟁력 강화에 관한 특별법」제2조 제1호에 따른 중견기업이 해당 물품의 화주일 것
2. **컨테이너**로 운송되는 물품으로서 관세청장이 정하는 별도 검사 장소로 이동하여 검사받는 물품일 것
3. 검사 결과 법령을 위반하여 통고처분을 받거나 고발되는 경우가 아닐 것
4. 검사 결과 제출한 신고 자료(석재화물목록은 제외한다)가 실제 물품과 일치할 것
5. 예산의 범위에 따라 관세청장이 정하는 기준을 충족할 것

12 정답 ②

[수입통관 사무처리에 관한 고시 제108조(반입명령인) 제1항]

오답노트
① 해당물품이 수입신고수리를 받은 후 **3개월**이 경과하였거나 관련 법령에 따라 관계 행정기관의 장의 시정조치가 있는 경우는 반입명령 대상에서 제외한다. [수입통관 사무처리에 관한 고시 제107조(보세구역 반입명령대상) 제1항]
③ **반입의무자**는 보세구역 반입명령을 이행하면서 발생되는 운송료, 보관료 및 기타 비용을 부담해야 한다. [수입통관 사무처리에 관한 고시 제111조(반입의무자의 의무) 제1항]
④ 원산지표시가 적법하게 표시되지 아니하였거나 **수입신고수리 당시**와 다르게 표시되어 있는 경우 반입명령할 수 없다. [수입통관 사무처리에 관한 고시 제107조(보세구역 반입명령대상) 제1항 제2호]
⑤ 반입명령인은 반입물품이 폐기되었을 때 당초의 수출입신고 수리를 **취소한 후 신고를 각하한다**. [수입통관 사무처리에 관한 고시 제114조(신고필증의 관리) 제3항]

13 정답 ②

[수입통관 사무처리에 관한 고시 제32조(검사방법) 제1항]
검사대상물품은 일반검사(전량검사, **발췌검사**), 정밀검사(분석검사, 비파괴검사, **파괴검사**), 안전성검사(**협업검사**, 방사능검사(표면방사선량률 측정), **안전성분석검사**) 방법으로 검사를 실시한다.

14 정답 ②

[수입통관 사무처리에 관한 고시 제3조(정의) 제7호]
수입화주라 함은 수입신고한 물품에 대하여 그 물품을 수입한 자를 말하며, 수입한 자가 불분명한 경우에는 다음 각 목의 어느 하나에 해당하는 자를 말한다.
가. **물품의 수입을 위탁받아 수입업자가 대행 수입한 물품인 경우에는 그 물품의 수입을 위탁한 자**
나. **수입을 위탁받아 수입업체가 대행수입한 물품이 아닌 경우에는 송품장**(송품장이 없을 때에는 선하증권이나 항공화물운송장)에 기재된 물품수신인
다. 수입물품을 수입신고 전에 양도한 경우에는 그 **양수인**
라. 조달물품은 실수요부처의 장이나 실수요자. 다만, 실수요부처나 실수요자가 결정되지 아니한 경우에는 수입 신고한 조달청장이나 현지 조달청 사무소장으로 하되 그 후 실수요부처나 실수요자가 결정되면 조달청장이나 현지 조달청 사무소장은 즉시 납세의무자 변경통보를 통관지세관장에게 하고 통관지세관장은 이에 의하여 납세의무자를 변경한다.
마. **송품장상의 물품수신인이 부도 등으로 직접 통관하기 곤란한 경우에는 적법한 절차를 거쳐 수입물품의 양수인이 된 은행**
바. **법원 임의경매절차에 의하여 경락받은 물품은 그 물품의 경락자**

15 정답 ①

[관세법 제23조(시효의 중단 및 정지) 제1항]
관세징수권의 소멸시효는 다음 각 호의 어느 하나에 해당하는 사유로 중단된다.
1. 납부고지
2. 경정처분
3. **납부독촉**
4. **통고처분**
5. **고발**
6. 「특정범죄 가중처벌 등에 관한 법률」 제16조에 따른 공소제기
7. 교부청구
8. **압류**

16 정답 ③

[관세법 제237조(통관의 보류) 제1항]
세관장은 다음 각 호의 어느 하나에 해당하는 경우에는 해당 물품의 통관을 보류할 수 있다.
1. 제241조 또는 제244조에 따른 수출·수입 또는 반송에 관한 신고서의 기재사항에 보완이 필요한 경우
2. 제245조에 따른 제출서류 등이 갖추어지지 아니하여 보완이 필요한 경우
3. 이 법에 따른 의무사항(대한민국이 체결한 조약 및 일반적으로 승인된 국제법규에 따른 의무를 포함한다)을 위반하거나 국민보건 등을 해칠 우려가 있는 경우
4. 제246조의3 제1항에 따른 안전성 검사가 필요한 경우
4의2. 제246조의3 제1항에 따른 안전성 검사 결과 불법·불량·유해 물품으로 확인된 경우
5. 「국세징수법」 제30조 및 「지방세징수법」 제39조의2에 따라 세관장에게 강제징수 또는 체납처분이 위탁된 해당 체납자가 수입하는 경우
6. 그 밖에 이 법에 따라 필요한 사항을 확인할 필요가 있다고 인정하여 대통령령으로 정하는 경우

17 정답 ①

- (A : 요건신청)(이)란 수출입 시 허가·승인 등의 증명이 필요한 물품을 수출입 하려는 자가 요건확인기관의 장에게 허가·승인 그 밖의 조건을 구비하기 위하여 신청하는 것을 말한다. [관세법 제226조에 따른 세관장 확인물품 및 확인방법 지정 고시 제2조(정의) 제3호]
- (B : 요건면제물품)(이)란 관련 법령에 따라 수출입 요건이 면제되는 물품으로 면제절차는 이 고시 또는 관련 법령을 적용한다. [관세법 제226조에 따른 세관장 확인물품 및 확인방법 지정 고시 제2조(정의) 제6호]
- (C : 자율확인우수기업)(이)란 수출입신고 시 세관장확인을 생략하고 통관 이후 요건확인기관이 사후적으로 관리하도록 관세청장과 요건확인기관의 장이 협의하여 지정한 기업을 말한다. [관세법 제226조에 따른 세관장 확인물품 및 확인방법 지정 고시 제2조(정의) 제5호]

18 정답 ④

[관세법 제235조(지식재산권 등의 보호) 제3항]
세관장은 다음 각 호의 어느 하나에 해당하는 물품이 제2항에 따라 신고된 지식재산권 등을 침해하였다고 인정될 때에는 그 지식재산권 등을 신고한 자에게 해당 물품의 수출입, 환적, 복합환적, 보세구역 반입, 보세운송, 제141조 제1호에 따른 일시양륙의 신고(수출입신고 등) 또는 통관우체국 도착 사실을 통보하여야 한다. 이 경우 통보를 받은 자는 세관장에게 담보를 제공하고 해당 물품의 통관 보류나 유치를 요청할 수 있다.
1. 수출입신고된 물품
2. 환적 또는 복합환적 신고된 물품
3. 보세구역에 반입신고된 물품
4. 보세운송신고된 물품
5. 제141조 제1호에 따라 일시양륙이 신고된 물품
6. 통관우체국에 도착한 물품

19 정답 ③

[시행령 제251조의2(물품 등의 검사에 대한 손실보상의 금액) 제2항 제1호]

오답노트
① 검사 대상 물품을 포장한 용기는 손실보상 대상이다. [시행령 제251조의2(물품 등의 검사에 대한 손실보상의 금액) 제1항 제2호]
② 손실 보상해야 할 물품을 수리할 수 없는 경우 해당 물품이 검사대상물품인 경우에는 법 제30조부터 제35조까지의 규정에 따른 해당 물품의 과세가격에 상당하는 금액, 검사대상물품을 포장한 용기 또는 운반·운송하는 수단인 경우에는 구매가격 및 손실을 입은 자가 청구하는 금액을 고려하여 관세청장이 합리적인 범위에서 인정하는 금액을 손실보상금액으로 한다. [시행령 제251조의2(물품 등의 검사에 대한 손실보상의 금액) 제2항 제1호]

④ 손실보상의 지급절차 및 방법, 그 밖에 필요한 사항은 관세청장이 정한다. [관세법 제246조의2(물품의 검사에 따른 손실보상) 제3항]
⑤ 수리할 수 있는 물품의 손실보상 금액 한도는 수리비 상당액을 지급하되 손실 보상해야 할 물품을 수리할 수 없는 경우의 손실보상금액을 한도로 한다. [시행령 제251조의2(물품 등의 검사에 대한 손실보상의 금액) 제2항 제2호]

20   정답 ②

[수출통관 사무처리에 관한 고시 제17조(물품검사) 제3항]
세관장은 수출물품에 대한 적재지 검사 원칙에도 불구하고 적재지 검사가 부적절하다고 판단되는 물품이나 반송물품, 계약상이물품, 수입상태 그대로 수출되는 자가사용물품, 재수출물품 및 **원상태수출물품**, 국제우편 운송 수출물품, 보세공장으로부터의 수출물품 등은 **신고지검사**를 실시할 수 있다.

21   정답 ②

국내에서 제작한 신형자동차는 보세구역 등 반입 후 수출신고를 하여야 하는 물품에 해당하지 않는다.

[수출통관 사무처리에 관한 고시 제7조의3(보세구역 등 반입 후 수출신고) 제2항, 별표 12]
보세구역 등에 반입 후 수출신고 하여야 하는 물품은 별표 12와 같다.

연 번	종 류	품목명	대 상
1	중고자동차	87류 중 '중고차'	컨테이너에 적입하여 수출하는 중고자동차
2	플라스틱 폐기물	HS 3915호(플라스틱 스크랩)	컨테이너에 적입하여 수출하는 플라스틱 웨이스트·스크랩
3	생활폐기물	HS 3825호(생활폐기물 등)	컨테이너에 적입하여 수출하는 생활폐기물 등

22   정답 ③

[반송절차에 관한 고시 제2조(정의) 제1호]
반송이란 외국물품(**수출신고 수리물품을 제외한다**)을 외국으로 반출하는 것을 말한다.

23   정답 ⑤

[관세법 제226조에 따른 세관장확인물품 및 확인방법 지정고시 제7조(확인물품 및 확인사항) 제1항 제1호]

오답노트
① 수출입 시 허가·승인 등의 증명이 필요한 물품을 수출입하려는 자는 요건신청을 통관포털을 이용하여 **요건확인기관의 장**에게 할 수 있다. [관세법 제226조에 따른 세관장확인물품 및 확인방법 지정고시 제3조(요건신청 방법) 제1항]
② 요건신청 시 제출하여야 하는 서류, 서류의 정정 등 그 밖의 요건신청과 관련된 절차는 개별 법령에 따라 **요건확인기관의 장**이 정하는 바에 따른다. [관세법 제226조에 따른 세관장확인물품 및 확인방법 지정고시 제6조(요건신청 시 제출서류 등) 제1항]
③ 요건확인기관의 장은 개별 법령의 개정 등으로 인하여 통관포털을 이용한 요건 신청 서식 및 업무절차의 변경이 필요한 경우에는 **관세청장**과 미리 협의하여야 한다. [관세법 제226조에 따른 세관장확인물품 및 확인방법 지정고시 제6조(요건신청 시 제출서류 등) 제2항]
④ 요건신청의 효력발생시점은 통관포털을 통하여 전송된 자료가 **요건확인기관의 시스템**에 접수된 시점으로 한다. [관세법 제226조에 따른 세관장확인물품 및 확인방법 지정고시 제5조(요건신청 효력발생시점)]

24   정답 ⑤

[수입통관 사무처리에 관한 고시 제7조(출항 전 신고 및 입항 전 신고의 요건) 제2항]
다음 각 호의 물품은 해당 선박 등이 우리나라에 **도착한 후에 신고하여야 한다.** 다만, 제1호의 물품으로서 해당 선박 등이 우리나라에 도착하는 날이 해당 법령의 시행일보다 빠른 경우에는 그렇지 않다.
1. 세율이 인상되거나 새로운 수입요건을 갖추도록 요구하는 법령이 적용되거나 적용될 예정인 물품
2. 농·수·축산물이나 그 가공품으로서 수입신고하는 때와 입항하는 때의 물품의 관세율표 번호 10단위가 변경되는 물품
3. **농·수·축산물이나 그 가공품으로서 수입신고하는 때와 입항하는 때의 과세단위(수량이나 중량)가 변경되는 물품**

25   정답 ②

[관세법 제4조(내국세 등의 부과·징수) 제4항]
수입물품에 대하여 세관장이 부과·징수하는 내국세 등에 대한 담보제공요구, 국세충당, 담보해제, 담보금액 등에 관하여는 **관세법** 중 관세에 대한 담보 관련 규정을 적용한다.

<제2과목> 보세구역관리

01 정답 ④

B. [관세법 제160조(장치물품의 폐기) 제1항 및 제3항]
C. [관세법 제159조(해체·절단 등의 작업) 제1항 및 제5항]
E. [관세법 제197조(종합보세구역의 지정 등) 제2항]

오답노트
A. 검역물품인 외국물품은 보세구역이 아닌 장소에 <u>장치할 수 있다.</u> [관세법 제155조(물품의 장치) 제1항]
D. 보세구역에 출입하는 자는 물품 및 보세구역 감시에 관한 세관장의 명령을 준수하고 <u>세관공무원</u>의 지휘를 받아야 한다. [관세법 제162조(물품취급자에 대한 단속)]

02 정답 ①

[관세법 제178조(반입정지 등과 특허의 취소) 제1항 제4호], [시행령 제193조의2(특허보세구역의 물품반입 정지 사유) 제1호]

오답노트
② 세관장은 보세창고 운영인이 최근 <u>1년</u> 이내에 관세법에 따른 절차 등을 위반하는 경우 해당 보세창고에 물품반입을 정지시킬 수 있다. [관세법 제178조(반입정지 등과 특허의 취소) 제1항 제4호], [시행령 제193조의2(특허보세구역의 물품반입 정지 사유) 제3호]
③ 세관장은 반입정지 처분이 공익을 해칠 우려가 있는 경우 보세창고 운영인에게 반입정지 처분을 갈음하여 매출액의 <u>100분의 3</u> 이하의 과징금을 부과할 수 있다. [관세법 제178조(반입정지 등과 특허의 취소) 제3항]
④ 세관장은 반입정지 처분을 갈음하여 과징금을 부과하는 경우 위반행위의 정도, 위반횟수 등을 고려하여 과징금의 <u>4분의 1</u>의 범위에서 그 금액을 감경할 수 있다. [시행령 제193조의3(특허보세구역의 운영인에 대한 과징금의 부과기준 등) 제3항]
⑤ 세관장은 보세판매장 운영인이 1년 이내에 3회 이상 물품반입 정지 처분(물품반입 정지 처분에 갈음하는 과징금 부과처분을 <u>포함</u>)을 받은 경우 해당 보세판매장의 특허를 취소할 수 있다. [관세법 제178조(반입정지 등과 특허의 취소) 제2항 제3호]

03 정답 ⑤

[시행령 제191조(수용능력증감 등의 변경) 제1항]

오답노트
① 운영인이 특허를 갱신하려면 특허기간 만료 <u>1개월</u> 전까지 세관장에게 갱신신청서를 제출하여야 한다. [보세창고 특허 및 운영에 관한 고시 제7조(특허의 갱신) 제1항]
② 보세창고의 특허 수수료는 보세창고별로 <u>연면적</u>을 기준으로 정한다. [시행규칙 제68조(특허수수료) 제2항]
③ 보세창고와 보세판매장의 특허기간은 <u>10년</u> 이내로 한다. [관세법 제176조(특허기간) 제1항]
④ 운영인이 특허작업의 종류를 변경하고자 하는 때에는 <u>그 사유를 기재한 신청서를 세관장에게 제출하여 그 승인을 얻어야 한다.</u> [시행령 제190조(업무내용 등의 변경) 제1항]

04 정답 ③

[관세법 제178조(반입정지 등과 특허의 취소) 제2항]
세관장은 특허보세구역의 운영인이 다음 각 호의 어느 하나에 해당하는 경우에는 그 특허를 취소할 수 있다. 다만, 제1호, 제2호 및 제5호에 해당하는 경우에는 특허를 취소하여야 한다.
1. <u>거짓이나 그 밖의 부정한 방법으로 특허를 받은 경우</u>

2. **제175조(운영인의 결격사유) 각 호의 어느 하나에 해당하게 된 경우**. 다만, 제175조 제8호에 해당하는 경우로서 같은 조 제2호 또는 제3호에 해당하는 사람을 임원으로 하는 법인이 3개월 이내에 해당 임원을 변경한 경우에는 그러하지 아니하다.
3. 1년 이내에 3회 이상 물품반입 등의 정지처분(제3항에 따른 과징금 부과처분을 포함한다)을 받은 경우
4. **2년 이상 물품의 반입실적이 없어서 세관장이 특허보세구역의 설치 목적을 달성하기 곤란하다고 인정하는 경우**
5. 제177조의2를 위반하여 명의를 대여한 경우

05 정답 ②

[관세법 제179조(특허의 효력상실 및 승계) 제3항]
특허보세구역의 설치·운영에 관한 특허를 받은 자가 사망하거나 해산한 경우 상속인 또는 승계법인이 계속하여 그 특허보세구역을 운영하려면 피상속인 또는 피승계법인이 사망하거나 해산한 날부터 30일 이내에 제174조 제3항에 따른 요건을 갖추어 대통령령으로 정하는 바에 따라 세관장에게 신고하여야 한다.

06 정답 ④

[보세창고 특허 및 운영에 관한 고시 제3조(운영인의 자격) 제1항]
보세창고를 설치·운영하려는 자(신청인)는 다음 각 호의 요건을 갖추어야 한다.
1. 법 제175조(운영인의 결격사유) 각 호의 어느 하나에 해당하지 않을 것
2. 체납된 관세 및 내국세가 없을 것
3. 자본금 2억 원 이상의 법인이거나 특허를 받으려는 토지 및 건물(2억 원 이상)을 소유하고 있는 개인(**다만, 자가용보세창고는 제외한다**)
4. 신청인이 보세사 자격증을 취득했거나 1명 이상의 보세사를 관리자로 채용할 것
5. 특허갱신의 경우에는 해당 보세창고의 갱신신청 직전 특허기간 동안 법규수행능력평가 점수가 평균 80점(평균등급 B등급) 이상일 것
6. **위험물품을 보세창고에 장치·제조·전시 또는 판매하는 경우에는 관계 행정기관의 장의 허가 또는 승인 등을 받을 것**

07 정답 ④

[보세창고 특허 및 운영에 관한 고시 제17조(운영인의 의무) 제2항]

오답노트
① 장치화물에 관한 각종 장부와 보고서류(전산자료 포함)를 <u>2년간</u> 보관하여야 한다. [보세창고 특허 및 운영에 관한 고시 제17조(운영인의 의무) 제1항]
② 30일 이상 계속하여 특허보세구역의 운영을 휴지하고자 하는 때에는 **당해 특허보세구역의 종류·명칭 및 소재지, 휴지사유 및 휴지기간을 세관장에게 통보하여야 한다.** [시행령 제193조(특허보세구역의 휴지·폐지 등의 통보) 제2항]
③ 특허보세구역의 특허 효력이 상실되었을 때에는 해당 특허보세구역에 있는 외국물품을 <u>지체 없이 다른 보세구역으로 반출하여야 한다.</u> [관세법 제182조(특허의 효력상실 시 조치 등) 제1항]
⑤ 운영인은 세관장이 정한 장치물품 및 수용능력의 범위 내에서 물품을 장치하여야 한다. [보세창고 특허 및 운영에 관한 고시 제17조(운영인의 의무) 제6항]

08 정답 ②

[관세법 제180조(특허보세구역의 설치·운영에 관한 감독 등) 제3항]
세관장은 **특허보세구역의 운영에 필요한** 시설·기계 및 기구의 설치를 명할 수 있다.

09   정답 ⑤

[관세법 제183조(보세창고) 제2항]
운영인은 미리 세관장에게 신고를 하고 제1항에 따른 물품의 장치에 방해되지 아니하는 범위에서 보세창고에 내국물품을 장치할 수 있다. **다만, 동일한 보세창고에 장치되어 있는 동안 수입신고가 수리된 물품은 신고 없이 계속하여 장치할 수 있다.**

10   정답 ③

[보세공장 운영에 관한 고시 제35조의3(중소기업형 자율관리 보세공장) 제6항]
중소기업형 자율관리 보세공장으로 지정받은 운영인은 제5항의 특례적용 사항에 대하여 자체 기록·관리하여야 하며, **매월 또는 매 분기가 종료된 다음 달 5일까지** 중소기업형 자율관리 보세공장 운영상황 보고서(별지 제1호의6서식)를 세관장에 제출하여야 한다.

11   정답 ③

[보세공장 운영에 관한 고시 제39조(수출물품의 선(기)적 관리) 제4항]
운영인은 제38조 제2항에 따라 수출신고수리되어 보세운송된 물품이 주문취소, 적재일정 변경 등의 사유로 적재기간 내에 적재할 수 없어 수출신고를 취하하려는 경우에 **보세공장 수출신고수리물품 재반입 신청(별지 제20호의2서식)**을 하고 관할세관장의 승인을 받아 원보세공장에 반입하여야 한다. 이때 운영인은 재반입 신청을 하는 때에 수출신고 취하 신청을 할 수 있다.

12   정답 ③

[제품가격 × 외국원자재 가격 / (외국원자재 가격 + 내국원자재 가격)] × 제품 관세율
= [10,000,000원 × 3,000,000원 / (3,000,000원 + 2,000,000원)] × 10% = 600,000원

[관세법 제188조(제품과세)]
외국물품이나 외국물품과 내국물품을 원료로 하거나 재료로 하여 작업을 하는 경우 그로써 생긴 물품은 외국으로부터 우리나라에 도착한 물품으로 본다. 다만, 대통령령으로 정하는 바에 따라 세관장의 승인을 받아 외국물품과 내국물품을 혼용하는 경우에는 그로써 생긴 제품 중 해당 외국물품의 수량 또는 가격에 상응하는 것은 외국으로부터 우리나라에 도착한 물품으로 본다.

13   정답 ④

[시행령 제203조(보세공장 외 작업허가 신청 등) 제3항 제2호]
세관장은 물품 1단위 생산에 장기간이 소요된다고 인정하는 경우 **2년**의 범위에서 보세공장 외 작업을 허가할 수 있다.

14   정답 ⑤

[보세공장 운영에 관한 고시 제40조(재고조사) 제6항 제5호]
세관장은 제3항에 따라 정하여진 재고조사의 방법에도 불구하고 제4항의 관련 자료를 심사한 결과 동 재고조사의 방법이 타당하지 아니하다고 인정되는 경우에는 이를 변경할 수 있다. 다만, 다음 각 호의 어느 하나에 해당되면 **실지조사를 하여야 한다.**
5. 설치·운영특허가 상실된 경우(세관장이 실지조사를 생략할 수 있다고 인정한 경우는 제외)

15   정답 ①

[보세판매장 특허 및 운영에 관한 고시 제27조(운영인의 의무) 제2항]

오답노트

② 운영인이 보세판매장에서 판매물품을 진열·판매하는 때에는 상표단위별 진열장소의 면적은 매장면적의 10분의 1을 **초과할 수 없다.** [보세판매장 특허 및 운영에 관한 고시 제27조(운영인의 의무) 제3항]

③ 운영인은 해당 월의 보세판매장의 업무사항을 **다음 달 7일까지** 보세판매장 반출입물품 관리를 위한 전산시스템(재고관리시스템)을 통하여 세관장에게 보고하여야 한다. [보세판매장 특허 및 운영에 관한 고시 제27조(운영인의 의무) 제8항]

④ 시내면세점은 국산 가전제품 중 여행자의 휴대반출이 곤란하거나 세관장이 필요하다고 인정하는 품목에 대하여는 쿠폰으로 **판매할 수 있다.** [보세판매장 특허 및 운영에 관한 고시 제28조(판매대상 물품) 제2항]

⑤ **시내면세점 운영인**은 해당 보세판매장에 중소·중견기업 제품 매장을 설치해야 한다. [보세판매장 특허 및 운영에 관한 고시 제27조(운영인의 의무) 제1항]

16
정답 ④

[보세판매장 특허 및 운영에 관한 고시 제30조(판매용물품의 반입신고 및 반입검사신청) 제2항]
운영인은 보세운송된 물품을 보관창고에 반입하는 때에는 전자문서 방식 또는 별지 제12호서식에 따라 반입신고하여야 하며, **보세운송 도착보고는 반입신고로 갈음한다.**

17
정답 ②

[보세판매장 특허 및 운영에 관한 고시 제49조(보세사의 임무) 제1항]
보세사는 다음 각 호의 사항을 확인하거나 기록·관리하여야 한다. 다만, 자율관리보세구역으로 지정되지 아니한 경우에는 제1호부터 제2호까지의 사항은 운영인이 하여야 한다.
1. 반입물품의 보관창고 장치 및 보관
2. 보세판매장 물품 반출입 및 미인도 관련 대장의 작성
3. **보세운송 물품의 확인·이상 보고 및 도착확인 등록**
4. **보관창고와 매장 간 반출입 물품의 입회 및 확인**
5. 보세운송 행낭의 잠금·봉인과 이상유무 확인과 이상보고
6. 세관봉인대의 잠금·봉인 및 관리
7. 그 밖에 보세화물의 관리와 관련하여 세관장이 지시하는 사항

18
정답 ⑤

[보세판매장 특허 및 운영에 관한 고시 제42조(미인도 물품의 처리) 제4항]
운영인은 보세판매장에 재반입된 미인도물품은 반입된 날부터 **10일**이 경과한 후 미인도물품 해제 신청을 거쳐 재판매할 수 있다.

19
정답 ⑤

[관세법 제199조(종합보세구역에의 물품의 반입·반출 등)]
① 종합보세구역에 물품을 반입하거나 반출하려는 자는 대통령령으로 정하는 바에 따라 세관장에게 신고하여야 한다.
② **종합보세구역에 반입·반출되는 물품이 내국물품인 경우에는 기획재정부령으로 정하는 바에 따라 제1항에 따른 신고를 생략하거나 간소한 방법으로 반입·반출하게 할 수 있다.**

[시행규칙 제70조(내국물품 반출입신고의 생략)]
세관장은 법 제199조 제2항의 규정에 의하여 다음 각 호의 1에 해당하지 아니하는 경우에는 반출입신고를 생략하게 할 수 있다.
1. 법 제185조 제2항의 규정에 의하여 세관장의 허가를 받고 내국물품만을 원료로 하여 제조·가공 등을 하는 경우 그 원료 또는 재료
2. 법 제188조 단서의 규정에 의한 혼용작업에 소요되는 원재료
3. **법 제196조의 규정에 의한 보세판매장에서 판매하고자 하는 물품**
4. 당해 내국물품이 외국에서 생산된 물품으로서 종합보세구역 안의 외국물품과 구별되는 필요가 있는 물품(보세전시장의 기능을 수행하는 경우에 한한다)

20 정답 ①

[관세법 제201조(운영인의 물품관리) 제1항]

오답노트
② 운영인은 종합보세구역에 반입된 물품을 종합보세구역 안에서 이동·사용 또는 처분을 할 때에는 장부 또는 전산처리장치를 이용하여 그 기록을 유지하여야 한다. 이 경우 기획재정부령으로 정하는 물품은 미리 세관장에게 신고하여야 한다. [관세법 제201조(운영인의 물품관리) 제3항]
③ 종합보세구역에서 제조·가공에 사용되는 시설기계류 및 그 수리용 물품은 수입통관 후 이를 소비하거나 사용하여야 한다. [관세법 제200조(반출입물품의 범위 등) 제1항], [시행규칙 제71조(수입통관 후 소비 또는 사용하는 물품)]
④ 종합보세구역에 장치된 물품에 대하여 보수작업을 하거나 종합보세구역 밖에서 보세작업을 하려는 자는 대통령령으로 정하는 바에 따라 세관장에게 신고하여야 한다. [관세법 제202조(설비의 유지의무 등) 제2항]
⑤ 운영인은 종합보세사업장에 반입한 날부터 6개월이 경과한 외국물품이 화주가 분명하지 아니한 경우에는 세관장에게 그 외국물품의 매각을 요청할 수 있다. [관세법 제201조(운영인의 물품관리) 제5항]

21 정답 ①

[종합보세구역의 지정 및 운영에 관한 고시 제11조(설치·운영기간) 제1항]
종합보세사업장의 설치·운영기간은 운영인이 정하는 기간으로 한다.

22 정답 ②

[보세전시장 운영에 관한 고시 제16조(사용의 범위)]

오답노트
① 보세전시장의 운영인은 해당 박람회 등의 주최자 명의로 하여야 하며, 보세전시장의 특허기간은 해당 박람회 등의 회기와 그 회기의 전후에 박람회 등의 운영을 위한 외국물품의 반입과 반출 등에 필요하다고 인정되는 기간을 고려해서 세관장이 정한다. [보세전시장 운영에 관한 고시 제3조(특허대상) 제2항], [보세전시장 운영에 관한 고시 제5조(특허기간)]
③ 박람회의 주최자가 보세전시장에서 그 업무수행을 위하여 사용할 외국물품 중 사무용비품 및 소모품은 반입신고를 하여야 한다. [보세전시장 운영에 관한 고시 제9조(반입물품의 범위) 제2호], [보세전시장 운영에 관한 고시 제10조(반출입의 신고) 제1항]
④ 보세전시장에서 불특정다수의 관람자에게 오락용으로 관람시키거나 사용하게 할 물품 중 유상으로 제공되는 물품은 수입신고수리 후 사용이 가능하다. [보세전시장 운영에 관한 고시 제17조(수입신고대상)]
⑤ 보세전시장에서 불특정다수의 관람자에게 판매할 것을 목적으로 하는 외국물품은 보세전시장에 반입할 수 있다. [보세전시장 운영에 관한 고시 제9조(반입물품의 범위) 제5호]

23 정답 ①

[보세건설장 관리에 관한 고시 제3조(특허의 제한) 제2호]

오답노트
② 산업시설 건설에 사용되는 외국물품인 기계류 설비품은 수입신고 후 사용하여야 하며, 공사용 장비는 수입신고 수리 전에 사용할 수 없다. [보세건설장 관리에 관한 고시 제12조(신고수리 전 사용제한 및 외국물품의 통관) 제1항]
③ 보세건설장 외 보세작업을 하고자 하는 때에는 세관장으로부터 허가를 받아야 한다. [보세건설장 관리에 관한 고시 제15조(보세건설장 외 보세작업의 허가신청) 제1항]
④ 보세건설장에서 건설된 시설을 시험목적으로 일시 가동하려면 수입신고수리 전에도 가능하다. [보세건설장 관리에 관한 고시 제14조(보세건설물품의 가동제한)]
⑤ 보세건설장에 반입된 외국물품에 대한 관세는 사용 전 수입신고가 수리된 날의 법령에 따라 부과한다. [관세법 제17조(적용 법령) 제2호]

24 정답 ③

[관세법 제19조(납세의무자) 제1항 제10호]
다음 각 호의 어느 하나에 해당하는 자는 관세의 납세의무자가 된다.
10. **도난물품**이나 분실물품인 경우에는 다음 각 목에 규정된 자
   가. **보세구역의 장치물품** : 그 운영인 또는 제172조 제2항에 따른 **화물관리인**
   나. 보세운송물품 : 보세운송을 신고하거나 승인을 받은 자
   다. 그 밖의 물품 : 그 보관인 또는 취급인

25 정답 ③

[수입활어 관리에 관한 특례고시 제8조(장치장소의 제한)]

오답노트
① 활어장치장은 CCTV 영상을 상시 녹화할 수 있고 녹화된 영상을 30일 이상 보관할 수 있는 감시장비를 보유하여야 한다. [수입활어 관리에 관한 특례고시 제4조(활어장치장의 시설요건 등) 제1항 제4호]
② 활어를 장치하기 위한 보세구역 외 장치장은 세관으로부터 40km 이내에 위치하여야 한다. 다만, 관내 보세창고의 수용능력, 반입물량, 감시단속상의 문제점 등을 고려하여 세관장이 타당하다고 인정하는 경우에는 세관으로부터 80km를 초과하지 아니하는 범위 내에서 보세구역 외 장치를 허가할 수 있다. [수입활어 관리에 관한 특례고시 제6조(보세구역 외 장치) 제2항]
④ 운영인 등은 폐사어를 별도의 냉동·냉장시설에 B/L별로 구분하여 보관하여야 한다. [수입활어 관리에 관한 특례고시 제12조(폐사어의 관리) 제2항]
⑤ 동일 선박으로 반입된 동일 화주의 활어는 B/L 건별로 구분하여 수입신고 하여야 한다. [수입활어 관리에 관한 특례고시 제9조(B/L분할 신고)]

<제3과목> 화물관리

01　　　　　　　　　　　　　　　　　　　　　　　　　　　　　　　　　　　　　　정답 ③

[보세운송에 관한 고시 제11조(갱신신청) 제3항]

오답노트
① 보세운송업자의 등록 유효기간은 **3년**으로 하되 갱신할 수 있다. [보세운송에 관한 고시 제9조(등록신청) 제2항]
② 보세운송업자의 등록 갱신신청은 기간만료 **1개월 전까지** 하여야 한다. [보세운송에 관한 고시 제11조(갱신신청) 제1항]
④ 한국관세물류협회의 장은 보세운송업자 등록신청서를 접수한 때에는 **10일** 이내에 처리해야 한다. [보세운송에 관한 고시 제9조(등록신청) 제3항]
⑤ 보세운송업자의 등록이 취소된 자로서 취소일로부터 **2년**이 경과되지 아니한 자는 보세운송업자로 등록할 수 없다. [보세운송에 관한 고시 제8조(등록요건) 제2항]

02　　　　　　　　　　　　　　　　　　　　　　　　　　　　　　　　　　　　　　정답 ⑤

[보세운송에 관한 고시 제26조(보세운송신고) 제4항]

오답노트
① 보세운송신고를 하려는 자는 화물관리번호가 **부여된 이후에 할 수 있다.** [보세운송에 관한 고시 제25조(신고시기)]
② 배차예정내역신고를 한 자가 사용할 운송수단을 변경하고자 하는 경우 **보세구역 출발 전까지** 다시 신고해야 한다. [보세운송에 관한 고시 제26조(보세운송신고) 제3항]
③ 항공사가 국내 국제항 간에 항공기로 보세운송하려는 경우 보세운송신고서는 **발송지세관**에 출항 적재화물목록을 제출하는 것으로 갈음할 수 있다. [보세운송에 관한 고시 제26조(보세운송신고) 제5항]
④ LCL화물 중 컨테이너에서 적출하지 아니한 상태로 보세운송하는 경우 **Master B/L 단위로 신고할 수 있다.** [보세운송에 관한 고시 제26조(보세운송신고) 제6항 제2호]

03　　　　　　　　　　　　　　　　　　　　　　　　　　　　　　　　　　　　　　정답 ①

[보세운송에 관한 고시 제32조(승인신청) 제3항]

오답노트
② 세관장은 보세운송을 승인한 물품의 감시단속을 위하여 필요한 경우에는 운송통로를 제한할 수 있다. [보세운송에 관한 고시 제36조(보세운송 승인) 제3항]
③ 보세운송 승인신청인은 보세운송 신청에 관한 자료를 **2년간** 보관하여야 하고, 마이크로필름·광디스크 등 자료전달매체에 의하여 보관할 수 있다. [보세운송에 관한 고시 제36조(보세운송 승인) 제2항]
④ 특정물품 간이보세운송업자가 관리대상화물 관리에 관한 고시에 따른 검사대상화물을 하선(기)장소에서 최초 보세운송하려는 물품은 **보세운송 신고대상**이다. [보세운송에 관한 고시 제24조(신고대상) 제2호]
⑤ 항공사가 국제항 간 입항적재화물목록 단위로 일괄하여 항공기로 보세운송하려는 물품은 **보세운송 신고대상**이다. [보세운송에 관한 고시 제24조(신고대상) 제3호]

04　　　　　　　　　　　　　　　　　　　　　　　　　　　　　　　　　　　　　　정답 ③

[보세운송에 관한 고시 제2조(보세운송신고) 제1항]
보세운송의 신고 또는 승인신청은 다음 각 호의 어느 하나에 해당하는 자의 명의로 하여야 한다.
1. **화주.** 다만, 환적화물의 경우에는 그 화물에 대한 권리를 가진 자
2. 「**관세법**」 제222조에 따라 등록한 보세운송업자
3. 「관세사법」에 따른 **관세사**·관세법인 또는 통관취급법인(관세사 등)
4. 법 제220조의2에 따라 보세운송 할 수 있는 선박회사

05 정답 ②

[보세운송에 관한 고시 제46조(적용범위) 제1항]
수출신고가 수리된 물품은 보세운송 절차를 생략한다. 다만, 다음 각 호의 어느 하나에 해당하는 물품은 그러하지 아니하다.
1. 「반송절차에 관한 고시」에 따라 외국으로 반출하는 물품
2. 보세전시장에서 전시 후 반송되는 물품
3. 보세판매장에서 판매 후 반송되는 물품
4. **여행자 휴대품 중 반송되는 물품 (C)**
5. **보세공장 및 자유무역지역에서 제조·가공하여 수출하는 물품 (B)**
6. **수출조건으로 판매된 몰수품 또는 국고귀속된 물품 (E)**
7. 제45조의2 제2항에 따라 국제항 안에서 보세운송하려는 수출신고수리 물품

오답노트

A. '송유관을 통해 운송하는 석유제품'에 대하여는 보세운송 절차를 생략한다. [보세운송에 관한 고시 제44조의2(송유관을 통한 보세운송특례)]
D. '우편법에 따라 체신관서의 관리 하에 운송되는 물품'은 보세운송 절차를 요하지 아니한다. [보세운송에 관한 고시 제4조(보세운송 절차를 요하지 않는 물품) 제1항 제1호]
F. '국가기관에 의하여 운송되는 압수물품'은 보세운송 절차를 요하지 아니한다. [보세운송에 관한 고시 제4조(보세운송 절차를 요하지 않는 물품) 제1항 제3호]
G. '내륙컨테이너기지 등 관할 보세구역에 위치한 집단화지역 내에서 운송되는 물품'에 대하여는 보세운송 절차를 생략할 수 있다. [보세운송에 관한 고시 제44조(집단화지역 내의 보세운송특례) 제1호]

06 정답 ①

[보세운송에 관한 고시 제6조(보세운송기간)]
보세운송물품은 <u>신고수리(승인)</u>일로부터 해상화물 10일, 항공화물 5일 이내에 목적지에 도착하여야 한다.

07 정답 ③

[보세화물 관리에 관한 고시 제13조(B/L제시 인도물품 반출승인) 제1항]

오답노트

① 하선장소 보세구역에 컨테이너 상태로 반입하는 경우 반입신고는 <u>Master B/L 단위로 제출할 수 있다.</u> [보세화물 관리에 관한 고시 제9조(반입확인 및 반입신고) 제6항]
② 동일사업장 내 보세구역 간 장치물품의 이동은 <u>물품반출입신고로 보세운송신고를 갈음할 수 있다.</u> [보세화물 관리에 관한 고시 제9조(반입확인 및 반입신고) 제8항]
④ 보세창고에서 <u>1년 이상 계속하여 내국물품만을 장치하려는 자는 내국물품 장치신청서를 제출하여 세관장의 승인을 받아야 한다.</u> [보세화물 관리에 관한 고시 제12조(보세창고 내국물품 반출입신고 등) 제4항]
⑤ FCL 컨테이너 화물로 통관우체국까지 운송하는 국제우편물의 경우에는 <u>반출승인 신청을 생략할 수 있다.</u> [보세화물 관리에 관한 고시 제13조의2(선편 국제우편물의 반출입) 제1항]

08 정답 ①

- 수입신고 수리 물품 반출의무 및 신고지연 가산세 적용대상 보세구역에 반입된 물품이 수입신고가 수리된 때에는 그 수리일로부터 (A : 15일) 이내에 해당 보세구역에서 반출하여야 한다. [보세화물 관리에 관한 고시 제19조(수입신고수리물품의 반출의무)]
- 세관장은 보세구역 외 장치 허가 신청을 받은 경우 보세구역 외 장치 허가기간에 (B : 1개월)을 연장한 기간을 담보기간으로 하여 담보제공을 명할 수 있다. [보세화물 관리에 관한 고시 제7조(보세구역 외 장치의 허가) 제4항]

09 정답 ⑤

> [보세화물 관리에 관한 고시 제6조(반출명령) 제5항]
> 세관장은 운영인이 반출명령을 이행하지 않은 경우에는 관세법 제277조에 따라 과태료를 부과한다.

10 정답 ③

[보세화물 관리에 관한 고시 제8조(보세구역 외 장치의 허가기간 등) 제2항]

오답노트
① 보세구역과의 교통이 불편한 지역에 양륙된 물품으로서 보세구역으로 운반하는 것이 불합리한 물품은 세관장으로부터 허가를 받은 후 보세구역 외에 장치할 수 있다. [보세화물 관리에 관한 고시 제7조(보세구역 외 장치의 허가) 제1항 제6호]
② 보세구역 외 장치의 허가기간은 6개월의 범위 내에서 세관장이 필요하다고 인정하는 기간으로 정한다. [보세화물 관리에 관한 고시 제8조(보세구역 외 장치의 허가기간 등) 제1항]
④ 보세구역 외 장치 허가수수료는 허가건수 단위로 징수한다. 이 경우, 동일모선으로 수입된 동일화주의 화물을 동일 장소에 반입하는 때에는 1건의 보세구역 외 장치로 허가할 수 있다. [보세화물 관리에 관한 고시 제8조(보세구역 외 장치의 허가기간 등) 제4항]
⑤ 보세구역 외 장치 담보액은 수입통관 시 실제 납부하여야 할 관세 등 제세 상당액으로 한다. [보세화물 관리에 관한 고시 제7조(보세구역 외 장치의 허가) 제6항]

11 정답 ⑤

[관세법 제161조(견본품 반출) 제4항]

오답노트
① 국제무역선에서 물품을 하역하기 전에 외국물품의 일부를 견본품으로 반출하려는 경우에도 세관장의 허가를 받아야 한다. [관세법 제161조(견본품 반출) 제1항]
② 견본품 반출은 필요한 최소한의 수량으로 제한하여야 하므로 외국물품의 전부를 견본품으로 반출하려는 자는 세관장의 허가를 받아야 한다. [보세화물 관리에 관한 고시 제30조(견본품 반출입 절차) 제1항 및 제2항]
③ 견본품 반출 허가를 받은 자는 반출기간이 종료되기 전에 해당 물품이 장치되었던 보세구역에 반입하고 견본품 재반입보고서를 세관장에게 제출하여야 한다. [보세화물 관리에 관한 고시 제30조(견본품 반출입 절차) 제3항]
④ 보세구역 운영인은 견본품 반출 허가를 받은 물품이 해당 보세구역에서 반출입될 때 견본품 반출 허가사항을 확인하고, 견본품 반출입 사항을 견본품 반출입 대장에 기록관리 하여야 한다. [보세화물 관리에 관한 고시 제30조(견본품 반출입 절차) 제4항]

12 정답 ④

[보세화물 관리에 관한 고시 제22조(보수작업의 한계)]

오답노트
① 외국물품은 수입될 물품의 보수작업의 재료로 사용할 수 없다. [관세법 제158조(보수작업) 제6항]
② 보수작업으로 외국물품에 부가된 내국물품은 외국물품으로 본다. [관세법 제158조(보수작업) 제5항]
③ 운영인은 포괄보수작업승인을 받은 경우에는 매월 말 기준으로 다음 달 1일에 보수작업 완료보고서를 일괄하여 제출할 수 있다. [보세화물 관리에 관한 고시 제23조(보수작업의 감독) 제2항]
⑤ 운영인은 보세구역에 장치된 물품의 통관을 위하여 개장, 분할구분, 합병, 원산지표시, 그 밖에 이와 유사한 작업을 하려는 경우 세관장으로부터 보수작업의 승인을 받아야 한다. [보세화물 관리에 관한 고시 제20조(보수작업 대상) 제2호]

13 정답 ①

[보세화물 장치기간 및 체화관리에 관한 고시 제6조(반출통고의 주체, 대상 및 내용) 제1항 및 제2항]
① 보세전시장, 보세건설장, 보세판매장, 보세공장, 보세구역외장치장, 자가용보세창고에 반입한 물품에 대해서는 관할세관장이 화주나 반입자 또는 그 위임을 받은 자(화주 등)에게 반출통고 한다.
② **영업용보세창고**에 반입한 물품의 반출통고는 **보세구역운영인**이 화주 등에게 하며, 지정장치장에 반입한 물품의 반출통고는 화물관리인이 화주 등에게 하여야 한다.

14 정답 ②

[보세화물 장치기간 및 체화관리에 관한 고시 제40조(폐기명령 대상 등)]
세관장은 법 제160조 제4항에 따라 다음 각 호의 어느 하나에 해당하는 물품은 그 장치기간에 불구하고 화주, 반입자 또는 그 위임을 받은 자에게 1개월의 기간을 정하여 별지 제9호 서식으로 폐기 또는 반송을 명할 수 있다. 다만, 급박하게 통고할 여유가 없을 때에는 폐기한 후 즉시 통고하여야 한다.
1. 사람의 생명이나 재산에 해를 끼칠 우려가 있는 물품
2. 부패하거나 **변질된 물품**
3. 유효기간이 지났거나 상품가치가 없어진 물품
4. 의약품 등으로서 유효기간이 경과하였거나 성분이 불분명한 경우
5. 위조상품, 모조품, 그 밖의 지식재산권 침해물품
6. 품명미상의 물품으로서 1년이 경과된 물품
7. 검사·검역기준 등에 부적합하여 검사·검역기관에서 폐기대상 물품으로 결정된 물품

15 정답 ④

[보세화물 관리에 관한 고시 제4조(화물분류기준) 제2항 제2호 및 제5호]
위험물은 해당 물품을 장치하기에 적합한 요건을 갖춘 보세구역에 장치해야 하나 관리대상화물(검사대상화물)로 선별된 경우에는 <u>선박회사 또는 항공사가 지정한 장소에 장치하여야 한다.</u>

16 정답 ②

[관세법 제208조(매각대상 및 매각절차) 제3항]

오답노트
① 장치기간이 지난 물품이 <u>급박하여 공고할 여유가 없을 때에는 매각한 후 공고할 수 있다.</u> [관세법 제208조(매각대상 및 매각절차) 제2항]
③ 매각대행기관이 매각을 대행하는 경우에는 매각대행기관의 장을 <u>세관장</u>으로 본다. [관세법 제208조(매각대상 및 매각절차) 제5항]
④ 경쟁입찰의 방법으로 매각하려는 경우 매각되지 아니하였을 때에는 5일 이상의 간격을 두어 다시 입찰에 부칠 수 있으며 그 예정가격은 최초 예정가격의 <u>100분의 10</u> 이내의 금액을 입찰에 부칠 때마다 줄일 수 있다. [관세법 제210조(매각방법) 제2항]
⑤ 매각공고는 공매예정가격산출서를 통보받은 날부터 <u>60일</u>의 기간 내에 소관세관관서의 게시판과 관세청 및 본부세관 홈페이지에 공고해야 한다. [보세화물 장치기간 및 체화관리에 관한 고시 제13조(매각공고) 제1항]

17
정답 ②

- 적재화물목록 작성책임자는 별도 관리 중인 물품에 대해 하기결과보고일로부터 (A : 15일) 이내에 이상 사유를 규명하여 적재화물목록 정정 등의 절차를 거쳐 하기장소에 반입해야 한다. [보세화물 입출항 하선 하기 및 적재에 관한 고시 제32조(하기결과 이상물품에 대한 적용 특례) 제2항]
- 적재화물목록 작성책임자는 항공기 운항 사정상 동일 AWB의 물품이 전량 미기적 또는 분할기적된 경우로서 최초 적재화물목록을 제출한 항공기의 입항일로부터 (B : 15일) 이내에 미기적 되었던 물품이 도착된 경우 후착화물과 병합하여 별도관리 물품 해제 신청서를 세관장에게 제출하여 승인을 받은 후 하기장소에 반입해야 한다. [보세화물 입출항 하선 하기 및 적재에 관한 고시 제32조(하기결과 이상물품에 대한 적용 특례) 제3항]

18
정답 ④

- 해상 컨테이너화물의 하선(하기) 반입기간 : A(입항일로부터 5일 이내) [보세화물 입출항 하선 하기 및 적재에 관한 고시 제19조(하선장소 물품반입) 제1항]
- 항공화물의 하선(하기) 반입기간 : B(입항 다음 날까지) [보세화물 입출항 하선 하기 및 적재에 관한 고시 제30조(하기장소의 물품반입) 제1항]

19
정답 ⑤

- 원칙 : 적재 (A : 24)시간 전 [보세화물 입출항 하선 하기 및 적재에 관한 고시 제43조(적재화물목록 제출) 제3항 제1호]
- 선상수출신고물품(수출통관 사무처리에 관한 고시 제32조 해당물품) : (B : 출항 다음 날 자정)까지 [보세화물 입출항 하선 하기 및 적재에 관한 고시 제43조(적재화물목록 제출) 제3항 제1호]

20
정답 ⑤

B. [보세화물 입출항 하선 하기 및 적재에 관한 고시 제12조(적재화물목록의 정정신청) 제3항 제1호]
C. [보세화물 입출항 하선 하기 및 적재에 관한 고시 제12조(적재화물목록의 정정신청) 제3항 제2호]
F. [보세화물 입출항 하선 하기 및 적재에 관한 고시 제13조(적재화물목록 정정생략) 제1항 제3호]

오답노트
A. 보세운송으로 보세구역에 반입된 화물의 적재화물목록 정정신청은 **도착지** 보세구역을 관할하는 세관장에게 해야 한다. [보세화물 입출항 하선 하기 및 적재에 관한 고시 제12조(적재화물목록의 정정신청) 제1항]
D. 그 밖의 사유로 적재화물목록을 정정하려는 경우는 선박 입항일로부터 **60일** 이내에 할 수 있다. [보세화물 입출항 하선 하기 및 적재에 관한 고시 제12조(적재화물목록의 정정신청) 제3항 제3호]
E. 포장단위 물품으로서 중량의 과부족이 **10%** 이내이고 포장상태에 이상이 없는 경우 적재화물목록 정정신청을 생략할 수 있다. [보세화물 입출항 하선 하기 및 적재에 관한 고시 제13조(적재화물목록 정정생략) 제1항 제4호]

21
정답 ④

[보세화물 입출항 하선 하기 및 적재에 관한 고시 제11조(적재화물목록 취하신청)]
적재화물목록 제출의무자는 선박 미입항 등의 사유로 제출된 적재화물목록을 취하하려는 때에는 그 사유를 기재한 적재화물목록 취하신청서를 제출해야 한다.

22 정답 ②

[환적화물 처리절차에 관한 특례 고시 제9조(내국환적운송) 제1항]
국내 국제항 간 국제무역선으로 화물을 운송할 수 있는 경우는 다음 각 호의 어느 하나와 같다.
1. 우리나라로 수입하려는 외국물품으로서 최초 입항지에서 선하증권(항공화물운송장을 포함한다)에 기재된 최종 목적지로 운송하려는 화물
2. 환적화물
3. 수출신고가 수리된 물품
4. 내국물품인 공컨테이너

23 정답 ⑤

[환적화물 처리절차에 관한 특례 고시 제8조(복합환적절차) 제1항]
다음 각 호의 어느 하나에 해당하는 복합환적화물은 적재화물목록에 보세운송인과 목적지를 기재하여 제출하는 것으로 보세운송신고(승인)를 갈음할 수 있다.
1. 선박으로 반입한 화물을 공항으로 운송하여 반출하는 물품
2. 항공기로 반입한 화물을 항만으로 운송하여 반출하는 물품
3. 선박 또는 항공기로 반입한 화물을 차량 또는 철도로 반출하는 물품
4. 차량 또는 철도로 반입한 화물을 항만 또는 공항으로 운송하여 선박 또는 항공기로 반출하는 물품
5. 항공기로 반입한 화물을 다른 공항으로 운송하여 반출하는 물품

24 정답 ①

[화물운송주선업자의 등록 및 관리에 관한 고시 제6조(등록의 효력상실)]
화물운송주선업자가 다음 각 호의 어느 하나에 해당하는 경우에는 그 등록의 효력이 상실된다.
1. 하물운송주선업을 폐업한 때
2. 화물운송주선업자가 사망하거나 법인이 해산된 때
3. 등록기간이 만료된 때
4. 등록이 취소된 때

25 정답 ③

[화물운송주선업자의 등록 및 관리에 관한 고시 제3조(등록요건)]
「관세법」제222조 및 제223조에 따른 화물운송주선업자의 등록요건은 다음과 같다.
1. 「관세법」제175조 각 호의 어느 하나에 해당하지 않을 것
2. 「물류정책기본법」제43조에 따른 국제물류주선업의 등록을 하였을 것
3. **관세 및 국세**의 체납이 없을 것
4. 화물운송주선업자 등록이 취소된 후 2년이 지났을 것
5. 자본금 3억 원 이상을 보유한 법인(법인이 아닌 경우에는 자산평가액이 6억 원 이상)일 것
6. 관세법 또는 관세법에 따른 세관장의 명령에 위반하여 관세범으로 조사받고 있거나 기소 중에 있지 않을 것
7. 혼재화물적재화물목록 제출 등을 위한 전산설비를 갖추고 있을 것

<제4과목> 수출입안전관리

01   정답 ③

[수출입 안전관리 우수업체 공인 및 운영에 관한 고시 제3조(공인부문) 제1항]
수출입 안전관리 우수업체(AEO, Authorized Economic Operator)로 공인을 신청할 수 있는 자는 다음 각 호와 같다.
1. 「관세법」(법) 제241조에 따른 수출자(수출부문)
2. 법 제241조에 따른 수입자(수입부문)
3. 「관세사법」 제2조 또는 제3조에 따른 통관업을 하는 자(관세사부문)
4. 법 제2조 제16호에 해당하는 자 또는 법 제172조에 따른 지정장치장의 화물을 관리하는 자(보세구역운영인부문)
5. 법 제222조 제1항 제1호에 해당하는 자(보세운송업부문)
6. 법 제222조 제1항 제2호 및 제6호에 해당하는 자(화물운송주선업부문)
7. 법 제222조 제1항 제3호에 해당하는 자(하역업부문)
8. 법 제2조 제6호에 따른 국제무역선을 소유하거나 운항하여 법 제225조에 따른 보세화물을 취급하는 자(선박회사부문)
9. 법 제2조 제7호에 따른 국제무역기를 소유하거나 운항하여 법 제225조에 따른 보세화물을 취급하는 자(항공사부문)

02   정답 ②

- 공인심사 결과 법규준수도가 85점인 경우 공인기준을 (A : 충족)한 것으로 본다.
- 공인심사 결과 내부통제시스템 기준의 평가점수가 75점인 경우 공인기준을 (B : 미충족)한 것으로 본다.
- 부채비율이 120%(동종업종 평균 부채비율은 70%임)인 경우 공인기준을 (C : 충족)한 것으로 본다.
- 안전관리 기준 중에서 충족이 권고되는 기준의 평가 점수가 75점인 경우 공인기준을 (D : 충족)한 것으로 본다.

[수출입 안전관리 우수업체 공인 및 운영에 관한 고시 제4조(공인기준) 제3항]
수출입 안전관리 우수업체로 공인을 받기 위해서는 공인기준 중에서 필수적인 기준을 충족하고, 다음 각 호의 요건을 모두 충족하여야 한다.
1. 법규준수도가 80점 이상일 것. 다만, 중소 수출기업은 심의위원회를 개최하는 날을 기준으로 직전 2개 분기 연속으로 해당 분기단위의 법규준수도가 80점 이상인 경우도 충족한 것으로 본다.
2. 내부통제시스템 기준의 평가점수가 80점 이상일 것
3. 재무건전성 기준을 충족할 것(동종업종 평균 부채비율의 200% 이하)
4. 안전관리 기준 중에서 충족이 권고되는 기준의 평가점수가 70점 이상일 것

03   정답 ⑤

[수출입 안전관리 우수업체 공인 및 운영에 관한 고시 제5조(공인등급) 제1항]
관세청장은 제4조 제3항을 충족한 업체를 대상으로 다음 각 호의 공인등급별 기준에 따라 제27조에 따른 수출입 안전관리 우수업체 심의위원회의 심의를 거쳐 공인등급을 결정한다.
1. A등급: 법규준수도가 80점 이상인 업체
2. AA등급: 법규준수도가 90점 이상인 업체
3. AAA등급: **갱신심사를 받은 업체 중**에서 법규준수도가 95점 이상이고, 다음 각 목의 어느 하나에 해당하는 업체
    가. 수출입 안전관리와 관련하여 다른 업체에 확대하여 적용할 수 있는 우수사례가 있는 업체. 이 경우 해당 우수사례는 공인등급을 상향할 때에 한번만 유효하다.
    나. 중소기업이 수출입 안전관리 우수업체로 공인을 받는데 지원한 실적이 우수한 업체
    다. 〈삭제〉
    라. 그 밖의 관세청장이 인정하는 경우로서 심의위원회의 결정을 받은 업체

04   정답 ②

A. 법규준수도 [수출입 안전관리 우수업체 공인 및 운영에 관한 고시 제2호(정의) 제3호]
B. 예비심사 [수출입 안전관리 우수업체 공인 및 운영에 관한 고시 제2호(정의) 제7호]
C. 기업상담전문관 [수출입 안전관리 우수업체 공인 및 운영에 관한 고시 제2호(정의) 제11호]

05   정답 ①

[관세법 제255조의7(수출입 안전관리 기준 준수도의 측정·평가) 제1항]
관세청장은 수출입 안전관리 우수업체로 **공인받기 위한 신청 여부와 관계없이** 수출입물품의 제조·운송·보관 또는 통관 등 무역과 관련된 자 중 대통령령으로 정하는 자를 대상으로 제255조의2 제1항에 따른 안전관리 기준을 준수하는 정도를 대통령령으로 정하는 절차에 따라 측정·평가할 수 있다.

06   정답 ③

[수출입 안전관리 우수업체 공인 및 운영에 관한 고시 제18조(정기 자율 평가), 별지 제11호 서식(정기자율평가서)]
- 세부목표는 (A : 6개월)을 초과하지 않는 범위에서 검토하고 있습니까?
- 전산시스템 백업을 주기적(B : 30일)으로 시행하고 있습니까?
- 암호를 주기적(C : 90일)으로 변경하고 있습니까?
- 화재, 침수, 도난, 불법유출 등 수출입화물 안전관리와 관련한 특이사항 발생 시 (D : 30일) 이내 신고하고 있습니까?

07   정답 ④

[수출입 안전관리 우수업체 공인 및 운영에 관한 고시 제27조(수출입 안전관리 우수업체 심의위원회의 설치·구성) 제3항]
위원의 임기는 2년으로 하고, **연임할 수 있으며**, 위원회가 해산되는 경우에는 그 해산되는 때에 임기가 만료되는 것으로 한다.

08   정답 ③

- 예비심사 : 예비심사 신청서를 접수한 날로부터 (A : 40일) 이내에 예비심사를 마쳐야 한다. [수출입 안전관리 우수업체 공인 및 운영에 관한 고시 제7조의2(예비심사) 제5항]
- 서류심사 : 관세청장은 신청업체가 제출한 서류를 통해서 공인기준을 충족하는지를 확인하기 어려운 경우에는 (B : 30일)의 범위 내에서 신청업체에 보완을 요구할 수 있다. [수출입 안전관리 우수업체 공인 및 운영에 관한 고시 제8조(서류심사) 제2항]
- 현장심사 : 관세청장은 현장심사를 시작한 날부터 (C : 60일) 이내에 그 심사를 마쳐야 하며, 신청업체의 사업장을 직접 방문하는 기간은 (D : 15일) 이내로 한다. [수출입 안전관리 우수업체 공인 및 운영에 관한 고시 제9조(현장심사) 제5항]

09   정답 ①

월별납부제도 운영에 관한 고시 제3조에 따른 월별납부 → '수입 부문'의 수출입 안전관리 우수업체 공인을 획득한 기업에 제공되는 혜택 [수출입 안전관리 우수업체 공인 및 운영에 관한 고시 제15조(통관절차 등의 혜택) 제1항 관련, 별표 2(통관절차 등의 혜택)]

10   정답 ⑤

[수출입 안전관리 우수업체 공인 및 운영에 관한 고시 제22조(국가 간 수출입 안전관리 우수업체의 상호인정) 제2항]
관세청장은 다음 각 호의 절차에 따라 상호인정약정을 체결하며, 다른 나라의 관세당국과 협의하여 탄력적으로 조정할 수 있다.
1. 공인기준의 상호 비교
2. 상호방문 합동 공인심사

3. 상호인정약정의 혜택 및 정보교환 등 운영절차 마련
4. 관세당국 최고책임자 간 서명

11 정답 ②

[수출입 안전관리 우수업체 공인 및 운영에 관한 고시 제4조(공인기준) 제1항, 별표 1(수출입 안전관리 우수업체 공인기준)]

오답노트
① 신청업체와 신청인이 관세 등 국세와 지방세의 체납이 없어야 한다. → '재무건전성' 공인기준
③ 운영인은 화물을 반출입하는 경우 즉시 신고할 수 있는 체계를 구축하여야 한다. → '내부통제시스템' 공인기준
④ 운영인은 수출입물품의 이동과 물품취급 거래내역에 관한 관리절차를 마련하고, 관련 법령에 따라 보관하여야 한다. → '내부통제시스템' 공인기준
⑤ 신청업체는 통합법규준수도시스템 또는 현장심사를 통하여 측정한 관세행정 법규준수도가 수출입 안전관리 우수업체 공인기준을 충족하여야 한다. → '법규준수' 공인기준

12 정답 ①

[수출입 안전관리 우수업체 공인 및 운영에 관한 고시 제4조(공인기준) 제1항, 별표 1(수출입 안전관리 우수업체 공인기준), 2. 내부통제시스템]
- 운영인은 (A : 최고경영자)의 법규준수와 안전관리에 대한 경영방침과 이를 이행하기 위한 세부목표를 수립하여야 한다.
- 운영인은 법규준수와 안전관리 관련 업무 처리에 부정적 영향을 주는 (B : 위험요소)의 식별, 평가, 관리대책의 수립, 개선 등을 포함한 절차를 마련하여야 한다.
- 운영인은 법규준수와 안전관리를 위하여 관세행정 전문가, (C : 거래업체)와(과) 정기적으로 협의하여야 한다.

13 정답 ①

[수출입 안전관리 우수업체 공인 및 운영에 관한 고시 제17조(변동사항 보고) 제1항]
수출입 안전관리 우수업체는 다음 각 호의 어느 하나에 해당하는 사실이 발생한 경우 **그 사실이 발생한 날로부터 30일 이내**에 별지 제10호서식의 수출입 관리현황 변동사항 보고서를 작성하여 관세청장에게 보고하여야 한다. 다만, 변동사항이 범칙행위, 부도 등 공인유지에 중대한 영향을 미치는 경우 지체없이 보고하여야 한다.
1. 양도, 양수, 분할·합병 및 **특허 변동 등으로 인한 법적 지위 등의 변경**
2. 대표자, 수출입 관련 업무 담당 임원 및 관리책임자의 변경
3. 소재지 이전, 사업장의 신설·증설·확장·축소·폐쇄 등
4. 사업내용의 변경 또는 추가
5. 화재, 침수, 도난, 불법 유출 등 수출입화물 안전관리와 관련한 특이사항

14 정답 ④

[수출입 안전관리 우수업체 공인 및 운영에 관한 고시 제16조의2(관리책임자 교육 등) 제1항, 별표 4의2(관리책임자 교육의 내용)]
관리책임자는 수출입 안전관리 우수업체의 공인 전·후에 다음 각 호와 같이 관세청장이 지정하는 교육을 받아야 한다.
1. 공인 전 교육 : 수출입관리책임자는 16시간 이상. 다만, 공인 전 교육의 유효기간은 해당 교육을 받은 날부터 5년임
2. **공인 후 교육** : 매 2년마다 총괄책임자는 4시간 이상, 수출입관리책임자는 8시간 이상(처음 교육은 공인일자를 기준으로 1년 이내 받아야 함). 다만, 관리책임자가 변경된 경우는 변경된 날부터 180일 이내에 해당 교육을 받아야 한다.

15 정답 ⑤

'특허보세구역 운영에 관한 고시에 따른 반입정지 기간을 50% 범위 내에서 하향 조정이 가능'한 것은 AA등급과 AAA등급 수출입 안전관리 우수업체에 한정된 혜택이다. [수출입 안전관리 우수업체 공인 및 운영에 관한 고시 제15조(통관절차 등의 혜택), 별표 2(통관절차 및 관세행정상의 혜택)]

16 정답 ④

[시행규칙 제62조(국제항이 아닌 지역에 대한 출입허가수수료) 제2항]
세관장은 다음 각 호의 어느 하나에 해당하는 사유가 있는 경우에는 제1항에 따른 **출입허가수수료를 징수하지 않는다.**
1. 법령의 규정에 의하여 강제로 입항하는 경우
2. 급병환자, 항해 중 발견한 밀항자, 항해 중 구조한 조난자·조난선박·조난화물 등의 하역 또는 인도를 위하여 일시 입항하는 경우
3. 위험물품·오염물품 기타 이에 준하는 물품의 취급, 유조선의 청소 또는 가스발생선박의 가스제거작업을 위하여 법령 또는 권한 있는 행정관청이 정하는 일정한 장소에 입항하는 경우
4. 국제항의 협소 등 입항여건을 고려하여 관세청장이 정하는 일정한 장소에 입항하는 경우

오답노트
① 국제항은 대통령령으로 지정하며 국제항의 시설기준 등에 관하여 필요한 사항은 **대통령령**으로 지정한다. [관세법 제133조(국제항의 지정 등) 제1항 및 제2항]
② 공항의 경우에는 정기여객기가 **주 6회** 이상 입항하거나 입항할 것으로 예상될 것이 국제항의 지정요건 중 하나이다. [시행령 제155조의2(국제항의 지정요건 등) 제1항 제3호 가목]
③ 항구의 경우에는 국제무역선인 **5천 톤급** 이상의 선박이 **연간 50회** 이상 입항하거나 입항할 것으로 예상될 것이 국제항의 지정요건 중 하나이다. [시행령 제155조의2(국제항의 지정요건 등) 제1항 제3호 나목]
⑤ 국제항이 아닌 지역에 대한 출입허가수수료가 1만 원에 미달하는 경우에는 **1만 원으로 하며**, 수수료의 총액은 50만 원을 초과하지 못한다. [시행규칙 제62조(국제항이 아닌 지역에 대한 출입허가수수료) 제1항]

17 정답 ③

- 국제항이 아닌 지역에 대한 출입의 허가를 받은 경우 세관장은 허가의 신청을 받은 날부터 **(A : 10일)** 이내에 허가 여부를 신청인에게 통지하여야 하며, 정한 기간 내에 허가 여부를 통지하지 아니하면 그 기간이 **(B : 끝난 날의 다음 날)**에 허가를 한 것으로 본다. [관세법 제142조(항외 하역) 제3항 및 제4항]
- 재해나 그 밖의 부득이한 사유로 국내운항선이나 국내운항기가 외국에 임시 정박 또는 착륙하고 우리나라로 되돌아왔을 때에는 선장이나 기장은 **(C : 지체 없이)** 그 사실을 세관장에게 보고하여야 하며, 외국에서 적재한 물품이 있을 때에는 그 목록을 제출하여야 한다. [관세법 제139조(임시 외국 정박 또는 착륙의 보고)]
- 국제무역선이나 국제무역기가 국제항을 출항하려면 선장이나 기장은 **(D : 출항하기 전)**에 세관장에게 출항허가를 받아야 한다. [관세법 제136조(출항절차) 제1항]

18 정답 ④

[국제무역선의 입출항 전환 및 승선절차에 관한 고시 제25조(전환승인)]
세관장은 전환승인 신청한 선박에 대하여 과세대상 물품이 없는 경우에는 즉시 전환승인을 하고, **과세대상 물품이 있는 경우에는 수입신고를 한 때에 전환승인 해야 한다. 다만, 부득이한 사정으로 수입신고가 어려운 경우에는 수입신고필증 사본을 전환승인일 다음 근무일까지 제출하는 것을 조건으로 승인할 수 있다.**

19　정답 ⑤

국제무역선의 국내운항선으로의 자격전환 승인 → 관세법 제144조

> [관세법 제138조(재해나 그 밖의 부득이한 사유로 인한 면책) 제1항]
> **제134조부터 제137조까지 및 제140조부터 제143조까지의 규정**은 재해나 그 밖의 부득이한 사유에 의한 경우에는 적용하지 아니한다.
> - 제134조(국제항 등에의 출입)
> - 제135조(입항절차)
> - 제136조(출항절차)
> - 제137조(간이 입출항절차)
> - 제140조(물품의 하역)
> - 제141조(외국물품의 일시양륙 등)
> - 제142조(항외 하역)
> - 제143조(선박용품 및 항공기용품 등의 하역 등)

20　정답 ③

[선박용품 등 관리에 관한 고시 제24조(재고관리) 제3항]

오답노트
① 본선 보세운송의 경우에는 선박용품 등이 도착 전이라도 적재허가를 신청할 수 있으며 <u>보세운송신고인이 도착지 세관에 적재허가신청한 것을 도착보고한 것으로 갈음한다.</u> [선박용품 등 관리에 관한 고시 제18조(보세운송) 제4항, 제20조(도착보고) 제2항]
② 선박용품 하선허가를 받은 자는 <u>허가일로부터 7일 이내</u>에 하선허가 받은 물품을 보세구역에 반입해야 한다. [선박용품 등 관리에 관한 고시 제12조(이행기간) 제2항]
④ 조건부 하역한 외국선박용품을 해당 선박이 입항하지 않거나 부득이한 사유로 외국으로 반출하려는 때에는 <u>반송절차에 관한 고시</u>를 따른다. [선박용품 등 관리에 관한 고시 제15조(조건부 하역 선박용품의 관리) 제5항]
⑤ 선박용품 등의 양도·양수는 물품공급업 또는 선박 내 판매업으로 등록된 자에 한정하여 할 수 있으며, 화물관리번호를 부여하여 보세화물로 관리하는 경우에는 <u>물품공급업 또는 선박 내 판매업 등록이 되지 않은 업체에게도 양도할 수 있다.</u> [선박용품 등 관리에 관한 고시 제23조(양도·양수 보고) 제1항]

21　정답 ③

> [항공기용품 등 관리에 관한 고시 제6조(용품의 하기 신청 등) 제1항 및 제2항]
> ① 국제무역기에서 용품을 하기하려는 공급자 등은 하기 전에 국제무역기의 계류장을 관할하는 세관장에게 항공편별로 구분하여 별지 제5호서식의 외국용품 하기허가(신청)서 또는 별지 제6호서식의 내국용품 하기허가(신청)서를 제출해야 한다. 다만, 사전 신청이 곤란하다고 세관장이 인정하는 경우 하기한 이후 신청하게 할 수 있다.
> ② 제1항의 단서에 따라 하기 신청하려는 공급자 등은 사전에 월별예정신청 해야 하며, 하기 즉시 용품을 보세창고 등에 반입하고 <u>하기한 다음 날까지</u> 일별로 하기 내역을 취합하여 하기 신청해야 한다.

22　정답 ①

[관리대상화물 관리에 관한 고시 제6조(검사대상화물의 하선(기)장소) 제2항]

오답노트
② 환적화물은 검사대상화물로 선별하여 <u>검사할 수 있다.</u> [관리대상화물 관리에 관한 고시 제4조(환적화물의 검사대상화물 또는 감시대상화물 적용대상)]
③ <u>운송추적감시화물</u>이란 선별한 감시대상화물 중 하선(기)장소 또는 장치예정 장소까지 추적감시하는 화물을 말한다. [관리대상화물 관리에 관한 고시 제2조(정의) 제8호]

④ 세관장은 **개장검사**를 실시할 때 화주로부터 참석요청을 받은 때에는 참석할 수 있도록 검사일시·검사장소·참석가능시간 등을 통보해야 한다. [관리대상물 관리에 관한 고시 제12조(검사 참석 및 서류 제출) 제1항]
⑤ 반입 후 검사화물에 대하여는 검색기를 이용한 검사를 <u>할 수 있다.</u> [관리대상물 관리에 관한 고시 제9조(검사대상화물 또는 감시대상화물의 검사 및 조치) 제5항]

23   정답 ②

[관리대상화물 관리에 관한 고시 제5조(검사대상화물 또는 감시대상화물의 선별) 제1항]
세관장이 **검색기 검사화물로 선별하여 검사하는 화물**은 다음 각 호의 어느 하나와 같다.
1. 총기류·도검류 등 위해물품을 은닉할 가능성이 있는 화물
2. 물품 특성상 내부에 밀수품을 은닉할 가능성이 있는 화물
3. 실제와 다른 품명으로 수입할 가능성이 있는 화물
4. <u>수(중)량 차이의 가능성이 있는 화물</u>
5. 그 밖에 세관장이 검색기검사가 필요하다고 인정하는 화물

24   정답 ⑤

[밀수 등 신고자 포상에 관한 훈령 제6조(포상금의 지급기준) 제8항]

오답노트
① 위해물품 또는 위변조화폐 등을 적발한 경우 적발사실이 확인된 때 포상을 하며, 고발 또는 송치사건의 경우 <u>고발 또는 송치한 때</u> 포상한다. [밀수 등 신고자 포상에 관한 훈령 제5조(포상의 시기)]
② 관세포상심사위원회는 관세청, 본부세관 및 <u>직할세관에 각각 두며</u>, 포상대상자, 공로의 평가, 포상종류, 지급액 등을 심의·의결한다. [밀수 등 신고자 포상에 관한 훈령 제12조(관세포상심사위원회의 설치 등) 제1항]
③ 원산지표시 위반에 따른 과징금 부과건 및 외국환거래법 제32조에 따른 과태료 부과건의 경우 각각 과징금 또는 과태료 <u>납부사실이 확인된 때</u> 포상을 실시한다. [밀수 등 신고자 포상에 관한 훈령 제5조(포상의 시기) 제5호]
④ 포상금 산정 시에는 하나의 범칙물품에 대하여 <u>하나의 법령을 적용하여 산출</u>하되 마약류 관리에 관한 법률 위반 사범의 포상금 최고액은 3억 원이다. [밀수 등 신고자 포상에 관한 훈령 제7조(포상금의 산정) 제3항]

25   정답 ④

[국민보호와 공공안전을 위한 테러방지법 시행령 제11조(전담조직) 제1항]
법 제8조에 따른 전담조직은 제12조부터 제21조까지의 규정에 따라 테러 예방 및 대응을 위하여 관계기관 합동으로 구성하거나 관계기관의 장이 설치하는 다음 각 호의 전문조직(협의체를 포함한다)으로 한다.
1. **지역 테러대책협의회**
2. **공항·항만 테러대책협의회**
3. 테러사건대책본부
4. 현장지휘본부
5. **화생방테러대응지원본부**
6. 테러복구지원본부
7. 대테러특공대
8. 테러대응구조대
9. 테러정보통합센터
10. 대테러합동조사팀

<제5과목> 자율관리 및 관세벌칙

01   정답 ①

- 화폐·채권이나 그 밖의 유가증권의 위조품·변조품 또는 모조품을 수출하거나 수입한 자는 7년 이하의 징역 또는 (A : 7천만 원) 이하의 벌금에 처한다. [관세법 제269조(밀수출입죄) 제1항]
- 제241조 제1항·제2항 또는 제244조 제1항에 따른 신고를 하지 아니하고 물품을 수입한 자는 (B : 5년) 이하의 징역 또는 관세액의 10배와 물품원가 중 높은 금액 이하에 상당하는 벌금에 처한다. [관세법 제269조(밀수출입죄) 제2항]
- 제241조 제1항·제2항 또는 제244조 제1항에 따른 수입신고를 한 자 중 세액결정에 영향을 미치기 위하여 과세가격 또는 관세율 등을 거짓으로 신고하거나 신고하지 아니하고 수입한 자는 3년 이하의 징역 또는 포탈한 관세액의 (C : 5배)와 물품원가 중 높은 금액 이하에 상당하는 벌금에 처한다. [관세법 제270조(관세포탈죄 등) 제1항]

02   정답 ⑤

[관세법 제276조(허위신고죄 등) 제4항 제2호]
④ 다음 각 호의 어느 하나에 해당하는 자는 1천만 원 이하의 벌금에 처한다. 다만, 과실로 제2호 또는 제3호에 해당하게 된 경우에는 200만 원 이하의 벌금에 처한다.
  2. 제135조 제1항(제146조 제1항에서 준용하는 경우를 포함한다)에 따른 입항보고를 거짓으로 하거나 제136조 제1항(제146조 제1항에서 준용하는 경우를 포함한다)에 따른 출항허가를 거짓으로 받은 자

오답노트
① 종합보세사업장의 설치·운영에 관한 신고를 하지 아니하고 종합보세기능을 수행한 자 [관세법 제276조(허위신고죄 등) 제2항 제1호]
② 부정한 방법으로 적재화물목록을 작성하였거나 제출한 자 [관세법 제276조(허위신고죄 등) 제3항 제1호]
③ 관세법 제38조(신고납부) 제3항 후단에 따른 자율심사 결과를 거짓으로 작성하여 제출한 자 [관세법 제276조(허위신고죄 등) 제3항 제5호]
④ 세관공무원의 질문에 대하여 거짓의 진술을 하거나 그 직무의 집행을 거부 또는 기피한 자 [관세법 제277조(과태료) 제3항 제1호]

03   정답 ⑤

[관세법 제271조(미수범 등) 제2항 및 제3항]
② 제268조의2, 제269조 및 제270조의 미수범은 본죄에 준하여 처벌한다.
③ 제268조의2, 제269조 및 제270조의 죄를 저지를 목적으로 그 예비를 한 자는 본죄의 2분의 1을 감경하여 처벌한다.

04   정답 ①

[관세법 제275조의4(보세사의 명의대여죄 등) 제2호]

05   정답 ③

[관세법 제303조(압수와 보관) 제3항]
관세청장이나 세관장은 압수물품이 다음 각 호의 어느 하나에 해당하는 경우에는 피의자나 관계인에게 통고한 후 매각하여 그 대금을 보관하거나 공탁할 수 있다. 다만, 통고할 여유가 없을 때에는 매각한 후 통고하여야 한다.
1. 부패 또는 손상되거나 그 밖에 사용할 수 있는 기간이 지날 우려가 있는 경우
2. 보관하기가 극히 불편하다고 인정되는 경우

3. 처분이 지연되면 상품가치가 크게 떨어질 우려가 있는 경우
4. 피의자나 관계인이 매각을 요청하는 경우

06   정답 ④

세관공무원이 관세범 조사에 필요하다고 인정할 때에는 (A : **피의자·증인**) 또는 (B : **참고인**)의 출석을 요구할 수 있다. [관세법 제294조(출석 요구) 제1항]

07   정답 ④

[관세법 제298조(현행범의 인도) 제1항 및 제2항]
관세범의 현행범인이 그 장소에 있을 때에는 누구든지 체포할 수 있고, 범인을 체포한 자는 지체 없이 **세관공무원**에게 범인을 인도하여야 한다.

08   정답 ③

[관세법 제317조(일사부재리)]

오답노트

① 관세청장이나 세관장은 관세범을 조사한 결과 **범죄의 확증을 얻었을 때**에는, 벌금에 상당하는 금액, 몰수에 해당하는 물품, 추징금에 해당하는 금액을 납부할 것을 통고할 수 있다. [관세법 제311조(통고처분) 제1항]
② 관세법 제311조 제1항에 따른 통고가 있는 때에는 공소의 시효는 **정지**된다. [관세법 제311조(통고처분) 제3항]
④ 관세징수권의 소멸시효는 통고처분의 사유로 **중단**된다. [관세법 제23조(시효의 중단 및 정지) 제1항 제4호]
⑤ 관세법 제311조 제8항에 따른 통고처분 면제는 벌금에 상당하는 금액이 **30만 원 이하** 또는 몰수에 해당하는 물품의 가액과 추징금에 해당하는 금액을 합한 금액이 **100만 원 이하**인 관세범을 대상으로 한다. [관세법 제311조(통고처분) 제9항]

09   정답 ⑤

[관세법 제268조의2(전자문서 위조·변조죄 등) 제1항]
제327조의4 제1항을 위반하여 국가관세종합정보시스템이나 전자문서중계사업자의 전산처리설비에 기록된 전자문서 등 관련 정보를 위조 또는 변조하거나 위조 또는 변조된 정보를 행사한 자는 **1년 이상 10년 이하의 징역** 또는 1억 원 이하의 벌금에 처한다.

오답노트

① 관세법 제269조 제1항(금지품수출입죄) : **7년 이하의 징역** 또는 7천만 원 이하의 벌금
② 관세법 제269조 제2항(밀수입죄) : **5년 이하의 징역** 또는 관세액의 10배와 물품원가 중 높은 금액 이하에 상당하는 벌금
③ 관세법 제275조의2 제1항(강제징수면탈죄 등) : **3년 이하의 징역** 또는 3천만 원 이하의 벌금
④ 관세법 제274조 제1항(밀수품의 취득죄 등) : **3년 이하의 징역** 또는 물품원가 이하에 상당하는 벌금

10   정답 ①

[관세법 제277조(과태료) 제6항 제2호]

11   정답 ②

[자율관리 보세구역 운영에 관한 고시 제3조(지정요건) 제1호]

오답노트

① 보세구역의 화물관리인이나 운영인은 자율관리보세구역의 지정을 받으려면 **세관장**에게 지정을 신청하여야 한다. [관세법 제164조(보세구역의 자율관리) 제2항]

③ 자율관리보세구역의 지정을 신청하려는 자는 해당 보세구역에 장치된 물품을 관리하는 **보세사**를 채용하여야 한다. [관세법 제164조(보세구역의 자율관리) 제3항]
④ 자율관리보세구역에 장치한 물품은 관세법에 따른 절차 중 **관세청장**이 정하는 절차를 생략한다. [관세법 제164조(보세구역의 자율관리) 제1항]
⑤ **세관장**은 자율관리보세구역의 지정을 받은 자가 관세법에 따른 의무를 위반하거나 세관감시에 지장이 있다고 인정되는 경우 등 대통령령으로 정하는 사유가 발생한 경우에는 자율관리보세구역 지정을 취소할 수 있다. [관세법 제164조(보세구역의 자율관리) 제6항]

12 정답 ④

- 운영인은 회계연도 종료 (A : 3개월)이 지난 후 (B : 15일) 이내에 자율관리 보세구역 운영 등의 적정 여부를 자체 점검하고, 자율점검표를 작성하여 세관장에게 제출하여야 한다. [자율관리 보세구역 운영에 관한 고시 제10조(자율관리 보세구역에 대한 감독) 제1항]
- 운영인은 관세법 시행령 제3조 제1항 제3호에 따라 해당 보세구역에서 반출입 된 화물에 대한 장부를 (C : 2년)간 보관하여야 한다. [자율관리 보세구역 운영에 관한 고시 제12조(관계서류의 보존)]

13 정답 ②

> [자율관리 보세구역 운영에 관한 고시 제9조(운영인 등의 의무) 제1항 제2호]
> 운영인 등은 보세사를 채용, 해고 또는 교체하였을 때에는 **세관장**에게 즉시 통보하여야 한다.

14 정답 ⑤

C. [자율관리 보세구역 운영에 관한 고시 제11조(행정제재) 제1항]
E. [자율관리 보세구역 운영에 관한 고시 제4조(지정신청 및 갱신) 제1항]

오답노트
A. 보세구역 운영인 등이 자율관리보세구역 지정기간을 갱신하려는 때에는 지정기간이 만료되기 **1개월 전까지** 세관장에게 자율관리 보세구역 신청을 하여야 한다. [자율관리 보세구역 운영에 관한 고시 제4조(지정신청 및 갱신) 제3항]
B. 세관장은 자율관리보세구역의 운영실태 등을 확인하기 위하여 **년 1회** 정기감사를 실시하여야 한다. [자율관리 보세구역 운영에 관한 고시 제10조(자율관리 보세구역에 대한 감독) 제3항]
D. 보세화물을 자율적으로 관리할 능력이 없다고 세관장이 인정하는 경우 등의 사유로 자율관리 보세구역의 지정을 취소하려는 때에는 미리 해당 운영인 등의 의견을 청취하는 등 기회를 주어야 한다. [자율관리 보세구역 운영에 관한 고시 제5조(지정취소 사유 등) 제1항 제5호, 제6조(의견청취) 제1항]

15 정답 ⑤

> [보세사 제도 운영에 관한 고시 제12조(보세사 징계) 제3항]
> 보세사징계위원회는 간사 1인을 두며, 간사는 보세사 업무를 담당하는 **화물주무**가 된다.

16 정답 ③

[보세사 제도 운영에 관한 고시 제6조(자격증 교부)]

오답노트
① 보세사 등록을 신청하고자 하는 사람은 보세사 등록 신청서에 입사예정증명서 또는 재직확인증명서를 첨부하여 **한국관세물류협회장**에게 제출하여야 한다. [보세사 제도 운영에 관한 고시 제7조(등록절차 등) 제1항]

② **세관장**은 운영인 또는 등록보세사로부터 보세사의 퇴사·해임·교체통보 등을 받은 때에는 그 등록을 취소하고, 그 사실을 전산에 등록한 후 **한국관세물류협회장**에게 통보하여야 한다. [보세사 제도 운영에 관한 고시 제8조(등록취소) 제1항 제2호]
④ **세관장**은 보세사로 등록된 자가 관세법이나 관세법에 따른 명령을 위반한 경우에는 등록을 취소할 수 있다. [보세사 제도 운영에 관한 고시 제8조(등록취소) 제1항 제1호]
⑤ 보세사 등록이 취소된 사람은 그 취소된 날로부터 **2년 내**에 다시 등록하지 못한다. [보세사 제도 운영에 관한 고시 제8조(등록취소) 제2항]

17 정답 ②

[수출입물류업체에 대한 법규수행능력측정 및 평가관리에 관한 훈령 제8조(점검 및 결과조치) 제1항]
법규수행능력 평가대상 수출입물류업체에 대한 점검은 **서면점검**을 원칙으로 한다. 다만, 수출입물류업체의 업무특성상 현지점검의 필요성이 있다고 판단되는 때에는 7일 이내의 기간을 정하여 현지점검을 실시할 수 있다.

18 정답 ⑤

[수출입물류업체에 대한 법규수행능력측정 및 평가관리에 관한 훈령 제15조(평가의 주기와 평가항목의 등록) 제1항 및 제2항]
세관장이 법규수행능력 평가시스템에 의하여 수출입물류업체의 법규수행능력을 평가할 수 있는 주기는 연 1회를 원칙으로 하며, 신규업체가 법규수행능력 평가를 요청할 때에는 보세구역, 자유무역지역은 설립 후 (A : **6개월**) 경과한 경우에 평가를 실시할 수 있으며, 운송사, 선사, 항공사, 포워더는 세관신고 (B : **250건**) 이상을 충족하는 경우에 평가를 실시할 수 있다.

19 정답 ④

[자유무역지역 반출입물품의 관리에 관한 고시 제18조(국외반출물품등의 보세운송 및 선·기적) 제1항]

오답노트
① **외국물품 등**을 자유무역지역에서 국외로 반출하려는 자는 국외반출신고를 하여야 한다. [자유무역지역의 지정 및 운영에 관한 법률 제30조(국외로의 반출 및 수출) 제1항]
② 단순반송하거나 통관보류되어 국외반출하려는 물품 등에 대하여는 **반송신고**를 하여야 한다. [자유무역지역 반출입물품의 관리에 관한 고시 제11조(국외반출신고 등) 제3항]
③ 국외반출신고가 수리된 물품은 30일 이내에 선(기)적하여야 하며, 세관장은 재해·선(기)적 일정 변경 등 부득이한 사유로 기간연장의 신청이 있는 때에는 **6개월의 범위**에서 그 기간을 연장할 수 있다. [자유무역지역 반출입물품의 관리에 관한 고시 제18조(국외반출물품 등의 보세운송 및 선·기적) 제2항]
⑤ 국외반출신고 시 자유무역지역이나 다른 보세구역에서 제조가공한 물품 및 사용 소비신고한 물품에 대하여는 **수출통관 사무처리에 관한 고시**를 준용한다. [자유무역지역 반출입물품의 관리에 관한 고시 제11조(국외반출신고 등) 제3항]

20 정답 ⑤

[자유무역지역의 지정 및 운영에 관한 법률 제40조의2(반입정지 등) 제2항], [자유무역지역의 지정 및 운영에 관한 법률 시행령 제28조의3(과징금의 부과기준) 제1항]
세관장은 물품반입의 정지처분이 그 이용자에게 심한 불편을 주거나 공익을 해칠 우려가 있는 경우에는 입주기업체에 대하여 물품반입의 정지처분을 갈음하여 해당 입주기업체 운영에 따른 매출액의 (A : **100분의 3**) 이하의 과징금을 부과할 수 있으며, 1일당 과징금 금액은 해당 자유무역지역의 사업에 따른 연간 매출액의 (B : **6천분의 1**)에 상당하는 금액으로 한다.

21 정답 ②

[자유무역지역의 지정 및 운영에 관한 법률 제34조(역외작업) 제3항]
자유무역지역 입주기업체의 역외작업의 범위, 반출기간, 대상물품 등에 관한 사항은 **대통령령**으로 정한다.

22 정답 ⑤

[자유무역지역의 지정 및 운영에 관한 법률 제15조(입주계약의 해지 등) 제5항]
입주계약이 해지된 자는 자유무역지역에 소유하는 토지나 공장·건축물 또는 그 밖의 시설을 대통령령이 정하는 바에 따라 **다른 입주기업체나 입주 자격이 있는 제3자**에게 양도하여야 한다.

23 정답 ④

[자유무역지역의 지정 및 운영에 관한 법률 제3조(다른 법률과의 관계) 제2항]
입주기업체 중 외국인투자기업에 대하여는 **다음 각 호의 법률을 적용하지 아니한다.**
1. 「고용상 연령차별금지 및 고령자고용촉진에 관한 법률」 제12조
2. 「국가유공자 등 예우 및 지원에 관한 법률」 제31조, 「보훈보상대상자 지원에 관한 법률」 제35조, 「5·18민주유공자예우 및 단체설립에 관한 법률」 제22조, 「특수임무유공자 예우 및 단체설립에 관한 법률」 제21조
3. 「장애인고용촉진 및 직업재활법」 제28조

24 정답 ③

- 공항 및 배후지 – (A : 국토교통부장관)
- 항만 및 배후지 – (B : 해양수산부장관)

[자유무역지역의 지정 및 운영에 관한 법률 제8조(관리권자) 제1항]
자유무역지역의 구분별 관리권자는 다음 각 호와 같다.
1. 제5조 제1호 가목에 따른 산업단지 : 산업통상자원부장관
2. 제5조 제1호 나목에 따른 **공항 및 배후지 : 국토교통부장관**
3. 제5조 제1호 다목에 따른 물류터미널 및 물류단지 : 국토교통부장관
4. 제5조 제1호 라목에 따른 **항만 및 배후지 : 해양수산부장관**

25 정답 ⑤

[자유무역지역 반출입물품의 관리에 관한 고시 제17조(보세운송) 제1항]

오답노트
① 국외반출신고가 수리된 물품의 보세운송기간은 신고수리일부터 **30일 이내**로 하며, 선(기)적은 국외반출신고가 수리된 날부터 **30일 이내**에 선(기)적하여야 한다. [자유무역지역 반출입물품의 관리에 관한 고시 제18조(국외반출물품 등의 보세운송 및 선·기적) 제2항]
② 동일 자유무역지역 내 입주기업체 간에 외국물품 등을 이동하려는 때에는 관세청 전자통관시스템에 의한 **반출입신고**로 보세운송신고를 갈음할 수 있다. [자유무역지역 반출입물품의 관리에 관한 고시 제18조(국외반출물품 등의 보세운송 및 선·기적) 제17조(보세운송) 제2항]
③ 외국물품을 역외작업장소로 직접 반입하려는 자는 **역외작업신고서 사본을 첨부하여 자유무역지역 관할지 세관장에게 반입신고를 하여야 한다.** [자유무역지역 반출입물품의 관리에 관한 고시 제16조(역외작업장소에서의 반입·반출) 제3항]
④ 국외반출신고가 수리된 물품을 선적하기 위하여 보세운송하는 경우에는 **수출신고서** 서식을 사용하여 보세운송신고할 수 있다. [자유무역지역 반출입물품의 관리에 관한 고시 제18조(국외반출물품 등의 보세운송 및 선·기적) 제1항]

fn.Hackers.com

2023년 기출문제

| 정답 |

<제1과목> 수출입통관절차

01 ①	02 ④	03 ④	04 ③	05 ②	06 ③	07 ③	08 ④	09 ②	10 ①
11 ③	12 ②	13 ③	14 ①	15 ④	16 ④	17 ②	18 ③	19 ⑤	20 ①
21 ④	22 ⑤	23 ④	24 ⑤	25 ②					

<제2과목> 보세구역관리

01 ④	02 ①	03 ⑤	04 ③	05 ③	06 ④	07 ⑤	08 ①	09 ①	10 ①
11 ③	12 ⑤	13 ④	14 ③	15 ③	16 ②	17 ①	18 ②	19 ②	20 ④
21 ⑤	22 ④	23 ④	24 ③	25 ②					

<제3과목> 화물관리

01 ①	02 ⑤	03 ③	04 ②	05 ④	06 ②	07 ③	08 ③	09 ⑤	10 ②
11 ④	12 ④	13 ①	14 ②	15 ①	16 ②	17 ⑤	18 ②	19 ①	20 ②
21 ④	22 ③	23 ④	24 ③	25 ④					

<제4과목> 수출입안전관리

01 ③	02 ②	03 ④	04 ⑤	05 ③	06 ④	07 ②	08 ④	09 ①	10 ⑤
11 ④	12 ④	13 ④	14 ⑤	15 ③	16 ①	17 ③	18 ⑤	19 ③	20 ②
21 ②	22 ①	23 ①	24 ①	25 ⑤					

<제5과목> 자율관리 및 관세벌칙

01 ⑤	02 ②	03 ①	04 ②	05 ①	06 ④	07 ③	08 ②	09 ③	10 ③
11 ①	12 ④	13 ②	14 ③	15 ①	16 ③	17 ③	18 ①	19 ⑤	20 ⑤
21 ④	22 ③	23 ②	24 ⑤	25 ③					

| 해설 |

<제1과목> 수출입통관절차

01   정답 ①

[관세법 제240조(수출입의 의제)]
다음 각 호의 어느 하나에 해당하는 외국물품은 관세법에 따라 적법하게 수입된 것으로 보고 관세 등을 따로 징수하지 아니한다.
1. 체신관서가 수취인에게 내준 우편물
2. 관세법에 따라 매각된 물품
3. 관세법에 따라 몰수된 물품
4. 관세법 제269조, 제272조, 제273조 또는 제274조 제1항 제1호에 해당하여 관세법에 따른 통고처분으로 납부된 물품
5. 법령에 따라 국고에 귀속된 물품
6. 관세법 제282조 제3항에 따라 몰수를 갈음하여 추징된 물품

02   정답 ④

보세구역 도착 전 신고는 해당 물품이 **도착할** 보세구역을 관할하는 세관장에게 신고하여야 한다. [수입통관 사무처리에 관한 고시 제8조(신고세관) 제2항]

03   정답 ④

[수입통관 사무처리에 관한 고시 제70조(수입신고의 생략) 제1항]
다음 각 호의 어느 하나에 해당하는 물품 중 관세가 면제되거나 무세인 물품은 수입신고를 생략한다.
1. 외교행낭으로 반입되는 면세대상물품(법 제88조. 다만, 관세법 시행규칙 제34조 제4항에 따른 양수제한 물품은 제외)
2. <u>우리나라에 내방하는 외국의 원수와 그 가족 및 수행원에 속하는 면세대상물품</u>(법 제93조 제9호)
3. 장례를 위한 유해(유골)와 유체
4. 신문, 뉴스를 취재한 필름·녹음테이프로서 문화체육관광부에 등록된 언론기관의 보도용품
5. 재외공관 등에서 외교통상부로 발송되는 자료
6. 기록문서와 서류
7. 외국에 주둔하는 국군으로부터 반환되는 공용품(군함·군용기(전세기를 포함한다)에 적재되어 우리나라에 도착된 경우에 한함)

[수입통관 사무처리에 관한 고시 제71조(신고서에 의한 간이신고) 제1항]
제70조 제1항 각 호의 물품 중 과세되는 물품과 다음 각 호의 어느 하나에 해당하는 물품은 첨부서류 없이 신고서에 수입신고사항을 기재하여 신고(간이신고)한다.
1. 국내거주자가 수취하는 자가사용물품으로서 물품가격이 미화 150달러 이하인 면세대상물품
2. 상업용견본품으로서 과세가격이 미화 250불 이하의 면세대상물품
3. 설계도중 수입승인이 면제되는 것
4. 「외국환거래법」에 따라 금융기관이 외환업무를 영위하기 위하여 수입하는 지급수단

04   정답 ③

[수입통관 사무처리에 관한 고시 제16조(B/L분할신고 및 수리) 제1항]
수입신고는 B/L 1건에 대하여 수입신고서 1건으로 한다. 다만, <u>B/L을 분할하여도 물품검사와 과세가격 산출에 어려움이 없는 경우</u>에는 B/L분할 신고 및 수리를 할 수 있으며, 보세창고에 입고된 물품으로서 세관장이 「보세화물관리에 관한 고시」에 따른 보세화물관리에 지장이 없다고 인정하는 경우에는 여러 건의 B/L에 관련되는 물품을 1건으로 수입신고할 수 있다.

> [수입통관 사무처리에 관한 고시 제16조(B/L분할신고 및 수리) 제2항]
> 제1항에도 불구하고 다음 각 호의 어느 하나에 해당하는 경우에는 B/L을 분할하여 신고할 수 없다.
> 1. 분할된 물품의 납부세액이 영 제37조 제1항에 따른 징수금액 최저한인 1만 원 미만이 되는 경우. 다만, 다음 각 목에 해당하는 경우에는 제외한다.
>   가. 신고물품 중 일부만 통관이 허용되고 일부는 통관이 보류되는 경우
>   나. 검사·검역결과 일부는 합격되고 일부는 불합격된 경우이거나 일부만 검사·검역 신청하여 통관하려는 경우
> 2. 법 제226조에 따른 의무를 회피하기 위한 경우
> 3. 법 제94조 제4호에 따라 관세를 면제받기 위한 경우

05 정답 ②

반송물품에 대한 보세운송 신고는 **보세운송업자**의 명의로 하여야 하며, 그 보세운송기간은 **7일**로 지정한다. [반송절차에 관한 고시 제10조(보세운송신고) 제1항, 제3항]

06 정답 ③

법 제229조 제1항 제2호의 규정에 의하여 2개국 이상에 걸쳐 생산·가공 또는 제조된 물품의 원산지는 당해 물품의 생산과정에 사용되는 물품의 품목분류표상 **6단위** 품목번호와 다른 **6단위** 품목번호의 물품을 최종적으로 생산한 국가로 한다. [관세법 시행규칙 제74조(일반물품의 원산지결정기준) 제2항]

07 정답 ③

> [수출통관 사무처리에 관한 고시, 별표 12. 보세구역 등 반입 후 수출신고 대상물품]
>
> | 연번 | 종류 | 품목명 | 대상 |
> |---|---|---|---|
> | 1 | 중고자동차 | 87류 중 '중고차' | 컨테이너에 적입하여 수출하는 중고자동차 |
> | 2 | 플라스틱 폐기물 | HS 3915호(플라스틱 스크랩) | 컨테이너에 적입하여 수출하는 플라스틱 웨이스트·스크랩 |
> | 3 | 생활폐기물 | HS 3825호(생활폐기물 등) | 컨테이너에 적입하여 수출하는 생활폐기물 등 |

08 정답 ④

관세청장 또는 세관장은 이 법에 따른 세관공무원의 적법한 물품검사로 인하여 물품에 손실이 발생한 경우 **그 손실을 입은 자에게 보상(손실보상)**하여야 한다. [관세법 제246조의2(물품의 검사에 따른 손실보상) 제1항]

09 정답 ②

> [수출통관 사무처리에 관한 고시 제17조(물품검사)]
> ① 법 제246조에 따른 수출신고물품의 검사는 원칙적으로 생략한다. 다만, 제16조 제1항에 따라 물품을 확인할 필요가 있는 경우에는 물품검사를 할 수 있다.
> ② 제1항 단서에 따른 수출물품의 검사는 **적재지 검사**를 원칙으로 한다.

10 정답 ①

[수입통관 사무처리에 관한 고시 제18조(신고의 취하) 제2항 및 제4항]

오답노트

② 세관장은 거짓이나 그 밖의 기타 부정한 방법으로 수입신고가 된 경우에는 수입신고를 각하할 수 있다. [수입통관 사무처리에 관한 고시 제19조(신고의 각하) 제1항]
③ 세관장은 수입계약 내용과 상이한 물품을 해외공급자 등에게 반송하기로 한 경우에는 **수입신고취하를 승인해야 하며, 접수일로부터 10일 이내에 승인 여부를 신청인에게 통지해야 한다.** [수입통관 사무처리에 관한 고시 제18조(신고의 취하) 제2항]
④ 세관장은 입항 전 수입신고한 화물이 도착하지 아니한 경우에는 **관세법 제250조 제3항에 따라 수입신고를 각하할 수 있다.** [수입통관 사무처리에 관한 고시 제19조(신고의 각하) 제1항]
⑤ 수입신고취하 승인으로 수입신고나 수입신고 수리의 효력은 상실한다. 즉, 세관장은 수입신고가 수리된 물품에 대하여 **수입신고의 취하를 승인할 수 있다.** [수입통관 사무처리에 관한 고시 제18조(신고의 취하) 제3항]

11 정답 ③

[관세법 제251조(수출신고수리물품의 적재 등) 제1항]
수출신고가 수리된 물품은 수출신고가 수리된 날부터 (A : 30일) 이내에 운송수단에 적재하여야 한다. 다만, 기획재정부령으로 정하는 바에 따라 (B : 1년)의 범위에서 적재기간의 연장승인을 받은 것은 그러하지 아니하다.

12 정답 ②

[수입통관 사무처리에 관한 고시 제38조(신고수리 전 반출) 제1항]
수입통관에 곤란한 사유가 없는 물품으로서 다음 각 호의 어느 하나에 해당하는 경우에는 법 제252조에 따라 세관장이 신고수리 전 반출을 승인할 수 있다.
1. 완성품의 세번으로 수입신고수리 받고자 하는 물품이 미조립상태로 분할선적 수입된 경우
2. 「조달사업에 관한 법률」에 따른 비축물자로 신고된 물품으로서 **실수요자가 결정되지 아니한 경우**
3. 사전세액심사 대상물품(부과고지물품을 포함한다)으로서 세액결정에 오랜 시간이 걸리는 경우
4. 품목분류나 세율결정에 오랜 시간이 걸리는 경우
5. 수입신고 시 「관세법 시행령」 제236조 제1항 제1호에 따라 원산지증명서를 세관장에게 제출하지 못한 경우
6. 「자유무역협정의 이행을 위한 관세법의 특례에 관한 법률」 제8조 제4항 단서에 따른 수입신고수리 전 협정관세의 적정 여부 심사물품으로서 원산지 등의 결정에 오랜 시간이 걸리는 경우

13 정답 ③

[시행규칙 제81조(개청시간 및 물품취급시간 외 통관절차 등에 관한 수수료) 제2항]

오답노트
① 세관의 업무시간이 아닌 때에 통관절차를 진행하고자 하는 경우 사전통보는 부득이한 경우를 제외하고는 공무원의 **근무시간 내**에 하여야 한다. [시행령 제275조(임시개청 및 시간 외 물품취급) 제4항]
② 관세법 제241조에 따라 신고를 하여야 하는 우편물을 취급하는 경우에는 통보서를 세관에 **제출해야 한다.** [시행령 제275조(임시개청 및 시간 외 물품취급) 제1항]
④ 개청시간 및 물품 취급시간 외 통관절차 등을 진행함에 따른 기본수수료는 **평일은 4천 원, 공휴일은 1만 2천 원**이다. [시행규칙 제81조(개청시간 및 물품취급시간 외 통관절차 등에 관한 수수료) 제1항]
⑤ 세관의 개청시간 외에 통관절차·보세운송절차를 진행하기 위해 세관에 제출한 통보서상의 시간 외에 물품을 취급하는 경우에는 통보서를 별도로 세관에 **제출해야 한다.** [시행령 제275조(임시개청 및 시간 외 물품취급) 제1항]

14 정답 ①

여행자가 휴대품을 국제무역기에서 소비하는 경우는 수입으로 보지 아니한다. [관세법 제2조(정의) 제1호, 관세법 제239조(수입으로 보지 아니하는 소비 또는 사용) 제3호]

15 정답 ④

[관세법 제38조의2(보정) 제4항]

오답노트
① 세관장은 관세청장이 정하는 요건을 갖춘 성실납세자가 신청을 할 때에는 납부기한이 동일한 달에 속하는 세액에 대하여 **그 기한이 속하는 달의 말일까지** 한꺼번에 납부하게 할 수 있다. [관세법 제9조(관세의 납부기한 등) 제3항]
② 수입신고 전 즉시반출신고를 한 경우에는 **수입신고일부터 15일 이내**에 관세를 납부해야 한다. [관세법 제9조(관세의 납부기한 등) 제1항]
③ 납세의무자는 납세신고한 세액을 납부하기 전에 그 세액이 과부족하다는 것을 알게 된 때에는 납세신고한 세액을 정정할 수 있으며, 이 경우 납부기한은 **당초의 납부기한으로 한다.** [관세법 제38조(신고납부) 제4항]
⑤ 납세의무자는 신고납부한 세액이 부족한 경우에는 일정한 기간 내에 수정신고를 할 수 있으며, 이 경우 **수정신고한 날의 다음 날까지** 해당 관세를 납부하여야 한다. [관세법 제38조의3(수정 및 경정) 제1항]

16 정답 ④

해당 물품에 대한 관세는 수입신고를 하는 때('23. 1. 10.)의 물품의 성질과 수량에 따라 부과한다. [관세법 제16조(과세물건 확정의 시기)]

17 정답 ②

[관세법 제21조(관세부과의 제척기간) 제1항], [시행령 제6조(관세부과 제척기간의 기산일) 제2호]

오답노트
① 관세부과의 제척기간은 중단과 관련한 규정이 없다. **관세징수권의 소멸시효는 통고처분 등에 의해 중단**된다. [관세법 제23조(시효의 중단 및 정지) 제1항]
③ 납세의무자가 신고납부한 세액이 과다한 것을 알게 되어 관세법 제38조의3 제2항에 따라 경정청구를 하는 경우 **그 청구를 받은 날부터 2개월 이내에 세액을 경정하거나 경정하여야 할 이유가 없다는 뜻을 그 청구를 한 자에게 통지하여야 한다.** [관세법 제38조의3(수정 및 경정) 제4항]
④ 부정환급 등의 사유로 관세를 징수하는 경우에는 환급한 날의 다음 날부터 **10년**이 지나면 부과할 수 없다. [관세법 제21조(관세부과의 제척기간) 제1항], [시행령 제6조(관세부과 제척기간의 기산일) 제4호]
⑤ 행정소송법에 따른 소송에 대한 판결이 있는 경우에는 그 판결이 확정된 날부터 **1년** 이내에 세관장은 그 판결에 따라 경정이나 그 밖에 필요한 처분을 할 수 있다. [관세법 제21조(관세부과의 제척기간) 제2항]

18 정답 ③

'연불조건의 수입인 경우에는 해당 수입물품에 대한 연불이자'는 과세가격의 **공제요소**에 해당된다. [관세법 제30조(과세가격 결정의 원칙) 제2항]

19 정답 ⑤

[시행령 제96조(간이세율의 적용) 제2항]
다음 각 호의 물품에 대하여는 간이세율을 적용하지 아니한다.
1. 관세율이 무세인 물품과 관세가 감면되는 물품
2. 수출용 원재료
3. 법 제11장의 범칙행위에 관련된 물품
4. 종량세가 적용되는 물품
5. 다음 각 목의 1에 해당하는 물품으로서 관세청장이 정하는 물품
   가. 상업용으로 인정되는 수량의 물품

나. 고가품
다. 당해 물품의 수입이 국내산업을 저해할 우려가 있는 물품
라. 법 제81조 제4항의 규정에 의한 단일한 간이세율의 적용이 과세형평을 현저히 저해할 우려가 있는 물품
6. 화주가 수입신고를 할 때에 과세대상물품의 전부에 대하여 간이세율의 적용을 받지 아니할 것을 요청한 경우의 당해 물품

20 정답 ①

[관세법 제82조(합의에 따른 세율 적용) 제1항]
일괄하여 수입신고가 된 물품으로서 물품별 세율이 다른 물품에 대하여는 신고인의 신청에 따라 그 세율 중 가장 높은 세율을 적용할 수 있다.

21 정답 ④

[관세법 제99조(재수입면세) 제1호], [시행규칙 제54조(관세가 면제되는 재수입 물품 등) 제1항 제3호]

오답노트

① 관세감면을 받으려는 자는 해당 물품의 수입신고 수리 전에 신청서를 세관장에게 제출하여야 한다. 다만, **관세법 제39조 제2항에 따라 세관장이 관세를 징수하는 경우에는 해당 납부고지를 받은 날부터 5일 이내**, 그 밖에 수입신고 수리 전까지 감면신청서를 제출하지 못한 경우에는 해당 수입신고수리일부터 15일 이내(해당 물품이 보세구역에서 반출되지 아니한 경우로 한정)에 감면신청서를 제출할 수 있다. [시행령 제112조(관세감면신청) 제1항, 제2항]
② 관세청장은 관세감면물품의 사후관리기간을 정하려는 경우, 동일물품에 대한 사후관리기간이 다르면 **그 중 짧은 기간으로 할 수 있다.** [시행령 제110조(감면물품의 용도 외 사용 등의 금지기간)]
③ 관세법 제89조에 따른 세율불균형물품에 대한 관세의 감면은 세관장으로부터 제조·수리공장을 지정받은 **중소기업이 아닌 자도 적용받을 수 있다.** [관세법 제89조(세율불균형물품의 면세) 제6항]
⑤ 세관장의 승인을 얻어 관세감면을 받은 물품을 용도 외 사용하거나 양도·임대하는 경우에는 **감면된 관세를 징수한다.** [관세법 제102조(관세감면물품의 사후관리) 제2항]

22 정답 ⑤

오답노트

① 우리나라로 거주를 이전하기 위하여 입국하는 자가 관세를 납부하여야 할 물품에 해당하는 이사물품을 신고하지 아니하여 과세하는 경우 [관세법 제241조(수출·수입 또는 반송의 신고) 제5항]
② 수입신고 전 반출신고 후 10일 이내에 수입신고를 하지 않은 경우 [관세법 제253조(수입신고 전의 물품 반출) 제4항]
③ 재수출면세를 적용받은 물품이 규정된 기간 내에 수출되지 아니한 경우 [관세법 제97조(재수출면세) 제4항]
④ 여행자가 관세를 납부하여야 할 물품에 해당하는 휴대품을 신고하지 아니하여 과세하는 경우 [관세법 제96조(여행자 휴대품 및 이사물품 등의 감면) 제2항]

23 정답 ②

[관세법 제102조(관세감면물품의 사후관리) 제1항]
제89조부터 **제91조(종교용품, 자선용품, 장애인용품 등의 면세)**까지와 제93조 및 제95조에 따라 관세를 감면받은 물품은 수입신고 수리일부터 3년의 범위에서 대통령령으로 정하는 기준에 따라 관세청장이 정하는 기간에는 그 감면받은 용도 외의 다른 용도로 사용하거나 양도(임대를 포함)할 수 없다.

오답노트
① 정부용품 등의 면세 [법 제92조]
③ 소액물품 등의 면세 [법 제94조]
④ 여행자 휴대품 및 이사물품 등의 감면 [법 제96조]
⑤ 해외임가공물품 등의 감면 [법 제101조]

24
정답 ⑤

[관세법 제118조(과세 전 적부심사) 제2항]
납세의무자는 과세 전 통지를 받았을 때에는 그 통지를 받은 날부터 **30일** 이내에 기획재정부령으로 정하는 세관장에게 통지 내용이 적법한지에 대한 심사(과세 전 적부심사)를 청구할 수 있다.

[관세법 제121조(심사청구기간) 제1항]
심사청구는 해당 처분을 한 것을 안 날(처분하였다는 통지를 받았을 때에는 통지를 받은 날)부터 **90일** 이내에 제기하여야 한다.

25
정답 ②

[통합공고(산업통상자원부고시) 제12조(요건면제) 제1항, 제2항]

<제2과목> 보세구역관리

01 정답 ④

[관세법 제172조(물품에 대한 보관책임) 제3항]

오답노트
① 지정장치장은 통관을 하려는 물품을 일시 장치하기 위한 장소로서 세관장이 지정하는 구역이다. [관세법 제169조(지정장치장)]
② 지정장치장에 물품을 장치하는 기간은 6개월의 범위에서 관세청장이 정한다. 다만, 관세청장이 정하는 기준에 따라 세관장은 3개월의 범위에서 그 기간을 연장할 수 있다. [관세법 제170조(장치기간)]
③ 세관장은 불가피한 사유로 화물관리인을 지정할 수 없을 때에는 화주를 대신하여 직접 화물관리를 할 수 있다. 이 경우 화물관리에 필요한 비용을 화주로부터 징수할 수 있다. [관세법 제172조(물품에 대한 보관책임) 제5항]
⑤ 지정장치장의 화물관리인은 화주로부터 징수한 화물관리에 필요한 비용 중 세관설비 사용료에 해당하는 금액을 세관장에게 납부하여야 한다. [관세법 제172조(물품에 대한 보관책임) 제4항]

02 정답 ①

[보세창고 특허 및 운영에 관한 고시 제18조(행정제재) 제3항]
세관장은 보세창고 운영인이 다음 각 호의 어느 하나에 해당하는 경우에는 기간을 정하여 보세창고에의 물품반입을 정지시킬 수 있다.
1. 장치물품에 대한 관세를 납부할 자금능력이 없다고 인정되는 경우
2. 본인 또는 그 사용인이 법 또는 법에 따른 명령을 위반한 경우
3. 해당 시설의 미비 등으로 보세창고 설치 목적을 달성하기 곤란하다고 인정되는 경우
4. 운영인 또는 그 종업원이 합법가장 밀수를 인지하고도 세관장에게 보고하지 않고 보관 또는 반출한 때
5. 세관장의 시설구비 명령을 미이행하거나 보관화물에 대한 중대한 관리소홀로 보세화물의 도난, 분실이 발생한 때
6. 운영인 또는 그 종업원의 관리소홀로 해당 보세창고에서 밀수행위가 발생한 때
7. 운영인이 최근 1년 동안 3회 이상 경고처분을 받은 때

03 정답 ⑤

[관세법 제180조(**특허보세구역의 설치·운영에 관한 감독 등**)]
① 세관장은 특허보세구역의 운영인을 감독한다.
② 세관장은 특허보세구역의 운영인에게 그 설치·운영에 관한 보고를 명하거나 세관공무원에게 특허보세구역의 운영상황을 검사하게 할 수 있다.
③ 세관장은 특허보세구역의 운영에 필요한 시설·기계 및 기구의 설치를 명할 수 있다.
④ 제157조에 따라 특허보세구역에 반입된 물품이 해당 특허보세구역의 설치 목적에 합당하지 아니한 경우에는 세관장은 해당 물품을 다른 보세구역으로 반출할 것을 명할 수 있다.

04 정답 ③

[관세법 제154조(보세구역의 종류)]
보세구역은 (A : **지정보세구역**)·(B : **특허보세구역**) 및 (C : **종합보세구역**)으로 구분하고, 지정보세구역은 지정장치장 및 세관검사장으로 구분하며, 특허보세구역은 보세창고·보세공장·보세전시장·보세건설장 및 보세판매장으로 구분한다.

05 정답 ③

[시행령 제191조(수용능력증감 등의 변경) 제1항]
특허보세구역의 운영인이 그 장치물품의 **수용능력을 증감**하거나 그 특허작업의 능력을 변경할 **설치·운영시설의 증축, 수선 등의 공사를 하고**

자 하는 때에는 그 사유를 기재한 신청서에 공사내역서 및 관계도면을 첨부하여 **세관장에게 제출하여 그 승인을 얻어야 한다.** 다만, 특허받은 면적의 범위 내에서 수용능력 또는 특허작업능력을 변경하는 경우에는 신고함으로써 승인을 얻은 것으로 본다.

06   정답 ④

[보세창고 특허 및 운영에 관한 고시 제18조(행정제재) 제4항]
보세구역 운영인 또는 그 사용인이 관세법을 위반하여 물품반입을 정지하는 경우 **물품원가**에 따라 정지기간을 산정한다.

07   정답 ⑤

[보세공장 운영에 관한 고시 제27조(수출·수입 또는 국외반출의 신고) 제6항]
수입신고 전 반출한 잉여물품은 반출신고서를 제출한 날로부터 **10일** 이내에 수입신고서에 다음 각 호의 서류를 첨부하여 세관장에게 수입신고 하여야 한다. 이 경우 10일 이내의 반출한 물품을 일괄하여 수입신고 할 수 있다.
1. 보세공장 잉여물품 수입신고 전 반출신고서
2. 송품장 및 포장명세서
3. 매매계약서(필요한 경우에 한함)

08   정답 ①

[보세공장 운영에 관한 고시 제22조(장외작업) 제9항]
장외작업 허가기간이 경과한 물품이 장외작업장에 장치되어 있는 경우 세관장은 해당 물품의 허가를 받은 보세공장 운영인으로부터 그 관세를 즉시 징수한다.

09   정답 ①

[보세창고 특허 및 운영에 관한 고시 제15조(자가용 공동보세창고) 제2항]
공동보세구역을 운영하려는 자는 전체 창고면적 중에서 신청인의 관리면적만을 특허면적으로 하여 특허를 신청하여야 한다.

10   정답 ①

[보세창고 특허 및 운영에 관한 고시 제16조(특허장의 게시 등) 제1항]
운영인은 보세창고 내 일정한 장소에 다음 각 호의 사항을 게시하여야 한다.
1. 별지 제2호서식의 특허장
2. 보관요율(자가용보세창고는 제외한다) 및 보관규칙
3. 화재보험요율
4. 자율관리보세구역지정서(자율관리보세구역만 해당한다)
5. 위험물품장치허가증 등 관계 행정기관의 장의 허가, 승인 또는 등록증(위험물품, 식품류를 보관하는 보세창고에 한정한다)

11   정답 ③

[시행령 제199조(보세공장 원재료의 범위 등)]
① 법 제185조에 따라 보세공장에서 보세작업을 하기 위하여 반입되는 원료 또는 재료(보세공장 원재료)는 다음 각 호의 어느 하나에 해당하는 것을 말한다. 다만, 기계·기구 등의 작동 및 유지를 위한 연료, 윤활유 등 제품의 생산·수리·조립·검사·포장 및 이와 유사한 작업에 간접적으로 투입되어 소모되는 물품은 제외한다.
 1. 당해 보세공장에서 생산하는 제품에 물리적 또는 화학적으로 결합되는 물품
 2. 해당 보세공장에서 생산하는 제품을 제조·가공하거나 이와 비슷한 공정에 투입되어 소모되는 물품

3. 해당 보세공장에서 수리·조립·검사·포장 및 이와 유사한 작업에 직접적으로 투입되는 물품
② 보세공장 원재료는 당해 보세공장에서 생산하는 제품에 소요되는 수량(원자재소요량)을 객관적으로 계산할 수 있는 물품이어야 한다.

12   정답 ⑤

[보세공장 운영에 관한 고시 제37조(자율관리보세공장의 특례) 제1항]
자율관리보세공장에서 내·외국물품 혼용작업을 하는 경우 세관장의 승인을 생략하는 내용은 자율관리보세공장의 특례로 규정되어 있지 않다.

13   정답 ④

[보세전시장 운영에 관한 고시 제22조(다른 보세구역으로의 반출)]
회기가 종료되고 반송, 수입 또는 폐기처리되지 아니한 외국물품은 해당 보세전시장의 특허기간에 지체 없이 다른 보세구역으로 반출하여야 한다.

14   정답 ⑤

[보세전시장 운영에 관한 고시 제9조(반입물품의 범위)]
법 제157조 제3항에 따라 보세전시장에 반입이 허용되는 외국물품의 범위는 다음 각 호의 어느 하나에서 정하는 바와 같다.
5. 판매용품 : 해당 보세전시장에서 불특정다수의 관람자에게 판매할 것을 목적으로 하는 물품을 말하며, 판매될 물품이 전시할 기계류의 성능 실연을 거쳐서 가공·제조되는 것인 때에는 이에 사용될 원료도 포함된다.

15   정답 ③

[보세건설장 관리에 관한 고시 제14조(보세건설물품의 가동제한)]
운영인은 보세건설장에서 건설된 시설의 전부 또는 일부를 법 제248조에 따른 수입신고가 수리되기 전에 가동할 수 없다. 다만, 세관장의 승인을 받고 시험목적으로 일시 가동한 경우에는 그러하지 아니하다.

16   정답 ②

[보세판매장 특허 및 운영에 관한 고시 제35조(전자상거래에 의한 판매) 제1항]
운영인은 보세판매장의 물품을 전자상거래의 방법에 의하여 판매할 수 있다.

17   정답 ①

[보세판매장 특허 및 운영에 관한 고시 제38조(판매물품의 인도) 제7항]
인도자는 다음 각 호에서 정하는 바에 따라 구매자에게 물품을 인도한다.
5. 인도자는 교환권의 여권번호가 다른 경우에는 세관공무원의 지시에 따라 인도할 수 있다. 이 경우 세관공무원은 출입국사실 등을 조회하여 본인여부 및 고의성 여부 등을 판단하여야 하며, 인도자는 인도 즉시 해당 물품을 판매한 운영인에게 통보하여 해당 물품의 보세운송신고 내용을 정정하도록 하여야 한다.

18   정답 ②

[보세판매장 특허 및 운영에 관한 고시 제38조(판매물품의 인도) 제1항]
인도자는 인도장의 업무량을 고려하여 적정인원의 보세사를 채용하여야 하며 인도업무를 보세사에 위임하여 수행하게 할 수 있다.

19 정답 ②

보세판매장의 신규 특허 수 결정에 대한 심의는 **보세판매장 제도운영위원회**에서 수행한다. [**시행령 제189조의2**(보세판매장의 신규 특허 수 결정 등) 제1항 등]

20 정답 ④

[보세판매장 특허 및 운영에 관한 고시 제27조(운영인의 의무) 제10항]
운영인은 **보세판매장에 근무하는 소속직원과 판촉사원 등**이 보세판매장 협의단체에서 주관하는 교육을 연 1회 이상(사전에 협의단체장이 교육계획을 관세청장에게 보고한 경우에는 그 계획 범위 내) 이수하도록 하여야 한다.

21 정답 ⑤

[보세판매장 특허 및 운영에 관한 고시 제27조(운영인의 의무) 제5항]
운영인은 다음 각 호의 사항을 팸플릿, 인터넷 홈페이지와 게시판 등을 통하여 홍보하여야 한다.
1. 입국장 인도장에서 인도받을 물품의 구매한도액, 입국장 면세점의 구매한도액 및 면세한도액의 혼동방지
2. 면세점에서 구입한 면세물품의 원칙적인 국내반입 제한(입국장면세점 판매물품 및 입국장 인도장 인도 물품은 제외한다)
3. 면세물품의 교환·환불절차 및 유의사항
4. 현장인도 받은 내국물품의 외국반출 의무
5. 그 밖에 해외통관정보 등 세관장이 홍보할 필요가 있다고 인정하는 사항

22 정답 ②

[종합보세구역의 지정 및 운영에 관한 고시 제13조(반출입신고) 제3항]
운영인이 동일 종합보세사업장에서 종합보세기능 간에 물품을 이동하는 경우에는 반출입신고를 하지 아니하며, **동일 종합보세구역 내의 종합보세사업장 간의 물품의 이동에는 보세운송신고를 하지 아니한다.**

23 정답 ⑤

[종합보세구역의 지정 및 운영에 관한 고시 제11조(설치·운영기간) 제2항]

오답노트
① 종합보세구역에서 종합보세기능을 수행하고자 하는 자는 종합보세사업장 설치·운영(변경)신고서에 임대차계약서 사본(임차한 경우에 한함), 종합보세사업장의 운영업무를 직접 담당하거나 이를 감독하는 임원의 인적사항(성명, 주민등록번호, 주소 및 주민등록증 사본), 종합보세사업장의 위치도 및 종합보세기능을 수행할 공장 등 건물의 평면도(다층건물인 경우 층별 평면도를 포함), 종합보세기능을 수행하기 위한 사업계획서(보세공장기능의 경우 작업공정 및 제품별 생산계획을 포함) 또는 공사계획서(보세건설장기능에 한함) 등의 서류를 첨부하여 세관장에게 신고하여야 한다. [종합보세구역의 지정 및 운영에 관한 고시 제7조(설치·운영신고) 제1항]
② 운영인이 종합보세사업장을 **30일** 이상 계속하여 휴업하고자 할 때에는 운영인은 세관장에게 즉시 그 사실을 신고하여야 한다. [종합보세구역의 지정 및 운영에 관한 고시 제9조(폐업신고 등) 제1항]
③ 종합보세사업장의 설치·운영기간은 **운영인이 정하는 기간**으로 한다. [종합보세구역의 지정 및 운영에 관한 고시 제11조(설치·운영기간) 제1항]
④ 종합보세사업장의 토지·건물 등을 임차한 경우 종합보세사업장의 설치·운영기간은 임대차 계약기간 만료 **15일** 전까지 기간 연장된 임대차계약서 또는 시설사용허가서 사본을 제출하는 조건으로 운영인이 정하는 기간으로 한다. [종합보세구역의 지정 및 운영에 관한 고시 제11조(설치·운영기간) 제1항]

24
정답 ③

[시행령 제214조(종합보세구역의 지정 등) 제1항]
법 제197조에 따른 종합보세구역은 다음 각 호의 어느 하나에 해당하는 지역으로서 관세청장이 종합보세구역으로 지정할 필요가 있다고 인정하는 지역을 그 지정대상으로 한다.
1. 「외국인투자촉진법」에 의한 외국인투자지역
2. 「산업입지 및 개발에 관한 법률」에 의한 산업단지
3. 삭제 〈2007. 4. 5.〉
4. 「유통산업발전법」에 의한 공동집배송센터
5. 「물류시설의 개발 및 운영에 관한 법률」에 따른 물류단지
6. 기타 종합보세구역으로 지정됨으로써 외국인투자촉진·수출증대 또는 물류촉진 등의 효과가 있을 것으로 예상되는 지역

25
정답 ②

[수입활어 관리에 관한 특례고시 제13조(불합격품의 처리) 제1항]

오답노트
① 활어란 관세법의 별표 관세율표 제0301호에 해당하는 물품으로서 관상용과 양식용(이식용, 시험연구조사용)을 **제외**한 것을 말한다. [수입활어 관리에 관한 특례고시 제2조(용어의 정의) 제1호]
③ 운영인 등은 활어장치장 내에 설치된 CCTV의 전원을 차단하거나, 촬영에 방해가 되는 물체를 배치하려는 경우에는 **사전에 세관장의 승인을 얻어야 한다**. [수입활어 관리에 관한 특례고시 제5조(CCTV의 배치와 관리) 제2항]
④ 동일 선박 또는 항공기로 반입된 동일 화주의 활어는 <u>B/L 건별로</u> 수입신고를 하여야 한다. [수입활어 관리에 관한 특례고시 제9조(B/L분할 신고)]
⑤ 운영인 등은 활어장치장의 수조와 CCTV의 배치 도면을 세관장에게 제출하여야 한다. [수입활어 관리에 관한 특례고시 제4조(활어장치장의 시설요건 등) 제2항]

<제3과목> 화물관리

01 정답 ①

[보세화물관리에 관한 고시 제13조(B/L 제시 인도물품 반출승인) 제1항]

오답노트
② 외교행낭으로 반입되는 영사관 직원이 사용하기 위한 엽총은 시행규칙 제34조 제4항에 따른 양수제한 물품이므로 수입신고를 생략할 수 없고 B/L 제시만으로 반출할 수 없다. [수입통관 사무처리에 관한 고시 제70조(수입신고의 생략) 제1항, 제2항]
③ 장례를 위한 유해(유골)와 유체는 B/L 제시로 반출할 수 있다. [수입통관 사무처리에 관한 고시 제70조(수입신고의 생략) 제1항, 제2항]
④ 보세구역 외 장치장에 반입한 화물 중 수입신고 수리된 화물은 반출신고를 생략하며 반송 및 보세운송절차에 따라 반출된 화물은 반출신고를 하여야 한다. [보세화물관리에 관한 고시 제15조(보세구역 외 장치물품의 반출입) 제3항]
⑤ 폐기승인을 받은 물품은 반출 전에 반출신고서를 전자문서로 제출하여야 한다. [보세화물관리에 관한 고시 제10조(반출확인 및 반출신고) 제3항]

02 정답 ⑤

[보세화물관리에 관한 고시 제9조(반입확인 및 반입신고) 제8항]

오답노트
① 컨테이너장치장(CY)에 반입한 물품을 다시 컨테이너화물조작장(CFS)로 반입한 때에는 CY에서는 반출신고를 CFS에서는 반입신고를 각각 하여야 한다. [보세화물관리에 관한 고시 제9조(반입확인 및 반입신고) 제7항]
② 운영인은 보세운송물품 도착 시 보세운송 건별로 도착일시, 인수자, 차량번호를 기록하여 장부 또는 자료보관 매체에 2년간 보관해야 한다. [보세화물관리에 관한 고시 제9조(반입확인 및 반입신고) 제3항]
③ 도착물품의 현품에 과부족이 있는 경우 물품의 인수를 보류하고 즉시 반입물품 이상 보고서를 세관장에게 제출한 후 세관장의 지시에 따라 처리하여야 한다. [보세화물관리에 관한 고시 제9조(반입확인 및 반입신고) 제4항]
④ 반입신고는 House B/L 단위로 해야 한다. 다만, 하선장소 보세구역에 컨테이너 상태로 반입하는 경우 Master B/L 단위로 할 수 있다. [보세화물관리에 관한 고시 제9조(반입확인 및 반입신고) 제6항]

03 정답 ③

[시행령 제176조(물품의 반출입신고) 제3항]

오답노트
① 운영인은 미리 세관장에게 신고를 하고 물품의 장치에 방해되지 아니하는 범위에서 보세창고에 내국물품을 장치할 수 있다. [관세법 제183조(보세창고) 제2항]
② 운영인은 보세창고에 1년(동일한 보세창고에 장치되어 있는 동안 수입신고가 수리된 물품은 6개월) 이상 계속하여 내국물품만을 장치하려면 세관장에게 승인을 받아야 한다. [관세법 제183조(보세창고) 제3항]
④ 동일한 보세창고에 장치되어 있는 동안 수입신고가 수리된 물품은 신고 없이 계속하여 장치할 수 있다. [관세법 제183조(보세창고) 제2항]
⑤ 내국물품으로서 장치기간이 지난 물품은 그 기간이 지난 후 10일 이내에 그 운영인의 책임으로 반출하여야 한다. [관세법 제184조(장치기간이 지난 내국물품) 제1항]

04   정답 ②

[시행규칙 제65조(보세구역외 장치허가수수료) 제1항]

오답노트
① 보세구역 외 장치허가를 받으려는 자는 장치허가수수료 **1만 8천 원**을 납부하여야 한다. [시행규칙 제65조(보세구역 외 장치허가수수료) 제1항]
③ 협정에 의하여 관세가 면제되는 물품의 보세구역 외 장치허가를 받으려면 **보세구역 외 장치허가수수료를 면제한다.** [시행규칙 제65조(보세구역 외 장치허가수수료) 제2항]
④ 세관장은 보세구역 외 장치허가신청을 받은 경우 **보세구역 외 장치허가기간에 1개월을 연장한 기간을 담보기간으로 하여 담보 제공을 명할 수 있다.** [보세화물 관리에 관한 고시 제7조(보세구역 외 장치의 허가) 제4항]
⑤ 세관장은 제조업체가 수입하는 수출용 농산물 원자재는 보세구역 외 장치허가신청 시 **담보제공을 생략하게 할 수 없다.** [보세화물 관리에 관한 고시 제7조(보세구역 외 장치의 허가) 제5항]

05   정답 ④

한국전력공사는 정부 또는 지방자치단체에 해당하지 않으므로, 한국전력공사가 직접 수입하여 사용할 물품은 수입 또는 반송 신고 지연 가산세의 징수대상이다.

> [보세화물 관리에 관한 고시 제34조(가산세) 제2항]
> 제1항에도 불구하고 다음 각 호의 어느 하나에 해당하는 물품에 대하여는 가산세를 징수하지 아니한다.
> 1. **정부 또는 지방자치단체가 직접 수입하는 물품**
> 2. 정부 또는 지방자치단체에 기증되는 물품
> 3. 수출용 원재료(신용장 등 관련서류에 의하여 수출용 원재료로 확인되는 경우에만 해당된다)
> 4. 외교관 면세물품 및 SOFA 적용 대상물품
> 5. 환적화물
> 7. 여행자휴대품

오답노트
① 관세청장이 정하는 보세구역에 반입한 물품은 그 반입일로부터 **30일**이 경과하여 수입신고한 경우 가산세를 부과한다. [보세화물 관리에 관한 고시 제34조(가산세) 제1항]
② 신고기한 내에 수입 또는 반송의 신고를 하지 아니한 경우에는 **경과기간에 따라 해당 물품 과세가격의 100분의 2에 상당하는 금액의 범위에서 대통령령으로 정하는 금액을 가산세로 징수한다.** [관세법 제241조(수출·수입 또는 반송의 신고) 제4항], [시행령 제247조(가산세율) 제1항]
③ 신고지연 가산세액은 **500만 원**을 초과할 수 없다. [시행령 제247조(가산세율) 제2항]
⑤ **할당관세** 적용물품 중 관세청장이 공고한 물품은 가산세 부과대상이 된다. [보세화물 관리에 관한 고시 제34조(가산세) 제1항 제2호]

06   정답 ②

A. 보세구역 외 장치 [관세법 제156조(보세구역 외 장치의 허가) 제1항]
B. 견본품 반출 [관세법 제161조(견본품 반출) 제1항]
E. 해체·절단 작업 [관세법 제159조(해체·절단 등의 작업) 제2항]

오답노트
C. 보수작업

> [관세법 제158조(보수작업) 제2항]
> 보수작업을 하려는 자는 세관장의 **승인**을 받아야 한다.

D. 장치물품의 폐기

> [관세법 제160조 제1항]
> 부패·손상되거나 그 밖의 사유로 보세구역에 장치된 물품을 폐기하려는 자는 세관장의 **승인**을 받아야 한다.

07 정답 ③

[관세법 제158조(보수작업) 제5항]

오답노트
① 보세구역 밖에서 보수작업을 하려면 **세관장의 승인을 받아야 한다.** [관세법 제158조(보수작업) 제2항]
② 세관장은 보수작업 승인의 신청을 받은 날부터 **10일** 이내에 승인 여부를 신청인에게 통지하여야 한다. [관세법 제158조(보수작업) 제3항]
④ 외국물품은 수입될 물품의 보수작업의 재료로 사용할 수 **없다.** [관세법 제158조(보수작업) 제6항]
⑤ 보세구역에 장치된 물품의 통관을 위하여 개장, 분할구분, 합병의 작업을 하려는 경우에는 세관장에게 **보수작업의 승인을 받아야 한다.** [관세법 제158조(보수작업) 제2항]

08 정답 ③

[보세화물장치기간 및 체화관리에 관한 고시 제5조(장치기간의 기산) 제1항]

오답노트
① 인천공항 항역 내 지정장치장에 반입하는 물품의 장치기간은 **2개월**로 한다. 다만, 세관장이 필요하다고 인정할 때에는 **2개월**의 범위에서 그 기간을 연장할 수 있다. [보세화물장치기간 및 체화관리에 관한 고시 제4조(장치기간) 제1항]
② 보세창고에 반입하는 정부비축물품의 장치기간은 **비축에 필요한 기간으로 한다.** [보세화물장치기간 및 체화관리에 관한 고시 제4조(장치기간) 제5항]
④ 여행자 또는 승무원의 휴대품으로서 예치물품의 장치기간은 예치증에 기재된 출국예정시기에 **1개월**을 가산한 기간으로 한다. [보세화물장치기간 및 체화관리에 관한 고시 제4조(장치기간) 제4항]
⑤ 보세전시장 반입물품의 장치기간은 **특허기간**으로 한다. [보세화물장치기간 및 체화관리에 관한 고시 제4조(장치기간) 제7항]

09 정답 ⑤

[보세화물장치기간 및 체화관리에 관한 고시 제6조(반출통고의 주체, 대상 및 내용) 제1항], [보세화물장치기간 및 체화관리에 관한 고시 제7조(반출통고의 시기 및 방법) 제2항]

오답노트
① 보세창고에 반입한 외국물품의 장치기간이 지나 매각하려면 그 화주 등에게 통고일부터 **1개월 내**에 해당 물품을 수출·수입 또는 반송할 것을 통고하여야 한다. [관세법 제209조(통고) 제1항]
② 장치기간이 2개월 미만인 물품(유치·예치물품 등)의 반출통고는 **장치기간 만료시점에 하여야 한다.** [보세화물장치기간 및 체화관리에 관한 고시 제7조(반출통고의 시기 및 방법) 제3항]
③ 보세건설장에 반입한 물품에 대한 반출통고는 **보세구역 설영특허기간 만료시점**에 하여야 한다. [보세화물장치기간 및 체화관리에 관한 고시 제7조(반출통고의 시기 및 방법) 제2항]
④ 영업용보세창고에 반입한 물품의 반출통고는 **보세구역 운영인**이 화주 등에게 하며, 지정장치장에 반입한 물품의 반출통고는 화물관리인이 화주 등에게 하여야 한다. [보세화물장치기간 및 체화관리에 관한 고시 제6조(반출통고의 주체, 대상 및 내용) 제2항]

10 정답 ②

[보세화물장치기간 및 체화관리에 관한 고시 제41조(폐기비용 및 대집행) 제1항]

오답노트

① 보세구역에 장치된 외국물품이 멸실되거나 폐기되었을 때에는 그 운영인이나 보관인으로부터 즉시 그 관세를 징수한다. 다만, 재해나 그 밖의 부득이한 사유로 멸실된 때와 **미리 세관장의 승인을 받아 폐기한 때에는 예외로 한다**. [관세법 제160조(장치물품의 폐기) 제2항]
③ 품명 미상의 물품으로서 1년이 경과한 물품은 그 장치기간에 불구하고 화주에게 **1개월**의 기간을 정하여 폐기 또는 반송을 명할 수 있다. [보세화물장치기간 및 체화관리에 관한 고시 제40조(폐기명령 대상 등)]
④ 행정대집행법에 따라 폐기대집행을 한 세관장은 **화주, 반입자 또는 그 위임을 받은 자**에게 해당 비용의 납부를 명하여야 하며, 이 경우 납기는 15일로 한다. [보세화물장치기간 및 체화관리에 관한 고시 제41조(폐기비용 및 대집행) 제5항]
⑤ 폐기승인을 받은 외국물품 중 폐기 후에 남아 있는 부분에 대하여는 **폐기 후**의 성질과 수량에 따라 관세를 부과한다. [관세법 제160조(장치물품의 폐기) 제3항]

11 정답 ④

- 수출신고가 수리된 물품은 (A : **관세청장**)이 따로 정하는 것을 제외하고는 보세운송절차를 생략한다. [관세법 제213조(보세운송의 신고) 제4항]
- 화물이 국내에 도착된 후 최초로 보세구역에 반입된 날부터 (B : **30일**)이 경과한 물품은 보세운송 승인을 받아야 한다. [관세법 제213조(보세운송의 신고) 제4항], [시행령 제226조(보세운송의 신고 등) 제3항]
- 자율관리보세구역으로 지정된 (C : **보세공장**)에 반입하는 물품은 보세운송 승인신청 시 담보를 제공하지 않아도 된다. [보세운송에 관한 고시 제34조(담보제공)]

12 정답 ②

보세운송신고는 **화주, 관세사 및 보세운송업자**가 할 수 있다. [보세운송에 관한 고시 제2조(보세운송신고) 제1항]

13 정답 ①

[보세운송에 관한 고시 제24조(신고대상)]

오답노트

② 도착지가 비금속설만을 전용으로 장치하는 영업용보세창고로서 간이보세운송업자가 운송하는 비금속설 [보세운송에 관한 고시 제31조(승인기준) 제1항]
③ 화주 또는 화물에 대한 권리를 가진 자가 직접 보세운송하는 물품 [시행령 제226조(보세운송의 신고 등) 제3항]
④ 특정물품 간이보세운송업자가 운송하는 부피가 작고 고가인 귀석·귀금속·향료 등 수출물품 제조용 원재료 [보세운송에 관한 고시 제31조(승인기준) 제1항]
⑤ 위험물안전관리법에 따라 물품을 취급할 수 있는 보세구역으로 운송하는 위험물 [보세운송에 관한 고시 제31조(승인기준) 제1항]

14 정답 ②

보세운송 기간연장을 신청하지 않은 경우 항공화물은 보세운송 신고수리(승인)일로부터 **5일** 이내에 목적지에 도착하여야 한다. [보세운송에 관한 고시 제6조(보세운송기간)]

15 정답 ①

특송화물의 경우에는 항공기가 입항하기 **1시간 전까지** 제출해야 한다. [보세화물 입출항 하선 하기 및 적재에 관한 고시 제21조(적재화물목록) 제1항]

16   정답 ①

[보세화물 입출항 하선 하기 및 적재에 관한 고시 제13조(적재화물목록 정정생략) 제1항]
적재화물목록상의 물품과 실제 물품이 다음 각 호의 어느 하나에 해당하는 때에는 적재화물목록 정정신청을 생략할 수 있다.
1. 벌크화물(예 광물, 원유, 곡물, 염, 원피 등)로서 그 중량의 과부족이 **5%** 이내인 경우
2. 용적물품(예 원목 등)으로서 그 용적의 과부족이 **5%** 이내인 경우
3. 포장파손이 용이한 물품(예 비료, 설탕, 시멘트 등) 및 건습에 따라 중량의 변동이 심한 물품(예 펄프, 고지류 등)으로서 그 중량의 과부족이 **5%** 이내인 경우
4. 포장단위 물품으로서 중량의 과부족이 10% 이내이고 포장상태에 이상이 없는 경우
5. 적재화물목록 이상사유가 오탈자 등 단순기재오류로 확인되는 경우
6. 제19조의2 제3항에 따라 별도관리물품 해제승인을 받은 후 반입신고하는 물품

17   정답 ⑤

- 하기결과보고서 및 반입결과 이상보고서가 제출된 물품의 경우에는 보고서 제출일로부터 (A : 15)일 이내 [보세화물 입출항 하선 하기 및 적재에 관한 고시 제25조(적재화물목록의 정정신청) 제3항]
- 해상 출항물품을 적재한 선박이 출항한 날로부터 (B : 90)일 이내
- 항공 출항물품을 적재한 항공기가 출항한 날로부터 (C : 60)일 이내 [보세화물 입출항 하선 하기 및 적재에 관한 고시 제44조(적재화물목록의 정정신청) 제2항]

18   정답 ③

입항 전에 수입신고 또는 하선 전에 보세운송신고가 된 물품으로서 검사가 필요하다고 인정하는 물품은 <u>부두 내의 세관장이 지정하는 장소</u>에 하선한다. [보세화물 입출항 하선 하기 및 적재에 관한 고시 제15조(하선신고) 제2항]

19   정답 ①

[보세화물 입출항 하선 하기 및 적재에 관한 고시 제19조(하선장소 물품반입) 제2항]

오답노트
② 하선신고를 한 자는 원목, 곡물, 원유 등 벌크화물은 입항일로부터 **10일** 이내에 하선장소에 반입해야 한다. [보세화물 입출항 하선 하기 및 적재에 관한 고시 제19조(하선장소 물품반입) 제1항]
③ 하선신고를 한 자는 컨테이너 화물을 입항일로부터 **5일** 이내에 하선장소에 반입해야 한다. [보세화물 입출항 하선 하기 및 적재에 관한 고시 제19조(하선장소 물품반입) 제1항]
④ 입항 전 수입신고수리 또는 하선 전 보세운송신고수리가 된 물품을 하선과 동시에 차상반출하는 경우에는 <u>반출입신고를 생략할 수 있다.</u> [보세화물 입출항 하선 하기 및 적재에 관한 고시 제19조(하선장소 물품반입) 제4항]
⑤ 하선장소 보세구역 운영인은 하선기한 내 공컨테이너가 반입되지 않은 경우 <u>세관장에게 즉시 보고해야 한다.</u> [보세화물 입출항 하선 하기 및 적재에 관한 고시 제19조(하선장소 물품반입) 제5항]

20   정답 ②

외국물품을 운송수단으로부터 일시적으로 육지에 내려 놓으려면 세관장에게 신고를 하고, 현장에서 세관공무원의 확인을 받아야 한다. 다만, 관세청장이 감시·단속에 지장이 없다고 인정하여 따로 정하는 경우에는 간소한 방법으로 신고 또는 확인하거나 이를 생략하게 할 수 있다. [관세법 제141조(외국물품의 일시양륙 등)]

21 정답 ④

[보세화물 입출항 하선 하기 및 적재에 관한 고시 제2조(정의) 제10호]

오답노트
① 하선신고는 운항선사(공동배선의 경우에는 용선선사를 포함한다) 또는 그 위임을 받은 하역업체가 할 수 있다. [보세화물 입출항 하선 하기 및 적재에 관한 고시 제15조(하선신고) 제1항]
② House B/L이란 **화물운송주선업자가** 화주에게 발행한 선하증권(항공화물운송장)을 말한다. [보세화물 입출항 하선 하기 및 적재에 관한 고시 제2조(정의) 제8호]
③ 환적화물이란 국제무역선(기)에 의하여 우리나라에 도착한 외국화물을 외국으로 반출하는 물품으로서 **수출입 또는 반송신고대상이 아닌 물품을 말한다.** [보세화물 입출항 하선 하기 및 적재에 관한 고시 제2조(정의) 제12호]
⑤ 화물운송주선업자는 하우스적재화물목록의 작성책임자이다. [보세화물 입출항 하선 하기 및 적재에 관한 고시 제2조(정의) 제3호]

22 정답 ③

[보세화물 입출항 하선 하기 및 적재에 관한 고시 제35조(멸실·폐기 등의 처리) 제1항]

오답노트
① 수출신고수리물품 또는 수출신고수리를 받으려는 물품의 반입신고는 화물반출입대장(전산설비를 이용한 기록 관리를 포함)에 기록 관리하는 것으로 갈음한다. [보세화물 입출항 하선 하기 및 적재에 관한 고시 제33조(보세구역 반입) 제2항]
② 반송물품을 보세구역에 반입하려는 보세구역 운영인은 법 제157조 제1항에 따라 세관장에게 반입신고를 해야 한다. 이 경우 반입신고는 보세운송 도착보고를 갈음할 수 있다. [보세화물 입출항 하선 하기 및 적재에 관한 고시 제33조(보세구역 반입) 제3항]
④ 선적지 보세구역에 반입된 수출물품은 선적예정 선박 또는 항공기에 적재하고자 하는 경우에 한정하여 선적지 보세구역으로부터 반출할 수 있다. [보세화물 입출항 하선 하기 및 적재에 관한 고시 제36조(보세구역반출) 제1항]
⑤ 적재화물목록 제출의무자(국제무역선(기)을 운항하는 선사(그 업무를 대행하는 자를 포함), 항공사(그 업무를 대행하는 자를 포함))는 물품을 적재하기 전 적재신고를 해야 한다. [보세화물 입출항 하선 하기 및 적재에 관한 고시 제37조(적재신고) 제1항]

23 정답 ③

[환적화물 처리절차에 관한 특례고시 제12조(비가공증명서 발급) 제1항]
비가공증명서를 발급받으려는 자는 보세구역운영인 또는 자유무역지역 입주기업체가 발행하는 다음 각 호의 사항을 기재한 일시장치 확인서와 별지 제5호 서식의 비가공증명 신청서를 세관장에게 제출하여야 한다.
1. 일시장치 장소
2. 화물관리번호
3. B/L(AWB) 번호
4. 반입일자
5. 품명, 반입중량, 수량
6. 해당화물이 하역, 재선적, 운송을 위한 작업과 그 밖에 정상상태를 유지하기 위한 작업 외의 가공을 하지 않았다는 사실 확인

24 정답 ⑤

[화물운송주선업자의 등록 및 관리에 관한 고시 제3조(등록요건)]
「관세법」제222조 및 제223조에 따른 화물운송주선업자의 등록요건은 다음과 같다.
1. 「관세법」제175조 각 호의 어느 하나에 해당하지 않을 것
2. 「물류정책기본법」제43조에 따른 국제물류주선업의 등록을 하였을 것
3. 관세 및 국세의 체납이 없을 것
4. 화물운송주선업자 등록이 취소된 후 2년이 지났을 것
5. 자본금 3억 원 이상을 보유한 법인(법인이 아닌 경우에는 자산평가액이 6억 원 이상)일 것
6. 법 또는 법에 따른 세관장의 명령에 위반하여 관세범으로 조사받고 있거나 기소 중에 있지 않을 것
7. 혼재화물 적하목록 제출 등을 위한 전산설비를 갖추고 있을 것

25 정답 ④

세관장은 **업무정지 또는 등록취소를** 하려는 경우 세관장(본부세관은 국장)을 위원장으로 하는 5명 이상의 위원회를 구성하여 심의한 후 결정하여야 한다. [화물운송주선업자의 등록 및 관리에 관한 고시 제10조(행정제재) 제3항]

<제4과목> 수출입안전관리

01   정답 ③

[관세법 제222조(보세운송업자 등의 등록 및 보고) 제1항 제2호]

오답노트
① 보세운송업자 등록의 유효기간을 갱신하려는 자는 등록갱신신청서를 기간만료 **1개월 전까지** 관할지 세관장에게 제출하여야 한다. [시행령 제231조(보세운송업자 등의 등록) 제4항]
② 하역업 등록을 한 자는 등록사항에 변동이 생긴 때에는 **지체 없이** 등록지를 관할하는 세관장에게 신고해야 한다. [시행령 제231조(보세운송업자 등의 등록) 제6항]
④ **국제무역선** 안에서 판매할 물품 등을 공급하는 것을 업으로 하는 자는 등록 대상이다. [관세법 제222조(보세운송업자 등의 등록 및 보고) 제1항 제4호]
⑤ 보세운송업자 등록의 유효기간은 **3년**이다. [관세법 제222조(보세운송업자 등의 등록 및 보고) 제5항]

02   정답 ②

> [관세법 제2조(정의) 제10호]
> "선박용품"이란 음료, 식품, 연료, 소모품, 밧줄, 수리용 예비부분품 및 부속품, 집기, 그 밖에 이와 유사한 물품으로서 해당 선박에서만 사용되는 것을 말한다.

03   정답 ④

마약, 향정신성의약품 및 대마의 밀수출입거래는 관세청 또는 세관 밀수신고센터에 신고하여야 한다. [밀수 등 신고자 포상에 관한 훈령 제4조(포상의 대상)]

04   정답 ⑤

[항공기용품 등 관리에 관한 고시 제16조(용품의 양도 및 양수 보고) 제3항]

오답노트
① 외국용품의 반송신고가 수리된 때에는 공급자 등은 용도 외 처분한 날로부터 **7일** 이내에 반입등록한 세관장에게 용품의 용도 외 처분보고서를 제출해야 한다. [항공기용품 등 관리에 관한 고시 제15조(용품의 용도외 처분)]
② 용품의 양도 및 양수는 물품공급업 또는 항공기내판매업으로 등록된 자에 한하여 할 수 있다. 다만, 반입등록이 되지 않고 화물관리번호 단위로 관리되고 있는 용품은 일반 수입업자 등에게도 양도·양수할 수 있다. [항공기용품 등 관리에 관한 고시 제16조(용품의 양도 및 양수 보고) 제1항]
③ **공급자 등(용품을 공급하거나 판매하는 공급자, 판매자, 항공사 및 항공기취급업체(급유조업을 수행하는 자로 한정))**은 외국물품을 용품으로 보세구역에 반입한 때에는 즉시 관할지 세관장에게 외국용품 반입등록을 해야 한다. [항공기용품 등 관리에 관한 고시 제3조(반입등록) 제1항]
④ 공급자 등은 식자재 용기, 세탁물 등 반복적으로 사용하는 외국항공기용품의 적재내역을 **월별로 취합하여 적재신청할 수 있다.** [항공기용품 등 관리에 관한 고시 제5조(용품의 적재 신청 등 제2항]

05   정답 ③

[관리대상화물 관리에 관한 고시 제13조(검사대상화물의 해제) 제3항 제2호, 제3호]

06   정답 ④

[국제무역기의 입출항절차 등에 관한 고시 제12조(전환승인 신청)]

오답노트
① 국제무역기를 국내운항기로 전환하려면 기장은 세관장의 승인을 받아야 한다. [관세법 제144조(국제무역선의 국내운항선으로의 전환 등)]
② 기장 등이란 해당 항공기의 기장과 그 소속 항공사 및 그 직무를 대행하는 자를 말한다. [국제무역기의 입출항절차 등에 관한 고시 제2조(정의) 제3호]
③ 국제무역기의 자격전환 등 업무는 전자통관시스템을 통한 전자적인 방법으로 심사할 수 있다. [국제무역기의 입출항절차 등에 관한 고시 제25조(전자심사) 제1항]
⑤ 정부를 대표하는 외교사절이 전용하는 항공기는 국제무역기에 관한 규정을 준용하지 않는다. [관세법 제144조(국제무역선의 국내운항선으로의 전환 등)], [시행령 제168조(특수선박) 제2호]

07   정답 ②

[위해물품 보고 및 포상에 관한 훈령, 별표 1. 제2조 제1항 가목에 따른 위해물품]

분류	품 명
총기류	권총, 소총, 기관총, 엽총, 가스총, 공기총, 어획총, 마취총, 도살총, 타정총, 청소총, 광쇄총, 쇠줄 발사총, 구명줄 발사총, 구명신호총, 가스발사총, 장약총
포 류	소구경포(구경 20mm 내지 40mm), 중구경포(구경 40mm 초과 90mm 미만), 대구경포(구경 90mm 이상), 박격포, 포경포
총포의 부품	**총포신, 기관부, 포가**
도검류	월도, 장도, 단도, 검, 창, 치도, 비수, 재크나이프(날길이 6cm 이상), 비출나이프(날길이 5.5cm 이상이고 45도 이상 자동으로 펴지는 것), 그 밖의 6cm 이상의 칼날이 있는 것으로 흉기로 사용될 위험성이 뚜렷한 것 ※ 칼끝이 둥글고 날이 서 있지 아니하여 흉기로 사용될 위험성이 없는 것은 도검으로 보지 아니함
화약류	화약, 폭약, 면약, 뇌관, 신관, 화관, 도폭선, 미진동파쇄기, 도화선, 신호염관, 신호화전, 신호용 화공품, 시동약, 꽃불, 불꽃신호기, 기타 폭발물
실탄류	**실탄(산탄 포함), 공포탄**
분사기	분사기(살균·살충 및 산업용 분사기 제외)
전자충격기	**총포형 전자충격기(테이져총 포함), 막대형 전자충격기**, 기타 휴대형 전자충격기
석 궁	일반형 석궁, 도르래형 석궁, 권총형 석궁
모의총포	모양이 총포와 아주 비슷하여 범죄에 악용될 소지가 현저한 것 또는 인명·신체상 위해를 가할 우려가 있는 것
기 타	산탄탄알, 연지탄, **소음기, 조준경**

08   정답 ④

[관세법 제135조(입항절차) 제2항]

오답노트
① 재해나 그 밖의 부득이한 사유로 국내운항선이 외국에 임시 정박하고 우리나라에 되돌아왔을 때에는 선장은 **지체 없이** 그 사실을 세관장에게 보고하여야 한다. [관세법 제139조(임시 외국 정박 또는 착륙의 보고)]
② 국제무역선이 국제항을 출항하려면 선장은 출항하기 전에 세관장에게 **출항허가를 받아야 한다.** [관세법 제136조(출항절차) 제1항]
③ 외국을 항행한 요트가 국내 마리나 거점 요트계류장에 입항 시에는 세관의 입항절차를 요한다. [관세법 제146조(그 밖의 선박 또는 항공기) 제1항]
⑤ 국제무역선이 국제항의 바깥에서 물품을 하역하거나 환적하려는 경우 선장은 **세관장의 허가를 받아야 한다.** [관세법 제142조(항외 하역) 제1항]

09   정답 ①

공급자는 보세운송 승인받은 선박용품이 도착지 보세공장에 도착한 때에는 보세공장 운영인의 확인을 받아 해당 선박에 적재한 후 도착지 관할 세관장에게 도착보고해야 한다. [선박용품 등 관리에 관한 고시 제17조(수출용 신조선박에 적재하는 선박용품의 관리) 제3항]

10   정답 ⑤

[시행령 제156조(국제항이 아닌 지역에 대한 출입허가) 제1항]

오답노트
① 국제무역선의 경우 출입 횟수 1회 기준 해당 선박의 **순톤수** 1톤당 100원의 수수료를 납부하여야 한다. [시행규칙 제62조(국제항이 아닌 지역에 대한 출입허가수수료) 제1항]
② 국제무역기의 경우 출입 횟수 1회 기준 해당 항공기의 자체무게 1톤당 **1천 2백 원**의 수수료를 납부하여야 한다. [시행규칙 제62조(국제항이 아닌 지역에 대한 출입허가수수료) 제1항]
③ 국제항의 협소 등 입항 여건을 고려하여 관세청장이 정하는 일정한 장소에 입항하는 경우에는 **국제항이 아닌 지역이라도 출입허가수수료를 징수하지 않는다**. [시행규칙 제62조(국제항이 아닌 지역에 대한 출입허가수수료) 제2항]
④ 유조선의 청소 또는 가스발생선박의 가스제거작업을 위하여 법령 또는 권한 있는 행정관청이 정하는 일정한 장소에 입항하는 경우에는 **국제항이 아닌 지역이라도 출입허가수수료를 징수하지 않는다**. [시행규칙 제62조(국제항이 아닌 지역에 대한 출입허가수수료) 제2항]

11   정답 ④

[수출입 안전관리 우수업체 공인 및 운영에 관한 고시 제4조(공인기준)]
수출입 안전관리 우수업체의 공인기준은 다음 각 호와 같이 구분하며, 세부 내용은 별표 1과 같다.
1. 법규준수 : 법, 자유무역협정의 이행을 위한 관세법의 특례에 관한 법률(자유무역협정관세법), 대외무역법 및 외국환거래법 등 수출입 관련 법령을 성실하게 준수하였을 것
2. 내부통제시스템 : 수출입신고 등의 적정성을 유지하기 위한 기업의 영업활동, 신고 자료의 흐름 및 회계처리 등과 관련하여 부서 간 상호 의사소통 및 통제 체제를 갖출 것
3. 재무건전성 : 관세 등 영업활동과 관련한 세금을 체납하지 않는 등 재무 건전성을 갖출 것
4. 안전관리 : 수출입물품의 안전한 관리를 확보할 수 있는 거래업체, 운송수단, 출입통제, 인사, 취급절차, 시설과 장비, 정보 및 교육·훈련체계를 갖출 것

12   정답 ③

관세청장은 공인심사 신청서를 접수한 날로부터 **60일 이내**에 서류심사를 마쳐야 한다. [수출입 안전관리 우수업체 공인 및 운영에 관한 고시 제8조(서류심사) 제1항]

13   정답 ④

[수출입 안전관리 우수업체 공인 및 운영에 관한 고시, 별표 1. 수출입 안전관리 우수업체 공인기준, 바. 보세구역운영인]
1.1.2 신청업체와 신청인(관리책임자를 포함한다)이 관세법 제268조의2를 위반하여 벌금형 또는 통고처분을 받은 사실이 있는 경우에는 벌금형을 선고받거나 통고처분을 이행한 후 (A : **2년**)이 경과하여야 한다.
3.2.1 신청업체는 부채비율이 동종업종의 평균 부채비율의 (B : **200%**) 이하이거나 외부신용평가기관의 신용평가 등급이 투자적격 이상 또는 매출 증가 등으로 성실한 법규준수의 이행이 가능할 정도의 재정을 유지하여야 한다.
4.5.4 운영인은 물품을 수하인 등에게 인계할 때 검수하여야 하며, 물품의 불일치 또는 부적절한 인계 등이 발생하였을 때에는 즉시 (C : **세관장**)에게 보고하여야 한다.
4.8.2 운영인은 법규준수와 안전관리를 위하여 (D : **수출입물류업무**)에 대한 교육을 실시하여야 한다.

14 정답 ⑤

관세청장은 공인신청 후 신청업체의 법규준수도 점수가 **70점 미만(중소 수출기업은 60점 미만)**으로 하락한 경우에는 공인신청을 기각할 수 있다. [**수출입 안전관리 우수업체 공인 및 운영에 관한 고시 제12조의2(공인신청의 기각)**]

15 정답 ③

수출입 안전관리 우수업체 공인의 유효기간은 **증서상의 발급한 날로부터 5년**으로 한다. 다만, 심의위원회에서 수출입 안전관리 우수업체 공인의 취소를 결정하였을 때에는 해당 결정을 한 날에 공인의 유효기간이 끝나는 것으로 본다. [**수출입 안전관리 우수업체 공인 및 운영에 관한 고시 제13조(공인의 유효기간) 제1항**]

16 정답 ①

[수출입 안전관리 우수업체 공인 및 운영에 관한 고시, 별표 2. 통관절차 등의 혜택]

17 정답 ③

[수출입 안전관리 우수업체 공인 및 운영에 관한 고시 제16조의2(관리책임자 교육 등) 제1항]
관리책임자는 수출입 안전관리 우수업체의 공인 전·후에 다음 각 호와 같이 관세청장이 지정하는 교육을 받아야 한다.
1. 공인 전 교육 : (A : **수출입관리책임자**)는 16시간 이상. 다만, 공인 전 교육의 유효기간은 해당 교육을 받은 날부터 (B : **5년**)이다.
2. 공인 후 교육 : (C : **매 2년**) 마다 총괄책임자는 4시간 이상, 수출입관리책임자는 8시간 이상(처음 교육은 공인일자를 기준으로 (D : **1년**) 이내 받아야 함). 다만, 관리책임자가 변경된 경우에는 변경된 날부터 180일 이내에 해당 교육을 받아야 한다.

18 정답 ⑤

수출입 안전관리 우수업체 공인을 갱신하고자 할 때에는 공인의 유효기간이 끝나기 6개월 전까지 갱신심사를 신청하여야 하므로 P사는 유효기간이 끝나는 날인 2023년 11월 14일의 6개월 전인 2023년 5월 14일 이전까지는 갱신심사를 신청하여야 한다.

[수출입 안전관리 우수업체 공인 및 운영에 관한 고시 제19조(갱신심사) 제1항]
수출입 안전관리 우수업체는 공인을 갱신하고자 할 때에는 **공인의 유효기간이 끝나기 6개월 전까지** 수출입 안전관리 우수업체 갱신심사 신청서에 공인 신청 서류를 첨부하여 관세청장에게 전자문서로 제출하여야 한다. 이 경우 관세청장은 원활한 갱신심사를 운영하기 위해 수출입 안전관리 우수업체에게 공인의 유효기간이 끝나기 1년 전부터 갱신심사를 신청하게 할 수 있다.

19 정답 ⑤

[수출입 안전관리 우수업체 공인 및 운영에 관한 고시 제25조의2(공인의 취소) 제1항 제4호]
관세청장은 수출입 안전관리 우수업체(대표자 및 관리책임자를 포함한다)가 해당 공인 부문의 유효기간 내에 제25조에 따른 혜택 적용의 정지 처분을 5회 이상 받은 경우 **공인을 취소할 수 있다.**

20 정답 ②

[수출입 안전관리 우수업체 공인 및 운영에 관한 고시 제17조(변동사항 보고) 제1항]
수출입 안전관리 우수업체는 다음 각 호의 어느 하나에 해당하는 사실이 발생한 경우에는 그 사실이 발생한 날로부터 30일 이내에 별지 제10호서식의 수출입 관리현황 변동사항 보고서를 작성하여 관세청장에게 보고하여야 한다. 다만, 변동사항이 범칙행위, **부도 등 공인유지에 중대한 영향을 미치는 경우에는 지체 없이 보고하여야 한다.**
1. 양도, 양수, 분할 및 합병 등으로 인한 법적 지위의 변경
2. 대표자, 수출입 관련 업무 담당 임원 및 관리책임자의 변경

3. 소재지 이전, 사업장의 신설·증설·확장·축소·폐쇄 등
4. 사업내용의 변경 또는 추가
5. 화재, 침수, 도난, 불법유출 등 수출입화물 안전관리와 관련한 특이사항

21 정답 ②

[수출입 안전관리 우수업체 공인 및 운영에 관한 고시 제18조(정기 자율 평가)]
⑤ 관세청장은 정기 자율평가서 및 확인서에 대해서 공인기준을 충족하는지를 확인할 경우에는 (A : **확인자**)에게 관련 자료를 요청하거나, 수출입 안전관리 우수업체의 사업장 등을 방문하여 확인할 수 있다.
⑥ 관세청장은 제5항에 따른 확인 결과, 수출입 안전관리 우수업체가 (B : **공인기준**)을 충족하지 못하거나 (C : **법규준수도**)가 하락하여 공인등급의 하향 조정이 예상되는 경우에 공인기준 준수 개선을 요구하여야 한다.

22 정답 ①

[수출입 안전관리 우수업체 공인 및 운영에 관한 고시 제21조(기업상담전문관의 지정·운영) 제2항]
기업상담전문관은 수출입 안전관리 우수업체에 대하여 다음 각 호의 업무를 담당한다. 이 경우 기업상담전문관은 원활한 업무 수행을 위해서 수출입 안전관리 우수업체에게 자료를 요구하거나 해당 업체의 사업장 등을 방문할 수 있다.
1. 공인기준을 충족하는지에 대한 주기적 확인
2. 공인기준 준수 개선 계획의 이행 확인
3. 수입신고에 대한 보정심사 등 관세행정 신고사항에 대한 수정, 정정 및 그 결과의 기록유지
4. **변동사항, 정기 자율평가, 세관협력도의 확인 및 점검**
5. 법규준수 향상을 위한 정보 제공 및 상담·자문
6. 〈삭제〉
7. 기업 프로파일 관리

23 정답 ①

[수출입 안전관리 우수업체 공인 및 운영에 관한 고시 제22조(국가 간 수출입 안전관리 우수업체의 상호인정) 제1항]
관세청장은 「**세계관세기구의 무역안전과 원활화를 위한 표준틀**(WCO SAFE FRAMEWORK OF STANDARDS)」을 적용하고 있는 다른 나라의 관세당국과 상호인정약정(MRA, Mutual Recognition Arrangement)을 체결할 수 있다.

24 정답 ①

관세청장은 수출입 안전관리 우수업체(대표자 및 관리책임자를 포함한다)가 다음 각 호의 어느 하나에 해당하는 경우 **6개월의 범위 내에서 제15조에 따른 혜택의 전부 또는 일부의 적용을 정지할 수 있다.** 이 경우 관세청장은 수출입 안전관리 우수업체에 시정을 명령하거나 개선을 권고할 수 있다.
1. 수출입안전관리우수업체(대표자 및 「관세법 시행령」 제259조의5 제1항에 따라 지정된 관리책임자를 포함한다)가 「**관세법**」 또는 「자유무역협정의 이행을 위한 관세법의 특례에 관한 법률」, 「**대외무역법**」, 「**외국환거래법**」, 「**수출용 원재료에 대한 관세 등 환급에 관한 특례법**」 등 **수출입과 관련된 법령을 위반하여** 검찰에 고발 또는 송치되거나 **통고처분을 받은 경우** [수출입안전관리 우수업체 공인 및 운영에 관한 고시 제25조(혜택 적용의 정지) 제1호]

25 정답 ⑤

관세청장은 수출입 안전관리 우수업체(대표자 및 관리책임자를 포함한다)가 다음 각 호의 어느 하나에 해당하는 경우 **공인을 취소할 수 있다.** 다만, 제1호에 해당하는 경우 공인을 취소하여야 한다.
1. 거짓이나 그 밖의 부정한 방법으로 공인을 받거나 공인을 갱신한 경우
2. **수출입 안전관리 우수업체가 양도, 양수, 분할 또는 합병 등으로 공인 당시 업체와 동일하지 않다고 판단되는 경우** [수출입안전관리 우수업체 공인 및 운영에 관한 고시 제25조의2(공인의 취소) 제1항 제2호]

<제5과목> 자율관리 및 관세벌칙

01   정답 ⑤

> [관세법 제276조(허위신고죄 등) 제3항]
> 다음 각 호의 어느 하나에 해당되는 자는 2천만 원 이하의 벌금에 처한다. 다만, **과실로** 제2호, 제3호 또는 **제4호에 해당하게 된 경우에는 300만 원 이하의 벌금에 처한다.**
> 4. 제227조에 따른 세관장의 의무 이행 요구를 이행하지 아니한 자

02   정답 ⑤

과태료는 행정청의 과태료 부과처분이나 법원의 과태료 재판이 확정된 후 **5년간** 징수하지 아니하거나 집행하지 아니하면 시효로 인하여 소멸한다. [질서위반행위규제법 제15조(과태료의 시효) 제1항]

03   정답 ①

> [관세법 제279조(양벌 규정) 제2항]
> 양벌 규정이 적용되는 개인은 다음 각 호의 어느 하나에 해당하는 사람으로 한정한다.
> 1. 특허보세구역 또는 종합보세사업장의 운영인
> 2. 수출(「수출용원재료에 대한 관세 등 환급에 관한 특례법」 제4조에 따른 수출 등을 포함한다)·수입 또는 운송을 업으로 하는 사람
> 3. 관세사
> 4. 국제항 안에서 물품 및 용역의 공급을 업으로 하는 사람
> 5. 제327조의2 제1항에 따른 국가관세종합정보망 운영사업자 및 제327조의3 제3항에 따른 전자문서중계사업자

04   정답 ②

[관세법 제292조(조서 작성) 제1항], [관세법 제293조(조서의 대용) 제1항]

오답노트
① 해양경찰공무원은 관세범인(특정범죄 가중처벌 등에 관한 법률 제외)에 관한 사건을 발견하였을 때에는 **관세청이나 세관에 인계하여야 한다.** [관세법 제284조(공소의 요건) 제2항]
③ 소유자·점유자 또는 보관자가 임의로 제출한 물품이나 남겨 둔 물품은 **영장 없이 압수할 수 있다.** [관세법 제296조(수색·압수 영장) 제2항]
④ 관세범의 현행범인이 그 장소에 있을 때에는 **누구든지** 체포할 수 있다. [관세법 제298조(현행범의 인도) 제1항]
⑤ 해진 후부터 해뜨기 전까지는 검증·수색 또는 압수를 할 수 없으나 해지기 전부터 시작한 검증·수색 또는 압수는 계속할 수 있다. [관세법 제306조(야간집행의 제한) 제1항, 제2항]

05   정답 ①

[시행령 제270조의2(통고처분) 제1항, 제2항, 제3항]

오답노트
② 관세범인에 대한 세관장의 통고처분이 있는 때에는 **공소의 시효는 정지된다.** [관세법 제311조(통고처분) 제3항]
③ **벌금에 상당하는 금액이 30만 원 이하이고, 몰수에 해당하는 물품의 가액과 추징금에 해당하는 금액을 합한 금액이 100만 원 이하이면,** 관세청장이나 세관장은 통고처분 대상자의 연령과 환경, 법 위반의 동기와 결과, 범칙금 부담능력과 그 밖에 정상을 고려하여 **관세범칙조사심의위원회의 심의·의결을 거쳐 통고처분을 면제할 수 있다.** 이 경우 관세청장이나 세관장은 관세범칙조사심의위원회의 심의·의결 결과를 따라야 한다. [관세법 제311조(통고처분) 제8항, 제9항]

④ 관세범인이 통고의 요지를 이행하였을 때에는 **동일사건에 대하여 다시 처벌을 받지 아니한다.** [관세법 제317조(일사부재리)]
⑤ 관세범인이 통고서의 송달을 받은 날로부터 15일 이내에 이행하지 않으면 관세청장이나 세관장은 즉시 고발해야 한다. [관세법 제316조(통고의 불이행과 고발)]

06 정답 ④

세관장은 압수물품이 사람의 생명이나 재산을 해칠 우려가 있는 경우에는 피의자나 관계인에게 통고한 후 폐기할 수 있다. 다만, 통고할 여유가 없을 때에는 폐기한 후 즉시 통고하여야 한다. [관세법 제304조(압수물품의 폐기) 제1항]

07 정답 ③

[관세법 제269조(밀수출입죄) 제1항]
관세법 제234조 각 호의 물품을 수출하거나 수입한 자는 7년 이하의 징역 또는 7천만 원 이하의 벌금에 처한다.

[관세법 제234조(수출입의 금지)]
다음 각 호의 어느 하나에 해당하는 물품은 수출하거나 수입할 수 없다.
1. 헌법질서를 문란하게 하거나 공공의 안녕질서 또는 풍속을 해치는 서적·간행물·도화, 영화·음반·비디오물·조각물 또는 그 밖에 이에 준하는 물품
2. 정부의 기밀을 누설하거나 첩보활동에 사용되는 물품
3. 화폐·채권이나 그 밖의 유가증권의 위조품·변조품 또는 모조품

08 정답 ②

무역회사가 1억 원 상당의 치과용 의료기기를 수입하면서 세관장에게 수입신고를 하였으나 관세를 적게 납부할 의도로 물품의 가격을 5천만 원으로 신고하여 수입한 행위는 **세액 결정에 영향을 미치기 위하여 수입물품의 가격을 거짓으로 신고하여 수입한 것**이므로 관세법 제270조(관세포탈죄 등) 제1항에 따른 **처벌** 대상 행위이다. [관세법 제270조(관세포탈죄 등) 제1항]

09 정답 ③

오답노트
① 범죄의 정상이 징역형에 처해질 것으로 인정되는 경우 [관세법 제312조(즉시 고발)]
② 관세범인이 통고를 이행할 수 있는 자금능력이 없다고 인정되는 경우 [관세법 제318조(무자력 고발) 제1호]
④ 관세범인의 주소 및 거소가 분명하지 아니하거나 그 밖의 사유로 통고를 하기 곤란하다고 인정되는 경우 [관세법 제318조(무자력 고발) 제2호]
⑤ 관세범인이 통고서의 송달을 받은 날부터 15일 이내에 이행하지 아니하였을 경우. 다만, 15일이 지난 후 고발이 되기 전에 통고처분을 이행한 경우에는 그러하지 아니한다. [관세법 제316조(통고의 불이행과 고발)]

10 정답 ③

[관세법 제282조(몰수·추징) 제2항]
관세법 제269조(밀수출입죄) 제2항 또는 제3항의 경우로서 다음 각 호의 어느 하나에 해당하는 물품은 몰수하지 아니할 수 있다.
1. 관세법 제154조의 보세구역에 관세법 제157조에 따라 신고를 한 후 반입한 외국물품
2. 관세법 제156조에 따라 세관장의 허가를 받아 보세구역이 아닌 장소에 장치한 외국물품
3. 「폐기물관리법」 제2조 제1호부터 제5호까지의 규정에 따른 폐기물
4. 그 밖에 몰수의 실익이 없는 물품으로서 대통령령으로 정하는 물품

11   정답 ①

[자율관리보세구역 운영에 관한 고시 제7조(절차생략 등) 제1항]
법 제164조 제1항에서 "관세청장이 정하는 절차"라 함은 다음 각 호의 어느 하나를 말한다.
1. 일반 자율관리보세구역
   가. 「식품위생법」 제10조, 「건강기능식품에 관한 법률」 제17조 및 「축산물 위생관리법」 제6조, 「의료기기법」 제20조 및 「약사법」 제56조, 「화장품법」 제10조 및 「전기용품 및 생활용품 안전관리법」 제9조·제18조·제25조·제29조에 따른 표시작업(원산지표시 제외)과 벌크화물의 사일로(silo)적입을 위한 포장제거작업의 경우 법 제158조에 따른 보수작업 신청(승인) 생략
   나. 「보세화물 관리에 관한 고시」 제16조에 따른 재고조사 및 보고의무를 분기별 1회에서 연 1회로 완화
   다. 「특허보세구역 운영에 관한 고시」 제22조에 따른 보세구역 운영상황의 점검생략
   라. 「보세화물 관리에 관한 고시」 제17조에 따른 장치물품의 수입신고 전 확인신청(승인) 생략

12   정답 ④

[자율관리보세구역 운영에 관한 고시 제10조(자율관리보세구역에 대한 감독) 제1항]

오답노트
① 운영인 등은 보세사가 아닌 자에게 보세화물관리 등 보세사의 업무를 수행하게 하여서는 아니 된다. 다만, 업무대행자를 지정하여 사전에 세관장에게 신고한 경우에는 보세사가 아닌 자도 보세사가 이탈 시 보세사 업무를 수행할 수 있다. [자율관리보세구역 운영에 관한 고시 제9조(운영인 등의 의무) 제1항 제1호]
② 운영인 등은 보세사가 해고 또는 취업정지 등의 사유로 업무를 수행할 수 없는 경우에는 2개월 이내에 다른 보세사를 채용하여 근무하게 하여야 한다. [자율관리보세구역 운영에 관한 고시 제9조(운영인 등의 의무) 제1항 제3호]
③ 운영인은 회계연도 종료 3개월이 지난 후 15일 이내에 자율관리보세구역 운영 등의 적정 여부를 자체점검하고 자율점검표를 작성하여 세관장에게 제출하여야 한다. [자율관리보세구역 운영에 관한 고시 제10조(자율관리보세구역에 대한 감독) 제1항]
⑤ 운영인 등은 관세법령에 따라 해당 보세구역에서 반출입된 화물에 대한 장부를 2년간 보관하여야 한다. [자율관리보세구역 운영에 관한 고시 제12조(관계서류의 보존)]

13   정답 ④

세관장이 운영인 등의 의견청취를 할 때에는 의견청취 예정일 10일 전까지 의견청취 예정일 등을 지정하여 서면으로 통지하여야 한다. [자율관리보세구역 운영에 관한 고시 제6조(의견청취) 제2항]

14   정답 ③

[보세사제도 운영에 관한 고시 제9조(직무교육) 제1항]

오답노트
① 보세사 등록을 신청하고자 하는 사람은 보세사 등록 신청서에 입사예정증명서 또는 재직확인 증명서를 첨부하여 한국관세물류협회장에게 제출하여야 한다. [보세사제도 운영에 관한 고시 제7조(등록절차) 제1항]
② 보세사 등록이 취소된 사람은 그 취소된 날로부터 2년 내에 다시 등록하지 못한다. [보세사제도 운영에 관한 고시 제8조(등록취소) 제2항]
④ 영업용보세창고가 아닌 경우 보세화물 관리에 지장이 없는 범위 내에서 보세사는 다른 업무를 겸임할 수 있다. [보세사제도 운영에 관한 고시 제11조(보세사의 의무) 제1항 제1호]
⑤ 보세사자격증을 재발급 받고자 하는 경우에는 보세사자격증교부(재교부) 신청서에 재발급사유서를 첨부하여 관세청장에게 제출하여야 한다. [보세사제도 운영에 관한 고시 제6조(자격증 재교부)]

15 · 정답 ①

세관장은 보세사가 관세법이나 관세법에 따른 **명령을 위반한 경우**와 보세사의 직무 또는 의무를 이행하지 아니하는 경우, 경고처분을 받은 보세사가 1년 내에 다시 경고 처분을 받는 경우에는 **보세사징계위원회의 의결**에 따라 징계처분을 한다. [보세사제도 운영에 관한 고시 제12조(보세사 징계) 제1항]

16 · 정답 ④

> [시행령 제185조(보세사의 직무 등) 제1항]
> 보세사의 직무는 다음 각 호와 같다.
> 1. 보세화물 및 내국물품의 반입 또는 반출에 대한 참관 및 확인
> 2. 보세구역 안에 장치된 물품의 관리 및 취급에 대한 참관 및 확인
> 3. 보세구역출입문의 개폐 및 열쇠관리의 감독
> 4. 보세구역의 출입자관리에 대한 감독
> 5. 견본품의 반출 및 회수
> 6. 기타 보세화물의 관리를 위하여 필요한 업무로서 관세청장이 정하는 업무
>
> [보세사제도 운영에 관한 고시 제10조(보세사의 직무) 제1항]
> 영 제185조 제1항 제6호에서 관세청장이 정하는 업무란 다음 각 호와 같다.
> 1. 보수작업과 화주의 수입신고 전 장치물품 확인 시 입회·감독
> 2. 세관봉인대의 시봉 및 관리
> 3. 환적화물 컨테이너 적출입 시 입회·감독
> 4. 다음 각 목의 비치대장 작성과 확인

17 · 정답 ③

> [수출입물류업체에 대한 법규수행능력측정 및 평가관리에 관한 훈령 제15조(평가의 주기와 평가항목의 등록)]
> ① 세관장이 법규수행능력 평가시스템에 의하여 수출입물류업체의 법규수행능력을 평가할 수 있는 주기는 연 (A : 1회)를 원칙으로 한다.
> ② 신규업체가 법규수행능력평가를 요청할 때에는 다음 각 호의 기준을 충족하는 경우 평가를 실시할 수 있다.
>   1. 보세구역, 자유무역지역 : 설립 후 (B : 6개월) 경과
>   2. 운송사, 선사, 항공사, 포워더 : 세관신고 (C : 250건) 이상

18 · 정답 ①

[자유무역지역의 지정 및 운영에 관한 법률 제2조(정의) 제6호]

오답노트

② "공장"이란 **산업집적활성화 및 공장설립에 관한 법률 제2조 제1호에 따른 공장**을 말한다. 관세법에 따라 세관장의 특허를 받은 지역으로 관세가 유보된 상태에서 외국물품을 자유롭게 제조·가공할 수 있는 곳은 특허보세구역에 대한 설명이다. [자유무역지역의 지정 및 운영에 관한 법률 제2조(정의) 제5호]
③ "수입"이란 **관세법 제2조 제1호**에 따른 수입을 말한다. [자유무역지역의 지정 및 운영에 관한 법률 제2조(정의) 제8호]
④ "수출"이란 **관세법 제2조 제2호**에 따른 수출을 말한다. [자유무역지역의 지정 및 운영에 관한 법률 제2조(정의) 제9호]
⑤ "외국물품"이란 **관세법 제2조 제4호**에 따른 외국물품을 말한다. [자유무역지역의 지정 및 운영에 관한 법률 제2조(정의) 제10호]

19 · 정답 ⑤

> [자유무역지역의 지정 및 운영에 관한 법률 제41조(물품의 반입·반출의 금지 등) 제2항]
> 세관장은 국민보건 또는 환경보전에 지장을 초래하는 물품이나 그 밖에 **대통령령으로 정하는 물품**에 대하여는 자유무역지역 안으로의 반입과 자유무역지역 밖으로의 반출을 제한할 수 있다.

[자유무역지역의 지정 및 운영에 관한 법률 시행령 제29조(외국물품등의 반입·반출 제한)]
법 제41조 제2항에서 "대통령령으로 정하는 물품"이란 다음 각 호의 물품을 말한다.
1. 사업장폐기물 등 폐기물
2. 총기 등 불법무기류
3. 마약류
4. 상표법에 따른 상표권 또는 저작권법에 따른 저작권을 침해하는 물품
5. 제1호부터 제4호까지의 규정에 따른 물품과 유사한 물품으로서 관세청장이 정하여 고시하는 물품

20 정답 ⑤

[자유무역지역 반출입물품의 관리에 관한 고시 제18조(국외반출물품 등의 보세운송 및 선·기적)]
① 제17조 제1항에도 불구하고 국외반출신고가 수리된 물품을 선적하기 위하여 보세운송하는 경우에는 수출신고서 서식을 사용하여 보세운송 신고할 수 있다.
② 제1항에 따른 보세운송기간은 제17조 제1항 단서에도 불구하고 신고수리일부터 (A : 30일) 이내로 하며, 선(기)적은 국외반출신고가 수리된 날부터 (B : 30일) 이내에 선(기)적하여야 한다. 다만, 세관장은 재해·선(기)적 일정 변경 등 부득이한 사유로 별지 제11호 서식에 의하여 기간 연장의 신청이 있는 때에는 (C : 6개월)의 범위에서 그 기간을 연장할 수 있다.

21 정답 ④

[자유무역지역의 지정 및 운영에 관한 법률 제40조(물품의 폐기) 제1항]
세관장은 자유무역지역에 있는 물품 중 다음 각 호의 어느 하나에 해당하는 물품에 대하여는 **화주 및 반입자와 그 위임을 받은 자(화주 등)**에게 **국외 반출 또는 폐기를 명하거나 화주 등에게 미리 통보한 후 직접 이를 폐기할 수 있다.** 다만, 화주 등에게 통보할 시간적 여유가 없는 특별한 사정이 있을 때에는 그 물품을 폐기한 후 지체 없이 화주 등에게 통보하여야 한다.
1. 사람의 생명이나 재산에 해를 끼칠 우려가 있는 물품
2. 부패 또는 변질된 물품
3. <u>유효기간이 지난 물품</u>
4. 제1호부터 제3호까지의 규정에 준하는 물품으로서 관세청장이 정하여 고시하는 물품

[자유무역지역 반출입물품의 관리에 관한 고시 제25조(폐기대상물품)]
① 법 제40조 제1항 제3호에서 "유효기간이 지난 물품"이란 다음 각 호의 어느 하나에 해당하는 물품을 말한다.
   1. 실용시효가 경과되었거나 상품가치를 상실한 물품
   2. 의약품 등으로서 유효기간이 만료되었거나 성분이 불분명한 경우
② 법 제40조 제1항 제4호에서 "관세청장이 정하여 고시하는 물품"이란 다음 각 호의 어느 하나에 해당하는 물품을 말한다.
   1. 위조상품, 모조품, 그 밖에 지식재산권 침해물품
   2. <u>품명미상의 물품으로서 반입 후 1년이 지난 물품</u>
   3. 검사·검역기준 등에 부적합하여 검사·검역기관에서 폐기대상으로 결정된 물품

22 정답 ④

D. 농림축산물을 원재료로 하는 제조·가공업종 사업의 자유무역지역 입주기업체 [자유무역지역 반출입물품의 관리에 관한 고시 제5조의2(입주기업체와의 사전 협의) 제2항]
E. 전자상거래 국제물류센터(GDC) 운영을 하고자 하는 자유무역지역 입주기업체 [자유무역지역 반출입물품의 관리에 관한 고시 제38조(전자상거래 국제물류센터 운영기준) 제2항, 별표 8]

23 정답 ②

[자유무역지역 반출입물품의 관리에 관한 고시 제5조(입주기업체에 대한 관리) 제8항]

오답노트
① 자유무역지역에서 내국물품과 외국물품을 같이 취급하려는 입주기업체로 내국물품 취급 비중이 높은 경우에는 세관장에게 입주기업체 관리부호를 **발급 받아야 한다**. [자유무역지역의 지정 및 운영에 관한 법률 제16조의2(입주기업체 관리부호의 발급)]
③ 세관장은 **2년** 이상 외국물품 등의 반입실적이 없어 해당 입주기업체의 관리부호가 필요하지 않다고 인정하는 경우 부호를 삭제하여야 한다. [자유무역지역 반출입물품의 관리에 관한 고시 제5조(입주기업체에 대한 관리) 제6항]
④ 세관장은 관리권자로부터 입주계약해지 통보를 받아 입주기업체의 관리부호를 삭제하는 경우에는 **입주기업체의 의견을 미리 청취하여야 한다.** [자유무역지역 반출입물품의 관리에 관한 고시 제5조(입주기업체에 대한 관리) 제7항]
⑤ 세관장은 관리권자로부터 입주계약해지를 통보받은 경우 **지체 없이** 재고조사를 실시하고, **6개월 이내의 기간**을 정하여 외국물품 등을 자유무역지역 밖으로 반출하거나 다른 입주기업체에 양도하도록 통보하여야 한다. [자유무역지역 반출입물품의 관리에 관한 고시 제5조(입주기업체에 대한 관리) 제3항]

24 정답 ⑤

[자유무역지역 반출입물품의 관리에 관한 고시 제38조(전자상거래 국제물류센터 운영기준) 제2항]

오답노트
① 입주기업체가 전자상거래 국제물류센터에 반입된 물품을 해외 구매자에게 발송하려는 경우 물품 반출 전에 국외반출신고 또는 수출신고를 하여야 하며, **관세영역으로 반출하려는 경우에는 물품 반출 전에 수입신고를 하여야 한다.** [자유무역지역 반출입물품의 관리에 관한 고시 제41조(물품의 반출) 제1항]
② 입주기업체는 전자상거래 국제물류센터 반입물품에 대해 **연간 재고조사 외 회계연도 반기 자체 재고조사를 실시하고 이상유무 등 재고조사 결과를 세관장에게 보고**하여야 한다. [자유무역지역 반출입물품의 관리에 관한 고시 제43조(재고관리 등) 제4항]
③ 전자상거래 국제물류센터를 운영하고자 하는 자는 **수출입 안전관리 우수업체(AEO)** 또는 **법규수행능력평가 우수업체**이어야 한다. [자유무역지역 반출입물품의 관리에 관한 고시 제38조(전자상거래 국제물류센터 운영기준) 제1항]
④ 입주기업체는 B/L단위 관리물품과 품목단위 관리물품을 구분 장치하여야 하며, **재고관리시스템에 의해 물품별 통관진행상황 등 실시간 재고현황을 관리**할 수 있어야 한다. [자유무역지역 반출입물품의 관리에 관한 고시 제43조(재고관리 등) 제2항]

25 정답 ③

[자유무역지역의 지정 및 운영에 관한 법률 제29조(물품의 반입 또는 수입) 제3항]

오답노트
① 선박으로 반입된 화물을 항공기로 반출하기 위해 자유무역지역으로 반입하려는 환적화물에 대해서는 「**환적화물 처리절차에 관한 특례고시**」에서 정한 절차를 따른다. [자유무역지역 반출입물품의 관리에 관한 고시 제7조(외국물품의 반입신고) 제8항]
② 환급대상 내국물품을 자유무역지역으로 반입하려는 입주기업체는 **세관장에게 환급대상물품 반입확인을 신청하여야 한다.** [자유무역지역 반출입물품의 관리에 관한 고시 제9조(환급대상물품 반입확인서 발급 등) 제1항]
④ 외국물품 등을 관세영역으로 일시반출하려는 자는 **세관장의 허가를 받아야 한다.** [자유무역지역의 지정 및 운영에 관한 법률 제33조(외국물품 등의 일시 반출)]
⑤ 외국물품 등에 대해 역외작업을 하려는 자는 세관장에게 **역외작업신고를 하여야 한다.** [자유무역지역의 지정 및 운영에 관한 법률 제34조(역외작업) 제1항]

2022년 기출문제

| 정답 |

<제1과목> 수출입통관절차

01 ③	02 ②	03 ③	04 ①	05 ③	06 ④	07 ⑤	08 ③	09 ①	10 ⑤
11 ④, ⑤	12 ③	13 ③	14 ③	15 ②	16 ⑤	17 ①	18 ④	19 ③	20 ②
21 ④	22 ④	23 ③	24 ③	25 ④					

<제2과목> 보세구역관리

01 ①, ④	02 ③	03 ②	04 ④	05 ②	06 ⑤	07 ①	08 ②	09 ①	10 ③
11 ①	12 ③	13 ②	14 ⑤	15 ④	16 ⑤	17 ①	18 ①	19 ①	20 ②
21 ②	22 ①	23 ⑤	24 ④	25 ③					

<제3과목> 화물관리

01 ④	02 ②	03 ②	04 ③	05 ②	06 ②	07 ①	08 ②	09 ④	10 ⑤
11 ⑤	12 ②	13 ④	14 ⑤	15 ⑤	16 ⑤	17 ③	18 ①	19 ⑤	20 ③
21 ①	22 ⑤	23 ③	24 ③	25 ③					

<제4과목> 수출입안전관리

01 ④	02 ③	03 ③	04 ④	05 ⑤	06 ④	07 ①	08 ③	09 ①	10 ①
11 ①	12 ③	13 ③	14 ②	15 ④	16 ④, ⑤	17 ⑤	18 ②	19 ②	20 ③
21 ②	22 ②	23 ②	24 ④	25 ③					

<제5과목> 자율관리 및 관세벌칙

01 ③	02 ⑤	03 ①	04 ①	05 ③	06 ④	07 ③	08 ⑤	09 ②	10 ②
11 ①	12 ③	13 ②	14 ⑤	15 ①	16 ③	17 ④	18 ⑤	19 ②	20 ③
21 ④	22 ⑤	23 ④	24 ⑤	25 ③					

| 해설 |

<제1과목> 수출입통관절차

01   정답 ③

요건확인기관의 장이 통관시스템에 전송한 전자문서는 이를 **원본**으로 인정한다. [관세법 제226조에 따른 세관장확인물품 및 확인방법 지정고시 제9조(확인방법) 제3항]

02   정답 ②

- 한국에서의 작업 중에 발생한 부스러기 → 한국
- 호주에서 사육된 산 동물 (육우) → 호주

> [시행규칙 제74조(일반물품의 원산지결정기준) 제1항]
> 법 제229조 제1항 제1호의 규정에 의하여 원산지를 인정하는 물품은 다음 각호와 같다.
> 1. 해당 국가의 영역에서 생산된 광산물과 식물성 생산물
> 2. 해당 국가의 영역에서 번식 또는 **사육된 산 동물**과 이들로부터 채취한 물품
> 3. 해당 국가의 영역에서의 수렵 또는 어로로 채집 또는 포획한 물품
> 4. 해당 국가의 선박에 의하여 채집 또는 포획한 어획물 기타의 물품
> 5. 해당 국가에서의 **제조·가공의 공정 중에 발생한 부스러기**
> 6. 해당 국가 또는 그 선박에서 제1호 내지 제5호의 물품을 원재료로 하여 제조·가공한 물품

03   정답 ③

물품을 수출·수입 또는 반송하려면 해당 물품의 품명·**규격**·**수량** 및 가격과 그 밖에 대통령령으로 정하는 사항을 **세관장**에게 신고하여야 한다. [관세법 제241조(수출·수입 또는 반송의 신고) 제1항]

04   정답 ①

"공급망"이란 물품의 수입, 수입신고, 운송, 보관과 관련된 수입업체, 관세사, 보세구역운영인, 보세운송업자, 화물운송주선업자, 선사, 항공사, 하역업자 등을 말한다. [수입통관 사무처리에 관한 고시 제3조(정의) 제8호]

오답노트
② "전자통관심사"란 일정한 기준에 해당하는 성실업체가 수입신고하는 위험도가 낮은 물품에 대하여 통관시스템에서 전자적 방식으로 심사하는 것을 말한다. [수입통관 사무처리에 관한 고시 제3조(정의) 제9호]
③ "통합선별심사"란 각 수입통관담당과(수입과)로 접수된 "P/L신고"건을 심사하는 과(통관정보과)에서 통합해 위험분석 및 신고사항을 심사하는 것을 말한다. [수입통관 사무처리에 관한 고시 제3조(정의) 제14호]
④ "부두직통관"이란 화물 전부가 1명인 화주의 컨테이너로 반입된 화물로써 부두 내에서 통관절차 및 검사절차가 이루어지는 것을 말한다. [수입통관 사무처리에 관한 고시 제3조(정의) 제10호]
⑤ "장치장소 관리인"이란 특허보세구역은 운영인, 지정장치장은 화물관리인, 자유무역지역은 입주기업체 등 화물을 관리하는 자를 말한다. [수입통관 사무처리에 관한 고시 제3조(정의) 제12호]

05 정답 ③

세관장은 검사준비가 완료된 경우 장치장소의 관리인이나 그를 대리하는 소속종사자의 협조(물품의 포장상태 및 내용물품의 파손 여부 등을 확인) 하에 검사를 실시한다. [수입통관 사무처리에 관한 고시 제31조(검사절차 등) 제5항]

오답노트
① 세관장은 물품검사를 실시하기 전에 검사준비 사항이 포함된 검사계획을 <u>신고인 및 장치장소 관리인에게</u> 전자통관시스템으로 통보해야 한다. [수입통관 사무처리에 관한 고시 제31조(검사절차 등) 제1항]
② 세관장은 물품검사를 할 때 수입화주 또는 수입화주로부터 화물의 보관·관리를 위탁받은 장치장소 관리인에게 검사준비 사항을 요구할 수 있다. <u>이 경우 검사준비 완료 여부에 따라 검사의 순서를 조정하는 등 그 준비가 완료된 때에 검사를 실시할 수 있다.</u> [수입통관 사무처리에 관한 고시 제31조(검사절차 등) 제4항]
④ 검사계획을 통보받은 <u>신고인은 검사참여를 신청할 수 있다.</u> 이 경우 검사참여신청(통보)서 2부를 작성하여 통관지 세관장에게 제출해야 한다. 검사참여를 신청 받은 세관장은 검사일시와 장소를 적은 검사참여신청(통보)서를 신고인에게 발급해야 한다. [수입통관 사무처리에 관한 고시 제31조(검사절차 등) 제2항 및 제3항]
⑤ 검사자는 장치장소 관리인의 검사준비 또는 협조 사항을 <u>전자통관시스템에 등록한 후 화물담당부서에 통보한다.</u> [수입통관 사무처리에 관한 고시 제31조(검사절차 등) 제7항]

06 정답 ④

수입신고 전 즉시반출신고를 하고 반출한 물품에 대한 과세물건 확정의 시기 → 수입신고 전 즉시반출신고를 한 때 [관세법 제16조(과세물건 확정의 시기) 제7호]

07 정답 ⑤

우편으로 수입되는 물품인 경우 → 그 수취인 [관세법 제19조(납세의무자) 제1항 제9호]

오답노트
① 수입을 위탁받아 수입업체가 대행수입한 물품의 경우에는 그 물품의 수입을 <u>위탁한 자</u>이다. [관세법 제19조(납세의무자) 제1항 제1호 가목]
② 보세운송하는 외국물품이 지정기간 내에 목적지에 도착하지 아니하는 경우에는 <u>보세운송을 신고하였거나 승인을 받은 자</u>이다. [관세법 제19조(납세의무자) 제1항 제6호]
③ 보세구역에 장치된 외국물품이 멸실되거나 폐기되었을 경우에는 <u>운영인 또는 보관인</u>이다. [관세법 제19조(납세의무자) 제1항 제4호]
④ 수입물품을 수입신고 전에 양도한 경우에는 <u>그 양수인</u>이다. [관세법 제19조(납세의무자) 제1항 제1호 다목]

08 정답 ③

관세를 체납하고 있는 자가 신고하는 물품(체납액이 10만 원 미만이거나 체납기간 7일 이내에 수입신고하는 경우를 제외한다) [시행규칙 제8조(수입신고수리 전 세액심사 대상물품) 제1항 제3호]

09 정답 ①

[시행령 제3조(장부 등의 보관) 제1항]

오답노트
② 수입물품 가격결정에 관한 자료 : 해당 신고수리일부터 <u>5년</u>
③ 보세화물반출입에 관한 자료 : 해당 신고수리일부터 <u>2년</u>
④ 적재화물목록에 관한 자료 : 해당 신고수리일부터 <u>2년</u>
⑤ 수출신고필증 : 해당 신고수리일부터 <u>3년</u>

10   정답 ⑤

[시행령 제7조(관세징수권 소멸시효의 기산일) 제1항]

오답노트
① 신고납부하는 관세에 있어서 월별납부의 경우에는 **그 납부기한이 경과한 날의 다음 날**
② 세관장이 부과고지 하는 관세의 경우 **납부고지를 받은 날부터 15일이 경과한 날의 다음 날**
③ 보정신청에 의하여 납부하는 관세에 있어서는 부족세액에 대한 **보정신청일의 다음 날의 다음 날**
④ 수정신고에 의하여 납부하는 관세에 있어서는 **수정신고일의 다음 날의 다음 날**

11   정답 ④, ⑤

④ 관세의 분할납부를 승인받은 물품을 정한 기간에 해당 용도 외의 다른 용도로 사용하거나 해당 용도 외의 다른 용도로 사용하려는 자에게 양도한 경우에는 납부하지 아니한 관세의 전액을 즉시 징수한다. **[관세법 제107조(분할납부) 제9항]**
⑤ 관세의 분할납부 승인을 받은 자가 정당한 사유 없이 지정된 기한까지 납부하지 아니하여 관세를 징수할 때에는 세관장은 15일 이내의 납부기한을 정하여 납부고지하여야 한다. **[시행령 제127조(관세의 분할납부고지) 제2항]**

오답노트
① 세관장은 천재지변으로 관세의 납부를 정하여진 기한까지 할 수 없다고 인정될 때에는 1년을 넘지 아니하는 기간을 정하여 관세를 분할하여 납부하게 할 수 있다. **[관세법 제107조(분할납부) 제1항]**
② 정부나 지방자치단체가 수입하는 물품으로서 기획재정부령으로 정하는 물품이 수입될 때에는 세관장은 5년을 넘지 아니하는 기간을 정하여 관세의 분할납부를 승인할 수 있다. **[관세법 제107조(분할납부) 제2항 제2호]**
③ 관세의 분할납부를 승인받은 물품을 동일한 용도로 사용하려는 자에게 양도한 경우에는 그 양수인이 관세를 납부하여야 한다. **[관세법 제107조(분할납부) 제5항]**

12   정답 ③

[관세법 제234조(수출입의 금지)]
다음 각 호의 어느 하나에 해당하는 물품은 수출하거나 수입할 수 없다.
1. 헌법질서를 문란하게 하거나 공공의 안녕질서 또는 풍속을 해치는 서적·간행물·도화, 영화·음반·비디오물·조각물 또는 그 밖에 이에 준하는 물품
2. **정부의 기밀을 누설하거나 첩보활동에 사용되는 물품**
3. 화폐·채권이나 그 밖의 유가증권의 위조품·변조품 또는 모조품

13   정답 ③

[관세법 제238조(보세구역 반입명령) 제4항]

오답노트
① 세관장은 다른 법령에 따라 수입 후 특정한 용도로 사용하여야 하는 등의 의무가 부가되어 있는 물품에 대하여는 **문서**로써 해당 의무를 이행할 것을 요구할 수 있다. **[관세법 제227조(의무 이행의 요구 및 조사) 제1항]**
② 분석대상 시료는 **담당직원**이 직접 채취하고 봉인한 후 제출하도록 하여 시료의 임의교체와 분실 등이 일어나지 않도록 하여야 한다. **[수입통관 사무처리에 관한 고시 제23조(분석의뢰) 제2항]**
④ 관세청장 또는 세관장은 수입신고가 수리된 물품의 원산지가 수입신고수리 당시와 다르게 표시된 경우 수입신고 수리일로부터 **3개월** 이내에는 보세구역 반입명령이 가능하다. **[시행령 제245조(반입명령) 제1항]**
⑤ 유통이력 신고의 의무가 있는 자는 유통이력을 장부에 기록(전자적 기록방식을 **포함**한다)하고, 그 자료를 거래일부터 1년간 보관하여야 한다. **[관세법 제240조의2(통관 후 유통이력 신고) 제2항]**

14 정답 ③

[시행령 제236조(원산지증명서의 제출 등) 제2항]
법 제232조 제1항 단서의 규정에 의하여 다음 각 호의 물품에 대하여는 제1항의 규정을 적용하지 아니한다.
1. 세관장이 물품의 종류·성질·형상 또는 그 상표·생산국명·제조자 등에 의하여 원산지를 확인할 수 있는 물품
2. 우편물(법 제258조 제2항의 규정에 해당하는 것을 제외한다)
3. 과세가격(종량세의 경우에는 이를 법 제15조의 규정에 준하여 산출한 가격을 말한다)이 **15만 원** 이하인 물품
4. 개인에게 무상으로 송부된 탁송품·별송품 또는 여행자의 휴대품
5. 기타 관세청장이 관계행정기관의 장과 협의하여 정하는 물품

15 정답 ②

잠정가격으로 가격신고를 한 자는 **(A : 2년)**의 범위 안에서 구매자와 판매자 간의 거래계약의 내용 등을 고려하여 세관장이 지정하는 기간 내에 확정된 가격을 신고하여야 한다. 이 경우 잠정가격으로 가격신고를 한 자는 관세청장이 정하는 바에 따라 신고기간이 끝나기 **(B : 30일)** 전까지 확정된 가격의 계산을 위한 가산율을 산정해 줄 것을 요청할 수 있다. [시행령 제16조(잠정가격의 신고 등) 제3항]

16 정답 ⑤

[수입통관 사무처리에 관한 고시 제49조(세액정정 및 보정) 제8항]

오답노트
① 납세의무자는 신고납부한 세액이 과다한 것을 안 때에는 **최초로 납세신고한 날부터 5년 이내에 신고한 세액의 경정을 세관장에게 청구할 수 있다.** [수입통관 사무처리에 관한 고시 제48조(경정청구 및 경정) 제1항]
② 납세의무자는 정정한 내용대로 세액을 정정하여 납부서를 재발행하되 **납부서번호와 납부기한은 변경하지 않는다.** [수입통관 사무처리에 관한 고시 제49조(세액정정 및 보정) 제4항]
③ 세관장은 신고납부한 세액에 **부족**이 있거나 세액산출의 기초가 되는 과세가격이나 품목분류 등에 오류가 있는 것을 안 때에는 납세의무자에게 해당 보정기간 내에 보정을 신청할 수 있도록 통지할 수 있다. [수입통관 사무처리에 관한 고시 제49조(세액정정 및 보정) 제5항]
④ 납세의무자가 세액보정을 신청한 경우에는 **해당 세액보정을 한 날의 다음 날까지** 세액을 납부해야 한다. [수입통관 사무처리에 관한 고시 제49조(세액정정 및 보정) 제8항]

17 정답 ①

[수입통관 사무처리에 관한 고시 제71조(신고서에 의한 간이신고) 제1항]
제70조 제1항 각 호의 물품 중 과세 되는 물품과 다음 각 호의 어느 하나에 해당하는 물품은 첨부서류 없이 신고서에 수입신고사항을 기재하여 신고(간이신고)한다.
1. 국내거주자가 수취하는 자가사용물품으로서 물품가격이 미화 150달러 이하인 면세대상물품
2. 상업용견본품으로서 과세가격이 미화 250불 이하인 면세대상물품
3. **설계도 중 수입승인이 면제되는 것**
4. 「외국환거래법」에 따라 금융기관이 외환업무를 영위하기 위하여 수입하는 지급수단

18 정답 ④

[별표 5] 특정물품의 통관지세관 지정(제106조 관련)	
특정물품	특정세관
1. 〈삭제〉	〈삭제〉
2. 〈삭제〉	〈삭제〉
3. 고철	수입물품의 입항지 세관, 관할지 세관장이 인정하는 고철창고가 있는 내륙지 세관. 다만, 제75조에 따라 고철화작업의 특례를 적용받는 실수요자 관할세관에서도 통관가능
4. 해체용 선박	관할지 세관장이 인정하는 선박해체작업 시설을 갖춘 입항지 세관
5. 수산물(HS 0302호, 0303호, 0305호 단, HS 0305호는 염수장한 것에 한함)	수입물품의 입항지 세관, 보세구역으로 지정받은 냉장·냉동창고가 있는 내륙지 세관. 다만, 수출용원부자재는 관할지 세관장이 인정하는 냉장·냉동시설이 있는 수산물제조·가공업체 관할세관에서도 통관가능
6. 수입쇠고기 및 관련제품(HS 0201호, 0202호 해당물품, HS 0206호, 0210호, 0504호는 쇠고기, 소의 것에 한함, HS 0506.90-1020 물품)	관할구역 내 축산물검역시행장 및 보세구역으로 지정받은 냉장·냉동창고가 있는 세관
7. 활어(HS 0301호, 관상용 및 양식용은 제외)	관할구역 내 활어장치장이 있는 세관
8. 쌀(HS 1006.20호, 1006.30호 해당물품)	인천, 인천공항, 부산, 평택직할, 마산, 울산, 동해, 광양, 목포, 군산, 포항세관
9. 중고승용차	인천, 인천공항, 서울, 부산, 평택직할, 용당, 마산세관

19 정답 ③

법 제253조 제1항의 규정에 의한 즉시반출을 할 수 있는 자 및 물품은 관세 등의 체납이 없고 최근 3년 동안 수출입실적이 있는 제조업자 또는 외국인투자자가 수입하는 시설재 또는 원부자재 등 법 제226조 제2항의 규정에 의한 구비조건의 확인에 지장이 없는 경우로서 세관장이 지정하는 것에 한한다. [시행령 제257조(수입신고 전 물품반출) 제2항]

20 정답 ②

- 조정관세는 100분의 (A : 100)에서 해당 물품의 기본세율을 뺀 율을 기본세율에 더한 율의 범위에서 관세를 부과할 수 있다. [관세법 제69조(조정관세의 부과대상)]
- 할당관세는 100분의 (B : 40)의 범위의 율을 기본세율에서 빼고 관세를 부과할 수 있다. [관세법 제71조(할당관세) 제1항]

21 정답 ④

[관세법 제2조(정의) 제14호]

오답노트

① 우리나라의 선박 등이 공해에서 채집하거나 포획한 수산물 등은 내국물품에 해당한다. [관세법 제2조(정의) 제5호 나목]
② 관세법 제241조 제1항에 따른 수출의 신고가 수리된 물품은 외국물품에 해당한다. [관세법 제2조(정의) 제4호]
③ "통관"이란 관세법에 따른 절차를 이행하여 물품을 수입·수출 또는 반송하는 것을 말한다. [관세법 제2조(정의) 제13호]
⑤ 관세법 제252조에 따른 수입신고 수리 전 반출승인을 받아 반출된 물품은 "내국물품"에 해당된다. [관세법 제2조(정의) 제5호 라목]

22 정답 ④

[관세법 제235조(지식재산권 보호) 제1항]
다음 각 호의 어느 하나에 해당하는 지식재산권을 침해하는 물품은 수출하거나 수입할 수 없다.
1. 「상표법」에 따라 설정등록된 상표권
2. 「저작권법」에 따른 저작권과 저작인접권 (저작권 등)
3. 「식물신품종 보호법」에 따라 설정등록된 품종보호권
4. 「농수산물 품질관리법」에 따라 등록되거나 조약·협정 등에 따라 보호대상으로 지정된 지리적표시권 또는 지리적표시 (지리적표시권 등)
5. 「특허법」에 따라 설정등록된 특허권
6. 「디자인보호법」에 따라 설정등록된 디자인권
7. 방위산업기술 보호법에 따른 방위산업기술

23 정답 ③

[시행령 제247조(가산세율) 제2항]

오답노트
① 수입하거나 반송하려는 물품을 지정장치장 또는 보세창고에 반입하거나 보세구역이 아닌 장소에 장치한 자는 그 반입일 또는 장치일부터 **30일** 이내에 수입 또는 반송의 신고를 하여야 한다. [관세법 제241조(수출·수입 또는 반송의 신고) 제3항]
② 신고기한이 경과한 경우 해당 물품 **과세가격의 100분의 2**에 상당하는 금액의 범위에서 대통령령으로 정하는 금액을 가산세로 징수한다. [관세법 제241조(수출·수입 또는 반송의 신고) 제4항]
④ 신고기한이 경과한 후 보세운송된 물품에 대하여는 보세운송신고를 한 때를 기준으로 수입반송신고 지연 가산세의 가산세율을 적용하며 그 세액은 **수입 또는 반송신고**를 하는 때에 징수한다. [시행령 제247조(가산세율) 제3항]
⑤ 가산세를 징수해야 하는 물품은 물품의 신속한 유통이 긴요하다고 인정하여 보세구역의 종류와 물품의 특성을 고려하여 **관세청장**이 정하는 물품으로 한다. [시행령 제248조(가산세 대상물품)]

24 정답 ③

세관장은 제241조 및 제244조의 신고가 그 요건을 갖추지 못하였거나 부정한 방법으로 신고되었을 때에는 해당 수출·수입 또는 반송의 신고를 **각하**할 수 있다. [관세법 제250조(신고의 취하 및 각하) 제3항]

25 정답 ④

[시행규칙 제48조의2(관세가 면제되는 이사물품) 제1항]
법 제96조 제1항 제2호에 따라 관세가 면제되는 물품은 우리나라 국민(재외영주권자를 제외)으로서 외국에 주거를 설정하여 1년(가족을 동반한 경우에는 6개월) 이상 거주했거나 외국인 또는 재외영주권자로서 우리나라에 주거를 설정하여 1년(가족을 동반한 경우에는 6개월) 이상 거주하려는 사람이 반입하는 다음 각 호의 어느 하나에 해당하는 것으로 한다.
1. 해당물품의 성질·수량·용도 등으로 보아 통상적으로 가정용으로 인정되는 것으로서 우리나라에 입국하기 전에 3개월 이상 사용했고 입국한 후에도 계속하여 사용할 것으로 인정되는 것

<제2과목> 보세구역관리

01
정답 ①, ④

① "잉여물품"이란 보세작업으로 인하여 발생하는 부산물과 불량품, 제품 생산 중단 등의 사유로 사용하지 않은 원재료와 제품 등을 말하며, 제12조 제3항 제8호의 물품(보세공장 반입물품 또는 보세공장에서 제조·가공한 물품에 전용되는 포장·운반용품)을 포함한다. [보세공장 운영에 관한 고시 제3조(정의) 제5호]
④ 수출입 안전관리 우수업체가 잉여물품을 폐기하는 때에는 폐기 후의 잔존물이 실질적 가치가 없는 물품에 대하여 업체의 신청을 받아 사전에 자체 폐기대상물품으로 지정할 수 있다. [보세공장 운영에 관한 고시 제33조(잉여물품의 처리) 제5항]

02
정답 ③

보세공장에서 제조된 물품을 수입하는 경우 제186조에 따른 사용신고 전에 미리 세관장에게 해당 물품의 원료인 외국물품에 대한 과세의 적용을 신청한 경우에는 제16조에도 불구하고 제186조에 따른 사용신고를 할 때의 그 원료의 성질 및 수량에 따라 관세를 부과한다. [관세법 제189조(원료과세) 제1항]

03
정답 ②

[보세공장 운영에 관한 고시 제13조(물품의 반출입) 제3항]

오답노트
① 보세운송절차에 따라 반입되는 물품은 즉시 반입신고를 하여야 한다. 이 경우 반입신고는 보세운송 도착보고를 갈음할 수 있다. [보세공장 운영에 관한 고시 제13조(물품의 반출입) 제2항]
③ 운영인은 잉여물품을 수입신고 전에 즉시 반출하려는 경우에는 보세공장 잉여물품 수입신고 전 반출신고서를 제출하여야 한다. [보세공장 운영에 관한 고시 제13조(물품의 반출입) 제4항]
④ 이 고시에서 반출입신고를 규정하지 아니한 내국물품에 대한 반출입신고는 생략할 수 있다. 다만, 제품의 제조·가공 등에 소요되는 원재료를 반출입하려는 때에는 그 사실을 기록·관리하여야 한다. [보세공장 운영에 관한 고시 제13조(물품의 반출입) 제8항]
⑤ 운영인은 다른 보세공장의 원재료로 사용하기 위하여 다른 보세공장으로 반출하는 경우에는 보세공장에서 제조·가공·수리 또는 재생한 물품, 원재료와 부산물 등 잉여물품을 보세운송절차에 따라 다른 보세공장으로 반출할 수 있다. [보세공장 운영에 관한 고시 제13조(물품의 반출입) 제6항]

04
정답 ④

장외일시장치 물품은 장외일시장치 장소에 장치한 상태에서 수출입신고, 양수도 또는 폐기처분 등을 할 수 있다. [보세공장 운영에 관한 고시 제17조의2(보세공장 외 일시 물품장치 등) 제3항]

05
정답 ②

보세공장에서는 **세관장의 허가를 받지 아니하고는** 내국물품만을 원료로 하거나 재료로 하여 제조·가공하거나 그 밖에 이와 비슷한 작업을 할 수 없다. [관세법 제185조(보세공장) 제2항]

06
정답 ⑤

운영인 등은 폐사어를 별도의 냉동·냉장시설에 B/L별로 구분하여 보관하여야 한다. [수입활어 관리에 관한 특례 고시 제12조(폐사어의 관리) 제2항]

07 정답 ①

[관세법 제197조(종합보세구역의 지정 등) 제1항]

오답노트
② 종합보세구역에서는 보세창고·보세공장·보세전시장·보세건설장 또는 보세판매장의 기능 중 둘 이상의 기능(종합보세기능)을 수행할 수 있다. [관세법 제197조(종합보세구역의 지정 등) 제2항]
③ 종합보세구역에서 종합보세기능을 수행하려는 자는 그 기능을 정하여 세관장에게 종합보세사업장의 설치·운영에 관한 신고를 하여야 한다. [관세법 제198조(종합보세사업장의 설치·운영에 관한 신고 등) 제1항]
④ 종합보세구역에 반입·반출되는 물품이 내국물품인 경우에는 기획재정부령으로 정하는 바에 따라 반출입신고를 생략하거나 간소한 방법으로 반입·반출하게 할 수 있다. [관세법 제199조(종합보세구역에의 물품의 반입·반출 등) 제2항]
세관장은 법 제199조 제2항의 규정에 의하여 법 제196조의 규정에 의한 보세판매장에서 판매하고자 하는 물품에 해당하지 아니하는 경우에는 반출입신고를 생략하게 할 수 있다. [시행규칙 제70조(내국물품 반출입신고의 생략)]
⑤ 외국인 관광객 등 대통령령으로 정하는 자가 종합보세구역에서 구입한 물품을 국외로 반출하는 경우에는 해당 물품을 구입할 때 납부한 관세 및 내국세 등을 환급받을 수 있다. [관세법 제199조의2(종합보세구역의 판매물품에 대한 관세 등의 환급) 제1항]
법 제199조의2 제1항에서 "외국인 관광객 등 대통령령으로 정하는 자"란 「외국환거래법」 제3조에 따른 비거주자(외국인관광객 등)를 말한다. 다만, 국내에 주재하는 외교관(이에 준하는 외국공관원을 포함한다) 등을 제외한다. [시행령 제216조의2(외국인 관광객 등의 범위)]

08 정답 ②

[보세판매장 특허 및 운영에 관한 고시 제37조(인도자 지정 등) 제1항 제1호 가목]

오답노트
① 판매물품을 구매자에게 인도하는 업무를 담당하려는 자는 인도장 관할세관장으로부터 지정을 받아야 한다. [보세판매장 운영에 관한 고시 제13조(인도자의 지정 등) 제1항]
③ 인도자는 관세행정 또는 보세화물관리와 관련 있는 비영리 법인이어야 한다. [보세판매장 운영에 관한 고시 제13조(인도자의 지정 등) 제1항 제1호 나목]
④ 관세 및 국세의 체납이 있는 자는 인도자로 지정될 수 없으나, 지방세의 체납이 있는 자는 인도자로 지정될 수 있다. [보세판매장 운영에 관한 고시 제13조(인도자의 지정 등) 제1항 제2호 나목]
⑤ 인도자는 인도장의 업무량을 고려하여 적정 인원의 보세사를 채용하여야 하며, 인도 업무를 보세사에 위임하여 수행하게 할 수 있다. [보세판매장 운영에 관한 고시 제14조(판매물품의 인도) 제1항]

09 정답 ②

운영인은 입국인에게 시행규칙 제69조의4 제1항에 따라 미화 800달러 이하의 구매한도 범위 내에서 물품을 판매하여야 한다. 이 경우 술·담배·향수는 시행규칙 제48조 제3항에 따른 별도 면세범위 내에서만 판매할 수 있다. [보세판매장 특허 및 운영에 관한 고시 제29조(구매자 및 구매총액) 제5항]

[시행규칙 제48조(관세가 면제되는 여행자 휴대품 등) 제3항]

구 분		면세한도	비 고
술		2병	2병 합산하여 용량은 2리터(L) 이하, 가격은 미화 400달러 이하로 한다.
담 배	궐 련	200개비	2 이상의 담배 종류를 반입하는 경우에는 한 종류로 한정한다.
	엽궐련	50개비	
	전자담배 궐련형	200개비	
	전자담배 니코틴용액	20밀리리터(mL)	
	전자담배 기타유형	110그램	
	그 밖의 담배	250그램	
향 수		100밀리리터(mL)	

10 정답 ③

[보세판매장 특허 및 운영에 관한 고시 제2조(정의) 제6호]
"인도장"이란 시내면세점, 출국장면세점 및 전자상거래에 의하여 판매한 물품을 구매자에게 인도하기 위한 곳으로 다음 각 호의 어느 하나에 해당하는 장소를 말한다.
가. **출국장 보세구역 내 설치한 장소**
나. 국제무역선 및 외국여객선박의 **선내**
다. 통관우체국내 세관통관장소
라. **항공화물탁송 보세구역**
마. 세관장이 지정한 보세구역(자유무역지역을 포함한다)
바. **입국장 보세구역 내 설치한 장소**

11 정답 ①

[관세법 제190조(보세전시장)]

오답노트

②, ③ [시행령 제208조(보세전시장 안에서의 사용)]
법 제190조의 규정에 의한 박람회 등의 운영을 위한 외국물품의 사용에는 **다음 각 호의 행위가 포함되는 것으로 한다.**
1. 당해 **외국물품의 성질 또는 형상에 변경을 가하는 행위**
2. 당해 박람회의 주최자·출품자 및 관람자가 **그 보세전시장 안에서 소비하는 행위**

④ 보세전시장에 장치된 판매용 외국물품은 **수입신고가 수리되기 전에는 이를 사용하지 못한다.** [시행령 제209조(보세전시장의 장치 제한 등) 제2항]
⑤ 보세전시장에 장치된 전시용 외국물품을 현장에서 직매하는 경우 수입신고가 수리되기 전에 **이를 인도하여서는 아니 된다.** [시행령 제209조(보세전시장의 장치 제한 등) 제3항]

12 정답 ③

[관세법 제195조(보세건설장 외 작업 허가)]
① 세관장은 보세작업을 위하여 필요하다고 인정될 때에는 대통령령으로 정하는 바에 따라 기간, 장소, 물품 등을 정하여 해당 보세건설장 외에서의 보세작업을 허가할 수 있다.
② 제1항에 따른 보세건설장 외에서의 보세작업 허가에 관하여는 제187조(보세공장 외 작업허가) 제2항부터 제7항까지의 규정을 준용한다.

13 정답 ②

지정장치장에 반입한 물품은 **화주 또는 반입자**가 그 보관의 책임을 진다. [관세법 제172조(물품에 대한 보관책임) 제1항]

14 정답 ⑤

[시행령 제187조의2(화물관리인의 지정 취소) 제1항]
세관장은 다음 각 호의 어느 하나에 해당하는 사유가 발생한 경우에는 화물관리인의 지정을 취소할 수 있다. 이 경우 제1항 제3호에 해당하는 자에 대한 지정을 취소할 때에는 해당 시설의 소유자 또는 관리자에게 미리 그 사실을 통보하여야 한다.
1. 거짓이나 그 밖의 부정한 방법으로 지정을 받은 경우
2. 화물관리인이 법 제175조 각 호의 어느 하나에 해당하는 경우
3. 화물관리인이 세관장 또는 해당 시설의 소유자·관리자와 맺은 화물관리업무에 관한 약정을 위반하여 해당 지정장치장의 질서유지 및 화물의 안전관리에 중대한 지장을 **초래하는** 경우
4. 화물관리인이 그 지정의 취소를 요청하는 경우

15 정답 ④

[관세법 제166조(지정보세구역의 지정) 제1항]
세관장은 다음 각 호의 어느 하나에 해당하는 자가 소유하거나 관리하는 토지·건물 또는 그 밖의 시설(토지 등)을 지정보세구역으로 지정할 수 있다.
1. 국가 (세관, 국토교통부)
2. 지방자치단체 (인천광역시)
3. 공항시설 또는 항만시설을 관리하는 법인 (부산항만공사)

16 정답 ⑤

[보세창고 특허 및 운영에 관한 고시 제10조(영업용보세창고의 요건) 제2항]
특허신청인은 다음 각 호의 사항을 포함한 내부 화물관리 규정을 작성하여 세관장에게 제출하여야 하며, 특허기간 중 내부 화물관리 규정을 개정한 경우에도 또한 같다.
1. **내부 화물관리 종합책임자 및 책임체계**
2. **화물 반출입 및 보관 절차**
3. 대장 기록 체계
4. **출입자 통제 및 시설안전관리**
5. 세관 보고 사항 및 절차
6. 보세화물 취급 직원 교육 방법
7. **내부고발자에 대한 포상과 청렴위반자에 대한 징계 체계**

17 정답 ①

[관세법 제176조(특허기간)]
① 특허보세구역의 특허기간은 **10년** 이내로 한다.
② 제1항에도 불구하고 보세전시장과 보세건설장의 특허기간은 다음 각 호의 구분에 따른다. 다만, 세관장은 전시목적을 달성하거나 공사를 진척하기 위하여 부득이하다고 인정할 만한 사유가 있을 때에는 그 기간을 연장할 수 있다.
  1. **보세전시장** : 해당 박람회 등의 기간을 고려하여 세관장이 정하는 기간
  2. **보세건설장** : 해당 건설공사의 기간을 고려하여 세관장이 정하는 기간

[보세판매장 특허 및 운영에 관한 고시 제11조(특허기간) 제1항]
보세판매장의 특허기간은 **10년**의 범위 내(**갱신의 경우에는 5년**의 범위 내)에서 해당 보세구역의 특허(갱신) 신청기간으로 한다. 다만, 임차시설에서 보세판매장을 운영하거나 국제행사 등을 위하여 한시적으로 특허를 신청하는 경우에는 10년의 범위 내(갱신의 경우에는 5년의 범위 내)에서 해당 임차기간, 한시적 기간 등을 특허기간으로 할 수 있다.

18 정답 ①

세관에 압수된 물품 → 압수물품은 편의에 따라 소지자나 시·군·읍·면사무소에 보관시킬 수 있다. [관세법 제303조(압수와 보관) 제2항]

오답노트
외국물품과 제221조 제1항에 따른 **내국운송의 신고**를 하려는 **내국물품**은 보세구역이 아닌 장소에 장치할 수 없다. [관세법 제155조(물품의 장치) 제1항]

19 정답 ①

특허수수료는 분기단위로 매 분기 말까지 다음 분기분을 납부하되, **특허보세구역의 설치·운영에 관한 특허가 있는 날이 속하는 분기분의 수수료는 이를 면제**한다. [시행규칙 제68조(특허수수료) 제3항]

20 정답 ②

[관세법 제178조(반입정지 등과 특허의 취소) 제1항]
세관장은 특허보세구역의 운영인이 다음 각 호의 어느 하나에 해당하는 경우에는 관세청장이 정하는 바에 따라 6개월의 범위에서 해당 특허보세구역에의 물품반입 또는 보세건설·보세판매·보세전시 등(물품반입 등)을 정지시킬 수 있다.
1. 장치물품에 대한 관세를 납부할 자금능력이 없다고 인정되는 경우
2. 본인이나 그 사용인이 이 법 또는 이 법에 따른 명령을 위반한 경우
3. 해당 시설의 미비 등으로 특허보세구역의 설치 목적을 달성하기 곤란하다고 인정되는 경우
4. 그 밖에 제1호부터 제3호까지의 규정에 준하는 것으로서 대통령령으로 정하는 사유에 해당하는 경우

[시행령 제193조의2(특허보세구역의 물품반입 정지 사유)]
법 제178조 제1항 제4호에서 "대통령령으로 정하는 사유"란 다음 각 호의 어느 하나에 해당하는 경우를 말한다.
1. 제207조에 따른 재고조사 결과 원자재소요량 관리가 적정하지 않은 경우
2. **1년 동안 계속하여 물품의 반입·반출 실적이 없거나**, 6개월 이상 보세작업을 하지 않은 경우
3. 운영인이 최근 1년 이내에 법에 따른 절차 등을 위반한 경우 등 관세청장이 정하는 사유에 해당하는 경우

21 정답 ①

특허보세구역의 설치·운영에 관한 특허의 효력이 상실되었을 때에는 해당 특허보세구역에 있는 외국물품의 종류와 수량 등을 고려하여 **6개월**의 범위에서 **세관장**이 지정하는 기간 동안 그 구역은 특허보세구역으로 보며, 운영인이나 그 상속인 또는 승계법인에 대해서는 해당 구역과 장치물품에 관하여 특허보세구역의 설치·운영에 관한 특허가 있는 것으로 본다. [**관세법 제182조(특허의 효력상실 시 조치 등) 제2항**]

22 정답 ①

[시행령 제190조(업무내용 등의 변경)]
① 특허보세구역의 운영인이 **장치물품의 종류를** 변경하거나 그 **특허작업의 종류 또는 작업의 원재료를** 변경하고자 하는 때에는 그 사유를 기재한 신청서를 세관장에게 제출하여 그 승인을 얻어야 한다.
② 특허보세구역의 **운영인이 법인인 경우에** 그 등기사항을 변경한 때에는 **지체 없이 그 요지를 세관장에게 통보**하여야 한다.

[시행령 제191조(수용능력증감 등의 변경) 제1항]
특허보세구역의 운영인이 그 **장치물품의 수용능력을 증감**하거나 그 특허작업의 능력을 변경할 설치·운영시설의 증축, 수선 등의 공사를 하고자 하는 때에는 그 사유를 기재한 신청서에 공사내역서 및 관계도면을 첨부하여 세관장에게 제출하여 그 **승인**을 얻어야 한다.

23 정답 ⑤

[관세법 제178조(반입정지 등과 특허의 취소) 제2항]
세관장은 특허보세구역의 운영인이 다음 각 호의 어느 하나에 해당하는 경우에는 그 특허를 취소할 수 있다. 다만, 제1호, 제2호 및 제5호에 해당하는 경우에는 특허를 취소하여야 한다.
1. **거짓이나 그 밖의 부정한 방법으로 특허를 받은 경우**
2. 제175조 각 호의 어느 하나에 해당하게 된 경우. 다만, 제175조제8호에 해당하는 경우로서 같은 조 제2호 또는 제3호에 해당하는 사람을 임원으로 하는 법인이 3개월 이내에 해당 임원을 변경한 경우에는 그러하지 아니하다.
3. **1년 이내에 3회 이상 물품반입 등의 정지처분**(제3항에 따른 과징금 부과처분을 포함한다)**을 받은 경우**
4. 2년 이상 물품의 반입실적이 없어서 세관장이 특허보세구역의 설치 목적을 달성하기 곤란하다고 인정하는 경우
5. **제177조의2를 위반하여 명의를 대여한 경우**

24 정답 ④

특허보세구역의 운영인은 매년 다음 각 호의 사항을 기재한 보세구역 운영상황을 다음 해 2월 말까지 관할세관장에게 보고하여야 한다. [보세창고 특허 및 운영에 관한 고시 제20조(보세구역 운영상황의 보고) 제1항]

[보세창고 특허 및 운영에 관한 고시 제18조(행정제재) 제1항]
세관장은 다음 각 호의 어느 하나에 해당하는 경우에는 주의처분을 할 수 있으며, 1년 이내에 주의처분을 3회 받은 때에는 경고 1회로 한다. 이 경우 현장점검, 감사 등의 결과에 따라 수개의 동일 위반사항이 적발된 경우 이를 1건으로 주의처분할 수 있다.
1. 제17조 제2항 제2호·제3호·제4호·제5호, 제4항, **제20조 제1항을 위반한 경우**

25 정답 ③

[보세창고 특허 및 운영에 관한 고시 제11조(특수보세구역의 요건 등) 제3항]
컨테이너전용 보세창고는 다음의 요건을 갖추어야 한다.
1. 부지면적은 15,000㎡ 이상이어야 한다.
2. 보세화물을 보관하고 컨테이너 적입화물을 적출하는 화물조작장(CFS)을 설치하여야 하나, CFS면적은 물동량에 따라 **운영인이 자율적으로 결정할 수 있다.**

<제3과목> 화물관리

01   정답 ④

법 제135조 제2항에 따라 적재화물목록 제출의무자는 항공기가 입항하기 **4시간 전**까지 제22조에 따른 적재화물목록을 항공기 입항예정지 세관장에게 전자문서로 제출하여야 한다. 다만, 근거리 지역의 경우에는 적재항에서 항공기가 **출항하기 전**까지, 특송화물의 경우에는 항공기가 입항하기 **1시간 전**까지 제출하여야 한다. [보세화물 입출항 하선하기 및 적재에 관한 고시 제21조(적재화물목록 제출) 제1항]

02   정답 ②

하역장소 보세구역 운영인은 화물분류 완료 후 해당 물품을 지정된 하기장소 보세구역 운영인에게 지체 없이 인계해야 하며, 해당 물품을 인수받은 운영인은 입항 다음 날까지 지정된 하기장소에 반입해야 한다. [보세화물 입출항 하선하기 및 적재에 관한 고시 제30조(하기장소의 물품반입) 제1항]

03   정답 ②

[보세화물 입출항 하선하기 및 적재에 관한 고시 제12조(적재화물목록의 정정신청) 제2항]

오답노트
① 적재화물목록 제출이 완료된 이후 보세운송하여 보세구역에 반입된 화물의 적재화물목록 정정신청은 **도착지** 보세구역 관할 세관장에게 제출하여야 한다. [보세화물 입출항 하선하기 및 적재에 관한 고시 제12조(적재화물목록의 정정신청) 제1항]
③ 반입결과 이상보고서가 제출된 물품의 적재화물목록 정정은 이상보고서 제출일로부터 **15일** 이내에 신청하여야 한다. [보세화물 입출항 하선하기 및 적재에 관한 고시 제12조(적재화물목록의 정정신청) 제3항]
④ 포장파손이 용이한 물품은 중량의 과부족이 **5%** 이내인 경우 적재화물목록 정정신청을 생략할 수 있다. [보세화물 입출항 하선하기 및 적재에 관한 고시 제13조(적재화물목록 정정생략) 제1항]
⑤ 화물관리 세관공무원은 하선화물의 수량에 대하여 **검수(검정)업자**가 하선결과 이상보고를 한 경우 직권으로 적재화물목록을 정정할 수 있다. [보세화물 입출항 하선하기 및 적재에 관한 고시 제14조(적재화물목록 직권정정) 제1항]

04   정답 ③

- 하선신고를 한 자는 입항일(외항에서 입항수속을 한 경우 접안일)로부터 컨테이너 화물은 (A : **5일**), 원목, 곡물, 원유 등 산물은 (B : **10일**) 내에 해당물품을 하선장소에 반입해야 한다. [보세화물 입출항 하선하기 및 적재에 관한 고시 제19조(하선장소 물품반입) 제1항]
- 하역업체가 화물을 하선하려는 때에는 (C : **Master B/L**) 단위의 적재화물목록을 기준으로 하선신고하며, LCL화물로서 해당 하선장소의 CFS 내에 컨테이너 적출 및 반입작업을 하려는 때에는 (D : **House B/L**) 단위로 물품반입신고를 해야 한다. [보세화물 입출항 하선하기 및 적재에 관한 고시 제15조(하선신고) 제1항 및 제19조(하선장소 물품반입) 제3항]

05   정답 ②

[보세화물 입출항 하선하기 및 적재에 관한 고시 제43조(적재화물목록 제출) 제3항]
적재신고는 물품이 선적지 공항만 내(ODCY 포함) 장치된 후 물품목록을 출항지세관장에게 전자문서로 제출하여야 하며, 제출시기는 다음 각 호의 어느 하나와 같다.
1. 해상화물은 해당물품을 **선박에 적재하기 24시간 전까지** 제출하여야 하며, 근거리 지역의 경우에는 해당물품을 선박에 적재하기 전까지 제출하되 **선박이 출항하기 30분 전까지** 최종 마감하여 제출하여야 한다. 다만, 다음 각 목의 어느 하나에 해당하는 경우에는 출항하기 전까지, 「수출통관 사무처리에 관한 고시」제32조(선상 수출신고)에 해당하는 물품의 경우에는 출항 익일 24시까지 제출할 수 있다.
   가. 벌크화물

나. 환적화물, 공컨테이너
다. 그 밖에 적재 24시간 전까지 제출하기 곤란하다고 세관장이 인정하는 물품

06   정답 ②

선사 또는 항공사는 적재결과 물품이 적재화물목록과 상이할 때에는 **적재완료 익일까지** 적재결과보고서를 세관장에게 제출하여야 한다. [보세화물 입출항 하선하기 및 적재에 관한 고시 제42조(적재) 제2항]

07   정답 ①

화물운송주선업자의 등록을 하려는 자는 화물운송주선업자 등록(갱신) 신청서를 **통관지 세관장**에게 제출하여야 한다. [화물운송주선업자의 등록 및 관리에 관한 고시 제4조(등록신청 및 심사) 제1항]

08   정답 ②

일관운송 환적화물을 보세운송하려는 화주 등은 **최초 입항지 세관장**에게 House B/L 단위로 운송업체와 반출 예정지 보세구역을 적재화물목록에 기재하여 신고하여야 한다. [환적화물 처리절차에 관한 고시 제8조(일관운송 환적절차) 제2항]

09   정답 ④

[환적화물 처리절차에 관한 고시 제12조(비가공증명서 발급) 제2항]
비가공증명서를 발급받으려는 자는 보세구역운영인 또는 자유무역지역 입주기업체가 발행하는 다음 각 호의 사항을 기재한 일시장치 확인서와 별지 제5호 서식의 비가공증명 신청서를 세관장에게 제출하여야 한다.
1. 일시장치 장소
2. 화물관리번호
3. B/L(AWB)번호
4. 반입일자
5. 품명, 반입중량, 수량
6. 해당화물이 하역, 재선적, 운송을 위한 작업과 그 밖에 **정상상태를 유지하기 위한 작업 외의 가공을 하지 않았다는 사실 확인**

10   정답 ⑤

신고지세관장은 매일 세관화물정보시스템을 조회하여 보세운송 기간 내에 전량 반입신고가 없는 미착물품과 도착지세관장으로부터 이상내역을 통보받은 물품에 대하여는 사실을 확인하는 조사를 한 후 처벌, 관세추징 등의 조치를 취하고 그 결과를 세관화물정보시스템에 등록하여야 한다. [보세운송에 관한 고시 제42조(도착관리) 제2항]

11   정답 ⑤

[보세운송에 관한 고시 제18조(지정요건) 제1항]
세관장은 제10조에 따라 등록한 보세운송업자 중 다음 각 호의 요건을 갖춘 자에 대하여는 법 제220조에 따라 「관리대상화물 관리에 관한 고시」 규정에 의한 검사대상화물 등 특정 물품을 보세운송할 수 있는 자(특정물품 간이보세운송업자)로 지정할 수 있다.
1. 자본금 3억 원 이상인 법인
2. 2억 원 이상의 인·허가 보증보험에 가입한 자이거나 법 제24조에 따른 담보(부동산은 제외)를 2억 원 이상 제공한 자
3. 유개 화물자동차 10대 이상과 트랙터 10대 이상 보유한 자
4. 임원 중 관세사 1명 이상 재직하고 있는 업체

12 정답 ②

보세운송신고를 한 자는 보세운송 시 사용할 운송수단에 대하여 보세구역 출발 전까지 발송지세관장 또는 도착지세관장에게 운송수단 배차예정내역 신고서를 제출(철도·선박·항공 제외)하여야 한다. [보세운송에 관한 고시 제26조(보세운송신고) 제2항]

13 정답 ④

[보세운송에 관한 고시 제46조(적용범위) 제1항]
수출신고가 수리된 물품은 보세운송 절차를 생략한다. 다만, 다음 각 호의 어느 하나에 해당하는 물품은 그러하지 아니하다.
1. 「반송 절차에 관한 고시」에 따라 외국으로 반출하는 물품
2. 보세전시장에서 전시 후 반송되는 물품
3. 보세판매장에서 판매 후 반송되는 물품
4. 여행자 휴대품 중 반송되는 물품
5. **보세공장 및 자유무역지역에서 제조·가공하여 수출하는 물품**
6. 수출조건으로 판매된 몰수품 또는 국고귀속된 물품

14 정답 ⑤

[보세운송에 관한 고시 제33조(승인심사) 제2항]
세관장은 심사한 결과 보세운송의 승인을 신청한 물품이 다음 각 호의 어느 하나에 해당하는 경우에는 **보세운송 승인을 할 수 없다.**
1. **보세운송 승인요건에 위배되는 경우**
2. 그 밖에 세관장이 화물의 감시단속상 보세운송을 제한할 필요가 있는 경우

15 정답 ③

보세구역 외 장치장에 반입한 화물 중 <u>수입신고수리된 화물은 반출신고를 생략</u>하며 반송 및 보세운송절차에 따라 반출된 화물은 반출신고를 하여야 한다. [보세화물관리에 관한 고시 제15조(보세구역 외 장치물품의 반출입) 제3항]

16 정답 ⑤

세관장은 관리대상화물을 세관지정장치장에 장치한다. 다만, 보세판매장 판매용물품은 「보세판매장운영에 관한 고시」 제15조 제1항에 따라 장치하고, 수출입물품은 공항만 보세구역의 화물적체 해소와 관할 세관 내에 보세창고가 부족하여 화주가 요청하는 경우 세관장의 승인을 얻어 세관지정장치장에 장치할 수 있으며, **관할 세관 내에 영업용보세창고가 없는 경우에는 세관장의 승인 없이 장치할 수 있다.** [보세화물관리에 관한 고시 제5조(물품의 반입) 제5항]

17 정답 ③

오답노트
① 선사는 화주 또는 그 위임을 받은 자가 <u>운영인</u>과 협의하여 정하는 장소에 보세화물을 장치하는 것을 원칙으로 한다. [보세화물관리에 관한 고시 제4조(화물분류기준) 제1항 및 제2항]
② 화주 또는 그 위임을 받은 자가 장치장소에 대한 별도의 의사표시가 없는 경우, Master B/L화물은 <u>선사</u>가 선량한 관리자로서 장치장소를 결정한다. [보세화물 관리에 관한 고시 제4조(화물분류기준) 제1항 및 제2항]
④ 입항 전 또는 하선(기) 전에 수입신고가 된 물품은 **보세구역에 반입함이 없이 부두 또는 공항 내에서 보세운송 또는 통관절차와 검사절차를 수행하도록 하여야 한다.** [보세화물 관리에 관한 고시 제4조(화물분류기준) 제1항 및 제2항]
⑤ 수입고철은 <u>고철전용장치장</u>에 장치하는 것을 원칙으로 한다. [보세화물 관리에 관한 고시 제4조(화물분류기준) 제1항 및 제2항]

18 정답 ①

운영인은 **매 분기별** 자체 전산시스템의 재고자료를 출력하여 실제재고와 이상이 있는지를 확인하여야 하며, 전체 전산재고내역과 현품재고조사 결과를 세관장에게 보고하여야 한다. [보세화물 관리에 관한 고시 제16조(재고관리 및 확인) 제1항]

19 정답 ⑤

외국물품은 수입될 물품의 보수작업의 재료로 사용할 수 없다. [관세법 제158조(보수작업) 제6항]

20 정답 ③

- 관세법 제157조의2에 따라 관세청장이 정하는 보세구역에 반입된 물품의 화주 또는 반입자는 관세법 제177조에도 불구하고 그 물품의 (A : **수입신고 수리일**)로부터 (B : **15일**) 이내에 해당물품을 보세구역으로부터 반출하여야 한다. [관세법 제157조의2(수입신고수리물품의 반출)]
- 세관장은 화주 또는 반입자가 이를 위반한 경우에는 관세법 제277조에 따라 100만 원 이하의 (C : **과태료**)을(를) 부과한다. [관세법 제277조(과태료) 제6항 제4호]

21 정답 ①

오답노트
② 장치물품의 폐기 승인 [관세법 제160조(장치물품의 폐기) 제1항]
③ 장치물품의 견본품 반출 허가 [관세법 제161조(견본품 반출) 제1항]
④ 장치물품의 해체·절단 등의 작업 허가 [관세법 제159조(해체·절단 등의 작업) 제2항]
⑤ 장치물품의 보수작업 승인 [관세법 제158조(보수작업) 제2항]

22 정답 ③

A. 지정장치장 반입물품의 장치기간은 (A : **6개월**)로 한다. 다만, 부산항·인천항·인천공항·김해공항 항역 내의 지정장치장으로 반입된 물품과 특송물품 수입통관 사무처리에 관한 고시 제2조 제2호에 해당하는 물품의 장치기간은 (B : **2개월**)로 하며, 세관장이 필요하다고 인정할 때에는 (C : **2개월**)의 범위에서 그 기간을 연장할 수 있다. [보세화물장치기간 및 체화관리에 관한 고시 제4조(장치기간) 제1항]
B. 유치물품 및 습득물의 장치기간은 (D : **1개월**)로 한다. 다만, 유치물품은 화주의 요청이 있거나 세관장이 필요하다고 인정하는 경우 (E : **1개월**)의 범위에서 그 기간을 연장할 수 있다. [보세화물장치기간 및 체화관리에 관한 고시 제4조(장치기간) 제4항]

23 정답 ④

세관장이 폐기를 명할 때 화주나 반입자 또는 그 위임을 받은 자가 불분명하고, 그 물품의 폐기가 급박할 경우에는 **세관장은 공고한 후 이를 폐기할 수 있다.** [보세화물장치기간 및 체화관리에 관한 고시 제42조(폐기처분) 제1항]

24 정답 ③

수입조건으로 공매하는 때에는 **낙찰자가 물품을 인도받기 전**에 해당 물품에 관하여 「대외무역법」 제12조 제2항에 따라 산업통상자원부장관이 고시한 「통합공고」 제3조에서 정한 법령의 요건을 구비하는 것을 조건으로 공매하고, 「대외무역관리규정」 별표 8의 원산지표시 대상품목의 경우에는 낙찰자가 「원산지제도 운영에 관한 고시」 제2장에서 정한 원산지표시방법으로 원산지를 표시할 것을 조건으로 공매한다. [보세화물장치기간 및 체화관리에 관한 고시 제17조(공매조건) 제4항]

25 정답 ③

영업용보세창고에 반입한 물품의 반출통고는 **보세구역운영인**이 화주 등에게 하며, 지정장치장에 반입한 물품의 반출통고는 화물관리인이 화주 등에게 하여야 한다. [보세화물장치기간 및 체화관리에 관한 고시 제6조(반출통고의 주체, 대상 및 내용) 제2항]

<제4과목> 수출입안전관리

01   정답 ④

국제무역선이나 국제무역기가 국제항에 입항하여 물품(선박용품 또는 항공기용품과 승무원의 휴대품은 제외한다)을 하역하지 아니하고 입항한 때부터 **24시간** 이내에 출항하는 경우 세관장은 제135조에 따른 적재화물목록, 선박용품 또는 항공기용품의 목록, 여객명부, 승무원명부, 승무원 휴대품목록 또는 제136조에 따른 적재화물목록의 제출을 생략하게 할 수 있다. [관세법 제137조(간이 입출항절차) 제1항]

02   정답 ③

수리업자 등은 조건부 하역한 외국선박용품을 **하역일부터 30일 이내**에 해당 선박에 적재하고 세관장에게 완료보고해야 한다. [선박용품 등 관리에 관한 고시 제15조(조건부 하역 선박용품의 관리) 제2항]

03   정답 ③

[관리대상화물 관리에 관한 고시 제2조(정의)]
4. (A : **즉시검사화물**)이란 세관장이 제3조에 따라 선별한 검사대상화물 중 검색기검사를 하지 않고 바로 개장검사를 실시하는 화물을 말한다.
5. (B : **반입후검사화물**)이란 세관장이 제3조에 따라 선별한 검사대상화물 중 하선(기)장소 또는 장치예정장소에서 이동식검색기로 검사하거나 컨테이너적출 시 검사하는 화물을 말한다.
8. (C : **운송추적감시화물**)이란 세관장이 제3조에 따라 선별한 감시대상화물 중 하선(기)장소 또는 장치예정장소까지 추적감시하는 화물을 말한다.

04   정답 ④

국제무역선이나 국제무역기에는 내국물품을 적재할 수 없으며, 국내운항선이나 국내운항기에는 외국물품을 적재할 수 없다. 다만, 세관장의 **허가**를 받았을 때에는 그러하지 아니하다. [관세법 제140조(물품의 하역) 제6항]

05   정답 ⑤

- 보세운송기간은 보세운송신고수리(승인)일로부터 (A : **15일**) 이내에서 실제 운송에 필요한 기간으로 한다. 다만, 세관장은 그 사유가 타당하다고 인정하는 경우에는 (B : **15일**) 이내에서 한 번만 연장승인 할 수 있다. [선박용품 등 관리에 관한 고시 제19조(보세운송기간) 제1항]
- 선박용품 등의 적재·환적 허가를 받은 자는 허가일부터 (C : **7일**) 이내에 적재 등을 완료해야 한다. 다만, 1회 항행일수가 7일 이내인 국제무역선은 해당 항차의 출항허가 전까지 그 절차를 완료해야 한다. [선박용품 등 관리에 관한 고시 제12조(이행기간) 제1항]

06   정답 ④

[시행령 제155조의2(국제항의 지정요건 등)]
① 법 제133조 제2항에 따른 국제항의 지정요건은 다음 각 호와 같다.
  3. 공항 및 항구의 여객 수 또는 화물량 등에 관한 다음 각 목의 구분에 따른 기준을 갖출 것
    가. 공항의 경우 : 다음의 어느 하나의 요건을 갖출 것
      1) 정기여객기가 주 (B : **6회**) 이상 입항하거나 입항할 것으로 예상될 것
      2) 여객기로 입국하는 여객 수가 연간 (C : **4만 명**) 이상일 것
    나. 항구의 경우 : 국제무역선인 5천 톤급 이상의 선박이 연간 (A : **50회**) 이상 입항하거나 입항할 것으로 예상될 것

② (D : **관세청장**) 또는 관계 행정기관의 장은 국제항이 제1항에 따른 지정요건을 갖추지 못하여 업무수행 등에 상당한 지장을 준다고 판단하는 경우에는 기획재정부장관에게 그 사실을 보고해야 한다.

07 정답 ①

[시행규칙 제62조(국제항이 아닌 지역에 대한 출입허가수수료) 제2항]
세관장은 다음 각 호의 어느 하나에 해당하는 사유가 있는 경우에는 제1항에 따른 출입허가수수료를 징수하지 않는다.
1. 법령의 규정에 의하여 강제로 입항하는 경우
2. 급병환자, 항해 중 발견한 밀항자, 항해중 구조한 조난자·조난선박·조난화물 등의 하역 또는 인도를 위하여 일시 입항하는 경우
3. 위험물품·오염물품 기타 이에 준하는 물품의 취급, 유조선의 청소 또는 가스발생선박의 가스제거작업을 위하여 법령 또는 권한 있는 행정관청이 정하는 일정한 장소에 입항하는 경우
4. 국제항의 협소 등 입항여건을 고려하여 관세청장이 정하는 일정한 장소에 입항하는 경우

08 정답 ③

기장 등이 항공기의 전환을 신청하려는 때에는 승무원휴대품과 항공기용품을 제외한 다른 화물이 적재되어 있지 않아야 한다. 다만, 다른 화물이 적재되어 있는 상태에서 전환하려는 때에는 전환승인 신청 시 **품명, 규격, 수(중)량 및 그 사유를 기재해야 한다.**
[국제무역기의 입출항절차 등에 관한 고시 제13조(다른 화물의 적재제한)]

09 정답 ①

[관리대상화물 관리에 관한 고시 제2조(정의) 제1호]
"관리대상화물"이란 세관장이 지정한 보세구역 등에 감시·단속 등의 목적으로 장치하거나 검사 등을 실시하는 화물로서 다음 각 목의 어느 하나에 해당하는 물품을 말한다.
가. 「관세법」 제135조에 따라 입항보고서 및 적재화물목록을 제출받은 세관장이 제3조에 따라 검사대상화물(검색기검사화물, 즉시검사화물, 반입후검사화물 및 수입신고후검사화물) 및 감시대상화물(하선(기)감시화물 및 운송추적감시화물)을 말한다.
나. 「특송물품 수입통관 사무처리에 관한 고시」 제2조 제2호에 따른 **특송물품**
다. 「이사물품 수입통관 사무처리에 관한 고시」 제2조 제1호와 제2호의 이사자와 **단기체류자가 반입하는 이사물품**(이사물품 등)
라. 「여행자 및 승무원 휴대품 통관에 관한 고시」 제17조 제1항과 제2항 및 제41조에 따른 **유치물품 및 예치물품**(유치물품 등)
마. 「보세판매장 운영에 관한 고시」 제4조제1항에 따른 **보세판매장 판매용 물품**(외국물품만을 말한다)

10 정답 ①

[관리대상화물 관리에 관한 고시 제13조(검사대상화물의 해제) 제1항]
화주 또는 화주로부터 권한을 위임받은 자는 제3조에 따라 선별된 검사대상화물 또는 감시대상화물이 다음 각 호의 어느 하나에 해당하는 경우 세관장에게 별지 제2호 서식에 따라 검사대상화물의 해제를 신청할 수 있으며, 신청서류는 우편, 팩스, 전자우편으로 제출할 수 있다.
1. **원자재(수출, 내수용 포함) 및 시설재인 경우**
2. 보세공장, 보세건설장, 보세전시장, 보세판매장에 반입하는 물품인 경우
3. **학술연구용 실험기자재이거나 실험용품인 경우**
4. 그 밖에 세관장이 제1호부터 제3호에 준하는 사유가 있다고 인정하는 경우

11 정답 ①

[관세법 제255조의7(수출입 안전관리 기준 준수도의 측정·평가)]
① 관세청장은 수출입 안전관리 우수업체로 공인받기 위한 신청 여부와 관계없이 수출입물품의 제조·운송·보관 또는 통관 등 무역과 관련된 자 중 대통령령으로 정하는 자를 대상으로 제255조의2 제1항에 따른 (ⓐ : **안전관리**) 기준을 준수하는 정도를 대통령령으로 정하는 절차에 따라 측정·평가할 수 있다.

② 관세청장은 제1항에 따른 측정·평가 대상자에 대한 (ⓑ : **지원·관리**)를 위하여 같은 항에 따라 측정·평가한 결과를 대통령령으로 정하는 바에 따라 활용할 수 있다.

12 정답 ⑤

- (A : **내부통제시스템**) : 수출입신고 등의 적정성을 유지하기 위한 기업의 영업활동, 신고 자료의 흐름 및 회계처리 등과 관련하여 부서간 상호 의사소통 및 통제 체제를 갖출 것 [수출입 안전관리 우수업체 공인 및 운영에 관한 고시 제4조(공인기준) 제1항 및 별표]
- 안전관리 : 수출입물품의 안전한 관리를 확보할 수 있는 거래업체, 운송수단, 출입통제, 인사, 취급절차, (B : **시설과 장비 관리**), 정보 및 교육·훈련체계를 갖출 것 [수출입 안전관리 우수업체 공인 및 운영에 관한 고시 제4조(공인기준) 제1항 및 별표]
- 재무건전성 : 신청업체는 ① 재무제표에 대한 감사보고서의 감사의견이 적정이거나, 일부한정으로서 관세청장이 재정건전성에 미치는 영향이 경미하다고 판단하는 경우이어야 하며, ② 부채비율이 동종업종의 평균 부채비율의 (C : **200%**) 이하이거나 외부 신용평가기관의 신용평가 등급이 투자적격 이상 또는 매출 증가 등으로 성실한 법규준수의 이행이 가능할 정도의 재정을 유지하여야 한다. [수출입 안전관리 우수업체 공인 및 운영에 관한 고시 제4조(공인기준) 제1항 및 별표]

13 정답 ⑤

[수출입 안전관리 우수업체 공인 및 운영에 관한 고시 별표 4의2] 관리책임자 교육의 내용(제16조2 제2항 관련)

구 분	교육 내용
제16조의2 제1항 제1호 (공인 전 교육)	가. 무역안전과 원활화를 위한 국제 규범 및 국내외 제도 나. 수출입 안전관리 우수업체 제도와 필요성 다. 법규준수 및 수출입 안전관리를 위한 내부통제시스템 라. 수출입 안전관리 우수업체 공인기준의 세부내용 마. 수출입 안전관리 우수업체 공인 신청 시 사전 점검항목 및 주의사항

14 정답 ②

[수출입 안전관리 우수업체 공인 및 운영에 관한 고시 제16조의2(관리책임자 교육 등) 제1항]
관리책임자는 수출입 안전관리 우수업체의 공인 전·후에 다음 각 호와 같이 관세청장이 지정하는 교육을 받아야 한다.
2. 공인 후 교육 : 매 (A : **2년**)마다 총괄책임자는 (B : **4시간**) 이상, 수출입관리책임자는 (C : **8시간**) 이상(처음 교육은 공인일자를 기준으로 1년 이내 받아야 함). 다만, 관리책임자가 변경된 경우에는 변경된 날부터 (D : **180일**) 이내에 해당 교육을 받아야 한다.

15 정답 ④

[수출입 안전관리 우수업체 공인 및 운영에 관한 고시 제4조(공인기준) 제3항]
수출입 안전관리 우수업체로 공인을 받기 위해서는 공인기준 중에서 필수적인 기준을 충족하고, 다음 각 호의 요건을 모두 충족하여야 한다.
1. 법규준수도가 (A : **80점**) 이상일 것. 다만, 중소 수출기업은 심의위원회를 개최하는 날을 기준으로 직전 2개 분기 연속으로 해당 분기단위의 법규준수도가 (A : **80점**) 이상인 경우도 충족한 것으로 본다.
2. 내부통제시스템 기준의 평가점수가 (B : **80점**) 이상일 것
3. 재무건전성 기준을 충족할 것
4. 안전관리 기준 중에서 충족이 권고되는 기준의 평가점수가 (C : **70점**) 이상일 것

16 정답 ④, ⑤

④ D社는 공인신청 시 관리책임자의 교육이수확인서를 제출하지 않아 관세청장으로부터 기각 당하였다. [수출입 안전관리 우수업체 공인 및 운영에 관한 고시 제12조의2(공인신청의 기각) 제8호]

⑤ 공인유효기간이 2022. 5. 15.인 T社는 2022. 6. 20. 특허보세구역의 특허사항을 위반하여 과태료가 부과되었으나, 2022. 6. 30. 현재 갱신심사가 진행 중이어서 과태료 경감혜택을 적용받았다. → T社는 공인을 갱신하기 위하여 해당 유효기간이 끝나기 6개월 전까지 갱신심사를 신청하였을 것이고, 2022. 6. 30. 현재 갱신심사가 진행 중이므로, 아직 수출입 안전관리 우수업체로서 공인이 유효한 상태이다. 따라서 T社는 특허보세구역의 특허사항 위반과 관련하여 부과처분 받은 과태료에 대한 경감혜택을 적용 받을 수 있다. [수출입 안전관리 우수업체 공인 및 운영에 관한 고시 제13조(공인의 유효기간) 제2항, 제15조(통관절차 등의 혜택) 제1항 및 별표 2, 제19조(갱신심사) 제1항]

17 정답 ⑤

관세평가분류원장은 제1항에 따라 제출한 내용을 검토한 후 신청업체에게 별지 제2호 서식의 예비심사 결과 통지서를 송부하여야 한다. [수출입 안전관리 우수업체 공인 및 갱신심사 운영에 관한 훈령 제10조(예비심사의 결과 보고 및 통지) 제2항]

18 정답 ②

관세청장은 제3항에 따른 보완 요구서를 송부하기 전에 **신청업체의 요청이 있을 때**에는 해당 업체의 의견을 듣거나 업체에게 **소명할 수 있는 기회를 줄 수 있다.** [수출입 안전관리 우수업체 공인 및 운영에 관한 고시 제8조(서류심사) 제4항]

19 정답 ②

[수출입 안전관리 우수업체 공인 및 갱신심사 운영에 관한 훈령 제26조(현장심사의 중단)]
관세평가분류원장은 신청업체가 다음 각 호의 어느 하나에 해당하는 경우에는 공인운영고시 제9조 제7항에 따라 관세청장의 승인을 받고 별지 제10호 서식의 현장심사 중단 통지서에 따라 현장심사를 중단할 수 있다.
1. 신청업체의 (A : **수출입 관리현황**)이 공인기준을 현저히 충족하지 못하여 심사를 계속하더라도 기간 내에 공인기준을 충족할 가능성이 없는 것으로 판단되는 경우
2. 심사를 고의적으로 (B : **지연**)하는 경우
3. 심사를 방해하는 경우
4. 요구한 자료(통관적법성 관련 자료 제출 요구를 포함한다)를 제출하지 않거나 거짓자료를 제출한 경우

20 정답 ③

관세법을 위반하여 징역형의 실형을 선고받고 그 집행이 끝나거나 면제된 후 2년이 경과한 경우 → '2년'이 경과하였으므로 관세법 제175조(운영인의 결격사유) 제4호에 해당하지 않게 되었음.

오답노트
① 관세법 제276조에 따라 벌금형 선고를 받은 후 **2년**이 경과한 경우
② 신청업체의 통합법규준수도가 **80점** 이상인 경우
④ 안전관리 기준 중에서 충족이 권고되는 기준의 평가점수가 **70점** 이상인 경우
⑤ 중소기업으로서 부채비율이 동종업종 평균 부채비율의 **200%**인 경우

21 정답 ①

[별표 1] 수출입 안전관리 우수업체 공인기준(제4조 제1항 관련)
바. 보세구역운영인
4.2.2 운영인은 컨테이너와 트레일러 등에 비인가된 물품이나 사람의 침입을 방지하기 위해 (A : **봉인**)을 관리하고, 손상된 (A : **봉인**)을 식별하여 (B : **세관장**) 및 관련 외국 관세당국에 보고하는 절차를 마련하여야 한다.
4.3.1 운영인은 직원을 식별하고, 접근을 통제하기 위하여 (C : **직원식별시스템**)을 마련하고, 회사 관리자를 지정하여 직원, 방문자, 납품업자를 식별하는 표식의 발급과 회수를 관리하여야 한다.

22 정답 ②

[수출입 안전관리 우수업체 공인 및 운영에 관한 고시 제16조(관리책임자의 지정 및 역할) 제3항]
관리책임자는 다음 각 호에 해당하는 업무를 담당한다.
1. 정기 자율평가, 변동사항 보고, 공인 또는 갱신심사 수감 등 공인기준 준수관련 업무
2. 직원에 대한 수출입 안전관리 교육
3. 정보 교환, 회의 참석 등 수출입 안전관리 관련 관세청 및 세관과의 협업
4. 세액 등 통관적법성 준수 관리
5. 그 밖에 업체의 법규준수 향상을 위한 활동

23 정답 ②

[수출입 안전관리 우수업체 공인 및 운영에 관한 고시 제5조(공인등급) 제1항]
관세청장은 제4조 제3항을 충족한 업체를 대상으로 다음 각 호의 공인등급별 기준에 따라 제27조에 따른 수출입 안전관리 우수업체 심의위원회의 심의를 거쳐 공인등급을 결정한다.
1. A등급 : 법규준수도가 80점 이상인 업체
2. AA등급 : 법규준수도가 90점 이상인 업체
3. AAA등급 : **갱신심사를 받은 업체 중에서 법규준수도가 95점 이상**이고, 다음 각 목의 어느 하나에 해당하는 업체
   가. 수출입 안전관리와 관련하여 다른 업체에 확대하여 적용할 수 있는 우수사례가 있는 업체. 이 경우 해당 우수사례는 공인등급을 상향할 때에 한번만 유효하다.
   나. **중소기업이 수출입 안전관리 우수업체로 공인을 받는데 지원한 실적이 우수한 업체**

24 정답 ④

[수출입 안전관리 우수업체 공인 및 운영에 관한 고시 제27조(수출입 안전관리 우수업체 심의위원회의 설치·구성) 제1항]
관세청장은 다음 각 호에 관한 사항을 심의하기 위하여 필요한 경우에는 수출입 안전관리 우수업체 심의위원회를 구성·운영할 수 있다.
1. **수출입 안전관리 우수업체의 공인 및 갱신**
2. **수출입 안전관리 우수업체의 공인등급 조정**
3. **공인과 갱신을 유보하는 업체의 지정**
4. 공인과 갱신을 유보한 업체의 공인심사 및 갱신심사의 신청 기각
5. **수출입 안전관리 우수업체 공인의 취소**
6. 그 밖에 관세청장이 수출입 안전관리 우수업체 제도의 운영 등에 관하여 심의위원회에 부치는 사항

25 정답 ③

[수출입 안전관리 우수업체 공인 및 운영에 관한 고시 제11조(공인 및 공인의 유보) 제2항]
관세청장은 신청업체가 다음 각 호의 어느 하나에 해당하는 경우에는 심의위원회의 심의를 거쳐 공인을 유보할 수 있다.
1. **신청업체가 나머지 공인기준은 모두 충족하였으나, 법규준수도 점수 기준을 충족하지 못한 경우**
2. **신청업체가 수입하는 물품의 과세가격 결정방법이나 품목분류 및 원산지 결정에 이견이 있음에도 불구하고 법 제37조, 제86조 및 「자유무역협정의 이행을 위한 관세법의 특례에 관한 법률」 제31조에 따른 사전심사를 신청하지 않은 경우(수입부문에만 해당한다)**
3. 신청업체가 별표 1의 공인부문별 공인기준 중에서 법규준수(공인기준 일련번호 1.1.1부터 1.1.4까지에만 해당한다)의 결격에 해당하는 형사 및 사법절차가 진행 중인 경우
4. **신청업체가 사회적 물의 등을 일으켰으나 해당 사안이 공인의 결격에 해당하는지를 판단하는 데 추가적으로 사실을 확인하거나 심의를 위한 충분한 법리검토가 필요한 경우**
5. 그 밖에 심의위원회에서 공인의 유보가 필요하다고 인정하는 경우

<제5과목> 자율관리 및 관세벌칙

01 정답 ③

[자율관리보세구역 운영에 관한 고시 제3조(지정요건)]
자율관리보세구역은 다음 각 호의 사항을 충족하고 운영인 등의 법규수행능력이 우수하여 보세구역 자율관리에 지장이 없어야 한다.
1. 일반 자율관리보세구역
 가. **보세화물관리를 위한 보세사 채용**
 나. 화물의 반출입, 재고관리 등 실시간 물품관리가 가능한 전산시스템(WMS, ERP 등) 구비
2. **우수 자율관리보세구역**
 가. **1호 가목 및 나목 충족**
 나. 「종합인증우수업체 공인 및 관리업무에 관한 고시」 제5조에 해당하는 종합인증 우수업체
 다. 보세공장의 경우 「보세공장 운영에 관한 고시」 제36조 제1항 제3호 및 제4호를 충족할 것

02 정답 ⑤

세관장은 영 제184조 제2항에 따라 자율관리보세구역의 운영실태 및 보세사의 관계법령 이행여부 등을 확인하기 위하여 별도의 감사반을 편성(**외부 민간위원을 포함할 수 있다**)하고 7일 이내의 기간을 설정하여 연 1회 정기감사를 실시하여야 한다. [자율관리보세구역 운영에 관한 고시 제10조(자율관리보세구역에 대한 감독) 제3항]

03 정답 ①

[자율관리보세구역 운영에 관한 고시 제8조(절차생략 등의 정지) 제1항 제1호]

오답노트
② 운영인이 보세화물 관리에 관한 의무사항 불이행으로 경고처분을 1년에 **3회** 이상 받은 경우 절차생략이 정지된다. [자율관리보세구역 운영에 관한 고시 제8조(절차생략 등의 정지) 제1항 제2호]
③ 경고처분으로 절차생략이 정지되는 경우 최대 정지기간은 **1개월**을 초과할 수 없다. [자율관리보세구역 운영에 관한 고시 제8조(절차생략 등의 정지) 제2항 제2호]
④ 절차생략 등을 정지하는 기간 동안 자율관리보세구역에 위탁되거나 생략된 업무는 **세관공무원**이 직접 관리한다. [자율관리보세구역 운영에 관한 고시 제8조(절차생략 등의 정지) 제3항]
⑤ 세관장은 **보세사에게 경고처분을 하였을 때**에는 한국관세물류협회장에게 통보하여야 한다. [자율관리보세구역 운영에 관한 고시 제11조(행정제재) 제2항]

04 정답 ①

보세구역 중 물품의 관리 및 세관감시에 지장이 없다고 인정하여 (A : **관세청장**)이 정하는 바에 따라 (B : **세관장**)이 지정하는 보세구역(이하 "자율관리보세구역"이라 한다)에 장치한 물품은 제157조에 따른 세관공무원의 참여와 이 법에 따른 절차 중 (C : **관세청장**)이 정하는 절차를 생략한다. [관세법 제164조(보세구역의 자율관리) 제1항]

05 정답 ③

오답노트
① 보세구역의 화물관리인이나 운영인은 자율관리보세구역의 지정을 받으려면 **세관장**에게 지정을 신청하여야 한다. [관세법 제164조(보세구역의 자율관리) 제2항]
② 자율관리보세구역의 지정기간은 **해당 보세구역의 특허기간**으로 하며, 지정기간 만료 1개월 전까지 갱신 신청하여야 한다. [자율관리보세구역 운영에 관한 고시 제4조(지정신청 및 갱신) 제2항]

④ 보세창고가 보세화물관리를 위한 보세사 채용 및 화물의 반출입, 재고관리 등 실시간 물품관리가 가능한 전산시스템(WMS, ERP 등) 구비 요건을 충족하고 수출입 안전관리 우수업체에 해당하는 경우에는 우수 자율관리보세구역으로 지정할 수 있다. [자율관리보세구역 운영에 관한 고시 제3조(지정요건)]

⑤ 보세사가 해고 또는 취업정지 등의 사유로 업무를 수행할 수 없는 경우 보세사를 채용할 때까지 자율관리보세구역에 대한 절차생략 등을 정지할 수 있다. [자율관리보세구역 운영에 관한 고시 제8조(절차생략 등의 정지) 제1항 제1호 및 제2항 제1호]

06   정답 ④

[시행령 제185조의3(보세사징계위원회의 구성 등) 제6항 제4호]

오답노트

① 보세사의 징계의 종류는 견책, 6월의 범위 내 업무정지, 등록취소가 있다. [보세사제도 운영에 관한 고시 제12조(보세사 징계) 제2항]
② 세관장은 보세사가 관세법이나 관세법에 따른 명령을 위반한 경우에는 지체 없이 보세사징계위원회에 징계의결을 요구해야 한다. [시행령 제185조의2(보세사징계의결의 요구)]
③ 보세사징계위원회는 보세사 징계의결의 요구를 받은 때에는 징계의결의 요구를 받은 날부터 30일 이내에 이를 의결해야 한다. [시행령 제185조의4(보세사징계위원회의 운영) 제2항]
⑤ 보세사가 연간 6월의 범위 내에서 업무정지를 2회 받으면 등록을 취소한다. [보세사제도 운영에 관한 고시 제12조(보세사 징계) 제2항]

07   정답 ③

보세사는 다른 업무를 겸임할 수 없다. 다만, 영업용보세창고가 아닌 경우 보세화물 관리에 지장이 없는 범위 내에서 다른 업무를 겸임 할 수 있다. [보세사제도 운영에 관한 고시 제11조(보세사의 의무) 제1항 제1호]

08   정답 ⑤

"평가미이행업체"란 법규수행능력 평가항목 자율점검표를 세관장에게 제출하지 아니한 업체를 말한다. [수출입물류업체에 대한 법규수행능력측정 및 평가관리에 관한 훈령 제2조(정의) 제7호]

09   정답 ②

"국외반출신고"란 외국물품 등을 국외반출하기 위한 신고로서 관세법의 반송신고와 동일한 성격의 신고를 말한다. [자유무역지역 반출입물품의 관리에 관한 고시 제2조(정의)] 제3호]

10   정답 ②

자유무역지역 안의 외국물품 등을 관세영역으로 반출하는 경우에는 관세법을 적용한다.
→ 즉, 자유무역지역의 지정 및 운영에 관한 법률 제29조(물품의 반입 또는 수입) 제5항에 따르면, '외국물품 등을 자유무역지역에서 그대로 관세영역으로 반출하려는 경우'에는 수입신고를 하고 관세 등을 내야 한다고 규정하고 있으므로, 수입신고 및 관세 납부 등과 관련해서는 관세법을 적용한다.

11   정답 ①

'파산선고를 받고 복권되지 아니한 자'는 입주계약 체결과 관련한 결격사유로 규정되어 있지 않다. [자유무역지역의 지정 및 운영에 관한 법률 제12조(결격사유)]

12 정답 ③

[자유무역지역의 지정 및 운영에 관한 법률 제40조의2(반입정지 등) 제1항]
세관장은 다음 각 호의 어느 하나에 해당하는 경우에는 대통령령으로 정하는 바에 따라 6개월의 범위에서 해당 입주기업체에 대하여 자유무역지역으로의 물품반입을 정지시킬 수 있다.
1. 제29조 제4항에 따른 수입신고 및 관세 등의 납부를 하지 아니하고 외국물품을 사용·소비하기 위하여 자유무역지역 안으로 반입한 경우
2. 제29조 제5항에 따른 수입신고 및 관세 등의 납부를 하지 아니하고 외국물품등을 자유무역지역에서 관세영역으로 반출한 경우
3. 제30조에 따른 국외 반출신고 시 법령에 따라 국외 반출에 필요한 허가·승인·추천·증명 또는 그 밖의 조건을 구비하지 아니하거나 부정한 방법으로 구비한 경우
6. 제39조 제3항을 위반하여 정당한 사유 없이 조사를 거부·방해 또는 기피하거나 자료제출을 거부한 경우

13 정답 ④

동일 자유무역지역 내 입주기업체 간에 외국물품등을 이동하려는 때에는 관세청 전자통관시스템에 의한 반출입신고로 보세운송신고를 갈음할 수 있다. [자유무역지역 반출입물품의 관리에 관한 고시 제37조(물품의 반출 등) 제1항]

14 정답 ⑤

[자유무역지역의 지정 및 운영에 관한 법률 제40조(물품의 폐기) 제1항]
세관장은 자유무역지역에 있는 물품 중 다음 각 호의 어느 하나에 해당하는 물품에 대하여는 화주 및 반입자와 그 위임을 받은 자(화주 등)에게 국외 반출 또는 폐기를 명하거나 화주 등에게 미리 통보한 후 직접 이를 폐기할 수 있다. 다만, 화주 등에게 통보할 시간적 여유가 없는 특별한 사정이 있을 때에는 그 물품을 폐기한 후 지체 없이 화주 등에게 통보하여야 한다.
1. 사람의 생명이나 재산에 해를 끼칠 우려가 있는 물품
2. 부패 또는 변질된 물품
3. 유효기간이 지난 물품
4. 제1호부터 제3호까지의 규정에 준하는 물품으로서 관세청장이 정하여 고시하는 물품

[자유무역지역 반출입물품의 관리에 관한 고시 제25조(폐기대상물품)]
① 법 제40조 제1항 제3호에서 "유효기간이 지난 물품"이란 다음 각 호의 어느 하나에 해당하는 물품을 말한다.
  1. 실용시효가 경과되었거나 상품가치를 상실한 물품
  2. 의약품 등으로서 유효기간이 만료되었거나 성분이 불분명한 경우
② 법 제40조 제1항 제4호에서 "관세청장이 정하여 고시하는 물품"이란 다음 각 호의 어느 하나에 해당하는 물품을 말한다.
  1. 위조상품, 모조품, 그 밖에 지식재산권 침해물품
  2. 품명미상의 물품으로서 반입 후 1년이 지난 물품
  3. 검사·검역기준 등에 부적합하여 검사·검역기관에서 폐기대상으로 결정된 물품

15 정답 ①

[자유무역지역 반출입물품의 관리에 관한 고시 제5조의2(입주기업체와의 사전협의)]

오답노트
② 자유무역지역 출입자(차량) 및 특허보세구역 출입자(차량)과 관련한 출입증 소지 및 통행증 부착에 대한 명시적인 규정은 없다. 다만, 특허보세구역의 경우에는 운영인에게 출입자 통제와 관련한 규정을 갖출 것을 요건으로 규정하고 있다.
③ 제조업을 영위하는 자유무역지역 입주기업체의 사용소비신고 대상물품의 범위와 보세공장의 사용신고 대상물품의 범위는 동일하지 않다. [관세법 제186조(사용신고 등) 제1항], [자유무역지역의 지정 및 운영에 관한 법률 제29조의2(사용·소비 신고 등)]
④ 1년 이내에 3회 이상 물품반입 정지처분(과징금 부과처분 포함)을 받은 경우 특허취소(특허보세구역)가 가능하나, 입주계약 해지(자유무역지역) 사유에 해당하지는 않는다. [관세법 제178조(반입정지 등과 특허의 취소) 제2항 제3호], [자유무역지역의 지정 및 운영에 관한 법률 제15조(입주계약의 해지 등)]

⑤ 자유무역지역에서 내국물품을 반출하려는 자는 **내국물품 반출목록 신고서를 제출한 날부터 5년 이내의 범위에서 대통령령으로 정하는 기간 동안** 내국물품 반입증명서류를 보관하여야 한다. [자유무역지역의 지정 및 운영에 관한 법률 제31조(내국물품의 반출 확인) 제3항]

16   정답 ③

관세청장이나 세관장은 통고처분 대상자의 연령과 환경, 법 위반의 동기와 결과, 범칙금 부담능력과 그 밖에 정상을 고려하여 **관세범칙조사심의위원회**의 심의·의결을 거쳐 통고처분을 면제할 수 있다. [관세법 제311조(통고처분) 제8항]

17   정답 ④

제269조부터 제271조까지 및 제274조의 죄를 저지른 자는 정상(情狀)에 따라 징역과 벌금을 병과할 수 있다. [관세법 제275조(징역과 벌금의 병과)]

18   정답 ②

이 법에 따른 벌칙에 위반되는 행위를 한 자에게는 「형법」 제38조 제1항 제2호 중 벌금경합에 관한 제한가중규정을 적용하지 아니한다. [관세법 제278조(「형법」 적용의 일부 배제)]

19   정답 ②

[관세법 제304조(압수물품의 폐기)]
관세청장이나 세관장은 압수물품 중 다음 각 호의 어느 하나에 해당하는 것은 피의자나 관계인에게 통고한 후 폐기할 수 있다. 다만, 통고할 여유가 없을 때에는 폐기한 후 즉시 통고하여야 한다.
1. 사람의 생명이나 재산을 해칠 우려가 있는 것
2. 부패하거나 변질된 것
3. 유효기간이 지난 것
4. 상품가치가 없어진 것

20   정답 ③

[관세법 제277조(과태료) 제6항 제7호]

오답노트
① 다른 사람의 성명·상호를 사용하여 보세사의 업무를 수행한 경우 [관세법 제275조의4(보세사의 명의대여죄 등) 제2호]
② 부정한 방법으로 적재화물목록을 작성하였거나 제출한 자 [관세법 제276조(허위신고죄 등) 제3항 제1호]
④ 특허보세구역의 설치·운영에 관한 특허를 받지 아니하고 특허보세구역을 운영한 자 [관세법 제276조(허위신고죄 등) 제3항 제3호의2]
⑤ 해당 보세구역을 관할하는 세관장에게 등록하지 않고 보세사로 근무한 경우 [관세법 제276조(허위신고죄 등) 제5항]

21   정답 ④

[관세법 제274조(밀수품의 취득죄 등) 제1항]
다음 각 호의 어느 하나에 해당되는 물품을 취득·양도·운반·보관 또는 알선하거나 감정한 자는 3년 이하의 징역 또는 물품원가 이하에 상당하는 벌금에 처한다.
1. 제269조에 해당되는 물품
2. 제270조 제1항 제3호, 같은 조 제2항 및 제3항에 해당되는 물품

22 정답 ⑤

보세사 자격을 갖추어 보세사로서 근무하려는 자가 해당 보세구역을 관할하는 세관장에게 등록하지 아니하고 보세사 업무를 수행한 경우 [관세법 제276조(허위신고죄 등) 제5항]

> [관세법 제275조의4(보세사의 명의대여죄 등)]
> 다음 각 호의 어느 하나에 해당하는 자는 1년 이하의 징역 또는 1천만 원 이하의 벌금에 처한다.
> 1. 제165조의2 제1항을 위반하여 다른 사람에게 자신의 성명·상호를 사용하여 보세사 업무를 수행하게 하거나 자격증 또는 등록증을 빌려준 자
> 2. 제165조의2 제2항을 위반하여 다른 사람의 성명·상호를 사용하여 보세사의 업무를 수행하거나 자격증 또는 등록증을 빌린 자
> 3. 제165조의2 제3항을 위반하여 같은 조 제1항 또는 제2항의 행위를 알선한 자

23 정답 ④

법인의 대표자나 법인 또는 개인의 대리인, 사용인, 그 밖의 종업원이 그 법인 또는 개인의 업무에 관하여 제11장에서 규정한 벌칙(제277조의 과태료는 제외한다)에 해당하는 위반행위를 하면 그 행위자를 벌하는 외에 그 법인 또는 개인에게도 해당 조문의 벌금형을 과(科)한다. [관세법 제279조(양벌 규정) 제1항]

24 정답 ⑤

[관세법 제268조의2(전자문서 위조·변조죄 등) 제1항]

오답노트
① 화폐·채권이나 그 밖의 유가증권의 위조품·변조품 또는 모조품을 수입한 자는 7년 이하의 징역 또는 7천만 원 이하의 벌금에 처한다. [관세법 제269조(밀수출입죄) 제1항]
② 수출신고를 한 자 중 법령에 따라 수출에 필요한 허가·승인·추천·증명 또는 그 밖의 조건을 갖추지 아니하거나 부정한 방법으로 갖추어 수출한 자는 1년 이하의 징역 또는 2천만 원 이하의 벌금에 처한다. [관세법 제270조(관세포탈죄 등) 제3항]
③ 부정한 방법으로 적재화물목록을 작성하였거나 제출한 자는 2천만 원 이하의 벌금에 처한다. [관세법 제276조(허위신고죄 등) 제3항 제1호]
④ 수입신고를 할 때 부당하게 재물이나 재산상 이득을 취득하거나 제3자로 하여금 취득하게 할 목적으로 물품의 가격을 조작하여 신고한 자는 2년 이하의 징역 또는 물품원가와 5천만 원 중 높은 금액 이하의 벌금에 처한다. [관세법 제270조의2(가격조작죄)]

25 정답 ③

> [시행령 제270조의2(통고처분)]
> ① 법 제311조 제1항 제1호에 따른 벌금에 상당하는 금액은 해당 벌금 최고액의 **100분의 30**으로 한다.
> ② 관세청장이나 세관장은 관세범이 조사를 방해하거나 증거물을 은닉·인멸·훼손한 경우 등 관세청장이 정하여 고시하는 사유에 해당하는 경우에는 제1항에 따른 금액의 **100분의 50** 범위에서 관세청장이 정하여 고시하는 비율에 따라 그 금액을 늘릴 수 있다.

2021년 기출문제

| 정답 |

<제1과목> 수출입통관절차

01 ⑤	02 ②	03 ④	04 ②	05 ④	06 ②	07 ③	08 ③	09 ⑤	10 ③
11 ④	12 ④	13 ⑤	14 ③	15 ②	16 ①	17 ②	18 ②	19 ④	20 ④
21 ③	22 ⑤	23 ⑤	24 ②	25 ②					

<제2과목> 보세구역관리

01 ④	02 ③	03 ③	04 ②	05 ③	06 ①	07 ④	08 ⑤	09 ③	10 ④
11 ⑤	12 ③	13 ②	14 ①	15 ②	16 ④	17 ④	18 ②	19 ①	20 ④
21 ③	22 ③	23 ③	24 ⑤	25 ④					

<제3과목> 화물관리

01 ③	02 ③	03 ⑤	04 ②	05 ①	06 ③	07 ⑤	08 ②	09 ④	10 ③
11 ⑤	12 ④	13 ①	14 ②	15 ④	16 ⑤	17 ③	18 ②	19 ⑤	20 ②
21 ②	22 ③	23 ①	24 ④	25 ①					

<제4과목> 수출입안전관리

01 ⑤	02 ②	03 ②	04 ②	05 ③	06 ②	07 ④	08 ④	09 ④	10 ①
11 ⑤	12 ③	13 ②	14 ④	15 ④	16 ①	17 ④	18 ③	19 ③	20 ①
21 ①	22 ⑤	23 ②	24 ⑤	25 ②					

<제5과목> 자율관리 및 관세벌칙

01 ⑤	02 ④	03 ②	04 ②	05 ②	06 ⑤	07 ②	08 ①	09 ②	10 ④
11 ②	12 ③	13 ③	14 ⑤	15 ②	16 ①	17 ③	18 ③	19 ①	20 ②
21 ①	22 ③	23 ①	24 ③	25 ⑤					

| 해설 |

<제1과목> 수출입통관절차

01 정답 ⑤

A. 수입물품에 대하여 세관장이 부과·징수하는 **부가가치세, 지방소비세, 담배소비세, 지방교육세, 개별소비세, 주세, 교육세, 교통·에너지·환경세 및 농어촌특별세**(이하 "내국세 등"이라 하되, 내국세 등의 가산세 및 강제징수비를 포함한다)의 부과·징수·환급 등에 관하여 「국세기본법」, 「국세징수법」, 「부가가치세법」, 「지방세법」, 「개별소비세법」, 「주세법」, 「교육세법」, 「교통·에너지·환경세법」 및 「농어촌특별세법」의 규정과 이 법의 규정이 상충되는 경우에는 이 법의 규정을 우선하여 적용한다. [관세법 제4조(내국세등의 부과·징수)]

02 정답 ②

관세법 제192조에 따라 보세건설장에 반입된 외국물품은 **해당 물품이 보세건설장에 반입된 날**(→ 사용 전 수입신고가 수리된 날)의 법령을 적용한다.

> [관세법 제17조(적용 법령)] 제2호
> 관세는 수입신고 당시의 법령에 따라 부과한다. 다만, 다음 각 호의 어느 하나에 해당하는 물품에 대하여는 각 해당 호에 규정된 날에 시행되는 법령에 따라 부과한다.
> 1. 제16조 각 호의 어느 하나에 해당되는 물품 : 그 사실이 발생한 날
> 2. **제192조에 따라 보세건설장에 반입된 외국물품 : 사용 전 수입신고가 수리된 날**

03 정답 ④

> [시행령 제17조(우리나라에 수출하기 위하여 판매되는 물품의 범위)]
> 법 제30조 제1항 본문에 따른 우리나라에 수출하기 위하여 판매되는 물품은 해당 물품을 우리나라에 도착하게 한 원인이 되는 거래를 통해 판매되는 물품으로 한다. 다만, 다음 각 호의 물품은 포함되지 않는다.
> 1. 무상으로 국내에 도착하는 물품
> 2. **국내 도착 후 경매 등을 통해 판매가격이 결정되는 위탁판매물품**
> 3. **수출자의 책임으로 국내에서 판매하기 위해 국내에 도착하는 물품**
> 4. **별개의 독립된 법적 사업체가 아닌 지점 등과의 거래에 따라 국내에 도착하는 물품**
> 5. **임대차계약에 따라 국내에 도착하는 물품**
> 6. 무상으로 임차하여 국내에 도착하는 물품
> 7. 산업쓰레기 등 수출자의 부담으로 국내에서 폐기하기 위해 국내에 도착하는 물품

04 정답 ②

- 납세의무자는 신고납부한 세액이 과다한 것을 알게 되었을 때에는 최초로 납세신고를 한 날부터 **5년** 이내에 대통령령으로 정하는 바에 따라 신고한 세액의 경정을 세관장에게 청구할 수 있다. [관세법 제38조의3(수정 및 경정) 제2항]
- 납세의무자는 최초의 신고 또는 경정에서 과세표준 및 세액의 계산근거가 된 거래 또는 행위 등이 그에 관한 소송에 대한 판결(판결과 같은 효력을 가지는 화해나 그 밖의 행위를 포함한다)에 의하여 다른 것으로 확정되는 등 대통령령으로 정하는 사유가 발생하여 납부한 세액이 과다한 것을 알게 되었을 때에는 제2항에 따른 기간에도 불구하고 그 사유가 발생한 것을 안 날부터 **2개월** 이내에 대통령령으로 정하는 바에 따라 납부한 세액의 경정을 세관장에게 청구할 수 있다. [관세법 제38조의3(수정 및 경정) 제3항]

- 납세의무자는 「국제조세조정에 관한 법률」 제7조제 1항에 따라 관할 지방국세청장 또는 세무서장이 해당 수입물품의 거래가격을 조정하여 과세표준 및 세액을 결정·경정 처분하거나 같은 법 제14조제3항(일방적 사전승인의 대상인 경우에 한정한다)에 따라 국세청장이 해당 수입물품의 거래가격과 관련하여 소급하여 적용하도록 사전승인을 함에 따라 그 거래가격과 이 법에 따라 신고납부·경정한 세액의 산정기준이 된 과세가격 간 차이가 발생한 경우에는 그 결정·경정 처분 또는 사전승인이 있음을 안 날(처분 또는 사전승인의 통지를 받은 경우에는 그 받은 날)부터 **3개월** 또는 최초로 납세신고를 한 날부터 5년 내에 대통령령으로 정하는 바에 따라 세관장에게 세액의 경정을 청구할 수 있다. [관세법 제38조의4(수입물품의 과세가격 조정에 따른 경정)]

05 정답 ④

B/L을 분할하여도 물품검사와 과세가격 산출에 어려움이 없는 물품으로서 분할된 물품의 납부세액이 영 제37조 제1항에 따른 징수금액 최저한인 1만 원 미만이 되는 경우에는 B/L을 분할하여 신고할 수 없다. [수입통관 사무처리에 관한 고시 제16조(B/L분할신고 및 수리) 제1항 제1호, 제2항]

06 정답 ②

[관세법 제63조(보복관세의 부과대상)]
교역상대국이 우리나라의 수출물품 등에 대하여 다음 각 호의 어느 하나에 해당하는 행위를 하여 우리나라의 무역이익이 침해되는 경우에는 그 나라로부터 수입되는 물품에 대하여 피해상당액의 범위에서 관세(이하 "보복관세"라 한다)를 부과할 수 있다.
1. 관세 또는 무역에 관한 국제협정이나 양자 간의 협정 등에 규정된 우리나라의 권익을 부인하거나 제한하는 경우
2. 그 밖에 우리나라에 대하여 부당하거나 차별적인 조치를 하는 경우

07 정답 ③

[수출통관 사무처리에 관한 고시 제10조(신고서처리방법) 제1항]
수출신고물품에 대한 신고서의 처리방법은 다음 각 호의 구분에 따른다.
1. 전자통관심사
2. 심사(화면심사, 서류심사)
3. 물품검사

오답노트
① 밀수출 등 불법행위가 발생할 우려가 높거나 감시단속을 위하여 필요하다고 인정하여 대통령령으로 정하는 물품은 <u>관세청장이 정하는 장소에 반입한 후 제241조 제1항에 따른 수출의 신고를 하게 할 수 있다.</u> [관세법 제243조(신고의 요건) 제4항]
  법 제243조 제4항에서 "관세청장이 정하는 장소"란 수출물품을 적재하는 공항만 지역으로서 다음 각 호의 어느 하나를 말한다.
  4. <u>「자유무역지역의 지정 및 운영에 관한 법률」 제2조 제2호에 따른 자유무역지역 입주기업체 중 세관장으로부터 장치장소부호를 부여받은 곳</u> [수출통관 사무처리에 관한 고시 제7조의3(보세구역 등 반입 후 수출신고)]
② 수출신고의 효력발생시점은 전송된 신고자료가 <u>통관시스템에 접수된 시점</u>으로 한다. [수출통관 사무처리에 관한 고시 제8조(수출신고의 효력발생시점)]
④ 수출하려는 자는 해당 물품이 장치된 <u>물품소재지</u>를 관할하는 세관장에게 수출신고를 하여야 한다. [수출통관 사무처리에 관한 고시 제4조(신고의 시기)]
⑤ 수출신고는 <u>관세사</u>, 「관세사법」 제17조에 따른 관세법인, 「관세사법」 제19조에 따른 통관취급법인(이하 "관세사"라 한다) 또는 <u>수출 화주</u>의 명의로 하여야 한다. [수출통관 사무처리에 관한 고시 제5조(신고인)]

08 정답 ③

이 법에 따른 기한이 공휴일(「근로자의 날 제정에 관한 법률」에 따른 근로자의 날과 **토요일**을 포함한다) 또는 대통령령으로 정하는 날에 해당하는 경우에는 **그 다음 날**을 기한으로 한다. [관세법 제8조(기간 및 기한의 계산) 제3항]

09 정답 ⑤

납세의무자(관세의 납부를 보증한 자와 제2차 납세의무자를 포함한다. 이하 이 조에서 같다)가 관세·가산세 및 강제징수비를 체납한 경우 그 납세의무자에게 「국세기본법」 제42조 제3항에 따른 양도담보재산이 있을 때에는 **그 납세의무자의 다른 재산에 대하여 강제징수를 하여도 징수하여야 하는 금액에 미치지 못한 경우에만** 「국세징수법」 제7조를 준용하여 **그 양도담보재산으로써 납세의무자의 관세·가산세 및 강제징수비를 징수할 수 있다.** 다만, 그 관세의 납세신고일(제39조에 따라 부과고지하는 경우에는 그 납부고지서의 발송일을 말한다) 전에 담보의 목적이 된 양도담보재산에 대해서는 그러하지 아니하다. [관세법 제19조(납세의무자) 제10항]

10 정답 ③

(1) + (2) + (3) − (4) = 1,320$

(1) 송품장 가격 : 1,000$
(2) 실제지급금액에 포함하는 금액
   구매자가 판매자의 채무를 변제하는 금액 : 300$
(3) 가산요소
   상표권 사용료 : 40$
   수출국 특수포장비용 : 20$
   해상운송비용 : 50$
   보험료 : 20$
(4) 공제요소
   연불이자 : 10$
   수입 후 해당 물품의 조립비용 : 100$

11 정답 ④

유통이력 신고의 의무가 있는 자(이하 "유통이력 신고의무자"라 한다)는 유통이력을 장부에 기록(전자적 기록방식을 포함한다)하고, 그 자료를 거래일부터 <u>1년간</u> 보관하여야 한다. [관세법 제240조의2(통관 후 유통이력 신고) 제2항]

12 정답 ④

세관장은 담보를 관세에 충당하고 남은 금액이 있을 때에는 담보를 제공한 자에게 이를 돌려주어야 하며, 돌려줄 수 없는 경우에는 이를 <u>공탁</u>할 수 있다. [관세법 제25조(담보의 관세충당) 제2항]

13 정답 ⑤

[관세법 제93조(특정물품의 면세 등) 제9호]

더 알아보기

[관세법 제94조(소액물품 등의 면세)]
다음 각 호의 어느 하나에 해당하는 물품이 수입될 때에는 그 관세를 면제할 수 있다.
1. <u>우리나라의 거주자에게 수여된 훈장·기장(紀章) 또는 이에 준하는 표창장 및 상패</u>
2. 기록문서 또는 그 밖의 서류
3. <u>상업용견본품 또는 광고용품으로서 기획재정부령으로 정하는 물품</u>
4. <u>우리나라 거주자가 받는 소액물품으로서 기획재정부령으로 정하는 물품</u>

[시행규칙 제45조(관세가 면제되는 소액물품)]
① 법 제94조 제3호에 따라 관세가 면제되는 물품은 다음 각 호와 같다.
   1. 물품이 천공 또는 절단되었거나 통상적인 조건으로 판매할 수 없는 상태로 처리되어 견본품으로 사용될 것으로 인정되는 물품

    2. 판매 또는 임대를 위한 물품의 상품목록·가격표 및 교역안내서 등
    3. 과세가격이 미화 250달러 이하인 물품으로서 **견본품**으로 사용될 것으로 인정되는 물품
    4. 물품의 형상·성질 및 성능으로 보아 견본품으로 사용될 것으로 인정되는 물품
② 법 제94조 제4호의 규정에 의하여 관세가 면제되는 물품은 다음 각 호와 같다.
    1. **물품가격이 미화 150달러 이하의 물품으로서 자가사용 물품으로 인정되는 것.** 다만, 반복 또는 분할하여 수입되는 물품으로서 관세청장이 정하는 기준에 해당하는 것을 제외한다.
    2. 박람회 기타 이에 준하는 행사에 참가하는 자가 행사장 안에서 관람자에게 무상으로 제공하기 위하여 수입하는 물품(전시할 기계의 성능을 보여주기 위한 원료를 포함한다). 다만, 관람자 1인당 제공량의 정상도착가격이 미화 5달러 상당액 이하의 것으로서 세관장이 타당하다고 인정하는 것에 한한다.

14 정답 ③

[시행령 제249조(입항 전 수입신고) 제3항]
제1항에도 불구하고 다음 각 호의 어느 하나에 해당하는 물품은 해당 물품을 적재한 선박 등이 우리나라에 도착된 후에 수입신고하여야 한다.
1. 세율이 인상되거나 새로운 수입요건을 갖추도록 요구하는 법령이 적용되거나 적용될 예정인 물품
2. 수입신고하는 때와 우리나라에 도착하는 때의 물품의 성질과 수량이 달라지는 물품으로서 관세청장이 정하는 물품

오답노트

① 법 제244조 제1항의 규정에 의한 수입신고는 **당해 물품을 적재한 선박 또는 항공기가 그 물품을 적재한 항구 또는 공항에서 출항하여 우리나라에 입항하기 5일 전(항공기의 경우 1일 전)부터 할 수 있다.** [시행령 제249조(입항 전 수입신고) 제1항]

②
[관세법 제244조(입항 전 수입신고)]
② 세관장은 입항 전 수입신고를 한 물품에 대하여 제246조에 따른 물품검사의 실시를 결정하였을 때에는 수입신고를 한 자에게 이를 통보하여야 한다.
④ 제2항에 따라 검사대상으로 결정되지 아니한 물품은 입항 전에 그 수입신고를 수리할 수 있다.

④ **검사대상으로 결정된 물품은 수입신고를 한 세관의 관할 보세구역(보세구역이 아닌 장소에 장치하는 경우 그 장소를 포함한다) 에 반입되어야 한다.** 다만, 세관장이 적재상태에서 검사가 가능하다고 인정하는 물품은 해당 물품을 적재한 선박이나 항공기에서 검사할 수 있다. [관세법 제244조(입항 전 수입신고) 제3항]

15 정답 ②

해외에서 사용되지 아니하여야 재수입면세의 적용대상이 된다. 다만, 재수입면세 신청한 금형(법인세법에 따른 내용연수가 2년 이상)이 장기간에 걸쳐 사용할 수 있는 물품으로서 임대차계약 또는 도급계약 등에 따라 해외에서 일시 사용하고 재수입되는 경우에는 예외적으로 재수입면세를 적용하여 관세를 면제하여 주는 것이다.

[관세법 제99조(재수입면세) 제1호]
다음 각 호의 어느 하나에 해당하는 물품이 수입될 때에는 그 관세를 면제할 수 있다.
1. 우리나라에서 수출(보세가공수출을 포함한다)된 물품으로서 해외에서 제조·가공·수리 또는 **사용(장기간에 걸쳐 사용할 수 있는 물품으**로서 임대차계약 또는 도급계약 등에 따라 해외에서 일시적으로 사용하기 위하여 수출된 물품이나 박람회, 전시회, 품평회, 국제경기대회, 그 밖에 이에 준하는 행사에 출품 또는 사용된 물품 등 **기획재정부령으로 정하는 물품의 경우는 제외한다)**되지 아니하고 수출신고 수리일부터 2년 내에 다시 수입(이하 이 조에서 "재수입"이라 한다)되는 물품. **다만, 다음 각 목의 어느 하나에 해당하는 경우에는 관세를 면제하지 아니한다.**
    라. 보세가공 또는 장치기간경과물품을 재수출조건으로 매각함에 따라 관세가 부과되지 아니한 경우
2. 수출물품의 용기로서 다시 수입하는 물품
3. 해외시험 및 연구를 목적으로 수출된 후 재수입되는 물품

[시행규칙 제54조(관세가 면제되는 재수입 물품 등) 제1항]
법 제99조 제1호에서 "기획재정부령으로 정하는 물품"이란 다음 각 호의 물품을 말한다.

1. 장기간에 걸쳐 사용할 수 있는 물품으로서 임대차계약 또는 도급계약 등에 따라 해외에서 일시적으로 사용하기 위하여 수출된 물품 중 「법인세법 시행규칙」 제15조에 따른 내용연수가 3년(금형의 경우에는 2년) 이상인 물품

오답노트

① 우리나라에서 3년 전 해외시험 및 연구목적으로 수출된 후 재수입된 물품에 대하여 재수입기간 2년을 경과하여 수입하였으므로 면세를 불허하였다.
→ 해외시험 및 연구를 목적으로 수출된 후 재수입되는 물품은 재수입 기간의 적용을 받지 않는다. 즉 재수입면세가 허용되어야 한다. [관세법 제99조(재수입면세) 제3호]

③ 보세공장에서 보세가공수출된 장비가 해외 바이어의 구매거절로 다시 국내로 반입되어 재수입면세 신청한 정밀기기를 현품검사 결과 해외에서 사용되지 않아 면세해 주었다.
→ 보세가공 또는 장치기간경과물품을 재수출조건으로 매각함에 따라 관세가 부과되지 아니한 경우는 재수입면세를 적용하지 않아 관세를 면제하지 않는다. [관세법 제99조(재수입면세) 제1호 라목]

④ 재수입면세 신청한 자동차가 미국으로 수출된 후 미국에서 HSK10단위의 변경이 없는 수리·가공을 거쳐 면세해 주었다.
→ 해외에서 제조·가공·수리 또는 사용되지 아니하고 수출신고 수리일부터 2년 내에 다시 수입되는 물품이 재수입면세 적용 대상인데, 해외에서 가공·수리를 거쳤으므로 재수입면세의 적용대상이 아니다.

⑤ 재수입면세 신청한 한산모시제품이 제품보증서 등 수입자가 제시한 자료로 보아 국산품이 수출된 후 재수입된 사실이 확인되나, 수출신고필증이나 반송신고필증이 없어 면세를 불허하였다.
→ 재수입면세의 적용을 받으려는 자는 그 물품의 수출신고필증·반송신고필증 또는 이를 갈음할 서류를 세관장에게 제출하여야 한다. 다만, 세관장이 다른 자료에 의하여 그 물품이 감면대상에 해당한다는 사실을 인정할 수 있는 경우에는 그러하지 아니한다. [시행규칙 제54조(관세가 면제되는 재수입 물품 등)]

16 정답 ①

수입신고 취하 승인으로 수입신고나 수입신고 수리의 효력은 상실된다. 즉 수입신고가 수리된 이후에도 수입신고 취하신청을 할 수 있다. [관세법 제250조(신고의 취하 및 각하) 제1항], [수입통관 사무처리에 관한 고시 제18조(신고의 취하) 제3항]

오답노트

② 해당 수입신고와 관련하여 관세를 납부한 경우, 수입신고 취하의 승인으로 수입신고 수리의 효력이 상실하고 수입신고 및 수리가 취소되는 것이므로 납부한 관세도 환급받을 수 있다.

17 정답 ②

반송이란 국내에 도착한 외국물품이 수입통관절차를 거치지 아니하고 다시 외국으로 반출되는 것을 말한다. [관세법 제2조(정의) 제3호]

18 정답 ②

수입신고수리일로부터 3개월 이내에는 보세구역 반입명령을 할 수 있다.

[관세법 제238조(보세구역 반입명령) 제1항]
관세청장이나 세관장은 다음 각 호의 어느 하나에 해당하는 물품으로서 이 법에 따른 의무사항을 위반하거나 국민보건 등을 해칠 우려가 있는 물품에 대해서는 대통령령으로 정하는 바에 따라 화주(화주의 위임을 받은 자를 포함한다) 또는 수출입 신고인에게 보세구역으로 반입할 것을 명할 수 있다.
1. 수출신고가 수리되어 외국으로 반출되기 전에 있는 물품
2. 수입신고가 수리되어 반출된 물품

[시행령 제245조(반입명령) 제1항]
관세청장 또는 세관장은 수출입신고가 수리된 물품이 다음 각 호의 어느 하나에 해당하는 경우에는 법 제238조 제1항에 따라 해당 물품을 보세구역으로 반입할 것을 명할 수 있다. 다만, 해당 물품이 수출입신고가 수리된 후 3개월이 지났거나 관련 법령에 따라 관계행정기관의 장의 시정조치가 있는 경우에는 그러하지 아니하다.

1. 법 제227조에 따른 의무를 이행하지 아니한 경우
2. 법 제230조에 따른 원산지 표시가 적법하게 표시되지 아니하였거나 수출입신고 수리 당시와 다르게 표시되어 있는 경우
3. 법 제230조의2에 따른 품질등의 표시(표지의 부착을 포함한다. 이하 이 호에서 같다)가 적법하게 표시되지 아니하였거나 수출입신고 수리 당시와 다르게 표시되어 있는 경우
4. 지식재산권을 침해한 경우

오답노트

① 수출신고가 수리되어 외국으로 반출된 물품에 대해서는 보세구역 반입명령을 할 수 없다. '수출신고가 수리되어 외국으로 반출되기 전에 있는 물품'에 한하여는 수출신고 수리일로부터 3개월 이내에 보세구역 반입명령을 할 수는 있다. [관세법 제238조(보세구역 반입명령) 제1항], [시행령 제245조(반입명령) 제1항]
③ 지식재산권을 침해한 물품은 보세구역 반입명령 대상이다. [시행령 제245조(반입명령) 제1항 제4호]
④ 한-미 FTA 세율 심사결과 FTA 세율적용이 취소된 경우 보세구역 반입명령을 하여 원산지 표시를 변경하여야 한다.
 → 원산지 표시가 적법하게 표시되지 아니하였거나 수출입신고 수리 당시와 다르게 표시되어 있는 경우 해당 물품을 보세구역으로 반입할 것을 명할 수 있다. 반드시 보세구역 반입명령을 하여야 하는 것은 아니다. [시행령 제245조(반입명령) 제1항 제2호]
⑤ 반입명령 수령인의 주소나 거소가 분명하지 아니한 때에는 반입명령 수령인에 대해 소재수사 후 송달하여야 한다.
 → 관세청 또는 세관의 게시판 및 기타 적당한 장소에 반입명령사항을 공시할 수 있다. [시행령 제245조(반입명령) 제3항]

19 정답 ④

[관세법 제237조(통관의 보류) 제1항]
세관장은 다음 각 호의 어느 하나에 해당하는 경우에는 해당 물품의 통관을 보류할 수 있다.
1. **제241조 또는 제244조에 따른 수출·수입 또는 반송에 관한 신고서의 기재사항에 보완이 필요한 경우**
2. **제245조에 따른 제출서류 등이 갖추어지지 아니하여 보완이 필요한 경우**
3. **이 법에 따른 의무사항(대한민국이 체결한 조약 및 일반적으로 승인된 국제법규에 따른 의무를 포함한다)을 위반하거나 국민보건 등을 해칠 우려가 있는 경우**

[관세법 제245조(신고 시의 제출서류)]
제241조 또는 제244조에 따른 수출·수입 또는 반송의 신고를 하는 자는 과세가격결정자료 외에 대통령령으로 정하는 서류를 제출하여야 한다.

[시행령 제250조(신고서류)]
① 법 제245조 제1항에서 "대통령령으로 정하는 서류"란 다음 각 호의 서류를 말한다.
 1. 선하증권 사본 또는 항공화물운송장 사본
 2. 원산지증명서(제236조 제1항이 적용되는 경우로 한정한다)
 3. 기타 참고서류
② **수출입신고를 하는 물품이 법 제226조의 규정에 의한 증명을 필요로 하는 것인 때에는 관련 증명서류를 첨부하여 수출입신고를 하여야 한다.** 다만, 세관장은 필요 없다고 인정되는 때에는 이를 생략하게 할 수 있다.

20 정답 ④

A. 덤핑방지관세 → D. 다른 세율보다 낮은 국제협력관세 → B. 조정관세 → C. 일반특혜(최빈특혜)관세 → E. 기본세율
문제의 내용이 조금 더 명확하기 위해서는, B. 조정관세(관세법 제69조) 부분도 관세법 제69조 제2호에 따른 세율(1순위)과 관세법 제69조 제1호·제3호·제4호에 따른 세율(3순위)로 구분하여야 할 것으로 보인다.

21   정답 ③

[관세법 제2조(정의) 제5호]
"내국물품"이란 다음 각 목의 어느 하나에 해당하는 물품을 말한다.
가. 우리나라에 있는 물품으로서 외국물품이 아닌 것
나. 우리나라의 선박 등이 공해에서 채집하거나 포획한 수산물 등
다. **제244조 제1항에 따른 입항전수입신고(이하 "입항전수입신고"라 한다)가 수리된 물품**
라. 제252조에 따른 수입신고수리 전 반출승인을 받아 반출된 물품
마. 제253조 제1항에 따른 수입신고전 즉시반출신고를 하고 반출된 물품

오답노트

A. 외국의 선박 등이 공해에서 채집하거나 포획한 수산물
→ 외국물품 [관세법 제2조(정의) 제4호 가목]
E. 보세구역에서 보수작업결과 외국물품에 부가된 내국물품
→ 보수작업으로 외국물품에 부가된 내국물품은 **외국물품**으로 본다. [관세법 제158조(보수작업) 제5항]

22   정답 ③

공소제기 → 관세징수권 소멸시효의 중단 사유

[관세법 제23조(시효의 중단 및 정지)]
① 관세징수권의 소멸시효는 다음 각 호의 어느 하나에 해당하는 사유로 중단된다.
  1. 납부고지
  2. 경정처분
  3. 납부독촉
  4. 통고처분
  5. 고발
  6. 「특정범죄 가중처벌 등에 관한 법률」 제16조에 따른 공소제기
  7. 교부청구
  8. 압류
③ 관세징수권의 소멸시효는 관세의 **분할납부기간, 징수유예기간, 압류·매각의 유예기간 또는 사해행위(詐害行爲) 취소소송기간** 중에는 진행하지 아니한다.

23   정답 ⑤

상업적 목적이 아닌 개인용도에 사용하기 위한 여행자휴대품으로서 소량으로 수출입되는 물품에 대하여는 **법 제235조 제1항을 적용하지 아니한다.** [시행령 제243조(적용의 배제)]

[관세법 제235조(지식재산권 보호) 제1항]
다음 각 호의 어느 하나에 해당하는 지식재산권을 침해하는 물품은 수출하거나 수입할 수 없다.
1. 「상표법」에 따라 설정등록된 상표권
2. 「저작권법」에 따른 저작권과 저작인접권(이하 "저작권등"이라 한다)
3. 「식물신품종 보호법」에 따라 설정등록된 품종보호권
4. 「농수산물 품질관리법」에 따라 등록되거나 조약·협정 등에 따라 보호대상으로 지정된 지리적표시권 또는 지리적표시(이하 "지리적표시권등"이라 한다)
5. 「특허법」에 따라 설정등록된 특허권
6. 「디자인보호법」에 따라 설정등록된 디자인권
7. 「방위산업기술 보호법」에 따른 방위산업기술

오답노트

① 세관장은 제3항 각 호에 따른 물품이 제1항 각 호의 어느 하나에 해당하는 **지식재산권을 침해하였음이 명백한 경우**에는 대통령령으로 정하는 바에 따라 **직권으로 해당 물품의 통관을 보류하거나 해당 물품을 유치할 수 있다.** [관세법 제235조(지식재산권 보호) 제7항]

② 세관장은 통관보류 등을 요청한 자가 제2항에 따라 해당 물품에 대한 통관보류 등의 사실을 통보받은 후 **10일(휴일 및 공휴일을 제외한다)** 이내에 법원에의 제소사실 또는 무역위원회에의 조사신청사실을 입증하였을 때에는 해당 통관보류 등을 계속할 수 있다. [시행령 제239조(통관보류 등) 제3항]

③ 법 제235조 제3항 및 제4항에 따라 통관 보류나 유치를 요청하려는 자와 법 제235조 제5항 각 호 외의 부분 단서에 따라 통관 또는 유치 해제를 요청하려는 자는 세관장에게 해당 물품의 **과세가격의 100분의 120**에 상당하는 금액의 담보를 법 제24조 제1항 제1호부터 제3호까지 및 제7호에 따른 금전 등으로 제공하여야 한다. [시행령 제241조(담보제공 등) 제1항]

④ 담보 금액은 담보를 제공해야 하는 자가 「조세특례제한법」 제6조 제1항에 따른 중소기업인 경우에는 해당 물품의 **과세가격의 100분의 40**에 상당하는 금액으로 한다. [시행령 제241조(담보제공 등) 제2항]

24 정답 ⑤

일시수입통관증서(A.T.A Carnet)에 의하여 수입하는 물품은 P/L신고를 원칙에도 불구하고 전산시스템에 의하여 서류(전자서류, 종이서류를 포함) 제출대상으로 선별한다.

> **[수입통관 사무처리에 관한 고시 제13조(서류제출대상 선별기준) 제1항]**
> 제12조 제1항에도 불구하고 다음 각 호의 어느 하나에 해당하는 물품은 전산시스템에 의하여 서류(전자서류, 종이서류를 포함한다) 제출대상으로 선별한다.
> 10. 일시수입통관증서(A. T. A Carnet)에 의하여 수입하는 물품

25 정답 ②

세관장은 적재기간 연장 승인(신청)서를 접수한 때에는 연장 승인신청 사유 등을 심사하여 타당하다고 인정하는 경우에는 수출신고수리일로부터 **1년의 범위 내**에서 적재기간 연장을 승인할 수 있다. [수출통관 사무처리에 관한 고시 제45조(수출물품의 적재) 제4항]

<제2과목> 보세구역관리

01   정답 ④

[보세공장 운영에 관한 고시 제12조의2(원료과세) 제2항]
법 제189조 제2항 및 영 제205조 제3항에 따라 보세공장이 다음 각 호의 사항을 충족하는 경우에는 별지 제3호의2 서식의 원료과세 포괄적용 신청(승인)서를 제출하여 **1년의 범위에서 원료별, 제품별 또는 보세공장 전체에 대하여 원료과세의 적용을 신청할 수 있다.**
1. 최근 2년간 생산되어 판매된 물품 중 수출된 물품의 가격비율이 100분의 50 이상인 경우
2. 수출입 안전관리 우수업체(AEO)
3. 내·외국 원재료별 품명, 규격, 소요량, 재고 등이 전산시스템에 의하여 명확하게 기록·관리되는 경우

오답노트

① 보세공장에서 제조된 물품을 수입하는 경우 제186조에 따른 **사용신고 전에 미리 세관장에게 해당 물품의 원료인 외국물품에 대한 과세의 적용을 신청한 경우**에는 제16조에도 불구하고 제186조에 따른 **사용신고를 할 때의 그 원료의 성질 및 수량에 따라 관세를 부과한다.** [관세법 제189조(원료과세) 제1항]

②
[관세법 제189조(원료과세) 제2항]
세관장은 **대통령령으로 정하는 기준**에 해당하는 보세공장에 대하여는 1년의 범위에서 원료별, 제품별 또는 보세공장 전체에 대하여 제1항에 따른 신청을 하게 할 수 있다.

[시행령 제205조(원료과세 적용신청 방법 등) 제3항]
법 제189조 제2항에서 "대통령령으로 정하는 기준"이란 다음 각 호와 같다.
1. **최근 2년간 생산되어 판매된 물품 중 수출된 물품의 가격 비율이 100분의 50 이상일 것**

③ 원료과세 적용신청 물품에 대해 FTA 협정관세를 적용받으려는 자는 **사용신고를 할 때** 해당 원산지와 원산지증명서 구비 여부(Y), 세율란(FTA 관세율)을 기재하여 사용신고 하여야 하며, 제품 수입신고를 할 때 협정관세적용신청서와 함께 **해당 사용신고서를 첨부하여야 한다.** [보세공장 운영에 관한 고시 제12조의2(원료과세) 제4항]

⑤ 법 제189조 제1항에 따라 원료과세의 적용을 받으려는 자는 **사용신고 전**에 별지 제3호 서식의 원료과세 적용 신청(승인)서로 세관장에게 신청하여야 한다. [보세공장 운영에 관한 고시 제12조의2(원료과세) 제1항]

02   정답 ③

세관관할구역을 달리하는 경우에는 통관절차의 간소화 및 세관업무의 편리를 도모하기 위하여 감시 단속에 지장이 없는 경우에만 관계세관과 협의하여 주공장 관할세관에서 특허할 수 있다. [보세공장 운영에 관한 고시 제7조(단일보세공장의 특허 등) 제1항 단서]

03   정답 ③

보세공장 중 **수입하는 물품을 제조·가공하는 것을 목적으로 하는 보세공장의 업종은** 기획재정부령으로 정하는 바에 따라 **제한할 수 있다.** [관세법 제185조(보세공장) 제5항]

04   정답 ②

[보세공장 운영에 관한 고시 제30조(보세공장 보세운송의 특례) 제5항]
세관장은 다음 각 호의 어느 하나에 해당하는 경우에는 보세공장 보세운송 특례절차의 적용을 해제할 수 있다. 이 경우 제3호 및 제4호는 제1항 제2호의 물품에 대하여 적용하고, 제3호 및 제5호는 제1항 제3호의 물품에 대하여 적용한다.
1. 운영인이 별지 제22호의2 서식의 보세공장 보세운송 특례적용 정정(해제)신청서를 제출한 때

2. 제16조에 따라 반입정지처분을 받은 때
3. 수출입 안전관리 우수업체 또는 법규수행능력 우수업체에 해당하지 아니한 때
4. 보세공장 간 반출입 횟수가 최근 3개월의 월평균 10회 미만인 때
5. 제35조의2 제1항에 따른 FTA형 특별보세공장의 기준에 부합하지 아니할 때

05 정답 ③

[보세공장 운영에 관한 고시 제14조(국외가공 등 원재료 원상태 반출) 제1항]
다음 각 호의 어느 하나에 해당하는 물품은 반입신고 시의 원재료 원상태로 국외반출을 허용할 수 있다.
1. 국외에서 제조·가공공정의 일부를 이행하기 위하여 필요한 원재료
2. 보세공장에서 수출한 물품의 하자보수 등 추가적인 제조·가공·수리에 필요한 원재료
3. 보세공장의 해외 현지공장에서 제조·가공·수리 그 밖에 유사한 작업에 사용할 원재료
4. 생산계획변경, 제조품목의 사양변경 또는 보세작업과정에서 발생하는 잉여 원재료
5. 계약내용과 다른 원재료. 다만, 사용신고가 수리된 경우에는 사용신고 당시의 성질이나 형태가 변경되지 아니한 경우에 한한다.
6. 임가공을 의뢰한 해외 공급자가 계약수량 변경, 품질검사 등의 사유로 변환을 요구하는 원재료

06 정답 ①

[보세판매장 특허 및 운영에 관한 고시 제27조(운영인의 의무) 제1항]

오답노트
② 출국장면세점은 국산 가전제품 중 여행자의 휴대반출이 곤란하거나 세관장이 필요하다고 인정하는 품목에 대하여는 쿠폰으로 판매할 수 있으며, 쿠폰으로 판매한 상품은 관할세관장이 지정하는 보세구역에 반입하여 수출신고 수리 후 선적하여야 한다. [보세판매장 특허 및 운영에 관한 고시 제28조(판매대상 물품) 제2항]
③ 출국장면세점과 시내면세점에서는 출국인 및 외국으로 출국하는 통과여객기(선)에 의한 임시체류인에 한정하여 물품을 판매할 수 있다. [보세판매장 특허 및 운영에 관한 고시 제29조(구매자 및 구매총액) 제2항]
④ 운영인이 물품을 판매한 때에는 구매자 인적사항 및 판매사항을 전산관리하고, 세관에 전자문서로 실시간 전송하여야 한다. [보세판매장 특허 및 운영에 관한 고시 제33조(판매장 진열 및 판매) 제1항]
⑤ 운영인은 보세판매장의 물품을 전자상거래의 방법에 의하여 판매할 수 있다. [보세판매장 특허 및 운영에 관한 고시 제35조(전자상거래에 의한 판매) 제1항]

07 정답 ④

인도자는 물품의 인수를 완료한 때에는 세관공무원에게 이상유무를 보고하여야 하며, 보세사는 재고관리시스템의 당해 보세운송에 대하여 도착확인 등록을 하여야 한다. [보세판매장 특허 및 운영에 관한 고시 제38조(판매물품의 인도) 제6항]

08 정답 ⑤

[보세판매장 특허 및 운영에 관한 고시 제44조(특허상실에 따른 재고물품의 처리)]
② 운영인은 특허가 상실된 때에는 6개월 이내의 범위 내에서 세관장이 정한 기간 내에 재고물품을 판매, 다른 보세판매장에 양도, 외국으로 반출 또는 수입통관절차에 의거 통관하여야 하며, 세관장이 정한 기간이 경과한 때에는 지정장치장 또는 세관장이 지정한 보세구역으로 이고하여야 한다.
③ 제2항 후단에 따라 지정장치장 또는 세관장이 지정한 보세구역으로 이고한 물품을 운영인이 이고한 날부터 6개월 이내에 타 보세판매장에 양도하지 않거나 외국으로 반출하지 아니하는 때에는 체화처리 절차에 의거 처리한다.

09 정답 ②

[보세판매장 특허 및 운영에 관한 고시 제2조(정의)]
이 고시에서 사용하는 용어의 뜻은 다음과 같다.
1. "외교관면세점"이란 「관세법」(이하 "법"이라 한다) 제88조 제1항 제1호부터 제4호까지에 따라 관세의 면제를 받을 수 있는 자에게 판매하는 보세판매장을 말한다.
2. "출국장면세점"이란 출국장에서 출국인 및 통과여객기(선)에 의한 임시체류인에게 판매하는 보세판매장을 말한다.
3. "입국장면세점"이란 법 제196조 제2항에 따라 외국에서 국내로 입국하는 자에게 물품을 판매할 목적으로 공항, 항만 등의 입국경로에 설치된 보세판매장을 말한다.
4. "시내면세점"이란 공항 및 항만의 보세구역 이외의 장소에서 출국인 및 통과여객기(선)에 의한 임시체류인에게 판매하는 보세판매장을 말한다.

10 정답 ④

[보세건설장 관리에 관한 고시 제6조(반입물품의 범위)]
영 제210조에 따라 보세건설장에 반입할 수 있는 물품은 다음 각 호와 같다.
1. 산업시설 건설에 사용되는 외국물품인 기계류 설비품
2. **산업시설 건설에 사용되는 외국물품인 공사용 장비**
3. 산업시설에 병설되는 사무소, 의료시설, 식당, 공원, 숙사 등 부대시설을 건설하기 위한 물품
4. 그 밖에 해당 산업시설 건설의 형편상 필요하다고 인정되는 물품

[보세건설장 관리에 관한 고시 제12조(신고수리 전 사용제한 및 외국물품의 통관) 제1항]
보세건설장 운영인은 제6조 제1호의 외국물품은 수입신고 후 사용하여야 하며, **제6조 제2호**부터 제4호까지에 **해당하는 외국물품은 수입신고 수리 전에 사용할 수 없다.**

11 정답 ⑤

보세전시장에서 외국물품의 사용은 그 물품의 성질 또는 수량에 변경을 가하거나 전시장에서 소비하는 행위를 포함한다. [보세전시장 운영에 관한 고시 제16조(사용의 범위)]

오답노트
① 전시장이란 박람회 등의 운영을 위하여 물품을 장치, 전시 또는 사용하는 구역을 말한다. [보세전시장 운영에 관한 고시 제2조(정의) 제2호]
보세전시장에서 외국물품의 사용은 그 물품의 성질 또는 수량에 변경을 가하거나 전시장에서 소비하는 행위를 포함한다. [보세전시장 운영에 관한 고시 제16조(사용의 범위)]

② [보세전시장 운영에 관한 고시 제17조(수입신고대상) 제1호]
보세전시장에 반입된 외국물품 중 **수입신고 수리 후 사용이 가능**한 물품은 다음 각 호의 어느 하나에서 정하는 바와 같다.
  1. 판매용품
    보세전시장에서 불특정다수의 관람자에게 판매할 것을 목적으로 하는 물품을 말한다.

③ [보세전시장 운영에 관한 고시 제9조(반입물품의 범위) 제5호]

④ [관세법 제176조(특허기간) 제2항]
제1항에도 불구하고 보세전시장과 보세건설장의 특허기간은 다음 각 호의 구분에 따른다. 다만, 세관장은 전시목적을 달성하거나 공사를 진척하기 위하여 부득이하다고 인정할 만한 사유가 있을 때에는 그 기간을 연장할 수 있다.
  1. 보세전시장 : 해당 박람회 등의 기간을 고려하여 세관장이 정하는 기간

12 정답 ②

종합보세구역에 반입한 물품의 장치기간은 제한하지 아니한다. 다만, 제197조 제2항에 따른 보세창고의 기능을 수행하는 장소 중에서 관세청장이 수출입물품의 원활한 유통을 촉진하기 위하여 필요하다고 인정하여 지정한 장소에 반입되는 물품의 장치기간은 1년의 범위에서 관세청장이 정하는 기간으로 한다. [관세법 제200조(반출입물품의 범위 등) 제2항]

13 정답 ②

운영인 등은 폐사어를 별도의 냉동·냉장시설에 <u>B/L별로</u> 구분하여 보관하여야 한다. [수입활어 관리에 관한 특례고시 제12조(폐사어의 관리) 제2항]

14 정답 ①

> [시행령 제187조의2(화물관리인의 지정 취소) 제1항]
> 세관장은 다음 각 호의 어느 하나에 해당하는 사유가 발생한 경우에는 화물관리인의 지정을 취소할 수 있다. 이 경우 제1항 제3호에 해당하는 자에 대한 지정을 취소할 때에는 해당 시설의 소유자 또는 관리자에게 미리 그 사실을 통보하여야 한다.
> 1. 거짓이나 그 밖의 부정한 방법으로 지정을 받은 경우
> 2. 화물관리인이 법 제175조 각 호의 어느 하나에 해당하는 경우
> 3. 화물관리인이 세관장 또는 해당 시설의 소유자·관리자와 맺은 화물관리업무에 관한 약정을 위반하여 해당 지정장치장의 질서유지 및 화물의 안전관리에 중대한 지장을 초래하는 경우
> 4. 화물관리인이 그 지정의 취소를 요청하는 경우

15 정답 ②

세관장은 지정장치장의 질서유지와 화물의 안전관리를 위하여 필요하다고 인정할 때에는 **화주를 갈음하여 보관의 책임을 지는 화물관리인을 지정할 수 있다.** 다만, 세관장이 관리하는 시설이 아닌 경우에는 세관장은 해당 시설의 소유자나 관리자와 협의하여 화물관리인을 지정하여야 한다. [관세법 제172조(물품에 대한 보관책임) 제2항]

16 정답 ④

A. 지정장치장 화물관리인 지정의 유효기간은 (5)년 이내로 한다.
　→ 화물관리인 지정의 유효기간은 5년 이내로 한다. [시행령 제187조(화물관리인의 지정) 제4항]
B. 지정장치장에 물품을 장치하는 기간은 (6)개월의 범위 내에서 관세청장이 정한다.
　→ 지정장치장에 물품을 장치하는 기간은 6개월의 범위에서 관세청장이 정한다. 다만, 관세청장이 정하는 기준에 따라 세관장은 3개월의 범위에서 그 기간을 연장할 수 있다. [관세법 제170조(장치기간)]
C. 특허보세구역의 특허기간은 (10)년 이내로 한다.
　→ 특허보세구역의 특허기간은 10년 이내로 한다. [관세법 제176조(특허기간) 제1항]
D. 보세판매장의 특허기간은 (5)년 이내로 한다.
　→ 보세판매장의 특허기간은 제176조 제1항에도 불구하고 5년 이내로 한다. [관세법 제176조의2(특허보세구역의 특례) 제5항]

17 정답 ④

영 제193조의 규정에 의한 특허보세구역의 휴지 또는 폐지의 경우에는 당해 특허보세구역 안에 외국물품이 없는 때에 한하여 그 다음 분기의 특허수수료를 면제한다. **다만, 휴지 또는 폐지를 한 날이 속하는 분기분의 특허수수료는 이를 환급하지 아니한다.** [시행규칙 제68조(특허수수료) 제6항]

18 정답 ②

[관세법 제175조(운영인의 결격사유)]
다음 각 호의 어느 하나에 해당하는 자는 특허보세구역을 설치·운영할 수 없다. 다만, 제6호에 해당하는 자의 경우에는 같은 호 각 목의 사유가 발생한 해당 특허보세구역을 제외한 기존의 다른 특허를 받은 특허보세구역에 한정하여 설치·운영할 수 있다.
7. 제268조의2, 제269조, 제270조, 제270조의2, 제271조, 제274조, 제275조의2 또는 제275조의3에 따라 벌금형 또는 통고처분을 받은 자로서 그 벌금형을 선고받거나 통고처분을 이행한 후 2년이 지나지 아니한 자. **다만, 제279조에 따라 처벌된 개인 또는 법인은 제외한다.**

19 정답 ①

해당 특허보세구역을 제외한 기존의 다른 특허를 받은 특허보세구역에 한정하여 설치·운영할 수 있다.
다음 각 호의 어느 하나에 해당하는 자는 특허보세구역을 설치·운영할 수 없다. 다만, **제6호에 해당하는 자의 경우에는 같은 호 각 목의 사유가 발생한 해당 특허보세구역을 제외한 기존의 다른 특허를 받은 특허보세구역에 한정하여 설치·운영할 수 있다.**
[관세법 제175조(운영인의 결격사유) 본문]

20 정답 ④

[관세법 제197조(종합보세구역의 지정 등) 제3항]
종합보세구역의 지정요건, 지정절차 등에 관하여 필요한 사항은 **대통령령**으로 정한다.

21 정답 ③

[보세창고 특허 및 운영에 관한 고시 제17조(운영인의 의무) 제6항]
운영인은 제6조 제3항에서 정한 장치물품 및 **수용능력의 범위 내에서 물품을 장치하여야 한다.**
[보세창고 특허 및 운영에 관한 고시 제18조(행정제재) 제2항]
세관장은 보세창고의 운영인이 다음 각 호의 어느 하나에 해당하는 경우에는 **경고처분**을 할 수 있다. 이 경우 현장점검, 감사 등의 결과에 따라 여러 개의 동일 위반사항이 적발된 경우 이를 1건으로 경고처분할 수 있다.
1. **제17조** 제1항 후단, 같은 조 제3항·제6항·제7항·제8항을 위반한 경우

오답노트

① [보세창고 특허 및 운영에 관한 고시 제17조(운영인의 의무) 제2항]
운영인은 다음 각 호의 사유가 발생한 때에는 지체 없이 세관장에게 보고하여야 한다.
5. **보세창고의 건물, 시설 등에 관하여 소방서 등 행정관청으로부터 시정명령을 받은 때**

[보세창고 특허 및 운영에 관한 고시 제18조(행정제재) 제1항]
세관장은 다음 각 호의 어느 하나에 해당하는 경우에는 **주의처분**을 할 수 있으며, **1년 이내에 주의처분을 3회 받은 때에는 경고 1회**로 한다. 이 경우 현장점검, 감사 등의 결과에 따라 여러 개의 동일 위반사항이 적발된 경우 이를 1건으로 주의처분할 수 있다.
1. **제17조 제2항** 제2호·제3호·제4호·**제5호**, 제4항, 제20조 제1항을 **위반한 경우**

② [보세창고 특허 및 운영에 관한 고시 제17조(운영인의 의무) 제4항]
운영인은 법 제174조 제2항 및 규칙 제68조에서 정하는 바에 따라 보세창고 특허수수료를 납부하여야 한다. 이때 세관장은 매 분기 마지막 월 10일까지 특허수수료 납부고지서를 교부하여야 한다.

[보세창고 특허 및 운영에 관한 고시 제18조(행정제재) 제1항]
세관장은 다음 각 호의 어느 하나에 해당하는 경우에는 **주의처분**을 할 수 있으며, **1년 이내에 주의처분을 3회 받은 때에는 경고 1회**로 한다. 이 경우 현장점검, 감사 등의 결과에 따라 여러 개의 동일 위반사항이 적발된 경우 이를 1건으로 주의처분할 수 있다.
1. **제17조** 제2항 제2호·제3호·제4호·제5호, **제4항**, 제20조 제1항을 위반한 경우

④, ⑤ [보세창고 특허 및 운영에 관한 고시 제18조(행정제재) 제3항]
세관장은 보세창고 운영인이 다음 각 호의 어느 하나에 해당하는 경우에는 기간을 정하여 **보세창고에의 물품반입을 정지시킬 수 있다.**
1. **장치물품에 대한 관세를 납부할 자금능력이 없다고 인정되는 경우**
2. 본인 또는 그 사용인이 법 또는 법에 따른 명령을 위반한 경우
3. 해당 시설의 미비 등으로 보세창고 설치 목적을 달성하기 곤란하다고 인정되는 경우
4. 운영인 또는 그 종업원이 합법가장 밀수를 인지하고도 세관장에게 보고하지 않고 보관 또는 반출한 때
5. **세관장의 시설구비 명령을 미이행**하거나 보관화물에 대한 중대한 관리소홀로 **보세화물의 도난, 분실이 발생한 때**
6. 운영인 또는 그 종업원의 관리소홀로 해당 보세창고에서 밀수행위가 발생한 때
7. 운영인이 최근 1년 동안 3회 이상 경고처분을 받은 때

22 정답 ③

운영인은 야적대상이 아닌 물품을 야적장에 장치할 수 없다. [보세창고 특허 및 운영에 관한 고시 제17조(운영인의 의무) 제7항]

23 정답 ③

[보세창고 특허 및 운영에 관한 고시 제11조(특수보세구역의 요건 등) 제3항]
컨테이너전용보세창고는 다음의 요건을 갖추어야 한다.
2. 보세화물을 보관하고 컨테이너 적입화물을 적출하는 화물조작장(이하 "CFS"라 한다)을 설치하여야 하나, **CFS면적은 물동량에 따라 운영인이 자율적으로 결정할 수 있다.**

24 정답 ⑤

[보세창고 특허 및 운영에 관한 고시 제3조(운영인의 자격) 제1항]
보세창고를 설치·운영하려는 자(이하 "신청인"이라 한다)는 다음 각 호의 요건을 갖추어야 한다.
1. 법 제175조 각 호의 어느 하나에 해당하지 않을 것
2. 체납된 관세 및 내국세가 없을 것
3. **자본금 2억 원 이상의 법인**이거나 특허를 받으려는 토지 및 건물(2억 원 이상)을 소유하고 있는 개인(다만, 자가용보세창고는 제외한다)
4. 신청인이 보세사 자격증을 취득했거나 1명 이상의 보세사를 관리자로 채용할 것
5. 특허갱신의 경우에는 해당 보세창고의 갱신신청 직전 특허기간 동안 법규수행능력평가 점수가 평균 80점(평균등급 B등급) 이상일 것
6. 위험물품을 보세창고에 장치·제조·전시 또는 판매하는 경우에는 관계 행정기관의 장의 허가 또는 승인 등을 받을 것

25 정답 ④

[보세창고 특허 및 운영에 관한 고시 제20조(보세구역 운영상황의 보고) 제1항]
보세창고의 운영인은 매년 다음 각 호의 사항을 기재한 보세창고 운영상황을 다음 해 2월 말까지 관할세관장에게 보고하여야 한다.
1. 특허 또는 특허기간 갱신 시 구비한 시설요건 등의 변동 여부
2. 임대차기간의 연장 여부(임대시설의 경우에만 해당한다)
3. 종업원명단(보세사를 포함한다)
4. 장치기간 경과화물 보관 상세내역(12월 31일 기준으로 한다)
5. 그 밖에 세관장이 보세창고 등의 운영과 관련하여 필요하다고 인정한 사항

<제3과목> 화물관리

01   정답 ③

[보세화물 관리에 관한 고시 제7조(보세구역 외 장치의 허가) 제1항 제3호]

오답노트

①, ②, ④   [보세화물 관리에 관한 고시 제8조(보세구역 외 장치의 허가기간 등) 제1항]
보세구역 외 장치의 허가기간은 6개월의 범위 내에서 세관장이 필요하다고 인정하는 기간으로 정하며, 허가기간이 종료한 때에는 보세구역에 반입하여야 한다. 다만, 다음 각 호의 어느 하나에 해당하는 사유가 있는 때에는 세관장은 허가기간을 연장할 수 있으나, 그 기간은 최초의 허가일로부터 법 제177조 제1항 제1호 가목에서 정하는 기간을 초과할 수 없다.
1. 동일세관 관할구역 내에 해당 화물을 반입할 보세구역이 없는 경우
2. **품목분류 사전심사의 지연으로 수입신고할 수 없는 경우**
3. 인지부서의 자체조사, 고발의뢰, 폐기, 공매·경매낙찰, 몰수확정, 국고귀속 등의 결정에 따른 조치를 위하여 필요한 경우
4. 법 제226조에 따른 수입요건·선적서류 등 수입신고 또는 신고수리 요건을 구비하지 못한 경우
5. 재해 그 밖에 부득이한 사유로 생산지연·반송대기 등 세관장이 인정하는 사유가 있는 경우

⑤ 제4항에 따른 **보세구역 외 장치 담보액은 수입통관 시 실제 납부하여야 할 관세 등 제세 상당액으로 한다.** [보세화물 관리에 관한 고시 제7조(보세구역 외 장치의 허가) 제6항]

02   정답 ③

보세구역 외 장치장에 반입한 화물 중 수입신고수리된 화물은 반출신고를 생략하며 반송 및 보세운송절차에 따라 반출된 화물은 반출신고를 하여야 한다. [보세화물 관리에 관한 고시 제15조(보세구역 외 장치물품의 반출입) 제3항]

03   정답 ⑤

[보세화물 장치기간 및 체화관리에 관한 고시 제6조(반출통고의 주체, 대상 및 내용)]
① 보세전시장, 보세건설장, **보세판매장**, 보세공장, 보세구역외장치장, **자가용보세창고**에 반입한 물품에 대해서는 **관할세관장**이 화주나 반입자 또는 그 위임을 받은 자(이하 "화주 등"이라 한다)에게 반출통고한다.
② **영업용보세창고**에 반입한 물품의 반출통고는 **보세구역운영인**이 화주 등에게 하며, **지정장치장**에 반입한 물품의 반출통고는 **화물관리인**이 화주 등에게 하여야 한다.

04   정답 ②

보세구역에 장치된 외국물품이 멸실되거나 폐기되었을 때에는 그 운영인이나 보관인으로부터 즉시 그 관세를 징수한다. 다만, 재해나 그 밖의 부득이한 사유로 멸실된 때와 미리 세관장의 승인을 받아 폐기한 때에는 예외로 한다. [관세법 제160조(장치물품의 폐기) 제2항]

오답노트

①, ④   [관세법 제160조(장치물품의 폐기) 제4항]
세관장은 제1항에도 불구하고 보세구역에 장치된 물품 중 다음 각 호의 어느 하나에 해당하는 것은 화주, 반입자, 화주 또는 반입자의 위임을 받은 자나 「국세기본법」 제38조부터 제41조까지의 규정에 따른 제2차 납세의무자(이하 "화주 등"이라 한다)에게 이를 반송 또는 폐기할 것을 명하거나 화주 등에게 통고한 후 폐기할 수 있다. 다만, 급박하여 통고할 여유가 없는 경우에는 폐기한 후 즉시 통고하여야 한다.
1. 사람의 생명이나 재산에 해를 끼칠 우려가 있는 물품

    2. 부패하거나 변질된 물품
    3. 유효기간이 지난 물품

③ 제1항에 따른 승인을 받은 외국물품 중 폐기 후에 남아 있는 부분에 대하여는 폐기 후의 성질과 수량에 따라 관세를 부과한다. [관세법 제160조(장치물품의 폐기) 제3항]
⑤ 제1항과 제4항에 따라 세관장이 물품을 폐기하거나 화주 등이 물품을 폐기 또는 반송한 경우 그 비용은 화주 등이 부담한다. [관세법 제160조(장치물품의 폐기) 제6항]

05   정답 ①

[보세화물장치기간 및 체화관리에 관한 고시 제4조(장치기간) 제7항]

오답노트

② 동일 B/L물품이 수차에 걸쳐 반입되는 경우에는 그 B/L물품의 반입이 완료된 날부터 장치기간을 기산한다. [보세화물장치기간 및 체화관리에 관한 고시 제5조(장치기간의 기산) 제2항]
③ 제3조 제5호에 해당하는 물품의 장치기간은 6개월로 하되 세관장이 필요하다고 인정할 때에는 6개월의 범위에서 그 기간을 연장할 수 있다. [보세화물장치기간 및 체화관리에 관한 고시 제4조(장치기간) 제5항]
④ 제3조 제4호에 해당하는 물품 중 유치물품 및 습득물의 장치기간은 1개월로 하며, 예치물품의 장치기간은 예치증에 기재된 출국예정시기에 1개월을 가산한 기간으로 한다. 다만, 유치물품은 화주의 요청이 있거나 세관장이 필요하다고 인정하는 경우 1개월의 범위에서 그 기간을 연장할 수 있다. [보세화물장치기간 및 체화관리에 관한 고시 제4조(장치기간) 제4항]
⑤ 제3조 제3호에 해당하는 물품의 장치기간은 「보세화물관리에 관한 고시」 제8조 제1항에 따라 세관장이 허가한 기간(연장된 기간을 포함한다)으로 한다. [보세화물장치기간 및 체화관리에 관한 고시 제4조(장치기간) 제3항]

06   정답 ③

[환적화물 처리절차에 관한 특례고시 제9조(국내 국제항 간 국제무역선에 의한 화물운송) 제1항]
국내 국제항 간 국제무역선으로 화물을 운송할 수 있는 경우는 다음 각 호의 어느 하나와 같다.
 1. 우리나라로 수입하려는 외국물품으로서 최초 입항지에서 선하증권(항공화물운송장을 포함한다)에 기재된 최종 목적지로 운송하려는 화물
 2. 환적화물
 3. 수출화물
 4. 내국물품인 공컨테이너

07   정답 ⑤

[시행령 제226조(보세운송의 신고 등) 제3항]
법 제213조 제2항 단서에 따라 보세운송의 승인을 받아야 하는 경우는 다음 각 호의 어느 하나에 해당하는 물품을 운송하려는 경우를 말한다.
 10. 법 제236조의 규정에 의하여 통관지가 제한되는 물품

오답노트

[보세운송에 관한 고시 제24조(신고대상)]
보세운송하려는 수입화물 중 다음 각 호의 어느 하나에 해당하는 물품은 세관장에게 신고해야 한다.
 1. 영 제226조 제3항의 보세운송 승인대상에 해당되지 않는 물품
 2. 특정물품 간이보세운송업자가 「관리대상화물 관리에 관한 고시」에 따른 검사대상 화물을 하선(기)장소에서 최초 보세운송하려는 물품
 3. 항공사가 국제항 간 입항적재화물목록 단위로 일괄하여 항공기로 보세운송하려는 물품
 4. 간이보세운송업자가 영 제226조 제3항 제1호부터 제5호까지, 제7호, 제11호의 물품을 운송하는 경우로서 별도의 서류제출이 필요 없다고 인정되는 물품
 5. 「관세 등에 대한 담보제도 운영에 관한 고시」에 따른 신용담보업체 또는 포괄담보제공업체인 화주가 자기명의로 보세운송신고하는 물품

08   정답 ②

[보세화물 관리에 관한 고시 제8조(보세구역 외 장치의 허가기간 등) 제1항]
보세구역 외 장치의 허가기간은 6개월의 범위 내에서 세관장이 필요하다고 인정하는 기간으로 정하며, 허가기간이 종료한 때에는 보세구역에 반입하여야 한다. 다만 다음 각 호의 어느 하나에 해당하는 사유가 있는 때에는 세관장은 허가기간을 연장할 수 있으나, 그 기간은 최초의 허가일로부터 법 제177조 제1항 제1호 가목에서 정하는 기간을 초과할 수 없다.
1. 동일세관 관할구역 내에 해당 화물을 반입할 보세구역이 없는 경우
2. 품목분류 사전심사의 지연으로 수입신고할 수 없는 경우
3. 인지부서의 자체조사, 고발의뢰, 폐기, 공매·경매낙찰, 몰수확정, 국고귀속 등의 결정에 따른 조치를 위하여 필요한 경우
4. 법 제226조에 따른 수입요건·선적서류 등 수입신고 또는 신고수리 요건을 구비하지 못한 경우
5. 재해 그 밖에 부득이한 사유로 생산지연·반송대기 등 세관장이 인정하는 사유가 있는 경우

09   정답 ④

선사 또는 항공사는 적재결과 물품이 적재화물목록과 상이할 때에는 적재완료 익일까지 적재결과이상보고서를 작성하여 세관장에게 제출하여야 한다. [보세화물 입출항 하선하기 및 적재에 관한 고시 제42조(적재) 제2항]

10   정답 ③

세관장이 제3항에서 정한 기간 내에 승인 여부 또는 민원 처리 관련 법령에 따른 처리기간의 연장을 신청인에게 통지하지 아니하면 그 기간(민원 처리 관련 법령에 따라 처리기간이 연장 또는 재연장된 경우에는 해당 처리기간을 말한다)이 끝난 날의 다음 날에 승인을 한 것으로 본다. [관세법 제158조(보수작업) 제4항]

11   정답 ⑤

[관세법 제161조(견본품 반출)]
④ 세관공무원은 보세구역에 반입된 물품에 대하여 검사상 필요하면 그 물품의 일부를 견본품으로 채취할 수 있다.
⑤ 다음 각 호의 어느 하나에 해당하는 물품이 사용·소비된 경우에는 수입신고를 하여 관세를 납부하고 수리된 것으로 본다.
  1. 제4항에 따라 채취된 물품
  2. 다른 법률에 따라 실시하는 검사·검역 등을 위하여 견본품으로 채취된 물품으로서 세관장의 확인을 받은 물품

12   정답 ④

매각된 물품의 질권자나 유치권자는 다른 법령에도 불구하고 그 물품을 매수인에게 인도하여야 한다. [관세법 제208조(매각대상 및 매각절차) 제3항]

13   정답 ①

[보세화물 장치기간 및 체화관리에 관한 고시 제38조(국고귀속의 보류)]
제37조에도 불구하고 세관장은 다음 각 호의 어느 하나에 해당하는 물품에 대하여 국고귀속 조치를 보류할 수 있다.
1. 국가기관(지방자치단체 포함)에서 수입하는 물품
2. 「공공기관의 운영에 관한법률」 제5조에 따른 공기업, 준정부기관, 그 밖의 공공기관에서 수입하는 물품으로서 국고귀속 보류요청이 있는 물품
3. 법 위반으로 조사 중인 물품
4. 이의신청, 심판청구, 소송 등 쟁송이 제기된 물품
5. 특수용도에만 한정되어 있는 물품으로서 국고귀속 조치 후에도 공매낙찰 가능성이 없는 물품
6. 국고귀속 조치를 할 경우 인력과 예산부담을 초래하여 국고에 손실이 야기된다고 인정되는 물품

7. 부패, 손상, 실용시효가 경과하는 등 국고귀속의 실익이 없다고 인정되는 물품
8. 그 밖에 세관장이 국고귀속을 하지 아니하는 것이 타당하다고 인정되는 물품

14   정답 ③

[보세화물 입출항 하선하기 및 적재에 관한 고시 제13조(적재화물목록 정정생략) 제1항]
적재화물목록상의 물품과 실제 물품이 다음 각 호의 어느 하나에 해당하는 때에는 적재화물목록 정정신청을 생략할 수 있다.
1. 산물(예 광물, 원유, 곡물, 염, 원피 등)로서 그 중량의 과부족이 **5%** 이내인 경우
2. 용적물품(예 원목 등)으로서 그 용적의 과부족이 **5%** 이내인 경우
3. 포장파손이 용이한 물품(예 비료, 설탕, 시멘트 등) 및 건습에 따라 중량의 변동이 심한 물품(예 펄프, 고지류 등)으로서 그 중량의 과부족이 **5%** 이내인 경우
4. **포장단위 물품으로서 중량의 과부족이 10% 이내이고 포장상태에 이상이 없는 경우**
5. 적재화물목록 이상사유가 단순기재오류 등으로 확인되는 경우

15   정답 ④

[보세화물 입출항 하선하기 및 적재에 관한 고시 제19조(하선장소 물품반입) 제2항]
하선장소를 관리하는 보세구역 운영인은 해당 보세구역을 하선장소로 지정한 물품에 한해 해당 물품의 반입 즉시 House B/L 단위로 세관장에게 전자문서로 물품반입신고를 하여야 하며, 창고 내에 물품이 입고되는 과정에서 실물이 적하화물목록상의 내역과 상이함을 발견하였을 때에는 반입사고화물로 분류하여 신고하여야 한다. **다만, 다음 각 호의 어느 하나에 해당하는 물품은 Master B/L 단위로 반입신고를 할 수 있다.**
1. Master B/L 단위의 FCL화물
2. **LCL화물로서 해당 하선장소 내의 CFS 내에서 컨테이너 적출 및 반입작업하지 아니하는 물품**

16   정답 ⑤

세관장은 제1항 각 호에 따른 별도관리 대상물품에 대한 관리대장을 비치하고, 15일이 경과할 때까지 적재화물목록 정정신청 또는 별도 관리 해제신청이 없는 경우에는 법 위반 여부를 조사 처분한 후 직권으로 적재화물목록을 정정하여야 한다. [보세화물 입출항 하선하기 및 적재에 관한 고시 제32조(하기결과 이상물품에 대한 적용특례) 제6항]

17   정답 ④

[보세화물 입출항 하선하기 및 적재에 관한 고시 제44조(적재화물목록의 정정신청) 제3항]
제1항에 따른 적재화물목록 정정신청은 해당 수출물품을 적재한 선박, 항공기가 출항한 날로부터 다음 각 호에서 정하는 기간 내에 하여야 한다.
1. 해상화물 : **90일**
2. 항공화물 : **60일**

[보세운송에 관한 고시 제6조(보세운송기간)]
보세운송물품은 신고수리(승인)일로부터 다음 각 호의 어느 하나에 정하는 기간까지 목적지에 도착하여야 한다. 다만, 세관장은 선박 또는 항공기 입항 전에 보세운송신고를 하는 때에는 입항예정일 및 하선(기)장소 반입기간을 고려하여 **5일** 이내의 기간을 추가할 수 있다.
1. 해상화물 : **10일**
2. 항공화물 : **5일**

18   정답 ②

일관운송 환적화물의 운송기한은 하선신고일부터 **7일**로 한다. [환적화물 처리절차에 관한 특례고시 제8조(일관운송 환적절차) 제5항]

19 정답 ⑤

[화물운송주선업자의 등록 및 관리에 관한 고시 제3조(등록요건)]
「관세법」 제222조 및 제223조에 따른 화물운송주선업자의 등록요건은 다음과 같다.
2. 「물류정책기본법」 제43조에 따른 국제물류주선업의 등록을 하였을 것

20 정답 ②

[보세운송에 관한 고시 제46조(적용범위) 제1항]
수출신고가 수리된 물품은 보세운송 절차를 생략한다. 다만, 다음 각 호의 어느 하나에 해당하는 물품은 그러하지 아니하다.
1. 「반송 절차에 관한 고시」에 따라 외국으로 반출하는 물품
2. **보세전시장에서 전시 후 반송되는 물품**
3. 보세판매장에서 판매 후 반송되는 물품
4. 여행자 휴대품 중 반송되는 물품
5. **보세공장 및 자유무역지역에서 제조·가공하여 수출하는 물품**
6. 수출조건으로 판매된 몰수품 또는 국고귀속된 물품

21 정답 ②

[보세운송에 관한 고시 제18조(지정요건) 제1항]
세관장은 제10조에 따라 등록한 보세운송업자 중 다음 각 호의 요건을 갖춘 자에 대하여는 법 제220조에 따라 「관리대상화물 관리에 관한 고시」 규정에 의한 검사대상화물 등 특정 물품을 보세운송할 수 있는 자(특정물품 간이보세운송업자)로 지정할 수 있다.
1. 자본금 **3억 원** 이상인 법인

22 정답 ③

[보세화물장치기간 및 체화관리에 관한 고시 제5조(장치기간의 기산) 제1항 제1호]
보세구역에 반입된 물품의 장치기간은 해당 보세구역 반입일(제3조 제4호에 해당하는 물품 중 「여행자 및 승무원 휴대품 통관에 관한 고시」 제47조 제3항을 적용받은 물품은 반송신고를 할 수 있는 날)을 기준으로 장치기간을 기산한다. **다만, 다음 각 호의 어느 하나에 해당하는 물품은 종전에 산정한 장치기간을 합산한다.**
1. 장치장소의 특허변경으로 장치기간을 다시 기산하여야 하는 물품

23 정답 ①

반송물품을 보세구역에 반입하려는 보세구역 운영인은 세관장에게 법 제157조에 따른 반입신고를 하여야 한다. 이 경우 **반입신고는 보세운송 도착보고를 갈음할 수 있다.** [보세화물 입출항 하선하기 및 적재에 관한 고시 제33조(보세구역반입) 제3항]

24 정답 ④

[관세법 제183조(보세창고)]
② 운영인은 미리 세관장에게 신고를 하고 제1항에 따른 물품의 장치에 방해되지 아니하는 범위에서 보세창고에 내국물품을 장치할 수 있다. **다만, 동일한 보세창고에 장치되어 있는 동안 수입신고가 수리된 물품은 신고 없이 계속하여 장치할 수 있다.**
③ 운영인은 보세창고에 **1년**(제2항 단서에 따른 물품은 **6개월**) 이상 계속하여 제2항에서 규정한 내국물품만을 장치하려면 세관장의 승인을 받아야 한다.

25 정답 ①

[보세화물 관리에 관한 고시 제4조(화물분류기준) 제1항]
입항 전 또는 하선(기) 전에 수입신고나 보세운송신고를 하지 않은 보세화물의 장치장소 결정을 위한 화물분류 기준은 다음 각 호에 따른다.
1. 선사는 화주 또는 그 위임을 받은 자가 운영인과 협의하여 정하는 장소에 보세화물을 장치하는 것을 원칙으로 한다.
2. **화주 또는 그 위임을 받은 자가 장치장소에 대한 별도의 의사표시가 없는 경우**에는 다음 각 목에 따른다.
   가. Master B/L화물은 <u>선사</u>가 선량한 관리자로서 장치장소를 결정한다.
   나. <u>House B/L화물은 화물운송주선업자가 선량한 관리자로서 선사 및 보세구역 운영인과 협의하여 장치장소를 결정한다.</u>

<제4과목> 수출입안전관리

01   정답 ⑤

[수출입 안전관리 우수업체 공인 및 운영에 관한 고시 제3조(공인부문) 제1항]
수출입 안전관리 우수업체(AEO, Authorized Economic Operator)로 공인을 신청할 수 있는 자는 다음 각 호와 같다.
1. 「관세법」(이하 "법"이라 한다) 제241조에 따른 수출자(수출부문)
2. 법 제241조에 따른 수입자(수입부문)
3. 「관세사법」 제2조 또는 제3조에 따른 통관업을 하는 자(관세사부문)
4. 법 제2조 제16호에 해당하는 자 또는 법 제172조에 따른 지정장치장의 화물을 관리하는 자(보세구역운영인부문)
5. 법 제222조 제1항 제1호에 해당하는 자(보세운송부문)
6. 법 제222조 제1항 제2호 및 제6호에 해당하는 자(화물운송주선업부문)
7. 법 제222조 제1항 제3호에 해당하는 자(하역업부문)
8. 법 제2조 제6호에 따른 국제무역선을 소유하거나 운항하여 법 제225조에 따른 보세화물을 취급하는 자(선박회사부문)
9. 법 제2조 제7호에 따른 국제무역기를 소유하거나 운항하여 법 제225조에 따른 보세화물을 취급하는 자(항공사부문)

02   정답 ⑤

관세청장은 수출입 안전관리 우수업체로 공인받기 위한 **신청 여부와 관계없이** 운영인, 납세의무자 등 수출입물품의 제조·운송·보관 또는 통관 등 무역과 관련된 자를 대상으로 연 4회의 범위에서 안전관리 기준을 준수하는 정도를 측정·평가할 수 있다. [관세법 제255조의7(수출입 안전관리 기준 준수도의 측정·평가) 제1항], [시행령 제259조의4(준수도 측정·평가의 절차 및 활용 등) 제1항]

03   정답 ②

[수출입 안전관리 우수업체 공인 및 운영에 관한 고시 제12조의2(공인신청의 기각)]
관세청장은 신청업체가 다음 각 호의 어느 하나에 해당하는 경우에는 공인신청을 기각할 수 있다.
2. 공인심사를 할 때에 제출한 자료가 거짓으로 작성된 경우
7. 공인신청 후 신청업체의 법규준수도 점수가 70점 미만(중소 수출기업은 60점 미만)으로 하락한 경우

04   정답 ②

관세청장은 신청업체가 제출한 서류를 통해서 공인기준을 충족하는지를 확인하기 어려운 경우에는 30일의 범위 내에서 신청업체에게 보완을 요구할 수 있다. 이 경우 관세청장은 보완을 요구할 사항을 가급적 한꺼번에 요구하여야 하며, 보완에 소요되는 기간은 심사기간에 포함하지 않는다. [수출입 안전관리 우수업체 공인 및 운영에 관한 고시 제8조(서류심사) 제2항]

05   정답 ③

[수출입 안전관리 우수업체 공인 및 운영에 관한 고시 별표 2(통관절차 및 관세행정상의 혜택)]

06   정답 ②

수출입 안전관리 우수 공인업체에 대하여는 **통관절차 및 관세행정상의 혜택**을 제공할 수 있다. [관세법 제255조의3(수출입 안전관리 우수업체에 대한 혜택 등) 제1항]

07 정답 ④

[수출입 안전관리 우수업체 공인 및 운영에 관한 고시 별표 1(수출입 안전관리 우수업체 공인기준)]
4. 안전관리
　(5) 취급절차 관리
　　　4.5.3 운영인은 반입물품의 중량·라벨·표식·수량 등을 **반입예정정보**와 대조 확인하여야 한다. 운영인은 반출물품을 구매주문서 또는 운송의뢰서, 반출승인정보 등과 대조 확인하여야 한다. 또한, 물품을 인수하거나 불출하기 전에 **운전사**의 정확한 신원을 확인하여야 한다.

08 정답 ④

수출입 안전관리 우수업체는 수출입 관련 업무 담당 임원 및 관리책임자의 변경 사실이 발생한 경우에는 그 사실이 발생한 날로부터 30일 이내에 수출입 관리현황 변동사항 보고서를 작성하여 관세청장에게 보고하여야 한다. 따라서, A社는 2020년 5월 1일 수출입관리책임자를 보세사인 최OO 과장으로 변경한 경우, 그 사실이 발생한 날로부터 30일 이내에 관세청장에게 보고하였어야 하므로, 2020년 6월 15일 관세청장에게 보고하였다는 내용은 잘못된 설명이다. [수출입 안전관리 우수업체 공인 및 운영에 관한 고시 제17조(변동사항 보고) 제1항 제2호]

09 정답 ④

최초로 수출입 안전관리 우수업체로 공인받은 업체도 등급조정 신청을 할 수 있다. 다만, 공인의 유효기간이 1년 이상 남아 있어야 한다. [수출입 안전관리 우수업체 공인 및 운영에 관한 고시 제5조의2(공인등급의 조정 절차) 제1항]

10 정답 ①

[수출입 안전관리 우수업체 공인 및 운영에 관한 고시 제25조(혜택 적용의 정지) 제1호]

오답노트
② 관세청장은 갱신심사의 결과에 따라 공인을 유보한 경우 6개월 범위 내에서 고시 규정에 따른 혜택의 전부 또는 일부의 적용을 정지할 수 있다. 다만, 공인의 유보사유가 다음의 어느 하나에 해당하는 경우에는 혜택을 부여할 수 있다.
　• 재무건전성 기준을 충족하지 못한 경우
　• 신고정확도 하위 10%에 해당하는 경우
　• 사업장별 법규준수도 기준(관세사부문)을 충족하지 못한 경우
　• 그 밖에 혜택을 부여하는 것이 타당하다고 심의위원회에서 결정한 경우
　[수출입안전관리 우수업체 공인 및 운영에 관한 고시 제25조(혜택 적용의 정지) 제5호]
③ 관세청장은 수출입 안전관리 우수업체(대표자 및 관리책임자를 포함한다)가 다음 각 호의 어느 하나에 해당하는 경우 **공인을 취소할 수 있다.**
　6. 「관세법」 또는 수출입 관련 법령의 위반과 관련하여 다음 각 목의 어느 하나에 해당하는 경우. **다만, 각 법령의 양벌규정에 따라 처벌된 개인 또는 법인은 제외한다.**
　　가. 법 제268조의2, 제269조, 제270조, 제270조의2, 제271조, 제274조 및 제275조의2부터 제275조의4까지의 규정에 따라 벌금형 이상의 형을 선고받거나 통고처분을 이행한 경우
　　나. 법 제276조에 따라 벌금형의 선고를 받은 경우
　　다. 「자유무역협정의 이행을 위한 관세법의 특례에 관한 법률」, 「대외무역법」, 「외국환거래법」, 「수출용 원재료에 대한 관세 등 환급에 관한 특례법」 등 수출입과 관련된 법령을 위반하여 벌금형 이상의 형을 선고받은 경우
　　라. 「관세사법」 제29조에 따라 벌금형 이상의 형을 선고받거나 통고처분[같은 조 제4항 및 같은 법 제32조(같은 법 제29조 제4항과 관련된 부분으로 한정한다)에 따라 적용되는 이 법 제311조에 따른 통고처분은 제외한다]을 받은 경우
　[수출입안전관리 우수업체 공인 및 운영에 관한 고시 제25조의2(공인의 취소) 제1항 제6호]
④ 관세청장은 심의위원회의 심의를 거쳐 공인의 취소를 결정한 경우 해당 결정을 한 날에 공인의 유효기간이 끝나는 것으로 본다. [수출입안전관리 우수업체 공인 및 운영에 관한 고시 제25조의2(공인의 취소) 제3항]

11 정답 ⑤

관세청장이 공인의 유효기간 중에 공인등급을 조정하는 경우에 공인의 유효기간은 **조정 전의 유효기간으로 한다.** [**수출입 안전관리 우수업체 공인 및 운영에 관한 고시 제13조(공인의 유효기간) 제4항**]

12 정답 ③

- 수출입 안전관리 우수업체는 공인을 갱신하고자 할 때에는 공인의 유효기간이 끝나기 **6개월** 전까지 수출입 안전관리 우수업체 갱신심사 신청서에 관련 서류를 첨부하여 관세청장에게 전자문서로 제출하여야 한다. [**수출입 안전관리 우수업체 공인 및 운영에 관한 고시 제19조(갱신심사) 제1항**]
- 관세청장은 원활한 갱신심사를 운영하기 위해 수출입 안전관리 우수업체에게 공인의 유효기간이 끝나기 **1년** 전부터 갱신심사를 신청하게 할 수 있다. [**수출입 안전관리 우수업체 공인 및 운영에 관한 고시 제19조(갱신심사) 제1항**]

13 정답 ②

공인 심사 신청 시 관리책임자의 교체, 사업장 추가 등 불가피한 경우에는 **현장심사를 시작하는 날까지** 제출할 수 있다. [**수출입 안전관리 우수업체 공인 및 운영에 관한 고시 제6조(공인신청) 제1항 제7호**]

14 정답 ④

현행범, 중대·명백한 위법정보가 있는 경우 본부세관 갱신심사부서와 협의 하에 심사 가능하다. [**수출입 안전관리 우수업체 공인 및 운영에 관한 고시 별표2(통관절차 및 관세행정상의 혜택)**]

15 정답 ④

> 바. 보세구역운영인
>   1. 법규준수
>   1.1.4 신청업체와 신청인(관리책임자를 포함한다)이 관세법 제276조에 따라 벌금형 선고를 받은 사실이 있는 경우에는 벌금형 선고 후 **2년**이 경과하여야 한다.
>   3. 재무건전성
>   3.2.1 신청업체는 ① 재무제표에 대한 감사보고서의 감사의견이 적정이어야 하며, ② 부채비율이 동종업종의 평균 부채비율의 **200%** 이하이거나 외부신용평가기관의 신용평가 등급이 투자적격 이상 또는 매출 증가 등으로 성실한 법규준수의 이행이 가능할 정도의 재정을 유지하여야 한다.

16 정답 ①

국제무역선이나 국제무역기에는 **내국물품**을 적재할 수 없으며, 국내운항선이나 국내운항기에는 **외국물품**을 적재할 수 없다. 다만, 세관장의 **허가**를 받았을 때에는 그러하지 아니하다. [**관세법 제140조(물품의 하역) 제6항**]

17 정답 ④

국제무역선 또는 국제무역기를 국내운항선 또는 국내운항기로 전환하거나, 국내운항선 또는 국내운항기를 국제무역선 또는 국제무역기로 전환하려면 선장이나 기장은 **세관장의 승인**을 받아야 한다. [**관세법 제144조(국제무역선의 국내운항선으로의 전환 등)**]

오답노트

① 선박용품 또는 항공기용품 물품을 국제무역선·국제무역기에 하역하거나 환적하려면 **세관장의 허가**를 받아야 하며, 하역 또는 환적허가의 내용대로 하역하거나 환적하여야 한다. [**관세법 제143조(선박용품 및 항공기용품 등의 하역 등) 제1항**]

② 국제무역선이 국제항의 바깥에서 물품을 하역하거나 환적하려는 경우에는 선장은 **세관장의 허가**를 받아야 한다. [**관세법 제**

142조(항외 하역) 제1항]
③ 국제무역선이나 국제무역기가 국제항을 출항하려면 선장이나 기장은 출항하기 전에 **세관장에게 출항허가**를 받아야 한다. [관세법 제136조(출항절차) 제1항]
⑤ 국제무역선이나 국제무역기는 국제항에 한정하여 운항할 수 있다. 다만, 대통령령으로 정하는 바에 따라 국제항이 아닌 지역에 대한 출입의 허가를 받은 경우에는 그러하지 아니하다. [관세법 제134조(국제항 등에의 출입) 제1항]

18   정답 ③

상시승선(신고)증의 유효기간은 발급일로부터 <u>3년</u>으로 한다. [국제무역선의 입출항 전환 및 승선절차에 관한 고시 제42조(상시승선증 유효기간) 제1항]

19   정답 ③

국제항의 운영자는 국제항이 법률에 따른 시설기준 등에 미치지 못하게 된 경우 그 시설 등을 신속하게 개선하여야 하며, **기획재정부장관**은 대통령령으로 정하는 바에 따라 그 시설 등의 개선을 명할 수 있다. [관세법 제133조(국제항의 지정 등) 제3항]

20   정답 ①

해당 내용은 하선(기)감시화물에 대한 설명이다. 운송추적감시화물은 **세관장이 선별한 감시대상화물 중 하선(기)장소 또는 장치예정장소까지 추적감시하는 화물**을 말한다. [관리대상화물 관리에 관한 고시 제2조(정의)]

21   정답 ①

[선박용품 등 관리에 관한 고시 제12조(이행기간) 제1항]

오답노트
② 미화 3천 달러(원화표시 물품 300만 원) 이하의 선박용품이라면 공급자가 대행업체를 지정하여 적재허가 받은 절차를 이행하게 할 수 있다. [선박용품 등 관리에 관한 고시 제11조(이행의무자) 제3항]
③ 수리업자 등은 조건부 하역한 외국선박용품을 하역일로부터 <u>30일</u> 이내에 해당 선박에 적재하고 세관장에게 완료보고해야 한다. [선박용품 등 관리에 관한 고시 제15조(조건부 하역 선박용품의 관리) 제2항]
④ 공급자 등은 적재 등을 완료한 때에는 다음 날 12시까지 관할 세관장에게 보고해야 한다. **다만, 보고기한 내에 해당 선박이 출항하는 때에는 출항허가 전까지 보고해야 한다.** [선박용품 등 관리에 관한 고시 제14조(완료보고) 제1항]
⑤ 공급자 등 및 수리업자 등은 반입등록한 선박용품 등을 수입·반송 또는 공매하는 등 용도 외 처분한 때에는 용도 외 처분한 날로부터 <u>7일</u> 이내에 반입등록한 세관장에게 용도 외 처분보고서를 제출해야 한다. [선박용품 등 관리에 관한 고시 제22조(용도 외 처분) 제1항]

22   정답 ⑤

입항하는 선박 또는 항공기의 승객예약자료 제출시한은 **입항 1시간 전까지**이나 운항예정시간이 3시간 이내인 경우에는 입항 30분 전까지 할 수 있다. [시행규칙 제62조의3(승객예약자료 제출시한)]

23   정답 ②

선장이나 기장은 재해나 그 밖의 부득이한 사유가 종료되었을 때에는 지체 없이 세관장에게 그 경과를 보고하여야 한다. [관세법 제138조(재해나 그 밖의 부득이한 사유로 인한 면책) 제4항]

오답노트
① 외국을 항행한 요트가 국내 요트계류장에 입항한다면 세관의 입항절차를 거쳐야 한다. [관세법 제146조(그 밖의 선박 또는 항공기) 제1항]

③ 국제무역선에서 국내운항선 또는 국내운항선에서 국제무역선으로 전환승인 시 세관은 승인수수료를 징수하지 않는다.
④ 군함 및 군용기 등에 대하여는 국제무역선이나 국제무역기에 관한 규정을 준용하지 않는다. 따라서 국제무역선 및 국제무역기와 관련한 입항보고 등의 절차는 생략한다. [관세법 제146조(그 밖의 선박 또는 항공기) 제1항], [시행규칙 제168조(특수선박)]
⑤ 선장 등은 입항보고가 수리된 선박을 항내의 다른 장소로 이동하려는 때에는 항내정박장소 이동신고서를 세관장에게 전자문서로 제출해야 한다. 다만, 전자문서로 제출할 수 없을 때에는 서면으로 제출할 수 있다. [국제무역선의 입출항 전환 및 승선절차에 관한 고시 제11조(입항선박의 항내이동 신고 등) 제1항]

24 정답 ⑤

외국을 왕래하는 여행자를 전용으로 운송하기 위하여 국내에서만 운항하는 항공기는 국제무역기에 관한 규정을 **준용한다.** [관세법 제146조(그 밖의 선박 또는 항공기) 제1항 제2호]

25 정답 ②

[시행령 제155조(국제항의 지정) 제1항]

구 분	국제항명
항 구	인천항, 부산항, 마산항, 여수항, **목포항**, 군산항, 제주항, 동해·묵호항, 울산항, 통영항, **삼천포항**, 장승포항, 포항항, 장항항, 옥포항, 광양항, 평택·당진항, **대산항**, 삼척항, 진해항, 완도항, 속초항, **고현항**, 경인항, 보령항
공 항	인천공항, 김포공항, 김해공항, 제주공항, 청주공항, 대구공항, 무안공항, 양양공항

<제5과목> 자율관리 및 관세벌칙

01   정답 ⑤

운영인 등은 보세사를 채용, 해고 또는 교체하였을 때에는 <u>세관장에게 즉시 통보하여야 한다.</u> [자율관리보세구역 운영에 관한 고시 제9조(운영인의 의무) 제1항 제2호]

02   정답 ④

[자율관리보세구역 운영에 관한 고시 제5조(지정취소 사유 등) 제1항]
1. 운영인이 법 제178조 제1항에 따른 물품 반입 등의 정지사유에 해당하게 된 경우
   1) 장치물품에 대한 관세를 납부할 자금능력이 없다고 인정되는 경우
   2) 본인이나 그 사용인이 이 법 또는 이 법에 따른 명령을 위반한 경우
   3) 해당 시설의 미비 등으로 특허보세구역의 설치 목적을 달성하기 곤란하다고 인정되는 경우
   4) 그 밖에 1)부터 3)에 준하는 것으로서 대통령령으로 정하는 사유에 해당하는 경우
      ① 재고조사 결과 원자재소요량 관리가 적정하지 않은 경우
      ② <u>1년 동안 계속하여 물품의 반입·반출 실적이 없거나, 6월 이상 보세작업을 하지 않은 경우</u>
      ③ 운영인이 최근 1년 이내에 법에 따른 절차 등을 위반한 경우 등 관세청장이 정하는 사유에 해당하는 경우
2. <u>운영인 등이 보세사가 아닌 자에게 보세화물관리 등 보세사의 업무를 수행하게 한 경우</u>
3. 보세사가 해고 또는 취업정지 등의 사유로 업무를 수행할 수 없는 경우에는 2개월 이내에 다른 보세사를 채용하여 근무하게 하여야 하는데 이를 위반한 경우
4. 자율관리보세구역 지정요건을 충족하지 못한 경우
   1) 일반 자율관리보세구역
      ① 보세화물관리를 위한 보세사 채용
      ② <u>화물의 반출입, 재고관리 등 실시간 물품관리가 가능한 전산시스템(WMS, ERP 등) 구비</u>
   2) 우수 자율관리보세구역
      ① 일반 자율관리보세구역 지정요건을 충족할 것
      ② 「종합인증우수업체 공인 및 관리업무에 관한 고시」제5조에 해당하는 종합인증 우수업체
      ③ 보세공장의 경우 「보세공장 운영에 관한고시」제36조 제1항 제3호 및 제4호를 충족할 것
5. 그 밖에 보세화물을 자율적으로 관리할 능력이 없거나 부적당하다고 세관장이 인정하는 경우

03   정답 ②

[자율관리보세구역 운영에 관한 고시 제7조(절차생략 등) 제1항 제1호 라목]

오답노트
① 벌크화물의 사일로(silo)적입을 위한 포장제거작업의 경우 법 제158조에 따른 보수작업 신청(승인) 생략
③ 「식품위생법」제10조,「건강기능식품에 관한 법률」제17조 및 「축산물 위생관리법」제6조,「의료기기법」제20조 및 「약사법」제56조,「화장품법」제10조 및 「전기용품 및 생활용품 안전관리법」제9조·제18조·제25조·제29조에 따른 표시작업(<u>원산지표시 제외</u>)
④ 「보세화물 관리에 관한 고시」제16조에 따른 재고조사 및 보고의무를 분기별 1회에서 <u>연 1회로 완화</u>
⑤ 「특허보세구역 운영에 관한 고시」제22조에 따른 <u>보세구역 운영상황의 점검생략</u>

04   정답 ③

운영인은 회계연도 종료 <u>3개월</u>이 지난 후 <u>15일</u> 이내에 자율관리보세구역 운영 등의 적정여부를 자체 점검하고, 자율점검표를 작

성하여 세관장에게 제출하여야 한다. 다만, 운영인이 자율점검표를 「특허보세구역운영에 관한 고시」 제20조에 의한 보세구역 운영상황 및 「보세화물 관리에 관한 고시」 제16조에 의한 재고조사 결과와 함께 제출하려는 경우, 자율점검표를 다음 해 2월 말까지 제출할 수 있다. [자율관리보세구역 운영에 관한 고시 제10조(자율관리보세구역에 대한 감독) 제1항]

05 정답 ②

보세화물관리를 위한 보세사 채용을 하여야 한다. [자율관리보세구역 운영에 관한 고시 제3조(지정요건) 제1호 가목]

06 정답 ⑤

보세구역 장치물품에 대한 보수작업 승인 및 감독은 **세관장**의 권한이다.

> [시행령 제185조(보세사의 직무 등) 제1항]
> 보세사의 직무는 다음 각 호와 같다.
> 1. 보세화물 및 내국물품의 반입 또는 반출에 대한 참관 및 확인
> 2. 보세구역 안에 장치된 물품의 관리 및 취급에 대한 참관 및 확인
> 3. 보세구역출입문의 개폐 및 열쇠관리의 감독
> 4. 보세구역의 출입자관리에 대한 감독
> 5. 견본품의 반출 및 회수
> 6. 기타 보세화물의 관리를 위하여 필요한 업무로서 관세청장이 정하는 업무

07 정답 ①

보세사 자격을 갖춘 사람이 보세사로 근무하려면 해당 보세구역을 관할하는 세관장에게 등록하여야 한다. [관세법 제165조(보세사의 자격 등) 제3항]

08 정답 ①

법규수행능력 평가대상 수출입물류업체에 대한 점검은 **서면점검**을 원칙으로 한다. [수출입물류업체에 대한 법규수행능력 측정 및 평가관리에 관한 훈령 제8조(점검 및 결과조치) 제1항]

09 정답 ②

[자유무역지역의 지정 및 운영에 관한 법률 제3조(다른 법률과의 관계) 제3항]

오답노트
① 자유무역지역에서는 이 법에 규정된 사항을 제외하고는 「관세법」을 적용하지 아니한다. [자유무역지역의 지정 및 운영에 관한 법률 제3조(다른 법률과의 관계) 제1항]
③ 자유무역지역법에서 "수입", "수출", "외국물품", "내국물품"에 대한 용어는 관세법상 용어와 차이가 없다. [자유무역지역의 지정 및 운영에 관한 법률 제2조(정의) 제8호~제11호]
④ 입주기업체 중 외국인투자기업에 대하여는 장애인고용촉진 및 직업재활법 제28조를 적용하지 아니한다. [자유무역지역의 지정 및 운영에 관한 법률 제3조(다른 법률과의 관계) 제2항 제3호]
⑤ 입주기업체 중 외국인투자기업에 대하여는 고용상 연령차별금지 및 고령고용촉진에 관한 법률 제12조를 적용하지 아니한다. [자유무역지역의 지정 및 운영에 관한 법률 제3조(다른 법률과의 관계) 제2항 제1호]

10 정답 ④

내국물품을 반출하려는 자는 같은 항에 따른 내국물품 반출목록신고서를 제출한 날부터 **5년 이내의 범위에서 대통령령으로 정하는 기간** 동안 내국물품 반입증명서류를 보관하여야 한다. [자유무역지역의 지정 및 운영에 관한 법률 제31조(내국물품의 반출 확인) 제3항]

11 정답 ②

국외반출신고란 외국물품 등을 국외반출하기 위한 신고로서 「관세법」의 반송신고와 동일한 성격의 신고를 말한다. [자유무역지역 반출입물품의 관리에 관한 고시 제2조(정의) 제3호]

12 정답 ⑤

지식서비스산업에 해당하는 업종(제4호부터 제6호까지의 규정에 해당하는 업종은 제외한다)의 사업을 하려는 자로서 **수출비중** 등이 대통령령으로 정하는 기준을 충족하는 자 [자유무역지역의 지정 및 운영에 관한 법률 제10조(입주 자격) 제1항 제3호]

13 정답 ②

관세청장은 통제시설의 보수 또는 확충이 필요하다고 인정할 때에는 관리권자에게 통제시설의 보수 또는 확충을 요청할 수 있다. 이 경우 관리권자는 특별한 사유가 없으면 그 요청에 따라야 한다. [자유무역지역의 지정 및 운영에 관한 법률 제27조(통제시설의 설치 등) 제3항]

오답노트
① 관리권자는 **관세청장**과 협의를 거쳐 자유무역지역에 통제시설을 설치하고, 그 운영시기를 공고하여야 한다. [자유무역지역의 지정 및 운영에 관한 법률 제27조(통제시설의 설치 등) 제1항]
③ **관리권자**는 통제시설을 유지·관리하여야 한다. [자유무역지역의 지정 및 운영에 관한 법률 제27조(통제시설의 설치 등) 제2항]
④, ⑤ 관리권자는 자유무역지역을 출입하는 사람 및 자동차에 대한 기록을 **산업통상자원부령**으로 정하는 방법으로 관리하여야 하며, **세관장**이 출입기록을 요청하는 경우 특별한 사유가 없으면 이에 따라야 한다. [자유무역지역의 지정 및 운영에 관한 법률 제27조(통제시설의 설치 등) 제4항]

14 정답 ⑤

관리권자는 관리업무를 효율적으로 운영하기 위하여 자유무역지역을 그 기능 및 특성에 따라 **생산시설지구, 지식서비스시설지구, 물류시설지구, 지원시설지구**, 그 밖에 대통령령으로 정하는 지구로 구분할 수 있다. [자유무역지역의 지정 및 운영에 관한 법률 제9조(자유무역지역의 구분)]

15 정답 ③

입주기업체 외의 자가 외국물품을 자유무역지역 안으로 반입하려는 경우 그 반입을 하려는 자는 「관세법」 제241조에 따른 수입 신고를 하고 관세 등을 내야 한다. [자유무역지역의 지정 및 운영에 관한 법률 제29조(물품의 반입 또는 수입) 제4항 제1호]

16 정답 ①

[관세법 제275조의4(보세사의 명의대여죄 등)]
다음 각 호의 어느 하나에 해당하는 자는 **1년 이하의 징역 또는 1천만 원 이하의 벌금**에 처한다.
1. 제165조의2 제1항을 위반하여 다른 사람에게 자신의 성명·상호를 사용하여 보세사 업무를 수행하게 하거나 자격증 또는 등록증을 빌려준 자
2. 제165조의2 제2항을 위반하여 다른 사람의 성명·상호를 사용하여 보세사의 업무를 수행하거나 자격증 또는 등록증을 빌린 자
3. 제165조의2 제3항을 위반하여 같은 조 제1항 또는 제2항의 행위를 알선한 자

17 정답 ②

관세범에 관하여는 이 법에 특별한 규정이 있는 것을 제외하고는 「**형사소송법**」을 준용한다. [관세법 제319조(준용)]

18 정답 ③

[관세법 시행령 제270조의2(통고처분)]
② 관세청장이나 세관장은 관세범이 조사를 방해하거나 증거물을 은닉·인멸·훼손한 경우 등 관세청장이 정하여 고시하는 사유에 해당하는 경우에는 제1항에 따른 금액의 100분의 50 범위에서 관세청장이 정하여 고시하는 비율에 따라 그 금액을 늘릴 수 있다.
③ 관세청장이나 세관장은 관세범이 조사 중 해당 사건의 부족세액을 자진하여 납부한 경우, 심신미약인 경우 또는 자수한 경우 등 관세청장이 정하여 고시하는 사유에 해당하는 경우에는 제1항에 따른 금액의 100분의 50 범위에서 관세청장이 정하여 고시하는 비율에 따라 그 금액을 줄일 수 있다.
④ 관세범이 제2항 및 제3항에 따른 사유에 2가지 이상 해당하는 경우에는 각각의 비율을 합산하되, 합산한 비율이 100분의 50을 초과하는 경우에는 100분의 50으로 한다.

19 정답 ①

제174조 제1항에 따른 특허보세구역의 설치·운영에 관한 특허를 받지 아니하고 특허보세구역을 운영한 자는 **2천만 원 이하의 벌금**에 처한다. [관세법 제276조(허위신고죄 등) 제3항 제3호의2]

20 정답 ②

관세범인이 통고서의 송달을 받았을 때에는 그 날부터 15일 이내에 이를 이행하여야 하며, 이 기간 내에 이행하지 아니하였을 때에는 관세청장이나 세관장은 즉시 고발하여야 한다. **다만, 15일이 지난 후 고발이 되기 전에 관세범인이 통고처분을 이행한 경우에는 그러하지 아니하다.** [관세법 제316조(통고의 불이행과 고발)]

21 정답 ①

[관세법 제271조(미수범 등) 제1항]

오답노트
② 그 정황을 알면서 제270조에 따른 행위를 방조한 자는 정범(正犯)에 준하여 처벌한다. [관세법 제271조(미수범 등) 제1항]
③, ④ 제269조 및 제270조의 미수범은 본죄에 준하여 처벌한다. [관세법 제271조(미수범 등) 제2항]
⑤ 제268조의2의 죄를 저지를 목적으로 그 예비를 한 자는 본죄의 2분의 1을 감경하여 처벌한다. [관세법 제271조(미수범 등) 제3항]

22 정답 ③

[관세법 제269조(밀수출입죄) 제3항]
다음 각 호의 어느 하나에 해당하는 자는 **3년 이하의 징역 또는 물품원가 이하에 상당하는 벌금**에 처한다.
1. 제241조 제1항 및 제2항에 따른 **신고를 하지 아니하고 물품을 수출하거나 반송한 자**
2. 제241조 제1항 및 제2항에 따른 신고를 하였으나 해당 수출물품 또는 반송물품과 다른 물품으로 신고하여 수출하거나 반송한 자

23 정답 ①

몰수할 물품의 전부 또는 일부를 몰수할 수 없을 때에는 그 몰수할 수 없는 물품의 **범칙 당시의 국내도매가격**에 상당한 금액을 범인으로부터 추징한다. [관세법 제282조(몰수·추징) 제3항]

24 정답 ③

관세법상 허위신고죄 등은 벌금형으로만 처벌하고, 징역형으로는 처벌하지 아니하는 것으로 규정하고 있다. [관세법 제276조(허위신고죄 등)]

25 정답 ⑤

관세법 제269조에 해당하는 밀수품 등을 취득·**양도**·운반·보관 또는 **알선**하거나 **감정**한 자는 3년 이하의 징역 또는 물품 원가 이하에 상당하는 벌금에 처한다. [관세법 제274조(밀수품의 취득죄 등) 제1항]

2020년 기출문제

바로 채점 및 성적 분석 서비스 ▲

| 정답 |

<제1과목> 수출입통관절차

01 ②	02 ⑤	03 ④	04 ①	05 ⑤	06 ②	07 ③	08 ③	09 ④	10 ⑤
11 ③	12 ②	13 ⑤	14 ②	15 ③	16 ②	17 ④	18 ④	19 ⑤	20 ①
21 ③	22 ⑤	23 ③	24 ②	25 ⑤					

<제2과목> 보세구역관리

01 ③	02 ①	03 ⑤	04 ③	05 ②	06 ②	07 ①	08 ①	09 ②	10 ②
11 ④	12 ⑤	13 ②	14 ⑤	15 ⑤	16 ④	17 ⑤	18 ①	19 ⑤	20 ④
21 ④	22 ⑤	23 ④	24 ①	25 ⑤					

<제3과목> 화물관리

01 ①	02 ④	03 ①	04 ③	05 ④	06 ③	07 ⑤	08 ①	09 ①	10 ⑤
11 ①	12 ①	13 ③	14 ②	15 ②	16 ①	17 ②	18 ⑤	19 ②	20 ③
21 ④	22 ③	23 ⑤	24 ②	25 ④					

<제4과목> 수출입안전관리

01 ④	02 ③	03 ①	04 ③	05 ④	06 ④	07 ④	08 ⑤	09 ①	10 ①
11 ①	12 ①	13 ②	14 ⑤	15 ⑤	16 ⑤	17 ②	18 ⑤	19 ⑤	20 ③
21 ④	22 ⑤	23 ①	24 ④	25 ②					

<제5과목> 자율관리 및 관세벌칙

01 ⑤	02 ②	03 ①	04 ④	05 ⑤	06 ⑤	07 ④	08 ②	09 ④	10 ③
11 ④	12 ②	13 ③	14 ①	15 ③	16 ⑤	17 ③	18 ①	19 ⑤	20 ②
21 ⑤	22 ①	23 ③	24 ④	25 ①					

| 해설 |

<제1과목> 수출입통관절차

01 정답 ②

관세법에 따르면 수입물품에는 관세를 부과한다고 규정하고 있다(법 제14조). 즉, 관세는 과세물건인 수입물품이 수입되는 경우에 비로소 과세요건이 충족됨으로써 납세의무가 성립하고, 신고납부 또는 부과고지의 방식으로 건별·수시로 납세의무가 확정되는 특징을 가지고 있다. 따라서, 관세는 국가가 일정한 과세기간에 따라 일정시점에 조세를 부과하는 정기세에 해당하지 않는다.

02 정답 ⑤

'수입신고를 하여야 하는 우편물'은 간이세율을 적용하지 아니한다.

[관세법 제81조(간이세율의 적용) 제1항]
다음 각 호의 어느 하나에 해당하는 물품 중 대통령령으로 정하는 물품에 대하여는 다른 법령에도 불구하고 **간이세율을 적용할 수 있다.**
1. 여행자 또는 **외국을 오가는 운송수단의 승무원이 휴대하여 수입하는 물품**
2. **우편물.** 다만, **수입신고를 하여야 하는 것은 제외**한다.
3. 삭제 〈2018. 12. 31.〉
4. **탁송품** 또는 **별송품**

03 정답 ④

이 법은 관세의 부과·징수 및 수출입물품의 통관을 **적정**하게 하고 **관세수입**을 확보함으로써 **국민**경제의 발전에 이바지함을 목적으로 한다. [관세법 제1조(목적)]

04 정답 ①

관할 세관장 (→ 관세청장)

법 제241조 제4항에 따른 **가산세를 징수해야 하는 물품은 물품의 신속한 유통이 긴요하다고 인정하여 보세구역의 종류와 물품의 특성을 고려하여 관세청장이 정하는 물품**으로 한다. [관세법 시행령 제248조(가산세 대상물품)]

세관장은 **대통령령으로 정하는 물품**을 수입하거나 반송하는 자가 제3항에 따른 기간 내에 수입 또는 반송의 신고를 하지 아니한 경우에는 해당 물품 과세가격의 100분의 2에 상당하는 금액의 범위에서 대통령령으로 정하는 금액을 가산세로 징수한다. [**관세법 제241조(수출·수입 또는 반송의 신고) 제4항**]

05 정답 ⑤

수출신고를 한 물품의 소재지에 방문하여 검사하는 것
→ 수출물품이 선적(이하 기적을 포함)되는 적재지 보세구역 또는 적재지 관할 세관장이 별도로 정하는 장소에서 검사하는 것
 [수출통관 사무처리에 관한 고시 제2조(정의)]

06 정답 ②

[수입통관 사무처리에 관한 고시 제71조(신고서에 의한 간이신고)]
제70조 제1항 각 호의 물품 중 과세되는 물품과 다음 각 호의 어느 하나에 해당하는 물품은 첨부서류 없이 신고서에 수입신고사항을 기재하여

신고(이하 "간이신고"라 한다)한다.
1. 국내거주자가 수취하는 자가사용물품으로서 물품가격이 미화 150달러 이하인 면세대상물품
2. 상업용견본품으로서 과세가격이 미화 250불 이하의 면세대상물품
3. 설계도 중 수입승인이 면제되는 것
4. 「외국환거래법」에 따라 금융기관이 외환업무를 영위하기 위하여 수입하는 지급수단

07   정답 ③

보세운송 지정기간이 만료된 때 (→ 보세운송을 신고하거나 승인받은 때)

[관세법 제16조(과세물건 확정의 시기)]
관세는 수입신고(입항 전 수입신고를 포함)를 하는 때의 물품의 성질과 그 수량에 따라 부과한다. 다만, 다음 각 호의 어느 하나에 해당하는 물품에 대하여는 각 해당 호에 규정된 때의 물품의 성질과 그 수량에 따라 부과한다.
5. 제217조에 따라 관세를 징수하는 물품: 보세운송을 신고하거나 승인받은 때

08   정답 ③

세관공무원 또는 관세사 (→ 세관공무원 또는 보세사)

[원산지표시제도 운영에 관한 고시 제31조(원산지표시 보수작업) 제3항]
수입자 등은 보수작업을 완료한 경우 **세관공무원 또는 보세사**(이하 이 조에서 "세관공무원 등"이라 한다)의 확인을 받아야 한다. 보수작업을 확인한 세관공무원 등은 보수작업 완료 후의 상태를 촬영하여 전자통관시스템에 등록하고 통보하여야 한다. 다만 보세사가 보수작업 완료 확인내역을 등록 및 통보한 경우 세관공무원은 보세사 확인내역의 적정성을 재확인할 수 있다.

09   정답 ④

[관세법 제2조(정의) 제15호]

오답노트
① 외국물품 (→ 내국물품) [관세법 제2조(정의) 제5호 다목]
② 외국물품 (→ 내국물품) [관세법 제2조(정의) 제4호 가목]
③ 내국물품 (→ 외국물품) [관세법 제2조(정의) 제4호 가목]
⑤ 수출·수입하는 것을 말하며, 반송은 포함되지 않는다. (→ 물품을 수출·수입 또는 반송하는 것을 말한다) [관세법 제2조(정의) 제4호 제13호]

10   정답 ⑤

[관세법 제18조(과세환율)]
과세가격을 결정하는 경우 외국통화로 표시된 가격을 내국통화로 환산할 때에는 제17조에 따른 날(보세건설장에 반입된 물품의 경우에는 수입신고를 한 날을 말한다)이 속하는 주의 전주(前週)의 기준환율 또는 재정환율을 평균하여 관세청장이 그 율을 정한다.

11 정답 ③

- 관세의 과세표준은 수입물품의 **가격** 또는 **수량**으로 한다. [관세법 제15조(과세표준)]
- 관세는 수입신고(입항 전 수입신고를 포함한다. 이하 이 조에서 같다)를 하는 때의 물품의 **성질**과 그 **수량**에 따라 부과한다. [관세법 제16조(과세물건 확정의 시기)]

12 정답 ②

'재해 기타 부득이한 사유로 수입물품이 멸실되거나 세관의 승인을 얻어 폐기하려는 경우'는 세관장이 수입신고 취하를 승인하여야 하는 사유에 해당한다.

> [수입통관 사무처리에 관한 고시 제18조(신고의 취하) 제2항]
> 수입신고 취하 신청(승인)서를 접수한 세관장은 다음 각 호의 어느 하나에 해당하는 경우에 한하여 수입신고 취하를 승인해야 하며, 접수일로부터 10일 이내에 승인 여부를 신청인에게 통지해야 한다.
> 1. 수입계약 내용과 상이한 물품, 오송물품, 변질·손상물품 등을 해외공급자 등에게 반송하기로 한 경우
> 2. **재해 기타 부득이한 사유로 수입물품이 멸실되거나 세관의 승인을 얻어 폐기하려는 경우**
> 3. 통관보류, 통관요건 불합격, 수입금지물품 등의 사유로 반송하거나 폐기하려는 경우
> 4. 그 밖에 제1호부터 제3호에 준하는 정당한 사유가 있다고 인정되는 경우

13 정답 ⑤

관세사, 관세법인, 통관취급법인이나 수입화주 (→ 특송업체)

특송업체가 목록통관 특송물품을 수입통관 하려는 때에는 별표 3의 작성요령에 따라 작성한 별지 제4호 서식의 통관목록을 세관장에게 제출하여야 한다. [**특송물품 수입통관 사무처리에 관한 고시 제9조(수입신고 등) 제1항**]

제241조 제2항 제1호의 탁송품으로서 **기획재정부령으로 정하는 물품**은 **운송업자**(제222조 제1항 제6호에 따라 관세청장 또는 세관장에게 등록한 자를 말한다. 이하 "탁송품 운송업자"라 한다)가 다음 각 호에 해당하는 사항이 적힌 목록(이하 "통관목록"이라 한다)을 세관장에게 제출함으로써 제241조 제1항에 따른 수입신고를 생략할 수 있다. [관세법 제254조의2(탁송품의 특별통관) 제1항]

법 제254조의2 제1항 각 호 외의 부분에서 "**기획재정부령으로 정하는 물품**"이란 자가사용 물품 또는 면세되는 상업용 견본품 중 물품가격이 미화 150달러 이하인 물품을 말한다. [관세법 시행규칙 제79조의2(탁송품의 특별통관) 제1항]

14 정답 ②

외국물품과 내국물품을 혼용하여 만든 제품은 <u>모두 외국으로부터 우리나라에 도착된 외국물품으로 본다.</u>
→ 외국물품과 내국물품을 혼용하는 경우에는 <u>그로써 생긴 제품 중 해당 외국물품의 수량 또는 가격에 상응하는 것은 외국으로부터 우리나라에 도착한 물품으로 본다.</u> [관세법 제188조(제품과세)]

15 정답 ③

보세화물 반출입에 관한 자료 → 해당 신고에 대한 수리일부터 2년

> [관세법 제12조(장부 등의 보관) 제1항]
> 관세법에 따라 가격신고, 납세신고, 수출입신고, 반송신고, 보세화물반출입신고, 보세운송신고를 하거나 적재화물목록을 제출한 자는 신고 또는 제출한 자료(신고필증을 포함함)를 성실하게 작성하여 <u>신고 또는 제출한 날부터 5년의 범위에서 대통령령으로 정하는 기간</u> 동안 갖추어 두어야 한다.
>
> [관세법 시행령 제3조(장부 등의 보관)]
> 법 제12조에서 "대통령령으로 정하는 기간"이란 다음 각 호의 구분에 따른 기간을 말한다.
> 1. 다음 각 목의 어느 하나에 해당하는 서류 : <u>해당 신고에 대한 수리일부터 5년</u>
>   가. 수입신고필증

```
나. 수입거래관련 계약서 또는 이에 갈음하는 서류
다. 제237조에 따른 지식재산권의 거래에 관련된 계약서 또는 이에 갈음하는 서류
라. 수입물품 가격결정에 관한 자료
2. 다음 각 목의 어느 하나에 해당하는 서류 : 해당 신고에 대한 수리일부터 3년
   가. 수출신고필증
   나. 반송신고필증
   다. 수출물품·반송물품 가격결정에 관한 자료
   라. 수출거래·반송거래 관련 계약서 또는 이에 갈음하는 서류
3. 다음 각 목의 어느 하나에 해당하는 서류 : 해당 신고에 대한 수리일부터 2년
   가. 보세화물반출입에 관한 자료
   나. 적재화물목록에 관한 자료
   다. 보세운송에 관한 자료
```

16 정답 ②

세액을 허위로 기재한 물품은 수출입 금지 물품에 해당하지는 않는다. 다만, 세액을 허위로 기재하여 수입하는 경우 아래와 같이 처벌될 가능성이 있다.

- 세액결정에 영향을 미치기 위하여 과세가격 또는 관세율 등을 거짓으로 신고하거나 신고하지 아니하고 수입한 자는 관세포탈죄로 처벌 가능하다. [관세법 제270조 제1항 제1호]
- 제241조 제1항·제2항 또는 제244조 제1항에 따른 신고를 할 때 제241조 제1항에 따른 사항을 신고하지 아니하거나 허위신고를 한 자는 허위신고죄로 처벌 가능하다. [관세법 제276조(허위신고죄 등) 제2항 제4호]

17 정답 ④

```
[관세법 제19조(납세의무자) 제1항]
다음 각 호의 어느 하나에 해당하는 자는 관세의 납세의무자가 된다.
10. 도난물품이나 분실물품인 경우에는 다음 각 목에 규정된 자
    가. 보세구역의 장치물품(藏置物品) : 그 운영인 또는 제172조 제2항에 따른 화물관리인(이하 "화물관리인"이라 한다)
    나. 보세운송물품 : 보세운송을 신고하거나 승인을 받은 자
    다. 그 밖의 물품 : 그 보관인 또는 취급인
```

18 정답 ④

```
[수입통관 사무처리에 관한 고시 제15조(수입신고 시 제출서류) 제2항]
다음 각 호의 어느 하나에 해당하는 경우에는 종이서류를 제출하여야 한다.
1. 킴벌리프로세스증명서 제출대상물품(원본)
```

19 정답 ⑤

세관장은 법 제241조 제1항의 신고인이 제1항의 규정에 의한 검사에 참여할 것을 신청하거나 신고인의 참여가 필요하다고 인정하는 때에는 그 일시·장소·방법 등을 정하여 검사에 참여할 것을 통지할 수 있다. [시행령 제251조(통관물품에 대한 검사) 제2항]

20 정답 ①

120일 (→ 90일) [관세법 제121조(심사청구기간) 제1항]

21 정답 ③

제116조에도 불구하고 관세청장은 체납발생일부터 **1년**이 지난 관세 및 내국세 등(체납관세 등)이 **2억 원** 이상인 체납자에 대하여는 그 인적사항과 체납액 등을 공개할 수 있다. [관세법 제116조의2(고액·상습체납자의 명단 공개) 제1항]

22 정답 ⑤

최종수입국 (→ 우리나라) [관세법 제231조(환적물품 등에 대한 유치 등) 제1항]

23 정답 ③

수입물품에 대하여 세관장이 부과·징수하는 내국세 등은 부가가치세, 지방소비세, 담배소비세, 지방교육세, 개별소비세, 주세, 교육세, 교통·에너지·환경세 및 농어촌특별세이다. [관세법 제4조(내국세등의 부과·징수) 제1항]

24 정답 ②

[관세법 제237조(통관의 보류) 제1항]
세관장은 다음 각 호의 어느 하나에 해당하는 경우에는 해당 물품의 통관을 보류할 수 있다.
1. 제241조 또는 제244조에 따른 수출·수입 또는 반송에 관한 신고서의 기재사항에 보완이 필요한 경우
2. 제245조에 따른 제출서류 등이 갖추어지지 아니하여 보완이 필요한 경우
3. 이 법에 따른 의무사항(대한민국이 체결한 조약 및 일반적으로 승인된 국제법규에 따른 의무를 포함한다)을 위반하거나 국민보건 등을 해칠 우려가 있는 경우
4. 제246조의3 제1항에 따른 안전성 검사가 필요한 경우
4의2. 제46조의3 제1항에 따른 안전성 검사 결과 불법·불량·유해 물품으로 확인된 경우
5. 「국세징수법」 제30조 및 「지방세징수법」 제39조의2에 따라 세관장에게 강제징수 또는 체납처분이 위탁된 해당 체납자가 수입하는 경우
6. 그 밖에 이 법에 따라 필요한 사항을 확인할 필요가 있다고 인정하여 대통령령으로 정하는 경우

25 정답 ⑤

[수입통관 사무처리에 관한 고시 제38조(신고수리 전 반출) 제1항]
수입통관에 곤란한 사유가 없는 물품으로서 다음 각 호의 어느 하나에 해당하는 경우에는 법 제252조에 따라 세관장이 신고 수리 전 반출을 승인할 수 있다.
1. 완성품의 세번으로 수입신고 수리받고자 하는 물품이 미조립상태로 분할선적 수입된 경우
2. 「조달사업에 관한 법률」에 따른 비축물자로 신고된 물품으로서 실수요자가 결정되지 아니한 경우
3. 사전세액심사 대상물품(부과고지물품을 포함한다)으로서 세액결정에 오랜 시간이 걸리는 경우
4. 품목분류나 세율결정에 오랜 시간이 걸리는 경우
5. 수입신고 시 「관세법 시행령」(이하 "영"이라 한다) 제236조 제1항 제1호에 따라 원산지증명서를 세관장에게 제출하지 못한 경우

<제2과목> 보세구역관리

01   정답 ③

수용능력 증감에는 설치·운영시설의 증축, 수선 등의 공사가 모두 포함된다.
특허보세구역의 운영인이 **그 장치물품의 수용능력을 증감하거나 그 특허작업의 능력을 변경할 설치·운영시설의 증축, 수선 등의 공사를 하고자 하는 때**에는 그 사유를 기재한 신청서에 공사내역서 및 관계도면을 첨부하여 세관장에게 제출하여 그 승인을 얻어야 한다. 다만, 특허받은 면적의 범위 내에서 수용능력 또는 특허작업능력을 변경하는 경우에는 신고함으로써 승인을 얻은 것으로 본다. [시행령 제191조(수용능력증감 등의 변경)]

02   정답 ①

보세구역은 지정보세구역·특허보세구역 및 **종합보세구역**으로 구분하고, 지정보세구역은 지정장치장 및 **세관검사장**으로 구분하며, 특허보세구역은 **보세창고**·보세공장·보세전시장·**보세건설장** 및 보세판매장으로 구분한다. [관세법 제154조(보세구역의 종류)]

03   정답 ⑤

관세청장이 정하는 보세구역에 반입되어 수입신고가 수리된 물품의 화주 또는 반입자는 제177조에도 불구하고 그 수입신고 수리일부터 15일 이내에 해당 물품을 보세구역으로부터 반출하여야 한다. 다만, **외국물품을 장치하는 데에 방해가 되지 아니하는 것으로 인정되어 세관장으로부터 해당 반출기간의 연장승인을 받았을 때에는 그러하지 아니하다.** [관세법 제157조의2(수입신고수리물품의 반출)]

04   정답 ③

[보세창고 특허 및 운영에 관한 고시 제18조(행정제재) 제3항]
세관장은 보세창고 운영인이 다음 각 호의 어느 하나에 해당하는 경우에는 기간을 정하여 보세창고에의 물품반입을 정지시킬 수 있다.
1. 장치물품에 대한 관세를 납부할 자금능력이 없다고 인정되는 경우
2. 본인 또는 그 사용인이 법 또는 법에 따른 명령을 위반한 경우
3. 해당 시설의 미비 등으로 보세창고 설치 목적을 달성하기 곤란하다고 인정되는 경우
4. 운영인 또는 그 종업원이 합법가장 밀수를 인지하고도 세관장에게 보고하지 않고 보관 또는 반출한 때
5. 세관장의 시설구비 명령을 미이행하거나 보관화물에 대한 중대한 관리소홀로 보세화물의 도난, 분실이 발생한 때
6. 운영인 또는 그 종업원의 관리소홀로 해당 보세창고에서 밀수행위가 발생한 때
7. 운영인이 최근 1년 동안 3회 이상 경고처분을 받은 때

05   정답 ②

박람회 등의 주최자 또는 **국내 대행자**가 보세전시장에서 그 업무수행을 위하여 사용할 물품
(→ 해당 박람회 등의 주최자 또는 **출품자**가 보세전시장에서 그 업무수행을 위하여 사용할 물품)

[보세전시장 운영에 관한 고시 제9조(반입물품의 범위)]
법 제157조 제3항에 따라 보세전시장에 반입이 허용되는 외국물품의 범위는 다음 각 호의 어느 하나에서 정하는 바와 같다.
1. 건설용품 : 해당 **보세전시장에 설치될 전시관, 사무소, 창고, 그 밖의 건조물의 건설유지 또는 철거**를 위하여 사용될 물품을 말하며, 여기에는 시멘트, 도료류, 접착제, 볼트, 합판 등의 건축자재와 토목기계, 건축기계, 각종공구 및 이에 사용될 연료나 기계류 등이 포함된다.
2. 업무용품 : 해당 박람회 등의 주최자 또는 **출품자**가 보세전시장에서 그 업무수행을 위하여 사용할 물품을 말하며 여기에는 사무소 또는 전시관에 비치된 가구, 장식품, 진열용구, 사무용비품 및 소모품 등이 포함된다.

3. 오락용품 : 해당 **보세전시장에서 불특정다수의 관람자에게 오락용으로 관람시키거나 사용하게 할 물품**을 말하며 영화필름, 슬라이드, 회전목마 등이 포함된다.
4. 전시용품 : 해당 보세전시장에서 전시할 물품을 말한다.
5. 판매용품 : 해당 **보세전시장에서 불특정다수의 관람자에게 판매할 것을 목적으로 하는 물품**을 말하며, 판매될 물품이 전시할 기계류의 성능실연을 거쳐서 가공·제조되는 것인 때에는 이에 사용될 원료도 포함된다.
6. 증여물품 : 해당 **보세전시장에서 불특정다수의 관람자에게 증여할 것을 목적으로 하는 물품**을 말하며, 다음과 같은 것이 이에 포함된다.
   가. 광고용의 팸플릿(pamphlet), 카탈로그(catalog), 포스터(poster) 또는 이와 유사한 인쇄물
   나. 법 제94조 제3호에서 관세가 면제될 진정견본
   다. 법 제94조 제4호에서 관세가 면제될 소액 증여품

06 정답 ②

도난, 화재, 침수, 기타 사고가 **발생할 우려가 있을 때** (→ 도난, 화재, 침수, 기타사고가 **발생한 때**)

[보세창고 특허 및 운영에 관한 고시 제17조(운영인의 의무) 제2항]
운영인은 다음 각 호의 사유가 발생한 때에는 지체 없이 세관장에게 보고하여야 한다.
1. 법 제175조 및 제179조 제1항 각 호의 사유가 발생한 때
2. 도난, 화재, 침수, 그 밖의 사고가 발생한 때
3. 보세창고에 장치한 물품이 선적서류, 보세운송신고필증 또는 포장 등에 표기된 물품과 상이한 사실을 발견한 때
4. 보세창고에 종사하는 직원을 채용하거나 면직한 때
5. 보세창고의 건물, 시설 등에 관하여 소방서 등 행정관청으로부터 시정명령을 받은 때

07 정답 ①

[보세공장 운영에 관한 고시 제8조(특허의 제한)]
① 다음 각 호의 어느 하나에 해당하는 경우에는 보세공장의 설치·운영 특허를 할 수 없다.
   1. 법 제175조 각 호의 어느 하나에 해당되는 자
   2. 관세 및 내국세를 체납하고 있는 자
   3. **위험물품을 취급하는 경우에는 위험물품의 종류에 따라 관계행정기관의 장의 허가나 승인을 받지 아니한 자**
② 다음 각 호의 어느 하나에 해당하는 경우에는 보세작업의 종류 및 특수성을 감안하여 **설치·운영특허를 제한할 수 있다.**
   1. **제25조 제1항 각 호의 어느 하나에 해당하는 보수작업만을 목적으로 하는 경우**
   2. **폐기물을 원재료로 하여 제조·가공하려는 경우**
   3. **손모율이 불안정한 농·수·축산물을 원재료로 하여 제조·가공하려는 경우**
   4. **보세작업의 전부를 장외작업에 의존할 경우**

   [제25조(보수작업) 제1항]
   제12조 제3항 제1호부터 제3호까지에 따른 물품의 보수작업 범위는 다음 각 호의 어느 하나에 한하며, HS상 품목분류의 변화를 가져오는 것은 보수작업으로 인정되지 아니한다.
   1. 물품의 보존을 위해 필요한 작업(부패·손상 등을 방지하기 위해 필요한 작업)
   2. 물품의 상품성 향상을 위한 개수작업(포장개선, 라벨표시, 단순절단 등)
   3. 선적을 위한 준비작업(선별, 분류, 용기변경 등)
   4. 단순한 조립작업(간단한 셋팅, 완제품의 특성을 가진 구성요소의 조립 등)

08 정답 ①

창고면적이 500m² 이상
→ 창고면적이 1,000m² 이상 [보세창고 특허 및 운영에 관한 고시 제10조(영업용 보세창고의 요건) 제1항 제1호]

09 정답 ②

[보세창고 특허 및 운영에 관한 고시 제10조(영업용 보세창고의 요건)]
③ 특허신청일 전월 기준 최근 1년간 해당 시설이 소재하는 세관 관할지역의 수출입 물동량이 세관장이 정하는 범위 이상이어야 하며, 특허갱신의 경우에는 해당 보세창고의 보세화물 취급 실적이 세관장이 정하는 범위 이상을 유지하여야 한다.
④ 세관장은 다음 각 호의 어느 하나에 해당하는 경우에는 제3항 전단의 규정을 적용하지 않을 수 있다.
1. 법 제179조 제3항에 따른 승계신고 대상인 상속인 또는 승계법인
2. 제12조 제2항 또는 제3항에 해당하는 경우
3. **국가 산업의 일환으로 조성되는 공항만, 물류단지**
4. 동일세관 관할 내에서 보세창고 소재지를 단순 이동(변경)하는 경우
5. 수출입 안전관리 우수 공인업체(보세구역운영인) 공인기준에 준하는 요건 등을 본부세관별로 설정·운영하는 경우
6. **해당 지역 최초로 특수화물을 장치하기 위한 경우**
7. **기존 보세창고를 인수하는 경우**
8. **집단화 물류시설에 입주하는 경우**
9. 수출입화물의 유통구조 개선 및 물류비 절감 등을 위해 조성된 컨테이너 내륙물류기지(ICD)
10. 「산업입지 및 개발에 관한 법률」 제2조 제8호 가목부터 다목에 해당하는 산업단지 내에서 보세창고를 운영하려는 경우

10 정답 ②

[보세창고 특허 및 운영에 관한 고시 제18조(행정제재) 제1항]
세관장은 다음 각 호의 어느 하나에 해당하는 경우에는 주의처분을 할 수 있으며, 1년 이내에 주의처분을 3회 받은 때에는 경고 1회로 한다. 이 경우 현장점검, 감사 등의 결과에 따라 여러 개의 동일 위반사항이 적발된 경우 이를 1건으로 주의처분할 수 있다.
1. 제17조 제2항 제2호·제3호·제4호·제5호, 제4항, 제20조 제1항을 위반한 경우
2. 「보세화물관리에 관한 고시」 제5조 제4항, 제9조 제1항·제3항·제5항, 제10조 제1항·제2항·제3항·제5항, 제11조, 제12조 제5항, 제13조 제3항, 제17조 제2항, 제32조를 위반한 경우

[보세창고 특허 및 운영에 관한 고시 제17조(운영인의 의무)]
② 운영인은 다음 각 호의 사유가 발생한 때에는 지체 없이 세관장에게 보고하여야 한다.
1. 법 제175조 및 제179조 제1항 각 호의 사유가 발생한 때
2. **도난, 화재, 침수, 그 밖의 사고가 발생한 때**
3. **보세창고에 장치한 물품이 선적서류, 보세운송신고필증 또는 포장 등에 표기된 물품과 상이한 사실을 발견한 때**
4. **보세창고에 종사하는 직원을 채용하거나 면직한 때**
5. **보세창고의 건물, 시설 등에 관하여 소방서 등 행정관청으로부터 시정명령을 받은 때**

[보세창고 특허 및 운영에 관한 고시 제20조(보세창고 운영상황의 보고) 제1항]
보세창고의 운영인은 매년 다음 각 호의 사항을 기재한 보세창고 운영상황을 다음 해 2월 말까지 관할세관장에게 보고하여야 한다.
1. 특허 또는 특허기간 갱신 시 구비한 시설요건 등의 변동 여부
2. 임대차기간의 연장 여부(임대시설의 경우에만 해당한다)
3. 종업원명단(보세사를 포함한다)
4. 장치기간 경과화물 보관 상세내역(12월 31일 기준으로 한다)
5. 그 밖에 세관장이 보세창고의 운영과 관련하여 필요하다고 인정한 사항

11 정답 ④

폐사어를 장치할 수 있는 냉동·냉장 보관시설은 필요시 설치하여 보유할 수 있다.
→ **폐사어를 장치할 수 있는 냉동·냉장 보관시설을 보유하여야 한다.**

> [수입활어 관리에 관한 특례고시 제4조(활어장치장의 시설요건 등) 제1항]
> 활어장치장은 다음의 요건을 모두 갖추어야 한다.
> 5. **냉동·냉장시설** : 폐사어를 장치할 수 있는 냉동·냉장 보관시설을 보유하여야 한다.

12   정답 ⑤

운영인은 보세건설장에서 건설된 시설의 전부 또는 일부를 법 제248조에 따른 **수입신고가 수리되기 전에 가동할 수 없다.** 다만, 세관장의 승인을 받고 시험목적으로 일시 가동한 경우에는 그러하지 아니하다. [보세건설장 관리에 관한 고시 제14조(보세건설물품의 가동 제한)]

13   정답 ②

판매장이란 **판매물품을 실제로 판매하는 장소인 "매장"과** 계단·에스컬레이터·화장실·사무실 등 물품판매와 직접 관련이 없는 **공용시설**을 말한다. [보세판매장 운영에 관한 고시 제2조(정의) 제5호]

14   정답 ③

> [관세법 제166조(지정보세구역의 지정) 제1항]
> 세관장은 다음 각 호의 어느 하나에 해당하는 자가 소유하거나 관리하는 토지·건물 또는 그 밖의 시설(토지 등)을 지정보세구역으로 지정할 수 있다.
> 1. 국가
> 2. 지방자치단체
> 3. 공항시설 또는 항만시설을 관리하는 법인

15   정답 ⑤

해당 시설의 미비 등으로 특허보세구역의 설치 목적을 달성하기 곤란하다고 인정되는 경우는 **반입정지 등의 사유**에 해당한다.

> [관세법 제178조(반입정지 등과 특허의 취소)]
> ① 세관장은 특허보세구역의 운영인이 다음 각 호의 어느 하나에 해당하는 경우에는 관세청장이 정하는 바에 따라 6개월의 범위에서 **해당 특허보세구역에의 물품반입 또는 보세건설·보세판매·보세전시 등**(이하 이 조에서 "물품 반입 등"이라 한다)을 정지시킬 수 있다.
>   1. 장치물품에 대한 관세를 납부할 자금능력이 없다고 인정되는 경우
>   2. 본인이나 그 사용인이 이 법 또는 이 법에 따른 명령을 위반한 경우
>   3. **해당 시설의 미비 등으로 특허보세구역의 설치 목적을 달성하기 곤란하다고 인정되는 경우**
>   4. 그 밖에 제1호부터 제3호까지의 규정에 준하는 것으로서 대통령령으로 정하는 사유에 해당하는 경우
> ② 세관장은 특허보세구역의 운영인이 다음 각 호의 어느 하나에 해당하는 경우에는 그 특허를 취소할 수 있다. 다만, **제1호, 제2호 및 제5호에 해당하는 경우에는 특허를 취소하여야 한다.**
>   1. **거짓이나 그 밖의 부정한 방법으로 특허를 받은 경우**
>   2. 제175조 각 호의 어느 하나에 해당하게 된 경우. 다만, 제175조 제8호에 해당하는 경우로서 같은 조 제2호 또는 제3호에 해당하는 사람을 임원으로 하는 법인이 3개월 이내에 해당 임원을 변경한 경우에는 그러하지 아니하다.
>   3. **1년 이내에 3회 이상 물품반입 등의 정지처분(제3항에 따른 과징금 부과처분을 포함한다)을 받은 경우**
>   4. **2년 이상 물품의 반입실적이 없어서 세관장이 특허보세구역의 설치 목적을 달성하기 곤란하다고 인정하는 경우**
>   5. **제177조의2를 위반하여 명의를 대여한 경우**

16   정답 ④

해당 특허보세구역에 있는 외국물품을 지체 없이 수입통관하여야 한다.
→ **해당 특허보세구역에 있는 외국물품을 지체 없이 다른 보세구역으로 반출하여야 한다.**

[관세법 제179조(특허의 효력상실 및 승계) 제1항]
특허보세구역의 설치·운영에 관한 특허는 다음 각 호의 어느 하나에 해당하면 그 효력을 상실한다.
1. 운영인이 특허보세구역을 운영하지 아니하게 된 경우
2. 운영인이 해산하거나 사망한 경우
3. 특허기간이 만료한 경우
4. 특허가 취소된 경우

[관세법 제182조(특허의 효력상실 시 조치 등) 제1항]
특허보세구역의 설치·운영에 관한 특허의 효력이 상실되었을 때에는 운영인이나 그 상속인 또는 승계법인은 해당 특허보세구역에 있는 외국물품을 지체 없이 다른 보세구역으로 반출하여야 한다.

17   정답 ⑤

[보세공장 운영에 관한 고시 제18조(사용신고 및 검사) 제2항]
제1항에 따라 사용신고를 한 외국물품이 다음 각 호의 법률에 따라 수입요건을 갖출 필요가 있는 물품인 경우에는 세관장에게 그 요건을 갖춘 것임을 증명하여야 한다.
1. 「마약류 관리에 관한 법률」
2. 「식물방역법」
3. 「야생생물 보호 및 관리에 관한 법률」
4. 「총포·도검·화약류 등의 안전관리에 관한 법률」
5. 「수산 생물 질병 관리법」
6. 「가축 전염병 예방법」
7. 「폐기물의 국가 간 이동 및 그 처리에 관한 법률」
8. 「약사법」(오·남용우려 의약품 한정)
9. 「수입식품 안전관리 특별법」
10. 「통신비밀보호법」
11. 「화학물질관리법」(금지물질, 제한물질에 한함)
12. 「방위사업법」
13. 국민건강보호·사회안전을 위해 긴급한 대응이 필요하여 법률상 수입요건 구비 여부 확인이 필요하다고 세관장이 인정하는 경우 해당 법

18   정답 ①

법 제196조 제2항에 따라 설치된 보세판매장의 운영인이 외국에서 국내로 입국하는 사람에게 물품(**술·담배·향수**는 제외한다)을 판매하는 때에는 **미화 800달러**의 한도에서 판매해야 하며, 술·담배·향수는 제48조 제3항에 따른 별도면세범위에서 판매할 수 있다. [시행규칙 제69조의4(보세판매장 판매한도)]

19   정답 ⑤

[관세법 제159조(해체·절단 등의 작업) 제6항]
① 보세구역에 장치된 물품에 대하여는 그 원형을 변경하거나 해체·절단 등의 작업을 할 수 있다.
② 제1항에 따른 작업을 하려는 자는 세관장의 허가를 받아야 한다.
③ 세관장은 제2항에 따른 허가의 신청을 받은 날부터 10일 이내에 허가 여부를 신청인에게 통지하여야 한다.

④ 세관장이 제3항에서 정한 기간 내에 허가 여부 또는 민원 처리 관련 법령에 따른 처리기간의 연장을 신청인에게 통지하지 아니하면 그 기간(민원 처리 관련 법령에 따라 처리기간이 연장 또는 재연장된 경우에는 해당 처리기간을 말한다)이 끝난 날의 다음 날에 허가를 한 것으로 본다.
⑤ **제1항에 따라 작업을 할 수 있는 물품의 종류는 관세청장이 정한다.**
⑥ 세관장은 수입신고한 물품에 대하여 필요하다고 인정될 때에는 화주 또는 그 위임을 받은 자에게 제1항에 따른 작업을 명할 수 있다.

오답노트

① 보수작업에 대한 설명이다.
  A. 보세구역에 장치된 물품은 그 현상을 유지하기 위하여 필요한 보수작업과 그 성질을 변하지 아니하게 하는 범위에서 포장을 바꾸거나 구분·분할·합병을 하거나 그 밖의 비슷한 보수작업을 할 수 있다. [관세법 제158조(보수작업) 제1항]
② 세관장의 신고 → 세관장의 허가 [관세법 제159조(해체·절단 등의 작업) 제2항]
③ 7일 이내 → 10일 이내 [관세법 제159조(해체·절단 등의 작업) 제3항]
④ 세관장 → 관세청장 [관세법 제159조(해체·절단 등의 작업) 제5항]

20 정답 ④

출국장면세점과 시내면세점에서는 **출국인 및 외국으로 출국하는 통과여객기(선)에 의한 임시체류인**에 한하여 물품을 판매할 수 있다. [보세판매장 특허 및 운영에 관한 고시 제29조(구매자 및 구매총액) 제2항]

21 정답 ④

[시행규칙 제70조(내국물품 반출입신고의 생략)]
세관장은 법 제199조 제2항의 규정에 의하여 다음 각 호의 1에 해당하지 아니하는 경우에는 반출입신고를 생략하게 할 수 있다.
1. 법 제185조 제2항의 규정에 의하여 세관장의 허가를 받고 내국물품만을 원료로 하여 제조·가공 등을 하는 경우 그 원료 또는 재료
2. 법 제188조 단서의 규정에 의한 혼용작업에 소요되는 원재료
3. 법 제196조의 규정에 의한 보세판매장에서 판매하고자 하는 물품
4. 당해 내국물품이 외국에서 생산된 물품으로서 종합보세구역 안의 외국물품과 구별되는 필요가 있는 물품(보세선시장의 기능을 수행하는 경우에 한한다)

22 정답 ③

[보세판매장 특허 및 운영에 관한 고시 제27조(운영인의 의무) 제4항]
운영인이 외화로 표시된 물품을 표시된 **외화 이외의 통화**로 판매하는 때에는 다음 각 호의 사항을 준수하여야 한다.
1. 해당 물품을 판매하는 날의 전일(최종 고시한 날을 말한다)의 「**외국환거래법**」에 의한 기준환율 또는 재정환율을 적용
2. 당일 적용하는 환율을 소수점 이하 3자리에서 버린 후, 소수점 이하 2자리까지 표시
3. 당일 적용환율을 정문입구 또는 구매자가 잘 볼 수 있는 곳(제11조의 전자상거래에 의한 판매는 인터넷 홈페이지)에 게시

23 정답 ④

[시행령 제182조(물품이상의 신고) 제1항]
보세구역 또는 법 제155조 제1항 단서의 규정에 의하여 보세구역이 아닌 장소에 장치된 물품에 이상이 있는 때에는 다음 각 호의 사항을 기재한 신고서를 세관장에게 제출하여야 한다.
1. 제175조 각 호의 사항
2. 장치장소
3. **발견연월일**
4. **이상의 원인 및 상태**

[시행령 제175조(보세구역 외 장치의 허가신청)]
법 제156조 제1항에 따른 허가를 받으려는 자는 해당 물품에 관하여 다음 각 호의 사항을 기재한 신청서에 송품장과 선하증권·항공화물운송장 또는 이에 갈음하는 서류를 첨부하여 세관장에게 제출하여야 한다.
1. 장치장소 및 장치사유
2. 수입물품의 경우 당해 물품을 외국으로부터 운송하여 온 선박 또는 항공기의 명칭 또는 등록기호·입항예정연월일·선하증권번호 또는 항공화물운송장번호
3. 해당 물품의 내외국물품별 구분과 **품명·규격·수량 및 가격**
4. 당해 물품의 포장의 종류·번호 및 개수

24   정답 ①

지정장치장에 반입한 물품은 <u>화주 또는 반입자</u>가 그 보관의 책임을 진다. [관세법 제172조(물품에 대한 보관책임) 제1항]

25   정답 ⑤

100분의 50 미만 → 100분의 50 이상

[보세공장 운영에 관한 고시 제12조의2(원료과세) 제2항]
법 제189조 제2항 및 영 제205조 제3항에 따라 **보세공장**이 다음 각 호의 사항을 충족하는 경우에는 별지 제3호의2 서식의 원료과세 포괄적용 신청(승인)서를 제출하여 1년의 범위에서 **원료별, 제품별 또는 보세공장 전체에 대하여 원료과세의 적용을 신청할 수 있다.**
1. 최근 2년간 생산되어 판매된 물품 중 수출된 물품의 가격비율이 100분의 50 이상인 경우
2. 수출입 안전관리 우수업체(AEO)
3. 내·외국 원재료별 품명, 규격, 소요량, 재고 등이 전산시스템에 의하여 명확하게 기록·관리되는 경우

<제3과목> 화물관리

01   정답 ①

[환적화물 처리절차에 관한 특례고시 제7조(보세운송) 제1항]
환적화물을 보세운송하려는 자는 입항 선박 또는 항공기의 House B/L 단위로 세관장에게 보세운송 신고를 하여야 한다. 다만, 다음 각 호의 어느 하나에 해당하는 경우에는 그러하지 아니하다.
2. 다음 각 목의 어느 하나에 해당하는 화물은 Master B/L 단위로 신고할 수 있다.
  나. 컨테이너에서 적출하지 아니하고 동일한 목적지로 보세운송하는 LCL화물

02   정답 ④

포장단위 물품으로서 수량의 과부족이 10% 이내이고 포장상태에 이상이 없는 경우
→ 포장단위 물품으로서 **중량**의 과부족이 10% 이내이고 포장상태에 이상이 없는 경우

[보세화물 입출항 하선하기 및 적재에 관한 고시 제13조(적재화물목록 정정생략) 제1항]
적재화물목록상의 물품과 실제 물품이 다음 각 호의 어느 하나에 해당하는 때에는 적재화물목록 정정신청을 생략할 수 있다.
1. 산물(예 광물, 원유, 곡물, 염, 원피 등)로서 그 중량의 과부족이 5% 이내인 경우
2. 용적물품(예 원목 등)으로서 그 용적의 과부족이 5% 이내인 경우
3. 포장파손이 용이한 물품(예 비료, 설탕, 시멘트 등) 및 건습에 따라 중량의 변동이 심한 물품(예 펄프, 고지류 등)으로서 그 중량의 과부족이 5% 이내인 경우
4. 포장단위 물품으로서 **중량**의 과부족이 10% 이내이고 포장상태에 이상이 없는 경우
5. 적재화물목록 이상사유가 단순기재오류 등으로 확인되는 경우

03   정답 ①

[보세화물장치기간 및 체화관리에 관한 고시 제6조(반출통고의 주체, 대상 및 내용)]
① 보세전시장, 보세건설장, 보세판매장, 보세공장, 보세구역 외 장치장, **자가용보세창고에 반입한 물품**에 대해서는 **관할세관장**이 화주나 반입자 또는 그 위임을 받은 자(이하 "화주 등"이라 한다)에게 반출통고한다.
② **영업용보세창고에 반입한 물품**이 반출통고는 **보세구역운영인**이 **화주 등**에게 하며, 지정장치장에 반입한 물품의 반출통고는 **화물관리인**이 화주 등에게 하여야 한다.

04   정답 ③

세관장은 제1항 단서에 따른 허가의 신청을 받은 날부터 **10일** 이내에 허가 여부를 신청인에게 통지하여야 한다. [관세법 제134조(국제항 등에의 출입) 제3항]

05   정답 ④

[보세화물장치기간 및 체화관리에 관한 고시 제10조(매각처분 보류요청) 제1항]
제9조 제1항 제5호에 따라 매각처분을 보류하려는 자는 별지 제5호 서식의 **장치기간 경과물품 매각처분 보류신청(승인)서**에 다음 각 호의 서류를 첨부하여 **세관장에게 제출하고 입찰 전까지 그 승인을 받아야 한다.**
1. 사유서
2. 송품장 등 화주임을 증명하는 서류
3. 그 밖에 세관장이 사실 확인을 위하여 필요하다고 인정하는 서류

06　　　　　　　　　　　　　　　　　　　　　　　　　　　　　　　　　　　　　　정답 ③

[보세화물장치기간 및 체화관리에 관한 고시 제22조(수의계약) 제1항]
세관장은 다음 각 호의 어느 하나에 해당하는 경우에만 수의계약할 수 있다.
1. 1회 이상 경쟁입찰에 붙여도 매각되지 아니한 경우(단독 응찰한 경우를 포함한다)로서 다음 회의 입찰에 체감될 예정가격 이상의 응찰자가 **있을 때**
2. 공매절차가 종료된 물품을 국고귀속 **예정통고 전**에 최종예정가격 이상의 가격으로 매수하려는 자가 있을 때
3. 부패, 손상, 변질 등의 우려가 있는 물품으로서 **즉시** 매각되지 아니하면 상품가치가 저하될 우려가 있을 때
4. 1회 공매의 매각예정가격이 **50만 원** 미만인 때
5. **경쟁입찰** 방법으로 매각함이 공익에 반하는 때

07　　　　　　　　　　　　　　　　　　　　　　　　　　　　　　　　　　　　　　정답 ⑤

세관장은 제1항 제3호에 따라 **개장검사를 실시한 경우**, 그 결과를 세관화물정보시스템에 등록해야 하며, **이상물품이 발견되었을 때에는 인지한 부서에서 즉시 자체조사와 통고처분 등 적절한 조치를 취해야 한다.** 이때「관세범칙 등에 대한 통고처분 및 고발에 관한 시행세칙」별표 1에서 고발하도록 정한 경우에는 즉시 조사전담부서로 고발의뢰해야 한다. 다만, 이상이 없는 것으로 나타난 경우에는 신속한 보세운송 등을 위하여 필요한 조치를 해야 한다. [보세운송에 관한 고시 제28조(물품검사) 제4항]

08　　　　　　　　　　　　　　　　　　　　　　　　　　　　　　　　　　　　　　정답 ①

외국물품은 수입될 물품의 보수작업의 재료로 사용할 수 **없다.** [관세법 제158조(보수작업) 제6항]

09　　　　　　　　　　　　　　　　　　　　　　　　　　　　　　　　　　　　　　정답 ③

[보세화물 입출항 하선하기 및 적재에 관한 고시 제19조(하선장소 물품반입) 제1항]
제15조에 따라 하선신고를 한 자는 입항일(외항에서 입항수속을 한 경우 접안일)로부터 **다음 각 호의 어느 하나에 해당하는 기간 내에 해당물품을 하선장소에 반입하여야 한다.**
1. 컨테이너화물 : 5일
2. 원목, 곡물, 원유 등 산물 : 10일

10　　　　　　　　　　　　　　　　　　　　　　　　　　　　　　　　　　　　　　정답 ⑤

[보세운송에 관한 고시 제46조(적용범위) 제1항]
수출신고가 수리된 물품은 보세운송 절차를 생략한다. 다만, 다음 각 호의 어느 하나에 해당하는 **물품은 그러하지 아니하다.**
4. 여행자 휴대품 중 반송되는 물품

[보세운송에 관한 고시 제47조(보세운송 절차) 제3항]
제46조 제4호에 해당하는 물품의 보세운송 절차는「여행자 및 승무원 휴대품 통관에 관한 고시」에서 정하는 바에 따른다.

11　　　　　　　　　　　　　　　　　　　　　　　　　　　　　　　　　　　　　　정답 ①

[보세운송에 관한 고시 제31조(승인기준) 제1항 제4호]
비금속설은 다음 각 목의 어느 하나에 해당하는 경우에만 할 수 있다.
가. 도착지가 비금속설만을 전용으로 장치하는 영업용보세창고로서 간이보세운송업자가 승인신청하는 경우
나. **도착지가 실화주의 자가용보세창고로서 비금속설을 처리할 수 있는 용광로 또는 압연시설을 갖추고 있고 간이보세운송업자가 보세운송 승인신청을 하는 경우**

다. 도착지가 비금속설을 장치할 수 있도록 보세구역 외 장치허가를 받은 장소로서 간이보세운송업자가 승인신청하는 경우
라. 컨테이너로 운송하는 경우로서 보세화물 관리상 문제가 없다고 세관장이 인정하는 경우

12 정답 ①

제4조에 따른 장치장소 중 별표1의 보세구역에 반입된 물품이 **수입신고가 수리된 때에는 그 수리일로부터 15일 이내에 해당 보세구역에서 반출하여야 하며 이를 위반한 경우에는 법 제277조에 따라 해당 수입화주를 조사한 후 과태료를 부과한다.** [보세화물 관리에 관한 고시 제19조(수입신고수리물품의 반출의무)]

13 정답 ③

화물운송주선업자의 등록기간은 **3년**으로 하며, 갱신할 수 있다. [화물운송주선업자의 등록 및 관리에 관한 고시 제4조(등록신청 및 심사) 제4항]

14 정답 ②

[보세화물 장치기간 및 체화관리에 관한 고시 제3조(적용대상)]
이 고시에서 보세구역에 반입되는 물품의 장치기간은 다음 각 호의 어느 하나에 해당하는 물품에만 적용한다.
1. 「관세법」(이하 "법"이라 한다) 제169조에 따른 지정장치장 반입물품
2. 〈삭제 2001. 1. 18.〉
3. 법 제155조 제1항 제1호부터 제3호까지에 해당하는 물품
4. **법 제206조에 따른 여행자 또는 승무원의 휴대품으로서 유치 또는 예치된 물품 및 습득물**
5. **법 제183조에 따른 보세창고 반입물품**
6. 법 제185조에 따른 보세공장 반입물품
7. 법 제190조에 따른 보세전시장 반입물품
8. 법 제191조에 따른 보세건설장 반입물품
9. **법 제196조에 따른 보세판매장 반입물품**

15 정답 ②

[보세화물 장치기간 및 체화관리에 관한 고시 제38조(국고귀속의 보류)]
제37조에도 불구하고 세관장은 다음 각 호의 어느 하나에 해당하는 물품에 대하여 국고귀속 조치를 보류할 수 있다.
1. **국가기관(지방자치단체 포함)에서 수입하는 물품**
2. 「공공기관의 운영에 관한 법률」 제5조에 따른 공기업, 준정부기관, 그 밖의 공공기관에서 수입하는 물품으로서 국고귀속 보류요청이 있는 물품
3. **법 위반으로 조사 중인 물품**
4. 이의신청, 심판청구, 소송 등 쟁송이 제기된 물품
5. **특수용도에만 한정되어 있는 물품으로서 국고귀속 조치 후에도 공매낙찰 가능성이 없는 물품**
6. **국고귀속 조치를 할 경우 인력과 예산부담을 초래하여 국고에 손실이 야기된다고 인정되는 물품**
7. 부패, 손상, 실용시효가 경과하는 등 국고귀속의 실익이 없다고 인정되는 물품
8. 그 밖에 세관장이 국고귀속을 하지 아니하는 것이 타당하다고 인정되는 물품

16 정답 ①

제2항 제2호에 따른 LCL화물이 Master B/L 단위로 반입신고된 후 사정변경 등의 사유로 해당 하선장소의 CFS 내에 컨테이너 적출 및 반입작업을 하려는 때에는 당해 컨테이너의 내장화물 적출사실을 세관장에게 신고하고 **House B/L 단위**로 물품반입신고를 하여야 한다. [보세화물 입출항 하선하기 및 적재에 관한 고시 제19조(하선장소 물품반입) 제3항]

17 정답 ②

[보세화물 입출항 하선하기 및 적재에 관한 고시 제28조(하기신고) 제3항]
항공사가 하기장소를 결정하는 때에는 다음 순서에 따른다.
1. 세관장이 밀수방지 등을 위하여 검사대상화물로 선별하여 반입지시서가 발부된 물품은 세관장이 지정한 장치장
2. **다음 각 목의 어느 하나에 해당하는** 물품은 즉시 반출을 위하여 공항 내 현도장 보세구역으로 한다. 다만, 세관장이 계류장 인도대상 물품으로 지정한 물품과 화물의 권리자가 즉시 반출을 요구하는 물품은 현도장 보세구역에 반입하지 않고 계류장 내에서 직접 반출할 수 있다.
   가. **입항 전 또는 하기장소 반입 전에 수입신고가 수리된 물품**
   나. **하기장소 반입 전에 보세운송 신고가 수리되었거나 타세관 관할 보세구역으로 보세운송할 물품으로 화물분류가 결정된 물품**
   다. **검역대상물품(검역소에서 인수하는 경우)**
   라. 「수입통관 사무처리에 관한 고시」에 따른 **B/L 제시 인도 물품(수입신고 생략 물품)**
3. 그 밖의 화물은 공항 항역 내의 하기장소 중 항공사가 지정하는 장소

18 정답 ⑤

[보세화물 입출항 하선하기 및 적재에 관한 고시 제12조(적재화물목록의 정정신청) 제12조 제3항]
제1항에 따른 적재화물목록 정정신청은 다음 각 호의 어느 하나에서 정하는 기간 내에 신청할 수 있다. 다만, B/L양수도 및 B/L 분할·합병의 경우에는 기간을 제한하지 아니한다.
1. 하선결과 이상보고서 및 반입결과 이상보고서가 제출된 물품 : 보고서 제출일로부터 15일 이내
3. 그 밖의 사유로 적재화물목록을 정정하려는 경우: 선박 입항일로부터 60일 이내

[보세화물 입출항 하선하기 및 적재에 관한 고시 제25조(적재화물목록의 정정신청) 제3항]
제1항에 따른 적재화물목록 정정신청은 다음 각 호의 어느 하나에서 정하는 기간 내에 신청할 수 있다. 다만, B/L양수도 및 B/L 분할·합병의 경우에는 기간을 제한하지 아니한다.
1. 하기결과보고서 및 반입결과 이상보고서가 제출된 물품의 경우에는 보고서 제출일로부터 15일 이내
2. 기타의 사유로 적재화물목록을 정정하고자 하는 경우에는 항공기 입항일부터 60일 이내

[보세화물 입출항 하선하기 및 적재에 관한 고시 제44조(적재화물목록의 정정신청) 제3항]
제1항에 따른 적재화물목록 정정신청은 해당 수출물품을 적재한 선박, 항공기가 출항한 날로부터 다음 각 호에서 정하는 기간 내에 하여야 한다.
1. 해상화물 : 90일
2. 항공화물 : 60일

19 정답 ②

보세구역 외 장치의 허가기간은 6개월의 범위 내에서 세관장이 필요하다고 인정하는 기간으로 정하며, 허가기간이 종료한 때에는 보세구역에 반입하여야 한다. 다만, 다음 각 호의 어느 하나에 해당하는 사유가 있는 때에는 세관장은 허가기간을 연장할 수 있으나, 그 기간은 최초의 허가일로부터 법 제177조 제1항 제1호 가목에서 정하는 기간을 초과할 수 없다. [보세화물관리에 관한 고시 제8조(보세구역 외 장치의 허가기간 등) 제1항]

20 정답 ③

[보세화물관리에 관한 고시 별표3(보세구역 외 장치 담보생략 기준)]

구 분	내 용
물품별	• 제조업체가 수입하는 수출용원자재(농·축·수산물은 제외) • 무세물품(부가가치세 등 부과대상은 제외) • 방위산업용물품 • 정부용품 • 재수입물품 중 관세가 면제될 것이 확실하다고 세관장이 인정하는 물품

21 정답 ④

선상 수출신고물품의 경우 출항 익일 12시까지 제출하여야 한다.
→ 선상 수출신고물품의 경우에는 **출항 익일 24시까지 제출할 수 있다.**

> [보세화물 입출항 하선하기 및 적재에 관한 고시 제43조(적재화물목록 제출) 제3항]
> 제1항에 따른 적재신고는 물품이 선적지 공항만 내(ODCY 포함) 장치된 후 제38조에 따른 물품목록을 출항지 세관장에게 전자문서로 제출하여야 하며, 제출시기는 다음 각 호의 어느 하나와 같다.
> 1. **해상화물은 해당 물품을 선박에 적재하기 24시간 전까지 제출하여야 하며**, 근거리 지역의 경우에는 해당 물품을 선박에 적재하기 전까지 제출하되 선박이 출항하기 30분 전까지 최종 마감하여 제출하여야 한다. 다만, 다음 각 목의 어느 하나에 해당하는 경우에는 출항하기 전까지, 「수출통관 사무처리에 관한 고시」 제32조(선상 수출신고)에 해당하는 물품의 경우에는 **출항 익일 24시까지 제출할 수 있다.**
>   가. 벌크화물
>   나. 환적화물, **공컨테이너**
>   다. 그 밖에 적재 24시간 전까지 제출하기 곤란하다고 세관장이 인정하는 물품
> 3. 제1호 및 제2호에도 불구하고 선박 또는 항공기의 안전운행, 적재계획 변경 등으로 물품을 예정대로 적재하지 못하거나 항만의 컨테이너 터미널(부두 포함) 또는 **공항의 화물터미널에서 B/L상의 중·수량을 확정하는 경우에는** 선박 또는 항공기의 출항 익일 세관 근무시간까지 1회에 한하여 물품목록의 일부를 삭제하거나 **물품목록의 해당 항목을 정정할 수 있다.**

22 정답 ③

> [보세운송에 관한 고시 제13조(지정요건)]
> 세관장은 제10조에 따라 등록한 보세운송업자 중 다음 각 호의 요건을 모두 갖춘 자에 대하여는 법 제220조에 따른 보세운송물품의 검사생략 및 담보제공의 면제를 받을 수 있는 자(이하 "일반간이보세운송업자"라 한다)로 지정할 수 있다.
> 1. **자본금이 1억 원 이상인 법인**
> 2. 5천만 원 이상의 인·허가 보증보험에 가입한 자이거나, **법 제24조에 따른 담보(부동산은 제외)를 5천만 원 이상 제공한 자**. 다만, 다음 각 목의 요건을 모두 갖춘 일반간이보세운송업자 2인 이상의 연대보증으로 담보를 갈음할 수 있다.
> 3. 「수출입 안전관리 우수업체 운영에 관한 고시」에 따라 공인된 수출입 안전관리 우수업체(AEO : Authorized Economic Operator) 또는 **직전 법규수행능력평가 B등급 이상인 법인.** 다만, 일반간이보세운송업자 지정 신청을 하려는 업체가 직전 연도 법규수행능력평가를 받지 않은 경우에는 지정신청 전에 세관장에게 법규수행능력평가를 요청할 수 있다.

오답노트
① 5천만 원 (→ 1억 원) [보세운송에 관한 고시 제13조(지정요건) 제1호]
② A등급 (→ B등급) [보세운송에 관한 고시 제13조(지정요건) 제3호]
④ 2년 (→ 3년) [보세운송에 관한 고시 제14조(지정신청) 제2항]
⑤ 10일 전 (→ 15일 전) [보세운송에 관한 고시 제15조(갱신신청)]

23 정답 ⑤

행정절차법 (→ 국세징수법)

제5항에 따라 비용납부명령서를 받은 자가 납기 내에 납부하지 아니하는 때에는 「**국세징수법**」에 따라 징수하며, 그 비용을 징수하였을 때에는 국고수입으로 한다. [보세화물장치기간 및 체화관리에 관한 고시 제41조(폐기비용 및 대집행) 제6항]

24

정답 ②

화물운송주선업자 등록이 취소된 후 **1년**이 지났을 것 (→ 화물운송주선업자 등록이 취소된 후 **2년**이 지났을 것)

[화물운송주선업자의 등록 및 관리에 관한 고시 제3조(등록요건)]
통관지 세관장에게 화물운송주선업을 등록하려는 자는 다음 각 호의 요건을 갖추어야 한다.
1. 「관세법」 제175조의 어느 하나에 해당하지 아니할 것
2. 「물류정책기본법」 제43조에 따른 국제물류주선업의 등록을 하였을 것
3. 관세 및 국세의 체납이 없을 것
4. 화물운송주선업자 등록이 취소된 후 **2년**이 지났을 것
5. 자본금 3억 원 이상을 보유한 법인(법인이 아닌 경우에는 자산평가액이 6억 원 이상)일 것
6. 법 또는 법에 따른 세관장의 명령에 위반하여 관세범으로 조사받고 있거나 기소 중에 있지 아니할 것
7. 혼재화물 적재화물목록 제출 등을 위한 전산설비를 갖추고 있을 것

25

정답 ④

[보세화물 장치기간 및 체화관리에 관한 고시 제22조(수의계약) 제1항 제3호]
세관장은 다음 각 호의 어느 하나에 해당하는 경우에만 **수의계약**할 수 있다.
1. 1회 이상 경쟁입찰에 붙여도 매각되지 아니한 경우(단독 응찰한 경우를 포함한다)로서 다음 회의 입찰에 체감될 예정가격 이상의 응찰자가 있을 때
2. 공매절차가 종료된 물품을 국고귀속 예정통고 전에 최종예정가격 이상의 가격으로 매수하려는 자가 있을 때
3. **부패, 손상, 변질 등의 우려가 있는 물품으로서 즉시 매각되지 아니하면 상품가치가 저하될 우려가 있을 때**
4. 1회 공매의 매각예정가격이 50만 원 미만인 때
5. 경쟁입찰 방법으로 매각함이 공익에 반하는 때

<제4과목> 수출입안전관리

01 정답 ④

관리책임자가 변경된 경우에는 변경된 날로부터 **180일 이내**에 해당 교육을 받아야 한다.

2. 공인 후 교육 : 매 2년마다 총괄책임자는 4시간 이상, 수출입관리책임자는 8시간 이상(처음 교육은 공인일자를 기준으로 1년 이내 받아야 함). 다만, 관리책임자가 변경된 경우에는 변경된 날로부터 180일 이내에 해당 교육을 받아야 한다. [수출입 안전관리 우수업체 공인 및 운영에 관한 고시 제16조의2(관리책임자 교육 등) 제1항 제2호]

02 정답 ③

[수출입 안전관리 우수업체 공인 및 운영에 관한 고시 제6조(공인신청) 제1항]
수출입 안전관리 우수업체로 공인을 받고자 심사를 신청하는 업체(이하 "신청업체"라 한다)는 별지 제1호 서식의 **수출입 안전관리 우수업체 공인심사 신청서**에 다음 각 호의 서류를 첨부하여 전자문서로 관세청장에게 제출하여야 한다. 다만, 첨부서류 중에서 「전자정부법」 제36조에 따라 행정기관 간 공동이용이 가능한 서류는 신청인이 정보의 확인에 동의하는 경우에는 그 제출을 생략할 수 있다.
1. **공인기준을 충족하는지를 자율적으로 평가한 수출입 관리현황 자율평가표(법규준수도를 제외한다)**
2. 별지 제2호 서식의 수출입 관리현황 설명서와 그 증빙서류
3. 사업자등록증 사본
4. **법인등기부등본**
5. 별지 제3호 서식의 **대표자 및 관리책임자의 인적사항 명세서**
6. 수출입 안전관리와 관련한 우수사례(우수사례가 있는 경우에만 해당한다)
7. 제16조의2 제7항에 따라 지정된 교육기관이 발행한 관리책임자 교육이수 확인서. 다만, 관리책임자의 교체, 사업장 추가 등 불가피한 경우에는 현장심사를 시작하는 날까지 제출할 수 있다.
8. 별지 제1호의2 서식의 상호인정의 혜택 관련 영문 정보(제23조에 따라 국가 간 상호인정의 혜택을 받기를 희망하는 경우에만 해당한다)
9. 신청일을 기준으로 최근 2년 이내에 세관장으로부터 관세조사를 받은 경우에 법 제115조에 따른 관세조사 결과통지서(수입부문에만 해당한다). 다만, 해당 관세조사가 진행 중인 경우에는 법 제114조에 따른 관세조사 계획통지서

03 정답 ①

[수출입 안전관리 우수업체 공인 및 운영에 관한 고시 별표 1(수출입 안전관리 우수업체 공인기준)]
바. 보세구역 운영인
  3. 재무건전성
    3.1.1 신청업체와 신청인이 관세 등 국세와 지방세의 체납이 없어야 한다.
    3.2.1 신청업체는 ① 재무제표에 대한 감사보고서의 감사의견이 적정이어야 하며, ② **부채비율이 동종업종의 평균 부채비율의 200% 이하**이거나 외부신용평가기관의 신용평가 등급이 투자적격 이상 또는 매출 증가 등으로 **성실한 법규준수의 이행이 가능할 정도의 재정을 유지하여야 한다.** 단, ①의 경우에는 「주식회사의 외부감사에 관한 법률」 적용대상 업체에만 적용한다.

04 정답 ④

수출입 안전관리 우수업체는 매년 공인일자가 속하는 달에 별지 제11호 서식의 정기 자율 평가서에 따라 공인기준을 충족하는지를 자율적으로 점검하고 다음 달 15일까지 관세청장에게 그 결과를 제출하여야 한다. **다만, 수출입 안전관리 우수업체가 여러 공인부문에 걸쳐 공인을 받은 경우에는 공인일자가 가장 빠른 공인부문을 기준으로 자율 평가서를 함께 제출할 수 있다.** [수출입 안전관리 우수업체 공인 및 운영에 관한 고시 제18조(정기 자율 평가) 제1항]

05
정답 ④

[수출입 안전관리 우수업체 공인 및 운영에 관한 고시 제6조(공인신청) 제4항]
관세청장은 신청업체가 제1항에 따라 공인심사를 신청하였을 때에 **다음 각 호의 어느 하나에 해당하는 경우에는 그 신청을 각하한다.**
1. 제1항에서 정한 서류를 제출하지 않은 경우
2. 별표 1의 공인부문별 공인기준 중에서 법규준수 기준(공인기준 일련번호 1.1.1부터 1.1.4까지만 해당한다)을 충족하지 못한 경우
3. **별표 1의 공인부문별 공인기준 중에서 재무건전성 기준(공인기준 일련번호 3.1.1에만 해당한다)을 충족하지 못한 경우**
4. 법인단위 법규준수도가 70점 미만(중소 수출기업은 60점 미만)인 경우. 다만, 법 제110조 제2항 제2호에 따른 관세조사로 인하여 법규준수도 점수가 하락한 경우에는 그러하지 아니하다.

[수출입 안전관리 우수업체 공인 및 운영에 관한 고시 제6조(공인신청) 제1항]
수출입 안전관리 우수업체로 공인을 받고자 심사를 신청하는 업체(이하 "신청업체"라 한다)는 별지 제1호 서식의 수출입 안전관리 우수업체 공인심사 신청서에 다음 각 호의 서류를 첨부하여 전자문서로 관세청장에게 제출하여야 한다.
1. 공인기준을 충족하는지를 자체적으로 평가한 수출입 관리현황 **자체평가표**(법규준수도를 제외한다)
5. 별지 제3호 서식의 **대표자 및 관리책임자의 인적사항 명세서**

[별표 1의 공인부문별 공인기준 중에서 재무건전성 기준(공인기준 일련번호 3.1.1)]

> 3. 재무건전성
> 3.1.1 신청업체와 신청인이 관세 등 국세와 **지방세의 체납이 없어야 한다.**

06
정답 ②

[수출입 안전관리 우수업체 공인 및 운영에 관한 고시 제17조(변동사항 보고) 제6항]
관세청장은 제4항 또는 제5항에 따른 공인기준 준수 개선 완료 보고서를 검토한 후 **공인등급의 조정**, 공인의 취소, **공인의 유보**, **공인신청의 기각**, 혜택의 정지 등 필요한 조치를 할 수 있다.

07
정답 ④

[수출입 안전관리 우수업체 공인 및 운영에 관한 고시 별표 1(수출입 안전관리 우수업체 공인기준)]
바. 보세구역 운영인
 2. 내부통제시스템
  2.1.3 운영인은 법규준수와 안전관리를 위하여 수출입물품 취급 관련 자격증 소지자와 경험자를 근무하도록 하여야 한다.
  2.2.1 운영인은 법규준수와 안전관리 관련 업무 처리에 부정적 영향을 주는 위험요소의 식별, 평가, 관리대책의 수립, 개선 등을 포함한 절차를 마련하여야 한다.
  2.3.3 운영인은 수출입물품의 보관내역과 이와 관련된 보관 수수료 등을 추적할 수 있는 운영체계를 구축하고, 세관장으로부터 요청받을 경우 접근을 허용하여야 한다.
  2.4.1 운영인은 법규준수와 안전관리 업무에 대한 정보가 관련 부서에 공유되도록 하여야 한다.
  2.5.1 운영인은 내부통제활동에 대하여 주기적으로 평가하고 개선하는 절차를 마련하여야 한다.

08 정답 ⑤

[수출입 안전관리 우수업체 공인 및 운영에 관한 고시 별표 1(수출입 안전관리 우수업체 공인기준)]
바. 보세구역 운영인
  4. 안전관리
    (5) 취급절차 관리
      4.5.4 운영인은 물품을 수하인 등에게 인계할 때 검수하여야 하며, 물품의 불일치 또는 부적절한 인계 등이 발생하였을 때에는 즉시 세관장에게 보고하여야 한다.

09 정답 ①

관세청장은 제15조에 따른 통관절차 등의 혜택을 효과적으로 제공하기 위하여 수출입 안전관리 우수업체의 대표자 또는 **총괄책임자**를 대상으로 수출입 안전관리 우수업체 카드를 발급할 수 있다. [**수출입 안전관리 우수업체 공인 및 운영에 관한 고시 제30조(수출입 안전관리 우수업체 카드) 제1항**]

10 정답 ①

[수출입 안전관리 우수업체 공인 및 운영에 관한 고시 제11조(공인 및 공인의 유보) 제2항]
관세청장은 신청업체가 다음 각 호의 어느 하나에 해당하는 경우에는 심의위원회의 심의를 거쳐 공인을 유보할 수 있다.
1. 신청업체가 나머지 공인기준은 모두 충족하였으나, 법규준수도 점수 기준을 충족하지 못한 경우
2. 신청업체가 수입하는 물품의 과세가격 결정방법이나 품목분류 및 원산지 결정에 이견이 있음에도 불구하고 법 제37조, 제86조 및 「자유무역협정관세법」 제31조에 따른 사전심사를 신청하지 않은 경우(수입부문에만 해당한다)
3. 신청업체가 별표 1의 공인부문별 공인기준 중에서 법규준수(공인기준 일련번호 1.1.1부터 1.1.4까지에만 해당한다)의 결격에 해당하는 형사 및 사법절차가 진행 중인 경우
4. 신청업체가 사회적 물의 등을 일으켰으나 해당 사안이 공인의 결격에 해당하는지를 판단하는 데 추가적으로 사실을 확인하거나 심의를 위한 충분한 법리검토가 필요한 경우
5. 그 밖에 심의위원회에서 공인의 유보가 필요하다고 인정하는 경우

11 정답 ①

[수출입 안전관리 우수업체 공인 및 운영에 관한 고시 제12조의2(공인신청의 기각)]
관세청장은 신청업체가 다음 각 호의 어느 하나에 해당하는 경우에는 공인신청을 기각할 수 있다.
1. 서류심사 또는 현장심사 결과, 공인기준을 충족하지 못하였으며 보완 요구의 실익이 없는 경우
2. 공인심사를 할 때에 제출한 자료가 거짓으로 작성된 경우
3. 제8조 제2항 또는 제9조 제10항에 따라 관세청장이 보완을 요구하였으나, 천재지변 등 특별한 사유 없이 보완 요구기간 내에 보완하지 아니하거나(통관적법성 검증과 관련한 자료제출 및 보완 요구도 포함한다) 보완을 하였음에도 불구하고 공인기준을 충족하지 못한 경우
4. 제11조 제2항 제3호의 사유가 현장심사를 마친 날로부터 1년을 넘어서도 확정되지 않고 계속 진행되는 경우. 다만, 이 경우 최소한 1심 판결이 유죄로 선고되어야 한다.
5. 제11조 제3항 및 제4항에 따른 공인기준 준수 개선 계획을 제출하지 않거나, 공인기준 준수 개선 완료 보고를 하지 않은 경우
6. 제12조에 따라 공인유보업체를 재심사한 결과, 공인기준을 충족하지 못한 것으로 확인된 경우
7. 공인신청 후 신청업체의 법규준수도 점수가 70점 미만(중소 수출기업은 60점 미만)으로 하락한 경우
8. 제6조 제1항 제7호에 따른 교육이수 확인서를 제출하지 않은 경우

12 정답 ①

[별표 7] 공인표지의 사용 (제24조 제2항 관련)
1. 「수출입 안전관리 우수업체 공인 및 운영에 관한 고시」 제24조에 따른 수출입 안전관리 우수업체의 공인표지는 다음과 같다.

기본 디자인	KOREA AEO	응용 디자인(2)	AEO
응용 디자인(1)	KOREA AEO	응용 디자인(3)	KOREA AEO Korea Customs Service

2. 공인표지의 활용범위 및 유의사항
   가. **공인표지는 수출입 안전관리 우수업체만 사용 가능**
   나. 수출입 안전관리 우수업체가 소유하거나 실질적으로 관리하는 차량, 건물 등의 시설 외에도 안내책자, 명함, 신문광고 등 기업 활동과 관련된 모든 분야에서 사용 가능
   다. 공인표지의 임의적인 변형은 허용이 안 됨

13 정답 ⑤

[수출입 안전관리 우수업체 공인 및 운영에 관한 고시 제16조(관리책임자의 지정 및 역할) 제3항]
관리책임자는 다음 각 호에 해당하는 업무를 담당한다.
1. **정기 자율평가, 변동사항 보고**, 공인 또는 갱신심사 수감 등 **공인기준 준수 관련 업무**
2. **직원에 대한 수출입 안전관리 교육**
3. **정보 교환, 회의 참석 등 수출입 안전관리 관련 관세청 및 세관과의 협업**
4. **세액 등 통관적법성 준수 관리**
5. 그 밖에 업체의 법규준수 향상을 위한 활동

14 정답 ⑤

[수출입 안전관리 우수업체 공인 및 운영에 관한 고시 제17조(변동사항 보고) 제5항]
관세청장은 제4항에도 불구하고 **공인기준을 충족하지 못한 사항이 경미한 경우에는 공인기준 준수 개선 계획의 제출을 생략**하고, 해당 요구를 받은 날로부터 30일 이내에 **공인기준 준수 개선 완료 보고서를 제출하게 할 수 있다.**

15 정답 ③

[수출입 안전관리 우수업체 공인 및 운영에 관한 고시 제25조의2(공인의 취소) 제1항 제2호]

오답노트

①, ②, ④ [수출입 안전관리 우수업체 공인 및 운영에 관한 고시 제25조의2(공인의 취소) 제1항]
관세청장은 수출입 안전관리 우수업체(대표자 및 관리책임자를 포함한다)가 <u>다음 각 호의 어느 하나에 해당하는 경우 공인을 취소할 수 있다.</u> 다만, 제1호에 해당하는 경우 공인을 취소하여야 한다.
  1. 거짓이나 그 밖의 부정한 방법으로 공인을 받거나 공인을 갱신한 경우

2. 수출입 안전관리 우수업체가 양도, 양수, 분할 또는 합병 등으로 공인 당시 업체와 동일하지 않다고 판단되는 경우
3. **공인기준 준수 개선 또는 자료 제출을 요구(통관적법성 관련 자료 제출 요구를 포함)하였으나 정당한 사유 없이 이행하지 않거나 이행하였음에도 공인기준을 충족하지 못하는 경우**
4. 해당 공인 부문의 유효기간 내에 제25조에 따른 **혜택 적용의 정지 처분을 5회 이상 받은 경우**
5. 제25조 후단에 따른 관세청장의 시정명령 또는 개선 권고사항을 특별한 사유 없이 이행하지 않은 경우
6. **「관세법」 또는 수출입 관련 법령의 위반과 관련하여 다음 각 목의 어느 하나에 해당하는 경우.** 다만, 각 법령의 양벌규정에 따라 처벌된 개인 또는 법인은 제외한다.
   가. 법 제268조의2, 제269조, 제270조, 제270조의2, 제271조, 제274조 및 제275조의2부터 제275조의4까지의 규정에 따라 벌금형 이상의 형을 선고받거나 통고처분을 이행한 경우
   나. **법 제276조에 따라 벌금형의 선고를 받은 경우**
   다. 「자유무역협정의 이행을 위한 관세법의 특례에 관한 법률」, 「대외무역법」, 「외국환거래법」, 「수출용 원재료에 대한 관세 등 환급에 관한 특례법」 등 수출입과 관련된 법령을 위반하여 벌금형 이상의 형을 선고받은 경우
   라. 「관세사법」 제29조에 따라 벌금형 이상의 형을 선고받거나 통고처분[같은 조 제4항 및 같은 법 제32조(같은 법 제29조 제4항과 관련된 부분으로 한정한다)에 따라 적용되는 이 법 제311조에 따른 통고처분은 제외한다]을 받은 경우
   마. 〈삭제〉

16 정답 ⑤

관세청장의 시정명령 또는 개선 권고사항을 특별한 사유 없이 이행하지 않은 경우
→ **공인의 취소 사유**에 해당한다. [수출입 안전관리 우수업체 공인 및 운영에 관한 고시 제25조의2(공인의 취소) 제1항 제5호]

17 정답 ③

[수출입 안전관리 우수업체 공인 및 운영에 관한 고시 제7조의2(예비심사) 제3항]
관세청장은 중소 **수출기업**이 예비심사를 신청한 경우에는 다른 신청업체에 우선하여 예비심사를 할 수 있다.

18 정답 ⑤

[수출입 안전관리 우수업체 공인 및 운영에 관한 고시 제3조(공인부문) 제1항]
수출입 안전관리 우수업체(AEO, Authorized Economic Operator)로 공인을 신청할 수 있는 자는 다음 각 호와 같다.
1. 「관세법」(이하 "법"이라 한다) 제241조에 따른 수출자(수출부문)
2. **법 제241조에 따른 수입자(수입부문)**
3. 「관세사법」 제2조 또는 제3조에 따른 통관업을 하는 자(관세사부문)
4. 법 제2조 제16호에 해당하는 자 또는 **법 제172조에 따른 지정장치장의 화물을 관리하는 자**(보세구역운영인부문)
5. 법 제222조 제1항 제1호에 해당하는 자(보세운송업부문)
6. **법 제222조 제1항 제2호 및 제6호에 해당하는 자**(화물운송주선업부문)
7. **법 제222조 제1항 제3호에 해당하는 자**(하역업부문)
8. 법 제2조 제6호에 따른 국제무역선을 소유하거나 운항하여 법 제225조에 따른 보세화물을 취급하는 자(선박회사부문)
9. 법 제2조 제7호에 따른 국제무역기를 소유하거나 운항하여 법 제225조에 따른 보세화물을 취급하는 자(항공사부문)

19 정답 ⑤

관세청장은 갱신심사 중 현장심사를 할 때에 통관적법성 검증을 위하여 수출입 안전관리 우수업체의 사업장을 직접 방문하는 기간은 방문을 시작한 날로부터 <u>15일 이내</u>로 한다. 이 경우 수출입 안전관리 우수업체가 「중소기업기본법」 제2조에 따른 중소기업에는 서면심사 등 간소한 방식으로 검증할 수 있다. [**수출입 안전관리 우수업체 공인 및 운영에 관한 고시 제19조(갱신심사) 제6항**]

20 정답 ③

관세청장은 현장심사를 시작한 날부터 60일 이내에 그 심사를 마쳐야 하며, 신청업체의 사업장을 직접 방문하는 기간은 15일 이내로 한다. 심사대상 사업장이 여러 곳인 경우에 관세청장은 효율적인 심사를 위하여 일부 사업장을 선택하여 심사하는 등 탄력적으로 심사할 수 있다. [수출입 안전관리 우수업체 공인 및 운영에 관한 고시 제9조(현장심사) 제5항]

21 정답 ②

국제항의 시설기준 등에 관하여 필요한 사항은 **대통령령으로 정한다.** [관세법 133조(국제항의 지정 등) 제2항]

22 정답 ⑤

- 세관장은 국제무역선이나 국제무역기가 **국제항에 입항하여 제135조에 따른 절차를 마친 후 다시 우리나라의 다른 국제항에 입항할 때에는** 제1항을 준용하여 **서류제출의 생략 등 간소한 절차로 입출항하게 할 수 있다.** [관세법 제137조(간이 입출항절차) 제2항]
- 선장 등은 입항보고가 수리된 선박을 **항내의 다른 장소로 이동하려는** 때에는 별지 제7호 서식의 **항내정박장소 이동신고서를 세관장에게 전자문서로 제출해야 한다.** 다만, 전자문서로 제출할 수 없을 때에는 서면으로 제출할 수 있다. [국제무역선의 입출항 전환 및 승선절차에 관한 고시 제11조(입항선박의 항내이동 신고 등) 제1항]

23 정답 ①

공급자 등이 외국 선박용품 등을 보세구역에 반입한 때에는 관할지 세관장에게 별지 제1호 서식의 반입등록서를 제출해야 한다. 다만, 공급자 등이 하선완료보고하였거나 보세운송하여 도착보고한 물품은 반입등록한 것으로 갈음한다. [선박용품 등 관리에 관한 고시 제4조(반입등록)]

24 정답 ⑤

세관장은 검색기검사를 실시한 결과 **개장검사**가 필요하다고 인정한 화물과 즉시검사화물에 대하여 **제6조 제4항에 따라 지정한 하선(기) 장소**에서 개장검사를 실시한다. [관리대상 화물 관리에 관한 고시 제9조(검사대상화물 또는 감시대상화물의 검사 및 조치) 제2항]

> 더 알아보기
>
> [관리대상 화물 관리에 관한 고시 제6조(검사대상화물의 하선(기) 장소) 제4항]
> 세관장이 제2항 및 제3항에 따라 지정하는 하선(기)장소는 다음 각 호의 순서에 따른다.
> 1. 세관지정장치장. 다만, 세관지정장치장이 없거나 검사대상화물이 세관지정장치장의 수용능력을 초과할 것으로 판단되는 경우에는 제2호에 따른 장소
> 2. 세관지정 보세창고
> 3. 검사대상화물이 위험물품, 냉동·냉장물품 등 특수보관을 요하는 물품이거나 대형화물·다량산물인 경우에는 제1호와 제2호의 규정에도 불구하고 해당 화물을 위한 보관시설이 구비된 장소

25 정답 ②

> [관세법 제148조(관세통로)]
> ① 국경을 출입하는 차량은 관세통로를 경유하여야 하며, 통관역이나 통관장에 정차하여야 한다.
> ② 제1항에 따른 **관세통로**는 육상국경으로부터 통관역에 이르는 철도와 육상국경으로부터 통관장에 이르는 육로 또는 수로 중에서 **세관장이** 지정한다.
> ③ **통관역**은 국외와 연결되고 국경에 근접한 철도역 중에서 **관세청장이** 지정한다.
> ④ **통관장**은 관세통로에 접속한 장소 중에서 **세관장이** 지정한다.

<제5과목> 자율관리 및 관세벌칙

01 정답 ⑤

운영인은 회계연도 종료 3개월이 지난 후 **15일** 이내에 자율관리보세구역 운영 등의 적정 여부를 자체 점검하고, 자율점검표를 작성하여 세관장에게 제출하여야 한다. 다만, 운영인이 자율점검표를 보세구역 운영상황 및 재고조사 결과와 함께 제출하려는 경우, 자율점검표를 다음 해 2월 말까지 제출할 수 있다. [자율관리보세구역 운영에 관한 고시 제10조(자율관리보세구역에 대한 감독) 제1항]

02 정답 ③

세관장은 보세사에게 경고처분을 하였을 때에는 <u>한국관세물류협회장</u>에게 통보하여야 한다. [자율관리보세구역 운영에 관한 고시 제11조(행정제재) 제2항]

03 정답 ①

단일보세공장 소재지 관할구역 내의 장소에도 보관창고 증설을 허용
→ 우수 자율관리보세구역에 대한 설명이다. [자율관리보세구역 운영에 관한 고시 제7조(절차생략 등) 제1항 제2호]

04 정답 ④

운영인 등은 보세사가 아닌 자에게 보세화물관리 등 보세사의 업무를 수행하게 하여서는 아니 된다. 다만, **업무대행자를 지정하여 사전에 세관장에게 신고한 경우에는 보세사가 아닌 자도 보세사가 이탈 시 보세사 업무를 수행할 수 있다.** [자율관리보세구역 운영에 관한 고시 제9조(운영인 등의 의무) 제1항 제1호]

05 정답 ⑤

세관장은 자율관리보세구역 운영인 등에게 지정기간 만료 1개월 전까지 갱신 신청하여야 한다는 사실과 갱신절차를 <u>지정기간 만료 2개월 전</u>에 문서, 전자메일, 전화, 휴대폰 문자전송 방법 등으로 미리 알려야 한다. [자율관리보세구역 운영에 관한 고시 제4조(지정신청 및 갱신) 제4항]

06 정답 ⑤

운영인 등이 보세구역 반출입 물품과 관련한 생산, 판매, 수입 및 수출 등에 관한 세관공무원의 자료 요구 또는 현장 확인 시에 협조하지 않는 경우 자율관리보세구역 운영인의 의무 위반사유에 해당한다. [자율관리보세구역 운영에 관한 고시 제9조(운영인 등의 의무) 제1항]

> 더 알아보기

[자율관리보세구역 운영에 관한 고시 제5조(지정취소 사유 등) 제1항]
1. 운영인이 법 제178조 제1항에 따른 물품 반입 등의 정지사유에 해당하게 된 경우

    1) 장치물품에 대한 관세를 납부할 자금능력이 없다고 인정되는 경우
    2) 본인이나 그 사용인이 이 법 또는 이 법에 따른 명령을 위반한 경우
    3) 해당 시설의 미비 등으로 특허보세구역의 설치 목적을 달성하기 곤란하다고 인정되는 경우
    4) 그 밖에 1)부터 3)에 준하는 것으로서 대통령령으로 정하는 사유에 해당하는 경우

2. 운영인 등이 보세사가 아닌 자에게 보세화물관리 등 보세사의 업무를 수행하게 한 경우

3. 보세사가 해고 또는 취업정지 등의 사유로 업무를 수행할 수 없는 경우에는 2개월 이내에 다른 보세사를 채용하여 근무하게 하여야 하는데 이를 위반한 경우
4. 자율관리보세구역 지정요건을 충족하지 못한 경우
5. 그 밖에 보세화물을 자율적으로 관리할 능력이 없거나 부적당하다고 세관장이 인정하는 경우

07 정답 ④

보세사에 대한 징계는 (1) 견책, (2) 6월의 범위 내 업무정지, (3) 등록취소 3가지이다. [보세사제도 운영에 관한 고시 제12조(보세사 징계) 제2항]

08 정답 ②

보세사는 해당 보세구역에 작업이 있는 시간에는 상주하여야 한다. 다만, **영업용보세창고**의 경우에는 **법 제321조 제1항에 따른 세관개청시간과 해당 보세구역 내의 작업이 있는 시간에 상주하여야 한다.** 즉, 보세구역 종류별로 다르다. [보세사제도 운영에 관한 고시 제11조(보세사의 의무) 제1항 제2호]

09 정답 ④

"보수"란 해당 물품의 **HS품목분류의 변화를 가져오지 않는** 보존 작업, 선별, 분류, 용기변경, 포장, 상표부착, 단순조립, 검품, 수선 등의 활동(원산지를 허위로 표시하거나, 지식재산권을 침해하는 행위는 제외한다)을 말한다. [자유무역지역 반출입물품의 관리에 관한 고시 제2조(정의) 제4호]

10 정답 ③

외국물품 등이 아닌 내국물품을 자유무역지역에서 관세영역으로 반출하려는 자는 **내국물품 반입확인서** 등을 세관장에게 제출하여야 한다. [자유무역지역 반출입물품의 관리에 관한 고시 제13조(내국물품의 반출확인 등) 제1항]

11 정답 ④

검사장은 컨테이너트레일러를 부착한 차량이 **3대** 이상 동시에 접속하여 검사할 수 있는 규모인 400㎡ 이상의 검사대, 검사물품 보관창고 등 검사를 용이하게 할 수 있는 시설을 갖추어야 한다. [자유무역지역 반출입물품의 관리에 관한 고시 제4조(통제시설의 기준) 제1항 제3호]

12 정답 ②

[자유무역지역의 지정 및 운영에 관한 법률 제40조(물품의 폐기) 제1항]
세관장은 자유무역지역에 있는 물품 중 다음 각 호의 어느 하나에 해당하는 물품에 대하여는 화주 및 반입자와 그 위임을 받은 자(화주 등)에게 국외 반출 또는 폐기를 명하거나 화주 등에게 미리 통보한 후 직접 이를 폐기할 수 있다. 다만, 화주 등에게 통보할 시간적 여유가 없는 특별한 사정이 있을 때에는 그 물품을 폐기한 후 지체 없이 화주 등에게 통보하여야 한다.
1. 사람의 생명이나 재산에 해를 끼칠 우려가 있는 물품
2. 부패 또는 변질된 물품
3. **유효기간이 지난 물품**
4. 제1호부터 제3호까지의 규정에 준하는 물품으로서 관세청장이 정하여 고시하는 물품

[자유무역지역 반출입물품의 관리에 관한 고시 제25조(폐기대상물품) 제2항]
법 제40조 제1항 제4호에서 "관세청장이 정하여 고시하는 물품"이란 다음 각 호의 어느 하나에 해당하는 물품을 말한다.
1. **위조상품**, 모조품, 그 밖에 지식재산권 침해물품

2. 품명미상의 물품으로서 반입 후 1년이 지난 물품
3. 검사·검역기준 등에 부적합하여 **검사·검역기관에서 폐기대상으로 결정된 물품**

13 정답 ③

관리권자는 **관세청장**과 협의를 거쳐 자유무역지역에 통제시설을 설치하고, 그 운영시기를 공고하여야 한다. 또한 자유무역지역을 출입하는 사람 및 자동차에 대한 기록을 **90일** 동안 관리하여야 하고, **세관장**이 출입기록을 요청하는 경우 특별한 사유가 없으면 이에 따라야 한다. [자유무역지역의 지정 및 운영에 관한 법률 제27조(통제시설의 설치 등) 제1항, 제4항], [자유무역지역의 지정 및 운영에 관한 법률 시행규칙 제15조(출입 관리)]

14 정답 ①

관리권자는 입주기업체 또는 지원업체가 부정한 방법으로 입주계약을 체결하여 입주계약을 해지하고자 하는 경우, 세관장이 자유무역지역으로의 **물품 반입정지**를 하고자 하는 경우에는 청문을 하여야 한다. [자유무역지역의 지정 및 운영에 관한 법률 제54조(청문)]

15 정답 ③

[수출입물류업체에 대한 법규수행능력측정 및 평가관리에 관한 훈령 제16조(업체별 등급에 따른 관리) 제1항]
세관장은 법규수행능력우수업체에 대하여는 다음과 같은 우대 등의 조치를 취할 수 있다.
1. 세관장 권한의 대폭적 위탁
2. 관세 등에 대한 담보제공의 면제
3. 보세화물에 대한 재고조사 면제 등 자율관리 확대
4. 화물 C/S에 의한 검사비율의 축소 및 검사권의 위탁
5. 기타 관세청장이 정하는 사항

16 정답 ⑤

밀수출죄(그 죄를 범할 목적으로 **예비를 한 자를 포함**)의 경우에는 범인이 소유하거나 점유하는 그 물품을 몰수하여야 한다. [관세법 제282조(몰수·추징) 제2항]

17 정답 ③

[관세법 제311조(통고처분) 제3항]

오답노트
① 벌금에 상당하는 금액은 해당 벌금 최고액의 100분의 30으로 한다. [시행령 제270조의2(통고처분) 제1항]
② 통고처분은 벌금에 상당하는 금액을 납부할 것을 통고하는 것이기는 하나, 통고처분을 이행하는 경우 해당 건이 고발 없이 세관 단계에서 종결된다는 점에 기초해볼 때, 검사가 공소제기를 하여 법원의 판결에 따라 형이 확정됨에 따라 납부 권원이 발생하는 벌금과는 차이가 있다.
④ 관세범인이 통고의 요지를 이행하였을 때에는 동일사건에 대하여 다시 처벌을 받지 아니한다. [관세법 제317조(일사부재리)]
⑤ 통고처분 면제는 벌금에 상당하는 금액이 30만 원 이하일 것을 요건으로 한다. [관세법 제311조(통고처분) 제9항]

18 정답 ①

[관세법 제284조(공소의 요건) 제1항]

오답노트
② 다른 기관이 관세범에 관한 사건을 발견하거나 피의자를 체포하였을 때에는 **즉시 관세청이나 세관에 인계하여야 한다.** [관세법 제284조(공소의 요건) 제2항]
③ 관세범의 현행범인이 그 장소에 있을 때에는 **누구든지 체포할 수 있다.** [관세법 제298조(현행범의 인도) 제1항]
④ 관세범에 관한 조사·처분은 **세관공무원**이 한다. [관세법 제283조(관세범) 제2항]
⑤ **세관공무원**은 관세범이 있다고 인정할 때에는 범인, 범죄사실 및 증거를 조사하여야 한다. [관세법 제290조(관세범의 조사)]

19 정답 ⑤

압수물품 중 유효기간이 지난 물품은 관세청장이나 세관장이 피의자나 관계인에게 통고한 후 폐기할 수 있다. [관세법 제304조(압수물품의 폐기) 제1항]

더 알아보기

> **[관세법 제303조(압수와 보관) 제3항]**
> 관세청장이나 세관장은 압수물품이 다음의 어느 하나에 해당하는 경우에는 피의자나 관계인에게 통고한 후 매각하여 그 대금을 보관하거나 공탁할 수 있다. 다만, 통고할 여유가 없을 때에는 매각한 후 통고하여야 한다.
> 1. 부패 또는 손상되거나 그 밖에 사용할 수 있는 기간이 지날 우려가 있는 경우
> 2. 보관하기가 극히 불편하다고 인정되는 경우
> 3. 처분이 지연되면 상품가치가 크게 떨어질 우려가 있는 경우
> 4. 피의자나 관계인이 매각을 요청하는 경우

20 정답 ②

> **[관세법 제275조의3(타인에 대한 명의대여죄)]**
> 관세의 회피 또는 강제집행의 면탈을 목적으로 타인에게 자신의 명의를 사용하여 납세신고를 할 것을 허락한 자 1년 이하의 징역 또는 1천만 원 이하의 벌금에 처할 뿐, 징역과 벌금의 병과 대상은 아니다.
>
> **[관세법 제275조(징역과 벌금의 병과)]**
> **아래의 관세법 제269조부터 제271조까지 및 제274조의 죄를 저지른 자**는 정상(情狀)에 따라 징역과 벌금을 병과할 수 있다.
> - 관세법 제269조(밀수출입죄)
> - 관세법 제270조(관세포탈죄 등)
> - 관세법 제270조의2(가격조작죄)
> - 관세법 제271조(미수범 등)
> - 관세법 제274조(밀수품의 취득죄 등)

21 정답 ⑤

세관공무원이 관세법 제265조에 의거 물품, 운송수단, 장치장소 및 관계장부 서류를 검사 또는 봉쇄하려는 조치를 거부한 자는 1천만 원 이하의 벌금에 처한다. [관세법 제276조(허위신고죄 등) 제4항 제7호]

22 정답 ①

몰수할 물품의 전부 또는 일부를 몰수할 수 없을 때에는 그 몰수할 수 없는 물품의 범칙 당시의 **국내도매가격**에 상당한 금액을 범인으로부터 추징한다. [관세법 제282조(몰수·추징) 제3항]

23 정답 ③

양벌 규정 대상 개인은 다음 각 호의 어느 하나에 해당하는 사람으로 한정한다.
1. 특허보세구역 또는 종합보세사업장의 운영인
2. 수출(「수출용원재료에 대한 관세 등 환급에 관한 특례법」 제4조에 따른 수출 등을 포함)·수입 또는 운송을 업으로 하는 사람
3. 관세사
4. 국제항 안에서 물품 및 용역의 공급을 업으로 하는 사람
5. 제327조의3 제3항에 따른 전자문서중계사업자

24 정답 ④

납세의무자 또는 납세의무자의 재산을 점유하는 자가 강제징수를 면탈할 목적 또는 면탈하게 할 목적으로 그 재산을 은닉·탈루하거나 거짓 계약을 하였을 때에는 3년 이하의 징역 또는 3천만 원 이하의 벌금에 처한다. [관세법 제275조의2(강제징수면탈죄 등) 제1항]

25 정답 ①

[관세법 제269조(밀수출입죄) 제2항 제2호]

오답노트
② 그 정황을 알면서 제269조에 따른 행위를 방조한 자는 **정범(正犯)에 준하여 처벌**한다. [관세법 제271조(미수범 등) 제1항]
③ 제269조의 죄를 저지를 목적으로 그 예비를 한 자는 **본죄의 2분의 1을 감경하여 처벌**한다. [관세법 제271조(미수범 등) 제3항]
④ 법령에 따라 수입이 제한된 사항을 회피할 목적으로 부분품으로 수입한 자는 관세포탈죄를 적용하여, 3년 이하의 징역 또는 포탈한 관세액의 5배와 물품원가 중 높은 금액 이하에 상당하는 벌금에 처한다. [관세법 제270조(관세포탈죄 등) 제1항 제3호]
⑤ 제269조에 해당되는 물품이 다른 물품 중에 포함되어 있는 경우 <u>그 물품이 범인의 소유일 때에는 그 다른 물품도 몰수할 수 있다.</u> [관세법 제273조(범죄에 사용된 물품의 몰수 등) 제2항]